imaginist

想象另一种可能

理
想
国
imaginist

文明的故事

THE STORY OF CIVILIZATION

卢梭与大革命（上）

Rousseau and Revolution

IO

〔美〕威尔·杜兰特　阿里尔·杜兰特 著

by Will Durant, Ariel Durant

台湾幼狮文化 译

上海三联书店

ROUSSEAU AND REVOLUTION
by Will and Ariel Durant
Original English language edition copyright © 1967 by Will and Ariel Durant
All Rights Reserved.
Published by arrangement with the original publisher, Simon & Schuster, Inc.

本书译文由台湾幼狮文化事业股份有限公司授权使用

致读者

这一卷是我们自 1929 年就专心撰述的《文明的故事》的结尾卷，从那时起，文明史也就成了我们生活的日课和安慰。

我们的目标是写一部完整的历史：发掘和记载每种文明在每个世纪中的经济、政治、精神、道德和文化的种种活动情形，这些犹如一个人可称之为生命的全部过程相互影响的因素，并要在叙述这出连续剧中每一幕中的主角时，使其人性化。虽然我们承认政府和政治人才的重要，但是我们在综述每个时期和每个国家的政治史时，就像说故事一样，原原本本而不是只叙述故事的主要部分，因为我们的主要兴趣是心智发展史。因此，关于经济和政治事件，我们大抵运用二手资料，而有关宗教、哲学、科学、文学、音乐和艺术，我们都尽量探本溯源：到每一信仰的发源地观察其信奉的实际情况，从主要著作中研究各种划时代的哲学思潮，到艺术品创作的本土或其收藏所参观，通常从著作的原文欣赏世界文学名著的精华，及一遍又一遍地倾听伟大的乐章，唯有如此，才可望领会产生这些不朽作品的神奇境界。为了这些目标，我们做了两次环球旅行，而自 1912 年至 1966 年，更跑遍欧洲无数次。高明的读者会谅解，在一个人有限的生命中，要把历时 6000 年、总计 20 个文明的历史中关于经济和政治方面的议题，也探根求源，是不可能的事。

　　我们很遗憾，由于太沉醉于人类史诗的每一小节中，以致发现，写到法国大革命时，我们已精力殆尽。我们知道大革命事件并不能使历史完结，它却使作者完结了。毫无疑问，我们整个的写作方法使文明史各卷的篇幅大多嫌长。倘使我们写的是断代史——以一个国家、一个时期或一个主题为单元——我们是可以节省读者不少时间和精力；但是，要在一本书中，把某一时期中多个国家各方面的情况都照顾到，又使每一事件、每一人物都详细论述，是需要篇幅的。每位读者或将会感到这一卷太过冗长，而对他们自己的国家或特殊的事件却又嫌太短。

　　英、法两国的读者不妨先读本卷中第一章至第八章、第十三章至第十五章（译本第二部第五章到第七章）和第二十章至第三十八章（译本第三部第五章起及第四部全部），其余部分可留待他日，其他国家的读者也可选择自己喜欢的章节来读。不过，我们深信，想要了解自"七年战争"至法国大革命动荡不安的 33 年的欧洲全貌，就要有和我们一样，按照章节一字不遗读完全卷的傻劲。

　　篇幅冗长，诚非我们之过。但是，若我们还能多活一两年，我们希望以"历史的教训"为题，提出一篇总结。

威尔·杜兰特与阿里尔·杜兰特

1967 年 5 月 1 日于洛杉矶

谢 词

我们感谢耶鲁大学和麦格劳—希尔出版公司准许节引《博斯韦尔游学德国和瑞士》（*Boswell on the Grand Tour: Germany and Switzerland*）和《博斯韦尔在荷兰》（*Boswell in Holland*）两本书上的资料。如果没有阅读到细心编辑、装帧精美的耶鲁版詹姆斯·博斯韦尔文集，要撰写关于博斯韦尔的部分就困难重重了。

我们感谢 W. W. 诺顿出版公司，准许我们引用马尔克·平凯莱的杰作《维瓦尔第》（*Vivaldi*）中的一封信。

我们感谢萨拉和哈薇·考夫曼长期和耐心地协助资料分类，及女儿埃塞尔精湛地打印手稿外，同时改正了内文的许多错误。我们也谢谢薇拉·施奈德夫人对稿件所做的繁重编辑工作。

总　目

目　录

第一部

卢梭与法国

法国画家弗拉戈纳尔的半色情的贵族游乐图《秋千》(约 1766 年)。

第一章 | **流浪者卢梭**
（1712—1756）

《忏悔录》

　　他出身寒微，在呱呱坠地之际即失去母亲，不久又遭父亲遗弃，身染一种痛苦的、不为人知的、难向人言的疾病，在陌生的城市和敌对的信仰中，流浪达12年，为社会和文明所排斥，以反抗伏尔泰、狄德罗百科全书派和理性时代为己志，被视作危险的反叛分子，被看成精神失常，被疑为图谋不轨，为人驱逐，流离失所，在他一生中的最后几个月里，方能亲眼见到最反对他的人对他表示的崇敬——如何在他死后，竟然能远胜伏尔泰，使宗教复活，使教育改变形态，使法国国民思想提高，从而激发了浪漫运动和法国大革命，进而影响到康德、叔本华的哲学，席勒的戏剧，歌德的小说，华兹华斯、拜伦和雪莱的诗歌，马克思的社会主义及托尔斯泰的伦理学——诸如此类的影响，使他在有史以来最具影响力的18世纪的作家和思想家中，成为对后代贡献最大的一位。这种种影响究竟如何形成？假如有问题需要我们解答，这问题即是：天才在历史中究竟扮演何等角色？个人在面对群众和国家之际，应该如何自处？

　　当时的欧洲已准备迎合一种让感情凌驾于思维之上的信仰。欧洲已厌倦于法律、礼仪、习惯和风俗的压抑。当时的欧洲已听够了理性、论证和哲学。心灵束缚被解除后导致的这些放纵与混乱，似乎已使这个世界缺乏意义，使心灵空虚、毫无想象力和希望，男男女女暗自渴望再度建立起"信仰"。巴黎已厌倦于自身的骚动和忙乱，及城市生活的限制和疯狂的竞争。人们向往乡野间的从容与悠闲。乡间简单的日常生活可能会使身体健康、内心平和，在那里可能再度遇见贤淑的妇人，所有的村民每周可能都在本区教堂中做礼拜。所谓值得骄傲的"进步"和值得自诩的"心灵解放"，对人类的贡献是否抵得上其摧毁的事物的价值？其对世界与人类的命运，曾否描绘出更为清晰、更具有鼓舞性的景象？其对贫穷者的命运曾否有所改善？对孤苦无依者曾否有所慰藉？卢梭提出这些疑问，并对这些问题加以说明，对人民寄予关切与同情。即使他话已说完，全欧洲的人仍然都在倾听。伏尔泰在法兰西学院（1778年）被人们当作偶像崇拜，而卢梭正蛰居在巴黎一间不为人知的房子受人轻视与责难之际，卢梭的时代已经开始了。

　　卢梭晚年完成最有名的自传《忏悔录》（*Confessions*）。他对所有的批评都很敏感。他怀疑格里姆、狄德罗和其他的人，在巴黎的沙龙里及在埃皮奈夫人（Mme. d'Épinay）的回忆录中，正酝酿着一个阴谋，以破坏他的名誉。因此，他于1762年，在一位出版商的催促下，开始撰写自己的传略与品德评价。当然，他的自传有自吹自擂之嫌，不过，卢梭既遭教会责难，又被三个国家放逐，还被一些最亲近的友人背弃，纵然他的话难免啰唆唠叨，他也该为自己辩护的权利。当他在巴黎的几次集会中，宣读为自己辩解的某些文件时，他的敌对者要求政府下令加以制止。他心灰意冷，即使在他过世之后，仍留给后世一篇充满感情的辩解与恳求的文字：

　　　　这是绝无仅有的一幅人类画像——完全依照人的本来面貌与天性来描绘，这就是人类现有的或将永远存有的模样。无论你是谁，我的命运与信心完全付托给你，让你作为这一作品的裁决者。我恳求你，基于我的不幸与你的同情，并请看在全人类分上，切勿毁损这一特殊而有价值的作品，对人的探讨，它可作为第一手比较研究的资料……请勿贬低我这一遗作的价值，这是唯一未曾被反对我的人曲解损伤而又真正足以代表我品格的不朽之作。

他的极端敏感、主观和充满感情，使他的书具有优点，也有缺点。"一颗充满感情的心，"他说，"……是我所有不幸的根由。"这却使他的著作风格温暖亲切，使他对往事的回忆充满柔情与怜爱，使他对事物的判断常持宽容仁慈的态度。当我们阅读他的著作，原来对他的反感与敌意立即化解。在他的著作中，所有抽象的事物都被活生生地人格化了，字里行间洋溢着感情。这本自我反省坦白的《忏悔录》犹如密西西比河的源流滋润了19世纪的文学。《忏悔录》并非前所未有的著作，不过，像他这样毫不保留地赤裸裸地自我坦白，或其对真理的探求，即使圣奥古斯丁也无法与之相比。本书一开始即以富有挑战性的句子理直气壮地写道：

> 我正着手一项史无前例的伟大艰巨的工作，这项工作将来也没有人能模仿实现。我要把一个人的完全本性在世人面前展示，此人就是我自己。
>
> 只有我单独一个人。我了解我的心，我也对人类颇为熟悉。我跟所有存在着的人没有一点相似之处。我虽然不一定比旁人好，可是至少与众不同。除非对我已有了解，否则没有人能判断，大自然将我塑造成这样的形态，是好还是坏。
>
> 最后审判的号角若是要响，就让它响好了，那时，我手里就要拿着这本书，站在上帝面前。而我将大声说道："这就是我如何行事、如何思想的忠实记录，及我曾是怎样的一个人。不论

好坏，我都坦白，我不隐瞒些许罪恶，也不添加些许功德……我
表现了真正的自我；有时卑劣可耻，有时却高尚、慷慨、善良，
——皆如我的所作所为，我已把我的心灵深处揭露……"

卢梭一再提出这一极为恳挚的请求，不过，他承认自己对过去
50 年的往事所能记忆的，无非是片断的、不可靠的。一般说来，第
一部分有一种毫无隐讳的坦白品质，第二部分却被他对有关阴谋陷害
所作的令人厌倦的反复抱怨与控诉所损。不论这是一本怎样的书，就
我们所知，在心理研究的作品中它是最有启发性的一部，这是与困难
而平淡无聊的世纪从事艰苦斗争所产生的一个观察敏锐并具有诗意的
故事。无论如何，"《忏悔录》假如不是一本自传，则很可能成为世间
一部伟大的小说"[1]。

无家可归（1712—1731）

"1712 年，我生于日内瓦，父亲为伊萨克·卢梭，母亲为苏
珊·贝尔纳，两人都是公民。"最后两个字颇有深意。因为日内瓦的
2 万居民中，只有 1600 人拥有公民的头衔和权利，卢梭个人的历史
即由此说起。他的家族具有法国血统，但自 1529 年即已定居日内瓦。
祖父是加尔文教派的牧师，而作为孙儿的他，终其一生，于信仰抉择
上，始终停留在加尔文教徒的阶段。父亲是一位想象力丰富、情绪不
稳定的优秀钟表匠。1704 年的婚姻，为他带来一笔价值 1.6 万弗罗林

---

[1] 有关《忏悔录》的真实性，欧美大陆仍然在热烈地争论着，主要着重在卢梭控诉格里
姆和狄德罗等人进行阴谋活动，以提出有关卢梭与埃皮奈夫人、乌德托夫人之间关系不
实的叙述。1900 年以前，批评指向反对卢梭的一方。约 1850 年，圣伯夫用一种不常见的
尖刻语调，声称"卢梭一旦牵涉自尊和病态的虚骄，每每毫不犹豫地打算说谎，而我已
获得结论，那就是有关格里姆的部分，证明他是说谎的人"。而且，法国最饱学的文学史
家古斯塔夫·朗松（Gustave Lanson）也同意（1894 年）："我们惊奇于卢梭所写，每一页
都有明显的虚假，不仅是错误，而且是谎言。但是，全书大体上焕发着热烈的挚情，是
情感的真，而不是事实的真。"

的嫁妆。在儿子弗朗索瓦出世后，伊萨克抛妻弃子（1705 年），远赴君士坦丁堡，在那里逗留 6 年之久。然后不知何故，骤返家园，卢梭就在这时出世。卢梭说："我就是他这次归来所结的不幸的果实。"卢梭诞生不到一个礼拜，母亲就患产褥热去世了。"我来到这个世界，几乎毫无活下去的迹象，也未稍怀希望能有人把我抚养长大。"

一位姑妈对他悉心照顾，从而救了他，为此，卢梭说："我会毫不迟疑地原谅你。"这位姑妈歌唱得很好，这可能陶冶了他的性情，使他终生爱好音乐。他性格早熟，很早就学会了阅读。由于父亲伊萨克喜爱浪漫传奇的故事，父子二人于是一起埋首于苏珊遗留下来的书堆中。卢梭是在法国式爱情故事、普卢塔克的《希腊罗马名人传》和加尔文教派的道德观糅合而成的气氛中成长的，这使他的性格趋于不稳。他十分正确地把自己描写成"又粗鲁、又温和，而具有柔弱和刚强的性格。这一性格，游移于怯懦和勇敢、浮华和高洁之间，常使我与自己作对"。

1722 年，他的父亲跟戈蒂埃上尉争吵，打伤对方，因而受到市政长官的传讯。为了免除牢狱之灾，伊萨克只得逃离日内瓦，定居在 13 英里外的尼永。数年后，伊萨克再婚。弗朗索瓦和卢梭兄弟二人，由他们的舅父加布里埃尔·贝尔纳收养。弗朗索瓦不久离开，在一个钟表匠那里做学徒，从此在卢梭所有的记载中再也没有出现过。至于卢梭，却和他的表兄亚伯拉罕·贝尔纳一起被送到邻近的博赛村一家由牧师朗贝西耶管理的寄宿学校。"我们在这里学习拉丁文，及所有美其名曰教育的没有用的东西。"加尔文教派的教义是比较具有实际内容的课程。

卢梭喜爱他的老师，尤其是牧师的妹妹朗贝西耶小姐。她年已30 岁，而卢梭才 11 岁，但他以一种怪异的方式私恋着她。卢梭犯了错，被她鞭打之际，他却在被她亲手鞭笞的痛楚中获得快感。"痛楚与羞辱，混合着某一程度的邪欲，使我渴望再度受到惩罚，而不感到害怕。"卢梭故意犯错惹她生气而希望在鞭笞中获得快感，由于这一企图过于明显，她决定不再鞭打他。一种性爱虐狂的因素，在他的性爱习性中一直保留到晚年：

> 如此，我怀着此一极端激烈的热情，度过了青春期，但是，除了朗贝西耶小姐在不知不觉中引起我如许念头之外，我并不知道，甚或并不希望有其他满足情欲的方式，而且我长大成人后，那种幼稚的嗜好，不但没有消失，反而在与异性交往时表现得更加明显。这种愚蠢的行为加上一种天生的胆怯，使我难以获得女性的青睐，以致面对我最喜欢的人都会惶惑终日、默然相对，而提不起勇气表露内心的爱慕企盼之情……现在我已写到《忏悔录》最隐晦迷惘情节的一段，也是最困难的一段。我们将只不过是一些荒诞可笑的事当作真正的罪状来坦白公开，总令人感到矛盾而百思莫解。

晚年他觉得自己受到世界敌对与朋友打击时，他可能找到了一种获得快感的因素。

除了朗贝西耶小姐的鞭笞外，他对四周环境的自然景象，也甚为欣赏："乡间是如此迷人……以致我满怀着一种时间无法冲淡的、对乡村生活的热情。"在博赛的两年，可能是他一生中最为快乐的日子，虽然他在此处同时发现了世界上的不义。因为无中生有的理由而受责，而使他反抗，使他持久地怨恨，也因此使他"学着去掩饰、去说谎。所有这些恶习通常在我们成年之时，即开始腐蚀我们快乐、幸福、天真无邪的赤子之心"。

他从未更进一步接受正式或高等的教育。而他之所以欠缺平衡、判断和自我控制，及将理性置于情感之下，部分原因可能是他求学时期结束得太早。1724年，12岁的他就跟表兄一起被叫回贝尔纳的家里。他到尼永看望父亲，在这里，他爱上了伍尔滕小姐，但遭对方拒绝。其后又与柯婷小姐恋爱，卢梭说："她对我非常亲热，却不容许我对她回报以任何亲昵的举动。"经过一年的犹豫,他成为日内瓦一位雕刻匠的学徒。他喜爱素描,同时学习如何雕刻表盖,但是主人常为一点小过错而严厉地鞭打他,而且"逼着我去做那些为自己天性所歧视的罪行,诸如欺诈、懒惰和偷窃"。昔日一个快快乐乐的小孩,竟然成了一个忧郁、孤独、性格内向的人。

他以广泛阅读自附近图书馆借来的书籍,并以礼拜天到乡下远足的方式获得安慰。有两次,由于在田野闲逛太久,返回途中,他方才发现城门已关闭了。他只好在野外打发掉晚上的时光,以致第二天被指责为工作不力,受到毒打。发生第三次类似的情形之后,由于受罚的记忆犹新,他下定决心不回去了。此时他尚未满16岁(1728年3月15日),囊空如洗,除了身上穿的衣服外,别无他物。他步行来到6英里外天主教萨伏依区的孔菲翁。

到了那里,卢梭敲响乡村教士佩尔·伯努瓦·德庞特韦热的大门,可能是他听信传闻,以为这位牧师急于使步入歧途的日内瓦人改信天主教,为此可能会让他饱餐一顿。无论如何,"衣食足而知荣辱"。这位教士给了卢梭一顿美好的晚餐,并叫他"到阿讷西(Annecy)去吧,在那里,你将见到一位善良而仁慈的夫人。国王给她赏金,使她能够助人逃出她自身所幸脱免的那些罪过"。卢梭指出,这人就是"华伦夫人(Mme. de Warens),是一位新近改教皈依者,教士们安排那些打算出卖信仰的可怜虫到她这儿来,为此她被迫每年从撒丁国王处接受2000法郎的津贴"。无家可归的青年卢梭,心想这份津贴的一部分足以抵得上一场弥撒。3天后,在阿讷西,他向华伦夫人毛遂自荐。

她年方29岁,是一位美丽、大方、慷慨、温柔、穿戴迷人的妇人。"没有比她的脸更可爱,颈项更好看,而手臂更优美、更匀称细致的了。"无论如何,她是卢梭有生以来所看到的、借以支持天主教信仰的最佳论证了。她生于沃韦,家世良好;年纪很轻,即已下嫁华伦先生(后为男爵)。由于多年来夫妻多有不和,她与丈夫仳离,迁居到湖的对岸萨伏依，获得了维克托·阿玛德斯国王的保护，后来又搬到艾凡（Evian）。既然定居在阿讷西，她答应改信天主教，因为她相信谨守宗教仪式，上帝就会原谅她偶然犯下的奸情。而且她不相信那么和蔼的耶稣，真的会把人打入永远不得翻身的地狱，尤其对她这样美丽的女人，自然更不忍下手。

卢梭自然乐于跟她住在一起，但她非常忙碌，宁愿给他钱，打发他到都灵，在圣心会救济院接受教育。1728年4月12日，他进入此院，并于4月21日受洗，皈依罗马天主教。34年后，即他重返新教8年后，他以恐怖的笔调描写他在救济院的生活经历，其中包括一位初信天主教的摩尔人，对他的德行所作的攻击，他认为自己之所以改变宗教信仰，是因为那里的诱导、耻辱和长时间的耽搁。其实，他是为了迎合规定的条件，才有此决定，因为罗马教会准许他加入天主教后，在没有人强迫之下，仍然停留在救济院达两个月之久。

7月，他随身带26法郎，离开救济院。经过几天的游荡，受到坐在柜台后面的美妇人的吸引之后，他在这家店铺找到工作。他不但马上爱上了她，而且不久就跪在她的面前，对天发誓，决心与她白首偕老，永爱不渝。巴西莱夫人只是微笑着，然而除了准他牵手之外，仍然不准他太越轨，何况她的丈夫也随时会回到家里。卢梭认为："由于我对女人的爱太深了，所以往往无法追求成功。"但是，他天性上对自我想象的成就而获得的狂喜，在程度上比之真实履行所获得的更深。他用"危险的、违背天性的附属品代替，而这些可以解救像我那样的性情中人，使之不至于破坏秩序，却以牺牲他们的健康、他们的活力，有时甚至是他们的生命为其代价"，作为慰藉。如此行事，可怕的禁制会使之更为激动，从而可能促进了他的易怒、他的浪漫幻想、他的不满社会及他的喜爱孤独的个性形成。关于这点，《忏悔录》有史无前例的坦诚记载：

我的思想不断地充塞女孩子和妇人，然而以我独有的方式形成。这些观念使我的感官产生一种持久而与世格格不入的动作……我的激动，已达到无法满足欲望的地步，而我又以极为放荡不羁的诡异行径使之火上添油。我专找黑暗的巷子、隐匿的处所，希望可能将自己的身体裸露在异性面前，并表现出盼望与她们亲近的姿态。她们所看到的，自然不是淫秽的东西——我不敢梦想这样做，我所暴露的，只是可笑的部分（臀部）。一旦在她们面前如此表演，我所获得的愚蠢快感，实非笔墨所能形容。而我之所以如此做，只是希冀获得所渴求的对待（指鞭笞）的一种过程。当然，我相信，如果我有胆量持续地表演下去，有些胆大的妇人将会给予我这方面的慰藉……

一天，我在后院的一口井边裸露自己，屋里的年轻妇人，常来这里提水……其实我对女性所显示的情状，荒唐可笑的成分多而诱惑的成分少，她们之中，最聪明的视而不见，其他一些开始大笑，另外有的则感觉自己受到侮辱，大声叫喊。

可惜没有女孩子来鞭打他，只有满脸长着吓人胡须的看守人，持着一把长剑追来，后边跟随着四五个举着扫把的老妇人，卢梭只好以他是"出身贵族的年轻异乡人因精神错乱作为说词，救了自己，而且表示如蒙宽恕，日后当有所报答"。这个可怕的汉子被这一番话打动了，放他走，但那些老妇人非常不满。

这时，他在一位甚有教养的都灵籍的妇人维尔塞利夫人（Mme. de Vercellis）处谋得身着制服的仆役一职。在那里，他犯下一件终其余生都感到内疚的罪行。他偷了一条夫人使用的彩带，可是在人家指责他时，卢梭却伪称是另外一位女仆交给他的。代罪羔羊玛丽昂（Marion）当即指责他："啊！卢梭，我本来以为你的品性很好；然而这次你使我非常失望，但我不愿意跟你一样。"于是，两人都被开除了。对于这件事，《忏悔录》记载如下：

　　我不知道自己诬告的牺牲者以后的命运如何，但是经此打击，她不太可能再像从前那样善意对人了，因为在这次残忍的诬罪下，她的性格各方面都会受到危害……回忆这件事，实在是痛苦。直到现在，这件事仍使我深感内疚；我可以坦白地说，使我下决心写这本《忏悔录》，其中最大的原因，就是希望能稍释我良心的重负。

　　那6个月的仆役工作，在卢梭的性格上烙下印记；即使他天赋出众，仍始终未能重建他的自尊。他在服侍维尔塞利时，遇到一位年轻教士盖姆，盖姆鼓励他，要他相信假如自己愿意，则有可能克服这项缺陷，诚心诚意去寻求认识基督的伦理。盖姆认为，任何宗教，只要是传布基督的指引，无一不是好的，因此提出建议，如果卢梭能返回故乡皈依原来的教派，将会快乐些。这一看法属于"我所认识的最好的人之一"，所以长存在卢梭的记忆里，而对他的杰作《爱弥儿》（Émile）一书自有其启示作用。一年后，在圣拉扎尔神学院（Seminary of St. Lazare），卢梭遇见另外一位名叫加捷的教士。这是一位"有仁慈之心"的人，由于跟教区的一位未婚女子通奸并使其怀孕而失去升迁机会。卢梭认为："这是一件可怕的丑闻，尤其在极好的教区发生此事更被人指责，那里的教士（教规良好）一定不能有小孩——除非跟已婚女子所生。"从"这两位可敬的教士身上，我形成对萨伏依教士性格的认识"。

　　1729年初夏，17岁的卢梭再度感受到原野的呼唤，加上他希望到华伦夫人那里，以便找到一份比较不损自尊的工作。他跟一位快活的日内瓦少年巴克莱同行，他们从都灵步行穿过阿尔卑斯山的塞尼斯（Cenis）隧道，抵达尚贝里（Chambéry）和阿讷西。他那浪漫传奇的笔锋，把他到达华伦夫人住所时的情绪描写得淋漓尽致："我双腿发抖，眼睛模糊；几乎视而不见、听而不闻，甚至也认不出任何人，而且屡屡不得不停下来喘一口气，使自己从紧张慌乱中清醒过来。"无疑，他对自己能否被接纳并无多大信心。他如何才能向她说明，上次离开之后，发生在他身上的所有遭遇呢？"她看我的第一眼，就使我大为放心。我的一颗心随着她抑扬的声调而跳动不停。我长跪在她的面前，以我的唇，把我感受到的最大快乐，传到她的手上。"她并不讨厌人家的奉承，所以就在她的住处为卢梭准备了一间卧室。一旦有人皱眉反对，她会说："他们要说闲话，就让他们去说好了。既然上帝送他回来，我就决心不再舍弃他。"

姆妈（1729—1740）

卢梭为她神魂颠倒，有如任何青年与成年女人亲近时表现的一样。他偷偷地亲吻她睡过的床铺、她坐过的椅子，"不，还有她走过的地板"（据此，我们不禁怀疑他所记的浪漫的成分多，而事实的成分少）。另外，他极端嫉妒所有那些争着接近她的人。她有时叫他学猫叫，而昵称他为小猫，有时又叫他孩子；渐渐地，他答应称呼她为"姆妈"了。她雇他写信、记账、采集药草，并做她试炼丹药的助手。她给卢梭一些书读，诸如《旁观者》（*The Spectator*）、普芬多夫、圣埃夫勒蒙及伏尔泰的《亨利亚德》。至于她自己，则喜爱浏览贝尔（Bayle）的《历史与批判辞典》（*Dictionnaire Historique et Critique*），她不容神学思想束缚自己，如果她乐于跟当地神学院的院长格罗神父在一起，那可能是因为格罗神父可以替她结胸衣的纽带。"他为姆妈结纽带的时候，她常在屋子里转来转去，一下应付这边，一下应付那边，院长先生被纽带拖着跟在后面，喋喋不休地嚷着：'拜托，夫人，站着别动。'这一切形成一幅非常有趣的景象。"

可能就是这位乐天教士的主意，认为虽然卢梭处处显得笨拙，但是他大概可以接受成为一位乡村牧师所需的足够的教育。华伦夫人在高兴卢梭终于有事可做之余，同意了。如此，1729年秋天，卢梭进入圣拉扎尔神学院就读，以便担任传教工作。期间，他开始习惯于天主教的一切，甚至于欣赏它了。他喜爱天主教的庄严仪式，及它的游行、圣乐和仪式，它的钟声似乎每天在宣示上帝常在天堂关注人世，而所有这些无论现在还是未来皆为人世间乐意接受。此外，没有任何宗教能具有这种吸引力而又能宽容华伦夫人。不过，卢梭以前接受的正规教育如此之少，以致拉丁文成为他最初必须修习的课程。对拉丁文的同源字、文法例外、动词变化等，他简直没有耐心去接受。经过5个月的努力，老师把他送回华伦夫人处，所附报告说他是"一位非常好的少年"，可是不适合担任神职。

对此，她并不灰心。觉察到他具有音乐的天才，遂将他介绍给阿讷西教堂的琴师尼克劳兹。卢梭在尼克劳兹处，自1729年住到1730年冬，这段时期，值得快慰的是他离开姆妈的住所仅有20步。他参加唱诗班，并吹奏短笛；他喜爱天主教的圣诗；他吃得好，而且感到快活。除了尼克劳兹酗酒是美中不足以外，其他一切都还不错。一天，这位矮小的琴师跟他的雇主吵了一架，遂收拾行囊，离开了阿讷西。华伦夫人命卢梭陪送这位先生到里昂。在那里，尼克劳兹由于酒后狂乱症发作而昏倒在大街上，受惊的卢梭请求路人帮他送这位乐师去其要去的地方。随即，他赶回阿讷西，回到姆妈的家里。"我对她思慕的深情与忠实使内心根除了各种虚幻的念头，扫除了一切的愚妄和野心。除了跟她相处之外，我即别无幸福可言，甚至我每走一步都会感到离她更远。"我们必须记住的是，卢梭那时不过才18岁。

他抵达阿讷西，方才发现华伦夫人已赴巴黎，而且没有人晓得她什么时候回来。他凄凉而孤独地、天天漫无目的地在乡间闲逛，以春日美景和恋爱中小鸟的美妙歌声来安慰自己。他最为喜爱的还是清晨早起，坐观太阳喜气洋洋地自地平线上升。在每天的漫游中，一次他见到两位少女骑着马，在驱策她们那不驯的坐骑涉越一条小河。在一股英雄式的冲劲下，卢梭抓住其中一匹马的缰绳，引导它通过小河，另外一匹也跟着走过了。他打算告别，径自离去，但两位少女坚持要他陪伴到附近的农舍，以便他可以烘干湿透的衣裳鞋袜。在她们的邀请之下，他跃上马背，坐在其中一位格拉芬里德小姐的背后。"为了使自己坐稳，我不得不抱住她，以致我的心急遽地跳动，连她也感觉到了。"这时，卢梭对华伦夫人的思念，开始消失了。三位少年男女一起野餐而消磨了一整天。卢梭大胆地去吻其中一位少女的手，然后她们与他告别。他回到阿讷西，内心兴奋不已，几乎把姆妈离去的事全然不放在心上。后来，他设法寻找这两位少女，但没有成功。

不久，由华伦夫人的女仆陪伴，他再度上路，前往弗里堡 (Fribourg)。经过日内瓦时，"我发现自己感触良深，以致几乎走不动了……对（共和国）自由的向往，使我内心激动不已"。从弗里堡动身，他步行到洛桑。历史上所有的作家中，要数卢梭最善于走路了。从日内瓦到都灵、到阿讷西、到纳沙泰尔 (Neuchâtel)、到伯尔尼、到尚贝里、到里昂，他旧地重游，尽情欣赏景色、芬芳和天籁：

> 我爱随心所欲的步行和兴之所至的停留，步行遨游的生活，对于我来说是必需的。天朗气清之日，漫步美好乡间，在适意之处歇息，是最适合我的生活方式。

在有教养人士的圈子里感到不自在，面对美丽的妇人羞涩沉默的卢梭，一旦独自优游徜徉在林间原野、碧水蓝天之间，随即感到快活无比了。他与大自然成为莫逆之交，而以无声的言语，倾诉自己的恋爱与梦想。他想象天心与己心，有时会神秘地合而为一。虽然他不是第一位使大家感受到大自然可爱之处的作家，他却是大自然最热心的记录者和最虔诚的信徒。自卢梭以后，半数以上的自然诗篇，无一不受他的影响。哈勒早已感受到阿尔卑斯山的伟大而加以描述，卢梭却沿着日内瓦湖北边湖滨的瑞士山坡，将其间台地的藤蔓散发的怡人芬芳，传之于几个世纪之后，从而令人向往。卢梭打算为他的小说人物朱莉娅和沃尔马找一个理想的住家所在地时，他找到这里，决定住在沃韦和蒙特勒之间的克拉伦斯——这是人间天堂：有高山，有草原，有流水，有阳光，有白雪。

卢梭在洛桑的一切不太顺利，遂迁居纳沙泰尔："在这里……我教授音乐，无意间获得一些有关音乐方面的知识。"在近郊的布德里（Boudry），他遇到一位希腊的教士，正在从事筹募基金的工作，以重建耶路撒冷的圣墓教堂。卢梭为其充当翻译，两人在索勒尔（Soleure）分手，卢梭独自步行越过瑞士边界，进入法国。途中，他走入一家农舍，要求买顿晚餐，一位农夫给他牛奶和黑面包，并口口声声说，他所有的全都在这里；但当他晓得卢梭并不是税务员后，马上打开一扇暗门，下到地窖，取来白面包、蛋、火腿和美酒。卢梭打算付钱，但这位农夫拒收，而且解释他之所以把较佳食物收藏起来，是为了避免负担额外的税金。"他对我所说的一切……在我的心中留下不可磨灭的印象，在我心中播下无法消除的仇恨种子，而对这些不幸的人民忍受的困苦产生同情，对压迫他们的人在内心形成不满与反抗的情绪。"

在里昂，他过着流离失所的日子：不是睡在公园的长椅上，就是睡在地上。有段时间，他以抄写乐谱为生。后来听说华伦夫人住在东边14英里外的尚贝里，便起程前往再去投靠她。华伦夫人为他找到地方监督官洛克尔·因滕登特的秘书一职（1732—1734年）。这时卢梭住在她家中，但当卢梭发现她的经纪人阿内也是她情人时，内心稍觉不快。这时他对华伦夫人的热情减退，《忏悔录》有一段文字足以说明：

> 一旦获知她跟别人维持一种比我更亲密的关系，我无法不感到痛苦……无论如何，对比我更占优势的那个人，我不但没有敌意，而且发现自己对她的爱慕之情，事实上已爱屋及乌地扩及于这个人身上了。我希望她幸福的欲望超过其他的一切，既然他在她的幸福安排中有其地位，那么他若能同样快乐，我就心满意足了。同时，他已完全地拥有女主人的关心。而他对我也怀着一种

诚挚的友谊。如此……我们三人生活在一种彼此快乐相与的结合中，而这关系的维持，至死方休。这位可爱的妇人，性格上的优越之处，在于使所有爱她的男人彼此之间都能互爱，甚至连炉忌和敌对都在她启发的较大感情之下化为无形了。而我从未看到她周围的任何人对他们之间的其他任何人有少许嫌恶之心。在此，对他们的情形，谨请读者在阅读这些赞美之词的时候稍停片刻，回忆一下自己遇到的女子，若有这样的品德，而你又想获取幸福的话，那么你最好与她厮守，别离开她。

这种多边式的罗曼史，下一步的发展大大地违背所有奸情的原则。华伦夫人看出邻居芒东夫人渴望最先教导卢梭人伦之道时，她拒绝放弃这一优势，或是为了免使这少年堕入那并不温柔的怀抱，因此她安排以情妇身份自荐枕席于他，而又不致损及她与阿内之间同等的关系。卢梭对此深思8天之久。与她长日相处的结果，使他对她的情感已经超乎男女肉欲之情，而比较接近母子亲情之爱了："我爱她太深，以致不敢存着占有她的欲望。"当时，他已经受到困扰终生的疾病——膀胱炎和尿道狭小——的煎熬。最后，卢梭以适度的虔诚，同意她的提议：

　　这一天，与其说是盼望的一天，倒不如说是可怕的一天终于到来了……我心在践履许诺，并非要获得宠幸。无论如何，我终于得到了。第一次，我觉察到自己躺在一位妇人的怀里，而这位妇人正是我敬爱的。我快乐吗？没有。我尝到快感，但是我不晓得，一种什么样的不可抗拒的悲愁把美妙的事破坏了。我觉得自己正在犯下乱伦的罪行。有两三次，当我高兴地将她紧搂在怀里，我的泪水不禁浸湿了她的乳房。而她呢，既非悲伤，也非快乐；她只是安静地爱抚我。由于她既非性感淫荡的女性，也不完全在追求肉欲的快感，所以她对这件事，既不感到狂喜，也从未觉得悔恨。

回想起这个重大事件时，卢梭将华伦夫人这种刻意的安排，归罪于她哲学概念的毒素：

> 我一再说，所有她的失败，全然是她的错误铸成，而非由于她的热情所致。她出身良好，心地纯良，举止高尚，欲望正常高贵。她的一切似乎专为优美率真的风范而塑造，这种风范是她内心喜爱的，却从未付诸实行，因为她不听从内心的指引，而竟听从诱她进入邪路的理论……不幸的很，她对自己的哲学甚为自负，以致她由哲学思想建立的道德，破坏了她由内心情感建立的伦理。

阿内于 1734 年去世。卢梭辞去秘书的职务，专心照管华伦夫人的家务。他发现她的收支杂乱不堪，濒于破产。于是他教授音乐，以增加收入。1737 年，他接受了母亲的一笔遗产，总计有 3000 法郎；他用一部分钱买书，剩下的款项赠给华伦夫人。不久，他生病了，姆妈亲切地予以照护。因为她的住处没有花园，就租下了一处乡间茅舍——"佳美小屋"——给他居住（1736 年）。在那里，"我过着最安静的生活"。虽然他"不喜爱在房间里祈祷"，可是户外的景象使他感谢上帝创造自然之美，并使他与华伦夫人在一起，他祈求上帝庇佑他们的结合，降福给他们。这时他笃信罗马天主教的神学，而稍微带有詹森教派的色彩。他曾说："地狱的恐怖，时常折磨我。"

在神经衰弱——日后很流行的一种忧郁症——的困扰之下，而且怀疑自己心脏附近生长了一颗肿瘤，他乘坐马车前往蒙彼利埃就医。为了减轻途中的忧寂，他跟一位 15 岁女孩的母亲拉吉夫人勾搭（1738 年）。等他回到尚贝里，他发现华伦夫人试着用同样的方式来治疗他——为他介绍一位年轻的假发制造女工让·温岑里德作为他的新情人。卢梭抗议，夫人却说他孩子气太重，而且向他保证，她有的是爱，足够分予两位让（因卢梭与这女工姓名的第一个字皆为让）。

他拒绝如此贬低她的身份，建议维持以往作为义子的状态。她答应了，可是由于不满意自己这么轻易地让步，她对卢梭的感情渐趋冷淡。他隐居在"佳美小屋"中，并开始研究哲学。

这时，他第一次意识到自巴黎和锡雷传开的启蒙运动引起的争论（约 1738 年）。他阅读牛顿、莱布尼茨和蒲柏的著作，并埋首于错综的贝尔的辞典。他重新研读拉丁文，结果进步神速，比起在校接受教师的指导还要有效。因此他开始浏览维吉尔、贺拉斯和塔西佗的片断文章及柏拉图《对话录》的拉丁文译本。对他来说，蒙田、拉布吕耶尔、帕斯卡、费内隆、普雷沃、伏尔泰等人的作品，都是令人兴奋不已的启示："举凡伏尔泰的作品，无一不为我所遍览。"事实上伏尔泰的作品"鼓励我写作优美文章的欲望，并促使我努力于模仿那位让我如此深迷的作家的风格"。不知不觉间，构成他以前思想的传统神学，而今已失去原有的形态和活力了；而他也发现自己竟然毫不畏惧地沉溺在无数的异端邪说中，他这般年轻就接触这些邪说，将会被视为可耻与羞辱。一种近乎热情的泛神论，取代了《圣经》中上帝的地位。是的，有这么一位上帝，没有他，生命就没有意义，而且不能忍受。然而，他并不是残忍、害怕的人类想象的一个具有外表形式的、具有报复性的神祇。他应该是大自然的灵魂，而大自然本质上是美的，所以人性基本上是善良的。根据这项前提和帕斯卡的思想，卢梭建立起自己的哲学系统。

1740 年，华伦夫人为他找到家庭教师一职，负责指导里昂市长格兰德·马布利的孩子。他平静地离开了她，双方毫无怨言。她为他准备好行李，并用一度使他目眩的双手，为他编织了几件外套。

里昂、威尼斯、巴黎（1740—1749）

马布利（Mably）一家对卢梭形成一种知识上的崭新刺激。市长格兰德是三位闻名遐迩的兄弟中的老大。另外两兄弟一位是近似共产主义者的加布里埃尔，一位是近似唯物论者的孔狄亚克，而卢梭与他们兄弟三人都见过面。当然，他又爱上马布利夫人了，可是，这位夫人和蔼宽大，以致对他的爱情并不在意。因此，卢梭不得不专心于自己的职责——教导她的两个孩子。他向马布利先生提出他关于教导的计划和观念，其中一部分与自由教育的原则吻合。而这一原则在22年后的《爱弥儿》一书中，有其古典的、浪漫的发挥；另外一部分却与他后来舍弃文明的立场矛盾，因为它们承认艺术和科学对人类的发展有其价值。由于时常跟里昂学院的博尔德（Bordes，伏尔泰的朋友）教授这样的人来往，卢梭吸收了很多启蒙运动的观念，因此学会了取笑一般人的无知和迷信。但是，他仍然停留在尚未成熟的阶段。一天，卢梭向公共浴室内窥看，他看到一位年轻妇女的裸体，他的心脏几乎停止跳动了。返回自己房内，他立刻写了一封大胆的信给她，但是没有署名：

> 小姐，我几乎不敢向你承认，我是在怎样的情况下看到你，这令我感到快乐，而为了爱你，又如何地令我受苦……原因不在你那轻盈的、苗条的身影，虽然赤裸着，也不失任何韵味；也不在那优美的形态，那适度的轮廓……也不完全为了散布你全身清新的百合香味……而是为了你脸上那柔和的嫣红……当我吟着诗句，恶作剧似的于你罗衣尽褪之后突然出现在你的面前时，我见到了你脸上泛起的红潮。

他现在的年纪已大到足以爱上"年轻"的妇人了。几乎所有出现在他面前的女孩子，无一不引起他的企求和梦想，其中尤以苏珊为最："啊！只有一次，一生只有这么一次，我的唇与你的接触了。啊！何等美的记忆，我怎能失去你呢？"他开始思及婚姻，可是他也承认："除了奉献我的一颗心之外，别无他物。"因为没有钱，苏珊与别人结婚了，而卢梭只有求诸梦寐之中了。

他不但不适合扮演成功的情人角色，而且也不适合做一个好教师：

> 我几乎具有一位家庭教师必须具备的学识……而我生来就有的温柔性情如果不含性急的成分的话，似乎也有利于我的工作。当一切顺遂于心，而我所见的痛楚，虽为我所不能原宥，终究被克服了，那么我就是一位天使。可是一旦事与愿违，处处不顺心，我就成为魔鬼了。如果我的学生不了解我所教的，我就性急了，而一旦他们显露出执拗不驯的性格，激怒了我，以致气急之下我恨不得把他们杀掉……我决心离开我的学生，因为自知不能合适地、成功地教导他们。虽然我认为如果不自动请辞，他们也绝不至于开除我，马布利先生对这一点跟我一样的清楚。

就这样，卢梭伤心地辞去了教职，或者说被客气地解聘了，他怀着以图奋发的心情，回返尚贝里，再度回到姆妈的怀抱寻求慰藉。华伦夫人仁慈地接纳他，让卢梭与她的情夫同桌共餐。但是他对这一处境并不感到满意。他埋首书堆和音乐中，构想出一套以数字取代符号的音符系统。他决定前往巴黎将自己的发明呈献给科学院时，人人都表示赞赏。1742 年 7 月，他返回里昂，找人写介绍信，以便将他推荐给巴黎的名流人士。马布利将他推荐给了丰特内尔和凯吕斯伯爵，而博尔德将他推荐给了黎塞留。卢梭自里昂动身，搭乘公共驿车赶赴巴黎，一路上梦想着伟大的未来。

这时，法国正在进行奥地利王位继承战争（1740—1748 年）。由于战场是在外国领土，巴黎仍然继续过着富裕享乐的生活。知识界在热烈地讨论学术，戏院正在上演拉辛的剧本，沙龙里充满了异端邪说和机智诡辩，主教们在阅读伏尔泰的著作，乞丐在与娼妓竞争，小贩在叫卖物品，艺术家在为面包流汗。1742 年 8 月，卢梭来到这个扰扰攘攘的大都会，他已经 30 岁，口袋里只有 15 利维尔。他在靠近索邦学院的卡德列斯街上的圣奎丁旅社预订了一个房间——"一条下流的街道，一家可怜的旅社，一间简陋的套房。"8 月 22 日，他将所写的关于音乐概念的新符号递交给科学院。而科学院的学者以优雅恭维的委婉词句，否决了他的方案。拉莫（Rameau）说明如下："你的符号非常好……其所以未被接受，在于它们仍须经过心理上的程序，如此，同样无法增进实用的效率。我们目前所用的音符，一旦出现在眼前，根本用不着再加思索。"卢梭承认这一说明所持的理由正当而无法驳倒。

　　同时，他所携的介绍函件使他得以接近丰特内尔，这位先生已达 85 岁高龄，所以过于注重精力的保持，不愿劳神，只好对卢梭无以为助了；马里沃是一个成功的小说和戏剧作家，十分忙碌，不过，对卢梭的喜剧初稿《水仙花》（*Narcisse*）也曾阅读一遍，并提出若干修正意见。初到巴黎的卢梭，即与狄德罗见面了。狄德罗比他年轻 1 岁，那时尚未出版过重要的著作：

> 他喜爱音乐，在理论方面知之颇稔……而且对我讲述他在文学上的一些想法。这样，我们之间的关系很快更加密切，这种关系持续了 15 年；可是不幸我们从事了同一行业，否则这种关系可能会永远地维持下去。

　　他与狄德罗不是上戏院观戏就是下棋。在棋会中，卢梭遇见菲利多尔和其他的好手，而"无疑地，到最后，我在这方面远超过他们所有的人"。嗣后，他找到门路得以进入银行家贝尔纳的女儿杜潘夫人（Mme. Dupin）的家和她所设的沙龙中，而与她的继子弗兰克伊开始了一段友谊。与此同时，卢梭在经济上已有捉襟见肘之感了。

　　他开始寻找职业，这样才不至于完全依赖朋友的供养。由于贝桑瓦尔夫人（Mme. de Besenval）的帮助，他获得法国驻威尼斯大使的秘书一职。战事迭起，路途险峻，使他费了不少心力，方于 1743 年春天抵达威尼斯，随即向大使蒙泰古伯爵报到。这位伯爵先生，据卢梭所记，几乎是一位不学无术的人。作为他的秘书，除了说明文件之外，尚须负责起草的工作。卢梭在出席威尼斯议会时，说明法国政府传来的消息，是用意大利语发表的——这是他在都灵学的，他没有忘记，这时刚好派上用场。他对自己的地位感到骄傲，而在访问一条商船没有受到礼炮的欢迎时有所抱怨，因为"较不重要的人，也曾有此礼遇"。他跟大使先生常为了谁应接受由秘书核发法国护照所收的费用而发生争执。卢梭分得一份，所以显得比以前富裕多了。他吃得好，出入歌剧院与戏院，欣赏意大利的音乐，而且与意大利的少女谈恋爱。

一天，为了"不让同事们视他为大傻瓜"，他到妓女拉帕多娜那里。他要求她高歌一曲，而她照做了；他给了一个杜卡特，然后打算离去，但是她拒绝了，因她认为无功不受禄，所以他满足了她。随即，他返回旅舍，而"自我说服地感觉到如此行为的结果不可轻视，以致我的第一步是要求医生开药给我"。但是，医生"说服我，如此行为造成的伤害，并不会太厉害"。不久，朋友为他举行一次宴会，会中最出风头的是美丽的妓女苏莉姐。她请卢梭到房间，随即将自己的衣服脱光。"突然地，我不但没有被欲火吞噬，反而感到血管中流过一阵如死一般的冷战，而觉得恶心，所以颓然坐下，随即像小孩子一样地哭了起来。"后来，他对自己表现的无能有所说明：因为这位妇人的一个乳房变形了。苏莉姐轻蔑地嗤之以鼻，骂他"不要再理女人好了，去研究数学算了"。

蒙泰古自己的薪水都被上级拖延不发，所以连卢梭的也一并被扣留了。他们吵了一架，结果这位秘书被解雇（1744年8月4日）。卢梭向他在巴黎的朋友抱怨，结果一纸查询性质的公文传到了威尼斯，大使的答复是："我必须通知你，我们被卢梭先生欺骗如何之深的情形。他自视甚高，不可一世，使他的脾气、他的犯上，成为不能忍受的事，加上他的疯狂，才使我们发现他原来的真面目。我赶走他，犹如赶走一个恶仆。"卢梭只好返回巴黎（10 月 11 日），向政府官员提出申辩，但是没有获得任何补偿。他请求贝桑瓦尔夫人施以援手，但她没有照做。他写了一封热情洋溢的信给她，我们可以在字里行间隐隐约约地感觉到法国大革命的炽热：

> 夫人，我错了。我以为你是公正的，然而你只是在称谓上属于贵族。我应记取这项教训才对。我应察觉，像我这么一个低微的外国人，若想对一位绅士有所抱怨是多么不合适的一件事。假如命中注定，再将我置于这样一个窝囊大使的掌握之下，我将忍受下来而不发半句怨言。如果他缺少尊严，心地又不高尚，那是因为贵族的本性原来就不具备这一切；如果他在最不道德的城市里，与所有卑鄙的事物为伍，那是由于他的祖先创造了足够的荣耀，作为他的荫庇；如果他结交歹徒恶棍，如果他本人即为其中之一，如果他剥夺下级人员的薪水，啊！夫人，那么我将会认为自己是多么的幸运，以庆幸我生来不是凭自己才华获得提升的贵族后裔。那些祖先——他们是何许人？没有名望、没有财富的那些人，也就是我的同类。他们具有才能，靠自己的努力建立名声。可是播种善恶种子的大自然，却为他们留下不幸的子孙。

卢梭在《忏悔录》中，针对这点又补充说：

> 我所做的控诉，合乎正义但不被接受，这在我心中撒下了反抗这一愚蠢社会制度的愤怒种子，在这一社会制度之下，公众的福利及真正的正义，常为我所难理解的法律秩序牺牲掉了；而此之所谓法律秩序，无非在加强对压迫弱者的公共权威的承认与加深当权者的邪恶。

蒙泰古返回巴黎时，交给卢梭"一笔款项，以清偿所欠债务"。

"我接受送来的钱，用之清偿一切债务，所以，我仍然像从前一样囊空如洗。"再度搬进圣奎丁旅社，卢梭以抄写乐谱维持生活。当时，一位出版商德克·德奥丽恩斯听说他贫困的情形，便把乐谱交给他抄写，同时给他50个路易。卢梭只收下5个，而将其余的视为超支部分，悉数退还。

他赚得太少，不足以供养妻子，然而他认为若加强节俭，仍可维持一位情妇。坐在圣奎丁旅社的餐桌上与他共餐的人，有旅社女主人、一些一文不名的教士及一位在旅社打扫或缝纫的年轻妇女。泰蕾兹·勒瓦瑟尔（Thérèse Levasseur）的胆怯，一如卢梭，而对贫穷虽不如卢梭那样引以自傲，但如卢梭一样时觉羞惭。教士取笑她时，卢梭代为解围，她因此视他为保护人。不久，他们彼此相恋（1746年）。"一开始，我就对她提出声明，不会放弃她，也会娶她。"她承认自己不是处女，然而向他保证，她仅犯过一次罪行，而且已经是很久以前的事了。他宽大地不予计较，而且郑重其事地对她说，一位20岁的少女仍然保有贞操，无论如何，在巴黎是少有的。

她是一个单纯的女性，全然没有魅力，而且绝对不会卖弄风情。她不会像一位沙龙女主人那样高谈政治、阔论哲学，但是她会煮饭、料理家务，并能耐心地忍受他的怪脾气和奇特的生活方式。通常，他称她为"管家"，而她称他为"我的男人"。他很少带她去拜访朋友，因为她的心智永远停留在未成年的阶段，一如他的道德感停留在未成年一样：

> 起初，我试图改进她的心智，但是一切的努力终归化为泡影。她的心智一如自然形成的，那是教养无能为力的。我敢于承认，虽然她能勉强写几个字，但她从未了解如何将书读好，她永远无法依序地说出一年的12个月份，或者分辨数字的不同。无论我如何不计一切麻烦，努力地教导她，她仍不知道怎样算钱，也不晓得核算任何事物的总数。她讲话时，在她心上出现的字

眼，时常跟她想用的刚好相反。我从前曾以她使用的词句，编成词汇以娱卢森堡先生，而她那种颠三倒四的用语，常被我最亲近的朋友引为笑谈。

她的怀孕使卢梭"陷入最大的困境"。他怎样处置这个小孩呢？有些朋友告诉他，将不想要的孩子送到弃婴收容所是非常普通的一件事。所以小孩一出世马上就被送走了，虽然泰蕾兹不赞成这样做，她的母亲却同意（1747 年）。以后 8 年中，泰蕾兹又生下了另外 4 个小孩，卢梭都以同样的方式处理。有些持怀疑态度的人，认为卢梭从未有过孩子，认为他编造这个故事，借以掩饰自己的性无能，但是他对逃避责任这件事情，曾多次表示歉疚，使这种说法无法成立。他私下对狄德罗、格里姆和埃皮奈夫人都忏悔过这件事，而不齿自己的行为。他在《爱弥儿》一书中也隐约地予以承认，他对伏尔泰将此事公开的行为怒不可遏。他在《忏悔录》中坦然地承认，并为此深自悔恨。他是不适合过家庭生活的，因为他的身心属于流浪者，他是赤裸裸的神经质的人物，无论在体能上或精神上都是流浪汉。他未能以冷静认真的态度照顾自己的孩子，从此就无法成为一个十足的男人。

这时，他的运气颇佳，终于找到收入很好的工作了。起先，他担任杜潘夫人的秘书，接着成为她侄儿的秘书。弗兰克伊就任岁入征收长官（rceiver general）时，卢梭被提升为年薪 1000 法郎的出纳。他身披金色彩带，脚穿白色长袜，头戴假发，腰佩长剑，一派文人装扮；他出入贵族家庭，也模仿他们的衣着。在此，我们可以想象他分裂人格造成的不协调。他受到好几家沙龙的接待，而且认识很多新朋友：雷纳尔、马蒙泰尔、杜克罗斯、埃皮奈夫人，及交往最密、影响他一生的格里姆。他参加霍尔巴赫男爵家举行的盛宴，在这种场合，狄德罗使用反对他的人对他的称呼"笨驴的颚骨"。在这个亵渎神灵的地方，卢梭的天主教信仰多已消失。

他也作曲。1743 年，他开始融合芭蕾和歌剧，写成他所谓的"雅乐"(*Les Muses Galantes*),用以颂扬阿那克里翁、奥维德和塔索等人的恋情。这部作品于 1745 年,在税务官拉波普林家中发表并获得赞许。提莫却予以轻视,说它是自意大利作曲家抄袭而来的仿造品,不过,黎塞留很喜欢它,委托卢梭修改一出由提莫和伏尔泰试作的芭蕾歌剧。1754 年 12 月 11 日,卢梭给法国文学界泰斗伏尔泰写了第一封信:

> 15 年来,我努力工作,使自己能获取你的青睐与垂爱,以此你善待年轻的缪斯,并由此发现天才。但是经过为一出歌剧谱曲的工作,我发现自己变成了乐师。不论我这微弱的努力获得的成功如何,将会为我造成足够的光荣,以获知于你,而其也会表达赞美和深邃的尊崇,使我有此荣誉,成为你谦卑的、最服从的仆人。

伏尔泰回答说:"先生,你将两种才具结合于一身,而这两项才具至今仍常被认为是分开(而不能为人皆有)的。因此有两个适当的理由,使我应该敬重你、喜欢你。"

如此友好的信件竟成为他们二人敌对关系的开端。

文明是一种疾病吗?

1749 年,狄德罗因他的《论盲目》("Letters on the Blind")一文中几段侮辱性的句子被捕入狱,关在维辛市(Vincennes)。卢梭给蓬巴杜夫人(Mme. de Pompadour)写信,请求开释他的朋友,不然允许将他一并下狱。在那个夏季,他数度奔波于 10 英里外的地方,从巴黎赶到维辛市,探访狄德罗。途中,他经常随身携带一份《信徒报》,以为步行休息之际充当浏览的读物。就这样,他偶然看到第戎学院(Academy of Dijon)悬赏征文的启事。论文讨论的问题是:"论科学与艺术的复兴对道德可能产生污染的影响，或具有净化的作用"。
他跃跃欲试，因为快 37 岁了，正是该为自己创立声誉的时候。然而
他是否拥有关于科学或艺术或历史的足够知识来进行这一问题的讨
论，而同时不至于显露自身在教育程度上的缺陷呢？ 他在 1762 年 1
月 12 日写给马勒泽布（Malesherbes）的信件中，以特殊的情感描写
他在这次旅途中突然获得的启示：

> 遽然地，我感到自己为千百道耀眼光芒弄得头昏目眩。许多
> 生动的鲜活的观念涌上心头，其以如此的力量、如此的混乱，将
> 我投进不可言喻的兴奋中。我感到天旋地转起来，有如喝醉酒似
> 的。一股强烈的心悸压迫着我。呼吸的困难，竟然使我无法移动
> 脚步，只好躺在路边树下，在如此兴奋的情况中，度过将近半小
> 时。动身时，我发现自己胸前的背心被泪水沾湿了……啊！如果
> 我能将自己在树下看到的、感到的写下 1/4，那么我将可以把我
> 们社会制度的所有矛盾，一一予以澄清了；我将可以简单地指明
> 人性本善，而我们的制度使之败坏的道理了。

最后一句是他所唱的生命之歌的主题，至于那沾满背心的泪水，
正是法国和德国浪漫主义取之不竭的源泉。现在，他能将自己的一颗
心掏出，以反抗巴黎所有的矫揉造作、道德败坏、追求肉欲的艺术、
势力的阶级划分、有钱人通过对穷人的剥削来过着冷酷奢华的生活，
及以科学取代宗教、以逻辑取代感情而造成的干涸枯竭的心灵。一旦
向这样的堕落宣战，他是能辩解自己所持的教养上的单纯、自己的村
野举止、自己对社会的不快、自己对恶意中伤和不相干机智的厌恶，
及自己对在友辈的无神论气氛中所持的挑战性的宗教信仰。此时，
在内心深处，他再次成为加尔文的教徒。他追随某种思想上的情绪，
回想起早年灌输给他的道德观念。在回答第戎学院的信函中，他欲将
自己出生地日内瓦的地位置于巴黎之上，更欲对自己与别人说明何以

他在"佳美小屋"的生活是如此愉快，而在巴黎的沙龙里过着可怜的生活。

到达维辛市之后，他将自己打算显露一手的意愿告诉狄德罗，狄德罗极为赞成，并劝他以最大可能的力量攻击当代文明。几乎没有别的对手敢于采取如此的立场，而卢梭的地位将会因其独特而大为突出。[1] 卢梭返回住宿的旅社，一心渴望摧毁当时的艺术与科学的地位，而这正是狄德罗在《百科全书：科学、艺术、手工艺的百科辞典》中准备予以颂扬的：

> 我以很独特的格式，写作这部论文……我晚上难以成寐，即致力写论文。我闭着双眼，在床上思考，我的心反复地以无法令人相信的努力和注意，三番两次地改正我的修辞……一俟论文完成，我将它交给狄德罗。他对这篇论文感到满意，而且指出其中某些认为应该加以修改的错误……除了格里姆以外（我想），我没有再给别人看就送出去了。

第戎学院把他的论文评为第一，给他首奖的荣衔（1750 年 8 月 23 日）——1 块金牌和 300 法郎。狄德罗怀着特别的热心，安排这部《论艺术与科学》（*Discours sur les Arts et les Sciences*）的出版事务，然后通知作者："你的论文之好超乎任何人的想象。从未有过这样成功的例子。"似乎巴黎已认清此时此地，正值启蒙运动如日中天的时候，有一个人大声地向理性时代挑战。

这篇论文的开头，似乎在赞扬理性的胜利：

---

[1] 一次小的争论使这个地方的叙述模糊不清了。1782 年狄德罗论及有关卢梭的拜访，其态度与卢梭的记载是可以相互印证的："当……卢梭到来，跟我商量他应采取的立场时，我说：'你要发挥的部分，是别人所丢弃的。'他说：'你是对的。'马蒙泰尔约 1793 年引用狄德罗的话，而认为狄德罗曾经劝告卢梭不要采取肯定的立场，卢梭曾说：'我将接受你的劝告。'"

观乎人自求进取，即其自身从一无所有，努力创造，实为一项高贵而瑰丽的景象，而理性之光拨开由人性笼罩的所有浓云密雾，超越了自己，而其思想，在尽善的天国翱翔，迈着巨人的步伐，有如太阳照射这广阔的寰宇。还有更伟大的、更了不起的，就是人对自己的认识与反省，研究人本身、认识人的本性、人的责任及人生目的。我们见到的这一切奇迹，在最近几代之中已重新出现。

伏尔泰对这篇论文令人出神入迷的开端，必然展露赞许的微笑；这是对理性学派注入的一股新血，其对那些意欲破除迷信的人可谓最佳伙伴。而且，这位年轻的英雄"洛金瓦"（Lochinvar），岂不是已经对百科全书派做了一项贡献吗？但是某些论证已有令人（指伏尔泰）失望的转变了。卢梭认为所有这些知识上的进步，已使政府更为有力地摧残个人的自由；它已运用世故的伪善，取代了未开化时代具有的简朴德行和直接语言：

真挚的友谊、诚恳的相互敬重及完全的信赖，已被人们抛弃。妒忌、怀疑、恐惧、冷淡、隔阂和欺诈的谎言，时常被掩盖在客套的、虚伪的外表与骗人的面具之下，而这些却为人大言不惭地视作坦白和文雅，并认为应该用以作为这个时代的领导和表率……让艺术和科学取得原有的地位，提供有益的贡献吧！

这种因知识与技艺的进步而造成的道德和品性的败坏，几乎成为一个历史定律。"埃及一俟成为哲学和文学之母，即立刻被征服了。"希腊一度充满英雄人物，曾经两度击败亚洲。其时，学问停留在初生阶段，而斯巴达的德行并非如希腊的理想一样被雅典的矫饰、诡辩学派的论证及普拉克西特列斯骄奢淫逸的生活方式取代。但是，当那"文明"达到巅峰状态之际，即为马其顿菲利普的一击所毁，然后，自动套上了罗马的枷锁。罗马在其还是一个接受斯多葛式训练的农民和士兵组成的国家时，征服了整个地中海世界。但是一俟它松懈地耽于伊壁鸠鲁的享乐，在赞美奥维德、卡图卢斯和马提雅尔的淫秽之际，便成为罪恶的渊薮，及"国家之间的笑柄，甚至是野蛮民族的俎上的肉"。在文艺复兴时代，罗马复活了，艺术和科学再次腐蚀统治者和被统治者的力量，以致意大利积弱到无法抵抗侵略的地步了。法兰西的查理八世几乎不费一兵一卒，就统治了托斯卡纳和那不勒斯。"而且所有他的大臣都将这个出乎意料的胜利归之于以下的事实：意大利的王子和贵族以最大的热忱，致力于智力的培养与探求，而不求实际行动，及军事上的研究发展。"

文学本身也为衰败的因素之一。或者我们可以考虑一下哲学造成的离心效果。在这些"爱智者"中，有人告诉我们，没有所谓的物质；另外有人使我们相信，除了物质，别无其他，及除了宇宙之外，别无其他（上帝）主宰；第三派声称，德行和罪恶徒有其名，除了力量和技巧之外，其他不起作用。这些哲学家"败坏我们信仰的基础，摧毁了美德。他们轻视地谈笑'爱国主义'和'宗教'等老式的字眼，并将其才干贡献于摧毁和损坏那些人们视之为神圣的事物"。在古代，如此谬妄无法长期地存在于人们心中，但是现在由于印刷术的使用，霍布斯和斯宾诺莎有害的思想，将会永远存在了。卢梭的结论是印刷术的发明，为人类史上最大的不幸之一。而且"极易看出，日后的帝王将自他们的国土上尽最大的努力，以驱逐这项可怕的艺术，一如他们从前鼓励其发展"。

看看那些从来不知道哲学或科学、文学或艺术的人表现的活力和优异：居鲁士时代的波斯人，塔西佗描述下的日耳曼人，或者"我们时代的淳朴之国（瑞士），其著名的勇气几为任何灾祸无法征服，而其忠诚也无败坏的例证"。此外，这位骄傲的日内瓦人又补充说："即使对这许多为我们难以隐瞒甚至闻所未闻的恶行，那些幸福国度里的美洲野人，采用孟德斯鸠简单而自然形式的简易政府，毫不犹豫地接纳了柏拉图的法则，及哲学所能提供的最完美的政府远景。"那么何为结论？其为——

> 在一切时代中，奢华、放荡和奴役，都是由于我们傲慢的奋斗努力以图从上帝为我们安排的单纯快乐境界里强自出头所遭受到的惩罚……让人们记取教训，明白大自然亟欲保护他们以免科学的伤害，正如一位母亲从她的儿子手上夺去一件最危险的武器。

对具有学术地位的学院所提的问题，卢梭的答案是：学而无行，陷阱也；唯一真正的进步是道德的进步；学问的进展，若没有加以净化，反而会败坏人类的道德；文明并没有将人类提升到更为高贵的地位，反而使人自乡村淳朴的天真无邪和欢乐异常的天堂中坠落。

在论文的结尾，卢梭对自己的观点再加以检讨，他面对被攻击得体无完肤的科学、艺术、文学和哲学，仍然感到心有余悸。他记起友人狄德罗正在准备编一部百科全书，以对科学有所贡献。突然他发现某些哲学家——例如培根、笛卡儿等人——皆是"崇高的教师"，所以他提议，那些活着的、有才干的人物，如果担任国家统治者的顾问，是应该为大家欢迎的。西塞罗不是成为罗马元老了吗？而最伟大的现代哲学家不是被任用为英国首相了吗？狄德罗可能忽略了这些线索，但卢梭还有最后的话：

> 至于像我们这样的凡夫俗子，上天没有赋予我们如此伟大的才干……让我们默默无闻算了……让我们将指导人类的责任留给别人，而将我们局限在处理自身事务上算了……美德！淳朴心灵的崇高科学……岂不是你的原则，而铭记在每一个人的心里？我们不是需要学习更多你的律令法则，而不去倾听良心的呼唤吗？……这才是真正的哲学；对此，我们必须学习满意知足。

　　巴黎人不知采取何种立场来对待这部论文：以严肃作品视之，或以充塞夸张、矛盾和言过其实的恶意文章视之？据某些人的说法，卢梭根本不相信其中任何一种（卢梭自己有此记载）。狄德罗信仰科学，但对它自囿于习俗和道德的限制深为不满，所以明显地同意卢梭的夸张手法，视之为鞭笞巴黎社会的必需；而宫廷大臣对这篇论文，无不击节赞赏，而认为早应给予骄横的、行将毁灭的哲学家如此指责。当然，有很多敏感的人，一如这位笔锋犀利的作者，对巴黎那种喋喋不休和无聊的机智深感不快。卢梭在此已经指明任何文明社会遭遇的诸般问题。技术所结的果实，换来工业社会的繁忙、紧张、新奇、嘈杂和特别的气息，这是否值得？启蒙运动是在逐渐损害道德吗？如此追随科学，以致达于彼此毁灭，而跟从哲学，以致使任何坚定的希望趋于破灭，这是明智之举吗？

　　十几位批评家起而卫护文明：里昂学术院的博尔德，卢昂学术院的拉卡特，柏林学术院的福尔梅，及最温和的波兰前国王、现为洛林大公的斯坦尼斯拉斯。学者们指出卢梭的非难仅仅是扩大蒙田在《论野蛮》（"On Cannibals"）一文表现的怀疑而已。其他人也听过帕斯卡自科学返归宗教的呼吁，还有成百上千的"硕学之士和圣者"，世世代代地在谴责文明为一种病态、一项罪恶。神学家可以声称，在卢梭的理论中，所谓人从自然状况的"幸福"和"无邪"沦落至此，仅仅是伊甸园故事一项新瓶装老酒的玩意儿而已。"文明"取代了"原罪"的地位，是人类之所以堕落的原因——而这两项无非是寻求知识的欲望，导致福荫的结束促成。老于世故如伏尔泰者，茫然不解于一位年已37岁的人，何以会写出一篇有如幼小孩童所写的愤世文章，去反对科学的成就、优美态度的福祉及艺术所具有的启发性。艺术家如布歇，对卢梭的讽刺抨击，可能佩服得五体投地；然而艺术家如夏尔丹和德拉图尔，却攻击卢梭在使用无法认知的通则化概念，以为推论的根据。而士兵们对这位软心肠的音乐家，当然是大为喝彩，因为他提高了军人的品质和永远处于战事的精神的地位。

卢梭的朋友格里姆，抗议任何返回自然的举措。"魔鬼似的胡说！"他大叫着，并提出一个难以解决的问题，"自然是什么呢？"贝尔注意到"很少字眼，一如'自然'一词，使用得如此含糊……因为'这个来自自然，所以是好的、对的'。如果你根据的前提是这样的话，那么所得的结论一定是不确的。我们从人类自身找到很多坏的事物，而这些毋庸置疑地是大自然的杰作"。卢梭抱持的有关原始自然的概念，当然将其浪漫地理想化了。自然（没有社会限制和保护的生活）是张牙舞爪的，而其间最高律法无非是杀人或被杀。卢梭喜爱的"自然"，有如在沃韦或克拉伦斯所见到的，无非是文明化的"自然"——经人修饰过、驯服过的。他事实上也不愿返归原始状态，并接受其间的肮脏、不安及暴行。他向往的是自给自足、尊重长上的农家生活。他希望解除文明社会所加的限制和规则，及理性和节度形成的古典的处世方式。他痛恨巴黎，喜爱"佳美小屋"。到了晚年，在《一个孤独漫步者的遐想》（*Les Rêveries d'un Promeneur Solitaire*）中，卢梭将他的感觉予以理想化了：

> 我天生最相信人类，而 40 年来，这一信念从没有一刻被蒙蔽淆惑。突然地，循着他人和事物的轨迹，一起崩溃了；我陷入成百上千的陷阱……浪费在我身上的虚伪情感，使我一度相信这些仅仅是欺瞒和曲解而已，此外并不含有其他意义。于是我又很快地陷入了另一极端……对人类，我开始厌恶……我从未真正习惯文明社会，其间全都是忧虑、义务和责任，而生活在这样的环境中，自然的独立性，使我永远无法臣服于希冀与他人相处的必要限制。

他大胆地在《忏悔录》中承认，第一篇论文"虽然充满活力和热情，在逻辑和法则方面，却是绝对欠缺。所有我写的作品中，在推理方面，这一篇算是最为薄弱的了，也是最无律则（散文韵律？）、和谐的一篇"。

无论如何，他对批评者提出了有力的答复，所以再度维护他的矛盾的论据于不坠。对斯坦尼斯拉斯，他例外地对自己的话礼貌地作了一次修正：经过思考之后，他决定不再主张烧毁图书馆，或关闭大学和学术院，"所有如此的做法得到的效果，可能将欧洲再度带回野蛮世界"。而且"人类一旦腐败，最好是求知，而不是无知"。不过他根本无意撤销对巴黎社会的指责。为了表明他不参与这样的社会，他放弃了长剑、彩带和白袜，而代之以简朴的服装和中产阶级的小假发。马蒙泰尔说："如是，自那一刻起，他选择了自己扮演的角色，及自己所戴的面具。"果真如此，那么他所戴的面具是如此之好、如此之牢靠，以致成为人类的一部分，而改变历史的面貌了。

巴黎与日内瓦（1750—1754）

1750 年 12 月，卢梭患了很严重的膀胱炎，这使他卧床 6 星期之久。这次不幸，使他的退隐的意愿更为加强了。他有钱的朋友叫私人医生来诊断，但是以当时的医疗水平，医生对他的病情是无能为力的。"越听从他们的指示，我越感到虚弱、消瘦。依我的想象……我面临坟墓边侧，除了由尿沙、尿石和尿潴留造成的持续性痛苦之外，别无其他。任何对于别人而言减轻病情的法子——灌水药、洗浴和放血——只是增加我的痛苦而已。"

1751 年初，泰蕾兹为卢梭生下第三个小孩，而这个跟从前几个一样，仍然被送到弃儿收容所。他后来对这件事有所说辞：因为他太穷了，无法抚养，若由勒瓦瑟尔家抚养，可能会毁了他们全家，而且如此去做，可能会大大妨碍他在作曲和写作方面的工作。他的病使他放弃杜潘属下的收税员职位和收入，因此他的生活主要是依赖抄写乐谱，以每页 10 苏计算来维持的。可能是狄德罗忽略了，或者是出版商的吝啬，他那部论文的版权，并没有给他带来任何收入。这可以证明他在音乐方面的收入比哲学方面的收入更多。

1752 年 10 月 18 日，由杜克罗斯力荐，卢梭的歌剧《乡村法师》（*Le Devin du Village*）在枫丹白露的宫廷上演，国王和大臣们都在场。这次演出是成功的，所以一个礼拜后，重演一次。在巴黎公演（1753 年 3 月 1 日）时，此剧赢得广泛的好评，而这位形同退休的作家，再度发现自己闻名遐迩了。卢梭用音乐和文字所写的插戏（intermède），几乎是"对话"的伴奏（obbligato）：剧中的牧羊女柯尔蒂由于情人科林与城里的少女们调情说爱而悲伤，后来接受了乡村牧师的指导，也以自身的调情卖弄赢回科林的欢心。科林带着一颗忌妒之心归来，然后他们齐唱芭蕾舞曲，赞美乡村生活，反对城市。卢梭参加了这次初演，几乎与城市社会融洽如初了：

　　在国王御前，没有鼓掌声。所以任何事情都可以听到，这对作者本人和歌剧都有益处。我听到几位妇女低声地在谈论我，而这些女人无一不是美如天仙的。她们以很低的语调，交头接耳："这多么迷人，多么勾魂；几乎没有一丝声响不打入人的心坎深处。"以如许情绪上的快感，给予如此之多的人，使我感动得快要流泪了。而在第一幕第二部合唱时，我按捺不住了，因为当时我观察在场诸人，不只是我自己在流泪。

那天黄昏，达克·德奥蒙（Duc d'Aumont）捎信儿，叫他第二天早上 11 点到王宫晋见国王。这位信使的附言是，国王打算给他年金。但卢梭的膀胱宿疾发作，使他无法如愿：

　　谁能相信，如此光彩的日子对于我来说，竟会是一个痛苦的、困扰的夜晚？首先映入我脑海中的是，晋见以后，我当即打算随时退休。这使我在戏院里受到非常大的折磨，而这可能在第二天使我更为苦恼，如果我必须在套房里，或在国王的套房中，面对所有达官贵人，等待陛下离去的话。我孱弱的身体是阻止我参加社交活动及与美人交谈的主要原因……只有那几位熟悉我处境的人，方能判断我接受如此建议造成的危险和恐怖。

所以，他的回复是：不能赴约。两天后，狄德罗责备他何以放弃这么好的机会，尤其这个机会能改善他和泰蕾兹的处境，而使之更能适合他自身的发展。"他以较为热情的态度谈论年金这个话题，其关心的程度比一位哲学家所能企求于他的更大……虽然照道理讲，我应该感谢他的关心，但是我对他抱持的原则不感兴趣。这样，我们之间，第一次产生激烈的争执了。"卢梭不是没有从《乡村法师》一剧中获得任何益处。蓬巴杜夫人非常喜爱这出戏，所以在宫廷里的第二次演出，她竟然扮演柯尔蒂的角色；她赠予卢梭 50 路易，而路易给他 100 路易。国王本人"以法国最差劲的声音"，接着高唱柯尔蒂的悲伤独唱曲"我迷失了自己"——这是格鲁克（Gluck）的警句。

同时，卢梭为《百科全书》准备了一篇有关音乐的论文："这些是我在狄德罗给我的 3 个月时间里仓促写就的，结果是一塌糊涂。"提莫在一本题为《百科全书中有关音乐方面的错误》（*Erreurs sur la Musique dans l'Encyclopédie*，1755 年）的小册子中严厉地批评这篇论文。卢梭把所提到的项目予以修正了，以之作为《音乐辞典》（*Dictionnaire de la Musique*，1767 年）的精华部分。除了提莫之外，当时一般人无不将他视为"最上流的音乐家"；现在我们倒应该把他归类为后进派的优秀作曲家之一了，但毫无疑问，他是当时的音乐作曲家中最有趣的一位。

1752 年，一群意大利歌剧的歌手侵入巴黎时，有关法国和意大利的乐风在精神上孰优孰劣的争执，更为白热化了。卢梭因写了《关于法国音乐的信》（*Lettre sur la Musique Française*，1753 年），而卷入了争端。格里姆说："他在信中证明用法国文字写作乐曲是不可能的，法国语言全部是不适合音乐的。法国从未有音乐，将来也不会有。"

卢梭所说的音乐指歌曲而言。他在《一个孤独漫步者的遐想》一书中写道："我们唱了一些古老的歌，而这些比起现在的嘈杂之声，要好得多了。"哪一个时代没有倾听这样朴素的音乐呢？在《音乐辞典》中，有一篇题为《歌剧》的文章，隐约预示了瓦格纳（Wagner）的风格，并将"歌剧"界定为"一种戏剧性的、抒情诗似的景象，以之寻求联合所有唯美艺术的魅力，而成为一项热情行动的代表……一出歌剧的组成是诗、是音乐、是装饰：诗针对心灵，音乐针对耳朵，而绘画则针对视觉……希腊戏剧庶可称之为歌剧矣！"

1752 年，莫里斯——图尔的"昆廷"（Quentin de la Tour）——以颜料为卢梭画像。他将卢梭的微笑、英俊和清爽，一一予以表现，引致狄德罗责备这一幅画与真实违背。马蒙泰尔描绘的卢梭，一如在霍尔巴赫的晚餐聚会那几年所见："他赢得首奖……在第戎……一位胆怯、有礼的人……有时……太逢迎人，几近屈辱。从他害怕的保留中，讨厌别人的情绪隐约可见。他低垂的双眼，以充满阴沉的、怀疑的眼光，注视所有的事物。他很少加入别人的谈话，也不太愿意坦诚地与我们相处。"

由于这样强烈地指责科学和哲学，卢梭在控制沙龙的理性派哲学家的圈子里，时常感到格格不入。他的论文使他不得不采取维护宗教的立场。埃皮奈夫人描述在奎诺夫人（Mme. Quinault）所办的晚宴中，女主人发现话题太过离谱之后，如何要求宾客们"至少尊重自然宗教"。达朗贝尔——此人为日后伏尔泰追求夏特莱夫人（Mme. du Châtelet）的对手，不久又是卢梭追求乌德托夫人的情敌——反唇相讥："不可比尊重其他更多。"埃皮奈夫人继续如下的记述：

> 对这样的回答，卢梭发火了，口中嘀咕着一些使人讥笑他的话，他说："如果，允许任何人在背后谈论不在场朋友的闲话，这是懦弱的，那么允许任何人谈论在场上帝的闲话，就是罪恶的了。而且，我信仰上帝，先生。"……我转向达朗贝尔说："先生，

你是一位诗人，你将会同意我，一种永生的生命——万能而最有智慧——的存在，是最美丽的热情的源泉。"他回答说："我承认，看到这神的脸庞面向世界，关怀芸芸众生是美丽的……然而这种想法是愚行的源泉。"卢梭插嘴了："先生，如果你再多说一句，我要拂袖而去了。"事实上，他已离开自己的座位，而且真的打算一走了之，幸亏亲王此时到来。

这样，大家才把争执的话题置之度外。如果埃皮奈夫人的《回忆录》所记的值得相信，那么卢梭曾对她表示过，这些无神论者，照道理讲，是应该打入十八层地狱的。

在为他创作的喜剧《水仙花》所写的序言中，卢梭再度向文明挑战。本剧在 1752 年 12 月 18 日由多米迪·弗朗西斯扮演。卢梭写道："讲求享受的嗜好，是一个人腐化的开始，而不久，腐化益剧。如许嗜好在一个国家中之所以产生，其可恶的源泉有二……懒惰和出风头的欲望。"无论如何，直到 1754 年，他仍然继续参加霍尔巴赫的自由思想家的"集会"（synagogue）。在那里，一天，马蒙泰尔、格里姆、达朗贝尔和其他人，围着听珀蒂神父朗诵自己所写的悲剧。他们发现他写得很差劲，却还故意地大大夸奖一番。这位神父因为酒喝得太多了，所以看不出他们是在取笑，反而洋洋自得，不可一世。卢梭对这些朋友的不厚道大为反感，便毫不留情地向这位神父大声斥责："你的作品一文不值……这几位绅士无非在笑话你。你最好离开这里，滚回老家，去当乡村教士算了。"霍尔巴赫对卢梭的粗鲁行为大表不满；而卢梭在愤恨之余，索性离去。有一年之久，他不再出席这样的聚会。

同伴们摧毁掉他的天主教信仰，但是影响不了他对基督教根本教义的信仰。天主教在他心中的地位下降时，孩童时代的新教浮升到表面，取而代之了。他把年轻时代的日内瓦理想化了，而自以为住在那边，将会比住在使他灵魂厌烦的巴黎更为舒适。如果他返回日内瓦，将会重新获得公民的头衔，及其所包括的权利。1754 年 6 月，他搭乘驿马车抵达尚贝里，发现华伦夫人又贫苦又不快乐，所以倾囊相助，然后径赴日内瓦。他被视作一位回头浪子，受到大家的欢迎。他似乎签署了一项支持加尔文教派的宣言。日内瓦教士对这样一位百科全书派的学者能矫正其宗教信仰，不禁雀跃三丈。他再度恢复公民的身份。此后，他就可以骄傲地用"公民卢梭"（Jean-Jacques Rousseau, Citoyen）为其签名头衔了：

> 由市政府和宗教议会、市长、市府官员、市民的善待和隆重的礼仪，加在我身上的仁慈，给予我的印象，甚为深刻……除了放下家务，为勒瓦瑟尔先生及其夫人寻找住处，或为他们准备生活费用之外，我根本不想重返巴黎，而在办完事后，我跟泰蕾兹回到日内瓦，打算在此度过我的余生。

他现在已比少年时代更能淋漓尽致地欣赏湖光山色之美了："对湖的远方尽头，我保留活生生的记忆，几年之后，在《新爱洛漪丝》一书里，我写了有关的描述。"他在这本小说中，把瑞士农夫的住处写成有如田园诗似的农舍：他们有自己的农场，而没有人口税，也没有劳役，冬日无一不忙于处理自己的家务杂事，自足地与世隔绝，几乎不涉及人间的嘈杂和争端。他在《社会契约论》（*Du Contrat Social*）一书中描写他的政治理想时，心中所思所想的都是以瑞士小城邦为其蓝本。

1754 年 10 月，他到巴黎去了，行前答应尽快回来。伏尔泰在卢梭离开两个月之后，到达日内瓦，并在代利斯定居。在巴黎，卢梭和狄德罗、格里姆的友谊恢复了，但是不如从前那样真诚。当他获知霍尔巴赫夫人去世，就写了一封亲切的哀悼信函，寄给霍尔巴赫。两人于是重归于好，而卢梭再度与这位不信教人士同席共餐了。约有 3 年以上的时光，他在各个方面都表现得像一位理性派哲学家；

而他新近改信的加尔文教义，在他心中所占的地位，又变得微不足道了。他现在集中心力于出版第二篇论文。这一篇比上一篇更能震动世界。

文明的罪恶

1753 年 11 月，第戎学院宣布举办第二次征文比赛。新的问题是"人与人之间的不平等，起源为何？其是否为自然律认可？""受到这个大问题的冲激，"卢梭说，"使我大为惊讶的是，学院竟然有此胆量提出这样的问题。但是既然它有此勇气……我即刻着手探讨了。"他为自己的论文所取的题目是《论人类不平等的起源和基础》（*Discours sur l'origine et Les Fondements de l'Inégalité Parmi les Hommes*）。1754 年 6 月 12 日，他在尚贝里将这第二篇论文献给"日内瓦共和国"，并加上赞美词，以呈奉"最荣耀的、最伟大的、最有权力的上帝"。在此，他吐露了一些政治学讨论中最著名的意见：

> 在我的研究中，依循常识是一个政府的宪法准备的最佳规则，而我不禁大为讶异，发现所有这些均已在你的政府中实现。甚至，即使我不在你的城内出生，我仍旧认为将这幅人类社会的蓝图呈献给大家是必需的；因为在这里，所有人民，不论年龄大小，似乎都拥有最大的利益，而对因此产生的弊端，也有其最佳的防止办法。

他昔日用以赞美日内瓦的词句，似乎十分适合今天的瑞士：

> 由于幸运地缺少权力，这个国家将它的注意力，自残酷地耽于征服转移开了。而且由于更为幸运的情势，它得以不至于害怕自身为其他国家征服：这个自由城市，位于数个无意攻打它的国家

之中，而这几个国家的存在，对防止它受别国的攻击，有其作用。

这位未来法国大革命的偶像人物，认为日内瓦的某些措施对民主政治造成了独特的限制，因为这里只有占总人口 8% 的居民拥有选举权。但是：

> 为求防止自私自利和恶意设想的计划——所有诸如此类的危险性改革，使雅典最后归于毁灭——任何人都不能随心所欲地自由提出新的法律。这权力应该完全属于兼理行政司法的长官（magistrates）……法律伟大的古老传统，是它令人崇敬和感到神圣的最主要原因；人们若看到法律朝令夕改，那么很快就学会轻视它们了。而一个国家若以改革为借口，使自身习惯于忽视古老习俗，那么时常会引进较其希望予以祛除更为严重的弊端。

这是不是他重新成为日内瓦公民的答辩呢？

所求目标既然达成，卢梭将他的论文提交第戎学院。他并未获奖，但在出版这一部论文（1755 年 6 月）后，对自己再度成为巴黎沙龙里的热门话题，他还是感到满意的。他留下的自相矛盾的陈述，都成为激烈辩论的焦点。他不否认"自然的"或"生物学上的"不平等。他承认某些人在体格上或在性格上、心灵上，生来就比别人更为强壮或更为健康。但是，他认为所有其他的不平等——经济的、政治的、社会的和道德的——都是不自然的。这些都是在人类离开"自然状态"，建立私有财产和设立国家，以保护财产和特权时造成的。"人性本善"，人之所以变坏，主要是经由限制或败坏人的趋向自然行为的社会制度。卢梭描绘出一幅理想的原始生活的情境：生活其中的大多数人，都有强壮的手臂、快捷的双腿和清晰的视力，[1] 而其所过的，

---

[1]"我不是这样，那对我来说，是上帝、是美德。"——尼采

是行动的生活。思想在这里永远是工具，是行动的偶发结果，而不是
使行动衰弱的代替品。他用这种自然的健康，与财富及使人懒散的职
业在文明中造成的疾病相对照，以为讨论：

> 我们罹患的疾病，大部分是我们自己造成的；如果我们依循
> 自然赋予的简朴、一致而独居的生活态度，那么我们几乎可以
> 避免罹患所有这些疾病。假使自然注定使人健全，那么我有意声
> 称，被指责的情状应该是与自然相反的那些，而有思想的人就是
> 堕落的动物了（l'homme qui médite est un animal dépravé）。一旦我
> 们思及野蛮人良好的结构——至少要思及没有被我们的麻醉毒液
> 所毁灭的那些人，而且考虑到他们几乎不受任何疾病，除了受伤
> 和年老之外的困扰，那么我们亟欲相信，依循文明社会的历史，
> 却可知晓人类疾病矣。

卢梭承认，理想的"自然情态……可能从未存在，而将来也可能
不会存在"。但是，他不以此作为历史事实，而是作为比较的标准提
出。这就是他何以有惊人提议的含义："让我们抛开事实来讨论，因
为它们对问题的解决没有作用。我们将研究的……必定不被当作历史
真理来处理，而是仅仅被视为条件及假设的推论。"无论如何，我们
可以体察现代状态的条件和行为，尚未形成其社会组织结构之前，人
类生活的一些观念，因为"今日情状仍然停留在自然状态"——每个
个体的主权已被知晓，实际上除了狡诈和力量之外，照旧是没有律法
的。我们可以设想，先于社会之人，同样置身于个体主权的、不安全
的、集体混乱的及继续暴行的环境里。卢梭的理想不是这样的一种先
于社会的想象存在（因为社会可能与人同样古老），而是发展过程的
晚近阶段，而人生活其中及所处的是尚未进化到建立私有财产、以父
权为主的家庭及部落的团体。"所有社会最古老的，而且唯一属于自
然的，是家庭。"这才是人类享有最大幸福的时代。它有其缺陷、痛

苦和处罚，但是它没有父权和家庭规范之外的法律，"它全部是人所能体验的最佳情状，因此，仅能经由某些致命的偶发事件，方能予以扫弃"。如此事件，即为私有财产的建立，而经济的、政治的和社会的不平等，及现代生活的大部分罪恶，得以产生：

> 第一个人既经占有一小块土地，心中自忖，然后声称"这是我的"，并发现人们是如此轻易地相信他所说。那么，这就是文明社会的创始人了。如果任何一人能拔掉界桩、填平界沟，然后向众人疾呼："听这位伪君子讲话的时候要小心呀！千万别忘记地上果实是属于我们大家的，土地本身不属于任何个体，否则你就会遭到毁灭的厄运了。"如此，始可望将人类从如许的罪恶、战争和谋杀，及不计其数的可怕不幸的事物中，解救出来。

从那最初被容许霸占开始，文明的不幸遂接踵而至：阶级区分、奴隶制度、奴役、嫉妒、抢劫、战争、法律不公、政治腐败、商业欺诈、发明、科学、文学、艺术和"进步"——总之，无非堕落而已。为求保护私有财产，力量被人类组织化了，成为国家。为使政府易于推动，于是法律发展了，以便以最少的力量和代价，使弱者习惯于服从强者。这样造成的结果是"少数特权阶级饱食终日、山珍海味，而饥饿大众却无法维持最低生活"。不仅如此，除掉这些不公之外，尚有由此衍化而成的大堆邪恶事物："可耻的方法有时被使用于阻止人的出生。"堕胎、杀婴、割除卵巢、性变态，"遗弃或谋杀为数众多的婴孩，因为他们不幸成为双亲贫苦的牺牲者了"。所有这些大不幸，无一不使道德败坏。它们为动物界所不知，它们在人类的身体上制造"文明"这个恶瘤。一旦同这种形态复杂的腐败和邪恶相比较，野蛮人的生活倒是健康的、神圣的，及合乎人性的了。

那么，我们是不是应该返回野蛮呢？"社会必须要全然地予以废弃吗？你我之分，一定要取消吗？而我们一定要返回森林中与熊为伍吗？"这些对于我们来说，已不再可能。文明的毒素已深入我们的血液中，所以仅用逃回森林的方式是无法将之祛除的。结束私有财产、法律和政府，将会使人民陷入比文明更坏的混乱。"一旦人类离开天真无邪和平等的阶段，他们将永远不能返回了。"革命可能有其正当的理由，因为强力是能推翻强力所建立、所持有的。但是时至今日，革命已不适合了。我们所能做的最好的办法是重新研究福音，并以施行基督教伦理的方式，尝试于清除我们邪恶的冲动。我们能养成对同类的自然同情心，以之作为道德和社会秩序的基础。我们能下决心去过一种较不复杂的生活，而对仅有必需品的生活感到满足，而且轻视奢侈、规避对"进步"的追逐和狂热。我们能接二连三地脱掉人为的假道学和文明的败坏，而将自身改造成一位老实的、自然的和真诚的人。我们能远离城市的嘈杂和喧闹，及其所有的仇恨、放纵和罪行。我们能生活在乡下，过着一种简朴的、有家庭责任的和满足的生活。我们能放弃哲学的死胡同和矫饰，并皈依一种宗教信仰，而使我们在面对苦难和死亡之际，得以支持自身于不坠。

今天，因为相似的论调我们听了已不止几百次，所以感到在这样的正当愤懑里，还含有一种矫饰意味。我们不禁怀疑：卢梭描述的罪恶，起于腐败制度的成分多呢，或起于人性的成分多？但是，制度毕竟为人性建造。他在写作第二篇论文之际，正是所谓"友善而流行的野蛮"理想化到达巅峰状态的时刻。1640年，哈蒙德（Walter Hamond）出版了一本小册子，"以证明马达加斯加的居民是世界上最幸福不过的"。耶稣会教士关于休伦族和易洛魁印第安人的记载，似乎产生了笛福所著《鲁滨孙漂流记》一书中那位和蔼可亲的星期五（Friday）先生的形象。一般说来，伏尔泰对高贵野蛮人的传说，无不加以讥嘲，但他愉快地将它们应用在自己的作品中。狄德罗自娱地将它们用于《博甘维尔航海补遗》（*Supplément au Voyage de Bougainville*）。但是爱尔维修讥嘲卢梭的理想化野人，而杜克罗斯虽为卢梭的忠实友人，仍然争辩："在野蛮人中，罪行才是最常发生的。而一个国家的雏形，并非是它天真无邪的时代。"总之，当时学界风气还是比较偏爱卢梭的观点。

广受责备的卢梭，只有将这篇论文当作与第一篇论文一样是无的放矢，方能使自己对得起良心。杜德芳夫人（Mme. du Deffand）公开指责他是一位冒充内行的人。怀疑派讥笑他对基督教正统的信仰及有关《创世记》的字面解释。理性派哲学家开始不相信他了，因为他被疑为存心破坏，致力于赢取政府，以便从事社会改革的理想计划。理性派哲学家承认有剥削人的事实，但是他们看不出，以暴民取代政府的地位，究竟有何建设性。政府本身对卢梭的非难，没有任何不满的表示。宫廷人士可能将他的论文当作练习朗诵之用了。卢梭对自己文章的流畅，颇为自豪。他送了一份论文的抄本给伏尔泰，而焦急地等待后者赞美之辞的到来。伏尔泰的回信堪称法国文学机智和体裁的瑰宝之一：

　　　　先生，我已接到你那篇与人类对抗的新作。多谢你了。你会使大家高兴的，尤其你在说真心话时涉及的那些人。但是你不可能令他们幡然悔改的。你以十分逼真的色彩，描绘出人类社会的惨状……从来没有人使用这样深刻的智慧来说服人，而使他相信自己是一只野兽。读完你的作品，使人真想用四只脚走路。但是，自从失去这样子的习惯已达60年之久，我不幸地感到自己无法再恢复了。

　　　　文学和科学有时是大多数罪行的原因，我的意见跟你相同……（但是），想想，不是西塞罗，也不是瓦罗、卢克莱修、维吉尔和贺拉斯等人，造成马略、苏拉、安东尼、列庇都斯、屋大维等人遂行的杀戮……看看，并非彼特拉克、薄伽丘引起意大利内部的纷乱！亦非马罗的嘲弄引起圣巴托罗缪大屠杀的发生，而高乃依的《熙德》也没有制造投石党运动。大罪大恶是那些为人歌颂，然而本身却一无所知的人犯下的。使这世界成为泪水之谷，过去是由人类顽强的骄傲及贪得无厌而促成的，将来也会如此。文学滋养、改正和安慰了灵魂。它使你荣耀，即使在你为文反对它的同时……

沙皮伊先生通知我，说你的健康坏透了。你应该到我这里，在你的故乡的空气里，使自己康复，跟我一起享受自由，共饮我们的牛所挤的奶水，而且可在我们的草地上从容一游。在很哲学的及最温柔的估计下，我是一位你很谦虚的、很顺从的仆人。

卢梭的回信，同样的客气，并答应返回瑞士时到莱斯代利斯做一次拜访。但是，他对日内瓦有关这一部论文的反应大为失望，尤其在他以讨好的赞美之词，奉献给这城市之后。统治这个共和国的小寡头政团，明显地感到这部论文有如芒刺在背，而为之坐立不安。对卢梭全盘地非难财产、政府和法律，他们感到不太高兴。"我看不出有哪一位日内瓦人，会对在这篇作品中可以发现的衷心热忱，感到欢欣。"所以，他判定这不是返回日内瓦的最佳时刻。

保守成分

第二部论文即将出版的同时，即1755年，在《百科全书》第5卷可看到卢梭所撰的一篇长文《政治经济论》（*Discours sur l'Économie Politique*）。这部论文需要我们做一番解释，因为它在某些重要的特别部分，跟前面所提的论文有分歧之处。文中，社会、政府和法律均被推许为人性和需求的结果，而私有财产被描写成社会繁荣和基本权利的一种。"财产权为所有公民权利最神圣的，而可说是确定的，甚至在某些方面的重要性，比之自由本身，也有过之而无不及……财产是文明社会的真正基础，也是公民事业的真正保障。"其原因在于：除非人能保留剩余的产物，以为自己所有，来应付他们欲望上的消费和转移，否则他们将不会努力工作，去从事已经能满足自己最低需求以外的其他生产活动。这里，卢梭同意父传子的财产赠予，而且高兴地接受由此造成的阶级区分。"对于道德而言，没有再比公民之间时常转移财富和阶级，更具破坏性的事了，如此变迁是成千上万的骚乱的源泉和证据，并因此推翻、混杂所有的事物。"

但是他仍然责詈社会的不公和法律上的阶级徇私。正如国家必须保护私有财产及其合法遗产，"社会成员也应贡献自己的财产，以支持国家"。有效的税制必须以财产多寡和"所有物的多余数量"，对所有的人一视同仁地予以征收。生活必需品不应征税，但是奢侈品之类，应课以重税。国家必须在财政上支持全国性的教育制度。"假使孩童在平等为怀的'国立学校'同样地被抚养长大，而灌输以国家的法律和普遍意志的规范……我们将相信，他们一定会亲如手足地彼此对待……并及时地成为国家捍卫者，成为合格的父亲。"爱国主义比国际主义或柔弱无力和虚伪的泛爱，应该更好、更佳。

同前两篇论文过分强调个人主义不同，这篇讨论政治、经济的文章偏向于以社会为重。这是卢梭第一次宣称他的独特理论：所有社会都有"普遍意志"（general will）存在，而凌驾社会组成个体表现的希望和嫌恶的总和之上。在卢梭发展中的哲学里，社会是一个有其自己灵魂的有机体：

> 政治团体（body politic）也是道德生命之一，而拥有它的意志，永远趋于保持全体及所有部分的利益，是为法律的源泉，也作为国家所有成员，及其相互之间的关系何者为正确、何者为错误的规则而予以建构。

遵循这个概念，卢梭建立起伦理学和政治学，并以此支撑他对公共事务所持的观念。这位传统的背叛者，从前视美德为自由人和自然人的表现，现在一反常态，竟将其界定为"个别意志与普遍意志配合一致的事物，别无其他"。不久前，他把法律视为文明的罪恶之一，及使被压迫群众臣服于秩序之下的便宜工具，如今竟然断言："人的正义和自由是法律单独在维持，是这个全体意志——值得赞许的机体——在民权上，建立人与人之间的自然平等，是对每位公民发布普遍的理性规则。"

可能是《百科全书》的编者劝告卢梭，在这篇论文中，最好将其攻击文明的步调缓和下来。7年后，在《社会契约论》中，我们将发现他在维护社会，以之对抗个体，并在神圣而崇高的普遍意志的观念上，建立起自己的政治哲学。但是，他继续担任个人主义的代表和反叛的角色：痛恨巴黎，对抗朋友，维护自己。而且，他每天都在制造新的敌对者。

逃离巴黎（1756）

卢梭现在最亲近的朋友是格里姆、狄德罗和埃皮奈夫人。格里姆于1723年生于雷根斯堡（Ratisbon），较卢梭年轻11岁。他在莱比锡接受教育，并从约翰·奥古斯都·埃内斯蒂（Johann August Ernesti）处建立起了有关古罗马和古希腊文字及文学的丰富学养。1749年，他来到巴黎，开始学习法文，然后即为《信使报》撰写文章。1750年，他成为弗里森伯爵的私人秘书。他喜爱音乐，成为卢梭的密友，而他的深切欲望，使他拜倒在歌剧演员费尔小姐的石榴裙下。她较为喜爱莫·卡休萨克而不喜欢格里姆时，卢梭说话了：

> 对这一件事，他的内心深为感慨，使他的痛苦悲剧性地形之于外……他一直在昏睡中度过白天晚上。他两眼睁得大大的……不说，不喝，也不兴奋……雷纳尔神父和我两人照顾着他。比我更强壮、更健康的神父负责夜晚，而我负责白天，所以我们几乎没有一刻离开过他。

弗里森召来一位医生，可是医生拒绝开药，只叫格里姆休息。"最后，一天早上，格里姆起来了，穿戴整齐，开始他正常的生活。以后不论何时，他提都不提这件事……何等不正常的悲苦呀！"

卢梭介绍格里姆和狄德罗见面，这样，三人开始梦想结伴赴意大利一游。格里姆急切地自狄德罗丰饶的心灵中，汲取涌出的观念之泉。他学习和他不相关的理性哲学家使用的词汇，并写了一篇关于不可知论的《教理问答》(*Catéchisme pour les Enfants*)，并劝告弗里森应同时拥有三个情人，"以纪念三位一体"。卢梭对圣伯夫称格里姆为"最法国化的德国人"，狄德罗为"最德国化的法国人"。两人之间日渐亲密的关系慢慢变得让人厌烦起来。卢梭抱怨说："格里姆你忽视了我，但是我会原谅你的。"格里姆信以为真："他说我没有错……而且解除一切的限制，使我除开跟一般朋友陪伴在一起的时间之外，不再看到他了。"

1747 年，雷纳尔神父开始送来一份新闻信函式的半月刊《新文学》(*Nouvelles Littèraires*)，内容是报告法国文艺、科学、哲学和艺术界的动态，主要分送给法国和国外的捐助人。1753 年，这份工作被移交给格里姆，格里姆在狄德罗和其他人的帮助之下维持到 1790 年。在格里姆任主编期间，这份新闻半月刊增加了很多显耀的捐助人：瑞典皇后路易莎·乌尔丽卡，前波兰国王斯坦尼斯拉斯，俄国女皇叶卡捷琳娜二世，萨克斯－哥塔公主，贺斯－达姆斯达特王子及公主，萨克斯－科堡女公爵，托斯卡纳大公爵，萨克斯－魏玛公爵卡尔·奥古斯都。腓特烈大帝在法国收到几份这样的刊物，有时不予理会。最后，他同意接受，但是从未出钱。格里姆在主编第一期（1753 年 5月）发表的计划是：

> 要求我们从事编印发行的这些通讯，对于巴黎每日在出版的不计其数的小册子，不打算浪费笔墨……我们宁可寻求精确的记录、逻辑的分析那些值得大众予以注意的书籍。构成法国文学光

辉部分的戏剧，将在我们的报告中占很大篇幅。一般而言，我们将不遗漏任何足以满足他人好奇心的事物。

现在，这一套《文学通讯》（*Correspondance Littéraire*）已经是关于 18 世纪后期法国思想主要、宝贵的资料了。格里姆的批评尽可率性为之，因为这些为法国大众和论及的作者无从得知。他通常是公正不阿，除了后来对卢梭所做的批评之外。他做了不少有识见的判断，却误认为《康迪德》（*Candide*）"不值得严正地批评一顾"。无论如何，他这样做是没有偏见的，因为他将伏尔泰描写成"欧洲最迷人、最平易、最著名的作家"。伏尔泰报以一贯调皮的赞美："这位波希米亚人的心中在盘算什么呢？自以为比我们更具机智吗？"是格里姆所编的《文学通讯》，而不是其他的任何作品——除了伏尔泰所写——将法国启蒙运动的观念传播于全欧。然而，他对理性哲学家及其有关进步的信仰，仍然有所怀疑。他说："世界是由荒谬构成的，其他无所施其技。而且除非是疯子，没有人打算改造它。"1757 年，他写道：

> 对于我来说，18 世纪人往自己脸上贴金的作风，似乎远超其他时代的人……甚至连最有智慧的人，也在说服自己，去相信温文而和平的哲学王国，将继长时期的非理性暴风雨之后，建立起永久性的人类幸福、平衡和宁静了……然而不幸的是，真正的哲学家应该有较多正确的而较少抚慰性质的观念……我距离相信我们正在接近理性时代仍很遥远，而且我对欧洲势将发生某些致命性革命的说法，倒是有点相信。

在此，我们在格里姆身上，可以看到骄傲和虚荣的一些痕迹。这有时激怒了他的朋友。他的习性较近于外籍法人（Gallic），而不是纯粹法人（Gauls），所以他的时间都花在自怨自艾、修饰头发、化妆脸部及喷洒香水上，以致被人冠以"香味之熊"的绰号。《文学通讯》的发行，显示出格里姆是恭维的老手。腓特烈大帝认为若要他捐款资助《文学通讯》，格里姆首先必须"高抬贵手，不去恭维我"。这样的赞美之词，当然是属于旧王朝使用的书信体裁的一部分。

格里姆通常是冷漠的、工于心计的。他几乎为费尔牺牲，并为了埃皮奈夫人与人决斗，这吸引了巴黎的注意。路易莎·弗洛朗斯是华伦谢讷一位子爵的女儿。子爵因为为国王效忠去世了。8 年后，20 岁的路易莎嫁给一位富裕的收税员之子埃皮奈，他们定居在蒙莫朗西森林附近距巴黎 9 英里的美丽的彻沃特城堡。起初，她的幸福近乎夸张。她怀疑："我的心是不是足以负荷如此多的幸福？"她在写给一位姑妈的信上说："他弹着大键琴，我坐在他的椅把上，左手放在他的肩上，而右手玩弄着琴叶。只要我的手挥过他的面前，他从来不放过吻它的机会。"

她长得不美，但是娇小、迷人（据她本人所说）。她那对大而黑的眸子，后来使伏尔泰神魂颠倒。但是，"永远感觉同样的事物"很快就变为"毫无感觉"。过了一年，埃皮奈先生不再注意那对眼睛。婚前，他拈花惹草；婚后，他故态复萌了。他不但狂嫖滥赌，而且把钱财花在女友韦里埃姐妹身上，把她们藏娇在彻沃特附近的一家农舍。这一期间，他的妻子为他生下两个小孩。1748 年，他从外省旅行归来，跟他的妻子同床，就将梅毒传给了她。在健康和精神均已崩溃的情况下，她合法地跟丈夫离了婚。他慷慨地给予她一大笔钱。她从伯父处继承一笔财产，并拥有彻沃特。她通过抚养小孩和帮助朋友，去尝试忘却自己所受的不幸。在其友人中，有一位朱莉夫人生了一场致命的天花，路易莎也不管这种病会不会传染，或置自己于死地，或使自己的容颜受损，而去照顾病人，一直到这个女人去世。

所有的朋友一致同意，路易莎应找一位情人。有一个人入选了（1746 年），那是给卢梭工作的杜潘。他们的关系以音乐始，而以梅毒终。杜潘很快治愈了，但路易莎仍受到这种疾病的折磨。杜潘又跟她的丈夫共同拥有韦里埃。杜克罗斯粗鲁地告诉她："杜潘和你的丈夫，有两位共同的女友。"她遂陷入精神狂乱的状态中，几达 30 个小时之久。杜克罗斯想取代杜潘的地位，但路易莎送走了他。继这些不幸之事后，尚有另一件，朱莉夫人临终时给路易莎一束文件，希望她烧掉它们，因为里面记载了朱莉夫人的奸情。路易莎照做不误。但是朱莉先生控诉她明知故犯地把他的妻子欠他钱的证明文件烧毁了。对如此指责，路易莎予以否认，但是从事情表面看来，这对她不利，因为大家晓得，虽然他们夫妻已分居了，但朱莉夫人在金钱上，还是依赖她丈夫的。

正当这时，格里姆上场了。1751 年，经卢梭的介绍，格里姆和路易莎认识。他们三人有时演奏音乐或演唱歌曲。一天下午，在弗里森的晚宴中，有位客人公开谈论埃皮奈夫人所犯的罪过。格里姆起而为她辩护。争论到最后，竟成为面子问题。非难者和辩护者只有决斗一途。格里姆受了轻伤。不久，朱莉夫人遗失的文件找到了。夫人被开释，对格里姆的见义勇为感谢不已，并把他视作中古骑士，而两人相互的尊重，使他们的爱情成为那个不可靠时代中持久的爱情了。

1748 年，卢梭在杜潘夫人处遇到埃皮奈夫人。她邀他到彻沃特。在她的《回忆录》中，对他有很公正的描述：

> 他一味恭维，却不太客气，至少他没有客气的态度。他对社会习俗似乎一无所知，但是很容易看出，他确实是勤勉的。他有棕色皮肤和充满火花并使他的表情有其活力的白色眼球……人家说他的健康很糟糕，并忍受他谨慎地隐藏着的痛苦……我想，正是如此，他才时时刻刻表现出阴沉的态度。

而他对她的描述，并不稍显殷勤：

她的谈吐在交际场合中虽然令人愉快，私下却索然无味……我乐于给她小小的效劳或给她小小的友爱之吻，这似乎不比她本人还来得性感……她很瘦小，很苍白，并有一个像她的手那样的胸部。单单这个缺陷，已足够使我热烈的欲望缓和下来了。

有 7 年之久，卢梭是埃皮奈夫人家里的座上客。她看出他在巴黎非常不快，便打算资助他。但是她知道他这个人会拒绝金钱的。一天，他们在彻沃特后面邸园一起散步时，她指给他看一座名叫"隐庐"（L'Hermitage）的别墅，那是属于她丈夫的。它荒废了，没有修葺，位于蒙莫朗西森林边缘，这使卢梭兴奋得大叫："啊！夫人，多么可爱的一处住家呀！这个庇护所明明是为我准备的。"夫人一句话不说，等到 1755 年 9 月，他们两人再度散步到别墅周围，卢梭惊讶地发现这间房子修理过了，六间卧室的家具都准备齐全了，地板也一概清洗过，显得很干净。他引用她说的话："亲爱的，这里你可以看到你的庇护所了。是你选择的，也是朋友送的礼物。我希望这样做，可以使你除掉那个想要离开我的念头。"她很清楚，卢梭希望住在瑞士。但是她可能还不知道他对日内瓦的热情已冷淡下来了。他"泪水已浸湿"这位朋友的"慈善之手"，然而对于接受她的赠予，仍然感到有所犹豫。在她赢得泰蕾兹和勒维塞夫人的支持后，"最后，她打消我的顾虑"。

1756 年，复活节那天，礼物之外，她锦上添花地搭乘自己的马车远赴巴黎，去迎接这位被她昵称为"大熊"的卢梭，与他的情妇、岳母，一起来到"隐庐"。泰蕾兹不太愿意离开巴黎，但卢梭在吸进乡下空气之余，感到自从自己和华伦夫人过着那段田园诗似的生活以来，这时最为愉快了。"1756 年 4 月 9 日，我算是开始生活了。"格里姆给埃皮奈夫人所做的警告，使这一件事蒙上了阴影：

你以"隐庐"赠予卢梭，对于他来说，是一个不好的举动，而对于你本人来说，更为不好。独居让他更为敏感和偏激。以他的眼光来看，所有他的朋友都将是不公正的、不知感恩的，而一旦你在任何时刻，有不顺从他指示的去做的话，你就成为罪魁了。

如此，身为埃斯特雷秘书的格里姆粉墨登场，参与重绘世界地图的战争了。

第二章 | "七年战争"
（1756—1763）

怎样发动一场战争

1756 年，欧洲已享有 8 年的和平。但是奥地利王位继承战争并没有解决任何争执；其仅仅使奥地利在波希米亚和意大利的地位不稳，普鲁士在西里西亚的地位不稳，英国在汉诺威的地位不稳，而法国在印度、美洲和莱茵河地区的地位不稳。《亚琛条约》（1748 年）有关领土的处置，所能成就的，在稳定性方面，比不上一个世纪以前的《威斯特伐利亚条约》达到的程度。昔日权力均衡的局面，已被普鲁士陆军和英国海军的兴起而扰乱。那支陆军可能会以崭新的面貌，倾巢而出。而那支海军只待时机成熟，尽可攫夺法国、荷兰和西班牙的殖民地。由于在望的商业利益和远景，与日俱增的民族主义精神在英国高昂起来；在普鲁士是由于胜仗，在法国是由于意识到军事衰退而拥有的文化优越感。天主教和新教的冲突已停顿下来了，但是双方均在等待机会的降临，可望重新进行一次"三十年战争"，而得以把持整个欧洲的信仰。

奥地利准备带头掷下第一把命运的骰子。39 岁的玛丽亚·特蕾莎（Maria Theresa）仍旧是神圣罗马帝国的美丽女皇，有哈布斯堡祖先所有的骄傲和为人嗤之以鼻的女人的狭隘。睡榻之旁，她岂能容忍西里西亚从继承而来的国土中被人分割出去！甚至令她受辱的腓特烈二世，后来都称赞她"勇敢和能干"："一桩事件似乎在图谋使她垮台……这位年轻的统治者，仍旧能掌握政府的精神所在，并使她自己成为御前会议的灵魂。"战败之余，她答应割让西里西亚，以之作为和平的代价，但是她使和平成为一项协议，并全神贯注于行政改革，赢得了强有力的同盟并恢复了近于解体的军队。她时常巡视军队受训的营地。为此，她旅行到波希米亚的布拉格、摩拉维亚的奥尔米茨；她用报酬、官阶，甚至更多时候以女皇的身份现身于人前，鼓励军队的士气。将军无须向她宣誓效忠，因为这在他们的血液及骑士精神中，原来就有了。所以列支敦士登王子花费 20 万埃库的财产，为她筹组了一支炮兵部队，并使之装备齐全。她在维也纳近郊设立了一所战争学院，用以训练年轻的贵族，并为她的参谋准备有关几何、地理、防御工事和历史的最佳教师。"在她治理之下，"腓特烈说，"奥地利的军事达到了前人未曾有的完善地步，至于将这位女人实现的计划，视作伟大的男人所为，谅不为过。"

外交是这一计划的另一方面。她派遣密使，远赴各地，以激起对腓特烈的敌意，并为奥地利争取盟友。她注意到俄国日渐壮大的力量，这力量是由彼得大帝组织起来的，而今归为伊丽莎白统率。她已看出，腓特烈对这位女皇的奸情所做的尖刻评论，已传到她耳中。玛丽亚·特蕾莎内心乐于重新与英国结盟，但是这个协议已被英国与普鲁士缔结的片面和约（1745 年）破坏，尤其是这份和约使奥地利被迫割让西里西亚。如今，英国外交政策正在转移，而与俄国势力对抗，以保护波罗的海贸易，及与来自普鲁士或法国的任何威胁对抗，以保护汉诺威的据点。英国依赖俄国木材以建立海军，而英国依赖海军以求取战场的胜利。所以，1755 年 9 月 30 日，英、俄签订一项协定，以作为英国补助款项的报酬，而俄国必须在立窝尼亚（Livonia）保留 5.5 万的驻军。英国希望这样一来，可以阻止腓特烈采取任何向西扩张的冒险行动。

　　但是英国对法国的态度应该如何呢？几百年来，法国一向是她的敌人。三番两次地，法国鼓动并资助苏格兰，以与英国对立。而法国又不断地准备或威胁侵入英伦本土。如今，法国是唯一能在海上、在殖民地世界向英国挑战的国家。击败法国，等于赢得她在美洲和印度的殖民地，那将是等于摧毁她的海军，或使其无所作为，而大英帝国不仅会稳如泰山，而且将一跃而为霸主了。所以老皮特（William Pitt the Elder）天天以议会前所未见的最有力演说，与议员们争辩。但法国能被打倒吗？皮特的回答是肯定的：只要能拉拢普鲁士就行了。然而使普鲁士的势力壮大，不是也会有危险吗？皮特的回答是否定的：普鲁士有一支强大的陆军，这在计划中可以协助英国保卫汉诺威，但是她没有海军，因此无法在海上与英国一争短长。令新教的普鲁士取代天主教的法国或天主教的奥地利而成为欧陆最有力的强国，似乎是较为明智之举。如果这样做，将能使"大英帝国统治海洋"，并攫夺殖民地。腓特烈在欧洲所获的任何胜利，都将加强英国海外殖民地的力量，因此皮特夸称，他在欧陆战场上可以赢得美洲和印度。英国出钱，腓特烈出力打仗，这样，英国就可以赢得半个世界了。国会同意他的提议，于是，英国向普鲁士提出共同防御的建议。

　　腓特烈非接受这个建议不可，因为形势的发展已经使他的胜利显得黯然无光了。他知道法国和奥地利正在眉来眼去。而如果法国和奥地利——更坏的是，俄国也包括在内——联合起来对抗他的话，那么他是招架不住的。在如此的困境下，唯有英国可以施以援手。如果他在英国提出的盟约上签字，那么他可以利用英国来阻止俄国对他的攻击。而一旦俄国退缩了，奥地利可能不敢贸然挑起战争。1756 年 1 月 16 日，他与英国签订《威斯敏斯特协定》（*The Treaty of Westminster*），其中明白规定英国和普鲁士两国必须共同抵抗入侵日耳曼的外国军队。他希望这样的简单词句，将可保卫普鲁士，以防止俄国的攻击，并保护汉诺威，以防止法国的入侵。

　　法国、奥地利和俄国都觉得这份条约的签订，等于被他们的盟国出卖了。奥地利王位继承战争中成立的同盟：英、奥一方及法、普一方，并没有正式废止。玛丽亚·特蕾莎通知英国大使，说她获知英国朋友竟然与"我个人及我家族致命的、永久的敌人"签署协定一事，深为震惊。路易十五抱怨腓特烈欺骗了他，而腓特烈回答说，这份协定纯粹是防御性的，所以对任何不采取侵犯行为的强国，当然不会贸然施行攻击。事实上，法国的首相是由蓬巴杜夫人选用控制，此时她想起腓特烈曾经指责她在英国银行有大笔存款，又谑称她为"裙子四世"（Cotillon IV，路易十五第四任情妇）、"毒妞"（la demoiselle Poisson）、"荡妇"（Miss Fish）。路易忆起腓特烈曾经嘲弄法国国王的道德，并以淫秽相讥。正当法国陆军疲惫、国库空虚而海军刚从温和的海军部长弗勒里（Fleury）红衣主教的疏忽造成的损害中开始恢复之际，法国即为盟友舍弃。1756 年，法国航线上可用的船只计有 45 艘，而英国有 130 艘。法国海军的补给为盗窃和腐败所破坏，至于海军纪律，则因为提升那些不称职的贵胄子弟而引人反感，及遭到接连的败仗而荡然无存了。如今，法国究竟要与哪个国家结盟才好呢？找俄国吗？——英国已将其摆平了。找奥地利吗？——上次战争中，法国曾经违背诺言，拒绝玛丽亚·特蕾莎对她的继承权所请求的保证，并加入普鲁士的阵营，对她施予攻击，而且在腓特烈跟奥地利讲和之后，继续攻打她。哈布斯堡王族统治下的奥地利和波旁王族统治下的法国，几个世纪以来，始终站在敌对的地位。他们及其人民，在长期彼此仇视的情况下，如何能够尽弃前嫌、成为朋友呢？

　　然而这正是奥地利政府此刻在向法国提议的"联盟的转换"（reversal of alliance）。据我们今天所知，追溯其历史轨迹之后，才晓得这个计划是在考尼茨伯爵（Count Wenzel Anton von Kaunitz）的心中构想成的，他是 18 世纪欧洲一位最能干、最老辣、最坚决的外交家。"七年战争"将是一场腓特烈二世与道恩（Marshal Daun）元帅之间的军事决斗，也是一场考尼茨和皮特之间的智力比赛。"考尼茨王子，"腓特烈说，"有一颗全欧洲最聪明的脑袋。"

由于考尼茨是次子，被安排担任牧师之职。然而，刚好相反，他私下成为伏尔泰的弟子之一。由于父亲担任梵蒂冈大使和摩拉维亚的总督，他继承了这一外交衣钵。31 岁的他，已是奥地利派驻都灵的公使了。他向政府所做的第一份报告，对政治实际的观察如此细密，而文中的推论又是如此的合乎逻辑，乌哈费德伯爵遂将这份报告转呈给玛丽亚·特蕾莎，并说："看看你的首相写些什么。"到了 37 岁，他已是艾克斯拉柴培尔会议代表奥地利的全权大使了。在此，他以非同寻常的执拗和技巧，致力维护玛丽亚·特蕾莎的利益，使这位女皇甚至在吃败仗之余，对他服务的忠心还是感激不已。因此，早在 1749 年，当他将计划与法国联手的小册子呈给她时，她以敞开的心胸，接受了欢迎她王族的传统敌人加入联盟的观念。她的心思放在打败腓特烈，以光复西里西亚上。考尼茨认为除非与英国联盟，否则不能达到这个目的，因为英国的力量是在海上。至于与法国和俄国结为联盟则是必需的，因为她们的力量是在陆上。一旦这些国家和奥地利联手，则击溃腓特烈并非不可能，所以女皇命令考尼茨全力以赴。

1751 年，他奉派到巴黎，担任驻法大使一职。他以壮丽的官方入觐仪式进入巴黎，使法国贵族叹为观止。他以乐善好施来取悦群众，又以华美的衣饰、适宜的化妆和精心涂上粉末的卷发，取悦沙龙里的文士。"一位最高傲的人，狂热而有些粗鲁。"卡莱尔（Thomas Carlyle）这样认为。但是，考尼茨以对事务的认识及对政策的评价，给予法王及其情妇、大臣深刻的印象。他逐渐在心中预先为自己铺了路，以作为法、奥联手的准备。他构想出俄国、波兰和萨克森集体参与对付腓特烈行动的可能性。他探究法国一旦与普鲁士联盟，将会有什么后果——唯一获得的结论是：一个陆上强国，会因此强大，而对法国的大陆霸权，会是一项挑战；而且，腓特烈二世不是常在有利于己的借口下，违背自己的诺言吗？

玛丽亚·特蕾莎召回考尼茨，随即任命他为首相，而一旦他在外交和内政事务上有充分的权力，他便努力创造一个良好而成功的开端（1753 年）。他的计划长久以来一直受到维也纳宫廷那些德高望重的贵族反对，他耐心为自己的计划加以辩护和说明。女皇支持他，1755 年 8 月 21 日，联法的提议终于被帝国内阁会议正式接受了。斯达哈姆伯格伯爵——继考尼茨之后的奥地利驻法大使——接到指令，命他运用一切力量争取与路易十五和蓬巴杜夫人接触的机会，以促进这一庞大计划的推展。考尼茨写就一封谄媚的信函送给这位"第四任情妇"（1755 年 8 月 30 日），并附上短笺一纸，要求她秘密持交法王。她照做了，这便条是玛丽亚·特蕾莎写的，内容如下：

> 作为女皇和皇后的我，兹由斯达哈姆伯格伯爵以我的名义，向最虔诚的基督徒国君提出承诺，所述全部内容，决不致泄露，而其最机密部分亦将永远保守。无论此次会商成败，当然，陛下将给予同等声明和承诺，俾凭周知。
>
> 维也纳，1755 年 6 月 21 日

路易指定贝尼斯主教、蓬巴杜侯爵在蓬巴杜夫人的巴比尔别馆与斯达哈姆伯格秘密磋商。在这里，大使以女皇的名义提出建议，而认为法国应该放弃与普鲁士的盟约，而且至少应该保证在战争期间给奥地利以财力上的资助。他辩称腓特烈二世是一个无助的、不可靠的同盟。他又暗示，腓特烈二世甚至现在仍旧与英国首相从事秘密交易。如果法国一旦与英国开战，那么奥地利这一方自会停止一切敌视法国的行动。如果战事发生，奥地利允许法国占领奥斯坦德和尼波特，而且，最后可能答应给予法国统治奥属尼德兰的承诺。

路易意识到，这样的协定可能使他卷入奥地利挑动的对普战争，但是不能保证奥地利在法国对抗英国的战事中会有所裨益。他有充分的理由更加畏惧腓特烈二世的军队，而不怕奥军——一支在最近战役中常被打败，而且显得群龙无首的乌合之众。他指示贝尼斯主教回

复奥使，说法国在对方没有提出证据证实腓特烈二世与英国勾结的情况下，不打算改变法国跟普鲁士的联盟关系。考尼茨因至今尚提不出此项证据，所以他的进展暂时受阻。但路易提到腓特烈二世有关《威斯敏斯特协定》的声明时，他看出自己与普鲁士的盟约，事实上已形同一纸空文了。可能是受到他所做罪愆的影响，他内心亟思联合所有天主教强国——法、奥、波和西班牙，以从事一项控制欧洲命运的计划，以便减轻上帝的愤怒。1756 年 5 月 1 日，《凡尔赛协定》（*The Treaty of Versailles*）完成联盟的转换。协定的前言声称签署的唯一目的，在于维持和平与权力均势。假使签约国一方在欧陆属地为英国之外的任何强国威胁，另外一方必须以外交干涉的方式施以援手，而必要时，得以金钱援助或使用军队。奥地利在协定中，没有任何承诺支援法国反英，而另一方面，除非普鲁士有明显的侵略行为，否则法国不会支援奥地利反普。由于路易认为，普鲁士再度攻击奥地利是不可能影响法国利益的，所以他和他的情妇遂能自欺地相信，这个新盟约是为了欧洲和平签订的。

考尼茨的企图并未达成，因为法国仍然不同意反普的行动。但是，他好整以暇、耐心以待。他可能想办法刺激腓特烈二世进攻奥地利。同时，他轻而易举地说服俄国女沙皇加入这个新的联盟。伊丽莎白女皇亟思于移走俄国向西扩张途中由普鲁士造成的阻碍。她答应在 1756 年年底之前攻击普鲁士，如果奥地利承诺同样对普发动攻势的话。而她更答应，在战争发生后，非至奥地利完全光复西里西亚故土，否则不跟普鲁士谈和。她获知法国已在《凡尔赛协定》签字，深为愉快。另一方面，考尼茨又不得不避免她冒进，因为他知道她的军队直到 1757 年，还不可能准备妥当，以从事于大规模的战争。

同时，英国自信其跟腓特烈二世的联盟足使奥地利无法动弹，所以早已调动海军攻打法国了，但是之前没有任何宣战的表示。自 1755 年 6 月起，英国的好战之徒，已尽可能到处捕捉法国船只了。法国准备攻击英伦本土以为报复，并派遣一支包括 15 艘战船的舰队，在黎塞留公爵率领下，攻打梅诺卡岛（Minorca）。这个岛屿是英国在西班牙王位继承战争（1709 年）中取得的。为了增强该地薄弱的驻军，英国派出海军上将宾（John Byng）率领 10 条战船赴援。在直布罗陀又有 3 条战船加入。1756 年 5 月 20 日，双方舰队在梅诺卡岛附近相遇。法军被击退，但英舰受损甚大，以致宾率队退回直布罗陀，并放弃登陆支援梅诺卡岛的任务。孤立无援的英国守军投降了，而法国在地中海获得了一个战略据点。黎塞留公爵在巴黎、在凡尔赛，被视为英雄人物而受到欢呼致敬，但宾在朴茨茅斯港自己旗舰的甲板上被处以死刑（1757 年 3 月 14 日），因为他被控没能乘胜完成任务的罪名成立。伏尔泰和黎塞留公爵从中为他说情，然而无效。伏尔泰说，这是英国"鼓励其他"统率军队的人使用的英式办法。1756 年 5 月 17 日，英国对法宣战，但是正式启开"七年战争"序幕的人，自然非腓特烈二世莫属了。

他深知，赢取西里西亚将使他成为被报复的对象。而一旦玛丽亚·特蕾莎找到新资源和新同盟之后，他肯定麻烦缠身。他自己国家的资源非常有限。他的王国是由零碎片断组合而成的：中为波兰国土切入的东普鲁士，与本土不相连属，至于普鲁士在威斯特伐利亚和东弗雷斯特（East Fristia）的行省，为独立的日耳曼王国切入，与勃兰登堡分离。把这些零碎片断的国土和西里西亚包括在内，全部普鲁士人口，1756 年是 400 万人，而英国有 800 万人，法国有 2000 万人。普鲁士人口大部分集中在西里西亚，其中半数以上是天主教徒，并与奥地利亲近。自柏林到敌对的萨克森边界，仅有 7 英里之遥，而其选帝侯——波兰籍的天主教徒奥古斯都国王——一向视腓特烈二世为一个粗野而贪婪的异教徒。在这样险恶的敌视下，如何求取生存的机会呢？

唯有依赖机智、经济、一支优良的军队和一群卓越的将领了。腓特烈二世自己的机智、敏锐的程度不逊他人。他是当时最有教养的统治者，他以尊贵的身份，与伏尔泰通信、谈话和讨论。但是他太像一个长舌妇了，因此不能不失言，如果他不把伊丽莎白女皇、玛丽亚·特蕾莎及蓬巴杜夫人当作"欧洲三大名妓"来讨论的话，那么他可能过得比较太平无事了。看到甚至像他这样号称大帝的人，也会糊涂一时，实在是一件令人欣慰的事。对普鲁士的经济，腓特烈二世将其置于国家控制之下，以应战时之需。在当时的情况下，他还不敢贸然改变普鲁士社会的封建结构，唯恐这样做扰乱军队的封建式组织。这支军队是他的救世主，也是他的教皇。他的收入90%以上花在维持这支军队上。他称其为双肩捕天的巨人阿特拉斯（Atlas），有强壮的肩膀，足以担负起国家的命运。他使这支由父亲传下的10万人的军队，增加到1756年的15万人。他用严酷的惩罚训练这支军队，以求养成士兵无条件地绝对服从的习惯，并使他们在敌军的射程内，能不发一弹地、坚定地向对方的阵地推进，直到命令下达，方能集体行动，改变方向。这支军队在战争初期，拥有包括腓特烈二世本人在内欧洲最优秀的将领——施威林、赛德利茨和基思。

与此同时，在他的敌国内部，他派有不计其数的间谍。无疑，这使他获知，玛丽亚·特蕾莎正在他的周围组织一个对抗他的国家联盟体系。1753年至1755年，他在德累斯顿（Dresden）和华沙的间谍，获得萨克森和奥地利内阁阁员秘密通信的副本，而使他深信，许多宫廷正在阴谋准备攻击普鲁士——如果他们侥幸成功——可望使普国解体。至于法国，他也相信，将会加入这个计划。1756年6月23日，他命令驻在柯尼斯堡（Königsberg）的普鲁士将领，准备应付来自俄国的攻击。他向英国政府提出照会："维也纳宫廷有三项企图，是其现下进行的步骤所希求的，在帝国内建立专制政权、毁灭新教运动和重新征服西里西亚。"他获知萨克森在这个冬季，正计划将驻军自1.7万人扩充到4万人，他猜测同盟国正在等待1757年春、秋两季的来临，以便自三个不同方向，对他发动攻击。而他下定决心，在他们动员完成之前，先下手为强。

他认为免除这次危机的唯一机会是在他的敌人能够联合行动之前，至少击溃其中任何一个，使其无法动弹。施威林点头同意，但他的阁员波德维尔斯伯爵请求他，不要授敌人以侵略者的口实，腓特烈二世竟称他为"胆小的政客先生"。很久以前，腓特烈二世已在一本秘密通行的《政治福音》（*Political Testament*）中，忠告他的继承人要征服萨克森，以便普鲁士在地理上能够统一，并能获得经济资源和生存不可或缺的政治权力。他将这个意念视为己身无从实现的目标，所以抛开不谈了。如今，对于他来说，似乎在军事上必须采取行动了。他一定要解除萨克森的军备，以确保西线的安全。甚至在他那本甚为自得的著作《反马基雅维利》（*Anti-Machiavel*，1740 年）中，也曾采取制敌机先的威胁性攻击，以对付攻击性的战争。支持普鲁士的英国内阁大臣米切尔通知腓特烈二世，英国政府亟望保持欧洲大陆的和平，然而对腓特烈二世面对的危机，也有深刻了解，因此，认为"假如他以夺人之势制敌机先，而不一味等着挨打，这当然是情有可原的"。

1756 年 7 月，他派遣一位使者，向玛丽亚·特蕾莎请求提出保证，奥地利不在本年或下一年攻击普鲁士。奥地利有些大臣认为应该给予如此的保证，考尼茨则予以拒绝。玛丽亚·特蕾莎所能说的，只是"在现今危机中，我认为采取步骤，以确保自己和盟国的安全是必需的，而且这样才不至于受任何人的偏见左右"。腓特烈二世派遣第二位使者，向这位女皇再度要求，对他所提的建议，给予一项较为明确的答复。她回答说，她"没有签署任何攻击性的盟约，虽然欧洲的危急情势，使她不得不重整军备，她无意破坏《德累斯顿条约》（*The Treaty of Dresden*），这保证她与腓特烈二世的和平，但她不愿自己为承诺所束缚，以致环境一旦有所要求，反而不能自由行动"。腓特烈二世早已预料会有这样的答复，所以在接到此一答复之前，即率军进入萨克森（1756 年 8 月 29 日）。"七年战争"终于爆发。

"不法之徒"（1756—1757）

　　腓特烈二世曾试图让萨克森选帝侯加入他的同盟，并答应把玛丽亚·特蕾莎的波希米亚地区，作为一项贿赂送给选帝侯。萨克森选帝侯奥古斯都对这种邪恶的假慈悲嗤之以鼻，命令他的将领抵抗腓特烈二世的前进，自己却逃往华沙去了。萨克森的力量太小，不足以抵抗这支欧洲最精锐的军队。萨克森军退到皮尔纳（Pirna）的城堡里，腓特烈二世遂长驱直入德累斯顿（1756 年 9 月 9 日）。他马上命令军官打开萨克森的档案室，并找出那些足以透露萨克森参与对抗或可能瓦解普鲁士计划的文件原本。年事已高的选帝侯夫人亲自阻拦，不让普军接近档案，并请求腓特烈二世尊重她的皇室的不可侵犯性。但是，他下令将她拖开，文件落入腓特烈二世手中。

　　玛丽亚·特蕾莎从波希米亚调动一支军队以驱逐侵入的普军；腓特烈二世与这支军队遭遇了，并在德累斯顿至布拉格途中的洛布西茨（Lobositz）将之击败（10 月 1 日）。他回师包围皮尔纳。皮尔纳守军向普军投降（10 月 15 日），腓特烈二世设法使 1.4 万名萨克森士兵加入自己的军队，因为他认为这样做比起把他们当作俘虏喂养，要划算多了。而且，日耳曼人胃口奇大是远近皆知的。他宣布萨克森为被征服的国家，并以其国家岁收，供为普鲁士所需。同年冬天，他将由萨克森获得的档案文件发表，公之于世。玛丽亚·特蕾莎声称这些文件是伪造的，并诉诸法国、俄国和所有的基督教国家，帮她抵抗这位凶恶的侵略者、这个将欧洲再度卷入战祸的罪魁。

　　欧洲国家普遍同意对腓特烈二世所做的责难。日耳曼诸侯由于害怕腓特烈二世一旦获胜，会遭受有如萨克森的命运，所以一致向普鲁士宣战（1757 年 1 月 17 日），并组成一支帝国军，以对抗普鲁士国王的行动。考尼茨乘机提醒路易十五，法国曾经答允，奥地利一旦遭受威胁，即可施以援手一事。萨克森选帝侯之女多芬跟她的公公一齐请求法国发兵救援她的父亲。蓬巴杜夫人虽曾盼望能平静地享受她的权力，现在却倾向参战了。玛丽亚·特蕾莎对她的帮助感激不已，送她一幅高贵的画像，上面嵌有价值 77278 利维尔的珠宝。蓬巴杜夫人因此更热心战争了。通常拙于决策且欠缺果断力的路易，这次竟轻举妄动，下定决心参战。依据第二次《凡尔赛协定》（1757 年 5 月 1 日），法国与奥地利具有攻守同盟的关系，法国答应支付每年高达 1200 万弗罗林的补助，并同意装备两支日耳曼军队。协定中，又建议派出一支 10.5 万人的法军，以"彻底摧毁普鲁士"。法国又承诺，除非奥地利收复西里西亚的主权，否则永远不与普鲁士议和。一旦恢复失土的工作完成，法国可以接受奥属尼德兰五个位于边境的城市，而这些尼德兰南部之地移交西班牙的波旁王室，以作为西班牙割让意大利公国的报酬。可能法国早已晓得，几乎将她所有力量用在兼并比利时，适足以将她的殖民地移交给英国统治。而考尼茨自觉已赢取一次重大的外交胜利。

他发觉现在去求取俄国主动的援助易如反掌。在《圣彼得堡条约》（*The Convention of St. Petersburg*，1757 年 2 月 2 日）中，俄、奥两国相互承诺，各派出 8 万人的军队参战，以支持战事的进行，直到西里西亚重新划入奥地利版图，及普鲁士的力量被削减到弱国程度。考尼茨转而拉拢瑞典加入同盟，并保证在胜利后，给予全部的波美拉尼亚——原是依《威斯特伐利亚条约》已经让给瑞典的。瑞典负责 2.5 万人的军队，奥、法两国则为其筹措军费。波兰在流亡的国王奥古斯都三世的主持下，支付出为数颇少的资源，以助法奥同盟。如此，除了英国、汉诺威、丹麦、荷兰、瑞士、土耳其和黑森外，整个欧洲联合一起与腓特烈二世对抗了。

英国此时企图将腓特烈二世弃诸不顾。乔治二世惊恐地看到，他喜爱的汉诺威——他父亲登上英国王位前的选地——毫无防备地暴露在锐不可当的敌军前进途中。而且腓特烈二世的远水，根本救不了汉诺威的近火，无法给予实际援助。英国以为放弃腓特烈二世，复加上考尼茨答应英国，假使不参与欧陆战争，即可使汉诺威不受侵犯。在这种情况下，考尼茨的承诺几乎成为难以抗拒的诱惑。这时，腓特烈二世的机遇真是稍纵即逝。1756 年 11 月 19 日，被任命为英国外务大臣的皮特，起初倾向于放弃普鲁士和汉诺威任其自然发展，至于英国则应该集中全部军事力量，致力于夺取殖民地的竞争。毫无疑问，深爱汉诺威的乔治二世自然讨厌皮特这个人。不久，皮特的态度改变了，认为法国一旦战胜腓特烈二世，将成为欧陆主人，也就是英国的主人了。他还认为国会应该拨款支持腓特烈二世，派军援助汉诺威，法国应该被牵制在欧陆上，而英国即可利用已被征服的海洋，占领殖民地和市场。

因此，1757 年 1 月，英国与普鲁士签署了一项第二次盟约，并答应给予腓特烈二世援款，派军队保卫汉诺威。但是，不久皮特突然被解职了（4 月 5 日），政治搅乱了政策，于是，对腓特烈二世的援助也耽搁下来，几乎一年之久，他都是孤立无援，独撑大局，以 14.5 万人的军队，抵挡来自四面八方、蜂拥而至的敌人：西面有法军 10.5 万人，及日耳曼各邦的军队 2 万人，南面有奥军 13.3 万人，东面有俄军 6 万人，北面有瑞典军 1.6 万人。加上皮特下台的同一天，弗朗西斯一世——玛丽亚·特蕾莎的丈夫，比较温驯与平易近人——正式宣布腓特烈二世是一个不法之徒（Outlaw），并号召所有善良的人群起讨伐这个人类共同的恶敌。

从布拉格到罗斯巴赫

1 月 10 日，腓特烈二世交给留在柏林的大臣一项秘密指示："假如我战死了，一切事务必须丝毫不变地照常进行……假如我不幸被俘，严禁为我个人怀有丝毫顾虑，或者对在我被俘期间所写的片纸只字有些微重视。"

这样做是一种并非必要的姿态，因为，一旦失去他的军事天才，普鲁士等于失去了一切。他唯一的希望是乘敌军尚未集结之时，即予各个击破。法国仍未完成备战，而英国派赴汉诺威的军团，可能使法国的行动更为迟缓。奥军在波希米亚和摩拉维亚附近的军火库，储存大量武器和粮食，以便就近供应准备进攻西里西亚的军队。腓特烈二世决心先行取得这些宝贵的物资，然后与奥军决一胜负，再回师抵抗法军。他亲自率领一支军队由萨克森出发，并命令不伦瑞克－伯恩（Brunswick Bevern）公爵自东日耳曼，施威林元帅从西里西亚，一齐举兵进入波希米亚，约定在俯视布拉格的东部丘陵会师。一切进行得很顺利，军火库不久便落入他的手中。5月6日，6.4万名普军和洛林的查理王子统率的6.1万人的奥军在布拉格附近终于遭遇，"七年战争"的首次大战于焉开启。

　　胜负的关键，不在于人数多寡，也不在于战略高下，而是系于双方的勇气。施威林军团在奥军的枪林弹雨中，渡过水深及腰、水深及肩的沼泽。他们曾经一度锐气尽失，掉头而逃，幸而73岁高龄的施威林为了使他的部队重整旗鼓，身先士卒，把全身裹在军旗中，勇往直前，对着敌人冲去，不幸身中5弹，倒地阵亡。士兵由于太敬爱他，所以不再怕死，愤怒地向敌人进攻，因而能反败为胜。这场杀戮十分惨烈：腓特烈二世这边丧失了400位军官和一位最卓越的将领。剩下的4.6万名奥军退守布拉格城堡，准备对抗普军的包围。

　　但是腓特烈二世发现，这次围城困难重重，因为奥军最优秀的将领道恩元帅，已从摩拉维亚率领6.4万人的大军向前推进。腓特烈二世留下一部分军队封锁城堡，自己率领3.2万人东向行军，遂与迎面而来、为数众多的奥军在科林（Kolin）遭遇（6月16日）。两军相峙，众寡悬殊，而道恩的统率能力，比之腓特烈二世犹有过之。而且，腓特烈二世麾下两位将军的抗命，更使局面大为混乱。他终于沉不住气，对着撤退回来的骑兵大喊："你们要永远苟活下去吗？"他的步兵由于损失惨重，信心丧失，拒绝前进。腓特烈二世大为失望，只好自战场撤退，留下阵亡的、受伤的和被俘的1.4万名普鲁士官兵。他带着1.8万名残军退回布拉格，并把围城的部队撤除。

在利特莫瑞兹（Leitmeritz），他让军队扎营休息三个星期。7 月
2 日，他在这里收到母亲索菲亚·多罗特娅（Sophia Dorothea）去世
的噩耗。"七年战争"的铁人终于崩溃了，整整流了一天的眼泪，把
自己关在房里。如今，他可能在怀疑 17 年前，对西里西亚的攻击是
不是受到复仇女神的诱惑而采取的下下之策。现在他要与自己的姐姐
伯雅卢斯女伯爵威廉明妮（Wilhelmine）共同哀伤，因为他爱她，远
超过爱其他任何人。7 月 7 日，他的傲慢荡然无存，他写了一封绝望
求助的信给她：

> 我亲爱的姐姐，由于你一向坚称自己在从事一项伟大的和
> 平工作，我恳求你做做好事，派米拉波先生致送 50 万克朗给法
> 王的宠儿蓬巴杜夫人，也就是前之所谓的"裙子四世"，以谋求
> 和平……一切全靠你了……敬爱的你，不仅在德行方面远比我完
> 美，而且是另外一个我。

这个方法行不通，威廉明妮只好试试别的法子，她写信给住在瑞
士的伏尔泰，请求运用他的影响力。伏尔泰将她的提议转交反对法、
奥同盟的红衣主教唐森。唐森照她所说行事，但是失败了。同盟国方
面已嗅到胜利的气息了。玛丽亚·特蕾莎如今已在大谈全盘瓦解腓特
烈二世王国的计划。不仅西里西亚和格拉茨必须归还给她，马格德堡
和哈尔伯施塔特也要还给奥古斯都三世，至于波美拉尼亚则划归瑞
典，克利夫和拉芬斯堡就作为巴拉丁选帝侯的酬报了。

她的愿望看来合情合理。一支法国的"太子军"（army of the
Dauphine）已经进入德境。而其中一部分，在蓬巴杜夫人宠幸的将领
苏比王子的统率之下，正前往与驻扎在爱尔福特的帝国军会师。另外
一部分在埃斯特雷的指挥下，于前进途中，与乔治二世之子坎伯兰公
爵所率的一支汉诺威军相遇，在哈斯坦贝克，法军给予这支军队以重
创（7 月 26 日），使坎伯兰公爵不得不签订《卡洛斯特泽温协定》（*The*

Convention Kloster-Zeven，9 月 8 日）。根据这一协定，公爵答应不再以汉诺威的军队，采取任何进一步与法国敌对的行动。

这些屈辱性的投降语句，似乎与下面的消息同时传到腓特烈二世耳中：一支瑞典军登陆波美拉尼亚；一支斯德潘·阿普拉克辛元帅率领的 10 万人的俄军，侵入东普鲁士，并在格罗斯-珈吉斯达弗（7 月 30 日）以其浩大声势，击溃一支 3 万人的普军。接二连三的失利，加上他自己在波希米亚的挫败，几乎摧毁了他击垮敌人的信心，尤其是对方人数如此众多，而物质和人员补充、配备得如此之好。在放弃道德和基督教神学之余，他颓然采行斯多葛学派的人生观，竟然打算自杀。战争末期，他的身上带有小瓶毒药。他下了决心，敌人只能获得他的尸体，绝不能生擒他。8 月 24 日，他写给威廉明妮一封半歇斯底里的信，对死亡发出赞美之词：

> 而现在，你这个神圣谎言的支持者，继续牵着懦夫的鼻子在前进……对于我来说，生之喜悦已经结束，而其迷人之处，亦已消失。我看出所有的人只不过是命运之神拨弄的玩物而已，假如有某位专司阴郁绝望与冷酷无情的神祇存在，他让一群被轻视的生物继续在这里繁衍，而在这位神祇看来，他们却微不足道、一无可取；它高高在上，眼看着法拉里瑞戴上王冠，苏格拉底却锁上手铐，他眼看着我们的善行和恶行，眼看着战争的恐怖和残忍的疫疠横扫世界，而依然漠然无动于衷。亲爱的姐姐，因此，我唯一的庇护所和唯一的避难处，就是死神的怀里。

她回复誓与腓特烈二世共死（9 月 15 日）：

> 我最亲爱的弟弟，你的信和你写给伏尔泰的信……几乎使我心痛欲绝。伟大的神，这是何等要命的决定啊！唉！我亲爱的弟弟！你说爱我，然而你却将一把利刃插在我的心脏上。你的

信……使我泪流成渠。此刻，我对于这种软弱，却自觉羞惭……
你的命运，就是我的命运。你可以预计这等于是我最后的决心。
无论是你或者我们家的不幸，我都不会置身事外，苟且偷生。你
可以把这看成我绝不改变的决定。

做了如许誓言之后，我要你回顾布拉格之役以前你使敌人陷
入何等的可怜境地。那是命运之神，对双方所做的突然转变……
恺撒一度是海盗的奴隶，后来终成为世界的主人。像你这样具有
伟大天才的人，即使在似乎失去一切的情况下，仍然会找到转机
的。我所受的痛苦千百倍于所能告于你者。无论如何，希望并没
有弃我而去……我必须停笔，但是我将永远是你的威廉明妮，对
你永怀最崇敬之爱。

她请求伏尔泰帮助她劝慰腓特烈二世，因此，伏尔泰于 10 月初
写信给腓特烈二世，这是自 1753 年以来他写给腓特烈二世的第一封
信，信中语句皆附和威廉明妮的看法：

加图（Cato）和奥托（Otho）的死，陛下认为高贵，其实，
除了战斗或者就死之外，他们别无选择……你必须记住，有多少
朝廷看到你侵犯萨克森破坏了国际法……我们的道德观和你的处
境皆无须你采取如许的行为（例如自杀）……你的生命为人所需。
你知道这对于众多的家族来说，其间关系是多么密切……欧洲
事务一向变化莫测，所以像你这样的人，其责任无非在于控制自
己，以应付事件的发生……如果你的勇气引导你走向英雄式的另
一个极端，那是大家不同意的。你的袍泽将会责备你，你的敌人
即可因而获得胜利。

为了回复这封信，腓特烈二世专门写了一首散文诗，作为答报：

　　至于我，在沉船的威胁下，

　　我必须，在遭遇暴风雨之际，

　　思想、生活和死亡，都必须像一位王者。

　　写诗之余（常用法文），他的主要活动即搜索法军，这时，他渴望一次足以解决生死问题的战役。10 月 15 日，他在莱比锡写信给约翰·克里斯托弗·戈特舍德（Johann Christoph Gottsched，以德文撰写散文著称），试图使他相信，用德文写诗是不可能的。如此多的爆发音（*Knap, Klop, Krotz, Krok*），如此多的舌发音，如此多的子音——甚至连这位教授的姓，就有 5 个。你怎样以如此语言，去组成抑扬顿挫的优美语调？戈特舍德（对这个说法）抗议了。腓特烈二世必须准备一次进军，所以无暇理会。但 10 天后，一回到莱比锡，他再度接见这位老诗人，并找出时间，聆听戈特舍德用德文写就的一篇诗章，并赠送戈特舍德一个金质的鼻烟盒，作为表示诚敬之意的临别纪念。

　　在这段风雅的插曲中，更多的坏消息传来了：一支由哈迪克伯爵所率的克罗地亚军队，正向柏林推进，而且谣传瑞军和法军同时向普鲁士的首都集结。腓特烈二世在此处原来部署了一支卫戍部队，但力量过于薄弱，根本不足以抵挡如此的攻势。一旦柏林陷落，他在那里的武器、弹药和军服之类的补给品，将会落入敌人手中。他快马加鞭，前往救援他的家人和这个城市。途中，他又接到情报，称并无法军或瑞典军向柏林移动的迹象；而哈迪克停兵城郊，在强取柏林交付的 2.7 万英镑后，心满意足地带兵离去了（10 月 16 日）。另外，又有令他欣慰的消息传来：阿普拉克辛所率的俄军，在疾病和饥饿的威胁下，已自东普鲁士撤回波兰。而所传来的消息，比较不愉快的是：苏比率领的法军已开入萨克森，并劫掠西部各城，而与萨克斯·哈德伯豪森统率的帝国军会师了。心事重重的腓特烈二世改变行军路程，领着他的军队抵达莱比锡以西 30 英里的罗斯巴赫附近。

　　在这里，他那支仅剩下 2.1 万人而已疲惫不堪的部队，终于面对面地跟 4.1 万名法军和"帝国军"遭遇。即使如此，法军将领苏比仍劝告大家少安毋躁，不可冒险。他认为最好的办法是继续回避腓特烈二世的主力，如此可以使其疲于奔命而把精力花费在无用的行军上面，然后人力物力均占有压倒性优势的联军，可望使其就范。苏比深知自己的部队杂乱无章，而"帝国军"大多数是新教徒，对与腓特烈二世的战斗，丝毫没有热诚可言。日耳曼统帅哈德伯豪森请求出击，苏比终于答允。这位德国元帅领导他的部队绕了一大圈，去攻打普军左翼。在罗斯巴赫一座房屋顶上观战的腓特烈二世，随即命令赛德利茨所率的骑兵，执行一项反攻敌人右翼的行动。在丘陵的掩护下，以训练有素的速度前进，仅有 3800 人的普鲁士骑兵竟把联军冲垮了，并在其重整阵容之前，予以击溃。法军赴援不及，终为普鲁士的火力部队打得溃不成军；90 分钟之内，具有决定性意义的罗斯巴赫战役就此结束（1757 年 11 月 5 日）。联军仓促撤退，而在战场上，遗留7700 具尸体；普鲁士军队仅仅损失 550 人。腓特烈二世下令善待俘虏，并邀请被俘的军官与他同桌共餐，并以法式的优雅和机智，请求大家原谅菜肴的不够："但是，绅士们，我想不到你们来得这么快，又来得这么多。"

　　各方军事家对双方的损失数字如此悬殊大为惊异，认为唯有卓越的统帅才可能有此战果。甚至连法国也对他大为钦赞，而法国人民由于不久前才与普鲁士联盟，自然还不能把腓特烈二世看作他们的敌人。他不是用流利的法语在交谈，用优美的法文在写作吗？哲学家对他的胜利称赞不已，声称他是他们所恃的自由思想在反抗宗教蒙昧的战斗中最突出的代表，而这些哲学家正在国内从事同样的战斗。腓特烈二世对法国表现的热情报之以如下的答词："我不习惯将法国人视为敌人。"但是，私下里他却用法文写了一首诗，以表示他在宝座上(in the cul) 踢了法国人一脚的愉快，"cul"一字，卡莱尔精确地把它译成"荣誉之座"(the seat of honor)。

　　英国和腓特烈二世同样感到高兴，而对这位盟友建立起新的信心。伦敦街上大放烟火，庆祝他的生日，而虔诚的循道宗教徒声称这位不信教的英雄人物是唯一真教的救主。皮特被召回重新主持政府（1757 年，7 月 29 日）。因此，他成为这位普鲁士国王坚定的支持者。腓特烈二世说："对产生这样一位足以应付这次战争的伟大人物，英国已等待太久了。现在，这个人终于来到了。"皮特指责《卡洛斯特泽温协定》是懦弱的，也是叛国的——虽然国王之子也在上面签字。他说服国会派出较佳的军队，去保护汉诺威及帮助腓特烈二世（10 月），而以前赞同只能拨款16.4万英镑给坎伯兰的"观察部队"（Army of Observation）的国会，如今终于投票通过拨出一笔高达 120 万英镑的款项给"作战部队"（Army of Operation）了。皮特和腓特烈二世共同选择腓特烈二世的妹夫，也就是他的学生，不伦瑞克公爵斐迪南作为这一支新军的统帅。斐迪南年方 36 岁，是一位英俊、有教养、英勇的人，他的小提琴也拉得极好。伯尔尼曾说："他可能凭这些条件获得美好前程。"他就是仅次于腓特烈二世的第二号人物。

受困之狐（1757—1760）

腓特烈二世没有多少闲暇时间高兴了。黎塞留统率的一支法军，仍然控有汉诺威的大部。在罗斯巴赫之役的同一天，4.3 万人的奥军包围了施韦德尼茨（Schweidnitz），这是普鲁士在西里西亚的主要据点和补给中心；腓特烈二世在那里留有 4.1 万人防守，但是由于逃亡和死亡，已经减少到仅余 2.8 万人了。这些人是由指挥很差的不伦瑞克-伯温公爵统率，他置腓特烈二世的命令于不顾，而按兵不动。11 月 11 日，他的要塞投降了，随即落入奥军手中的计有战俘 7000 人、33 万泰勒和足供维持 8.8 万人两月之久的补给品。胜利者在跟查理王子和道恩元帅会师之后，数目骤增到 8.3 万人，继续向布雷斯劳（Breslau）推进。11 月 22 日，他们击溃了这支普鲁士军队，布雷斯劳陷落了，西里西亚的部分地区如今已重新为得胜的玛丽亚·特蕾莎收复。腓特烈二世有理由觉得，他在罗斯巴赫的胜利已经抵不上这次挫败。

不过，那次胜利使他的勇气恢复，而且他也不再提及自杀的事。他的军队也休息够了，并从一连串的行军和战斗中恢复了活力。法军在萨克森掳掠新教教堂的行为，使他的士兵感到痛恨，这似乎在提高士气方面颇为有效。腓特烈二世鼓舞他的士兵，一齐为重获西里西亚而努力。他们在严冬中用 12 天的时间，越过泥泞地带，行军 170 英里。途中，他们与施韦德尼茨和布雷斯劳败阵的普军残部会合了。12月 3 日，腓特烈二世的 4.3 万人，与驻扎在通向布雷斯劳路上的勒登（Leuthen）的奥军 7.2 万人遭遇。那天下午，腓特烈二世对他的军官发表的讲词，已预为勾画出日后拿破仑军事演说的轮廓：

> 诸位先生，你们一定知道，正当我们忙于应付法军和"帝国军"之际，在这里发生的悲惨状况。施韦德尼茨已经失去……布雷斯劳也丢了，而我们储存在那边的军需补给也已丧失，大部分西里西亚的地方已失去了……如果我对你们的勇气、你们的坚毅及你们热爱祖国之心没有无限信任的话，这一困境可能无法解除。在你们之中，几乎没有一人不是因为他的英勇行为而闻名遐迩……因此，我可以自豪地认为在将要来临的时机中，你们将不会逃避祖国可能要求你们去做的任何牺牲。
>
> 这个时机就近在眼前。你们应该知道，假如奥地利仍然据有西里西亚，即等于我一无所成。那么，让我告诉你们，我提议在违背所有战术原则之下，攻击三倍于我方的查理王子的部队，无论在何处相遇，立即对之攻击。问题不在他的人数多寡或他所占地形的有利与否，一切皆寄望于我军的英勇及缜密确切地执行我们的作战计划，以击败对方。我必须采取这一步骤，否则全盘尽失。我们必须击败敌人，否则我们将倒下，被掩埋在他们的炮火之下。所以我将计划说出，我即将按计划行事。

　　将我的决定转告我方所有的军官，并使大家准备将要来临的战斗，而且告诉他们，要求大家切实传达命令，完成任务。至于你们，我想到你们是普鲁士人时，我能认为你们将有为人所不齿的行为吗？但是，如果你们之中，若有一两位不敢与我去面对所有的危险（这时，腓特烈二世——注视他们脸部的表情），那么，今天晚上，他就可以离开而不会受到些微责备……

　　我知道你们没有人会舍我而去。我绝对信赖你们的忠诚，也信赖我方必会获得胜利。若是我不能活着酬谢你们所做的奉献，祖国一定会给你们报偿。现在回到部队去，将我的话转告你们属下的官兵。

　　骑兵如果在接到我的命令，而没有立刻冲向敌人的话，那么我在战事一结束，就会亲自下马，将之调到后备队去。步兵不论遇到何种危险，如果稍显越趄不前，那么将被剥夺彩徽、刀剑和制服上的金饰。

　　现在，诸位先生，再见了。不久，我们将击溃敌人，或者我们彼此将不会再见面了。

　　到此刻为止，奥军依循的是一种"费边政策"（Fabian Policy），避免与腓特烈二世迎面作战，不敢贸然以他们的军队和将领，与普鲁士军队的纪律和腓特烈二世的战略天才对抗。不过，如今由于受到人多势众及最近获得的几次胜利的鼓励，奥军决定不理会道恩元帅的忠告，准备与腓特烈二世在战场上一决胜负。如此，1757 年 12 月 5 日，两个敌对王朝的兵卒——4.3 万人对 7.3 万人——朝着对方，进入彼此的剑阵和火网之中，开启了"七年战争"中最大的一次战役。"这次战役，"拿破仑说，"是一项伟大的杰作。足以使腓特烈二世列名于将帅之首。"腓特烈二世首先占领山麓地带，命他的火力部队在这里超越步兵部队上方，向敌人的阵地射击。他将部队散开，成为斜行阵式，一如古代底比斯（Thebes）的伊巴密浓达（Epaminondas）将军使用的战术：分开的纵队，以刚好45度角的态势向前推进，以打击敌人边翼，企图冲散敌人的防卫线。腓特烈二世佯以最强大的兵力，去对付奥军右翼，查理王子抽调左翼兵力来加强右翼；腓特烈二世随即下令他的最精锐部队全部出击，冲向敌方薄弱的左翼，而将其击溃。然后，复转身攻打敌方右翼，此时，埋伏在山麓的普鲁士骑兵也突然冲出，对右翼的敌人发动攻击。有纪律的普军终于击败了混乱的敌军，奥军逃的逃，投降的投降。其中有2万人被俘（俘虏如此之多，军事史上尚无前例），3000人以上的奥地利士兵阵亡，116门火炮落入普鲁士军手中。普鲁士的损失也很惨重——1141人阵亡，5118人受伤，85人被俘。这次大战一结束，腓特烈二世即感谢他的将军："今天将使你们的名声及你们的国家，永远为后世子孙钦慕怀念。"

这位胜利者利用这个机会乘胜追击，并下了极大决心，想夺回西里西亚。战斗结束不到一天，他的部队就包围奥地利在布雷斯劳的守军了。守军司令施普雷歇在城内贴出公告，声明若有任何人敢于提到"投降"这个字眼，杀无赦。12天以后（12月18日），他自己却投降了。腓特烈二世在此俘虏敌人1.7万人，并获得一大批宝贵的军需品。不久，除置有重兵、防御工事良好的施韦德尼茨外，西里西亚全境再度落入普鲁士人手中。查理王子在道恩元帅沉默的责备下无地自容，只好回返他在奥地利的田庄。贝尼斯及其他几位法国首领人物，均一致劝告路易十五与普鲁士议和，但蓬巴杜夫人加以拒绝，并把贝尼斯换下，代以舒瓦瑟尔（Choiseul）担任外交部长一职（1758年）。但是，法国不禁怀疑，自己是在牺牲殖民地为奥地利打仗，所以对这次战争感到灰心之至。黎塞留对在汉诺威的利益的追求而表现的热诚和活力让人失望，被召回并予以解职（1758年2月）。

取代他的人是克莱蒙伯爵，他是一位由教皇特许，在充任将领的同时可以保有教职的教士。法军在面对不伦瑞克斐迪南公爵坚定挺进的压力下，终于撤出汉诺威。3月，他们放弃明登（Minden），不久，全部伐里亚皆从法军手中光复，而法军在这里烧杀掳掠，无所不为，早已为当地人痛恨。斐迪南向西挺进，并以半数的军队打败了克莱蒙在莱茵河的克雷菲尔德（Krefeld）布置的主力（6月23日）。克莱蒙放弃他的职位，而将其给予德孔塔德公爵；而败下阵来的军队与苏比率领的法国生力军和罗斯巴赫一役残余的部队会合。面对如此一支联合部队，斐迪南只好退回明斯特和帕德博恩（Paderborn）了。

英国为一连串的胜利鼓舞，与腓特烈二世第三度签署协定（4月11日），并答应在10月间，给予他一笔67万镑的补助，而且承诺不单方媾和。同时，腓特烈二世在自己的普鲁士境内向人民征税，已征得无可再征了。所以，他开始向萨克森及其他被征服的地区收税。他发行成色不足的通货，而且（像伏尔泰一样）雇用犹太银行家负责兑换外币，从中为他取利。到了1758年春，他重建自己的武力，使其达到14.5万人之多。4月，他攻打施韦德尼茨，并将其占领。在瞒过奥军主力（由道恩负责，重建的一支军队）之后，腓特烈二世率领7万人向南推进，目标是摩拉维亚的奥尔米兹，如果他能拿下这个奥地利重镇，可望挥军直入维也纳了。

但是，大约与此同时，由费尔默伯爵率领的5万名俄军却横扫东普鲁士，并攻打离柏林仅有50英里之遥的克顿（Cüstrin）。腓特烈二世只好放弃围攻奥尔米兹，随即带着1.5万人赶忙往北援救。途中，他获知威廉明妮病重的消息，遂在格鲁萨（Grüssau）停下来，为她写了一张便条："哦！你！我家最亲爱的人儿，这个世界我最关心的人——无论如何，你最重要，所以你要多自保重，使我能把眼泪洒在你胸前以为慰藉。"

在他日夜兼程的行军途中，他与一支由多纳伯爵率领的军队在克顿附近会合。1758年8月25日，他的3.6万人与费尔默率领的4.2万名俄军在左恩多夫（Zorndorf）遭遇了。他喜爱的侧翼攻击战术，由于这里的土地泥泞而无法施展，费尔默在指挥作战的天分上与腓特烈二世旗鼓相当，而俄人在战斗中表现的勇敢和坚忍，也是普鲁士人与奥军或法军作战中难以遇到的。塞德利茨和他属下的骑兵，赢得了一天战争中对阵厮杀所能获得的一切荣誉。俄军很有秩序地撤退，死伤和被俘者计有 2.1 万人，而普军死伤亦有 1.25 万人，有 1000 人被俘。

但是，谁能在如此多的战场上，同时不断地应战呢？腓特烈二世在北方时，道恩率军与皇家"帝国军"联合一致，正在围攻德累斯顿，腓特烈二世在此仅留下一支由亨利王子指挥的守军。一支 1.6 万人的瑞典军，从波美拉尼亚向前挺进，与俄军会合，横扫勃兰登堡边界的大部分地区，而因此可能再度使柏林陷于危局。一支 3 万人的奥、匈联军，在一名将军的指挥下，进入西里西亚，并指向布雷斯劳。在 3 个主要城市中，哪一个必须首先加以防守呢？在重整士气之后，腓特烈二世令他们一天之内，强行军 22 英里，并越过普鲁士，进入萨克森，及时赶到他被围的兄弟处，使道恩泄气，不再进攻了。腓特烈二世让他的士兵休息两周之后，开始出发将哈舍（Harsch）逐出西里西亚。在西里西亚的霍查刻斯（Hochkirch），道恩把腓特烈二世的通路封锁。腓特烈二世只好在靠近敌人的地方扎营，在此等待来自德累斯顿的补给，计有 4 天之久。1758 年 10 月 14 日早晨 5 点钟，腓特烈二世认为一向不敢采取主动的道恩，突然进攻普鲁士军的右翼。奥军的行动为大雾遮蔽，而普军事实上是在睡眠中被偷袭。他们没有时间布置好腓特烈二世计划的战略阵线。腓特烈二世不顾生死穿梭于枪林弹雨之中，力图重整阵营，他的努力无效，因为太迟了，以致不能挽回形势。经过 5 个小时的战斗，这次是以 3.7 万人对抗敌军 9 万人，腓特烈二世下令撤退，而在战场上留下 9450 具尸体，而这一役，奥军损失 7590 人。

腓特烈二世又考虑到自杀。有道恩这样能干的一位将领领导奥军，而且有萨尔特科夫如此能干的将军在整编一支新的俄军，而自己的军队在数量、素质、训练，都在走下坡路，又加上敌军的任何损失皆能予以补充的情况下，很明显，除非奇迹出现，否则普鲁士不可能获胜。然而，腓特烈二世不相信奇迹。在霍查刻斯战役发生的第二天，他交给他的读稿人德卡特自己写的一篇《为自杀辩护》的文件，说："一旦我选择这样做，我就能结束这场悲剧了。"就在那天（1758年 10 月 15 日），威廉明妮去世，留下遗言，叫人在她死后，把她弟弟写给她的信件放在她的胸上殉葬。腓特烈二世请求伏尔泰为她写些纪念文字。伏尔泰欣然答应，但是这首悼诗，比不上腓特烈二世在《战史》（*Histoire de la Guerre*）中所能表现的纯真热情：

> 她心地的善良，性情的慷慨仁慈，心灵的尊贵高尚，性格的甜美，再加上那才华洋溢的禀赋，形成她坚实美德的基础……最温柔、最密切的友谊，使国王（腓特烈二世用第三人称叙述）和这位可敬的姐姐合为一体了。这样的关系早在他们的童年时代就已形成。相同的教育和相同的体验，使他们彼此更加亲密，在所有的考验中，相互之间的忠诚，使这些关系密切而不可分。

春季到来，新的法军开上战场。1759 年 4 月 13 日，在贝尔根（Bergen，法兰克福附近），一支由布罗格利指挥得当的法军，让不伦瑞克的斐迪南尝到败绩，但斐迪南在明登又重振声威。在那里（8 月 1 日），以一支由日耳曼人、英格兰人和苏格兰人组成的 4.3 万人的部队，决定性地击败了布罗格利和德孔塔德统率的 6 万名法军，而自身的损失却相当轻微，使他能分出 1.2 万人支援腓特烈二世，以弥补国王在东部战役的惨重损失。

7 月 23 日，萨尔特科夫统率 5 万名由俄国人、克罗地亚人和哥萨克人组成的部队，在滋历查（Züllichau），击溃一支 2.6 万人的普军，这是腓特烈二世特别留下以防守自波兰到柏林的通路的。这样，在俄国人长驱直入普鲁士首都的路上，再也没有任何阻碍了。腓特烈二世别无其他抉择，只有依赖他的兄弟守住德累斯顿，抵挡道恩统率的军队，他自己则亲身挥兵对抗俄军。经过途中补充，他的军队已有 4.8 万人，但由劳东（Laudon）率领的 1.8 万名奥军，却在这时加入俄军阵容，使萨尔特科夫的兵员多达 6.8 万人。1759 年 8 月 12 日，这两支军队——自西班牙王位继承战争竞相杀戮以来，投入惨烈战争人数最多的一次——在库纳斯多夫（Kunersdorf，柏林东方60英里处）进行一场最残酷无情的战争，而对于腓特烈二世来说，这也是一次最具悲剧性的战争。历经12小时的战斗，他似乎略占优势。接着敌方被留作预备队，由劳东所率的1.8万人，偶然与精疲力竭的普鲁士军相遇，并将普军击溃。腓特烈二世无视任何危险，去制止他的军队往后撤退。他个人领着他们冲锋三次，他的坐骑有三匹中弹倒地，放在他口袋里的一个小金盒子，阻挡了一颗可能结束他生命的子弹。他对自己这次能逃脱死亡厄运深为不满。他大喊："为什么没有一颗天杀的子弹射中我呢？"他的士兵请求他退到安全地带，他们当中有很多也立刻中弹身亡。他恳求地叫喊着："孩子们，现在，请不要离开你们的国王、你们的父亲——我啊！"但是，再也没有办法使他们前进。他们之中，有很多人在烈日下已打斗了6小时，而且没有时间或机会喝一小杯水。他们逃走了，而他也跟着走了。留下死伤和被俘的士兵，共有2万多人，而敌方的损失也有1.57万人。在受到致命伤的官兵之中，有那时代最出色的日耳曼诗人克莱斯特（Ewald von Kleist）。

腓特烈二世一找到歇脚的地方，马上就写信给他的兄弟亨利王子："我率领的4.8万人的部队，现在仅剩下不到3000人，而我也不再是部队的统帅了……经历这次重大劫难之后，我也不愿再苟活下去。"他通告将领们，他正在把指挥权移交给亨利王子。然后，他躺在稻草堆上睡着了。

第二天早上醒来，他发现2.3万名逃兵已经纷纷归队，由于对他们脱逃一事感到羞耻，姑且不论他们是否因急于求食或其他缘故，方才回返，反正他们已准备好再度在他的麾下效命。如此，腓特烈二世遂把自杀一事抛诸九霄云外。反之，他把这些人和其他人重新组成一支3.2万人的军队，并在库纳斯多夫到柏林的路上，建立了据点，希望作保卫首都的最后努力。但萨尔特科夫并未前来。萨尔特科夫的士兵也要寻找食物。因为他们是在敌人的土地上，所以有四面楚歌之感，而与其友邦波兰的交通线又是那么漫长、那么危险。萨尔特科夫认为这时应该由奥地利人负起对抗腓特烈二世的责任，所以下令撤退。

道恩同意下一步棋由他下。现在，他觉得攻下德累斯顿正是时候。亨利王子已自城中撤出部分兵力去支援腓特烈二世。他仅仅留下3700人来防守堡垒，然而它的防御工事已经加强，足以击退敌人的侵犯。德累斯顿新的首领是国王陛下一位忠实仆人库尔特·施梅托，但库纳斯多夫之役结束后，他接到腓特烈二世亲自下达的命令，感到一切似乎都已失去，所以放弃坚定抵御敌人的念头。一支为数1.5万人的皇家帝国军，自西方向德累斯顿逼近，而道恩猛烈地自东方向城内攻击。9月4日，施梅托投降。9月5日，自腓特烈二世手上传来一封信，命令他必须坚守，因为救兵已上路了。而道恩率领的7.2万人，此刻就以德累斯顿为其冬季总部，而腓特烈二世开到附近的弗赖堡（Freiberg），就在那里过冬。腓特烈二世部队的人数只有敌军的一半。

1759年至1760年的冬季出奇的寒冷。数周之后，大地雪深及膝。只有军官才能在房舍中找到掩蔽之地，腓特烈二世的一般兵士则住在临时搭盖的简陋木屋里，围在火堆旁边，忙于砍伐木材，添加火上，使之不致熄灭，而他们除了面包之外，几乎别无其他食物。他们紧靠着入睡，以彼此的体温取暖。在双方的营地中，死于疾病者几乎与死于战场的人数相等，道恩的军队在16天当中，丧命的士兵计有4000人之多。11月19日，腓特烈二世在写给伏尔泰的信上说："如果这次战争继续打下去，欧洲将返回无知的黑暗时代，而我们当代的一些人，也将变成野兽一般。"

法国虽然在金钱和人员方面远较普鲁士富足，现在却已濒临破产边缘。然而，舒瓦瑟尔在这个时候武装了一支舰队，准备侵犯英国，但在基伯龙湾（Quiberon Bay）被英国人摧毁（1759年11月20日）。

在政府人员和银行家的努力下，税金还是加倍征收。1759年3月4日，蓬巴杜女侯爵为艾蒂安·西卢埃特取得财政大臣的任命。这位新任大臣建议减少养老金数目，对贵族田庄课税，将他们的白银熔为钱币，甚至向农村收税员课税。富有人家抱怨说，他们被剥削得仅仅剩下赤裸裸的影子了，因此西卢埃特成为"人物剪影"的代用字。10月6日，法国国库中止债券的支付。11月5日，路易十五熔化掉自己的白银，以为大家表率。但是，当西卢埃特提议，国王应该动用平常分配给他作为赌博和玩乐的款项时，路易十五以显而易见的痛苦表情，勉予同意，以致舒瓦瑟尔不得不否决了这个建议。11月21日，西卢埃特被解职了。

几乎与每个法国人一样，国王也感到战争太多，他已在准备听取和平的提议。伏尔泰在6月已将情形告知腓特烈二世，而腓特烈二世的回答是："我爱好和平，一如你们所能希望的，但我要的是善良的、坚定的与光荣的和平。"（7月2日）而在9月22日，他在给伏尔泰写的第二封信中加上几句话："关于议和，有两个条件，我一定不会放弃——第一，与我的忠诚盟国一齐参加议和……第二，使和约光荣、诚实地达成。"伏尔泰将这封傲慢的复信（有一封的日期是在库纳斯多夫之役以后）转交舒瓦瑟尔，舒瓦瑟尔发现其中没有谈判的余地。而普鲁士忠诚的盟友皮特，正在忙于兼并法国殖民地，岂能在建立大英帝国前跟他谈和？

大英帝国的建立

"七年战争"最重要的阶段不是在欧洲大陆进行，因为在那里只不过在列强的地图上，造成微小的变动而已。它的主要战场在大西洋、北美和印度。在那些地区，这次战争产生的影响是极大的、持久的。

大英帝国形成的第一步是在17世纪实现的，那时海上霸权的通路，已由荷兰人转移到英国人手上。第二步是由《乌得勒支条约》（1713年）造成，其中给予英国以垄断运送非洲奴隶到美洲、西班牙和英国殖民地的权利。奴隶用于生产稻米、烟草和蔗糖。部分蔗糖制成朗姆酒（rum），朗姆酒的贸易使英国商人（旧式的和新式的）的财富大为增加，而贸易的利润在财政上支持英国舰队的扩充。1758年，英国已有156艘远洋舰船，法国只有77艘。如此，建立帝国的第三步，就是削弱法国的海上力量。这一进展由于黎塞留在梅诺卡岛的胜利而受到阻挠，但英国海军在葡萄牙的拉古什（Lagos）海岸摧毁一支法国舰队（1759年4月13日），及在基伯龙湾取得另外一次胜利，而得以恢复。结果是法国跟她的殖民地间的贸易，从1755年的3000万利维尔，降至1760年的400万利维尔。

大西洋的霸权既已获得胜利，而英国征服法属美洲的道路也已打开。这不但包括圣劳伦斯河盆地和大湖区域（the Great Lakes），而且达到自大湖到墨西哥湾的密西西比河流域，甚至俄亥俄河谷地。法国要塞控有芝加哥、底特律和匹兹堡——其名称是由福特·迪凯纳（Fort Duquesne）改为今名的，也是这次战争的影响例证。法国属地封锁住英国在美洲殖民地向西扩张，如果英国没有赢得“七年战争”的话，北美可能分成东部的新英格兰、中部的新法兰西及西部的新西班牙。而欧洲的分裂和斗争，可能会在美洲上演。持和平主义态度的富兰克林警告英国殖民主义者，他们在这个领域不能安全，而他们的发展也不得自由，除非法国在美洲的扩张被制止。华盛顿因为这些努力而名垂青史。

加拿大和路易斯安那是法属美洲的两扇门户。而比较接近英国和法国的是加拿大。当地居民的补给和保护的部队是经由圣劳伦斯湾抵达，而这扇门户是由位于大河河口的布赖顿角（Cape Breton）岛上法国建立的路易斯堡要塞来防守。1758年6月2日，要塞被一支由42条小艇组成的英国舰队包围了，舰上共有1.8万名士兵，由爱德华·博斯科恩海军上将指挥。这个要塞由6200人和10条舰只防守，自法国派来的援兵，在途中被英国舰队拦截。守军勇敢作战，但是，他们的防御很快就被英国的炮火粉碎。要塞投降（1758年7月26日）是英国征服加拿大的开端。

这一进展因蒙卡尔姆的战略和英勇而稍有耽搁。他从法国被派到加拿大，来指挥法国的正规军（1756年）。到任后，他接二连三地取得成功，直到因法国、加拿大行政上的腐败和争执，及法国无能补给他。1756年，他攻取奥斯威戈（Oswego）的英国要塞，使法国得以控制安大略湖。1757年，他围攻并夺下位于乔治湖尖端的威廉·亨利（William Henry）要塞。1758年，他以3800人打败泰孔德罗加（Ticonderoga）的由英国人和殖民地人民组成的1.5万人的军队。但是，蒙卡尔姆终于遇上了对手，他率领1.5万人防卫魁北克，与仅仅指挥9000人的英国将领伍尔夫遭遇。伍尔夫率军攀登高原，抵达阿巴哈姆（Abraham）平原。蒙卡尔姆在指挥防卫之际，受到致命伤。而伍尔夫也在胜利的战场上，受到致命伤（1759年9月12—13日）。1760年9月8日，法国驻加拿大总督沃德勒伊·卡瓦格努（Vaudreuil Cavagnal）投降了，这个广大省份落入英国的掌握中。

英国舰队掉头南行，攻打法国在加勒比海的岛屿。1759年，瓜德罗普岛（Guadeloupe）被占领，而马提尼克岛（Martinique）于1762年沦陷，所有法国在西印度群岛的属地——多米尼加除外——无不落入英国手中。为求更多胜利的果实，皮特派遣舰队远赴非洲，以攻取法国在西海岸的奴隶交易站，目的虽然达到，而法国的奴隶贸易也崩溃了，法国奴隶交易的主要港口南特（Nantes）也因而衰微。西印度的奴隶价格上升，而英国的奴隶商人在供应这个需要时，赚上一大笔财富。我们应该补充说，英国在这样的帝国主义过程中表现的，并不比西班牙或法国更仁慈，只是更有效率而已。在英国本土，反奴隶运动也是最早形成。

同时，英国的企业——航海、军事、商业——均在忙于吞并印度。英国东印度公司在马德拉斯（1639年）、孟买（1668年）和加尔各答（1686 年）已建立了稳固据点。法国商人在马德拉斯南部的本地治里（Pondicherry）和加尔各答北部的金德讷哥尔（Chandernagore，1688 年）建立统治地（domination），所有这些权力中心，在印度莫卧儿王朝的统治衰退之际，大为扩大了。每个集团无不使用贿赂和兵力，以求扩大其势力范围。而且，在奥地利王位继承战争（1740—1748 年）期间，法、英已在印度开战。《亚琛条约》的和平仅仅使彼此间的战斗中断而已，"七年战争"使战火复起。1757 年 3 月，一支由查尔斯·沃森海军上将率领的英国舰队，在一位出生于什罗普郡（Shropshire）名叫罗伯特·克莱武的青年率领的东印度公司军队的支援下，攻取法国的金德讷哥尔；6 月 23 日，克莱武仅以区区 3200 人，在普拉瑟（Plassey，加尔各答北方 80 英里处）打败一支 5 万人的法、印混合部队，这一战役使英国在印度东北部的霸权得以巩固。1758 年 8 月，一支由乔治·波科克海军上将统率的英国舰队，将一向保护法国在印度沿海殖民地的法国舰队驱出印度水域。从此，英国可以得心应手地补充军需和人员，而在法国后援不继的情况下，英国的胜利指日可待了。1759 年，法军在拉利·土兰德的率领下，围攻马德拉斯，结果因为英国自海上获得补给和援兵而受到挫败。1760 年 1 月 22 日，法军在万迪沃斯（Wandiwash）遭遇一次决定性的败仗；1761 年 1 月 16 日，本地治里向英军投降；1763 年，这个法军的最后据点又被法军收复。但法国之所以继续能占领此地，只是由于英国的同意而已。

精疲力竭（1760—1762）

这只被追逐捕猎的普鲁士之狐，在 1759 年到 1760 年的冬天，究竟在做些什么呢？他忙于提高和贬低币值，征调和训练人员，写作和出版诗集。1 月，一位专营盗印书的巴黎出版商，印行《无忧宫中的哲学甜点》（*Oeuvres du Philosophe de Sans-Souci*）一书，这是伏尔泰于 1753 年自波茨坦带出的，也是腓特烈在法兰克福要求伏尔泰保留，禁止发表的。这几首诗会使不在位的王侯高兴，却曾使王室气得发抖，包括腓特烈的盟友乔治二世在内。腓特烈抗议这部盗印作品的内容，是经过恶意修改造成了讹误，他请求他的朋友阿尔让斯（柏林学院文学部主任）马上发行一本经过细心校订的"真本"（authentic edition）。3 月，这项工作完成了，而腓特烈始放心地回返战场。2 月 24 日，他写信给伏尔泰：

> 刀剑和死亡已在我们之间造成可怖的破坏，而可悲者，在于我们未能了结这场悲剧的事实向我袭来，其结果你能轻易想象，如许残酷，我将自己沉湎于斯多葛主义的苦行之中……我年老矣，我心碎矣，我志丧矣，我脸皱矣！我齿牙脱落，欢乐消逝矣！

大批士兵被投入战场，便注定其统治者要征更多的税。萨尔特科夫在 4 月，自俄国率领 10 万人返回战场。劳东在西里西亚拥有 5 万人，与亨利王子的 3.4 万人对抗。道恩在德累斯顿统领 10 万人，企图击败腓特烈驻扎在西里西亚附近的 4 万人的部队。法军 12.5 万人正在推进，以对抗斐迪南的 7 万大军。如此，共有 37.5 万人的敌军正向柏林进军。1760 年 3 月 21 日，俄、奥重申前约，并加入秘密条文，约定在西里西亚归还奥地利的同时，将普鲁士划入俄罗斯版图。

1760 年，劳东首开纪录地在兰德斯特（Landeshut，6 月 23 日）击溃 1.3 万人的普军。7 月 10 日，腓特烈以重炮围攻德累斯顿，使这个日耳曼最可爱的城市大部分顿成废墟。攻城之举，对他毫无益处。在听到劳东接近布雷斯劳之际，他放弃了围城，而以急行军，在 5 天内赶了百英里之路，与劳东的部队在利格尼茨（Liegnitz）遭遇（1760 年 8 月 15 日），使敌方损失 1 万人，然后进入布雷斯劳。但到了 10 月 9 日，一支由费尔默率领的哥萨克部队攻下柏林，劫掠军事仓库，并征收一笔高达 200 万泰勒的赎金——腓特烈每年自英国所得援助款额的半数。他领军赴柏林解围，俄国人听到他的军队来到，便一哄而散，腓特烈率军返回萨克森。途中，他写信给伏尔泰（10 月 30 日）："你很幸运地接受了康迪德的劝告，使自己留在农庄安享田园生活。然而不是每个人都有这样好的福气；牛必须耕田，夜莺必须歌唱，海豚必须游水，而我则必须打仗。"

在易北河的托尔高（Torgau，11 月 3 日），腓特烈 4.4 万人的部队遇到 5 万人的奥军。他派遣半数的兵力，由约翰·泽恩指挥，诱引敌人，并攻击他们后方。这个策略没有成功，因为泽恩在途中被一支敌方的特遣队耽搁了。腓特烈亲自率领直属部队加入这次激烈战斗。其间，3 匹战马被射杀了，一片弹壳击中他的胸部，但已没有任何杀伤力了。他被击中后，失去了知觉，跌倒地上，然而很快就醒过来了。"没有事的。"他说，然后又回去作战。他终于赢得一场付出太多的战斗。奥军终于退却，损失了 1.126 万人。至于腓特烈这一边，则阵亡 1.31 万人。他退到如今主要的补给中心布雷斯劳。道恩仍然据有德累斯顿，在耐心地等待腓特烈的败亡。冬季到来，再度给予这位劫后幸存的人以喘息的机会。

1761 年是外交年，而战争尚在其次。对英国汉诺威极度关心的乔治二世去世了（1760 年 10 月 25 日），而继位的乔治三世对这个地方不太感兴趣，亲自下令制止这一耗费大量英镑而被普遍厌恶的战争。舒瓦瑟尔从法国派出使者去试探获取个别和谈的可能性，皮特予以拒绝了，并充分保持对腓特烈的忠诚。但英国在汉诺威的驻军锐减，斐迪南只有放弃不伦瑞克和沃尔芬比特尔（Wolfenbütel），任法军占领。舒瓦瑟尔转向西班牙下手，在"家族条约"（*Pacte de Famille*）——一项波旁王朝家族间的合约——中说服西班牙加入对抗普鲁士的联盟。军事发展随着这些外交转变，再度带给腓特烈重重危机，而使其濒于崩溃边缘。劳东率领的 7.2 万人得以与 5 万名俄军会合，他们使腓特烈与普鲁士本土之间完全间断，并计划攻取与占领柏林。9 月 1 日，奥军再度攻取施韦德尼茨，获得其补给。10月5日，皮特受到普遍要求和平的强大压力，为求不背叛腓特烈，只有辞职一途了。他的继承人比特伯爵认为腓特烈的目的没有希望达到，而且看出在和平谈判之际，可望借以加强乔治三世对抗国会的实力。所以，他请求腓特烈承认失败，并至少同意把西里西亚部分地区让给奥地利，腓特烈表示异议，比特因此拒绝提供进一步的援助。几乎整个欧洲，包括许多普鲁士人在内，一致请求腓特烈让步。他的士兵已失去任何获胜的希望。他们警告军官，不想再攻击敌人。而且，如果受到攻击，他们宁愿投降。1761年年底，腓特烈发现自己孤独地在对抗一打以上的敌人。他承认，唯有出现一次奇迹，方能解救他。

一次奇迹终于挽救了他。1762年1月5日，痛恨腓特烈的伊丽莎白女沙皇去世，继位的是以他为理想的征服者和国王而崇拜的彼得三世。当腓特烈接到消息，马上下令，给所有的俄国俘虏以衣服、鞋子和食物，并把他们释放。2月23日，彼得宣布结束与普鲁士的战事。5月5日，他签订一项由自己请求、由腓特烈本人起草的和约。5月22日，瑞典随而与普军议和；6月10日，俄军重新投入战场，然而这次却是以普鲁士盟国的身份参战。彼得穿着一袭普鲁士军装，并自动请求为"国王，我的主人"服务。这真是有史以来极为颠倒的情形之一。

这使腓特烈心胸舒缓，并使他的军队士气恢复，不过他也颇为同意敌人的看法：彼得是疯了。他听到彼得建议攻打丹麦，以收复荷尔斯泰因（Holstein）时，他大为吃惊。他尽最大努力说服彼得打消这一念头，但是彼得不为所动。最后，腓特烈告诉我们："我必须保持静默，任由这位可怜的王子自负地毁掉自己。"

比特此刻积极对腓特烈采取敌对行动，并请求彼得不要将如今尚留在奥军服务的2万名俄国人调回。彼得把这个消息的副本抄送一份给腓特烈，并下令这支俄国军队加入腓特烈的阵营，为他效命。比特建议与奥地利订立片面和约，而答应支持割让普鲁士领土予奥地利，考尼茨予以拒绝，腓特烈指责比特是一个无赖汉。他对法国已停止支付对奥地利的援助，及土耳其正在攻打驻于匈牙利的奥军（1762年5月）感到欣慰。

6月28日，彼得在一次致命的政变后被黜。继之登基的是被称为"全俄罗斯女皇"的叶卡捷琳娜二世。7月6日，彼得遭到暗杀。叶卡捷琳娜女皇命令统率那支为腓特烈效命的俄军司令切尔尼科夫马上把部队调回。腓特烈正在准备攻击道恩，要求切尔尼科夫将女沙皇的指令暂时保守3天的秘密。在不能使用这些俄国预备队的情况下，腓特烈在布克斯托弗（Burkersdorf）打败道恩（7月21日）。切尔尼科夫现在撤走他的部队，而俄国从此退出战局，不再插手。一旦解除北方的压力，腓特烈驱走前面的奥军，并重新攻取施韦德尼茨。10月29日，亨利王子所率的2.4万人，在萨克森的弗赖堡打败3.9万人的奥军和"帝国军"，这是普军不在腓特烈指挥下唯一获得胜利的一次主要军事行动。而这也是"七年战争"最后一次的重要战役了。

和平

整个西欧的资源率皆耗尽。其中尤以普鲁士为最，14岁以上的孩子都被征调，农田荒芜，商人由于毫无交易而破败。奥地利现在人多钱少，而且失去俄国有力的财政支援。西班牙已将哈瓦那和马尼拉让给英国，而她的海军几乎全被摧毁。法国破产了，其殖民地失去了，海外贸易几乎皆在海上丧失无余。英国亟需和平，以便巩固其所获。

1762年9月5日，比特派遣贝德福德公爵起程赴巴黎，与舒瓦瑟尔磋商解决办法。如果法国愿意割让加拿大和印度，英国将归还瓜德罗普岛和马提尼克岛，而法国可在英国的同意下，保留腓特烈在威塞尔和古德兰的西部省份。皮特用激烈的语气和声调斥责这样的提议，但由于舆论支持比特，11月5日，英、葡与法、西签订《枫丹白露和约》（*The Peace of Fontainbleau*）。法国放弃加拿大、印度和梅诺卡岛。法国对普、奥两国的关系，同意保持中立态度，而且从日耳曼西部的普鲁士领土上将法军撤出。进一步的《巴黎和约》（*The Peace of Paris*）于 1763 年 2 月 10 日签订，仍给予法国在纽芬兰（Newfoundland）附近捕鱼的权利，并保留在印度的一些交易站。西班牙割让佛罗里达给英国，从法国获得路易斯安那。在技术层面上，这些协议破坏了英国口口声声在反对的片面和约，但实际对于腓特烈来说，是一件大好消息，因为他仅仅剩下两个敌对的国家——奥地利和神圣罗马帝国了，而且，他现在颇为自负地相信，能用他的力量去对抗这两个灰心已极的敌人。

玛丽亚·特蕾莎为情势所迫，不得不跟她最痛恨的敌人议和。所有主要的同盟均已弃她而去，加上 10 万名土耳其人正向匈牙利进军。她派了一位使者向腓特烈求和。他接受了，1763 年 2 月 5 日至 15 日，在胡贝图斯堡（Hubertusburg，靠近莱比锡），普、奥、萨克森和日耳曼诸侯签订条约，从而结束了"七年战争"。血洒遍野，而欧洲各国在花费了大量的钱财后，终于在欧陆将旧有的现状恢复了：腓特烈占有西里西亚和格拉茨，威塞尔和格尔德兰。他从萨克森撤退，并答应支持玛丽亚·特蕾莎的儿子约瑟夫作为罗马帝国的王储，即未来的皇帝。最后签署的时刻到来，腓特烈的友邦祝福他，度过"你一生中，最愉快的一天"。他回答说，他生命中最愉快的日子，可能要结束了。

这次战争造成的结果是怎样的呢？对于奥地利来说，不仅永远失去西里西亚，而且欠下 1 亿埃库的战债。奥地利国王一贯拥有"帝国"封号的传统声望，至此宣告结束。腓特烈将玛丽亚·特蕾莎当作一位奥匈帝国的统治者在应付，而根本不把她视为一位神圣罗马帝国的女皇。帝国境内的日耳曼诸侯，如今各自为政，而且很快就会臣服于普鲁士在神圣罗马"帝国"建立的声威。哈布斯堡的权力衰微了，霍亨索伦（Hohenzollern）的权力高涨。如此，为俾斯麦

(Bismarck）做好铺路工作。爱国主义和民族主义开始以整个日耳曼为念，而不以个别而骄横的邦国为考虑。日耳曼文学也激起了"狂飙运动"（Sturm und Drang），终于达到歌德和席勒代表的巅峰。

瑞典失掉 2500 条人命，结果除了一身债以外，别无所获。俄国有 12 万人在战斗、流离和疾病中死去，不过很快即可获得补充。而她向西推进，为她的现代史打开了新纪元。瓜分波兰一事，如今成为必然。至于法国的结局，殖民地和商业大批失去，而这次几近破产，逼使她向着崩溃之路又跨前一步。而英国的收获远超过其领袖们当时所能了解的：控制海洋，控制殖民世界，建立大英帝国及开始了 182 年的世界霸权。而对于普鲁士来说，几为焦土一片。1.3 万住家被摧毁，上百个城镇成为废墟，数千家庭破亡绝灭。18 万普鲁士人（根据腓特烈的估计）死在战场上、营地中，甚至有更多的人死于药品或食物的匮乏。而某些地区，仅有老弱妇孺在耕作。1756 年，普鲁士计有 450 万人，而到了 1763 年，仅剩下 400 万人。腓特烈如今成为日耳曼的英雄（除了萨克森）。他在离开 6 年之后，终于胜利地进入柏林。这个城市虽然贫困，每个家庭虽在悲伤，还是兴高采烈地欢迎他，并当作救星似的在大声欢呼。这位老战士钢铁般的精神，终于被感动了。"我亲爱的同胞万岁！"他喊道，"我的孩子们万岁！"他是一位能够谦虚的人。在受人欢呼的时刻，他没有忘记作为一位将领所犯下的错误——除了拿破仑，现代将领中最伟大的一位就数他了。而且他仍然能够看到数以千计的普鲁士青年抛头颅、洒热血，在为西里西亚捐躯的情景。他自己也付出了代价。虽然才 51 岁，却已未老先衰了。他背已偻、脸已皱、消瘦不堪、齿牙尽落、半边头发又已白，并饱受胃痛、腹泻和痔疮的折磨。他认为，如今最适合他的地方，就是为伤残所设的养老院了。他亟思借和平的、有秩序的政府，以赎前愆。

"七年战争"政治方面的主要结果是大英帝国的兴起和普鲁士升为第一流强国。经济方面主要的影响是走向工业化的资本主义：那些庞大军队无疑是批量生产下集中消费的光荣市场，而且，哪位客户能像这一位这样答应尽早摧毁所购货物，以便购买新的、更受欢迎呢？道德方面是战争使悲观主义、犬儒主义盛行和道德沦丧。生命如草芥，死亡随时到来，受苦成为家常便饭，抢劫遍地皆是，所以唯有抱着"得乐且乐"的生活态度了。1757 年，格里姆在伐里亚曾说："使我无法想象，贫穷的可怕和人的不义，究竟能达到什么程度。"然而，这还只是开始。苦难对宗教的助力，一如其阻碍：如果少数人因为罪恶的可怖实际转而支持无神论的话，大多数人却向神灵接近，以满足对于为善终必获胜的信心。一次对宗教的反动，将在法国、英国和德国发生。而德国新教在废墟中被救活了。假如腓特烈一旦失败，那么普鲁士很有可能会像 1620 年以后的波希米亚，经历一次天主教信仰和权力的复辟，而且是强迫性的。想象得以战胜实际，实为历史的一大幽默。

第三章 | 国家的命运

夫人去世

蓬巴杜夫人是战争的牺牲者之一。国家受难期间，国王曾一度被她的魅力迷惑。但在达米安试图行刺国王（1757年1月5日）之后，国王突蒙神启，下令她必须立即离去。不过，国王碍于人情以致失策，又去向她告别。当时他发现蓬巴杜夫人哀伤地悄然收拾着行李，他的心又被往日的柔情蜜意所系，难分难舍，终于又把她留了下来。不久，蓬巴杜夫人重获昔日的种种权势。她与外务大臣和使节们取得妥协，任意升迁贬降大臣和将领。只有阿尔让松的伯爵瓦耶处处跟她作对。她曾设法向他寻求和解，却遭到拒绝，于是她设法撤去他的外务大臣之职，而以贝尼斯神父代之，不久又换上舒瓦瑟尔（1758年）。虽然她对待亲戚和国王仍很柔顺，对待其他的人却相当冷酷无情。一些跟她作对的人被她送进了巴士底监狱（1758年），在那里饱尝了数年的铁窗滋味。同时她不断地营私中饱，粉饰宫廷，更下令在旺多姆宫（Place Vendôme）下面，为自己建造了一座富丽堂皇的陵墓。

法军在战争中受挫时，她是众矢之的，获胜时她却得不到任何功绩。在与奥地利那个有失民心的联盟中，虽然她只不过扮演次要角色，却备受指责。她的亲信苏比领导的法军在罗斯巴赫吃了败仗，也使她受到不少责难。批评者不知道——或者根本不考虑到——苏比曾反对这次战役，他被迫从事战役完全是日耳曼将领的鲁莽促成的。假如苏比能按照自己的意愿行事，假如当局能采取他以进军和弃守的策略来消耗腓特烈的兵力的建议，假如伊丽莎白不是恰好在这时去世，而把俄国交给年轻的彼得掌理，则普鲁士的防线可能瓦解，而法国也可获取奥地利的荷兰，蓬巴杜夫人也一定会受到全国人民热烈的拥护与爱戴。遗憾的是她未能求得机会之神的眷顾。

她因怂恿路易十五忽视国会，而遭到国会的怨恨，又因与伏尔泰和百科全书派为友而为牧师痛恨。巴黎的主教博蒙特甚至说"真乐意看到她被焚"。巴黎的人民因物价高涨而怨声载道时，人们喊道："那个把持政权的娼妇会把这个国家毁掉。"图尔尼的一位暴民说："如果她在这里，我们会让她死无葬身之地。"她不敢在巴黎街道上露面。在凡尔赛，她四面受敌。在写给丰特尼耶侯爵夫人的信上，她说："处在这群小贵族之间我孤独极了，他们讨厌我，而我瞧不起他们。至于大多数妇女，她们的谈吐真令我头痛欲裂。她们的虚荣、高傲、卑鄙和奸诈，实在令人受不了。"

战火愈来愈炽，法国眼看着加拿大和印度被夺。不伦瑞克的斐迪南把法军围困在海湾里，而巴黎街头出现的军人非伤即残，这时国王才知道他因听信考尼茨和蓬巴杜夫人的话铸成大错。1761年，路易十五另结新欢罗曼斯小姐，她为国王生下一子，即后来的阿贝·布隆（Abbé de Bourlon）。谣传蓬巴杜夫人为了报复而纳舒瓦瑟尔为情人，但事实上她的身体太弱，而舒瓦瑟尔也聪明得不至于会惹上这层关系。她给予舒瓦瑟尔的是权势而非爱情。可能就在这时她沮丧地预言道："紧随我而来的将是洪荒。"

她的身体一向孱弱，在很年轻时就曾咯血。虽然我们不敢断言她得了肺结核，但我们知道她那痛入肺腑的咳嗽到了40岁时更加剧烈。

一度曾感动国王与朝廷人士心弦的美丽歌喉，如今变得既粗又哑。友人们皆为她的憔悴枯槁而大感惊讶。1764年2月，她因高烧和肺炎卧病在床。到了4月，她的病况更加恶化，于是她召来了公证人立下遗嘱。她将所有的遗物分赠给亲戚、朋友与仆人，并附言："遗嘱中若遗漏了任何亲戚，请我的兄弟代为补偿。"她将她巴黎的爱丽舍宫（Eliseé）遗赠给路易十五。有很长一段时间，路易十五一直陪伴在她床侧，在她临终前那段日子，他几乎寸步不离她的卧室。一向与她作对的太子在给凡尔登主教的信中写道："她正以人类鲜有的勇气面对死神。她的肺部充满了脓水，心脏扩大并充血。那实在是一种令人难以相信的残酷的死法。"即使在临终与死神的搏斗中，她也一直盛装，深陷的双颊依然搽得嫣红。几乎到最后一刻，她还掌握着政权。朝臣们群集在她的卧榻周围，她分赠赏赐，擢升官员，而路易十五多照她的意见行事。

最后她终于撒手了。4月14日，她满心感激地接受了天主教的临终弥撒，以期平静地离开人世。一直探求哲理的她，如今竟希望能重获儿时的信仰。她如赤子般祷告着：

> 我将灵魂交付给上帝，祈求他的怜悯，原谅我的罪行，赐我忏悔以赢取他的荣宠，祈能借着我救主耶稣基督圣血的荣耀、荷承圣母玛丽亚与天国诸贤的推许，而能获得上帝的垂怜。

她进入弥留状态之际，她向正要离去的牧师低声说道："等一下，让我们一起离开这间屋子。"1764年4月15日，她因肺部充血窒息而逝，享年42岁。

若说路易十五对她的死漠不关心，那是不对的，他只是把心中的哀伤掩饰了而已。太子叙述道："国王极为悲痛，尽管他当着我们及每一个人，尽量克制自己。"4月17日，这位半辈子（20年）陪伴着他的夫人在凄风苦雨中被抬出凡尔赛宫时，他走出走廊送别。当时他对侍从尚普罗斯说："夫人遭到了恶劣的天气。"那并非戏言，据尚普罗斯说："国王的眼里充满了泪水，接着说：'这竟是我能向她表达敬意的唯一方法。'"依照她的遗嘱，将她葬在她的爱子亚历山大的墓旁，墓在旺多姆宫地区的圣方济教堂里，现今已不存在了。

朝廷人士因不必再受她驾驭而欣喜异常。未曾觉察到她的魅力的人民，痛斥过她的奢侈后，很快地就把她遗忘了。曾经受过她帮助的艺术家与作家则因丧失了一位优雅解人的朋友而哀悼。狄德罗则非常刻薄，他说："那花费了我们如此多人力、物力，而未曾给我们些许荣耀与国力，倾覆了整个欧洲政治系统的女人留下了什么？尘土一把。"伏尔泰却这样记述：

> 对蓬巴杜夫人的去世，我感到非常难过。我受过她的恩惠，故因感激而哀悼，一个老迈得举步维艰的摇笔杆者仍然活着，而一个事业辉煌的美貌妇女竟然在 40 年华去世，这未免太荒谬了。也许，如果她过的是我这种恬淡的日子，她今天还会活着……她有一颗公平正直的心……那真是一场梦的结局。

法国的复兴

一直到拿破仑掌权，法国才完全从"七年战争"中恢复过来。在路易十四治下，苛税摧毁了农业，到了路易十五时情况依然如此。17 世纪时耕作的许多农田，1760 年被弃置而成了一片荒芜。田里没有操持耕作的牛马，肥料缺乏，土地贫瘠。农民们仍采用旧式笨拙的耕作方法，因为每种农作方法的改善使农人的财富增加，而税也随之提高。许多农人冬日里除了从与他们共处的牲口身上获取温暖外，没有余裕在屋内生火。1760 年与 1767 年异常的风霜破坏了成长中的谷物与葡萄园。一次歉收就会导致一村的饥馑，引起人们对潜伏四处的饥饿狼群的恐惧。

不过和平来到时，经济也随之复原。政府虽然腐败、无能，仍有不少协助农民的措施。政府官员分发种子，修筑道路。农会发行农业报告，举办种种比赛活动，予优胜者以奖励。有些税务员因宽厚而受到普遍爱戴。受了重农主义的影响，许多人开始对改良农耕方法和农产品产生了兴趣。自耕农的数量增加了。1774 年，法国人民中具有农奴身份的只有 6%。不过，作物的增产也带来了人口的增加。土地肥沃了，但农民的平均所得还是很少，贫穷依然存在。

由于农村人口过剩，许多人拥向成长中的城市，去增大工业的阵容。除少数例外，工业仍停留在家庭手工业的阶段。大规模的资本家组织垄断了冶金业、矿业、肥皂制造和纺织业。1760 年，马赛有 35 家肥皂工厂，雇用 1000 名工人。里昂则早已因生产织布机而成为转运市场，变得非常繁荣。英国的棉毛纤维梳理机在 1750 年被介绍到法国，而到了 1770 年，一次可以转动 48 个纺锤的纺纱机开始在法国代替了纺纱轮。法国人发明比应用快，因为他们不像英国那样有来自商业贸易的资金，可用于投资工业方面机械技术的改良。1681 年，法国就有了蒸汽引擎，约瑟夫·库纽（Joseph Cugnot）1769 年用其推动最新问世的汽车，一年之后就被用来以每小时 4 英里的速度运送重物。可是机件失去控制，撞毁了一堵墙，而且每 15 分钟必须停下来换一次水。

除了这种怪物外，运输工具有马、两轮马车、四轮马车和船。道路和运河沟渠都比英国的好，但旅馆比较差。正规的邮政服务于 1760 年成立，不过，通信秘密尚无保障，因路易十五下令邮政局长拆开信件，任何内容可疑的信件都要向政府报告。对内贸易的发展被路税所阻，对外贸易则受战争和殖民地的丧失所碍。然而，法国在这世纪内对欧洲各国的贸易大为增加，从 1716 年的 1.766 亿利维尔增加到 1787 年的 8.043 亿利维尔。不过，有些贸易额的增加只显示出通货膨胀。与法属西印度群岛的贸易在糖和贩卖奴隶方面非常旺盛。

渐次的通货膨胀，一方面因为货币的贬值，另一方面因为世界金银产量的增加，对工商企业产生了刺激。商人通常能以比他所花劳力与材料成本更高的价钱卖出产品，所以中产阶级的财富暴增，而低层阶级只有量入为出。通货膨胀使政府发行的货币贬值，国家岁入减少，所以币值低落时税额也提高了。国王竟须依赖像帕里斯兄弟等银行家的资助，尤其是依赖帕里斯·迪韦尔内，他在战争期间以他的财政手腕取悦蓬巴杜夫人，而能左右大臣和将军们的升迁或贬降。

18世纪法国基本的经济发展，是巨额财富由地主手里转移到控制工商业或财政的人手里的一个过程。1755年，伏尔泰这样写道："由于贸易收益的增加……上层社会的财富比以前减少，而中层社会的财富增加了，其结果是阶级之间的距离缩短了。"像拉·波普利尼埃（La Popelinière）之类的商人有能力建造贵族们羡慕的宫殿，可以同最杰出的诗人和哲人往来以增光彩。如今是中产阶级在护卫文学和艺术。贵族们则以紧握住他们的特权和展示他们的样子来自慰。他们坚称高贵的出身是任军职和主教职的必备条件，他们炫耀他们的徽章和家谱，他们试图把平民赶出高级行政机构和法庭，但常不得逞。富有的中产阶级要求让出身任何阶层、有才智的人从事任何适合他们的事业，他们的要求不被采纳时，革命便产生了。

除了农民之外，所有阶级争战的情状在纷乱喧嚣、五光十色的巴黎都很明显地表露出来。法国半数的财富被吸入了首都，而法国半数的贫穷也在那里腐蚀。卢梭说："巴黎也许是世界上贫富最不均的都市，昂首阔步的富豪与一无所有的穷汉都住在这里。"太子的长子1761年去世时，送葬的行列里，官方护从中有60名是穷人。1770年，2200万法国人中巴黎占了60万人。那里居住着全欧洲最活跃、最精明、最堕落的人。那里铺设有最佳的街道，最豪华的大道和散步场所，繁忙的交通，最好的商店，最巍峨的宫阙，最高尚的住宅，及一些世界上最漂亮的教堂。1762年，哥尔多尼（Goldoni）从威尼斯来到巴黎时，惊讶道：

这么多的人！聚集着这么多形形色色的人！我走近杜伊勒里（Tuileries）皇宫时，我的感觉和内心被这奇异的景象慑住了！我看到那广阔花园的全景，那真是举世无匹，花园的长度非肉眼所能尽览……滔滔大河，上架无数往来方便的桥梁；巨大的码头，拥挤的车群，还有那如过江之鲫的人潮。

成千的商店吸引了有钱和没钱的人，成千的小贩沿街叫卖，成百家餐馆（restaurant 一词于 1765 年首次出现）提供人们填充饥肠的场所，成千的商人收集、铸造或贩卖古董，成千的理发师为一般人甚至工匠理发或做假。在窄巷里，艺术家、工匠为有钱人作画、制造家具和饰物。成百家印刷厂有时冒很大的风险出版书籍，1774 年巴黎的书籍贸易额据估计有 4500 万利维尔——是伦敦的 4 倍。加里克（Garrick）说："伦敦适合英国人，但巴黎适合每个人。"伏尔泰 1768 年说道："在巴黎有 3 万以上的人对艺术感兴趣。"巴黎真是世界文明的首都，其他都市望尘莫及。

重农主义者

在蓬巴杜夫人的庇护下，激起法国大革命、产生 19 世纪资本主义的经济理论，在凡尔赛的一栋公寓里形成了。

虽然有同业公会和柯尔伯特（Colbert）的规定，及误以黄金为财富的重商主义者点物成金的迈达斯（Midas）神话的严格束缚，法国的经济还是奋力成长着。为了增加输出、减少输入，并对金和银采取"有利的平衡"，以保持政治和军事的实力，法国和英国的国家经济都采用了有助于维持经济秩序的一些规定，却妨害了革新、投资和竞争，以致损及生产。古尔奈、凯奈、米拉波、杜蓬等人士说，这一切规定和限制完全违反了自然。人类有获取和竞争的本性，而假如人的本性能免于不必要的束缚，则他生产的产品的数量、种类和品质的优越将会震惊全世界。因此，这些重农主义者说，让本性统驭，让人们依据他们天生的才能去发明、制造和交易。或者如古尔奈曾说过的"让他自己去做"他认为最好的事。这句名言由来已久。约 1664 年，柯尔伯特问商人勒让德尔"我们（政府）该如何帮助你们"时，他回答："随我们自己去做，别管我们。"

古尔奈是法国第一个坚定的重农主义者。毫无疑问，他知道布瓦吉耶贝和沃邦对路易十四在封建政度下加诸农业的严苛限制所做的抗议。他深为蔡尔德爵士的著作《贸易和利润概览》（*Brief Observation concerning Trade and Interest*, 1668 年）感动而把它译成法文（1754 年），他可能还读过康蒂永（Richard Cantillon）的《商业本质论》（*Essay on the Nature of Commerce*, 1734 年）的法文版（1755 年）。一些人把这本书的问世视作经济学成为一门科学的开端——对财富的来源、生产和分配的一种合理的分析。康蒂永说："土地是获取财富的资源（来源或资产）。"但是"人的劳力是生产财富的工具"。他不是以黄金或钱来为财富下定义，而认为财富是"生活的维持、便利与舒适"。这个定义本身就是经济理论的革命。

古尔奈是一个富有的商人，最初在加的斯（Cadiz）经商。他把业务扩展到英国、德国和荷兰之后，定居巴黎，并被任命为商务总督（1751 年）。他旅行法国各地、巡行一番之后，首先观察到同业公会和政府的一些规章对经济投资和交易限制的情况。对自己的见解，他没留下任何成文而有系统的陈述和说明，但他去世之后，他的学生杜尔哥（Turgot）把他的意见归纳编写出来（1759 年）。他力言即使不把当时的经济规条删除，至少也要削减。任何人都比政府更了解何种程序有利于他的工作，当每个人都能随意追求自己的利益，则货品将能增产，财富也将增加：

> 一些仅以自然为基础的、独特而原始的法则，依据这些法则，所有商业中存在着的价值，彼此都能维持均衡，而且有决定

性的一定价值。就好像人的身体以其特有的重力维持其本身的重量一样。

也就是说，价值和价格是根据供求之间的关系来决定，而这个关系由人的本性来决定。古尔奈下结论说，政府只有在保护生命、自由和财产时，及以荣誉和奖励来刺激产品的质与量时，才能干涉经济。主持商业的特吕代纳先生接受了这套说法，杜尔哥则给予言论上的支持，并承认它的正直性。

凯奈采取的重农主义路线则稍微不同。身为地主的儿子，他虽然学的是医科，却从未对土地失去兴趣。他以医药和手术的技巧赚了一大笔财富，并成为蓬巴杜夫人和国王的御医（1749 年）。在他凡尔赛的寓所里，他聚集了一群志同道合的异端人物，包括杜克洛、狄德罗、布丰、爱尔维修、杜尔哥等。在那里，他们除国王之外无所不谈，他们异想天开，想把国王变成"开明的暴君"，作为和平改革的力量。沉浸在理性的时代里，凯奈觉得把理智应用到经济学的时机已经来到。在工作上他是一个颇有自信的专断者，却是一个宅心仁厚的人，在世风日下的环境里以廉洁著称。

1750 年，他认识了古尔奈，不久对经济比对医学有了更加浓厚的兴趣。他很谨慎地以笔名为狄德罗的《百科全书》撰写了数篇文章。《农场》（"Farms"）一文中把农场的荒芜归之于苛税和政府的征集。《谷物》（"Grains"）一文则叙说小农场无法有效地使用最富生产力的方法耕作的情形，而赞成由企业家来经营的大规模农耕——我们现在对庞大农业的展望。政府应该修筑道路、河流和运河，免除所有的运输税，并免除所有农作物的贸易限制。

1758 年，凯奈出版了一本《经济实况》（*Tableau Économique*），这本书成为重农主义者的宣言。虽然此书是在国王监督下，于凡尔赛宫中由政府印制，它仍指责奢华是对财富的浪费，而用这种财富本可创造更大的财富。根据凯奈的看法，只有大地的生产才能构成财富。

他把社会分为三个等级：一、生产阶级，指农民、矿工和渔夫。二、随意阶级，指可以从军或经营管理事务的人。三、不生产阶级，指将大地的产物制成有用物品的匠人，及将产品转交给消费者的商人。因为加诸第二或第三等级的税终究都落在土地所有者身上（依照凯奈的看法），因此最科学、最方便的税制是加于每块土地每年所获净益的单税制。赋税应由国家直接收取，而不应假手私人金融业者。政府应该是绝对世袭的君主政体。

由于他们低估了劳力、工业、商业和艺术，凯奈的建议在今天似乎失效了，但当时的一些人认为那是极富启发性的启示。他的信徒中最让人信服的米拉波认为，《经济实况》一书是历史上最崇高的发明之一，其价值远超过金钱所能估计。米拉波继承了一大笔财产，生活得像一个王公贵族，以民主主义者的姿态从事写作，他将第一部书取名为《人类之友》（*L'Ami des Hommes*）或《人口协定》（*Traitéde la Population*，1756 年），从而赢得了"人类之友"的盛名。在出版了这部大作之后，他才受到凯奈的影响，于是他根据所受的影响修订此书，并增订为一部 6 册的巨著，发行了 40 版，对 1789 年的法国大革命，在思想与心理上曾产生重大影响。

米拉波并不像马尔萨斯（Malthus）1798 年一样受到人口增加的困扰，他认为国家的伟大决定于人口的多寡，而这必须要"他们获得生存的方法时，则人类增加得有如谷仓中老鼠的繁殖"——这种现象我们现在仍可见到。他下结论说，对食物增产者应给予种种鼓励。他认为财富的分配不均阻碍了食物的生产，因为富人们占去了可能是肥沃农场的土地。在序言中，米拉波对国王说，农民是：

> 最富有生产力的阶层，他们看到的只有脚下抚育他们和你的保姆——大地。他们永无休止地做着最累人的工作，每天祝福你，但除了和平与保护外对你别无他求。你用的是他们的汗和血（但你毫不知觉）来赏予那一群百无一用的人，这批人却总告诉

你，一个君王是否伟大，在于他所能分给他的群臣的赏赐的价值和多寡而定。我曾亲眼看见一位穷苦的妇人因抗拒强制执行而紧握住家中所剩的最后一件器皿———一只锅———时，一个税吏砍断了她的手。伟大的君主，你作何感想？

在《税理》（*Théorie de L'Impôt*）一书中，革命性的米拉波攻击向农民收税的人是攫食国家要害的寄生虫。愤怒的财税官员们于是谏请路易十五把他监禁在万塞讷堡（1760 年 12 月 16 日）。凯奈请来了蓬巴杜夫人调停，路易十五于是将他释放（12 月 25 日），但禁止他离开勒比农的宅邸。米拉波首先适时地研究了农业，然后于 1763 年印行了《乡村哲学》（*Philosophie Rurale*），这是"亚当·斯密（Adam Smith）之前最精博的经济论文"。格里姆称之为"重农主义派的《摩西五书》"。

他的儿子给他添了不少麻烦，他在绝望之余，为了双方的安全把儿子送进了监狱。但到他死的那一年，他一共写了 40 本书。像他那个儿子一样，他既蛮横又放荡，为钱而结婚，控告他的妻子不贞，把她送回娘家，然后找了个情妇。他曾指责专制的拘捕状（lettres de cachet）是令人无法忍受的暴政，后来又力劝内阁发了 50 份以助他训诫他的家人。

处在这一时代，我们很难了解重农主义者的出版物引起的骚动，及他们活动的热诚。凯奈的门徒敬重凯奈有如经济学中的苏格拉底，他们的著作付印之前都要先呈给他审阅，而凯奈对他们的著作贡献意见。1767 年，一度为马提尼克岛总督的里维埃发表了亚当·斯密所谓的"最清晰、与学理关系最密切的论述"———《社会政策的自然和基本法则》（*L'Ordre Naturel et Essentiel des Sociétés Politiques*）。在经济理论中（论述中说），有些法则与牛顿在宇宙中发现的法则一致，由于忽视或违反了这些法则，才产生了经济的弊病：

你希望一个社会能获取最高度的财富、人口和权力吗？那么，把它的利益委之于自由，并使之普遍化。凭借这种自由（那是勤勉的基本因素）和享受这种自由的愿望——由于竞争的刺激及经验和先例的启迪——你可以相信每个人都会为他自己可能获得的最大利益而努力，结果，也就会以他特有的利益致其全力于公众的利益，不仅为统治者的利益，也为社会每一分子的利益贡献出他的特殊才能。

杜蓬概述了给予这个学派以历史名称的"重农主义"（Physiocratie，1768 年）的主张。杜蓬同时把这个学说刊登在两种期刊上，其影响遍及瑞典和托斯卡纳。他在杜尔哥手下担任制造业者的总督察一职，杜尔哥下台时他也跟着下台（1776 年）。在承认美国独立的条约上，他曾帮助美国与英国进行商谈（1783 年）。他被选为"名人会议和国民大会"的会员（1789 年）。为了区别他和会中另一位名叫杜蓬的会员，人们以他代表的市镇地名称之为"内穆尔杜蓬"（Du Pont de Nemours）。因为反对雅各宾党人（Jacobins），在对方得势时他即遭受迫害。1799 年他流亡美国，1802 年返回法国，但 1815 年他终于在美国定居，从而建立了美国最有声望的家族。

表面上重农主义的学说有利于封建制度，因为封建领主仍然拥有法国 1/3 的土地。但在 1756 年以前，他们几乎未曾付过任何赋税，于是地主对于将必须缴纳所有税款的意见感到非常恐慌，他们也无法接受封地的税转移到他们领土内货物的运输上。日渐具有新的人性尊严思想的中产阶级，在想到他们是国内一群不事生产的阶级时，感到异常愤怒。哲学家们虽然大体上同意重农主义者依赖国王为改革力量的说法，却无法和他们一起行动与基督教谋取和平。1763 年拜访过凯奈的休谟，认为重农主义者是"13 世纪中叶设立的索邦神学院毁灭以来，今日所能找到的最荒诞不经、最傲慢的一群人"。伏尔泰在《拥有四十个皇冠的人》（*L'Homme aux Quarante Écus*，1768 年）一书中讥讽他们。1770 年，意大利人加利亚尼（Ferdinando Galiani）出版了《论货币》（*Dialoghi sul Commercio dei Grani*），同年狄德罗将之译成法文。伏尔泰曾谓柏拉图和莫里哀的思想对这已成为经济学"灰暗科学"的杰作，一定具有很大影响。加利亚尼与巴黎的机智者嘲笑重农主义者唯有土地才能生产出财富的观念。（他认为）免除谷物贸易的所有规章一定会毁了法国的农民，聪明的商人把谷物输出国外时，一定会在国内造成饥荒。这正是 1768 年和 1775 年发生的情形。

一则故事说，路易十五曾经问凯奈，如果他是国王的话，该怎么办。凯奈回答说："什么也不做。""那么谁来治理国家呢？""法律！"于此，重农主义者所指的"法律"，是人类的天性与生俱来并管理供与求的法则。国王同意尝试。1754 年 9 月 17 日，他的内阁废除了国内谷物——大麦、黑麦和小麦——出售和运输的所有的税赋和限制，1764 年除了必须达到某一限定的价格外，这项自由扩展到谷物的输出。由于供与求的经营得法，面包的价格曾一度降低，但 1765 年的歉收又使它涨得远超出正常价格。谷物的缺乏在 1768 年至 1769 年达到了饥荒的程度。农民们在猪圈里挖取食物，吃瘦弱的动物和草。在一个拥有 2200 人的教区中，有 1800 人靠乞讨度日。人们抱怨他们面临着饿死的威胁时，投机者却把谷物输出国外。批评家们在《饥饿协定》（*Pacte de Famine*）中指责政府从这些垄断者的经营中获取利润，而 1761 年剧烈的变相"饥饿协定"在以后几年仍持续着，以致人们竟指责仁慈的路易十五获取高价面包的利益。很显然，一些官员难辞其咎，但路易十五是无辜的。他曾传令一些商人在丰收之年收购谷物，储存起来，在荒年时再拿出在市场出售。可是出售时的价格往往使赤贫者负担不起，政府的补救措施行动太慢，它进口谷物，再转售给最缺乏的省份。群众要求政府恢复管制谷物的贸易，国会也参与这项请求。就在这时，伏尔泰出版了《拥有四十个皇冠的人》。政府终于让步了，1770 年 12 月 23 日，准许谷物自由贸易的御令被废弃。

虽然遭受了这次挫折，重农主义的概念在国内外仍然流行着。1758年的一道敕令，确立了羊毛和羊毛产品的自由贸易。亚当·斯密1765年拜访凯奈时，深深地被他的"谦和与简朴"吸引，也更加强了他自己对经济自由的偏好。他批评说："这个制度的主要错误……在于它指明手工艺者、制造业者和商人全属于不事生产的阶级。"但在结论中他说："虽然有这些缺点，这项制度可能是目前为止有关政治经济问题中最接近事实者。"重农主义者的见解与英国减低输出和输入税的愿望极为一致——英国当时已是各国中最大的输出者。财富在不受政府对生产和分配加以限制时增加较快一说，在古斯塔夫三世治下的瑞典、利奥波德大公治下的托斯卡纳、查理三世治下的西班牙都得到了共鸣。杰弗逊爱好最不管事的政府，一部分就是附和重农主义的原则。亨利·乔治也承认他赞成不动产单税制，是受了重农主义者的影响。自由企业和贸易的哲学给予美国的商业阶级很大的吸引力，同时刺激了美国工业和财富的快速成长。在法国，重农主义者为中产阶级免除国内贸易和政治发展遭受的封建和法律的束缚阻碍，提供了理论上的根据。凯奈在去世之前（1774年12月16日），有幸见到自己的一位友人当上了财政主计长。假如他能再多活15年，就可以看到，许多重农主义者的理想在1789年法国大革命中获得胜利。

杜尔哥得势（1727—1774）

杜尔哥是一个重农主义者吗？他的财富和特殊背景摒除了所有对他的称谓。他出身于古老的家庭——路易十五称之为"优秀的血统"（une bonne race），他们家有数代人担当了显要的职位。他的父亲是国家顾问兼商会会长。他的哥哥是掌理诉愿事件的大臣，在巴黎议会中也是领导人物。他的父母原希望这个较小的儿子阿内·罗贝尔·雅克·杜尔哥当牧师。他在路易学院、圣叙尔皮斯神学院和索邦神学院通过所有的考试而获得学位，19岁时即成为布吕克尔神父。他研读拉丁文、希腊文、希伯来文、西班牙文、意大利文、德文和英文，而且能说流利的意、德、英三种语言。1749 年，他被选为索邦神学院的副院长，以这一身份他发表了许多演讲，其中两则演讲在宗教范围之外都引起了反响。

1750 年 7 月，他用拉丁文在索邦神学院发表演说《基督教的设立所加诸人类的益处》。它使古人脱出了迷信的束缚，保存了许多艺术和科学，并给予人类以超越人类偏见和兴趣的正义法则的解放观念。"有谁能希望从宗教以外的其他任何原理中获得这个吗？……只有基督教……使人们明白人的权利。"在这种虔诚恭敬的信仰中有一种哲学上的呼应。很显然，这位年轻的副院长曾经读过孟德斯鸠和伏尔泰的著作，以致影响了他神学方面的观念。

1750 年 12 月，他在索邦神学院发表演讲，题目是"人类心智历史发展里程"。这对于一个 23 岁的青年来说，是很不平常的行为。在孔德（Comte）之先——也许是在维科之后——他把人类心智的历史划分成三个阶段：神学的、形而上学的和科学的：

> 在人尚未了解自然现象的因果关系之前，很自然地，他认为这些现象是由睿智的、非肉眼所能见但形体类似人的神创造的……哲学家们认识了有关神的这些寓言传说的荒诞后，但还无法洞悉自然的历史过程，他们就想以诸如本质和功能等抽象的措辞来说明这些现象的原因……只是到了后期，借着观察人体交互的机械动作时，才形成了可以用数学来发展、以经验来证实的学说。

这位才华横溢的青年说兽类并不知道所谓进步，它们世世代代相衍不变。但是人类，由于学会积累和传播知识，已能改善他们应付环境和充实生命的工具。虽然有时可能会有自然的灾难和国家变化的阻挠，但只要这种知识的积累和传播，及人类的工艺技术持续着，就免不了会有进步。进步并非一致，也不是普遍的。某些国家进步时，有些国家可能在退步。科学往前推动时，艺术可能停滞不前，整体上却是向前推进的。杜尔哥颇有依据地预言了美国的革命："殖民地就像水果一样，只有未成熟时才会依附树木；一旦自足了，总有一天美国会步迦太基的后尘。"

受了进步思想的启发，杜尔哥在索邦神学院时就计划写一部文明史，然而他只遗留下一些有关部分的笔记。从写成的这一部分，我们可以看出他曾打算除了国家的兴亡外，把语言、宗教、科学、经济学、社会学及心理学的历史也写进去。他父亲去世后留给他一笔可观的收入。1750年底，他决定结束教会的神职。一位修道院长加以反对，并答应他很快可以升职，但杜尔哥根据杜蓬所说的话回答："我不能判定自己戴一辈子面具。"

他只接受次要的职务，而自由从事政治事业。1752年1月，他成为代理首席检察官，同年12月当了国会顾问。1753年，他捐得诉愿主管官员的职位，居此职时赢得了勤勉和公正的声誉。1755年至1756年他与古尔奈到各省巡行，这期间他从和农人、商人及制造业者的直接接触中学习了经济学。由于古尔奈的关系他认识了凯奈，又由凯奈认识了米拉波、杜蓬和亚当·斯密。他从未把自己列入重农学派中，但他的钱财和文章是《星历表》（*Ephémérides*）杂志的主要支持力量。

同时（1751年），他的心智和优雅的态度使他在若弗兰夫人（Mme. Geoffrin）、格拉菲尼夫人（Mme. de Graffigny）、杜德芳夫人、莱斯皮纳斯小姐（Mlle. de Lespinasse）等人的沙龙中大受欢迎。就是在这些沙龙，他认识了达朗贝尔、狄德罗、爱尔维修、霍尔巴赫和格里姆。与这些人交往的早期结果是，他于1753年出版了两部《容忍论集》（*Lettres sur la Tolérance*），他为狄德罗的《百科全书》提供了《存在》、《语言学》、《市集》、《市场》等论文，可是这一计划受到政府的责难时，他以投稿人的身份引退。在瑞典和法国旅行时，他拜访了伏尔泰（1760 年），这段友谊于此开始一直持续到伏尔泰去世。这位"费内圣人"（The sage of Ferney）[1] 在写给达朗贝尔的信中说："我几乎没见过比他更可爱、更有见识的人。"哲人们宣称他是他们的同派人物，并希望借他以影响国王。

1766 年，他为两位即将回国的中国学者写了一本 100 页的《经济学大纲》（*Réflexions sur la Formation et la Distribution des Richesses*），在《星历表》（1769—1770 年）上发表后，被认为是重农主义学说中最简明、最有力的阐释之一。杜尔哥说，土地是财富独一无二的根源，除了土地耕作者外，各个阶层都依赖耕作者生产超出他们自己所需的剩余。这些剩余构成了付给匠人阶层的"工资资金"。下面是我们知道的"工资铁则"（the iron law of wages）的早期说明：

> 在与同行竞争之余，工人的工资仅能维持生活的基本需要……一个工人除了他的双臂和勤劳外一无所有，除非他能把劳力卖给别人……雇主尽可能付给他最低的工资，因为他可以有很大的选择的余地，所以他喜欢请那要价最低的工人。工人们因此不得不降低工资以与他人竞争。每项工作都难免如此（而事实上也都是如此），工人的工资所得仅限于维持生活的基本需要。

杜尔哥继续强调资源的重要性。有些人在能雇用工人之前必须以他自己的储蓄来供应生产的工具和材料，而在卖出产品补充资金之前，他必须让工人能活下去。因为没有一种企业有绝对成功的把握，因此，利润必须要能平衡丧失资金的风险。"这种资金的不断流转构成了金钱的循环——那种维持社会上所有劳工生命的有用和有利的循环。"这种循环不能受到干扰。收获和利益，像工资一样必须按照供求的情形达到正常的标准。资本家、制造业者、商人和工人都应该免

---

[1] 费内位于法国和瑞士交界的市镇，伏尔泰晚年居此，很多重要著作于此完成。

税。税应只加于土地所有者，他们可以提高他们产品的价格，以获取补偿。消费物品的运输和售卖都不应交税。

在这些"评论"中，杜尔哥在劳工的有效组织之前为19世纪的资本主义立下了理论根据。他是那个时代最仁慈、最诚实的人之一，能够看出工人们除了维持生活基本需要的工资外没有前途。这也是他成为忠实的公仆的原因。1761年8月，他被任命为利摩日——全法国最贫穷的地区之一——的地方首长，为国王钦命的监督官。他估计土地收入的48%至50%缴纳了税款，10%归入教会。地方上的农民面有愠色，贵族则显得很古怪。他写信给伏尔泰说："当了地方官对于我来说实在很不幸。我说不幸，因为在这个充满了争吵和抗议声的时代，只有在书堆和朋友之间过冷静的生活才可能得到快乐。"伏尔泰回答说："你将赢得利摩日人民的人心和荷包……我相信地方首长是唯一有用的人。修复公路，耕种田地，排干沼泽，鼓励制造业者，不全都靠他吗？"

这一切杜尔哥全做到了。他在利摩日热心地操劳了13年，赢得了平民的爱戴，也换取了贵族的怨恨。他不断地——也是徒然地——向国家议会请求减低税率。他改善了税的摊派，补救了不公正，组织了一个民众服务站，开放谷物贸易，修筑了450英里长的路，那是全国性道路修筑计划的一部分（法国政府从1732年开始的一项计划），由于这项计划我们才有今天法国可爱的林荫大道。在杜尔哥就任地方首长之前，道路是强迫劳役修筑的——农民被迫做没有报酬的劳役。他废除了利摩日的强迫劳役，并以从一般人身上所收的税来偿付工资。他劝导居民种植马铃薯作为民食，而不要只种给动物吃。在1768年至1772年的饥荒中，他有力的赈济赢得了普遍的敬仰。

1774年7月20日，新登基的国王邀请他加入中央政府。全国人民为之欢腾，都仰仗他来挽救处于崩溃边缘的国家。

共产主义者

重农主义者为资本主义立下理论根据时，莫雷利、加布里埃尔·马布利和兰盖则在鼓吹社会主义和共产主义。知识阶级由于放弃了对天堂的希望，以尘世的代用品来自我安慰。富者无视于宗教的禁忌，沉湎于财势、酒色和艺术中。平民则憧憬着无论聪明才智者、平庸者、弱者、强者均能分享世上益处的一个理想国度，聊以自慰。

18 世纪并没有社会主义者的运动，没有克伦威尔时代英国的平等主义者，或耶稣会那样的固定团体。依"格拉古"巴贝夫（"Gracchus" Babeuf）所说，只有个别的到处叫嚣，成为将来法国大革命的因素之一。我们记得让·梅利耶（Jean Meslier）这位身为牧师的怀疑论者，在他 1733 年的遗嘱中，呼吁一个国家的财产能被平均分享，男女可以任意结合与分离的共产社会。同时，他建议杀掉一些国王以利社会。在这篇宣言付梓前 7 年，卢梭在他的第二篇论文《论人类不平等的起源和基础》中指责私有财产为文明所有邪恶的根源。虽然如此，他否认曾有任何社会主义计划，而且 1762 年以前他书中的主角们还拥有相当的财产。

在卢梭的《论人类不平等的起源和基础》的同年出现了一位籍籍无名的激进分子写的《自然法则》（Code de la Nature），对这个人我们除了他的书和名叫莫雷利外，几乎一无所知。大家切勿把他和另一位《百科全书》的撰稿人莫雷莱（André Morellet）混为一谈。莫雷利首先以描绘共产主义的国王的一本书《一位伟大国王的素质》（Traité des Qualités d'un Grand-Roi，1751 年）惊动了知识界。1753 年，他把梦想以诗的形式表现出来，如《浮岛的破碎》（Naufrage des îles Flottantes）。在诗中，这位好国王也许是读了卢梭的第一篇论文《论科学与艺术》，又引导他的臣民恢复简朴而自然的生活。莫雷利的《自然法则》（1755—1760 年）是共产主义理想最完善的解说。许多人认为那是狄德罗所作，阿尔让松公爵则宣称这部著作比孟德斯鸠的《论法的精神》

还好。和卢梭一样，莫雷利认为人性本善，他的社会本能使他倾向于行善，而法律的成立与保护私有财产破坏了他的本性。他赞扬基督教倾向于共产主义的成分，而为教会认可财产感到惋惜。私有财产的设立造成了"虚荣、昏庸、骄傲、野心、卑鄙、虚伪、邪恶……一切的邪恶都出于这些微妙而毒恶的因素，即占有的欲望"。而诡辩家们断言是人的天性使共产主义无法存在，而且就真正的因果来说，是共产主义的干扰败坏了人的天然美德。假如不是私有财产酿成了贪婪、自私、敌对和怨恨，人类必可以像兄弟一样和平相处、合作无间。

重建的途径必须以清除一切自由讨论道德和政治的障碍开始，"给予智者充分的自由以攻击主张拥有私有财产的错误和偏见"。小孩子该在 6 岁时离开父母，由国家予以抚养，直到 16 岁再归还他们的父母。同时，学校将训练他们只为公益着想，而不营求私利。私有财物应只限于属于个人的绝对必需品。"所有的产品都将收集到公家仓房，再分配给所有的国民，以满足生活的需要。"每个身体健全者必须工作。21 岁到 25 岁的人必须在农场上从事耕作。没有所谓的清闲阶级，但每个人到了 40 岁都可以自由退休，而国家将负责妥善地照顾他晚年的生活。国家将划分为有商业中心和公共住宅区的花园城市。每个社区由 50 岁以上的长老议会管理，而这些议会将选出一个高级元老以管理和联合所有的议会。

也许莫雷利低估了人的天生利己主义、占有的本能力量和因暴政而维持不近人情的平等产生的渴望自由的对立。虽然如此，他的影响力仍然不小。巴贝夫声称他的共产主义取法于莫雷利的《自然法则》，而夏尔·傅立叶（Charles Fourier）可能也是从这同一来源构成了他合作的"共同生活团体"（phalansteries）的计划（1808 年），而这个计划又导致诸如布鲁克农场（Brook Farm）（1841 年）之类的共产试验。从莫雷利的法则产生了著名的理论，后来激发并影响了俄国革命，从"各尽所能"到"各取所需"。

哲学家们通常认为莫雷利的制度不可行而予以排拒，他们认为私有财产是人类天性造成的必然结果。但 1763 年莫雷利找到了一位强有力的盟友兰盖——他是一位律师，抨击法律和私有财产制度。兰盖在被取消执行律师业务的资格后出版了一本《政治年刊》（*Annales Politiques*，1777—1792 年），在这本刊物中，他猛烈抨击社会的陋习。他认为，法律已经成为维护并使最初由暴力和欺诈的手段得来的财物合法化的一种工具：

> 法律首先是注定保护财产的。因为我们从有产者手中取得的比从无产者手中取得的多，因此，很显然，法律是有钱人对付大多数人的一项保证。我们很难相信却可以清楚地证明，在某些方面法律是对付大多数人的一项阴谋。

因此，在有产者或资本家与必须竞相出卖劳力给予有产雇主的工人之间，必然会有阶级斗争。兰盖蔑视重农主义者所谓的"经济若能免于国家的控制，自然而然地就会繁荣"的说法。相反，那会加速财富的积聚。物价将会上涨，而工资更加低。即使在奴隶制度被法律"废止"后，"富人控制物价仍将使工资赚取者永无脱离奴隶境况的一日；所有他们（先前的奴隶）获得的会不断地受到恐惧饥饿的折磨，处于人类最低阶级的这些人的祖先至少曾免于这种不幸"；奴隶终年被豢养着。但在经济不受控制之下，雇主只要从工人处得不到任何好处，便随时陷他们于困境。这样，他使乞讨成为一种罪恶。兰盖认为除了共产主义者采取革命外，这一切都无法挽救。但他并未建议当时就采取革命，因为那可能产生不了公平，反而造成混乱，不过他觉得构成这种改革的环境正在迅速形成：

> 对于无产阶级而言，从不必如此普遍、残酷。欧洲在表面的繁荣中可能从未曾面临这一全面的大变局……然而，我们由一条全然相反的途径到达了这一地步，正犹如意大利发生由斯巴达克

斯领导的奴隶起义，血腥弥漫了意大利，纵火屠杀已迫近世界统治者的大门时，面临的那种境况一样。

尽管他发出了忠告，法国大革命还是在他的时代里爆发了，因而把他送上了断头台（1794年）。

加布里埃尔·马布利神父在革命爆发前4年去世，因而保住了他的头颅。他出生于格勒诺布尔城的一个显赫家庭。一位兄弟名叫让·马布利，卢梭在1740年曾和他在一起；另一位兄弟名叫孔狄亚克，从事心理学的研究。还有一位著名的亲戚唐森主教，试着使他成为一名神父，但马布利只短期从事于一些次要的职务，即参加了唐森夫人在巴黎的沙龙，而倾心于哲学。1748年，他和主教发生了争执，终于引退，从事学术研究。因此，他一生中唯一的事是著书，而他所有的书都曾名噪一时。

在巴黎和凡尔赛的7年，他汲取了政治、国际关系和人性方面的知识，其结果是造成了他对社会主义的热望与悲观的怀疑主义的独特混合物（与马基雅维利正好相反）。马布利主张用之于个体的道德基准也应该作为国家行为的基准，不过他承认这需要一种可行的国际法的系统。与伏尔泰和莫雷利一样，他也是一个没有基督教信仰的人格神论者，不过他相信，除非有超自然的宗教的惩罚和报酬，道德无法被维持，因为大多数人的理性永远停滞于幼稚期。他喜欢斯多葛学派的伦常胜于基督教的伦常，喜欢希腊的共和胜于现代的君主政体。他同意莫雷利所说的人的邪恶非自天生而是因财物而起的说法。这是"危害社会的一切罪恶源头"。"致富的情绪在人的内心中不断地滋长，以致正义和公理被扼杀。"而"每当财富不公平的情况增加，这种情绪也随着强化"。嫉妒、贪婪及阶级的分化毒害了人类的友善天性。富有的人更加奢靡，穷人则受尽羞辱，堕落下去。经济奴隶的状态持续时，政治的自由又有什么好处？"每个欧洲人认为享受的自由，事实上只不过是换个主人的自由而已。"

如果没有所谓"你的""我的"之分，人类将会多么快乐！多么完美！马布利认为在耶稣会生活下的印第安人比他那个时代的法国人要快乐。放弃了寻求荣耀与金钱，对适度的繁荣感到满足的当时的瑞典人和瑞士人，比征服殖民地和独霸贸易的英国人生活得快乐。他力言在瑞典，品格比名声更受重视，而谦和比巨富受到更高的评价。唯有不渴望致富的人才能获得真正的自由。重农主义者提倡的那种社会将不会有快乐，因为人们总想与那些比他们富裕的人争平等，而且内心一直被这种欲望骚扰。

因此，马布利下结论说，共产主义是唯一能促进美德和快乐的社会形式。"共有财产制建立之后，地位的平等自然很容易建立，而基于这两种根基之上，人类的幸福自然而然就确立了。"但人类现在腐败到这等地步，这种共产主义如何能成立呢？于此马布利产生了怀疑，并沮丧地承认："在今天没有任何人力可以重建平等，而不造成混乱，而这种混乱比原来希望要避免的还要大。"民主制度在理论上很好，可是由于大多数人的无知和利己欲的关系而无法实行。我们所能做的，是把共产制度当作一个理想，文明应该渐渐地、谨慎地朝着这个理想推进，慢慢地把现代人的习惯由竞争变为合作。我们的目标应该不是财富的增加，也不是快乐的增加，而是品德的增进，因为唯有品德才能带来快乐。寻求较好政府的第一步是召集一个由僧侣、贵族和第三等级代表组成的议会，而这个议会应该起草一部宪法，给予立法的议会以最高的权力。（这项工作在1789年至1791年成为事实。）任何人拥有的土地英亩数均应受限制，大的房地产应该分割，分配其所有权给农民，财产的继承应予以严格限制，像绘画和雕刻等"没有用的艺术"应予以禁止。

这些建议有许多在法国大革命中被采用了。马布利的《论文集》于1789年出版，1792年再版，1793年第三版问世。而大革命后随即出版的一本书中把爱尔维修、马布利、卢梭、伏尔泰和富兰克林依次列为影响这次革命的主要人物和形成新秩序的真正圣者。

路易十五

路易十五根据他知道的，认为共产主义者只是无足轻重的寻梦者，他一笑置之，仍纵情娱乐。朝廷仍毫无顾忌地继续他们的豪赌和奢侈的排场，苏比王子一天花20万利维尔来款待国王。而国王陛下的一个乡村别墅，修缮费用就要花纳税者10万银币。约50个显要人物在巴黎或凡尔赛都拥有府邸或华丽的大厦，有1万名仆役为迎合贵族、高级教士、贵妇人及皇家的需要与享乐而提供劳务。路易十五本人则拥有3000匹马，217部马车，150个穿戴着丝绒、佩戴着金饰的随身侍从，以及30位医生。王室于1751年一年中共计耗费了6800万银币——几乎是政府总税收的1/4。民怨沸腾，不过大部分都是匿名抗议。每年有成百的小册子、海报、讽刺歌谣描绘国王的不受爱戴。在一本小册子中说："路易，如果你曾是我们爱戴的对象，那是因为你的恶德还没被我们知晓。在这个王国里，因为你的缘故，人民不断地减少，人民都牺牲在你们这些江湖郎中式的统治者手里。如果还有法国人存在着，那也是因为需要有人来恨你。"

是什么使得这位"被喜爱者"路易变成了可憎可咒的国王？除了奢侈、不务国政和淫乱外，他本人并不如报复性的历史描绘的那么坏。他外表英俊、高大、强壮，能一整个下午狩猎，而夜晚与女士们纵情作乐。是教育他的人纵坏了他。维勒鲁瓦（Villeroi）使他懂得，依据世袭与神权，整个法国都是属于他的。国王的尊荣已被路易十四的阴影和作风减少、扰乱。这位年轻的国王，由于自觉无法达到帝王具有的伟大与坚强的显赫程度，感到困惑与胆怯。他变得优柔寡断，欣然由大臣们去做各种决定。他少年时代阅读的知识和坚强的记忆使他熟谙历史，并适时地对欧洲事务有了相当的认识。有好几年，他一直保持着他自己的秘密外交书信往来。他颇有才智，同时能很正确、无情地判断他周遭男女的性格。在谈话和机智方面，他能与朝廷中最富机智者相比。但很显然，他在年轻时接受了弗勒里（Fleury）灌输给他的荒谬绝伦的宗教教理。宗教对他成了一种间歇热，因为他时而虔敬，时而荒淫。他对死亡和地狱怀着无限的恐惧，却冒险希望在濒死时（articulo mortis）能得到赦免。他停止对詹森派教徒的迫害，而且我们回顾时，还可以发现哲学家们在他的统治下，有时能享受到充分的活动自由。

他有时很残忍，但通常很仁慈。蓬巴杜和杜巴利因为爱他，也因为他赐予她们权势而学着去喜欢他。他的冷漠和沉默寡言是他害羞和缺乏自信的部分表现。在他冷漠的背后还有温和的一面，这一点在他对女儿们的感情中表现得尤其明显。她们也爱这位除了好榜样以外什么都给她们的父亲。他的态度通常很和蔼，有时也很无情，对朝臣们的疾病或遭受死亡的威胁无动于衷。在他突然免除阿尔让松、莫尔帕和舒瓦瑟尔的职位时，他完全忘了要表现得像一个可敬的君王，不过那也可能是他害羞的结果。当着一个人的面，他觉得很难开口说个"不"字。可是他也能很勇敢地面对危险，像在打猎或在丰特努瓦时他就表现得很勇敢。

在民众面前他显得很尊贵，可是和知己的朋友们在一起，他显得既愉悦又友善，甚至用他那双尊贵的手为他们调制咖啡。他遵从路易十四为王室所立的繁文缛节，但对加诸他生活的拘泥虚礼感到非常懊恼。他常常在朝见会前起床，自己洗漱以免惊醒仆人，平时则常在床上逗留到11时才起身。夜晚，在被送上床之后，他可能再溜出去会见情妇，或者微服出游凡尔赛城。他以出猎来避开宫中那些人工雕琢的东西，在他没有出猎时，朝臣们就会说："国王今天无所事事。"相比于朝臣，他对他的猎狗知道得更详细。他认为朝臣们处理事务比他更能干。有人警告他法国正面临经济崩溃及革命即将爆发时，他自我安慰道："我在位期间，事情不会有什么变动。"

在性欲上他是一个荒淫的恶汉。我们可以原谅他以男子气压服了王后而另找情妇；我们可以谅解他迷恋蓬巴杜夫人，及对女性的美、优雅和明朗活泼个性的喜爱。但在王室的历史上极少有像他那么卑鄙的，竟一连欺凌那么多在瑟弗为他铺设卧室的女孩子。比较而言，杜巴利夫人的出现在一段时期内才让他较为收敛。

杜巴利夫人

约 1743 年，她以让娜·贝屈（Marie-Jeanne Bécu）之名出现在沃库勒尔的香槟地区，母亲为阿内·贝屈，但始终不知道父亲是谁。这一类谜在当时的底层社会里是很常见的事。1748 年，阿内·贝屈搬到巴黎，受雇为迪蒙索的厨娘，而她把当时年仅 7 岁的让娜·贝屈安排住进圣安妮修女院。在这里，这位漂亮的女孩子住了 9 年，而且对这秩序井然的修女院，似乎一直保持着很好的印象。她接受阅读、写作和刺绣的指导，同时终其一生保有一种清纯和不容怀疑的虔敬，对修女和教士一直都很崇敬。大革命期间她隐匿被追捕的教士，是她后来上断头台的部分原因。

她离开修女院时，她用了母亲新姘夫朗松的姓氏。首先，她被送到一家美容院习艺，但这还包括勾引的勾当，让娜·贝屈不知该如何抗拒。她的母亲于是把她送去陪伴拉加尔德夫人，但是，夫人的访客把注意力全转移到她身上，以致她不久便被辞退。她服务的一家女帽店竟吸引了难以计数的男性顾客。她成为许多无赖的情妇。1763 年，她落入杜巴利手中，他是专为贵族中的花花公子找女人的赌徒。她以沃贝叶（Jeanne de Vaubernier）这个优雅的名字，在这位皮条客的宴会上以女主人的姿态出现了 5 年，这期间更增添了娇媚。杜巴利认为他和普瓦松夫人一样，找到了"国王的一口美食"。

1766 年，斯坦尼斯拉斯这位仁慈的君王在洛林去世，自此之后，洛林成为法国的一省。他死后，他的女儿莱什琴斯卡，即那温和、虔诚的法国王后，身体也随之很快地衰弱下去，因为是父女之间彼此的爱支持着她，使她能在异域忍受不忠实国王的长期虐待。1768 年 6 月 24 日，她与世长辞，甚至国王也为之哀悼。国王曾答应女儿们不再另找情妇。但是，7 月他看见了让娜·贝屈。

　　他被她的妖艳、愉悦的精神和顽皮所动，心想他又找到了一个人可以取悦他，安慰他那冷漠的心。他派了侍从勒贝尔去找她。杜巴利"伯爵"立刻同意，为了王室的缘故与她分手。为了面子问题，路易认为她应该有个丈夫。于是"伯爵"在短期内安排她嫁给他的兄弟纪尧姆伯爵，这位真正但赤贫的伯爵为了这个目的，才从加斯科涅的莱维尼亚克到凡尔赛来的。结婚典礼（1768 年 9 月 1 日）之后，让娜·贝屈随即和他告别，而且再也没见过他。纪尧姆则得到了 5000 利维尔的补偿金。他另找了一位情妇，和她在莱维尼亚克共同生活了 25 年，在获悉他的妻子已被送上断头台之后，才与这个女人正式结婚。

　　让娜·贝屈，新名杜巴利伯爵夫人，先是在贡比涅秘密陪伴国王，继之公然出现在枫丹白露。黎塞留问路易，在这个新玩物身上有何新发现。陛下回答道："就这一点，她使我忘了我行将 60 岁。"朝臣们都吓坏了。他们可以理解一个男人需要情妇，但是，国王找来的是他们之中有些人曾经认识的一名娼妓，而且居然一夕之间把她捧得高于侯爵夫人和公爵夫人！舒瓦瑟尔曾希望把他的妹妹献给国王做情妇。这位被拒的小姐使她那一向谨慎的哥哥公然对国王的新情妇采取了敌对的态度，而杜巴利夫人也一直没饶过他。

　　国王这位新情妇很快沉湎在金银珠宝中。国王给了她 130 万法郎的恩俸，加上每年由巴黎城和勃艮第所征收来的年金 15 万法郎。珠宝商立刻趋前为她铸造戒指、项链、手环、头饰及其他金光闪闪的饰物，这一切在 4 年内使国王付出了 200 万法郎。在那 4 年内，她一共花了国库 600 余万利维尔。巴黎的人们知道了她的显赫，他们为出现一个吞噬他们税款的新蓬巴杜夫人感到无限哀伤。

　　1769 年 4 月 22 日，她珠光宝气地由黎塞留挽着，正式出现在宫廷上。男士们倾心于她的美色，女士们则尽可能冷落她。她对这些蔑视毫不在意，她以谦和的态度和迷住国王的悦耳笑声来平息一些朝臣的激动。即使对她的敌人（除舒瓦瑟尔外）她也不怀恶意，她使国王较前发布了更多赦免的命令因而广结善缘，渐渐在她身边聚集了一群高官厚爵的男女，利用她向国王说项。与蓬巴杜夫人一样，她很照顾自己的亲戚，她为母亲购置房产和头衔，为姨母和表兄弟们争取了年金，为杜巴利偿还债务，给了他一笔财富，并为他在茹尔丹岛置了一栋华丽的别墅。她从国王那里为自己赢得了原属于朗巴勒王子和公主的卢沃森斯城堡，这城堡坐落于马尔利的皇家公园旁边。她延聘了当时最伟大的建筑师加布里埃尔来重新设计这座城堡，以适合她的兴趣，又请了手艺精细的高级工匠古蒂埃，以价值 75.6 万银币的华贵家具和艺术品来装饰城堡。

她缺乏蓬巴杜夫人那种维护和鉴赏文学、哲学及艺术的教育背景和关系。但她有一座藏书颇丰的图书馆，从荷马的史诗以至色情文学，从帕斯卡的《思想录》（*Pensées*）到弗拉戈纳尔（Fragonard）下流淫秽的图集，无所不包。1773 年，她送了一幅画像给伏尔泰，以表示敬慕之意，并随附"每边面颊上一个香吻"一句话。而伏尔泰像往常一样机智，回赠她一首诗：

> 什么！在我临终前给我两个吻！
> 你竟屈尊赐我这项殊荣！
> 两个吻！一个就已太多了，可敬的伊吉利亚女神（Egeria）
> 在第一吻时，我就将乐得死去。

她要求路易十五让伏尔泰返回巴黎，但为国王拒绝，于是她从费内买了一大批各式各样的手表来发泄这份不满。1778 年，这位年迈的大师来到巴黎颐养天年之时，她是许多登上波奥街（Rue de Beaune）的楼阁来向他致敬的人之一。伏尔泰深感高兴，临别时特地下病榻送她到门口。在下楼时她遇到了后来的革命者布里索，他希望把刑法的草案呈给伏尔泰，他曾要求谒见，但遭拒绝。这一天，他再度尝试谒见。她带他回到伏尔泰的门口，为他安排晋见伏尔泰。在他的回忆录中，他描写她"笑得那么亲切，那么慈祥"。

毫无疑问，她的脾气很好，而且慷慨。她忍受王室的歧视而不加反抗，也默默忍受玛丽·安托瓦内特（Marie Antoinette）拒绝跟她交谈。唯有舒瓦瑟尔她无法原谅，那是因为他不断试图把她驱逐出宫。不久，他们之中总有一人不得不走。

舒瓦瑟尔

他出生于洛林的一个古老家族，早年时就被封了斯坦维尔伯爵的称号。他在奥地利王位继承战争中以勇敢闻名。1750 年，31 岁时，他娶了一位富有的女继承人而使自己更为富有。他的聪明和机智使他很快在朝廷中显得非常出众，但由于反对蓬巴杜夫人而阻碍了晋升之路。1752 年，他改变了态度，由于透露了一项要谋害她的计谋而赢得了她的感激。她为他获取出任罗马和维也纳大使的职位。1758 年，他奉召返回巴黎，取代贝尼斯任外交大臣的职位，并成为公爵和法国的贵族。1761 年，他把内阁的职务转交给他的兄弟塞萨尔，但仍主导外交政策。他自己则担任国防大臣和海军大臣。他权倾一时，有时甚至支配并威吓国王。他重建陆海军，减轻了军事支出和供应的投机与腐败。他重整军队的纪律，以军队中无权但有能力者取代应退休的高级军官。他拓展了西印度群岛的法属殖民地，为法国王室夺得了科西嘉岛。他同情哲学家，维护《百科全书》的出版，支持驱逐耶稣会会员（1764 年），对胡格诺教徒在法国的重组睁一只眼闭一只眼。他保护伏尔泰在费内的安全，为卡拉斯家族积极活动，并赢得了狄德罗的赞誉："伟大的舒瓦瑟尔，你不眠不休地守住了祖国的财富。"

他的一切政策是把法国从与奥地利的不幸联姻而导致的灾难中解救出来。他减少了法国一向给予瑞典、瑞士、丹麦和一些日耳曼王公的补助金。他鼓励查理三世努力使西班牙赶上 18 世纪的潮流，并借着波旁皇族之间的"家族协定"（1761 年），以加强法、西两国的关系。这个计划失败了，但舒瓦瑟尔以比军事情况所能支持的更好的条件与英国取得了和平妥协。他预知美洲英国殖民地的向背，而加强法国在圣多米尼克、马提尼克、瓜德罗普和法属圭亚那的地位，希望建立一个新的殖民地以补偿法国失去的加拿大。两位拿破仑在 1803 年和 1863 年也采取了这种政策。

在提过他的成就后，我们也必须看看他的另一面。他阻止俄国进犯波兰和主张法、西再度与英国敌对均告失败。路易已疲于战争，因此给设法倾覆舒瓦瑟尔的那批人机会。这位富于机智的大臣施恩于臣僚，慷慨地接待朋友，以竭智尽力为国辛劳赢得了许多人心。可是由于他公然批评别人和出言不慎也招致不少怨恨，他对杜巴利夫人有增无减的敌对态度使反对他的人获得接近国王的机会。辛勤不倦的黎塞留支持杜巴利夫人，而他的外甥德艾吉永公爵一心想要取代舒瓦瑟尔掌理朝政。王室成员不满舒瓦瑟尔排斥耶稣会会员的举动，而不惜利用他们瞧不起的杜巴利夫人作为革除这位自负大臣的工具。

路易一再要他避免与英国作战，避免与杜巴利夫人发生冲突。而舒瓦瑟尔仍秘密地筹划战争，公然地蔑视夫人，终于使她联合所有的力量来对抗他。1770 年 12 月 24 日，愤怒的国王下了一道简短的御令给舒瓦瑟尔："兄弟，我对你工作的不满迫使我把你放逐到尚特卢（Chanteloupe），并限你于 24 小时之内离去。"朝中大部分人士，对曾为法国做了这么多大事的人物突然遭受解职大感惊讶，因此，不顾国王的愤怒，表示他们对这位没落大臣的同情。许多贵族人士都到尚特卢安慰被放逐的舒瓦瑟尔。然而他过得也相当舒适，因为公爵的宅邸包括一栋在法国最华丽的别墅和一个最宽敞的私人花园。尚特卢坐落在距巴黎不远的都兰（Touraine）。在那里，舒瓦瑟尔过得非常悠闲舒适，因为杜巴利夫人说服国王立刻送给他 30 万银币，并保证每年给他 6 万银币。哲人们因他的陨落而觉悲痛，在霍尔巴赫家的用膳者都哀伤地说："一切都完了。"狄德罗描述说，这些人个个泪流满面。

议院的反叛

舒瓦瑟尔被解职之后，"三人政治"继之，在"三人政治"中，德艾吉永是外交大臣，莫普任首相，泰雷则任财政大臣。泰雷供应杜巴利夫人要求的一切费用；然而，在另一方面他果敢地减低经费，停付偿还金，减低政府契约所有权的税。他订正新税则，核定期税和各项规费，加倍征收国内运送费。他总共节省了 3600 万银币，并增加了 1500 万银币的收入。实际上，他以让部分企业倒闭来延缓经济的崩溃，但许多人因政府拖欠债务而受苦，他们不满的情绪更加激昂。不久，赤字再度增加，而在他当政的最后一年（1774 年），更高达 4000 万银币。在今天看来，对于一个财政稳定的国家来说，这似乎只是一笔极为普通的债务，对于那些借钱给政府的人却是忧虑的原因，这些人现在听到要求改革的呼声日渐增高时，也不再反对了。

路易十五在位最后 10 年不断增加的危机，是因为他的大臣们为了维护国王的绝对权力而努力奋斗，对抗正积极从事反叛的议院而引发的。就我们所见，这些议院并不像英国的国会一样是代表或立法的机构，它们是在法国的 13 个城市中作为最高法院的司法团体。此外，像英国国会对抗查理一世，他们为防止王室的专制，要求制定他们地区内的"基本法"（fundamental law）或设立关税。而且因为摄政奥尔良公爵菲利普曾认可他们有抗辩皇室和大臣们敕令的"谏疏权"（right of remonstrance），他们进一步要求，这类敕令除非经他们接受和认可，不得成为法律。

假如议院是由人民或由知识分子与资产阶级等少数人士选出来的（像英国一样），那么他们可能成为民主政治的过渡，而多少也能对中央政府产生有益的制约作用。因此，他们与政府发生冲突时，人民通常会支持他们。然而，几乎全部是富有的律师组成的议会，事实上是法国最保守的势力之一。这些出身贵族的律师，变得和贵族武士同样地排外；"议院相继宣称，出任显要新职者必须出身于贵族家庭"。巴黎议院更是最保守的，在反对思想和出版自由一事上，它不断与牧师发生争执。它禁止哲学家们的书籍出版，有时甚至予以焚毁。它曾受制于耶稣教会，这个教会把加尔文的神学带进了天主教会。伏尔泰说图卢兹詹森教派的议院虐待并杀死了卡拉斯（Jean Calas），而巴黎议院签署了拉巴尔（La Barre）的死刑执行，而舒瓦瑟尔内阁取消了卡拉斯的判决，并维护《百科全书》的编纂者。

巴黎的主教博蒙命令他管辖下的教士，只为那些曾向非耶稣会教士忏悔过的人士主持圣礼，更加重了耶稣会会员和正统天主教徒之间的冲突。巴黎议院获得了广大民众的同意，禁止教士们服从这项命令。它控告主教以煽动分裂教会的罪名，并扣押了他的部分财产。国王的国家议会称这是不合法的没收行径，而命令议院退出宗教的纷争。议院不但拒绝服从这项命令，相反，它起草了"严重抗议文"（Grandes Remontrances，1753 年 5 月 4 日），这多少预示了革命的来临。他们声称效忠于国王，但告诉他："如果臣民必须服从国王，那么国王必须服从法律。"这暗示着，身为法律的保护和阐释者的议院，应位居国王之上。5 月 9 日，国会发布了一道御令，把巴黎议院中的大部分议员放逐出国都。各省的议院和巴黎的人民群起支持被放逐者。阿尔让松侯爵于 12 月称："巴黎的人们处于一种被抑制的激昂状态。"政府唯恐群起作乱，命令军队巡行街道，并保护主教的住宅。1754 年 3 月，阿尔让松写道："内战正在酝酿中。"红衣主教拉罗什富科（Cardinal de La Rochefoucauld）想出了一个不失面子的妥协办法。政府召回了被放逐者（9 月 7 日），但命令议院和教士不可再起争端。这项命令并未被接受。巴黎的主教继续反耶稣教会的活动，他的行为过分激烈，以致路易把他放逐到孔夫朗（Conflans，12 月 3 日）。议院宣称，天主教教皇反耶稣会的训谕不合信仰之道，所以盼咐教士不必予以理会。政府犹豫不决，最后由于需要向教士贷款以进行"七年战争"，只好命令议院接受天主教教皇的敕令（1756 年 12 月 13 日）。

激烈的争论四起。1757 年 1 月 5 日，达米安在凡尔赛的一条街道上袭击国王，以一把大的削铅笔刀行刺，然后伫立一旁，束手就擒。路易吩咐他失职的侍卫："把他关起来，但不准任何人伤害他。"国王仅受极轻微的伤，而攻击者宣称："我无意杀死国王。如果我存心杀他，那么我很可能已杀死他。我那样做只是希望神会触动国王的心，使他能把一切事物恢复旧观。"在他从监狱写给国王的一封信中，他反复说："由于拒绝行圣礼，巴黎的主教是一切圣礼纷争的原因。"他说他曾被在议院中听到的演说唤醒。"如果我未曾进入正义的法庭……我今天就不会到这里来。"那些演说令他如此激动，以致他请求医生来为他放血，但没有医生肯来。（他说）假如他被放了血，他就不会袭击国王了。议院的大法官执行审判，宣告他有罪，他的父母、姐妹被判终生放逐。依据法律所定的弒君罪，达米安遭受了种种苦刑。他的肌肤遭火热的钳子撕裂，身上被溅以滚烫的铅液，并遭四马分尸的死刑（1757 年 3 月 28 日）。出身高贵的小姐们争看刑罚的执行。国王则表示对这种刑罚感到恶心，而致送被放逐的家人补偿金。

这件事为国王赢得了一些同情：犹太人和新教徒也为国王的早日康复祷告；但是当大家知道了国王的伤如伏尔泰所说的，只不过是一个"针孔"而已，群众的支持又转向了议院。人们开始讨论以代议的政府来对抗绝对的君主专制。阿尔让松写道："他们看出议院可以解救他们遭受的烦忧……反叛的怒火正在内心燃烧。"1763 年 6 月，巴黎的议院再度确定："国王依据而得以存在的法律不容违反时，则议院通过的法律确认的事项也属不能违反的法律的一种。"图卢兹议院进一步宣称，法律必须获得"国家的欣然同意"。但所谓"国家"，指议院而言。1763 年 7 月 23 日，一个重要的司法机构——税务法院（the Cour des Aides），在勇敢而诚实的马勒泽布（Malesherbs）的领导下，向国王呈递了一份报告，说明国家的贫困和国家财政管理的不当与腐败。要求国王"召开一次全国性的国民大会议，听取由人民代表表达的人民的心声"。自 1614 年第一次有人直接公开请求召开全国国民会议以来，这一会议一直未曾召开。

在把耶稣会逐出法国（1764年）的这项艰苦的斗争中，巴黎议院展开了攻势，并迫使国王采取行动。6月和11月，布列塔尼的最高法院，即雷恩议院，向路易提出了严重的抗议，反对当时的省长德艾吉永所征收的苛税。因为没有得到满意的答复，议院停止了开会，而且大部分议员辞职（1765年5月）。议院的首席检察官沙洛泰发布了对中央政府的一项攻击。他的儿子、三位律师和他本人被控以散布煽动暴乱的言论而遭逮捕。国王命令雷恩议院审判他们，但议院拒绝，而且以全民为后盾的所有法国的议院都支持这项抗议。1766年3月3日，路易出现在巴黎议院上，警告不得纵容煽动叛变的言行，并声明他要以绝对君主专制治国的决心：

> 至高无上的权力只系于我一身……立法权，只属于我一人，无任何条件而且不容分割。所有的命令由我发出。我的人民和我一样，国家的权力和利益，必须与我的权力和利益结合在一起，而且只存在于我的掌握之中，而有人竟敢将之与君王分离自成一体。

他接着说，他的誓约并非如议院主张的对国家而发，他只是对上帝宣誓。巴黎议院继续维护雷恩的抗拒，但3月20日，它正式承认这个原则为"必然的真言"，即"最高的权力仅属于国王。而国王只对上帝负责……立法权完全存在于拥有至高无上权力的人"。舒瓦瑟尔和其他人力劝国王做一点让步。沙洛泰和同时被捕的人获释，但被放逐至拉罗谢尔附近的瑟特斯（Saintes）。德艾吉永被从布列塔尼召回，而加入了舒瓦瑟尔的敌对阵营中。雷恩议院重开院会（1769年7月）。

伏尔泰由于在1769年出版了一本《巴黎议院史》（*Historie du Parlement de Paris, par M. l'Abbé Big*）而陷入了冲突。他否认是该书的作者，并为文批评此书为"错误和愚笨的大作，是对语言的亵渎"。

即使这样，仍被认为是他的作品。虽然是仓促写成的，这本书显示出作者研究历史下过相当的工夫，只是欠公正而已。那是长篇控诉，指责议院为保守的机构，每次都反对进步的措施——例如，法国学院的设立、天花疫苗的接种和公平的自由经营。伏尔泰指责议院的阶级立法、迷信和宗教的偏执。他们宣告法国早期的印刷业者有罪。他们曾赞许圣巴托罗缪的大屠杀，他们曾判决安克尔（Maréchal d'Ancre）为女巫而处以火刑。伏尔泰说，议院被设立，纯粹是为了司法，而无权立法。如果他们获得立法权，那么他们将以多数律师组成的寡头政治取代国王的独裁政治，而且不受任何民众的控制。伏尔泰这篇冗长的纲要是在舒瓦瑟尔当政时期写的，他宽厚的品性使人们相信国王在这位开明大臣的开导下，可以达到许多进步。狄德罗不同意伏尔泰的说法，他极力主张，不管议会有多么保守，他们拥有监督立法的权力可以更好地控制君主暴政。

德艾吉永返回巴黎，带来了新的危机。雷恩议院控诉公爵渎职，于是他受到巴黎议院针对这些控诉的审判。事实显示他将被判有罪时，杜巴利夫人请求国王出面干涉，莫普首相也支持她。于是，1770年6月27日，国王宣称，这项审讯会泄露国家机密，必须即刻停止。他取消双方相互的控诉，宣布德艾吉永和沙洛泰无罪，并命令各派不可再有更多的争端。由于认为这些命令是对公正法律过程的专制干涉，议院宣称证言已严重危及德艾吉永的荣誉，而建议他废弃所有贵族的名分，直到适当的法律程序澄清一切为止。9月6日，议院公布了一项决定，给予国王一个判断的准则：

> 施之于各处的专制权力的种种行为，若违反了君主政治基本法律的精神和含义，就是预谋要改变政体的显明证据，而且要以专制权力的不合法行为来取代一向平等的法律的力量。

然后议院停会至12月3日。

莫普利用这段时间为皇室的权力准备了一项坚定的防卫。11月27日，经国王签署后，莫普发布了一道敕令，声明政府认可谏疏的权力，但谏疏之后再行发布的敕令，禁止任何抗辩。议院要求国王将朝中邪恶的顾问交付法律制裁以为回答。12月7日，路易将议院召至凡尔赛，在正式的议会上，他命令他们接受并通过11月27日的敕令。回返巴黎之后，这些官员决定自动停止议院一切活动，直到11月的敕令被撤销为止。路易命令他们复会，议院不予理会。舒瓦瑟尔试着使国内保持和平，以便对外的战争更顺利，路易把他革职了。现在莫普支配着国会，杜巴利夫人则烦扰国王。她拿凡·戴克所绘的英国查理一世的画像给他看，警告他将会遭受同样的命运："你的议院也会砍掉你的头。"

1771年1月3日，路易再度命令他们接受11月的敕令。议院回复说这项敕令违反了法国的基本法律。1月20日，在凌晨1时至4时之间，国王的步兵送给每位议员一份专制的下狱令，让他们选择服从或自巴黎被放逐。他们大多数人都郑重声明对国王的忠心，但态度仍然强硬。随后两天内，巴黎议院的165人被放逐到法国各地。他们离开法院时，人们夹道为他们欢呼。

莫普现在正筹划以一个新的司法组织来取代议院，借着一道国王的敕令，他在巴黎成立了一个由国会和一些顺从的法学家组成的最高法庭，并在阿拉斯、布卢瓦、沙隆、克莱蒙费朗、里昂和普瓦提埃设立各省的高等法院。一些司法的恶习被改革了，贪污也被遏止，从此正义不必有控诉也能得到伸张。伏尔泰为这一番改革欢呼，并轻率地预言："我绝对相信首相会取得完全的胜利，而人民也将为之欢欣。"但像议院这样一个古老的机构一旦被毁，人民无法满意地接受。从来没有任何机构比议院更加受到谴责，也更为人喜爱。大多数民众蔑视新的法庭，认为那是为皇家的独裁增添的羽翼。狄德罗对议院虽然没有什么妄念，仍惋惜它的消逝："法治政府告终……一刹那间我们从君主政治的状态陷入了完全专制的状态。"有11个贵族，甚至还有一些王室成员，表示不赞成莫普废弃议院的企图。人民没有明显的暴动，但近来在议院中常听到的自由、法律、合法等字眼传播开来。对好色的国王的讥讽愈来愈大胆，也更苛刻。普拉卡拜访了奥尔良公爵，希望他出面领导革命。

议会虽然很保守，也几乎未曾希望会有这种事发生，其中也酝酿着革命的思潮。卢梭的论文，莫雷利的共产主义，马布利的建议，兄弟会的秘密会议，《百科全书》编纂者对政府和教会恶习的揭发，巴黎和各省中到处可见的无数小册子：这一切猛烈地反对一个好色淫乱的国王声称的绝对权力和神圣权利。"民意"，在历史上已形成一股力量。

一直到 1750 年，批评的对象都是教会，可是从那以后，由于《百科全书》受抑制的刺激，猛烈地转向了国家。1765 年 10 月，霍拉斯·沃波尔（Horace Walpole）自巴黎写来的报道中说：

> 嘲笑已经过时……好人已经没有时间嘲笑。首先他们要倾覆上帝和国王；男男女女，老老少少，都热心地从事于破坏工作……你知道谁是哲学家，或者哲学家这名词是什么含义？首先，它包括的几乎是每一个人。其次，它指的是向罗马天主教宣战的人，同时大部分都意在毁灭所有宗教，更有许多人意在摧毁王权。

当然，这是夸张的说法：大部分的哲学家（狄德罗尤其不包括在内）是君主政体的支持者，他们都设法避免革命。他们攻击贵族和一切传统的特权，他们指出无数的恶习，而且要求改革，但想到要把所有的权利给予人民时不禁不寒而栗。虽然如此，格里姆在 1768 年 1 月的《文学通讯》中写道：

> 在各地，尤其是天主教国家，已明白显示出对基督教普遍

感到厌倦，隐约地激动着人心，引致他们攻击宗教和政治的腐化——（这一切）是我们这个世纪的特殊现象，好像改革的精神是 16 世纪的特色一样。它预示着一场即将来临而无法避免的革命。

国王驾崩

如同路易十四一样，路易十五也缺乏死得其时的技巧。他知道法国期待他去世，然而他无法忍受死的念头存在。1773 年，奥地利的大使报道说："不止一次，国王提到了他的年龄、健康和终有一日他必须降服于上帝的可怕情景。"路易由于他的女儿退隐到圣衣会修女院，声称要为她的父亲赎罪而稍觉感动。据说，她在修女院擦地板、洗床单。他去探望她时，她谴责他的生活方式，求他遣走杜巴利夫人，与德朗巴勒公主结婚，并与上帝和解。

他的几位朋友在他当政的末年去世。其中有两位，由于心脏病发死在他面前。然而，在提到一些老臣面临死亡时，他似乎有一种恐怖的快感。他曾问他的一位将军："苏夫雷，你已经上了年纪，你死后希望埋葬在哪里？"苏夫雷回答说："陛下，就葬在您的脚下。"据说这个回答"使国王忧郁而哀伤"。豪斯特夫人认为："世上没有人比他更忧伤。"

死亡是他喜爱也是他蔑视的异性，在不知不觉中对他的迟缓报复。他发觉杜巴利夫人也无法满足他的欲望时，他竟召来了一位年方及笄的少女。她感染了天花，并传染给国王。1774 年 4 月 29 日，他的病发了。他的三个女儿，虽然没有免疫性，却坚持照顾他（她们都感染了此病，但又恢复了）。到了晚上，她们离去，而由杜巴利夫人接着看顾。但 5 月 5 日，国王希望接受临终礼，他很和蔼地遣走她："我知道我已经病得很严重。梅斯城的丑闻不能再重演。我对不起上帝，也对不起我的人民。所以我们必须分离。你到德艾吉永在卢艾尔的城堡去，等候进一步的命令。请相信，我一向最关爱你。"

5 月 7 日，国王在朝廷的一个正式仪式上宣称，他很后悔以丑闻玷辱了他的臣民，但他又坚持"除了上帝以外，（他的）行为不必向任何人负责"。最后他欢欣地迎接了死亡。他告诉他的女儿阿代拉伊德说："我这一生中，从来没有这么快乐过。"他于 1774 年 5 月 10 日去世，享年 64 岁，在位 59 年。他的尸体可能传散细菌于空气中，于是在夹道群众的讥讽中，毫不铺张地匆匆葬于圣丹尼斯（St.-Denis）的皇家墓园。与 1715 年的情形一样，法国又一次为国王的去世而感到欢欣。

第四章 | 生活的艺术

道德与美德

塔列朗（Talleyrand）曾说："不是活在 1780 年的人，不懂得生活的乐趣。"当然，他还必须属于上层阶级，而且是对道德没有偏见的人。

我们很难为道德下定义，因为各个时代均从当时的习性与好恶出发给道德下定义。几个世纪以来，法国人以私通来缓和一夫一妻制，好像美国人以离婚来挽救一夫一妻制一样。而高卢人认为明智的私通对家庭的害处——至少对儿女的害处——小于离婚。总之，私通的行为在 18 世纪的法国非常盛行，而且通常都能得到谅解。狄德罗在他的《百科全书》中区别"束缚"（bind）和"牵系"（attach）两词时，他举了一个例子："一个人对妻子是有义务的束缚，对情妇却是情感的牵系。"（One is bound to one's wife, attached to one's mistress.）据当时的报道，"当朝权贵 20 人中即有 15 人是与未曾和他们结婚的妇女生活在一起"。拥有情妇和有钱同样是必要的。爱显然是肉欲的：画家布歇将之绘成粉红色，弗拉戈纳尔则给它加上花边并增添光彩。布丰则露骨地说："爱除了肉体之外没什么好处。"

然而，处处还有美好的爱情存在，克雷比永的儿子就是一例，哲学家当中的爱尔维修也一直迷恋他的妻子，而达朗贝尔不管莱斯皮纳斯的兴趣如何变化，一直对她很忠实。卢梭则在这个时代里从事个人的道德改革。我们是否还要表扬一下理查森（Samuel Richardson）的小说？有些妇女把伪装美德当作一种时尚，但有些妇女欣然接受恢复婚前守贞和婚后重视贞节的道德信仰，以免自己受辱而成为那些登徒子的晋身之阶。至少一夫一妻制已不再是羞耻的标志。那批登徒子也结婚了，他们重新发现家庭生活的乐趣；他们宁愿寻求二人结为一体的深长情趣，而不愿永远只是触摸变化多端、华而不实的爱恋。许多刚开始显得很轻浮的妇女，在儿女出生后也就安定下来了。有些人甚至在卢梭的劝诫之前，就开始亲自抚育她们的子女。而通常在母爱抚育下成长的孩子，长大以后也很孝顺。卢森堡夫人在经历年轻时期一段惊险刺激的生活后，成为一位模范妻子，忠于丈夫，并温柔地照顾卢梭。莫雷帕伯爵曾臣侍于路易十五和路易十六，曾被长期流放，他去世时，他的妻子回忆说，他们"共同生活了50年，而未尝一日分离"。我们听了太多——我们自己也谈了不少——违背婚姻誓言，而得以晋身历史的女人。至于坚守忠贞、至死不渝的，则听得很少。克罗扎小姐12岁时就许配给后来的舒瓦瑟尔公爵，对他迷恋她野心勃勃的妹妹，她一直耐心地忍受着。在他被放逐后，她仍然陪伴着他，即使是颇通世故的沃波尔也称誉她为圣人。黎塞留伯爵夫人始终不渝地爱着她的丈夫，即使在他拈花惹草期间也不例外，她感激命运惠予她死在他的怀里。

变态、色情和卖淫仍然持续着。法国的法律要求对鸡奸惩以死刑。1750年，在格雷韦确有两位鸡奸者被焚死，但法律通常对成人之间的自愿和私下的同性恋行为视若无睹。经济的道德则昔今不变。卢梭的《爱弥儿》一书中有一段记载食物和酒的掺杂伪造。当时的政治道德也和今天一样，有很多热心的人民公仆，如马勒泽布、杜尔哥和内克尔，但也有很多人靠金钱和关系获取职位，然后利用职权做违法的勾当，假公济私。许多闲荡的贵族吸取农民的血汗，过着穷奢极欲的生活。但是，公私的慈善机构也有不少。

大体说来，18世纪的法国人是温和的，虽然他们性伦理的法则违反了基督教规的公正。就看卢梭的一生吧，虽然取悦他不是一件容易的事，仍有那么多人来援助他、安慰他。通常这些同情他的人又都是他曾辱骂过的贵族。男女关系的骑士精神已经没落，但在法国军官对待和他们同阶级的战俘的行为中继续存在着。暴躁而且充满敌意的斯莫利特（Smollett），1764年在法国旅行时写道："我很敬佩法国的军官，特别是他们的豪侠和勇气，尤其是他们对敌人的慷慨和仁慈，甚至在可怕的战争中他们也是如此。"戈雅（Goya）也许太夸张了一些，他用画笔绘出在拿破仑战争中法军对待西班牙的残酷情形。法国人的确可能很无情、残忍，不过那是因为战争和刑罚把他们锻炼得如此。他们都很狂烈，在大学中动辄挥刀打架，常以街头暴动代替选举。他们都很冲动，常常不加考虑就决定事情的好坏。他们是盲目的排他主义者，他们无法了解为何世界上其他各地的人那么野蛮，不说法语而说其他语言。德尼斯夫人拒绝学习英文的"面包"（bread）一词："为什么他们不都说'pain'（面包）？"也许他们比任何一个其他的民族更爱荣耀。不久，就会有数千人高呼着"皇帝万岁"（Vive l'Empereur）而死去。

当然，法国人的礼貌风度很卓越。路易十四时设立的礼仪习俗被虚伪、讥诮和肤浅玷污了，但本质上它们还存在着，因此他们的知识阶级拥有今天任何一种文明都不能与之匹敌的美德。卡萨诺瓦（Casanova）说："法国人是那么有礼，那么谦恭，以致你不知不觉中很快被他们吸引。"不过，他接着说他从来无法信任他们。

他们爱好清洁也为其他民族所不及。在法国妇女中，这成为她们主要的美德之一，而且终生不变。穿着整洁也是良好礼仪的一部分。宫廷中的男男女女，有时由于华丽的衣饰或繁复的发型破坏了文雅的韵味。男人所留的辫子发型，萨克斯曾加以反对，认为在战争中给敌人以把柄，太危险。他们像法国妇女一样，头发勤加抹油擦粉。妇女们把头发梳得太高，以致不敢跳舞，唯恐触到烛架而着火。一位德国来的访客量出某位法国女士的下巴正在她的脚和头发顶端的正中间。美容师们以不断变换发型致富。整洁并不沿用到妇女的头发上，因为她们整理一次头发需时太久，除少数特殊人物外，所有妇女都为了维持同样的发型不变而数日不用梳子。有些女士则随身带着象牙、银或金制的刮刀（grattoirs），以便优雅而痛快地搔头。

脸部的化妆和现代同样复杂。莫扎特 1763 年从巴黎写给他妻子的信中说："你问我巴黎的女人美不美。我该怎么说呢？她们涂抹得像纽伦堡的娃娃，她们用那令人厌恶的手法把姿容破坏无遗，一个诚实的德国人看到这样的女人能分辨得出她本来是不是美女吗？"妇女们随身携带化妆品，和今天的妇女一样，在大庭广众前重施脂粉，而不觉得难为情。德莫纳科夫人在临上断头台前还涂抹胭脂。女性的衣服式样既诱惑又不方便：低领，花边的紧身胸衣，令人着迷的珠宝，大篷裙和通常用亚麻或丝绸做的高跟鞋。布丰、卢梭和其他人反对妇女的紧身裙，但它们仍被认为是必不可少的东西，直到大革命时期才被废弃。

多彩多姿和充满欢乐气氛的社交生活，也是巴黎吸引人的地方。波蔻（Procope）、雷让（La Régence）、格拉多（Gradot）三处咖啡馆款待知识分子和叛逆者，那也是城中游手好闲的人打发时间、和情人幽会的所在。文学、音乐和艺术的先知们则在沙龙大放光彩。门阀或财阀们使凡尔赛和巴黎在宴会、招待会和舞会的衬托下显得一片欢欣。在上流社会中，所谓艺术还包括饮食和说话在内。法国的烹调是全欧洲人羡慕向往的。法国人的机智精练使所有的话题显得贫乏，使厌倦掩蔽了光辉。18 世纪后半期，说话的艺术衰退了；雄辩的激昂压倒了说话的艺术，说者胜过听者，机智由于过多和常不慎伤人而贬损了身价。自己也会刺痛人的伏尔泰提醒巴黎人说：机智而无礼会变成粗野。沙洛泰也认为"对机智的爱好……把科学和真正的学问"驱出了沙龙。

在打扫得极为整洁并点缀着许多雕像的公园里，人们悠闲地漫步，也有人带着小孩或牵着爱犬，伶俐的少年追逐着灵巧地装作无处可躲的少女。杜伊勒里的花园在当时可能比现在还美。且听维基·勒布朗夫人的叙述：

> 当时，歌剧院很近，就毗连着皇家歌剧院。夏天，表演在 8 点半结束，所有的高雅人士全出来了，甚至在未结束前就出来，在园地上散步。当时，女人流行戴很大的花束，花香，加上她们头发上散发出的脂粉香味，很自然地使空气中充满了芬芳……据我所知，在大革命爆发以前，这类聚会一直持续到凌晨 2 点。在露天的月光下，有各种音乐演奏……经常有大批人聚集着。

音乐

法国把音乐当作巴黎人欢乐的一部分，它无意在弥撒曲或庄严的合唱曲上与德国一争短长。莫扎特来到巴黎时，他几乎未加理会；可是，意大利的优美旋律令他着迷时，却也浑然忘了原来对异国情调的排斥。他从自己的音乐中谱制宴会节庆的曲子，尤其擅长谱制适合舞蹈的旋律或令人跃然欲动的舞曲——克兰多舞、莎拉本舞、捷格舞、甘伐舞及 17 世纪中叶一种缓慢而庄严的舞步。法国的音乐，就像它的道德、它的礼仪和它的其他艺术一样，离不开女人，而常冠以女孩子气的名字，诸如 L'Enchanteresse、L'Ingénue、Mimi、Carillon de Cythère。

在法国，就像在意大利一样，在格鲁克出现以前，布法歌剧比瑟里阿歌剧更为盛行。一个自称奥皮阿－库米齐（Opéra-Comique）的歌剧团于 1714 年在巴黎成立。创立者菲利多尔（Philidor）曾以棋王的身份旅行欧洲各地，制作了 25 部歌剧，几乎全都含有幽默的风格，比如《萨查·潘卡》（Sancho Pança）和《汤姆·琼斯》（Tom Jones），不过格调很好，而且具有高度的艺术价值。他的歌剧至今已全被遗忘，但在棋界，人们还记得"菲利多尔防守"（Philidor's defense）和"菲利多尔遗风"（Philidor's legacy）是古典的棋步。芭蕾舞在法国的歌剧中是令人喜爱的穿插；于此法国人的优雅找到了另一个表现机会，而动作也变成了诗。让－乔治·诺维尔（Jean-Georges Noverre），这位巴黎歌剧芭蕾大师，写了一篇名噪一时的有关舞蹈的论文——《论舞蹈与芭蕾》（1760 年）——为格鲁克的改革铺了路。他提倡恢复希腊的舞蹈理想，即动作自然、服饰简朴，重点在于强调戏剧的意义，而不在于抽象的外形或美术技巧的表现。

在法国所有主要城市中，公开的音乐会已成为人们生活的一部分。在巴黎，圣乐乐团（1725 年成立于杜伊勒里花园）为器乐立下了高水准。轻喜剧歌剧团演出波格瑟（Pergolesi）制作的《女佣做主妇》（*La Serva Padrona*）时，音乐乐团则演奏他的《圣母悼歌》（*Stabat Mater*），此演奏颇获好评。因此，一直到 1800 年，每年都演出。音乐乐团把亨德尔、海顿、莫扎特、约梅里、皮奇尼和巴赫的乐曲介绍给法国听众，由当时音乐名家表演。

演奏者们同意的一点是：在音乐方面，法国远不及德国、奥地利和意大利。哲学家们也同意这一看法。格里姆（一位日耳曼人）说："这个国家的人们对音乐知道得这么少，实在很遗憾。"他把有美丽歌喉的费尔小姐排除在外。他也和卢梭、狄德罗一样，主张歌剧要"重返自然"。这三人在那次"丑角论战"（Guerre des Bouffons）中都是意大利派的领导人。这次论战是从巴黎的一个意大利剧团演出一出布法歌剧开始的。在其他方面我们注意到，这一关于法国和意大利音乐风格的论争并未就此结束，因为狄德罗在他的《拉摩的侄儿》（*Le Neveu de Rameau*）一书中，继续"丑角论战"；在他的《关于〈私生子〉一剧的谈话》（*Troisiéme Entretien sur Le Fils Naturel*，1757 年）中，呼吁把法国的歌剧从夸大的言辞和怪异的技巧中挽救出来："来吧，请把真正的悲剧和真正的喜剧搬到歌唱的（歌剧的）舞台上！"——

同时他举了欧里庇得斯的一段原文《伊菲革涅娅在奥利斯》（*Iphigenia in Aulis*）为例。当时，在维也纳的格鲁克可曾听到他的呼吁？伏尔泰于 1761 年一再预言道：

> 总有天才会出现，他的力量足以改变这个国家的恶习（技巧的），并将现正缺少的庄严和道德精神注入舞台的表演中。低级趣味的风潮正在高涨，不知不觉中淹没了对国家往昔光荣的记忆。但是我仍然要重复一遍：歌剧必须重新建立在一个不同的基础上，以免贻笑于所有欧洲其他国家。

1773 年，格鲁克抵达巴黎。1774 年 4 月 19 日，他指导了《伊菲革涅娅在奥利德》（*Iphigenia in Aulide*）在法国的首次公演。不过成熟尚得等待良机到来。

戏剧

法国在这段时期没有什么值得令人怀念的剧作出现——也许我们该把伏尔泰从代利斯或费内送来的少数几部除外。但法国尽量给予戏剧上演的机会，并尽量予以嘉许。1773 年，维克托·路易斯（Victor Louis）在波尔多建造了一座当地最好的剧院，有科林斯式圆柱的华丽回廊、典雅的栏杆和许多雕饰。法国喜剧剧院剧团，以拥有名角加里克及欧洲最佳演员阵容闻名，驻演于 1683 年建筑在弗斯大道上的法兰西剧院：狭长椭圆形的三层楼座加强了台词的效果，也为法国戏剧树立了台词派的风格。另有数百家庭剧场的私人的演出，从费内的伏尔泰到特里亚农的王后——彼处为玛丽·安托瓦内特在卢梭所写的《乡村法师》一剧中扮演库勒特的地方——利涅·查理亲王认为："有十余位有地位的淑女可以演唱得比剧院中的任何一个人还好。""短剧院"如雨后春笋般在法国各地出现。深隐于伯瑞斯林中的贝纳丁修道院，也为它的教士们设立了一个短剧院，（教士中有人说）"没有心地狭窄和顽固的见识"。

虽然有业余者的竞争，法国喜剧剧院的明星仍然在法国各地熠熠发光。我们看到了列肯在沙特拉为伏尔泰演出时，日内瓦和费内的人们是如何的为他疯狂。他的本名是亨利·路易·卡安，但这是一个可憎的绰号，所以他才改名。他的面貌也并未使他得幸。克莱龙小姐也对他很热情。伏尔泰是在一次业余演出中发现他的演技，再加以训练后，为他在法兰西剧院剧团中觅得一个职位。1750 年 9 月 14 日，列肯在伏尔泰写的《布鲁图斯》（Brutus）一剧中第一次扮演提图斯这一角色；那以后有一代之久（约 30 年）他在伏尔泰的剧中一直扮演男主角。这位暴躁易怒的创办人自始至终都很喜爱他。

但是，伏尔泰的舞台宠儿是克莱龙小姐（这时莱科芙勒尔已经去世），她的正式称呼是克莱尔。1723 年，她在不合法的婚姻状态下出世，她的母亲以为她活不了，然而她活到 80 岁——作为一个女演员，那并不算是一件幸运的事。她的家庭认为没有必要让她受教育，但她偷偷地溜进了法兰西剧院剧团。她深深地为舞台布景和台词吸引，以至于即使处于爱的狂喜中，也克制不了想要发表意见。她声称要当一个女演员。她的母亲威胁她，如果她坚持这种罪恶的决定，就打断她的手和腿。然而她坚持己意而加入了一个巡回剧团，不久她培养了这个新行业通常所需具备的品性："还好我有这个天分，有姣好的容貌和平易近人的天性，看到那么多男人拜倒在我的石榴裙下，生就一付软心肠的我，要不陷入情网，对于我来说简直是不可能的事。"

在巴黎，她迷住了波波利尼埃。他很欣赏她，于是利用他的影响力为她在歌剧院谋得了一个职位；4 个月之后，当时国王的情妇沙托鲁设法让她进了法国喜剧剧院剧团。剧团让她选择第一次扮演的角色，原希望她像惯例一样，选择一个次要的角色，但她要求扮演费德尔（Phèdre）。剧团虽然反对，但只好迁就她。她的冒险非常成功，从此以后她专演悲剧角色。其间她唯一的劲敌是杜梅斯尼尔小姐。克莱尔以贪图利益、滥于交际闻名。她接待一大群贵族，让他们尽量花费，她不断地积聚所得，然后把大部分积蓄的钱供给她心爱的情人，即为《百科全书》撰写经济论文的贵族约若古。她也为招待马蒙泰尔花了一笔钱，在下面一节里我们将会谈到这位《道德故事》（*Moral Tales*）一书的作者。从她写给他的信中，我们可以看到女方的情形："难道说你竟不知道你给了我什么麻烦（你是无意的，而我遭受到了），而这些麻烦让我在极端危险的情况下卧病 6 周？我不能相信你知道此事，否则你不会在每个人都知道我的情况时出入于社交场合。"虽然如此，她和马蒙泰尔仍然维持了 30 年的忠实的朋友关系。

正是他的批评和建议，使她在表演上有了重大的突破。直到1748 年，她遵循着法兰西剧院剧团的传统方法——强而有力、激昂的台词，夸大的手势和震颤的强烈感情。马蒙泰尔发觉这样的表演既不自然又令人生厌。在和他交往期间，克莱龙小姐读了不少书，成为当时最有教养的女人之一。她的名声和精神使她得以进入知识阶层的圈子；她发现场所愈空，共鸣愈大。1752 年，梅毒的侵袭使她不得不暂时离开舞台。复原后，她接受了在波尔多演出 35 场的合约。第一个晚上的演出，据她告诉我们，她以"当时在巴黎最受欢迎的充满了嘈杂、愤怒和不合理的传统方式扮演费德拉一角"。她大受赞赏。但第二天晚上，她以沉着的声调、含蓄的手势扮演法国悲剧作家拉辛的作品《布里塔尼居斯》（*Britannicus*）中的角色阿格丽品娜，让情感一直郁积到最后一幕。她得到热烈的鼓掌喝彩。回到巴黎后，她的老观众也接受了她的新式表演。狄德罗也大表赞许，他写作《演员的矛盾》（*The Paradox of the Actor*）一书时，是依据她而写的——那是说明一个演员，即使扮演的角色是处于最热情的情况时，他的内心仍必须保持平静而能自持。同时，他问道："还有谁的演技比克莱龙的更完美？"她喜欢告诉仰慕她的人说，她以哀怜动人的力量使观众感动得流泪时，其实她的内心里想着她每个月该付的账单，而使仰慕她的人们大感惊讶。伏尔泰并不欢迎这样新的方法，但仍有力地支持她，而她也在改革舞台的服饰和布景道具方面迎合他。在这以前，所有的女演员都穿着 18 世纪的巴黎服装扮演她们的戏——不管是哪个国家或时代，她们穿着藤圈的裙子，头发则擦粉。克莱龙的穿着和打扮完全配合剧中人物的时代，使观众大为惊讶。她扮演伏尔泰的作品《中国孤儿》（*Orphan of China*）一剧中的艾达米一角时，服装和道具完全是中国式的。

1763 年，克莱龙到日内瓦请教特罗尚医生。伏尔泰要求她和他一起留在代利斯。"德尼斯夫人病了，我也一样。特罗尚先生将到医院来看我们三个人。"她终于来了，这位老圣人如此爱她，设法诱使她在费内做更久的逗留，并说服她参加他的剧院的许多次演出。一张古画中画着他 70 岁时，跪在她面前做热情的倾诉状。

1766 年，她从舞台上隐退了，43 岁时健康情形就已不佳，甚至口齿也不清晰了。与莱科芙勒尔一样，她和一位活跃的年轻贵族坠入情网，她几乎卖尽她所有的财产来替他还债，他则将自己的爱情和她的金钱给予其他的女人作为回报。49 岁时，她收到了安斯巴赫与拜律特侯爵——时年 36 岁的卡尔——的邀请，到安斯巴赫与他同居，做他的顾问兼情妇。她接受了（1773 年），从此她依附了他 13 年。在法国，他吸取了启蒙运动的一些理想；在她的鼓励之下，他在统治的侯国中实施了数项改革——废弃刑讯并确立了宗教自由。她最后的成就是劝服他每晚和他的妻子共眠。终于她厌倦了当地的生活，渴望回返巴黎。侯爵偶尔也带她去巴黎。在一次旅行中，他有了一位新情妇，于是把克莱龙留在巴黎，很慷慨地给了她一笔钱。这时她已63 岁。

她在沙龙里很受欢迎，甚至贞洁的内克尔夫人也不排斥她。她教导日后的斯塔尔夫人演说的技巧和风度。她又有了新欢，包括后来斯塔尔夫人的丈夫，而斯塔尔夫人也正乐于摆脱她这位丈夫。他使这位上了年纪的女演员过得很舒适，但大革命使她的钱大为贬值，于是她一直过着穷困的生活，直到 1801 年，拿破仑使她的年金币值又膨胀。就在这一年，一位名叫迪普瓦里耶（Dupoirier）的市民又向她表示最后一次同居的要求。她以一封凄楚哀怜的短笺道尽了许多年迈女演员的悲剧以劝阻对方："在你的脑海中，大概仍以为我是一个辉煌灿烂、年轻而充满声誉的女演员。你必须改变你的看法。目前，我眼已不明，耳已失聪，齿牙脱落，满脸皱纹，只剩下一张干燥的皮包着嶙峋的瘦骨。"虽然如此，此人仍然不顾一切，来到她的身边，他们以回忆年轻时的往事彼此安慰。她于 1803 年由床上跌下去世。

她活得比古典的悲剧还长久，18 世纪最伟大的悲剧作家代表伏尔泰称赞她是最优秀的悲剧传释者。巴黎的观众绝大多数为中产阶级，对王子、公主、教士和国王之类的押韵戏词已感到非常厌烦。高乃依和拉辛那些富丽堂皇的亚历山大诗法（抑扬格，六韵步，十二音节为一行的诗法），那种浮夸不实的六韵步，似乎成了贵族生活的象征。但是，历史上除了贵族外，难道没有别的人物吗？当然有！莫里哀就曾在他的作品中描写过其他的人物。不过他写的都是一些喜剧。在没有头衔的人们心里，在他们的家里，难道就没有悲剧、没有苦难的折磨和高级的情感产生吗？狄德罗认为，制作属于中产阶级的戏剧时机已经成熟了。既然贵族避免感伤，而让感情总戴着庄严肃穆的面具，狄德罗说，新的戏剧中应该让情感得到解放，不必羞于感动观众，怕他们掏手帕擦眼泪。因此，他和继他之后的一些戏剧家就写作"哭剧"（drames Larmoyants）。而且，有些新的剧作家不仅刻画、赞扬中产阶级的生活，他们还攻击贵族、教士，最后连政府也不放过——政府的腐败、苛捐杂税、奢靡和浪费。他们不仅公开指责专制政治和偏颇的行为（这一点伏尔泰做得很好），他们赞扬共和国和民主政治。其奋斗经过更受到特别热烈的赞扬。法国的舞台也加入了形成革命的其他上百种力量。

马蒙泰尔

沃波尔 1765 年在巴黎时写道，"作家比比皆是"，而他们"比他们的作品还要恶劣，我这样说并非赞美作品或作家"。当然，在文学方面不能与莫里哀和拉辛的时代相提并论，也比不上雨果、福楼拜和巴尔扎克的时代。1757 年至 1774 年这一短期内，值得我们记住的作家只有卢梭和马蒙泰尔，以及伏尔泰仍然燃烧着的火灰余烬，再就是狄德罗那秘密、尚未公之于世的狂热。不分男女，人们都热衷于谈话，以致在着笔前他们的才智就全已用尽。贵族式的优雅已经绝版。哲学、经济学和政治学登上了舞台，现在是内容支配形式。甚至诗也有传道倾向，达朗贝尔的《季节》(*Les Saisons*，1769 年) 一诗是模仿詹姆士·托马斯 (James Thomson) 的，但很不合时宜地指责狂热和奢侈，而且与李尔 (Lear) 一样，以凛冽的疾风刮过穷苦人家茅舍的手法来描述冬天。

马蒙泰尔的声名鹊起是因为他的精明、女人和伏尔泰。他出生于 1723 年，在晚年他写了一部悦人的《父亲的回忆》(*Mémoires d'un Père*，1804 年)，使我们对他的童年和青年的微妙经历有了认识。虽然他后来变成了怀疑论者，并几乎把伏尔泰当作偶像崇拜，但他对抚养他长大的虔诚的人们，和教育他的那些仁慈而又热心的耶稣会教士，除了好以外没有别的话说。他热爱这些耶稣会教士，因此也和他们一样削发，渴望参加他们的仪式，并在克莱蒙和图卢兹两地他们创办的学院中任教。但是，与其他许多初出茅庐的年轻耶稣会教士一样，他风从欧洲 18 世纪的思想启蒙运动，这使他至少失去了聪慧的本性。1743 年，他把自己写的诗送给伏尔泰，对这些诗篇爱不释手的伏尔泰也赠予马蒙泰尔一套他亲笔修正过的自己的作品。这位年轻的诗人把这套作品视作神圣的传家之宝，而且舍弃了教士生活的一切观念。两年后，伏尔泰为他在巴黎觅得一职，得以无条件地进入法兰西剧院剧团。的确，以他潜在的父亲似的好心肠，伏尔泰卖掉了马蒙泰尔的诗篇，并把所得之款全部送给他。1747年，马蒙泰尔的剧作《迪尼特安》（*Denys le Tyran*）——献给伏尔泰——被接受并编排上演。此剧出乎意料地成功。"一日间我名利双收。"不久，他成了沙龙里又一位名人。他凭机智来支付餐点费用，而且找到了与克莱龙同床共枕的门路。

他的第二部戏剧《阿里斯托梅内》（*Aristomène*）给他带来了更多的金钱、朋友和女人。在唐森夫人主持的聚会中，他认识了丰特内尔、孟德斯鸠、爱尔维修、马里沃。在霍尔巴赫男爵的餐桌上，他闻知了狄罗德、卢梭、格里姆。由于女人的关系，他平步青云。因为在一些诗作里赞扬过路易十五，他获准入宫。蓬巴杜夫人倾心于他英俊的面孔和奕奕的神采，怂恿她的兄弟起用他为秘书，1758年她任用他做《信使报》的编辑。他为拉摩写了一部歌剧剧本，也为《百科全书》撰文。若弗兰夫人太喜欢他了，因此在自己家里为他准备了一个温暖舒适的套房，他就寄此膳宿达10年之久。

他为《信使报》写了一套《道德故事》丛书（1753—1760年），使这一杂志得以登列文学之门。如《珈底斯·奥梅内斯》（*Ex uno Judice Omnes*）叙说苏利曼二世，由于对土耳其的种种娱乐已感到厌倦，因此要来了3名欧洲美女。第一位美女抗拒了一个月，屈从了一个星期后，国王就不再予以理会。第二位的歌喉非常美妙，但说起话来令人昏昏欲睡。罗克萨拉娜则不仅抗拒，她还厉责苏丹为好色之徒和罪人。苏丹斥道："你难道忘了你我各是什么身份？"罗克萨拉娜回道："你有权势，而我有美色，所以我们扯平了。"她的美貌并非超群，但她有一个微翘的鼻子，而就是这个鼻子使苏丹为之着迷。他用尽办法要她屈服，却总不得逞。他威胁杀死她，她却提议让她自杀省得他麻烦。他侮辱她，而她更苛刻地以牙还牙。她同时告诉他说他很英俊，如果有她的指引，他可以变得像法国人一样文雅。他又气又喜，最后娶了她，并封她为皇后。在典礼中他自问："一个微翘的鼻子可能改变一个帝国的法律吗？"马蒙泰尔的寓意是：造成大事件的都是一些小事物，而假如我们能预知这些不易被发现的细微事物，我们就会完全改变历史。

一直到出版《贝丽萨留》（*Bélisaire*）这部小说（1767 年），马蒙泰尔几乎事事如意。这部小说写得很好，但它提倡宗教信仰自由，而且怀疑"武力是否有权消灭异教，反宗教不敬上帝，而使全世界臣服于真正的信仰之下"。巴黎的索邦神学院指责此书中含有应受谴责的学说。马蒙泰尔于是跑到索邦神学院的董事面前抗议道："先生，你们这样的说法并不是在批评我，你不认为你们是在指责时代的精神吗？"这一时代精神在他的勇敢和对处分的宽容中显示出来。如果是在 10 年前，他一定会被送进巴士底监狱，而他的书也一定会遭到被禁的命运。事实上，这本小说的销售也人尽皆知，因为它仍有"国王的允许和恩典"，政府则由于劝服他对此事保持沉默而颇感满意。然而若弗兰夫人受到很大的困扰，因为索邦禁止《贝丽萨留》一书的敕令不仅在教堂中宣读，还张贴在她的大门上。她于是很委婉地建议马蒙泰尔另觅住处。

他仍像往常一样屹立不倒。1771 年，他受命为皇家史官，待遇优渥。1783 年，他成为法兰西学院的"常任秘书"。1786 年，他在公立高中（里瑟大学预科）任历史学教授。1792 年 69 岁时，由于对革命的暴行感到痛心疾首，他隐退到埃夫勒，然后转到阿布罗维耶，在那里他从事编写回忆录，其中他甚至没有提到索邦的事。他最后几年在贫困中度过，而毫无怨尤，他感激曾有过那么充实而多彩多姿的生活。他死于 1799 年的最后一天。

艺术

·雕刻

国王非常爱好艺术，朝廷中的王公、仕女，还有那些正渴望控制全国的百万富豪也有此好。1769 年，蓬巴杜夫人设立的塞夫尔工厂开始制造硬瓷器，在历史上也是一件大事。虽然早在60年前德国人在德累斯顿和迈森两地已开始制造这种瓷器，塞夫尔的产品还是很快地在欧洲开拓了市场。伟大的艺术家如布歇、卡菲耶里、帕茹、皮加勒、法尔康涅、克洛迪翁也都为塞夫尔的瓷器做设计工作。同时，彩陶和精巧设计的软土瓷器也不断地由塞夫尔、圣克劳德、香蒂利、樊尚等厂的工人手中制造出来。

陶瓷工人、金属工人、精致家具的细工木匠、锦画织工等，群策群力为王室、贵族、财阀们设计和布置住宅。像由布瓦佐（Boizot）设计，而由古蒂埃以铜铸成的钟是当时特殊的一种饰物。古蒂埃和卡菲耶里两人擅长"奥莫卢"（ormolu），字面上是"镀金物"的意思，事实上是主要用铜和锌组合而成的合金，经过雕镂，再加以镶嵌，制成家具。精致家具的木工大师组成了一个得意而有力的公会，会员们必须在自己的作品上印上名字，作为负责任的标志。在法国，最有名的精致家具木匠是来自德国的弗朗索瓦·欧本及他的门徒亨利·里塞纳。二人参加了为路易十五制作一张"御用书桌"的工作（1769年），在设计、雕刻、镶嵌和镀金上都是用的洛可可式，国王为这张书桌花了6.3万银币。拿破仑一世和拿破仑三世都曾享用过，1870年存入卢浮宫博物馆，现在价值5万英镑。

在重视触觉价值的时代，雕刻几乎是以其最高的评价受到尊重，因为它的本质在于形式，而法国了解，艺术的灵魂在于形式，不在于色彩。于此女人又占了神祇的上风。表现出来的不是原形的自然残缺，而是敏感的雕刻家所能凝聚、构想而表现出的理想的形体和衣饰。雕像不仅装饰皇宫和教堂，还装饰了花园和公园。因此，在杜伊勒里花园里的雕像是巴黎最著名的雕像之一。而在赤土陶器、大理石器和青铜器方面，波尔多、南锡、雷恩、兰斯等地都不亚于巴黎。

库斯图二世（Coustou Ⅱ）这时制作了他最精美的作品。1764年，腓特烈二世委托他制作维纳斯和战神玛斯的雕像。1769年，库斯图制作完成后即送往波茨坦的萨斯克宫。同年他又开始为森斯大教堂制作多芬的庄严坟墓，为此他一直工作到去世（1777 年）。在临终前十年他目睹了法国所有的 4 位显赫雕刻家的出现：皮加勒、法尔康涅、卡菲耶里和帕茹。

由于未能得到在罗马进修艺术的奖学金（*grand prix*），皮加勒在库斯图的帮助下自费前往。回到巴黎后，他以第一件杰作《天神信使墨丘里系缚鞋带雕像》（*Mercure Attachânt Ses Talonnières*）获准进入艺术学院。老雕刻家让－巴普蒂斯特·勒莫安（Jean-Baptiste Lemoyne）看到这件作品时惊呼道："但愿那是我的作品！"路易十五也很喜欢这一雕像，于 1749 年送给同盟国的腓特烈二世。不过，它终于又回到了卢浮宫，现在在那里我们可以欣赏到这位年轻艺术家表现奥林匹亚众神使者的那份不耐神色的非凡技巧。蓬巴杜夫人非常中意皮加勒的作品，因此请他制作了许多雕像。他替她雕塑了一座半身像，现存于纽约大都会艺术博物馆。她和国王的恋情变为一般的友情时，他又以她的容貌雕刻了一座《迪瑟·阿米蒂耶》（*Déesse de l'Amitié*，1753 年）。他制作了一座路易的雕像放在兰斯城的皇家广场（Place Royale）。他又为现在所谓的协和广场（Place de la Concorde）完成了路易十五像。他为狄德罗铸了一座铜像，刻画出他因矛盾的哲理而感到困惑的形象。他又雕刻了斯特拉斯堡的圣路易教堂埋葬萨克西遗体的墓穴塑像，使自己在历史上留名，那是热情的战士慷慨赴死以博取胜利的英勇姿态。

这一时期最受大家关注和谈论的雕像，是欧洲的知识分子选中皮加勒制作伏尔泰的雕像。内克夫人于 1770 年 4 月 17 日在她举办的晚会上提了这项建议。她的 17 位客人（包括达朗贝尔、莫雷莱、雷纳尔神父、格里姆、马蒙泰尔在内）一致拥护这个意见，而且群起捐助一切费用。但消息传出后，有人表示反对，因为除王室外，为活着的人立像是一件很不寻常的事，何况高乃依和拉辛在他们生前也未立过像。虽然如此，捐款仍源源而来，甚至欧洲半数的君王也参与捐助。腓特烈致送了 200 金路易来纪念这位老友与敌对者。卢梭也要求准予参加捐献。伏尔泰本人极力反对，达朗贝尔则劝他接受。弗雷隆、帕利索——反对他的人也表示要共襄此一盛举，但不幸遭到婉拒，哲学家的宽恕没有反对者转变得那么快。伏尔泰告诉内克夫人，他并不是雕塑的适当对象：

> 我年已 76 岁，而且身心刚遭受严重的病魔侵袭了 6 个星期，几乎至今仍未恢复。据说皮加勒先生要来为我塑像。但是，夫人，塑像必须有个预期。我的双眼深陷达 3 英寸，而双颊就像旧羊皮纸一样紧贴着嶙峋瘦骨，仅有的数颗齿牙也脱落无遗。我现在所说的并不是在装腔作势，那是确确实实的事实。一个可怜的人绝不在那样的情况下接受塑像，皮加勒一定会认为他是被玩弄了。至于我，我有自爱之德，而羞于与他见面。假如他希望停止做这件怪异的事，我会劝他略作改变，拿塞夫尔瓷器的小像作他的模特儿。

皮加勒建议为这个著名的小老头塑造裸体像，这使问题更加麻烦，但他终被劝阻了。他在 6 月到达费内，这位害羞的哲学家断断续续地为他坐了 8 天，但很不安分——要秘书为他笔录，扮鬼脸，拿室内各式各样的东西玩——使这位雕刻家大伤脑筋。他带了一尊模型回到巴黎，工作了两个月后，于 9 月 4 日公开展示他的杰作。有半数的上流社会人士前来观赏，对之大为惊讶和赞叹。该像现陈列于学院图书馆的大厅上。

这一时期，皮加勒在雕刻上唯一的劲敌是艾蒂安–莫里斯·法尔孔内（Étienne-Maurice Falconet），狄德罗曾说过一则他们之间互相仇视的有趣故事。小两岁的法尔孔内最初以制作瓷像来避免与他直接竞争。尤其是迪吕依照法尔孔内创意的设计仿塑而成的《皮格马利翁》（Pygmalion）更为可爱，它显示出这位希腊雕刻家的《加勒蒂亚》（Galatea）大理石像意欲对他说话时感到的惊讶状。那座雕像可以象征几被忘怀的一个真理:一件艺术作品必须要能传神达意,否则就不称其为艺术。皮加勒看到这个由一小块黏土塑成的具有永恒意义的作品时,他说出了一位伟大艺术家对另一位伟大艺术家经常表示的传统的赞美:"但愿这件作品出自我手!"可是,法尔孔内看到皮加勒的路易十五的像时,并未报以同样的赞美。他说:"皮加勒先生,我不喜欢你,相信你对我的感觉也一样。我看过你雕塑的那座像。要制作这样的一件作品并非不可能,因为你已完成了这一件。但是我相信是艺术就脱不了这一范畴。这并不妨害我们保持原有的作风与面目。"

在获得普遍的赞誉以前,40 年的考验使法尔孔内变得很乖戾。他变得很孤僻,过"狄奥尼索斯"(Diogenic)式的简朴生活,易与人争执,贬视自己的作品,对生前或死后的名声都表示不屑一顾。《伯吉纽斯》(*Baigneuse*,1757 年)一像使他终于成名——那是一位美丽的浴女以她的脚趾试水温的像。这时,蓬巴杜夫人对他热心起来了。他为她雕塑了《阿莫尔·梅纳森特》——爱神丘比特威胁要射出一支爱之箭的样子。他在一段时期成了雕刻界中的布歇和弗拉戈纳尔,制作出如《维纳斯与丘比特》和《维纳斯面对巴利斯的裸露像》等迷人的可爱作品。他在设计大烛台、小喷泉和小塑像方面独具匠心。他用大理石雕刻了现存于卢浮宫的"三美时钟"(Clock of the Three Graces),他以音乐代表蓬巴杜夫人,使她芳心大悦。1766 年,他接受叶卡捷琳娜二世的邀请前往俄国。在圣彼得堡,他雕塑出他的杰作——彼得大帝的马上雄姿。他与狄德罗和格里姆共享女王的荣宠。为她工作了 12 年后,他与女王及她的大臣们发生了争执,愤然离开俄国,回到巴黎。1783 年,他遭麻痹症的侵袭,其后的 8 年中,一直待在屋内,这更加强了他忧郁的人生观。

卡菲耶里可算是比较愉悦的一位,他的父亲雅各是前一时期中主要的铜像铸造者之一,为他铺陈了成功之路。他以一座留着胡须的老人像,在早年就获准进入艺术学院,该像取名为《河》(*Le Fleuve*)。法国喜剧剧院请他以法国戏剧家的半身像来装饰厅廊。每个人对他那理想化的高乃依、莫里哀、伏尔泰等人的雕像都感到很满意。他的杰作是一尊剧作家让·罗特鲁的半身像，那是中年的阿塔格南——垂发、鹰眼、狮子鼻、卷卷的胡须，这是雕刻史上最佳的半身像之一。皇家歌剧团由于羡慕法国喜剧剧院，因此怂恿卡菲耶里为他们的主角作像。他为卢丽和瑞米塑了像，但如今都已佚失。一座可爱的《少女》(*Portrait of a Young Girl*) 仍保留着，那可能是歌剧中的一位芭蕾舞女，一对羞怯的眼睛和高耸的胸部构成了美妙动人的组合。

杜巴利夫人喜爱的雕刻家是帕茹。帕茹在罗马做过例行的见习后，因为接受了皇家的委任和国外的订货而成名甚早。他为这位国王的新妇作了 12 座像，藏在卢浮宫的那座穿着典雅的雕像栩栩如生。应国王的要求，他为国王的花园塑造了布丰的像，然后加上笛卡儿、蒂雷纳、帕斯卡和波舒哀的像作为纪念。他的最佳作品是他用来装饰凡尔赛歌剧院包厢最底层的浮雕。他的寿命很长，活到为路易十六雕像，哀悼他被送上断头台，而且目睹拿破仑横扫欧陆。

· 建筑

在这 18 年中，法国可有什么值得纪念的建筑物？不多。教堂对于这残存的信仰而言已经太宽敞了，而宫殿已激起那些受饥馑侵袭的群众的嫉恨。由于在赫拉库兰尼姆（Herculaneum，1738 年）和庞培（Pompeii，1748—1763 年）的发掘物，而对罗马式建筑重新燃起的兴趣是古典式建筑复兴的开端——简朴而庄严的线条，圆柱和山形柱的面，有时再加上宽敞的圆顶。皇家建筑学院的教授雅克-弗朗索瓦·布隆代尔极度推崇这种古典的形式，而他的继承人朱利恩-戴维·莱洛于 1754 年发表了一篇论文，更加速了对这种建筑的推广与爱好。凯吕斯伯爵在遍游意大利、希腊和近东之后，出版了一册 7 卷划时代的书，并附有一些他自己的插图详加解说。整个法国艺术界，甚至法国的礼仪，都受到此书有力的影响，而反对巴洛克式奇形怪状的建筑和洛可可式的繁复建筑，进而寻求古典式的纯线条。因此，

1763 年，格里姆告诉他的追随者说：

> 过去几年里我们一直极力寻求古的纪念物和形式。这种偏好变得如此普遍，以至于现在每样东西都是希腊式的，从建筑物到女帽皆然。我们女士们的发型是希腊式的，我们的绅士们如果手上不提一个小小的希腊式箱子，那是很不体面的事。

而狄德罗，这位中产阶级浪漫主义的倡导者，突然也屈服于新潮流（1765 年），读了温克尔曼（Winckelmann）的《古代艺术史》（*History of Ancient Art*）的译本。他记述道："我觉得似乎为了能懂得如何观察自然，我们必须先研究古物。"这句话本身就是一大变革。

1757 年，苏夫洛（Soufflot）开始建造圣吉娜维芙修道院，这是路易十五在梅斯城卧病时，即立誓一俟他恢复健康就要为巴黎的守护神建造的。国王亲自奠立第一块基石，而这座大厦的建造，在法国"成为 18 世纪后半期的伟大建筑事件"。苏夫洛把它设计成罗马寺庙的样式，有雕刻山形的回廊和科林斯式的圆柱，与 4 个突出部分在三重圆顶下中央唱诗班席位上的一个希腊式十字形交会。建造中每个阶段几乎都有争论产生。由于设计受到攻击而烦恼泄气的苏夫洛，在建筑未完成时就去世了（1780 年）。他设计的用来支持圆顶的四支脚柱的确太弱，因此夏尔－艾蒂尼·屈维利耶以更美的一圈圆柱来取代脚柱。这个古典复兴的杰作由于大革命而通俗化了。为了纪念阿格里帕在罗马的杰作，它被改名为帕特农万神殿，在新的社会下成为"众神"的葬身处，甚至伏尔泰、卢梭和马拉也埋葬在这里。它不再是基督教的教堂，而成为异教徒的坟场。它的建筑和命运象征着异教压倒基督教的胜利。

古典形式在 1764 年开始建造的第一座抹大拉教堂赢得另一次胜利，柱廊和平顶甬道代替了拱门和圆顶，而有一座圆顶加盖于唱诗班座位之上。拿破仑在它未完成时予以废弃，成为今日该处更古典的抹大拉教堂。

经过路易十四时巴洛克式的繁盛、路易十五时洛可可式的优雅，如今在路易十五治下又返归庄严的古典形式，正是转移到路易十六形式的一部分——建筑、家具和装饰品都以这位上断头台国王的名字为名。艺术本身已试着从无以计数的曲线和过多的装饰变为直线建筑形式的简朴式样。就好像基督的衰亡夺走了哥特式的狂喜，而使艺术除了转向没有神祇、紧附俗世的斯多葛的冷漠外，别无他途。

这一代最伟大的建筑师是加布里埃尔，他生于建筑世家。路易十五于 1752 年授命他重建贡比涅的一个古堡。他在入口处设计了一个具有古希腊最古朴的圆柱、齿状装饰的飞檐和未经装饰的栏杆的希腊门廊。他以同样的建筑形状重建了凡尔赛宫殿的右翼（1770 年）。在同一座宫殿内，他加建了一座精致的歌剧院（1753—1770 年）。泛红的圆柱、精心雕刻的飞檐和漂亮的门廊使这座歌剧院的内部建筑与装饰成为法国歌剧院中最美的一座。路易国王厌倦了宫廷的公开场面和形式化的繁文缛节，要求加布里埃尔在隐蔽的树林里为他建一座小型宫殿。加布里埃尔选择距皇宫 1 英里的地点，盖了一座法国文艺复兴式的小特里阿农宫（1762—1768 年）。蓬巴杜夫人曾希望于此享受私人生活和安逸，杜巴利夫人也曾在这里住过一阵子。在凡尔赛鼎盛时期快乐无忧的日子里，路易十六的妻子玛丽·安托瓦内特把这里当作她理想的静养处。

·格勒兹

在贵族家庭里，绘画是很受人喜爱的装饰品。雕像冷淡而缺乏色彩，它们仅能满足视觉和心智的喜好，而不能满足心与灵的需求。绘画可以反映情绪和趣味的变化，而且人的躯体维持蛰居不动时，它能导引其精神至旷野、树荫下或观赏远处的景物。克洛德-约瑟夫·韦尔内（Claude-Joseph Vernet）画了许多行驶于法国河海上的船只。一则很有名的讽言上记载：路易十五认为法国无须再建造船只。法国政府雇请韦尔内去参观各个港口，并画下停泊在那里的船只；他的画使法国为自己拥有的舰队感到无限骄傲。狄德罗获得了一张韦尔内的海景和风景画，他给予这幅画的评价非常高，他向上帝祈求道："我愿舍弃一切，请把所有的东西全部收回，是的，全部，只除了韦尔内以外！"此外还有罗贝尔，他被称为"废墟中的罗贝尔"，因为他画的风景中几乎都有罗马的古迹，像尼姆的加尔河桥。勒布朗夫人说，在巴黎的沙龙里他是"不可或缺的"，虽然他嗜吃如命。还有弗朗索瓦—于贝尔·德鲁埃（François-Hubert Drouais），他以敏感的肖像画法为我们留下了瑟诺女侯爵可爱的影像，及查理十世和他妹妹玛丽·阿代拉伊德天真无邪的童年。但是，且来仔细瞧瞧格勒兹和弗拉戈纳尔。

格勒兹是画坛的卢梭和狄德罗，他以感情润色，使自己成为中产阶级的阿佩莱斯（Apelles，公元前 4 世纪的希腊画家）。感情比矫饰更令人愉悦，而且也不会像矫饰那么肤浅。我们要宽谅格勒兹只见到和画到生命中愉快的一面，宽谅他喜爱孩子们快乐的冒险、美丽少女易逝的天真和中产阶级家庭中的谦和满足。如果没有格勒兹和夏尔丹，我们很可能会认为整个法国都已衰颓腐败，认为杜巴利夫人是法国的典型，而维纳斯女神和战神玛斯是它唯一的神祇。但衰颓的是那些贵族，腐败的是路易十五，陷入革命的是贵族政治和君主政体。除了乡村和城市里的暴民外，大部分人保留着借以挽救国运的德行，而格勒兹画的就是他们。狄德罗呼之为"法国的声音和健康"的是夏尔丹和格勒兹，而不是布歇和弗拉戈纳尔。

关于这位画家的青年时代，我们也有一些耳熟能详的故事：他想要作画，他的父亲认为那是偷懒的托词而加以禁止。这个孩子在深夜里起床画画，这位父亲在得知实情后，动了怜悯之心，送他到里昂师从一位画家学画。但不久格勒兹对里昂能学到的渐感不满，于是他前往巴黎进修。一段时期，这位年轻的天才遭受到贫穷的考验。不过，后来他在画中表现人生较好的一面是很有原因的，因为与我们大多数人一样，他发现这繁忙冷漠的社会中也掺杂着浓厚的温情。约

1754年，有位艺术品收藏家拉利弗·朱利买了格勒兹的一幅画《弗米尔》（*Père de Famille*，1758年），狄德罗采用这个名称作为他第二部戏剧的标题，并鼓励他继续作画。皇家的艺术教师在看过他的一幅画后，推荐他为学院候选人。但是，每位候选人必须在6个月内作出一幅描写历史景物的画。而这种"历史画"并非格勒兹作画的风格，因此，他放弃了候选权，接受了阿贝·古若的资助，前往罗马旅行（1755年）。

这时他已30岁，该早已感到女性的吸引力。不是有一半的艺术品都是这种不可抗力的副产品吗？他的这种经验在罗马时达到了极致。他在罗马从事教导一位公爵的女儿拉蒂娜绘画的工作，她正值双十年华，年轻貌美，坠入情网不是很自然的吗？他长得很英俊，一头卷发，脸色红润而又愉快，他的同学弗拉戈纳尔称他为"多情的天使"（amorous cherub）。到卢浮宫看看他晚年的自画像，再想象他30岁时的容貌；拉蒂娜无可避免地以其显赫的家世而与格勒兹串演阿贝拉尔与爱洛漪丝的师生之恋，但他没有欺骗她。她提议结婚，他也渴望得到她，但是他了解一个穷画家若娶了公爵的后裔，对于她而言将是一件悲惨的事。因为无法把握是否能够自持，他决心不再见她。她因之病倒，他去看她，安慰她，但仍未改变他的决心。我们确知他因发烧和精神狂乱而卧病3个月。1756年，他回到巴黎，对古典艺术或新古典主义的复兴无动于衷。

他告诉我们说："在我抵达巴黎后数日，不知是什么命运作祟，我路过圣雅克大道时，恰好看到巴布蒂小姐正在她的柜台边。"布里埃尔·巴布蒂在一家书店里工作，狄德罗曾买过她的书，而且好几年前"非常喜爱她"（他自己这样说）。如今（1756—1757年）她已"30出头"（格勒兹的估计），而且对老处女的生活感到恐惧。她发觉格勒兹虽不富有，但很讨人喜欢，在他去看过她几次后，她便问道："格勒兹先生，如果我愿意，你愿不愿娶我？"与其他所有可敬的绅士一样，他回答道："小姐，任何人如果能和像你这样迷人的妇女共度一生，不都会觉得太幸福吗？"事后他没再想到这件事，她却让所有邻近的人知道他们有了婚约。他无心加以否认，而终于娶了她，有 7 年之久，他们过得的确相当快乐。她长得颇为甜美，自愿充当他的模特儿，为他摆出表面上毫无意义但寓意深远的姿态。那几年内她为他生了 3 个孩子，有 2 个活着，并承继了他的艺术禀赋。

　　他以儿童画闻名于世。我们不能期望他有委拉斯开兹的《巴尔塔萨·卡洛斯王子》或凡·戴克的《詹姆士像》那样卓越的技巧。对格勒兹画的女孩，有时我们会因他的夸张和感伤而感到不快，在柏林的《少女的画像》（*Portrait of a Maiden*）即为一例。可是我们又何必排斥《天真》（*Innocence*）一画中的卷发、红颊和充满渴望与信任的眼神，或那未经着色的淳朴的《农家少女》（*A Young Peasant Girl*）及《拿着课本的男孩》（*Boy with a Lesson Book*）？在现存的 133 幅格勒兹的作品中，有 36 幅是少女的画像。一位住在巴黎的德国雕刻家约翰·吉尔格·维尔（Johann Georg Wille），倾囊买了许多这些将童年时期理想化的画，而且珍视它们甚过"当时最好的画"。格勒兹则把不讨人喜欢的萨克森人画作男子汉模范以为回报。这些女孩长大时，她们在格勒兹的画中变得更不自然。《挤牛奶的少女》（*La Laitière*）一画中的盛装打扮好像要去参加舞会，《破水罐》（*La Cruche Cassée*）（除了美以外）实在没有理由在水井汲水的归途中暴露出她的一边胸部。不过，在索菲·阿诺尔德（Sophie Arnould）的画像中，插着羽毛的帽子、俊俏的姿态和深红色的嘴唇似乎都很恰当。

　　格勒兹是夏尔丹和布歇的综合体。他确实崇尚美德和中产阶级的生活，可是他偶尔会加上夏尔丹所欲避免的感觉的魅力而再予以润饰。格勒兹抛开妇女的肉体时，他可以画出像《乡村新娘》（*L'Accordée de Village*）一画中表现的中产阶级家庭生活的田园风光。此画于 1761 年沙龙的最后一周展出，赢得了最高的荣誉，并成为当时巴黎人茶余饭后的话题。狄德罗颂扬它充满了感情，意大利的歌剧院给予它空前的赞誉而在舞台上的一幅"活画"中描叙出来。鉴定家则在画中发现了一些瑕疵——光度处理不当，色彩不调和，用笔和技巧不够完美。贵族们嘲笑它太感伤，不过长期沉浸在肉欲中的巴黎群众，就在这一年深受卢梭的"朱莉"的感动，对从画中似可听得见父亲对准新娘的道德劝诫充满了敬意。每位中产阶级的已婚妇女都能体会到母亲们让女儿冒险接受婚姻的考验时的感觉；而任何农夫对农舍中母鸡和它的小鸡们啄食，安稳地在父亲脚边的碗里喝水的那种情景，都有熟悉与亲切的感觉。马里尼侯爵立刻买下这幅画，后来国王又以1.665万枚银币买了下来，以防此画被卖出国。目前此画存放于卢浮宫中一个较偏僻的房间内，由于表面色泽的减退而损坏，在写实主义和讥诮主义的反乐观主义的情绪中被忽视。

几乎所有巴黎的艺术家都觉得格勒兹没有以深入和公正的手法表现真理和特性，而以浪漫的手法加以描绘，因此贬低了艺术的价值。狄德罗则卫护他说："他是第一位赋予艺术以伦理道德，并以画来叙说故事的艺术家。"他对格勒兹描绘的感伤的悲剧赞不绝口，他看到《为小鸟之死而哭泣的小女孩》(*The Young Girl Weeping for Her Dead Bird*) 一画时，他大喊："太好了！太好了！"(Délicieux! Délicieux!)他本人也在戏剧中表现中产阶级的多姿多彩的生活和感情。他视格勒兹为不可多得的同志，给他的赞誉甚至高于夏尔丹。格勒兹对他说的话太当真了，他把自己当作德行和感情的倡导者，把自己制作的一连串含有道德教训的画送到巴黎杂志上发表，甚至在他感情还方兴未艾时，艺术界对他已开始感到厌倦。

从他被接受为学院的候选人以后12年内，一直未能拿出作为会员所需要的一幅历史画。根据学院的判断，描叙日常生活的风俗画需要的才具不如历史画需要的更为成熟的构思和表达手法；因此，只原则上接受风俗画家，但认为他们没有资格得到学院的荣誉或教授的职称。1767年，学院宣称除非格勒兹能拿出一幅历史画，否则他的画将不能于两年一次的沙龙中继续展出。

1769 年 7 月 29 日，格勒兹拿出了一幅瑟普特米乌斯·塞维奴斯责备他的儿子卡瑞卡拉计划行刺他的画。学院的每位会员都看过此画。一小时后主席宣称他已被承认为会员，却补充道："先生，你已获准入学院，但是以风俗画家的身份获准的。学院此次所做的决议是因你以往的优越作品而定的。对目前这作品则未予重视，因为此画本身的作者不值得获取此项殊荣。"震惊之余，格勒兹起而护卫此画，但会员之一指出了画中的瑕疵。格勒兹在给《前卫派》（*Avant-Courier*, 1769 年 9 月 25 日）的一封信中求取群众的同情。他的解说未能令鉴赏家感到满意，狄德罗也认为学院的批评很公正。

狄德罗之所以认为此画不够完美，是由于这位艺术家的心灵因婚姻失败受到干扰所致。他指出布里埃尔·巴布蒂已堕落为一个傲慢不驯的悍妇，由于奢侈而耗尽她丈夫的资产，使他因烦恼而精疲力竭，更由于一再地不忠而使他的尊严扫地。格勒兹本人也向警察局长提出了证据（1785 年 12 月 11 日），控诉他的妻子不顾他的抗议，屡次邀引情人上门。在后来的一封信中，他指控她窃取他一大笔钱，并企图"以一只水壶击破我的头"。他争取到合法的离婚，获得两个女儿的监护权，留给她一半的财产和 1350 银币的养老金。

他的脾气在这些打击下变坏了。对任何批评他都会感到气愤，作品受到赞扬时也没有谦虚的表示。不过群众附和他的自我评价。大批人涌向他的画室，购取他的画和复制品，使他获得不少财富。他将盈余投资在政府债券中。大革命使这些债券变成了废纸，格勒兹也一贫如洗。法国各地蔓延的阶级暴乱、政治狂热和新古典主义运动，摧毁了他以家庭幸福和平为题材的绘画市场。新政府以 1537 银币的年金来解除他的困境（1792 年），但不久这个数目就已不敷使用，他要求政府再增加数目。一位名叫安提戈涅的娼妓来与他同居，照顾他衰弱的身体。他去世时（1805 年），几乎全世界的人都已忘记了他的存在，只有两位艺术家护送他的灵柩前往墓场。

·弗拉戈纳尔

弗拉戈纳尔比格勒兹更经得起考验、更成功，因为无论在色调或技巧上，他都高格勒兹一筹。他优雅的艺术是 18 世纪法国妇女最后狂热喜爱的对象。

1732 年，他出生于普罗旺斯的格拉斯，在他的画中渗入了出生地的芬芳和花朵及抒情诗人浪漫式的爱情，同时加上巴黎人的欢跃和哲学的疑惑。15 岁到巴黎时，他要求布歇收他做学生。布歇委婉地告诉他，他只收从事深入研究的学生。弗拉戈纳尔于是进入夏尔丹门下工作。余暇时，他模拟所有他可能找到的巨画。他把一些模拟的作品拿给布歇看，布歇感动之余，终于收他做门生，并利用他年轻活泼的想象来设计绣帷的图案。这个孩子进步神速，所以布歇劝他争取"罗马奖"（Prix de Rome）。弗拉戈纳尔创作了一幅历史画《耶罗波安向偶像献祭》（*Jeroboam Sacrificing to the Idols*）。就一位 20 岁的青年来说，那真是一幅了不起的作品——豪华的罗马圆柱，飘拂的长袍，长满了胡子、包着头巾或光头的老人的面孔。弗拉戈纳尔学得很快，以至于表现于老人面孔上的特性比未经世事风霜浸染的面孔更丰富。学院把奖给了他。他在旺洛（Carle Vanloo）的画室中研究了 3 年，然后欣然前往罗马（1765 年）。

最初他看到当地有那么多杰作时，心中觉得非常气馁：

> 米开朗基罗的精力令人震惊——我那种感受非言语所能表达。看到拉斐尔完美的形象时，我感动得流泪，画笔不禁从我手中滑落。最后我竟心灰意冷，也无力克服这种心境。然后，我全心全意致力研究那些也许有一天我有希望与他们一争短长的画家们。也因此巴罗齐奥、彼得罗·科尔托纳、索利梅纳和提埃坡罗才吸引了我，引起了我的注意。

这时，他不再模拟那些伟大的老画家，而着手画宫殿、拱门、教

堂、风景、葡萄园及其他事物的草图。因为他已深深了解铅笔画的技
巧，这使他在这个艺术人才济济的时代里成为最灵巧、最完美的图案
画家之一。[1] 少数画获取了比弗拉戈纳尔在蒂沃利看到的维拉·伊斯
特（Villa d'Este）的绿树更多的自然生命力。

　　回到巴黎后，他以参加学院不可或缺的历史画《接待的片段》博
取学院的好感。与格勒兹一样，他发觉历史题材不合己意。在当时的
巴黎，到处是迷人的妇女，比过去更富吸引力，布歇的影响在他心中
仍颇有分量。经过长久的踌躇，他创作了《牧师和小姐》。我们且不
要追究牧师和小姐是谁，学院认为这幅画很生动，画得很好，于是承
认他为预备会员。狄德罗狂言道："我不相信欧洲有其他的艺术家能
创作出此画。"路易十五将它买下作为绣帷的图案。但弗拉戈纳尔随
即终止了以历史的题材作画，事实上，1767 年以后他即拒绝在沙龙
展出，他所作的画几乎全是私人委托的，他可以按照自己的喜好作
画，而不必受学院的种种约束。早在法国的浪漫主义者之前，他就反
抗了文艺复兴的风格，而愉悦地进入没有领域限制的境地。

　　没有领域限制一说或许并不确切。华多曾以穿着鲜艳的妇女悠然
前往维纳斯岛开拓他的画路，布歇跟着加上喧闹的感觉予以润饰，格
勒兹综合了色情与纯真。弗拉戈纳尔则兼有以上各种特点：精致柔美
的衣服在微风中飘荡，堂皇的小姐们以长衣裙的沙沙声或薄软的上
衣，或有韵味的优雅、甜美的笑来迷惑男人。还有圆圆胖胖、苹果
脸、头发蓬松、不知人生会有尽头的儿童。在他的图画和小画像中，
他几乎描绘了儿童生活的各种动态——婴儿抚摸着母亲，小女孩玩弄
洋娃娃，男孩子骑驴或逗狗玩的样子……

　　弗拉戈纳尔表现的高卢人的情爱适切地应了年老的官员和对生
活感到厌倦的夫人们要求的——享乐的和动人的人体的画像。他的画

---

[1] 这个时代的雕刻和铜版巨匠有查尔斯·尼古拉斯·科尚、圣多班、布瓦秀和查尔
斯·埃森。

题还远及异教的神学中躯体不朽的女神。这时，被推崇而捧上天的不是圣母玛丽亚，而是维纳斯女神。他采用宗教中大半的礼节作为爱的礼节：《吻》是一种祷告，《爱的誓言》是一种神圣的保证，《贡献玫瑰》是最大的奉献。在弗拉戈纳尔为杜巴利夫人坐落于洛弗森尼的别墅所作的 5 幅画中，一幅画的标题道尽了这位画家半数的作品：《使世界燃烧的爱情》（*L'Amour Qui Embrasse I'Univers*）。他试画出吉瑞萨米·里伯塔找寻水上女神在贞洁的里纳尔多面前炫耀美色的景象。他成了床上的布歇，展现全裸或半裸的妇女，如《睡美人》（*La Dormeuse*）、《脱去了上衣的》（*La Chemise Enlevée*）或《熟睡中的荡妇》（*La Bacchante Endormie*）。不久，由于发现裸体会消除人的迷梦，他又从完全暴露的展现恢复到暗示的手法，绘出了他最有名的作品《秋千上的冒险》（*Les Hasards de l'Escarpolette*）。一位情人愉悦地凝视着他的女友在秋千上高荡时露出的神秘的内衣，她边笑边将一只拖鞋踢向空中。最后，弗拉戈纳尔也与格勒兹，甚至像夏尔丹一样描绘庄重的妇女，如《作研究的女人》（*L'Etude*）、《阅读的女人》（*La Lecture*）和《母爱》（*Les Baisers Maternels*）。而在《纯洁的少女》（*Mademoiselle Colombe*）中，他发现女人也有灵魂。

1769 年，37 岁的他踏上了婚礼的圣坛。热拉尔小姐从格拉斯到巴黎来研究艺术时，她只道出了出生地即获准进入弗拉戈纳尔的画室。她长得并不美，却是一个充满青春活力的女人。而弗拉格（他的自称）像伯瓦瑞夫人一样，认为一夫一妻不会比私通更令人感到厌倦。在与她共同制作如《孩子的初步》（The Child's First Steps）之类的画时，他发现了新的乐趣，并与她同在画上具名。她生下他们的第一个孩子时，她要求让她那住在格拉斯的 14 岁的妹妹来帮忙照顾婴儿和料理家务。他同意了，有好几年这个家庭在不稳定的和平中度过。

如今他在描绘家庭生活方面胜过了格勒兹，而在表现宁静的乡村景色上与布歇争胜。他画了一些宗教画，也画了一些朋友的人像。他作为朋友比作为情人更具持久性，他对格勒兹、罗贝尔和大卫的喜爱不因他们的成功而有所改变。大革命爆发时，他献给祖国一幅爱国画《母亲》（*La Bonne Mère*）。他的储蓄大部分都因通货膨胀和政府的拖欠债务而告消失，但新时代的得宠画家大卫为他觅得了一份不太重要的闲差。大约就在此时，他画了如今悬挂在卢浮宫的赫赫名画——自画像：强壮而魁梧的头，头上密生白发，两眼仍然安宁而充满了信心。暴徒吓坏了他，也令他觉得恶心，于是他逃回家乡格拉斯，在友人莫贝尔（Maubert）处得到避身之所。他以总名为《爱情和年轻的故事》（*Roman d'Amour et de la Jeunesse*）的版画来装饰墙壁。这些原是他为杜巴利夫人画的，可是此时她已不富裕，因此拒绝了。现在它们成为纽约弗里克画廊的珍藏。

一个夏日，他满身大汗从巴黎走回家，在一家餐厅休息时，突然脑溢血，随即去世（1806 年 8 月 22 日）。格拉斯为他建造了一座漂亮的纪念碑，脚边有一个裸体的顽童，背后则是一位旋转着裙子做愉快跳舞状的少女像。

一个艺术家必须为代表一个时代而付出代价。他的声名随着热情而消退，只有异域推崇他或诸种潮流使现代的趣味回复到过去的风尚时才可能恢复。弗拉戈纳尔的成名是因为他的画。裸体的或穿衣的女像为那个时代的人所喜爱，缓和了衰败并加以美化。可是革命的严厉法则，在抗拒欧洲所有其他的国家以求取生存之战时，除维纳斯之外需要其他的神祇来启发它，而在古代罗马共和国坚忍英雄群中找到了他们。女人的统治结束了，恢复到战士统治的时期。温克尔曼所再度推崇的希腊罗马的典型成为艺术家的一个新世代，而在古典形式的运动中，新古典主义的形态拂去了巴洛克式和洛可可式的艺术作风。

沙龙

·若弗兰夫人

女人统治的时期随沙龙全盛时期的到来而趋于结束。这种独特的机构在若弗兰夫人时达到了极致，而在朱莉娅·莱斯皮纳斯小姐的传奇中平息。大革命之后，它随着斯塔尔夫人和雷卡米耶夫人而重受重视，但没有以往那种风味，也没有那么充实。全盛时期，政界名流于周六在杜德芳夫人的沙龙聚会；艺术家于周一，而哲学家和诗人于周三在若弗兰夫人处相聚；哲学家和科学家周二聚于爱尔维修夫人处，而周日和周四聚于霍尔巴赫处；文学和政界名人周二聚会于内克夫人处，而其中任何团体都可能随时在朱莉娅·莱斯皮纳斯小姐的沙龙聚会。除此以外，尚有许多次要的沙龙：卢森堡夫人、瓦利埃夫人、弗卡渠夫人、塔尔蒙夫人、布罗伊夫人、比西夫人、克吕索尔夫人、舒瓦瑟尔夫人、卡伯斯夫人、米尔普瓦夫人、比沃安夫人、安维尔夫人、德艾吉永夫人、乌德托夫人、玛查斯夫人、杜潘夫人及埃皮奈夫人。

沙龙里的这些高贵庄严的女人并非以美丽著称。她们大部分都是中年或中年以上的妇女，是智慧、机智、优雅、影响力和万能的金钱使女主人能招聚到妩媚的女人和有才智的男人，他们能以机敏或智慧使聚会闲谈生色，而不受感情或偏见所扰。这种沙龙不是调情、谈色情或双关语的地方。每个男人在沙龙里都可能有个情妇，每个女人也都可能有个情人，但这在开化的礼节与思想的取予上被很恰当地遮掩。在沙龙里，人们可以找到柏拉图式的友谊，就像杜德芳夫人和霍勒斯·沃波尔或莱斯皮纳斯小姐之与达朗贝尔。革命来临时，沙龙渐渐失去了其公正的风格，成为叛乱的中心。

若弗兰夫人的沙龙获得最高的评价，因为在经营沙龙者中她是最有技巧的驯狮者，她允许大家有更多讨论的自由，并不使人觉察到受压迫，知道如何使他们享受的自由不逾越礼仪和高尚的情趣。她是出身中产阶级而经营出色沙龙的妇女之一。她的父亲是玛丽安妮的侍从，娶了一位银行家的女儿。他们的第一个孩子玛丽·安妮出生于1699年，即日后的若弗兰夫人。她的母亲是一个有教养、具有绘画天分的女人，为了女儿的教养曾立下了一套伟大计划，却因一个儿子的难产死于 1700 年。这两个孩子被送往圣霍诺热与他们的祖母一起生活。半个世纪以后，叶卡捷琳娜二世要她写一份简短的自传时，若弗兰夫人说明自己所受的教育不多：

> 我的祖母……所受的教育极少，但是她很善于观察，而且聪慧、敏捷……这些弥补了她知识的不足。她对一无所知的事也说得头头是道，没有人认为她必须要知道得更详细……她很满足于自己的命运，因此，她认为教育对于女人而言是多余的。她说："我一切都处理得这么好，我从不觉得有受教育的必要。如果我的孙女是一个傻瓜，知识会使她自恃而让人受不了。如果她聪明懂事，她会和我一样，会用机智和理解力来补足缺陷。因此，在我童年时期，她只教我如何研读，不过她让我读了很多作品。她教我思考，教我探求理性；她教我认识男人时要我说出对他们的看法，然后告诉我她自己对他们的看法……她无法忍受舞蹈家所教的优美姿势。她只希望我具有自然赋予的一个完美的人应具有的优雅。

这位祖母认为宗教比教育重要。因此，这两个孤儿每天都被带去做弥撒。

祖母也参加了玛丽的婚礼。弗朗索瓦·若弗兰，一个富裕的商人，时年 48 岁，要求娶这个 13 岁的女孩子。祖母认为这是一段好姻缘，而玛丽所受的教养也使她没有反抗的余地。但是她坚持要带弟弟一起住到坐落于圣霍诺热大道上若弗兰的舒适的家，这即是她管理了一辈子的家。1715 年她生了一个女儿，1717 年产下一个儿子——此子不幸于 10 岁时夭折。

同住在这条时髦街上的唐森夫人开了一家著名的沙龙。她邀请若弗兰夫人参加，但若弗兰夫人拒绝了。关于唐森的过去曾有一些谣言，而她的座上客又都是一些危险的自由思想家，如丰特内尔、孟德斯鸠、马里沃、普雷沃、爱尔维修、马蒙泰尔等人。虽然如此，若弗兰夫人还是去了。她深深地喜爱这些毫无拘束的思想家。相形之下，来拜访她那年迈丈夫的商人是多么令人厌烦！这时他已 65 岁，而她是巴尔扎克所称的 30 年华的少妇（femme de trenteans）。她开始享乐。丈夫反对，然而她的威势凌驾丈夫之上。最后他同意为她主持宴会，他通常保持缄默，但总是彬彬有礼。他 84 岁（1749 年）去世时，她的客人几乎没注意到他已不存在了。一位自旅行中回来的客人问道，那位经常很谨慎地坐在桌首的老绅士哪里去了。若弗兰夫人淡淡地回答道："那是我丈夫。他去世了。"

唐森夫人也使她的常客们黯然神伤，1749 年她走完了她的人生旅程。我们该再记下 92 岁的丰特内尔说的话："这么一个好女人（她曾是一个十足的罪恶的综合体）！真是遗憾！如今我每周二要到哪里吃饭？"不过他又欣然说道："好吧，此后每周二我可要到若弗兰夫人那里去吃了。"她很高兴能有他这位客人，因为他曾是孟德斯鸠和伏尔泰之前的哲学家，他的记忆可回溯至马扎然（1602—1661 年，法国政治家），他还有 7 年的岁月可活，能忍受他人的奚落而不以为忤，因为听力不好。曾是唐森夫人的座上名人的大部分效法他的做法，不久若弗兰夫人周三中午的餐桌上时而聚集了孟德斯鸠、狄德罗、霍尔巴赫、格里姆、莫雷莱、雷纳尔神父、达朗贝尔和睿智的那不勒斯人加利亚尼——驻巴黎的那不勒斯大使的秘书。

她丈夫死后，不顾她女儿无理的反对，若弗兰夫人容许狄德罗、达朗贝尔和马蒙泰尔在她周三的餐会上安排思想与风格的讨论。她是爱国者，也是基督徒，但是她钦慕哲学家们的勇气和活力。《百科全书》筹划组成时，她贡献了 50 余万银币的费用。她的家成了"《百科全书》沙龙"。而帕利索（Palissot）在他的喜剧《哲学家》（Les Philosophes，1760 年）中讽刺这些反叛者时，把她当作这个小团体的教母仙子加以取笑。此后，她要求她的座上名人出语谦恭一些，而以泄气的补充来抑制狂辞——"啊，那真不错！"最后她停止邀请她的常客狄德罗，但送给他一套新的家具和一件大得吓人的长袍。

她发现艺术家、哲学家和官员们并不能相处得很融洽。哲人们好谈论，官员们讲究谨慎和礼仪。艺术家属于不稳定的一派，唯有他们自己能相互了解。因此，收集艺术品的若弗兰夫人，因凯吕斯伯爵的影响而激发她审美的热情。她邀请主要的艺术家和巴黎的鉴赏家参加她每周一晚上的特别宴会。参加者有布歇、拉图尔、韦尔内、夏尔丹、旺洛、科尚、德鲁埃、罗贝尔、乌德里、纳捷、苏夫洛、凯吕斯、布沙东和格勒兹，马蒙泰尔是参加这种宴会的唯一一位哲学家，因为他住在若弗兰夫人家里。这位和蔼可亲的女主人不只是招待这些客人，她购买他们的作品，他们替她画肖像时，为他们摆姿势，并付给优厚的报酬。其中夏尔丹所画的肖像最好，画中的她是一位戴着花边帽、结实而和蔼的夫人。旺洛死后，她以 4000 银币买下他的两幅画，之后再以 5 万银币转卖给一位俄罗斯亲王，而将所获的利润赠给旺洛的遗孀。

为了使接待圆满，若弗兰夫人也邀请她的女界友人参加小宴会。可是没有妇女被邀参加周一的晚宴，而莱斯皮纳斯小姐（也许因为她是达朗贝尔的密友）是参加周三晚宴的少数妇女之一。夫人是有一些占有欲，不过她也发现女性在场常妨碍她的贵宾谈论哲学和艺术。而在她家的聚会中能有妙趣横生而饶有意义的讨论，这一美誉的赢得，似乎证明了她的隔离政策是正确的。在巴黎的外国人都渴望获得她的邀请。可以说，在他们回国时，曾参加过若弗兰夫人的沙龙是仅次于被国王召见的一项殊荣。休谟、沃波尔和富兰克林是甚受欢迎的客人中的几位。驻凡尔赛的大使——甚至那不可一世的考尼茨伯爵——也认为出席圣霍诺热大道上若弗兰夫人府上的宴会是一件很重要的事。1758 年，俄国大使坎泰米尔亲王带来了安哈尔特·泽布斯特公主，她谈到她女儿的才华。4 年后，这位女儿成了叶卡捷琳娜二世，那以后数年，所有俄国的女皇都与这位中产阶层的沙龙主人保持极友好的关系往来。一位曾数次参加夫人晚宴、英俊而聪明的瑞典人，回国后成了瑞典国王古斯塔夫三世。

斯坦尼斯拉斯·波尼亚托夫斯基（Stanislas Poniatowski），这位更英俊的青年是常客，几乎可以说是若弗兰夫人的一位献身者（她有时为他清偿债务），不久他即称她为"姆妈"（Maman）。他成为波兰国王（1764）时，他邀请夫人到华沙，待为上宾。虽然这时她已 64 岁，但仍接受了邀请。途中，她在维也纳做凯旋式的停留。她记载道："我在此更为出名。"有一阵子，她在华沙的皇宫里（1766 年）像母亲似的进谏国王。她寄回巴黎的信就像伏尔泰寄自费内的信一样到处被传阅。格里姆记载说："没有读过若弗兰夫人的信件者不配进入高尚的社交圈。"她回到巴黎继续主持晚宴时，百位名人为之欣狂；皮龙和德利莱二人还作诗庆祝她的归来。

这趟旅程相当辛苦——乘坐马车来回行走了半个欧洲。若弗兰夫人再也不像以前那么活泼愉快了。她一度表示不相信死后天堂，并将宗教贬为慈善，如今恢复了对天主教的信仰。马蒙泰尔曾记述她那种特殊的虔诚：

> 为了与天主交好而不妨碍她主持的社交圈，她实行一种秘密的信仰方式。她偷偷地去做弥撒，就像别人偷偷幽会一样。她在一座女修道院中有自己的一个房间……在方济各教堂内有一席特别座位，一切就像当时一些活跃的妇女有供她们的情人使用的小楼房一样的神秘。

1776 年，天主教会宣布了一个大赦日，凡在规定的时刻到某些教堂赴会者，将得到特赦。3 月 11 日，若弗兰夫人参加了圣母天主堂的一长串仪式，返家后她突然中风。哲学家们对她在崇拜天主的仪式后竟然得病一事感到异常愤怒，刻薄的莫雷莱主教评论道："她以自己为例，证实了她常说的一句格言'一个人只有行为愚蠢时才去世'。"她的女儿弗尔泰·安博照料生病的她，并警告那些哲学家远离她。直到去世，夫人没有再见到达朗贝尔和雷利特。但是她吩咐，在她死后她所给予他们的年金要增加。她又活了一年，虽然瘫痪需要别人照顾，但至死都在布施。

·杜德芳夫人

在欧洲，只有一个沙龙在名声和支持者方面能与若弗兰夫人的沙龙媲美。我们曾于别处读到过玛丽·德维希的生涯和个性：她还是一个女孩时，她的自由思想如何使修女和牧师们感到头痛；她如何嫁给了杜德芳侯爵，如何地离开他，而以经营沙龙来慰藉自己的孤寂（1739 年起在伯恩街，1747 年改在圣多明尼哥大道的圣约瑟夫修道院）。她的新址吓走了所有人，只剩下一位从前曾来享受过她的美酒、欣赏她的机智的哲学家。达朗贝尔仍留了下来，因为他是哲人中最不好对付的；其余的常客都是贵族社会中的男女，这些人因若弗兰夫人是中产阶级人士而对其加以冷落。这位侯爵夫人在 57 岁（1754 年）失明时，她的朋友仍来参加她的宴会。但每星期宴会以外的日子，她因有增无减的消沉而感到无限寂寞，后来她终于说服她的侄女来与她同住，并在晚宴上当女主人的帮手。

朱莉娅·莱斯皮纳斯是女伯爵德阿尔邦和杜德芳夫人的兄弟加斯帕·德维希的私生女。女伯爵收养了她，把她和自己其他的子女一起抚养长大，让她受特别好的教育，并设法使她成为合法的女儿，但她的一个女儿反对，因此终未实现。1739 年，朱莉娅一位同母异父的姐姐嫁给了德维希，而偕其夫婿住到勃艮第的尚翁堡。1748 年，女伯爵去世，遗留给当时 16 岁的朱莉娅 300 银币的年金。德维希夫人把朱莉娅带到尚翁堡，但仍以私生的孤儿看待她，让她当孩子们的女家庭教师。杜德芳夫人到尚翁堡去时，她为朱莉娅·莱斯皮纳斯小姐的优越才华和风仪深深感动。她赢得了这个女孩子的信任，并得知她因目前处境不如意而决定进修道院。这位侯爵夫人建议朱莉娅到巴黎去与她同住。家人群起反对，他们唯恐杜德芳夫人设法使朱莉娅的身份合法，而让她承袭德阿尔邦的一份家产。侯爵夫人保证她不会这样惹她亲戚的麻烦。这时，朱莉娅已进入修道院（1752年10月），不过不是当见习修女（novice），而只是寄膳宿。侯爵夫人旧议重提。经过一年的犹豫后，朱莉娅答应了。1754年2月13日，侯爵夫人寄给她一封很奇特的信，这封信在我们判断因果时不能不提出：

> 我将把你介绍给大家，说你是来自我的家乡、打算进修道院的年轻小姐，而且声明让你住在我家里，直到你找到一位如意的人。你将受到礼遇，甚至获得敬重，我可以向你保证，你的自尊绝不会受到侵犯。
>
> 不过……还有一点我必须向你说明。假如你的行为中有任何诡诈，即使微不足道的小小花招，我都无法忍受。我本性多疑，而我若怀疑到某些人奸诈，我会一直怀疑，直到对他们完全失去信心。我有两位亲密的朋友——福尔蒙和达朗贝尔——我非常喜爱他们，可是主要的不是因为他们可爱的性格和他们的友情，而是因为他们的绝对诚挚。因此，我亲爱的小姐，你必须决心以最高的诚挚与我共同生活……也许你认为我是在说教，但我可以告诉你，只有在谈到诚挚时我才会这样。对这一点我是很无情的。

1754年4月，朱莉娅搬来与杜德芳夫人同住，先是住在马车棚屋上，然后搬到圣约瑟夫修道院内侯爵夫人居处上面的房间。也许是出于夫人的建议，奥尔良公爵给了她一笔692银币的恩俸。她帮助失明的女主人接待和安置参加沙龙聚会的客人。她以悦人的风度、反应快速的机智和清新、青春的活力，使所有聚会进行得非常愉快。她算不上美女，但那明亮乌黑的眼睛和满头棕色的秀发配合得极其诱人。有半数到会的先生都爱上了她，甚至包括夫人老迈而忠实的护卫骑士夏尔—让—弗朗索瓦·埃诺。这个人是调查庭的庭长，已70岁，总是生病，老是喝得满脸通红。朱莉娅颇有分寸地接受他们的恭维，虽然如此，由于失明而敏感倍增的侯爵夫人，一定觉察到以往一些对她的崇拜如今已经转移了对象。也许还有一个因素掺杂在内：这位年长的妇人对这位年轻的小姐开始产生一种不容分享的感情。

朱莉娅不可避免地坠入了情网。最初是和一位我们只知其名为塔弗的爱尔兰青年相恋。他一经获允参加沙龙以后，几乎每天都到，侯爵夫人很快就觉察到，他不是来看她，而是来看小姐的。她发觉朱莉娅对这位青年的追求欣然接纳。她感到非常惊讶，她警告朱莉娅勿轻易妥协。这位傲慢的小姐对母亲似的忠告竟然感到愤懑。侯爵夫人担心失去她，另一方面又切望能保护她，免得她陷入那没有永恒保证的冲动情感。于是命令朱莉娅，塔弗来访时不可走出她的房门。朱莉娅服从了，但由于争吵时过分激动开始吸食鸦片以镇静情绪。18 世纪，许多人都用鸦片当镇静剂。莱斯皮纳斯小姐每有一次新的罗曼史便增加一次药剂的分量。

她尝试忘记塔弗，但她的第二次恋爱上了历史，这次的对象是达朗贝尔。杜德芳夫人对他有一份像母亲却具有占有性的情感。1754年，达朗贝尔的声望达到了顶峰，他是数学家、物理学家、天文学家和《百科全书》的合编者，《百科全书》是巴黎知识界的热门话题。伏尔泰在谦虚时称他为"本世纪最重要的作家"，不过他没有伏尔泰具有的任何一点优势。他是一个私生子，他的母亲不承认他是自己的儿子，而且他自童年起就没有见过他的父亲。他像普通的中产阶级人士一样，生长在一个玻璃工人家庭，鲁索夫人收养了他。他长得很英俊，干净、有礼，有时也很活泼快乐，他几乎可以和任何专家谈论任何问题，但他也会以故事的表面情节、以矫饰的行为和机智隐藏自己的才华。其他方面他与这个世界毫不妥协。他喜欢特立独行而不愿仰赖国王和王后的恩典。杜德芳夫人为他争取进入法国学院时，他拒绝赞扬埃诺所撰的《法国编年史》以争取他的赞成票。他的好讽刺的个性使他常常出口伤人，他会很没有耐性，"有时向他的对手大发雷霆"。他与妇女独处时总是手足无措，不知该说些什么。然而他的羞涩吸引了她们，好像在与她们迷人的魅力争胜。

杜德芳夫人第一次遇到他时（1743 年），她深为他广博的见识和明晰的判断力吸引。当时她已 46 岁，而他仅 26 岁。她把他当作自己的"野猫"接纳下来。她不但邀请他参加自己主持的沙龙，同时邀他参加私下的晚餐和聚谈。她曾誓言表示愿意"睡掉 24 小时中的 22 小时，只要其余两小时我们能厮守在一起"。这份甜蜜的友情持续了 11 年后，朱莉娅介入了他们的生活中。

在私生子和私生女之间，有着一份自然的关系。达朗贝尔在回忆中说：

> 我们两人都没有父母和家庭，我们出生时就被遗弃，不幸和不快乐的折磨，自然似乎是让我们到这个世界来寻找彼此，以弥补彼此失去的，让我们像两株杨柳似的生长着，被暴风雨吹折了腰，但未被连根拔起，因为它们脆弱时，它们已将枝条交缠在一起了。

他几乎在第一次见面时就感觉到这种"选择的密切关系"（elective affinity）。1771 年，他在写给她的信中说："时间和习俗使一切变得陈腐，却无以改变我对你的感情，这是你 17 年前激发起的感情。"但是，他等了 9 年才宣布这份爱意，而且是以间接的方式表达的。1763 年，他从波茨坦写信给她，说明他拒绝腓特烈二世的邀请担任柏林科学学院的院长，具有"一千个理由，其中之一你是无论如何都猜不着的"。这是达朗贝尔奇怪地糊涂一时，因为有男人爱上自己时，一个女人不会不知道吧？

杜德芳夫人感觉出她的特殊客人和她监护的侄女之间的感情慢慢地增长着，她也注意到朱莉娅成为沙龙的话题和兴趣所在。有一段时间她没有任何责难表示，但在给伏尔泰的一封信中（1760 年），她对达朗贝尔有了苛刻的批评。她让一位友人在达朗贝尔尚未来到前，向她的客人公开宣读伏尔泰关于这次批评的回信。开始读信后不多久达

朗贝尔就到了，因而听到了恶意揭发隐私的一段。他和其他人一起
纵声大笑，内心却受到了伤害。侯爵夫人设法补偿，但这次伤害仍留
下了创痕。他于 1763 年谒访腓特烈二世时，几乎每天写信给莱斯皮
纳斯小姐，但很少写给夫人。他回到巴黎后，在她们下来参加沙龙以
前，他习惯上总是先到朱莉娅的房间看她。而有时杜尔哥、沙特吕或
马蒙泰尔也陪他参加这私下的拜访。这位上了年纪的女主人发觉到那
些她帮助和喜爱的人背叛了她。如今她视朱莉娅如仇人，而以种种激
怒的方法来表露她的不满情绪——冷言冷语、琐碎的要求，并常说起
朱莉娅依赖她。朱莉娅对这位"失明而好幻想的老妪"及对随时随地
要听从侯爵夫人的使唤日渐感到不耐烦，内心的不快也与日俱增，因
为每天都有新的刺痛。她后来记叙道："一切痛苦都很深刻，而快乐
却是一掠即过的飞鸟。"在最后一次争吵中，夫人指责她在家里和开
支方面有所欺骗。朱莉娅回答说，对这样对待她的人实在无法忍受
再与她共同生活下去，于是，1764 年 5 月初的一天，她离开了这里，
出去另觅住处。侯爵夫人坚持达朗贝尔必须在她们二人中做一选择，
使破裂无法挽回。达朗贝尔离开了她，再也没有回来。

　　有一段时间，这个老沙龙似乎因他们关系的断绝而受到致命的
打击。虽然大部分常客仍来找侯爵夫人，但有好些人——卢森堡夫
人、沙蒂永公爵夫人、布夫菲尔伯爵夫人、杜尔哥、沙特吕，甚至埃
诺——都去找朱莉娅，表示他们的同情和对她的爱顾。沙龙里只剩
下年迈而忠实的朋友，及寻求声名和美食的新客。杜德芳夫人描述
1768 年发生的这次转变：

　　　　昨天有 12 个人在这里，而我欣赏了各式各样、各种程度的
　　无聊事，我们都是十足的傻瓜，各人有各人的形态……我们疲惫
　　不堪。12 个人都在 1 点钟离去，但没有一个人觉得些许遗憾……
　　蓬德韦勒（Pont-de-Veyle）是我唯一的朋友，却有 3/4 的时间简
　　直把我烦死了。

自从失明后，她就不再热爱生命，而现在最亲密的朋友都离她而去，她更陷入无望和对人生的价值表示怀疑的绝望中。与约伯一样，她诅咒自己的出生："一切的悲哀中，我的失明和年老是最微不足道的……只有一件不幸的事……那便是生于此世。"她嘲笑浪漫主义者和哲学家们的梦想——不只是卢梭的《新爱洛漪丝》和萨瓦牧师，她也嘲笑伏尔泰长期追求"真理"。"而你，伏尔泰先生，真理的热爱者，老实告诉我，你找到没有？你改正、毁弃谬误，但你以什么取代它们？"她是一个怀疑论者，但她喜欢温和的怀疑论者如蒙田和圣埃夫勒蒙，胜于激进的叛逆者如伏尔泰和狄德罗。

她认为她的生命已经告终，但生命对她仍未完全了结。她的沙龙在舒瓦瑟尔当政期间恢复了一段时期，当时政府的要员们在老侯爵夫人家里聚集，而和蔼的舒瓦瑟尔的友谊又给这黑暗的日子带来一些光明。1765年，沃波尔开始来参加她的聚会，她慢慢地对他产生了一份情感，那成为她对生命的最后执着。我们希望在那最后的惊人的化身中再见到原来的她。

·莱斯皮纳斯小姐

朱莉娅选择了在伯勒查斯大道和圣多明尼哥大道交叉处一栋三层楼的房子作为她的新居——距侯爵夫人女修道院的家仅百米远。她并未因此变得贫困，除了数笔为数不多的年金外，她还自"国王的税收"（1758年、1763年）中获取2600银币的年金。显然，那是由于舒瓦瑟尔为她说项的关系。而在达朗贝尔的建议下，若弗兰夫人资助她一笔2000利维尔的年金和一笔1000克朗的年金。卢森堡夫人给了她全套家具。

在这个新居中安定下来没多久，朱莉娅便感染了天花。休谟写给布弗莱夫人的信中说："莱斯皮纳斯小姐病得非常危险，我很高兴看到达朗贝尔在这时放下了他的哲学。"的确，这位哲学家每天早晨步行很远的路到她床侧看顾她直到深夜，然后再回到鲁索夫人家自己的房子里。朱莉娅病愈了，却一直很虚弱和神经质，她的皮肤变得粗糙而且满脸红斑。我们可以想象，对一个32岁未婚的女人，这是什么滋味。

她及时痊愈以照顾达朗贝尔。1765年春，他因胃疾卧病在床几至死去。马蒙泰尔惊讶地发现他住在一个"小房间里，光线不足，空气污浊，一张床窄得像棺材"。另一位金融界的朋友瓦特莱让达朗贝尔住到他在特姆普附近宽敞的家里。如今这位哲学家黯然同意离开自小供养他的家庭。杜克洛喊道："喔，真是不可思议的日子！达朗贝尔断乳了！"朱莉娅每天到这个新住处，尽心尽力回报他近日对她的照顾。他恢复到可以走动时，她要求他住到她家的楼上。他于1765年秋搬了进去，但付给她适量的租金。他并未忘了鲁索夫人，常常去看她，与她分享他的收入，而且一直为他的离去而道歉："可怜的养母，你爱我甚于爱自己的孩子。"

一度，巴黎人认为朱莉娅是他的情妇。表面的情况证实人们的这种推测，达朗贝尔与她同餐共桌，给她写信，处理她的事务，投资她的储蓄，为她收取所得。公共场合中他们总是在一起，没有人在邀请时只请其中一位。不过，慢慢地，说闲语的人也开始明白朱莉娅既不是达朗贝尔的情妇，也不是他的妻子或情人，而只是妹妹兼朋友而已。她似乎从未了解他对她的爱是完整的，虽然他无法以言语表达。若弗兰夫人和内克夫人，这两位标准的道德家，认为他们之间的关系是柏拉图式精神上的恋爱。这两位年长的沙龙主持人邀请他们参加她们的聚会。

莱斯皮纳斯小姐自己成立了一个沙龙时，若弗兰夫人未加以公然反对，这对她母亲似的慈蔼是严厉的考验。朱莉娅和达朗贝尔早已交了许多的朋友，所以几个月之后，她的客厅每天从下午5点到9点这段时间几乎高朋满座，男男女女精挑细选的客人几乎都是有名望、有地位的。达朗贝尔主持讨论交谈，朱莉娅则发挥出女性所有一切悦人的能力，尽量使客人感到温暖亲切、宾至如归。沙龙中不举行宴会式晚餐，却被誉为全巴黎最富刺激的沙龙。出现在沙龙的有不久即在政界任高官的杜尔哥和布里耶纳，贵族如沙特吕和孔多塞（Condorcet），主教如布瓦门特和布瓦热兰，怀疑论者如休谟、莫雷莱，作家如马布利、孔狄亚克、马蒙泰尔和达朗贝尔。最初他们是来看达朗贝尔和听他的高论，后来他们开始欣赏朱莉娅用来引发每个客人表现出他或她的特殊才华的恰如其分的技巧。在这里，人们无所不谈而不会遭受禁止，人们讨论宗教、哲学或政治中最细微的问题；但是，受过若弗兰夫人这种训练的朱莉娅知道如何缓和大家激动的情绪，使争论恢复为讨论。大家都不希望令这位虚弱的女主人不快，这一默契形成了这个沙龙中共同遵守的不成文法。根据圣伯夫的判断，莱斯皮纳斯小姐的沙龙是路易十五末期"最时髦、最为大家向往的，虽然这时有许多有名的沙龙"。

没有其他任何一家沙龙具有这种双重吸引力。朱莉娅虽是麻脸，又是无父的私生女，却是成打名人的第二情人。而达朗贝尔的声誉正达顶峰，格里姆报道说：

> 他的谈话对人的心智均具有教导启发作用而且能娱人心怀。他参与畅谈任何悦人的一般话题，并以此显示他具有无穷尽的思想、对逸闻趣事的知识及奇特的记忆。不管话题本身多么枯燥乏味，他都有秘诀使其变得生机盎然……他所有的幽默的话都有细微和深刻的创造性。

再看休谟写给沃波尔的信：

> 达朗贝尔是一个很受欢迎的朋友，具有无可非议的品德。就拒受俄国女沙皇和普鲁士国王的赠予而言，他显示出无视于私利和虚浮自负……他有5笔年金：一得自普鲁士国王，二得自法兰西国王，第三笔是科学学院院士年金，另一笔是法国学院院士年

金，最后一笔则取自他自己的家族。其总数每年未超过 6000 银币，以其中半额他过着小康的生活，另一半资助与他有关系的穷人。总而言之，除了极少数的例外，我很少见到比他更有德行、更贤明的人。

除了说话的灵巧和言词的优雅略为逊色外，在其他任何方面朱莉娅和达朗贝尔都搭配得很好。然而，《百科全书》的编纂者是启蒙运动中最后的主要人物之一，他们寻求思想和行为的理性和尺度。在卢梭之后，朱莉娅是法国浪漫主义运动第一个有力的提倡者，马蒙泰尔描写她"是自萨福以来，想象力最丰富、最热情、最容易激起幻想的人物"。无论真实人物或作家的虚构人物——卢梭的爱洛漪丝或卢梭本人，或理查森的克拉丽莎或普雷沃的曼侬——没有任何一个浪漫主义者在感觉的敏锐或内心的热情上能胜过她。达朗贝尔是客观的，或者说，他尝试表现得客观。朱莉娅则主观到有时只重一己的利益或事务。不过她有"人溺己溺的精神"。她鞠躬尽瘁地安慰生病或受了委屈的人，她狂热地为沙特吕和拉阿尔普获选入学院而奔走。但她坠入情网时，她忘了一切事务和所有其他的人——被她遗忘的人第一次是杜德芳夫人，第二和第三次则是达朗贝尔本人。

1766 年，一位年轻的贵族莫拉——西班牙大使的儿子——进了沙龙。他年方 22 岁，朱莉娅 34 岁。他 12 岁时曾与一位 11 岁的女孩结婚，女孩于 1764 年去世。朱莉娅不久即为他的年轻迷人所惑，也许受惑于他的财富。他们之间的感情迅速地发展到非君不嫁、非卿不娶的地步。听到这个消息时，他的父亲即命他回西班牙服兵役。莫拉入营了，但不久即辞去军职。1771 年 1 月，他开始咳血，前往瓦伦西亚，希望能休养恢复，病未痊愈他又奔回巴黎找朱莉娅。在她精致小寓的欢乐声中和达朗贝尔暗地里忍受痛苦的情况下，他们一起度过了一段快乐的日子。1772 年，大使奉召回西班牙，并坚持要他的儿子一同回国。他的父母都不同意他和朱莉娅的婚事。莫拉于是弃家出走，北上与朱莉娅重聚。但1774年5月27日，他因肺结核死于波尔多。那天他在给她的信中写道："我正前来与你重聚，而今我却面临死神的召唤。多么可怕的命运！……但你曾爱过我，想到你的时候我仍感到非常快乐。我为你而死。"从他手上退下了两个戒指，其中一枚镶有朱莉娅的青丝，另一枚刻着几个字："一切逝去，爱情永存。"心地高尚的达朗贝尔如此记述莫拉："我为那仁慈、心地善良而高尚的人感到遗憾……他是我认识的最完美的人……我将永远记得这么纯洁、高尚、强健而又温和的人与我自己的灵魂交融的时刻。"

朱莉娅得到莫拉的死讯时心都碎了，尤其因为正在这时她又爱上了另一个人。1772年9月，她遇到了29岁的吉贝尔，他曾在"七年战争"中立下显赫的战功。而且他那部《战术的全面研究》（*Comprehensive Study of Tactics*）被将领和知识分子公认为一部巨著，后来拿破仑在他所有的战役中一直随身带着他曾亲加注释的一部。其中指责所有君主政体的《初论》（*Preliminary Discourse*），在大革命前的20年就系统地道出了1789年的基本原则。从一个重要的沙龙中讨论他时人们所说的话，我们可以看出大家对吉贝尔的倾慕："吉贝尔的母亲、姐妹或情妇最受人妒羡吧？"当然，他有一位情妇——蒙特莎夫人，这是他最近，也是最久的一次恋情。朱莉娅在对他不满时，曾严苛地批评他：

> 他对待女人轻浮，甚至无情，是因为他小看了她们……他认为她们喜欢调情、虚荣、脆弱、虚伪和轻浮。那些他最钟爱的，在他认为就是最浪漫的。虽然他也承认有些女人有很好的品德，但他并不因此提高对她们的评价，只是认为她们的缺点比优点少而已。

然而，他长得很英俊，待人处世的态度毫无瑕疵，他的言词既有内容又富有感情，既博学，思想又清晰。斯塔尔夫人说："他的谈话是我所听过的最富变化、最有生气、内容最丰富的。"

朱莉娅认为自己非常幸运，因为吉贝尔对她主持的聚会表示出喜爱。他们为彼此的声誉吸引，他一时的征服心理与她炽烈的热情，促成了他们的爱恋。就是这炽热的爱情使她写给吉贝尔的情书在法国文学史上占有一席之地，并成为当时最出色的文学之一。法国初期的浪漫主义运动在她的情书中比在卢梭的《新爱洛漪丝》（1761 年）中更能找到生动的表现。

现存她最早写给吉贝尔的情书（1773 年 5 月 15 日），显示她已坠入他的情网，却因违背了对莫拉的忠贞誓言而懊悔不已。她写信给正动身前往斯特拉斯堡的吉贝尔，说：

> 老天爷！是什么魔力，是什么天命，你竟把我迷惑成这个样子？为何我没有在 9 月死去？当时我若死去就可以不必……有现在的自责。天哪，我觉得，我仍可为他而死；我的任何利益无一不能为他牺牲……啊，他会原谅我的！我遭受到这么大的痛苦！我的心身都因这长时期的悲哀而疲惫不堪。得到有关他的消息时我陷入了狂乱。就在当时我第一次遇见你；那时你接受了我的心，并使我心快慰。我不知该怎样做比较好——是心领呢，还是接受？

8 天后她卸除了所有的防卫："假如我仍年轻、漂亮而又迷人，则我可以说你对我的态度、行为有很多做作。可是因为我未具有其中任何一项，所以你对我的行为包含了亲切与敬重，使你永远赢得我的心。"有时她以爱洛漪丝对阿贝拉尔似的放纵态度写道：

> 世界上唯有你能拥有并占有我。今后只有你能填补我的心灵……今天，我的门每开一次，我的心也随着怦跳一次。有一阵子我真怕听到你的名字，可是听不到你的名字时我又觉得心碎。那么多的矛盾，那么多互相抵触的情绪，一切都是真实的，而只有三个字能加以解释：我爱你。

两份爱情的矛盾增加了她的不安，也许由于渴望或女性愿望的满足及染上肺病的一种倾向，1773年6月6日她在给吉贝尔的信中写道：

> 虽然你的心灵受到激荡，却不和我的情形一样，我的心灵不停地自震荡趋于沮丧。我吸毒（鸦片）来镇定自己。你看我已无法自持，开导我，给我力量。我会相信你，你将是我的支柱。

吉贝尔在10月回到巴黎，断绝了他和蒙特莎夫人之间的关系，而把爱情献给朱莉娅。她感激地接受了，并将自己的身体奉献给他——在歌剧院中她包厢的前座里（1774年2月10日）。嗣后，她声称这一次，在她42岁时，是她所谓的"荣誉"与"美德"的第一次瑕疵。但她并未自责：

> 你记否你使我陷入何种处境，你信否你置我于何种境地？我要告诉你，在很快恢复镇定之后，我又站起来了（这几个字是用斜体写的），而且我发现自己较此之前并未有毫发差别……令你感到惊讶的是，也许在所有使我的心趋向于你的冲动中，最后一个是唯一我不觉得后悔的……在那种放肆下，在自制和所有个人利益的最大限度下，我可以向你证明世界上只有一件不幸的事是我无法忍受的——冒犯你和失去你。那种恐惧会使我舍弃我的生命。

有一段时期她终于体验到了令人心神恍惚的幸福。她在写给他的情书中说（因为他们的关系保持秘密而没有住在一起）："我一直惦念着你。我迷恋你到这种程度，因此我可以了解献身于上帝者的感觉。"无可避免地，对这种毫无保留全部倾泻而让他英雄无用武之地的爱情，吉贝尔感到厌倦。不久，他把注意力转向了布弗莱伯爵夫人，而且恢复了和蒙特莎夫人之间的关系（1774年5月）。朱莉娅责怪他，他却表现得很冷淡。6月2日，她获知莫拉在前来与她相会的途中去世，临终时对她犹念念不忘。她因悔恨显得精神错乱，并企图饮毒自尽，吉贝尔阻止了她。如今在她给他的信中谈的全是莫拉的事，说这位年轻的西班牙贵族比她认识的任何一个其他的男人都优秀。吉贝尔更少去看她了，蒙特莎夫人希望自己至少仍是他的情妇之一。朱莉娅为他筹划婚事，他则拒绝她所做的安排，于 1775 年 6 月 1 日与 17 岁富有的库塞尔小姐结婚。朱莉娅在给他的信中充满了怨恨和鄙视，以对不灭爱情的抗议作为结束。

这段热恋的过程她竟能瞒过达朗贝尔，他一直认为莫拉的离去，以及后来他的死亡是朱莉娅神思恍惚的原因。他欢迎吉贝尔来参加她的沙龙，给他一份极为诚挚的友情，并亲自寄送她已封好的写给吉贝尔的情书。不过，达朗贝尔发现她对自己已失去了兴趣，有时还因他在场而感到不悦。事实上，她在写给吉贝尔的信中也曾说："那样是否算太忘恩，我敢说达朗贝尔若离去，我将会感到很快慰，他在场增加我的心理负担。他使我觉得全身不适，我觉得自己不配得到他的友情与仁慈。"她去世时，他写给她的"悼魂词"中有这样的语句：

　　我既想象不出，也猜不透究竟是什么原因，那（一度）对我那么亲切的态度……突然变得疏远又觉得我可憎？是我做了什么令你不高兴的事吗？如果你有什么怨言，为什么不向我抱怨……或者，亲爱的朱莉娅……你做了什么对不起我的事而把我蒙在鼓里，而如果我知道了的话，我会宽宥？……有 20 次我几乎要投入你怀里，问问你，我究竟犯了什么罪。但我恐怕你的双臂拒纳我……9 个月来，我一直伺机想告诉你，我遭受的痛苦和我的感受，可是那几个月我一直觉得你柔弱得承担不起我对你苛细的指责。唯一能毫无隐瞒地向你展示我沮丧而泄气的心的，竟是那可怕的时刻，就在你去世前的数小时，你伤心地要求我原谅时……可是以后你再也没力气跟我说话或听我说话了……而就这样，无可挽回地，我失去了在我生命中将是最珍贵的一个时刻——再次

告诉你，你对我是如何的珍贵，我分担了多少你的哀伤，而我如
何深愿和你在一起终止我的哀伤。我愿以我全部的余生换取那我
再也不可得到的一刹那，有那一刹那能向你表明我对你的情爱，
也许能使你恢复对我的柔情。

朱莉娅梦想的破碎加速了肺病夺取她的生命。博尔德乌医生被
请来诊治她的病，他宣布她的情况已经无望。1776 年 4 月起她一直
未能离床。吉贝尔每天早晚来看她，达朗贝尔则除睡觉外不离开她的
病榻。沙龙停止了，但孔多塞、叙阿尔及好心的若弗兰夫人——虽然
她也将辞世——仍然到沙龙来。在最后一段日子里朱莉娅不愿吉贝尔
来，因为她不希望他看到她那因痉挛而变了样子的脸，但她经常写短
笺给他。此时他也郑重声明："我一直爱着你，从我们第一次见面开
始我就爱你，在这个世界上对于我而言你比其他任何一切都要珍贵。"
这个声明加上达朗贝尔默默的忠诚及朋友们的关怀，是她痛苦中仅有
的慰藉。她立了遗嘱，其中指定达朗贝尔为遗嘱执行人，并把所有的
文件和财物托付给他。[1]

她的弟弟德维希侯爵从勃艮第来看她，并力劝她与教会妥协。他
在写给德阿尔邦伯爵的信中说："我很高兴我终于劝服她当着百科全
书派，不顾其反对立场而接受了圣礼。"她给吉贝尔的遗言："朋友，
我爱你……永诀了。"她向达朗贝尔表示对他长期诚挚的谢意，并要
求他原谅她的忘恩负义。她于 1776 年 5 月 23 日清晨去世，并于同一
天在圣萨皮斯教堂下葬，一切遵照她的遗嘱——"像穷人一样"收殓。

[1] 她给吉贝尔的信由他的妻子收存，于 1811 年出版。

第五章 | 年高德劭的伏尔泰
（1758—1778）

善良的领主

1758 年 10 月，伏尔泰在费内买了一幢古老的宅邸，这里位于瑞士边境的热克斯（Gex）郡区。此后不久，他又以极高的价格买下了邻近的图尔奈的领地，如今他成了名正言顺的领主（lord），而在法律文件上的签署为"图尔奈伯爵"（Comte de Tournay），他把纹章饰于大门和银盘上。

1755 年以来他一直在日内瓦的代利斯过着逍遥的生活，并以百万富豪哲学家自居。达朗贝尔在《百科全书》中有关日内瓦的论文，暴露了当地牧师私下的异端邪说，使伏尔泰被指控向他的朋友出卖了这些牧师。他在瑞士土地上不再是一个受欢迎的人，因而另觅住处。费内在法国境内，但距日内瓦只有 3 英里，在那里他的藐视仍能及于加尔文教派的领袖们；而假如远在 250 英里外的巴黎天主教领袖旧账重算，要拘捕他，他可以在一小时内跨越国界，当时（1758—1770 年）他的友人舒瓦瑟尔正执掌法国的内阁。也许担心政治的风向转变时遭到没收的厄运，他以侄女德尼斯夫人的名义买下了费内的地产，但与她约定，只要他活着，她必须承认他为地产的主人。一直

到 1764 年，他一直主要居住在代利斯，他从容地重新设计在费内的
房子，同年搬了进去。

新厦是用石头砌成的，大部分是伏尔泰设计的。新厦还包括 14
间卧室，是这位领主为他的朝臣准备的。他说："那不是宫殿，而是
个宽敞的乡间住屋，毗连着一大片粮草、小麦、稻和燕麦的田地。我
有一些像苍松般挺立着的橡树，耸入云霄。"图尔奈增加了一个古城
堡、一个农场、一个谷仓，还有一些马厩、田园和树林。他的马厩容
纳了马、公牛和 50 头母牛。他的谷仓宽敞得除了收藏他土地上的收
获外，还可容纳制酒的压榨机，鸡窝和羊栏。400 个蜂窝使耕地上嗡
嗡声不绝于耳，树则供应木柴让主人取暖，使他免于严冬受刺骨寒风
的侵袭。他买来幼苗并加以种植，并在温室内培育幼苗。他扩大屋子
周围的花圃和土地直达 3 平方英里，其中包括果树、葡萄园和各式各
样的花卉。所有这些建筑、植物和田园，及 30 个管理员，他都亲自
监督管理。与他进入代利斯时一样，他再度满足得不知老之将至。他
在写给杜德芳夫人的信上说："我的生命和健康是因为我的生活方式
而得来的。我敢说我很聪明，我真幸福。"

对住在大厦里的 30 余名仆人及客人，德尼斯夫人管理得不甚恰
当。她天性不错，但有点脾气，爱金钱甚于其他任何东西。她说她叔
叔吝啬，他则加以否认，无论如何他"慢慢地把财产的大部分都转让
给她"。在她孩提时代他就爱她，长大成人后他爱她如故，如今他很
高兴有她来当这大厦的女主人。她在他所编的戏剧中担任角色，而他
认为她的演技可以与克莱龙小姐媲美。这个赞美使她颇为自负，于是
她自己也写戏剧。伏尔泰力劝她不要把那些剧本公之于世。她对乡间
生活感到厌倦，渴望前往巴黎。为了取悦她，伏尔泰长期邀请并容忍
一连串的客人。她不喜欢他的秘书瓦吉尼，而喜欢亚当，他是伏尔泰
邀请到家里来作为下棋对手的一位老耶稣会员，一天，他经过仆人芭
芭拉身边时被伏尔泰吓了一大跳。一次，也许是因为她任拉阿尔普舍
弃了这位大师的一部原稿，而把伏尔泰激怒了，他将她遣往巴黎——

给她年金 2 万法郎。18 个月之后他后悔了，又恳求她回来。

费内成为那些有能力旅行并欣赏 18 世纪欧洲启蒙运动的人士朝圣的目的地。到这里来的有统治者如维滕贝格公爵、选帝侯巴拉丁伯爵，王公如查理亲王、黎塞留和维拉尔，名人贵族如福克斯，传记作家如伯尔尼与博斯韦尔，江湖客如卡萨诺瓦及上千的次要人士。不速之客来访时，他穷于应付地托词道："告诉他们，我生病。""告诉他们，我死了。"但是没有人肯相信。他在写给维莱特的信中曾说："老天！把我从朋友手中救出来吧，我倒愿意亲自照顾我的敌人。"

博斯韦尔来访时（1764 年 12 月 24 日），他在费内并未完全安定下来，此时他正勤于与卢梭叙晤。伏尔泰叫家人传话下去说他仍未起床，不可以打扰他。对于这位热心的苏格兰作家而言，这只不过是些微的失望而已，他固执地一直等到伏尔泰出来。他们做了极简短的谈话，然后伏尔泰即退回书房。第二天，博斯韦尔从日内瓦的一个小旅馆中写信给德尼斯夫人：

> 夫人，我必须请求你为我在伏尔泰面前求个情。我打算星期三或星期四再返费内。这个庄严之城的大门竟然在最……荒谬的时刻关闭了，以至于在这位著名的领主有时间接见客人以前，我们却不得不于餐后住在他处……
>
> 夫人，可否许我在伏尔泰大师府上借宿一宵？我是一个强壮而有力的苏格兰人。你让我住到最高最冷的阁楼上，我也不会拒绝，即使睡在你女仆卧室的两把椅子上也行。

伏尔泰吩咐他的侄女叫这位苏格兰人来，并告诉他已为他留了一张床。12 月 27 日他来了，伏尔泰一面下棋一面跟他讲话，他深为这位大师流利的英语与犀利的言词吸引，然后被"很有礼貌地留宿"在"一个豪华的房间里"。第二天，他设法要改变伏尔泰，使他接受正统的基督教。不久，伏尔泰觉得头昏脑涨而要求中止。一天后博斯韦尔与教士亚当谈起大师的宗教信仰，亚当告诉他说："我每天为伏尔泰先生祈祷……很遗憾他不是基督徒。他具有许多基督徒的美德。他有最美的灵魂。他慈悲、宽厚，但对基督教怀有极强烈的偏见。"

伏尔泰供给食物、智慧、机智和戏剧，以款待他的宾客。他在住家附近建了一座剧院。英国历史学家吉本于1763年见到时，形容它"很精巧，设计得很好，就坐落在他的小教堂旁边，而教堂比它逊色多了"。这位哲学家嘲笑卢梭和加尔文教派的传教士，他们责难他的舞台是魔鬼的演讲台。他不但训练德尼斯夫人，还训练他的仆人和客人，参加演出他自己及其他人编写的戏剧，他自己也在舞台上扮演主要的角色，职业演员也随时能为世界上最著名的作家演出。

访客们发现他的外表和他的谈话同样迷人。利涅亲王描述他裹着一件以花为图案的长袍，巨大的假发上戴一顶黑丝绒的小帽，上等棉制的外套长及双膝，红色马裤，灰长袜，白布鞋子。据说，他的眼睛"明亮而充满了热情"。他那位忠心耿耿的秘书还报道说，他的主人"常用纯净的凉水洗眼睛"，而且"从不用眼镜"，到了晚年，由于懒得刮胡子，他用钳子拔掉。瓦吉尼接着说："他酷嗜干净整齐，他本人就非常洁净。"他经常使用化妆品、香水和发油，他敏锐的嗅觉经不起怪味的侵扰。他"枯瘦得令人难以相信"，简直到了皮包骨的程度。伯尔尼博士于1770年拜访过他之后写道："很难想象在这样只有皮和骨构成的躯壳中能有生命存在……他以为我急着要想象……一个人死后行走的样子。"他自己说："没有死去实在很滑稽。"

他半生都病着。他的皮肤非常敏感。他常抱怨周身奇痒，也许是因为神经质，也许是过分的洁癖所致。他有时因小便淋沥——排尿慢且痛——而痛苦异常。他与卢梭经常意见相左，在这方面却同病相怜。他每天喝咖啡，据腓特烈二世说，一天喝50次。瓦吉尼则说一天喝3次。他嘲笑医生，说路易十五比他的40个医生还长寿，又说"有谁听说过有活到100岁的医生？"不过，他自己则使用许多种药。他同意莫里哀参加博士候选的论文中所说的任何重症的最佳救药为灌肠剂。他每星期以肉桂溶液或油滑的灌肠剂清肠 3 次。他认为最佳的药剂是预防疾病的药物，而最好的预防药物是清洗内部的器官和外部的皮肤。虽然他一大把年纪、多病，又有那么多访客，他仍以孱弱的身体尽力工作。瓦吉尼计算他的主人每天的睡眠"不过五六个小时"。他工作到深夜，有时还把亚当神父从睡梦中叫醒帮他查考一个希腊字。

他认为活动是冷静和保持健康的良剂，而户外的活动更好。伏尔泰确实亲自栽培自己的园圃，有时他亲手犁地或播种。杜德芳夫人在他的信中发觉他看到自己种的包心菜长大时而获得的喜悦。他希望他的子孙至少由他种植的数千株树而记得他。他开垦荒地和干涸的沼泽地。他设立了一个养马场，弄来了 10 匹牝马，兴高采烈地接受了德瓦耶侯爵所送的一匹种马。他写道："我的后宫已准备妥当，只缺苏丹王……近年来大家热烈地谈到人口问题，我希望至少我能以马来增加热克斯这块地的生物密度，因为我没有繁殖自己种族的荣幸。"他在写给生理学家海勒的信中说："在这世上我们能做的最好的事是耕种，其他的自然科学的实验，相形之下都是儿戏。向那些耕种田地的人们致敬，为那些糟蹋大地的人——官吏、军人或僧侣教士——感到悲哀！"

由于没有那么多土地让他附近的居民从事农耕，他在费内和图尔奈开设制表店和织袜厂——他种的桑树供给袜子所用的丝。他雇用所有向他求职的人，直到他拥有 800 个人为他工作。他为工人盖了 100 栋房子，以 4 分利贷款给他们，并协助他们寻求产品经销的市场。不久，君主们购买在费内制造的手表，而高贵的仕女们受了他书信的引诱，穿着他工厂出品的长袜，因为他宣称有些袜子是他亲手织成的。叶卡捷琳娜二世买了价值 3.9 万银币的费内手表，并答应替他在亚洲寻觅销路。3 年之内在费内所制的手表、时钟和珠宝定期输往荷兰、意大利、西班牙、葡萄牙、摩洛哥、阿尔及利亚、土耳其、俄国、中国和北美。在伏尔泰居住期间，费内由于新工业的发展，从一个仅有

40个农民的村落扩展为1200人口的地区。他在写给黎塞留的信上说："给我一个公平的机会，我就能建立一个城市。"天主教徒和异教徒在无宗教信仰者的土地上和平相处。

他和他的从属者之间的关系是那种"好好先生"（bon seigneur）式的。他本着良心，慈和有礼地对待他们所有的人。莱恩亲王说："他和农民们讲话，就像对待外国大使一样。"他免除他们的盐和烟税（1775年）。虽然徒劳无功，他继续为这个地方的全体农民争取免除农奴的身份。这个地区遭受饥荒的威胁时，他从锡雷进口小麦，而以低于成本很多的价格卖出。他从事反邪恶的战争时——反迷信、反蒙昧、反迫害——他花了许多时间从事实际的工作。他找借口不离开费内："我有800个人需要指导和养活……我不能离开而使一切陷于混乱。"他经营的成功使所有看到成果的人大感惊讶。对他批评最厉害的人士中的一位说："他判断清晰，而且很有见识。他管理的人也都热爱他。一次他路过时，人们把月桂树的叶子抛入他的马车里。"年轻人尤其喜欢他，因为他每个星期日开放大厦以供舞会和其他娱乐。他鼓励他们参加，并与他们同乐。加勒廷夫人曾说："他很快乐，一点都看不出已82岁。"他自觉年事已高，但非常满足。他写道："我已成为年老的族长。"

作家之王

同时，他继续写作各式各样的历史、论文、戏剧、故事、诗歌、短论、小册子、书信和评论，以惊人的数量呈现在迫切等着阅读他作品的国际人士面前。1768年他写了《拥有四十个皇冠的人》、《巴比伦公主》（La Princesse de Babylone，他的最佳故事之一）、《布瓦洛书札》（Epître à Boileau），及两部喜剧的歌剧剧本和一部悲剧。几乎每天都写一些"即兴诗"——简短、轻松、优美的讽刺短诗。在这方面他没有敌手，即使精美的《希腊诗集》（Greek Anthology）也比不上他的作品。

他还有许多有关宗教哲学的著作。我们且看一下他在费内时所写的剧本——《坦克雷德》（*Tancrède*）、《纳尼纳》（*Nanine*）、《一个苏格兰女人或自由之家》（*L'Écossaise*）、《瑟克瑞特》（*Socrate*）、《扫罗》（*Saul*）、《伊雷娜》（*Irène*）——这些是他最不活跃的作品，虽然当时它们是巴黎人的话题。《坦克雷德》一剧于 1759 年 9 月 3 日在法兰西剧院演出时获得普遍的赞赏，甚至伏尔泰的一位刻薄的敌人弗雷隆也表赞赏。扮演德博拉的克莱龙小姐和扮演坦克雷德的列肯在此剧中的演技达到登峰造极的境界。舞台上没有观众，场地变得很宽敞又有极为动人的舞台布置，中世纪和骑士的题材取自古典题材而受欢迎的一支。的确，这位布瓦洛的门徒于此写的是一个很浪漫的戏剧。《纳尼纳》一剧则显示出伏尔泰与狄德罗一样，也受到英国小说家理查森的影响。卢梭本人对此剧也表激赏。《瑟克瑞特》一剧含有一句名言："一无所有而生活得很好，那是理性的胜利。"

伏尔泰在当时被称为高乃依和拉辛的对手，他不断研究这两个人，很难判定他究竟更喜欢哪一个。最后他选择了拉辛。他大胆地将这两人排在索福克勒斯和欧里庇得斯之上，他评道："莫里哀，就其最佳作品而言，优于纯美而冷淡的泰伦提乌斯，也胜过小丑阿里斯托芬。"

他得知戏剧家高乃依的侄孙女玛丽·高乃依贫困地住在埃夫勒附近时，他感到很激动。他决定收养她，并供给她受教育；他获知她有很虔诚的宗教信仰时，他向她保证，她可以利用一切机会从事她的宗教信仰工作。她于 1760 年 12 月来找他。他收留了她，教她写美好的法文，矫正她的发音，并陪她一起去做弥撒。为了筹措她的嫁妆，他向法兰西学院建议授权让他编纂高乃依的作品，学院同意了。他于是即刻着手重读这位前辈的戏剧，并加入序言和注释。而且，由于他是一个成功的生意人，他发布这一出版计划的广告并请人捐款。路易十五、俄国伊丽莎白女皇、普鲁士腓特烈二世各捐助 200 册，蓬巴杜夫人和舒瓦瑟尔各 50 册，其他的捐助金则取自查斯特菲尔德和其他外国贵族。其结果造成了许多人来向玛丽·高乃依求婚。她结婚两次，于 1768 年成为夏洛特·科黛的母亲。

伏尔泰不仅是当时最伟大的诗人和戏剧家，也是最伟大的历史学家。1757 年，俄国伊丽莎白女皇请他写一部她父亲彼得大帝的传记。她邀请伏尔泰到圣彼得堡，并答应给他许多荣誉。他回答说他年纪太大无法跋涉这么遥远的旅程，不过，假如她的大臣舒瓦洛夫伯爵能提供有关彼得大帝的生平和这位沙皇改革政治新貌的文献资料，他愿意写这部传记。他年轻时曾在巴黎见过彼得（1716 年），认为他是一个伟大的人物，不过仍是一个蛮人。为了避免过分冒险谈论他的观点，他决定不写传记，而写那段值得纪念的统治时期的历史——一项远较传记更艰巨的工作。他从事相当的研究，从 1757 年到 1763 年一直为这个工作操劳，而于 1759 年至 1763 年出版，名之为《彼得大帝治下的俄国史》（*Histoire de la Russie sous Pierre le Grand*）。这真是当时令人赞赏的一举，一直到 19 世纪以前，此书是处理这个题材的最佳作品。但是，直率的米什莱（Michelet，法国历史学家）认为那是一部"令人生厌的书"。伊丽莎白女皇看了其中的一部分，为此作品赠送伏尔泰一些"大钻石"，但这些钻石于途中被窃，这位女皇则于此书完成前去世。

"七年战争"在他周遭激烈进行时，有时他又从事把他的《世界史》（*Histoire Générale*）或名为《各国风格与精神》（*Essai sur les Moeurs*）增补一段《路易十五阶段》（*Précis du Siècle de Louis XV*）文字的工作，以使其内容更接近时代。那实在是一个很微妙的举动，因为形式上他仍受法国政府的放逐。假如他谨慎地略过在位国王的缺点，我们应该原谅他。即使如此，那仍是一个很好的故事，简单明了。在记述君主爱德华（后来的查理王）的故事时，几乎力求胜过他自己以前所写的《查理十二史》（*Charles XII*）。在记叙人类心智的发展时，为了忠于他对历史的认知，他加入了一个结论——"论路易十五时代理解力的进步"（"On the Progress of the Understanding in the Age of

Louis XV"），而记下他认为的成长的标志：

> 整个秩序（耶稣会会员）被非宗教的力量革除，其他秩序的纪律被这种力量改革了，法官和主教之间（司法权）的划分，这一切显示出偏见已如何被驱散，有关政府的知识已达到什么程度，及我们的心智被启迪到什么地步。知识的种子是在最近这个世纪播种的；现在它们已在各地萌芽，即使在最边远的地区亦然……纯科学已开启了有用的艺术，而这些已开始治愈这个国家由于历经两次致命战争留下的创伤……对大自然的认识，及对一度被称为历史的古代奇谈的怀疑；正确的形而上学脱出了经院学派荒谬的樊笼：这些是这个时代的产品，人类的理性已有了很大的改观。

清偿了历史的债务后，伏尔泰又回到哲学及他与天主教会的论战。他以极快的速度出版了一连串我们前已看过的小书，这些反邪恶的书有如战争中的轻炮：《幼稚的哲学家》（*The Ignorant Philosopher*）、《关于博林布鲁克绅士的审视》（*Important Examination of Milord Bolingbroke*）等，在写作这些著作的过程中，他不断收到来自不同地方的数量惊人的书信。

意大利画家卡萨诺瓦于 1760 年拜访他时，伏尔泰让他看到那年为止收集的约 5 万封信件，此后收到的大概也有那么多。因为是由收信者付邮资，所以伏尔泰有时要为一天收到的信件付出 100 银币。成千的崇拜者，成千反对他的人，上百位年轻作家，上百位业余哲学家送给他礼物、花束、侮辱、咒骂、质问和手稿。性急的来信者附上回信信封要他立刻回答是否有神的存在，或提出人的灵魂是否不朽等问题，这种情形并不罕见。最后他在《信使报》登了一则警告："许多人抱怨对送到费内、图尔奈或代利斯的包裹没有收到收条，请注意，由于包裹太多，我不得不拒收那些与主人无缘相识者送来的包裹。"

在希奥多尔·柏斯特曼所编的定本中，伏尔泰的书信多达 98 卷。布吕内蒂埃认为那是"他整个作品中最生动的部分"。而事实上，在这么多书信中没有一页是枯燥无味的，因为，在这些信件里我们仍能听到当时最出色的健谈者，以朋友最亲切的口吻谈话。像他这样以一支流畅的笔含蕴的礼貌、活力、魅力和优雅的作家真是前无古人后无来者。他的信不只是机智和流利口才的荟萃，也是温暖的友谊、高尚的感情及敏锐思想的一种享受。与他相比，塞维涅夫人的书函虽然悦人，但似乎都是随便浅谈一些琐碎或暂时性的事情而已。在伏尔泰书信的华丽文体中无疑有某种目标存在，但他在写给达朗贝尔的信中似乎故意如此："我全力拥抱你，而非常遗憾的是我们竟相隔这么远。"（而达朗贝尔的回信中说："再见了，我亲爱又杰出的朋友，我亲切地拥抱你，而我较以前更成为你忠实的朋友。"）再听伏尔泰给杜德芳夫人的信："再见，夫人……在我追寻的所有真理中，最真确的似乎是你具有与我意气相投的心灵，而在我仅有的短促余生中我将会深爱它。"

他写给巴黎友人的信，收信者都极为珍视，而且字字珠玑似的被传阅。因为在书信中伏尔泰的文体达到了最完美的境界，他的历史著作中显示的文体并非是最好的，因为其中注重的不是口才或机智，而是平而流畅的叙述，他的戏剧则流于夸大的演说形式。但在书信中，他可以让他那生花妙笔发生隽永的光辉，或以无可比拟的精确和简洁说明一个话题。他以拜尔的学识加上丰特内尔的高雅，再润以帕斯卡的《省区书简》中具有的讽刺笔调。在他 70 年的写作生涯中难免自相矛盾，可是他从不含糊。我们很难相信他是一个哲学家，他是那么明快简捷。他常一针见血，直入思想核心。他尽量少使用形容词和明喻，以免使思绪变得复杂，而几乎每个句子都是一道见解。有时一篇文章有太多的见解，太多的机智；有时读者被这些见解之光照花了眼，而错过了伏尔泰敏锐的隽语。他知道这过于绚烂的光芒是一种缺点，就像长袍再镶上珠宝一样。他谦虚地承认说："法文在路易十四时代已达到最完美的境界。"

当时半数的贵族名士都是他的朋友——不只是所有的哲学家，法、英两国所有的主要作家，还有红衣主教、教皇、国王和女王。克里斯蒂安七世因没有在丹麦立刻施行伏尔泰所有的改革而向他道歉；波兰的斯坦尼斯拉斯·波尼亚托夫斯基因为在前往费内的途中被召登王位而觉得很难过；瑞典的古斯塔夫三世感谢伏尔泰能偶尔瞥见寒冷的北方，并为他祈祷"愿上帝使你长寿，你的生命对人类是如此珍贵"。腓特烈二世责备他对莫佩尔蒂的残酷及对国王的无礼，但一个月后他写道："愿这位在世上前无古人或可能后无来者的最恶毒、最吸引人的天才健康、成功。"而 1760 年 5 月 12 日，他又说：

> 就我而言，我将到那里（地狱）去告诉维吉尔说，有一个法国人在艺术上的成就超越了他。我也要这样告诉索福克勒斯和欧里庇得斯，说有一个法国人在戏剧上的成就超越了他们；告诉修昔底德，说一部法国的历史著作超越了他的历史作品；告诉昆图斯，说一个法国人所写的《查理十二史》胜过他写的《亚历山大大帝》。也许我会遭这些嫉妒的已逝作者投石攻击，因为一个人居然能集他们各人所有不同的杰出特长于一身。

1774 年 9 月 19 日，腓特烈二世继续他的赞美："你死后将没有人可以取代你，在法国，美好的文学将终结。"（当然，这个说法是错的，法国美好的文学没有终止的时候。）最后，1775 年 7 月 24 日，腓特烈二世的王权终屈居于伏尔泰笔杆之下："就我而言，能活在伏尔泰的时代就觉得欣慰，感到满足。"

叶卡捷琳娜二世写信给伏尔泰时的态度犹如一个君王对另一个君王——事实上，犹如学生写给老师。在登上俄国王座以前，她已欣赏他的作品 16 年了。然后，1763 年 10 月，她以第一人称答复他以韵文写给她的一名外交使节的信，由此开始，他们有书信往来。伏尔泰称她为"北方的塞米拉米斯"（Semiramis），很技巧地略过她的罪行，而成为她在法国的辩护者。她要求他不要这样赞美她，他却说得更多。她珍视他的偏袒，因为她知道主要是由于他——然后是由于格里姆和狄德罗——她才能在法国获得"舆论的好评"。法国的哲学竟成为俄国外交政策的工具。伏尔泰向叶卡捷琳娜推荐使用亚述式大镰刀的武装战车以抗拒土耳其人，她只得解释，不合作的土耳其人攻击时不肯靠近得让他们能很方便地用镰刀砍倒。他对叶卡捷琳娜的大军可能将希腊人从土耳其人手中解放显得热心，而忘了他最痛恨战争。他呼吁"法国、英国、意大利"支持这支新十字军。"塞米拉米斯"突然停止她的目标时，他感到非常悲伤。拜伦继续了他呼吁的工作。

许多法国人痛骂伏尔泰对皇室的轻浮，他们觉得他谄媚王室而加以赞美，无异贬损了自己。这种谄媚无疑也令他感到昏眩，但他也是在玩一种外交游戏。他从未奢望共和，他一再主张由"开明的君主"主持国政，比交权给易变、未受教育、迷信的群众能获得更多的进步。他与之争战的不是国家，而是天主教会，而在这场战争中，统治者的支持是难得的帮助。在他为卡拉斯和瑟温斯所做的胜利的战役中，我们可以看出这种支持是多么珍贵。在他争取宗教信仰自由的战役中有腓特烈和叶卡捷琳娜做后盾，那对他是非常重要的。他也没有放弃赢取路易十五的希望。他赢得了蓬巴杜夫人和舒瓦瑟尔，他向杜巴利夫人求爱。他使用策略一向不踌躇，而事实上，到了路易十五统治末期，他已获得法国政府半数的支持，宗教信仰自由一战已经获胜。

伏尔泰政治学

在政治学与经济学方面他希望有什么成就？他同时着眼于高处和低处。他的伟大目标是将人们从神学的神话和牧师的权力中解放出来——这是一件十分艰巨的工作。此外他只要求一些改革，而未冀求乌托邦的实现。他嘲笑"那些宰制世界的立法者……在他们的阁楼内向国王发号施令"。与几乎所有的哲学家一样，他反对革命。他可能已被革命震骇——可能就是断头台吓倒了他。[1] 此外，他富有得几乎让人反感，而他的财富无疑使他的观点染上了色彩。

1758 年，他计划在洛林投资 50 万法郎。1759 年 3 月 17 日，他写信给腓特烈二世："我从法国获取 6 万法郎的收入（年金）……我承认我很富有。"他的财富是从资本家朋友如巴黎兄弟处获得的"小费"、从在法国和洛林赢得的彩票、从分享他父亲的田产、从买政府债券、从分享商业上投机的红利及从放贷给私人所获的利息积聚而成的。对 6% 的利息他觉得很满足，不过想到其中所冒的风险和损失，这个利率并不算高。由于在加的斯的斯历特厂的破产，他曾损失了 1000 银币。1768 年，在提到伏尔泰借给黎塞留的 8 万法郎时，吉本说："公爵惨了，那保证毫无价值，他的钱是完了。"伏尔泰去世时，1/4 的贷款收回了。伏尔泰每年的养老金有 4000 法郎。1777 年，他的收入总计达 22.6 万法郎。他以同等的慷慨使他的财富增辉，但他觉得必须做得符合一个哲学家的身份：

> 我看到这么多文人贫穷而受歧视，因而我下决心不让他们的人数增加。在法国一个人若非铁砧即为铁锤，我就是铁砧。微薄的家产一天天变少，因为长时期下来每样东西都在涨价，而政府又常扣收入和钱财的税……你必须在年轻时节省，老年时你会意外地发现你拥有一笔财产，那就是我们最需要钱的时候。

早在 1736 年，在他的《俗世之人》（Le Mondain）一诗中他就承认："我爱奢侈、舒适的生活，一切享乐，一切艺术。"他认为有钱人对奢侈品的需求使他们的钱得以在工匠之间循环。同时，他怀疑如果

---

[1] 参阅罗伯斯庇尔（Robespierre）对《百科全书》编纂者的描述："只要是有关政治，这一派就在人权上画出界限……它的领导人物有时反对专制政治，却由专制君主供养；有时他们对国王论长论短，有时却对他们歌功颂德。他们还为朝臣写讲词，为娼妓写情歌。"

没有财富就不会有伟大的艺术产生。伏尔泰出版梅利耶（Meslier）无神论色彩的《我的圣约》时，他删除了反对财产的一节。他相信若没有所有权的刺激，任何经济制度都不可能成功："财产的影响使一个人的力气加倍。"他希望看到每个人都是财产的所有人，卢梭在波兰认可农奴制度时，伏尔泰写道："假如农民不是奴隶，则波兰有 3 倍于现在的人口和财富。"不过，他并不赞成农民变成富人。到那时，谁来充当国家强有力的军人呢？

他并不像卢梭一样对平等论异常热忱。他知道人生而不自由、不平等。他抨击爱尔维修的看法。爱尔维修认为假如给予每个人同样的教育和机会，不久所有的人就能有同等的教养和能力。"以为每个人都可以成为牛顿，那真是荒唐的想法！"任何时代都同时有强者与弱者、智者与平庸者，因此，也会有富者与贫者：

> 在我们这个悲惨的世界里，要让一个人生活在不分为两个阶级——一为发号施令的富人阶级，一为服从的贫穷阶级——的社会里，那是不可能的事……每个人都有权以认为自己与他人平等的想法自娱，但那并不意味着主教的厨子可以命令他的主人替他准备餐点。不过这个厨子可以说："我和我的主人一样是个人，我和他一样哭着来到这个世界，也将像他一样在挣扎中死去……我们具有同样的动物的本能。假如土耳其人占有了罗马，而我成为主教，我的主人成为厨子，那么我也会要他来服侍我。"这些话完全合理、公正。但是，在壮大的土耳其人未占领罗马之前，这个厨子就不得不尽他的责，否则人类社会只有灭亡。

生为公证人之子，而在晚年才成为领主的他，对贵族政治有着复杂的看法。很显然，他比较喜欢英国式的。他认为君主政体是一种自然的政体。"为何几乎全世界都是由帝王统治？……真实的答案是：因为人差不多都不值得拥有自治权。"他嘲笑国王们的神权，而追溯国王和国家征战的历史。"一个种族，为了侵略征伐，选出了一位领袖，而让自己服从他，他则统率这些族人。我相信这就是君主政体的由来。"那究竟是否自然？且看农家庭院的情形：

> 农家庭院的情形是君主政体最完美的代表。没有哪个国王能与公鸡相比。他雄赳赳、凶猛地在他那一群中行进时，并非由于虚荣。敌人来袭时，他并不以命令臣民出去为他争战而觉得满足……他亲自出马，身后统率大军，而奋战到最后一口气。假如他战胜，那么唱赞诗的就是他自己……假如蜜蜂真的是由一位女王来统治，她与所有的臣民做爱，这会是一个更完美的政体。

住过柏林，然后住在日内瓦，他可以在看到实例的情况下研究君主政体和民主政体。与其他的哲学家一样，他也因为有些帝王——腓特烈二世、彼得三世、叶卡捷琳娜二世，以及一些大臣——舒瓦瑟尔、阿兰达、塔努奇、庞巴尔，曾听取改革的请愿，或给哲学家们年金，而有了偏见。俄国的农民都很幼稚，民众大部分都没受过教育而又疲于思想时，倡导民治的法规似乎太荒谬。事实上，瑞典和荷兰的民主政治是寡头政治。喜爱古老神话和宗教仪式，像大军似的屹立在智力的自由与发展的道路上的是那些老百姓。只要一个力量就足以抗拒法国天主教会，因为它很成功地抗拒了英国、荷兰和德国的教派，那就是政府。只有借助现在的法国、德国和俄国的君主政府，哲学家们才有希望赢得反迷信、反偏颇、反迫害及幼稚神学的斗争。他们不能期望获得议院的支持，因为这些议院与教会争胜，其黑暗、检查制度和偏执甚于国王。另一方面，再看看航海家亨利为葡萄牙所做的，亨利四世为法国所做的，或彼得大帝为俄国所做的，或腓特烈二世为普鲁士所做的，"世界上几乎没有一件伟大的事不是由一个人的天才和决心与群众的偏见相对抗而成就的"。因此哲学家祈求有开明的国王，伏尔泰在《梅罗珀》(*Mérope*) 上写着："国王具有美德，这是上天最杰出的成就。"[1]

伏尔泰的政治学，部分是出于一种怀疑，认为许多人即使有受教育的机会，也无法加以消化吸收。他指的是"人类的思考部分，也就是十万分之一的那一部分"。他担心的是一般人心智的不成熟和情绪的过分激动，"老百姓有理性时，一切都失去了"。因此，一直到他达到较成熟的年龄，他都不太赞成民主政治。卡萨诺瓦问他："你愿看到人们拥有统治权吗？"他回答说："但愿上帝不要容许这事发生！""天禁之！"他又告诉腓特烈说，"我要求你主持恢复希腊的精美艺术时，我的请求并未要求你重建雅典的民主政治。我不喜欢暴民组成的政府。"他同意卢梭所说的："民主政治似乎只适用于小国家。"不过他又加上更多的限制："只适用于位置适中的国家……他们的自由是由所处的地理位置决定的，及那些采用这一政体而对邻国有利的国家。"他欣赏荷兰和瑞士的共和政体，不过对这两国他仍有疑惑：

> 如果你还记得荷兰人把德威特两兄弟的肉烤着吃，假如你……记得那个赞成共和的约翰·加尔文在倡导我们不应迫害任何人，甚至那些否认三位一体的人也不可加以迫害，却把一个对三位一体的看法与他不同的西班牙人用绿色（燃烧很慢的）木柴活活烧死。那么，依事实而言，你会获得结论，承认共和政体并不比君主政体更有德行。

在发表了这些反民主的论调后，我们发现他积极支持日内瓦的中产阶级反对贵族（1763年），又支持没有选举权的日内瓦居民反对贵族和中产阶级（1766年），现在且不谈这些事件。

---

[1] 关于这种"王权论"，米什莱有一段动人的记叙："那是哲学家和经济学家——像伏尔泰和杜尔哥之辈——的妄想，要完成这种革命，达成人类的幸福，想借着国王的力量。没有比看这两派争夺这个偶像更奇怪的事了。哲学家们把他拉到右边，教士们把他拉到左边。结果谁将获得他？女人。"

　　事实上，伏尔泰似乎随着年龄的增长而更加激进。1768 年，他出版了《拥有四十个皇冠的人》。第一年此书出了 10 版，但被巴黎的议院焚毁，出版商被送入监牢。这样严厉的处置并不是因为故事中对重农主义者滥予嘲讽，而是对农民因苛税而陷入赤贫的生动描写，及教士们依靠从农奴身上收聚财物而过着闲散而奢侈生活的描述。在他 1768 年的另一部小册《A 先生、B 先生和 C 先生》（*L'A，B，C*，伏尔泰极力否认是他的作品）中，他让"B 先生"说：

　　　　我可以很容易地适应民主政府……在同一块土地上拥有财物的每个人都有同样的权利维护那个地区的秩序。我愿看到自由人士在他们生活的环境中自己制定法律……我很高兴看到那些帮我建造房子的泥水匠、木匠和铁匠，我的农民邻居，我的朋友制造商，将使他们自己超越他们的行业，对大宗的利益了解得比最傲慢的土耳其官员还清楚。在民主政体下，劳动者或工匠都不需要担心干扰或轻蔑……自由、平等是人真实而自然的生活。所有其他的生活方式都是卑鄙的策略，是一个扮演主人、另一个扮演奴仆，一个扮演寄生者、另一个扮演生产者的恶劣喜剧。

　　1769 年或这年过后不久，在《哲学字典》的一个版本中，75 岁的伏尔泰对法国的虐政和弊端有严苛的描述，而相较之下对英国加以赞扬：

　　　　英国的法令事实上已达到所有人都获得天赋人权的绝佳地步，在几乎所有的君主制国家中，人民的权利都被剥夺了。这些权利是：人身和财产的全部自由，出版自由，所有的犯罪案件都能接受由自由人士组成的陪审团审判的权利，只依据严格的成文法而受审判的权利，每个人放弃只有国教的信徒才奉行的仪式时，都有公开宣称他选择的宗教而不受到妨害的权利。这些是……无价的特权……在躺下时，你可以确信起来时拥有的财物将会与躺下休息时一样，你不会在深夜时被迫离妻别子，被关进牢狱或遭放逐于沙漠客死他乡……你有权利公开发表你的思想……这些特权属于每位踏上英国领土的人……我们不得不相信没有根据这些原则而建立的国家将会有革命产生。

与许多观察家一样，他预见了法国的革命。1764 年 4 月 2 日，他写信给德肖夫兰侯爵：

我到处预见到那无法避免的革命的种子，不过我将没有荣幸目睹。法国人什么事都做得晚，不过他们终于还是做到了。启蒙运动已普遍展开，一有机会马上就会爆发；而那一爆发将非同小可。年轻人有幸了，他们将能看到大事件的发生。

然而，他想到因自己居住在波茨坦，而曾冒犯的国王如今宽容他住在法国，他看到蓬巴杜夫人、舒瓦瑟尔和杜尔哥已使法国政府朝向宗教信仰自由和政治改革的方向时，或许他渴望能获准回到巴黎，他常以更为爱国的语调和反对激烈革命的主张发表意见：

穷人感到极度穷困时，战争就跟着来临了。大众反抗罗马的议院，及在德国、英国和法国的农民的反叛，所有这些战争早晚都会因人民被征服而结束，因为大人物有钱，而在一国之内金钱是万能的。

由下层阶级引发的动乱，破坏之后不会有重建的能力出现，而头脑简单的多数人又将臣服于少数的聪明人，因此，伏尔泰愿为非暴力革命而工作，让启蒙思想从思想家传递到统治者，到传教士和法官，到商人和制造商，以迄工匠和农民。"领导者的内心，首先必须存有理性，然后理性渐渐下传，终而能治理人民。人民不知有理性的存在，但看到他们的统治者温和时，也学着模仿他们。"他认为唯一真正的解放是教育，唯一真正的自由是才智。"人愈有知识就愈自由。"唯一真正的革命是革面洗心的工作，而唯一真正的革命者是贤者与智者。

改革者

伏尔泰并未激发激进的政治革命，他从事的是法国社会内部温和的、零散的改革。而在这个范畴内，他比当时任何其他人的成就都要大。

他最根本的请求是法国法律的彻底修正，法国法律自 1670 年以来从未修正过。1765 年，他读了米兰的法律学家贝卡里亚（Beccaria）用意大利文所写的划时代的著作《罪与罚》（*Trattato dei Delittie delle Pene*），而贝卡里亚的思想受哲学家的影响。1766 年，伏尔泰出版了《罪行及罚则》（*Commentaire sur le Livre des Délits et des Peines*），坦白地接受贝卡里亚的指示。一直到 1777 年，他不断地抨击法国法律的不公正和野蛮，这时他年已 82 岁，他又出版了《人性公正的奖赏》（*Prix de la Justice l'Humanité*）。

首先，他要求教会组织附属于民法，要求检讨那些腐败的惩罚或强化宗教祭日的牧师的权力。他要求减轻亵渎圣物的处罚，并取消对自杀者侮辱身体、没收财物的法律。他坚持要区别"原罪"（sin）与"罪"（crime），并终止所谓犯罪的处分是为被冒犯的上帝复仇的观念：

> 任何教会的法律在未受到政府的认可以前，不发生效力……
> 与婚姻有关的一切事物只取决于法官，牧师只有祝福新夫妇的高
> 尚功能……贷款取利纯粹是民法事件……所有的教士，无论在

什么案件中，都应受到政府绝对的控制，因为他们是臣属于国家的……任何教士都不能借口一个国民是罪人，就夺取他所有的权利……法官、耕种者和教士对国家的开支同样都要负责。

他把法国的法律比喻成巴黎——零碎的建筑物、机会和环境的产品，矛盾组成的混乱状态。伏尔泰说，一个在法国的旅行者，每到一地面对不同的法律几乎就像他换驿马一样。各省的所有法律应统一，取得一致。每则法律都应清晰、明确，并尽量免除漏洞。法律之下人人都应平等。死刑的处分应因野蛮、无益而予以废除。对欺骗、窃盗、走私或纵火处以死刑确实太野蛮。假如窃盗不免于死刑的处分，则小偷将没有理由对谋杀有所顾忌，所以在意大利强盗常有行刺的行为。"假如你把一个偷了女主人一打餐巾的女仆在公众绞刑架上施以吊刑（如1772年在里昂发生的），她将不能为你的国民添增12个小孩……一打餐巾和一条人命不成比例。"没收死刑犯的财物，显然是国家对无辜者的抢劫。假如说伏尔泰有时是只从功利主义的立场提出争论，那是因为他知道，对于大部分立法者而言，这样的论点胜于任何人道主义者的要求。

但在谈到法庭的刑讯问题时，他却极富有人道主义者的精神。法国的法律允许法官在审判前施以刑讯以逼问口供，假如有线索指明疑犯有罪时。伏尔泰提出在所谓野蛮的俄国叶卡捷琳娜二世废除刑讯的敕令来羞辱法国。"法国人，被我认为是——不知为什么——非常仁慈的民族，对那极尽残暴、自我们手中夺走加拿大的英国，居然放弃使用刑讯感到非常惊讶。"

他控诉有些法官欺凌弱小，他们所作所为像是原告，而不似法官。显然，他们一直认为被告有罪，直到他们被证明无罪为止。他抗议被告在接受审判之前被关在污秽的牢里好几个月，有时还加上手铐脚镣。他发现一个人被控以较大的罪时则被禁止与任何人交谈，甚至不能与律师交谈。他一再提及对卡拉斯和瑟温斯的处置来说明对无辜者的草率定罪。他力辩只有两个人的作证，即使目睹，也不足以判定一个人谋杀的罪名。他引证一些伪证的案件，而极力主张废止死刑，以防万一处决了无辜者。在法国，死刑只要有两位法官通过即可成立。让·卡拉斯是在八对五的票数下被处死的。伏尔泰主张死刑的判决要大多数，最好是全体的同意。"以六比四，或五比三，或四比二，或三对一的比例来玩弄一个人的生与死，那是多么荒谬恐怖！"

从各个方面看来，伏尔泰倡议的改革是他中产阶级的传统，他对教令的怨恨，他作为商人和地主的经验和投资，及他人道主义者具有的诚挚情感的折中处理法。他的要求很适度，但在许多情况下都很有力。他为出版的自由力争，而在他死前已放宽了很多——即使那只是政府的宽容。他要求终止宗教迫害，而1787年法国确实停止了宗教迫害。他建议异教徒也应获准建立教堂，遗传或继承财产，并享受法律的完全保护。这几点在大革命前都做到了。他要求不同宗教信仰的男女的婚姻应被视为合法。他公开指责官职的买卖、必需品的上税、国内贸易的限制、农奴制和永代让渡的存在。他劝政府从教会接管遗嘱的处理和年轻人的教育问题，而在这些事情上，他说的话都有影响力。他率先倡导把观众逐下法兰西剧院的舞台，这一点在1759年办到了。他建议税应加诸各阶级人士，并依照他们财富的多寡征收，这一点《拿破仑法典》（*The Code Napoléon*）做到了（1807年）。政治斗士最大的成就是他们决定了到现在为止的法国法律程序，而这是由法律学家和哲学家促成的。

伏尔泰其人

对这位18世纪最为显赫惊人的人物，我们该如何加以归结论定呢？关于他的心智我们不必多说——本书已有很多记述表明了。他思想的敏锐与清晰，才智之高与丰富还没有人能比得上。他非常小心地为才智下定义：

　　所谓才智，有时是一种惊人的比较，有时则是一种精美的描述。也可能是舞文弄墨——你以某一含义使用一个字，而且知道对方（最初）会想成另一种意思。或者以巧妙的方式把不常联想在一起的想法并列在一起……那是找出两个不同者之间的关联或相同者之间的区别的一种艺术。那是把你想表达的意思说出一半，而将其余一半留待别人想象的艺术。如果我自己能有更多才智的话，我会说得更详尽些。

　　没有人会有更多才智了，或者如我们所说的，他拥有的才智太多。他的幽默感有时如脱缰之马，常常很粗俗，偶尔会流于滑稽。

　　他的感觉力、联想、比较的快捷使他没有取得和谐的余暇，而他思维的迅速使他不能总是对一个问题深入探讨到人力可能达到的深度。也许他早已把群众视为"愚民"。他知道限度，也有谦虚的时候。他告诉一位朋友说："你以为我能把自己的意思表达得够清楚，我就像小溪流一样——晶莹透彻，溪水清浅不深邃。"1766 年，他在写给友人的信中说：

　　12 岁以来，我就预言出许许多多我不具有天分的事物。我知道我的能力对数学不会有什么造诣。对音乐我没有什么喜好。相信一位老哲学家的想法，他愚蠢得……认为自己是一个很好的农夫，而不会自以为具有一切天分。

　　对一个处理这么多事务的人，你若要他在执笔以前用尽对每个问题可能采用的材料，那是很不公平的。他并非完全是学者。他是战士、是文人，他使文字成为行动的一种方式，成为变形的武器。然而从他藏书 6210 册的图书室，及书上所加的旁注、评论，我们可以得知他是多么迫切与用心地在研究这么多科目，而对政治、历史、哲学、神学和《圣经》的批评，他又是一位非常博学的学者。他的好奇与兴趣的范围非常广泛，而他思想之丰富与记忆力之强也是如此。他从不认为传统是理所当然，什么都必亲加研究分析。他有适度的怀疑，使他毫不犹豫地以常识去对抗荒谬的科学和众人所信的传奇。一位公正的学者称他为"亚里士多德以来，具有最多对宇宙各方面正确知识的思想家"。从来没有一个人能从这么多不同的领域中把这么多广泛的材料纳入文学并化为行动。

我们须把他描绘成一个情绪变化无常而且有想象力与能力的奇特混合体。他神经容易紧张，使他总是处于动态中。除非专心于文学著作他是静坐不了的。一位只有一边臀部的小姐问道："被黑人强盗抢劫多次，被割伤臀部……被剁成碎片，战之于长船上……或静坐着什么也不做，这两样哪一样比较不好？"他深沉地回答说："那是一个大问题。"伏尔泰有过快乐的时光，但他很少能体味到心身的平和。他不得不忙碌、活跃、买、卖、种植、写作、活动、朗吟。他对厌倦比对死亡还害怕，一次他感到厌烦时，把生命骂成"无聊或搅拌过的奶油"。

假如我们描述他的外貌而未注意他的眼睛，或叙说他的缺点和愚态而未提及他的美德和吸引人之处，我们会把他画成一个丑陋的人。他是一位中产阶级绅士，他觉得像他的拖债的债务人一样，他也可以有权利有头衔。他态度与言词的优雅不下于最高贵的君主，但对一个小数目他也会讨价还价，为了 14 堆（*Cord*，一堆相当于 128 立方英尺）木材，他连珠炮似的向布罗斯首相提出质问，并加以谩骂——这批货他坚持要当作礼物接受，而不以之为一宗买卖。他把钱看成安全保障的根本。德尼斯夫人毫不留口德地指责他的吝啬："嗜钱如命使你痛苦……内心里，你是最卑下的人，我将尽可能地隐藏你内心的邪恶。"但她说这话时（1754 年），她仰仗着他的腰包在巴黎过着穷极奢侈的生活，而与他共同生活的那些年里，她在费内也过着很豪华的生活。

在成为百万富翁前后，他以一种有时几近于阿谀的谄媚手段来培养他的社会与政治权力。在《红衣主教杜布瓦传略》中，他认为那一身恶习的人比黎塞留主教还伟大。他寻求获准进入法兰西学院的门路时，他向有影响力的托尔神父保证他生与死都希望服膺于神圣天主教会。他已出版的欺人之谈可以编成一本书。但有许多著作未经付印，有些则无法付印。他认为这样的做法在战争中并无不妥，他觉得和他与教会之间的"三十年战争"相比，"七年战争"只不过是国王们的游戏而已，而一个能将说实话的人下狱的政府，假如他说谎，也不能很正当地控告他。1764 年 9 月 19 日，在他与教会的战争最激烈时，他写信给达朗贝尔说："只要有最轻微的危险产生，请立即通知我，以便我以一向具有的坦诚率直在公众报刊上否认我的著作。"除了《亨利亚德》与有关丰特努瓦战役的诗外，他否认了几乎所有的作品。"将真理显示给子孙时需要勇气，显示给同时代的人则需要谨慎。这两个职责很难取得一致。"

不用说，他很自负，自负是发展的激素，是作者的秘诀。通常，伏尔泰抑制住自己的自负，他常常接受善意的建议和批评而修改作品。对那些不与他竞争的作家——马蒙泰尔、拉阿尔普、博马舍——他都不吝加以赞扬。但对和他竞争的人，他曾像小孩子似的嫉妒，就像他在"赞美克雷比永神父"中诡谲的批评。狄德罗认为他"对每座塑像都会嫉妒"。他的嫉妒心使他对卢梭嘲弄辱骂：他称卢梭为"钟表匠的孩子""背叛哲学的犹大""看到人就咬的疯狗""是第欧根尼的狗和埃拉西斯特拉图斯的狗偶然地结合生下的疯子"。他认为《新爱洛漪丝》一书的前半部是在妓院写的，后半部则是在疯人院写的。他预言《爱弥儿》一书一个月后就会被人遗忘。他觉得卢梭背弃法国的文明，尽管法国文明有错误和罪恶，他自己却视之为历史的醇酒。

神经过敏而骨瘦如柴的伏尔泰比卢梭还要敏感。人对痛苦的感觉总是比对欢乐的感觉敏锐，所以他能轻易接受赞扬，但对相反的批评"陷于失望"。他很少会聪明地约束自己的事，每一位反对者，不论其多么渺小，他都给予回复。休谟说他"从不原谅别人，也从不认为哪

个敌对者不值得予以理会"。对像杜德芳丹和弗雷隆之类固执的敌人，
他不停地、毫无节制地与他们奋战；他使用各种讽刺、讥笑和谩骂，
甚至狡猾地歪曲事实。他的怨恨震惊了老友，也树立了新敌。他说：
"我知道怎么恨，因为我知道怎么爱。""按照我的星座，（我）有些恶
毒的倾向。"所以，他能很成功地领导他的全体人员击败布罗斯的法
兰西学院候选资格（1770 年）。他以阿特格安（d'Artagnan）和拉伯
雷的混合口气对这件事加以概述：

> 至于微小的我，我作战到底——詹森派教徒，摩里纳派教徒
> （Molinists），弗雷隆，蓬皮格南（Pompignan）之辈，传教士，及
> 卢梭。我被刺一百下则反击以两百刀，我啊……美哉上帝！我认
> 为整个世界是一出笑剧，它有时会变成悲剧。在一日结束时一切
> 都一样，就是到死时也仍一样。

他之所以反对犹太人，是因为与少数人之间产生的怨恨转而怨恨
整个民族。他从那些怨毒的立场来解说犹太人的历史，他注意到其中
最细微的缺点，而很少加以怀疑。他认为："我看到基督徒诅咒犹太
人时，我觉得像是看到儿子在殴打父亲。"在《旧约》中他看到的除
了谋杀、淫荡、大屠杀的记录外，几乎就没有别的了。《旧约》中的
《箴言篇》在他看来似是"一些琐碎、卑贱、无条理的格言集，没有
味道，未经过选择，没有经过计划"。而《雅歌》在他看来是"可笑
的诗文"。然而，他赞扬犹太人自古以来不相信不朽，赞扬他们的禁
止变节和相互容忍。撒都该派信徒（Sadducees，犹太教一派）不相
信天使的存在，但未因异端而遭受迫害。

他的美德是否超过他的缺陷？是的，即使我们没把他的智慧与道
德品质放在天平上衡量。与他的小气相对的，我们该想到他的慷慨，
与他的爱钱如命相对的是他能欣然接受损失和与人共享所获的利益。
曾当过他多年秘书的科利尼应该知道他的缺点，我们且听他怎么说：

再没有比责备他贪婪更无稽了……在他家里从没有吝啬这回事。我不知还有哪个人能让仆人如此轻易地占用家产。对他的时间，他是一个小气鬼……对金钱他持着和对时间同样的原则：他说："为了能慷慨，必须要节俭。"

从他的信上我们可以看出，他所送的许多礼物通常都不具名，而且不只是给朋友和熟人，也送给他从未见过面的人。他允许书商从他的书获取利益。我们曾看到他帮助高乃依小姐。我们也将看到他帮助沃里科特小姐。他帮助过沃韦那格和马蒙泰尔。同样，他也帮过拉阿尔普。在成为法国最具影响力的批评家之前，拉阿尔普尝试当剧作家，但失败了。伏尔泰请求把政府给他的2000镑年金拨一半给拉阿尔普，而不让他知道谁是捐赠者。马蒙泰尔记述道："每个人都知道他如何善待所有具备写诗才能的年轻人。"

假如说伏尔泰身躯矮小，没有体力（让自己接受包利革上尉1722年的一击），他却有惊人的道德力量（攻击历史上最有权势的机构——罗马天主教会）。如果说他与人争论时刻薄激烈，可是对手寻求和解时，他也会很快地原谅——"他的怒气随着第一个恳求消逝。"对所有要求他付出感情的，他都慨然施予，而且忠于朋友。他与交往了24年的瓦吉尼分别时，"他哭得像一个小孩子"。至于他的性道德，与夏特莱夫人之间的关系在当时的标准之上，与他侄女之间则在标准以下。对性的不道德他能容忍，但对不公正、盲从、宗教迫害、虚伪、刑法的残忍愤恨不平。他给道德下的定义是"对人类行善"。其余的他嘲笑禁令，他以恬静而有节制的态度欣赏酒、女人和歌。在一则称为《巴巴贝克》（"Bababec"）的小故事中，他以特有的刻薄方法讽刺禁欲主义。奥姆尼问婆罗门他最后是否有机会抵达第十九重天：

婆罗门回答说："那要看你过的是怎样的生活。"
"我试着做个好国民、好丈夫、好父亲、好朋友。有时我把钱借给富人而不取利息，我施舍穷人，我与邻居和睦相处。"

"但是，"婆罗门问道，"你是否偶尔在臀部钉上钉子？"

"从来没有，可敬的教父。"

"那真遗憾，"婆罗门答道，"你是一定达不到第十九重天的。"

伏尔泰最高和最济人的美德是仁慈。他为卡拉斯和瑟温斯所做的努力，唤醒了欧洲人的良心。他指责战争为"大幻象"："战胜国从被征服者处得来的掠夺品中得不到好处，它要为一切付出代价，打胜仗和打败仗者遭受同样的苦难。"任何一方赢了即失去人性。他恳求那些有多种需求和身份各异的人们记住大家都是兄弟，他的这个恳求让深入非洲（探险）的人也感激地听从了。卢梭攻击那些倡导人类爱者，认为他们太博爱而忽略了邻居。对这项指控伏尔泰也没有屈从，所有认识他的人都记得他对周遭最卑下的人是何等慈蔼有礼。他尊重每个自我，由于知道自己的感受而知道每个自我的感受。他的好客让人吃惊，若弗兰夫人写道："我太感动了，你总是那么伟大又那么完美，你善待所有周遭的人，若可能，你对全人类也会如此。"他可能暴躁而易发脾气，但是，另一位访客写道："你想象不出他的内心有多么可爱。"

由于他帮助受迫害者的声名传遍欧洲，及他个人的慈善行为的报道遍及法国各地，伏尔泰的新形象在人们的心中树立起来了。他不再是反基督、反对穷人们信仰的斗士。他是卡拉斯的救主，是费内的好好先生，是成百的为无理的教条和不公平的法律而牺牲的人的维护者。加尔文教派的牧师们怀疑在最后审判时，他们的信心是否能抵得过这位不敬者的成就。有教养的人原谅他的不敬、他的争吵、他的自负，甚至他的怨毒。他们看着他由敌对产生出了慈善。他们认为他是法国文学界的泰斗，在世界学者中他是法国的荣耀。他回到巴黎并在那里逝世时，一般民众对他都加以赞扬。

第六章 | 浪漫派作家卢梭
（1756—1762）

隐庐（1756—1757）

卢梭和他的合法妻子泰蕾兹及岳母，于 1756 年 4 月 9 日迁入埃皮奈夫人的别墅。有一段时间他非常快乐，他欣赏鸟儿的歌唱与啁啾、树叶被风吹动的沙沙声和树叶的芳香，享受林间独自漫步的静谧。散步时他随身带着笔记本和笔，以捕捉稍纵即逝的灵感。

但他生就不是一个能享受清静的人。他的敏感使每件麻烦加倍地复杂，甚至制造出更多的麻烦。泰蕾兹是一个忠实的家庭主妇，但不是他心气相投的伴侣。他在《爱弥儿》一书中写道："一个有思想的人不应该娶一个不能与他共同思想的妻子。"可怜的泰蕾兹没有什么头脑，对文章更是一窍不通，她将身心全委之于他，她容忍他发脾气，也许还和颜悦色相对，她允许他和乌德托夫人之间近乎越轨的行为。而据我们所知，除了博斯韦尔报道的一段插曲外，她一直都很忠实。但这么单纯的妇人如何能应付激荡了半个大陆、心智范围这么广阔、变化这么多的一个人？我们且听卢梭本人说：

> 当我告诉读者……从看到她的第一刻开始，直到我现在下笔

为止，对她，我一丝爱意都没有，我从不曾希望拥有她……在她感到很满足的生理需求，在我只是性而已，而且绝非发自个人的意愿，读者不知将有如何想法？……我的第一个需求，最大、最强烈，也是最得不到满足的完全在我的内心：希望有一个近亲（精神上的），尽可能亲密。这种奇特的需求，是最亲密的肉体结合无法满足的，那需要两颗心灵的结合。

泰蕾兹可能有相对的抱怨，因为卢梭这时已停止履行夫妇之间的义务。1754 年，他曾向一位日内瓦的医生述说："我遭受最残忍的痛苦为时已久，由于无法治愈的闭尿症的侵扰，那是尿道阻塞引起的，通道阻塞以致连名医达朗的导管都伸不进去的程度。"他声称 1755 年以后就停止了与泰蕾兹之间的一切房事。他又说："直到那时我都很好，从那时起我变得很有品德，或至少热衷于德行。"

他的岳母勒维塞夫人与他们住在一起，使三角关系极为敏锐。他以抄写乐谱和出售作品的收入，尽力维持她们的生活。然而勒维塞夫人还有其他的女儿，她们需要嫁妆。格里姆、狄德罗和霍尔巴赫为卢梭的妻子和岳母筹措了一笔 400 镑的年金，并约定不让卢梭知道，以免伤害他的自尊（根据卢梭所说的）。勒维塞夫人把大部分的钱留给自己及其他的女儿，又以泰蕾兹的名义举债。泰蕾兹偿还债务，将年金的事保密很久，最后卢梭发现了，对他的朋友如此羞辱他，他大发雷霆。他们则力劝他在冬季来临之前搬离这处隐居之地，这更增加了他的愤怒。他们力争这个别墅不适于寒冷的天气，即使他的妻子受得了，他的岳母忍受得了吗？狄德罗在《私生子》一剧中写道："好人生活在团体中，只有坏人孤独地生活着。"卢梭认为这话是针对他说的，于是他们之间开始了一连串的争吵，而和解只不过是休战而已。卢梭认为格里姆和狄德罗是嫉妒他在森林中寻觅到的宁静，而试图把他诱回腐败的城市。在写给他的恩人埃皮奈夫人（当时在巴黎）的一封信中，他坦白而有见识地透露了他的个性：

　　我希望我的朋友是朋友而不是我的主人；劝告我但别试图左右我；对我的心意思想可以有所要求，但不能干涉我的自由。以友谊之名，人们干涉我的事情而并未让我知道他们的事，我认为这很特殊……他们迫切地需要为我做成千的事，令人感到厌烦。其中含有的恩惠的意味令人不耐。何况，任何人都能做得到……

　　作为一个隐士，我比其他的人更要敏感。假设我和一个住在群众当中的人吵架，对这件事他会略为介意，然后许许多多分心的事很快地就会让他忘了吵架的事。可是没有什么事会分我的心。辗转反侧，我整夜想着这件事；独自走着，我从日出想到日落。我的心没有喘息的时候，而一位朋友一天对我不好，会使我忍受几年的忧伤。作为一个病人，我有权享有一个病人因孱弱和情绪不佳所能得自朋友处的纵容……我穷，而我的穷困（对于我而言，似乎是如此）使我有权利思考……

　　因此，假如我愈来愈痛恨巴黎，你不必感到惊讶。除了你的信，我不要来自巴黎的任何东西。我也将不再在那里露面。假如你对这件事有意见，你可以畅所欲言，你有权表达你的看法。你的意见会受到善意的对待，却不能改变我的看法。

她的确畅所欲言地回复了他：“把这些琐屑的怨言留给那些没有思想、没有头脑的人去听吧！”同时，她经常探询他的健康和生活情形，替他购物，送他小礼物：

　　一天，天气冷得不得了，在打开一个包裹，检视数件我请她替我买的东西时，我发现了一件英国法兰绒制的小衬裙，她告诉我那是她穿过的，而要我改做背心。这种超乎友善的关切对于我而言显得如此亲切——仿佛她剥下自己的衣物来温暖我——我激动得不停地亲吻那张字条和那件裙子，我泪流满面。泰蕾兹认为我疯了。

在隐庐的第一年，他编纂了一部《音乐字典》（*Dictionnaire de Musique*），并用自己的话节录圣皮埃尔神父的 23 部论战争与和平、论教育、论政治改革的书。1756 年夏天，他收到不知是谁送来的伏尔泰谈地震的一首诗。这次地震于 1755 年 11 月 1 日万圣节发生在里斯本，有 1.5 万人丧生、1.5 万余人受伤。像世界上非基督徒一样，伏尔泰不解：为什么被认为慈悲的上帝，会选择一个全民皆为天主教徒的国家首都，施行这不分青红皂白的大屠杀，而且是在早上 9 时 40 分，所有虔诚的人们在教堂祷告时。以一种全然悲观的心境，伏尔泰描述生命与自然在善与恶之间不稳定到残忍的地步。《忏悔录》中的一段说明了卢梭对这首伟大诗篇所做的反应：

> 惊异于看到这位被名与利压倒（恕我直言）的可怜的人，声称生命悲惨，并认为一切都不对时，我有了一个似乎狂妄的念头，要让他看看他自己，并证明给他看，一切都是对的。伏尔泰，他看上去信仰上帝时，事实上除了魔鬼以外什么都没有信，因为就他来说，他那伪装的虔诚，其恶毒除非在邪恶中，他得不到快乐。这个说法出自一位享尽荣华富贵者的口中，其显著的荒谬性尤其可厌。他沉浸在幸福中，却以他自己全都免除了的灾难的恐怖和残忍的意象，来陷他的同胞于绝望的境地。我比他更有权利数计和衡量人生一切的邪恶，我公正无私地审视过这些邪恶后，可以向他证明，所有可能的邪恶没有一件该归属于上帝，而其来源与其说是在于自然，毋宁说是由于人类滥用他自己的能力。

因此，1756 年 8 月 18 日，卢梭寄给伏尔泰一篇长达 25 页的《天命》。开头是很漂亮的谢词：

> 先生，我在独居时收到你最近的一首诗。虽然我的朋友们知

道我喜爱你的作品，而我认为除了你本人，没有别人会送给我这本书。我觉得此书既有娱乐性又富教育性，并从中认识了大师的手笔……为了此书及你的著作，我决心立刻向你致谢。

他劝伏尔泰勿因人类的不幸而责备上帝。大部分邪恶是由我们自己的愚蠢和罪恶造成的：

> 要知道大自然并没有把2万栋六七层楼的房子聚集在一起，如果这个大城市的居民分散得均匀些，灾害可能会轻得多，也许就没事了。大家可以在第一次震动时就逃避，过后，我们可以看到他们在60英里外的地方仿佛什么事也没发生过似的那么快乐。

伏尔泰曾说过，极少人愿意在同样的情况中再生。卢梭回答说对那些欢乐过度、对生活感到厌倦、没有信仰的富人确是如此。或者是那些四体不勤、不健康、好沉思、不满足的文人也是如此。可是，像法国的中产阶级或瑞士的村人之类朴素的人，情形就不是这样了。那只因为滥用生命才使生活成问题。何况，部分的不善可能对整体有好处。个体的死亡才可能造成种族生命的复活。上帝是无所不在的，他并不特居于某处，它守住整体，而把特殊事件留给第二因或自然法则处置。夭折，像里斯本的儿童遭遇的，也许是恩泽。总之，上帝是否存在对这件事并不重要，因为对不当的痛苦，他会给予补偿。上帝存在的问题并不是理性所能解决的。信与不信，任我们自由选择。而对有启发性、能给我们慰藉的信仰为什么要拒绝呢？至于卢梭自己："这一辈子我已受够了，我不想有另一辈子。任何形而上学的论点都不会使我对慈悲的上帝和灵魂的不朽稍有怀疑。我觉得如此，我相信它，我需要它……至死我都维护这些信仰。"

这封信很和善地结束——卢梭表明他赞同伏尔泰对宗教信仰自由的主张，并告诉他："我愿意像你那样做基督徒，而不喜欢数世纪前索邦神学院的那种形式。"他请求伏尔泰以他诗文的笔力与优美来编写一部民众教义问答，灌输人们道德法则，为他们在混乱的时代中指点迷津。伏尔泰写了一封很有礼貌的谢函，并邀请卢梭到莱斯代利斯做客。他没有正式反驳卢梭的论点，但间接地在《康迪德》一书中给予了回复（1759 年）。

恋爱

1756 年底至 1757 年初，对于卢梭而言，是多事之冬。在那几个月中，有一段时间，他开始写作 18 世纪最著名的小说《新爱洛漪丝》。最初这部小说的构想是对友谊和爱情的研究：表姐妹朱莉娅和克莱两人都爱上了圣蒲雷克斯，但在他诱拐了朱莉娅后，克莱仍然是他们的忠实朋友。由于不好意思只写一个爱情故事，卢梭打算把这个小说提升成带有哲学意味的故事，让朱莉娅变得很虔诚，而和华尔莫共度典型的一夫一妻生活。华尔莫是一个屈服于伏尔泰和狄德罗的不可知论者。根据卢梭的《忏悔录》：

> 由《百科全书》引起的风暴……此时已达高潮。基督徒和哲学家两派彼此激怒到极点，像被惹火了的狼……而不是相互希望启发并说服对方而引导其同胞走入真理之途……由于生性反对党派精神，我曾向双方严正地谈到真理，可是他们都不听。我想到了另一个权宜之计，以我的单纯个性，它显得令人惊奇：这个方法是以消除他们的偏见，以减轻他们之间的仇恨，而让彼此看到对方那些值得大众敬重的美德。这个计划……其成功是可以预期的。它拉拢并联合了敌对的党派，除了抑制自己外别无目的……满意于……我的计划，我回到细节上……而构成了《新爱洛漪丝》的第一部和第二部。

每个晚上，在火炉边他念几页给泰蕾兹和勒维塞夫人听。由于泰蕾兹泪眼的鼓励，埃皮奈夫人回到离隐居处1英里外的别墅查沃尔特时，他把原稿呈献给她。她在回忆录中记述："我们抵达时……发现卢梭等着我们。他很平静，而且脾气好得不能再好。他带给我他着手所写的爱情故事的一部……他昨天又回到隐居处继续这一工作，他说这个工作构成他快乐的生活。"不久之后，她写信给格里姆：

> 晚餐后，我们读卢梭的原稿。我不知我是否怀有敌意，但我对这本书不满意。他写得非常好，但太复杂了，似乎缺乏真实感和温暖。故事中的人物没有说一句他们该说的话，总是作者在讲话。我不知道该如何处置它。我不想欺骗卢梭，又下不了决心使他难过。

不知什么原因，那个冬天卢梭倾全心力于朱莉娅。难道是因为他的生命中出现了真实的爱情故事？约1757年1月30日，他在巴黎见过的埃皮奈夫人的一位姻妹来拜访他。她叫伊丽莎白·索菲亚，曾嫁给乌德托伯爵，而后又离开了他，最近数年以来一直是兰伯特侯爵的情妇，这位伯爵一度是伏尔泰争取夏特莱夫人的对手。她的丈夫和情人都出征了。1756年夏，这位伯爵夫人租下了离卢梭隐居处约两英里半的艾伯尼别墅。兰伯特写信告诉她卢梭就住在她骑马可到的范围内，建议她不妨去拜访这位维护一切文明的著名作家以解寂寞。她乘马车去了，马车陷入泥沼后她继续步行前往，到达时她的衣鞋沾满了泥土。"她使这里充满了笑声，而我也开怀大笑。"泰蕾兹拿了衣服让她换，她就留下来用了一顿"乡村便餐"。她27岁，卢梭45岁。她的脸庞和身材都不出色，但她的亲切、温柔和愉快的精神使他严肃的生活开朗起来。第二天下午，她送了一封可爱的信给他，并以他在日内瓦遭返后的头衔称呼他：

亲爱的公民，我将你善意借给我的衣物送还。回来时我发现一条较好的路径，我禁不住要告诉你我发现时的喜悦，因为那样再见你就更容易了。很遗憾我只见到你那么短暂的时间……如果我能更自由一些并确信没打扰你，我会觉得好受些。再见，亲爱的公民，并请代我谢谢勒维塞夫人善意的款待。

几天后，兰伯特自前线回来；4月，他又奉召回营。不久后，这位活泼的伯爵夫人骑马到隐庐，穿着像男士。卢梭被这身装扮吓了一跳，但很快就认出裹在衣服里的可爱女人。他把泰蕾兹留在家里做家务，便和这位客人走进了树林。乌德托夫人告诉他，她是如何地热爱着兰伯特。5月，卢梭去回访，她告诉他，她"只有一个人在家"，这一段时期，卢梭经常前往艾伯尼。他说："我经常到艾伯尼去，有时我睡在那里……那三个月里，我几乎每天见她……我在乌德托夫人身上看到了我的朱莉娅，而不久我却除了乌德托夫人（朱莉娅的化身）之外什么也看不见，但她具有我内心崇拜的偶像的一切优点。"

有一段时间，他陷入了"精神狂乱"，停止了小说的写作。他写好情书，小心地藏置于艾伯尼的树上以便她能找到。他告诉她，他正在恋爱，而没说明对象是谁，当然她知道是谁。她责备他，并声明她身心皆属于兰伯特，不过她允许他继续来访，继续表达他热切的关注之情。终究，女人只有被爱时才真正存在着，而有两个人爱她时更是如此。"最亲密的友情所能允许的，她概不拒绝，然而她不允许我做任何使她不忠的事。"他提起他们时有的长谈："在一起度过的四个月里，我们亲密的程度是异性朋友之间毫无前例的，但我们又没有逾越限度的不轨行为。"在他对这段男女关系的叙述中，我们发现了最活跃的浪漫主义，他的小说中没有情节能比得上这种出神入迷：

> 我俩都陶醉在热情中——她为她的情人，我则为我。我们的叹息夹着甜蜜的眼泪……在这种甜蜜的兴奋中，她没有一刻忘

记自己，而我郑重声明，我未曾失去理智而试图陷她于不忠，我没有真正想到要能够……自我牺牲的责任感提升了我的心……我可能会犯罪，我的内心里曾无数次动了邪念。可是，要我玷辱我的索菲亚的名誉！啊，这怎么可能？不！我告诉过她几百次那是不可能的……我太爱她，因而不能占有她……这是一位性情最易激动的男人唯一的享乐，不过，也许是上帝所创的最胆小的生灵之一。

埃皮奈夫人发觉她的"情人"现在很少来看她，不久就知道他是去找她的姻妹。她的心受到伤害。6月，她写信给格里姆说："一位哲学家在你最没料想到时离开了你，那到底是一件很难堪的事。"一天，在艾伯尼，卢梭发现索菲亚在哭。有人把她的轻浮行为告诉了兰伯特，她这样告诉卢梭："有人说了我的坏话。他待我很好，但他被激怒了……我恐怕你的鲁莽会毁了我日后的安宁。"他们一致认为一定是埃皮奈夫人把秘密告诉了兰伯特，因为"我们俩都知道她和他有书信往来"。或者是她告诉了格里姆，而他有时会见兰伯特。根据卢梭的说法，埃皮奈夫人试图从泰蕾兹那里获取乌德托夫人给他的信。卢梭在给他这位女房东（埃皮奈夫人）的一封措辞粗鲁的书信中，指责她出卖他：

　　那两位亲密结合并值得获取彼此爱情的情人索菲亚和兰伯特，对我都很亲切……我认为有人试图要挑拨离间他们，而利用我来激起其中一位的嫉妒。这个选择并不聪明，不过对达成这个恶毒的目的似乎很方便，而我怀疑你就是制造这种邪恶的罪魁……我最敬重的女士将负上挑拨两位情人的恶名，而我的名声也受到玷辱。假如我知道你稍存这种念头，不管是对她，还是对我自己，我至死都会恨你。但我指控你的是：你不但有这念头，还说出来了。

你知道在我能留待你身边的短时间内，我将如何补偿我的错失吗？我要做除我之外没有人会做的事：坦然地告诉你世人对你的看法，及你需要弥补的名誉上的破损。

不管是否无辜（我们不得而知），埃皮奈夫人对这些严厉的指责感到非常难过。她把这些告诉了她远方的情人格里姆。他回复说他曾警告她，让那阴沉而不可靠的卢梭住进"隐庐"，她会陷入"魔鬼似的困境"。她邀请卢梭到查沃尔特，以拥抱和眼泪欢迎他，他陪着她掉眼泪。我们不知道如何向他解释。他与她共餐，留宿在她家里，第二天早晨则友善地离去。

狄德罗把这件棘手的事弄得更复杂。他劝卢梭写信向兰伯特承认他对索菲亚很亲切，但向他保证她的贞节。（据狄德罗说）卢梭答应这样做。但乌德托夫人请求他不要写，让她以自己的方法自他的迷恋和她的荒唐造成的困境中解脱出来。兰伯特从前线回来时，狄德罗和他谈起这事，他以为卢梭已告诉过他了。卢梭责备狄德罗出卖了他，狄德罗责备卢梭欺骗他。只有兰伯特仍然很冷静。他和索菲亚一起来到"隐庐"，他"自己与我共进晚餐……待我很严厉但态度很友善"。除了卢梭高声朗读他给伏尔泰的长信时，兰伯特睡着而鼾声大作外，他并没有给予卢梭更糟的对待。不过，乌德托夫人断绝了与卢梭的任何聚会。由于她的要求，他将她写给他的信退还给她。但是，他要求退还他写给她的信时，她却说已把那些信烧掉了。他告诉我们："这一点，我表示怀疑……仍然怀疑。我写给她的信绝不会被扔进火里。爱洛漪丝写给阿贝拉尔的信被认为充满了热情。老天爷！我写的这些信，人们又将怎么说呢？"受创又感到羞愧，他躲进了他想象的世界。他恢复写作《新爱洛漪丝》，把他写信给乌德托夫人的热情注入书中。

格里姆从战场上回来时（1757年9月），卢梭又受到很大的屈辱："我几乎认不得这就是那位格里姆了，以前我只要看他一眼，他就觉

得是无上的光荣。"卢梭不了解格里姆对他的冷淡，他不知道格里姆
已晓得他写给埃皮奈夫人的侮辱信。格里姆几乎像卢梭一样以自我为
中心，但内心与性格正好相反——多疑、实际、耿直而无情。卢梭因
一封信丧失了两位朋友。

费尽心机

1757 年 10 月，埃皮奈夫人决定去日内瓦时，一个新的危机形成
了。这是卢梭的故事：

> 她告诉我说："朋友，我立刻动身前往日内瓦。我的胸部情
> 况很不好，我的健康受到很大的损害，所以我必须去看特龙金医
> 生。"对这样突然的决定，我感到异常惊讶，尤其是在严冬即将
> 开始的时候……我问她要和谁一起去。她说和她的儿子及（他的
> 家庭教师）利南，然后她漫不经心地说："亲爱的，你不一起去
> 吗？"我认为她说这话并不认真，因为她知道在这个季节里我几
> 乎很少能到我的房间去（也就是旅行于查沃尔特和"隐庐"之
> 间），我取笑说一个病人对另外一个病人会有什么作用。她自己
> 似乎也不是很认真地建议，因此事情就不了了之。

他有很好的理由不陪夫人去。他的病不允许他离去，而他又怎能
离开泰蕾兹？何况谣传说他的女房东怀孕了，而可能是怀着格里姆的
孩子。有一阵子卢梭相信人们的谣言，庆幸自己逃过了这种滑稽的处
境。这个可怜的女人说的是实话：她已遭受肺病的侵袭，她似乎诚心
地希望卢梭陪她，花她的钱，重游一次他以身为其公民而感到光荣的
城市，又何乐而不为？狄德罗知道她的感觉后，写信劝卢梭把她的要
求当真而答应她，即使只当回报她的恩惠。卢梭以当时他特具的文笔
回复说：

我发觉你这个意见并非出自你自己。除了以你的名义而被第三者或第四者牵着鼻子走而令我感到有些痛苦外，我发现在这个不重要的忠告中有着与你的正直不相称的狡诈手段。为我，也为了你自己，以后你最好别再这样做。

10月22日，他把狄德罗给他的信及他自己的回信带到查沃尔特，在格里姆和埃皮奈夫人面前，以"高而清晰的声音"读给他们听。25日，她前往巴黎，卢梭还愚笨地去向她告别。他告诉我们说："还好她是在早晨出发，我还有时间到艾伯尼去和她的姻妹一起进餐。"在29日（根据埃皮奈夫人的《回忆录》）他写信给格里姆说：

告诉我，格里姆，为什么我所有的朋友都说我应该去陪埃皮奈夫人？是我不对，还是他们都着魔了？……埃皮奈夫人搭乘漂亮的马车走了，由她的丈夫、她儿子的家庭教师和五六名仆人陪着……我能受得了马车的颠簸？我能希望在这么快的车上走完这么长的旅程而不出事吗？我能要它不断停车让我下去歇息，或束缚自己而加重我的痛苦和加速最后一刻的来临？……我诚挚的朋友们……（似乎）有意要烦死我。

10月30日，埃皮奈夫人离开巴黎前往日内瓦。11月5日（根据《回忆录》的记载），格里姆给卢梭回信：

我曾尽力避免明确地回答你写给我的那封可怕的辩白信。你迫使我这样做……我从未认为你应该陪埃皮奈夫人去日内瓦。即使你第一个行动提议要陪她，她也有责任拒绝你的提议，并提醒你，你的地位、你的健康及与你共同隐居的女人。那就是我的意见……

多年来我每天目睹这个女人给予你如许亲切和慷慨的友情，

你竟敢对我诉说你受到束缚。假如我能原谅你，那么我这种人就不值得拥有朋友。这一辈子我再也不要见到你了，如果我能从脑海里驱除所有关于你的记忆，我将会很快乐。我求你忘了我，不要再打扰我。

埃皮奈夫人从日内瓦写信给格里姆："由于我对待卢梭的态度，我受到共和国的感谢，也同样地因此收到制表业代表的致谢。此地的人都因此事非常敬重我。"特龙金警告她必须接受他的医疗照顾一年。她常去拜访伏尔泰在日内瓦与洛桑的家。略为耽搁之后，格里姆也去陪她，他们一起度过 8 个月快乐的时光。[1]

1757 年 11 月 23 日，卢梭（他告诉我们）写了一封信给她：

如果人可能因悲伤而死，我现在不该还活着……夫人，我们之间的友谊已经消逝，但那不复存在的友谊仍有其值得敬重的理由，我对之亦为珍视。我没有忘记你对我的好处，而对一个我不能再爱的女人具有的感激之情，其深厚是你所难以预料到的……

我希望离开"隐庐"，而我也应该那么做。我的友人认为我必须住到春天。既然我的朋友们希望如此，如果你能同意，我将待到那时再离开。

12 月初，狄德罗来看卢梭，发现卢梭由于朋友对待他的"暴虐"又气又伤心。狄德罗对此次造访经过的叙述，见于他 12 月 5 日写给格里姆的信中：

这人是个疯子，我见过他。对他残暴的行为，我以所有正义

---

[1] 他们于 1759 年 10 月回到巴黎，她在巴黎的家成为次要的沙龙之一。她有关教育的著作受到学院的嘉奖。

赋予的力量责备他。他生气地为自己辩护，那真令人难过……这
个人出现于我和我的著作之间，骚扰了我的心思。就仿佛我的身
旁有个被堕入地狱的灵魂……噢，那是何等的景象——一个邪恶
而残暴的人的景象！我不要再见他了。他使我以为自己置身于魔
鬼和地狱之间。

卢梭于 12 月 10 日收到埃皮奈夫人的回信。显然，格里姆已经告
诉她卢梭觉得在"隐庐"受"束缚"的事，因为她以不轻易有的刻薄
的语气回信：

> 几年来，尽可能对你表示各种友善之后，如今我所能做的，
> 只有怜悯你。你非常不幸……
>
> 既然你已决心离开"隐庐"，而且人家也劝你应该离去，我
> 很奇怪你的朋友们居然劝说你继续住下。至于我，我从不把自己
> 认为该做的事拿来请教朋友，对你的事我已经没什么好说的了。

12 月 15 日，虽然冬天已经来临，但卢梭带着泰蕾兹和所有东西
离开了隐庐。他把岳母送到巴黎和她其余的女儿一起住，但答应供给
她生活费。他搬到蒙莫朗西公爵的一处别墅，这是孔蒂亲王的一位经
纪人租给他的。在那里，他不理睬过去的朋友，而于 5 年内完成了那
个世纪最富影响力的三部书。

与哲学家的破裂

他的新居在他所谓的芒特·路易花园内：一间"单人房"面对
着草坪，花园深处有一座古塔，其中有"空气通畅的小亭"。有访客
时，他不得不在"狼藉的杯盘和破壶堆中"接待他们，他唯恐"腐烂
而即将陷落毁损的地板"在他的客人脚下塌下而战战兢兢。他不在乎

穷，他以抄写乐谱赚取足够的钱，他以成为一个能干的匠人而沾沾自喜，他不再是某个富婆的门客。好心的邻居送他礼物时，他觉得很生气，他觉得受的比给人的多，那是一种耻辱。孔蒂亲王两次送给他小母鸡，他告诉说第三次再送，他就要布弗莱伯爵夫人退还。

当时，我们应该注意到：多少贵族，他们帮助启蒙运动的先锋，并不是由于赞成他们的见解，而是对适时际会的天才寄予慷慨的同情。有时，这位自负的匠人浑然忘了自己的立场，炫耀他那些有地位的朋友。谈到他的职位，他说：

> 那个房屋的平顶是我的客厅，在那里我接待过卢森堡夫妇、维勒鲁瓦公爵、廷格里王公、阿孟提尔侯爵、蒙莫朗西公爵夫人、布弗莱女爵[1]、沃莱蒂诺瓦伯爵夫人、布弗莱伯爵夫人和其他有同等地位的人，他们……降尊纡贵来到芒特·路易。

卢梭的别墅不远处是卢森堡元帅夫妇的家。他抵达后不久，他们即邀请他去吃饭，他拒绝了。1758年夏，他们又邀请了一次，他再度拒绝。1759年复活节将至时，他们带着几位有地位的朋友到他的隐居处来表示抗议。他吓了一跳，卢森堡元帅夫人，即布弗莱，以迷惑太多男人而有名。但日子久了，人们已忘了她的罪过，她已成熟为有母性美的女人，不再只是性感迷人而已。不久，她即化解了卢梭的羞涩和冷漠，使他高谈阔论起来。访客们奇怪这么有才华的人居然过着如此穷困的生活。卢森堡元帅邀请卢梭和泰蕾兹去和他们一起住，等别墅修复后再回来，卢梭仍然坚持不去，最后他和泰蕾兹被说服暂时住在他们卢森堡的"小别墅"中。他们于1759年5月搬进去。有时，卢梭到卢森堡豪华的家中拜访他们，在那里，他爽快地答应读一

---

[1] 在18世纪的历史上出现的许多布弗莱中有下列诸人：后来成为卢森堡元帅夫人的杜切丝，斯坦尼斯拉斯的情妇马奎斯，休谟和赫瑞斯的友人布弗莱伯爵夫人。

些他完成的小说片段给他们及他们的客人听。数周后，他和泰蕾兹回到他们自己的别墅，不过，他继续拜访卢森堡家人。而他们在他心绪烦乱时，也一直对他很忠诚。格里姆责备卢梭"背弃了他的老朋友，而以一些身居高位者来取代我们"。事实上，是格里姆先拒绝卢梭的。在 1762 年 1 月 28 日一封给马勒泽布的信中，卢梭回答了那些指责他既责备又逢迎贵族的人：

> 先生，对支配别人的社会阶级，我极端厌恶。对出身名门的你，我可以毫不费事地接纳……我讨厌大人物，我讨厌他们的地位、他们的严苛、他们的偏见……他们的败德……就是在这样的心境上我被拖到蒙莫朗西卢森堡别墅。然后我见到了主人，他们喜爱我，而我呢？先生，我也喜爱他们，而且终我一生，都会喜爱他们……我要给他们，我不说我的生命，因为这份礼太微薄，我要给他们那曾触动我心灵的唯一荣誉——我期望得自后世的荣誉，而我一定能获得这种荣誉，因为这该属于我，而后世总是很公正的。

一位以前的朋友是他希望继续交往的——乌德托夫人。但兰伯特因为在巴黎人们把她的名字和卢梭连在一起的闲言闲语而责备她，于是，她求卢梭别再给她写信。卢梭想起曾告诉过狄德罗说自己喜爱乌德托夫人，如今他判定是狄德罗在沙龙里把这些事张扬出去的，所以，他说"我决定永远不和他来往"。

他选择了可能是最坏的时间和方法。1758 年 7 月 27 日，爱尔维修在《精神》上发表了一篇极有力的攻击天主教教士的文章。其造成的愤怒，使人们要求禁止《百科全书》（当时已出 7 册）和一切批评教会及国家的作品出版。第 7 册中有达朗贝尔论加尔文教的轻率文章，他赞美加尔文教士的秘密一神教教义，并为加尔文教请求允许设立一家剧院。1758 年 10 月，卢梭发表了一封致达朗贝尔的信。语气温和，却是反理性时代、反法国 18 世纪中期无宗教和不朽的宣战书。在序言中，他故意驳斥狄德罗，虽然没有提起他的名字，他写道："我有一个严厉而贤明的'阿里斯塔克斯'（Aristarchus）。现在没有了，我不再需要他，但是我将不断为他感到遗憾，而我的内心比我的著作更想念他。"他认定了狄德罗出卖他而讨好兰伯特，补充说：

> 假如你刺了朋友一剑，别失望，因为有补救还报的办法。如果由于你说了什么话而使他不高兴，别担心，因为你可能会与他和解。但是愤怒伤人的指责、透露秘密，及因出卖他而使他的心受到创伤，他的眼中没有了光彩，他将离你而去，永不回头。

这封信的译文长达 135 页，一部分是为在日内瓦公开宣扬的宗教辩解。就如在他的《爱弥儿》一书中不久显示出的，卢梭本人也信奉一神教——反对基督的圣权，但在申请日内瓦公民权时，他声称信仰所有的加尔文教条，在这封信中他维护正统的信仰，并相信神祇是大众道德不可或缺的助力。"对于大多数人来说，能以理性证明的只有与个人利害关系的计算。"因此，仅"自然的宗教"会比避免探究更易使道德败坏无遗。

但是，在卢梭的论述中，神学是一个次要的问题，他正面的攻击是针对达朗贝尔关于戏院在日内瓦合法化的建议。于此，他真正攻击的对象不是达朗贝尔而是伏尔泰。伏尔泰作为日内瓦居民的名声超过卢梭作为日内瓦公民的荣耀，伏尔泰敢在日内瓦及其附近上演戏剧，毫无疑问，是他促使达朗贝尔在《百科全书》上提出设立日内瓦戏院的请求。什么？把一种几乎在各地都强化了不道德的娱乐形式介绍到一个以清教道德闻名的城市里来？悲剧几乎全是描画罪恶。它们不能如亚里士多德认为的净化情感；它们煽动情感，尤其是性和暴力。喜剧很少表现健全的夫妇爱情；它们常嘲笑美德，甚至如莫里哀《对人类的厌恶》剧中表现的一样。全世界的人都知道演员们过的是目无法纪、放荡的生活。法国舞台上那些迷人的女演员大都是私生活糜烂的典型，崇拜她们的社会，则是腐败的中心和来源。也许在巴黎和伦敦之类的大城市里，这些舞台上的邪恶只影响到少数居民，但在日内瓦这样的小城市（人口仅2.4万人），这种毒害会渗透到每个阶层，而戏剧的演出会激起新奇的概念和派系的斗争。

这时，卢梭一直是附和清教徒或加尔文教对剧院的观点。1758年他在法国所说的即1579年戈森在英国所说的，也是1632年普林和1698年柯里尔所说的。但卢梭并未一味指责。他不是清教徒，他提倡由大众主持管理的舞会。他认为应该有大众的娱乐，但应该是社团性和健全的娱乐，如野餐、户外游戏、节庆、游行。于此，卢梭对日内瓦湖的赛船有很生动的描述。

他告诉我们说：这封信"非常成功"。巴黎开始对淫荡感到厌倦，人们已不再热衷于那些自成传统的非传统性而逸出正轨的事物。城市中充斥着娘娘腔的男人和渴望像男子汉的女人。对古典戏剧及其浮夸的形式，人们觉得已经受够了。人们已感觉到蓬巴杜夫人的将军和军队在抗拒腓特烈的斯巴达军队时表现得多么差劲。听哲学家高谈美德，那真是一种清新的经验。这封信的道德影响力将和卢梭其他的作品一起增长，而产生一种几乎革命性的回归，返回路易十六治下的端庄。

哲学家们没有预料到这一点。对卢梭的文告，他们只觉得那是叛逆的行为：他曾在他们处境最危险时攻击他们。1759年1月，政府终于禁止《百科全书》的出版和发售。卢梭指责巴黎的道德时，他的旧友们想起他追求乌德托夫人的事，指责他是一个伪君子。他指责舞台不当时，他们指出他曾为舞台写过《乡村法师》和《水仙花》两部剧本，而且常出入剧院。兰伯特对卢梭送给他的这封信的复本，写了下列一段严苛的回信（1758年10月10日）予以拒绝：

　　我无法接受你送给我的礼物……你也许有理由（以我所知与

事实完全相反）抱怨狄德罗，但是你没有权力因此公开侮辱他。你不是不知道他忍受的被迫害的实况……我禁不住要告诉你，先生，你的可恶的行为多么令人震惊……你我之间的原则差异太大，我们永远无法取得一致。忘了我的存在吧！……我希望忘了你这个人，除了你的天分外，我什么都不记取。

　　然而，埃皮奈夫人从日内瓦回来后，因卢梭转寄给她复本向他致谢，并邀请他吃饭。他赴约了，在那里最后一次见到兰伯特和乌德托夫人。

　　他收到一二十封来自日内瓦的赞美信。受到卢梭的立场的鼓励，日内瓦的法官们禁止伏尔泰在日内瓦境内上演任何戏剧。伏尔泰将他的戏剧行头搬到图尔奈，并把住处迁到费内。他感觉到被击败的创痛。他羞辱卢梭是一个逃亡者和变节者，并为一小群哲学家陷入自我毁灭的斗争而悲伤。他说："这个无耻的卢梭是同僚中的犹大。"卢梭在致日内瓦牧师莫尔顿的一封信中（1760年1月29日），予以反击：

　　　　你是说伏尔泰那个人？为什么那个小丑的名字玷污了你的信？那个可怜的家伙毁了我的家园（日内瓦）。如果不是轻视他，我会更恨他。在他的伟大的天赋中，我只看到了某种格外下贱的特性，由于他的加以使用而玷辱了他自己……日内瓦的公民们啊！由于你们供给了他避难所，他让你们付出好大的代价！

　　让卢梭感到难过的是，伏尔泰转往图尔奈制作戏剧，而日内瓦的许多人越过国境到法国去看戏剧演出——有些人甚至参加演出。他给伏尔泰谈到里斯本地震的那封信被刊登在柏林杂志上时（1760年），他的愤怒找到了宣战的理由，显然，那是由于伏尔泰粗心地把原稿借给一位朋友的缘故。现在（6月17日），卢梭写给伏尔泰一封这个动乱时代中最特殊的信。在责备伏尔泰未经许可出版他的信后，他接着说：

我不喜欢你，先生。对我，你的这位门徒和狂热者，你给予了莫大的伤害。你毁了日内瓦，作为你在那里补获庇护的报酬。你离间了我和我的同胞之间的感情，作为我在他们面前赞美你的报酬。是你使我无法忍受居住在我的国内，你迫使我死在异域，剥夺了一个垂死者的慰藉，你却在我的祖国获得一个人所能期望得到的所有的荣誉。总之，我恨你，因为你曾希望如此。但是我以仍能爱你的感情来恨你，如果你希望这个样子。在我内心具有对你的一切感情中，如今只余下对你的天才的崇拜和对你的作品的喜爱。如果我只尊重你的天赋，那并不是我的错。对那敬意应有的态度我也不会没有。

伏尔泰未予置理，但私下称卢梭为"骗子""疯子""小猴子""可怜的傻瓜"。在与达朗贝尔的书信来往中，显示出他和卢梭具有同等的敏感和热情：

> 我收到卢梭的一封长信。他已经完全疯了……在他自己写了一出拙劣的喜剧后，他攻击舞台，他攻击抚育他的法国，他从狄奥尼索斯的桶子找到了四五片腐烂的桶木，爬了进去而对着我们咆哮，他背弃了他的朋友。他写信给我——给我！——一个狂热者曾涂写的最侮辱人的信……假如他不是一个微不足道的可怜的小人物，满心虚荣，那就不会有什么大害；但是他在这封侮辱人的信上又加上与此地索齐尼派教徒的迂阔之徒共谋的恶名，以阻止我在图尔奈设立我自己的剧院，至少阻止人们在那里和我共同演出。假如他这种卑劣的手段，其用意是准备他自己能胜利地回到他出身的微贱地区，那是流氓的行为，而我也永远不会饶恕他。假如柏拉图那样玩弄我，我都会复仇。对狄奥尼索斯的卑躬屈膝者更是如此。《新爱洛漪丝》的作者只不过是一个邪恶的骗子而已。

在 18 世纪最著名的两位作家的这两封书信中，于一般认为当时流行的超个人思潮的背后，我们见到了彼此冲突之际，每次攻击显示的神经过敏及烦扰哲学家和圣人们内心的、一般凡夫俗子具有的虚荣心。

《新爱洛漪丝》

这本书是卢梭费了 3 年时间避开他的敌对者、朋友和世人而完成的。此书开始写作于 1756 年，1758 年 9 月完成后，被送到荷兰的出版商手中，于 1761 年 2 月问世，名为《新爱洛漪丝》。书信形式的小说已很陈旧，这样的决定也许是仿理查德森的《克拉丽莎》一书而来的。

故事似乎不可信，但很独特。朱莉娅是巴恩·伊坦吉的女儿，约 17 岁。她的母亲请来年轻而英俊的圣蒲雷克斯做她的家庭教师。正如任何真实的母亲所能预料到的，这位新阿贝拉尔与新爱洛漪丝堕入了情网。不久他就写情书给他的学生，这些情书立下了整个世界浪漫传奇的格调：

> 我们的手一接触我就会颤抖，我不知道怎么发生的，不过它们常常碰触。一觉得碰到你的手指我就发作，在这些情况下我全身发烧，或者说精神陷于狂乱，我的感觉力渐渐离我而去，而我这样不能自己时，我能说些什么？做些什么？躲到哪里去？我的行为如何解释？

他意欲离去，却让言语代替了行动：

> 那么，再见了，最最可爱的朱莉娅……明天我就将永远离你而去。但请相信我，我对你强烈而纯真的热情只有在我生命告终

时方会消失，我心中充满了如此圣洁的你，将不会接受第二个影像而贬损了自己，它未来的一切敬意将分属你和美德，而任何其他的情焰都不能玷污朱莉娅被尊崇的圣坛。

朱莉娅可能会嘲笑这种崇拜，但是她太女人化了，她不会自圣坛上派出这么可爱的从者。她要他慢些离去。无论如何，男女之间通电似的接触使她有着同样的激动。不久，她承认她也感受到了那种神秘的痛苦："我们见面的第一天我就吸入了毒液，如今毒液浸染了我的感官和理智。我立刻感觉到了，而你的眼睛，你的感情，你的话，你那支犯罪的笔，每天都在增加它的毒性。"虽然如此，他并未要求比吻更罪恶的其他事物："你将是贞洁的，或受鄙视；我将是很文雅，或又定下心来；那是我仅存的较死亡为好的希望。"圣蒲雷克斯应把兴奋和德行联系在一起，但是，他认为这需要神的帮助：

天神啊！……请赐我以能承受幸福的心灵！非凡的爱情！生存的勇气！啊，支持我吧，因为我即将因狂喜而沉沦下去了！……我怎能抵挡得了汹涌心头的幸福的狂流？如何能驱散一个畏怯、可爱的女孩子的忧虑？

——如此写了657页。在第91页的情节里，她吻了他。言语不足以表达："一分钟之后我变成什么样子，当我觉得——我的手发抖——一阵温和的震颤——你那柔软的香唇——我的朱莉娅的双唇——贴住了我的嘴唇，而我自己置身在她的怀抱中！比闪电还快，我的躯体突然发出一道火焰。"到了第24封信时他已勾引了她，或者说是她引诱他。他沉湎于狂喜的境界，而她认为一切都完了："不慎的一刻陷我于无穷的困境。我已坠入不名誉的深渊，再也无法回头。"

朱莉娅的母亲知道她失贞之后，忧伤而死。男爵发誓要杀掉圣蒲雷克斯，因此，他开始环航世界。懊悔之余她顺从父亲的意思，嫁给了华尔莫，一个出身贵族而年龄相当的俄罗斯人。暗地里，她继续和圣蒲雷克斯保持联络，对他的感情胜过对丈夫的忠诚。她惊奇于华尔莫虽是一个无神论者，却是一个好人，对她很忠实，并渴望得到她的抚慰，待所有的人公正而慷慨。在给圣蒲雷克斯的一封信中，朱莉娅明确告诉他，他们夫妇在和谐的婚姻中得到了满足，但她再也无法获得完美的快乐。她婚前的不轨行为给她烙下了深刻的印象。最后，她向丈夫坦白承认那次的过错。实际上，他早已知道此事，并决心永不提起。他告诉她，那一点不算罪过。为了证实她已获得宥恕，他邀请圣蒲雷克斯来与他们同住，做他们孩子的家庭教师。圣蒲雷克斯来了，后来事实证明他们三人一直到死神将他们分离为止，一直生活得非常和谐。丈夫令人难以置信地离家数日。朱莉娅和圣蒲雷克斯到日内瓦湖上泛舟，他们到萨伏依，他指给她看他在流亡期间写上她名字的岩石。他哭了，她握住了他颤抖的手，但他们清白地回到她的家里。

他们不理解华尔莫没有宗教信仰怎么会那么好。和朱莉娅一样，圣蒲雷克斯也是一个虔诚的新教徒，他解释了这种反常：

> 住在罗马天主教国家里，就他（华尔莫）在当地见到的对宗教的传道，他对基督教教义一直没有较好的看法。他看到他们的宗教只有助于教士们的利益，它包含的完全是滑稽的鬼脸和毫无意义的术语。他发觉有见识和正直的人们的看法都和他的一致，而他们也会毫不犹豫地这样讲，而且，牧师们自己也在私下嘲笑他们教诲告诫大众的道理。因此，他常确告我们说，在费了许多时间和精力寻求之后，他找不到三个真正信仰上帝的牧师。

在一则注脚上，卢梭说："我若同意这些严苛而轻率的主张，定遭天谴！"不管他们怎么说，由于敬重朱莉娅和他的邻居，华尔莫仍经常陪她参加基督教的礼拜仪式。朱莉娅和圣蒲雷克斯发觉他有一种

"最奇怪的荒谬"——一个"思想上像是无宗教信仰而行为像基督徒"的人。

　　他不应遭受那次最后的打击。朱莉娅因抢救自己溺水的儿子而染上热症去世，临死前托付华尔莫将一封开了封口的信转交圣蒲雷克斯，信中向圣蒲雷克斯声明他一直是她唯一所爱的人。我们可以理解第一印象的永恒性，可是对她丈夫长期的忠诚和信赖为何在临终前报以如此残忍的冷漠？作者赋予朱莉娅的高贵特性几乎前后矛盾。

　　尽管如此，她仍是现代小说中伟大的人物类型之一。虽然那也许是受了理查德森的《克拉丽莎》的暗示，却是卢梭自己的回忆激发的灵感。在阿讷西，卢梭牵马带领两个少女渡过溪水。在最初几年他受华伦夫人监护时留下对她的记忆。然后是乌德托夫人，她由于阻遏了他的欲望而使他感觉到爱情的泛滥。当然朱莉娅不是其中的任何一位妇女的化身，也许是卢梭所从未遇到过的女人，而只是他的梦寐糅合而成的理想。这一描绘，由于卢梭坚持令几乎所有角色的谈吐都像他自己被破坏了。随着母性程度的加深，朱莉娅变成了一位哲人，从家庭经济以迄与上帝的神秘结合，对每件事她都能侃侃而谈。她说："我们来探讨一下这个论点的可靠性。"但是，哪有可爱的女人会变得如此陈腐？

　　当然，圣蒲雷克斯更是卢梭的写照，对女人所有的魅力都很敏感，急欲拜倒在她们的石榴裙下，倾诉他在孤寂时重复的动人的热爱和热情的话。卢梭笔下的他，"总是带有几分疯癫，总是开始带点聪明"。和理查德森笔下率直的恶棍、登徒子拉维勒斯比较起来，圣蒲雷克斯是一个令人难以相信的自命不凡者。他也必须以卢梭的口吻讲话：他描叙巴黎为邪恶的大旋涡——巨富、赤贫、无能的政府、污浊的空气、靡靡之音、无聊的谈话、没用的哲学，及几乎完全崩溃的宗教、道德和婚姻；他重复在第一篇论文中所说的人类本来的善性和文明对腐败和堕落的影响。他还赞美朱莉娅和华尔莫喜欢克拉伦斯的那种恬静、健全的乡村生活。

在卢梭的画廊中，华尔莫是最原始的人物。谁是他的模特儿？也许是霍尔巴赫，这位"和蔼可亲的无神论者"、哲学家男爵、善良的唯物论者，一位妻子的忠诚的丈夫、妻妹的忠诚丈夫。也可能是达朗贝尔，这位倡导无神论，但原谅卢梭和他的情妇之间的不轨行为，而令卢梭感到震惊的人物。卢梭坦然承认他利用活人为典型和利用他本人的记忆：

> 我的心由于充满了我曾遭遇的事，而且仍受许多强烈情感的影响，而把它忍受的情绪加入了冥思激发的思维中……不知不觉间，我描述了我那时的处境，描绘了格里姆、埃皮奈夫人、乌德托夫人、达朗贝尔和我自己。

通过这些人物描绘，卢梭几乎说明了他全部的哲学。他描绘出幸福婚姻的理想状态，一个以高效率、公正而人道的方式治理的理想的农业社会，及自由和服从、约束和才智综合养育而成的理想子女的典型。他预为构思《爱弥儿》一书的论据，教育首先是使身体健康，然后性格训练成坚忍自制，这时才能施行教育和培养理智。朱莉娅说："使小孩子温驯的唯一方法，不是与他们理论，而是让他们了解他们还没有达到说理的年龄。"在青春期以前谈不上理性，不应有心智教育。故事转而谈论宗教。朱莉娅的信仰成为她赎罪的工具，她的婚礼采用的宗教仪式带给她净化和奉献的感觉。但遍及全书的是一种强烈的基督教信仰。圣蒲雷克斯嘲笑巴黎那些天主教士的伪善，华尔莫指责教士的独身生活是淫乱的掩护，卢梭也说："强迫为数如此多的罗马教士奉行独身生活，与其说是禁止他们拥有自己的女人，不如说是命令他们以别人的女人来满足他们自己。"文中卢梭的言论袒护宗教信仰自由，其义甚至延及无神论者："真正的信仰者既不是偏执者，也不是迫害者。假如我是法官，同时假如法律判定无神论者以死刑，我会以此死刑首先烧死任何前来告发的人。"

这部小说对唤醒欧洲人认识大自然的美与壮丽，具有划时代的影响。伏尔泰、狄德罗和达朗贝尔对哲学和乡村生活的热爱，尚未激发人们对壮观的山和多彩的天空的灵敏反应。卢梭得力于出生在欧洲风景最动人的地区。他从日内瓦走到萨伏依，越过阿尔卑斯山到都灵，从都灵进入法国，他欣赏了乡村的景致、声息和芳香，他觉得每个日出都代表神力胜过了邪恶和疑惑。他觉得他的情绪和大地及大气的变化情形有一种神秘的契合。他的爱的狂喜沾染了每一棵树、每一朵花和每一片叶子。他在阿尔卑斯山的半山腰上，发觉一股清纯之气似乎净化了他的思想。他把这些经验描述得如此富有感情而生动，以至爬山在欧洲，尤其是在瑞士，成为主要的运动之一。

在现代文学中，人的感情、热情及浪漫的爱情从未有过如此细腻而流畅的描述和维护。因为反抗布瓦洛以迄伏尔泰对理性的崇拜，卢梭宣称感情的重要，及在生命的阐释和教条的评价上，感情都有权占一席地位。在《新爱洛漪丝》一书中，浪漫主义运动向古典时代提出了挑战。当然，即使是在古典的全盛时期也有浪漫的时刻：于尔菲曾在《阿斯特雷》（1610—1627 年）一书中处理过田园式的爱情；斯屈代里在《阿塔梅纳》（1649—1653 年）一书中也展开了各式各样的恋情；拉法耶特夫人在《克莱芙王妃》（1678 年）一书中把爱情和死亡密切地结合在一起。在古典主义鼎盛时期，拉辛也在《菲德拉》（1677 年）一书中处理同样的题材。我们记得卢梭曾从他母亲那里获知许多古老的爱情故事，并和他的父亲共同欣赏过。至于阿尔卑斯山，海勒曾歌颂过它的壮丽（1729 年），而托马斯·詹姆士曾赞美过季节的美与惊人之处（1726—1730 年）。卢梭一定读过普雷沃的《曼侬·莱斯戈》（1731 年），而且（因为他不太懂英文）也一定很熟悉普雷沃翻译的理查森的《克拉丽莎》（1747—1748 年）。从那 2000 页（尚未完成）的诱惑情节中，他采取了书信体的叙述，认为那最适合于心理的分析。他为朱莉娅安排了一位密友克莱表姐，正如理查德森为克拉丽莎安排了霍甫小姐。卢梭很生气地发现就在此之后不久，狄德罗出版了一部《迷人的理查森颂》（*Éloge de Richardson*，1761 年），减损了朱莉娅的光芒。

在创作力和瑕疵方面，《新爱洛漪丝》与《克拉丽莎》旗鼓相当，但在文体上远比《克拉丽莎》好。两者都充满了未必会有的事，很有说教意味。但是在文体方面，连法国都赞叹法文可以如此富有色彩、热情、文雅而有韵律。卢梭不仅是倡导感情，他也具有感情。每件他接触的东西他都注入了感受和感情，虽然我们可能会笑他的痴狂，但我们被他散发的热情所温暖。对不合时宜的长篇大论，我们也许会感到生气，很快地看过去，却继续看下去，偶尔，给人强烈感觉的一幕恢复了故事的活力。卢梭把脑海里的概念用隽语写了出来。卢梭把眼睛看见的以感情加以组织编纂出来。他的语句并非自然形成的，他承认艺术家的热情吓走了睡眠时，他在床上重复考虑这些语句。康德说："我读卢梭的著作，必须读到他美丽的语句不再骚扰我，只有这时，我才能以理性来研究它。"

除哲学家外，每个人都认为《新爱洛漪丝》是一部成功的作品。格里姆称之为《克拉丽莎》"不成功的模仿"，并预言它不久即将被遗忘。伏尔泰抱怨说（1761 年 1 月 21 日）："求求你，别再提卢梭的爱情故事了。真遗憾我看过这本书，而如果我有时间述说我对这本蠢书的想法，他也会感到遗憾的。"一个月后，他在以笔名出版的《新爱洛漪丝篇》中叙述他的看法。他指出其中的文法错误，而且并未表示欣赏卢梭对自然的描绘——虽然他后来也模仿卢梭爬山欣赏日出。巴黎的人们熟悉伏尔泰的笔调，他们判断这位大师嫉妒了。

摒除了这些中伤，卢梭很高兴人们接受了他的第一部未经删改作品。米什莱认为："在文学史中，从来没有一个人如此成功过。"《新爱洛漪丝》一版再版，但印刷总是供不应求。店里人们大排长龙争购此书，热情的读者以一小时 12 个苏的价钱借来看，在白天得到书的人，到了晚上就租给别人看。卢梭很开心地叙说，一位小姐盛装准备参加在歌剧院的舞会，她吩咐备马车，同时拿起《新爱洛漪丝》来看，由于觉得有趣一直看到清晨 4 点，她的仆人和马则一直等候着出发。他认为他的胜利是女人在读到爱情故事时获得的快乐，但也有女人厌于当情妇，她们渴望作为人妻，而自己的孩子能有父亲。卢梭在蒙莫朗西收到数百封信，感谢他著作此书，许多妇女对他表示爱意，所以他在想象中下结论说："如果我尝试的话，没有哪个有生命力的女人我会得不到。"

　　像卢梭这样，通过圣蒲雷克斯和朱莉娅把自己完全表露出来，是很新奇的事，再也没有比一个人把心灵展露在大家面前更有趣的事了，即使那只是部分或下意识里做出来的。斯塔尔夫人说，于此"心灵上所有的遮拦全被扯开了"。如今内省性文学时期开始了，一长串的自我表白，以文字表达心思，"美丽的心灵"公然浸泡在悲剧里展开着。多愁善感、表露情感不但成为法国的风尚，也在英国和德国流行着。古典形态的约束、秩序、理性和形式开始衰退，哲学家的统治时期将尽。1760 年以后的 18 世纪是属于卢梭的。

第七章 | **哲学家卢梭**

社会契约论

卢梭在发表《新爱洛漪丝》的前两个月，即 1760 年 12 月 11 日，写信给勒尼普先生（M. Lenieps）说：

> 我已永远放弃写作的职业。著作中仍存有我们必须抵赎的原罪，放弃写作以后，人们将看不到我的著作了。我知道最快乐的人莫过于除了让知心朋友了解之外，成为默默无闻的人……此后，抄写乐曲将成为我唯一的职业。

1761 年 6 月 25 日，他又写道：

> 直到年届 40 岁，我才算聪明。38 岁时我从事写作，但在 50 岁之前我放弃了写作。我咒诅生命的每一天，那些愚蠢的、骄傲的、迫我写作的日子，及我的幸福、安静、健康等如烟云消逝而无从追回之时。

这是一种姿态吗？未必。诚然他于 1762 年出版了《社会契约论》与《爱弥儿》。但这些著作都于 1761 年完成，这些著作就是他所指的"著作中必须抵赎的原罪"。诚然后来他曾写信答复巴黎主教和日内瓦的宗教法庭，及应科西嘉与波兰之请起草这两国的宪法。不过，这些撰著都是应景文章，均由未能预见的事件而引起。至于《忏悔录》、《对话录》与《一个孤独散步者的遐思》都在死后才发表。主要是因为他固守着新的愿望，这也难怪 1761 年他已有精疲力竭与大限之期将至的感觉，因为在短短 5 年中，他完成了 3 部巨著，每一部著作都是思想史上的一件大事。

早在 1743 年，他还是法国驻威尼斯大使的秘书时，他观察到威尼斯的政府组织与日内瓦和法国有所不同，便已有从事政治制度实质探讨的计划。两篇论文就是从那种构想的热忱中所散发的火花，不过这两篇论文都是仓促成篇，图以夸大引起注目，因而这两篇论文对他思想的发展未能偿其夙愿。就在那时，他研究柏拉图、格劳秀斯、洛克与普芬多夫。他梦想的大著作尚未完成，卢梭并不具有井然的心思、忍耐的意志与平静的气质来写这本著作。他的确需要理智与灵感兼备，隐藏而非宣泄的热情，然而这种自我克制是卢梭做不到的。他宣布退出文坛就是承认失败。但是，1762 年他将他的计划最光辉的部分给了整个世界，即在阿姆斯特丹出版的 125 页厚的《社会契约论》或称《政治权利之原则》。

大家都知道卢梭以大胆的呼声，在《社会契约论》第一章写道："人生而自由，却处处都在桎梏中。"卢梭以生动的夸张作为他著作的开端，因为他知道逻辑是有力的"煽动引力"。他很正确地判断并提出如此尖锐的阐释，他这句口号成为百年来的标语。在他的论文里，他认为原始的"自然状态"并无法律存在。他指控目前的国家正在摧毁这项自由，同时他为目前的国家设想而提出建议："寻出一个结社组织，以共同的力量防卫与保护参与结社的每一分子的生命与财产，在那种情况下，每一分子报效团体时，他仍然可以服从自己，而且仍然如同以往享有自由……这就是社会契约论提供的解决的最基本的问题。"

卢梭说社会契约并不是被统治者对统治者的誓言（例如霍布斯在其著作《利维坦》中曾提出这种主张），而是每个人将其判断、权利及力量服从于社团整体的需要与判断的一项协议。每个人以接受团体法律保护时起，即默示他已签订该项契约。主权并不存在于任何统治者——个人的或集体的——而存在于社团的公共意志。而主权虽然可以部分或一时来代表，却永远不会被放弃。

但什么是"公共意志"？它是所有公民的意志或者仅是多数人的意志。它并不是全体意志，因为它可能与许多个人的意志冲突。它也并非永远是在某些特殊时刻内生存者（或投票者）的多数人的意志，它是具有生命与现实的社团的意志，加上其成员的生命与意志。（卢梭像中古的"现实主义者"，是属于集体性或一般理想，一项现实加上那些属于其特殊的成分。公共意志或"公共精神"，应该不仅属于目前正在生存的公民，而且属于那些已死或尚未出生的呼声。因此，其特征赋予其本身为不仅应指目前的意志，而且应指该社团过去的历史与未来的目标。它好像某一古老的家庭以世代相传自我期许，尊崇其祖先并保护其子孙后裔。因此，一位父亲，由于对于尚未出生的孙子负有义务，可统御目前尚存的儿子的欲望，而一位政治家可能自觉不仅必须思考竞选的措辞，而且应顾及许多后代的福利。）[1] 然而，"多数的投票恒常拘束其余"。谁可以投票呢？每位公民。谁是公民？很显然并不是指所有成年男性，卢梭在这一点上显得特别暧昧，但他赞扬达朗贝尔辨别"男人的四项定则……他们居住在我们的城市（日内瓦），其中只有两项包括公众，没有其他法国作家……已了解'公民'这个字眼的真正含义"。

卢梭说：就理想来说，法律应该是公共意志的表现。人生于世绝

---

[1] 括弧内的材料系属推论性的解释，在卢梭的原文中并未标明写出。

多性善，但他具有必须被控制而可能形成社会的天性。《社会契约论》
并未将"自然状态"理想化。有一段时间，卢梭说话像洛克或孟德斯
鸠，甚至像伏尔泰：

> 人们从自然状态到公民状态的过程中，产生了许多显著的
> 变化，在他的行为中，法律取代了他的本性，而且赋予他行动上
> 以前欠缺的道德……虽然在这个（公民）状态内，他自己剥夺了
> 曾经由自然界获取的某些利益，但是相对地，他的获得如此重
> 大——他的智能如此受到刺激与发展，他的理想如此扩展，及他
> 整个灵魂如此被提升，以致假如他对新条件的滥用并不常贬低于
> 他残留的那些条件，他必须不断祝福永远使他从公民状态得到快
> 乐的时刻，使他成为一个有理性的有机体与真正的一个人，而非
> 一个愚蠢、无想象力的动物。

因此卢梭（他以前发表的言论并不完全像哲学上的无政府主义）
现在完全站在维护法律神圣的一边，只要法律能表达公共意志。假
如，像日常发生的，一个人不同意规定于法律之内的公共意志，那么
国家有权强迫个人服从该法律，这并非侵犯自由，而是保护自由，甚
至对难以驾驭驯服的人也是如此。因为在公民状态中，仅通过法律的
途径，个人才有免于侵犯、窃盗、迫害、诽谤及其他数不清的恶意骚
扰的自由。因此，强制个人服从法律，事实上是社会"强制个人享有
自由"。这种情况在共和国尤其如此，因为"服从我们自己制定的法
律就是自由"。

政府是执行机关而公共意志可以暂时由其权力的某些部分代表。
国家不仅需要被考虑为政府，而且是政府、公民及公共意志的灵魂。
任何国家如由法律而非由独裁君主命令统治就是共和，在这一含义
下，甚至君主政体也可被认作共和国。但是，假如君主政体是绝对
的——例如国王制定并执行法律——那么就没有共和国或共和政治的

存在，仅有暴君统治奴隶而已。因此，卢梭拒绝应和那些赞扬腓特烈二世或叶卡捷琳娜二世为促进文明与改革而采取的"开明专制"的哲学家。他认为居住在极带或热带气候的人民，可能需要维持生命与秩序的绝对规则。但在温带的人民，贵族政治与民主政治的混合型则较为适宜。世袭的贵族政治是"所有政府形式中最坏的一种"，而"由选举组成的贵族政治"是最好形式的政府，最好的政府是指定期选出具有智慧与道德优越的少数人，来制定法律并领导政府。

由全民直接领导的民主政治，对于卢梭来说，似乎是不可能的：

> 假如我们将字义做严格的解释，那么根本就没有真正的民主政治，而且将来也不会有。多数人享有统治权，少数人却被统治，这是违背自然秩序的。人民必须一直继续集会，将他们的时间专注在公众的事物上，那是一件不可想象的事。而且，他们绝不可能为这一目的设立委员会，而不改变行政的形式，这一点也是极为明显的。

> 除此之外，这一形式的政府，很难具备的条件还有许多。首先，一个国家必须小到很容易召集人民开会，而且每个公民能够很容易地认识其他人。其次，方式上的简化，以便防止事务变为复杂与引起棘手的问题。接着，在阶级与财产的平等上采取大规模措施，否则权利与权威的平等就无法长期存在。最后，小气或者简朴，因为奢侈立即腐化了富人与穷人——富人聚敛，穷人贪婪……这就是像孟德斯鸠这样有名气的作家，一再强调品德就是共和国的基本原则的原因，否则所有这些条件就无法存在了……假如有神的子民存在，他们的政府势必属于民主政治，但那样完整的政府不是为人们而设的。

上述这段话引起了曲解。卢梭所指的民主一词的意义很难归入政治或历史范畴。例如，一个政府的所有法律应由全体人民在国民大会中制定。实际上，他喜好的"选举的贵族政治"，即我们所称的代议制民主政治——由大众选出被假定为有优越能力的官员主持政府。但是卢梭排斥代议制的民主政治，其理由是代表极易为自己的利益而非为公共利益立法："英国人民自认享有自由，但他们都大错特错。他们仅在选举国会议员期间享有自由，一旦议员当选，奴隶制度就控制了人民，人民也停止信赖议员了。"只有行政与司法机关可以以代议制行之，而立法机关不可以。所有法律必须由人民在国民大会中制定，而国民大会必须具有罢免其所选出的官员的权力。因此，理想的国家应该小到足以让所有的公民经常集会，"国家越大，自由越少"。

卢梭是社会主义者吗？他的第二篇论文几乎来自建立私有财产制文明的所有罪恶。甚至这篇论文认为制度一旦根深蒂固、深入社会结构后，除非发生骚动或悲惨的革命，否则无法铲除。《社会契约论》允许私有权，但隶属于社团的控制。社团必须拥有所有的基本权利，它可以为共同利益而扣押私有财产，而且它必须规定允许任何一个家庭可拥有财产的最高额。它可以处分财产的遗赠，但假如它认为财富有流于分裂性的集中的趋势时，它可以以遗产税重做分配以减少社会与经济的不平衡。"这是千真万确的，因为任何事情的力量，永远要摧毁立法永远要维护的平等。"《社会契约论》目的之一即"人们在力量或智慧上可能不平等，但在社会与法律权利上必须一律平等。"对付奢侈者应课以重税。"社会福利国家只有在所有人都有某些东西，而没有任何人掌握太多东西时，对于人类才有利可言。"卢梭从未将其本人投入集体主义的阵营，也从未想到"无产阶级的独裁"；他轻视城市中初期的无产阶级，而且同意伏尔泰的观点，指责这个阶级的人是"流氓"——暴民、卑贱之人。他的理想是一个富足、独立快活而具有品德的中产阶级，构成了他写的《新爱洛漪丝》中主人公华尔莫那样的家庭。普鲁东势必控诉卢梭把中产阶级捧上天的罪过。

宗教在国家中应居于何等地位？卢梭感到某些宗教对道德是不可或缺的，认为"没有一个国家不是靠宗教基础来建立的"：

假如聪明人试图以他们自己的说法而非以通常的说法，对一般群众说话，则不可能使一般群众理解……如果欲使幼稚的国民热衷的政治理论健全原则……那就要倒果为因：原由这些社会制度产生的社会精神，反而回过头来指导社会制度了，而人们在法律产生之前就应该如法律产生之后的那种样态。因此，立法者由于不能诉诸武力或理性，必须诉诸另一种特殊的权威，该权威具有不以暴力却能约束的能力……正因为如此，无论什么时代，国家的建立者都不得不借天行事，并以自己的智慧见解托之于神祇，以使人民服从国家的法律，如同服从自然的法则一样……而愿意服从国家的法律，并温驯地忍受公共福利的约束。

卢梭并不坚持这种宗教上古老的政治观点，但在《社会契约论》中，他把国家工具当作超自然的信仰，而且认为最好的牧师就是"天国警察"之类。但他反对罗马天主教教士担任这项职务，因为他们的教会主张高于国家，而这种分裂的力量，把公民对国家的效忠也分裂了。再者（他呼吁），基督徒假如把自己的神学认真考虑，集中注意力于身后事，而很少在这方面给予评价，到这种程度时，他将是一个可怜的公民。这样的一个基督徒如同一位冷漠的士兵，他可能为其本国作战，但仅在永久的压迫与督阵下始能为之。他不认为进行战争是为国家，因为他仅有一个祖国——教会。基督教文明传播苦役与温驯依赖的福音，因此，其精神对暴君颇为有利，以致暴君均乐与其合作——"真正的基督徒即被视为奴隶"。在这一点上，卢梭同意狄德罗的看法，比吉本更进一步，有时比反天主教的伏尔泰更为激烈。

然而，他觉得某些宗教是需要的，这是指某些由国家制定而对其人民可行使强制力的"国民宗教"。至于教义——

国民宗教的教条必须少、简单，文字力求准确，但用不着注解与评语。一位全能、睿智与仁慈的上帝存在，具有先见与天命。有所谓来生，正人得福、恶人遭殃，社会契约与法律的神圣不可侵犯。这些都是它实质性的内容。

因此，卢梭——至少因为政治的因素——主张信仰基督教的基本教义，而摒弃其过分和平与国际主义的伦理部分，这正与保存基督教伦理而摒除其神学部分的一般哲学程序相反。在他想象的国家中，他容许其他宗教存在，但仅以不违反政府命令为条件。他可以"容忍那些其他教义"的宗教，但"对胆敢说'在教堂之外根本就不能得救'的宗教，必须从国家中驱逐，除非国家就是教会，因此，君王就是主教"。否认国家宗教的条款是不允许的：

> 国家虽不能强迫任何人相信这些条款，却有权将他驱逐出境，不是因为他的不虔诚，而因为他是一个反社会的人，不能真正地爱惜法律与正义，及不能在必要时牺牲生命以尽义务。假如任何人公开宣称信奉这些教条，而行为与之违背，假如不信奉这些教条，则不妨处以死刑。

仅次于"人生而自由，却处处都在桎梏中"，上述这段话是《社会契约论》中最著名的名言。严格地说，任何人如不信仰上帝、天堂或地狱就应被处以死刑，如适用于当时的巴黎，巴黎的人口将锐减。卢梭喜作惊奇与绝对之言，这一喜好可能误导他言过其实。然而，他似乎重申了1555年奥格斯堡的决议——凡签字于该决议的君王，在其本国的领土可以放逐不接受该国信仰的任何人。严格说（例如在塞尔维特一案中），该法律给卢梭突如其来的残暴提供了一个先例。古代的雅典曾制定律法，否认公认的神等于犯了一项重罪，在放逐阿那克萨哥拉及毒死苏格拉底的案件中可看出来。罗马帝国迫害基督徒也类似被原谅了。而在卢梭的刑罚学内，1762年对他的逮捕令也可以被列为基督教仁慈的一项证明。

　　《社会契约论》是一本具有革命性的书吗？可以回答为是，也可以回答为否。在卢梭处处要求建立一个对公共意志负责的政府中，某些时刻的小心总使他冷静，正如他有时写道："除了在有最重大危险之际，没有人能弥补改变公共定则的危险；除了国家面临危急时，法律的神圣力量不应该被阻挡。"他谴责私有财产为几近无恶不作，但他呼吁一旦人类积习难改的腐化有所需要时，私有财产制还是要维持。他怀疑人类的天性，经过革命之后，是否会重新产生新名词下的古老制度与奴隶。"当过主人的人决不轻易让主人的权威停止……误信解除桎梏即能获得自由，只不过以他们的革命行动获得解放后，而将自己交到煽动者的手中，更加重他们的桎梏而已。"

　　虽然如此，他的看法在当时是最富有革命性的呼声。虽然他处处低估、不信赖广大群众，然而这里的呼吁是为大众而作的。他了解不平等是不可避免的，但他对不平等做了有力而生动的谴责。他模棱两可地宣布说：一个政府总是违反公共意志，就应该被推翻。伏尔泰、狄德罗及达朗贝尔正谄媚国王或王后时，卢梭正对现存的政府发起攻击，人们一定听到由西欧到东欧的一片抗议之声。哲学家正安于现状仅呼吁零星改革特殊病状之际，卢梭却在攻击整个经济、社会和政治秩序，而且以他那种彻底的个性，指出除革命别无他途可循。同时，他预言革命的来临："欧洲诸大王朝已不可能再图长久的存续。每个王朝都有其光辉灿烂的一段时期，但经过这段辉煌期后，无可避免地一定会衰败下去。危机已经来了，我们处于革命的边缘。"此外，他预言改革的深远影响："俄罗斯帝国将图霸欧洲，而她本身也会被征服。鞑靼人——他们的臣民或邻居——以我认为不可避免的革命，将成为俄国或我们的主人。"

　　《社会契约论》，只要我们彻底体认时，可以说是卢梭最具有革命性的著作；但比起《新爱洛漪丝》，其引起的反响少得太多了。法国已为情感的发泄和罗曼蒂克的爱情做好准备，但她尚未准备推翻君主政体。这是一本自卢梭写完以后一直引起争论的书，读起来并不如读伏尔泰的才情洋溢的作品那么容易。就以它日后风行一时的印象而论，我们很惊奇地察觉此书的声望与影响，是在法国大革命之后才开始的，而非在此之前。即使如此，我们发现达朗贝尔于 1762 年写信给伏尔泰时说："我们不应厉声反对卢梭或对他的作品大唱反调，因为他有几分像赫尔斯（Halles）的一位国王。"——他在巴黎中央市场粗鲁的工人心中，有至高无上的地位，而且，通常来说，在一般老百姓当中也如此。这种说法可能夸大其词，但我们可以把 1762 年划为他哲学的转折期——从攻击基督教变为批评国家。

很少有书像《社会契约论》引起这么多批评。伏尔泰在他的《社会契约论》抄本旁注了不少回答。因此，卢梭因强烈无信仰而导致死亡的方子就是："教条上所有的逼迫都是可憎的。"学者一再提醒我们，主权存在于人民这项呼吁不知有多古老：帕多瓦的马西利乌斯、奥坎的威廉，甚至天主教的神学家如贝拉米尔内、玛丽安娜及苏亚雷斯都有类似的呼吁。这种论调曾出现在乔治·布坎南、格劳秀斯、弥尔顿、阿尔杰农·西德尼、洛克、普芬道夫的言论中。《社会契约论》几乎如同卢梭的政治与道德哲学一般——一位市民想把日内瓦理想化，但因为距离太远而感觉不出其权力威胁所做的回声与反应。这本书是日内瓦的斯巴达，是加尔文的《要义》与柏拉图的《法律论》的混合物。

许许多多的批评已指出卢梭《论人类不平等的起源和基础》的个人主义与《社会契约论》的合法主义之间的论点并不一致。远在卢梭出生之前，费尔默在其 1642 年发表的《族长论》（*Patriarcha*）中，已提出了人生而自由，仅服从于其族长的权威以及社团的习惯法。卢梭本人，为维护自由而初作呼吁后，已渐渐由维护自由而倾向于维护秩序——个人倾向于服从公共意志。就思想观念而言，在他的著作中，我们可以发现他的性格与思想之间存在着许多矛盾。就气质、疾病及缺乏正式训练而论，卢梭是个人主义的叛徒。就以他对没有一个互助合作的社会能由无党无派的人士组成的缓慢体认而论，他是一位共有主义者（但绝非共产主义者，甚而也绝非集体主义者）。我们必须承认这样的发展模式：一个人的理想就是他的经验与岁月的一种结果。有思想的人，很自然地在年轻时变成一位个人主义者，爱好自由及善于把握理想；而在成熟时采取中庸之道，爱好秩序而尽可能地倾向和解。情感上，卢梭永远童心未泯，憎恶习俗、禁忌、法律。但思考时，他体认出在维持社会秩序必需的限制之内，自由仍然是可以存在的。而他的结论是：在一个社团内，自由并非祭品而是法律的产物——因对集体自加的限制的一般服从，它毋宁扩大，而非缩小。哲学上的无政府主义者与政治上的集权主义者同样能依他们的目的引用卢梭之言，但也同样的不当，因为他承认命令就是自由的第一条法律，而他所指的命令就是公共意志的表现。

卢梭否认其哲学上有任何矛盾之处："我所有的观念都是前后连贯的，但我无法立即详细叙述。"他承认他写的书"必须重写，但我既无体力也无时间来做"。他有体力时，迫害就夺走他的时间。而迫害停止时，时间是有了，但体力已被耗尽。在后来的几年，他变得怀疑自己的论点："那些自认完全彻底了解《社会契约论》的人都比我聪明。"在实践方面，他完全忽略了自己提出的原则，他被邀为波兰和科西嘉起草宪法时，他从未试图将《社会契约论》的理论应用于该项宪法。

爱弥儿

·教育

我们必能对一位在 15 个月中出版了《新爱洛漪丝》、《社会契约论》、《爱弥儿》（1762 年 5 月）的作者多加体谅。这三本著作都在荷兰首都阿姆斯特丹出版，但《爱弥儿》由于仁慈的马勒泽布的冒险奔走而取得政府许可，也得以在巴黎出版。阿姆斯特丹的出版商马克·米歇尔·雷伊也值得我们尊敬，从《新爱洛漪丝》这本书获得意外之财后，他决定给卢梭的妻子泰蕾兹 300 法郎的终身养老金。预见到《爱弥儿》一定比《社会契约论》（他付 1000 英镑买此书版权）更有销路，他为这一部新的较长的手稿，付给卢梭 600 法郎。

这本书部分的缘起，来自卢梭与埃皮奈夫人谈论她儿子的教育问题。最初以短篇论文的形式"为使一位具有思考能力的贤母欢心"。此人在实际生活中是杜潘夫人的女儿。卢梭考虑把它作为《新爱洛漪丝》的续篇——如何把朱莉娅的孩子们教养成人。有一段极短的时间，他怀疑，曾把亲生小孩送到弃儿养育院及曾在马布利家当家庭教师失败过的这么一个人，是否适宜谈论亲情与教育。但一如往常，他发现以未受经验的阻碍而让自己的想象力纵情奔放，总是一件愉快的事情。他研究蒙田的论文集、费内隆的《泰雷马克》（Télémaque）、罗兰的《条约研究》（Traitédes Études）及洛克的《教育思想论》。他的第一篇论文《论科学与艺术》反而成为自己的挑战者，因为该篇论文指出人性本善，因受文明——包括教育在内——的浸染而腐化。那份天生的善性是否能以正确的教育来保存与发展？在 1758 年出版的爱尔维修的《精神论》中，对这个问题曾做了肯定的答复，但他提供的是一个大纲，而非整体方案。

卢梭一开始即排斥通常以教鞭、疲劳与腐蚀观念企图塑造儿童成为腐化社会中唯命是从的自动机械，以及防止儿童为其本身做思考与判断，丑化儿童使其平庸及促使儿童成为陈腐无味与古典的标签等的现存教学方法。这类的学校教育将压抑禀赋的冲动，儿童则每视教育为畏途而欲逃避。教育应该是属于天性禀赋自然发展，属于能从自然与经验的学习中有所收获，属于自由发展个人能力成为完美与别具风格的人生的一个愉快的过程。教育必须是"训练人类的艺术"。良知引导成长中的体格晋入健康，性格晋入道德，心灵晋入智慧，情感晋入自治、合群与幸福之境。

卢梭可能需要一套由国家制定的教育制度，因为当时的教会操纵公共教育。他为私人教育开了一帖药方：请一位未婚的教师将其多年的生命奉献给学生并给予报酬。这位私人教师应让儿童尽可能地远离其父母和亲戚，否则儿童将被文化累积的罪恶感染。卢梭将自己幻化为被授予几乎无限权威的教师，教养一位名为"爱弥儿"的可塑性小孩，将其论说予以人性化。以450页的篇幅写成教育史上史无前例的一部书，这是非常难以置信的事，但卢梭把它完成了。哲学家康德偶尔读到《爱弥儿》时，沉迷以致忘了每日必行的散步。

　　假如自然是教师的指引者的话，那么在安全许可的范围内，教师应尽可能给予儿童自由。首先，他劝说保姆注意免让婴儿受襁褓拘束之苦，因为这将阻碍婴儿的发育与四肢适当的成长。其次，他请母亲亲自哺乳婴儿，勿将婴儿交给忙碌的保姆照料，因恐保姆求速与疏忽而伤及婴儿；而且母亲从婴儿哺乳一事必有所获，由于亲自照料，"爱"势必很自然地被输送给母亲，作为家庭安详的第一来源与家庭道德秩序的联系。在这里，卢梭曾写下对未来世代的年轻母亲具有惊人效果的几行字：

　　　　你愿意将所有的人恢复到他们原始的责任吗？——就从母亲开始吧。其结果会令你吃惊，每类坏事总是跟随在人类原罪之后……见不到自己儿女的母亲鲜能获得敬意，也无家庭生活可言。天性的联系并不能以习惯的那些行为来加强，父亲、母亲、兄弟及姐妹的情分也不存在了。他们几乎成为陌生人，每人只为自己着想。如何叫他们互爱呢？

　　　　但是，一旦母亲认为值得她养育子女，那将是一项道德上的重整，自然情感将在每个人的内心复活，国家也将不再缺少公民，这项首要步骤本身就恢复互爱。家庭的迷人之处正是罪恶最佳的解毒剂。我们认为难以容忍的儿童喧吵的游戏，将成为一项喜悦，母亲与父亲……彼此比以前更相爱。结婚的系带将比以前加强……因此，治疗这一项罪恶则需广泛的、全面的改革。自然界会重获她的权利。女人成为好母亲时，男人也将成为好丈夫、好父亲。

这几段著名的文字，使路易十五时代的最后 10 年，妇女们哺乳的方式上也有一些改变。布丰早在 10 年前也曾提出类似的呼吁，但法国妇女并未感受到这项呼吁。现在巴黎最美好的胸脯，已开始为哺乳做好了准备，如同往昔只为性感上的迷人一般。

卢梭将他学生的教育生涯分为三个时期：童年 12 年，少年 8 年，及准备结婚为人父、为经济和社会生活之需尚未决定的年纪。在第一阶段，教育几乎着重于体格与道德。书本与读书，甚至宗教，均有待于心理的发展。一直至他 12 岁，爱弥儿尚不知何为历史课，几乎未曾听到提及上帝。体格上的教育应列为第一。因此应安排爱弥儿在乡间受教养，因为唯有在乡间才能使生命健康与自然：

> 人们并非生就拥挤一堆成为蚁丘，而是散布于世界各地、耕耘于地球之上。他们越麇集在一起，就变得越腐化。疾病与犯罪是城市人口太麇集的必然结果……人类的呼吸对于其同类而言，即等于致命伤……人类已被城市吞噬。再过几代，人类将绝种或退化。人类需要更新，而且永远应从国家更新着手。让你们的小孩从其本身更新起，送他们到旷野，以恢复丧失在拥挤的城市和稀薄的空气中的活力。

鼓励孩童爱好自然与户外活动，养成朴素的习惯，以天然食物为生。有任何种类的食物比得上一个人在自己花园栽培的更使人愉快吗？素食最有益于身体，而且很少染上疾病：

> 儿童对肉食倒胃口，就是肉食有违自然的一个证据。他们偏食蔬菜、牛奶、面点、水果等。当心改变儿童这种天生的嗜好而使他们成为肉食者。关于此点，假如不是为了他们的健康，那么就是为了他们的性格。我们如何能解释大肉食者通常较其他人孔武有力与残暴的事实呢？

吃过干净的食物后，就要养成好习惯。我们应培养爱弥儿早起的习惯："我们看见太阳在仲夏升起，我们将看到它在圣诞节升起……我们并非懒惰的睡虫，我们享受冷天。"爱弥儿经常洗澡，而他长得强壮时就得降低水的温度，"最后冬夏均以冷水甚至冰水洗澡。为避免出乱子，这种变更是缓慢、渐进、不易看出来的"。他罕用任何头饰物，而且全年赤足，离开家与花园则例外。"儿童应习惯于冷而非热；太冷对他们并无任何伤害，假如他们能够及早暴露在冷天中。"鼓励儿童对自然喜好的活动。"他要到处跑跑时，不要强迫他一直坐着；他要安静时，也不要强迫他到处跑……让他跑、跳及让他的情绪随心所欲而大声喊。"尽可能勿让医生靠近他，让他由行动而非由书本甚至由传授的方式学到东西，让他自己做事。只给他材料与工具。聪明的教师将安排问题与工作，他会让他的学生从不小心打到自己的手指及戳到脚趾中获得教训。碰到严重的伤害时，老师会保护他，因教育而受苦则否。

自然是最佳的向导，不应朝着伤害这方面前进：

> 让我们先订下一条不必争论的规则，即自然界的主要刺激永远是对的。在人类内心并无原始的犯罪……请不要处罚你的学生，因为他不知犯过错的含义是什么。不要逼他说"原谅我"……他在行动上根本不知道道德是什么，他就不可能做任何违反道德的错误的事，因此，他就不应受到处罚，也可免去谴责……首先让他个性的根源得由自己表现。在任何事情上不必限制他，那么就可以更清楚地看到真正的他是什么。

然而，他需要道德教育，假如缺乏这项教育，他将变得危险与不幸。但不要对他说教。假如你要你的学生学到正义与仁慈，那么你本人就得先从正义与仁慈做起，而他一定会模仿你的。"实例！实例！不以举例来传授儿童任何事情，你永不会成功。"在这里你也可以发现一个自然的基础。人类本身具有善与恶（从社会观点而言）的禀赋，教育就是要鼓励从善而去恶。自爱是普遍的，但人类为保存其家庭与国家或其荣誉而迫他进入致命的毁灭时，自爱是可以被修正的。保存家庭与群体是社会的天性，正如每人欲保存其个人的自私的天性一般。同情可能来自自爱（正如我们敬爱养育与保护我们的父母时），但它能发扬光大为许多不同形式的社会行为与互助。因此，良心的某些形式是普遍与天生的：

> 请把你的目光投向世界上的每个国家，细读他们历史的每一卷。在所有这些信仰的残酷方式中，在这些五花八门的仪态与习惯中，你处处可以发现善与恶同样的基本观念……在我们内心的深处存在着天赋正义与品德的原则，不管我们的信条如何，我们以此原则来判断本身的行为或者他人的行为，到底是善或是恶。这一规则就是我们所谓的良心。

卢梭上述简要的见解，我们几乎可在康德的作品中逐字地发现其回音：

> 良心！良心！神圣的禀赋，发自天堂的不朽之声，的确是无知与能力有限的人类的指南针，但是聪明的与自由的、永远不会错的对善恶的判断力，使人类乐意接近上帝！人类天性的优越及其行动的道德观均存乎良心，离开了良心，我本人已无足使我胜过禽兽的任何所长——只不过是借不受拘束的智慧与无原则可循的理性之助，徘徊于错误之间。

因此，智育仅能在道德性格形成后为之。卢梭嘲笑洛克所谓以理性对待儿童的见解：

那些常以理性被带大的小孩，总使我感到他们格外的愚笨，就人类的天赋而论，理性……是最后也是最佳选择的成长——而你必须以此作为儿童的早期训练吗？使一个人具有理性，就是良好教育最后完成的工作，然而你主张由理性来训练儿童。你一开始就做错了。

绝不。我们必须宁可迟缓其智力教育，"尽可能让儿童保持精神（智力）上的闲散"。在 12 岁以前，假如儿童有意见，那么你很可能确信那些意见都是荒谬的。而切勿以科学来干扰他，这是一项无止境的追求。在追求中我们发现的每件事情，仅增加我们的无知和愚笨的骄傲。让你的儿童从生命的经验与自然界的产物学到东西，让他以天上的星星自娱而不必追寻星星的历史。

12 岁时，智育可以开始了，爱弥儿也可以读些书。他可以读《鲁滨孙漂流记》，从自然转向文学，因为该书是叙述一个人在荒岛上经过各种不同阶段生活的故事，而这些阶段正是人类从野蛮到文明的过程。但在 12 岁之际，爱弥儿不必读太多的书。他将不理睬沙龙与哲学。他将不受艺术的烦扰，因为唯一真正的美就存在于自然界。他绝不成为"音乐家、演员或作家"。假如一旦有所需要，他宁可将在某些行业中获得一技之长，以便依靠他的双手谋生（很多有一技之长的移民，30 年之后，正如伏尔泰所做的，将感遗憾而嘲笑卢梭的"木匠绅士"）。无论如何，爱弥儿（虽然他是一定财产的继承人）必须以手工或智力服务社会，而"无法赚取生活所需、好吃懒做的人就是贼"。

·宗教

最后，爱弥儿 18 岁时，我们应对他谈起有关神的事情：

我知道很多读者将会很惊奇地发现，我的学生早年的课程并未对他谈及宗教。15 岁时，他还不知道他有灵魂。18 岁时，他可能还没有准备研究灵魂……假如我不得不叙述最伤心的愚蠢，我必须描写一位腐儒教授儿童有关教义问答。假如我要迫使儿童发狂，我要求他能够解释他学到的教义问答……假如我们值得享有永生，毫无疑问我们将不可能放纵过一瞬的时间。但假如重复几个字就可以获得永生，我不了解为什么不在天堂安置八哥、喜鹊及儿童。

尽管这项呼吁已激怒了巴黎主教，卢梭仍将其哲学上最尖锐的矛瞄准当时的哲学家。我们看到生动描写伏尔泰或狄德罗之类的记叙：

> 我请教哲学家……我发现他们都有骄傲、武断与教条的脾性，甚至声称他们所谓的怀疑论知道任何事情。若无法证明任何事情，他们就互相嘲笑。这种嘲笑的特点……是使我感到他们唯一正确的一点。攻击上的自夸者，其实也是防卫上的弱者。衡量一下他们的辩论，全属于毁灭性的。比较一下他们的呼声，每个人都仅为自己说话……假如碰巧发现错误与真理之间有所不同时，他们人人都宁可喜好自己的谎言，而不喜好他人已发现的真理。为了本身的光彩而不欺骗整个世界的哲学家在哪里呢？

卢梭继续谴责不宽容之际，他与拜尔背道而驰，他排斥无神论，认为无神论较宗教狂热更具危险性。他对他的读者提供"信仰的表白"，以此他盼能转变霍尔巴赫、爱尔维修及狄德罗的无神论趋势，回到信仰上帝、自由意志与不朽。他记起了年轻时代认识的两位神父——盖姆和加捷。他把这两位神父安置到萨伏依的幻想中的教区，而且他应用这个乡村教区的宣传工具说出了回归宗教的充分理由（卢梭的观点如此）的感触与立论。

《萨伏依教区的副牧师》就是意大利阿尔卑斯山区小教区牧师的

写照。他私下对某些怀疑论者承认：他怀疑《先知篇》预言的神灵，《使徒篇》与圣人的神迹，及《福音书》的真实性。而且一如休谟，他问道："谁敢出来告诉我，成为一项可信靠的神迹，到底需要多少证人？"他排斥恳求的祈祷，我们的祈祷必须是对上帝荣耀的赞美歌，而且是顺从上帝意志的表词。天主教教条内的许多教条，对于他而言，似乎是属于迷信或神学的。然而他感觉到，只要不提及他的怀疑，而且能对所有的人（无论信徒与非信徒）实践仁慈与善行，及忠诚地从事罗马教会的宗教仪式，他必能对他的人民提供最佳的服务。品德是幸福的必备条件，信仰上帝、自由意志、天堂及地狱也是品德的必备条件。宗教，不管其罪行如何，已使男人与女人，比起他们没有宗教信仰时，更具有品德，至少，也可使残忍与卑鄙降至最低限度。这些宗教传播似是而非的教条，或者以仪式来使我们厌烦时，为了团体的缘故，我们必须使我们的怀疑归于沉寂。

甚至从哲学的观点而论，宗教本质上是正确的。卢梭提到的牧师，一开始就像笛卡儿一样说："我存在，因而由我受到的印象，我有许多感觉；这就是使我体会的第一真理，而我也被迫接受它。"他迅速处理贝克莱的作品："我有知觉的原因是在我本身之外的，因此他们影响我，不管我对他们是否有任何理由。他们被产生而摧毁那些独自属于我的部分……因此除了我自己之外，尚存有其他的实体。"第二步回答了休谟并启发了康德："我发现我有力量来比较我的知觉，因为天赋予我积极性力量来处理经验。"这种心的主体不能解释为物质的一种的形式，思维行为中并没有物质或机械过程中的符号。非物质的心的主体如何加诸行为于物质的实体是超越我们的理解的。但这是马上可以觉察到的一项事实，而且为了某些抽象的推理的原因，我们也不能否定它。哲学家必须学习承认某些事情可能是真的，即使他们不能了解它——而且尤其当它属于全部真理时，一个人最易马上觉察到。

第三步（牧师承认）仅是推理。我没有感觉到神，我觉察出正如在我自发的行为中存在着一种理性作为动作的原因，因此，在宇宙动作后就可能存在一项宇宙的理性。上帝是不可知的，但我感觉他是处处存在的。从我的眼睛的构造到星星的移动，我从许多例子中看到设计。我不仅不该再想着把有机活体中和世界系统中手段与目的的调节归因于偶然几率（虽然这经常以狄德罗的方式被大大增加），也不该将印刷《埃涅阿斯纪》时令人愉快的字母组合归因于意外的运气。

假如在宇宙奥秘后面有智慧之神存在，我们难以相信他会允许正义永远被击败。假如仅是为避免邪恶胜利的微弱信念，我必须深信有一位好的上帝，他保证善良终必胜利。因此，我必须信仰来世和报偿良好德行的天堂。虽然地狱的观念背叛我，但我宁可相信那些邪恶的人在他们内心中会遭受地狱般的痛苦。然而，假如为控制人类邪恶之念所需要的话，我甚至愿接受不好的教条，在那种情况下，我会祈求上帝不要使地狱的痛苦永远存在。因此炼狱的教条，作为处罚几乎是最反抗与无反悔的罪人的场所，比起永远受祝福与永远受惩二者择其一，是更具仁慈的。即使我们承认我们无法证实的天堂的存在，但若剥去人民在悲伤时获得安慰、在失败时撑得住的这个希望，将是何等的残忍啊！不信仰上帝与来世，道德观就会毁灭，生命也就毫无意义了，因为对于无神论者的哲学而言，生命就是由无数苦难到达可怕与永恒死亡的一个机械式的不幸历程。

因此，我们必须全部接受宗教是赐予人类的一项重要恩惠。我们也不必计较已使基督教分裂的各种不同教派，只要使人们的行为有所进步，希望有所维持。假如认为：我们自己以外的那些人，因为有他们自己的教规、神、神圣的雕像，"就该遭天谴"，这是荒谬与不适当的。"假如地球上只有一种宗教，而超出其界限之外，就应该被判为永远的处罚……那种宗教的上帝势必成为不公与残忍的暴君。"因此，爱弥儿将不被授以基督教的任何形式。"但我们将教导他选择的方法，使他能依其理性正确应用而择其适当的。"最好的方法是：继续信仰父母留给的或取自自己社团的宗教。而卢梭本人想象的牧师的忠告是："回到你自己的家乡，回到你祖先的宗教，内心虔诚地跟随它并永远勿抛弃它，它是最简单、最圣洁的。在宗教内没有比使道德观更纯洁，或者比它的教条更能满足我们的理性更重要的事了。"

1754 年，卢梭已期望这种忠告——他曾回到日内瓦并服从该地的教条。然而，他未曾履行在解决法国事务后，他将回来并定居在那里的诺言。10 年后，他在所写的《山间信简》（*Letters from the Mountain*）中，正如我们将看到的，他否定了他祖先最忠诚的信仰。在他最后的 10 年，我们将看到他劝告别人信仰宗教时，几乎未提及宗教信仰的任何心得或他日常生活的见证。清教徒、天主教徒、加尔文教徒与耶稣会信徒群起联合攻击他。他代人受苦的"信仰的表白"大部分已非基督徒的。他为爱弥儿建议的教育，使基督教的读者因其非宗教而震惊，因为他们怀疑，一位普通的青年不以宗教来教养，而且后来也不选择一种宗教，是否能成为一个道德的公民。除为了社会的方便，除了正式接受加尔文教义外，卢梭还抛弃了原罪与耶稣基督死亡赎罪角色的教条。他拒绝接受《旧约》中的圣道，并认为《新约》"充满了令人无法相信、违背理性的事"。但他爱好《福音书》，认为它是所有书籍中最动人与具有启发性的书：

> 人们能够马上写出一本如此富丽与如此雄伟的书吗？而其中叙述他的历史仅涉及一个人，这有可能吗？……他的行为是多么优美与纯洁，他的教训中含有多么感人的慈爱！他的话语何其高尚，他的说教何其深刻睿智，他的回答何其公正与清晰！何等人，何等圣哲能够在生活中、遭受痛苦时，甚至在死亡时，而无缺失与不夸张粉饰？假如苏格拉底的生死是一位哲学家的生死，那么耶稣基督的生死就是上帝的生死。

· 爱情与婚姻

卢梭以 50 页的篇幅结束了有关萨伏依的牧师的篇章而回到爱弥儿本题时，他面临了性与结婚的种种问题。

他应该告诉他的学生有关性方面的事情吗？不要等到学生提到性的问题，然后才告诉他实情。你只须坚持真理和健康，以便延迟有关性方面的觉醒。无论如何，不要刺激性方面的问题：

> 危险的年龄接近时，让年轻人认识那些可控制而非刺激的有关性的情况……将这些情况与大都市分离，因为那里有虚夸的服饰，女人的大胆正加速与期待自然的刺激，那里会给年轻人悦目的快乐，而他将一无所知，一直到他们有能力为自己选择的年龄时……假如他们的尝试是艺术，那么把他们放在乡镇，保护他们……避免危险的怠惰。小心为他们选择他们的同伴、他们的职业及他们的快乐；给他们看谦虚与感人的模样……培养他们感性而不激发他们的情感。

卢梭担心一次恶癖（自渎）导致的可怕的结果，对此，他本人似乎有第一手经验：

> 在白天或夜晚，不要离开你的年轻子弟，至少，应与他同居一室。除非他有睡意，否则不要让他上床，而一旦他已醒来，就要他马上起床……假如他一旦得到这一危险的习惯，那么他就完了。从那时起，身体与灵魂将大受削弱……他将被搬运到坟墓，由于……年轻人最易得的致命的坏习惯的结果。

他为他的学生制定了下列规则：

亲爱的爱弥儿，假如你不能控制你的热情，我同情你，但我将不做片刻的犹豫。我将不容许逃避自然的目的。假如你必须成为奴隶，我宁可将你送给一位暴君，而我可以从他那里把你救出来。无论发生什么事情，我可以轻易地将你从女人的役使下救出来，较诸从你自我的束缚中释放出来更为容易。

但不要让你的同伴嘲弄你并因此进入妓院！"为什么这些年轻人要游说你呢？因为他们要引诱你……他们唯一的动机是秘密的恶意，因为他们看到你比他们好，他们要使你降低到他们的水准。"

较好的途径就是结婚。但是与谁结婚呢？卢梭这位老师描写他理想中的女孩、妇女与妻子，而且努力将这个观念深植于爱弥儿的心中，让它成为寻找伴侣的向导与目标。卢梭担心碰到男性化、喜统御、放肆的女人。他看到文明的堕落是由于与日俱增的男性化的女人驾驭着与日俱增的女性化的男人。"在任何地方，男人都是由女人塑成……让女人恢复女人应有的本质，那么我们就会再成为真正的男人。""巴黎的妇人滥用单方面的权利而不愿放弃异性应有的权利，因此就她们应有的整体而论，她们实际上一无所有。"在清教徒国家，她们做这些事情可能要好些，在那里谦虚并非诡辩家之间的嘲笑，而是忠贞母性的一项承诺。妇女的地位在家中，正如古代希腊人一般，她应该接受她的丈夫为一家之主，但她必须拥有最高权力。在那样的安排下，人类的健康才能赖以保存。

女子教育的目标即在创造这类的女性。她们必须在家庭而由她们的母亲来教育，从烹调到刺绣，她们必须学习所有家庭的艺术。她们必须尽早从宗教方面获得许多好处，因为宗教有助于她们谦虚、品德与服从的培养。女儿毫无疑问应接受她母亲的宗教信仰，而妻子应接受丈夫的宗教信仰。无论如何，让她远离哲学，并以整天泡在沙龙里无所事事为耻。但是，女孩不应被迫变得愚蠢而胆怯，她应该是活泼、快乐与热情的，她应能随心所欲地唱歌与跳舞，而且享有年轻人所有的纯真快乐。让她参加舞会与运动，甚至歌舞剧——在适度的辅导与良好的同伴陪伴之下行之。假如她想成为一位有思想的男人的理想妻子，她的身心应保持积极与警戒。在考验求婚者或面临择偶的终身大事时，她可被允许卖弄某种程度的风骚。适当地研究女性的工作是男人的事。

这种理想的少女与女性已深植于爱弥儿的寄望之后，他可以外出去求偶了。是他，而非他的父母或他的教师，来决定选择，但他可以此事来感激他们，及由于他们经年对他的爱护，他可以个别地向他们咨询意见。你希望到大城市去看那里的女孩吗？很好，我们将到巴黎去，你将可看到那些吸引男人的少女是怎么回事。因此爱弥儿在巴黎住了一段时间，混在"社交世界"中。但他并未发现像他聪敏的老师描写的那一类型的女孩。"那么，巴黎，再见了！闻名的巴黎，带着喧闹、黑烟与脏乱的巴黎！在那里，妇女已不重视荣誉，男人也不重视品德。我们在寻求爱情、幸福、纯真。我们离开巴黎越远，对我们越好。"

就这样，师生二人又回到乡间。瞧呀！在离开疯狂的群众老远的小茅屋中，他们遇见了苏菲。在这里（指第5卷）卢梭的论述成为：被理想化却很令人愉快，并以成名作家的技巧来叙述的一篇爱情故事。在教育、政治及宗教方面长篇大论后，卢梭的兴趣转向爱情故事，而当时泰蕾兹正忙于家务。他开始梦想他那温柔的女人，她是他在游荡的烦乱时刻中发现的，并以他最后的爱恋热忱来为她取名。

这位新的苏菲是一位很富有的绅士的女儿，这位绅士目前已安逸地退休并过着朴素的生活。她健康、可爱、谦虚、温柔——而且很能干。她帮助她母亲做每件事情时都显得轻快、平静："只要她带着针，事事皆可完成。"爱弥儿认为有理由再来，而她也认为有理由接受他进一步的造访。逐渐地，他领悟了苏菲具有他老师认为的理想的全部优点，这是一种多么神圣的巧合呀！几个星期后，他的热情已上升到吻她衣边的程度。再过几个星期，他们订婚了。卢梭坚持订婚应有正

式与庄严的典礼；每一方式都应具备——以宗教仪式及其他——以便
永志不忘，提高婚姻结合的神圣。然后，爱弥儿在幸福的顶端兴奋抖
颤之时，这位难以置信的老师，却不愿自由与自然，要他的学生离开
未婚妻两年出外旅行，以考验他们的爱情与忠贞。爱弥儿只有服从师
命与未婚妻泣别。俟他归来之时，她仍然是处女。他发现苏菲完全信
守婚约，于是他们结婚了。老师又指示他们互相履行应尽的义务。他
吩咐苏菲必须服从她的丈夫，床笫与膳食之事则例外。"假如你示惠
时稀少又珍贵，你可以爱情长期驾驭他……让爱弥儿尊重他妻子的贞
操而不会埋怨她的冷淡。"《爱弥儿》这本书以三位主角合而为一的胜
利来做结论：

> 某日早晨……爱弥儿进入我的房间并拥抱着我说："我的老
> 师，恭喜您的孩子吧！他希望马上就有做父亲的光荣，一份何等
> 的责任将落在我们的肩膀上，我们是如何迫切地需要您！然而，
> 上帝不容许您教育我的儿子一如教育他的父亲一般。除了我自
> 己，上帝禁止任何人来完成如此甜蜜与如此圣洁的工作。但是请
> 您继续担任我年轻教师的老师吧！给我们忠告并请约束我们，我
> 们乐意接受您的教导。只要我活着，我就需要您……您已完成您
> 的责任。您享受着您的丰收的休闲生活时，请指引我追随您的
> 风范。"

经过两个世纪的颂扬、嘲笑及实验后，整个世界普遍同意：《爱
弥儿》是美丽的、具有建设性的，同时也是不可能的。教育是一个
枯燥无味的题目，因为我们总以痛苦来记忆它，我们并不介意来倾听
它，而且我们常因它任何过分的苛求在离开学校以后，使我们老是感
到愤愤不平。然而关于这一严肃的主题，卢梭却写了一篇吸引人的爱
情故事。简单、直接、个人的体裁吸引着我们而不顾及某些浮华的夸
张。我们身不由己地被这位无所不知的教师牵着鼻子走，虽然我们必

须犹豫让我们的孩子们听任摆布。颂扬母爱与家庭生活后，卢梭带着爱弥儿离开他的父母，脱离他将来必须生活的社会，而在防止腐化的孤独生活中教养成人。卢梭从未带养过小孩，他不晓得一般儿童的天性就是好忌妒、贪婪、好作威作福的淘气鬼。假如我们让他一直成为学习纪律而不守规则、勤劳而不听指导的人，他会渐渐变成一个懒惰的、无能的、无政府状态的且不能适应环境的、肮脏的、蓬头垢面的、受不住环境打击的人。我们到哪里去找一位愿意花费 20 年光阴来教育一个儿童的老师呢？

从著述的兴奋中清醒后，卢梭可能会承认这些与其他的困难。1765 年在斯特拉斯堡时，一位热忱者来拜访他，并突然大事恭维："先生，您可知道，一个人很荣幸地从您的《爱弥儿》那里学到的原则来教养他的孩子。"卢梭咆哮说："先生，对你与你的孩子，这就糟了。"在《山间信简》第 5 篇中，卢梭解释说那是为圣人而非为一般父母而写的书："我在序言中已说得很明白……我的关心的确为圣人考虑而提供教育新制度的计划，并非为一般父亲与母亲们提供一种方法。"一如他师法的柏拉图，他把小孩带离了父母的影响，希望小孩从基础教育毕业后，那时他已有能力来教养自己的小孩。也像柏拉图一样，他"在天堂贮藏了一幅完美图景"，以便"那些喜欢它的人会看到它，而看到它时，他可以照样统御自己"。他宣布他的梦想，而且深信它对某些男人和女人，会带给他们灵感并使之有所改善。这一梦想确已实现。

第八章 | 卢梭的流浪生活
（1762—1767）

逃亡

像《爱弥儿》这样一本公开攻击基督教基本原理的书，想要通过检查而在法国出版，确是一件困难的事。检查者是富有容忍与同情心的马勒泽布。在允许出版之前，他促请卢梭删去该书内可能招致教会激烈攻击的几段文字，但卢梭拒绝了。几位非基督徒以假名发表文章而避免个人遭受迫害，但卢梭勇敢地在他的书的封面使用了真名。

哲学家更指斥《爱弥儿》背叛哲学，法国大主教及巴黎与日内瓦等地的长官谴责它叛离基督教。反詹森派教徒（anti-Jansenist）的巴黎大主教于 1762 年 8 月准备好了强有力的宗教指令攻击该书。亲詹森教派的巴黎议会正忙着驱逐耶稣会教徒，然而该议会显示出其维护天主教教义的热忱，《爱弥儿》一书的出现正是其给予教会致命打击的良机。与议会斗争的贵族院，倡议逮捕卢梭。风闻这一消息的卢梭的贵族朋友，劝他马上离开法国。6 月 8 日，克雷基夫人写了一封急信给卢梭："一道逮捕你的命令已经颁下了，这是千真万确的事。看在上帝的分上，赶快走吧！……焚你的书，并未害及你，但是你确不可等着入狱，请与你的邻居商量。"

他的邻居就是卢森堡元帅与夫人。他们恐因卢梭被捕而受牵连，与孔蒂亲王促他早走，并给他钱财与可以跨越法国到瑞士的一辆远程马车。卢梭很勉强地接受。他委托元帅夫人照顾泰蕾兹，于 6 月 9 日离开了蒙莫朗西。就在当天，一道逮捕卢梭的命令已经颁下，但该令执行的缓慢是故意的，因为很多政府官员有意让卢梭及时逃出。就在同一天，德弗勒里手执《爱弥儿》一书的抄本，告诉巴黎议会说：

> 这本著作似仅以将一切回归于自然宗教，及以发展作者为教育其学生所做的计划中的犯罪系统为其主要目标……
>
> 卢梭认为所有的宗教都具有相当的好处，就其所在地的气候、政府与人民的性格而论，所有的宗教都具有存在的理由……
>
> 因此，他敢于寻衅摧毁《圣经》的真理、先知的预言、《圣经》中描写的奇迹的真实性、天启的绝对可靠性，及教会的权威……他嘲笑与亵渎只有上帝才能创造的基督教……
>
> 作者居然大胆将其姓名签于本书之上，应尽速将其逮捕归案。这一点很重要……我们必须以最严厉的处分，对付作者与那些……曾阅读或推销此书的人，以伸张正义。

议会旋即下令：

> 刑罚最高执行者应将该书在司法大厦正面楼梯下的广场上撕毁并焚烧，那些拥有该书抄本的人，应把那些抄本送到登记处烧焚；严禁出版商出版、贩卖、推销本书；所有贩卖者或推销者将依其所犯法条的轻重予以逮捕或判刑……而卢梭应被逮捕送到王官的巴黎古监狱（Conciergerie）。

6 月 11 日，《爱弥儿》一书依照命令"撕毁并焚烧"，但那天卢梭已抵达瑞士。"抵达伯尔尼的片刻，我吩咐车夫停下来，我走出马车，卧倒地上，吻着土地，而满怀着一种强烈快乐的情绪，大声喊道：'上苍，品德的保护者，应受赞扬，我已触及自由之土！'"

他的马车继续朝着伊韦尔以东的方向走，该地靠近纳沙泰尔湖南端，属于伯尔尼。在那里，卢梭停留了一个月，与他的老朋友罗甘相聚。卢梭需要在日内瓦找个家吗？但是，6月19日，统治日内瓦的二十五议会（the Council of Twenty-five）谴责《爱弥儿》与《社会契约论》为：

> 不虔诚，可耻，狂妄，充满了反宗教的亵渎与诽谤。在怀疑的气氛下，作者集合了有意腐蚀、动摇与摧毁基督教主要基础的每件事情……这些以法文（而非以秘密的拉丁文）、以最具有引诱性的体裁，而且以"日内瓦公民"的名义来出版，尤具危险且更可谴责。

该议会下令焚毁上述两本书，禁止销售，并颁下卢梭一旦踏入共和国的领土即应逮捕的命令。日内瓦的牧师对此并未提出抗议。毫无疑问，他们担心对"萨伏依牧师虔诚的表白"，作者表示了他们的同情时，势必证实了达朗贝尔透露给他们秘密的唯一神教派的情感。雅各布·韦尔纳是卢梭多年的朋友，背叛了卢梭并要求他回避。卢梭回忆说："假如在一般大众中有任何谣言，那是对我不利的，好管闲事者与腐儒正以鞭笞一位未能背诵教义的学生的方式公开虐待我。"

伏尔泰对他的对手（卢梭）的处境深表同情。他曾读了《爱弥儿》，他对该书的批注，我们今日尚可在日内瓦图书馆所存伏尔泰的抄本中看到。6月15日，在伏尔泰写的有关本书的一封信中，他说："这是由一位愚蠢的奶妈用4卷书拼成的杂碎，以40页史无前例地大胆攻击基督教……攻击耶稣基督，正如他说出许多有害的事情以攻击哲学家一般，只不过哲学家较牧师宽容而已。"无论如何，伏尔泰很羡慕"虔诚的表白"。伏尔泰称它们为"好的50页"，但是他接着说：

"它们是出于这类的骗子的手笔，实在是一件令人遗憾的事。"他在写给杜德芳夫人的信中说："我将永远敬爱《萨伏依教区的副牧师》的作者，不管他已经做了什么，及他将来可能做什么。"他听到卢梭已变为无家可归时，他大声喊叫："让他到这里（费内）来，他一定要来，我将摊开双臂迎接他，他将是我这里的主人，地位比我高，我将款待他一如我儿。"伏尔泰将这项邀请书分送 7 个不同的地址，卢梭必曾收到其中之一，因为卢梭后来曾表示以未能给伏尔泰回音为憾。1763 年伏尔泰重邀卢梭，卢梭拒绝，并指控伏尔泰煽动二十五议会谴责《社会契约论》与《爱弥儿》。伏尔泰否认卢梭的指控，很显然伏尔泰说的是真话。

早在 1762 年 7 月，伯尔尼的参议院通知卢梭说，该院已无法容忍他出现在伯尔尼城。他必须于 15 天内离开，否则将被捕入狱。同时他接到了达朗贝尔善意的短笺，劝他到纳沙泰尔领地定居，因为该地是在普鲁士皇帝腓特烈二世管辖之下，而由基思伯爵统治。达朗贝尔说："基思伯爵将以《旧约》族长接待有品德而被迫害的人一般来接待您。"卢梭颇为犹豫，因为他曾经严斥德皇是披着哲学家外衣的暴君。然而，1762 年 7 月 10 日，他接受了罗甘外甥女拉图尔夫人之邀，迁入她在莫捷特拉弗斯（Môtier-Tavers）拥有的一间房子，在纳沙泰尔西南方 15 英里处，那里正如博斯韦尔描写的："群山环绕的美妙翠谷。"约 7 月 11 日，卢梭以显著的谦虚与自豪向统治者申请，他写道：

普鲁士之王：

我曾好几次说过您的坏话，我将来可能说您更多的坏话；虽然我被驱逐而离开法国、日内瓦、伯尔尼，来到您的国土寻求庇护……陛下，我实在配不上您的恩赐。我对您无所祈求，但是我应向陛下宣称，我是在您的权力控制之下，而我也愿意如此做。陛下可随时处置我。

在"七年战争"进行中的某一天，腓特烈曾写信给基思伯爵说：

> 我们必须拯救这个可怜的不幸者。他唯一的冒犯，就是具有许多他认为好的奇异见解，我要给他100银币，从这一款项中，烦你给他所需的一切，我想他乐意接受现成的供给，而非现款。假如我们不再进行战争，假如我们不被摧毁，我将为他建造一座有花园的隐居处所，我相信他可以像我们的祖先一般在那里生活……我相信可怜的卢梭已失业。很显然，他生来命中就注定过着著名隐士的生活，一位凄凉的父亲，以严酷和鞭笞出名……我的结论是，你野蛮的道德正如他心境那般的纯洁是不合逻辑的。

被卢梭称为憔悴、年老、心神不定的圣人基思伯爵，送食物、煤、木柴给卢梭，而且建议"为我建造一间小屋"。卢梭认为这种供给来自腓特烈，而拒绝接受，但是"从那时起，我是如此真诚地倾向于他，以至于我已与他的荣耀息息相关，就如直到那时我对他的成就认为是属于不正当那么强烈"。11月1日，战争快要结束时，他写信给腓特烈，提出了和平工作的方案：

> 陛下：
>
> 您是我的保护者与恩人，而我已有感激之心，假如我能够，我愿与你共尽责任。
>
> 您要给我面包，难道您的臣民中没有一个缺乏面包吗？
>
> 请您把在我眼前闪闪发亮而且会伤害我的剑拿开。
>
> ……您国王生涯的气概是伟大的，而您离属于您的时代尚远，但是时间已很急促，没有一刻容您浪费……您能决心不为人间最伟大的豪杰默然而逝吗？
>
> 能够容许我眼见公正而令人敬畏的腓特烈二世，最后，使他全国的人民幸福快乐，能使自己作为人民的保护者。那么我，卢

梭，国王们的对头，愿在他的王位下欣然而逝。

腓特烈没有公开回答，但是基思到柏林时，国王告诉他说，他已从卢梭那里挨了"一顿骂"。

很显然，为了保有实际的家庭，卢梭要泰蕾兹来与他团聚，至于她是否愿意来，卢梭还是没有把握，因为他已"长期觉察到她的爱情越来越冷淡了"。他把此事归咎于已与她停止性生活，"因为与女人的性生活有害于我的健康"。可能她现在喜爱巴黎甚至瑞士，但是她毕竟来了，于是，他们含泪相聚，最后盼望至少能有几年安定的日子。

卢梭与大主教

接下来的4年是卢梭夫妇生活得最不愉快的时期。纳沙泰尔的加尔文教派的牧师公开指责卢梭是一个异教徒，地方当局又严禁《爱弥儿》一书销售。可能为安抚这些人，或出自遵循他所著《萨伏依教区的副牧师》一文中观念的真诚愿望，卢梭曾向莫捷的牧师请求参加教堂礼拜（泰蕾兹一直是天主教徒）。卢梭的请求被接纳了，他参加宗教生活，"以内心真正的感动，而眼睛充满了怜悯的眼泪"来接受教会。他穿着亚美尼亚款式的服装——皮帽、长袍与腰带，长袍可以掩饰他尿道障碍的痛苦，此举成为大家的笑柄。他以这种打扮赴教堂，而且以这种打扮拜访基思爵士，基思并未批评他的服饰，只是祝福他。他继续以抄写乐谱来增加收入，现在他又加上了缝纫，及学做花边："像妇女一般，我拜访人家时，我随身带着坐垫，或者在我家门口坐下来工作……这种方式已使我与我的女邻居消磨时间，而不感到厌倦。"

可能就在这段时间（1762年底），出版商说服他开始撰写《忏悔录》。他已断然放弃写作，但这个著作只不过是为了保护个人性格与行为来反抗敌对者，尤其是反击哲学家的指控与沙龙内的言论。尤有甚者，他必须答复一大堆各方面的来信。妇女们特别给予他倾慕的安慰的温馨，不仅因为她们对遭受驱逐的著名小说作者表示同情，而且因为她们渴望恢复宗教，及看到了《萨伏依教区的副牧师》及其作者在信仰中并无真正的敌人，而是打击悲惨的无神论者的斗士。对这类的妇女及一些男人，卢梭成了他们的教父忏悔者、灵魂与良心的指导者。卢梭忠告他们保持或者回到他们年轻时代的宗教信仰，而不必考虑科学与哲学提到的难题。那些不能相信的难题并非问题的重心，我们可以不声不响地把它们搁置一边。最主要的是信仰上帝与不朽，以那种信心与盼望，任何人皆可超越自然界难理解的困扰及生命的所有痛苦与悲哀。一位背叛自己宗教的年轻天主教徒请求怜悯；忘记了自己也曾背叛过的卢梭，告诉他不要被意外事件困扰。"假如我生下来就是天主教徒，我愿一直保持着天主教徒，你要弄清楚你的教会在人类理性的徘徊中，曾做了有益的限制。它必须探测事理奥妙之处时，这种限制也无法寻求出其底与边。"对几乎所有这些追求智慧的人，卢梭劝告他们从城市迁到乡村，从诡计与复杂恢复到自然朴素的生活，及对婚姻与为人父母的生活要感到相当的满足。

那些遭受世俗牧师与不可知论者的神父惊动的妇女，仅由通信即已坠入了这位不受世俗欢迎而且遭所有教会排斥为异教徒的卢梭的情网。布洛夫人，这位拥有头衔而且受人尊敬的女性，曾对一群贵族与淑女大声疾呼说："只有高尚的品德能使具有情感的妇女避免把她的生命献给卢梭，假如她确知卢梭会热情地爱着她。"拉杜尔夫人在卢梭给她的信中误解了某些恭维话而把它当成爱情，她温柔、亲切、情感流露地给卢梭回信，她将自己的画像寄给他，向他抱怨他待她甚薄；他以从来未与之谋面的男人的冷静给她回信，她愈感到沮丧。但仍然有许多信徒愿吻他走过的地面，某些人在他们自己心中给他竖起了祭坛，某些人称他为再世的基督。有时他对待他们很正经，并自认为他本人就是被钉上十字架的新信仰的创造者。

在这些颂扬中，反对声也加强了。与此对应的，一位犹太教的高级牧师煽动人民谴责卢梭为危险的革命者。1762 年 8 月 20 日，巴黎大主教克里斯多夫·德博蒙对他教区所有的牧师发布教令，要他们在教堂聚会中宣读他公开指责《爱弥儿》一书的 29 页文告。德博蒙主教是严正的正教人士而且享誉一时，他曾大力攻击詹森教派、百科全书派及哲学家。现在他似为卢梭明显脱离无信仰的阵容后，已联合上述各派人士攻击主教心中认为的整个法国社会秩序与道德生活赖以维系的宗教信仰。他的文告便以引用圣保罗写给提摩太教会的第二封信原文为始："被自己利益所昏迷者、狂妄与高傲的渎神者、内心吞噬傲慢的邪恶毁谤者、爱好享乐更甚于爱上帝者、精神腐化及信仰固执者，他们的毁灭日子来到了。"的确，那个时刻来临了！

无信仰、因热情而大胆将自己置于任何形式以使自己于某些途径中，适应所有的时代、性格与阶级。有时……它采取了平淡、愉快与轻浮的风格。因此有许多神话，正如它们本身具有的邪恶般的猥亵（伏尔泰的小说），以玩弄幻想作为诱惑与腐蚀心身的法宝。有时影响了其本身观点的深奥与崇高，自命要回到知识的第一个原则，与担负起神圣的权威，以使抛脱它们认为不诚实的人类枷锁。有时它像狂怒的妇人叱责宗教的热忱，然而热忱传播普遍的容忍。而且，有时结合了言辞上所有这些不同的形式，它将严肃混杂了嬉戏、纯洁的名言混杂了猥亵、伟大的真理混杂了莫大的恐怖、信仰混杂了渎神。一言以蔽之，它企图在光明与黑暗之间、耶稣基督与恶魔之间从事调解。

这些——巴黎大主教说——尤其是《爱弥儿》一书的写作技巧让它成为充满哲学词汇却无哲学真髓的一本书，充满了尚未启发作者的片断的知识，而仅能混乱读者的思维，作者是将言行弄成前后矛盾，将态度的朴素与思想的虚华、将古代名句与革新的狂热、将其本人退缩的暧昧与想出风头以博名闻全世界等相混的这么一个人。他排斥科学却培植科学，他赞扬《福音书》的优点却排斥《福音书》的教训。他已使自己成为人类的教师以欺骗人类，成为群众的导师以误导世界，用世纪的神谕以毁灭世纪。

巴黎大主教对卢梭建议爱弥儿在 12 岁或甚至 18 岁以前不要向他提及神一事感到震惊。那么"一切自然界将宣布他们创造主的荣耀归于无效"，而所有道德的教训将失去对宗教信仰的支持。正如作者假定的，人非生而性善，他是生来就有原罪的。他共享了人性共同的腐化。最聪明的教育者——所有当中最好的一位，应由神恩引导的牧师，将使用每一正当的方式培育人性中好的冲劲，并铲除其劣根性。因此，他将以"有助于朝向拯救之路的宗教精神的牛乳"来喂养儿童。只有以这种方式的教育，儿童才能发展成为一位"对真正上帝的真诚信徒，统治者忠贞的臣民"。如此多的罪与恶甚至超过这种勤勉的教训，想想看假如缺乏它时他们将变成什么。邪恶的洪流将吞噬我们。

为了这些理由，巴黎大主教估计：

> 经与数位具有贞德与智慧的名人磋商与祈求上帝的圣名之后，我们谴责上述该书含有败坏自然法与基督教基础的恶劣的教条，建立与《福音书》道德教育相反的原则，有意扰乱国家和平而领导反抗主权权威的叛变，包含了错误、诽谤的建议，充满了反抗教会与圣职人员的仇恨……因此我们明确依刑法严禁本教区任何人阅读或保存上述该书。

这道教令是以"国王特权"的名义颁布的，很快到达了莫捷特拉弗斯。已决心永远不再写作的卢梭，决定答复。在他搁笔之前（1762 年 11 月 18 日），他的答辩竟达 128 页。该答辩于 1763 年 3 月在阿姆斯特丹发表，标题是《让—雅克·卢梭，日内瓦公民，写给克里斯多夫·德博蒙，巴黎大主教》。巴黎议院及日内瓦议会很快加以谴责。

遭受欧洲两种主要宗教的攻击，卢梭也以攻击它们为报复。现在，曾否认哲学的这位审慎的浪漫派作家鲁莽大胆地一再重复他的论据。

他以对手们在无休止辩论中互相提到的一个问题为开端："为什么我必须向您提及任何事情，我的主教？我们能说哪种共同的语言，我们如何彼此了解？"他以曾写过书为遗憾，一直到 38 岁时他才开始写书，而他陷入这种错误是由注意到第戎学院那"可怜问题"的意外事故引起的。对他的论文的批评使他做了答复。"辩论又引至辩论……而我发现我自己，可以说，变成了一位已达退休年龄而尚未退休的作者。"从那时到现在，"安静与朋友均已消逝"。在他一生中，他强调自己曾经：

> 比启发更具热情……但忠心于每件事……朴素与善良，但敏感与衰弱，常做坏事却永远爱好善良。宁愿固守着自己的情感而不喜好自己的利益……敬畏上帝而不怕地狱，推理分析宗教而缺乏自由思想。既不爱不信上帝也不爱宗教狂热，但痛恨不容忍甚于自由思想者……对我的朋友承认我的错误及对全世界的人承认我的意见。

对《爱弥儿》一书所受的谴责，他为加尔文教感到悲哀甚于天主教。他曾骄傲地自命为日内瓦公民而离开法国，盼望在其故乡呼吸到自由的空气，及在故乡得到慰藉。他受尽屈辱。但"我应该说些什么呢？我的心扉已关闭，我的手在发抖，我的笔从我手中掉下。我必须默不作声……我必须暗自饮啜悲哀中最辛酸的苦汁"。看那个在"这个世纪中因哲学、理性和文学而如此成名"的人，胆敢"维护上帝的主义"——看他"受辱、放逐，从一乡到另一乡被追逐，一处庇护所到另一处庇护所，从不以他的贫穷为意，从不以他的虚弱为同情"。最后在一位"杰出与开明的君主"之下，找到了庇护所，而在四周环山的瑞士小村庄中过着与世隔绝的隐居生活，最后为寻求隐姓埋名与和平宁静而思考，但甚至在那里也被牧师们的咒诅追逐。这位大主教，"是一位有品德的人，灵魂的高贵正如他的出生一般"。他本来应该谴责迫害者，相反他无耻地授权他们，"他本应为受压迫者的主义而辩护"。

卢梭看出德博蒙大主教特别被人性本善或者至少并非属恶的论点激怒。德博蒙了解：假如这个论点是真的，假如人不是生时就带来亚当与夏娃所犯的原罪，那么基督的赎罪教条就要崩溃了，而这一教条就是基督教教义的核心。卢梭回答说，原罪的教条在《圣经》中并没有清楚的规定。他认为德博蒙大主教对迟延接受宗教教规的建议一定感到震惊，卢梭回答说由牧师或修女来教育儿童并不能减轻原罪或犯罪。那些学生长大后，已失去对地狱的恐惧，而宁愿喜欢目前的快乐而寄望于未来天堂的乐园；而那些牧师——他们是现代法国品德的模范吗？但是，"我是一位基督徒，真诚的基督徒，并遵循《福音书》的教训；我是作为耶稣基督门徒的一位基督徒，而并非牧师门徒的基督徒"。然后，朝日内瓦望了一眼，卢梭接着说："很高兴出生在地球上最圣洁、最富理性的宗教中，我一直战战兢兢承续着祖先的信仰。与他们一样，我以《圣经》与理性作为我信仰生活的唯一准则。"他已感受到那些谴责，他说："虽然聪明人会像你那样思考，但如整个教区也必须认为如此是不好的。"——

> 这就是他们从四面八方对我的呐喊。这可能是我们两人单独在你的书房时，你本人要告诉的一切。人们就是这样的，他们的言语随着衣着而改变，他们仅在穿上道袍时才说实话，穿着一般世俗服装时，他们仅知道如何说谎话。不仅在人类面前他们是欺诈者、骗子，而且他们厚颜无耻地处罚那些不愿违背自己的良心而成为他们同伙的人。

我们的大众信仰与我们的传道之间的差异是当今文明腐化的本

质。我们必须尊重某些偏见，但假如那偏见使教育变为对大众的诈欺而腐蚀了社会的道德基础则否。假如那些偏见成为我们的致命伤时，难道我还要对其罪行保持缄默吗？——

> 我并没有说，我也不认为，没有好的宗教……但我说过……在那些居领导地位的宗教中未曾残酷伤及人性的则没有一个。所有的教派蹂躏其他教派，所有教派对上帝的奉献仅是人血的牺牲，只要属于这些矛盾的来源，他们就能够存在。想把他们铲除掉就是罪恶吗？

接近他的答复的末端，卢梭很有情感地为他的《爱弥儿》辩护，并怀疑为什么没为《爱弥儿》的作者树立雕像：

> ……这不是仅以和平、仁慈、忍耐、爱好秩序，及任何事情都服从法律，甚至在宗教方面亦然的一本书吗？这不是宗教的宗旨如此美好地被建立，道德如此地被尊重……邪恶被视为愚蠢，而品德被视为可爱的一本书吗？……是的，我敢说：假如欧洲有一个真正开明的政府存在的话……他会将公共的光荣送给《爱弥儿》的作者，会为作者树起雕像。我太了解人们，以至于不敢期待这种承认，我对他们没有足够的认识以致不期待他们做过的事。

他们已为他树立了雕像。

卢梭与加尔文教派

卢梭致德博蒙主教的信仅使法国少数自由思想派与少数瑞士政治叛徒感到愉快。在 23 件致作者的"反驳书"中，几乎全部来自新教徒。日内瓦加尔文教派在该函中看到对神迹与《圣经》启示的攻击，宽容这种异端势必再激起像达朗贝尔曾指责他们的那种危险。由于对日内瓦自由分子为维护他而发言的失败感到愤怒，卢梭将一份放弃公民权的文书送致日内瓦大议会（1763 年 5 月 12 日）。

这项行动获得某些有力的支持。6 月 18 日，一个代表团向国家第一行政长官提出一项日内瓦市民与公民的非常谦虚与可敬的抗议，在其他冤情中，该团埋怨对卢梭的判决是非法的，而没收日内瓦书摊中《爱弥儿》一书的复印本实已侵犯了个人财产权。二十五议会摈斥了这个抗议，同年 9 月检察官特龙金（伏尔泰的医生的表兄弟）发表了《乡间信简》，为议会遭议论的行动做辩护。"代表们"请求卢梭答复特龙金。作为还击，卢梭于 1764 年 12 月发表了 9 封《山间信简》——来自他的山间的小茅屋——对日内瓦平原的寡头政治进行反驳。对牧师如同对议会的愤怒，他破釜沉舟、不顾一切地攻击加尔文教，有如攻击天主教。

他正式对代表们的领袖宣读他的书信。在开始部分他抨击反对者草率地谴责他的书及他的人格，而没有给他任何辩护的机会。他承认他的书有美中不足的地方："我自己也发现书中有很多错误，我不怀疑别人能发现更多的错误，还有既不是我也不是别人所已觉察到的……在听过双方面的说法之后，大众将会判断……该书获胜或崩溃，而这个案件也告了结。"但该书是"有害"的吗？任何读过《新爱洛漪丝》和《萨伏依教区的副牧师》的人会相信它们的作者有意摧毁宗教吗？诚然，这些著作企图摧毁如"人类最可怕的瘟疫、圣人的遗憾与暴政的工具"的迷信。但是，这些著作没有肯定宗教的必要性吗？作者被指控为不信基督。作者是信仰基督的，但以与指控者不同的方式信仰而已：

> 我们承认耶稣基督的权威，是因为我们的智慧同意他的训诚是崇高的……我们承认天启是来自我们无法了解其底细的圣

灵……福音中神的权威，我们相信耶稣基督被赋予这项权威，我们承认在他的行为中有超越人类的品德，及在他的教训中有超人的智慧。

第二封信（忘了《社会契约论》）否认市民议会有权判决宗教事件。新教徒宗教改革的基本原则，即个人有为其本人解释《圣经》的权利，已在谴责《爱弥儿》一书时被破坏无遗。"假如你今日对我证实关于信仰的事件，我不得不呈给某人做决定，明天我将成为一位天主教徒。"卢梭承认宗教改革者轮到他们本人，也变成个人解释《圣经》的迫害者，但此举并不使（若没有这一原则，新教徒反抗教皇权威是不正当的）这一原则变得无效。他指控加尔文教的牧师（除了我的牧师）继承了天主教信条不容忍的精神。假如他们关于宗教改革的精神是真诚的，他们势将维护个人发表其解释《圣经》的权利。现在他愿对达朗贝尔对日内瓦牧师所做的观点进一忠言：

　　一位哲学家对他们抛了急速的一眼。他看透了他们，知道他们是反耶稣的教徒，否定三位一体的教徒，他这样说，是想给他们光荣，但他并不了解他正危害他们现世的利益——唯一决定现世人们信仰的事。

在第三封信里，卢梭担当起指控他斥责神迹的挑战。假如我们将神迹下定义为破坏自然法则，那么我们不确定是否任何事情都是神迹，因为我们不能明白所有的自然法则。甚至每天看到非由违背自然法则、而由科学完成的一种新的"神迹"。"古代先知可以使火从天上掉下来，今天的儿童可用一片玻璃做得跟先知们同样好。"约书亚使太阳消失，任何年鉴的作者也能以计算日食的方式来实现同样的结果。而那些在蛮族中表演这种奇迹的欧洲人也因而被认为是神。因此过去的"神迹"——甚至耶稣的那些神迹——也可能是被民众曲解的自然结果。或许耶稣使之复活的拉撒路（Lazarus）并非真正的死。此外，一位教师的"神迹"怎能证明他的学院的真理？基督警告那些"以大手势作为奇迹"的"假基督"。

卢梭以帮助中产阶级代表们为主旨作为他的信的开端。他并未为民主政治方针扩大参政权而呼吁。诚然，在第四封信中，他一再强调选举性的"贵族政治"是最好的政府，同时他向日内瓦统治者保证，他在《社会契约论》中提出的理想，就日内瓦宪法而论，是很重要的部分之一。但在第七封信中他告诉他的朋友，他抗议中产阶级认为该宪法承认在总议会选举及其年会期间，可授予拥有参政权的市民无限的权力，因为一年当中其余的时间，公民毫无权力可言。在长期的中断期间，二十五议会就是"法律最高的仲裁者，因此决定所有个人的命运"。事实上，在总议会以主权者姿态出现的市民与中产阶级，在其休会之后，便成为"独裁者的奴隶，毫无防卫地交给25位独裁者去处置"。这几乎是革命的呼声。然而，卢梭反对这种最后的手段。在最后一封信中，他赞扬中产阶级是国家中最清醒、最爱好和平的阶级，夹在富有与暴虐的贵族社会、残酷与愚蠢的民众之间，但他忠告代表们应保持耐心、信服公理、及时改过。

《山间信简》攻击卢梭的敌对者并引起他的友人不愉快。日内瓦的牧师们对他的异端学说感到惊恐，而更为卢梭扬言说他们也同意他的学说感到震惊。现在，他对加尔文派传道者严厉抨击，骂他们为"贱民、骗子、愚蠢的谄媚者、疯狂的狼"，并表示他宁愿喜欢法国乡镇朴素的天主教牧师。代表们在为获得更多政治权利所做的斗争中并未利用卢梭的信简，他们认为卢梭是危险、靠不住的盟友。卢梭决定不再参与日内瓦未来的政治。

卢梭与伏尔泰

卢梭在其第五封信中，曾大惑不解：为什么这位日内瓦议员"经常拜访"的"伏尔泰先生",并未以他的容忍精神来启发他们？这一容忍精神是伏尔泰一直倡导、有时是他迫切需要的。而且，他声称伏尔泰曾说过赞成哲学家言论自由一类幻想的言辞，因为只有少数的人阅读他们的作品。卢梭模仿伏尔泰的灵性与优雅的仪态已臻佳境。这位"费内圣人"被认为是最近出版的《五十人的说教》一书的作者，但伏尔泰再三否认为该书的作者——因为该书充满了异端邪说。我们不知卢梭透露这项秘密是否经过慎重的考虑或是有意中伤，伏尔泰认为他恶意中伤，为此很愤怒，因为这件事有迫使伏尔泰重新遭受法国驱逐的可能性，恰如他搬入费内定居时一般。

他看到暴露内幕的信函时，大叫："恶棍！这个魔鬼！我必须让他挨打——是的，我必须让他跪在他的山间保姆之前挨打！"

"请您冷静下来，"一位旁观者说，"因为我知道卢梭有意来拜访您，而且不久就要到费内来了。"

"啊，就让他来吧！"伏尔泰叫着，很显然是想报复。

"但是您准备怎么接待他呢？"

"我会给他晚餐，让他睡我的床，并说'这里有好的晚餐，这是房中最好的床。请您让我以接待他人为乐，并请您以居此为荣'。"

卢梭没有来。不过，伏尔泰于1764年12月31日发表了匿名的小册子《市民的情感》，该书是他留下的最大的污点，我们引述下面几段证明之：

　　我们同情愚笨的人，但他的疯癫已达到狂怒时，我们就必须把他吊起来。容忍本来是一种美德，却变成了罪恶……我们原谅这个人的罗曼史，在他的罗曼史中假借端庄与朴素之名以博人好感……他将宗教与小说混在一起时，我们的城市官员就负有义务模仿巴黎……及伯尔尼采取的行动……他发表一本新书猛烈、疯狂攻击地基督教，他所谓的改革运动神圣《福音书》所有的牧师及国家所有的机构，那么今天，忍耐不是尽头吗？……他以自己的名义说得很清楚："我们可逐字而不必放弃好的意思来解释《福音书》时,《福音书》并无神迹可言……"

他是喜欢与学者辩论的一位学者吗? 绝不……他是人,一直带着自己放荡的悲剧记号的人……与他从这个城市拖往另一个城市及这一山拖往另一山的不幸的妇女,他使她的母亲亡故,而他把她的孩子们遗弃在医院的门口……发誓断绝自然界的所有情感,正如他放弃了光荣与宗教的事务一般……

他希望以破坏宪法来推翻我们的宪法,正如他希望推翻他主张的基督教文明吗? 我们有足够的理由警告他,他骚扰的城市将否认他……假如他认为我们因为谴责《爱弥儿》一书必须拔剑(造成革命),那么他可将这个意念归类于他的荒谬与愚蠢中。但他应被通知:假如我们要轻罚邪恶的罗曼史,我们必须大大处罚一位可恶的背叛者。

这是最丢脸的败笔,即使考虑到伏尔泰的愤怒、烦闷及年龄(他那时是 70 岁)也无法原谅。毫无疑问,卢梭也从不敢相信(甚至今日我们几乎也不敢相信)这些文字出自伏尔泰的手笔。卢梭认为作者是日内瓦牧师维尼斯,后者抗议说不是,却无效。卢梭在他一生中最得意的时刻(1765 年 1 月),发表了他对《市民的情感》一书的答复:

借着这篇文章我愿忠实地做似乎要求我做的告白,没有任何大的或小的疾病——正如作者提到的——曾污损我的身体。我遭受的疾病与被指出的那种毫无相似之处,它是与生俱来的,正如照顾我童年时代而且目前尚存的那些人所知的。马卢昂(Malouin)、莫拉尔、蒂埃里、达朗贝尔诸先生是知悉的……假如他们发现这种疾病是腐败的最起码的信号,我请求他们来处罚我……在我不幸时照顾我的聪明的、世所敬佩的妇女……是不快乐,仅因她与我共享灾难。她的母亲事实上充满活力,甚为健康，尽管她年纪已老（她将年满93岁了）。我从来——也没有理由——遗弃任何小孩在医院的门口，或者在任何其他的地方……我不愿再多加一词……除非说，在死的时候，我宁可做该文作者指控的一切，而不愿写本文这类的文章。

虽然卢梭将他的小孩们送到育幼院（但并不十分准确地符合他们指控的"遗弃"）是巴黎闲话者知道的（卢梭曾向卢森堡元帅夫人承认此事），然而伏尔泰是第一个揭露此事的人。卢梭怀疑埃皮奈夫人曾于她访问日内瓦时透露此事。现在，卢梭已深信她与格里姆和狄德罗阴谋污辱他的名誉。格里姆这时在《文艺通讯》中一再攻击卢梭，他在1765年1月15日写的信提到《山间信简》，他联合伏尔泰指控卢梭的背叛："假如在地球上有像高度背叛罪的这种罪，那么我确可在卢梭利用武力攻击一个国家的基本宪法，以推翻他自己国家的宪法一事中发现。"

伏尔泰与卢梭之间长期的争吵是"启蒙运动"前夕最令人遗憾的污点之一。他们各自的出身与地位拉长了他们之间的距离。伏尔泰是有钱人家的儿子，接受过良好的教育，尤其是在古籍方面。卢梭出生于穷人之家，不久连家也破碎了，没有受过正规的教育，也没承继古典的传统。伏尔泰接受了布瓦洛提倡的文学规范："爱好理性，让你所有的作品从理性方面得到理性应有的光彩与价值。"卢梭则是"感情支配一切"。伏尔泰像卢梭一样敏感与易激动，但通常他认为让情感冲淡他的艺术是笨拙的态度；他认为卢梭诉诸个人无政府主义的、非理性主义的情感与天性，将导致以叛变为始、以宗教为终的后果。他驳斥帕斯卡，卢梭却附和帕斯卡。伏尔泰活得像一个百万富翁，卢梭则以抄写乐谱为生。伏尔泰是社交优雅的典范；卢梭在社交中是不安逸的，而且太缺乏耐性，易发怒以致难以结交朋友。伏尔泰是巴黎之子，富有巴黎愉快与奢侈的气质；卢梭是日内瓦之子，一位忧郁与清教徒的中产阶级，不满于隔绝他的阶级歧视，及他享受不到的奢侈。伏尔泰为奢侈辩护说，奢侈是把富人的钱流通起来以给穷人工作机会。卢梭谴责它，"在我们城市中供养了 100 个穷人，而导致上万人死于乡村"。伏尔泰认为文明的舒适与艺术胜过文明的罪恶。卢梭处处不舒适，几乎斥责每件事情。改革者倾听伏尔泰，革命分子则听到卢梭的呼声。

沃波尔提到"这个世界对能思想的人是一个喜剧，对富有感情的人是一个悲剧"时，他很不高明地把 18 世纪最具影响力的两个人物摆在了一起。

博斯韦尔会见卢梭

我们意外地得到一份有关博斯韦尔报道在 1764 年 12 月 5 次访问卢梭的资料。这位情不自禁的崇拜者庄严地发誓（10 月 21 日）："在访晤卢梭时，既不谈及异教徒问题，也不谈及女人。"12 月 3 日，他从纳沙泰尔出发，往莫捷特拉弗斯。在中途的布洛（Brot），他在该地一家小旅店停留，问了店主的女儿关于他所要拜访的人，据她所知如何。她的回答使人困惑：

> 卢梭先生常与他的女管家勒瓦瑟尔小姐来这里停留几天。他是一位和蔼可亲的人。他有一张漂亮的面孔，但他不喜欢有人来看他、凝视他，宛如他有两个头似的。天呀！人们的好奇心是难以置信的，许许多多的人来看他，但他常常不接见他们。他目前生病，不愿受人干扰。

博斯韦尔仍然往前走，停留在莫捷的小旅店：

> 准备了一封信，我在信中告诉他说，一位 24 岁守旧的苏格兰青年来到这里，盼望能见到他。我向他保证我是值得他一晤

的……在信的末端，我向他表示我具有心灵与灵魂……这封信是精心之作。我将以它作为证明我的灵魂必然崇高。

他的法文信是仔细的天真与难以抗拒的恭维的精妙混合：

> 您的作品，先生，已融化了我的心灵，提升了我的灵魂，触燃了我的想象力。相信我，看到我时您一定会高兴……啊！亲爱的圣佩鲁克斯！开明的导师！优雅、和蔼可亲的卢梭！我已预感一项真正高贵的友谊将于今天诞生……我有很多话要告诉您。虽然我只是一个年轻人，但我拥有使您感到惊奇的一连串不同的生活经验……我请求您，保持孤独……我不确定我是更愿意永远见不到您，还是更愿意首次与您见面，我急着等待您的回音。

卢梭托人传话说，博斯韦尔可以来拜访，如果他答应尽量缩短拜访的时间。博斯韦尔于是出发了："穿外套和背心，镶有红色又带点金色的花边，鹿皮色的短裤，长筒靴。最主要的，我穿了一件缝狐狸皮边的绿色驼毛皮大衣。"泰蕾兹来开门，她是一位"矮小、活泼、干净的法国女孩子"。她带博斯韦尔上楼见卢梭——"一位微黑肤色，穿着亚美尼亚服装的优雅绅士……我问他身体好吗？'很坏，我已放弃了所有的医生。'"他对腓特烈表示羡慕，嘲笑法国是"一个可轻视的国家"，但"你可在西班牙和苏格兰的山中发现伟大的灵魂"。卢梭还提到神学家是"一种绅士，对某些事情给予新的解释，但仍然留下来某些事情像以前一样令人无法了解"。他们谈起了科西嘉，卢梭说他已被邀为科西嘉起草宪法。不久，卢梭对他说，希望自己能单独散步一下。

12月4日，博斯韦尔再次到卢梭的住所。卢梭与他交谈了一会儿，然后对他说："你令我心烦。这是我的天性，我不堪忍受。"博斯韦尔说："不必与我拘礼。"卢梭喊着："滚开。"泰蕾兹送他到门口。

她告诉博斯韦尔："与卢梭先生过了 22 年的生活，我决不将此项殊荣让给任何人，哪怕是法国王后。我将从他给我的忠告中努力获得益处。假如有一天他死了，我一定到修道院隐居。"

12 月 5 日，博斯韦尔又出现在门口。卢梭叹气说："我敬爱的先生，很抱歉，即使我想与你交谈，我也无法与你交谈。"博斯韦尔"无视这些推辞"，而找话题说："我已成了罗马天主教徒，而且有意隐于修道院。"卢梭说："那是何等的愚蠢呀！"博斯韦尔说："请老实告诉我，你是基督徒吗？"卢梭拍胸说："是的，我自认为我可算是其中的一位。"博斯韦尔（他患有忧郁症）说："告诉我，你曾患过忧郁症吗？"卢梭说："我生来就是沉着的一型，我的天性并无忧郁症，是不幸的遭遇把忧郁症传给了我。"博斯韦尔问："你认为修道院苦修如何？及那类的治疗法如何？"卢梭答："他们全都是戴了假面具。"博斯韦尔问："先生，你愿意担任我精神方面的指导吗？"卢梭回答："我不能。"博斯韦尔说："我会再来。"卢梭说："我不答应再见你，我现在生病。我每分钟都要用尿壶。"

那天下午，在他所租的"乡之居"，博斯韦尔写了 14 页长的《我生活的素描》长文，送给卢梭。该文承认他的几次通奸事件，并提出问题："我现在仍有可能成为一位男子汉吗？"他回到纳沙泰尔，但 12 月 14 日他又来到卢梭的门口。泰蕾兹告诉他说，她的丈夫目前病情已"相当严重"。博斯韦尔坚持要见卢梭，于是卢梭接见他。"我看到他坐着，病情相当沉重。"卢梭说："我被疾病、失望及忧伤折磨。我正接受探针（尿道的扩大器）治疗。每个人都认为我应该接受这种治疗……你下午再来。"博斯韦尔问："谈多久？"卢梭说："15 分钟以内，不许超时。"博斯韦尔说："20 分钟如何？"卢梭说："去你的！"——但是他忍不住笑出来。博斯韦尔于下午 4 点钟再来，心中想着路易十五："道德对于我而言似是一件不稳定的东西。例如，我要拥有 30 个女人。我不能满足这种欲望吗？""不！""但想一想，假如我是一个富有的人，我能拥有这些女孩，我使她们有小孩，繁殖就增加了。我给她们嫁妆，而我把她们嫁给那些以拥有她们为幸福的善良农夫。这样她们在女大当嫁时，就为人妻了，而对于我来说，我已享有一连串不同的艳福。"然后，不再提到此类高贵的假设，他问："请告诉我，我如何根绝我已犯的罪恶？"卢梭做了标准的回答："除了善之外，恶是无法补救的。"博斯韦尔请卢梭邀他共进晚餐，卢梭说："明天吧。"博斯韦尔"满怀愉快的心情"回到旅舍。

12月15日，他与卢梭共餐，泰蕾兹在厨房内，他发现厨房"干净而愉快"。卢梭极富幽默，看不出他后来显出的精神忧郁。他的狗与猫相处颇洽，与他亦然。"他把食物放在木板上，并使他的狗绕着木板跳舞。他唱歌……活泼的音色，带有甜蜜的声音，而且非常高雅。"博斯韦尔谈起宗教："英国国教是我的选择。"卢梭说："是的，但它不是《福音书》。""你不喜欢圣保罗吗？""我尊敬他，但我相信他应对使你昏头昏脑的原因负部分的责任。他可能是一位英国的牧师。"

勒瓦瑟尔小姐问："先生，你看过伏尔泰先生吗？"博斯韦尔说："当然！"然后他转向卢梭说："伏尔泰先生不喜欢您。"卢梭回答说："一个人是不喜欢那些他曾严重伤害过的人。他的谈话最令人愉快，甚至他的谈话比他所写的书还要好。"博斯韦尔逗留过久而令他厌烦，但他离开时，卢梭说："请多吻我几次，并以最优雅的友谊来拥抱我。"博斯韦尔回到旅舍时，旅舍女主人说："先生，我认为你刚哭过。""这个，"他回答说，"我将永志不忘，以为我对人性真正的赞美。"

《科西嘉宪法草案》

虽经卢梭提醒，博斯韦尔访问了在费内的伏尔泰后，继续前往意大利、那不勒斯和科西嘉访问。在帕斯夸莱·迪保利的领导下，科西嘉于1755年脱离了热那亚的统治。卢梭在其《社会契约论》中，曾为这个新国家的诞生而欢呼：

在欧洲仍有地方尚未制定法律，那就是科西嘉岛。岛上英勇的人民已显出其具有重获与捍卫自由的能力，很值得一位贤哲的协助，以指导他们如何保卫国家。我有一种预感，将来这个小岛会惊动欧洲。

1764 年 8 月 31 日，卢梭接到科西嘉派驻法国的特使马特奥·布塔福科的一封信：

先生，在您的《社会契约论》中，您以最恭维的言辞提到我们的国家科西嘉。那种赞扬出自您如此诚恳的手笔……使人联想到强烈的希望，您必是帮助这个国家维持她以无数鲜血获得的自由的最贤明者。我承认，当然，我敢劳驾您承担的工作需要渊博的知识……假如您俯赐接受这件工作时，我一定提供您所需的资料。而迪保利先生……将尽最大的努力从科西嘉寄给您所需的一切资料。这位杰出的领袖及拜读您的大作而获益的所有我国的爱国者，共怀我的愿望，并具有所有欧洲人尊敬您的那种情感，而您有充足的理由享有那种尊敬。

卢梭于 1764 年 10 月 15 日回信表示接受，并请求给他为了解科西嘉人民的性格、历史、问题等所需的资料。他表示这项工作可能“超出我的能力所及，虽然并不超出我的热忱”。但“我答应你”。1765 年 5 月 26 日，他写信给布塔福科：“在我的余年中，我没有其他的兴趣，除了我自己与科西嘉，其他的一切事情已从我的思维中完全被排除。”他立即开始写他的《科西嘉宪法草案》。

以胸中已有社会契约论的基本框架，卢梭提出，每个市民应签署属于本人庄严及不可撤回的宣誓——“身体、财产、意志及所有我的权利”均属于科西嘉国。他赞扬已获独立的勇敢的科西嘉人，但他警告他们，有许多罪恶——懒惰、抢劫、仇恨、残暴——大部分来自仇恨他们的外国统治者。对这些罪恶的最佳治疗是一种完全农村化的生活。法律应诱导人民定居于田地上而非麇集于城市。农业有益于个人的性格与国家的健康，贸易、商业、财政为所有狡狯之徒大开方便之门，而必须由国家来劝阻。旅行必须步行或以兽代步。早婚与大家庭生活应受补助，男子年满 40 岁未婚则丧失公民资格。个人的财产应减少，以增加国家的财富。"我愿看到国家是唯一的所有权人，个人依其对国家所做服务的比例，享有共同的财产。"假如需要，可征召人民耕作国家的土地。政府必须控制所有的教育和所有的公共道德。政府形式上应以瑞士为模范。

1768 年，法国从热那亚购得科西嘉，派兵驻扎，处决了迪保利，并将该岛置于法国的法律之下。卢梭放弃了他的宪法草案，并谴责法国的侵略违背了"一切正义、人道、政治权利和理性"。

逃亡者

两年中，卢梭舒适、安静地定居于莫捷，读书、写作、养病——遭受了坐骨神经痛的侵袭（1764 年 10 月），及很有礼貌地接见了经过泰蕾兹细查过的拜访者。其中一位拜访者感激地描写道：

> 你没有办法来描述他的社交是何等迷人，他的举止是何等有礼，他的谈吐安详与令人愉快是何等的有深度。你不构想一幅与众不同的图画，说服自己把他想象成怪物，永远严肃而有时是粗暴的吗？啊，这是何等的错误呀！以最温和的措辞来说，他把一闪一闪的火花联结起来，而且看到了眼力看不见的愉快。当你抓住只要他感兴趣的任何题目，那么他的眼睛、他的嘴唇、他的双手——他身上的任何部分——都在说话。把他描写为一位爱发牢骚的人，那么你可能完全错了。他绝不像那种人，他跟大家一起笑，与小孩子们喋喋不休并说笑话，他嘲笑他的管家。

　　但当地牧师已发现《爱弥儿》和《山间信简》中的异端邪说，而这件事对他们似乎是一件丑闻，以至于认为像这种魔鬼势必因为他的出现而玷污了瑞士。为了安抚他们，卢梭在一项正式的文件中提出自我约束的保证（1765 年 3 月 10 日）："决不再发表任何有关宗教的新著作，决不在任何其他新的著作中间接地处理宗教问题……而且，由情感与言行，将继续证明我十分重视我与教会连在一起的幸福。"纳沙泰尔的宗教法庭召他出庭并答辩异端的指控，他请求赦免："即使我十分愿意，要求我长期出庭是不可能的事。"那是很痛苦的真话。他自己的牧师背叛他，而且在公共的聚会中斥责他是反教会分子。牧师对他的攻击在教区中已如火如荼地展开，某些村民在卢梭散步时向他扔石头。约 9 月 6 日至 7 日深夜，他和泰蕾兹被一阵石头击打在沙墙上的声音及打破窗户玻璃的声音惊醒。一块大石头打破玻璃落在他面前。一位邻居——村中的官员——召来几位守卫保护他，群众散了，但卢梭在莫捷仅有的朋友劝告他离开。

　　他提出某些避难的场所，"但我已如此热爱瑞士，只要有可能让我留下来，我决不离开"。一年前，他曾访问比尔湖中央的圣皮埃尔小岛，小岛上只有一个房屋——守卫的家庭。那里是酷爱安静者的理想场所。两年前驱他出境的伯尔尼，给他非正式的保证，他可迁到该小岛而免受逮捕的恐惧。

　　因此，约 1765 年 9 月中旬，即居住莫捷 26 个月后，他和泰蕾兹离开了他们钟爱的家，前往守卫的家共膳宿。那个地方如此与世隔绝，以至于"既无普通人也没有教会的人来干扰它"。"我想我必须住在该岛以与人们隔得更远，也可很快地被人们遗忘。"为了应付他的开销，他授权画家杜·佩鲁出版他所有的著作，"并由他保管论文，但在我死之前不能使用，以使我的内心在余年中安详度过，不做把我再卷入公共场合的任何事情"。基思送给他 1200 英镑的年金，他同意取其半数，他安排另一半年金给泰蕾兹。他与她定居岛上，对生命不再有所求，现在他已年届 53 岁了。

13年以后——他生命的最后一年——他写了他的最佳著作之一《一位孤独漫步者的遐想》，以冷静的优雅来描写他在圣皮埃尔岛上的生活。"使人愉快的懒散是首要的享受，我希望真能品尝到其中所有的甜蜜。"我们已处处看到他如何羡慕林尼厄斯。现在他手持瑞典植物学家的书，开始研究与列出他小天地中的植物。或者在好天气时，像在瓦尔登湖的梭罗：

> 湖水平静时，我将自己投入小舟，划到湖中央，在那里，我把全身伸直躺在舟上，我的眼睛朝向天空，我让自己随着湖水慢慢到处飘荡，有时好几个小时，投入数不清的梦乡。

但甚至在这里，他也不能再长久地停留。1765年10月17日，伯尔尼的参议院命令他于15天内离开该岛与该州。他不知所措，失去镇静。"为了获得官方的默认，为获得曾一度失去、用以安身立命的宁静，为了获得从伯尔尼来的某些人的访问，采取的措施"，使他深信目前他已摆脱迫害与驱逐而获得安全。他请求州参议院给他解释的机会并延缓期限，并对被驱逐出境做绝望的挣扎：

> 我有一项解决办法，尽管它可能很糟糕，我也会毫无怨言地积极接受，假如诸位先生能发善心同意的话。你们可以把我关在城堡的监牢里，或任何你们觉得恰当的地方，我将在你们指定的地方度过余年。我会自费在那个地方生活。我将保证不让你们负担任何费用。我情愿不带纸或笔，或不与外界通信……只要让我带几本书，有时可在花园散步的自由，那么我就心满意足了。

伯尔尼的答复是颁下一道命令：限24小时之内离开该岛及伯尔尼所有的领土。

他到哪里去？腓特烈二世邀请他到波茨坦，迪保利邀请他到科西嘉，达朗贝尔邀请他到洛林，出版家雷伊邀请他到阿姆斯特丹，休谟邀请他到英国。10月22日，已是英国驻巴黎使馆秘书的休谟，写信给卢梭：

> 你的乖舛与前所未闻的不幸，你的品德与才华的奇特独行，必引起同情你的每个人情感的共鸣。但我敢说，在英国你可获得免于迫害的绝对安全，不仅因为我们法律的容忍精神，而且源自那里的人们对你性格的尊敬。

10月29日，卢梭离开了圣皮埃尔岛。他安排泰蕾兹暂居瑞士，他自己搬到斯特拉斯堡。在那里他停留了整整一个月，仍犹豫不决。最后他决定接受休谟的邀请赴英国。法国政府发给他回到巴黎的签证。在巴黎，休谟第一次会晤卢梭，很快发现自己很喜欢卢梭。巴黎所有的人都在谈论这位被放逐者的归来。休谟写着："很难描述或想象法国对卢梭关切的热烈程度……从来没有人如此受到他们的重视……伏尔泰及其他的人全已黯然失色。"

新的友谊在其诞生时就出现了裂痕，在这里想确定事实，或者无所偏倚地把他们的内容报告出来是很困难的。1766年1月1日，格里姆把下列报告送给他的读者：

> 卢梭于12月17日进入巴黎，次日他穿着亚美尼亚服装在卢森堡公园散步。没人受到警告，也没人从这种景观中获益。孔蒂王子把他安顿在神庙，该处的亚美尼亚人每天观察他。他每天也在一定的时间在他居所附近散步 [1]……这里有他停留巴黎期间到处流传的一封信，而那封信已获得最大的成功。

---

[1] 卢梭对他的朋友吕兹说："我希望我能去看你，但为了不在街上炫耀我的亚美尼亚帽子，我很诚恳地请你来看我。"

关于这一点，格里姆刊印了声称来自腓特烈二世致卢梭的一封信。这是一封由沃波尔编造的信，为的是开卢梭的玩笑。沃波尔于1766年1月12日在致康韦的信中写道：

我目前由于一篇非常普通的文章出名了，但是该文引起令人难以置信的骚动。一天晚上，我在若弗兰夫人处开卢梭爱好与厌恶的玩笑，而且说某些事情将会使他们转变。回家后我就把这些事写在一封信上，第二天我把它送给爱尔维修和尼韦努瓦。他们对这件事很感兴趣，在他们告诉我用字上的某些错误之后……他们鼓励我把它刊印出来。正如你知道的，我一向很喜欢嘲笑政治或文学上的走方郎中，就让他们大展才华，我并不反对。这封信的复印本就像野火般传开，而我就跟着流行起来……这封信内容如下（这封信是由法文逐字翻译过来的）：

普鲁士国王致卢梭先生：

我敬爱的让－雅克，你已放弃了你的祖国日内瓦，你让你自己被瑞士这个你曾经在你的著作中大加赞扬的国家驱逐，法国已发布命令反对你。那么，来我这里吧，我仰慕你的才华，我被你的梦想愉悦。梦想（但愿如过去所说的）占去你太多的时间。你终究是明智、快乐的。你谈及太多有关怪僻的地方，那样不适合一位真正的伟人。向反对你的人展示有时你也有常识，这会使他们烦扰而不至于去做伤害你的事。我的国家将提供你和平安全的住所；我希望你健康，而且很愿意帮你的忙，只要你提出需要。但假如你继续摒弃我的帮助，请深信我绝不告诉任何人。假如你坚持再绞尽脑汁自寻灾祸，那么也请自便吧。我是国王，可以满足你的任何愿望，当你放弃在被迫害中寻求荣耀时（在被敌人环绕时，你很难做到），我也不再强求你。

你的好友腓特烈

沃波尔从未见过卢梭。他老于世故的智慧与天生的幸运几乎与卢梭的作品相对。他在若弗兰夫人的餐会上听到卢梭的错误与愚蠢，也见到了狄德罗和格里姆。他可能不了解，由于卢梭对神经机能疾病的敏感，已被一连串的论战与忧患逼近精神崩溃的边缘。假如沃波尔了解此点，那么他的"益智玩笑"未免可耻得残酷了。我们必须加一句话，即休谟请求他在英国为卢梭找隐居的地方以实现他对卢梭的承诺时，沃波尔即努力供给避难所需的一切协助。

休谟知道这封信吗？很显然这封信最初捏造之时，他正在若弗兰夫人那里。他被指控为"参与"这封信的撰写。1766 年 2 月 16 日，他写信给布哈本德诺侯爵："如果说我开过卢梭的玩笑，像在普鲁士国王的假信中那样，也是我在奥索里爵士的餐桌上写的。"1766 年 1月 3 日，休谟在霍尔巴赫子爵的餐会做了惜别访问。休谟盼望使卢梭免于迫害，并使他在英国快乐。霍尔巴赫是一个怀疑论者。"我很抱歉，"他说，"我不想打击你的希望与幻想，但我告诉你，不久你会悲痛地醒悟过来。你不了解你自己，我十分难过地告诉你，在你的怀中你正培养一条毒蛇。"

次晨，休谟与卢梭，让-雅克·吕兹与卢梭的爱犬苏丹，乘着两辆邮车离开了巴黎，朝着加来地区出发。在拒绝了休谟、布弗莱夫人和威德兰夫人（Mme. de Verdelin）为他提供的款项后，卢梭自费支付此行的旅费。1 月 10 日，他们抵达多佛，卢梭拥抱着休谟，并感谢他把他带到自由之邦英国。

卢梭在英国

1766 年 1 月 13 日，他们抵达伦敦。过路的人注意到卢梭的服装——皮裘的帽子、紫色的长袍及腰带。他对休谟解释说，因为疾病以致对穿裤子感到不便。休谟游说他的朋友孔威为这位杰出的外国朋友准备食宿，乔治三世同意每年付 100 英镑，并表示愿非正式一晤。一天晚上，国王与王后驾临德利连歌剧院时，加里克为卢梭与休谟订了皇家包厢对面的包厢。但休谟拜访卢梭时，休谟颇难劝服卢梭离开他那只被锁起来而咆哮不止的爱犬，最后"我捉着卢梭的手臂，而……使用了部分的力量，我拉他走路"。看完歌剧后，加里克请卢梭晚餐，卢梭对加里克的演出大加赞扬："阁下，您所演的悲剧我感动得流泪，而您的喜剧使我微笑，虽然我对你们的语言一个字都不懂。"

总而言之，休谟到目前为止对卢梭的举止是感到满意的。抵达伦敦不久，他写信给布哈本德诺夫人说：

> 您曾问我对卢梭的看法，就各方面观察之后……我宣布我从未认识比他更和蔼与具有人格的人。他优雅，谦虚，热情，公正，非常的敏感。假如要挑出他的毛病，我还没有发现，除了过分的性急，对他最好的朋友们不公平猜忌的脾气……至于我，我将尽我的生命陪伴他，而在我与他之间绝不会产生疑云。他的举止非常单纯。在日常的琐事中，他是一个十足的小孩。这种个性使那些与他生活在一起的人容易照料他。

> 而且，他古道热肠，谈吐充满热情。我非常喜欢他，盼望能分享他的情感……巴黎的哲学家事先对我说，我无法带他到加来地区而不与他争吵，但我相信我能够终身以互惠的友谊与尊敬同他生活在一起。我认为我们之间和谐相处的最大泉源是我与他皆不是好辩之徒，这个又与他们之间任何人的情况不同。他们不喜欢他，因为他们认为他太热衷于宗教。值得注意的是，这个时代遭迫害的哲学家显然也是最虔诚的……看完《圣经》后他是一个虔诚者，他是一个比基督徒要好一点点的人。

但仍然困难重重。正如在巴黎，伦敦也是一样的，贵族、淑女、作家、平民云集到休谟为卢梭安排住宿的白金汉街的亚当斯夫人家。

不久，卢梭就厌烦这些殷勤，请求休谟为他在远离伦敦的地方找个房子。威尔士修道院愿提供照顾他的服务。他颇愿接受，但受休谟意见的影响，他寄居于离伦敦 6 英里的位于泰晤士河畔的奇斯威克的杂货店主人家。1 月 28 日，卢梭与他的爱犬苏丹搬往该处。现在他要泰蕾兹来，使他的房东与休谟苦恼的是：他坚持应允许泰蕾兹与他同桌共餐。休谟在写给布弗莱夫人的信中抱怨说：

> 吕兹先生……说她的生活尽是邪恶、好争吵及喋喋不休，这被认为是卢梭离开纳沙泰尔（莫捷）最主要的原因。他自己归因于她是如此的笨拙，以致她从来搞不清楚具体的日期，而且她从不会分辨任何国家不同的币值。但是，她控制卢梭正像一位保姆管教小孩一般。她不在时，他的狗就获得这项主权。他钟爱他的狗是非言语与观念所能表达的。

其间，泰蕾兹已来到巴黎。博斯韦尔在巴黎碰见她，并答应护送她到伦敦。2 月 12 日，休谟写信给布弗莱夫人："我已收到一封信，获悉小姐已与我的一位极富幽默、非常令人愉快、非常狂热的年轻朋友一同出发……他是如此醉心于文学，以至于我担心某些打击我们朋友荣誉的事会发生。"博斯韦尔声称他已证实这个预言。依照他所记而目前已被毁的几页日记，他与泰蕾兹从巴黎出发的第二个夜晚就在乡间旅馆两人共眠一床，而且接连着几个夜晚都睡在一起。他们于 2 月 11 日前抵达多佛。日记这样写着："2 月 12 日星期三。昨晨很早上床，又发生 1 次关系；一共 13 次。我实在很喜欢她。早晨 2 时乘轮渡起程。"当天晚上他带泰蕾兹到伦敦休谟处，并答应她"不提及爱情，一直到她死后为止，或者于这位哲学家（卢梭）死为止"。就在 13 日那天，他"把她送还给"卢梭。"他看起来如此老态与衰弱，你（博斯韦尔）对他再也没有热情了。"那是很自然的。

在奇斯威克，正如在莫捷一般，卢梭收到原比他期待的还要多的来信，并抱怨他必须付出邮资。一天，休谟从伦敦带给他一件"货物"时，他拒收并命令把它退回邮局。休谟警告他说在那种情况下，邮政官员可打开被拒收的邮包而获知他的秘密。这位耐心的苏格兰人拆开了寄到伦敦给卢梭的信件，而仅将其中认为较重要的交给卢梭。卢梭同意了，但不久怀疑休谟干涉他的通讯。

伦敦上流社会邀请卢梭的餐会通常包括勒瓦瑟尔小姐，卢梭常以健康不佳为由推辞，但可能因为他厌恶介绍泰蕾兹给高尚的访客。他一再重复他要归隐乡间的愿望。从加里克处听到这个消息的理查德·达文波特，提供给他一所离伦敦 150 英里、位于德比郡伍顿村的房子。卢梭很高兴地接受了。达文波特派马车去接他与泰蕾兹。卢梭埋怨说他好像受到乞丐一般的对待，并对休谟说："假如这是达文波特故意为之，一定是你同意他这样做，你不应该令我感到如此不快。"一小时后（依休谟的说法）：

> 他突然坐在我的膝上，将他的双手抱住我的颈部，热情地吻我，而眼泪沾湿了我的脸，大声叫着："你能永远原谅我吗？亲爱的朋友？从你那里得到真挚的友爱后，最后我竟以这种愚蠢与恶劣的行为来报答你。但是，显然我有值得你付出友谊的一颗心；我爱你，我尊敬你；你无时无刻不对我仁慈。"……我吻他并拥抱他 20 次，眼泪夺眶而出。

次日（3 月 22 日），卢梭与泰蕾兹往伍顿出发，休谟没有再见他们。不久，休谟写信给休·布莱尔，对卢梭的健康情形与个性有直觉上的分析：

> 很失望，他不顾我的劝告，决定奔向这种孤独。而我预料在那种情况下他将不会幸福的，正像他一直所处的情况一般。他将会完全没有职业、没有朋友及几乎没有任何娱乐。在他日常生

活中，他很少读书，而目前他已放弃所有的阅读。他已变得很渺小，已没有好奇的态度去见识或注意事物……诚然，他已没有多大的创造力了，在他的全部日常生活中，他仅一直在感觉。而在这方面他的敏感性已升到超越我所能看到的任何例子，但这一直是对痛苦比对快乐更具敏锐的感觉而已。他不但像一个被脱光衣服的人，而且也像一个被剥掉皮的人，因挣扎而变得粗鄙和狂暴，像底层社会的人那样。

3月29日，卢梭与泰蕾兹抵达伍顿。起先，他对他的新居感到非常满意。他给纳沙泰尔一位朋友的信中有这样的描写："一座寂静的房屋……并不太大，但很舒适，建于一座山谷旁边的半山腰。"房屋的前面有着"世界最可爱的草坪"，一幅"绿地、树木，及散布农田"的乡景，而附近，农民沿着小溪走着。"在世界最坏的天气里，我平静地外出采集植物。"达文波特一家人在他们偶尔停留时占用房间的一部分，而他们的仆人留下来照顾哲学家与他的"女管家"，卢梭坚持付给达文波特每年30英镑，作为房租和服务费。

他的幸福持续了一个星期。4月3日，伦敦一家日报《圣詹姆士纪事报》以英文和法文刊登了腓特烈二世致卢梭的假信，而没有提到真正的作者。卢梭知道这件事时深受创伤，更伤心的是该报的编辑威廉·斯特拉恩长期以来是休谟的好朋友。加之，自从卢梭离开奇斯威克以来，英国报纸的笔调对他已有显著的改变。批评这位离奇古怪的哲学家的文章有增无减，某些文章涉及的题目他认为只有休谟才知道。无论如何，他认为休谟应该为保护他以前的老友而写些文章才对。他听到这位苏格兰人在伦敦与卢梭在日内瓦时的对手之子弗朗索瓦·特龙桑同住一处，就认为后者已将卢梭的所有隐私与错处都告诉了休谟。4月24日，卢梭致函《圣詹姆士纪事报》：

先生，你已冒犯任何个人对一位君主应有的尊敬，你公开了属于普鲁士国王的一封充满夸大与恶意的信，因此你应已知道你已不可能查出该信的作者。你甚至敢模仿他的签名，宛如你已看到签名是由他的手写成的。我告诉你，先生，这封信已在巴黎被捏造，而最令我伤心落泪的是他的伪造者竟有英国的共犯在里面。你因它已对普鲁士国王、真理及我有所亏欠，也有义务把这封由我签字的信刊出，以补偿毫无疑问你所应引咎自责的过错。你知道那封信是一项恶毒的阴谋吗？我在此谨向你致以忠诚的问候。

卢梭

我们能了解现在卢梭为什么认为有个"阴谋"在打击他。除了旧日的敌对者——伏尔泰、狄德罗、格里姆及启蒙运动的其他先知外，谁能推动英国报纸由欢迎与赞扬突然变为嘲笑与轻视的语调呢？就在此时，伏尔泰匿名出版了《致潘索夫博士的一封信》，重提卢梭的著作中对英国人民所做的不利叙述——他们并不真正自由，他们太注重金钱，他们并非"生性本善"。伏尔泰小册子中最损人的一篇在伦敦的刊物《劳埃德晚报》上刊出。

5月9日，卢梭写信给孔威，请求他暂停对自己提供食宿费用。休谟劝卢梭接受，卢梭答称，他不能接受由休谟安排而获得的任何恩惠。休谟要求给他解释的机会。由于孤寂，卢梭现在似乎已进入猜疑与愤怒的疯狂状态。7月10日，他寄给休谟一封长达18张对开页的信。该文太长而不能全部引录，但对一次著名的争吵太重要，以致我们应记得其中的某些要点：

我已生病，先生，而且很不想写信。不过既然你要求解释，那就给你一次解释的机会……

我生活于这个世界之外，而我对世界上发生的一切，茫然无知……我仅知道我感觉的是什么……

你大胆地问我，谁是你的责难者？你的责难者，先生，他是在整个世界中的一个人……我必须信任的人……他就是你自己本身……就第三人称来说，他的名字叫大卫·休谟，我将使你成为我对他的看法的裁判。

卢梭充分感谢休谟的恩惠，但接着说：

就对我所施的真正恩惠而言，这些待遇是无可计量且显而易见的……我并非完全不知道……假如我是单独来此，我该已在毫无帮助或忠告下离开了……假如达文波特对我足够地爱护而供给我居所，那么就不必感谢达文波特不认识的休谟先生……我在这里受到的一切优遇，就是没有休谟我也同样会充分得到。但已加诸我的灾祸，就不会发生了。为什么我在英国会有敌对者呢？而为什么偏偏这些敌对者正巧又是休谟先生的好朋友呢？

我也听到我的死敌江湖郎中特龙桑的儿子，不仅是休谟先生的朋友，也是他的被保护者，而且他们共同居住在一起……

所有这些事实凑在一起，使我得到的印象是令人担忧的……同时我写的信无法传至收信人，我收到的信都已被打开，而这些信都经休谟先生之手……

当我看到报上刊登假造普鲁士国王的来信，我的感受将如何？……一线曙光对我透露了英国大众对我的观感突然改变的秘密原因，而我看到在巴黎的阴谋已在伦敦执行了……这封伪造的信在伦敦刊出时，知道那是虚构的。休谟先生并未为我说一句话，也没有写信给我。

现在我只有一句话要告诉你。假如你有罪，就不必写信给我，那是无用的。请确定你一定不会欺骗我。但假如你无辜，就降尊纡贵为自己辩护……假如你不这样做——我永远都不要见你。

1766 年 7 月 22 日，休谟简单回信，但不提及卢梭指控的地方，因为他已得到结论，即卢梭已处于精神错乱的边缘。"假如我可以向你提出忠告的话，"他写给达文波特，"你必须继续你已开始的仁慈的工作，一直到他被关入疯人院。"听到卢梭在写给巴黎的信中（1766 年 4 月 9 日写给布弗莱女伯爵），提到他已与自己绝交，休谟将卢梭写给他长信的复印本寄给布弗莱夫人，她给休谟的回信如下：

> 卢梭的信是残暴的。它已达到偏激与不可饶恕的程度……但别相信他能够应付任何错误或诡计，也不要认为他是一个骗子或无赖。他的发怒没有道理，却是诚挚的，关于那一点，我感觉那是毫无疑问的。
>
> 这里所写的就是我认为这件事的原因。我已听到谣传，及他已被告知在沃波尔的假造信中佳句之一出自你的手笔，你曾以普鲁士国王的名誉开玩笑说："假如你希望被迫害，我是国王，我可依照你喜欢的方式提供给你。"而沃波尔先生说你就是上文的作者。假如上述属实，而卢梭也了解这一点，那么你还会惊奇那敏感、性急、忧郁及骄傲的卢梭……何以愤怒？

7 月 26 日，沃波尔写信给休谟，承担了全部的责难，但未表示任何的悔过——为那封假撰的信。他还谴责卢梭的"忘恩负义和邪恶之心"。但他不否认休谟与该信有所牵连，休谟写信给霍尔巴赫说："你完全正确，卢梭是一个怪物。"而撤销了他以前对卢梭性格的赞美之辞。他从达文波特那边获悉卢梭已开始写《忏悔录》，他认为卢梭为该事件在自我宣传。亚当·斯密、杜尔哥、基思劝休谟以沉默来忍受攻击，但由达朗贝尔领导的巴黎哲学家，促请他在两个首都公布对他有利而且久已闻名的"原因"。1766 年 10 月，他发表了《发生于休谟先生与卢梭之间争论的简要报告》，该文由达朗贝尔和叙阿尔译成法文。一个月后英文也出刊了。格里姆将其中的要点在他 10 月 15

日的订阅信中广事流传，因此争论之声再响于日内瓦、阿姆斯特丹、柏林和圣彼得堡。十几家刊物渲染此事。沃波尔出版了他对争论的看法，博斯韦尔攻击沃波尔，拉杜尔夫人则说卢梭先生骂休谟是叛徒。伏尔泰寄给沃波尔有关卢梭的过错与罪过的额外资料、有关他常到的"不名誉的地点"，及有关他在瑞士的煽动活动。乔治三世"以莫大的好奇心参战"。休谟将相关的文件寄到大英博物馆。

为这一阵狂怒包围的卢梭，却保持着忧郁的沉默。他现在决定不惜任何代价回到法国，英国潮湿的天气和英国人保守的性格，使他憔悴。他追寻的安静超过他能忍受的范围。在决定放弃努力学习英文之后，他发现很难跟他的仆人相处。他只能与泰蕾兹交谈——她每天请求他带她回法国。为了实现她的计划，她对他证实仆人正计划毒死他。1767年4月30日，他写信给他不在场的房东达文波特：

> 明天，先生，我将离开你的房屋……我并不是不知道伏兵已准备突击我，我也并不是不知道我没有能力保护我自己。但是，先生，我仍然活着。剩下的只是我光荣地完成一项事业……再见，先生。我现在必须离开我居住的房屋，诚属遗憾。更使我遗憾的是碰到你这位如此令人愉快的主人，而我尚未使他成为我的朋友之一。

5月1日，他与泰蕾兹在匆忙与恐惧的状态下逃离。他们丢弃了行李，留下13个月的房租钱。由于不熟悉英国的地形，他们走了很多迂回路，有一段路途是步行的，约有10天他们迷路了。报纸大事刊登他们失踪的消息。5月11日，他们转到林肯郡的斯波尔丁，在那里他们找到了通往多佛的路，而于5月22日从多佛上船往加来出发，结束了在英国16个月的生活。休谟写信给杜尔哥及其他朋友，要求他们帮助这位尚在逮捕令追捕之下、现已凄凉返抵法国的流浪汉。

第二部

卢梭时代的南欧

威尼斯以其运河、建筑和独特的浪漫气息闻名于世。而曾经的威尼斯共和国，影响遍及整个地中海世界。

第一章 | 意大利沃土
（1715—1759）

自然景色

　　意大利分裂为十余个互相猜忌的邦国，不能联合以自卫。意大利这时正忙于享受生活，以致任由外邦人为了政治利益和战利品互相杀戮着，因此，黄金半岛成为西班牙波旁王朝与法国对抗奥地利哈布斯堡王朝的战场。一连串的战争至1748年结束，西班牙再度拥有那不勒斯王国和帕尔马公国。教皇控制了天主教国家，萨伏依、威尼斯和圣马力诺仍保有自由，热那亚、摩德纳是法国的保护国，而奥地利拥有米兰和托斯卡纳。同时，意大利境内正阳光普照，田园、葡萄园、果园供给食物与饮料，仕女们美丽多姿、热情洋溢，悦耳的旋律四处飘送。外国的游客和学生来到这里享受美好的气候、风景、剧院、音乐、艺术及数百年来优美文化熏陶成长的社会。而今，意大利一半被征服，一半被掠夺，但至少意大利北部依然是欧洲最快乐的国土。

　　1700年，其人口约为1400余万人，1800年约为1800万人，而可以耕种的土地不及一半。不过，凡是可以耕种的地方，每一平方英尺都得到辛勤的耕耘和精心的照料。山坡地辟为梯田以保持水土，藤蔓攀绕着树枝，让果园缀上花环。而南部土地贫瘠，阴冷的太阳使河川干涸、田地荒废、人民愁苦，那里的封建制度仍保有中古作风。有一句略带讽刺的古语，"耶稣基督从未光临过埃博利以南"——索伦托之南。意大利中部土地肥沃，由教会统治下的佃农耕耘。北部——最重要的是波河河谷——有运河灌溉滋润，但需要大量费用和经过训练的农人疏浚河床泥沙，构筑堤岸。这里的农人也为小地主耕种土地以分取谷物。在拥挤的田庄里，即使一贫如洗，仍能保有尊严。

上千的村庄遍布在平原、丘陵与海滨之间。夏天既肮脏又多灰沙，清晨喧嚷吵闹，唠叨的工人因暑气逼人而步伐缓慢；中午时刻，却十分寂静；黄昏则充满了谈笑、音乐和爱情的追逐。意大利人喜爱午睡甚于金钱，拉巴斯曾说："这时候街上除了狗、愚人和法国人外，什么也见不到。"上百的市镇到处有教堂、宫殿、乞丐和艺术品。五六个城市可与巴黎媲美，数千名工匠皆有第一流的技艺，在米兰、都灵、贝加莫、维琴察等城市的纺织工业再度发展，而纺织业，大部分由家庭纺织机生产，是家庭生活的一部分。占小部分的中产阶级（商人、银行家、厂主、医师、律师、公务员、新闻从业员、作家、艺术家、教士）在贵族阶级（地主和教会阶级）和平民阶级（店主、艺匠和农民）之间成长发展着，可是尚缺政治权力。

除了在威尼斯和热那亚外，阶级差异并不难断定，意大利大多数城市里，贵族们很活跃地进入工商界和财政界。任何一个意大利农民都可能成为大主教或教皇，这一事实把民主因素注入了社会生活中。在法庭上，了不起的门阀领主与寒门教士相处，在学院和大学里，智力的优越比阶级门第更为重要。在狂欢节里，面罩后面的男女自得其乐，忘却了社会等级如同忘记他们的道德律。快乐交谈如置身于法国，唯一的例外是，他们有一种默契，即不妨害宗教，这一宗教为意大利带来国际性的贡献，这一宗教甚至是由其征服者传入意大利的。

这一宗教并不反对享乐，它配合着意大利人的个性与意大利的气候，以达到和平境界。狂欢节里，它允许适度的放纵，但它的教义极力维护婚姻与家庭制度，而且反对女人的轻信和男人的幻想。知识阶

级的女孩子，年纪轻轻——有早在 5 岁时——即被送到修女院，主要
为道德的约束监督而并非接受教育。只有在女方嫁妆筹集妥当后，这
个让人企盼的结果才被宣布，受女方家长或监护人认许的求婚者才准
备迎亲。假如我们相信卡萨诺瓦的话，偶尔，情欲强烈的修女可能避
开女修道院院长的耳目——或女修道院院长避开其修女们的注意——
在黄昏与清晨之间另寻方法去约会色欲强烈的男性。但这总是少有
的，而且是危险的胡作非为，关于修道者的私德我们不宜多说。

一般未婚男性，如果尚未诱引到妻子，则去狎妓。凯吕斯伯爵
估计 1714 年那不勒斯 15 万人口中妓女即占有 8000 人之多，在米兰，
布罗塞斯发现"在公共广场里行走一步即可碰见淫媒者，能提供你希
望的任一肤色或国籍的女人；但你要知道结果并不如承诺那么美妙"。
在罗马，妓女被逐出教堂和公共集会所，并禁止在圣诞节、封斋节、
星期日或假日里出卖色相。

已婚妇女的柔情受到抑制，这成为她们最大的苦痛，对她们在
监督下消逝的青春及不能选择自己的终身伴侣进行的补偿，是纵容男
女之间的暧昧行为，及采取侍从骑士的传统，这种情人的风俗是从西
班牙传入的。在丈夫同意她和情人外出的情况下，允许已婚妇女接受
"服务的绅士"（Serving Gentleman）陪伴共进晚餐，同去剧院，参加
社交活动，但很少同床。有好些丈夫为他们的妻子选择这种侍从骑
士，以防止发生不正当的爱情。卡萨诺瓦回忆录的广泛流传，及习惯
于法国式放纵的法国旅行者的快速报道，使意大利的不道德在外国人
的脑海中被夸大了。意大利虽泛滥着暴力犯罪和色情犯罪，但意大利
人地地道道是孝顺的子女、善妒的丈夫、勤劳的妻子和慈爱的父母，
他们过着团圆美满的家庭生活，他们以尊严、健谈和欢愉来面对婚姻
及为人父母遭遇的难题。

妇女教育不受鼓励，许多男人认为识字危及贞操。少数年幼的
女孩在修女院中接受阅读、写作、刺绣、服饰和仪态的指导。然而也
听说受过良好教育的妇女主持沙龙，在沙龙里，她们自由自在地与

作家、艺术家和企业家男士交谈。在巴勒莫，安娜·珍蒂莱（Anna Gentile）将伏尔泰的作品翻译成优美的意大利散文，出版了伏尔泰的《哲学书简》，书中勇敢地保卫着法国哲学家爱尔维修的非宗教道德观。在米兰，布罗塞斯聆听年仅20岁的阿涅西用拉丁语演说水力学。她学过希腊文、希伯来文、法文和英文，并写了圆锥面和分析几何学的论文。在博洛尼亚大学，马佐利尼夫人教授解剖学，而坦布罗尼夫人教授希腊文。在同一所大学，巴希21岁时获得了哲学博士（1732年）学位，不久因其博学而荣膺教授职位。她演说牛顿的光学，并撰写物理学论文。她还为丈夫生了12个孩子，并亲自教育他们。

　　大部分男女都不识字，而无社会傲气，如果一个乡村青年显出灵活而渴望的心智时，教士会想出某种方法教育他。在城市里，各种不同的宗教团体开办了学校，在意大利的耶稣会会员拥有许多学院，威尼斯有6所，米兰有7所，热那亚有6所，皮德蒙特有10所，西西里有29所，而在那不勒斯王国和教皇国尚有许多所。都灵、热那亚、米兰、帕维亚、比萨、佛罗伦萨、博洛尼亚、帕多瓦、罗马、那不勒斯、巴勒莫等地皆有大学，此等学校皆在天主教教会的控制下，但其教授阵容中有很多非教会人士，老师与学生们一样宣誓，不教、不读、不说和不做任何违反罗马教会的书籍与事情。卡萨诺瓦在帕多瓦曾说："威尼斯政府付给名教授高薪，并给予学生绝对自由以听取他们的功课和演说，或依其喜爱而不去听讲。"

　　此外，意大利人的心智受到以专门研究文学、科学或艺术为宗旨，而且不受教士控制的学术机构的鼓舞，其中著名的领导机构为田园学院（Arcadian Academy），此后它衰败了。有许多公共图书馆，如米兰美丽的芬芳阁书库，或佛罗伦萨的玛格里亚图书馆。而且有很多私人图书馆，如威尼斯的皮萨尼图书馆，每星期在指定的日子里对大众开放。布罗塞斯报告说，意大利图书馆较法国图书馆更被人经常而热诚地使用。此外，尚有各种学术性的、文学的或幽默的定期刊物。泽诺和希皮奥内·马费伊在1710年出版的《意大利文学季刊》

（*Giornale dei Letterati d'Italia*）是欧洲学术水平最高、最受重视的杂志之一。

　　总之，意大利正享受着活跃的知识生活。诗人众多，整日吟诗题词，空气中洋溢着抒情诗，回荡着古诗人彼特拉克的韵律，即兴诗人们在促请下灵感泉涌、诗兴大发。但除了阿尔菲耶里（Alfieri）外，本世纪并无其他伟大诗人。威尼斯、维琴察、热那亚、都灵、米兰、佛罗伦萨、帕多瓦、那不勒斯、罗马等地皆有剧院。艺术精英们和一般平民走进这个秀丽的建筑物，一边交谈并互送秋波，一边观赏歌剧和戏剧。这里也有伟大学者如马费伊，勤奋历史学家如穆拉托里（Muratori），不久也将有一些伟大的科学家。在监督之下产生的稍嫌造作的文化，过分拘于礼仪风貌而丧失了勇敢豪迈的气概。

　　即使如此，仍有阵阵异端邪说之风掠过阿尔卑斯山或海洋朝着意大利吹来。一些外国人——主要是拥护英王詹姆士二世的英国人（Jacobite Englishmen），从 1730 年起在热那亚、佛罗伦萨、罗马和那不勒斯建立了趋向自然神论的兄弟会。教皇克莱门特十二世和本尼狄克特十四世对其加以责难，但其吸引了众多信徒，特别是贵族，偶尔也有教士。孟德斯鸠、伏尔泰、雷纳尔、马布利、孔迪亚克、爱尔维修、霍尔巴赫、拉梅特里等人的著作都输入意大利，法文版的《百科全书》在卢卡、里沃纳、帕多瓦等地出版。启蒙运动以温和的程度及以适合能读法文的人的方式，到达了意大利。但意大利人深思熟虑，而且大部分很满足地抑制了哲学，其嗜好和技巧表现在艺术、诗文或音乐的创作和欣赏力上。一种可以触知或可见、可闻之美，对从未确定能够取悦人的难以理解的真理，似乎更适合诠释。其引吭高歌时，却任世界争论。

音乐

　　欧洲承认意大利音乐的优越，接受它的乐器和形式，欢迎其优点，为其阉歌人（castrato，幼时去势以保全其童声的歌者）加上皇冠，对格鲁克前后美妙旋律的歌剧大为折服。格鲁克、哈瑟、莫扎特，及其他千余人都来到意大利学习音乐，师从波尔波拉学习美声唱法（bel canto）的技巧或接受马蒂尼的嘉奖。

伯尔尼在威尼斯说："如果两人手牵手并行时，彼等谈话内容似乎是歌唱问题，所有歌曲都是三重合唱曲。"另一个英国人如此报道："在圣马可广场，人群中一人——或是鞋匠或是铁匠——开始奏起小曲调，他那一群人必和着唱出曲调的各部，唱得既准确又有韵味，即使在我们北方国家的上流社会也很难遇到。"

窗下的情人抱着吉他或曼陀林大显身手，也捉住了少女的心。街上歌唱者把他的旋律带进了咖啡室和酒店，河上平底船传出的歌声散布在空中，沙龙、学院和剧院里表演音乐演奏会，教堂里飘出了风琴和合唱的声音，歌剧院里女歌手或阉歌人的歌声，使男士沉醉，使女士为其昏厥。1758 年在罗马举行的星光交响乐演奏会上，莫扎特听到这样的感叹："上帝保佑！噢，多么愉快！人能因快乐而死！"在歌剧院里听到观众的啜泣，是很平常的事。

人们喜爱乐器胜过男女之情。大量金钱用于艺术品的制作，名贵的木料经过精工制造后，再镶以象牙、瓷釉或珠宝等，竖琴或吉他上也可能镶有钻石。意大利小提琴制造家斯特拉迪瓦里在克雷莫纳传授技艺，学生如瓜尔内里和多梅尼科·蒙塔尼亚纳，他们继承师父的技巧，赋予小提琴、中音小提琴和大提琴以灵魂。直到 18 世纪末期，大键琴（意大利人称之为 Clavicembalo）仍是意大利人喜爱的键盘乐器，尽管克里斯托福里 1709 年在佛罗伦萨发明了钢琴（Pianoforte）。大键琴大师如沙尔拉提，小提琴大师如塔尔蒂尼和杰米尼亚尼此时已获得国际声誉。杰米尼亚尼是小提琴中的李斯特，或如他的对手所称"乐弓的疯子"。1714 年，他抵达英格兰，在英伦三岛他如此出名，以致他在那里度过 18 年的余生。

这些大师的兴起鼓励了乐曲的创作，这一时期是意大利小提琴乐谱创作的黄金时期。当时主要在意大利的序乐、组曲、奏鸣曲、协奏曲和交响乐成了型，这种音乐强调旋律与和声，而非伴随巴赫达到高潮与衰退的复调对位音。组曲是由舞蹈形成的，而奏鸣曲是由组曲形成的。它是发音的东西，而奏鸣曲是被唱的东西。18世纪，它变成三个乐章的顺序——快（急速调或急速乐章）、慢（行板或慢板）、快（急速乐章或急速调），有时插入幽默剧以唤回快乐的气氛，或插入美妙的小步舞（minuet）以唤起舞蹈的兴致。1750年之前的奏鸣曲至少在其第一乐章已形成"奏鸣曲形态"——表现对比的主题——变化中求精细，在主题的反复中到达终曲。由于意大利萨马丁尼和里纳尔多、德国斯塔密茨的实验，交响乐演进到把奏鸣曲形式应用于过去的歌剧序曲或叙唱伴奏。依此方法，作曲家不但提供了心情上的愉快，也获得了感官之乐。它增加了乐器音乐结构上的特质，编曲限制于符合逻辑的次序与统一上，部分器官与整体的关系，或曲首配合曲中与曲末，其结构的不复存在是艺术上的退化。

协奏曲适用于音乐的冲突原则，是戏剧的灵魂：与管弦乐队的单独表演对比，并使二者获得和谐的对称。意大利较喜爱的形式是大协奏曲（concerto grosso）。意大利的维瓦尔第、英国的亨德尔、德国的巴赫把大协奏曲引入更为精妙的形式，而管弦音乐挑战了歌唱的优越性。

不过，意大利声乐仍是超乎一切之上、深受大众喜爱、无可比拟的音乐。其语言的母音强于子音，因而有和谐之便，也有教堂音乐的悠久传统及高度发展的声乐训练艺术之利。这里多的是诱人的首席女高音，她们占有很大的比例和财富；肥胖的阉歌人，其声势凌驾于一些国王和王后之上。这些男性的女高音和女低音，把男人的肺和声带与女人或小孩的声音组合起来。他们在七八岁时即去势而失去男性特征，并接受长期而灵巧的呼吸和唱音的训练，学得如何表演颤音和花腔、八分音符及急奏和优美的装饰乐段，使意大利听众大为狂赞，时而高呼："小刀万岁！"由于教会反对女人受雇在舞台上表演，及17

世纪女性歌手的较劣训练，产生了用小刀切断输精管的需要。一个成功的阉歌人报酬如此之大，以致某些父母发现其幼子具有好音质的第一个迹象后即送去施以阉割手术，这位牺牲者也受引诱而同意。但期望常常落空，伯尔尼说意大利任一城市都可发现许多失败成例。1750年后，这种阉歌人时尚渐渐衰退，因为首席女歌手在音调上较他们更清楚，在声量上也可与他们抗衡。

18世纪音乐界最有名的人物并非巴赫，亦非亨德尔或莫扎特，而是法里内利——但这并非他的本名。卡罗·布罗斯基很显然是使用他叔父在音乐界已享有盛誉的名字。卡罗生于1705年，其家庭是那不勒斯望族，他不至于正式被纳入去势者之列，据说是他骑马时遭遇意外，使他不得不接受手术，因而成为历史上最佳的歌者。他跟随波尔波拉学唱，并陪他前往罗马，也在波尔波拉歌剧《伊门》（*Eumene*）中演出。在一曲之中他曾与笛手竞争拖长或升高一个音符，使他大受赞赏，邀请的函件从十多个首都涌来。1727年，他在博洛尼亚城第一次遇到强手，他与贝尔纳基合演二重唱，坦承贝尔纳基为“歌唱家之王”，并欲拜其为师。贝尔纳基同意了。不久他便青出于蓝。法里内利如今由一个胜利到另一个胜利，由一个城市到另一个城市——威尼斯、维也纳、罗马、那不勒斯、费拉拉、卢卡、都灵、伦敦、巴黎。他的声音和技巧是那个时代最为杰出的，呼吸艺术是他技巧的一个秘密，他比任何一位歌唱家更懂得如何深呼吸、快呼吸、微呼吸，并能维持同一声调直到乐器的声音全部消失。在咏叹调《我像一只迷航之船》（*Son qual nave*）中，开始时他的音调不能被人听见，渐渐扩大直至全音量，然后渐渐地减低，直到微弱模糊。听众们如醉如痴，即使在冷静的英格兰，也会为之鼓掌达5分钟之久。他动人哀感的表情、优雅温和的风度，使他赢得观众的心，这些性格上的特质如同其声音的特质。1737年，他完成了短期访问西班牙的心愿，在马德里或附近一待就是25年，在那里我们可以寻到他留下的足迹。

由于有像法里内利和塞内西诺的阉歌人，有像波唐尼和库佐妮的女歌手，歌剧变成意大利的声音。而且，除了法国外欧洲任何地方都热衷于欣赏它，甚至在那里歌剧引起了一场战争。"opera"是"opus"的复数形式，意思是"多数作品"，在意大利文里复数成为单数，意思仍为"作品"，现在我们所称的"opera"被称为"opera Per musica"（音乐作品），只在18世纪该字采用现在的意义。歌剧过去受到希腊戏剧传统的影响，原来被设计为剧本而且伴有音乐。不久，在意大利，音乐盖过剧本，独唱的曲调也盖过了音乐。歌剧被设计为阵容中首席女歌手和首席男主角独唱，在这些令人兴奋的高潮的间隔时间，听众可以交谈，在各幕之间他们玩牌或下棋、赌博、吃甜食、吃水果、用晚餐，并由一个包厢至另一个包厢去拜访和调情。在那些宴乐里，歌剧脚本常为独唱曲调、二部合唱、合唱及芭蕾舞的断续倾泻之流淹没。历史学家穆拉脱里当众指责这种淹没剧本的行为（1701年）。歌剧脚本作者泽诺也同意他的看法。作曲家马尔切洛在《时髦的剧院》（*Teatro alla moda*，1721年）中讽刺这种趋向。梅塔斯塔西奥有一段时期遏阻这一潮流。在奥地利而非意大利，约梅里与特雷塔曾奋力反对，但为其同胞弃绝。意大利人很坦白地喜爱音乐多于戏剧，并认为戏剧仅是歌曲的施工架而已。

或许在历史上没有其他艺术形式较歌剧更为意大利人喜爱，意大利听众欢迎名歌手的独唱曲调或装饰乐段，其热诚是无与伦比的。在演唱过程中，咳嗽被认为是很不礼貌的。为人熟悉的歌曲结束之前开始拍手，然后用手杖击打地板或椅背，另有一些热情者将鞋子抛向空中。任何一个具有自尊的意大利城市（而哪个城市无自尊？）都有歌剧院，仅在教皇国就有40家。在德国，歌剧通常是宫廷活动，不为大众公开享受；在英格兰以高价入场券来限制听众；而在意大利，歌剧对所有衣着合适的人开放，其收费适度，有时根本不收门票。因为意大利人耽于生活享乐，他们坚持他们的歌剧即使是悲剧，都应该有一个快乐的结局。但他们喜爱幽默如同喜爱伤感。习惯于歌剧的幕间增加插曲，这种幕间音乐，渐渐发展成为他们独具的特色，直到他们遇到了对手——正歌剧（opera seria）。佩尔戈莱西的《女佣做主妇》（*La Serva Padrona*）是滑稽歌剧（opera buffa），它在 1752 年吸引了巴黎，并为卢梭激赏，证明意大利音乐优于法国音乐。

意大利喜歌剧或正歌剧是一股历史力量，如同罗马曾以其大军征服西欧，亦如罗马教会以其教条再度将其征服，因此意大利又一次地以歌剧征服了欧洲。意大利歌剧代替了德国、丹麦、英国、葡萄牙、西班牙甚至俄罗斯的本国作品。意大利歌手几乎是欧洲各国首都的偶像，当地歌手取了意大利的名字，才能赢得自己家乡的接受，只要母音能唱过子音，这种迷人的征服将会继续下去。

宗教

意大利最有势力的阶级，继歌剧第一女主角和伟大的阉歌人之后，即是教士。他们穿着特殊法衣，戴着宽边帽子，骄傲自由地在意大利昂首阔步，他们了解他们所施与人类最珍贵的恩惠——希望。在本世纪里每 200 个法国人才有一位教士，但在罗马每 15 人就有一位教士。在博洛尼亚每 17 人有一位，在那不勒斯和都灵每 28 人有一位教士。当时，一位宣称是正教徒的那不勒斯人抱怨说：

> 教士数目如此大，君王们如不是采取步骤限制他们，即将让他们吞噬整个国家。意大利最小的村庄难道也应该受 50 位或 60 位教士的控制吗？……大量的钟楼和修道院使阳光透不进来。在许多城市，拥有圣多明我教派的修道士和修女的修道院 25 座，耶稣会大学 7 所，戴蒂尼会（Theatines）也有 7 座，圣方济教派的修道院有二三十座。四五百个教堂和小聚会所不说，尚有其他50 余种男女修道会。

或许这种数字在争论中被夸大了，我们听说在那不勒斯有 400 所

教堂，米兰有 260 所，都灵有 110 所，但这些都包括小教堂。修道士
比较穷，但世俗的教士一般而言比贵族还有钱。那不勒斯王国的教
士接受国家总税收的 1/3；在帕尔马公国约一半的土地，在都灵几乎
3/4 的土地，都归属于教士；威尼斯在 1755 年至 1765 年的 11 年，教
会教产增加了价值 330 万镑的新的遗赠物。部分红衣主教和大主教列
入意大利最富有者之林，但红衣主教和大主教原来是行政首长和政治
家，只有在偶尔的情况下才会有圣徒。下半世纪里有一部分红衣主教
和大主教抛弃了他们的财富或奢侈的生活，自愿过着贫穷的日子。

　　意大利人民阻碍了少数政论家和讽刺家对教士的财富稍做抗议，
而对他们的教堂、修道院和教士们的光辉显赫却引以自傲，对宗教带
给家庭和国家的秩序，他们似乎仅做出很少的贡献。每一家庭都有一
个十字架和圣母像。父母、子女和仆人们每个傍晚都跪在圣母像前祷
告膜拜，有什么东西能代替这些祷告者的道德影响力呢？每星期五禁
食肉类，封斋期的星期三和星期五也是这样，这是有益于心智的意志
训练，对教士和平民也是恩惠。了解女人魔力的教士对肉体上的罪不
太严肃，在放纵的狂欢节里他们眨眼示意。甚至妓女在星期六也在圣
母前点燃烛光，并为弥撒捐钱。布罗塞斯在维罗纳城观赏歌剧时，教
堂奉告祷告钟声响起表演也随之停止，他大吃一惊，这时所有演员都
跪下来祷告。一位女演员在戏剧性地晕倒后，仍旧爬起来参加祷告，
之后再度晕了过去。在意大利没有别的宗教比天主教更为人热爱。

　　但它有另外的一面——检查制度与宗教裁判所。教会要求每位
意大利人至少每年一次履行他（她）的"复活节义务"——复活节前
一个星期六去忏悔并在复活节早上接受圣餐。在所有大都市里，如不
能履行这一义务，会遭到教会的谴责。私下谴责与劝诫若无效，则将
违反者姓名公布于教区教会门口。如继续拒绝，则被驱逐出教会，在
某些城市里还受监禁。但这种宗教裁判所已失去其大部分权力和控制
力。在大都会里，教士的控制能够规避，检查制度也减少了，知识阶
级正静静地散布着怀疑与异端，甚至教士本人也有此倾向——因为部

分教士不顾教皇的敕书而私自成为詹森派教徒。

许多教士和修道士过着舒适的生活，而且对犯罪并非全无经验之时，尚有许多人忠于他们的誓言，信守信心，为其任务效命。新的宗教团体证明了僧侣经过冲击尚能残存，贵族出身的律师圣阿方索于1732 年创设了赎世主会（Redemptorists）——"最神圣救世主教会"；而"十字架的圣保罗"亦于1737 年创设了"圣主蒙难会"——神圣十字架和救世主蒙的牧师。圣保罗本人曾实行最严格的制欲。

耶稣会1750 年有2.3 万多名会众，3622 人在意大利，其中半数是教士，他们的权力与其人数很不成比例。他们因为是听国王、王后和显赫家族告解的神父，于是影响国内和国际的政策，有时他们是仅次于民众本身最急迫的力量，以迫害异教徒。但他们是天主教神学家中最自由的，我们在别处看到他们多么耐心地与法国启蒙运动寻求妥协，他们在国外传教的任务，也以弹性适应当地的情形。此等说服了本尼狄克特十四世教皇以《自从上主圣意》（1743 年）敕书考核和谴责耶稣会。但他们在反对新教和不信教者上，仍是最强有力、最博学的天主教信念的护卫者，也是教皇最忠实的支持者，以对抗国王们。在民族国家与超国家的教会之间法律和权力的斗争中，耶稣会在国王们的眼中是最聪敏、最顽强的敌手，他们无心消灭耶稣会，但这场好戏的第一幕在葡萄牙上演。

从都灵到佛罗伦萨

从法国由塞尼峰（Mont Cenis）进入意大利，我们登上阿尔卑斯山来到"山麓"皮德蒙特高原，越过了葡萄园、田园、橄榄和栗树园，来到了有2000 年历史的都灵。那是萨伏依家族的城堡。萨伏依家族是目前尚存最古老的王族之一，1003 年由亨伯特建立，这一时期其领袖是当时最能干的统治者之一。维克托·阿马戴乌斯二世9 岁继承萨伏依公爵宝座（1675 年），18 岁正式当政，在路易十四发动的战争中奋战法国，与萨伏依的尤金共同将法国人逐出都灵和意大利，并在《乌得勒支条约》（1713 年）中，把西西里岛划入他的领域。1718 年，他以西西里交换撒丁岛，并获得了撒丁岛国王的头衔（1720 年），但仍以都灵为其国都。他的统治唐突而有力，改善了公共教育，促成普遍繁荣，而统治 55 年后，即让位给他的儿子伊曼纽尔一世。

两朝统治期间，几历一个世纪。都灵成为意大利文明的中心，孟德斯鸠 1728 年来到这里，尽管他爱巴黎，也称都灵为"世界上最美的城市"。1749 年，英国政治家查斯特菲尔德称赞萨伏依宫廷在欧洲算是"形成最佳教养和娴雅人民的最佳宫廷"。都灵部分的光辉归功于一位建筑家菲利普·尤瓦拉，他吸收着文艺复兴灵感的气息，在高于都市 2300 英尺的苏柏加（Hill of Superga）高傲的山峰上，为维克托·阿马戴乌斯二世修建了一座有古典柱廊和圆顶的美妙皇宫（1717—1731 年），以纪念都灵从法国人手中解放出来。这个皇宫一个世纪以来被当作萨伏依皇族的陵寝。1718 年，他又为古老的玛德玛宫，增添了堂皇的楼梯和宽敞的正厅。1729 年，他设计（由阿尔菲耶里完成）斯达皮尼格城堡，它的大厅陈列着巴洛克式华丽的作品。直到他们最后一次胜利（1860 年），把国都迁到罗马成为联合的意大利王国，都灵一直是萨伏依公国的首都。

米兰长时期受到西班牙的压制，重新回到了奥地利温和的统治。1703 年的弗朗茨·蒂芬，1746 年和 1755 年的弗丽斯和瑞哈·克莱里奇在政府的帮助下建立了纺织厂，扩大了手工艺的代替品，并建立了以资本家理财和管理的大规模生产的同业公会。米兰的文化史上，声名最响亮的是为萨马丁尼，在这种富裕的环境里我们偶尔尚可听到。在其交响乐和奏鸣曲中，德国大音乐家的和谐庄严被代以对比主题和方式的交互使用。年轻的格鲁克于 1737 年来到米兰（时为弗朗西斯科·梅尔齐王子的室内音乐家），成为萨马丁尼的学生与朋友，并采取了他制作歌剧的方法。1770 年，波希米亚作曲家约瑟夫·米斯维克与年轻的莫扎特在米兰聆听萨马丁尼部分交响乐后，喟叹道："我已发现海顿风格之父！"可见，他是现代交响乐的创始者之一。

热那亚有一个极坏的 18 世纪，贸易方面由于与地中海人竞争海洋，日趋萧条。但因其位于能够俯瞰设备良好港口而且宜于防卫的山头上，具有优越的战略地位，处于邻近强国的虎视眈眈之下。它处于强敌环伺于外，愚民与热情人民充斥于内的境况下。政府终落入古老商人家族手中，由一个秘密的委员会和顺服的总督统治，这一自存的寡头政治使人民陷入愠怒而不能忍受的贫穷中，而又轮流被班库萨·吉奥吉强夺并统治着。1746 年萨伏依和奥地利联军围攻热那亚时，政府惧怕人民杀害统治者，不敢武装百姓，宁可对围攻者敞开大门。围攻者强索赔偿和赎金，使银行破产。百姓对当地固有的剥削者仍较有好感，群起攻击奥地利防卫军，他们从屋顶和街上以瓦片和石头齐攻之，并把他们驱逐出去。于是，原来的暴君再度上台了。

热那亚的贵族建立起像迪弗瑞宫一类的大厦，并与米兰共同支持一位画家，这位画家，其名声即使在现代也占有一席之地。几乎每张现存的马尼亚斯科的画，都具有粗野的原始风格，令人震撼。在他的《弹吉他的小丑》（*Punchinello Playing the Guitar*）一画中拉长的人像打了黑色和棕色的补丁。《火堆前的女孩和音乐师》（*Girl and Musician before the Fire*）很优雅。《理发师》（*The Barber*）中的理发师显然很想切断顾客的喉头。宏伟的《僧侣的餐厅》证明了教会繁华的烹调设备。以上这些画全是名作，它们憔悴的形式和光彩的变幻使人想起西班牙画家艾尔·格雷科（El Greco），他以令人骇异的手法暴露人生的残酷。不拘形式的现代化表现，使人预想到戈雅（Goya）。

这个时代的佛罗伦萨可以看到一个历史上最有名家族的结局，托斯卡纳大公爵科西莫三世漫长的统治，对于仍旧怀念早期的美第奇、延续而引以为荣的佛罗伦萨人而言是不幸的。科西莫分心于神学，允许教士督促他并从他不健全的税收里抽取大量的教会捐赠。专制统治、无能的行政效率和过重的税收，使其丧失了大众的支持，其王朝历时 250 年之久。

科西莫的长子斐迪南亲近娼妓而疏远朝臣，由于纵欲过度而损害健康，于1713年无子而逝。另一个儿子吉安（Gian Gastone）研究历史与植物学，并过着安静的生活，1697年，其父迫他迎娶萨克西-劳恩伯格（Saxe-Lauenburg）的安妮。她是一位心智平庸的寡妇，吉安与她共同生活在遥远的波希米亚村庄里，度过了一年无趣的生活，然后在布拉格以与人私通安慰自己。斐迪南的健康恶化时，其父科西莫召吉安返回佛罗伦萨。斐迪南去世时，吉安被任命为大公王位继承人，但其妻拒绝定居于意大利。父王科西莫唯恐美第奇家族的统治中断，说服了佛罗伦萨参议院颁布法令，无子嗣的吉安去世后，应由吉安的姐姐安娜继承王位。

欧洲强国环绕这一摇摇欲坠的王朝，跃跃欲试。1718年，奥地利、法兰西、英格兰和荷兰拒绝承认科西莫的安排，并宣称吉安一世驾崩，托斯卡纳和帕尔马应给予卡洛斯——西班牙女王伊丽莎白的长子。科西莫抗议，并为时已晚地组织其在里窝那和佛罗伦萨的军事防卫武装。他逝世后留给他儿子一个穷困的国家和摇摇欲坠的王位。

吉安此时（1732年）已届52岁，他努力矫正行政上和经济上的弊端，解散间谍人员和在其父王时代得巨利的阿谀者。他减低租税，召回放逐者，释放政治犯，协助工商业的复兴，并使佛罗伦萨的社会生活恢复安全与快乐。科西莫二世和吉安经营的沃夫兹画廊（the Uffizi Gallery）内容丰富。在弗朗西斯科·沃西尼的小提琴领导下的音乐大为兴盛，再加上化装舞会、花车游行、碎花投掷战等，佛罗伦萨和威尼斯、罗马互相争辉，吸引观光客。例如，1740年蒙塔古夫人、霍勒斯·沃波尔及托马斯·格雷，都在里多福宫中聚集在庞弗雷特夫人身边，颓废的社会有许多很吸引人的事物存在着。

吉安心力交瘁，将政府事务交给其大臣们，自己陷入肉欲荒淫的生活中。西班牙派遣3万军队以保证卡洛斯的继承。奥地利的查理六世派遣5万军队护卫其女儿玛丽亚·特蕾莎登上大公之位。1736年，奥地利、法国、英国和荷兰的协定，避免了一场战争。根据协定卡洛斯获得那不勒斯，而托斯卡纳归之于玛丽亚·特蕾莎和她的丈夫弗朗西斯。1737 年 7 月 9 日，美第奇家族最后一位统治者去世，托斯卡纳成为奥地利的属国，而佛罗伦萨再度兴盛。

亚得里亚王后——威尼斯

米兰和威尼斯之间，一些小城市懒洋洋地散布在阳光下，贝加莫城在半个世纪里，以画家如吉斯兰迪、作曲家如洛卡泰利为荣，维罗纳城的歌剧在罗马剧场里演出。另一位出众人物希皮奥内·马费伊，他如诗的戏剧《迈尔普》（*Merope*，1713 年）为伏尔泰模仿，伏尔泰坦诚地把自己的作品《迈尔普》题献给他，称："第一位具有足够的勇气和天才，不以献殷勤的言行贸然写作悲剧的人，这一悲剧的价值比得上雅典城的光荣，在其中母爱构成了整个风流艳事，而最动人与温柔的是得之于最纯洁的美德。"更为著名的是马费伊写的具有学术性的《维罗纳美术考》（*Verona Illustrata*，1731—1732 年），为考古学立下良好的基础。他的城市因他感到骄傲，于是他在世之年即为他竖立铜像。维琴察城建筑物为帕拉底奥所建，为复兴古典形式的建筑师朝拜的目标。帕多瓦城有一所大学，当时它以法律和医学教授阵营而闻名，而塔尔蒂尼为公认（但杰米尼亚尼除外）的欧洲小提琴之王，谁没有聆听过塔尔蒂尼的"魔鬼的颤抖"呢？

所有这些都市皆为威尼斯共和国的一部分，在北部有特雷维索、佛利乌里、费尔特雷、巴萨诺、乌迪内、贝卢诺、特伦托、博尔扎诺；东部有伊斯特里亚；南部有威尼斯公国，由基奥贾和罗维戈伸展到波河流域；越过亚得里亚海，它拥有卡塔诺和普雷韦扎，及今日南斯拉夫和阿尔巴尼亚的一部分；在亚得里亚海中，拥有科孚群岛、瑟法洛尼亚岛、桑特岛，位居世界中心的复合王国，居住着 300 多万人。

·威尼斯人的生活

威尼斯本身即是首都，居民有 13.7 万人，此时它的政治和经济处于衰退中，爱琴海帝国失落到土耳其人手中，大部分对外商业也落在亚得里亚沿海国之后。十字军的失败，1571 年莱潘托战役胜利后，欧洲政府多不愿帮助抵御东方基督徒的先锋。这些政府却渴望接受土耳其施予商业优惠，而这种优惠被其最勇敢的敌人拒绝——这使威尼斯衰弱得无法维持其文艺复兴的光辉。她决定开拓自己的园地——给予意大利和亚得里亚的属国一个政府，此一政府具有严整的法律和政治检查制度及私人监督，但在行政上是有效率的，在宗教道德上是容忍的，在内地贸易是自由的。

如同 18 世纪欧洲其他的共和国，威尼斯被寡头政治的执政者统治，在各种不同枷锁的残骸里——安图尼斯、瑟洛克、奥瑟劳——人民很少接受教育，思想迟钝但动作敏捷，喜爱享乐而非权力，民主意识混乱。议会的资格渐渐限制在列名于金书中的 600 多位商界和财政界人士，甚或外国血统者，增列入当地贵族里，这是聪明的做法，最高委员会选举参议员，也选出强有力的十人委员会。大群密探散布在公民之间，将任何一个威尼斯人，甚或总督本人的值得怀疑的举动和言论，报告给宗教裁判所。总督通常是傀儡，仅用以注释爱国主义与民主政治而已。

威尼斯的经济在对抗外国竞争、进口税与公会的限制中失败。威尼斯的工业未迈入自由企业、自由贸易和资本主义的管理方式，而仅满足于其工艺的声名。毛织工业 1700 年有 1500 名工人，但到该世纪末仅有 600 人而已。丝织工业在同一时期也由 12000 名工人减少至 1000 人。穆拉诺（Murano）的玻璃工人，对曾经一度在欧洲大为出名的制作方法，拒绝任何改变，然而他们的制造秘密被佛罗伦萨、法国、波希米亚和英国探悉。竞争对手在化学方面更求进步，在制造过程中进行实验改良，于是穆拉诺的优势即成过去。丝带工业则屈服于阿尔卑斯山另一边的竞争者，1750 年之前，威尼斯人自己都穿用法国制丝带。只有两种事业尚称发达：有 3 万人从事的渔业和奴隶的买卖。

宗教不许干涉商业利益和舒适生活。有关教产和教士犯罪等事务，由国家来处理。1606 年被驱逐的耶稣会会员，1657 年被召回，但附带一个条件，即他们对教育和政治的影响力被限制。尽管政府禁止法国哲学家的作品流入，伏尔泰、卢梭、爱尔维修、狄德罗等人的思想理论，由游客带入威尼斯的沙龙和威尼斯城。如同在法国一般，贵族阶级以一些毁损其权力的思想自娱。人民接受宗教，几乎是出于仪节和信仰的下意识习惯，可是他们玩乐多于祷告。一句谚语将威尼斯人的道德观形容得淋漓尽致——"清早做个小弥撒，晚饭后来场小赌博，晚上召个小妇人"。年轻人赴教堂，非为膜拜圣女，而是检视女人。尽管教士和政府严词谴责，这些女人还是穿着袒胸露背的衣裳。宗教与色情之间终年无间断地战争，胜利却属于色情。

政府允许接受管理的娼妓制度存在，将之作为一种公共安全措施。威尼斯的高等妓女，其美貌、风度、华服及大运河区的豪华公寓大为闻名。妓女的数量是惊人的，但仍供不应求。经常出现这样的情况：节俭的威尼斯人，及像卢梭那种外国人，两人或三人志同道合维持一位妍妇。虽然有这种方便，但有些不满足于侍从骑士的已婚妇女沉迷于危险的私通。某些人经常光顾娱乐场所，那里提供了秘密幽会的各种方便。多名贵妇受政府公开指责其放荡行为，有些人被下令禁锢家中，有些人被放逐。中产阶级比较自制，太太忙于抚育后代，母亲们把热烈的爱施于子女身上。

威尼斯的犯罪记录少于意大利的其他地方，犯罪企图被人数众多、严密监视着的警察和宪兵挡回。但赌博是合法的。1715 年政府发行了彩票，第一个"瑞达图"（ridotto）或赌博游乐场，于 1638 年开幕，不久有许多间公开和私下的赌博游乐场出现了，各个阶层的人物涌进。聪明的赌场老手如卡萨诺瓦靠赌博收入为生，其他人可在一夜之间输掉一生积蓄。有些赌博者戴着面罩，伏在桌上，安静而热衷，其程度超过爱情。政府和善地袖手旁观（直到 1774 年），因为政府对之课了税，每年税收多达 30 万镑。

来自十多个国度的有钱的游手好闲者，在松弛的道德和愉快坦白的广场和运河的气氛下，挥霍他们的积蓄和余年，把帝国抛于脑后，也降低了对政治的热情。这里无人谈论革命，因为每一阶级的人，除了乐趣外，有其固定的习惯，也专心于其工作。仆人柔顺而忠诚，但无法忍受侮辱或怠慢。威尼斯运河中驾着平底舟的船夫们诚然贫穷，但他们是湖泊的主人，站在镀金的小帆船上，对其古老的技巧充满了自信与骄傲，或在精力充沛而神秘的呼喝下转一个弯，或随着身体的摇晃和船桨的旋律哼着小曲。

广场里杂混着不同国籍的人士，各人保持着独特的装束、语言和亵渎的言语行为。上层社会仍穿着上等麻布衬衫、天鹅绒长裤、丝袜、带扣鞋子，如同文艺复兴与全盛时期的穿着。在 18 世纪，把土耳其穿长裤的习惯介绍到西欧去的是威尼斯人。1665 年，传进了假发，年轻的纨绔子弟非常注意他们的衣饰、头发，以致男女莫辨。时尚的仕女，头上梳着高耸的塔形的直发或假发。男人跟女人一样，缺少珠宝即觉得不够体面。扇子是艺术品，绘制精巧，通常镶嵌宝石，或附装一片单眼镜。

每个阶层都有俱乐部，每条街都有咖啡座。哥尔多尼说："在意大利，每天我们都喝上十杯咖啡。"各式各样的娱乐都很发达，从有奖争斗到化装舞会等。有一种游戏叫作"帕隆"（Pallone），用手掌抛动充气的球，于是为我们带来了气球（balloon）这个字。水上运动每年都举行。从 1315 年起，每年 1 月 25 日在大运河举行赛船会——50人划行平底船的竞赛，船身装饰得如同"游行花车"。节目的高潮是水球竞赛，成千的威尼斯人分成拉拉队和竞赛队。在耶稣升天节，威尼斯总督驾着装饰华丽的礼舟，从圣马可到利都，四周围绕着上千艘其他船只，以将威尼斯再度与海洋亲密结合在一起。

通常的假日使人不忘圣徒们和历史纪念日的名字，并充满回忆。元老院也发现食物和竞技场是可被人接受的竞选代替物，在这样的场合，美丽如画的游行行列由一座教堂走到另一座教堂，从一个广场走到另一个广场，途经的街上窗口和阳台垂挂着多彩的毛毯、花圈和丝带，街上有清晰的音乐、虔诚而含情的歌曲和美妙的舞蹈。登上高官的贵族，以游行、拱门、战利品、庆节和慈善事业来庆祝，耗费往往高达 3 万镑。婚礼即是节日，而贵族葬礼是他一生中最伟大的事件。

还有狂欢节——该节日是由古罗马异教徒的农神节演变而来的基督教遗存。教会和国家希望借这个精神上的节日，松弛一年的其余日子中肉欲和第六诫之间的紧张关系。通常，意大利的狂欢节只在封斋节前一周，18 世纪的威尼斯则由 12 月 26 日或 1 月 7 日到忏悔火曜日。或许是从肉食许可日最后一日起的缘故，该节日获得它的名字——carne-vale（肉食再见）！在冬季数周之中，几乎每个夜晚，威尼斯人和从欧洲各地来的访客涌进广场，他们穿着色彩鲜艳的衣服，戴着面具以隐藏其年龄、阶级和身份，化装下的男女嘲弄着法律，而妓女甚为猖獗。五彩碎纸到处飘舞，人造蛋投来投去，一破裂就洒开水珠。喜剧演员如潘塔伦、阿莱基诺、哥伦拜思，以及其他为人喜爱的人物，昂然而行并自然而天真地谈笑，以娱群众。木偶跳着舞。千百人为走钢绳的艺人屏息静观。像犀牛之类的奇兽也被带入这一盛会中，犀牛首度出现在威尼斯是在 1751 年的庆典里。圣灰星期三（Ash Wednesday）前半夜，圣马可的钟在狂欢节结束时大鸣，精疲力竭的狂欢者迅速回到自家的床铺，并准备聆听明晨教士对他说："记住吧，你是尘土，而你将返归尘土。"

·维瓦尔第

威尼斯和那不勒斯是意大利音乐对抗的焦点。18 世纪，威尼斯的剧院上演了 1200 出不同的歌剧。当时最有名的歌剧女歌手库佐妮和波唐尼互争雌雄，为旋律而斗争。他们在其方寸之地就能感动世界，库佐妮在一家剧院里与法里内利打对台，而波唐尼在另一家剧院与贝尔纳基对擂，所有威尼斯人都有崇拜对象，假如四个人在一起演唱，整个威尼斯即将融入其歌剧的沼湖之中。

与歌剧的欢乐恰成对比的地方，是四座救济院。在救济院里，威尼斯人关心孤儿和私生女。为使这些无家可归的孩子的生命具有价值与意义，让他们接受声乐和乐器的训练，让他们练习合唱并给予公开演唱的机会。卢梭曾说他从没听过这般感人的少女的声音，表现出经过良好训练的完美和谐。歌德认为从未听过如此优美的女高音，或那种不可名状的美丽的音乐。一些意大利最伟大的作曲家执教于这些慈善音乐学院，为他们作曲，并指挥他们的音乐会：蒙特威尔地、卡瓦利、洛蒂、加卢皮、波尔波拉、维瓦尔第……

威尼斯剧院将他们的歌剧、管弦乐队及音乐大师的声乐和乐器演奏，带到意大利各大城市，有时访问远及奥地利和德国的城市。威尼斯是培育音乐家洛蒂之地，他是风琴家及当时圣马克唱诗班的指挥，他虽是一个平凡的歌剧作家，但是他的一首弥撒曲曾赚取了新教徒伯尔尼的眼泪。威尼斯还孕育了以喜歌剧闻名的加卢皮，产生了马尔切洛——其协奏曲在当时的作品中名列前茅，马尔切洛之弟贝内代托·玛西罗——其50首赞美诗的配乐构成"音乐文学最佳创作之一"，及杰出的音乐家维瓦尔第。

对于我们来说，第一次听到维瓦尔第的协奏曲时会有一种羞耻感，为何我们对他忽视这么久呢？他的音乐很庄严地流露和谐，旋律的涟漪展露笑容，结构统一而严谨，因此，改变了我们早日对他的认识，他理应在人类音乐史上占有较高的地位。

他出生于约1675年，是圣马克总督教堂管弦乐队的小提琴手，父亲教他小提琴，并在管弦乐队中为他找到一个位置。他15岁时担任较低神职，25岁时变成教士，由于发色泛红被称为"红教士"。他对音乐的热爱与其教职的宗教仪式冲突，其对手曾说："一天，正当维瓦尔第祈祷弥撒时，一首遁走曲主调显现脑际，他立刻离开祭

坛……赴圣器收藏室，写出这一组曲，然后再回去做完弥撒。"一位
教廷大使指控他养了好几位女人，（据说）最后宗教裁判所禁止他主
持弥撒，对此，他在晚年提出了不同的描述：

> 25 年前我主持了最后一次弥撒，那不是由于停止圣职的缘
> 故，而是出自我自己的决定，因为自出生我即遭受病魔的重压。
> 被指派担任圣职后，我主持了一年或一年多的弥撒，然后我停止
> 主持弥撒，曾有三次在弥撒进行中，病痛使我在未完成仪式之前
> 即离开了圣坛。
>
> 由于同样的原因，我几乎一直待在家里，仅偶尔乘上平底
> 船或马车外出，因为我胸部的状况，或可说为胸部的压迫（可能
> 是哮喘症），我已不能走动，贵族们不邀请我到他们家，甚至我
> 们的君主亦然，因为他们对我的疾病甚为了然。我旅行时花费甚
> 大，因为在旅途中我需要四五位女人来帮助照料。

他补充说这些女人的声誉毫无瑕疵，"她们的谦逊到处都受赞许，
她们每日都祷告"。

他绝不是一个纵情声色之人，因为在慈善音乐学院的 37 年时间
使他成为提琴家、教师、作曲家及唱诗班指挥。他为其女学生写作了
大量不属歌剧性的作品，因为需要量很大，他写作迅速，尽量找空闲
的时间加以修正。他曾对布罗塞斯说他能"写协奏曲较缮写员缮写更
为快速"。他写歌剧也同样快速，他曾在其中一剧本的目录页上写下
豪语——5 日完成。他像亨德尔一样自求节省时间，采取过去的演出
作品以应目前的需要。

在写作《奥斯本达勒》（*The Ospedale*）的空隙里，他另外制作了
40 出歌剧，许多当时的人物同意塔尔蒂尼的看法，认为维瓦尔第的
这些作品很平凡。马尔切诺·贝内代托在他的《时髦的剧院》中嘲弄
了维瓦尔第的作品，但威尼斯、维琴察、曼图亚、佛罗伦萨、米兰

和维也纳的听众欢迎他，而维瓦尔第时常弃下他的女学生们，陪伴女人穿过意大利北部，甚至到达维也纳和阿姆斯特丹旅行演出，他表演小提琴或指挥他的歌剧，还监督演出及全套布景。他的歌剧现已不流行，但似仅限于格鲁克以前的作品，其风格、态度、男主角、声音、性别全都改变。

维瓦尔第的作品在历史上已发现554件之多，其中454件是协奏曲。一位聪明的讽刺作家曾说维瓦尔第写了不到600首协奏曲，但同一首协奏曲曾写过600次，有时情况似乎是如此。在这些作品中，弦乐器使用得太多，几乎是节奏拍打的摇弦琴也太多，甚至在闻名的《四季》（*The Seasons*，1725年）连续曲里，也嫌太多单音而缺少变化。但它有热情生动和冷漠吹奏的高潮，独唱者与管弦乐队之间戏剧性对比冲突的优良表现和悦人的旋律，他的作品中以大协奏曲的优越史无前例，仅有巴赫和亨德尔可以凌驾其上。

维瓦尔第像多数艺术家一样，为其天才的敏感性所苦，他的音乐力量反映出他的暴躁脾性，他曲调的柔和即反映了他的虔敬。他年老时，沉溺于对宗教的虔诚中，因此有一则奇异记载，描述他只有在作曲时才会放下《玫瑰经》。1740年，他失去或辞去在慈善音乐学院的工作。他离开威尼斯到维也纳去的理由，至今不为人知。我们仅知他在一年后去世，其葬礼草率如贫民。

维瓦尔第去世的消息，在意大利新闻界并未引起注意，因为威尼斯已不再关心他的音乐了，也没有人把他列入国家和当时的最伟大艺术家之林。他作的曲在德国受到欢迎，克万茨——腓特烈大帝的吹笛者和作曲家——引入了维瓦尔第的协奏曲，而且很坦率地承认其曲为典范。当时，巴赫至少改写了他的9首乐曲以适合大键琴演奏，4首风琴演奏曲及另一曲适合四大键琴和弦乐器的合奏曲，他对维瓦尔第很是推许。很显然，巴赫协奏曲的三部结构得之于维瓦尔第和科雷利。

除了学者们在追溯巴赫的发展史外，整个19世纪中维瓦尔第几乎被人遗忘，直到1905年谢林（Arnold Schering）的《德国音乐史》

(*Geschichte des Instrumentalkonzerts*) 才恢复维瓦尔第的优越地位。20世纪 20 年代的托斯卡尼尼把他的热爱音乐和威望,归功于维瓦尔第。红衣主教雷德把他列入 18 世纪意大利最伟大的作曲家之列。

·怀古

这一时期的意大利艺术,十几位画家寻求对往昔的怀念,我们仅向皮托尼(威尼斯把他仅列于提埃波罗和皮亚泽塔之后)、阿米戈尼(他耽于逸乐的风格传给了法国画家布歇)、佩莱格里尼等人致敬。佩莱格里尼把他的色彩带到英国、法国和德国,他装饰了金博尔顿城堡、霍华德城堡及法国银行。里奇(Marco Ricci)更是突出人物,因为他杀了一位评论家,最后选择了自杀。1699 年,他 23 岁时,一位船夫轻视了他的画,他便刺杀了他,随即逃到达尔马堤亚,爱上了当地的景色,用颜料很技巧地捕捉了它,于是博得威尼斯的原谅,称赞他为丁托列托再世。他的叔父瑟巴斯迪诺·里奇带他到伦敦,两人在德文郡公爵墓上共同工作。他像 17 世纪和 18 世纪的多数艺术家一样,喜爱描绘实际和想象的古迹,而且不忘其本身。1729 年,经过数次尝试后,他终于自杀。1733 年,他的一张画卖了 500 美元,1963 年价格已高达 9 万美元。这不仅表示人们对艺术的欣赏,也表示钱币的贬值。

卡丽亚拉的经历较为愉快,她以设计花边开始她的生涯,然后画鼻烟盒(如同年轻的雷诺兹),后又画象牙或牛皮纸上的画像,最后她发现她的特长是色粉画。1709 年以前,她已赢得好的名声,丹麦的腓特烈四世选她为威尼斯最美丽和最著名的女人作色粉画像。1720年,百万富翁的艺术收藏家克罗扎邀请她去巴黎,在那里她受到的欢迎和款待是贝尔尼尼以来外国艺术家从未享有过的。诗人们为她写十四行诗。摄政奥尔良·菲利普拜访她。画家华多与她相互为对方画像。路易十五坐着让她作画。她被选入美术学院,名作《艺术女神》(*The Muse*)悬挂在卢浮宫,如同她的文凭。对于她而言,纤巧华丽的洛可可式灵魂似乎又加上肉体了。

1730 年，她赴维也纳。在那里，她为查理六世绘色粉画像，也为玛丽亚·特蕾莎作画。回到威尼斯，她因专心贯注于艺术而忘了结婚。研究机构有满屋她的画像，德国德累斯顿的美术馆有 157 幅，每幅画的特色几乎都是粉红色脸庞、蓝色背景、愉快的天真、带有笑靥的柔美。甚至为英国作家霍勒斯·沃波尔作画时，也使他看来像一个女孩子。除了她本人，她奉承每个为她而坐着的模特儿。在温莎堡里她的自画像是她晚年的画像，白头发，神情中有些微忧郁，似乎预见她将失明。她 82 年的生命中，最后 12 年失去了她曾经享有过的充满生命精美的年华，过着缺少光和色的生活。她对当时的艺术留下了影响：拉图瓦可能由她获取热情，格勒兹牢记她年轻时的理想，她玫瑰的色度传给了布歇和雷诺兹。

皮亚泽塔是一位较伟大的艺术家，不为情感影响，不修边幅，致力于克服困难而不费尽心思地向大众取宠，并尊重他最高的专业传统。他的艺术同仁承认这一事实，虽然提埃波罗在 1750 年领导创立威尼斯研究院，皮亚泽塔被选为第一任院长。他的《井边的利百加》(Rebecca at the Well) 媲美提香，并对传统的美的观念做了最少的让步；利百加有着丰满的天然乳房，但她的荷兰面庞和狮子鼻，却不为意大利人喜爱。一张具有强烈个性的脸，一撮带有讽刺性的胡髭，一顶插有羽毛的帽子，眼中放射着顽皮诱人的光芒。它不但令人感动，也让文艺复兴运动中的重要人物感动，是色彩、结构和设计上的杰作。这即是皮亚泽塔的特征，他是当时威尼斯最受尊敬的画家，死时却极为穷困潦倒。

卡纳雷，又称为卡纳莱托，半个世界因他的风景画而知道威尼斯，而英国更认识他本人。他曾一度追随父亲的职业，绘画舞台布景。他在罗马学习建筑学，回到威尼斯，他用圆规和 T 字尺作画，以建筑的理念构图。这些风景画让我们了解亚得里亚王后威尼斯在 18 世纪前半叶的风貌。我们由于他所绘《圣马可之吻》(Baccino di San Marco) 一画知道大礁湖当时船只的拥挤；我们看了《大运河的赛船会》（*A Regatta on the Grand Canal*）一画，即知当时的生活如同往昔多彩与热烈。我们高兴地发现，除了再建的钟楼外，里奥多桥、圣马可广场、民意表决广场、首领府、八角形拯救圣母堂等几乎与今日我们所见的相似。这类绘画十分逼真，正好迎合北方游客的需要，借以回忆威尼斯共和国的阳光和神秘之美。他们付钱购买，并把此地的纪念品带回故乡，而不久英国即对卡纳莱托本人发出邀请。他于1746年到达那里，并描绘英国王宫及从里士满宫展望的泰晤士河的开阔景色。此画空间、透视和细节的组合皆有惊人之笔，确为卡纳莱托的杰作。直到1755年后他才返回威尼斯。1766年69岁时，他仍勤于作画，并在《圣马克教堂内部》一画中，很骄傲地写着"不戴眼镜绘制完成"。他将其简洁量度法的技巧传授给他的侄儿卡纳莱托，把他风景画的本领传授给他的"优秀弟子"弗朗西斯科·瓜尔迪，下面我们会谈到此人。

卡纳莱托表现绚丽都市的外观，而隆吉使用绘画表现中产阶级圈子狭窄的生活情景。吃早餐的少女、修道院院长教幼儿、小女儿抚弄玩具狗、裁缝师展示一袭长袍、舞师教授少女舞步、儿童张目注视樊笼中的野兽、少女嬉弄盲人的软牛皮革、店铺中的商人、狂欢节中的化装舞蹈者、剧院、咖啡馆、文人小集团、诗人吟诗、庸医、卜相者、卖香肠和梅子的小贩、广场漫步者、狩猎队、一群钓者、假日家庭等有关中产阶级活动的集锦，尽入画中，比其友哥尔多尼的喜剧更为充实。这不仅是伟大的艺术，也是赏心悦目的作品，其表现的是一个较我们所能想象的贵族赌场俱乐部和叫骂的码头工人群体更为有条不紊、更为精美的社会。

·提埃波罗

使欧洲人一度相信已重返文艺复兴时代的威尼斯人是提埃波罗。任何一个夏日都可以见到学生和游客进入符兹堡大主教住宅，观赏楼梯与天花板的壁画，此为提埃波罗于1750年至1753年所作，是18

世纪意大利绘画的巅峰。他们观赏伦敦国家画廊里的圣克莱门特的三位一体显圣，欣赏其富有技巧的构图，其简洁描绘，其微妙的光度处理，其辉煌的色泽。这真是提香的作品吗？也许是，假如提埃波罗不是如此漫无目标的话，他可能已进入巨匠之列。

他可能因大量的财富而受阻碍，他是一位威尼斯富商的幼子，其父死时留下可观的遗产。英俊、爽朗、玩世不恭的提埃波罗"对任何低俗的事物立刻加以贵族式的嘲笑"。1719 年，他 23 岁，娶弗朗西斯科·瓜尔迪的妹妹西西里娅为妻。她为他生了 4 女 5 男，后来其中 2 人也成为画家。他们住在萨塔·瑞恩塔教区一所精致的房子里。

他的天才大为发挥。1716 年，他展示他的《以撒的献祭》(Sacrifice of Isaac)，虽然残酷但雄浑有力。在此时期，他显然受到皮亚泽塔的影响。他研究过韦罗内塞的风格。1726 年，乌迪内的总主教邀请他装饰其教堂和宫殿，提埃波罗从亚伯拉罕的故事中选出他的主题，但其处理并非完全圣经化，莎拉（即亚伯拉罕之妻）的形象来自文艺复兴时代的纸牌，皱纹之间显现两颗退化的牙齿，天使却是个有一双诱人喜爱的美腿的意大利运动员。提埃波罗似已感到这是一个可以嘲笑天使和奇迹的世纪，他可以开传统的玩笑，而和蔼可亲的大主教纵容了他。但这位艺术家不得不小心从事，因为，在天主教世界教会仍为绘画酬金的主要来源之一。

另外一个来源是为教会之外的俗人装饰宫室。1731 年，在米兰的卡萨里·达格那尼宫，提埃波罗以壁画道出西庇阿将军的故事。这些并非典型的提埃波罗风格，因为他还未形成其人物的特殊风格，而在未确定的空间里毫无束缚、轻易地活动，但它们表现出一种技巧，在意大利北部引起一阵骚动。1740 年，他施展天才，完成米兰的克莱瑞奇宫的天花板和宴会厅的装饰，有些人认为那是他的杰作。他又选取《世界的四部分》(The Four Parts of the World)、《太阳的轨迹》(The Course of the Sun) 及《阿波罗与众异教神祇》(Apollo with the Pagan Gods) 等。他愉快地离开了基督教传说中的忧郁世界，在奥林匹亚山的高峰嬉戏。他可以使用希腊罗马诸神作为画中人物，在无法律约束、无严厉禁锢甚至没有预为设计的学术规则的领域中逍遥自在。如同多数艺术家，他们的道德法则已溶入感情的炽热之中，他内心是一个异教徒。更有甚者，一个健全的躯体即可能具有坚毅完美的心灵。因此，它本身可能是精神的实体。提埃波罗推出的男神女神们，穿着薄纱，满不在乎地裸露着，在天空中嬉戏，在星球间追逐或在云端做爱。

回到威尼斯，他再度皈依基督教，他的神话意识在宗教画中消失，他为圣罗科学校作了一幅油画《夏甲和以实玛利》（*Hagar and Ishmael*），甜睡中的小孩体态优美，甚为著名。在格萨蒂教堂——后改称为多明我教派的罗萨里奥，他以《玫瑰经》的内容作画。为了卡米尼信众会（Scuola dei Carmini）或圣衣派教士，他描画《卡尔玫山的圣母玛丽亚》（*The Madonna of Mount Carmel*），此画几乎与提香的《天使报喜图》（*Annunciation*）匹敌。他为圣阿尔维斯教堂描绘三幅图，其中《背十字架的耶稣》（*Christ Carrying the Cross*）一图，充满强壮人物，肖像描绘极为生动，提埃波罗将之归功于其原始信仰。

他的想象力在宫墙上自由奔驰，在巴巴罗宫中他展示了《弗朗西斯科·巴巴罗的鼎盛时期》（*The Apotheosis of Francesco Barbaro*），此画现存纽约大都会艺术博物馆。他为总督府画了一幅《海神献与维纳斯海洋的富源》。他为帕帕多波里宫奉献了两张令人愉快的速写，描绘狂欢节的威尼斯——《小步舞》和《江湖浪子》。他为拉比阿宫装修壁画，绘述安东尼和克丽奥帕特拉的故事，场面雄伟，光辉夺目。一位画友高龙纳用帕拉底奥式的光艳描绘建筑物的背景，一道墙上是两位统治者举行会议，对面墙上是他们的盛宴，天花板上一群野蛮的飞人代表着天马、时间、美感及阵阵微风——此等飞人被愉快的小矮人吹得团团转。在会议中，埃及女王克丽奥帕特拉穿着鲜艳的服饰，显露出冠上双珠，打算诱使从船上下来的一位疲惫的罗马执政官，停下来愉快地休息。在灿烂的盛宴中，她把一颗无价的明珠投入酒杯中，安东尼为这粗心大意的财富大为感动，一间包厢里的乐师漫不经心地奏着七弦琴，使欲焰倍炽更令人迷醉。这一杰作，令人回想起画家韦罗内塞，并足以与其作品媲美，这也是1752年雷诺兹临摹的作品之一。

这种大题材的作品，使提埃波罗的地位大为提高，声名飞越于阿尔卑斯山之外，腓特烈和伏尔泰之友阿尔加罗蒂伯爵在欧洲为提埃波罗大为宣扬。早于1736年，瑞典驻威尼斯公使报告其本国政府称，提埃波罗即是装饰斯德哥尔摩王宫的适当人选，"他充满机智和热忱，易于相处，洋溢着理想；他是夺目的天才，而且制作奇速；他作一幅画比别的画家调色还要快"。斯德哥尔摩已够美了，但似乎还差得远。

1750年，一个较亲切的邀请到来——符兹堡的君主主教格赖芬克劳邀请提埃波罗到他新建的行政宫殿，为皇家大厅作画，提供的费用使这位年老大师为之心动。他带着24岁的儿子多米尼柯·提埃波罗和14岁的儿子洛伦佐于12月抵达该地。在巴塔萨·纽曼设计的光辉绚丽的王宫中，他遭遇到意想不到的难题，什么绘画在灿烂夺目的建筑中，能引人注意呢？提埃波罗在此地的成功，是其一生事业的顶点。墙壁上他描绘腓特烈·巴巴罗萨的故事——他1156年于符兹堡与勃艮第的贝亚特丽斯约会过——并在天花板上展示了《带引新娘的阿波罗》（*Apollo Bringing the Bride*），画中的阿波罗沉迷在骑着白马愉快的群神的欢乐之间，柔和的光芒投射在活跃的有翼天使身上及淡淡的云朵上。在天花板的倾斜面，他绘上一幅题名《婚礼》（*The Wedding*）的作品，那些俊美的面貌，威严显赫的人物，花团锦簇的帏幔和衣袍，更使人忆起意大利画家韦罗内塞的威尼斯而非中古遗风。主教甚为愉快，把约定好的工作范围扩大，包括大楼梯的天花板及教堂祭坛后方和上方的两片饰物。他在堂皇的楼梯上面，绘上了大陆和奥林匹亚山——他想象中的快乐的猎场——及庄严的主角太阳神阿波罗正在天空中绕行。

富有而疲乏的提埃波罗于1753年返回威尼斯，符兹堡的剩余工作则留给他的儿子多米尼柯·提埃波罗去完成。不久，他被选为学院院长，其性格和蔼可亲，甚至他的敌人也喜爱他，并称呼他为本·提埃波罗。在其晚年，他仍不能拒绝所有的要求。我们发现他在威尼斯、特雷维索、维罗纳、帕尔马等地作画，并受俄国宫廷委托制作大油画。我们几乎不能再期望他有另外的伟大作品，但1757年他61岁高龄时，他从事装饰维琴察附近维拉别墅。高龙纳勾勒背景，多米尼柯·提埃波罗在住处设计部分图画，提埃波罗则在别墅亲自挥动画笔。他从《伊利亚特》、《埃涅阿斯纪》、《疯狂的罗兰》、《解放的耶路撒冷》等史诗中选取题材，他任灵敏的想象纵情奔放，在光辉中失去色彩，在无穷中失去空间，让他的男女群神自由自在地漂流于最高的天际，超乎一切忧虑与时间之上。歌德对其壁画惊讶叹道"真是欢愉与勇敢"。那是提埃波罗在意大利引起的最后一次骚动。

1761年，西班牙的查理三世邀请他到马德里新建的王宫中作画，这位疲惫的巨人以年龄作为借口，但国王求助于威尼斯参院使用其影响力。时年已66岁的他，很勉强地再度带着他那几个虔诚的儿子与模特儿克丽丝汀娜，再次离别他的妻子。因为她喜爱威尼斯的娱乐场所，未同他前往西班牙。我们在西班牙的一座鹰架上又将见到他。

·哥尔多尼与戈齐

在当时的威尼斯文学界，成对的四个人物甚为突出：泽诺与梅塔斯塔西奥，此两人写歌剧诗；卡洛·哥尔多尼与卡洛·戈齐，他们为威尼斯的喜剧而奋斗。喜剧终成为哥尔多尼的悲剧。哥尔多尼对前述第一对人物曾有如下描述：

> 这两位显赫的作家，影响了意大利歌剧的改革。在他们之前，这种和谐的娱乐除了神、魔鬼、机械和奇迹外，内容空无一物。泽诺是第一个考虑到以抒情诗句表现悲剧的可能性，它非但不降低格调，而且演唱起来不会令人感到乏味。他施行这一构

想，深获大众满意，为其本人和国家赢得最大的光荣。

泽诺于 1718 年为维也纳带来改革，1730 年温和地退休了，退休后支持梅塔斯塔西奥，后来返回威尼斯平静地度过了 20 年。哥尔多尼所述梅塔斯塔西奥演奏拉辛甚至泽诺、高乃依的作品，他为刚强有力的作品增加了优雅的气质，也把歌剧诗带到最高境界。伏尔泰把他列入法国最伟大诗人之林，卢梭认为他是当时能够打动人心的唯一的诗人，他的真名是特拉巴西。戏剧评论家格拉维纳在街道上听到他的歌声，收养他，并改其名为梅塔斯塔西奥（特拉巴西的希腊语），供他上学，死后留给他一笔遗产。他很快将遗产花光后，到一位律师那里当学徒，条件是不许再读或写任何诗韵，他只好代以笔名。

驻那不勒斯的奥地利使节，请他提供抒情诗为独唱或歌咏队演唱，波尔波拉作曲，玛丽亚纳·布尔加雷里主唱，一切进行得很圆满。女歌手邀请这位诗人前往她的沙龙，在那里他遇上利奥、芬奇、佩尔戈莱西、法里内利、哈瑟、亚历山德罗及沙尔拉提，梅塔斯塔西奥在这群快乐的伙伴里迅速找到了友人，35 岁的玛丽亚纳更是爱上了 23 岁的他。她曾救助他，使他免蹈法网，并与她依顺的丈夫组成三人家庭，激励他写出最为闻名的歌剧《被抛弃的狄多》，1724 年至 1823 年，共有 12 位作曲家为这一剧本配乐。1726 年，他为情妇写出剧本《瑟若》（Siroe），芬奇、哈瑟及亨德尔都曾把它写成歌剧。

1730 年，他受人邀请前往维也纳，把玛丽亚纳丢在脑后。她试图跟随前往，但遭拒绝。她以刀刺胸部以图自杀，自杀失败，但 4 年后她终于离开人间。她死后将全部财产留给这位不忠实的情人，但梅塔斯塔西奥把遗产退还给她的丈夫。他写道："我对能否安慰自己已不存希望，我相信我的残年将是乏味而可悲的。"他在悲哀中享受着连续成功的果实，一直到奥地利王位继承战争使维也纳歌剧中止演出。1750 年后他无目的地重复以前的主题，耗尽了最后的 30 余年，终于在 1782 年与世长辞。

正如伏尔泰预言的，歌剧在意大利舞台，去悲剧而存喜剧。但意大利喜剧主要是即席说白与具有特色的面具人物。大多数的剧中人物早已定型：老丑角是富有幽默感、穿着长裤的中产阶级，塔塔格里亚是口吃的那不勒斯大骗子，布里格拉是愚蠢的阴谋家并常作茧自缚，杜鲁法迪诺过着愉快的世俗生活，阿雷奇诺是剧中的滑稽角色，布辛纳洛则是一个驼背木偶。不同地域和时间，又添加了不同的人物。大部分对白和剧中插曲，都是即席的即兴创作，根据卡萨诺瓦的说法，"这些即席创作的喜剧，如果演员稍一停顿，就会受到观众的嘘声"。

维也纳通常有 7 家剧院在营业，这些戏院皆以圣人之名命名，而院内观众的行为却极为可耻，包厢中的贵族，对于把东西抛到下面的平民头上并不在意。不同意见的群众有的鼓掌，有的报之以嘘声，又夹杂着口哨声、打哈欠声、打喷嚏声、咳嗽声及鸡猫叫声。在巴黎，剧院观众大多是上流社会人士、职业人士及文人。而威尼斯的观众主要是中产阶级，间杂着俗艳的娼妓、低级船夫、化装的修道士和传教士、穿长袍戴假发而且态度傲慢的议员。很难有一出戏剧能讨好他们全体。因此，意大利喜剧倾向于讽刺、闹剧、粗俗笑话和双关语的大混合，训练演员扮演愚蠢角色，缺乏变化和机敏。因为观众，哥尔多尼致力于提高合乎标准的文明喜剧：

> 他的回忆录一开始即愉快地写着：我 1707 年出生于威尼斯……母亲生我时很少痛苦，因此对我更加喜爱。我出生时不同于一般婴儿一出生即啼哭，这种温和的态度显示我日后的平和个性。

那是夸大，但并不失真。在文学史上，哥尔多尼是最可爱的人物之一。尽管有这样的开始，他谦逊的优点不太适合作家的特性。我们可相信他这样的说法——"我是家中的偶像"。他父亲前往罗马学医，再到佩鲁贾悬壶济世，母亲则留在威尼斯抚养三个儿女长大成人。

卡洛·哥尔多尼早熟，4 岁即能读又能写，8 岁编写喜剧。父亲说服母亲让卡洛与他同住在佩鲁贾，在那里这个孩子很顺利地与耶稣会会员们一同读书。邀他入会时，却未被接受。嗣后母亲带着另一个儿子也来与父亲住在一起，但由于佩鲁贾寒冷的山中气候不适合她，于是，全家迁往里米尼，然后搬到基奥贾，卡洛进入里米尼的多米尼加学院，每日接受意大利神学家阿奎那的神学功课。他发现在理性主义化的一些杰作中并无戏剧，于是，他再研读希腊喜剧作家阿里斯托芬、米南德，罗马喜剧作家普劳图斯、特伦斯等人的作品。每有大群演员来到里米尼，即与他相聚，其时间之久令在基奥贾的父母亲感到吃惊，并责备他，拥抱他，再把他送到帕维亚学法律。1731 年，他获得学位，而后从事法律方面的工作。嗣后结婚，成为"世界上最幸福的男人"，除了新婚之夜他出天花以外。

回到威尼斯后，他因法律事业上的成功担任热那亚驻当地的领事。但剧院一直吸引着他，因对写作剧本甚为向往，于是开始创作。他的新作《贝丽萨瑞斯》(*Belisarius*) 于 1734 年 11 月 24 日上演，相当成功，自开始直到 12 月 14 日每日都有演出。他年迈的母亲因他感到骄傲，更令他倍加愉快。可是，威尼斯毕竟对悲剧没有胃口，他对悲剧的创作终告失败，只好忧伤地再回到喜剧的领域来。他不乐意编写闹剧，而以莫里哀传统的态度和思想编写喜剧，在其舞台上并无戴面具的丑角，而是现实生活中的人物与情况。他从威尼斯喜剧团中挑选演员加以训练，1740 年编写了《弄臣莫莫洛》(*Momolo the Courtier*)。"这个剧本惊人地成功，我甚为满意。"其实并不尽然，因他曾妥协，除开场白与重要部分外，其他的对白皆未写出，而且剧中仍然用了 4 个传统的戴面具的角色。

他一步步地进行改革，在《宫女》(*The Woman of Honor*) 一剧中，他第一次完整地写出动作和对白，敌对的剧团或与其竞争，或对他的剧本加以嘲笑。他讽刺的上层人士如情夫之类，阴谋反对他。他力抗所有的反对者，而且节节获胜，但再无第二位作家能供给他的剧团适合的喜剧。他自己的作品常重复老套，因而丧失观众的喜爱。由于竞争，他被迫在一年中写出 16 个剧本。

1752 年，他的事业达到巅峰，伏尔泰誉之为"意大利的莫里哀"。当年《客栈女主人》（*The Mistress of the Inn*）一剧"甚为辉煌成功，在喜剧中最为人喜爱"，他自诩曾研究"亚里士多德的三一律"，但他评判他的戏剧为"好，但尚非莫里哀境界"。他写得太快，以致不能成为艺术作品，其结构优良，情节轻松，大致而言也能忠于现实生活，但它们缺少莫里哀的意境、说词及表现力；仅保持住人物和情节的表面特征，观众本性决定了他不去尝试情感、哲学或格调的高潮发挥；自然而然，他也因安于现状，不去探寻莫里哀所受折磨的深度。

曾有一次，卡洛·戈齐向他在威尼斯戏剧的优势地位挑战，而他获胜时，他为自己的愉快幽默感震惊，也深为感动。

这一时期，有两位戈齐卷入了文学骚动里，加斯帕罗·戈齐曾改编法文剧本，主编两份著名期刊，并开始恢复但丁风格。其兄弟卡洛·戈齐，高大、英俊、自负，并时时准备打架，不很和蔼。他是当地文学协会的会员，该会鼓吹文学界使用托斯卡纳意大利文，对哥尔多尼常用以编剧之威尼斯方言弃之不用。他一如特奥多拉·里奇的爱人，哥尔多尼讽刺"情夫"时，他或已感到痛苦，他也写了回忆录——他的斗争的白皮书。他对哥尔多尼的判断，如同一位作者对另一位作者的看法：

> 我从哥尔多尼的作品中觉察出充满了喜剧的动机、真理与自然。不过我也发现其风流喜剧内容的贫乏与粗俗……美德与罪恶陪衬配合不太适当，罪恶反而常常获得胜利，低级双关语的庸俗词句……片断俳语以及剧本台词的尾语只有天晓得他剽窃自何处，并用以欺骗那群无知之徒。因此，身为一位意大利作家（除以威尼斯方言写作显出他精通之外），将他置于使用我

们语言写作的最愚笨、最低劣、最不正确的作家之列，似无不妥之处……同时我必须补充说明，他写作的每出喜剧无不具有几分卓越的喜剧特点。依我看来，他生来就具有编写喜剧的才华，只是由于教育缺陷，调查力欠缺，为满足大众以及赶写新剧本以供那些赚取生活费的可怜喜剧演员之需，及为维护其声誉每年在匆促忙碌中写出如此的作品，使其永远无法写出一部不充满缺点的剧本。

1757 年，戈齐写了一册诗集，表达其对"优秀古老的意大利托斯卡纳名家的体裁"之类的评论。哥尔多尼即以简明节韵的方式（但丁的手法）提出答复，指出戈齐"无异疯狗吠月"。戈齐对哥尔多尼关于他的共同艺术手法媒介的严厉批评立即予以驳斥。他反驳说哥尔多尼的戏剧较面具喜剧"更有百倍的猥亵、卑下及有损道德"，同时他从哥尔多尼的作品中搜集了含混词句、污秽双关语和其他猥亵的词汇。莫尔门蒂告诉我们，此项争论将整个城市卷入一种狂乱状态之中，在剧院、家庭、店铺、咖啡店及街头巷尾，人们都在纷纷谈论这件事。

受戈齐攻击的另一位创作家亚贝特·基亚里，即提出一项挑战，要求他写出一部较之攻击的作品更好的剧本来。戈齐满口答应下来，表示他甚至以最琐细的主题为题材，而且仅运用传统的面具喜剧方式也能很轻易地予以完成。1761 年 1 月，圣撒母耳剧院一个剧团演出了他编写的《三个橘子之爱的寓言》。这一出"寓言"演出的成功是确定无疑的。专门以嬉笑为生的威尼斯市民大众，特别喜好这一故事的想象力，及对基亚里与哥尔多尼的情节含蕴讽刺意味。戈齐在接下来的 5 年里，连续完成了其他几出"寓言"喜剧。不过，他在这些作品中加上了诗歌体裁的对白，因此，部分地承认了哥尔多尼对"共同艺术媒介"的批评。从任何一方面看来，戈齐的胜利似乎是完全而毫无疑问的了。圣撒母耳剧院的演出仍然盛况不衰，但哥尔多尼的圣安琪洛剧院几乎濒临破产。基亚里于是搬到布雷西亚，哥尔多尼则应邀前往巴黎。[1]

哥尔多尼于 1762 年写了一部《嘉年华会最后一夜》，作为他向威尼斯的告别礼。这个故事叙述一位纺织设计人塞尔·安佐雷托正心情沉重地与他过去一直长期合作的那些威尼斯织布工人告别时发生的事。观众从这个故事中立即看出，这正是这位剧作家十分感伤地别离他长久以来一直为其编写戏剧的那些演员的一个讽喻。剧中主角安佐雷托在最后一幕出现时，整座剧院（哥尔多尼告诉我们）"响起了如雷掌声，欢呼声中还可听见……'祝旅途愉快！''要回来哟！''千万别一去不回！'"他于 1762 年 4 月 15 日离开了威尼斯，之后不曾再回去过。

在巴黎他有两年的时间写作喜剧以供意大利剧院的演出。1763年，他被控以引诱罪，但一年之后，他受雇为路易十五的女儿们教授意大利文。他为玛丽·安托瓦内特与未来的路易十六的婚礼以法文写了他的最佳创作之一《乐善好施但举止粗鲁的人》。他获赠一笔 1200法郎的年金，却在他 81 岁时因法国大革命而取消。他以向其妻口授《回忆录》（1792 年）的方式来缓解贫困——虽未见正确，但颇具想象力，阐明清晰又饶富趣味，吉本认为此回忆录"较其意大利喜剧更为真实的戏剧化"。他于 1793 年 2 月 6 日去世。同年 2 月 7 日，即他去世后第二天，全国大会（National Convention）通过了诗人玛丽－约瑟夫·谢尼埃的提议，恢复了他的年金。但他已去世无法接受此项年金，全国大会只好决定减额给予他的遗孀。

戈齐在威尼斯城的胜利颇为短暂。早在他去世（1806 年）之前，他的《寓言》一剧已从剧坛上销声匿迹了，而哥尔多尼的喜剧早已在意大利的剧院中再度盛大演出。其受欢迎的程度几乎与莫里哀的戏剧

---

[1] 戈齐所作的"寓言"喜剧，其中两篇已改编成歌剧：其一为《图兰朵》(*Turandot*)，由韦伯、布索尼与普契尼改编；另一出《三个橘子之爱》，由普罗科菲耶夫改编。

在法国上演的情形一样。他的纪念铜像矗立于威尼斯的圣巴托罗缪广场，及佛罗伦萨的哥尔多尼广场。正如其《回忆录》所说的：“人性放之四海而皆备，嫉妒也处处显现，而无论何处，冷静而且心性安宁者终必获得众人的喜爱，并能战胜其敌人。”

罗马

在波河以南，沿着亚得里亚海及横跨亚平宁山脉地带是基督教城邦——费拉拉、博洛尼亚、弗利、拉韦纳、佩鲁贾、贝那芬托、罗马——构成了“魔靴”（Magic Boot）的中心及其最大部分。

费拉拉被并入罗马教皇城邦时（Papal States，1598 年），其埃斯滕泽公爵们即以摩德纳为家，并将档案文件、书籍、艺术品等集存于此。1700 年，教士、学者、法学博士穆拉脱里成为这些珍藏的主人。经过 15 年的心血，他从上述珍藏中汇编成 28 卷的《意大利史实作家》（*Rerum Italicarun Scriptores*，1723—1738 年），后来他增加了 10 卷意大利古迹与古碑。与其说他是一位历史学家，不如说他是一位古董专家，而他 12 卷的《意大利年鉴》（*Annali d'Italia*），不久即被取代。不过，他在文件与碑文方面研究的成就，使他成为意大利近代历史著作之父。

除了罗马之外，这些城邦中最繁盛的当推博洛尼亚。当地著名的绘画学校继续在克雷斯皮的主持下。此地的大学仍是欧洲最著名者之一。贝维拉瓜宫殿（1749 年）曾是 18 世纪最宏伟的建筑之一。以博洛尼亚为中心的一个显赫家族，使剧院建筑与布景绘画进入了现代的最高境界。斐迪南多·贾利·毕比恩纳在曼图亚建了一座里尔剧院（1731 年），并撰写了一些有关建筑技术的名著。他生了三个儿子，继承了他浮夸奢华的装潢雕饰的技艺。其兄弗朗西斯科在维也纳、南锡、罗马等地设计剧院，而且设计了维罗纳的费拉莫尼柯剧院——成为意大利第一流的剧院。斐迪南多之子亚历山德罗成为巴拉丁选帝侯的首席建筑师。他的另一个儿子朱塞佩设计了拜罗伊特的一座歌剧院内部（1748 年），"这是现存此类工程最壮丽的一个"。其三子安托尼奥则为博洛尼亚的大众剧院绘制建造蓝图。

那间剧院及巨大古老的圣彼得罗尼欧教堂（Church of San Petronio）是意大利乐器演奏的场所，因为博洛尼亚是当时意大利音乐教育与理论的主要中心。马蒂尼在该地以适度而严峻的态度主持音乐，是欧洲最受推崇的音乐教师。他拥有一座 1.7 万册书籍的音乐图书馆，曾撰写一些关于旋律、对位法、音乐史等各方面的高水准教科书，与十余个地方的百余名人保有联系。多年来，他曾任院长的费拉莫尼学院的爵位授予师，这个位置备受所有音乐家的钦羡垂涎。孩提时代的莫扎特曾于 1770 年来此接受指定的测验，罗西尼与多尼泽蒂也曾在这里执教。由成百件乐器组成的学院管弦乐队，每年的新作品演奏会，即为意大利音乐年最重大的事情。

吉本曾估计 1740 年罗马的人口有 15.6 万人之多。在回忆罗马帝国往日的光辉、忘却罗马的乞丐与奴隶之余，他发现这种天主教首都的魔力特质，并不合他的兴致：

> 在奥勒留王朝城墙内的广大区域中，七座山丘的最大部分满布着葡萄园与古迹废墟。这一现代都市的优美与华丽当可归因于政府的恶习弊端及迷信的影响。每个王朝（几乎鲜有例外）都具有一个新家族暴发兴起的特征，无子嗣的教皇以牺牲教会与国家的利益而使其财富增多。教皇这些幸运子侄的宫殿是高雅与劳役最昂贵的纪念碑，完美的建筑、绘画、雕刻等艺术已因其用途而受到玷污。他们私有的画廊与花园装饰点缀着最珍贵的古画与古董，这种兴致或者虚荣心，驱使他们大肆搜集。

这一时期的教皇，以具有崇高的道德而显赫一时。其权势衰落时，他们的道德训诲却高升了。他们都是意大利人，这是因为没有任何一个天主教王朝愿意让其他任何人攫取罗马教皇的职位。克莱门特十一世（约1700—1721年）因改革罗马的监狱而得以名正言顺。英诺森十三世（1721—1724年），依据新教徒兰克的评判：

> 具有令人钦羡的精神上、世俗上统治的资格，唯有身体极端纤弱：罗马皇室跟他联合，曾想借他而获提升，却发现他们完全受骗，甚至连他的侄子也不能毫无困难就获得享受每年1.2万杜卡特，虽然这笔钱早已成为一个侄子的通常收入。

本尼狄克特十三世（1724—1730年）是"一位伟大的个人虔诚者"，不过（据一位天主教历史学家说）他"给予卑贱的心腹们过多的权力"。克莱门特十二世（1730—1740年）使他的佛罗伦萨友人布满整个罗马城，他老迈眼瞎之际，竟让其侄子们掌握大权，统治一切。他对统治的厌倦，进一步加深了法国耶稣会教士与詹森派教徒之间的冲突。

麦考利认为本尼狄克特十四世（1740—1758年）是"圣彼得的250位继位者中最优秀、最贤明的一位"。这是一种将其统治的各方面概括无遗的评断，不过，新教徒和天主教徒称赞本尼狄克特博学、可爱的性格及完美的道德。身为一个博洛尼亚的大主教，他觉得每周到歌剧院三次与严谨认真执行其主教职务两者之间并无矛盾抵触之处。同时，他以教皇的身份，使其个人生活的纯洁、幽默和欢愉、言论自由及甚至几近异端的对文学与艺术的欣赏方面获得协调。他的才智可与伏尔泰媲美，但是，这并未阻止他成为一位谨慎的治理者和有远见的外交家。

他发现教廷的财政颇为混乱：有半数的税收竟在运送途中遗失，罗马人口的1/3由教士构成，远较教会事务所需者为多，而且耗费繁巨实非教会所能负担。本尼狄克特裁减自己的职员，解散大部分的教皇军队，结束教皇的族阀主义作风，降低税金，推广农业改革，鼓励工业。其刚直诚正，对经济与效率采取的有效措施立即为教皇的财政带来了盈余。他的外交政策对狂暴的国王做了温和友善的让步，他与撒丁岛、葡萄牙、那不勒斯、西班牙签订了协定，允许他们天主教的统治者向主教辖区提名人选。他以松弛地执行反詹森教派的《唯一诏书》的方式，奋力平息法国的教条狂热。他这样写道："既然不诚实的现象天天发展着，我们首先必须问明人们是否信仰上帝，再问他们是否接受该项敕令。"

我们已注意到他诚挚地接受伏尔泰《穆罕默德》（Mahomet）一书的奉献，虽然这部戏剧在巴黎曾遭受基督教士的攻击（1746 年）。他指派一个委员会修订每日祈祷书，并删除其中较不可信的传说。然而，这个委员会的建议并未付诸实施。他靠个人的活动获得了达朗贝尔的支持而进入了博洛尼亚协会。他劝阻轻率的禁书行动。他的一些助手劝其指责拉梅特里的《人是机器》（L'Homme Machine）一书时，他答复说："难道你们不该避免告诉我愚人的胆大无耻吗？"他还说："你们知道，教皇仅有祈福的自由。"他在 1758 年修订颁布的《禁书索引》（Index Expurgatorius）即避免涉及非天主教文学。除了少数例外，这一指示仅限于禁止天主教徒作家所写的某些书。除非发现作者获有为其自身辩护的机会，否则决不应予以谴责；有关学术性题目的书籍，除非事先与专家商议，否则不应受到批评谴责，科学家与学者应随时允准阅览禁书。这些规则在其后各版的指示表里也均予以遵守，同时也经教皇利奥十三世于 1900 年予以确认。

教皇发现治理罗马与统治整个天主教世界同样困难。罗马民众可能是意大利，也可能是全欧洲最粗鲁、最狂暴的。任何原因都可能导致贵族之间的决斗，甚至造成圣城分裂地区爱国帮派之间的流血冲突。在剧院，观众的批评可能苛酷而毫不仁慈，尤以在批评错误时更甚，我们可以举作曲家佩尔戈莱西作为例子。教会企图以节庆、游行、放纵与嘉年华会来平和民众的情绪。在基督教四旬斋期之前的 8 天中，人民获准穿着色彩鲜艳夺目、富于幻想的服饰与装扮在广场上嬉戏。贵族们更以装饰得美丽堂皇的马匹或马车载着打扮得花枝招展、浓妆艳抹的美女及技术熟练的骑师参加游行行列以取悦民众，妓女们抬高价格，戴着假面具的男女调戏嬉闹使一夫一妻制的紧张暂时得到数小时的松弛。待嘉年华会一过，罗马城又恢复其虔诚与犯罪的不平衡状态。

信仰衰退之时，艺术也不再兴盛。建筑方面仅有微小的贡献：伽利莱为拉特拉诺的圣乔瓦尼古老教堂建造了一个值得骄傲的教堂正面，斐迪南多·富加给予圣玛利亚神像一个新的面貌，弗朗西斯科将庄严、宽敞的西班牙阶梯的形式，自西班牙广场移升至圣第西玛的孟第神庙里。雕刻也为其增添了一座著名的纪念碑——特雷维之泉。这座"三道出水口之泉"具有一段长远的历史。贝尔尼尼可能留下这一建筑的蓝图，克莱门特十二世曾为此展开了一场竞争。巴黎的艾德姆·布沙东、南锡的亚当提出了构筑计划，迈尼被选为工程设计人。彼德罗·布拉奇则雕刻海神（Neptune）及其同伴的中央部分（1732年）。菲利普·瓦勒塑造肥沃之神与医疗之神，沙尔维提供建筑的背景。潘尼尼终于在1762年完成这一杰作，这种由无数心血与双手历经30年合力营造的情形，也许可以表示意志的动摇或资金的短缺。不过，这阻止了任何认为罗马艺术业已逝去的想法。布拉奇因雕塑詹姆士三世的郁郁寡欢的王后玛丽·克莱门蒂娜（Maria Clementina Sobieska）的陵墓，而声誉卓著。菲利普·瓦尔遗留在圣伊格那修大教堂内一件刻得极为精巧的《报喜图》浮雕，堪比文艺复兴全盛时期的杰作。

绘画在这一阶段的罗马没有任何突出成就，但皮拉内西使雕刻成为一种主要的艺术。他出生在威尼斯附近的一个石匠家庭，曾阅读过建筑家帕拉底奥写的书。因此，他憧憬着宫殿与神庙。威尼斯有比金钱更多的艺术家，罗马则有比艺术家更多的金钱。因此，皮拉内西迁居罗马并在那里开辟建筑家的天地。但建筑物并非当时所需。他还是进行设计，甚至绘出他知道无人愿意建造的想象中的构图。他于1750

年出版了《建筑作品种类》(*Opere Varie di Architettura*)、《监狱》等绘图，人们抢购这些作品的热烈程度有如争购谜语与神秘故事一般。皮拉内西以更高尚的情操将其技巧转向雕刻古迹名胜的蓝图方面。他对此颇为爱好，如普桑一般。他眼见这些古典遗迹由于掠夺或疏忽而日渐腐蚀碎裂，颇为感伤。25 年来，他几乎从未间断地每天外出将这些遗迹描绘下来，还因此废寝忘食。甚至他即将死于癌症之际，仍不停地描绘、雕塑和镌刻。他的《罗马古迹》(*Roman Antiquities*)与《罗马风光》(*Views of Rome*)印成画片风行全欧，并分享了建筑方面古典风格复兴的荣耀。

这种复兴强烈地受到赫库兰尼姆和庞培两座古城的发掘的刺激——这两座城镇于公元 79 年因维苏威火山的爆发而埋没于地下。1719 年，有些农民报称他们曾经发现许多雕像深藏在赫库兰尼姆城的地下。但经过 19 年后，才筹备了资金以供有系统地发掘这一古迹。1748 年，类似的发掘工作也开始，并揭开了异教之城庞培的奇观。1752 年，巨大而庄严的古希腊培斯顿神庙自丛林中被发掘出来。于是，来自十几个国家的考古学者们纷纷涌来研究并描述这项发现，他们的绘画激起了艺术家和历史学家的兴趣。不久，罗马和那不勒斯云集了特别是来自德国热衷于研究古典艺术的专家们。门斯于 1740 年到来，温克尔曼则于 1755 年来此地。莱辛渴望前往罗马："在那里至少停留一年，如可能的话，永远留在那里。"还有歌德——不过，详情经过留待以后再叙。

安东·拉菲尔·门斯的籍贯真不易确定，他出生于波希米亚(1728 年)，主要在意大利和西班牙工作，但他又选择以罗马为家。他父亲是德累斯顿一位画小型人像的画家，以柯勒乔和拉斐尔两人的名字为他命名，而且决定帮助他从事艺术工作。这个孩子显露出艺术天才，父亲在他 12 岁那年就带他到罗马。据悉，他父亲在那里天天把他禁闭于梵蒂冈，让他以面包和酒充当午餐，还告诉他以拉斐尔、米开朗基罗及古典世界的遗迹作为其余两餐的食物。在德累斯顿做了短暂停留之后，安东即回到罗马，并以一幅《神圣家庭》的油画赢得人们的注意。他为了画这一幅画把玛格丽塔·瓜齐——"一位可怜、善良、美丽的少女"——当作他的模特儿。他终于在1749年跟她结婚，并一起接受罗马天主教的信仰。他又在德累斯顿被指定为奥古斯都三世的宫廷画家，每年有1000泰勒的薪俸。他同意为德累斯顿的一座教堂绘两幅画，但他请求这位选帝侯允其在罗马作画。1752年，他24岁时，就在那里定居。26岁时，他担任梵蒂冈美术学校的校长。1755年，他遇见了温克尔曼，并同意他的看法，认为怪异的巴洛克式是错误的，艺术须以新古典形式来自我炼洗。大约就在此时，他完成了色粉自画像，目前为德累斯顿美术馆收藏——少女的脸与发型，眼中却射出男人的自信，这已能预示他的成就将震撼世界。

腓特烈大帝将奥古斯都逐出萨克森之际（1756年），门斯的皇家薪金也被停止了，必须靠着意大利提供的少量费用过活，他试图赴那不勒斯发展，但当地艺术家依照古老的那不勒斯习俗，视之为外国入侵者因而威胁其生命安全。门斯立即回返罗马，他以一度闻名的壁画装饰阿尔巴尼别墅。尚可见到的有《巴纳撒斯灵山》（Parnassus，1761年），体现出其技巧的高超、冷静的高雅及情感的木然。但驻罗马的西班牙公使感觉他正是装饰马德里皇宫的适当人选。查理三世派人召请门斯，每年允付2000金镑，外加房屋和马车，并免费从那不勒斯搭乘西班牙战舰。1761年9月，门斯抵达马德里。

那不勒斯

·国王与人民

那不勒斯王国包括教皇国南部所有意大利的国土，是奥地利、西班牙、英国、法国等大国斗争的缓冲国，它是兵家必争之地，也是胜利与失败血淋淋的跷跷板。我们只须看看，1707年奥地利获取那不勒斯；1734年卡洛斯——帕尔马的波旁公爵和西班牙菲利普五世之

子——复驱逐奥地利人；而那不勒斯由西西里国王查理四世统治至
1759 年。其首都拥有 30 万人口，是意大利最大的城市。

查理使皇家艺术慢慢地成熟。首先，他取得王位以作为享受奢侈的
一种特许：他疏忽政府事务，半数时间花费在行猎上，而且吃得肥肥胖
胖，直到 1755 年，他受到司法部长兼外交部长坦努奇的鼓舞，从事缓
和严酷的封建制度，这一制度置那不勒斯人于辛劳与狂喜的生活中。

三个相关的组织长久统治这个王国，贵族几乎拥有 2/3 的土地，
其 500 万黎民中 4/5 生活在其枷锁之下，贵族控制国会，管制税收，
并打击各种改革。教士拥有 1/3 的土地，他们以恐怖的神学、传奇的
文学、迷玄的仪式及假造奇迹——那不勒斯守护神凝固的血液每半年
液化一次的奇迹，来使人民精神上臣服。行政权操在一些法律专家手
里，他们对贵族和主教负责，因此，宣誓维持中古世纪的现状。卑微
的中产阶级，主要是商人，在政治上是无能为力的，农民与贫民过着
困苦的生活，部分人抢劫度日，大部分沦为乞丐，单在那不勒斯一地
就有 3 万名乞丐。布罗塞斯称呼首都的群众为"最可憎的贱民、最可
恶的歹徒"——这是责难结果而不非议原因的判断。但是我们必须承
认，那些褴褛、迷信并受教士支配的那不勒斯人似乎比其他欧洲人享
有更多的生活情趣。

查理为了制衡贵族势力，吸引他们到皇廷受皇家监视，并产生支
持他的新贵族，而劝阻年轻人流入修道院，他把教士人数从 10 万人
减少至 8100 人，课教产 2% 的税，并限制教士的合法豁免权。坦努
奇限制贵族的司法权，与司法腐败斗争，改革法律程序，并修改严厉
的刑法为温和刑法。对犹太人许以宗教自由，但修道士们向查理明白
宣告，说他没有儿子，是上帝对这一有罪的宽容所加的惩罚，于是赦
免被撤销了。

国王对建筑的热爱，使那不勒斯增加了两幢闻名的建筑物，庞大
的圣卡洛剧院建立于 1737 年，直到现在它仍是最伟大、最美丽的歌
剧院之一。1752 年，首都东北 21 英里的卡瑟塔开始建立凡维特尔宫，

这是庞大的皇宫，可与凡尔赛宫媲美，可为皇族、侍从皇族及大部分行政职员居家之用，黑奴与白奴辛劳工作了 22 年，弯形建筑物建在通向中央大厦的通道旁，大厦正面伸出 830 英尺宽，其内部有一座小教堂、一家剧院、无数的房间和一座宽大双组的楼梯，每个台阶都由一整块大理石板铺成，皇宫后面半英里有正式的花园，多组的石像和华丽的喷水池，有一条 27 英里长的水道供应水流。

除了卡瑟塔宫（此宫如同爱丝可利亚宫和凡尔赛宫因其所在城市而得名）之外，那不勒斯在这个时代中并无其他出众的艺术作品，在戏剧和诗歌方面也乏善可陈。1723 年，曾有一人勇敢地写出《那不勒斯王国内政史》（*Istoria Civile del Regno di Napoli*），不停地攻击教士的贪婪、宗教法庭的滥权、教堂的世俗权力、教皇提出那不勒斯为教皇采邑的要求等。其作者詹农被那不勒斯大主教逐出教会，后流亡到维也纳，复遭撒丁岛国王监禁 12 年，于 1748 年死于都灵。一名叫杰诺韦西的教士因为阅读英国哲学家洛克的书籍，对教会失去信心，并尝试将洛克的心理学介绍到意大利。1754 年，一位佛罗伦萨商人在那不勒斯大学设立第一个欧洲式的政治经济学讲座，并设定两个条件：不得给予教士，其第一任人选应是杰诺韦西。杰诺韦西于 1756 年以意大利文写了第一篇有系统的经济论文作为回报，其论文反映了商人和制造商要求自由企业和从封建、教会及其他限制里解放的呼声。同一年，法国经济学家凯奈在他的论文中，为法国中产阶级提出同样的要求。

或许由加利亚尼，那不勒斯的杰诺韦西和巴黎的凯奈已建立了某种联系。加里亚尼于 1750 年出版了他的《论货币》，由于这位 22 岁年轻经济学家的天真，竟以产品的成本决定产品的价格。其较为可取的是《关于小麦贸易的对话》，是批评凯奈的。他必须离开巴黎刺激的生活返回老家时，他为那不勒斯没有沙龙、没有若弗兰夫人供他吃喝并激发其心智而哀伤。但是，他是一位在历史上占有一席之地的经济学家。

·维科

　　他的自传里说他7岁时从梯子上跌下来，头先着地倒栽跟头，昏迷了5个小时之久，头盖骨破碎了。一团大瘤长了出来，经过多次刺破才渐渐减小，但由于失血过多，外科医生认定他将早死，"由于上帝的慈悲"，他幸存了，"但由于这个不幸的结果，他长大后带有忧郁和急躁的脾气"。他得了肺结核病，如果天才是依靠某些身体缺陷的话，那么维科的禀赋特多。

　　他17岁时（1685年），在瓦多拉（Vatolla，靠近萨莱诺港）充任伊斯基亚岛主教外甥的家庭教师以赚取生活费。他在那里待了9年，同时勤奋地研究法理学、语言学、历史和哲学。他对柏拉图、伊壁鸠鲁、卢克莱修、马基雅维利、培根、笛卡儿、格劳秀斯等人的著作特别着迷，对他的教义问答教学有些损害。1697年，他获得那不勒斯大学的教职，年薪仅100镑，他尚担任家教，以维持一个大家庭。其一女夭逝，另一男孩有邪恶倾向，不得不送入感化院，他的妻子不认识字而且无能力，因此维科必须身兼父亲、母亲和教师。在种种分心之下，他撰写他的历史哲学。

　　《关于民族共同性的新科学原理》（1725年）提供了"有关万国通性的新科学原则"，并建议在历史的领域发现能够启发过去、现在和未来的关联规律，维科认为他能够辨明各民族历史的三个主要时期：

　　　　一、神的时代：在此时期非犹太人的异教徒（同一民族的人）相信他们生活在神的治理之下，每件事都受神的吉兆和神谕控制、指挥……

　　　　二、英雄的时代：英雄统治着贵族政治的整体国民，由于他们的天性有某种程度的优异，因此他们处于万民之上。

　　　　三、人的时代：在此时代人类天性被承认是平等的，于是第一个有名的国家机构建立了，然后又有王室。

维科把第一个时期仅应用于"异教徒的"和"世俗的"（非圣经的）历史。他不触犯神圣传统，即不能谈论《旧约》犹太人仅相信他们"生活在神的治理下"。由于宗教裁判所（在那不勒斯比意大利北部更为严厉）已指控那不勒斯的学者谈论亚当之前的人类。维科很艰难地把他的说法跟《创世记》配合起来，认为亚当的后代，除了犹太人外，经过诺亚时代的大洪水后，已回复到几乎野蛮的状况，他们居住洞穴，女人共有，并杂乱交配。文明是从"自然状态"第二阶段，由家庭、农业、财产、道德和宗教发展而成。有时，维科谈到宗教是原始时候解释事物、信仰灵魂学说的方法，有时他赞扬宗教是进化过程中的高峰。

社会发展的三个阶段，与三个"自然之道"或解释世界的方法吻合，即神学的、传奇的和理智的三个阶段：

> 第一个自然之道，在幻象（它在理智力最薄弱时显得最强）下，它是富有诗意和创造力的自然之道。我们人类也可称之为属神的，因为它将事实的东西，欺之为神的赋予物。由于同一幻象错误，人对自己创造出来的神畏惧无比……第二个自然之道是属于英雄的，英雄们自认出身非凡……第三个是人类自然之道，此自然之道是智慧的，因此是适应的、慈祥温和的、理性的，它承认良知、理智和义务是法律。

维科努力将语言史、文学、法律和政府，列入这个三元体系中。在第一阶段，人类用记号和姿势表达意思。在第二阶段用"徽章、比喻和意象"。第三阶段用的是"经人民同意的文字……由此他们可能确定法律的意义"。法律本身也历经相同的发展：首先是属神的，神授的，例如《摩西律法》；其次为英雄式的，例如莱喀古斯；再次是人类的——"完全发展的人类理智指挥一切"。政府也同样历经三个阶段：僧侣阶段，在此阶段的统治者自称是上帝的代言人；贵族政治阶段，在此阶段中的"民权"仅限于"英雄们"的统治命令里；人类政治阶段，在此阶段，"法律之前人人平等……这是在自由的民治城市里的事例……也是在这些君主国，置百姓于其法律下平等的事例"。维科很清楚地忆起柏拉图的政治演化的要义——由君主政治到贵族政治到民主政治再至极权政治。但他把该程式修改为：神权政治、贵族政治、民主政治、君主政治。他同意柏拉图民主政治导致混乱的说法，而且认为一人专政是民主混乱的良方，"君主政体是最终的政府……在该政府里国家导致安宁"。

社会混乱可能来自道德败坏、奢侈、懦弱、缺乏勇武特质、贪污腐化、财富的分裂再集中或穷人的侵略性的嫉妒心等，这种混乱通常导致极权，如同奥古斯都的统治治愈了罗马共和国的混乱。如果连极权都无法遏止腐化衰败，较为强盛的国家将把它征服：

> 由于如此腐化的人民已成为他们毫无自制的情感奴隶，上帝作万国自然法敕令他们成为奴隶……他们成为较强国家的百姓。强国征服了他们，并把他们置于属下的省份。因此产生两道自然秩序的火光。第一为：不能自治者必为能自治的第三者统治。第二为：世界总为最能适应者统治。

在这些事例中，被征服的百姓退回到征服者所及的发展阶段。因此，罗马帝国的人民在蛮族入侵后，又回到野蛮时代，而且不得不又回到神权政治——受教士和神学的统治，那即是"黑暗时代"。十字军带来另一个英雄时代。封建酋长相当于荷马史诗中的英雄人物，而但丁相当于这个时代的荷马。

我们听到维科的理论，历史是周而复始的，即马基雅维利的"发展与回复定律"。进步的想法在这种分析里受到损害，进步仅循环动作的一半而已，而其另一半是衰退。历史如同生命，是进化也是毁灭，其结果和天数是不能避免的。

维科提出一些惊人的建议，他将古典传奇故事中的英雄人物贬抑为名称的始祖（eponyms），以先有之名为名者（aftrenames），或事后经过长期不具人格或复性人格过程的人格化。因此，阿波罗之子俄耳甫斯是许多原始音乐家想象的组合，莱喀古斯是综合斯巴达的一系列法律与习惯的化身，罗慕路斯是建立罗马国之人。因此，维科把荷马看成一团谜，在德国古典学者沃尔夫 1795 年出版《荷马引论》（*Prolegomena to Homer*）的前半个世纪，维科辩称荷马史诗是由数群和数代史诗创作慢慢累积和合并而成，史诗即是在希腊各邦城为游吟诗人所唱的特洛伊和奥德修斯英勇的冒险故事。而且几乎在德国历史、政治、语言学家尼布尔（Barthold Niebuhr）的《罗马历史》（*History of Rome*，1811—1832 年）之前一个世纪，维科反对罗马历史学家李维的第一章，称之为"野史"，"凡是异教徒的历史，其开始部分都如同神话"（维科再度谨慎地避免责难《创世记》的历史真实性）。

划时代的书籍显现了一种强有力但受困扰的心境，致力形成基本观念而免陷入异教徒裁判的禁锢。维科时常言不由衷地声称对教会的忠诚，他感到他应受到教士的赞扬，因为他解释法理学的原则与方法符合天主教理论。我们听到他对宗教的真诚论调如同对社会秩序和个人道德的绝对需要的支持："仅宗教有力量促使人民从事道德工作……"尽管他经常使用"上帝"这一字眼，但他似乎将上帝从历史上剔除了，并将发生的事件贬为自然因果不受阻碍的表演。一位多明我教派学者攻击维科的哲学为非基督教的，而是卢克莱修的。

维科的分析显现出世俗主义，或许与他在意大利不能赢得一桩诉讼有关。而无疑，他工作散乱无秩序和思想的混淆，注定了他的"新科学"胎死腹中。他相信他已写出了一本高深而有启发性的书，但无人同意他的看法。他呼吁让·克勒克（Jean Le Clerc）至少在《共和通信》期刊上提它一笔，但徒劳无功。《新科学》（*Scienza Nuova*）出现10年后，查理四世帮助了维科，指派他为史官，年薪为100里拉。1741年，维科很满意地看到他的儿子热纳罗继承他在那不勒斯大学的教授职位。他晚年（1743—1744年）心智退化，堕入神秘主义中，濒临疯狂的边缘。

他的一本著作存放于孟德斯鸠图书馆里，这位法国哲学家在其私人记录里，承认他得益于维科的发展与衰退循环理论。而那种得自维科的理论，虽未指明，在孟德斯鸠的《罗马盛衰原因论》（*Greatness and Decadence of the Romans*，1734年）一书中出现。此外，维科在法国仍不为人所知，直至1827年米什莱出版一本《新科学》的简译本，米什莱形容意大利"为其第二母亲与保姆，年轻时从维吉尔吸取乳水，年长时维科供以营养"。1826年，孔德开始演讲，这些演讲成为他的实体哲学的教材，其作品各个段落都可感觉出维科的影响，那不勒斯的克罗齐（Benedetto Croce）给维科应得的全面评价，再度建议历史应有其地位，除了科学外，历史是哲学的基础与途径。

·音乐

那不勒斯颠覆了毕达哥拉斯的看法，判定音乐为最高哲学。法国天文学家拉朗德（Lalande）1765年至1766年访问意大利后说：

> 那不勒斯人的特殊胜利在于音乐。在那个国度，耳鼓膜似乎比欧洲各地的更为拉紧，更为和谐，更为敏锐。整个民族都在歌唱。姿态、音调、音色、韵律与节拍，连交谈的语言——都是音乐……因此，那不勒斯是意大利音乐、伟大的作曲家及杰出歌剧的主要源头；科雷利、芬奇、里纳尔多、约梅里、杜兰特、利奥、佩尔戈莱及其他著名作曲家，都在此地写出不朽的名作。

尽管如此，那不勒斯只是在歌剧和音乐上占鳌头。在管弦乐方面威尼斯领先，音乐爱好者曾抱怨那不勒斯人喜爱声音的技巧，更甚于精妙的和谐和对位法。波尔波拉大受欢迎，"他可能是有史以来最伟大的歌唱教师"。所有意大利美声歌唱者都乐于拜他为师，一旦被接纳，在其蛮横的怪癖下，都得举止谦卑。因此，有这样一个传说，他让卡法雷利一页作业练习了 5 年，然后将他开除时保证他是欧洲最伟大歌唱家。仅次于波尔波拉的音乐教师是杜兰特，他是芬奇、约梅里、佩尔戈莱西、乔瓦尼·帕伊谢洛、普契尼的老师。

芬奇似乎受盛名之累，但他早期为梅塔斯塔西奥的《狄多的遗弃》配乐，即获得喝彩。阿尔加罗蒂感觉"维吉尔听到如此生动，如此悲凄，心与灵立刻为其力量所冲击的音乐，定大为喜悦"。更为出名者当推利奥，有时那不勒斯为他的喜剧而欢笑，有时为他的祷告曲而悲泣，那是于 1744 年为封斋礼而编写的。

约 1735 年，利奥听到约梅里为歌咏队演唱所作的乐曲，惊呼："这个年轻小伙子很快会成为欧洲令人惊奇羡慕的奇才。"约梅里几乎证实了这一预言。23 岁，其第一部歌剧即赢得了那不勒斯的欢呼，26 岁在罗马获得同样的成功。在博洛尼亚他拜师于马蒂尼，但受尊敬的教师听完其即席演奏遁走曲后，惊呼："你是何许人物，你存心嘲弄我吗？应该是我跟你学习。"他的歌剧在维也纳引起很大的热潮，十人委员会委派他为恩卡拉伯列音乐学院院长，在该学院，他写了一些当时最佳的圣乐。1748 年，他移居维也纳时与梅塔斯塔西奥建立了亲密友谊。在威尼斯和罗马进一步获得成功后，他在斯图加特和路德维希堡定居下来（1753—1768 年），担任符滕堡公爵的第一乐师。在那里他修饰的歌剧形态略带德国风味，为他的和谐带来了更多的变化，管弦乐也更加坚实有力量，他摒除重复奏抒情调，为叙唱调提供管弦伴奏。或许由于斯图加特法国芭蕾舞大师诺韦尔的影响，在其歌剧中担当芭蕾舞的重要角色，约梅里在音乐方面的某些发展正为格鲁克的音乐改革铺路。

这位年老作曲家于 1768 年回到那不勒斯，其条顿式风格不为听众所喜，他的歌剧也因此被拒绝接受。莫扎特聆听其作品之一后评论为"它是华美的，但其格调太高，对于剧院而言，太陈旧过时"。约梅里的教堂圣乐处境较佳，他的祷告曲和《为死者弥撒曲》（*Mass For the Dead*）在天主教堂流行。贝克福德（William Beckford）于 1787 年在里斯本聆听弥撒曲后写道："我从没听过如此令人敬畏、令人感动的音乐，也可能再也听不到了。"约梅里以条顿人的谨慎方式，储蓄其赚来的钱，然后退隐家乡阿沃萨（Aversa）富裕安逸地度其余年。1774 年，那不勒斯所有显赫的音乐名家参加了他的葬礼。

那不勒斯笑的比唱的多。佩尔戈莱西以一出喜歌剧征服了巴黎，这是在欧洲大都会中，唯独这个傲慢的城市拒绝接受意大利的正歌剧之后的事。佩尔戈莱西并没亲身参与此次战斗，因他于 1736 年享年 26 岁便告去世。他出生于意大利中部的安科纳港，16 岁来到那不勒斯，22 岁之前就写了好几部歌剧、30 首奏鸣曲及 2 首较为人称赞的弥撒曲。1733 年，他制作一部歌剧《囚犯》（*Il Prigioniero*），编写了供场间穿插表演的短剧《由女婢到主妇》（*La Serva Padrona*）。这一歌剧剧本描写女仆莎比娜如何设计使她的主人娶她为妻的轻松故事，音乐也是轻快的曲调。1752 年，在巴黎歌剧院演出 100 场；1753 年，在法兰西剧院又再演出 96 场。我们可以见到法国人对这一佳作如何狂热。同时，佩尔戈莱西在罗马指挥他的歌剧演出。这一次却得到满堂的嘘声与叫嚣，一只橘子被掷在作曲者的头上。一年之后他到波佐利治疗肺病，其放荡的生活已使病情更为恶化。他的早逝抵偿了他的罪过，最后一段日子曾经与他相处的一些圣方济教士把他安葬于当地天主教堂中。悔恨的罗马重将他的遗作《奥林匹亚》（*L'Olimpiade*）演出，获得了疯狂的掌声。意大利对其轻快的插曲感到兴奋，对其《圣母哀悼基督的圣歌》表现的微妙情感更觉荣耀，这一圣歌直到他去世之际尚未完成，佩尔戈莱西本人也被用作两个歌剧的主题。

沙尔拉提如同佩尔戈莱西一样，甚少因自己的作品风行一时而自鸣得意，但谁能抵挡得住他巧妙手法的光芒四射？他生于 1685 年，与亨德尔和巴赫同年，是亚历山德罗的第六子。沙尔拉提是当时意大利歌剧界的威尔第（Verdi），从小即受音乐的熏陶，其兄彼得罗，堂兄弟朱塞佩，叔父弗朗西斯科、托马索皆为音乐家。朱塞佩之歌剧作品完成于那不勒斯、罗马、都灵、威尼斯、维也纳等地。沙尔拉提的父亲唯恐儿子的天才无法发挥，在他 20 岁时把他送到威尼斯，他说："我儿已是翅膀长硬的飞鹰，他再也不能继续留在窝里，我必须任他展翅翱翔了。"

在威尼斯继续求学时，他邂逅了亨德尔，他俩结伴前往罗马，在奥多波尼红衣主教的鼓励下，他们进行大键琴的友谊比赛，然后比赛风琴。沙尔拉提已是意大利最佳的大键琴家，但据说亨德尔不亚于他。至于风琴，沙尔拉提的确占优势。两人成为忠实的朋友，这种情况对从事同类艺术的佼佼者而言，难于见到，但是，与他们同时代的人称："沙尔拉提脾气最为温和，举止最为文雅。"而且亨德尔的心胸宽大一如其名声浩大。意大利人的谦逊羞怯性格使他未能公开展示大键琴的造诣，我们仅从非公开的演奏会的报告中得知一二。罗马一位听众（1714 年）"以为有千万魔怪附着乐器"，因为他从没有听过"如此富有技巧与印象的音乐"。发展左手键盘潜力及超越右手的技巧，沙尔拉提是第一人，他说："上帝赋予我十根指头，而我的乐器需要所有的手指工作，我看不出有任何理由不去利用它们。"

1709 年，他接受波兰前皇后卡济米耶拉指派为唱诗班的首席音乐教师。丈夫索别斯基去世之际，卡济米耶拉被认为是引起麻烦的阴谋者而遭放逐。1699 年，她来到罗马，决心设立一间沙龙，媲美 10 年前去世的瑞典女王克丽斯蒂娜设立的。在三圣广场的宫殿里，她聚集了克丽斯蒂娜的朋友，包括多位田园学院的会员。1709 年至 1714 年，沙尔拉提在那里创作多部歌剧。在成功的鼓舞下，他在卡布拉尼科剧院演出《哈姆雷特》。此次演出并不太受欢迎，此后沙尔拉提再也未向意大利观众演出过歌剧。他父亲为他设立的标准太高，他无法达到。

他在梵蒂冈指挥朱莉亚教堂歌唱班 4 年（1715—1719 年），并在圣彼得教堂弹奏风琴。这时他所作《圣母哀悼基督的圣歌》被认为是"天才的杰作"。1719年，他在伦敦指挥他的歌剧《那西索》（Narciso）的演出。两年后，我们发现他在里斯本当约翰五世的教堂主持，兼任公主玛丽亚·芭芭拉的教师。在他的教导下，公主成为一位杰出的大键琴家，他大部分现存的奏鸣曲都是供她演奏而作。42岁（1725年），他回到那不勒斯，与16岁的玛丽亚·珍蒂莱结婚，1729年又带她到马德里。就在那年，玛丽亚·芭芭拉公主嫁给了西班牙王储斐迪南。她与其夫迁往塞维利亚时沙尔拉提陪伴着她，并为她服务直到她去世。

沙尔拉提夫人于1739年去世，遗下5个子女。他再婚后，不久子女增加为9人，玛丽亚·芭芭拉成为西班牙王后时（1746年），她携同沙尔拉提家人同往马德里。法里内利是皇宫中受喜爱的两位音乐家之一，但这位歌唱家与这位音乐巨匠成为好朋友，沙尔拉提的职位是为西班牙宫廷提供音乐的特权侍臣。1740年，他请假获准前往都柏林，1741年再前往伦敦，但大部分时间他都居住于马德里或其城郊的宁静地区，几乎与世隔离。毫无疑问，他将成为20世纪钢琴家喜爱的人物。

555首奏鸣曲不很稳定地支持着沙尔拉提在声调技巧方面的声名，他一生只发表了30首。它们温和的标题显示其有限的目标——利用大键琴的技巧以探寻的可能性。其之所以为奏鸣曲，实为这一名词的古老观念，在乐谱中是奏出"乐声"而不是唱出来的歌，有一部分衬托主题，另有一部分以大小调被配成对，但它们皆为单一节奏，不要求主旋律的精致与反复。其显示出大键琴音乐从风琴的影响中被解救出来，也表示由键盘作曲而接受歌剧的影响。女高音的活泼、优美、颤音及妙诀却逊于戏谑而富有想象的轻快手指。沙尔拉提很实在地玩弄着大键琴，他说："别期望深入地学习，倒不如机巧地玩弄艺术。"西班牙舞蹈中的跃步、旋裙和打响板等，都处于起伏的旋律中，而在奏鸣曲中，演奏者精通乐器，处处都能痛快地发泄。

　　享受乐器之乐，是沙尔拉提服务于西班牙多年的安慰的源泉。另一享乐是赌博，他大部分的退休金也花在此，王后屡次为他偿还赌债。1751 年后，他健康日差，他的虔敬怜悯之情却日增。1754 年，他返回那不勒斯，三年后在此去世，法里内利供养这位朋友的穷困家庭。

　　法里内利在西班牙的奇异生涯留到下章述说，他与沙尔拉提、提埃波罗及多米尼柯·提埃波罗皆为意大利天才人物，他们带入意大利的音乐与艺术，使西班牙复活。1759 年，那不勒斯国王与他们为伍。这一年斐迪南六世去世而未宣布继承人，其兄弟那不勒斯的查理四世，继承西班牙王位为查理三世。那不勒斯人难过地看他离开故土。当天，16 艘船组成的舰队护随他离去，这正是那不勒斯人悲伤的日子。沿岸聚集着大群人为他送别，据闻多人为其送行而哭泣，因为他们是为"一位爱民如子的君主"送行。他入主西班牙也使西班牙再度现出活力。

第二章 ｜ 葡萄牙与蓬巴尔
（1706—1782）

约翰五世（1706—1750）

葡萄牙历经数个伟大的成就，如麦哲伦、达·伽马和卡摩伊斯（Luiz Camoes，诗人）。在这以后，何以一蹶不振而衰落呢？其力量与气势曾经一度遍布了半个地球，遗留有著名的殖民地于马德拉群岛（Madeira）、亚速尔群岛、南美洲、非洲、马达加斯加岛、印度、马六甲和苏门答腊等地方。18世纪，葡萄牙则处于欧洲大陆岬的小地方，与英国更有贸易与战争的关联，且受到英国皇家海军送其巴西金矿与钻石矿的资助而繁荣。其活力难道经过许多英勇先驱的拓展繁盛的事业后竭尽，而使其宁静地处于世界的角落里吗？难道黄金的流入冲洗了气质中的勇敢成分，而松弛了统治阶级的冒险犯难精神？

确实如此，这些使葡萄牙人的工业能力衰落了。对于葡萄牙人而言，在其进口的黄金足以支付购买舶来的衣服、食物和奢侈品的情况下，他又何必在手工艺品或工业产品方面与英国、荷兰或法国的工匠技师和企业家们一争高下呢？富人手上握有黄金，日益富有，更为豪华、奢侈。穷人则远离黄金，仍旧一文不名，只有饥饿困乏。黑奴被送到许多农场里，乞丐的号啕声使城市喧嚣骚扰。1787年，贝克福德对所闻所见报告说："没有别国的乞丐像葡萄牙乞丐那样粗壮，满怀伤心苦痛，浑身虱蚤，穿着各式各样的褴褛衣衫，却有不屈不挠的毅力，更有无以计数的瞎子、聋子和瘸子。"

昔日的里斯本，并非如今天这样可爱。教堂和修道院相当壮观，贵族们的宫殿则富丽堂皇，但是，其总人口的 1/10 沦落到无家可归的境地，曲折的巷弄里弥漫着垃圾和污物的臭味。然而，这里与南方其他各地一样，穷人们也享有阳光普照的日子、星光灿烂的夜晚、优美的音乐、令人崇仰的宗教和具有诱惑力的虔诚妇女。人们在炎热平息后，不顾跳蚤的威胁和蚊子的侵袭，男女老幼拥入街道，他们围着唱歌、跳舞、弹吉他，争相博取少女们的微笑。

1654 年、1661 年和 1703 年的几次条约，已使葡萄牙圈拘于与英国处于一种共栖的关系，他们的联盟是关于经济和外交政策方面的，他们仍处于态度上的歧异和信仰上的敌对状态。英国允诺保护葡萄牙的独立，而且特别以降低关税这样的优惠自葡萄牙的波尔图港进口葡萄酒。葡萄牙也准许英国的纺织品免税输入，而且约定在任何战争中与英国站在同一阵线。葡萄牙人认为英国人是拥有强大海军的令人诅咒的异端，而英国人视葡萄牙人为据有战略港口的愚昧顽固者（盲目崇拜宗教信仰者）。英国资本已支配了葡萄牙人的工业与贸易。蓬巴尔（Pombal）以夸大其词的口气抱怨道：

> 1754 年，葡萄牙很少以自有资金来生产东西。有 2/3 的必需品是由英国供给的。英国已成为我们整个贸易的主妇了，而且，所有我们的对外贸易都由英国代理商来经管……整个由里斯本运到巴西的船舰上的货物，和因交换所得的财富皆属英国人所有，除了名义之外，一切皆非葡萄牙人所有。

虽然如此，但有足够的殖民地的金、银与各种珠宝，供作葡萄牙政府财政支付和开销的来源，使其国会（Cortes）能独立而且有征税能力。所以，约翰五世在其王朝统治中甚易统御，酝酿了一夫多妻制的文化与虔诚传统。他赠送或借贷给教皇巨款，而获得教皇赠予的"最忠实的国王陛下"的头衔，并拥有做弥撒的权利——虽然不是将酒与面包变成基督的血和肉的权利。腓特烈大帝更说："他的乐趣在教士们的各种职能中；他的建筑物都是修道院，他的军队是修道士，他的女仆是修女。"

葡萄牙教会在国王的庇佑下繁荣发展，而这位国王受到教会许多赦免的恩情。教会拥有半数的土地，其信徒充满了900间教堂。全国200万人口中，约20万人是各种阶级的教士或附属于宗教组织的人。耶稣会教士尤为著名，国内如此，殖民地亦然；他们共享葡萄牙战胜巴西的光荣，甚至以巴拉圭的行政管理来取悦伏尔泰。一些耶稣会教士被邀至宫廷，他们当中的几个人获得较国王更为优渥的礼遇。在基督教圣体节（Corpus Christi，圣餐主日后的第一个星期四）的盛大游行中，国王一手执着天棚的四根柱子中的一根，而在天棚之下就是里斯本的教长携带着虔诚祝福的圣餐。英国人惊异地看到游行的行列中有军队和信徒，所有的人皆是光头，跪在地上，此时英国人解释为：这种仪式和昂贵的军舰及神奇古物的展示，是维持穷人社会秩序的主要因素。

同时，罗马天主教的宗教裁判所监视全国的信仰和血统的纯净。约翰五世凭着从教皇本尼狄克特十三世处取得的教皇敕书，可以使宗教裁判所中的人犯受到法律顾问的保护，并要求宗教裁判所的所有判决要经过国王的审查，以牵制宗教裁判所的权力。即使如此，宗教裁判所的权力足以于11年中（1732—1742年）在里斯本活活烧死66人。在这些人当中，有当时葡萄牙首要的戏剧作家席尔瓦·约瑟·安东尼奥，他被控以秘密信奉犹太教的罪名。在他被处决当日（1739年10月19日），他的一个剧本正在里斯本的一家戏院上演。

约翰五世喜爱音乐、文学和艺术。他带了法国演员和意大利音乐家到首都来。他创设皇家历史学院。他建造供水给里斯本的大导水

管。他花了 5000 万法郎建筑马弗拉修道院（1717—1732 年）。这一修
道院比爱斯科利亚宫还要大，是一个巨大的花岗石的建筑，靠近西班
牙首都马德里，16 世纪为西班牙王菲利普二世所建，是伊比利亚半
岛上最堂皇壮观的建筑物之一。他从西班牙召回该世纪最伟大的葡萄
牙画家来装饰马弗拉修道院内部。

84 岁高龄的弗朗西斯科·维埃拉将爱情与艺术掺入罗曼史中，
激发了整个葡萄牙人的热情。他 1699 年生于里斯本，与利马的伊格
妮兹·爱莲娜在孩提时代即坠入情网。他迷恋于绘画，9 岁时即远赴
罗马，在那里学了 7 年，15 岁时在圣路克艺术学院举办的一次绘画
竞赛中获得第一名。他 1715 年归国，葡王约翰五世挑选他来画一幅
《圣餐的奥秘》（*Mystery of the Eucharist*）。据说他在 6 天内完成这幅
画，然后他出发寻找伊格妮兹。她授有官衔的父亲将他支使开，而且
将这个少女幽禁于一座修道院中。弗朗西斯科恳求国王，而国王拒绝
干预此事。随即他赶赴罗马，获得教皇的一道敕令，取消伊格妮兹的
修道院入院誓言，并核准此次婚姻。这一教皇敕令被葡萄牙政府当局
忽视。弗朗西斯科回到里斯本，假扮为一个砖瓦匠，进入修道院，带
走他的爱人而娶了她。她的兄弟射伤他，他恢复健康并原谅袭击他的
那个人。约翰五世使他成为宫廷画家，并委任他不仅装饰马弗拉修道
院，而且装饰皇宫。在伊格妮兹死后（1775 年），弗朗西斯科将其晚
年贯注于宗教收容所和布施的工作中。不知有多少这类灵魂和肉体的
罗曼史，消逝于历史的陈迹中！

蓬巴尔与耶稣会士

约翰五世在罹患 8 年之久的麻痹症和虚弱中，死于 1750 年。他
的儿子约瑟夫一世开始其有声有色的统治。他任命梅洛为其内阁中的
国防和外交大臣，此人以蓬巴尔侯爵闻名青史，他是曾经统治过葡萄
牙的大臣中最伟大、最显赫的一位。

约瑟夫登上王位时，蓬巴尔已经 51 岁了。在科因布拉大学受教于耶稣会会士时，他首先以一个运动员和横行里斯本市具有旺盛精力的魔福克帮（Mohock，魔福克帮是 18 世纪初夜间骚扰伦敦、里斯本等欧洲大城市的盗匪集团，多是贵族子弟）领袖而赢得首次声誉。1733 年，他怂恿出身高贵的多娜·特蕾莎女士和他私奔。她的家人起初指责他，后来认识到他的才能并促进其政治生涯。他的妻子为他带来一笔小财富，他又从他的叔叔处继承一笔财富。他靠着影响力、魄力和出色的才能自闯天下。1739 年，他被任命为驻伦敦全权公使。他的妻子隐栖于一座修道院，于 1745 年死于该修道院。在伦敦的 6 年中，蓬巴尔研究英国经济和政府，注意到英国国教服从于国家之下，或许在此时他流露出对天主教的信仰。他回到里斯本（1744年），被任命为驻维也纳公使（1745 年），在那里娶了道恩元帅的侄女，蓬巴尔与她同甘共苦终生不渝。道恩元帅曾一度击败腓特烈大帝而获得不朽的声名。

约翰五世因蓬巴尔具有"铁石般心肠"并"来自一个残忍的、仇念深重的家族"，而且具有能力向一位国王挑衅，已经不信任他。1749 年，蓬巴尔被召回国，得到耶稣会的帮助而擢升至大臣职位。约瑟夫一世批准这一任命。智慧加上勤奋立刻使蓬巴尔在新阁中取得优越地位。一位法国的助理大使报道说：蓬巴尔将被视为首任大臣。他是无法被击败的、积极的、行动敏捷的。他已经赢得国王的信任，而且在所有的政事处理上，无人能比他具有更大的权力。

他的能力在 1755 年 11 月 1 日的大地震中表现得甚为明显。万圣节上午 9 点 40 分，大部分人正在教堂中做礼拜时，四次地震使半个里斯本城成为废墟，1.5 万多人死亡，大部分教堂被破坏，大多数妓院和蓬巴尔的房子皆未能幸免。许多居民于惊恐中飞奔至塔古斯河（Tagus）河岸，但一个 15 英尺高的浪潮淹死了数千人，并毁坏了停泊在河中的船舰。里斯本城的每个角落都起了大火，夺走了更多的生命。在接踵而来的混乱中，下等社会中的人们开始毫无顾虑地抢劫、杀戮。葡萄牙国王自己也间不容发地想要逃难，并问其大臣们应该怎么办。据说蓬巴尔回答道："掩埋死者，拯救生还者。"约瑟夫一世给予他全权，而蓬巴尔以特有的活力和迅捷来运用这一权力。他用军队来维持秩序，建立帐篷和营房以容纳无家可归者，而且下令对抢劫死者的人格杀勿论。他将供应品的价格固定在地震前通行的价格，还强迫进口的船舶卸下它们的食品货物，并以同等价格售卖这些食品货物。受到不折不扣的巴西黄金流入的帮助，他监督建造宽敞的林荫大道和铺设照明设备良好的街道，以迅速重建里斯本城。如同今日所见，该城的中央部分是在蓬巴尔的监督下由那些土木建筑师和工程师完成的建筑。

他在处理这次大灾难时的成功使他在内阁中的权力根深蒂固。现在，他从事两项远大的工作：使政府免于教会的统治，并使该国的经济免于英国的控制。这些事业需要一个刚毅、富爱国心、铁面无私和孤傲的人。

如果说他的反教士主义特别以耶稣会士为攻击对象，主要是由于他怀疑他们煽动反抗，以反对葡萄牙占领他们的巴拉圭领土。在那里，耶稣会士自 1605 年来已经将 10 万印第安人组成 31 个印第安人保留区（Settlements，专供印第安人居住，禁止他人前往居住）或殖民地，这些印第安人保留区或殖民地以半共产的方式建立，并正式服从西班牙的统治。西班牙和葡萄牙的探险家们已经听过（十分传奇的）在巴拉圭土地中有黄金，而且商人抱怨耶稣会的神父们一直垄断巴拉圭的出口贸易，并将所得利润纳入他们教团的基金中。1750 年由蓬巴尔协议达成一项条约，依据该条约，葡萄牙让给西班牙富庶的圣萨克拉门托殖民地（San Sacramento，在拉普拉塔河河口，乌拉圭与阿根廷之间）而换回毗邻巴西边界的 7 个耶稣会的印第安人保留区（专区）。该条约约定这些社区的 3 万印第安人应移至别处居住，并放弃其土地而转入新来的葡萄牙人之手。西班牙的斐迪南六世命巴拉圭的耶稣会士离开这些殖民地，并授意他们的臣民和平地离开。耶稣会士宣称已经服从这些命令，但印第安人以炽热而猛烈的顽固态度反抗，葡萄牙军队花了 3 年时间才加以平息。蓬巴尔指控耶稣会秘密鼓励这种反抗行动。他决心终止任何耶稣会士干预葡萄牙的工商业和政府。葡萄牙的耶稣会士察觉到这一点，参与推翻他的行列中。

推翻蓬巴尔运动的领袖为马拉格里达（Gabriel Malagrida），1689 年生于科莫湖（位于意大利北部）的梅纳焦。他在学校求学时即以咬自己的手直到流血而出名，所以他说他准备让自己忍受殉道的苦痛。他加入耶稣会，并远赴巴西去当传教士。1724 年至 1735 年，他在热带丛林中向印第安人布施福音。好几次，他从人食人的惨剧、鳄鱼、船毁和疾病中逃过死亡的厄运。刚迈入中年他的胡子已经变白了。别人相信他具有神奇的力量，而且无论何时，只要他出现在巴西诸城中，期待的群众总会跟随在他的背后。他建造教堂和修道院，并设立神学院。1747 年，他到里斯本请求约翰五世给予资金。他得到这些资金，航回巴西，建造更多的修道院，更时常参与建造工作。1753 年，他再度居于里斯本，因为他已经答应为太后安排后事。他将 1755 年的大地震归罪于人民的罪恶，呼唤道德重整，而且和他教团中的其他教友预言，假使道德未能改善的话，必将有另外的地震产生。他宗教收容所的房子变成反抗蓬巴尔的阴谋中心。

一些贵族家族被牵扯进这些阴谋中，他们反对一个无重要地位的乡绅之子（指蓬巴尔）居然做了葡萄牙的统治者，掌握葡萄牙人的生命和财产。这些人中的一派由马斯卡伦哈斯·何塞（阿维耶若公爵）领导；另外一派以公爵之妻舅阿希兹·弗朗西斯科为首。塔沃拉之妻利奥诺侯爵夫人是葡萄牙耶稣会的领导人之一，为马拉格里达神父的狂热信徒和常客。她的长子，路易斯先生，这位"年轻的侯爵"娶他自己的姑母为妻。路易斯离家远赴印度当兵时，这个可爱而美丽的"年轻的侯爵夫人"成为约瑟夫一世的夫人；这也是阿维耶若公爵家人和塔沃拉侯爵家人不能宽恕的。他们衷心地表示赞成耶稣会士的看法，认为只有蓬巴尔被革职后，形势才能稳定。

蓬巴尔还以颜色，游说约瑟夫一世，告之耶稣会正在巴拉圭秘密地煽动另一次叛变，不仅阴谋反抗内阁，而且正在阴谋反抗葡萄牙国王。1757年9月19日，国王发布一道命令，将耶稣会为皇室家族听告解的神父驱逐于宫廷之外。蓬巴尔授意其堂兄弟阿尔马达·弗朗西斯科，当时任葡萄牙驻梵蒂冈公使，募集资金以促进并供应在罗马的反耶稣会团体。10月，阿尔马达致送教皇本尼狄克特十四世一封控告耶稣会士的信，说："在盲目地希求使他们自己成为政府的统治者的梦幻中，他们牺牲了所有基督教的、宗教的、自然的和政治的义务，而且，耶稣会被一种希求获得并积存外国财富、甚至篡取君王们的统治权的无餍的奢欲怂动。"1758年4月1日，教皇命令萨尔达尼亚红衣主教里斯本教区的教长，调查这些控告案件。5月15日，萨尔达尼亚发布一道敕令，宣称葡萄牙的耶稣会士违反所有的宗教法和世俗法进行商业交易。他命令他们停止交易。6月7日，可能由于蓬巴尔的敦促，他命令他们解除听告解和布道的工作。7月，里斯本耶稣会士的最高长官被逐出宫廷120英里外。同时（1758年5月3日），教皇本尼狄克特十四世去世。他的继任者，克莱门特十三世任命另一个审问团，该团报告说：在蓬巴尔对耶稣会士所提的控告案件中，他们是无罪的。约瑟夫一世是否将会支持其大臣以攻击耶稣会士，令人产生一些怀疑。但是一些事件的戏剧性转变，迫使国王完全倾向于蓬巴尔这边。1758年9月3日晚上，可能是约瑟夫一世正从一次秘密约会中（靠近贝伦，与年轻的塔沃拉侯爵夫人）返回皇宫，快到午夜时分，三个蒙面人从一个导水沟渠的拱桥中出现，而且射击马车，但是没有奏效。御车的车夫驾起马车飞驰，但过了一会儿，另一支伏兵又射来两弹，一次射伤马车夫，另一次射伤了国王的右肩和手臂。根据随后的一次法庭审问报告，第三支伏兵出于塔沃拉族人，他们远远地在通往贝伦的大路上等待这辆马车。但是约瑟夫命令他的车夫驶离大道而驾到皇室的外科医生家里，国王的御医为其包扎伤口。这些凑在一起的事件使整个欧洲起了大骚动，但假使第三支伏兵在其暗杀行动中成功的话，情况将可能大大地改观。

蓬巴尔把巧妙的筹划付诸行动。这次袭击的谣传被官方正式否认，并宣布国王的卧病是由于跌倒。三个月来他的密探们收集各种证据。一个人被找出来，他作证说安东尼奥·弗雷拉于8月3日从他那里借去一支毛瑟枪，而9月8日才归还。另外一人根据报道，说弗雷拉于9月3日向他借去一把手枪而于数天之后归还。这两个证人都说弗雷拉受雇于阿维耶若公爵。在贝伦的一个仆人萨尔瓦多·杜朗作证说，在袭击国王的当天晚上，他在阿维耶若公爵家里执行被分派的室外工作时，偷听到阿维耶若家族的一些族人刚结束一次夜间人行动归来。

蓬巴尔以谨慎和大胆的态度准备他的讼案。他舍弃法律规定的程序，若依据该程序，这些贵族嫌犯将由他们贵族组成的法庭来审判，这种法庭将永不会判他们的罪。相反，此次犯罪行为首次揭露于公众后，国王于12月9日发布两道命令：一道命令任命佩德罗·贡萨尔维·佩雷拉博士为法官，以主持这一"高度叛国行为特别刑庭"（Special Tribunal of High Treason）；另一道是命令他去发掘、逮捕并处决对此次暗杀国王的企图负有罪责的那些人。佩雷拉被授予超越所有循例的法律程序的权力，而且该法庭被授命于宣判罪名之日即为处决犯人之时。在国王颁布的这些敕令之外，蓬巴尔附加一个宣言，贴遍整个里斯本城，陈述9月3日发生的事件，并悬赏任何能提供证据以逮捕暗杀犯的那些人。

12月13日，政府官员们逮捕了阿维耶若公爵、他16岁大的儿子戈维亚侯爵、他的从仆安东尼奥·弗雷拉、塔沃拉老侯爵、塔沃拉小侯爵、塔沃拉老侯爵夫人、这两个家族中的所有仆人及另外5名贵族。当天，所有耶稣会的学院皆被军队包围，马拉格里达神父和另外12位首要的耶稣会士被判下狱。为了加速这些事件的发展，一道国王的命令于12月20日发布，这一命令（违反葡萄牙传统惯例）允许使用酷刑以逼供。在酷刑和胁迫之下，50个犯人被审问。几个人的招供牵连到阿维耶若公爵，他自己在酷刑之下承认其罪；安东尼奥·弗雷拉承认他对马车开火，但发誓说他不知道国王是此次袭击的对象。在酷刑逼迫之下，几个塔沃拉家族的仆人牵累整个塔沃拉家族；小侯爵承认共谋；老侯爵被逼刑至快死的地步，仍坚决否认其罪名。蓬巴尔也亲自审问证人和囚犯。他派人检查信件，宣称在这些信件中，有24封是由阿维耶若公爵、几个塔沃拉家族中人、马拉格里达神父和其他耶稣会士所写，去通知他们的巴西朋友和亲戚们，告以此次阴谋的失败，而且答应重新筹划推翻政府的努力。1759年1月4日，国王任命西奎拉·尤西比欧·塔瓦雷斯博士为这些被告辩护。西奎拉辩称，用这些由酷刑逼出的供词作为证据是无价值的，所有被告的贵族皆能提出不在犯罪现场而在他处的证明。这一辩称被判为无说服力，中途截取的这些信件显为真实无讹，并能确证这些供词。1月12日，法庭宣告被起诉的所有嫌犯有罪。

他们当中的9人于1月13日被处决于贝伦的公共广场。首先处决塔沃拉老侯爵夫人。在绞首台上，刽子手弯身去绑她的双腿，她拒斥他，说："不要碰我，杀了我。"她被迫去看行刑具——绞轮、铁槌和熟铁块，她的丈夫和儿子们也将死于这些刑具，随后她被斩首了。她的两个儿子随后于绞轮中被杀。阿维耶若公爵和老塔沃拉侯爵跨上绞首轮时，他们的尸体正摆在绞首台上。他们熬受同样的碎尸刑罚，而阿维耶若公爵被允许在极端的痛苦中徘徊，直至最后的处刑——活烧安东尼奥·弗雷拉。所有的尸体都被焚烧，骨灰则抛入塔古斯河。葡萄牙仍在辩论：这些贵族虽然已承认反对蓬巴尔，但是否有意要杀害国王呢？

耶稣会士涉及此次阴谋吗？毋庸置疑，马拉格里达神父在其炽热的怒斥中，曾经预言蓬巴尔的垮台和葡萄牙国王的早亡，而且，他和其他耶稣会士曾经与有官衔的部长举行过多次会议。他曾写给宫廷的一位女士一封信，乞求她提醒约瑟夫一世防备一次迫在眉睫的危险，从这封信我们可知，这暗示他已经知道一个阴谋的形成。在牢狱中，他被问及如何得知这次危险，他在忏悔室中做了回答。根据一位反耶稣会的历史学者所做的言论，除此而外，"没有任何确凿的证据来证明耶稣会士与此次暴行有关"。蓬巴尔指控他们借着布道和传教来煽惑其同僚们产生暗杀国王的决意。他说服国王道：这种情况给君主制度提供了一个巩固自己权力以反抗教会的良机。1月19日，约瑟夫一世发布敕令，扣押所有葡萄牙境内的耶稣会财产，而且将所有耶稣会士，在教皇处理这些控告他们的案件做出裁决之前，禁足于其屋舍或学院中。同时，蓬巴尔利用政府新闻社来印制许多小册子，以陈述这一不利于贵族和耶稣会士的案件，并由他的官员们广泛地发行于国内和国外。这显然是政府第一次利用印刷品来向其他国家解释其所采取的行动。这些印刷品可能在引导法国和西班牙驱逐其耶稣会士的行动中有些许影响。

1759年夏，蓬巴尔从教皇克莱门特十三世处获得允许将被捕的耶稣会士交付"高度叛国行为特别刑庭"裁判。甚至，他建议今后所有被控以叛国罪的教士均应于国家（世俗）的法庭中审判，而不在教会法庭中审判。在一封由约瑟夫一世致教皇的私人函件中，国王宣称其驱逐耶稣会士于葡萄牙国境之外的决心，而且表示希望教皇核准他们行动中所采取的措施是正当的，而且是基于保护君主制度所必要的。克莱门特对国王的这些咨文感到震惊，但他害怕假如他直接反对，蓬巴尔将诱导国王中断葡萄牙教会与教皇之间的关系。他曾经取消亨利八世在英国的行动和措施，而且他知道法国也正在敌对耶稣会。8月11日，他同意在国家法庭审判之前，准许先行审问耶稣会士，但明显地表露其答应耶稣会士受国家法庭的审判，仅限于目前的案件。他私下恳求葡萄牙国王对被告的僧侣们给予慈悲；他提醒约瑟夫一世过去耶稣会教团的成就，并相信所有的葡萄牙耶稣会士将不会因为少数耶稣会士的过错而遭受处罚。

教皇的恳求失败了。1759年9月3日是企图谋杀的周年纪念日，国王发布一道敕书，列述耶稣会士被断定之罪，制成一册冗长书表，并颁令：

> 这些教士正在腐化中，并脱节于其神圣的组织（规则），又由于这种可憎的、宿恶极深的罪行，显然他们变得无法返归天主教的信奉，必须以国王和王国的背叛者、叛国者、敌人和侵略者而适当并有效地禁止、放逐、被充军……根据命令：无论何种地位和情况的任何人，将不允许他们进入任何他的领地，或以语言、书信和他们保持联系。

那些尚未正式宣誓或请求解除他们初步誓言的耶稣会士，被免于受到国王敕令的约束。所有耶稣会的财产被国家没收；被放逐者，除了私人衣服外，被禁止随身携带任何东西。他们乘车或徒步，从葡萄牙的各个区域被引导上运送他们去往意大利的船只。同样的放逐也在巴西和其他葡萄牙领地进行着。第一批船运的被放逐者于 10 月 24 日到达奇维塔韦基亚，甚至在那里的蓬巴尔的代表也被他们的情况感动而怜悯他们。一些人由于年龄大的关系，身体孱弱，一些人濒临饿死的边缘，一些人在中途死掉。洛伦佐·里奇，作为耶稣会会长，安排幸存者进入意大利的耶稣会的房舍中，多明我教派的修道士也给予他们厚待。1760 年 6 月 17 日，葡萄牙政府与梵蒂冈中断外交关系。

蓬巴尔的胜利似乎是完全的，但他知道他的胜利并不为葡萄牙全国欢迎。由于感到不安全，他扩张权力，成为完全的独裁者，并开始一种专制和恐怖的统治，直到 1777 年。他的密探向他报告每件被打探出来的、反对他的政策或方法。很快，里斯本的监狱中便充塞了政治犯。许多贵族或教士被控以反抗国王的新阴谋或与旧阴谋牵连的罪名，而遭受逮捕。在里斯本和贝伦中间的胡恩奎拉发城堡（the Junqueira Fort）成为贵族们的特别监牢，许多贵族陷身在那里直到死亡。其他监狱禁闭从殖民地运来的被控以反政府罪名的耶稣会士——

有些已历 19 年之久了。马拉格里达神父在送交审判之前，已经在监狱中禁闭了 32 个月之久而憔悴苍老了。这个老人靠着写作《圣安妮英雄式的一生，玛丽之母、圣安妮口授马拉格里达神父笔录》(*The Heroic Life of St. Anne, the Mother of Mary, Dictated to the Reverend Father Malagrida by St. Anne Herself*) 一书来慰藉其禁锢。蓬巴尔夺得此书的原稿，而且发现其中有几处可以被指为异端邪说的谬论。马拉格里达神父说道：像玛丽一样，圣安妮被假想未沾上原罪的污点，而且她已经在她母亲的子宫中说话和哭泣。在使自己的兄弟卡瓦略·保罗成为葡萄牙宗教裁判所裁判长之后，蓬巴尔将马拉格里达传唤至法庭面前，并亲自草拟一份起诉书，控告该耶稣会士以贪婪、伪君子、欺诈、亵渎神圣和三番两次以死亡预言威胁国王的罪名。时年 72 岁、被苦痛折磨成半神经病的马拉格里达对宗教裁判所的裁判们说，他曾经与罗耀拉 (St. Ignatius Loyola) 和圣·特蕾莎谈过话。一位法官受感动而生怜悯心，希望停止审判，蓬巴尔便将他革职。1761 年 1 月 12 日，宗教裁判所宣布马拉格里达犯有异教、诽谤、不敬神和假造神的启示欺骗人民的罪名。他被允许再多活 8 个多月。9 月 20 日，他被引导到普拉加·罗西欧的一个绞首台上被绞杀，其尸体被当场焚烧。路易十五闻及这一处决时评论道："那好像我在精神病院中焚烧一个说他自己是天父的老疯子一样。"伏尔泰宣称这件事为"与最恐怖的邪恶结合一气的愚行和荒诞"。

法国哲学家们曾于 1758 年视蓬巴尔为"开明专制者"，现在却不悦他的行为。他们欢迎他推翻耶稣会士，却反对这种独裁者专断独裁的做事方法，反对他小册子中暴戾的语调和野蛮的处罚。他们耶稣会士放逐期间遭受的处置，震惊于古代家族的集体被处决及马拉格里达神父遭受的非人道处置。然而，我们没有他们因反对科因布拉主教诅咒蓬巴尔的审查委员会并允许像伏尔泰的《哲学字典》和卢梭的《社会契约论》激进的作品刊行而受到 8 年监禁的记载。

蓬巴尔自己不传播异端邪说，而且按时前往教堂做弥撒。他不以摧毁教会为目标，而以教会屈服于国王之下为目标。1770 年，克莱门特十四世赞成让政府提名主教人选时，他与梵蒂冈媾和。约瑟夫一世临死之时，因想到毕竟他可以在死后享受教士的完整服务而感到高兴。教皇送给蓬巴尔的兄弟保罗一顶红衣主教的帽子，并送给蓬巴尔本人一枚刻有教皇画像的戒指，一副钻石框成的小画像和四位圣徒的全身塑像。

改革家蓬巴尔

同时，这个独裁者在葡萄牙的经济、行政和文化生活方面都遗有显赫的功名。得到英国和德国军官们的帮助，他重组一支军队，这支军队在"七年战争"中击退了西班牙的一次入侵。与法国 17 世纪的政治家黎塞留一样，他减低了贵族政治的分裂力量，而集中政府的力量使葡萄牙获得政治上的统一、教育上的发展，及在某种程度上保护国家免于处在教士统治的君主制度中。在塔沃拉侯爵家族被处决后，贵族们停止反抗国王的阴谋；在驱逐耶稣会士后，教士臣服于国家之下。与梵蒂冈脱离关系期间，蓬巴尔任命主教，而他的主教们任命牧师不必征求罗马教廷的意见。一纸国王敕书缩减教会所能获得的土地，并抑制葡萄牙臣民的房地产对教会作遗赠。许多修道院被关闭，其余未被关闭的修道院则被禁止收受 25 岁以下的人为修道士。宗教裁判所被置于政府控制之下：它的法庭成为公共法庭，与国家的法庭受同样法规的约束；它被剥夺检查权；它使旧基督徒和新基督徒（皈依基督教的犹太人、摩尔人和其后嗣们）之间的差别待遇被废止了，因为蓬巴尔认为大多数西班牙人和葡萄牙人在他们的血统中现在已有了闪族（包括希伯来人、阿拉伯人等种族，今特指犹太人）的血统是天经地义的事。1773 年 5 月 25 日的国王敕令使所有葡萄牙臣民能膺选文职、武职和教士职位。1761 年活烧马拉格里达后，宗教裁判所再也没有活烧任何人。

在那一年，蓬巴尔废除 3/4 妨碍司法行政的琐细职位。法庭变得更易为人民接近，诉讼费用减低。1761 年，他重整国库，要求它平衡每星期的财政收支，命令城市税收和支出要作每年的财务审核，并在所有改革中最艰难的方面有所进展——人员和宫廷奢侈浪费的减少。80 位曾填饱约翰五世和其随从肚皮的厨师被解聘了，约瑟夫一世必须仅以 20 个厨师来满足其欲望。1773 年 5 月 25 日的国王敕令有效地废除葡萄牙境内的奴隶制度，然而允许该制度在殖民地继续存在。

这位改革者的手涉及各个领域。在农业和渔业方面政府给予资助，而且介绍蚕丝业进入北方诸省。他建立许多陶器厂、玻璃厂、榨棉坊、制毛工厂和造纸厂，以终止葡萄牙依赖从外国进口这些物品的局面。他废止国内货物运输的通行税，并建立葡萄牙与其美洲殖民地之间的自由贸易。他创立一所商业学院，来训练企业管理人员。他组织并以金钱补助许多公司，以从外国商人和运输商手中接管葡萄牙的贸易。在这方面，他或者说葡萄牙人失败了，因为 1780 年葡萄牙的商业大部分仍在外国尤其是英国手中。

驱逐耶稣会士之后，需要全面的教育整顿。新的初级学校和中级学校总数达到 837 所，散布于葡萄牙境内。里斯本的耶稣会学院被改成国家管理下的一所贵族学院。科因布拉大学的课程表中增加额外的科学课程。蓬巴尔劝说国王建造一座歌剧院，并邀请意大利歌星们来领衔主演。1757 年，他为了促进文学而建立了里斯本学院。

在令人兴奋的半个世纪中（1755—1805 年），葡萄牙文学在观念和形式方面，享有相对的自由。从意大利模式中解放出来的葡萄牙文学承认法国文学的魔力，而且感觉到文学上开明的和风。安东尼·迪尼因在讽刺诗《希索普》（O Hissope，1772 年）的八节诗中描绘一位主教与他的教堂主事争吵的情形而誉满国内。库尼亚称两人为教皇和伏尔泰，为此，他于蓬巴尔垮台后不久被宗教裁判所定罪（1778年）。弗朗西斯科·纳西门托，一个码头装卸工人之子，热烈地沉迷于书本，成为一个团体的中心人物，该团体因反叛田园学院成为国内文学发展的障碍物。1778 年（再度利用蓬巴尔垮台的良机）宗教裁判所命令以"沉迷于崇奉自然理性的近代哲学家"的罪名而逮捕他。他逃到法国，在那里，他度过了余生的 41 年岁月。在那里，他写出他的洋溢着自由和民主热情的大部分诗文，包括一首抒情诗，歌颂"美利坚合众国的自由与独立"。他的徒众们将他列为在葡萄牙诗人中仅次于卡摩伊斯的大诗人。当时最文雅、最富韵律的诗文是在一篇叫作《阿·马瑞拉》(*A Marilia*) 的爱情诗中，此册诗集由贡萨加 (Tomaz Antônio Gonzaga) 遗下，他于 1785 年至 1788 年由于政治阴谋而受到禁锢，并死于流亡中。约瑟是一位由于浪漫生活而被解除僧职的奥古斯丁会的修道士，大胆地用《啊，东方》(*O Oriente*) 作为他抒情诗的主题。他评价他的诗文较《卢西塔尼亚人之歌》(*Lusiads*) 和《伊利亚特》为优，但我们确信那是一篇令人厌烦的作品。更为有趣的是六篇章的长诗文《啊，驴子们》(*Os Burros*)，在此诗文中，他指名侮辱所有活着和死去的人。他的敌人是可爱的博卡热，他于 1797 年被宗教裁判所控以在诗文和剧本中传播伏尔泰思想的罪名而被监禁。玛丽·安托瓦内特的处决使他在宗教和政治方面返归于保守；他重获他青年时期的虔敬，并在蚊子身上发觉上帝存在的证明。

蓬巴尔当权时代，艺术史上最大的事件是约瑟夫一世铜像的铸立，该铸像迄今仍屹立于里斯本的黑马广场 (Black Horse Square)。由卡斯特罗设计，由科斯塔用青铜铸造。国王骑着一匹骏马，以胜利的姿态越过象征着在其统治王朝时期征服的邪恶力量的许多蛇。蓬巴尔使这一纪念像的落成典礼 (1775 年 6 月 6 日) 成为庆祝其内阁的庆祝会。军队在广场上排列着，外交使团、司法人员、参议院和其他贵人，以全副装饰齐集该处。接着而来的是宫廷中人，然后是国王和王后。最后蓬巴尔趋向前来，揭开铜像及宽大宏伟的半身塑像座，在塑像座的上面，有一个大的奖牌画着这位大臣戴着耶稣基督的十字架徽。除了国王之外，每个人都知道这次庆祝会的真正主角是蓬巴尔本人。

落成典礼后数日，他送给约瑟夫一世一份描述自 1750 年以来葡萄牙所有进步的令人欢愉的描述书。教育和识字的推广，制造业和贸易的成长，文学和艺术之发展和生活水平的普遍提高。实际情形必须从他的记述中大打折扣：工商业正在成长中，却甚为缓慢，而且产生许多财政上的困难；艺术在停滞阶段，而且半个里斯本城（于 1774年）仍然处于因 1755 年的地震形成的废墟中；人民对宗教的自然虔敬，使教士的权力开始恢复。蓬巴尔趾高气扬的官架子和独裁的处事方法，正在每天为他树立新敌人。他已经使他和他的亲戚们成为富豪，他为自己建造了奢华、昂贵的宫殿。在葡萄牙，几乎每个贵族家族皆有其心爱的家人身陷囹圄。在葡萄牙，处处有人暗地祈求蓬巴尔的垮台。

过去的胜利

1775 年，葡萄牙国王已 60 岁了，疾病和后妃们使他比实际的年龄更苍老。他花了许多时间沉思罪恶和死亡。他不知道他的许多政策是否做对了。他对耶稣会士公平合理吗？他其实已经宽恕了那些身陷囹圄的贵族和教士，而今他设法宽恕他自己，但他如何向毫不动怜的蓬巴尔提起这种念头呢？若他没有蓬巴尔将怎么办呢？1776 年 11 月12 日，他得了一次中风，宫廷上下几乎明显因期待一个新的王朝和新的内阁而喜形于色。继承王位的是他的女儿玛丽亚·弗朗西丝卡，她嫁给他的兄弟佩德罗。她是一位好妇人、好妻子和好母亲，一位仁慈而慈爱的人，但也是一位狂热的天主教徒。她对蓬巴尔反教士的做法感到非常愤怒，以至于曾经离开宫廷，和佩德罗安静地住在离首都数英里远的克卢什市（Queluz）。外国的外交官们说他们的政府期待着葡萄牙的政策早日改弦更张。

11 月 18 日，国王受领圣体。11 月 29 日，玛丽亚成为摄政。其初期的措施之一是终止科因布拉主教的长期监禁。这位 74 岁高龄的高级教士，在几乎举国同欢的情况下恢复其重见光明的自由。蓬巴尔见其权力日渐减弱，在郁闷的预感中注意到新近卑屈于其下的朝臣，已经视他为政治上的末途。在一个最后的专制行动中，他对特伐利亚村（Trefaria）采取野蛮的报复，该村的渔民曾反对他们的孩子们被征召入伍。他命令一排士兵将该村焚毁，他们在黑暗中投掷火把穿破木屋的窗户而完成任务（1777 年 1 月 23 日）。

2 月 24 日，约瑟夫一世逝世。摄政王变成女皇玛丽亚一世（1777—1816 年），而其丈夫成为国王佩德罗三世（1777—1786 年）。佩德罗是一个优柔寡断的人，玛丽亚专心致力于宗教的虔信和布施，迅速地恢复了葡萄牙人民的宗教力量。宗教裁判所恢复其检查和镇压异端邪说的活动。玛丽亚女皇赠送教皇 4 万英镑，以部分补偿教皇照料被放逐的耶稣会士所负担的费用。老国王的葬礼完毕后，玛丽亚女皇命令释放 800 名囚犯，他们大多数因在政治上反对蓬巴尔而下狱。他们当中的许多人已在地牢中监禁 20 年之久，出狱时，他们的眼睛几乎不能在阳光下睁开，几乎所有人都是衣衫褴褛，许多人比他们的实际年龄苍老两倍。数百名犯人已死于狱中。18 年前被禁锢的 124 位耶稣会士中，仅残存 45 名。被断定为共谋企图杀害约瑟夫一世而被定罪的 5 位贵族拒绝出狱，直至官方正式宣布他们无罪。

看到被释放出来的蓬巴尔敌对者的凄惨景象，及听到特伐利亚村被焚烧的信息，使蓬巴尔的不受欢迎到了他不敢在公众前露面的地步。3 月 1 日，他致送女皇玛丽亚一封信以辞去所有官职，并请求准许他隐居于蓬巴尔城的私人房舍中。围绕在女皇四周的贵族们要求将他监禁和处罚。但她发觉贵族们感到愤怒的所有措施都是由已故国王签准时，她发现若处罚蓬巴尔势必在公众中对先王的印象造成污点。她接受这位大臣的辞职，并准许他隐居在蓬巴尔城，但命令他必须停留在那里。3 月 5 日，他乘坐一辆租来的单马双轮的轻马车离开里斯本，期望能逃避注意。一些人认出他，用石头投掷他的马车，但他逃脱了。在奥埃拉什城（Oeiras），他的妻子与他会合。他年已 77 岁。

　　既然他现在仅为一平民身份，他受到各方面诉讼的攻击，计有：未偿付债务的诉讼、曾经造成伤害的诉讼和夺取财产而未能适当补偿的诉讼。法庭监守官们以一连串的法院令状贴满蓬巴尔城的每扇房门。他写道："没有一只葡萄牙的大黄蜂或小蚊蚋不飞到此处僻壤，而在我耳边嗡嗡作响。"他靠着女皇批准他当大臣时领受的生活费用，及增加些许养老津贴来帮助他渡过难关。尽管如此，无数的反对者敦促女皇以渎职和叛国的罪名控告他而传唤他至法庭接受审判。她妥协而让步，允许法官们访问他并命令他接受被控罪名的审问。他们连续在三个半月中，每次审问他几个小时，直至这个老独裁者精疲力竭而恳求饶恕。女皇希望蓬巴尔之死能解除她的困扰而拖延该次审讯的进程。同时，她借着命令审查曾经企图暗杀她的父亲而被判共同犯罪的那些人，以设法绥靖他的敌人。新法庭确认阿维耶若公爵和他的三个仆人的罪名，但开释其他所有的被告人。塔沃拉侯爵家人被宣告无罪，所有他们的荣誉和财产被归还给他们家族中的残存者（1781年4月3日）。8月16日，女皇发布一道赦令，宣判蓬巴尔为一个"不名誉的罪犯"，但附带说既然他已恳求饶恕，他将被和平地放逐并和平地停留于其私有土地上。

　　蓬巴尔正在忍受着已入膏肓的疾病。他的身体满是流脓的痛处，显然他患了麻风病。苦痛使他一天睡不到两个小时，痢疾使他身体虚弱，而他的医生们，好像要增加他的痛楚似的，力劝他去喝一种蛇肉煮成的汤汁。他为死亡而祷告，接受了临终礼，于1782年5月8日去世，方才解脱痛苦。45年后，一群耶稣会士路过该城，停留其坟前，得意洋洋并带着怜悯之心默诵安魂弥撒曲，以使他的灵魂获得安息。

第三章 | 西班牙与启蒙运动

（1700—1788）

背景

1700 年，西班牙的哈布斯堡王朝的最后一位国王查理二世在其逝世之时，将西班牙及其在全球的帝国遗留给哈布斯堡王朝之世敌——法国波旁王朝。以西班牙的菲利普五世名扬于世的法王路易十四的孙子，在西班牙王位继承战争中英勇地作战以维持其帝国不受任何减损，几乎整个欧洲以武力起而阻止波旁王朝的危险性扩张。最后，西班牙必须将直布罗陀和米诺卡割让给英国，将西西里岛割让给萨伏依公国，将那不勒斯、撒丁岛和比利时割让给奥地利。

甚至，海权的丧失使西班牙仅能岌岌可危地掌握那些滋长其商业和财富的殖民地。在西班牙的美洲殖民地，每亩生产的小麦数量，等于西班牙本土所产小麦数量的 5 倍至 20 倍。从那些有阳光的土地，出产水银、铜、锌、砷、染料、肉类、兽皮、橡胶、胭脂（洋红）、糖、可可、咖啡、烟草、茶、奎宁及其他多种药剂。1788 年，西班牙向其美洲殖民地出口价值 1.58 亿雷亚尔的货物。而从那里进口价值约 8.4 亿雷亚尔的货品。这一贸易逆差由美洲金银的大量流入而消除了。菲律宾群岛输入胡椒粉、棉花、蓝靛、甘蔗等货品。18 世纪末，洪堡（Alexander von Humboldt）估计菲律宾人口有 190 万人，西班牙的美洲殖民地有 1690.2 万人。西班牙本国 1797 年有 1054.1 万人。上述的最后一个人口统计数字两倍于 1700 年的 570 万人，是波旁王朝统治下的一个美誉所在。

地理位置仅仅有助于西班牙的海上贸易。在北部，土地是肥沃的，常有降雨和比利牛斯山的融雪以资灌溉；灌溉运河（大多数是由摩尔人遗留给他们征服者的）已经使瓦伦西亚、穆尔西亚和安达鲁西亚被开拓成为耕地，不再是干旱的不毛之地了，西班牙其他区域皆为令人沮丧的崇山峻岭或干旱之地。天然的惠赐并没有因经济事业而有所发展，大部分富于冒险精神的西班牙人远赴殖民地。西班牙喜爱利用其殖民地的金子和本国的银、铜、铁、铅矿的生产所得来从国外买进工业产品。仍旧停滞于同业公会组织或国内企业阶段中的西班牙工业远远落后于勤勉的北欧国家。其许多丰产的矿区由外国经营管理，由德国或英国的投资人获取利润。羊毛的生产由美士达协会（the Mesta）垄断，该协会由政府特许，由来已久，由一群贵族和僧侣控制。竞争被遏制，改进迟缓。贫乏的无产阶级在城镇中痛苦地度日，做大官们的家仆或在行会中做工。一些黑人或摩尔族的奴隶服务于富有的家庭（当家仆，以壮富有家族奴仆众多的声色）。一小群中产阶级依靠政府、贵族和教会生活。

51.5% 的农田大片大片为许多贵族家庭拥有，16.5% 为教会拥有，32% 为城镇或农民所有。农民土地所有权的增长，被旧有的、限制继承财产的法律阻碍，该法要求一块房地产应该原封不动地遗留给大儿子继承，而且它的任何部分不应被抵押或出售。历经该世纪的大部分岁月，除了巴斯克（Basque）人居住的诸省份外，3/4 的土地由佃农以纳租、缴费、服役、贡粮给极少碰面的贵族地主或教士地主的方式耕种。因为租税依照农田的生产力提高，因此佃农无发明创造或勤勉不懈的动机。地主们宣称，累进的货币贬值迫使他们提高租税，才能抵偿价格和费用的增加而维持现状。同时，诸如肉类、酒、橄榄油、蜡烛和肥皂，这些生活必需品的销售税重重地压在那些花用其大部分所得于此的穷人身上，而在富人们那里，负担远较穷人们轻得多。这些法律手续、世袭的特权和人类能力的天然不平等产生的结果，是财富集中于上层阶级，而下层阶级一代复一代地处于忧郁苦闷的贫困中，只能靠超自然的慰藉来缓和与求助。

贵族被分成许多等级。1787年，有最上层的119位大公——西班牙大公。我们从当时英国旅行家约瑟夫·汤森（Joseph Townsend）可能夸大其词的报道中推测出三大贵族——奥苏纳公爵、阿兰达公爵和梅迪纳塞利公爵的财富。他们三人几乎拥有了整个安达鲁西亚省，梅迪纳塞利公爵每年仅仅从他的渔业中就有100万雷亚尔的收入，奥苏纳公爵每年有840万雷亚尔的收入，阿兰达伯爵有近乎160万雷亚尔的年收入。在这些大公之下是535位提图洛斯（Titulos）——在缴付半数所得给国王的条件下，由国王授以世袭官衔的那些人。在这些人之下为卡伯勒斯（Caballeros）——由国王加衔成为西班牙的四大军事骑士团——圣地亚哥（Santiago）、阿尔坎特拉（Alcántara）、卡拉特拉瓦（Calatrava）和蒙特萨（Montesa）。最低级的贵族为40万西班牙士绅（Hidalgos），他们拥有不大不小的一块土地，免服兵役并免于因债务所受的监禁，有夸示纹章的权利，而且被称为先生（Don）。他们当中有些人是穷人，有些甚至加入街头的乞丐行列中。大部分贵族居住在城市里，可以被提名为市政府官员。

作为社会等级神圣保护人的西班牙教会，分享优厚的国民总收入。西班牙一个官方人士计算教会的每年收入，扣除税缴之外，有11.1753亿雷亚尔，而国家的收入为13.71亿雷亚尔。它的岁入当中有1/3来自土地，大额的收入来自什一税和初次收成，少量的现金来自洗礼仪式、结婚仪式、丧葬仪式和为死者举行的弥撒仪式，及出售僧衣给那些虔诚信奉的民众——他们想到假如他们穿着此类道袍死去，可能毫无疑问地进入天堂。修道院的托钵僧们为教会增加了5300万雷亚尔的额外收入。一般的教士当然是贫困的，部分原因由于其人数众多。西班牙在所有的教团中共有91258人，其中16481人为教士、2943人为耶稣会士。1797年，6万名僧侣和3万名修女住在3000所僧院和修道院中。塞维利亚的大主教和235位副手享有年收入600万雷亚尔；托利多的大主教拥有600名副手，年收入900万雷亚尔。在西班牙，与在意大利和奥地利一样，教士的财产并不引起人民的反抗。大教堂是他们的创造物，而且他们乐于看到它被装饰得富丽堂皇。

他们的虔敬为基督教树立了楷模。18世纪，没有其他地方如此完全地信奉天主教，或如此狂热地遵守天主教的仪式。宗教的信奉成为实际生活的一部分，它超过了对面包的追求，可能也超越了性欲方面的追求。人民，包括妓女，一天中作十几次膜拜。信奉圣母远超过对耶稣基督的崇奉，她的画像到处都有，妇女们虔诚地为她的铸像编织衣袍，并加冠新鲜的花朵在她头上。在西班牙，更重要的是兴起一种普遍的要求，将她的"纯洁无疵的观念"——她免于玷污原罪的自由作为人生信仰中确切而必需的一部分。在虔诚的信奉上，男人几乎和女人平等。许多男人和女人一样，每天听弥撒。在宗教游行中（直到1777年被禁止），下层阶级的男人们以带刺的鞭子来鞭笞自己，他们声称这样做是证明他们对上帝、圣母玛丽亚或一位妇女的虔敬。一些人认为这种流血对健康有益，而且能使爱神永留世间。

宗教游行是频繁的、戏剧化的、多彩多姿的。有人抱怨道：在马德里，假使不参加这一庄严的仪式，就无法前进半步；而且，游行行列通过之时不跪伏在地，就有被逮捕或被伤害的危险。萨拉戈萨的人民在1766年起而叛变，到处掳夺，而一队宗教游行行列由一位主教在他们面前执圣体出现时，反叛者脱下帽子并跪在街道上。随从人员经过之后，他们才恢复对该城的抢劫。在圣体节的盛大游行中，政府各个部门都参加，有时由国王带领。复活节的前一周（Holy Week），从头到尾，西班牙的所有城市中，人们穿上黑袍，戏院和餐馆关闭，教堂挤满了人，而临时附设的祭坛在公共广场上建立起来，以适应过多的虔敬的人们。在西班牙，耶稣基督是王，玛利亚是皇后，而在任何时候，都有神存在的感觉，这构成了生活的部分实质内容。

在西班牙，两个宗教教团特别兴盛。耶稣会士通过他们的学问和传道统御教育，成为王室听告解的神父。多明我教派控制了宗教裁判所，虽然宗教裁判所的全盛时期已久逝，它的力量仍然强大得足够威吓人民和挑衅政府。一些犹太教的残留分子出现在波旁王朝的松弛时期时，宗教裁判所以公开焚烧异教徒来消灭他们。在 7 年中（1720—1727 年），宗教裁判所的法官们判决了 868 人的罪，他们当中的 820 人被控以秘密信奉犹太教的罪名；75 人被焚烧，其余的人被送上绞首台或接受鞭笞。1722 年，菲利普五世借着主持一焚烧异教徒的盛会来表明其采行西班牙的宗教方式。在此次焚烧中，9 名异教徒在庆祝一位法国公主莅临马德里的庆祝会中被活活烧死。他的继任人斐迪南六世，表现出一种较为温和的精神；斐迪南六世在位期间（1746—1759 年），仅有 10 个人——皆为累犯的犹太人——被活活烧死。

宗教裁判所对所有出版物行使其扼杀性的检查权力。多明我教派的一位修道士认为西班牙在 18 世纪的印刷品较 16 世纪少。大部分书籍是有关宗教的，而且人民非常喜爱它们。下层阶级的民众大都是文盲，并感到无须阅读或写字。学校在教士们的掌握中，但成千的教区根本没有学校。一些往昔曾经不错的西班牙大学，除了正统的神学外，其他方面已经沦落而远逊于意大利、法国、英国或德国的大学。医学学校是贫困的。教职员阵容不佳，设备简陋；治疗依靠放血、通大便、圣徒遗物和祈祷；西班牙内科医生的做法对人类的生命是一种危害。科学是中世纪的，历史是传说，迷信滋长，惊异的事物和奇迹甚多。巫术的迷信一直到 18 世纪末，并出现于戈雅所画的恐怖事迹中。

来自法国的波旁王朝诸王统治下的西班牙，即是这种情形。

菲利普五世（1700—1746）

菲利普·昆托（Felipe Quinto）是一位有智慧的好人，而其智慧被他的教育限制。作为法国太子（*Dauphin*）的幼子，他已受谦和、虔敬和服从诸训练，而且他从来没有足够地征服这些美德，以应付半世纪之久的政府和战争方面的挑战。他的虔敬引导他在西班牙接受一个正在法国境内垂危的宗教上的启蒙主义，他的温良驯服使他的大臣们和后妃们能够适应他。

玛丽亚·路易莎是萨伏依的维克托·阿马戴乌斯二世之女，她嫁给菲利普时年仅 13 岁（1701 年），但她已经精熟于女人的伎俩。她的美丽和活力，她的勃然大怒和眼泪，已使菲利普屈就至精疲力竭的程度。她及其随侍操纵她们过继的土地（指西班牙）的政治时，玛丽·安妮——乌森公国的公主，这位西班牙大公的法国寡妇，已经帮助这位女孩得到婚姻和权力。雄心勃勃又富于机智的她，于 20 年中成为王位幕后的掌控者。安妮不能依赖美貌，因为 1701 年她已 51 岁，但她深具知识和灵巧，并于 1705 年之后决定国政。1714 年，26 岁的玛丽亚·路易莎去世，而陷于病态的忧郁中的菲利普，已经晓得专心一意地去爱她。安妮借着安排他和伊丽莎白·法尔内塞（帕尔马和皮亚琴察公爵奥多阿尔多二世之女）的婚姻以恢复她昔日的权力。她跑去见这位新王后，但伊丽莎白粗暴地命令她离开西班牙。她退居罗马，8 年后在贫困和被遗忘中去世。

伊丽莎白并不承认文艺复兴已成过去，她有意志力、敏锐的智慧、火暴的脾气，对那些统治 16 世纪的意大利的妇女和男人表现出来的优柔寡断有所轻视。她发觉菲利普是一位不能下定决心和不敢单独睡觉（胆怯）的人，他们的床铺成为她的王座，她在床上统治国家、指挥军队并赢得许多意大利公国。她对西班牙几乎一无所知，而且她从不喜欢西班牙的特性，但她研究其特点，使自己熟悉该国的需要，国王因发觉她和他的大臣们一样见闻广博、殚精竭智而震惊。

在他统治的前几年内，菲利普任用吉恩·奥里和其他的法国助手依据路易十四所定的方针来重组政府，实施中央集权，以一种训练良好的公务员制度，与一些优秀的省监督官员检查行政、稽核财政，一切皆置于皇室会议——凯斯蒂拉会议（Consejo de Castilla）——的立法权、司法权与行政权之下，贪污腐化减少了，奢华浪费受到抑制。1714年，一位有才能而野心勃勃的意大利人继承这些法国大臣的地位和权力，阿尔贝罗尼的能力使西班牙人战栗。作为皮亚琴察园丁之子的他，曾以旺多姆公爵秘书的身份到过西班牙。他是推荐伊丽莎白·法尔内塞作为菲利普第二位太太的第一人，为了感谢他的恩德，她使他顺利地走上权力之路。他们一起使国王远离政事，并远离任何法律顾问，除了他们自己的法律顾问之外。他们一起组织西班牙的武装军队，用这些军队将奥地利人赶出意大利，恢复西班牙在那不勒斯和米兰的优势，并建立公国，以便在将来的某一天由伊丽莎白诸子继任。

阿尔贝罗尼要求进行5年的准备。在重要的官职上，他替换下有官衔的怠惰者，而代以有能力的中产阶级。他向教士课税并监禁反叛的教士，他废弃破旧的船舰并建造较好的船舰，他沿着海岸和国界建立了许多碉堡和军火库。他资助工业，开辟道路，加速通讯，废止销售税和通行税。在马德里的英国大使警告他的政府说：再这样下去，不出几年西班牙将危及其他欧洲强国。为了消除各国的疑虑，阿尔贝罗尼假装他正在筹募军队帮助威尼斯和教皇抵抗土耳其人。他送给克莱门特十一世6只大船，而克莱门特十一世赠送他一顶帽子当作回报（1717年）。伏尔泰写道："西班牙的君主制度，在红衣主教阿尔贝罗尼的统治下，已经恢复新生命。"

除了时间之外，一切都顺从他意。他希望赢得法国和英国同意西班牙对意大利的染指，而西班牙提供实质上的一些让步以为报答。然而，不谨慎的国王透露其废弃奥尔良的菲利普为法国统治者的企图，从而破坏了这些策略。法王菲利普转而敌对西班牙王菲利普，并参与英国和联合行省订立的一项协定以维持《乌得勒支条约》划定的领土安排。奥地利强迫萨伏依公国割让其西西里岛以换取撒丁岛，而触犯该条约。阿尔贝罗尼反对此事，这一交换行动将产生一个横跨地中海的强国，而该强国的国王仍然主张其为西班牙的国王。阿尔贝罗尼咒骂事件进展失当，听任自己陷于不成熟的战争。他新建立的舰队攫取巴勒莫（1718 年），而且他的军队很快置整个西西里岛于西班牙的控制下。于是，奥地利加入英国、法国和荷兰而成四国联盟，以对抗西班牙。1718 年 8 月 11 日，英国一个分遣舰队，在海军上将比恩的指挥下，在西西里海岸击溃西班牙舰队。法国军队入侵西班牙时，西班牙的精锐部队被封锁在西西里岛上。菲利普和伊丽莎白乞和，乞和被批准，条件是放逐阿尔贝罗尼。他逃到热那亚，乔装通过奥地利控制下的伦巴底而到达罗马，参与红衣主教互选教皇的会议而选举英诺森十三世。他死于 1752 年，享年 88 岁。1720 年 2 月 17 日，西班牙公使在伦敦签订一份条约，依据该条约，菲利普放弃主张为法王的权利，西班牙让渡西西里岛给奥地利，而英国答应归还直布罗陀给西班牙，而且同盟诸国宣誓伊丽莎白的子孙有继承帕尔马和托斯卡纳的权利。

在国际政治的万花筒中，盟国很快变成敌人，而敌人可能在形式上成为朋友。为了巩固与法国的关系，菲利普将他 2 岁大的女儿玛丽安娜·维多利亚许配给路易十五（1721 年），而且令人惊异的是随即送她到法国（1722 年）。但 1725 年，法国遣她回国，因为路易宁愿娶一位立刻能给他生出子嗣的妇人。受到屈辱，西班牙与奥地利联盟。查理六世答应帮助西班牙攫取直布罗陀。一支西班牙军队试着占领那座城堡时，奥地利的援助并没有到来，即将失败的西班牙不仅与英国谈和，而且将阿森托归还给英国，即售贩奴隶至西班牙殖民地的独占权。英国发誓立伊丽莎白之子卡洛斯为帕尔马公爵。1731 年，卡洛斯和西班牙军队 6000 人由一支英国舰队护送至意大利。为了获得英国和西班牙的支持，玛丽亚·特蕾莎登上皇帝宝座后割让帕尔马和皮亚琴察给卡洛斯。1734 年，卡洛斯进而取得那不勒斯。伊丽莎白取得彻底胜利。

然而，菲利普陷入忧郁的心境，1736 年后，这种忧郁转变成精神病。他畏缩在房间的一个角落里，认为所有进入房间的人都要杀他。他因怕被毒害而厌恶进餐。有一段时期，他拒绝离开他的床铺或刮脸，伊丽莎白尝试 100 种方法治疗或安慰他。除了一种方法外，其余皆失败。1737 年，她劝说法里内利来西班牙。一天晚上，在毗邻国王房间的一间屋子中，她安排一个音乐会，在音乐会中，这位伟大的阉人（法里内利）唱了两首由哈瑟所作的抒情歌。菲利普从他的床上起身，通过一扇门廊去看看何种力量能够产生如此迷人的声音。伊丽莎白将法里内利带到菲利普那里，这位君主赞赏他并爱抚他，命令他说出请求，任何东西都不会被拒绝。先前受到王后之授意，这位歌手仅要求菲利普应该自己刮脸、穿衣服并应出席王室会议。国王答应了他的要求，他的恐惧消逝了，他似乎神奇地痊愈了。但第二天晚上，他召唤法里内利，并恳求他将昨日的两首歌曲再唱一次。唯有如此，他才能够安静下来睡觉。这件事如此继续着，夜以继夜地持续了10 年之久。法里内利每年接受 20 万雷亚尔的薪水，但除了在宫廷，不能在其他地方演唱。他优雅地接受这个条件，虽然他对国王的控制力较任何一位大臣都要大，他从未滥用，总是用之于有益的方面。他始终未被唯利是图污染，这使他赢得大家的崇拜。

1746 年，菲利普为求超度而命令做 10 万次弥撒，假使不需这么多次弥撒来使他升天堂，剩余的弥撒应被应用于那些不能获得弥撒仪式的穷人身上。那一年，他去世了。

斐迪南六世（1746—1759）

菲利普的第一任太太所生的第二个儿子继承他，并给予西班牙13 年的休养生息。伊丽莎白活到 1766 年，她受到其继子仁慈而有礼的对待，但她失去了影响政事的权力。斐迪南之妻是玛丽亚·芭芭拉，她是沙尔拉提的学生，现在是在王位之后掌握权力的妇人，虽然她逾越理性地追求食物和金钱，却是一个较伊丽莎白温和的人，而且她将大部分精力放在音乐和艺术的鼓励和培养上。法里内利继续为新的统治阶级者歌唱，沙尔拉提的大键琴演奏并不能与他匹敌。国王和王后致力于终止奥地利王位继承战争，他们接受《亚琛条约》（1748年）。虽然它将托斯卡纳割给奥地利，一年之后，他们付 10 万英镑给南海公司以补偿该公司在贩奴中损失的特权，而终止了 136 年之久的阿森托，即贩奴至西班牙殖民地的独占权。

　　斐迪南是一位好心的人，仁慈而诚实，但他先天具有一副脆弱的性情而且常发脾气，他因此感到痛苦和惭愧。意识到自己生性有许多限制，他将政事交给两位有能力的大臣管理——卡瓦雅尔·约瑟和恩塞那达侯爵。恩塞那达改良农业方法，资助工矿业，建造道路和运河，废除国内通行税，重建海军，替换令人憎恨的销售税而代以所得税和财产税，重整财政，派遣学生出国以打破西班牙知识上的隔绝和孤立。恩塞那达通过圆滑的手腕与教皇订立一份宗教事务协定，该协定专门保留国王对教士财产课税的权利，及任命西班牙主教辖区主教的权利。教会的权力被割减，宗教裁判所受到抑制，公开焚烧异教徒的行动被废止。

　　两位大臣在外交政策上有所分歧。卡瓦雅尔受到忠心耿耿的英国大使本杰明·基恩（Benjamin Keene）的诱惑而采取平和的联英外交路线。恩塞那达赞助法国，并准备与英国开战。斐迪南赏识他的精力和才能，长期地容忍他，但最后将他免职。几乎整个欧洲陷入七年战事的泥沼之际，斐迪南给予其人民一段比菲利普二世期间更长的休养生息和繁荣。

　　1758 年，玛丽亚·芭芭拉去世。一直爱着她的国王陷入一种忧郁的心理状态和不刮脸的蓬头垢面情形，奇异地回复到他父亲以往的状态。在他最后的几年，他也是精神不正常。一直到去世，他拒绝上床，因为害怕将永远起不来。1759 年 8 月 10 日，他死于他的坐椅中。每个人都为国王及其恋人悲悼，因为他们的统治对于西班牙而言实为罕有的幸福。

启蒙运动进入西班牙

西班牙的启蒙运动处于一种遭遇抵抗力量因而无法感动人民的状态。西班牙人的个性及其对中古的血誓信奉，使他们拒绝接受所有异教，以及所有外国的服饰、习尚和经济形式。仅有一种经济力量有利外来的思想——西班牙商人每日与陌生人交易，而且得知他们喜爱的那种力量和财富在法国和英国兴起。假使这些观念能够减弱贵族和教士们对西班牙土地、生命和心灵的世袭的控制力的话，他们愿意输入这些观念。他们知道宗教已经在英国失势了。一些人已经听过牛顿和洛克的思想，甚至吉本在西班牙也有一些读者。

当然，最强烈的启蒙微风来自法国。跟随菲利普五世至马德里的法国贵族们已经接触到反宗教的信念，这种信念在路易十四时期偃旗息鼓，而在法国摄政时期蓬勃嚣张。1714 年，一些学者建立西班牙实体学院（Academia Española）。西班牙学院有两种，其中之一为教授实际应用方面的知识和课程的学院，称为实体式学院（Academy of realistic type），以抗衡法兰西学院，该学院立刻开始著述一本字典。1737 年，《西班牙文人日记》开始与《法国文人日记》（Journal des Savants）相颉颃。主掌实体学院已有 20 年（1756—1776 年）之久的阿尔巴公爵是卢梭的热烈崇拜者。1773 年，他捐助 8 枚路易斯金币给皮加勒铸造伏尔泰的铜像。他在写给达朗贝尔的信中说："暗中培养我的理性而被判罪，我借此良机，为我对这第一个指引我明路的伟人的感激和崇拜做公开的证词。"

1765 年，在一间马德里教堂中进行的焚烧卢梭的名著《爱弥儿》的仪式为该书做了免费广告。年轻的西班牙人熟悉巴黎，与摩拉侯爵一样，他爱着莱斯皮纳斯，带着在巴黎艺术展览遭遇到钻研的怀疑论回到西班牙。许多伏尔泰、狄德罗或雷纳尔作品的抄本被走私进入西班牙，唤起一些人的心智革新。西班牙一个新闻记者于 1763 年写道："通过许多已流行而有害的书本，诸如伏尔泰、卢梭和爱尔维修所著书籍的影响，在这个国家中，已感受到很多对信仰的冷漠。"巴伯罗·奥拉维德在他的马德里艺术品展览馆中，公开表现出伏尔泰的思想观念（约 1766 年）。在马德里的农友经济社团的书架上，有伏尔泰、卢梭、贝勒、达朗贝尔、孟德斯鸠、霍布斯、洛克和休谟的作品。法国修道院院长克莱门特于 1768 年游历西班牙时说：西班牙已普遍产生宗教的漠视，甚至不信宗教，而信奉外来的天主教仪式。1778 年，宗教裁判所得知宫廷中最高级的官员阅读法国哲学书籍。

阿兰达伯爵在游历法国时，成为伏尔泰的朋友，这对于西班牙历史而言，是非常重要的。我们可以从他作为西班牙驻凡尔赛大使的稍后活动中，判断其政治或宗教关系，他与巴黎的百科全书编纂者们自由自在地聚在一起，崇拜达朗贝尔而与之交往密切，并越过法国到费内拜访伏尔泰。在西班牙，他表明对教会忠实，但怂恿查理三世驱逐耶稣会士的人就是他。在他的指引之下，查理成为哲学家们希望的那种"开明专制君主"，做他们在教育、自由和理性传播上最合适的助手。

查理三世（1759—1788）

·新政府

查理由那不勒斯入继西班牙王时，他已 43 岁。除了耶稣会士外，整个西班牙都欢迎他，因为耶稣会士对西班牙 1750 年出售他们在巴拉圭的殖民地给葡萄牙而感到愤怒。在其他方面，他凭着豁免到期未付之税和恢复许多人在菲利普五世中央集权的政策下已经失去的某些特权，而赢得人心。他当西班牙国王的第一年，为其妻之死而悲痛。

他永未再娶。18世纪，西班牙波旁王朝诸王对婚姻的专诚和稳定给予欧洲诸位专制君主好榜样，这是他们的一项荣誉。

一位英国外交官画了一幅查理的画像，查理与该外交官在那不勒斯已经有过几次邂逅：

> 这位国王本人和服饰方面非常奇特。他身材矮小，桃花心木般的脸色。他在这30年内未做过一件衣服，以至于衣服像一只麻袋般地挂在他身上。他的背心和裤子通常是皮革制成的，双腿上穿着一双布护腿。每天，不论下雨或刮风，他都外出做一次游戏或运动。

1761年，布里斯托伯爵增加下列一段：

> 这位天主教的国王有良好的禀赋，令人愉快（极强）的记忆力和在所有场合的非凡自制力。时常受到欺骗使他变得多疑。他一直喜爱利用温和的方法达到目的，而且有耐心重复告诫而不假借其权力。他以这种最大的温和神态，使大臣和从仆们对他保持最大的敬畏。

他个人对神的虔敬并没有预示出他将攻击耶稣会士或从事宗教改革。他天天听弥撒。他"诚实而固执地坚守他的所有条约、原则和约定"使一位英国敌人震惊。他将每个周日的大部分时间致力于国事。他在6点钟起床，看看孩子们，吃早餐，从8点工作到11点，参与皇室会议，接待贵客，做祈祷，然后上床睡觉。他的游猎可能是一种裨益健康的措施，目的在于驱散皇室家族中产生的忧郁气氛。

他开始犯下一些严重的错误，原因可能是对西班牙不熟悉。因为他自从16岁那年起就离开了西班牙，他带回两个曾经在那不勒斯侍候他的意大利人作为他的首要助手：在外交政策方面是以格里马尔迪侯爵为助手，在内政方面以斯奎拉奇侯爵为助手。布里斯托伯爵描述斯奎拉奇为"不聪明的，他喜爱商业，尽管有各式各样的百货公司供他所需，他从不埋怨财产太多。我相信他不可能收受贿赂，但我对他的妻子则没有同样的把握"。斯奎拉奇不喜欢马德里的犯罪、臭气和阴暗，他组织了一支颇富热心的警察和街道清除队，并以5000个灯笼使首都明亮。他使供应该城油、面包和其他生活必需品的专卖成为合法。一次，因干旱提高价格，民众要求斩下斯奎拉奇的头。他制定节制教士们的特权和权利的许多法令，因而触犯了他们。他因禁止私藏武器而失去了1000个支持者。最后，他鼓动一次革命，企图改变人民的服饰。他怂恿国王道：遮掩身体的长披肩，遮掩大半脸孔之下翻边的阔边帽使暗藏武器更为容易，使警察更难认出罪犯。一连串的国王敕令禁止披肩和阔边帽，官员们随身携带大剪刀以剪去违者的衣服至合法的尺寸。这种统治超过了骄傲的马德里人所能忍受的程度。在圣枝主日，即1766年3月23日，他们起而反叛，攫取军火厂，腾空监狱而解放因犯，击溃士兵和警察，攻击斯奎拉奇的家，对格里马尔迪投掷石块，杀害皇宫的瓦伦禁卫军（Wallon Guards），而且给这些被憎恨的外国人戴上阔边帽，高举于长矛上游行示众。暴民烧杀掳掠长达两日之久。查理屈服，取消敕令，并将斯奎拉奇安全送返意大利。同时，他发现了阿兰达伯爵的才能，并任命他为皇室会议的主席。阿兰达采用长披肩和阔边帽作为行刑手的官服，这一革新使旧有的服饰变得不合时尚了，大部分马德里人采用法国服饰。

阿兰达出生于阿拉贡一个古老而富裕的家族。我们已经看过他在法国灌输开明的思想。他也到过普鲁士，在那里，他学习军事组织。他返回西班牙，渴望将他的国家提升至与北部诸国并驾齐驱的境地。他的编纂《百科全书》的许多朋友过于公开地为他获得权力而欢悦，他为他们因此而使他的宦途更为困难这一点感到悲哀，而且希望他们已经学到了圆滑。他将政治上的圆滑定义为：

承认各种不同势力具有的力量、资源、利益、权利及对它们的惧怕、希望，为的是当情况证明其为合法正当权力时，我们可以基于它们如何才能对我们有利，和增加我们的安全，而去绥靖这些力量，分化它们，打败它们或联合它们的一种技术。

国王有意于作宗教上的许多改革，因为他怀疑教士们曾经秘密地对那次反抗斯奎拉奇的反叛有所鼓动。1765 年，他曾经允许政府的新闻社印制一篇匿名的《论让渡财产的规则》，该论文询问教会积聚集体财产的权利，并争辩说在所有的世俗事务上，教会应服从国家。作者为坎波马内斯公爵，皇室会议会员之一。1761 年，查理发布一道命令，规定教皇在西班牙发行敕书或简报需要国王的同意。后来，他废止该命令，1768 年，他又恢复该项命令。现在他支持阿兰达和坎波马内斯进行一连串的宗教改革，这些改革令人兴奋地重建西班牙心智上的新面目达一个世代之久。

·西班牙的宗教改革

西班牙的改革者或许除了阿兰达之外，无意在西班牙境内摧毁天主教。逐出摩尔人的长期战事（与爱尔兰的长期解放奋斗一样）已经使天主教成为爱国主义的一部分，而且强化它成为一种信仰。由于全国的奉献而过于神圣化，不容许有任何成功的挑战或基本上的改变。改革者希望将教会置于国家控制之下，并使西班牙人的心智从宗教裁判所的恐怖中解放出来。他们以攻击耶稣会士作为行动的开始。

基于罗耀拉的心智和经验诞生于西班牙，而且它最伟大的领袖当中有一些来自西班牙，在这里，如同在葡萄牙、法国、意大利和奥地利一样，耶稣会控制了中级学校，供应听告解的神父给国王和王后，并参与王室政策的形成。它的权力扩张引起世俗的天主教教士的嫉妒，有时是敌意的。世俗的天主教教士中，有一些相信全基督教教会会议的权力高于教皇的权力，耶稣会会士们主张维护教皇的权力，使其高于全基督教教会会议和国王的权力。西班牙的商人们抱怨从事殖民地贸易的耶稣会会士们正以售价低于普通商人的价格出售货物——因为教会免于抽税的缘故，而且指出，这样减少了王室的岁入。查理相信耶稣会会士们仍在鼓动巴拉圭的印第安人反抗西班牙政府的命令。而且，阿兰达、坎波马内斯和其他人显示那些他们宣称是耶稣会会士通信的函件给他看时，查理感到震惊。其中被推测是由里奇神父（耶稣会会长）所写的一封信件中，宣称查理是一个杂种，并认为应该由他的弟弟路易接替他的王位。这些信件的真实性早已被天主教徒和其他人士驳斥，但查理认为它们是真实的，并断定耶稣会会士正阴谋罢黜他，或要将他杀害。他决定效法约瑟夫一世，驱逐该教团于王国领域外。

坎波马内斯警告他说，此事仅能通过暗中的准备，而后继之以猝然而具体的打击才能成功。否则，受到人民尊敬的耶稣会会士们能够在整个国家及其领地中煽起一系列颇为麻烦的愤怒情绪。基于阿兰达的建议，由国王签名的密封信函于1767年初寄给帝国境内各地的官员们，命令他们，仅能在3月31日于西班牙、4月2日于各殖民地中拆阅这些信函。3月31日，西班牙的耶稣会会士醒来时发现他们的房子和学院被军队包围，他们本人也遭到逮捕。他们被命令仅能携带能够带走的东西和平地离开西班牙，所有其他的耶稣会财产均由国家没收。被放逐的每个人被核准领取一份数量微小的年金，假如有任何一位耶稣会会士反抗这次放逐，年金将被取消。他们乘坐马车，由军队护送至最近的港口，并用船运往意大利。查理传话给克莱门特十三世说他正遣送他们到教士的领土内，"为的是他们能够置身于教皇陛下贤明而直接的统治……我要求教皇陛下将此决定视为一种不可避免的国内的防范措施，而这一措施是在我以成熟的审查和深切的考虑之后而采取的"。

第一艘载着600名耶稣会会士的船只设法安置他们于奇维塔韦基亚时，托里济阿尼红衣主教，教皇的秘书，拒绝让他们登陆而辩称意大利不能突然地照顾这么多难民。绝望的乘客们忍受着糟糕天气、饥饿和疾病侵袭的痛苦，这只船徘徊于地中海上数星期之久，以寻找某一个殷勤而好客的港口。最后他们被允许在科西嘉上岸，后来，划分成几个可管理的群体，他们被容纳于几个教皇统领的国家里面。与此同时，耶稣会会士们从那不勒斯、帕尔马、西班牙的美洲殖民地和菲律宾群岛遭受同样的驱逐。克莱门特十三世恳求查理三世取消这些必定震骇整个基督教世界的突兀而残忍的敕令。查理回答道："为了让整个世界免受一个极大的丑行，我将永远保守而不公开这一需要采取严酷措施的可憎的阴谋，只作为我私下的一个秘密。教皇陛下应该相信我的话：我的生命安全要求我沉默。"

国王从未充分透露他据以发布敕令的证据。详情如此自相矛盾、晦暗不明，以致审判上遭受困扰和阻挠。达朗贝尔并非耶稣会会士的朋友，也曾质问驱逐这些耶稣会会士的方式。1767 年 5 月 4 日，他在写给伏尔泰的信件中说道：

> 你对查理三世如此猝然发布敕令驱逐耶稣会会士有何感想呢？我固然相信他有好而足够的理由，难道你不认为他应该透露这些理由而不是将它们锁于其"龙心"中吗？难道你不认为他应该允许耶稣会会士去证明他们是正当的吗？尤其每个人确信他们无法证明他们本身为正当之际。假使一位正在厨房中切小白菜的凡人修士（lay brother，指穿修道士衣服且发誓修道，日常从事杂役工作而不负担修道士职务的人）在某一方面说了一句有利于他们的话时，却没有申诉的机会，难道你认为这是公平的吗？难道你不觉得他应该用较多的常识去行一件合理的事情吗？

这次驱逐受到人民的欢迎吗？在它完成一年后，在圣查理节，国王从他宫殿的阳台上出现在群众面前时，依照惯例，他问他们希望从他那里获得什么礼物，他们同声地喊道：耶稣会会士们应该被准许返国，而且遵循世俗的教士们遵循的习惯。查理拒绝，并以涉嫌煽动集体请愿的罪名驱逐托利多的大主教。1769 年，教皇要求西班牙的主教们对耶稣会会士被驱逐这件事做判决时，有 42 位主教赞成，6 位反对，8 位放弃。可能世俗的教士们正以他们能够解脱耶稣会的竞争为满足。西班牙的奥古斯丁教派修道士们赞成驱逐，后来更赞同查理三世要彻底解散耶稣会的要求。

如此迅捷的行动并不能同样地适用于宗教裁判所。宗教裁判所更得民心，人民责成它保存道德和净化他们的信仰，甚至于净化他们的血液。查理三世登上王位时，宗教裁判所正以严厉和警醒的检查掌握着西班牙人的心智。涉嫌宗教异端和与道德脱节的任何书籍均被交付于有授权资格的人或称为审查者的人去审查。假使他们认为它具有危险性，则将他们的建议送交宗教裁判所会议，该会议能够下令查禁此书和处罚作者。宗教裁判所定期发行一本《禁书索引》，未得教会的允许而拥有或阅读其中的任何一本书是犯罪的行为，而且这种罪行仅能由宗教裁判所赦免。特别是封斋期，神父们询问所有的忏悔者，他们是否拥有或知道任何人有一本禁书。不报告违犯《禁书索引》的人被认为与违犯者同罪，而且没有家族关系或朋友关系能够免除其罪。

查理的大臣们在宗教裁判所方面，仅成就了次要的改革。1768 年，宗教裁判所的检查权受到抑制，所有禁止书籍的敕令在付诸实施之前应得国王的准许。1770 年，国王命令宗教裁判所的法庭仅能审判异教和叛教之罪，不能禁锢罪名尚未确定的任何人。1784 年，他规定关于大公、内阁大臣和皇室家仆的宗教裁判所的诉讼程序必须交付他复核。他任命对歧义的思想能有较为自由态度的人为宗教裁判所的裁判长。

这些温和的措施有一定效果，因为 1782 年，宗教裁判所裁判长悲伤地报告：阅读禁书而害怕教会责难的情形"近乎绝迹"。总而言之，宗教裁判所的法官们在 1770 年后，变得较为温和，其惩罚较以前合乎人道。在查理三世时已对新教徒予以容忍，1779 年对穆斯林给予容忍，虽然尚未容忍犹太教徒。在查理三世统治期内，有四次活烧异教徒，最后一次于 1780 年在塞维利亚，焚烧一位被控以巫术罪名的年老妇人。而且这次的行刑在整个欧洲引起很大的批评，为 1813 年镇压西班牙宗教裁判所的行动预为铺路。

尽管如此，在查理三世的统治下，假如表现出来思想的自由，仍可依法处以死刑。1768 年，巴伯罗·奥拉维德由于在他的马德里家中有色情画而被宗教裁判所指控，这些画或许是一些布歇的裸体画的翻版，因为奥拉维德曾经游历法国，甚至到过费内。1774 年，一次更严重的控告指向他——在莫雷纳山岭由他建立的模范村庄中，他不允许建立修道院，并禁止教士在周日做弥撒或恳求布施。宗教裁判所通知国王说，这些事实及其他的触犯已经得到 80 位证人的证词来证明。1778 年，奥拉维德被传唤至法庭接受审判。他被控以支持哥白尼的天文学及与伏尔泰、卢梭通信两项罪名。他发誓改正错误，同教会和解，他所有的财产遭到没收，而且被宣判禁锢于一座修道院 8 年。1780 年，他的身体垮了，被允许在加泰罗尼亚的一个温泉中取水。他逃到法国，他巴黎的哲学朋友们像迎接英雄一样欢迎他。但是经过几年的流浪，由于思念西班牙的情怀常萦绕于心而变得无法忍受寂寞。他创作了一幅虔敬的作品，称为《胜利福音》（*The Gospel Triumphant*），或称为《改变信仰的哲学家》（*The Philosopher Converted*），宗教裁判所便允许他归国。

我们注意到，奥拉维德接受审判是发生在阿兰达失去其皇室会议的主席职位之后。在他掌权的后几年内，阿兰达创立新学校，由世俗的教士教导，以填补由耶稣会会士遗留下来的空缺；他还利用品质优良的、设计较佳的钱币来替换贬值的硬币，并改革了货币流通体制（1770 年）。然而，他的开明专制终究使他变得易怒、负担过重和胆大妄为。在使国王的权力绝对化之后，他设法增加大臣们的权力来限制它。他失去观察和衡量的能力，而且梦想在他这代之内使西班牙摆脱天主教教义，而转入法国哲学的潮流。他甚至对他的听告解的神父，过于大胆地表现出他的异端思想。虽然许多世俗教士赞成他的某些教会方面的改革，认为有利于教会，但是他透露他希望将宗教裁判所完全解体这一点吓坏了更多的教士。他变得如此不受欢迎，以至于没有一位保镖，他就不敢踏出他的宫殿。他常常抱怨其职务上的繁重，以至于最后查理抓住他的话柄而派他为驻法大使（1773—1787年）。在那里，他预言正在叛变中的英国在美洲的殖民地最后将成为世界强国之一。

·新经济

　　阿兰达离开西班牙之后，有三位才干统治着内阁。何塞·莫尼诺（José Monino）——佛罗里达布兰卡公爵，接替格里马尔迪成为外交国务大臣（1776年），而且支配内阁直至1792年。与阿兰达一样，他也受到哲学家们的影响。他指引国王从事农业、商业、教育、科学和艺术方面的改良措施；但法国大革命使他惊吓而退居保守，他还领导西班牙参加反抗法国大革命的第一次联合（1792年）。坎波马内斯主持皇室会议达5年之久，并成为经济改革的主要推动者。约维拉诺斯，"当时最杰出的西班牙人"，以合乎人道而不受腐化的塞维利亚法官（1767年）和马德里法官（1778年）的身份出现于公众之前。他在中央政府内的大部分活动是在1789年之后才开始的，但他在1787年提出他的《关于农业计划审慎而冷静的报告》而对经济政策做了极为重要的贡献。这一以近乎西塞罗的文雅手笔所写的修订农业法的建议书，使他获得全欧洲的赞誉。此三人和阿兰达为西班牙开明专制和新经济之父。总而言之，依照一位英国学者的评价，他们"永世不朽的成果，足以和其他任何国家在同样短的期间获致的成果媲美。在西班牙历史上，确实没有其他时期能够和查理三世的统治时期相比"。

　　西班牙在经济改革上的障碍和宗教改革上的障碍同样巨大。不可移转的土地所有权集中于受封爵位的家族中或教会团体中，及美士达协会，羊毛生产似乎是经济变革上不能征服的障碍。数百万的西班牙人以游手好闲为荣，对行乞并不感到羞耻，变革被疑为对游手好闲的一种威胁。[1] 钱币被囤积于宫廷的国库和教会的金库中，而不投资于工商业。驱逐摩尔人和犹太人便已废弃了许多农业改良和商业发展的来源。国内通讯和运输的许多困难已经使内陆地区比巴塞罗那、塞维利亚和马德里落后了一个世纪之多。

不顾这些阻碍，在马德里及其他中心的人们——贵族、教士和商人们——不分性别地组成许多"农业之友的经济团体"，研究并促进教育、科学、工业、商业和艺术。他们设立学校和图书馆，翻译外国的论文，以奖赏征求论文和计策，并筹款以从事积极的经济事业和经济试验。承认受到法国重农学派和亚当·斯密的影响，他们咒骂国家的金币囤积是阻滞进步的坟墓，其中一人断言道："一个拥有最多金币的国家是最贫困的国家……正如西班牙显示出来的一样。"约维拉诺斯高呼"平民经济学"为"真正的国家科学"。经济论文倍增。坎波马内斯的论文《关于工业普遍化的培养》激励了数千人，包括国王在内。

查理进口谷物和种子以供应农业已经衰败的地区，作为经济改革的开始。他鼓励许多城镇将它们未耕种的公有土地以最低的实际地租出租给农民。佛罗里达布兰卡公爵使用得自空缺的教会圣职的皇室岁入在瓦伦西亚和马拉加建立慈善基金，以低利息借款给农民们。为了抑制砍伐森林和土壤侵蚀，查理命令所有的自治村每年种植一定数量的树木。因此，产生每年的植树节，而植树节至今仍为一个有益的风俗习惯。他鼓励对旧有的限定继承财产法的忽视，并劝阻新的限定继承财产法的产生，因而便利了大的地产瓦解成农夫们的财产。美士达绵羊生产的独占特权被大大地减少了，以前由它保留作为畜牧之用的许多大块的土地被开放农垦。外国移民被引至人口稀少的地区居住。所以，奥拉维德于 1767 年秋季在荒芜而为盗贼和野兽出没之所的西

[1] 阿拉贡法律规定，每位西班牙绅士必须供给他每个儿子一笔养老金。

班牙西南部的莫雷纳山区中，建立由法国或德国移入者居住的 40 个村庄和 11 个城镇，这些开发地区以它们的繁荣而变得出名。他们广泛地开凿运河以连接许多河流，并灌溉以前荒旱不毛的许多大块土地。曾一度为欧洲最好道路网的新道路网，使许多乡村和城镇之间因获得交通运输和贸易上的便利而联系在一起。

政府对工业也有所帮助。为了消除传统上对工人的观念，一道国王敕令宣布技术性的职业可以和贵族的地位相比，而且宣布自此以后，技术人员可膺选政府职位。模范工厂被设立：设立纺织业模范工厂于瓜达拉哈拉和塞哥维亚，设立制帽业模范工厂于圣费尔南多，设立模范丝织厂于塔拉韦拉，设立模范瓷器厂于布恩·雷蒂罗，设立模范玻璃工厂于圣艾德芬索，设立玻璃、精细家具和绣帷模范工厂于马德里。国王的敕令帮助了大规模资本生产的发展，尤其在纺织业方面。瓜达拉哈拉 1780 年有 800 架织布机，雇用 4000 名纺织工人。巴塞罗那的一家公司经营 60 个工厂，拥有 2162 部棉纺织布机。瓦伦西亚有 4000 架缫丝机，而且得到其出口设备的帮助，正进入里昂的丝织业中。1792 年，巴塞罗那有 8 万名纺织工人，在棉布生产上仅次于英国中部诸郡。

塞维利亚和加的斯已经长期享受与新大陆的西班牙的殖民地间受国家保护的贸易垄断。查理三世终止此项特权，并允许各个港口与殖民地贸易。他与土耳其 1782 年商订一份条约，该条约开放港口以允许西班牙货物进口，结果对双方皆有利。西班牙美洲属地的财富迅速增加，西班牙于查理三世时期得自美洲殖民地的收入增加了 8 倍，输出贸易为 3 倍。

政府活动的增加需要税收的增加。这些岁入中有一部分是由国家在白兰地、烟草、纸棉、火药、铅、水银、硫黄和盐的专卖中筹集的。波旁王朝初期，在加泰罗尼亚有 15% 的销售税，在卡斯提有 14% 的销售税。约维拉诺斯巧妙地描述销售税："它们在一种产品诞生时，突袭牺牲者使之感到惊奇，在产品流通时，它们追求它并箝住它，而且永不离其监视或让它逃脱，直至它被消费时。"在查理的统治下，加泰罗尼亚的销售税被废止了，而卡斯提的销售税率减至2%、3%或4%。一项适度划分等级的税按照所得课征。为了运用人民的储蓄以获得额外基金，弗朗西斯科敦劝国库发行偿付利息的政府债券。这些债券跌落至票面额的70%至80%的价值时，他于1782年创设西班牙第一家国家银行——圣卡洛斯银行——以票面额的价格赎回这些债券，而恢复国家的财政信用。

治国之才加上事业的成果使整个国家的经济有了实质上的提高。中产阶级获惠最大，因为重建西班牙经济的是他们的组织。在马德里，有375个商人组成5个大的商会，控制了首都的大部分贸易。我们可以从1776年它们借3000万雷亚尔给政府的这个事实来判断它们的财富。

总而言之，政府支持商业阶级的发展壮大，以使西班牙脱离其在经济和政治上依赖经济较为进步的国家这一不可避免的趋势。西班牙与别的国家一样，逐渐增加的无产阶级对新增加的国家财富的分享。工资提高了，尤其在加泰罗尼亚，富裕的人抱怨着说仆人很难找到而且很难留下。但是，大体而论，商品价格的上升较工资的提高为速，而劳工阶级在王朝末期和王朝初期一样贫困。1787年游历瓦伦西亚的一位英国人，曾批评存在着"商人、工厂主、教士、军队或有地产的绅士的富裕"和"在街头上可见的贫困、悲惨和衣衫褴褛的人们"之间的对比。所以，中产阶级欢迎来自法国和英国的启蒙运动的曙光（Luces）——开明专制，他们的雇佣者们拥挤于教堂中吻着圣物，以神的慈悲恩典和升天堂的期望安慰他们自己时，处于新经济之下的城市膨胀了。大的海运中心——巴塞罗那、瓦伦西亚、塞维利亚和加的斯——有8万至10万人（1800年）。马德里1797年有167607人，加上3万名外国人。查理三世登上王位之际，该城有欧洲最脏的首都之称。在较为贫穷的城区中，人民仍然将垃圾倾倒于街道中，而靠着风雨去冲散它，查理禁止这样做时，他们指责他是一个暴君。他说："西班牙是小孩子，他们洗澡时总要哭叫。"尽管如此，他的官员们建立一个聚集垃圾和排除下水道中污物的系统，而且清道夫们被组织起来聚集垃圾当作肥料。镇压行乞的一项努力失败了，人民拒绝警察逮捕乞丐们——尤其逮捕那些已经组成强而有力的同业组织的盲人乞丐。

　　年复一年，查理改良他的首都。水源由山上导引进入700个喷水池，利用720根输水管将水输送到城市的每个家庭。在秋季和冬季的6个月内，街道上从傍晚至午夜点着油灯。大多数街道狭窄而且弯弯曲曲，接连着旧有的偏僻小道，不见夏日阳光。但是有些良好的大街道被铺设出来，人民得以享有许多的空阔公园和具有林荫的漫步场所。尤其受到欢迎的是普拉杜公园，又称"草径"（Meadow Walk），因有许多喷泉和树木而凉爽宜人，而且成为恋人们约会的场所。1785年，比亚努埃瓦开始建造普拉杜博物馆。在那里，几乎每个白天都有400辆马车路过，而每个傍晚有3万马德里人聚集一起。他们被禁止唱下流猥亵的歌曲，或在喷泉中作裸浴，或在午夜过后演奏乐器。但他们可以享受售卖橘子、菩提果和榛果的妇女们那具有韵律的叫卖声。游客说道："18世纪末，在普拉杜每天可见到的奇景，足以与其他城市中仅在周末和节假日才能见到的奇景媲美。"当时的马德里成为欧洲最美丽的城市之一。

　　查理三世在外交政策上并不能如内政上一样成功。英国的美洲殖民地的叛变似乎提供给西班牙一个报复"七年战争"中遭受损失的最好机会，阿兰达力促查理帮助革命分子。国王于1776年6月暗中送100万英镑给叛变分子。英国海盗船对西班牙船运的攻击，终于导致西班牙于1779年6月23日宣战。一支西班牙武力重新攫取米诺卡，但占领直布罗陀的企图失败了。对英国的一次入侵，虽曾有准备，但由于新教徒之风暴而遭受阻遏。在凡尔赛和约中，西班牙于1783年撤销对直布罗陀的要求，但重获佛罗里达。

　　恢复西班牙领土完整的失败，使国王的晚年闷闷不乐。战争已经耗费了许多由新经济产生的财富。他显赫的大臣们从未征服两大保守力量——拥有大宗地产的大公们和一心使人民单纯的教士们。查理自己很少动摇其对教会的基本忠诚。他遇到宗教游行行列时，他把马车交给正抬着圣体的高级教士去乘坐，然后步行加入随员行列中。他对宗教的虔敬赢得了人们的爱戴，这是他作为陌生人自意大利来此最初10年统治中，人民抑制而不付给他的情感。他历经在那不勒斯和西班牙54年的统治，而死于1788年12月14日时，许多人认为他纵使不是最伟大的，也的确是统治西班牙诸王中最仁慈的一位国王。他临死前躺在病榻上，而主教代表询问是否他已原谅所有的敌人时，他的仁慈天性表露出来。他反问："在宽恕他们之前，我还能做什么呢？""他们在触犯我之后已全被宽恕了。"

西班牙人的性格

18世纪的这些西班牙人属于哪种人呢？根据所有的报道，他们的道德与英国或法国的同时代人相比，是优良的。他们浓厚的宗教信仰，他们的勇气和荣誉感，他们家庭的凝聚力和纪律，强烈地中和了他们性方面的敏感和他们好战斗勇的骄傲，甚至于认许一种狂热的种族和信仰上的盲目排他主义。女性的鼓励增进了男人的勇气，因为渴求保护的西班牙妇女们对那些在竞技场或街道上挑战的彪形大汉，或对侮辱迅速地感到愤怒而报复的人，或由战场上荣耀凯旋的人，露出她们发自内心的微笑。

性方面的道德由于法国思想和生活方式的流入已经软化下来。女孩子被密切地监护着，而且1766年后，父母的同意是婚姻上的一项法律要件；但结婚后，大城市的妇女们沉迷于调情。求宠者或随侍的骑士成为一位时髦的妇女必需的随身物，因而奸情增加了。一小群人，男嬉皮们（majos）和女嬉皮们（majas），构成西班牙人生活上独特的一面。男嬉皮们是下层阶级的男人，他们的穿着像花花公子，穿长披肩，留长头发，戴阔边帽，抽大雪茄，总是准备打斗，过着一种尽可能由他们的女嬉皮主人们供应的浪漫不羁的生活。他们的性结合无视法律。一位有妇之夫供应与他一起生活的女嬉皮，而她却供应男嬉皮的生活费用，这种情形是常有的。从戈雅的画笔下，半个世界的人皆知道女嬉皮们，或穿着衣服或裸露着身体。

社会道德相对比较高，政治上和商业上的贪污腐化仍然存在，但其程度不如法国或英国那么重。一位法国游客如此报道："西班牙人的刚正廉洁是天下皆知的，而且它在商业的关系上显得尤为引人注目。"一位西班牙绅士说过，从里斯本至圣彼得斯堡皆为道德君子（意指西班牙绅士永远遵守诺言）。在西班牙，友谊时常比爱情更持久。布施很多，单就马德里而言，宗教组织每天分发 3 万碗滋补汤给穷人们。宗教组织还设立了许多新的医院和赈济所，而许多旧的被扩大或改良。除了对异教徒和公牛以外，几乎所有的西班牙人是慷慨宽大、合乎人道的。

西班牙人对斗牛的热爱，可与宗教、性、荣耀和家族方面的热爱相比。与古代罗马的竞技比武游戏一样，斗牛基于两个理由受到保护：男人必须培育勇气，而公牛在被宰食之前必须死去。查理三世禁止这些争斗，然而斗牛在他死后恢复举行。富有技巧和冒险精神的斗牛士，是每个阶级人士心目中的偶像。每个斗牛士皆有其拥趸，阿尔巴公爵夫人支持科斯蒂勒雷斯，奥苏纳公爵夫人支持罗美罗，而且这些派系分割马德里，如同格鲁克和普契尼分割巴黎一样。男人和女人们将他们所赚的钱，押在斗牛或其他事情上。赌博是违法的，却很普遍，甚至在私人住所也开赌博会，而女主人们负责收取费用。

上流社会的男士服，逐渐地放弃之前所穿的阴沉的黑衣服和僵硬的领子，而追随法国人穿有颜色的外衣、丝绸长袍、及膝的裤子、丝袜、带扣子的鞋子，所有人都有戴假发和三角帽的习惯。通常，西班牙的妇女凭着有花边的紧身胸衣和长长的有时带藤圈的长裙，包裹她的迷人身体使自己成为神圣的奥秘，而且戴上妇女头纱以遮蔽眼睛，而一些西班牙人喜欢将其灵魂沉进这种视觉的黑暗深处。然而17世纪，一位女士甚少允许她的双腿被男人看到，现在她的裙子却缩短到离地有几英寸高，从前的无跟拖鞋已被尖的高跟鞋取代。传道士警告说，这种不适宜地暴露女性的双脚，增加了欲火易燃的男士们的危险性。妇女们微笑着，装饰她们的鞋子，夸示她们的裙子，甚至在冬天也挥摆着她们的扇子。伊丽莎白·法尔内塞收集了1626把扇子，它们当中的一些由国内知名的艺术家绘上图画。

除了跳舞之外，社会生活在所有其他事情上均受限制。晚间的聚会避免严肃的讨论而喜爱游戏、跳舞和献殷勤。在西班牙，跳舞是人们非常热衷的，并以发明出各种不同的舞蹈而闻名欧洲。轻快的三步舞（fandango，西班牙一种轻快的三步舞）配合着响板以三拍来跳；3/4拍快舞步（seguidilla，西班牙一种快舞步，配合响板以3/4拍来跳）由两对或四对人，配合着响板，通常带着歌唱来演出；它的蜕变舞步，3/4拍快舞（bolero）到1780年成型，而很快风靡。在对舞（contradanza）中，一排男士面对着一排女士以交替的前进和后退来跳，这好像象征着男女之间永恒的战争（指追求爱情）的战术；或者四对舞伴跳庄严的对舞——方块舞（quadrille）。面具舞会有时引来3500个舞者，而在狂欢节上，他们跳通宵。

这些舞蹈使动作成为活的诗和性的刺激。"据说一位跳3/4拍快舞的女士如此诱惑人，一位教皇和所有的红衣主教将暂时抛弃其威严。"卡萨诺瓦在西班牙发现某些东西要去学习：

　　　　大约到了午夜之时，最狂野的、最疯狂的舞蹈开始了……那是轻快的西班牙三步舞，我以为我已见识过这种舞步，但这种舞步超乎我的狂野想象之外，我对这里的这种舞步并无任何印象……在意大利和法国，跳舞的人们小心地不使舞蹈成为最撩人的舞姿。每对跳舞的男女仅仅跳了三步，然后，以他们的响板配合着音乐的拍子，他们做各种挑逗性的舞姿。整个爱情，从它的诞生到结束，从它的第一声叹息到它的最后狂欢，都表露出来。我在兴奋之中大声地叫喊。

他对宗教裁判所允许如此具有挑逗性的舞蹈感到惊异。他听说它被"绝对禁止，而且未得阿兰达伯爵许可，无人敢跳"。

一些最流行的西班牙音乐形式和舞蹈有关联性。所以，吉卜赛人的歌以一种哀愁而富感情的音调唱出来，而吉卜赛歌手们跳着3/4拍快舞来伴随他们的歌唱。或许，这些悲伤的歌唱反映着旧摩尔人的情绪，或西班牙宗教和艺术的沉郁特质，或令人发怒的女性外表上的不易亲近，或领悟后的觉醒。一种比较活泼快乐的气质随着意大利歌剧（1703年）和法里内利的抒情歌而进入西班牙。这位阉人歌手为两任国王服务过之后，在查理三世那里失宠，查理三世用一句话来废弃他："阉鸡仅在食用的时候才是好的。"

意大利的影响力由沙尔拉提接续下去，而在博凯里尼时再度达到高潮，他于1768年到达西班牙，在查理三世和四世时期支配着宫廷的音乐，并留居在西班牙直至死亡（1805年）。

维森特·马提尼在西班牙成名之后，成功地在佛罗伦萨、维也纳和圣彼得堡相继演出意大利歌剧。安东尼·索莱尔的大键琴演奏曲与沙尔拉提的演奏曲相匹敌，路易·米逊将独唱发展成为小型喜歌剧（tonadillo），以作为戏剧两幕间的插曲。1799年，国王发布一道命令，禁止不是以西班牙文写的及不是由西班牙艺术家推出的任何作品的演出，而终止了意大利音乐在西班牙的统治。

我们不能将西班牙人的特性总括于同一的模式中，随着景物之不同，西班牙人各州与各州间皆不同，而且，集中在马德里的法国化的西班牙人，与土生土长的当地人相比，更是另外一种类型的人们。但是假使我们不考虑外来的少数民族，我们可以从西班牙人中看出其与生俱有的独特性格。西班牙人是高傲的，但具有一种甚少由盲目的排外主义和民族主义导致的静默力量。那是一种个性的高傲，一种孤寂的奋斗，以对抗尘世间的伤害、个人的受辱或不停的咒骂的果决感。对于这种精神而言，外部的世界似乎是次要的，不值得去操劳、去努力奋斗。在人与人的冲突竞争和追求上帝中，除了灵魂和命运之外，其余一切皆不重要。政治问题、金钱的追求及名望和地位的显赫，是多么的微乎其微啊！甚至战争的胜利也不光彩，除非它们是屈服敌人信仰的胜利。有了这种根深蒂固的信念，西班牙人能够以一种坚忍的平静的心情平和地等待最后进入天堂的宿命论来面对生活。

西班牙人的心智

路易十四接受西班牙哈布斯堡王朝最后一个国王，将其王位遗留给这位大君主的孙子去继承时，一位驻凡尔赛的西班牙大使兴高采烈地欢呼道："现在再也不属于比利牛斯的统治了！"但是，那些阴暗的弥撒形成了顽固的障碍物，而且作为对抗少数热心人士将西班牙心智欧洲化的一种象征。坎波马内斯于1774年至1776年，以《技艺者的教育普及及其培养的审慎》一文，而使旧思想下的西班牙人士感到震惊，该文认为平民教育的推广是国家的活力和成长不可缺少的基础。一些高级教士和大地主觉得以不必要的知识来干扰人民，会导致宗教上的异端和社会上的叛乱，这一点是不明智的。无视任何阻碍，约维拉诺斯努力传播教育的信念。他写道："导致社会繁荣的源流甚多，然而所有的源流有其同一的源流，即为大众教育。"他希望教育能够教导人们获得理性，而理性能使他们脱离迷信和不宽容，并希望由这些人发展而成的科学，将利用自然资源征服疾病和贫穷。一些贵族夫人接受这种挑战，组成一个妇人财团（Junta de Damas）资助初级学校。查理三世花费大量的金钱设立义务小学。许多私人参与创设研究语文、文学、历史、艺术、法律、科学或医药的学院。对耶稣会会士的驱逐，迫使并促进了中级学校的重建。查理命令在这些学院中扩增科学课程，并命令将它们的教科书现代化，允许凡俗人士作为它

们的教职员。他捐助许多学院，并给予杰出教师们年金。许多大学被
说服允许教授牛顿物理课程，允许教授笛卡儿和莱布尼茨哲学课程。
萨拉曼卡大学拒斥这种说服，其理由是"牛顿和笛卡儿学派的原理，
和上帝启示的真理相像的程度，不如亚里士多德的原理"。但大多数
西班牙大学接受国王的训令和指示。瓦伦西亚大学有 2400 个学生，
当时（1784 年）是西班牙最大、最先进的教育中心。几个教团在它
们的学院中采用近代哲学。赤足的圣衣派的教长敦促圣衣派教师们阅
读柏拉图、亚里士多德、西塞罗、培根、笛卡儿、牛顿、莱布尼茨、
洛克、沃尔夫、孔狄拉克等人的作品，这里没有圣者的控制。奥古斯
丁修道派的一个支派研究霍布斯，另一个支派研究爱尔维修。这种研
究总是受到驳斥，但热心的人们已经失去其驳斥敌人的信念。

　　虽然花费其最后的 47 年（1717—1764）生活在奥维耶多的一所
圣本笃教团的僧院中，著名的修道士费尤·蒙特内格罗设法研究培
根、笛卡儿、伽利略、帕斯卡、伽桑狄、牛顿和莱布尼茨。他带着惊
疑和惭愧发现，自塞万提斯以来，西班牙是多么地孤立于欧洲的主要
思潮之外呀！从他的小密室中，他于 1726 年至 1739 年一连出版了 8
册书，他称之为《思想批判》（*Teatro Critico*）——非戏剧性的批评，
而为一种思想的严谨审查。他攻击当时在西班牙被传授的逻辑学和哲
学，称赞培根，恳求当时的人采用归纳科学，对许多学界的科学家们
的发现作一摘要，讥讽魔术、占卜、伪造的奇迹、医药方面的无知和
普遍的迷信，创下历史可信的许多法则，而毫不怜悯地刺穿国内的许
多传说，要求普及各阶级的教育，并提倡妇女们在教育和社交上更为
自由和大众化的生活。

　　一群敌人聚合起来攻击他的书，指责他没有爱国心，指责他的大
胆无耻。宗教裁判所传唤他到法庭接受审判，但在他的作品中没有发
现明显的异端。1742 年，他恢复其运动，而以 5 册书中的第 1 册《博
学而好奇的信函》，指出每一作者具有使其著作清晰的道德义务。他
创造出一种好的风格。大众如此迷恋他的教导和勇气，1786 年，他

共出版了《思想批判》和《博学而好奇的信函》两本书的 15 种版本。他未能将迷信驱出西班牙，巫术、鬼怪和魔鬼仍然嚣张于尘世而惊吓人们的心灵；但是已有了开头，而且这种开头是由一位居处于质朴的密室中、直至他 88 岁那年（1764 年）去世皆免受干扰和折磨的修道士创始，实为其教团的一项荣誉。

另外一位教士写出 18 世纪西班牙最著名的散文作品。正如同圣本笃教派的教友们所见到的，没有任何伤害能危及费尤，所以耶稣会会士们保护他们之中的一位教士，其主要作品为一首关于传教的讽刺小说。伊斯拉·约瑟·弗朗西斯科本人是一个雄辩的布道士，但在起初，他从一些布道士在教堂和公共广场中用以吸引人们的注意力和为金钱而演说的技巧、文学上的自负、演戏和滑稽当中取乐，后来却受到它们的困扰。1758 年，他在一本叫作《著名的布道家佛瑞伊·吉朗的历史》的小说中，大大地嘲弄这些福音传播者。伊斯拉神父说道：

> 吉朗弟兄（弟兄为传教士之间的互称）总是以一些格言、酒店中的谐语开始他的布道，而这些片断的奇怪语句，乍听之下似乎矛盾、毁谤或不敬神而令人脸红，直至最后，使听众们在惊异之中等待一会儿后，他完成其语句而出现一种解释，使发生的一切减到仅为一种玩笑。因此，一天他传道中解说"三位一体"时，他开始其布道："我否认上帝在本质上存在于一个整体，而在形体上为三位一体。"然后停了一会儿，听众当然左顾右盼地亟欲知道此种异端的毁谤将以什么来结束。最后，这位传教士认为他已经相当地控制他们的心思之后，他继续说道：
>
> 伊比奥尼教派（the Ebionite）、马吉安教派（the Marcionite）、阿里乌斯派、摩尼教（Manichean）和苏塞纳斯教派（Socinian），是如此说的。但是我从《圣经》，全基督教会议和教父们来证明这些教义所言皆非。

一天中，这本书卖了 800 本。布道的传教士们认为它鼓励人们对教士不尊敬而攻击它。伊斯拉被传唤于宗教裁判所之前接受审判，而他的书被定罪（1760 年），但他自己未受处罚。同时，他加入到正在流浪中的耶稣会会友们的队伍中，但在途中罹患麻痹症。他在博洛尼亚靠着西班牙政府给他的微薄津贴来度过晚年。

几乎每个能写作的西班牙人都写诗文。1727 年的一次诗文竞赛中，有 150 位竞争者参加。约维拉诺斯作为法律学者、教育家和政治家而外，还从事诗文和戏剧方面的活动。他位于马德里的住所成为文学家们的一个聚会场所。他以尤韦纳尔的文章风格来写作讽刺诗，斥责他发现的政府和法律方面的腐化。而且，与城市的其他居民一样，他唱出乡村平静的那种喜悦。莫拉廷写出一篇抒情诗来盛赞西班牙国会的丰功伟绩，据说这是"18 世纪中西班牙产生的同类诗文中最高尚的一篇"。一位奥古斯丁教派的修道士，迪亚哥·冈萨雷斯写出活泼而高雅的诗文，比他所题献给约维拉诺斯的教诲性的《人类的四个时代》这首诗，更为受到欢迎。伊里阿特在他的《论音乐》（"On Music"）一诗中也有沉迷教诲的倾向。1782 年，他所写的寓言尤佳，这些寓言揭露空谈家们的缺点，而为他赢得迄今仍然存在的声名。他翻译伏尔泰的悲剧和莫里哀的喜剧。他取笑统治天堂和 2/3 西班牙的修道士，他被宗教裁判所检举，他正式撤回其讽刺作品，1791 年 41 岁时死于梅毒。

1780 年，西班牙学院举行一次庆祝田牧生活的田园诗竞赛，并给予优胜者奖品。伊里阿特赢得第二名而心有不甘，因为胡安继续成为当时西班牙首要诗人。胡安恳求约维拉诺斯让他去萨拉曼卡大学开人文科学讲座（1781 年）。在那里，他首先赢得学生们，然后赢得教职员们接受一项更为冒险的课程，甚至阅读洛克和孟德斯鸠的作品。授课之余，他写了一册抒情诗和田园诗——如此精致、娴雅的诗文，又生动刻画了自然景色。这种诗文，西班牙人已经一个多世纪没有阅读了。约维拉诺斯继续提升胡安成为萨拉戈萨的法官和巴利亚多利德平衡法院的法官，而其诗集随着政治变故而风格大变。约维拉诺斯于1798年被放逐时，胡安也被放逐。他转其笔锋指责侵入西班牙的法国人，尤其是约瑟夫·波拿巴。但1808年，他回到马德里，在约瑟夫·波拿巴之下接受官职，并作诗来谄媚他的外国主人们，使西班牙人震惊。在罢黜约瑟夫一世的解放战争中，这位诗人的房子被法国士兵抢劫，而他本人被一群愤怒的暴民攻击，而从西班牙逃命。在越过毕德索山脉（Bidassoa）进入法国之前，他接触到西班牙最后一块土地（1813年）。4年后，他在默默无闻和贫困中死于蒙彼利埃。

西班牙在这一代产生了许多优秀的戏剧家，因为波旁王朝诸王皆倾心于戏剧。导致其衰微的因素有三：伊丽莎白·法尔内塞强烈地爱好歌剧，而菲利普喜爱法里内利；戏院必然依赖大众，而大众的掌声是对滑稽剧、魔术、传奇和口技而发的；比较严谨的戏剧家们局限于创作将情节、地点和时间三者统一起来的剧本。该世纪最受欢迎的戏剧作家为克鲁兹·雷蒙，他写了大约400出小滑稽剧，讽刺中下层阶级的态度、思想和言论，但以一种宽恕的同情描述平民的罪恶和愚行。约维拉诺斯从事于喜剧的编写，而以1773年的《光荣的罪犯》一剧赢得了观众和许多批评者的称许。该剧为一个西班牙绅士一再地拒绝决斗后，终于接受一位不放弃的对手的挑战，但在一次公平的决斗中杀死他的敌人后，竟被对手的法官父亲判处死刑。始终是一位改革者的约维拉诺斯，目的是利用他的戏剧来减轻规定决斗判处死刑的法律条文。

情节、地点和时间单一性的运动由诗人莫拉廷领导，而由他的儿子莱安德罗继续领导成功。莫拉廷的早期诗文取悦了约维拉诺斯，以致他为莫拉廷在巴黎的西班牙大使馆找到一份差事。莫拉廷在那里与哥尔多尼交往，而哥尔多尼使他改写剧本。莫拉廷走了运，他以公费被送往德国、意大利和英国研究戏剧。返回西班牙时，他得到一份闲职，使他有时间创作文学作品。他的第一出喜剧于1786年提供给马德里剧院，但是由于经理们和演员们争论这一遵循亚里士多德和法国戏剧原则的戏剧，是否能赢得西班牙观众，因而迟延了4年之久。它的成功是温和的。莫拉廷发起攻击，在1792年的《新喜剧》（*Comedia Nueva*）中，他取笑流行的喜剧，以致观众自此接受了刻画人性和启发生命的戏剧。莫拉廷被誉为西班牙的莫里哀，而且支配马德里剧坛一直到1808年法国入侵。他同情法国和政治上的自由思想引导他像胡安和戈雅一样，去和约瑟夫·波拿巴的政府合作。约瑟夫失去政权后，莫拉廷间不容发地逃脱监禁。他避难于法国，于1828年死于巴黎。同年，自我放逐的戈雅也死于波尔多。

西班牙的艺术

西班牙在历经了西班牙王位继承战争的蹂躏之后，还能期望它什么呢？侵入的军队掠夺教堂，抢劫坟墓，焚毁画像，将受到崇拜的神祠当作马厩。这一场战争结束之后，一次新的入侵又来临。历经半个世纪之久，西班牙艺术屈服于法国或意大利的支配之下。1752年，兴办圣佛伦多艺术学院以指引并协助年轻的艺术家们之际，西班牙努力将完全不适合于西班牙人的新古典主义的许多原则强加于他们身上。

巴洛克式的建筑艺术激烈地奋斗以保全自己，而且在建筑艺术和雕刻艺术方面，能够随心所欲、为所欲为。它的成就，在佛伦多为康波斯特拉·圣地亚哥大教堂增建的圣塔，和1764年凡杜拉·罗德里格斯在同一建筑中（指康波斯特拉大教堂）为西班牙守护神圣詹姆士兴建的北门中，达到巅峰。为人民乐道的传奇之一说：萨拉戈萨的一根神柱上面的圣母雕像曾经复活过，而且对圣詹姆士讲话。在那个地点上面，西班牙的虔诚人士建造神柱上的圣母教堂。罗德里格斯还为该教堂设计了一座神殿和一间由大理石和银造成以供奉圣母神像的小礼拜堂。

两座著名的宫殿在菲利普五世时期建造。在靠近塞哥维亚的地方，他买下一间修道院的土地和农场。他雇用都灵的菲利普·尤瓦拉于1719年秋在该处建造圣艾德芬索宫，建造足以媲美凡尔赛宫的许多花园和26个喷水池来环绕着宫殿。全部建筑合称为格兰花园，花了一共4500万克朗。1734年圣诞节前夕，它尚未完工之际，大火焚毁了自查理五世皇帝以来即于马德里作为皇帝寝宫的阿尔卡萨宫（Alcázar）。菲利普五世迁至布恩·雷蒂罗。在那里，菲利普二世于1631年已建造了一所宫殿，这个宫殿继续成为主要的宫廷所在地达30年之久。

为了取代阿尔卡萨宫，尤瓦拉计划建造一所实际的宫殿——包括住屋、办公室、会议室、小礼拜堂、图书馆、戏院和花园——它在堂皇壮观方面，超过当时为人所知的任何皇宫，宫殿的模型本身就包含了足以建造一间房子的木材。在开始着手建造之前，尤瓦拉去世了（1736年）。伊丽莎白·法尔内塞否定了他的设计，认为所费不赀，而他的继承者、都灵的萨凯蒂，于1737年至1764年建造了一所皇宫，它今日仍屹立于马德里——470英尺长，470英尺宽，100英尺高。该皇宫的建筑是以文艺复兴末期的建筑形式替代巴洛克式，正面为多利安式和爱奥尼亚式的柱子，而上面为一条横栏，饰以西班牙早期诸王的巨大雕像。拿破仑护送其兄弟约瑟夫入主该皇宫，登上其华美的阶梯时说道："你住的皇宫比我的好。"查理三世于1764年住进这一巨大的皇宫。

在法国和意大利的影响下，西班牙的雕刻失去其木制的冷肃气氛，并赋予其六翼天使（seraphim，九级天使中地位最高者）以笑容，赋予一两位圣者的雕像以文雅。雕刻的主题几乎总是属于宗教的，因为教会支付最高的报酬。托利多的大主教对纳西索·汤姆于1721年在大教堂唱诗班席位的后面建造的大教堂支付了20万杜卡特。该大教堂包括：一群由大理石刻成的天使，飞舞于大理石刻成的云雾上，在大理石雕像光辉闪烁的一个回廊入口写上祭坛屏风的名字。旧的写实主义残存于路易·卡莫纳的《耶稣受难》雕像中——一件木刻像，全身满布着鞭笞伤痕和流血的伤口，真是可怖。较为可爱的是由小弗朗西斯科·贝尔加拉于 1759 年为昆卡的几个大教堂雕刻的信仰、希望和慈爱诸神的雕像。被誉为西班牙的瓦萨里的塞安·贝穆德斯把这些雕像列于西班牙最好的艺术作品中。

18 世纪，西班牙雕刻史上的伟大名字是弗朗西斯科。他的父亲兼老师是卡普阿的一位雕刻家，弗朗西斯科的父亲去世时，母亲、一个姐妹和六个兄弟成为他的主要支柱。由于太贫穷而付不了钱给模特，弗朗西斯科邀请过路人，甚至乞丐分享他的餐食而当他的模特。或许就是如此，他找到一些人物作为模特来创作出杰作《最后的晚餐》。现在该杰作仍在穆尔西亚的耶稣隐修院中。他得到兄弟姐妹的帮助，他的妹妹伊妮斯协助他为他当模特，他的兄弟何塞雕刻细部，他的教士兄弟派屈西帮他为人物着色和悬挂饰物。弗朗西斯科在他的 74 年中创作了 1792 个雕像和小雕像，一些雕像是索然无味的作品，如一件刺绣的法兰绒长袍穿在耶稣基督的雕像上；一些雕像却淳朴虔敬得令人感动，以至于马德里委托他去装饰皇宫。他喜欢留在家乡莫穆尔西。1781 年，莫穆尔西给了他一个盛大的葬礼。

西班牙的绘画在 18 世纪中，是在外国人的双重压迫下奋斗着，而它未能脱离这种双重压迫，直至戈雅以他炽烈如火的、史无前例的艺术打破所有的桎梏。首先到来的是法国潮流，他们为吉恩·兰克、雷恩、米切尔·安基·豪斯和路易·米切尔·旺洛。旺洛成为菲利普五世时期最后一位宫廷画家，而且画了一张布满整个王室家族、假发、妇女衬裙摆的藤圈和所有一切东西的巨幅油画。而后来到西班牙的，是一群有生气的意大利人——凡维特里、阿米戈尼、科拉多……

提埃波罗和他的儿子们于 1762 年 6 月到达马德里。在新皇宫御殿的天花板上，他们画了一幅巨大的壁画，其名为《西班牙的颂扬》（*The Apotheosis of Spain*），庆贺西班牙制度下的历史、权力、美德、虔敬和各个城市。许多象征性的神话人物在空中飞舞，女海神、人头人身鱼尾的海神、风神、有翼的妖怪、圆胖的小神像（putti）、善神和恶神，飞过光亮的烟云空荡之处，而象征西班牙的女神则于其所有的领土登上王座，享有良好政府所持有的荣耀。在卫兵室的天花板上，提埃波罗描绘埃涅阿斯（特洛伊战争中之一位英雄）被维纳斯引导至"不朽殿"（Temple of Immortality）。在王后的前厅的天花板上，他再度描绘西班牙君主制度的胜利。1766 年，查理任命提埃波罗为阿兰胡埃斯的圣帕斯奎尔教堂画七件祭坛上的饰物。其中的一件仍然显赫于普拉杜，利用一张西班牙美女的脸代表《圣灵怀孕》（*The Immaculate Conception of the Virgin*）。国王的听告解神父伊列克塔（Padre Joaquin de Electa），咒骂提埃波罗的作品中显现的异教精神和粗野的有违西班牙的精神。提埃波罗悔过并画了一张巨力万钧的《耶稣从十字架上降下来》（*Deposition from the Cross*）的画像——冥想死亡，而由于天使们答应其复活而心情趋于开朗。这些努力使这位年老的巨人精疲力竭，他于 1770 年死于马德里，享年 74 岁。不久，阿兰胡埃斯的祭坛饰物被移除，而安东·拉菲尔·门斯被委任取代它们。

门斯于 1761 年到达马德里。他当时年仅 33 岁，强健、深具信心而技巧老练。查理三世对提埃波罗画的云雾觉得不合适，他看出这位有进取心的德国人正是可以用来重整皇宫艺术工作的人。1764 年，门斯成为圣佛伦多艺术学院的主任，并在他停留于西班牙期间统治西班牙的绘画。他误释古典风格是一种无血肉、无生命的停滞不前，而激怒了年老的提埃波罗和年轻的戈雅二人。但是他不懈地努力，以终止巴洛克式装饰上的奢华浪费，及终止洛可可式想象上的狂妄。门斯说：艺术首先要借着忠实地模仿自然以追求"自然的风格"。唯有此时，才能以希腊人的"庄严风格"为目标。但是，如何获致艺术作品庄严的风格呢？须借着删除不完整和不相关的部分，须借着把分别发现的局部完美，与训练有素的想象力孕育而成的理想形式相结合，而且规避所有的过分夸张。

门斯凭着在国王寝宫的天花板上描绘奥林匹亚山的诸神而开始其绘画工作。同样的图画装饰于王后的寝宫中。或许他觉察到国王和王后对他描绘的奥林匹亚山诸神并不很理解或感兴趣，于是为宫廷的祷告制造了一件祭坛上用的饰物《主耶稣基督的诞生》和《耶稣从十字架上降下》。他勤奋地工作，吃得少，变得易发脾气，失去健康。他认为罗马会使他康复。查理三世准他请假，门斯将请假期延长至4年之久。在他第二度逗留西班牙期间（1773—1777年），他在马德里和阿兰胡埃斯的宫殿中画了更多的壁画。他的健康再度衰退，而他恳求国王准许他退休回罗马。这位慈善的国王批准其恳求，并赐予每年3000克朗的养老金。

但是，当时没有西班牙本土的艺术家在西班牙作画吗？有很多。我们的兴趣随着距离和时间而减弱，已经淡忘了他们而使他们的声名消敛。这些画家中包括路易·梅伦德斯，他在静物写生画方面几乎可以和夏尔丹匹敌；普拉杜有40张静物写生，波士顿博物馆有一幅令人兴奋的样本，卢浮宫保存了他的一张奇佳的自画像，该画像的价值超过保存于普拉杜和波士顿博物馆的静物写生画。而路易的城市风景画能与卡纳莱托匹敌，如他画的《马德里主要广场》。而安托尼奥·维拉达马特被门斯誉为当时西班牙最杰出的画家。仁慈、乖戾而虔诚的弗朗西斯科·贝叶于1758年在马德里艺术学院赢得绘画的第一名，他为门斯设计缀锦画，先后成为戈雅的朋友、敌人和连襟。

弗朗西斯科·何塞·德·戈雅·卢西恩特斯

·成长

与所有伊比利亚半岛上的男孩一样，弗朗西斯科采用一位守护神的名字，然后采取他父亲的名字何塞·戈雅，再采取他母亲的名字卢西恩特斯。她是一位西班牙女绅士，因此弗朗西斯科在他的名字中间插入尊称"德"。他在1746年3月30日生于丰特托多斯，阿拉贡的一个乡村，人口150人，那是一片石质土地，没有树，酷热的夏天和严寒的冬天杀死了许多人，残存者则冷酷而倔强。

弗朗西斯科沉迷于绘画，还是孩子时就为地方的教堂画了一幅阿拉贡女守护神的画像《女柱神，纽斯特拉女士》。1760 年，他的家庭搬到萨拉戈萨。他的父亲是那里的一个镀金匠，赚的钱足够送他的孩子到约瑟·卢桑那里学习艺术。戈雅跟随约瑟·卢桑和胡安·拉米雷兹临摹古艺术大师们的画，模仿提埃波罗精妙的彩色技巧，而且学到足够的解剖学去画被禁止的裸体画。据说，他参加并迅速地领导一队野蛮的年轻人维护他们的教区以对抗另一个教区，而且据说在一次打斗中，有些暴徒遇害，而弗朗西斯科由于害怕被逮捕，逃到马德里。

1763 年 12 月，他参加马德里艺术学院的入学考试，却失败了。传闻说他在首都过着放荡生活，我们仅仅知道戈雅不喜欢法律。他于 1766 年再度参加入学竞试，却再度失败。或许这些失败对他来说反而是好事。他逃脱了门斯的理论上的教导，研究提埃波罗在马德里的作品，为他遍布着特性的奇特风格奠定了基础。传说中提及他在此之后，如何参加一队斗牛士，而在日期不详的一天，跟随他们游历至罗马。他一直是热心的斗牛士，而且曾经有一次签名为"斗牛士弗朗西斯科"。他在晚年写给莫拉廷的信件中说："我年轻时是一名斗牛士，执剑在手，一无所惧。"或许他是想说他曾经是那些在街道中和彪形大汉打斗的冒险少年中的一位。无论如何，他到达了意大利，因为 1770 年，他在帕尔马的艺术学院举办的一次竞赛中获得第二名。传说中他爬上圣彼得大教堂的圆顶，并闯入一座修道院掳走一位修女。更为可能的传说，是他正在研究马尼亚斯科（Magnasco）的图画，而其晦暗的色彩、受难的人像和宗教裁判所的景象，比门斯在西班牙介绍的平静而具古典气息的画更使他感动。

1771 年秋，他回到萨拉戈萨，装饰伊格里西亚国家大教堂的一间小礼拜堂。这张画画得很好，他在 6 个月的工作中赚了 1.5 万雷亚尔。现在他已能够供应一位妻子的生活了。即使近亲不宜通婚的观念支配着当时西班牙人的择偶观，他还是于 1773 年娶了约瑟法，她年轻、有金黄色的头发，而且近在咫尺。她做他的模特，他多次为她作画。悬挂于普拉杜博物馆内的画像显现出她多次怀孕后的疲乏，或显现出她对弗朗西斯科远离一夫一妻制的思想而表现出来的沮丧。

1775年他回到马德里。可能基于约瑟法的推荐，门斯于1776年委任他为菲利普五世建立的用以对抗高布林工厂的皇家绣锦画工厂作广告油画。现在，冒着被摒退的危险，戈雅做出了影响他未来生涯的决定。忽视门斯对古典神学和英雄史迹的喜爱，他以粗大的线条和生动的色彩描绘和他同一种族、同一时代的人民——他们的劳动和爱情，他们的市集和佳节，他们的斗牛和放风筝，他们的市场、野餐和游戏；他极为冒险地将他想象而未曾见过的事物妄加于这种现实的描绘之上。门斯表现出他善处难局的能力。他并不咒骂这种学术传统上的逾越，他感觉出这一新风格的活力，并给予这个背叛者更多的任命。在15年中，戈雅创作出其主要作品——45张漫画，而另一方面正以日益增加的信心转向其他方面的创作。现在他能够舒适地吃喝。他在写给他的朋友萨帕特尔的信中说道："我一年有1.2万至1.3万雷亚尔。"

1777年4月，戈雅因患梅毒病得很严重。他逐渐复原，但我们怀疑这次疾病对他艺术上的悲观有某些影响，或许对他在1793年失去听力有某种影响。1778年，他身体已经好到可以参与查理三世通过印刷品向国外传播西班牙的艺术宝藏的计划。为达到这个目的，戈雅临摹了委拉斯开兹所作的18张画。他用这些临摹的图画去作蚀刻画，对于他而言，它是一项新技巧，而他的雕刻风格有一段时期是不稳定而且粗糙的，但从其开端之际，他成长为自伦勃朗以来最伟大的蚀刻家之一。他被允许亲自将其临摹画呈献给国王，而且在1780年，他被列为宫廷画家之一。最后，他被准许进入马德里艺术学院。约1785年，他作了著名的查理三世的画像，画中的国王穿着猎装，准备杀敌，却年老疲惫，无牙齿，弓形腿，佝偻的身体。这张画如同往常一样，戈雅画出真实的情形，而舍弃私好。

他的父亲去世之后，戈雅带了他的母亲和兄弟卡米罗去和他的妻子约瑟法及孩子们住在一起。为了供应这一扩大的家庭的生活，他接受了各种委任：在圣弗朗西斯教堂中绘一壁画，为萨拉曼卡的卡拉特拉瓦学院画一些虔敬的图画，为奥苏纳公爵的乡村房子画一些风俗画。他以人像画当作他的职业中获利的部分。他作了几张奥苏纳家族的画像：一张是公爵和他的家人——孩子们和钱币一样的僵硬，一张奥苏纳公爵夫人 3/4 身长的肖像——一幅从油画转变为丝和丝带的奇迹。

或许戈雅在 1784 年是快乐的。在那一年，他的儿子雅维耶出生，他是戈雅诸子中唯一能够活得比戈雅长久的人。圣弗朗西斯教堂中的壁画正式举行了揭幕典礼，而且被欢呼为当时最佳的绘画，国王和所有宫廷中人皆在场，人人交口称赞。约 1787 年，戈雅画了一张庞提约斯侯爵的肖像，现存于华盛顿国立艺术馆。一年后，戈雅在其作品《圣伊斯德罗花园》中返归自然——一张挤满了野餐者的画面，他们在曼萨纳雷斯多草的海岸上骑马、漫步、围坐、饮食、歌唱和跳舞，为庆祝马德里伟大的保护神而举行盛宴。它仅是一幅素描画，但不失为一件杰作。

查理三世死于 1788 年时，戈雅正值 43 岁，而他认为自己已经老了。在这年 11 月，他在写给萨帕特尔的信函中说："我已经变老了，脸上满布着如此多的皱纹，你再也不能认出我，假使不是我有一只平坦的鼻子和一双深陷的眼睛的话。"他几乎无法预见他还能多活 40 年的时光，而且他最具活力的奇遇和最杰出的作品皆产生于未来。他的发展甚为缓慢，现在罗曼史和革命将迫使他加快脚步或者被湮没，他因为一些事件而崭露头角，并成为那个时代最伟大的艺术家。

·罗曼史

1789 年，他忙于为新王和王后画像，为的是他们要在 9 月 21 日正式进入马德里。查理三世的大儿子菲利普由于低能而被禁止继承王位。王位传给次子，一位冷漠无情的历史学家描绘他为半低能的人。

查理四世质朴而不猜疑，而且好到几乎不拒邪恶。原先他自忖自己是次子，定被摒斥而不能继承王位，便致力于一种游猎、吃喝玩乐的生活。现在，身体圆胖而个性上易于顺应，他和蔼地顺从妻子，帕尔马的玛丽亚·路易莎。他不管——或不知——她的私通行为，而且提拔她的情人曼努埃尔·戈多伊出掌内阁（1792—1797 年）。

新王后在她获得权力之前已经实行自由思想，查理四世于即位后的第一年鼓励佛罗里达布兰卡、约维拉诺斯和坎波马内斯（这几个人都被戈雅描绘过）继续他们的改革计划。但巴士底监狱的陷落吓坏了查理四世，佛罗里达布兰卡又陷于一种政治上的反动，而使政府返归与教会合作，成为君主制度中最坚强的堡垒。查理三世时制订的许多先进的措施被批为无效，宗教裁判所重获它的某些权力，法国文学的输入被停止，除了官方的《马德里日记》（*Diario de Madrid*）外，所有的报纸均遭镇压；约维拉诺斯、坎波马内斯和阿兰达被逐出宫廷。人民对其所坚持的信仰的胜利欢欣鼓舞。1793 年，西班牙加入了君主强国对抗革命法国的战争。

在混乱的形势中，戈雅蓬勃发展。1789 年 4 月，他被任命为国王密室的画家。他的妻子约瑟法生病，而医生规定她要多吹海风，戈雅于 1790 年带她到瓦伦西亚居住。在那里，他受到礼遇，而被誉为西班牙新崛起的委拉斯开兹。很显然，从西班牙这一端到那一端，他被人们争相邀请，因为在 1792 年，我们发现他在加的斯的塞巴斯蒂安·马丁尼兹处做客。归途中，在塞维利亚，他头晕而且身体部分麻痹，他回到加的斯的朋友处，烦躁地度过一段漫长时日，直至痊愈。

这是什么病呢？戈雅含糊其辞地提及它为"最严重的一种病"，并怀疑自己是否有康复的可能。戈雅忠实的朋友萨帕特尔于 1793 年 3 月说道："戈雅由于缺乏反省而遭此境遇，但我们将以他的痛苦所需求的所有怜悯心来怜悯他。"许多学生解释这种疾病是梅毒的后遗症，但最新的医学分析不同意这种看法，而诊断它为内耳神经发炎。不论原因为何，戈雅于 1793 年 7 月回到马德里之际已是全聋，一直到去世。1794 年 2 月，约维拉诺斯在他的日记中记述道："我写信给戈雅，他回复说由于中风，他甚至无法写字。"但麻痹症逐渐消失，1795 年戈雅已经足够健壮可以谈情说爱了。

泰瑞莎·凯特娜是著名的阿尔巴家族（Alba Line）的第十三代公爵夫人。因为她的父亲已经吸收了法国的哲学思想，她在自由意志论的思想方式下被抚养长大，而且接受一种给予她机敏的心智和不受约束的意志力的教育。13 岁时，她嫁给 19 岁的何塞先生，即阿尔巴公爵。脆弱而多病的公爵大部分时间都留在家里，致力于音乐。戈雅为他作了一张面对着一本海顿的总乐谱而弹着大键琴的画。公爵夫人健硕、美丽而丰满，一位法国游客评论道："她头上的每根秀发皆能激起欲望。"而且，她不受道德、费用或等级的限制去满足她自己的欲念。她雇用一个鲁钝的人、一个单眼修道士和一个成为她特别心宠的小黑人女子。慷慨宽大隐藏在她的大胆无耻中；她可能已经专注于戈雅身上，因为他既聋又不快乐，而且他能够利用他的画笔使她不朽。

在她站在那里给他作画之前，他必定已经见过她多次了，因为她走动于宫廷的里里外外，加上她的挑情言行和对皇后的大胆敌视，引起不少的街谈巷议。在他为她所作的第一张注明日期的图画里，她全身裸露，尖削的面貌遮掩于一大堆黑发中，她的右手指着地面上的某样东西，一看之下，我们可以清楚地阅读出这些题字"给阿尔巴的公爵夫人，戈雅·弗朗西斯科题于 1795 年"。此处暗示着一种友谊已经建立起来了。此画并非戈雅的杰作。较好的一张是在同年，他为已经去世的弗朗西斯科·贝叶所作的一张画。11 月，戈雅继他成为马德里艺术学院绘画系主任。

阿尔巴公爵死于 1796 年 6 月。公爵夫人在一短期内退居于她在塞维利亚和加的斯两地间的桑卢卡尔的乡间地产上，悲悼其亡夫。我们并不能确定戈雅是否陪伴着她，我们只知道他从 1796 年 10 月至 1797 年 4 月不在马德里，而且在他的两本笔记簿中，他记载着在桑卢卡尔所见过的一些事物。大部分的画显示这位公爵夫人：接待客

人；爱抚她的黑人小女孩；于盛怒中撕扯自己的头发；一位女仆搬动
房内器皿时，她正在做午后小睡；在一次舞会中晕倒，和争取她双手
爱抚的戈雅的一两个对手调情。这些素描画显示出他嫉妒心正在上
升，也描绘另一个女人——裸体出浴，半裸地躺在床上，调整其美腿
上的袜带。与公爵夫人一样，戈雅沉迷于不专诚、不深入的爱情。然
而，可能是在桑卢卡尔，他画了一张最得意的她的画像——穿着黑黄
相间的衣服，像一个孟浪的女嬉皮，细腰上围着一条深红色和金黄色
的饰带，头上戴着黑色的头纱。她的右手（本身为一幅精致的绘画）
戴着两枚戒指，一枚上面刻着"阿尔巴"，另一枚上面刻着"戈雅"，
她的食指指着画在她脚旁沙土上的日期——1797年和他的名字。他
一直拒绝出售这张画像。浪漫之花在戈雅回到马德里时凋谢了。他
（约1797年）所作的一些幻想画指责她任性地鬼混于各式各样的猥亵
的男人中。戈多伊指责她诱惑国防大臣，并写信给皇后道："阿尔巴
公爵夫人和所有支持她的人应该被活埋于一个大坑穴中。"公爵夫人
于1803年7月23日去世时，年仅40岁，马德里人窃窃私语地说她
是被毒害的。人们对她表示同情，因为她遗留大量的财产给她的仆人
们，也遗赠3600雷亚尔的年金给戈雅的儿子。国王命令追查她的死
亡——而且以戈多伊为首。公爵夫人的内科医生和一些仆从被监禁起
来。她的遗嘱被废止，她的仆人们接受的遗赠均遭剥夺，王后不久便
戴上阿尔巴公爵夫人最美丽的珠宝。

·全盛时期

　　戈雅于1797年辞去马德里艺术学院绘画系主任之职。他现在太
忙碌而不能教绘画。1798年，他被选任去装饰佛罗里达圣安东尼教
堂的圆顶及拱和楣之间的部分。而且，虽然他画上天使们艳丽的手足
而使教士们不安，但几乎所有的教士都赞同，他在一阵炽热的灵感之
下，已经将其绘画的方向由马德里街道上的生活和血肉转移到天上神
圣的仙境。1799年10月31日，他被任命为"宫廷首席画家"，每年

薪金 1.5 万雷亚尔。他在 1800 年画出他最著名的绘画作品《查理四世和他的家庭》——无情地透露出皇室家族的低能。我们想到这些臃肿的身体和发育不全的灵魂，要是没有这些具有魅力的衣服来遮掩，不知看起来像什么样子时，甚至会不寒而栗——这一光芒四射的艺术技巧，在艺术史上是少见的，不会有人比得上他。据说这幅画中的牺牲品，也就是画中的主人公，对这件作品表示完全满意。

在那张画的一个角落里，戈雅画上了自己。我们对他的许多自画像的自我吹嘘必须予以宽恕；它们当中的一些，毫无疑问地是对着镜子所做的实验性的研究，就像一位演员在一面玻璃镜前面练习面部表情一样；而且其中的两张气势宏大。它们当中最佳的一张（幻想画中的第一张）显示他在 50 岁之年，耳聋而高傲，有一个喜斗好战的下巴、性感的双唇、硕大的鼻子、慧黠而乖戾的双眼、长到超过耳朵而几乎到达下巴的黑发。最引人注目的，是一顶高贵的丝帽戴在他硕大的头上，就像向世界上所有的世袭贵族挑战一样。过了 19 年，在一次革命中苟活后，他丢弃这顶帽子，在颈子部位翻开他的衬衫，表现出一种较为平易可亲的神情，但仍然是高傲的，过于自信而不向挑战低头。

画人像画是他的特长。虽然和他同时代的画家们知道他不会奉承他们，他们却很热切地服从于一种艺术的裁决，他们希望这种艺术将为他们带来若干世纪的英名或丑名。我们知道 300 位贵族和 88 位王室家族成员让他作过画，这些人像画中的 200 幅迄今犹存。其中最好的一张是法国大使斐迪南·基耶马德特的画像——它被斐迪南带到巴黎，1865 年为卢浮宫所获，并成为激起戈雅在法国的声名的一幅重要的画。在戈雅所画的小孩子画像中，最好的一幅是现存于纽约大都会艺术博物馆的朱尼加的画像，这一画像能与委拉斯开兹所作的画像匹敌。他在妇女的画像方面再度与委拉斯开兹匹敌，这些画像的种类包括从《婴孩玛丽·约瑟》（Infanta Maria Josefa）中衣衫褴褛的人像画，到迷人心窍的葛西亚女士画像，和年华老去的女演员蒂蕾娜画像——蒂蕾娜画像已经减弱其美丽而代之以个性。

戈雅所画的女人中暴露最彻底的是一位性感的下层社会美女。约1798年戈雅为她画了一张没穿衣服的裸体画《裸体的玛哈》(*Maja Desnuda*)，其后，她挑逗性地穿着衣服去给戈雅作《穿衣服的玛哈》(*La Maja Vestida*)。这两张姐妹画在普拉杜博物馆中吸引的观众几乎和《蒙娜丽莎》画像在卢浮宫中吸引的观众一样多。《裸体的玛哈》和委拉斯开兹的《镜中的维纳斯女神》(*Venus in the Mirror*)这两张画是西班牙绘画中仅有的两张裸体画，因为在西班牙描绘裸体画可处一年的监禁，没收作品和放逐。委拉斯开兹在菲利普四世的保护下冒险作画，戈雅同样喜爱丰满的胸脯、纤细的腰围和隆突的嘴唇。尽管有某种传说，戈雅所画的玛哈并非代表阿尔巴公爵夫人，但是这两张画卖给或送给了公爵夫人，而在她去世时遗留下来，成为戈多伊的收藏。戈雅作人像画以资助其家庭生活之时，他于1796年至1797年作蚀刻画和水彩画以自娱，这些画在1799年以《幻想画》(*Los Caprichos*)的总名出版——83张由雕刻刀、画笔和愤怒的心灵所作的幻想画，以阴沉的讽刺画和讽刺的插图说明来描绘他那个时代的礼仪规范、道德和风俗。这一连串的作品中最具意义的是第43号作品：许多魔鬼环绕在一个人的头部四周时，他正伏在桌上睡着了。在桌子上有一行铭文"理性的梦产生魔鬼"。戈雅解释这个表示"被理性摒弃的狂想产生了魔鬼，与理性结合的狂想是各种艺术之母和创造它们的绝佳奇作的来源"。这对沉沦西班牙人的心智于黑暗之中的迷信，不啻为一大刺戳，但是它也是对戈雅半数艺术作品的性质的一种描述。他常为噩梦所扰，这些幻想画尤其具有这些梦的恐怖。在这些幻想画中，人的外形恶化成为一百个肿胀的、憔悴的、残废的、野兽般的身形。猫头鹰和猫恶意地睨视我们，狼和兀鹰狂噪着，妖巫飞舞于空中，遍地是头骨、胫骨和刚死去不久的新生婴孩的尸体。那好像是希罗尼摩斯·博施(Hieronymus Bosch)病态的想象力已经越过法国和几个世纪，进入并扰乱戈雅的心灵一样。

　　戈雅是一位理性主义者吗？我们仅能说他倾向于理性，反对迷信。在他作的一张画中，显示一个年轻的女人，头上戴着月桂冠，手执一架天平，用一根鞭子驱赶黑色的鸟。在这张画底下，戈雅写道："神圣的理性，不要舍弃任何人啊！"另一张描绘脱下法衣的修道士们。而对一个正在祈祷中的修道士，他画上了疯子的脸。他画出宗教裁判所中许多可怜的牺牲品接受冷酷的官吏们审判的一种阴霾的景象。他描绘一位被锁在宗教裁判所一间小室中的犹太人，而且写出底下的插图说明："查巴塔，你的荣耀将是永存不朽的。"这是伏尔泰所著的《查巴塔问卷》（*Ouestions of Zapata*）一书的回响吗？他作了29张画以描绘宗教裁判所的牺牲品忍受各种处罚的苦痛，并在它们的尾端画上一个鼓舞人心的图形说明"自由神圣"。然而，终其一生，他自己作着虔诚的合十膜拜，以求基督和圣徒们的保佑，并在信函的开头画一个十字架，或许所有这些皆是他青年时期形成的习惯的痕迹。

·革命

　　戈雅是一位革命分子吗？不，他甚至于连一位共和人士都不是。在他的艺术作品或言谈中，并无任何迹象显示出他期望推翻西班牙的君主制度。他把自己和他的产业附属于查理三世、查理四世、戈多伊和约瑟夫·波拿巴身上，并欢愉地和贵族们及宫廷中人结交往来。但他已经知悉贫困的存在，他也看到他周围的贫困状态，他憎恶民众的赤贫，憎恶他们的无知和迷信，及憎恶教会接受的一种看法——群众的贫困是人类天性和不平等的自然结果。他的半数艺术作品颂扬富人，另外半数作品高喊着为穷人主持正义，反对野蛮的法律、宗教裁判所和战争。就他所作的人像画而言，他是一位忠君爱国者，就其所作的水彩画而言，他是一位天主教徒；就其所作的素描画而言，他是一位叛逆者；在素描画当中，他以一种近乎野蛮的力量，表现出对于反启蒙主义、不公道、愚行和残忍的厌恶。他的一张素描画描绘着一个人平身躺于拷问台上，附上插图说明："因为他发现地球的运动。"另外一张画了一位上了手镣脚铐的女人，因为"她对自由派人士的目标显露出同情"。

这些自称为自由派人士的西班牙人是哪些人呢？显然，他们是第一个使用那个名称的政治党派。他们用它来表示象征他们对自由的期望——心智免受检查的自由，身体免于腐化堕落的自由，灵魂免于专制的自由。他们欢迎由法国启蒙运动进入西班牙的曙光。他们欢迎一股法国力量于 1807 年进入西班牙，的确，半数的人民将它视作一批拯救者来欢迎。查理四世退位而由他的儿子斐迪南七世在缪拉（法国将军）的军队保护下即位时，听不到有反抗之声。戈雅为这位新的统治者画了一张人像画。

但拿破仑召唤查理四世和斐迪南七世至贝约讷，罢黜他们两个人，一个放逐意大利，另一个放逐到法国，并立他的兄弟约瑟夫为西班牙国王之时，西班牙人民和戈雅的心情转变了。一群愤怒的群众齐集皇宫之前，缪拉将军命令士兵们去肃清广场，群众逃逸，但重新聚合 2 万名壮汉于梅尔广场。法国军队开往广场时，他们受到来自窗户和拱廊的火器的攻击，在愤怒中，他们进入房子，不分青红皂白地肆意屠杀。军队和暴民群众进入全天候的战争，这就是著名的"五月的僵持战"（Dos de Mayo）——1808 年 5 月 2 日，数百名男女倒地死亡。从一处附近的有利位置，戈雅目睹部分屠杀。5 月 3 日，30 名由士兵押解的囚犯被一支射杀队处死。现在几乎整个西班牙都处于反抗法国的声浪中。一次解放战争由一省蔓延到另一省，双方皆因野兽般的暴行而蒙羞。戈雅目睹一些暴行，而这些暴行的印象常萦绕其心直至死亡。1811 年，因为害怕最糟糕的情形发生，他立了遗嘱。1812 年，其妻去世。1813 年，威灵顿占领马德里，斐迪南七世再度成为西班牙国王。

戈雅画了两张他最杰出的画来庆祝西班牙的胜利（1814 年）。一张为《五月的僵持战》，是他以对马德里人民与军队的会战所见、所闻、所想为依据，组合成的一张画。他将部队放在中央，因为他们参与其事在西班牙人的记忆中激起了最狂热的怒潮。我们无须询问这张画是否表现精确的历史，它是一幅光辉夺目而且强而有力的艺术作品，从跌倒的马匹身上的各种深浅明暗不等的闪烁色彩，到人们处于杀人或被杀的抉择下表露的惊悸而残忍的脸孔上去评价都是一样。而更为生动的是其姐妹画《五月三日的射杀》——一队法国的来福枪手处决西班牙的囚犯们。那次处决屠杀的中心表现出来的恐怖和挑衅的对比表情，给予戈雅无比深刻的印象。

仍然是一位领受年金的宫廷画家，而不再是宫廷中的宠儿的戈雅，由于失妻、沉默无言和耳聋，退居于他的艺术园地中。约1812年，他创作出最具威力的雕刻画《巨物》(*The Colossus*)——具有莎士比亚的《暴风雨》一文中的丑陋、野蛮而残忍的奴隶面孔的海格力斯坐在地球的边缘，一位古罗马战神在胜利的战役之后，在旁边休息。1810年以来，他一直就在画小张的素描画，后来加以雕刻并印刷，而他赋予这些素描画的名称为《西班牙和波拿巴之间流血战争的致命结果，及其他的幻想画》。他不敢出版这85张素描画，他遗赠给他的儿子，他的儿子卖给圣佛伦多艺术学院，而该学院于1863年以《战争的悲剧》(*Los Desastres de la Guerra*) 为名，出版这些素描画。

这些素描画并非普通的宣传英雄主义和荣耀的战争景象，它们是恐怖和残忍的时刻。着火的房子倒塌在居民身上；妇女们以长矛和枪支冲锋在战场上；妇女们被强奸；男人们被绑在火刑队前面的柱子上；男人们缺了一条腿，一只手臂或一个头；一个士兵正割下一个男人的生殖器；尸体被刺插于尖削的树桩上或树的分枝上；死去的妇女们仍然抓住她们幼儿的胸脯；小孩在惊恐中瞪视其父母亲被屠杀；成堆的死人被丢入坑穴中；兀鹰饱食死人的尸体。在这些图画底下，戈雅加上讽刺的插图说明——"这就是你诞生的目的""我所见的就是如此""它所发生的就像这样""埋葬死者而保持缄默"。末尾，戈雅表示出他的绝望和希望：第79号素描画描绘一个处于掘坟者和牧师中间的垂死妇人，而加上"真理死亡"的插图说明；第 80 号素描画却显示她放出光芒，而问道："她将再生吗？"

·衰微

　　1819 年 2 月，他在曼萨纳雷斯的另一边买下一所乡间的房子。它有树木遮荫，虽然他无法听到这条界河的流水声，却能够感觉到平静的川流不息的奥义。邻居们称呼他的房子为"聋者之家"。其子结了婚并另建家庭时，戈雅雇用莱奥凯蒂亚·韦斯女士作女主人和管家而随侍其侧。她是一位精力旺盛的悍妇，戈雅却无法听到她的雄辩口才。她带来两个小孩，一个叫基勒摩的男孩和一个可爱的小女孩罗萨里奥·玛丽，他们成为这位艺术家晚年生活的一个慰藉。

　　他迫切地需要如此一种健全的激励，因为他的心智正濒临疯狂。唯有如此，我们才能了解他何以用这些黑色画片（pinturas negras）涂在他视为栖身的室内墙壁上。仿佛反射出他心灵的忧郁，他以黑色和白色为主要颜色作画，而且好像忠于其模糊的幻觉，他并不画出事物外形的明确轮廓，而粗枝大叶地涂抹其急驰的梦幻影像在墙壁上。在一道长的侧墙上，他描绘《圣伊西德若的参谒圣地》（*The Pilgrimage of San Isidro*）——他在 31 年前的 1788 年已经欢愉地画过同一庆祝，但现在它成为一群野兽般迷醉的狂热信徒聚集在一起的幽暗景象。在对面的墙壁上，他聚集了更恐怖的形象在《女巫子夜的集会》一画中，这些巫师敬畏地崇奉一头巨大的黑色山羊，视其为他们的撒旦和指挥神。在房间的远端，呈现艺术史上最可怕的绘画形象，《撒旦吞噬其子孙》——一个巨物正在咬嚼一个裸体小孩，已经吃了头和一只手臂，现在正在饱餐另外一个溅血的人体。或许这是疯狂的国家将其子民消耗于战争中的一种象征。这些图画就是受到恐怖的想象萦系和困扰而画出来的，想要把它们驱出他本身外，把它们不朽地留在墙上。

　　1823 年，由于参加了兄弟会，莱奥凯蒂亚害怕受到逮捕而携带她的孩子们逃到波尔多。戈雅决定跟随他们。但假使他不经宫廷允许而私自离开，将失去作为宫廷画家正在领受的官方薪资。他要求请假几个月去普隆比耶尔取矿泉水，被批准了。他将"聋者之屋"让给他的孙子马利亚诺，而于 1824 年 6 月，出发前往波尔多，莱奥凯蒂亚和罗萨里奥·玛丽处。

他濒临死亡之时，对孙子马利亚诺的喜爱，成为占据他整个心灵的主要感情。他为这个男孩留下年金，而且假如其子将要携带马利亚诺到波尔多来时，他将支付所有费用。他的儿子无法前来，但送了自己的妻子和儿子前来。他们到达时，戈雅如此激动，以致一病不起。他写信给他的儿子说："亲爱的儿子，我只想告诉你，这个喜悦对我来讲已经过多了……望上帝准许你来带回他们，然后我的快乐将是完满的。"翌晨，他已不能讲话，而且半身不遂。他继续支撑了 13 天，耐心地等候儿子的到来，但终归无用。他死于 1828 年 4 月 16 日。1829 年，他的遗体由波尔多运到马德里，在佛罗里达圣安东尼教堂的祭坛前埋葬，他曾经在该教堂的圆顶下画出西班牙人生活中的痛苦和哀愁、欢乐和情爱。

第四章 | **再会！意大利！**
（1760—1789）

临别漫游

　　假如我们对意大利仔细瞧一瞧，就会发现她甚至在小睡乍醒、睡眼惺忪之时，仍散发出生命的热情：都灵出了一位伟大的戏剧作家阿尔费耶里；卢卡市出版了狄德罗的《百科全书》；利奥波德大公统治下的佛罗伦萨再度欣欣向荣；贝卡里亚的法律革新让米兰瞩目，帕维亚、博洛尼亚因沃尔塔与加尔瓦尼的实验发明闻名遐迩；威尼斯有探险家卡萨诺瓦的冒险犯难；那不勒斯敢于向教皇的权力挑战；罗马正陷于耶稣会会士的悲剧，以100间音乐培育场所创作出的歌剧，驯化阿尔卑斯山北方居民的野蛮心胸。我们到处可以遇到数以千计的外国人在意大利研究、观赏其古物珍藏，成千的游客也于诸名胜享受日光浴。在这一时期，歌德因为受到魏玛显要人物的排挤而赴意大利旅行，以重获其青春的活力，并进一步提高自己的文学修养。

　　1786年9月，歌德从阿尔卑斯山进入威尼斯－特里丹蒂纳时的第一个印象是，感觉温和与明朗的气氛，这种气氛"对于生存甚或贫穷而言，均为绝妙的享乐"。其次的印象是无拘无束的生活，"居民经常在户外，而且表现出他们衷心欢愉下的无忧无虑"，只是尽情地生活。

他认为肥沃的土壤必然易于供应这些淳朴人民有节制的需要，但贫穷和小城镇里缺乏卫生，则使他感到沮丧不已。

威尼斯却正浸润于其可亲的腐化中。约 1778 年，卡洛·戈齐以一种适当的夸张，描述他隐约感觉到的一种道德的普遍解体：

> 女人变成男人的形状，男人变成女人的形状，而男人和女人则又都转变成猴子的形状；所有这些男人和女人都陷溺于时尚的旋涡；彼此之间像犬似的麇集，互相诱入歧途，在他们的欲望上和穷奢极欲上相互竞争，倾向于普里阿普斯神的顶礼膜拜。

1797 年，他斥责哲学的崩溃：

> 对人类的强烈感情能做有益抑制的宗教却成为一个笑柄。我相信绞刑必定有益于社会，作为制裁犯罪和防止有犯罪意图者的一种工具。但是，新崛起的哲学家们指斥绞刑为一种专制的偏见，而由于此种做法，他们已使公路上的谋杀、暴力的抢劫和暴力行为增加了 100 倍。
>
> 将妇女们留在家里以管教她们的儿女和管理家务及经济，被宣称为一种陈腐而野蛮的偏见。顷刻间，妇女们便一涌而出，像一群醉后闹事者，尖叫着"自由！自由！"她们麇集街头……同时她们将空荡的脑子遗弃于时髦之物、不重要的新发明、娱乐、恋情、卖弄风情和各种无聊的事物上……丈夫们没有勇气来反对这种毁灭他们的名誉、资产和家庭的行径。他们害怕被加上可怕的"偏见"一词而受众辱……良好的道德、温文和贞洁却得到偏见的丑名……所有这些所谓的偏见已被驱散之际……下列许多巨大而显著的福祉于焉而生……不信仰宗教，泯灭对人的尊敬和对教士的崇敬，公道被推翻……罪犯受到鼓励而蔓延，激昂的想象、尖锐的感觉、野蛮的兽性、沉迷于所有欲望和强烈的感情、

傲慢的奢华……破产……私通等。

但腐化的基本原因仍是经济和军事方面的，威尼斯不再有财富以维持往昔的兵力。相反，它的对手奥地利在兵力上如此强大，控制了所有通往礁湖的陆上路线，并在这个中立而无助的共和国领土上打了几次仗。

1789年3月9日，洛得维克·马宁被选为威尼斯总督——他是自从697年以来就统治着威尼斯的120位总督中最后一位予人深刻印象的领导者。他拥有巨大财富却缺少个性，但贫困和勇气并不能防止其悲剧的发生。4个月后，巴士底监狱陷落，自由的信仰萦绕于法国人的想象中，这种信仰随着拿破仑的军队而到来时，它几乎横扫整个意大利，而使之归于它的旗帜和狂喜下。基于奥地利军队曾占领过威尼斯共和国领土，并基于有报告称威尼斯暗中协助他的敌人，这位胜利的科西嘉人（指拿破仑）以8万军队为后盾，于1797年5月12日强加于威尼斯共和国女王由他命令成立的临时政府。当天，马宁总督辞职，将其官帽传给一位随从，并命令他说："将它丢弃，我们不再需要它了。"几天后，他去世了。5月16日，法国军队占领该城。10月17日，波拿巴在坎波佛米欧（Campoformio）签订一份条约，该条约将威尼斯几乎所有的领地移转给奥地利，而奥地利让与在比利时和莱茵河左岸的租借地给法国以为交换。从第一任总督被选举出来统治并维护礁湖地带的威尼斯，到它被割让给奥地利，刚好是1100年。

帕尔马是西班牙的一个保护国，它的公爵菲利普先生，是菲利普五世和伊丽莎白·法尔内塞所生之子，娶了法王路易十五的女儿路易·伊丽莎白。他承受她的奢华习惯，并将他的宫廷建造成一所小型的凡尔赛宫。帕尔马成为一个文化中心，华丽地掺和着世界各地的生活方式。卡萨诺瓦说道："我似乎不再是处身于意大利了，因为每件事物含有属于阿尔卑斯山那边的气息。我仅听到过路人说着法语和西班牙语。"开明的大臣纪尧姆给予这个公国许多鼓舞人心的改革，设立了一些最好的纺织业、水晶玻璃业和彩陶业。

米兰现正经历着工业上的扩展，这一扩展适度地预示出其在意大利经济上的优越地位。奥地利的统治很少控制地方的能力和事业。佛密恩伯爵，伦巴底的总督，与当地的领袖们合作改良行政，并减低封建男爵们和城市寡头执政者的强权。一群由彼得罗·维里、贝卡里亚和乔瓦尼·卡利所领导的经济上的自由派人士，采行重农主义者的经济原则，废除内部的贸易税，终止收税的承包，对教士的财产课税以增加收入。纺织业成长至1785年，已拥有29家厂商，操作1384部纺织机。进行土地测量，国家经援灌溉计划，农民们依其志愿去耕种。在1749年至1770年的21年中，米兰公国的人口由9万人增加到13万人。就在这个米兰人兴奋得意的时期，社会人士于1776年至1778年建造斯卡拉戏院，该戏院于富丽堂皇的装饰中可容纳3600名观众，并提供音乐、谈话、饮食、玩纸牌、住宿等设备。更值一提的是设计有一座灭火的蓄水池。

这是科西嘉岛的英雄年代。那个多山的小岛已经饱浸历史。来自小亚细亚的福西亚人（Phocaeans），于公元前560年已经在那里建立一个殖民地。他们为伊特拉斯坎人征服，伊特拉斯坎人又为迦太基人征服，迦太基人复为罗马人征服，罗马人又为拜占庭希腊人征服，而拜占庭希腊人又为法兰克人征服，而法兰克人复为穆斯林征服，穆斯林又为托斯卡纳的意大利人征服，而托斯卡纳人又为比萨人征服，比萨人又于1347年为热那亚人征服。在那个世纪里，2/3的科西嘉岛人死于黑死病。在热那亚人统治下的科西嘉人，苦于传染病的流行和海盗的袭击，被禁止担任重要官职，不堪忍受重税，而沉沦于以暴力的冤冤相报为唯一受重视的法则的一种半野蛮状态中。定期的叛变，皆由于自相残杀而演成的家族世仇和缺乏外力援助而归于失败。与奥地利的军队作战以维护其生存的热那亚，恳求法国的帮助以维持科西嘉的秩序。法国答应其恳求，以免该岛被英国人占领，作为控制地中海的堡垒。法国军队于1739年至1748年占领阿雅克肖（Ajaccio，科西嘉岛一城）和其他科西嘉岛上的据点。局势平稳后，法国人撤退，热那亚人恢复其统治，而历史上的"保利叛变"便开始了。

保利为加里波第丰功伟业奠定了一个世纪的基础。查塔姆伯爵称他为一个除了在普鲁塔克的传记之外，将不再被发现的那些人们之一。1725 年，他成为一位科西嘉叛变者之子，随着他的父亲被放逐，跟随那不勒斯的一位自由派的经济学家杰诺韦西研读，随后服役于那不勒斯的军队中，于 1755 年回到科西嘉而被推举为反抗热那亚的叛军首领。在两年的作战中，他成功地驱逐热那亚人于科西嘉岛之外，除了一些沿海城镇仍由热那亚人占领而外。1757 年至 1768 年，被选为新共和国首领时，他证明自己在立法和行政方面的杰出才能如同他已经在战略和战术上显露的杰出才能一样。他建立民主宪政，镇压家族之间的血仇，废除封建贵族们的强迫性特权，普及教育，并在他的首都科尔特设立一所大学。

因为无法将之征服，热那亚于 1768 年 5 月 15 日将该岛以 200 万法郎的价格卖给法国。保利现在发觉他自己正和法国军队作战。此时，他的秘书兼助手是卡洛·波拿巴，卡洛之子拿破仑于 1769 年 8 月 15 日诞生于阿雅克肖。1769 年 5 月，保利的军队在蓬泰诺沃为法国军队粉碎，他放弃这一无望的奋斗而避难于英国。在那里，他领受一笔政府的退休金，被博斯韦尔颂扬，而塞缪尔·约翰逊则为其朋友之一。革命法国的国民公会（the National Assembly of Revolutionary France）将他从放逐中召回，欢呼他为"争取自由的英雄和殉道者"，并于 1791 年立他为科西嘉岛的总督。但是法国的国民会议（French Convention）裁定他为能力不足的雅各宾派成员，发布一纸诉状将他革职。英国军队协助他，英国将军控制该岛时却将保利遣回英国（1795 年）。拿破仑派遣一支法国军队驱逐英军（1796 年）。科西嘉岛民众欢迎法军，因为军队是来自"这位科西嘉人"——拿破仑。英军撤退而科西嘉岛臣服于法国的统治。

在 1738 年继承美第奇家族的哈布斯堡大公爵们的统治下，托斯卡纳逐渐繁荣。既然它名义上的统治者，洛林的弗朗西斯居住在奥地利，且为玛丽亚·特蕾莎的丈夫，政府便委由当地的领袖们来摄政，这些领袖在经济改革方面足以与米兰的自由派人士媲美。杜尔哥在法国从事同样的经济改革的前7年，他们在1767年建立了国内谷物的自由贸易。弗朗西斯于1765年去世时，由他的小儿子利奥波德继承为大公爵，他成为最富进取心、最具勇气的"开明专制君主"。他监督职务上的贪污腐化，改良司法、行政和财经制度，使税收征稽平等，废除苦刑、没收、死刑，协助农民疏浚沼泽地，终止商业上的独占垄断，扩展自由贸易和自由企业经营，允许自治村的自治，而且希望建立一半民主宪政的托斯卡纳公国。对托斯卡纳城市的较为清洁，道路和桥梁的良好情况，及公共工程的美丽和壮观，歌德留有深刻的印象。利奥波德的兄弟约瑟夫，在成为皇帝之际，支持利奥波德废除托斯卡纳的大部分封建特权，关闭许多修道院，并减弱教士的权力。

　　在许多教会方面的改革上，利奥波德和普拉托的主教希皮奥内曾经大力合作。托斯卡纳的风俗要求所有未婚的女人都戴上面纱，希皮奥内赞助利奥波德大公爵提高结婚年龄，并将许多女修道院改成女子学校。将耶稣会学校改为世俗的教育。希皮奥内以意大利语来做弥撒，并阻挠迷信，引起人民很大的不悦。盛传他认为在普拉托的著名的"圣母玛丽亚的腰带"为赝品而要将它除去时，人民发起暴动，并劫掠主教的宫殿。尽管如此，希皮奥内依然召开这一主教辖区的宗教会议，该会议于1786年在皮斯托亚举行，并颁布原则，以唤回1682年的《加利亚条款》（*Gallican Articles*，法国天主教会于1682年宣布的罗马教皇权力应有限制的原则）：尘世的权力独立于宗教的权力之外（即国家独立于教会之外），甚至在宗教信仰的事务上，教皇仍应受到一定的限制。

　　利奥波德过着淳朴的生活，并因不摆官架的态度而赢得别人的喜爱。但是，其王权有所进展，而正统派宗教的敌对势力压迫在他身上时，他变得猜忌而疏远人们。他雇用许多密探，不仅监视他的敌人，而且监视他的助手们。约瑟夫从维也纳写信劝告他说："有时候就让他们欺骗你吧！总比这样无用地不停地折磨自己好得多。"1790年，利奥波德离开佛罗伦萨继承约瑟夫一世的帝位时，在托斯卡纳的反动力量达于高潮。1794年，希皮奥内被教皇庇护六世判罪，而于1799年至1805年被监禁，直至他收回其异教思想。1800年，拿破仑政府的来临，才恢复了自由派人士的权势。

歌德匆匆地穿过托斯卡纳，到达罗马。他于1786年11月1日记述如下：

> 最后，我到达了这一举世闻名的伟大首都……我实际上越过蒂罗尔诸山脉……我如此地急于到达罗马，以至于想要停歇于任何地方都是不可能的事。甚至在佛罗伦萨，我仅停留了3个小时。现在……就像与事实相似，我将平和地安度我的整个人生。因为我们几乎可以说，一个人一旦用自己的双眼目睹以前他仅仅部分听到过或获悉的事物时，一个新生命便开始了。我现在可以亲眼看到年轻时的所有梦想在我的面前实现。

18世纪的罗马城，到处群集着乞丐和贵族、红衣主教和阉人、主教和妓女、修道士和商人、耶稣会会士和犹太教徒、艺术家和罪犯、受雇的凶手和圣徒，及白天寻求古董而晚上寻求高等妓女的外来客，它是一个多么令人眼花缭乱的综合体啊！在这里，城墙12英里内有异教徒的圆形剧场和凯旋门，文艺复兴时期建造的宫殿和喷水池，300所教堂和1万名教士，17万人口，而在天主教梵蒂冈城的四周，有基督教世界中最骚乱、最目无法纪而反教会的暴民。反教会的粗野无礼的小书册被散发于街道四周，小丑们在公共广场上嘲弄最神圣的弥撒仪式。温克尔曼些许夸大其词地说道：

> 在白天，罗马城出奇的平静，但是到了晚上，它如魔鬼放

荡般地混乱。由于这里盛行的极度自由和缺少警察，在所有街道
上的打斗、射杀、施放烟火和烽火持续着整个晚上……人民不驯
服，而总督却厌倦于将他们放逐和绞杀。

与巴黎相比，罗马是一个更加世界化的城市。在罗马，艺术家、
学生、诗人、游客、高职位的教士和公主出入艺术展览所、艺术品陈
列馆和剧院。在此处，温克尔曼和安东·拉菲尔·门斯正欢呼着古典
风格的复生。也是在此处，受到困扰和包围的教皇们一直在奋斗，以
利用面包和特别祝福的仪式来缓和赤贫的民众，驳斥大使们的力促废
除耶稣会，并使基督教这座综合大厦免于在科学的进步和哲学的攻击
下粉碎。

但是，让我们继续随着歌德的足迹到达那不勒斯。他认为他未曾
见过如此欢乐的生活。他说：

假如在罗马一个人能够容易地致力于研究，这里一个人除
了生活以外不能做其他任何事情。你忘了自己和世界，去和只知
享乐而不想其他的人们周旋在一起，对于我来讲是一种奇异的感
觉……这里的人们彼此不相知。他们甚少观察到别人也走在他们
走的道路上，和他们并肩行走。他们整天驰骋于天堂中，而不去
观察他们周围的事物。假使隔壁的地狱开始张开利口和发怒时，
他们便求助于圣詹纽阿里斯。

卡洛斯先生在1759年离开那不勒斯赴西班牙之际，已经遗留那
不勒斯和西西里王国给他8岁大的儿子斐迪南四世，并以坦努奇侯爵
为摄政官。坦努奇继续其于卡洛斯之下即已开始从事的反教会战争。
他镇压许多女修道院和修道院，而且乐意遵循西班牙王查理三世驱逐
耶稣会会士的训令。1767年11月3日与4日，午夜过后不久，士兵
们逮捕所有该王国内的耶稣会会士，并在除了身上穿的衣服外不带任

何东西的情况下，护送他们到最近的港口或边境。然后从那里，他们被驱逐到教皇国。

1767 年，斐迪南四世 16 岁时，他终止了坦努奇的摄政。一年后，他娶了玛丽亚·卡罗利娜——玛丽亚·特蕾莎的忠实女儿。她很快地支配了她的丈夫，并领导了反抗坦努奇的反教会政策的运动。这位侯爵的许多改革已经强化了那不勒斯君主制度，以对抗封建男爵们和教会，但它们在减轻人民的无望和贫困方面，少有助益。

西西里的发展曲线和那不勒斯相似。对于人民而言，1782 年至 1802 年，巴勒莫大教堂的兴建远比卡拉乔利尝试着驯服控制土地的贵族们的努力重要得多。他已经担任那不勒斯驻伦敦和驻巴黎大使多年了，而且已经听到新教徒们和哲学家们的言论。1781 年，他受命为西西里岛总督，对这些大地主缴征重税，减低他们对其农奴们行使的封建特权，并终止他们选举地方行政长官的特权。但他敢于监禁一位庇护盗匪的亲王，而且发布减少纪念巴勒莫的守护神圣罗萨里亚的两天假期的敕令时，各个阶级的人士起而反抗他，而他于 1785 年在战败中回到那不勒斯。哲学家们尚未证明他们比教会更能了解人们的需要和天性。

教皇、国王和耶稣会士

天主教教会的力量依靠着以下几种要素的支持：人类自然的超自然信仰、肉体上的冲动和异教残存的承认与升华、天主教丰实内容的激励、丰富诗文与希望，及有益于道德纪律和社会秩序的一种神学的谆谆教诲。在意大利，教会也是国家收入的主要来源，而且对于一个特别迷信异端邪说而感情炽烈的民族而言，不啻一种有价值的抑制力量。异教的信条、习俗和仪式，由于教会温和的准许而残存着。歌德写道："我已经深切地坚信原来基督教的所有痕迹已经在罗马这里消灭了。"然而，有许多真正的基督徒停留于基督教王国中，甚至在意大利。基乌萨诺伯爵，阿斯蒂的主教，放弃其富有的财产继承，宁愿过着贫困的生活，仅以步行游历。蒙利尔的主教泰斯塔睡在稻草上面，每餐仅求饱食，仅保留他岁入的 3000 里拉作为私人用途，而将其余的岁入奉献于公共工程和救济穷人。

教会对启蒙运动或多或少有所反应。伏尔泰、卢梭、狄德罗、爱尔维修、霍尔巴赫、拉梅特里和其他自由思想家的作品当然被列于《禁书索引》中，然而可以获得教皇的允许以阅读它们。卡塔尼亚主教文蒂米利奥（1757—1773 年在位）的图书室中，有伏尔泰、爱尔维修和卢梭的作品的所有版本。托斯卡纳和帕尔马的宗教裁判所于 1769 年被废除，1782 年西西里、1809 年罗马的宗教裁判所也被废除。1783 年，一位天主教教士坦比里尼以其朋友特劳特曼斯多夫的名义，出版一篇名为《论教会和国家的容忍》（"On Ecclesiastical and Civil Toleration"）的论文。在该论文中，他咒骂宗教裁判所，宣称一切良心的强制行为皆非属基督教，而且提倡除了对无神论外，应容忍其他所有的神学理论。

18 世纪后期，不幸的教皇们必须面对信奉天主教的君主们所做的解散耶稣会的要求。反耶稣会会士的运动仅为现代国家的民族主义和由于宗教改革、启蒙运动及商业阶级的兴起而逐渐衰落的教皇制度的世界主义之间的部分权力斗争。与耶稣会敌对的天主教徒并不公开坚持反对耶稣会不断地主张教皇的权力优于国王的权力，但他们对耶稣会除了其教长和教皇外承认有其他更高权力的一个组织，应该在每个国家中有效地组织一个外力机构，感到强烈的愤怒。他们承认耶稣会会士的学识和虔敬，包括其对科学、文学、哲学和艺术的贡献，其勤勉而有效地对年青一代的天主教徒的教育，其海外布道的英勇气概，及重新获得从前失落于新教徒手中的许多领土。但他们指控耶稣会已经三番两次地干预社会的事务，从事商业以谋取物质上的利益，教授诡辩而曲解的原则，以辩护不道德和犯罪的行为，宽恕甚至参与谋杀国王的罪行，允许异教的习俗和信仰使它成为改变教徒信仰的基础，以及由于其尖锐的争辩和侮慢的语调，而触怒其他的教团。葡萄牙、西班牙、那不勒斯和法国的各国王的大使们坚持教皇对耶稣会的特许成立应被取消，而且该组织应普遍解体。

葡萄牙于 1759 年驱逐耶稣会士，法国于 1764 年至 1767 年，西班牙和那不勒斯于 1767 年，但耶稣会仍然在意大利中部和北部、奥匈帝国、信奉天主教的德国、西里西亚、波兰境内保留其活动。1768 年 2 月 7 日，他们被驱逐于波旁王朝的帕尔马公国之外，而增加了教皇国中拥挤的耶稣会难民。教皇克莱门特十三世抗议辩解说，帕尔马是教皇的一个领地。他威胁公爵斐迪南六世和他的大臣们说，假使驱逐耶稣会会士的敕令被执行，他将除去他们的教籍。他们坚持驱逐时，他发布一道教皇敕令，宣称公爵的官位和官衔被剥夺而取消了。西班牙、那不勒斯和法国的天主教政府对教皇开战。坦努奇攫取教皇国的城市贝那芬托和蓬泰科尔沃，而法国占领阿维尼翁。1768 年 12 月 10 日，法国驻罗马大使以法国、那不勒斯和西班牙的名义，致送教皇收回对抗帕尔马的敕令和废除耶稣会的一个要求。76 岁的教皇在最后通牒的逼迫之下，其抵抗的防线崩溃了。1769 年 2 月 3 日，他召开一个由高阶教士和特使们组成的宗教会议讨论此事。不久，他因一条脑血管破裂去世了。

被召唤以选举其继任人的红衣主教分成两派：一派为激进派，主张向国王们寻衅；另一派为保皇派，赞成一些平和的适应措施。因为意大利的红衣主教们几乎全是激进派，而且很快地聚集于罗马城，他们企图在法国、西班牙和葡萄牙的保皇派的红衣主教们尚未到达之时，召开红衣主教互选教皇的秘密会议。法国大使提出抗议，而这一个互选教皇的秘密会议便被阻延下来。同时，耶稣会会长洛伦佐·里奇发行一本小册子以质问教皇，如何具有废除耶稣会的权力以妥协两派。3 月，伯尔尼斯红衣主教从法国来到罗马，为了保证能够选出一位令国王陛下们满意的教皇，从而使他们支持天主教信仰，而开始去游说诸位红衣主教。后来有传闻，说他或其他人贿赂或者引诱乔瓦尼红衣主教去承诺此种举措，假使他被选上的话。而这些传闻遭到天主教和反天主教的史学家们的驳斥。甘格涅里被公认为一个学识广博、虔敬而廉正之士，然而他属于圣方济教派，该教派在传道上和神学理论上和耶稣会会士相悖。1769 年 5 月 19 日，他因 40 位红衣主教全体一致的赞成而被选为教皇，号称克莱门特十四世。他当时 63 岁。

　　他发现自己处在几个天主教势力的支配之下。法国和那不勒斯继续掌握它们已经夺得的教皇领土，西班牙和帕尔马具有挑衅的意味，葡萄牙势将建立一个独立于罗马之外的教长制度，甚至玛丽亚·特蕾莎一直狂热地效忠于教皇制度和耶稣会，而现在却失其权力于其自由思想家的儿子约瑟夫二世，回复求助的教皇，说她无法抵抗如此众多的权势君主的联合意志。统治法国的舒瓦瑟尔授意贝尼斯告诉教皇："假使他不妥协，则他可以考虑和法国终止一切关系。"西班牙的查理三世也在 4 月 22 日发出相似的最后通牒。拖延以争取时间的克莱门特立刻答应查理："将向贤明而有才智的国王奉上一个彻底灭绝耶稣会的计划。"他命令其属下参考档案文件而摘要耶稣会的历史成就和被指控的触犯行为。他拒绝屈就于舒瓦瑟尔对他所作的在两个月中决定该问题的要求。他拖了 3 年，但最后屈服了。

　　1773 年 7 月 21 日，他在历史性的摘略《我们的上帝和救世主》上签字。摘略的开头是一系列的长表，列出在时光飞逝中，曾受罗马教廷压迫的宗教团体。它摘录了许多反对耶稣会会士们的抱怨，及数位教皇对这些被如此宣称的权力滥用所做的许多补救的努力。"我们以最悲痛的哀伤观察到这些补救和后来施行的其他补救，既无效也无力量终止这些麻烦、指控和抱怨。"该摘要略做结论道：

　　　　已经承认耶稣会无法再产生创立并赞许该会的各位教皇和
　　先圣先贤所追求的丰硕成果和伟大善处，他们赋予许多最令人钦
　　羡的特权以装饰它，而且已经看出耶稣在世时要让教会享有一份
　　真正而坚实的和平，几乎是而且真正地绝对是不可能的事……因

此，经过一番审慎的审查，由于我们知悉其中的事实，并借着教皇顶峰的权力，我们要镇压并废止耶稣会，我们取消并废除它的一切官职、职务、行政、房舍、学校、学院、收容所、避难所及其他以任何方式属于它，而在任何省、王国（kingdom）或国家（state）中被发现的组织。

该摘要继续提供养老金给那些尚未担任神职而希望恢复俗人生活的耶稣会会士。它允许耶稣会教士加入俗世的教士，或某一个由罗马教廷核准的宗教团体。它允许已经宣誓加入某教团而做过最后绝对誓言的耶稣会会士，假使他们的穿着像世俗的教士，并服从地方主教的权力，就可以居留在他们以前的房子里。

大部分的耶稣会会士顺服地接受处死他们的判决。然而，匿名的小册子传播开来为他们辩护，而希皮奥内和他的几位助手被逮捕，未经证明而被指控以和国王敕令的反对者通讯的罪名。希皮奥内于1775年11月24日死于狱中，时年72岁。

克莱门特十四世仅比他发布的敕令多活了一年多。传闻说他最后几个月心智已近崩溃。包括坏血病和痔疮这些肉体上的疾病，使他日日夜夜熬受着痛苦。1774年4月，他全身发冷，这一症状直至其死亡。8月底，红衣主教们已在讨论继承问题。9月22日，克莱门特十四世去世。

经过许多拖延和阴谋后，教皇互选会于1775年2月15日选举乔瓦尼·布雷斯齐为教皇，称为庇护六世。他是一个文人而不是一个政治家。他收集艺术品，以仁慈吸引着任何人，改进罗马教廷的行政，并实现庞廷沼泽地（Pontine Marshes，罗马城东南部的一个地区，昔为沼泽地）的部分开垦。他为耶稣会会士安排了一份与腓特烈大帝订立的暂时协定。1793年，他加入反抗革命法国的联合阵线。1796年，拿破仑入侵教皇国。1798年，法国军队进驻罗马，颁布其为共和国，并要求教皇放弃所有的世俗权力。他因拒绝而遭受逮捕，并在多个地方被监禁直至死亡（1799 年 8 月 29 日）。他的继任人庇护七世于1814 年恢复耶稣会，而为反拿破仑联盟取得部分胜利。

法律与贝卡里亚

意大利的道德和习俗一直保留着暴力与懒散、血仇与情爱的混合状态。14 岁的莫扎特于 1770 年在博洛尼亚写道："意大利是一个昏昏欲睡的国家。"他远没学到午睡的哲学。他的父亲于 1775 年持此种看法："意大利人在世界各地皆为地痞流氓。"

莫扎特和歌德两人皆对意大利的犯罪情形做过评论。莫扎特在那不勒斯写道："乞丐们有他们自己的队长或首领，这些乞丐首领只要保持乞丐们安分守己，即可按月从国王那里获得 25 杜卡特的银币。"歌德写道："最使陌生人惊悸的是暗杀行为的时常发生。今天的牺牲者是一位杰出的艺术家施文德曼……和他搏斗的刺客刺了他 20 刀；而警察走上前来时，这个恶棍企图自杀。在这里，事情通常不是这样，谋杀者通常逃向最近的教堂，一旦到达那里，他就非常安全。"每所教堂给予罪犯"庇护所"——只要他停留在它的屋顶下，就可免受逮捕。

法律宁可靠着严厉的制裁以阻止犯罪，而不愿意靠着警察的效率。在个性温和的本尼狄克特十四世统治下的意大利法律，诽谤罪即处以鞭笞之刑，而且有 1/3 的罪犯被处在大型船舰上服 5 年苦役之刑。对他人人格的诽谤，即使只讲实话而不讲其他，仍可处以死刑并没收财产（贴于公共处所的讽刺诗文仍然众多而不曾减少）。秘密携带手枪处以同样的刑罚。在许多地区，借着逃脱到邻国或由于法官的慈悲或由于教堂的庇护，而能够规避这些处刑的赦令，但在几个实际案件中，它们被严格地执行着。一个假扮教士的人被处以绞首之刑。另外一位偷走一件教士的法袍以 1.25 法郎出售的人，同样被处以绞首之刑。另外一位写信指控教皇克莱门特十一世勾结玛丽·克莱门蒂娜的人被处斩。直至 1762 年，囚犯均一个接一个地被处以车磔之刑，或被绑在马尾，而被刺的马拖着他们在地上疾驰。我们应该附加说明较为积极的一面——有些团体筹款支付罚金来保释囚犯们。在法律的程序和处刑两个方面的改革，自然成为人道主义者的启蒙运动和摆脱残酷神学理论的基督教伦理学产生的人道主义精神的部分结果。

就本世纪内最有效的法律改革的要求来自米兰的贵族们这一点而言，实为意大利的一项荣耀。贝卡里亚侯爵是耶稣会会士和哲学家们的结晶品。虽然富有到可以过着懒散的生活，他不断地致力于哲学方面的写作和实际改革的事业上。他压抑着不去攻击人民信奉的宗教，却直接地和犯罪与制裁的真实情况相遇。他对米兰诸监狱中孕育疾病的那种脏乱，及听到囚犯们讲述他们为何沉沦于犯罪、他们曾经如何受到审判的情形而感到震惊。他发现法律程序的杂乱无章，对嫌疑犯和证人施行的不人道的苦刑，在审判上的那种专断的冷酷严厉和慈悲放纵，及处刑上的野蛮和残忍等各项昭彰的恶名，他为此感到沮丧不已。约 1761 年，贝卡里亚加入一个他们称之为"拳头"的社团，他们发誓一方面要去行动，一方面要去思想。1764 年，他们首先模仿艾迪生的《旁观者》日刊而发行一份名为《咖啡》（*Il Caffè*）的评论杂志。并在同年，贝卡里亚发行其历史上著名的《论犯罪与刑罚》。

他开卷便谦逊地宣称他正追随波尔多议会"不朽的议长"出版的《论法的精神》一书的领导。法律应该以理性为基础，它们基本的理性是不要报复犯罪而要保全社会秩序，它们应该永远以"最大多数人的最大快乐"为目的，这是边沁功利主义伦理学的著名原则。以其一贯的坦率，贝卡里亚承认受了爱尔维修的影响，爱尔维修于 1758 年出版的《论精神》（*De l'Esprit*）一书中提出过同样的准则。（它在 1725 年弗朗西斯·哈奇森所著的《美和美德的观念》一书中已经出现过。）贝卡里亚说道：为了使社会获得益处，使教育普及而深入，以期减少犯罪行为，将比诉诸制裁更为明智。因为凭着观念的联想，制裁可能使一位临时做坏事的恶棍成为一名根深蒂固的罪犯。每位被告应该在宣誓公正无私而有能力的法官们面前接受一个公平而公开的审判。审判应在控告之后立刻开始。不应该按照犯人的犯罪意图来定罪刑的轻重，而应该就其对社会造成的实际损害来酌情定罪刑的轻重。残暴的制裁孕育出残暴的人格，甚至在非罪犯的大众中亦然。刑讯永不能使用，一位习惯于痛苦的罪人，可以忍受刑讯而被认为无罪；然而一位神经敏感的无辜的人，可能无法忍受刑讯而招供任何事情从而被判为有罪。教堂应该不再被允许去当作罪犯们的庇护所。死刑应被废除。

这本小书在 18 个月中发行了 6 版，并被译成 22 种欧洲语言。贝卡里亚称赞由莫雷莱所译的法文版本较原版好。伏尔泰对莫雷莱的译本写了一篇匿名的序言，而且反复地承认贝卡里亚对他自己在法律改革方面的努力产生了影响。大多数意大利诸小国立刻改革它们的刑法法典，几乎整个欧洲到了 1789 年都废除刑讯。叶卡捷琳娜二世女皇在其领土内废除刑讯这一点，也是受到贝卡里亚和伏尔泰的影响。腓特烈大帝已经于 1740 年废止刑讯，除了叛国罪之外。

1768 年，贝卡里亚被任命为米兰的巴拉丁学院的法律和经济方面的讲座教授，这个讲座显然是为他设立的。1790 年，他被提名为伦巴底的法律学改革委员会的委员。他的讲演为亚当·斯密和马尔萨斯在分工、劳力和资本间的关系，及人口与食物供给的关系等几个基本观念奠定了基础。文艺复兴时期的人道主义在他身上复活，如同启蒙运动在意大利复活一样。

两位冒险家

· 卡廖斯特罗

基塞普·巴尔萨摩（Giuseppe Balsamo）1743 年在巴勒莫出生于一位小商人家庭。他早熟，很快地成为一位成就可观的小偷。13 岁时，他被送入本伏瑞德里修道院（Monastery of the Benfratelli）。在那里，他被分派去协助一位室内药剂师，从这位药剂师的药瓶、管子和书本中，他学到足够的化学知识和炼丹术去做一个庸医。修道士们吃饭时，他需要朗读圣者们的生平给他们听，结果他将圣者们的名字代以巴勒莫最出色的妓女们的名字。受了鞭笞后，他秘密而匆忙地逃走，参加了下层社会的组织，而且研究不工作而能吃喝的技巧。他充当一个妓院老板、一个伪造文书者、一个制造赝品者、一个算命先生、一位魔术师和一个小偷，通常能够隐匿其犯罪痕迹，以致警察仅能判他侮慢之罪。

不安地发觉自己受到怀疑，他移往墨西拿，再越过墨西拿海峡到达雷焦·卡拉布里亚（Reggio Calabria），然后到那不勒斯和罗马去试试运气。有一段时期，他修整印刷品，并当作他自己的作品出售以过活。他娶了罗伦扎·菲利西阿尼（Lorenza Feliciani）为妻，并且靠出卖其肉体而发迹。采用"培雷格里尼侯爵"（Marchese de Pellegrini）之名，他带着可获利的夫人到威尼斯、马赛、巴黎和伦敦。他安排其妻子在一个富裕的教友派信徒的怀中，随之而来的敲诈维持他们数个月的生活费。他改名为卡廖斯特罗（Cagliostro）伯爵，戴上假的胡髭，并穿上一位普鲁士上校的制服，而将其妻子再改名为瑟若芬娜伯爵夫人（Countess Seraphina）。他回到巴勒莫，因伪造文书罪而遭到逮捕，但由于其朋友们的营救而被释放。

瑟若芬娜的妩媚由于岁月而减损时，他开始利用他的化学技术调制并出售保证能使皱纹变平而使爱情炽烈的药物。回到伦敦后，他被控偷了一串钻石项链而在监狱中被关了一段时间。他参加共济会，迁到巴黎去住，并使自己成为埃及共济会的会员。他向100个易受骗的人保证说，他已经发现古代返老还童的秘诀，靠着40天的洗涤、流汗、节食、放血和神学的浸淫，即可获得返老还童之术。他在一个城市中被揭穿骗局后，即跑到另一个城市，并凭着他掌握共济会的大权而得以接近有钱的家族。在圣彼得堡，他行医，免费为穷人们治疗，而为波特金（Potemkin）接受。但是，叶卡捷琳娜二世的内科医生，一位精明的苏格兰人，分析这位医生的一些仙丹，发现它们是毫无价值的。卡廖斯特罗被迫在一天之内收拾行李离开。在华沙，他在1780年另外一位内科医生出版的一本名为《假面具被揭穿的卡廖斯特罗》（*Cagliostro démasqué*）的小书中被揭穿骗术，但在此事纠缠住他而备受困扰之前，他已离开而前往维也纳、法兰克福、斯特拉斯堡。在华沙，他令皇太子爱德华着迷，皇太子在其宫殿中放了一座他的半身雕塑像，上面刻记着一些文字"神圣的卡廖斯特罗"。这位皇太子带他到巴黎，这位大骗子却很不明智地涉入钻石项链的事件。此骗局被揭穿后，卡廖斯特罗被送到巴士底监狱里。很快，他被无罪释放，却被勒令离开法国（1786年）。他在伦敦发现了一位新的顾客。在同一时期，歌德拜访住在西西里的卡廖斯特罗的母亲，并向她保证说，她出了名的儿子已经被开释且安全了。

在伦敦的怀疑者倍增之后，这位伯爵和其夫人便从伦敦搬到巴塞尔、都灵、罗韦雷多和特伦托，但在每个地方皆受怀疑而遭排斥。瑟若芬娜恳求他带她回罗马，到她母亲的坟前祈祷，这位伯爵答允了。在罗马，他们尝试建立埃及共济会的一个支会。1789年12月29日，宗教裁判所逮捕了他们，他们供认了全部的江湖骗术。卡廖斯特罗被判终身监禁，1795年死于靠近佩萨罗的圣里欧城堡（Castle of San Leo），享年52岁。他也是那个光辉灿烂的世纪的一页画面。

· 卡萨诺瓦

卡萨诺瓦加上高贵的"de Seingalt"于其名字中，这一称号是随意撷取字母而成的，作为压服修女们和反抗欧洲诸国政府的有用尊称。1725年，由威尼斯的两位演员所生的他，早期具有心智上的敏捷迹象。他被送去学习法律，而宣称在16岁时已经获得帕多瓦大学的博士学位。在他的迷人的回忆录中，每一步我们都须当心他的想象，但是他以半诅咒性的坦率来述说他的故事，以至于我们可能相信他所叙述的，虽然我们知道他在说谎。

他在帕多瓦大学中求学时，首先征服的是一位名字叫作贝蒂娜（Bettina）的女子——"一位13岁的漂亮女孩"，其家庭教师和教士戈齐（Gozzi）的妹妹。她患天花而病倒时，卡萨诺瓦照顾她而染上此病。根据他自己的记载，其仁慈的行为和其恋情相当。在晚年，他最后一次到帕多瓦大学，他记载道："我发现她老病而可怜，她死在我的怀中。"他描述几乎所有他的情人都爱他到死为止。

尽管他有法律学位，却忍受着一种令人羞辱的贫困。他的父亲去世了，他的母亲正在如同圣彼得堡那么远的城市中演戏，而通常忘了他。他靠着在旅馆中或街道上拉小提琴赚些钱来维生。但他是强壮、潇洒而且勇敢的。1746年，威尼斯的参议员胡安·布拉加第诺（Bragadino）在登上楼梯时突然中风，卡萨诺瓦抓住他的两只手臂，而使他免于猝然的倾跌。此后，这位参议员在他的许多困境中保护他，并给他资金去游历法国、德国和奥地利。在里昂，他加入共济会。在巴黎，"我起初是共济会的成员，后来成为它的主人"。（我们多少有点震惊地注意到"在我这个时代，在法国无人知道如何去做过高的索价"。）

1753年，他回到威尼斯，而且很快地由于叫卖玄妙之学而引起政府的注意。一年后，一位官方的调查者对参议院做关于他的报告说：

> 他已经曲意求宠而获得高贵的胡安·布拉加第诺的垂青……并大大地骗了这位参议员……贝尼德托·皮萨诺（Benedetto Pisano）告诉我说，卡萨诺瓦凭着自己是一位玄秘之学的哲学家和谬误的推理，聪明地去迎合他接待的对象的心理，以图谋获得生计……他已经使……布拉加第诺相信他能够召唤光明天使来谋求他的利益。

报道继续说，卡萨诺瓦已经送给他的朋友们透露其为不虔敬的

自由思想家的一些作品。卡萨诺瓦告诉我们说："某一位缅诺夫人
（Mme. Memno）认为我正在教她的儿子关于无神论的箴言。"他又说：

> 我被指控的事物关涉宗教裁判所，而宗教裁判所是一头凶猛
> 的野兽，跟它打交道是危险的。有某些情况使他们难以将我关在
> 宗教裁判所的教士监狱中，而因为如此，最后决定应由国家的裁
> 判所来审判我。

布拉加第诺劝他离开威尼斯，卡萨诺瓦拒绝了他的劝告。翌晨，
卡萨诺瓦遭到逮捕，他的所有论文均遭没收，他自己则未经审判即
被禁锢于别名为"铅板"（the Leads）的艾皮翁比监狱（I Piombi）
中——因威尼斯国家监狱屋顶上镀薄铅板而得此名。他写道：

> 夜晚到来时，有三个理由使我无法闭上眼睛：一是老鼠；二
> 是圣马克教堂的时钟发出的喧吵声，它的声音像是在我的房间里
> 发出一样；三是成千的跳蚤侵袭我的身体，咬我叮我，使我的血
> 液中毒，致使我忍受着痉挛的抑压的痛楚，进而加剧到痉挛的
> 痛楚。

他被判刑 5 年，但在 15 个月的监禁后，他靠着许多计谋、冒险
和恐怖的综合运用而逃脱了，其叙述逃脱经过情形的小说，成为他在
许多地方所作的商品买卖的一部分。

二度到达巴黎，他和一位叫拉图尔的年轻人做了一次决斗，并
伤了这位年轻人。他用一种神奇的药膏将年轻人治愈，赢得年轻人
的友谊，而被介绍给他的一位有钱的姑母——德欧斐夫人（Mme.
d'Urfé）。她虔诚地相信玄秘的力量，而且希望凭借它们去改变她的
性别。卡萨诺瓦依靠她的轻信而玩弄她于股掌之中，并发现此事是
一个可以秘密致富的方法。他说："现在身处老境之中，我不能不回

顾生命中的这页历史而不面红耳赤。"但是它构成其回忆录一书中数章之多。他借着纸牌中的欺骗玩法，借着为法国政府组织人来发行彩票，及借着为法国获得来自荷兰联合省的一笔贷款，而增加了他的财富。从巴黎往布鲁塞尔的途中，他记述道："我一路上阅读着爱尔维修的《论精神》。"每停留一处，他就挑选一位情妇。在许多次停歇的地方，他发现以前的情妇，也会偶然碰上他逢场作戏时所生的儿女。

他于 1760 年拜访居住在蒙莫朗西的卢梭和住在费内的伏尔泰，我们已经得知他们密谈的一部分。假使我们可以相信卡萨诺瓦的记载，他可借此良机来谴责伏尔泰展示时下正流行的神学的荒谬理论——

卡萨诺瓦：假设你真的在破除迷信这方面获得成功，试问你将利用什么来取代它呢？

伏尔泰：我喜欢那样子！当我已经将人性从吞噬它的凶猛怪物中拯救出来时，你问我将以什么来代替它呢？

卡萨诺瓦：迷信并不吞噬人性；相反，它是人性存在的必要条件。

伏尔泰：它是人性存在的必要条件！那是一种亵渎神圣的下流言词。我喜爱人类，我将高兴地看到人类如同我一样的自由和快乐。迷信和自由并不能携手同行。难道你认为奴隶制度能导致快乐吗？

卡萨诺瓦：如此说来，你希望得到的就是人民至高无上的主权吗？

伏尔泰：希望禁止这种情形！群众必须有一个王来统治他们。

卡萨诺瓦：在那种情况下，迷信是必需的，因为人民将永远不给单独的一个人统治他们的权利……

伏尔泰：我希望要有一位统治一群自由的人民的君主，而且凭借相互的条件而受到他们的束缚，以避免他倾向于专制。

卡萨诺瓦： 艾迪生说这样一个君主是不可能找到的。我同意霍布斯的看法"两害相权取其轻"。一个解脱迷信的国家将是一个哲学家们的国家，而哲学家们却不知道如何去服从。就一个不受镇压、不屈服、不被拉着走的民族而言，并无任何幸福可言。

伏尔泰： 多可怕呀！那么你这种思想就是民治思想了吗？

卡萨诺瓦： 主宰你心灵的情操是人性的喜爱。此种喜爱使你盲目。喜爱人性，但要保持它原来的本质去喜爱它呀！人性并不受你希望淋在它身上的利益所影响，这些利益将仅使它更为悲惨而荒谬……

伏尔泰： 我对你具有和你同类一样的此种邪恶的意见，感到非常难过。

无论他到何处去，卡萨诺瓦总是能够打进一些贵族的家庭，因为许多欧洲贵族是共济会会员或罗希克鲁西秘密会社（Rosicrucian，17与18世纪流行的一个秘密结社的会团，此秘密团体有各种秘传的知识与力量，并宣扬宗教的神秘教义）的会员，或是神秘术的不良嗜好者。他不仅主张这些方面的玄秘知识，而且还有良好的身材，一张虽非英俊却是奇特的脸孔，精通数种语言，一种诱人的自信心，心中藏着丰富的故事和机智，及具有在牌戏中赢钱的神奇力量。在每个地方，他迟早要被送往监牢或边界。时常，他必须和别人决斗，但是像一个国家在其历史中一样，他从未失败过。

最后，他屈服于思念故土的情怀。除了威尼斯而外，他获得游历意大利其他任何地方的自由。他再三地请求允许他回到威尼斯，最后被批准了。1775 年，他再度居住在威尼斯了。他被政府雇为密探，他所做的报告由于包含太多的哲学和太少的情报遭到摒弃，他被解雇了。他重拾年轻时代的谋生方法，写了一首讽刺贵族格里马尔迪的讽刺诗，结果他被迫在离开威尼斯或再度被关进"铅板"监狱的两条途径中择其一。他于1782年逃到维也纳，再前往斯帕和巴黎。

在那里，他遇见一位名叫瓦尔德斯坦（Count Von Waldstein）的伯爵。这位伯爵喜爱他，并邀他到波希米亚的杜克斯（Dux）城堡当其图书馆的管理员。卡萨诺瓦的情爱和魔术技巧，及牌戏中的玩弄、欺诈手法已经开始衰退，所以他以年薪1000弗罗林接受该职位。到达杜克斯城堡被安置之后，他发现他被当作一个仆人来看待，而且为在仆人们的厅堂中进餐而感到悲伤。他在杜克斯城堡度过他最后的14年岁月。在那里，他写作一本《我的生命史》（*Histoire de ma vie*）的书，他说："主要是为了缓和沉闷的波希米亚所正给予我慢性自杀的死寂沉闷的气氛……借着每天10或12个小时的写作，我防止悲惨的忧伤去吞噬我可怜的心和损毁我的理性。"他在他的叙述中吐露绝对的真诚，并在许多场合对过去的事大大地嘲笑一番。然而，我们时常发现他的记载并无证明。或许当他的想象力渐增之际，他的记忆力开始衰退。我们只能说他的回忆录是18世纪最诱人的遗物之一。

卡萨诺瓦活到足够悲吊旧政权的倾覆之时。他说：

> 啊！我亲爱而美丽的法兰西呀！在那里的那些日子当中，事物进展得如此美好，尽管有那些逮捕人民的官方文件，尽管强迫人民服劳役而使人民忍受痛苦！……亲爱的法兰西，今天你变成什么情形了？人民成为你的君主，人民！所有统治者当中最残暴而专制的人民。

因此，在他过世的当天，1798年6月4日，他以适宜的虔敬结束其生涯。他说："我已经生为一位哲学家，如今却死为一位基督徒。"他已经误认感觉主义为哲学，误认帕斯卡的研究成果为基督教教义。

温克尔曼

在这一代的艺术史上，最具影响力的人物不是一位艺术家，而是一位学者，他的生命奉献在艺术史上，而他离奇的死亡使教育程度高深的欧洲的灵魂受到感动。温克尔曼 1717 年 12 月 9 日生于勃兰登堡的施滕达尔（Stendal）。他的父亲是一位补鞋匠，希望他将来也成为一位补鞋匠，但温克尔曼自己希望研究拉丁文。他凭着唱歌以支付其早期的教育费用。恳切而孜孜不倦的他进步神速。他当许多低能学童的家庭教师，所得收入用以买书和食物。他的老师失明后，温克尔曼念书给他听，竟然念完了他老师图书室中的所有书籍。他完全掌握了拉丁文和希腊文，但对近代的外国语言不感兴趣。听到一位著名的古典学者、已故的约翰·艾尔伯特·法布里修斯的图书室将被拍卖的消息时，他从柏林步行了 178 英里的路程到达汉堡，以购买希腊文和拉丁文的古典文学作品，并把它们扛在肩膀上走回柏林。1738 年，他进入哈雷大学做一位研究神学的学生。他其实并不喜爱神学，但抓住这个机会研究希伯来文。毕业后，他靠着当家教维持生活。他将贝勒的名著《历史的批判字典》（*Dictionnaire Historique et Critique*）一书完整地读了两次，可以推断这件事情对他的宗教信仰有一些影响。一年之内，他将希腊版的《伊利亚特》和《奥德赛》两本书从头到尾地读了三次。

1743 年，他接受阿尔特马克的塞豪森的一所学校的邀请，担任该校的副主任，年薪为 250 泰勒。在白天，他一边教患疥癣的孩子们"ABC"，一边热情地渴求获得一种美学方面的知识，并反复地从荷马的作品中诵读明喻。在晚上，他当家教以供膳宿，然后研究古典文学至午夜，睡到 4 点，再度研究古典文学，然后疲累地去教书。1748 年，他欣然接受比瑙伯爵邀请他担任靠近德累斯顿的诺希尼斯庄园的图书馆助理管理员的请求，年薪为 50 泰勒至 80 泰勒，并提供住宿。在那里，他沉迷于书籍中。

驻萨克森选帝侯宫廷的教廷大使阿尔钦托红衣主教是该图书室使用者之一。他对温克尔曼的学识和热诚，面容的憔悴和苍白，留有深刻的印象。他告诉温克尔曼说："你应该到意大利去。"温克尔曼回答说那正是他梦寐以求的一次旅行，却非他能力所及。温克尔曼有几次应邀去拜访驻在德累斯顿的这位教廷大使。他对在教廷大使家中遇到的耶稣会会士们的饱学和谦恭有礼，感到欢愉。在罗马有30万册书籍的帕希奥内红衣主教提供给温克尔曼在那里担任图书馆管理员的职位，年薪70杜卡特，另加膳食。然而，这一职位仅能由一位天主教徒填补。温克尔曼同意改变信仰。他已经表明其"死后无所惧，无所希望"的信仰后，他发现改变信仰这件事，仅有社会上的而无神学上的困难。他写信回答指责他的一位朋友说："那是对知识的爱好，而且此种知识上的爱好单独地能够引诱我听从我已经被建议的事。"

1754年7月11日，在德累斯顿的教廷大使的小礼拜堂中，他宣称他的新信仰，并被安排到罗马的旅程。基于各种不同的理由，他在德累斯顿又住了一年，跟着画家兼雕刻家和蚀刻家的亚当·欧伊森一起生活、研究。1755年5月，他以50本的限量版出版他的第一本书《希腊的绘画作品和雕刻作品模仿的探究》。除了描述已经收集于德累斯顿的古典书籍之外，还争辩着说希腊对自然界的了解优于现代人，而这就是希腊人在艺术上占着优越地位的奥秘。他得出结论说："使我们变成伟大、真正地变成无法仿效的伟大的唯一方法，是通过对古代人的模仿。"他认为所有近代的艺术家中，拉斐尔这一点做得最好。这本小书象征着近代艺术上新古典主义运动的开端。它被广泛地接受，克洛普施托克和戈特谢德两人同样参与赞美该书的饱学和风格。劳奇神父（Father Rauch）和腓特烈·奥古斯都从萨克森选帝侯处为温克尔曼取得两年共400泰勒的年金，并供给他到罗马去的旅费80杜卡特。最后，1755年9月20日，温克尔曼在一位年轻的耶稣会会士陪同之下，出发前往意大利。他年已37岁。

到达罗马时，他在海关碰到了麻烦，海关没收他行李中的几本伏尔泰的书。后来，这些书又归还给他。他和5位画家同住在平希恩山（Pincian Hill）上的一所房子中，平希恩山由于受到尼古拉·普桑和克劳德·洛兰的阴灵庇护而被神圣化。他遇见了门斯，后者在各个方面协助他。红衣主教帕希奥内给他随其所兴到图书馆上班的自由。但温克尔曼希望探求罗马的艺术，仍然拒绝接受任何有时间要求的雇用。他获得准许再三地去往谒梵蒂冈城的艺术陈列馆，他花上数小时的时间在阿波罗神雕像、海格力斯神的躯干雕像和拉奥孔像之前欣赏它们。沉思于这些雕像中，他的观念具有更为清晰的形式。他游历蒂沃利、弗拉斯卡蒂和其他遗有古迹的郊区。他在古典艺术方面具备的知识，使他赢得了红衣主教亚历山德罗·阿尔巴尼的友谊。红衣主教阿尔钦托将教皇驻外使节的办公处中的一间房间给他，而温克尔曼重整办公处所在地的图书馆以为回报。现在他欣喜若狂了。他说："上帝欠我这个，因为我在青年时期受苦太多了。"他在写给一位德国朋友的信中，以如同其他100位著名的游客所写的语调写道：

> 与罗马相比之下，什么都是零了！以前我认为我已经完全学到了任何事物，但当我来此一看，我觉得我一无所知。在这里，我比刚踏出校门而在布诺图书馆工作时，更觉渺小。假使你希望认识人们，这里是最合适的。这里有无限才能之人，天分极高之人和具有崇高人格的美人，而此种崇高的人格早已由希腊人赋给他们的伟大人物……正因为在其他国家中享有的自由和罗马享有的自由相比仅为一团影子——罗马享有的自由，可能如同一个充满矛盾的事物打击着你的心弦。所以在这个地方，也要有一种与众不同的思考方式。我相信罗马是世界的高级学校，我也已经受到它的考验和陶冶。

1757年10月，他带着介绍信函离开罗马，前往那不勒斯。在那不勒斯，他住在一所修道院里，却跟坦努奇和加里亚尼一类的人在一起吃饭。他造访充满古典历史气息的各个城市——如波佐利、贝亚、米塞努和库迈——并以惊欢的神情立于帕埃斯图姆庄严堂皇的诸神庙面前。1758 年 5 月，他满载着博古的学问返回罗马。同月，他被唤至佛罗伦萨为菲利普·冯·施托希男爵遗留下来的众多珠宝、铸像、雕刻像、地图、手稿等收集物做目录并加以描述。这项工作就花了他几乎一年的时光，而且几乎戕害了他的健康。同时，阿尔钦托红衣主教去世了，而腓特烈大帝蹂躏了萨克森公国。温克尔曼失去他在教廷大使办公处中的公寓和他从不幸的萨克森选帝侯处得来的年金。阿尔巴尼供应他四个房间，并每月支给他看管图书室的 10 个斯库迪（scudi，意大利古银币名）的薪资而拯救了他。这位红衣主教本人是一位狂热的古物研究家。每个星期天，他和温克尔曼驾车出去寻找古董。

温克尔曼由于发表下列学术性的专题论文而声誉日隆：《论艺术作品的优雅》、《古代建筑术的评论》、《梵蒂冈城艺术品陈列馆中海格力斯神躯干雕刻像的描述》和《艺术作品的研究》。1760 年，他设法安排和奥佛德女士远赴希腊的一次游历，奥佛德女士是霍勒斯·沃波尔的兄弟之妻，该项计划变成泡影。他写道："世界上没有比这件事更令我热切期待的。""我痛苦到想使我的一根手指被切掉；真的，假使我能在这一机会下看看这块土地的话，我愿意成为小亚细亚供奉大神母的教士。"崇奉大神母的教士必须是阉人，但这并不能阻止温克尔曼指责罗马政府要求将阿波罗神的雕像、拉奥孔像及在梵蒂冈艺术品陈列馆中其他雕像的私处遮掩起来的旧有法令。他宣称："在罗马，几乎从未有过如此一条冥顽不灵的规定。"

美的感觉过于占据他的心灵，几乎抹杀了任何对性的知觉。假如他感觉有审美的偏好，他比较喜爱雄赳赳的男性人物的美，而较不喜爱妇女们脆弱而短暂的可爱。肌肉发达的海格力斯神躯干雕像似乎比美第奇的维纳斯女神雕像的柔和而精美的轮廓更能感动他。他郑重声明："我从来不曾是女性的敌人，但是我的生活模式已经使我远离和女性的所有交往。假使我已经重访我的故乡，我可能结婚，而且可能应该已经结了婚，但现在我甚少想到这件事。"在塞豪森，他和他的学生兰普雷希特之间的友谊已经取代了爱情。在罗马，他和教士们住在一起，很少遇见年轻的女人。据说"有一段长时期，每个星期六，一位年轻、苗条、漂亮而身材高大的罗马女人和他一起进餐，而他和她谈到爱情"，"他促请一位美丽的阉人画了一张画"。他题献给贝格男爵一本《论对美的感觉能力》的论文，读者发现文章里面和他写给贝格的信函中充满着的不是友谊上的言词而是爱的言词，确实如此。

1762 年和 1764 年，他两次拜访那不勒斯。在他 1762 年的一封《论赫库兰尼姆的古物》的信函及 1764 年的《最近的赫库兰尼姆发现的记载》中，第一次为欧洲学者提供了有秩序而科学化的有关在赫库兰尼姆和庞培古城出土的宝藏的知识。他现在被认为古代古典艺术的最高权威。1763 年，他接受在梵蒂冈城内作为"教皇密室内的博古家"的职位。最后，1764 年，他出版过去 7 年来一直在著述并加插图说明的巨大书册《古代艺术史》(*Geschichte der Kunst des Alterthums*)。

尽管花了长期辛苦的准备，此书仍有许多错误，其中两处错误是残酷的捏造。他的朋友门斯将两张由自己想象画出的图画，当作忠实地模仿古代名画而做的复制品骗售给他。温克尔曼将这些图画编入目录，使用木刻画，而将整个作品题献给门斯。不久出现的法文本和意大利文本的翻译几乎满是错误，这使温克尔曼蒙羞。他写信给一些朋友说："今天的我们比昨天的我们更聪明，希望我能够将我所作的《古代艺术史》完全被改编和大大地被扩充的事实显示给你们看，我将它拿在手中时，我还不懂得如何写它；思想的联结远不够充分。在许多情况下，缺乏前后之间的演变经过，而最伟大的艺术往往就存在于此种变迁中。"然而，这本书已经成就了一项极端困难的任务，即艺术方面的描述甚为良好。他对主题的强烈专注使他的作品别具风格。

他致力于艺术史的编写，而非从事于简易得多的艺术家们的历史的编写。对埃及人、腓尼基人、犹太人、波斯人和伊特拉斯坎人的艺术做了匆忙草率的概括之后，温克尔曼将其热诚专注于 450 页的希腊古典艺术的描述。在后面几章中，他讨论罗马人统治下的希腊艺术。他强调的重心总是在希腊人身上，因为他深信他们已经发现最高形式的美：在于线条的高雅精美，而不在于色彩的光辉灿烂；在于典范的代表，而不在于个体；在于人物的正常和高贵；在于感情表现的抑制；在于神态的沉静；在于行动中表现出的面容上的舒泰，尤其在于各个相异部分在一个合理的统一整体中所处的和谐比例和关系。对于温克尔曼而言，希腊艺术是理性时代的形式表现。

他认为希腊艺术的优越和希腊人颇为重视两性外形上的优越有关。"美是一种导致声名的优越，因为我们发现希腊历史提及那些曾经因美而著名的人物"，如同现在的历史记载的大政治家、诗人和哲学家们一样。希腊人经常举行选美竞赛和运动竞赛。温克尔曼认为，希腊的政治自由和希腊在伯罗奔尼撒战争之前在地中海四周的领导地位，导致一种气势和美的综合，并产生了菲狄亚斯、波利克莱塔、麦隆几位艺术家作品的"富丽堂皇的风格"。在后一阶段，"富丽壮观的"风格屈服于"美丽的"风格，或称为"高雅的风格"。菲狄亚斯为普拉克西特勒斯铺路，而衰微便开始了。艺术方面的自由是希腊人自由的一部分；艺术家们挣脱了严苛的规则，而敢于创造未尝发现于自然界中的理想形式。他们仅仅在细部方面模仿自然，而整体是在各个部分或任何自然物质中优点的合成物。温克尔曼实是传播古典形式的浪漫派艺术家。

他的书被整个欧洲普遍地接受，被认为是文学和艺术史上的一个重大事件。1765 年，腓特烈大帝邀请他来柏林做宫廷图书馆和古物室的管理者。温克尔曼要求年薪 2000 泰勒才接受这个职位，腓特烈只愿支付 1000 泰勒。温克尔曼坚持其立场，并讲了一位阉人对他的歌唱要求高薪的一个故事，腓特烈抱怨他要求的薪资高于自己最好的将军。这位阉人便说：那么好吧，让他的将军为他唱歌好了。

1765 年，温克尔曼重访那不勒斯，与他同行的是欧洲盛传着挑衅国会和英王乔治三世事迹的约翰·威尔考斯。在收集更多的资料后，他回到罗马，并完成他的第二部主要作品《未公布于世的古代纪念建筑物》（1767年）。他的许多高级教士的朋友曾经抱怨他用德文写出他的《古代艺术史》，因为德文尚未成为学术上的主要媒介。现在他用意大利文来写以讨好他们，而且这位周旋于两位主教之间的快乐作者，因为在甘道尔夫城堡念他所著的书的一部分给教皇克莱门特十三世和许多显要人物听而感到狂喜。他被指控拥有异端的书籍，并做异端的评论，而他从未从教皇处得到他认为他应该得到的职位。

或许希望可能在那里获得一个了解希腊的方法，他于1768年决定游访德国。但他太沉迷于古典艺术和意大利的生活方式，他在祖国并未获得快乐。他无视它的景色，而且对它的巴洛克式建筑和装饰感到愤怒，他反复地对他的旅行同伴说了100次："让我们回到罗马去吧！"在慕尼黑，他受到款待而享受殊荣，在那里，他被赠以一颗美丽的古宝石。在维也纳，玛丽亚·特蕾莎赠送他许多昂贵的大奖牌，皇后和太子考尼茨两人都邀请他定居下来。5月28日，在离开意大利不到一个月之后，他又要回到意大利了。

在的里雅斯特港，他因等候运送他到安科纳去的船只而迟延下来。在这些天的等候中，他和另一位名叫弗朗西斯科·阿尔坎杰利的游客认识而熟悉。他们一起散步，在旅馆中隔房而居。不久，温克尔曼显示他在维也纳接受的大奖牌给对方看。据我们所知，他并没有显示他装满金子的钱袋。1768年6月8日早晨，阿尔坎杰利进入温克尔曼的房间。温克尔曼正坐在一张桌子前面，阿尔坎杰利想用绳索套他的颈部。温克尔曼站起来搏斗，阿尔坎杰利刺他五刀而后逃逸。一位内科医生包扎他的伤处，但宣布那是致命伤。温克尔曼受领最后的圣餐，立了遗嘱，表明他的期望，见到攻击他的人并原谅他，在当天下午4点钟，他去世了。的里雅斯特港立了一座美观的纪念碑来纪念他。

　　阿尔坎杰利于 6 月 14 日被捕。他招了供，于 6 月 18 日被判下述罪刑："因为你对约翰·温克尔曼的身体犯了谋杀罪，帝国刑庭命令你将被活活地从头到脚处以轮轧之刑，直至你的灵魂和你的肉体分离为止。"7 月 20 日，就如此实施了。

　　温克尔曼所受的限制和地理有密切关系。因为他未曾实现访游希腊的这个愿望，他凭着在许多博物馆、古物收藏所、德国与意大利的许多宫殿和赫库兰尼姆及庞培古城发现的遗物中思索希腊艺术。他对雕刻的喜好超过对绘画的喜好，偏好典型的代表超过个体的表现，爱好平静而反对感情的表现。爱好比例和匀称，爱好模仿古人而反对创作和试验：所有这些给予艺术创作的冲动以严厉的限制，而导致对古典形式的僵硬的推崇。他对希腊和罗马的专心致力使他受到蒙蔽，而忽视了其他风格的存在和成就的可能性。与路易十四一样，他认为荷兰的绘画都是怪异作品。

　　即便如此，他的成果仍是令人瞩目的。他利用对希腊的颂扬以激励整个欧洲的艺术、文学和历史界。他超越了文艺复兴时期的意大利和路易十四统治下的法国的半古典风格，而直接达于古典艺术自身。他唤醒现代人的心灵趋于希腊雕塑的清静完美。他将混乱成一堆的许多大理石、青铜、水彩画、珠宝和硬币变成一种科学化的考古学。他对下一世代的俊拔之秀有非常巨大的影响。他鼓舞了莱辛，也有功于赫尔德和歌德的成熟。或许没有温克尔曼引发的灵感，拜伦将无法在死于希腊前完成他的诗集。这位热情的古希腊文化的崇奉者，有助于门斯和托瓦尔德森的新古典原则的形成，并有助于雅克·大卫的新古典绘画风格的形成。黑格尔说道："温克尔曼在艺术领域内已经知晓如何为人类的精神创造一种新形式。"

艺术家们

　　意大利几乎不需要温克尔曼的训诫。因为那里崇敬众神及有着日

积月累的艺术，在每个世纪中皆作为来自不同地区成千艺术家的训练
学校。卡洛·马尔基翁尼于1758年设计了富丽堂皇的阿尔巴尼庄园，
在庄园中，红衣主教阿尔巴尼在温克尔曼的指引下搜集了一些闻名于
世的古代雕塑艺术品——历经多次的劫取之后，仍然极为丰盈。（拿
破仑为法国偷了294件，或许因此当时在意大利有这样的说法："并非
所有的法国人都是小偷，但大部分是。"）

威尼斯产生了几乎所有这一时期意大利的主要画家，而且他们当
中的三人承继了已经出了名的名字。亚力山德罗·隆吉，皮得罗·隆
吉之子，利用一些精致的人像画描述其民族的天才，这些人像画中包
括两张哥尔多尼的人像画。我们（在前一章）已经知道多米尼柯·提
埃波罗随其父亲到达奥格斯堡和马德里，而适度地贡献其技能于社会
累积的文化中。在瓦尔马拉那庄园的客房中，他独自发挥其才能，而
画出描绘乡村生活的浮世绘。《休憩中的农夫们》是一张描绘掉落地
上的农具和安适的休憩的田园风景画。他的父亲在西班牙去世后，多
米尼柯·提埃波罗回到威尼斯，而任其幽默的写实主义的绘画风格纵
情奔放。

弗朗西斯科·瓜尔迪是提埃波罗的连襟，从其父亲、兄弟和
卡纳莱托那里学习绘画。他在当时并未受到颂扬，但他的《观点》
（*Vedute*）一书带着严谨的眼光发现并传导光线明暗的技巧和画面气
氛的方法，而可能已经给予法国印象派艺术家一些启示。他并不期望
康斯泰布尔的劝告，他说："记住明暗不要太分明。"或许他喜爱的时
辰是黎明，那时线条朦胧不清、色彩隐没，而且阴影暗淡，如同在
《运河中的平底轻舟》（*Gondola on the Lagoon*）一画中描绘的情景一
样。威尼斯的天空和水色提供了此种朦胧而柔和甜美的景象。据说，
有时瓜尔迪利用一只平底轻舟充当他的绘画室，而在小运河中划着平
底轻舟，以描绘不平凡的景致。他漫不经心地画出人的身形，好像他
感觉到他们在坚实的建筑物和变幻不息的天空和大海之旁，是容易消
散的微小物体一样。但他也能描绘在某一欢乐的"佳节"中拥挤于城

市的广场上的人们，或者描绘穿着富丽堂皇的衣服在"好乐协会的音乐厅中"移动的人们。他的兄弟乔瓦尼被认为较佳的画家，而卡纳莱托比他们当中的任何一个人还伟大。今天，弗朗西斯科·瓜尔迪却证明比他们两人更为经久、更为不朽。

门斯于1768年由西班牙返国，不久成为罗马许多画室的主人。几乎没有任何人怀疑他在同时代的艺术家中所占的至高无上的地位。受到加冕的要人博取他的一张画，有时也不可得。温克尔曼称他为那个时代的拉斐尔，称赞他画的死寂的《帕内舍斯山》(*Parnassus*)是一幅杰作，而在这一杰作之前"甚至拉斐尔本人也将颔首称好"，并在《古代艺术史》一书中，注入他对他的朋友门斯至高无上的评价。

在这个时期，门斯画的水彩画中最好的一幅是1773年所作的自画像。它显示他在50岁之年仍然活力十足、英俊、黑发而高傲。第二度停留于西班牙后，门斯于1777年回到意大利度过他的晚年。他继续飞黄腾达，但妻子的去世令他失去了从前具有的活泼心灵。各种疾病使他的身体孱弱，他求助于庸医们和神奇的治疗法，使他的肉体完全崩溃。他死于1779年，享年51岁。他的学生们在伟人祠庙内拉斐尔纪念碑之旁，为他建立一座纪念碑以兹纪念。

音乐

教堂音乐随着生活的渐趋尘世化而衰落，并苦于受到歌剧形式的感染。器乐正在蓬勃发展中，部分通过钢琴的改良，主要是由于小提琴的渐趋流行。普尼亚尼、维奥蒂、纳尔迪尼等音乐名家皆以一支小提琴的弓而风靡欧洲。从意大利来到英国住了20年的穆齐奥·克莱门蒂作为一个风琴家和钢琴家而游历欧洲大陆，在维也纳和莫扎特抗衡，而且可能由于莫扎特批评他的演奏过于机械化而获益。他是18世纪最为成功的钢琴教师，利用一连串著名的钢琴练习曲，登上缪斯庙堂的台阶，而建立 19 世纪钢琴技巧的风格。普尼亚尼承继其师塔尔蒂尼的小提琴指法，将它传授给他的学生维奥蒂，维奥蒂因而得以游历整个欧洲进行成功的小提琴演奏。维奥蒂的 A 小调小提琴协奏曲至今仍受欢迎。

与这么多的意大利人一样，路易吉·博凯里尼离开挤满音乐家的土地到国外找寻听众。1768 年至 1805 年他去世的这段时期，他的低音大提琴风靡了西班牙，如同法里内利以他的歌喉、沙尔拉提以他的大键琴风靡西班牙一样。在国际声誉上，他的器乐作品和莫扎特的作品匹敌足有一个世纪之久。普鲁士的威廉二世本人是一个大提琴家，然而其喜爱博凯里尼的四部合奏曲超过了莫扎特的四部合奏曲。在 62 年的生命里，博凯里尼编了 95 首由弦乐器演奏的四部合奏曲、54 首三重奏曲、12 首钢琴五重奏曲、20 首交响曲、5 首大提琴协奏曲、2 首圣乐和一些宗教乐曲。半个世界皆知他所作的小步舞曲——从他的五重奏曲演变而成的一种节拍，但整个世界应知道他的降 B 大调大提琴协奏曲和管弦乐器协奏曲。

欧洲，除了巴黎之外，再度未加反抗地臣服而沉迷于意大利的美声唱法。从这只"神奇的长靴"的许多城市中而来的像加布里埃尔之类的首席女歌星们，和加斯帕罗·帕基耶罗第之类的阉歌者们皆越过阿尔卑斯山而来到维也纳、慕尼黑、莱比锡、德累斯顿、柏林、圣彼得堡、汉堡、布鲁塞尔、伦敦、巴黎和马德里。帕基耶罗第是最后一批著名的阉歌者中的一个，他风靡了伦敦达 4 年之久，他在那里受到的赞誉，迄今仍在范尼·伯尔尼的《日记》（*Diary*）和她父亲所作的《音乐通史》（*General History of Music*）一书中产生回响。

意大利的作曲家们和乐队指挥家们仿效这些歌星。彼特罗·古列尔米写了 200 出歌剧，而从那不勒斯巡回到德累斯顿、不伦瑞克和伦敦去导演这些歌剧。另一位那不勒斯人普契尼，已经留名到我们这一代，由于他不情愿地和格鲁克在巴黎一决雌雄而减损其价值。但加利亚尼描述他是"一位完全高尚的人"。他的滑稽歌剧在那不勒斯和罗马风行达 20 年之久，甚至佩尔戈莱西的歌剧《女主人的女仆》都未能像普契尼 1760 年所编的《好姑娘》（*La Cecchina*）那样风靡。约梅里、佩尔戈莱西、利奥和加卢皮已经开始从事周而复始的定期的国际音乐大会。普契尼同样致力其中，而且被公认比他们更杰出。1776年，他接受邀请到巴黎，在此次音乐大战的过程中，普契尼均能持之以礼，与他的敌手格鲁克和萨基尼维持友谊，即使他们的同伙威胁他的生命。法国大革命的浪潮冲击这位滑稽歌剧作家时，普契尼回到那不勒斯。在那里，他由于同情法国的罪名而被监禁了 4 年。他所作的歌剧被轰出剧坛之外，而他自己过着一种有辱其祖国的贫困生活。在拿破仑征服了意大利后，他于 1798 年再度应邀前往巴黎，第一执政官（指拿破仑）给他一份适度的闲差，但一次麻痹症使他的肉体和精神崩溃，1800 年死于巴黎。

安东尼·萨基尼出生于波佐利的一个渔夫家，弗朗西斯科·杜兰特听他唱歌而将他带到那不勒斯作为学生和被保护者之前，他一直接受训练以承继其父亲的捕鱼生涯。他的一出名为《塞密拉米德》（*Semiramide*）的歌剧在罗马的阿根蒂诺戏院大受欢迎，以至于他居留在该戏院作为歌剧作家达 7 年之久。在威尼斯停留一段时间后，他出发向慕尼黑、斯图加特和伦敦进军（1772 年）。他的歌剧在那些地方受到激赏，但是敌视的党徒们损毁其声望，而且他放荡不羁的生活习惯毁坏了他的健康。迁居巴黎后，他于 1786 年写出他的杰作《圆柱上的俄狄浦斯》（*Oedipe a Colone*），这一杰作在以后的 57 年中在巴黎剧院上演 583 场。他采用格鲁克的许多改革，放弃将许多抒情歌杂七杂八地拼凑在一起而成为一出歌剧的意大利风格，在《圆柱上的俄狄浦斯》一剧中，故事的情节支配了抒情歌，而由亨德尔所作的圣乐激发的歌舞队，增加了音乐和歌剧主题方面的声势。

安东尼奥·萨利耶里继续进行旋律方面的征服，他是莫扎特的敌人，是年轻的贝多芬的友人。他出生于维罗纳附近，1766 年 16 岁时，被送到维也纳。8 年后，约瑟夫二世任他为宫廷的作曲家，并于 1788 年任命他为管弦乐团指挥。在该职位上，他喜爱其他的作曲家超过莫扎特，他反对莫扎特，视莫扎特崩溃的故事为一种传说。莫扎特死后，萨利耶里和其子为友，而且促进其音乐上的发展。贝多芬将几首乐曲交付给萨利耶里，并以一种不寻常的谦卑接受他的建议。

18 世纪下半叶，"在意大利歌剧界最光芒四射"的明星是乔瓦尼·帕伊谢洛。他是塔兰托的一位兽医之子，他的声音使耶稣会士们深受感动，他们力促他的父亲于 1754 年将他送到那不勒斯的杜兰特音乐学院深造。他着手去编写歌剧时，发觉那不勒斯的观众如此沉迷于普契尼，他接受了俄国叶卡捷琳娜二世的邀请。在圣彼得堡，他于 1782 年编了一出名为《塞维利亚的理发师》的歌剧。它的成功享誉全欧洲，以致罗西尼于 1816 年 2 月 5 日在罗马提供同一主题的歌剧时，被大众指责为不够君子风度地侵入帕伊谢洛的领域。1784 年，从俄国返国途中，帕伊谢洛在维也纳停留足够长的时间为奥地利国王约瑟夫二世编写 12 首交响曲，并编写一出歌剧《泰奥多罗亲王》（*Il re Teodoro*），很快受到全欧洲的普遍欢迎。然后，他回到那不勒斯作为斐迪南四世的管弦乐教师。拿破仑敦促斐迪南将帕伊谢洛"借给"他。1802 年，这位作曲家到达巴黎时，受到了一场盛大的欢迎，使他树立了很多敌人。1804 年，他在约瑟夫·波拿巴和缪拉将军的护佑下回到那不勒斯。

在事情的经过中，我们应注意到这些意大利人是多么耐心地为他们的生涯做准备。帕伊谢洛在圣昂诺弗利欧音乐学校学了 9 年之久。西玛罗沙在玛丽亚音乐学校学了 11 年，后来又转到那不勒斯学习。在萨基尼、普契尼和其他名师长期教导下的多梅尼科·西玛罗沙写出他的第一出歌剧《一位伯爵的奢华》。不久，在维也纳、德累斯顿、巴黎、伦敦各地均可闻及他编写的许多歌剧。1787 年，他在圣彼得堡进行巡回表演，而以一出名为《埃及艳后》（*Cleopatra*）的歌剧赢得了一妻多夫的俄国女皇的欢心。应利奥波德二世的邀请，继萨利耶里之后作为维也纳的管弦乐团指挥，他在那里创作他最负盛名的一出歌剧《婚礼的秘密》（1792 年），它赢得这位皇帝的欢心，歌剧演完时，他命令以晚餐款待所有在场的人，然后命令再将该剧重演一次。1793 年，他被召回那不勒斯，担任斐迪南四世的管弦乐教师。1799 年，这位国王遭受法国大革命的一支军队的罢黜时，西玛罗沙热诚地为该事件欢呼。斐迪南复辟之时，西玛罗沙被判处死刑。后来该项判决改为放逐。这位作曲家出发前往圣彼得堡，但于 1801 年死于往威尼斯的途中。除了许多取自《圣经》故事或剧诗而编成的乐曲、弥撒和圣乐之外，他遗留有约 66 出歌剧，这些歌剧较莫扎特的歌剧赢得更多好评，甚至到了今天，它们也被认为是 18 世纪仅次于莫扎特的喜剧作品。

假使旋律是音乐的中心，那么意大利的音乐是至高无上的了。德国人喜爱复调的谐音超过单纯的旋律，就这个意义而言，莫扎特将复调的层次归属于旋律之下时，意大利已再度胜过德国。但是意大利人给予旋律如此重要的一个地位，他们的歌剧倾向于成为一连串音调谐美的抒情歌，而不是 1600 年第一批意大利剧作家企图和希腊人的戏剧艺术抗衡，而设计的那种音乐性的戏剧。在意大利的歌剧中，动作和台词具有的意义都被歌曲的光辉抹杀。这是美妙的，但假如像我们通常认为的那样子，认为艺术是以秩序替代混乱以表露意义，那么在意大利人手中的歌剧未曾达到它最高成就的境界。约梅里、特雷塔等一些意大利人承认这一点，而努力塑造音乐和戏剧成为统一的整体。就其达到最清晰的形式而言，该项成就必须等到格鲁克所编的歌剧出现。所以，在生命的变化历程中，1774 年格鲁克在巴黎创作一出名为《伊菲革涅娅在奥里德》的歌剧中，将音乐隶属于戏剧之下时，意大利人利用旋律来征服欧洲的时代便结束了。但是旋律与戏剧之间的冲突继续存在着，瓦格纳为戏剧赢得了一次胜利，而威尔第为旋律掳获了新的战利品。希望双方无分轩轾。

阿尔费耶里

在这个时代，没有但丁，但在诗韵方面有帕里尼，在散文方面有菲兰杰里，在戏剧、散文和诗文方面有阿尔费耶里。

帕里尼从赤贫中力争上游，靠着抄写稿件过活，于1752年出版一小册的无韵诗。他担任神职以维持生活，还须当家教以填饱肚皮，因为意大利有太多的教士。他的贫困使他的笔锋指向讽刺诗。沉思着许多意大利贵族的懒散和铺张奢华，他构想着将这种贵族生活描绘成代表性的一天的念头。1763年，他以《早晨》为名出版他作品的第一部分。两年后，他以《中午》为名，写出其作品的第二部分。他完成了以《傍晚》和《晚上》为名的第三部分和第四部分的作品，但尚未出版前他即去世。综合这四部分而形成实质的讽刺诗，他将其命名为《一天》。佛密恩伯爵借着任命这位诗人教士为米兰政府公报的编辑和巴拉丁学院的纯文学教授，而表现出他真正的高贵。帕里尼欢迎法国革命，而拿破仑给他一个在米兰市委员会中的职位以为报偿。1757年至1795年，他所作的抒情诗列于意大利文学的次要古典作品中。在翻译作品方面，我们受到他的微弱影响，如同在这一首作为情人而写，而非作为一位教士而写的十四行诗中一样：

> 在柔软的翅膀上，使有益的睡眠加速，
> 无声无息地飞过暗淡的夜晚，
> 一连串的梦浮现脑际，
> 直至疲累而躺在床上安静地休息：
> 我的菲莉丝，她温柔的头到哪里去了呢？
> 丰腴的面颊贴在柔软的枕头上；
> 身体在睡觉之际，她的灵魂在驰骋着，
> 从你的迷人处孕育出你的倩影。
> 那个形影似乎印在我自己的形影上一样——

客厅如此暗淡无光以致遮掩了它的面孔——
她可能会受到感情的激动而醒转过来。
假使是这样子，那么你将成就你的慈怀，
我将编织双层的罂粟花花圈，
幽默地放在你的祭坛上。

让我们在这首诗之外，节录菲兰杰里1780年至1785年受到贝卡里亚和伏尔泰的启迪而出版的《立法学》一书中的一段话，以作为意大利启蒙运动的成果：

> 哲学家不应是制度的创建者，而应是真理的使徒……只要影响人性的罪恶尚未被根治，只要谬误和偏见允许这些罪恶存在，只要真理局限于少数人和特权阶级中，而遮蔽于大多数人民和诸位君王之外，只要是传播真理、维护真理和阐扬真理还未成为哲学家无可旁贷的职责。纵使他散播的亮光在他自己的世纪和人民中并无任何用处，然而它们在另一国度和世纪中必然有用。每一处和每一代的公民的哲学家，都应把世界当他的国家，把地球当作他的学校，而他的学生们将是他的后嗣。

这一代由阿尔费耶里总结为：反抗迷信，颂扬怀抱异端思想的英雄们，指斥专制，为法国革命欢呼，由于过度激烈的法国革命而撤回其欢呼，并为意大利的自由而大声疾呼——所有这些注入于一种为法国禁止的罗曼史和贵族的忠贞中。他在《维多利亚·阿尔费耶里自撰的一生》一书中记载这一热情洋溢的生涯，连续记载到他临死前的5个月为止。这是一本伟大的自传，与卢梭的《忏悔录》一样暴露真相。它以一种驱除敌意的口吻开始道："谈谈自己，进一步写写自己，无疑是非常喜爱自己的一种结果。"因此，不会有谦和的假面具，也不会有不诚实的迹象。其中记述道：

　　我于 1749 年 1 月 17 日生于皮德蒙特阿斯蒂城的一个贵族家庭，我的双亲高贵、富裕而且备受景仰。基于下列理由，我注意到这些情况是幸运的：出身贵族家庭这一点给了我极大的便利，因为它使我在不招惹诋毁基本原则和惹人怨恨的动机的情况下，能够蔑视贵族身份，能够揭露它的愚行、它的恣意妄为和它的罪恶……富裕使我不受腐化，而且保有自由的心志而为真理做贡献。

　　阿尔费耶里还是婴孩时，他的父亲便去世了，他的母亲改嫁。这位男孩孤寂一身，暗自沉思，8 岁时思索着要自杀，却想不出任何安逸的自杀办法。他的一个叔父领养他，在他 9 岁时，送他到都灵艺术学院受教育。在那里，他被当作仆人一样地受欺侮。他的老师们设法打破其一意孤行的意志，以作为陶冶他成为男子汉的第一阶段，但是他们的专制激发了他的高傲和争取自由的渴望。他说："哲学课就是要送人到教室中站着直直地睡觉的时间。"他 14 岁时，叔父去世，遗下一大笔财产给他。

　　在事先获得撒丁岛国王的允许，以作为出国游历的先决条件之后，他于 1766 年出发做一次 3 年的欧洲漫游。他热爱各式各样的女人、法国文学和英国宪法。阅读孟德斯鸠、伏尔泰和卢梭，使他继承的神学思想遭到破坏，而开始憎恨罗马教会，虽然他在最近吻了教皇克莱门特十三世的脚以示崇敬，他说克莱门特十三世是"一个值得尊敬而具威严的好老人"。在海牙，他死心塌地地迷恋于一位结过婚的女人。她对他微笑，接着便走开了。他再度想到自杀。他正处于多愁善感的年龄，自杀的念头时常浮现。他再度发现期望中的念头比实际上实现的结果更美好。他回到皮德蒙特，但因陷入一种政治和宗教上的守旧和服从的气氛中而闷闷不乐，于 1769 年恢复了他的漫游。

　　现在，他游遍德国、丹麦和瑞典——他告诉我们说他喜爱那里的风景、人民，甚至冬天。然后前往俄国，他发觉叶卡捷琳娜二世仅为一个戴着皇冠的罪犯，因而轻视俄国，拒绝进觐她。他对腓特烈的普鲁士也不欣赏，他急忙地继续前往勇敢的荷兰共和国，及前往正在设法教导乔治三世处于超然地位而置身于政府之外的英国。他和一位英国女人私通，在一次决斗中受了伤。他在西班牙染上梅毒，1772 年回到都灵接受治疗。

1774 年，他的病情已经恢复到足以和一位比他大 9 岁的女人从事第二度伟大的罗曼史的地步。他们因争吵而分离，而他凭着写作一本名为《埃及艳后》的剧本已将她忘得一干二净。还有什么样的剧情比具有两位执政、一位皇后、一次战争和一条小毒蛇这样的剧情更能吸引人呢？这部作品于 1775 年 6 月 16 日在都灵被推出，连续两日两夜赢得观众的喝彩。然后他撤回它，做了一些修改。他现在"带着一种高贵而得意洋洋的炽热心情以渴望获得声名"。他重新阅读普鲁塔克的作品和意大利的古典作品，并再度研究拉丁文以钻研塞涅卡所编的悲剧剧本，在阅读上述这些作品的过程中，他为他的戏剧找到了主题和形式。他将重返古代英雄们和善神们的描述，如同温克尔曼已经重返古代艺术的研究一样。1777 年，他写作一篇名为《论专制》（*Delia Tirannide*）的论文，但它包含了对国家和教会如此炽热的指控，以致无法出版，该论文于 1787 年付梓。一股近乎宗教的狂热鼓舞着他：

> 意大利衰弱的原因不是紧迫逼人的贫困……不是奴性的懒惰，不，这些原因都不是指引我的心智，以笔尖攻击错误的帝国而达到真正崇高的荣誉的原因。一位凶猛的神，不得而知的神，从我的幼年，一直在背后鞭策着我……除非我写下严苛的文辞去摧毁那些专制者，否则我的自由意志将无法得到平静与停歇。

他为专制者所下的定义为：

> 所有那些人，他们靠着威迫或欺诈——甚至靠着人民或贵族

们的意愿——以获取绝对的政权，而且相信他们自己将是或者超越法律之上……专制一词必须被运用于任何此类的政府，它负有执行法律之责，而可以借着免受处罚的保证，以创制、破坏、废除、解释、阻挠或暂停这些法律。

阿尔费耶里认为，除了荷兰共和国、英国和瑞典的立宪君主国外，欧洲其他各国的政府皆为专制政府。受到马基雅维利的影响，他将罗马共和国理想化，并希望革命将很快地在欧洲建立许多共和国。他认为一位专制君主之下的大臣能够做的最好事情，是激励君主采行过分专制的措施，以使人民反叛他。在人民反叛的最初几年，必要时可以使用暴力以防止专制的复活。这一解释使革命合理、正当。他说：

> 因为政治上的意见，像宗教上的意见一样，不使用很大的暴力，便永远无法使它们彻底改变，所以每个新政府最初总是不幸地被迫采用残忍而严厉甚至不公平的措施，为的是要说服或者可能是要强制既不期望、不了解、不喜爱革新的措施，也不赞同革新措施的那些人。

虽然他自己是一位贵族而被称为柯第米利亚伯爵，阿尔费耶里咒骂世袭的贵族制为专制的一种形式或工具。他将同样的诅咒应用于一切有组织而得势的宗教上。他承认"基督教对缓和世界风俗习惯这方面的贡献并不比别人少"，但他指出在信奉基督教的君主的统治下，"从君士坦丁到查理五世"，产生了"许多愚蠢而无知的暴行"。总而言之：

> 基督教与自由几乎是不相容的……教皇、宗教裁判所、赎罪券，告解（忏悔），一成不变的婚姻及教士们的独身生活——这

些是系住国家这根锁链中的六把锁，这根锁链绊系着国家，比国家的锁链绊系着人民要紧密得多，以致它（这根锁链）变得越来越重而更牢不可破了。

阿尔费耶里憎恨专制，他规劝别人不要在一个专制国家中结婚或生小孩。但是他利用意大利的丰富思想，于1775年至1783年，创作了14部悲剧。所有这些悲剧皆用无韵诗编成，在结构和形式上皆属古典的性质，并以一种矫饰的热烈感情痛斥专制，而推崇自由的高贵凌驾于生命之上。因此，在名为《狂人的阴谋》（*La Congiura dei Pazzi*）的悲剧中，他同情阴谋者推翻洛伦佐和美第奇族的朱利亚诺的企图；在名为《布鲁托第一和布鲁托第二》（*Bruto Primo and Bruto Secondo*）的悲剧中，他对塔昆和恺撒受到暗杀，并不给予任何怜悯。在《菲利普》（*Filippo*）一剧中，他同情卡洛斯而反对西班牙王菲利普。然而，在《斯图亚特王朝的玛丽女王》（*Maria Stuarda*）一剧中，他发现苏格兰的叛军首领们比这位信奉天主教的女王更为专制。受到他人认为他曲解历史以屈就其戏剧主题的批评之后，他为自己辩护道：

> 除了这种恶意的口舌外，将听说……我从未描绘任何事物，除了描述专制者，在太多的、缺乏甜言蜜语的篇章中。我浸染毒素的血红的笔，总是写出一成不变的言辞，我鲁莽的剧作女神并未将任何人从罪恶的奴役中唤醒，却使许多人大笑。这些抱怨将不能改变我从事如此一个庄严目的的心志，也将不能阻挡我的才华，虽然对于这么一个伟大的需求而言，我的才华是微弱而不合宜的。假使在我们之后能诞生一批不会掌握住维持生命必需的自由，而存在于自我之中的真实的人，那么我的言辞也将不至于散布在空中而虚无缥缈，不受人理睬了。

他热爱阿尔巴尼伯爵夫人的情操，仅次于追求自由的热情。身为斯托尔堡·捷敦的亲王古斯塔夫·阿道弗斯之女，她于1774年嫁给查理·爱德华亲王。他现在称自己为阿尔巴尼的伯爵。从前因英勇而被昵称为查理亲王的他，现在已将其注意力移转到吃喝和妻妾们身上，以忘怀其失败。由法国宫廷安排的此次婚姻，非常不成功。对此，伯爵夫人也难辞其咎。阿尔费耶里1777年与她邂逅，因同情她而爱她。为了接近她，自由地帮助她，与她同命运，他放弃他在皮德蒙特的公民身份，移转他的大部分财产和房地产给他的姐妹，于1778年迁居佛罗伦萨。当时，他29岁。

这位伯爵夫人以一种遵守公共礼度的谨慎的微妙感情来回报他的爱情。1780年，她的丈夫由于常常酗酒而使用暴力危及她的生命时，她隐居在一座修道院中，后来迁居她在罗马的一位亲戚家。阿尔费耶里写道："我像一个遭受遗弃的孤儿一样停留在佛罗伦萨，就在当时，我完全相信……没有了她，我将感觉不到自己的存在，因为我发现我自己几乎完全无法写出好的作品。"不久，他到了罗马，被允许常常去探望他的情妇。但其情妇的亲戚在牧师的指示下，反对他为废止她的婚姻而做的努力（因此他在《论专制》一书中庄严地恳求离婚）。最后，这位亲戚禁止他再去拜访伯爵夫人。他离开罗马，设法以旅行和养马来排遣自己的苦闷——这些马就成为他的第三个宠物，仅次于文学和情妇。1784年，她赢得了合法的离婚。她迁居到阿尔萨斯的科尔马。阿尔费耶里到那里和她相聚，此后他们在一起同居，直至她丈夫的去世允许他们结婚。阿尔费耶里以一种狂喜描述他的爱情，这种狂喜令人回忆起但丁所著的《新生命》（*Vita Nuova*）。他写道：

> 这是我第四次也是最后一次的狂热爱情，是……和我最初三次的结合大不相同的。在那些结合中，我并未发觉自己受到任何理智的平衡，并掺和着意志的强烈感情的激动。这次的感情的确不大火暴和狂热，但显示出更为经久而深入心坎的力量。我的强烈感情产生这种力量，以致它……支配着我的每种情绪和想法，

而且此后，它将永远存在我心中随生命而终止。我发觉她是一位脚踏实地的女人，因为她不仅不像所有平凡的女人一样成为我获得文学声名的障碍物——而且她建立有益于社会的事业，使别人觉得思想比不上她而受到贬损——她的每个良好行为，使我在她身上找到勇气、安适和好榜样。承认并欣赏她为奇宝，我对她可真是心悦诚服而五体投地了。诚然，我的看法无误，因为在12年之后的今天……她具有的短暂的美貌（这些美貌并不能代表永恒的她）随着时光而消逝之际，我对她的强烈感情却成比例地增加。但是，将感情专注于她身上，我的心灵是愉快的、柔和的，而且渐趋佳美。我敢斗胆地说，她的心灵也是和我一样的，她可以从我这里获得支持和力量。

在这种情况下受到激励的他，写出了更多的悲剧和一些喜剧，及应景诗。他已经写出 5 首抒情诗，定名为《自由的美洲》（*America Libera*）。1788 年，这对情侣迁居巴黎。在那里，他监督莱茵河上凯尔镇的博马歇印刷所出版他的作品。巴士底监狱陷落时，一直渴望自由的阿尔费耶里欢呼这次大革命是创造世界上较为欢乐的一代的曙光。但不久，法国大革命的过度激进使具有贵族式的自由观念而要求免于暴民和多数人统治的自由，如同免于国王和教皇统治的自由的阿尔费耶里产生厌恶的心理。1792 年 8 月 18 日，他和伯爵夫人利用两辆马车载着带得走的东西离开。他们到达城门时，一群民众挡住他们，质问他们离开的权利何在。阿尔费耶里说："跳出置于暴民之中的马车，威胁地挥动我的七张通行证，并开始咆哮和争吵……这总是震慑法国人的方法。"他们继续驰往加来和布鲁塞尔。到了那里，他们才知道在巴黎的法国革命当局已经下令逮捕伯爵夫人。他们急忙地继续驰往意大利，定居于佛罗伦萨。现在，阿尔费耶里写出一本名为《米瑟嘎洛》（*Misogallo*）的剧本："充满着憎恨法国和其生性恶劣的奴性群众的气氛。"

1799 年，法国革命军攻占了佛罗伦萨。阿尔费耶里和伯爵夫人避难于乡间的一所别墅中，直至入侵的军队撤离。这些年来的紧张和刺激，使他的身体衰弱并变得老迈。1802 年，53 岁时，他结束其自传而谈及自己已经老迈了。在将他的一切财产遗留给伯爵夫人后，他于 1803 年 10 月 7 日逝世于佛罗伦萨，被葬于圣塔克鲁斯教堂。1810 年，伯爵夫人在那里为他建立一座巨大的纪念碑，就在卡诺瓦纪念碑之旁。她为这位意大利的伟大人物抚坟悲悼，并于 1824 年追随其爱人于九泉之下。

意大利推崇阿尔费耶里是意大利的先知（*Il Vate d'Italia*）——使意大利解脱外国和教会的支配，而获得解放、改革和统一运动的先知。他的戏剧虽然粗糙、单调，却已经对在他之前的富有情感的意大利悲剧作了令人鼓舞的改进。从他的《菲利普》、《扫罗》、《米拉》诸剧中，这位意大利的中心人物已经为马志尼和加里波第奠定了基础。他所著的一本论文《论专制》，并不限于在国外出版，1787 年出版于凯尔，1800 年出版于巴黎，1800 年印行于米兰，1802 年、1803 年、1805 年、1809 年、1848 年、1849 年、1860 年分别陆续印行于意大利的其他城市。它成为意大利改革、解放与统一的巨献，如同潘恩于 1791 年出版的《人类的权利》（*The Rights of Man*）一书成为法国、英国和美国革命思潮的巨献一样。阿尔费耶里开启了意大利境内如火如荼的运动，可谓为拜伦之前的拜伦，传播着解放人类心智和解放国家的思想。在他之后的意大利必然是自由的了。

第五章

奥地利之启蒙运动
（1756—1790）

新帝国

严格地说，"奥地利"指的是一个国家。广义地说，它代表以奥地利为首的帝国。1806 年以前，此帝国称为神圣罗马帝国，包括日耳曼、波希米亚、波兰、匈牙利及意大利和法国的一部分。但是，民族主义使各民族对帝国的忠诚逐渐减弱，1756 年实际上存在的是奥匈帝国，只包括奥地利、斯蒂里亚、卡林西亚、卡尼奥拉、蒂罗尔、匈牙利、波希米亚、科隆、特里尔、美因茨、意大利部分；而自 1713 年以来，还包括前为西属、现为奥属的尼德兰——几乎等于今日的比利时全境。

匈牙利约有 500 万人，以其封建制度自傲。全国 4/5 的土地为毛焦尔贵族（Magyar Nobles）所有，由农奴耕种，税赋则仅由农民及日耳曼或斯拉夫城镇的市民负担。新帝国正式诞生于 1687 年，其时匈牙利贵族放弃选举国王的权利，承认哈布斯堡皇帝为其君主。奥地利女皇玛丽亚·特蕾莎采取波旁王朝的策略，曾邀请匈牙利显贵到其宫中，授予职位、爵位、勋章，然后诱其在领地内接受帝国法律的约制，并以维也纳为首都。女皇慷慨地授令希尔德布兰特·鲁卡斯拟定在布达建立政府机构的计划。该项工程开始于 1769 年，嗣后于 1854 年重建，使这个古都拥有世界上最引人入胜的皇宫建筑。富裕的匈牙利贵族不让女皇专美，沿着多瑙河或乡间僻处建立豪华的别墅。如派儿·埃斯特黑齐亲王在爱森斯塔特建立家族华邸（1663—1672 年），而麦克罗斯·埃斯特黑齐亲王在约 30 英里外，建筑文艺复兴式的新埃斯特黑齐堡（1764—1766 年）。该堡有 126 间客房、2 间会客及舞宴用大厅，一间收集艺术品甚丰的库房，旁边还有藏书 7500 册的图书室及一间容纳 400 个座位的戏院。该堡四围本是一个广大的沼泽区，改建为庭园，其间点缀着人工洞穴、庙宇、塑像，还设有温室、橘园及游玩保留地。一位法国旅客说："也许除了凡尔赛宫外，世界上再也找不到比该堡更为豪华的了。"此处时有画家、雕刻家、戏剧家、歌唱家及收藏家出入。约有一个世代之久，大音乐家海顿曾在此处指挥、编曲和展望一个更辽阔的世界。

波希米亚在玛丽亚·特蕾莎的统治下，并不好过。"三十年战争"以后，该国就从历史中消失，由于受了外人统治，及天主教教义强加于扬·胡斯（Jan Hus）和布拉格的哲罗姆（Jerome）的信徒，其民族精神至此已完全破灭。其 800 万居民在普鲁士和奥地利不断的兵连祸结中吃尽了苦头，玛丽亚·特蕾莎转败为胜、又由胜转败时，其都城屡易其主。波希米亚不得已只有以文化和风味独树一帜而自傲。它培育了自己的作曲家，如乔治·本达。布拉格城尤其杰出的是，能热烈地欢迎莫扎特的《唐·乔瓦尼》（*Don Giovanni*）的首次演出（1787 年），不像其后的维也纳城只给予寥寥的喝彩。

在奥属尼德兰，当地显要设法维持其传统权力的努力远较波希米亚成功，它使"革命皇帝"的晚期笼罩着悲剧色彩。那七省君主——不拉班特（包括布鲁塞尔、安特卫普及鲁汶）、卢森堡、林堡、佛兰德斯、埃诺、那慕尔、吉尔德斯——各有其古老光辉的历史，而统治当地 400 万人民的贵族向来维护历经几个世纪考验得来的特权，唯恐他人侵犯。"社会"显示自己的风格，冒险争取自己的利益，有时还在邻近列日主教区的矿泉区，饮用矿泉和葡萄酒。此时，该社区的英雄是 1735 年生于布鲁塞尔的利涅亲王（Prince Charles Joseph de Ligne）。他受教于数位神父，"其中只有一位信奉上帝"。他本人在这样一个笃信天主教的国家，"信教也只是两周而已"。"七年战争"时，他战绩颇为辉煌，担任约瑟夫二世的顾问且为其密友，1787 年参加俄军，随俄国女皇叶卡捷琳娜二世进军克里米亚。他曾在布鲁塞尔附近建立豪华奢侈的别墅和艺术馆，写了 34 册的《杂集》（*Mèlanges*），其中风格的优美甚至令法国人印象极深，而内中含有的哲学隽语更风靡了欧洲各个都会。

这个复杂的帝国，疆域自喀尔巴阡山（the Carpathians）至莱茵河，被位列有史以来最伟大的妇女之一的一个女人统治了 40 年。

玛丽亚·特蕾莎

从战争中我们可以了解她，在战争领域内，其军事上的杰出眼光，其坚持目标的远见和勇于面对失败等方面，仅逊于普鲁士的腓特烈大帝和英国的皮特而已。腓特烈大帝 1752 年曾说："除了匈牙利女皇及撒丁岛国王（伊曼纽尔一世）的天才不受教育不良的影响外，欧洲各国君王都是一群出名的蠢货。"在她之前有英国的伊丽莎白一世，在她之后则有俄国的叶卡捷琳娜二世，除了在治术方面这两位较她略胜一筹外，找不到比她更优越的女皇了。腓特烈认为她"野心很大，仇心亦重"，但是他敢期望她不因为他蹂躏西里西亚而报复吗？法国小说家龚古尔兄弟（the Goncourts）认为她"头脑超群，心地仁慈，具有高贵的责任感和惊人的工作精力，风仪非凡令人慑服，并有超俗的魅力，真是人民的母仪"。对于未攻击其帝国或信仰的人来说，她是一位很仁慈的女皇，请注意 1768 年她曾热烈地款待莫扎特一家人。作为其子女的良母，她给他们的信件是母爱和谆谆善导的骈文。假如约瑟夫听她的话，也不会死于失败；假如玛丽·安托瓦内特遵循其忠告，就可望避开上断头台的命运。

　　玛丽亚·特蕾莎并不是"开明专制君主"，她绝非专制君主。伏尔泰认为"她是以其子孙很少拥有的温柔和声望来作深入人心的统治，她免除宫中的形式主义和过多的限制……她不会拒绝听人诉苦，而且任何人都能满意地离她而去"。她不具有伏尔泰了解的那种开明的特质，她曾发布反犹太人及不宽容新教徒的法令，终其一生始终为虔诚的天主教徒。她深为震惊地发现，来自伦敦和巴黎的宗教怀疑主义竟也渗入奥地利。她以检查书籍和期刊的激烈手段来力挽狂澜，还禁止学习英语，"理由是在有关腐化的宗教和伦理原则方面，这种语言实在具有危险的特性"。

　　但是，她对大臣及其子的反教权主张，并非毫无所感。他们指出，由于教士暗示，临死的病患者如将财产遗留给教会即可赎免其罪，并邀宠于上帝，因此教士的土地及其他财富的增加极为迅速。长此下去，教会——已成国中之国——不久就会成为政府的主宰。修女院和修道院势必倍增，必有很多男女自动避开世俗的生活，使更多的财产免税。年轻妇女在真正了解贡献一生的意义之前，即会受诱加入修女院，誓奉上帝。教育完全受到教士的控制，成长中的心灵经其陶铸，就会给予教会而不给国家最高的效忠。玛丽亚·特蕾莎认为这些论调很有道理，因此下令做某种实质性的改革。她禁止教会参与遗嘱的订立；减少宗教组织的数目，并下令教会也须纳税；21岁以下的青年男女不得誓言加入修道院工作；教会和修女不得行使"圣殿庇护权"（right of sanctuary）来庇护罪犯；在得到皇帝同意之前，教皇令谕在奥地利境内无效；宗教裁判所须受政府的监督，而在实际上是受到政府的镇压；教育机构在斯维顿（女皇的医生）和劳滕施特劳赫的指导下进行改组，许多教授职务原由耶稣会教士担任的，现改由俗人担任。维也纳大学改由世俗当局和国家控制。该大学及其他大学的课程也经重订，扩充了科学和历史。这位虔诚的女皇多少已经预期其抱怀疑的长子会进行某种宗教改革。

当基督教各国宫廷在多妻多夫制方面，足可媲美君士坦丁堡时，她却是一位遵守道德的典型。教会应该可以利用她作为主张正统论的论据，而排除最力主多元论的波兰天主教君王奥古斯都三世和法王路易十五。维也纳贵族却未追随她。阿尔科伯爵带着他的情妇逃到瑞士；埃斯特黑齐伯爵夫人随舒伦堡伯爵私奔至法国；考尼茨亲王公然在车上偕其最近的情妇出游，而女皇规劝他检点时，他却告诉她："陛下，我来此要谈的是你的事，而不是我的私事。"玛丽亚·特蕾莎极为嫌恶这种道德上的放纵，她发布严峻的法令，严令其人民遵守上帝的第六诫。她命令，女人的裙子下面必须加长，上衣上面则必须提高。她组成贞洁委员会，该会有权逮捕任何卖娼的疑犯。卡萨诺瓦曾埋怨："女皇的褊狭行为和狭窄心地，使生活日益艰难，尤以外国人为甚。"

她的统治极为成功，主要应归功于驾下的能臣。她接受了他们的引导，并赢得他们的效忠。虽然"盟友倒戈"（reversal of alliances）政策已成败笔，考尼茨亲王却继续掌理奥地利外交事务，并为帝国服务，颇著绩效，达40年之久。豪格维茨（Ludwig Haugwitz）改革内政，霍泰克（Rudolf Chotek）重建奥地利的经济。这三人对奥地利的贡献等于黎塞留和柯尔伯对法国的贡献。事实上，他们创造了一个新的国家，比特蕾莎继承的老弱王国强大的多。

豪格维茨的改革自重建帝国军队开始。他相信面对纪律严整的普鲁士军队，奥军早已崩溃，不堪一击，因为奥军是由许多独立的军团联合组成，而各军团又由半独立的贵族募集，并受其指挥，现在经他策划才组成了一支统一训练和受中央控制的10.8万名常备军。为维持这支军队，他建议不仅一般人民，而且贵族和教士也应纳税。贵族和教士提出抗议，女皇不理他们的愤怒，径向他们征收财产税和所得税。腓特烈赞许他这位敌人为行政能手："她的善理财政为其前代所未曾见，不但通过适当的行政管理，弥补了割土予普鲁士和撒丁岛诸王的损失，还大为增加其收入。"豪格维茨继又重修法律，使司法免受贵族的干涉，并使封建诸侯受中央政府的控制。1768 年，一部统一的新法典《豪格维茨试行法典》终于颁布施行。

同时，霍泰克努力促使不景气的经济重振。有利于贵族的专卖政策及 1774 年以前仍然有效的《基尔特规程》（*Guild Regulation*），使工业发展受到阻碍。虽然如此，林茨仍有一些羊毛工厂，共雇用了 2.6 万名员工，维也纳则以玻璃和瓷器的制造，驰名一时；而波希米亚的冶金制造在全国首屈一指。奥地利匈牙利均有丰富的矿产，加里西亚富有盐产。霍泰克利用关税来保护这些工业，因为经常参战的奥地利，在生活必需品方面必须力求自给自足；自由企业就像民主政治一样，是安全与和平的奢侈品。

即使如此，帝国仍是农业与封建的国家。与腓特烈一样，女皇在战时不敢攻击防范森严的贵族，以免引起社会混乱。她率先示范，在自己的土地上废止农奴制度，并强令傲慢的匈牙利显贵准许农民随意迁居、结婚、抚育自己的儿女，而且可以不理会领主的裁决，径行诉诸地方法院。纵使有这些舒缓民艰的措施，匈牙利和波希米亚的农民几乎仍和俄国农民一样贫穷。在维也纳高贵的宫殿、精美的歌剧院、散布希望的豪华教堂背后，低阶级人士仍然过着传统的贫苦生活。

在宫城豪华方面，维也纳渐可以媲美巴黎及其近郊。舒伯鲁宫（Schönbrunn，意为"美好的春天"）就在该城外面，包括 495 英亩的花园，完全模仿凡尔赛宫而建（1753—1775 年），具有挺立高耸的围篱、奇特的人工岩穴、匀称的池塘、多纳及贝叶雕就的可爱雕像、一座动物园、一座植物园。而在背面山上，还有由霍亨堡的约翰建于 1775 年的一座凉亭，另外加上淳朴的罗马式拱廊。舒伯鲁宫本身是拥有 1441 间厅房的大厦，1695 年初由约翰·菲舍尔一手设计，但 1705 年以前，该宫并未全部完成，玛丽亚·特蕾莎又聘请帕卡锡重新设计，1744 年工程又再复工，到了女皇死的那年（1780 年），才全部竣工落成。内部有一条大画廊，长 141 英尺，天花板采用洛可式的纤巧设置，并由古列尔米在上面作画（1761 年）。从春天到秋天，舒伯鲁宫是女皇的行宫。

宫廷现在约有 2400 人，照顾马匹、车辆的仆从和马夫就有 250 人。每年维持全宫的各种费用计为 430 万基尔德。女皇本人崇尚节俭，除非皇家规矩势有必要外，尽量减少宫中的奢华。她以广事慈善来抵消其宫廷的奢靡。一个世纪以后，斯塔尔夫人谈到奥地利时说："此地慈善事业的基础已经奠定，规模井然，乐善好施；私人和公共慈善业务均具有公正的良好精神……本国的一切皆显示有一个贤明、爱民如子的宗教政府。"

虽然贫穷，几乎见不到乞讨的情形，相比而言，其犯罪率也较低。人们找到了单纯的乐趣，包括互相访问，在广场上摩肩接踵，在阴凉的公园里乘凉，在普拉特游乐场的林荫道上漫步，在乡间野宴，甚或热血沸腾地安排饿兽猛烈的相斗。人们的舞步极为雅致漂亮，尤其是正式的小步舞，跳这种舞，男女之间很少会碰触，每种动作有其传统和规矩，极尽抑制和庄严之能事。在维也纳人的生活中，音乐占有很重要地位。

比较起来，奥地利文学不但平庸而且不成熟。奥地利向来尊重教权，并未参与鼓动日耳曼风潮的"狂飙运动"。玛丽亚·特蕾莎并非学术或纯文学的拥护者。维也纳也无文艺沙龙，也不像法国那样，作家、艺术家、哲学家与妇人、贵族、政治家打成一片。这是一个沉静的社会，其古老可靠的生活方式自有其舒适可爱处，虽然没有受到革命的激荡，却也无法一尝挑战性思想的风味。维也纳的报纸经政府严密监督，反成为思想的阻碍，也许只有创刊于 1780 年的《维也纳新闻》（Wiener Zeitung）是唯一的例外。维也纳的剧院上演歌剧让贵族和宫廷欣赏，或演出粗劣的笑剧给一般群众看。莫扎特曾写道："就整体说来，维也纳民众不喜欢严肃或有意义的作品，他们甚至根本不了解它。他们的戏院提供最佳的证据，可资证明他们只喜欢与跳舞、粗俗歌舞、丑剧、鬼剧、魔鬼的古怪动作这类无价值的事物为伍。"莫扎特的父亲对维也纳接待其子的情形很感失望。

位于演员、音乐家、民众、农奴、贵族、廷臣及教士的社团之上的，是伟大的女皇，母仪天下，却寂寞一身。其王夫，洛林的弗朗西斯，于 1745 年即已加冕为王，但其才华适于商业，而不适于政府。他曾组织制造业，供给奥军制服、马匹和武器，腓特烈与奥地利作战时（1756 年），却将面粉和秣料售给腓特烈，尽将国政委予其妻。唯在婚姻上，他却坚守其权利，女皇虽然知道他与人通奸，仍然爱他，替他生了 16 个小孩。她以母爱和严格管教来抚育其子，经常责备他们，并过分灌输道德与智慧，致使玛丽·安托瓦内特宁愿逃避到凡尔赛宫，而约瑟夫宁愿浸淫在哲学的天地里。其技巧的安排，使其他子女得到安适的归宿。其女玛丽亚·卡罗利娜是那不勒斯皇后，其子利奥波德是托斯卡纳大公，其子斐迪南是伦巴底总督。她尽其所能预为其长子约瑟夫继承她留下的重担做准备，她焦虑地观察约瑟夫在教育、婚姻、哲学风暴及丧失所爱的种种发展，直到此时，他年已 24 岁，她才让他坐在帝国王座的旁边共同听政，输以感情，教以谦恭。

成长中的约瑟夫（1741—1765）

玛丽亚·特蕾莎曾把其子的教育交给耶稣会教士，但她比卢梭更早主张让他读书犹如自娱。约瑟夫 4 岁时，她曾抱怨"我的约瑟夫不听话"，然而听话就不是一桩娱乐了。约瑟夫 6 岁时，普鲁士大使在报告中说："他已经高度了解他的地位。"玛丽亚·特蕾莎训以纪律生活，并强其敬神，但孩子发现宗教礼拜很是烦人，他厌恶过分重视超自然的世界。不久，他不喜正统论，转而为伏尔泰的学说所迷。此外，他虽不关心文学，却极热心研讨科学、经济学、历史和国际法。他永远不会因为年长就变得更傲慢，他终于成为英俊机警的青年，此时他的缺点尚不至使他与母亲疏远。在多次旅行途中，他写给母亲的信充满着孺慕之情。

到了 20 岁，他受任为枢密院的一员。不久（1761 年），他顺应母亲的要求，屡述其政治和宗教改革思想的要旨，终其一生，这一直是其政策的本质。他劝请女皇扩大宗教宽容，减低教权，免除农民的封建负担，并允许物品流通和思想交流享有更大自由。他请求女皇减少宫中和典礼的支出，尤其应减少军队的开支。每位政府成员既然领薪水就应该工作，而贵族应与一般人一样纳税。

同时，他知道了生活的另一面。路易十五为了使敌人的盟友倒戈，曾提议以其孙女伊莎贝拉许配约瑟夫大公为妻。约瑟夫看似很幸运：伊莎贝拉只有 18 岁，不但美丽，性情也很温柔，只是多愁善感。1760 年 6 月，她随 300 匹马组成的车队，越过阿尔卑斯山抵达奥地利。为庆祝大婚曾举行奢华的盛宴，约瑟夫非常高兴有这样的美人在怀。但是，伊莎贝拉念念不忘所习的神学理论，她完全可以安享生命的一切，但是她不觉得这样有何快乐可言，反而希望早日死亡。1763年，她致书其姐妹说："死亡是一种恩泽，我从未像现在这样希望死去。我心中的每个念头都是希望早死。只有上帝知道我热切希望舍弃这种每天都在玷辱它的生活……假如容许自杀的话，我早已那么做了。"1763 年 11 月，她遭受天花的折磨，她根本就不鼓励设法救她的医生，5 天中她终告不治而死。约瑟夫爱她至深，永远无法从这次打击中复原。

几个月后，其父带他到法兰克福加冕为罗马皇帝——传统登上帝国帝位的步骤。1764 年 3 月 26 日（年轻的歌德也在人群中）他在此地被选任为皇帝，4 月 3 日即接受加冕。他不喜欢冗长的仪式、宗教礼仪和演讲。在致其母亲的一封信里，他抱怨："我们每天都要聆听无聊而愚蠢的演说……那要令我费很大气力，才忍住没有当面告诉这些绅士，他们的言谈举止是何其愚蠢。"在典礼中，他一直想着他逝去的妻子。"由于心中充满了痛苦，我看来宛如着迷似的……我爱寂寞……可是必须活在人群里……还要天天喋喋不休，而说的都是无聊的话。"他一定很善于隐藏自己的感情，因为其弟利奥波德报告说："我们的罗马皇帝永远显得英俊可爱，总是富于幽默、欢欣、亲切和彬彬有礼，他已赢得人们的拥戴。"

回到维也纳后，他受劝再次结婚，因为奥地利政府要有次序地持续下去，以利于哈布斯堡家族的繁衍不绝。考尼茨替他找到巴伐利亚的约瑟法为妻，因为考尼茨希望巴伐利亚可以并入奥地利王国。约瑟夫签署考尼茨为他安排的婚契，将之送出后，致书帕尔马公爵（伊莎贝拉之父），将约瑟法描写为"矮矮胖胖的小女人，毫无年轻人的魅力；脸上有粉刺红斑……讨厌的牙齿……你该了解这项决定使我蒙受多大的损失……怜悯我吧，别放弃对这个女婿的爱，虽然他再娶，却永远把那个爱人的影像深深地记在心里"。1765年初，约瑟夫与约瑟法结婚。她试着做一位好妻子，但他在公开和私人场合都回避她。她默默地忍受痛苦，1767年死于天花。约瑟夫拒绝再娶。现在，约瑟夫带着冷漠与忠诚、理想主义和傲慢糅合而成的悲惨际遇，将他的余生奉献给政府。

母与子（1765—1780）

弗朗西斯一世去世时（1765年8月18日），玛丽亚·特蕾莎有一段时期可谓身心俱裂。她和他的情妇一起为他哀悼，她剪短头发，舍弃衣物，尽弃珠宝，并终身为他戴孝。她把国政交给约瑟夫，想要退隐修女院。其后，又恐其冲动的继承人无法胜任，才又过问国政，同年11月17日，发表了共同摄政宣言。她对奥地利、匈牙利及波希米亚内政保有最高权力。约瑟夫则继任皇帝，负责处理外交和军政，在行政和财政方面也有不完整的权力，但在外交方面，他接受考尼茨的指导，他在各方面所做的决定仍由女皇事先加以审核。他对权力的热衷已和对母亲的敬爱混为一体。她几乎死于天花之际（1767年），他很少离开她的身旁，其焦虑和悲哀之深很令宫廷惊讶。这种疾病三次袭击皇室，使奥地利医生开始为人注射天花疫苗。

其爱子的急于改革很令做母亲的困扰。1765年11月，他将令人震惊的备忘录送达枢密院：

> 为保有更多人才服务于邦国，我将下令——不论教皇和全世界的教士意见如何——我的子民在 25 岁以前……不得担任教职。太早宣誓为上帝服务，往往导致男女两性的悲惨结局。这一事实是我们自以为是，而无视于国家的利益所致。
>
> 宗教信仰自由、宽容的出版检查、道德上的过失免于追诉、不探察个人隐私，应是政府治理国家的金科玉律……无可置疑，宗教与道德的理想是统治者要达成的基本目标。但是，其不应扩大为企图改正或转变人的信仰和行为。信仰与道德需要说服，用暴力必然无效。在出版检查方面，我们固应特别注意已经出版发行的印刷品，但是检查人们的口袋及箱子，尤其是检查外国人的，未免热心过度。我们很容易就可以证明，纵使有了现在的严格检查，任何禁书在维也纳也都可以买到，而人人受了查禁的吸引，可能愿以双倍的高价去购买……
>
> 假如除了香料外禁止一切外国货物进口、废止垄断、设立商业学校并消除商业妨碍贵族政治的观念，深信工商业可以更发达……
>
> 我们应容许婚姻自由，甚至我们称为"mèsalliances"（指不同阶级间的通婚）的婚姻也该容许。神法或自然皆未禁止婚姻自由。只是我们的偏见才令我们深信，我的祖父为伯爵，我就比别人更有价值。或者只因为我有查理五世签署的羊皮文件就与众不同。实则我们能承继我们父母的只是躯体而已，因此，国王、伯爵、中产阶级、农民，完全是一样的。

玛丽亚·特蕾莎和枢密院大臣一定从该建议中，嗅到伏尔泰或百科全书派的气息。年轻的奥皇本应采取渐进政策，他却急于成功。他把父王留给他的 2000 万基尔德——现金、股票及财产——交给财政部，并代偿国债，取费只有 4% 而非 6%。他出售先王的皇家猎区，并下令屠杀野猪，只因那是猎人的目标，并是农田的破坏者。他不顾贵族的反对，在得到其母的支持后，开放布拉特公园及其他公园让民众进入。

令女皇和宫廷震惊的是，1769 年他断然至西里西亚的尼斯与奥地利最痛恨的死敌腓特烈大帝做 3 天的友谊谈判（8 月 25—27 日）。他从普鲁士王那里学到国王"就是国家第一号公仆"（the first servant of the state）的观念。他赞许腓特烈把教会置于国家之下和宽容不同教派的政策。他羡慕普鲁士完美的军队组织和法律改革。他二人觉得消除歧见，共御俄国日益增长的势力，此当其时。约瑟夫致书其母说："晚餐以后……我们一面抽烟，一面谈伏尔泰。"普王此时 57 岁，对现年 28 岁的奥皇评价不高。他说："这位年轻的君王素性坦白，这倒很符合他的个性……他很想多学习，但没有太多的耐心。他拥有高位只有使他更肤浅而已……无尽的野心吞噬了他……他极乐于研读伏尔泰的作品，并欣赏此人的优点。"

俄国叶卡捷琳娜二世惊人的成功，迫使考尼茨安排第二次与腓特烈的会晤。普王、奥皇及亲王三人于 1770 年 9 月 3 日至 7 日，会谈于摩拉维亚的诺伊施塔特。在这一年中，约瑟夫一定有了长足的进步，因为腓特烈写信给伏尔泰说："奥皇虽然长于褊狭的宫廷里，却能扬弃迷信；虽然生活于奢华中，却宁取简单的礼仪；虽然处身粉香钟鼎之家，仍很朴素；虽然热切地追求光荣，仍然为了孝顺而牺牲了自己的志向。"

这两次会议是约瑟夫政治教育的一部分。他旋又访问其统治地，实地研究他们的问题及发展的可能性，以增加政治见识。他骑在马上并非以皇帝的身份出巡，而是以一般旅行者的身份出游。他避开一切礼仪，住的是旅舍而非别墅。1764 年和 1768 年他曾访问匈牙利，注意到农奴极端贫穷的情况，并在发现原野中有饿死的小孩尸体时，大为震惊。1771 年至 1772 年，他在波希米亚和缪拉维亚两地又见到同样的情况。他到处听到或看到地主残酷而农奴饥饿的报告或证据。他曾写道："我国内部的情况简直令人难以置信、难以描述，那真令人伤心至极。"回到维也纳，他怒责女皇和大臣计划的只是小节的改革而已。他说："微小的改革无关宏旨，只有全盘的改革才有效果。"他计划第一步先没收波希米亚一些教产，设置学校、难民收容所及医院。经多次辩论后，他终于促使枢密院公布《奥伯林法》（*Urbarian Law*），减少并限定封建地主拥有农奴的数目。波希米亚和匈牙利的贵族抗拒该法，波希米亚的农奴群起暴动，为军队敉平。玛丽亚·特蕾莎将暴动归咎于其子。她曾写信给其驻巴黎代表默兹说：

> 皇帝太急切地追求民望，在多次旅行中过分奢谈……宗教自由和农民解放问题。这类说法已经在我们的日耳曼诸省引起骚乱……不但波希米亚的农民可畏，摩拉维亚、斯蒂里亚及奥地利的农民也有可虑；甚至在本地区，他们都敢放纵嚣张，极为无礼。

约瑟夫参与腓特烈与叶卡捷琳娜二世第一次瓜分波兰时（1772年），母子间的关系便日见紧张了。她抗议不该对友好的（天主教）国家有这种粗暴行动。约瑟夫与考尼茨强使她签署瓜分波兰一部分给奥地利的协定时，她为之流泪不止。腓特烈讽刺地批评她："她一面哭，一面取。"我们从她写给其子斐迪南的信中，可以看出她感到遗憾乃是实情："有多少次我希望不参与玷辱本国的这个行动；上帝会谅解，我在另一个世界，也不该负任何责任。这件事使我心理负担沉重，使我的头脑受到折磨，而且每天都感到痛苦。"

她又惧又爱地思考其子的个性。"他喜欢被人尊敬和顺从，视反抗他为可厌之事，几乎难以容忍……他常常不够体贴……其日增的活力使他强烈地希望诸事均能顺应其意……我儿心地善良。"一次，她激烈地责备他：

我死时，我希望我会活在你的心里，那样我们的家族和国家在我死后仍然没有什么损失……你的模仿（腓特烈）并非可喜之事。这位英雄……这位征服者——难道他有一位朋友吗？……一个人若无人性，生命成了什么呢？不管你有多大的才智，你不可能已经有了各种经验。注意别陷入恶毒的深渊！你的心并不邪恶，却可能变得邪恶。别再以说俏皮话来取乐，这种要聪明的对话，唯一的目的就是嘲笑他人……你是一位爱卖弄才智的人。你是一位无思想的模仿者，却自以为是一位独立的思想家。

约瑟夫致书利奥波德，透露了他的处境：

此间诸事皆不能确定，已达到你不能想象的极点。工作日益累积，但一事无成。每天直到下午5点或6点，除了15分钟的独自进餐外，我都在工作，但没有效果。因为有许多不相干的理由从中作梗，而我一直是这些密谋的受骗者，万事皆有所制其者。我想把长子的地位当作礼品赠送给你。

他蔑视为其母服务的老臣。他们中只有考尼茨支持他，但带着不安的谨慎。年老的女皇听了其子的革命思想，惊恐万分。她坦白地告诉他：

你主张的最重要的根本原则是：一，宗教信仰自由，但是任何天主教君王都不敢不负责任地允许它。二，摧毁贵族（因为废止农奴制度）……三，不断地声称各种自由……我已经太老，难以赞同这种思想，我要祈祷上帝，别让我的继承人轻易尝试……宽容和平等主义显然是毁坏一切的手段……若无国教，还有约束吗？没有。绞架或刑轮均无约束可言……我是从政治的观点立论，而非以基督徒的立场说话。世界上找不到比宗教更有用、更

有益的东西了。你是否愿意让每个人各依其幻想去行动呢？假如
没有固定的信仰，也不服从教会的领导，我们会变得怎样呢？弱
肉强食就是其后果……我唯一的愿望是，我见到祖先于地下时，
能够引以为慰的，是我的儿子一如其先人一样伟大和虔信宗教，
而且他会放弃虚伪的主张、邪恶的书籍，也会拒与诱导他舍弃有
价值和神圣事物的人为伍。舍弃神圣事物的唯一结果是建立幻想
的自由，那只会……导致全面的毁灭而已。

但是，若有一件事是约瑟夫急于想做的，那就是宗教自
由。他也许不是某些人想象的那种无神论者，但他的确深受法国
文学的影响。1763 年，已有一群奥地利知识分子组成了"启蒙
党"（Aufklärungspartei）。1772 年，匈牙利作家拜塞涅伊（György
Bessenyei）在维也纳出版一部剧本，附和伏尔泰的思想。他为了取悦
于玛丽亚·特蕾莎，愿意改信天主教，但在她死后又回到理性主义的
路线。约瑟夫无疑读过《天主教主教名人传》（1763 年）一书，书中
一位著名的天主教主教，名为费布罗纽斯，重申"一般委员会"优于
教皇的理论，并力主各国教会应有自治之权。年轻的国王认为奥地利
教会的财富之多，已成为经济发展的绊脚石，而教会控制教育也成为
奥人心智成熟的主要障碍。1770 年 1 月，他致书舒瓦瑟尔说：

> 关于计划踢开耶稣会教士一事，我完全赞同。别太倚重我的
> 母亲，哈布斯堡家族传统与耶稣会教士有很深的关系……不过，
> 考尼茨是你的朋友，他在女王面前仍然可以随心所欲地做事。

约瑟夫尽情使用其对罗马的影响力，敦促教皇克莱门特十四世
采取决定性的行动，教皇终于下令废止该教团时（1773 年），他倍感
欢欣。

玛丽亚·特蕾莎震惊地从其子的信件中发现他误陷哲学家的阵

营已经很深。她尽其所能，阻止耶稣会遭到解散，但考尼茨劝她接受其他天主教强权的看法。她写信给朋友："对耶稣会教士，我感到又难过又绝望，这一生我是又喜欢又尊敬他们，我从他们身上看到了教养。"她指定一个委员会从事研究，暂缓执行教皇的敕令，奥地利的耶稣会教士因而得到自该国移出现款、财宝及契约的时间。耶稣会教士的财产虽然被政府没收，但女皇设法使该会会员领取年金、衣物及各种赠品。

约瑟夫对镇压耶稣会教士的行动，显然极为满意，以致更加深了母子间的隔阂。1773 年 12 月，他不耐烦于这种紧张的关系，请求她不要再过问国政。她对这项可惊的提议感到恐慌，因而写信给他，诚恳要求双方和解：

> 我该承认我的能力、颜容、听觉及能力均已江河日下，而我这一生最畏惧的弱点——举棋不定——已随胆气日衰和没有忠诚的仆从而完全暴露。你和考尼茨跟我疏远，对我忠心的大臣日渐减少，反宗教的情况、道德的堕落及大家使用的那些我听不懂的术语等——这些已够令我屈服了。我愿完全信任你，请你注意我犯的种种错误……协助你的母亲，她……活在寂寞之中，她看到她的努力和痛苦得来的成果尽遭毁坏时，她宁愿去死。告诉我你的愿望，我会照办。

他答应和解，这位曾尽全力抗拒腓特烈的妇人曾一度答应和腓特烈的赞赏者及其学生合作。他们两人共同利用耶稣会教士被没收的财产，进行教育改革。1774 年，他们发表《学校管理》，重整小学与中学的组织。小学对一切学童采取义务教育的方式，允许新教徒和犹太人为其学生和教师，并不分宗教信仰，教导各种宗派的理论，并将之置于国家管辖之下。这种公立小学被视为欧洲最佳的教育制度。另建师范学校以训练师资，职业学校专教科学与技术，高级中学则教学生拉丁文和人文学科。维也纳大学大致着重法律、政治学及行政学，并作为文官培养学校。教育原由教会控制，现在改由国家施以同样强有力的控制。

母子间继续合作废止刑讯（1776年）。但是，次年发生的一些大事粉碎了双方的和解。约瑟夫向往访问巴黎久矣——并非只是看看法国的哲学家和文艺沙龙的风光，而是研究法国的资源、军队及其政府，探望玛丽·安托瓦内特并改善两国之间的关系。路易十五逝世时，法国似有分裂的危险，约瑟夫致书利奥波德说："我很替我的妹妹焦虑，她要扮演很困难的角色。"1777年4月18日，他抵达巴黎，化名为"法尔肯施泰因伯爵"，而不公开其身份。他劝告年轻好玩的王后，弃绝奢侈、轻浮及脂粉气。她却不耐烦听他的劝告。他想和路易十六制定秘密同盟，以防止俄国的向外扩张，但没有成功。他快速游遍巴黎，"在数天之内，他就比路易十六费尽一生还了解得更多"。他拜访巴黎医院，但对医院不人道的管理方法，很难隐藏其惊讶的神色。这位高高在上的欧洲皇帝穿得有如一般市民，说起法语和法国人一样，还以最诚恳的态度接见各个阶层人士，这很令巴黎市民着迷，凡尔赛宫的廷臣却大为惊疑。他会晤文艺大家，特别是卢梭与布丰。他还参与内克夫人家里举行的晚会，并会晤吉本、马蒙泰尔及杜德芳夫人。他为她的仪态和名声感到局促不安，比她为其高位而感到不安的程度为深，然而这样反使他更受赞赏。平等主义者必定有目如盲，无视贵人的存在，因为贵人半数是衣着硬衬起来的。他曾参观巴黎议会开会，并参加法兰西学院集会。法国哲学家觉得，他们终于找到一位开明君主，可以如他们所望进行和平的革命。游历一个月后，约瑟夫离开巴黎前往各省旅行，北至诺曼底，再循西海岸至贝约讷，然后至图卢兹、蒙彼利埃和马赛，又沿莱茵河向上至里昂，向东至日内瓦。经过费内，却未拜访伏尔泰。他并不想太冒犯其母，或太公开与此人结好，只因此人对于奥人和法国国王来说，简直就是魔鬼的化身。

他急于缓和其母的情绪，在出游期间，有 1 万缪拉维亚人放弃天主教，改信新教，而玛丽亚·特蕾莎——或枢密院——却采取仿照路易十四反胡格诺教派的龙骑兵方式来加以镇压。改信新教运动的领袖纷纷被捕，新教教会均被解散。顽固的改教者被征入军队服劳役，女人则送至监狱工厂。约瑟夫返回维也纳时，他立即向其母抗议："为了使这些人再改信天主教，你把他们征入军队，把他们送到矿场，或罚他们去筑公共工程……我要坚决地宣告……谁负责发布这项命令，谁就是你的臣民中最无耻的人，他只会令我轻视，因为他不但是笨蛋，而且鼠目寸光。"女皇答以不是她而是枢密院发布这类命令。但她并未收回成命。缪拉维亚新教徒代表往见约瑟夫，玛丽亚·特蕾莎即下令加以逮捕。考尼茨劝她收回这些命令时，母子间的危机已经慢慢陷入僵局了。迫害行动终告停止。改教的人获允作新的膜拜，假如他们能悄悄地在家里作的话。世代间的冲突终于停止了。

1777 年 12 月 30 日，巴伐利亚选帝侯马克西米利安·约瑟夫经过长治久安的统治后，终于死亡，并无子嗣，因而争执又告恢复。在继承其位的竞争中，巴拉丁选帝侯查理·特奥多尔获得约瑟夫二世的支持，条件是巴伐利亚的一部分割予奥地利。而瑞布鲁肯公爵查理斯则得到腓特烈大帝的支持，腓特烈宣称他决不让奥地利得到任何巴伐利亚的土地。女皇警告其子，别挑衅那位无敌的普鲁士国王。约瑟夫不顾其劝告，在得到考尼茨的支持后，即派遣奥军赴巴伐利亚。腓特烈也命令其军队入侵波希米亚，想占领布拉格，只要奥军不退出巴伐利亚，就不撤军。约瑟夫率领其主力军卫护布拉格。敌对双方主力对峙，另一次奥普战争爆发，流的必是兄弟阋墙的血。腓特烈违反先例且出人预料，竟然避而不战，以其士兵蹂躏波希米亚的农作物而自满。而约瑟夫知道腓特烈是驰名的统帅，迟迟不敢进攻。他曾希望法国会出兵协助，并致书恳请其妹玛丽·安托瓦内特协助。路易十六致送 1500 万利维尔给他，此外一无表现，因为法国早与美洲殖民地签订盟约，必须准备与英国作战。约瑟夫在营中焦虑不安，一面为痔疮所苦，一面则因心情愤怒而激动不已。

玛丽亚·特蕾莎终于又表现了坚强的意志，把事情揽在手中，暗中遣使向腓特烈提出和议（7 月 12 日）。腓特烈同意谈判，约瑟夫服从其母的决定，法王路易十六和俄国女皇叶卡捷琳娜二世则从中斡旋。双方签订《特申条约》（*The Treaty of Teschen*，1779 年 5 月 13 日）。巴伐利亚割让 34 平方公里的土地予奥地利，聊慰约瑟夫之心，但该国的其他土地归查理·特奥多尔，促成了巴伐利亚与巴拉丁的联合。等到拜罗伊特和安斯巴赫两地的无嗣统治者去世后，普鲁士即接收。每个人自称获得胜利。

年迈的腓特烈大帝与年老的奥地利女皇之间发生的第三次危机，终于耗尽了女王的生命。1780 年，她不过 63 岁，但身体肥胖，并患气喘。两次大战、16 次怀孕及无尽的忧虑，已使她心脏极为衰弱。11 月，她在敞篷的御辇里，适为大雨所淋，引起严重的咳嗽，第二天她仍然坚持工作。她曾表示："睡觉费了那样多的时间，我不得不怪自己。"发觉躺下即几乎无法呼吸时，她只得坐在椅子上度过了最后的时光。约瑟夫召回其兄弟姐妹至母亲身旁，并殷勤地照料她。医生不再对她抱有希望，她遂听任为她做最后的圣礼。在弥留数小时后她站了起来，蹒跚地从椅子走到床边。约瑟夫试着安慰她说："陛下躺错了地方。"她却答道："是的，但死在这里已很不错了。"她逝于1780 年 11 月 29 日。

开明的专制君主（1780—1790）

约瑟夫在衷心哀悼现在才认识其伟大的母亲后，自觉已无任何束缚，可以尽行其改革的思想。他是奥地利、匈牙利、波希米亚、尼德兰南部等地的专制君主。其弟利奥波德在托斯卡纳，也顺其意志，其妹玛丽·安托瓦内特则在法国可以协助他。他深深地感到在此生命和权力的巅峰，已有很好的机会可以掌握。

他的外表如何呢？这时他年已40，仍是盛年，他在秃头上戴上假发时，显得特别英俊。他有一颗机警、几乎过分活跃的心灵，能够赶上时代，然其对历史和人性的知识使他一直不够稳定。他经常觉得时不我待，因此他所犯的错误都是仓促决定的结果，而非出于恶意。从许多故事中可以了解他对别人的不幸极为同情，并愿意改正可以挽回的过失。在工作许可的范围内，他尽可能接近人民。他的生活极为简单，衣着一如普通士兵，避免穿上皇帝的紫袍。他和腓特烈一样没有情妇，也无游乐而不务正业的"希腊朋友"，工作就是他专心致志的情人。与腓特烈一样，他比臣僚还勤奋工作。他对应尽的责任一向谨慎；出外旅行不是为了娱乐和炫耀，而是为了观察和学习。他曾经视察很多国家的工业、艺术、慈善事业、医院、法庭及陆海军编制。他亲自观察王国内各民族、各阶层及其问题。现在他下了一个男子汉能下的决定，要实现哲学家的梦想。"自从我登上皇位，戴上世界上最贵重的皇冠，我已使哲学成为帝国的立法。"欧洲各地的哲学家热切地注视着他的大计划。

第一个困难是要找到与他抱有同样理想的助手。先朝留下的老臣几乎都是上层阶级人士，而其改革会减除他们的特权。考尼茨和斯维顿支持他，两名枢密大臣奎滕伯格和格布勒，及两名维也纳大学教授马提尼和索南费尔都对他颇多鼓励。但是，这些人的下面是一群官僚，他们只知按习惯行事，以服从传统为乐，自然抵制任何革新。约瑟夫太忙而无法注重礼仪。他的待从如同奴仆，命令繁多而使他们无所适从。约瑟夫要求他们向他报告同僚的严重过失，不时诘询他们，并要他们和他一样凤夜辛劳。他承诺在服务10年后，他们或其遗孀可以领取退休金，他们虽感谢他的美意，却怨恨他的手段，仍旧保持他们的自尊。约瑟夫相信其目标绝对正确，以致根本不能容忍任何批评或讨论。他致书舒瓦瑟尔（此时舒瓦瑟尔已安享退休生活）说："你活得比我幸福得多。我几乎不知幸福何在，而在我走完我替自己决定的路之前，我就会进入老年了。"可是，他永远没有真的活到老年。

他弃绝一切民主思想。他觉得人民尚难做成熟的政治判断；甚至立宪君主政体也无前途可言。如同英国的国会体制，只会形成由反对根本改革的地主和主教组成的封闭社会。约瑟夫认为，只有专制君主政体才能打破习惯与教条的束缚，并保护弱者不受强者的侵犯。因此，他亲自面对一切问题，并发布涉及生活各方面的命令。为使人们服从其命令，他建立一种间谍系统，致使其施惠变质。

其专制部分表现在一支强大常备军的征集，该军队完全不受地方显贵的控制，以全面征兵制的方式来补足兵源，并施以普鲁士纪律的训练。他希望那支军队会加强他在国际上的影响力，并使腓特烈不敢轻举妄动，或许（因为我们这位哲学家也颇有贪图领土之心）这可以使他取得巴伐利亚，并将土耳其人赶出邻近的巴尔干半岛。他任命"法学家委员会"修改并编纂法典。经过 6 年的努力，该委员会印行了一本民事诉讼法典。刑罚已经减轻，并废止死刑（在那个时代英国仍有 100 种罪名要处以死刑）。魔术、巫术及叛教不再受法律的处罚。法律禁止决斗，决斗中杀人视同谋杀。婚姻成为一种民事契约，政府允许人们离婚。地方法官须经特殊训练，并通过艰难的考试。许多宗教法庭被废止。人民在法律面前一律平等。一位贵族被施以枷刑而受人耻笑，而另一位被罚清扫街道时，全国贵族大为震惊。

1781 年至 1785 年一连串的命令，废止了农奴制度。任何人皆有权迁移、转职、拥有财产和因互相同意而结婚，国家指派特别检察官以保障农民的新自由。贵族失去对佃农的刑事管辖权，但为避免领地荒芜，规定地主仍可要求从前的农奴提供某种惯有的劳动。

约瑟夫相信《基尔特规程》有碍经济发展，因此鼓励资本主义工业，但是他反对增加机器，唯恐"因而摧毁了成千上万人的生活"。他准许工人不必入伍，但他们为了休工假日的减少而牢骚不断。他对商人、制造家及银行家赐予贵族的封号和全国性的表扬。他虽废止或减少多种国内税，仍保留进口货物的保护关税。国内厂商受到保护，外商无法与之竞争，他们竞相提高价格，并生产劣等货品。怨恨奥地利的关税壁垒，普鲁士、萨克森及土耳其也紧闭门户，不准奥地利货品进入。易北河、奥得河、多瑙河等流域骤然失去不少生意，约瑟夫打通一条穿过卡尼克阿尔卑斯山的新路，目的是增加与亚得里亚海各港口之间的陆上贸易。他成立东印度公司，希望经由阜姆（Fiume）及的里雅斯特港两自由港而与东方、非洲和美洲各国贸易。1784 年，他和土耳其谈判，签订了通商条约，但是三年后的土奥战争，使多瑙河入黑海的出口尽行关闭，结果多瑙河的商人纷纷破产。

为了促进资本流通，他废止旧有禁止取息的立法，凡贷款取息在 5% 以下者即为合法，并封犹太银行家为贵族。他提供国家贷款，并准新兴企业短期垄断市场。他采取单一土地税的重农主义思想，土地税率各依其坐落地点及肥瘠而不同，并由大小地主来支付。这项计划若执行，自须先丈量帝国的土地。丈量费用共为 1200 万基尔德，由地方共同负担。新法规定，农民保有收获或收入的 70%，国家得 12%，尚余则由封建例费及宗教什一税均分。以前农民应付 34% 给国家、29% 给地主、10% 给教会，只有 27% 留给自己。贵族抗议新划分法会毁了他们；而在匈牙利，他们竟起来反抗。

奥地利、匈牙利及波希米亚的人口，1780 年为 1870 万人，1790 年则增至 2100 万人。根据当时的报告，砖瓦建筑逐渐取代了旧日农村的茅屋，都市建筑也改用砖瓦代替木材。贫穷依然存在，1781 年奥皇曾下诏成立"济贫组织"（Armeninstitute），任何无能生活者均有权向其求助，而无须损及自尊。

虽然约瑟夫的官衔包括"基督牧者"、"基督教拥护者"及"天主教信仰的保护者"，但在他获得专制大权不久，即着手减弱教会在其"承继的土地上的地位"，那是指奥地利、匈牙利及波希米亚而言。1781 年 10 月 12 日，他发布《宽容诏令》（*Ediot of Toleration*），新教徒和希腊正教徒都可自由建立自己的教堂、学校，而且有权自由集会、拥有财产、进行忏悔和担任军政职务。奥皇劝其人民"避免引起有关信仰的争执……并善待不同教派的人士"。在给斯维顿的一项指令中，约瑟夫坦白说出其灵感的渊源："我的帝国内不再容许不宽容，帝国会乐于发现它没有使卡拉斯和塞文那类人成为牺牲者……宽容是启蒙主义衍生的结果，而现在全欧洲都在传播这种启蒙主义。它是奠基哲学及建立哲学理论的伟人……只有哲学才是政府应该遵循的道理。"

　　宽容也有其限制，正如伏尔泰在《论宽容》（"Treatise on Toleration"）一文中定其范围一样（1763 年）。某些大臣警告约瑟夫说，假如取消一切限制，各种奇怪的教派势必丛生蔓延，甚至绝对无神论也将获得成长的机会，这样会造成教派纷争、社会纷乱及粉碎一切权威的后果。因此，有人告以几百位波希米亚人自称是自然神论者时（1783 年），他断然下令，任何敢如此自称者，"不需要进一步的调查，即应以皮鞭在其屁股上重重地打 24 下，然后把他送回家"，连续公开做此声称者，将连续地受到同样处罚。某些顽固的自然神论者，被遣往军事辖区管理。

　　《宽容诏令》发布的结果，使王国内自称为新教徒的数目急速增加，1781 年只有 7.4 万人，1786 年竟遽增至 15.7 万人。自由思想渐有发展，但仍然以私人交际圈为限。兄弟会会员长久以来即已在奥地利生根，曾在维也纳建立分会（1781 年），并有许多名流参加（虽则其主张暗含自然神论）而为奥皇保护。一位会员说："本会的宗旨在于实现政府鼓励的良心和思想的自由，并打击各种教派……的迷信和盲信，这些教派就是这些罪恶的主要支持者。"兄弟会分会仅在维也纳一地就有 8 个之多。加入该会成为一时风尚，不分男女皆戴上兄弟会的标志，莫扎特还为兄弟会的典礼作曲。约瑟夫终于疑心该会有政治阴谋，1785 年他下令维也纳各分会并而为二，各省的省会也只准设一个支会。

　　约瑟夫任命一个委员会来修改出版检查的法律，1782 年依据其修改结果发布了一部新法。该法禁止出版故意攻击基督教的书籍，而内容有"不道德的描述或猥亵的文字者"也在禁止之列。但是，同样查禁"内含几近神话的奇迹、幽灵、神示及同类记述的书籍，只因那些书会使一般人迷信，也会惹来学者的厌烦"。批评和讥嘲的文章即使是攻击奥皇，也准其出版，但应使用作者的真名，并受"诽谤法"的拘束。《罗马禁书一览表》内的书籍置于图书馆中，任学者使用。科学著作完全免受检查。某种学术书籍假如经知名权威担保为纯学术性质，即可免受检查。外语书籍可自由进口与贩售。学术自由扩大了很多。因斯布鲁克大学的 14 名学生公开向政府检举其教师不该主张这一世界的存在超过 6000 年以上，约瑟夫很简单地处理此事，他说："这 14 名学生应予开除，因为他们的头脑太愚蠢，无法从教育中获得益处。"新法导致教会组织愤怒的抗议。但约瑟夫的答复是，允许维也纳享有完全的出版自由（1787 年），甚至在完全获得自由之前，维也纳的出版商即因 1782 年的法律执行不严，而从中取利：奥地利市面充斥了半色情、透露修女生活、攻击天主教会或天主教本身的那类小册子、书籍及杂志。

约瑟夫觉得也应就宗教事务有所规定。1781 年 11 月 29 日，他发布诏令，关闭许多修道院和修女院，诸如"既不开办学校，又不照顾病患，也不从事研究"之类皆予封闭。日耳曼领域内（奥地利、斯蒂里亚、卡林西亚及卡尼奥拉）共有 2163 所修道院，有 413 所被封。6.5 万名修道士中，2.7 万名在领取津贴后被遣散，在波希米亚和匈牙利两地也有类似的裁减。约瑟夫说："王国又穷又落后，无法奢侈到必须养活这么多懒人。"被解散的组织的财产——共约 6000 万基尔德——当然为人民共有，而由国家加以没收，尚存的修道院也不再有继承财产的权利。托钵教会受命停止乞讨行为，并不得再收容新信徒。又废止宗教上的兄弟结义关系。各种宗教财产应由政府加以登记，政府禁止其随意出售、转让或交换。

约瑟夫继而将天主教主教辖区置于国家的控制之下。新任主教须先向世俗权责机构宣誓效忠。未得政府许可，教皇的一切规程和谕令在奥地利皆属无效。1713 年的教谕，虽谴责异端或詹森派教徒，但奥地利根本置之不理。同时，约瑟夫组织新教区，建立新的教堂，并支薪给神职候选人。他开设新的神学院，其课程不但重视神学和礼拜仪式，而且特别重视科学与世俗常识。

这些措施引起全欧天主教教士的反对。许多高级教士请求约瑟夫撤销其对付教士的诏令，但约瑟夫不听。他们又以下地狱来威胁他，他一笑置之，不为所动，继续其改革。最后，那位潇洒、文雅、仁慈和自负的教皇庇护六世，采取了非常的行动，离开意大利（1782年2月27日）。是年冬天，他越过亚平宁山和阿尔卑斯山，抵达维也纳（3月22日），决心亲自吁请奥皇撤销前令，这是1414年以来教皇第一次踏上日耳曼人的土地。约瑟夫与也抱怀疑的考尼茨走出维也纳城，亲迎教皇至玛丽亚·特蕾莎曾住过的行宫。在教皇逗留维也纳期间，广大的群众几乎每天都聚集在宫外，希望获得教皇的祝福。约瑟夫其后这样描述他们：

> 宫中走道及梯廊挤满了人。纵然已增加一倍守卫，仍然不可能不被他们带来请他祝福的东西侵扰：肩衣、念珠、偶像等。而他虽然每天从骑楼上给予7次祝词，仍有一大堆群众等他施予祝词。除非你亲眼目睹，否则，你真不知到底是怎样的人山人海；一次竟然有6000多人在那里等候，这绝对是真实的。那真是最壮观的场面。农民携妻带子来自周围60英里外。昨天有一位妇女还挤破了我的窗户。

教皇滔滔雄辩的劝解，还不如宗教对人心的影响的这种明证，更能感动约瑟夫。但是，即使庇护六世为其贵宾之际，他继续关闭修道院。教皇严厉地警告他："假如你一意孤行，毁坏信仰和教会法律，上帝一定会重重惩罚你，在你生命的旅程中，它就会处置你，它会在你面前开辟一道黑暗的深渊，而在你的盛年就会被它吞噬，你那光荣的帝国也将为之毁灭。"历经一个月的显耀和失败，庇护六世终于伤心地返回罗马。其后不久，奥皇任命罗马教廷不能同意的维斯康堤为米兰大主教，教皇拒予承认，遂致教皇与帝国几濒破裂的边缘。约瑟夫还不想采取这样剧烈的步骤，他速往罗马（1782年12月），谒见教皇，表示虔敬，因而得到教皇同意，此后可由国家指派主教的人选，甚至在伦巴底一区亦然。君王与教皇在和善的气氛中分别。约瑟夫曾经掷了3000斯库迪给罗马群众，他们欢呼："吾皇万岁！"

返回维也纳后，他继续一人的改革。像路德一样地抗拒教皇（许多新教徒感激地拿他和路德相比），也像亨利八世一样地攻击修道院，其后他又像加尔文一样，下令移走许愿匾及多数雕像，并禁止接触圣像，吻圣迹及分发避邪符……借以净化教会。他规定宗教礼拜的时间和种类，圣女的服饰和宗教音乐的性质。此后，规定祷文只能用日耳曼语，而不能以拉丁文来诵读，朝圣和游行应须获得世俗政府的允许。最后只有一种游行获得允许，即圣餐节游行。官方通知人民，不必跪在街上迎接游行行列，即使它携有圣饼亦然。脱帽致敬就已经够了。大学教授被告以他们以后无须宣誓他们相信圣母无瑕的观念。

没有人怀疑约瑟夫的人道目标。封闭修道院省下的财富已被当作专款，用于修建学校和医院，资助慈善事业，遣散教士及用作修女的津贴和贫穷教区牧师的补助款。奥皇连续下诏，促进教育的发达：有100名适龄学童的社区即应设一个初级小学；初级教育完全为强制性，并具普遍性；另由修女院或国家设立女子学校。维也纳、布拉格、伦贝格、佩斯特、鲁汶等地均设有大学。因斯布鲁克、布伦、格拉茨、弗赖堡等地设有专科学校，教授医药、法律或工艺。帝国设有许多医学院，包括设在维也纳的一所教授军医和外科手术的约瑟夫医学院在内。维也纳开始成为世界上最进步的医学中心。

奥皇与帝国

王国的复杂情况使约瑟夫的革新措施倍加困难。他很了解奥地利，纵使经过多次辛勤的旅行，他仍然不能体会匈牙利显贵对其国家经济和政治生活的影响有多深，更不能体会匈牙利群众的爱国主义更重于阶级利益这一事实。他承继大统之时，曾拒绝依照传统前往普雷斯堡加冕为匈牙利皇帝，因为加冕典礼中，必须宣誓遵守匈牙利宪法，而该宪法支持封建形态的社会。他曾下令将匈牙利守护神圣史蒂芬的皇冠自布达移往维也纳（1784 年），此举冒犯了匈牙利人。他还以日耳曼语而不以马扎耳语代替拉丁语，作为匈牙利法律用语和训令用语。而令匈牙利商人愤怒的是，他曾利用关税阻止匈牙利产品输入奥地利。他曾干涉传统礼拜仪式，并在一年之内竟准许匈牙利的新教社区由 272 个增为 758 个（1783—1784 年），使当地天主教会极为震惊。匈牙利终陷于党派、国籍、语言及信仰互相冲突的纷乱状态。

1784 年，瓦拉几亚（Wallachia）爆发了反抗封建地主的剧烈的农民暴动，共有 182 间贵族别墅及 60 座村庄被付之一炬，并有 4000 名匈牙利人惨遭杀害，他们宣布是在奥皇的福庇之下才做这种事。约瑟夫很同情他们，认为长久受压迫自会产生此种积怨。但是他希望通过立法，和平地结束封建制度，而不能容许农民以杀人放火的方式来解决问题，遂派军平息暴乱。共有 150 位暴动的首领被处死，暴乱才告终止。结果，贵族恨他引起暴乱，农民则恨他阻止暴乱。此时已经伏下 1787 年全国反对奥皇的危机。

1780 年 11 月，约瑟夫亲自研究奥属尼德兰的问题。他曾游遍那慕尔、蒙斯、库特赖、伊普尔、敦刻尔克、奥斯坦德、布鲁日、根特、奥登那德、安特卫普、马林、鲁汶、布鲁塞尔等地。他还附带访问尼德兰联合行省——抵达鹿特丹、海牙、莱顿、哈勒姆、阿姆斯特丹、乌得勒支及斯帕（在该地曾和哲学家雷纳尔共餐）等地。荷兰的欣欣向荣与比利时经济显现的相对呆滞，这种明显的对比令他印象深刻。他将此归因于荷兰商人极为活跃和善于把握良机，及《明斯特条约》（1648 年）封闭了斯海尔德河与海洋贸易。回到布鲁塞尔后，他迅速召开会议，企图改革贸易、行政、财政及法律。1781 年 1 月，他指派其妹玛丽亚·克丽斯蒂娜及其夫阿尔伯特公爵为奥属尼德兰的地方首长。

此时，他第一次看到在这个历史悠久的土地上，具有传统特权的上层阶级如何反对改革。其中不拉班特一省早在13世纪即已获得自由宪章，向有"乐都"之称。任何入主布鲁塞尔的君主须向宪章宣誓效忠，其中一条款规定：假如君主违反宪章规定，则佛兰德斯有权拒绝对他服务和服从。另一条款规定：国王应维持天主教会现有的特权、财产及权力，并执行特伦特宗教大会的一切决定。其他各省的贵族和教士也喜爱类似的宪法。约瑟夫却决心不让这类传统阻碍其改革。在短期的访问巴黎后（1781年7月），他又回到维也纳。

11月，他开始在这些省份实施《宽容诏令》。他下令比利时的修道院不受教皇管制，关闭几座修道院，并没收其财产。布鲁塞尔、安特卫普及马林的主教纷纷提出抗议，约瑟夫继在比利时贯彻其关于还愿圕、游行及宗教礼仪的规定。他不准主教控制学校，称"利未的子孙不该再垄断人类的心灵"。他废止鲁汶大学长久以来享有的特权。他在该校建立一所不受主教管辖的神学院，并下诏比利时牧师候选人应在该院做5年的研究才行。急于改革各省的政府，他取消各省阶级会议或省议会及古老的贵族院，改设单一的一般行政委员会，该会设一由奥皇任命的全权委员。他又设置统一的世俗司法机构，取代现存封建的、地方性的、宗教的法庭。全体人民无分阶级，在法律面前一律平等。

贵族和很多中产阶级联合教士，反抗这些措施。约瑟夫重开斯海尔德河出海贸易的徒劳的努力，亦未缓和他们的敌视。而荷兰拒绝重开，法国虽经玛丽·安托瓦内特的恳求，仍然表示拒绝。1787年1月，不拉班特省阶级会议通知约瑟夫，未经该会同意不得改变该省现行的宪法。事实上，他们等于告诉他，他对奥属尼德兰的统治，应是立宪君主政体，而非专制君主政体。但他置该宣言于不顾，断然下令执行其诏令。阶级会议在他们的抗议得到结果之前，拒绝通过征税案。群情激动引起广泛的暴动，玛丽亚·克丽斯蒂娜无奈，只好应允废止那些不受欢迎的改革（1787年5月31日）。

尼德兰动乱不安之际，约瑟夫在哪里呢？他正设法在外交上结好叶卡捷琳娜二世，他相信和俄国达成和解，可以孤立普鲁士，并增强奥地利对付土耳其人的力量。早在其母驾崩以前，约瑟夫即曾至莫吉廖夫（Mogilev）拜访女沙皇（1780年6月7日），并辗转至莫斯科和圣彼得堡盘桓。1781年5月，奥地利和俄国签订了攻守同盟互援协定。

自以为这项协定可使七八十岁的腓特烈陷于瘫痪而不能行动，约瑟夫再次向选帝侯查理·特奥多尔要求以奥属尼德兰交换巴伐利亚（1784年）。选帝侯难以抗拒其诱惑，但腓特烈再鼓余勇，设法阻止这项计划的实现。他鼓动匈牙利和比利时起来反抗奥皇，怂恿瑞布鲁肯公爵——巴伐利亚继承者——反对交换，派使说服日耳曼诸侯，称他们的独立已遭到奥地利向外扩张的威胁，并于1785年7月23日成功地组成普鲁士、萨克森、汉诺威、不伦瑞克、美因茨、赫斯—卡塞尔、巴登、萨克森—魏玛、哥达、梅克伦堡、安斯巴赫、安哈德等地的诸侯联盟，保证共御奥地利牺牲日耳曼国家向外扩张的野心。约瑟夫又一次诉诸凡尔赛宫的妹妹玛丽·安托瓦内特使尽其魅力，要赢得法王路易十六对自己的支持；外交大臣韦尔热纳却警告法王路易切勿同意。约瑟夫不得已，只有承认自己不是腓特烈这个老狐狸的对手。1786年8月，他得悉腓特烈去世的消息时，他说他有双重的悲哀："以一个军人的身份，我很遗憾，这位对战争艺术有划时代贡献的伟人终于逝世。以一名百姓的身份，我很遗憾他不早死30年。"

现在奥皇扩大其王国领土的唯一希望，就是参加叶卡捷琳娜二世瓜分土耳其在俄奥之间的欧洲属地的战役了。1787年1月，俄皇出巡并想慑服其南方的新征服领土时，曾邀请奥皇在半路上相会，一起到克里米亚去。他如期而至，但没有立刻同意联合出征的计划。他说："我真想要的是西里西亚，与土耳其战争根本不会达到那个目的。"不过，土耳其对俄宣战时（1787年8月15日），约瑟夫不能不有所行动了，因为他和叶卡捷琳娜二世的同盟协定使他必须助其打"自卫"的战争。而且，现在土耳其的情况岌岌可危，奥地利参战可以乘机再占塞尔维亚和波斯尼亚，甚至可以取得黑海的港口。因此，1788 年 2 月，约瑟夫出兵作战，并训令他们攻取贝尔格莱德一地。

但是，就在此时，瑞典人乘机攻打圣彼得堡。叶卡捷琳娜二世召回在南方的军队以护卫其京城。土耳其人没有了俄人的压力，便能集中火力对付奥地利军队。约瑟夫亲自督军，目睹奥军因漠不关心、逃亡及疾病而日见衰弱。只好下令撤退，绝望而自觉耻辱地返回维也纳。他将统帅权交付"七年战争"的英雄劳顿，老将攻下贝尔格莱德才稍补奥军的损失（1789 年）。此时瑞典攻击俄国遭到失败，叶卡捷琳娜二世军队再次大举南进，在与土耳其人交锋的杀戮中，因其兵员稍多而获胜。约瑟夫欢欣地注视长期等待现已在望的军事胜利。不料，普鲁士、英国、瑞典及荷兰因恐俄国日渐壮大，在此时出面干涉，协助土耳其人。骤然之间，约瑟夫发现，几乎所有欧洲新教国家联合起来对付他。他再度求助于法国，但 1789 年的法国已因革命而自顾不暇。普鲁士在腓特烈·威廉二世的统治下，与土耳其签订了同盟条约（1790 年 1 月），并遣使煽动匈牙利及奥属尼德兰起来反叛奥皇。

匈牙利欢迎这种阴谋，因为它已经公开反抗约瑟夫征兵、征税、改变语言及宗教改革的诏令。1786 年，马龙吉吁请匈牙利人自选其皇帝。1788 年，佛兰尤计划立腓特烈·威廉为匈牙利国王。埃斯特黑齐和卡罗伊将此消息泄露给奥皇，佛兰尤被判 60 年的监禁。1789 年，匈牙利阶级会议诉请普鲁士从奥人手中解放匈牙利。法国革命的消息传到匈牙利时，该国到处都可以听到独立的呼声。约瑟夫心神沮丧，已觉来日不多，再无精力坚持立场。其弟利奥波德也劝他屈服。1790 年 1 月，他只好宣告：

我们已经决定恢复（匈牙利）王国政府……在 1780 年时的

状况……我们所做的（改革）出于追求共同福祉的热诚，及期望你们受了经验教训之后会喜欢这些改革。现在我们已经确信你们还是较喜欢旧秩序……但是我们希望，我们的《宽容诏书》……及有关农奴的地位和与领主关系的诏书，均继续有效。

2月，圣史蒂芬皇冠被送回布达，沿途各站受到人们热烈的欢迎。叛变遂告平息。

奥属尼德兰的反叛却是不到产生结果决不中止，因为它能感受邻近的法国革命运动的热力。约瑟夫之妹曾向不拉班特省阶级会议承诺废止他们怨恨的改革，约瑟夫却不肯承认这项承诺的效力。他下令执行这些改革措施，并命其士兵向拒不采行的群众开火。士兵依照命令去做，结果布鲁塞尔有6名暴动者死亡（1788年1月22日），安特卫普和鲁汶两地死亡的数字不详。布鲁塞尔律师亨利呼吁人民武装起来，并加入独立志愿军。教士也热心支持这一呼吁；法国巴士底监狱陷落的消息传来，极大鼓舞了人们，不久就有1万名"爱国者"在强有力的领导下，参加战争。10月24日，《不拉班特省人民政纲》出现，宣告罢黜约瑟夫二世统治者的地位。10月26日，爱国者组成的军队击败奥军。叛军节节胜利，逐渐占领各城镇。1790年1月11日，7省均宣告独立，并成立比利时联合共和国，这一名称来自1800年前曾经困扰恺撒的比利时族。英国、荷兰及普鲁士均乐于承认这个新政府。约瑟夫诉请法国帮助，但法国正忙着罢黜自己的国王，根本无暇他顾。约瑟夫熟悉的旧世界好像已经崩溃了，而死神正在召唤他。

去世

最后这几个月是最不好过的。匈牙利和比利时发生叛乱，土耳其人节节进逼，军队群起叛离。而自己的子民，那些奥地利人本来很敬爱他，现在也反对他，视他为他们神圣传统和信仰的破坏者。教士谴责他是不信教的人，贵族因他解放农奴而对他怀恨在心，农民则向他要求更多的土地。都市的市民接近饥饿边缘，各个阶层的人士诅咒战争带来的重税和高昂的物价。1790 年 1 月 30 日，约瑟夫已完全屈服，除了废止农奴制度的措施外，他宣告取消自玛丽亚·特蕾莎亡故以来发布的一切改革措施。

为什么他会失败？他诚恳接受并充分信任哲学家的主张，是一位受过良好教育、怀有善意的君主，最适合推展启蒙运动与实行改革。他受过良好的教养，可是他的善意不时为他的热爱权力玷污，而最后他的热忱变为征服者的野心，并已远超乎实现哲学思想的热诚之上。他缺少哲学家具有的怀疑能力。他认为其目的和手段充满了智慧。他要立即改革太多的毛病，而且做得太仓促，人民无法尽行消化颁布的法令。在使人信服之前他就发号施令，他想在 10 年内，完成需经百年的教育和经济改变才可进行的改革。根本上是人民使他遭受失败。他们已深深植根于特权与傲慢、习惯和教条中，未能给他谅解和支持，而如此富有挑战性的改革，若无人民的谅解和支持，其专制权力势必陷于软弱。他们宁要教会、教士及什一税，而不要赋税、密探及战争。他们无法信任嘲笑他们喜爱的传奇故事、困扰他们的主教和羞辱他们教皇的人。

自 1765 年以来，经过这么多艰辛的日子，他的健康一直不能与他的意志配合。他的胃因为紧张的生活变得消化困难、不断作怪，身边的人警告他需要休息，但是无效。利涅亲王警告他，说他这样等于慢性自杀。他也知道，但他说："不然我能怎样呢？""只因我不能促使他人去工作，所以我才只好慢慢地杀害自己。"他的肺不好，声音又衰弱又低沉，他的静脉曲张，眼睛发炎，中了丹毒，并患痔疮……在与土耳其作战中，因受风霜打击，他和成千的士兵一样，患上了四日热。有时，他几乎不能呼吸，"我的心脏只有轻微的跳动"。1789年春，他开始吐血——他致书利奥波德说："一次约吐三盎司。"6 月，其肾脏发生剧痛。"我严行节食，不吃肉类或蔬菜，也不吃乳酪产品，肉汤和米饭是我的主食。"他终于患上肛门脓疮，脓疮和痔疮均须切割。他又染上水肿的毛病，只好召回利奥波德来接掌政府大权。他说："我不会为了去位而感到遗憾……令我悲伤的是，只有少数人过着幸福的生活。"他致书利涅亲王说："你的国家已将我杀害。根特之失令我痛心，布鲁塞尔之失已置我于死地……到北海沿岸即低地国家去吧！任其返回他们的君王的怀抱。假如你办不到，就留在那里。不要为我牺牲你的利益。你还有子女。"他开始立遗嘱，慷慨地把许多礼品赠给其仆从，并赠给"耐心与我交往的 5 位妇人"。他自撰墓志铭："躺在这里的是约瑟夫，他毕生一事无成。"他顺从地接受天主教会给他的最后圣礼。他祈求早日结束生命，终于 1790 年 2 月 20 日去世。他享年只有 48 岁。他去世时维也纳欢欣，匈牙利感谢上帝。

　　他真的失败了吗？诚然在战争方面他是失败了。纵使劳顿连获胜利，利奥波德二世仍认为最好依据恢复战前现状原则，与土耳其谈和（1891 年 8 月 4 日）。利奥波德因无法缓和匈牙利贵族的不满，只好撤销给予农奴的自由。在波希米亚和奥地利两地，多数改革仍然保留下来。宽容诏书并未废止，已封闭的修道院也不再恢复，教会仍然受国家法律的拘束。奥地利避免了暴力革命，而终由一个中古国家步入一个近代国家，分享了 19 世纪形形色色、多彩多姿的文化精神与活力。

　　在他最后的日子，约瑟夫曾致书考尼茨说："本人深信我的意愿绝对是完美无瑕，所以我希望在我死后，后世之人——对此会更赞成，会更公平，因而会比时人的评价更为公正——在评论我本人之前，先估量我的行动及其目标。"需要经过一段漫长的时光，后世的人才会如此。不过后人终有一天会有所了解，在对其专制与急躁感到遗憾之余，也承认他是"开明专制君主"中最勇敢、最彻底及缺乏深思熟虑者。在梅特涅的反动过去以后，约瑟夫二世的改革措施终于一件又一件地恢复，而 1848 年的革命者曾在他的墓上献花，表达了他们的敬意。

第六章 | 音乐改革

　　我们很难想到，列阵以待准备一战的约瑟夫二世会是一位音乐家。然而，我们曾听说他接受过"完整的音乐教育"，有美妙的低音歌喉，几乎每天听一次演奏，在大提琴、小提琴和键琴方面是一位"熟练地看谱的"演奏家。许多贵族都是音乐家，音乐爱好者更多。中产阶级也照样追随，每家都有一架大键琴，每人学习弹奏某种乐器。街道上演奏三重奏和四重奏，公园里举行露天演奏会，到了圣约翰节则在多瑙河的灯船上演出。宫廷及1778年约瑟夫二世所建的国家剧院内则盛行歌剧。

　　维也纳在19世纪初成为全欧洲的音乐中心，因为它在18世纪末曾将日耳曼和意大利的乡土音乐传统融为一体。对位来自日耳曼，旋律来自意大利。日耳曼产生轻歌剧——喜剧、插话、点缀式音乐及流行歌曲的混合体。意大利则产生喜歌剧。这两种形式在维也纳混合，如莫扎特的《后宫的诱拐》。一般说来，维也纳受意大利的影响多于日耳曼。意大利以曲调征服奥地利，而奥地利以武力征服北意大利。维也纳的正歌剧在格鲁克出现以前多半是意大利式的，格鲁克仍由意大利音乐塑造而成。

克里斯托夫·维利巴尔德·格鲁克（1714—1787）

　　克里斯托夫出生于上巴拉丁区的埃拉斯巴赫，一个天主教森林官之家，1717 年迁到波希米亚的奴希洛斯。克里斯托夫在科莫陶的耶稣会学校里接受宗教、拉丁文、古典文学、歌唱、小提琴、风琴和大键琴的课程。1732 年移居布拉格后，又学习大提琴，并靠在教堂里唱歌、在舞会中拉小提琴及在附近的城镇举行演奏会为生。

　　波希米亚每个较聪明的孩子都搬到布拉格，而更聪明的孩子会想办法到维也纳去。格鲁克的办法是在斐迪南·勒布克维兹王子的管弦乐团觅得一职。在维也纳，他听到意大利歌剧并感觉到意大利的魅力。弗朗西斯科·梅尔兹王子喜欢他的演奏，便邀请他到米兰（1737年）。格鲁克在萨马提尼门下学习作曲法，由此热爱意大利风格。他的早期歌剧（1741—1745 年）遵循意大利手法，并在意大利首次公演，这些成功使他受邀为伦敦的干草市场剧院（Haymarket Theatre）编写一部歌剧。

　　他在那里献出《巨人的崩溃》（1746 年）。他在稀疏的赞语中下台，年老暴躁的亨德尔称格鲁克"不比我的厨子更懂得对位法"。但这个厨子是一位优秀的低音歌手，而且格鲁克的声望也不全靠对位法。伯尔尼遇见格鲁克，形容他"与亨德尔一样严肃的脾气……他可怕地布满天花……他皱起眉头更丑陋"。也许为了平衡预算，格鲁克公开宣布他将"用 26 只盛着不等量水的杯子表演协奏曲，由完整的乐队（管弦乐）伴奏"，这是他自己发明的新乐器，"将奏出小提琴或大键琴所能演奏的曲子"。这样的一支"玻璃口琴"或"音乐杯"，两年前被介绍到都柏林。格鲁克最引人注目的，是以湿润的手指敲击玻璃边缘。这次的表演（1746 年 4 月 23 日）吸引了好奇的人们，一星期后再度演出。

　　格鲁克于 12 月 26 日离开伦敦到巴黎。他在此学习拉莫的歌剧，已渐有改革的想法，将音乐、芭蕾舞与动作融为一体。9 月，他在汉堡写歌剧，与一位意大利歌手有了暧昧的关系，而染上梅毒。他过了许久才康复，因此到哥本哈根（11 月 24 日）时还不能写作。他回到维也纳，与一位富商的女儿玛丽安·佩吉亚结婚（1750 年 9 月 15 日）。她的嫁妆使他在经济方面获得了保障。她在维也纳有一栋房子，格鲁克在此隐居以长期休息。

1754 年 9 月，马尔塞洛·杜拉佐伯爵与他签约，请他担任管弦乐团指挥，领取 2000 弗罗林的年薪为宫廷作曲。杜拉佐已厌倦了传统的意大利歌剧，与格鲁克合作了一部音乐剧。剧中的故事不仅作为音乐的架子，音乐也不只是独唱曲的集合，而要反映动作，至于独唱曲——即使合唱部分——其情节也加入逻辑成分。这场初演（1755 年 12 月 8 日）成为使格鲁克在历史上留名的音乐改革的先声与处女作。我们已经看到玛西罗·贝内代托、约梅里和特雷塔对这项发展的贡献，及卢梭、伏尔泰、百科全书派等呼吁戏剧和音乐改革更密切的结合。梅塔斯塔西奥也有功劳，因为他骄傲地坚持音乐是诗的仆人。温克尔曼的喜爱将希腊式理想溶入艺术，可能曾经影响格鲁克。而且，作曲家都清楚意大利歌剧开始时是一项复兴古典戏剧，即音乐附属于剧本的尝试。同时，诺韦尔（1760 年）提倡将芭蕾舞从配合哑剧有韵律地跳跃，提升至表达"全世界各民族的感情、态度、风俗、仪式及服装"。格鲁克凭借其天才，将这些因素完全融入一个新的歌剧形式。

成功的另一个要诀是把握一个有利的机遇。是什么促使格鲁克放弃梅塔斯塔西奥的剧本而选用卡尔扎比吉为《奥菲欧与欧律狄克》（*Orfeo ed Euridice*）写对白呢？这两个人生于同一年——1714 年，却相隔甚远——卡尔扎比吉在里窝那。经历一些爱情和资金的冒险后，格鲁克又回到巴黎，在那里出版了一部梅塔斯塔西奥的诗剧（1755 年），并为它作序，表示他对新歌剧的期望——"整个愉悦地混合了大合唱、舞蹈和舞台动作，同时诗与音乐以熟练的方式结合起来。"移居维也纳后，他的歌剧理想引起杜拉佐的兴趣。这位伯爵请他编写一部剧本——卡尔扎比吉为《奥菲欧与欧律狄克》写对白，杜拉佐提供诗篇给格鲁克，而他看出在简单、连贯的情节里，有一个能发挥他的力量的主题。

这个成果于 1762 年 10 月 5 日在维也纳展示。格鲁克请到当时首席阉人歌手瓜达尼担任奥菲欧的角色。这个故事和戏剧的历史一样悠久，1600 年至 1761 年，十几位剧作家都采用过。听众即使听不懂意大利语也可以欣赏动作。它的音乐省略了无伴奏的朗诵、从头到尾的独唱曲和装饰的花腔，其他仍保留意大利风格，但它的纯抒情度升华至从未有过的境界。奥菲欧第二次目睹他所爱的人去世时演唱的《沮丧的哭声》——仍然是歌剧中最可爱的独唱曲，听到此调与《幸运神之舞》（*Dance of the Blessed Spirits*）中短笛的哀歌，使我们惊于暴躁的波希米亚人心灵中居然能找到这样细腻的感情。

《奥菲欧与欧律狄克》在维也纳并未受到热烈欢迎，但玛丽亚·特蕾莎深为感动，而且送了一个装满金币的鼻烟盒给格鲁克。不久，他被聘教导奥地利公主玛丽·安托瓦内特唱歌。同时，他和卡尔扎比吉合作那被一些人认为他们最完美的歌剧《阿尔切斯特》（*Alceste*）。在卡尔扎比吉为格鲁克写的出版序言中，作曲家宣扬他戏剧改革的原则：

> 我着手为《阿尔切斯特》作曲时，我坚决地删除所有不合理的部分……它们曾长久地破坏意大利歌剧……我曾努力限制音乐，使它凭表现手法，根据故事情节，以达成配合诗篇的真正效果。绝不截断动作，或裹挟着无用而累赘的解说。我不认为我应该很快地结束一支独唱曲的第二部分，它的歌词可能最富感情、最重要——以便规律地重复……第一部的歌词……我认为序曲应告诉观看情节本质的人们，代表性的及将为冲突点的……弦乐器应按照歌词的趣味和强度演奏，不应将强烈的对比置于独唱曲和朗诵调的对白中……任意破坏剧情的力量和高潮……我相信我应尽最大的努力寻求美丽的单纯性。

简单地说，音乐要配合并强化歌剧，而不仅是声乐和弦乐演奏的展示台。格鲁克的态度很坚决，他说他"努力忘记自己是一位音乐家"。在创作歌剧时，他成了一位剧作家。《阿尔切斯特》的故事有些令人难以置信，但格鲁克真的作了忧郁的序曲，预示并引入此剧，描述阿尔切斯特和她的儿子们之间哀伤动人的情景，创作了她对尘世神灵祈祷的独唱曲《冥河神》（*Divinites du Styx*），还作了庄严的合唱。从 1767 年 12 月 16 日此剧初演到 1779 年，维也纳的听众们共听了 60 次。然而，评论家找到许多缺点，歌手们也抱怨它不足以展现他们的才艺。

诗人和作曲家再度携手合作《巴利德与艾伦纳》（*Paride ed Elena*，1770 年 11 月 30 日）。卡尔扎比吉从奥维德那里借用情节，而奥维德创造的帕里斯与海伦的故事是私人罗曼史而不是国际悲剧。此作品在维也纳演出 20 次，那不勒斯 1 次，其他地方则未演出。这次失败，卡尔扎比吉应负主要责任，后来他不再写剧本。格鲁克为他的理想另寻伙伴。维也纳的法国大使馆内一位朋友罗莱认为，巴黎的听众可能欢迎日耳曼作曲家赞美法国歌剧。根据狄德罗和阿尔加罗蒂的建议，拉辛的《伊菲革涅娅在奥利德》能提供歌剧好的情节，罗莱将这场戏改成剧本并拿给格鲁克。这位作曲家发现这个题材完全符合他的口味，立刻动手工作。

为了铺好通往巴黎的道路，罗莱写信给剧院的导演——刊载于 1772 年 8 月 1 日的法国《信使报》——称格鲁克先生多么为法国语言不能融于音乐的想法感到愤慨，及他如何设法改善对《伊菲革涅娅在奥利德》的反感。格鲁克交给《信使报》一封信（1773 年 2 月 1 日）以消除卢梭可能的不满（他当时安静地住在巴黎），信中表示他希望有机会与卢梭讨论"我所用以创作适合各民族的音乐，并消除民族音乐之间可笑的分歧的途径"。除了这篇宣传杰作的信件外，玛丽·安托瓦内特想起她的老师，也向剧院施压力。经理同意制作《伊菲革涅娅》。格鲁克到了巴黎，命歌手和乐团团员进行前所罕有、辛勤而规律的排演。当时首席女歌手苏菲亚·阿诺德曾言工作艰苦得令格鲁克想放弃整个计划。约瑟夫·勒格罗病后衰弱得似乎无法扮演雄壮的阿喀琉斯。红极一时的舞后加埃唐·维斯特丽斯要求半部剧为芭蕾舞。格鲁克猛扯自己的头发（或假发）坚持下来，终于获胜。首次公演（1774年4月19日）掀起了这一年的音乐狂潮。从玛丽·安托瓦内特写给她在布鲁塞尔的姐妹玛丽·克丽斯蒂娜的一封信中，我们仍可感受到这个疯狂首都的热情：

> 一场伟大的胜利，我亲爱的克丽斯蒂娜。我为它而狂欢，人们也不再能谈论别的事。所有人都被这件事冲昏了头。这么多的冲突和争辩，有如宗教分歧似的。宫廷内，虽然我公开表示我喜欢这部令人感动的作品，激昂的派别和纷争仍然存在……而城里似乎更厉害。

卢梭公开答复格鲁克的建议，说"格鲁克先生的歌剧扭转了他的想法，现在他相信法文也同其他语言一样，具有音乐的魅力，动人而感伤"。序曲如此优美，因此初演之夜，听众要求重奏。抒情调被评为过多，干扰剧情，但它们含有格鲁克音乐的复杂而且有浓烈情感的特性。阿贝·阿诺德曾赞赏其中阿伽门农所唱的："让人寻得信仰的旋律。"

现在，格鲁克与路易十五同为巴黎人的话题。不管他走到那里，他魁梧的身材、红润的面孔和宽大的鼻子，总会被人们认出来，他傲慢的态度成为上百件轶事的题材。格勒兹为他画肖像，在纷乱有力的线条下表现出他温和的天性。他吃得像塞缪尔·约翰逊博士，且只比博斯韦尔喝得少些。他毫不虚伪地蔑视金钱，也愿欣赏自己的作品。他对待贵族和平民一样——如同对待他的晚辈。他希望贵族王公供给他假发、大衣和手杖，但介绍一位王子跟他见面时，格鲁克呆坐在座位上，说："日耳曼人的传统是只为他敬爱的人起立。"

剧院的导演曾警告格鲁克，如果人们接受《伊菲革涅娅在奥利德》，他必须在短暂的时间内再写出 5 部以上的剧本，因为伊菲革涅娅曾将其他的歌剧从舞台上赶下去。这并没有吓倒格鲁克，他有一种才能，摘取旧作品中的材料，融入新作品中。他将《奥菲欧与欧律狄克》翻译为法文。缺乏优秀的低音，他便将奥菲欧的部分改写为男高音，由勒格罗担任，变得温驯的苏菲亚担任欧律狄克。此次巴黎公演是一次动人心魄的成功。现已为法国王后的玛丽·安托瓦内特赏赐格鲁克一笔 6000 法郎的恩俸。他回到维也纳，声誉如日中天。

1776 年 3 月，他带《阿尔切斯特》回到巴黎，但 4 月 23 日公演的失败冲淡了赞誉。习惯了赞誉的格鲁克，愤慨地对这次挫败反讥："《阿尔切斯特》不是供给暂时快感的作品，也不以新颖讨好。时间对它是不存在的。而我声言只要法文不变，两百年内它依然能献出同样的美感。" 6 月，他返回维也纳，不久专心为马蒙泰尔校订的奎诺的原著《罗兰》（Roland）一剧配乐。

现在开始了歌剧史上最有名的竞赛。因为法国歌剧院的经理同时聘请那不勒斯的普契尼为相同的剧本作曲，并到巴黎制作。他于 1776 年 12 月 31 日抵达。听到这个消息的格鲁克写了一封信给住在巴黎的罗莱，表示他的盛怒：

> 我刚收到你的信……鼓励我继续为《罗兰》歌剧剧本工作。但这已经不可能，因为我听到歌剧院的经理，不晓得我正在为《罗兰》歌剧作曲，已经将同一部作品交给普契尼作曲，我好像完全被毁了般愤怒，也许这根本不值得……我已经不再是能作曲的人了，而普契尼必较我拥有更大的优势，我确信他个人的才能一定很了不起——他富有新奇性……我相信我认识的某位政客，将请 3/4 的巴黎人吃午餐和晚餐，为他赢取新支持者。

显然是私人的理由，这封信被刊载于 1777 年 2 月的《文学年鉴》

(*Année Litéraire*)。无意中，它成了一份宣战书。

5月29日，格鲁克带着一部新剧《阿尔密德》（*Armide*）到巴黎。互相竞争的两位作曲家在一个餐会上碰面了。他们互相拥抱，并友善地交谈。普契尼到法国后仍浑然不知他是这场党派阴谋和歌剧推销术混战中被出卖的角色。他个人相当仰慕格鲁克的作品。虽然当事人已建立友谊，在沙龙和咖啡屋、街头、屋内，战争仍延续着。"任何访客都不许入内，"伯尔尼记载，"除非他已经回答了问题：'先生，您支持普契尼还是格鲁克？'"马蒙泰尔、达朗贝尔和拉哈普赞赏普契尼及他的意大利风格。阿诺德为格鲁克信仰音乐的宣言辩护。卢梭以他的《赞扬法国音乐的意大利文人》（1753年）一文展开一场争辩，支持格鲁克。

1777年9月23日，《阿尔密德》公演，主题和音乐都返回格鲁克改革以前的形式，故事取自塔索赞颂基督徒里纳尔多和异教徒阿尔密德的作品。音乐是借自恢复浪漫式细腻的吕里，芭蕾舞采自拉莫，观众们喜欢这种混合，他们热烈地接受这部歌剧。但普契尼派的人们指责《阿尔密德》只是将吕里和拉莫改头换面。他们焦急地等待他们领袖的《罗兰》。普契尼带着歉意将它献给玛丽·安托瓦内特："移居并孤立于一个陌生的国家，成千的困扰胁迫着我的作品，我需要全部的勇气，但我的勇气遗弃了我。"他经常处在放弃挑战、返回意大利的边缘。他终于坚持到底，而享受了初演成功的欣慰（1778年1月27日）。两次成功似乎消除了彼此的对立，但是群众的争辩延续下去。维基·勒布朗夫人观察到"最通常的战场是在巴黎皇家公园，争辩激烈以致发生许多决斗"。

3月，格鲁克返回维也纳，在费内逗留探望伏尔泰。他带回两部剧作：一部是吉亚尔所作，取材自欧里庇得斯的《伊菲革涅娅在陶里斯》；另一部为奇珂蒂子爵所作，取材自《爱珂与那西斯》的史诗。他为这两部作品而工作至1778年秋，他觉得另一场战争已经准备妥当。因此，11月我们又在巴黎发现了他。1779年5月18日，他在大歌剧院献出《伊菲革涅娅在陶里德》，大多数学者认为那是他最伟大的作品。这是一个严肃的故事，音乐大多平直而单调，偶尔我们会厌倦于伊菲革涅娅高调的悲歌。但表演结束，音乐和台词的魅力驱散了我们多疑的理性，于是我们才觉察到我们已经体验了一部丰富而有力的戏剧。时人认为其中有许多优美的篇章。"只有一篇，"阿诺德说，"就是整篇作品。"首演之夜，观众为它狂热地喝彩。

格鲁克向众神挑战，急切地推出他的另一部作品《爱珂与那西斯》（1779 年 9 月 21 日）。此次演出却告失败，这位大师愤怒地离开巴黎（10 月），宣称他已受够了法国，再也不写歌剧了。如果他留下来，便可能听到另一部《伊菲革涅娅在陶里德》——此剧是普契尼费两年的苦功之作，初演（1781 年 1 月 23 日）颇受欢迎。但次夜，担任主角的拉凯尔小姐醉得很厉害，苏菲亚·阿诺德愤而毁戏，称它为《伊菲革涅娅在香槟地区》。这次不幸的意外结束了歌剧的争战，普契尼大方地承认失败。

格鲁克在维也纳梦想其他的胜利。1780 年 2 月 10 日，他写信给萨克森－魏玛的公爵卡尔·奥古斯都："我曾在法国耗尽大部分心力，现在我已衰老，但我觉得内心有一股冲动，想为自己的国家写些东西。"他正在将克洛普施托克的抒情诗配上最美的歌谣。1781 年 4 月，他不幸中风，但维也纳市民接受《伊菲革涅娅在陶里德》、《奥菲欧与欧律狄克》及《阿尔切斯特》的东山再起，使他聊以自慰。1787 年 11 月 15 日，他接待朋友时，饮了一杯烈酒，这是他的身体承受不了的。他起了一阵痉挛，不到 4 小时就去世了。普契尼在那不勒斯努力筹募基金，以为纪念他的竞争者而每年举办演奏会，但未成功。追求旋律的意大利忽视格鲁克的改革。莫扎特跟随意大利风格，一定也曾惊讶于以音乐役于诗篇的观点。但出现在这个创作时代末期的赫尔德，出于对巴赫、海顿和莫扎特有限的知识，称格鲁克为本世纪最伟大的作曲家。

约瑟夫·海顿（1732—1809）

海顿很易讨人喜爱，因为他除了自己的妻子外，不与任何人争吵，对他的敌手有如朋友，他的音乐里充满了欢愉，找不出丝毫悲剧气息。

他没有良好的身世，父亲是在奥匈帝国边界上的小镇罗劳制造篷车的工人和粉刷房屋的油漆匠，他的母亲曾是哈拉赫伯爵的厨师。双亲的先祖都是斯拉夫—查罗西亚人，不是日耳曼人，而海顿的许多旋律都反映克罗地亚民歌。他是 12 个孩子中的次子，而其中有 6 个在婴儿时代就已夭折。他受洗的教名是弗朗茨·约瑟夫·海顿，但通常只用约瑟夫。

6 岁时，他被送到在汉堡管理一所学校的亲戚弗兰克的家里。在那里的日子，早上从 7 点到 10 点上课，然后望弥撒，再回家午餐，下午 12 点到 3 点上课，然后学音乐。他在此所受的教养使他内心虔诚，终生不渝。他母亲渴望他成为牧师，他选择音乐家的艰难生活时，母亲非常忧伤。弗兰克鼓励这个孩子对音乐的热爱，并将他能力所及的教给他，并要求他严格而规律地学习。海顿年老时以宽容之心回忆道："在我有生之年，我将感谢那人曾使我辛勤地工作，虽然我得到的责罚总是比食物多。"在弗兰克家中住了两年后，他被圣史蒂芬教堂的指挥乔治·鲁特带到维也纳。鲁特认为他"脆弱而甜美的声音"可以在唱诗班谋得一个小职位。因此，这位胆怯而热诚的 8 岁少年住进坎特雷（Kantorei）或称"歌手学校"（Singers' School），并加入国家大教堂。他在那里接受数学、书写、拉丁文、宗教、歌咏和小提琴的课程。他在总教堂和皇家的小教堂里演唱，但他吃得太差，因此乐意被召请到私人家庭演唱，在那些地方，他除了唱歌还可填饱肚子。

1745 年，他的弟弟米契尔也到坎特雷与他相聚。这时，约瑟夫的声音开始转变。人们要他阉割以保持高音部歌喉，但他的双亲拒绝同意，鲁特尽可能地长久收容他。1748年，约瑟夫已16岁，觉得自由而贫穷，而且没有出色之处，不足以赢取好的命运。他的脸上布满天花，鼻子醒目，双腿过短，衣服破旧，步履蹒跚，态度羞怯。他对任何乐器都还不熟练，但他已在脑子里打算作曲。

唱诗班的一位队员供给他一间阁楼小房住宿，布赫霍尔兹借给他150弗罗林，诚实的海顿后来偿还了。他必须每天提水到他的阁楼，他在那里放了一架旧键琴，教导学生以维持生计。大多数日子里，他工作16小时，有时更多。他在一间教堂里拉小提琴，在玛丽亚·特蕾莎的牧师豪格维茨伯爵的私人小教堂里弹风琴，偶尔也在圣史蒂芬教堂唱男高音。有名的梅塔斯塔西奥住在同楼的一个房间，请海顿教一位朋友的女儿。经过梅塔斯塔西奥的介绍，海顿认识了波尔波拉，他情愿为这位歌王做任何杂事以获得作曲指导。他一面接受宝贵的课程，一面为这位音乐大师清理鞋子、大衣和假发，并为波尔波拉和他的学生伴奏。海顿回忆道："年轻人可以从我的例子里学到无中亦可生有的道理，我的成就都源自急切的欲望。"

经过一些新的朋友，他认识了格鲁克、迪特斯多夫和几位贵族。佛恩柏格让他长期住进靠近梅尔克的维恩兹尔乡间的房子。他在那里组织6人管弦乐团，并有闲暇创作。现在他开始写他最早的四重奏。他将采自巴赫的三个乐章奏鸣曲加上一章小步舞曲，并修改为四重奏，成为现在弦乐四重奏的形式。1756年，他回到维也纳，招收特殊学生如图恩女伯爵，并接受莫尔津伯爵的聘请，担任音乐指挥（1759年）。此12人（16人）私人管弦乐团，冬天在维也纳、夏天在波希米亚的卢卡维克伯爵的别墅演奏。海顿写下第一部交响乐（1759年），以为合奏。

现在他每年赚200弗罗林，还有房屋膳食，他认为他可以冒险结婚了。他的学生中有假发匠的两个女儿，他爱上年轻的妹妹，但她做了修女。父亲便劝他与姐姐玛丽亚·安娜结婚（1760年）。她31岁，而海顿28岁。她的行为证实她是一个爱口角、心地狭窄、浪费而粗野的女人。"她一点也不关心，"海顿说，"到底她的丈夫是补鞋匠还是艺术家。"他开始注意别的女人。

莫尔津家的听众中常有一位帕恩顿·埃斯特黑齐王子。莫尔津解散管弦乐团后，王子便请海顿担任他匈牙利爱森斯塔特乡村别墅的副音乐指挥。此合约的待遇每年400弗罗林，与官员们同桌进餐，尤其是："召集乐团公开演奏时……音乐家们得穿制服……白袜子、白色亚麻衬衫、绑辫子或系假发。"爱森斯塔特乐团指挥维尔纳热衷于宗教音乐。海顿准备演奏会，并为他们作曲。他手下有14位音乐家、7位歌手和从王子仆从中选出的合唱团。这个小规模乐团和听众的性质，决定了海顿为埃斯特黑齐写的音乐具有轻巧而愉悦的特质。他和蔼的性情使他受到音乐家的欢迎，他到爱森斯塔特不久，便被称为"海顿爸爸"，虽然他当时只有29岁。他为他们写奏鸣曲、三重奏、四重奏、协奏曲、歌谣、清唱曲和将近30支交响曲。大部分作品虽依合约属于王子，但在维也纳、莱比锡、阿姆斯特丹、巴黎和伦敦出版，或以手稿流行，于1766年使海顿赢取了国际声誉。

帕恩顿逝世后（1762年3月18日），其弟麦克罗斯·约瑟夫继为斯塔特族的家长。他对音乐的爱正如他对那缀满宝石衣服的爱一样。他拉得一手古波尔当中音提琴（古中提琴的另一款式），而且在30年合同中，始终为海顿友善的主人。海顿说："我的王子永远满意我的作品。我不仅因不断的赞许而有勇气，并以管弦乐团团长身份做各种尝试，注意什么能发挥力量，什么会减弱，而且在适当处改进、转变……任我大胆运用。我与世隔绝，没有人干扰我、折磨我，我只有变得更创新。"

1766年3月5日，维尔纳去世，海顿成为乐团总指挥。不久，主人迁入匈牙利西北新锡德尔湖南端的新宫——施洛斯·埃斯特黑齐。王子非常喜欢这个地方，从初春住到整个秋天，冬天才移往维也纳，音乐家们有些随行。演奏者和歌手都埋怨这种乡居的孤立，尤其是一年有三季与他们的妻子儿女们分隔，但他们享有优厚的待遇，因此不敢抱怨。一次，为了暗示麦克罗斯，他的音乐家们都盼望离去，海顿作《告别交响曲》（*Farewell Symphony*，第五号）。其中结尾时，一件件乐器连续从乐谱上消失，音乐家熄灭他的烛光，提起乐谱与乐器，离开舞台。王子看出用意，便设法让团员早些前往维也纳。

海顿被特许带妻子至埃斯特黑齐。但他不感激这个特权。1779年，他爱上路齐亚·波兹莉，她与拉小提琴的丈夫安东尼奥同被麦克罗斯聘请。海顿似乎认为既然天主教不允许他离弃厌烦的妻子，便应慈悲地让他另有一两个安慰。他并不掩饰他们的关系。安东尼奥年老多病，无法强烈抗议，而且也清楚他之所以能保住职位，是因为总指挥喜爱路齐亚。她到埃斯特黑齐时已有一个2岁大的儿子，1783年，又生了一个男孩。流言将这个男孩归于"海顿爸爸"，海顿一样疼爱这两个儿子，终生照顾他们。

那些在埃斯特黑齐忙碌的岁月里，海顿缺少外界刺激与竞争，缓慢地成长为成熟的作曲家。他直到32岁仍未写下值得永存的作品，当时莫扎特除了《魔笛》（*The Magic Flute*）和《安魂曲》（*Requiem*）外，已完成他的全部作品。海顿最好的作品在50岁以后才出现，最重要的交响乐是在近60岁时创作的。《天地创造》是在66岁时作的。他在埃斯特黑齐曾写下几部歌剧以备演奏，但布拉格邀请他提供一部歌剧与《费加罗的婚礼》和《唐·乔瓦尼》同时参与一系列演出时，他在一封谦恭的信中表示犹豫（1787年12月）：

> 你热切地期望我写一部轻歌剧……如果你将在布拉格演出，我便不能允诺你。我的歌剧不能与这个乐团分离，这些歌剧原为他们而作，失去其天生的环境便不能产生预期的效果。如果我有幸受命为贵院作一部新剧，那完全是另外一回事。即使如此，让我与伟大的莫扎特竞争仍是冒险的。如果我能激发另一位音乐喜爱者，特别是那些伟人，以如我一般深厚、欣赏、明白的感情聆听莫扎特杰出无比的作品，那么所有国家都会互相争夺，以求国

境内拥有这样一颗明珠。布拉格必得奋力掌握这个财宝，但也得付出相当的报酬。缺乏这往往会使一个伟大的天才感到悲哀，而且无法鼓励他们花费更多的精力和时间。我很为莫扎特至今仍未受任何王室或皇家宫廷资助而抱不平。原谅我扯离题了，莫扎特是我深爱的人。

海顿自己很盼望另有某个宫廷，以便更充分地施展他的才能，但他应该满足于各皇家的赏赐。礼物来自那不勒斯的斐迪南四世、普鲁士的腓特烈·威廉二世、俄罗斯女大公玛丽亚·费奥多罗芙娜。1781年，西班牙查理三世赏他一盒装满钻石的金质鼻烟盒，并由驻维也纳的西班牙大使亲自将这小宝物送至埃斯特黑齐。也许当时正住在马德里的博凯里尼曾插手此事，因为他疯狂地热爱海顿的风格，被戏称为"海顿的妻子"。当加的斯的天主教分会决定聘请一位音乐家为"基督的临终七言"配乐时，便求于海顿，他交出一部圣乐（1785年），很快便在许多地方公演——美国早于1791年演出。1784年巴黎的一位制作家要求他作6首交响乐，海顿献出6部《巴黎交响乐》（*Paris Symphonies*）。不少人邀请他到伦敦开演奏会，海顿觉得对埃斯特黑齐有忠诚和契约的约束，但在私人的信件中透露出他愈来愈渴望一个更大的舞台。

1790年9月28日，麦克罗斯·约瑟夫王子逝世，新王安顿·埃斯特黑齐不关心音乐。他几乎解聘所有音乐家，却留下海顿，名义上仍为他服务，每年给他1400弗罗林的恩俸，随他高兴居住在任何地方。海顿几乎是仓皇地赶赴维也纳。现在许多人邀请他，最热诚的是约翰·彼得·萨洛蒙，他表示："我从伦敦来接你，我们明天就得达成协定。"他供酬每一部新歌剧300镑，6部交响乐300多镑，版权200多镑，在英国演奏20场200多镑，为海顿义演的一场演奏会可获利200镑以上，总共1200镑。海顿不懂英文，而且畏惧横渡海峡，莫扎特恳求他不要接受这种劳苦和冒险，"啊！爸爸！你一点也不了解这个广阔的世界，而且你只能说有限的英语！"海顿回答："但我的语言全世界都能了解。"他将麦克罗斯王子送给他的埃斯特黑齐的房子拍卖，以赡养他的妻子和情妇，便开始他的大冒险。离开之前，他与莫扎特一起度过最后一段时光，莫扎特挥泪送别："我很害怕，爸爸，这将是我们诀别的时候。"

海顿和萨洛蒙在 1790 年 12 月 15 日离开维也纳，1791 年元旦抵达伦敦。他的第一场演奏会（3 月 11 日）成功了，《记事晨报》（*Morning Chronicle*）的报道末段写道："我们无法压抑内心最热切的希望——这位本世纪最伟大的天才，能因为我们自由的欢迎而定居在英国。"所有演奏会都进行得很好，5 月 16 日的一场义演获得了 350 镑，让海顿高兴异常。那日，他参加威斯敏斯特大教堂举行的亨德尔纪念演奏会，欣赏《弥赛亚》，他感动得落泪，谦虚地说："亨德尔，我们全民的主人。"伯尔尼建议牛津大学颁赠一项荣誉学位给这位新亨德尔，结果获得通过。海顿便在 6 月前往该校，成为音乐博士，并演出《G 大调交响乐》（第 92 号）。这首曲子在 3 年前已完成，但自此历史上称之为《牛津交响曲》（*Oxford Symphony*）。它可爱而文雅的节拍令人回想起英国古老的歌谣《兰道伯爵》（*Lord Randall*）。

海顿认为英国的乡村有如种子和雨露的神奇化身，便在返回伦敦后很高兴地接受邀请到别墅去。他在那里和城市中，都赢得了许多朋友，因为他总是愿意在私人集会上愉快地演奏并歌唱。他收程度高的学生教导作曲，其中有位平凡而富有的寡妇约翰娜·施勒特尔。虽然这时海顿已经 60 岁，但他的风采令她着迷，她自愿献出她的爱意。他后来说："如果我是单身汉，非常可能与她结婚。"同时，他的妻子不断急切地催他回家。在一封给路齐亚·波兹莉的信中他愤慨地说："我的妻子，那个可厌的家伙，写信告诉我那么多事，我不得不告诉她我再也不回去了。"

他一方面承认并赡养 3 个女人，一方面勤奋工作，写出 12 部《伦敦交响乐》中的 6 部，这些作品较他在爱森斯塔特和埃斯特黑齐的作品更有显著的进步。也许是莫扎特的交响乐触发了他，或许是受英国人的激励，或许聆听亨德尔拨动了他从未被宁静的匈牙利山谷触摸过的心灵深处，或许他的恋情使他也能像处理单纯的快乐一样，将情感处理得很好。他发现很难离开英国，但他与安顿·埃斯特黑齐王子有约在先，而对方坚持要海顿回来，在为弗朗西斯二世皇帝加冕所举行的庆典上，分担演出。因此，他于 1792 年 6 月底，再度勇敢地冒着横渡英吉利海峡的危险，从加来港到布鲁塞尔、波恩，与当时 22 岁的贝多芬参加在法兰克福举行的加冕典礼，于 7 月 29 日抵达维也纳。

没有一家报纸报道他归来的消息，也不为他安排任何演奏会，宫廷拒绝他。莫扎特一定会欢迎他，但这时莫扎特已不在人世。海顿写信给他的遗孀，表示愿意义务教导莫扎特的儿子，恳求出版家大量印行莫扎特所作的乐曲。他与妻子共住一间现已保存作为海顿纪念馆的房子，妻子要求他把财产权拨归她的名下，但遭他拒绝。他与妻子争吵得更厉害。贝多芬于 1792 年 12 月起跟他学习。这两位天才相处得并不和谐，贝多芬骄傲而专横，海顿称他为"那个自大的人"，而且太专心于自己的工作，没有尽职地批改他这位学生的习作。贝多芬私下找别的老师，但仍跟海顿上课。"我没有从他那里学到任何东西。"这位年轻的"泰坦"说。不过，他早期的许多作品追随海顿的风格，其中有些是为了献给这位年迈的大师的。

1792 年，在奥地利尤其是罗劳镇，人们对海顿愈来愈欣赏。哈拉赫伯爵为这位已出名的该镇之子建立一座纪念碑；但英国胜利的回忆和友谊仍使他感觉温暖，因此萨洛蒙再提出赴伦敦的第二份契约，请他写作 6 部新的交响乐时，这位作曲家迅速地答应了。他于 1794 年 1 月 19 日离开维也纳，2 月 4 日抵达伦敦。这次在伦敦 18 个月的逗留期间，开始时获得令人振奋的成功。第二组《伦敦交响乐》（99 号—104 号）非常受欢迎，海顿在一场义演中净得 400 镑，学生们每一课付一基尼，而休罗特夫人就住在附近。他再度成为贵族的宠儿，威尔士亲王都接纳他，王后赠他一座温莎城的住所，以便他愿留在英国再过一段时期时，供作夏天居住之所。他托辞新王子埃斯特黑齐召他回去，并以不能与妻子分离这么久为理由而拒绝接受。这时安顿王子已经去世，继任的麦克罗斯二世王子希望恢复斯塔特弦乐演奏。因此，他收拾行装，带着满满的钱袋，于1795年8月15日离开伦敦返回家园。

他探望过在罗劳的自己的雕像之后，到爱森斯塔特向麦克罗斯报到，并在那里为许多场合安排音乐演奏。1796年至1797年，拿破仑正企图将奥地利赶出意大利，而且奥境内革命情绪高涨，震撼哈布斯堡王朝。海顿回想起《天佑国王》的歌声曾如何激起保卫英国汉诺威王朝的情操。另一首国歌不也能对弗朗西斯二世起同样作用吗？他的朋友斯维顿男爵（玛丽亚·特蕾莎的医生之子）向内政部长索罗伯爵建议，索罗指定利奥波德·哈斯卡作词，这位词人写出"上帝保佑约瑟夫皇帝，我们伟大的约瑟夫皇帝"，海顿将这些句子配上一首古老的克罗埃西亚民谣，便成为一首简单而激昂的国歌。此歌于1797年2月12日皇帝诞辰，首次公开在奥匈帝国境内所有公立剧院演唱。这首歌一直被采用，歌词中某些字句修改后即作为奥地利国歌，直至1938年。海顿将此旋律变化发展为其作品76号第四首弦乐四重奏的第二乐章。

依旧受了亨德尔魔力的号召，海顿接着想与《弥赛亚》对抗。萨洛蒙提供他一部编自弥尔顿《失乐园》（*Paradise Lost*）的歌剧。斯维顿将剧本译成德文，海顿作大神剧《天地创造》。1798年4月29日至30日，《天地创造》便在施瓦岑贝格亲王的皇宫，在邀请来的听众前演奏。众多的听众聚集皇宫外面，因此要50位骑马的警察（我们至今确信）维持秩序。1799年3月19日，由亲王赞助在国家剧院公开演出一场，所得之款（4万弗罗林）全归作曲家。听众们几乎以宗教狂热欢迎它，不久每个基督教国家的大城市几乎都听到那首圣乐。天主教廷指责这样庄严的史诗作曲太轻快，席勒与贝多芬都认为海顿模仿伊甸园动物很可笑，但歌德称赞此部作品，而且19世纪普鲁士演奏此曲远较任何圣乐频繁。

斯维顿提供另一部歌剧，采自汤姆森的《四季》（*The Seasons*），海顿为它工作近两年（1799年至1801年），而耗去许多精力。关于《四季》，他说："已使我不堪负荷。"初演时很受欢迎（1801年4月24日），却未引起广泛而持续的热情。在指导为一所医院义演《基督临终七言》后，海顿便从活跃的生活中退休了。

他的妻子于1800年3月20日去世，这时他已衰老得无法自由活动，但他仍然拥有声望。他已被公认为音乐家的领导者，十多个城市赠予荣誉，有名的音乐家——凯鲁比尼、韦伯、伊格那兹·普莱耶尔、约翰·胡美尔都来向他表示敬意。但风湿、晕眩和其他症状使他忧郁、暴躁，而且极端虔诚地信神。卡密尔·普莱耶尔在1805年访问他，"发现他手上拿着一串念珠，我相信他整天都在祈祷。他不断地说他的末日已到……我们没有久留，因为我们看出他想要祈祷"。同年一则错误的报道称海顿已经过世。凯鲁比尼为他的去世写了一首《歌咏曲》，巴黎计划以莫扎特的《安魂曲》举行一场纪念性的演奏。然后消息传来，老人仍然活着。海顿知道后说："若真的演奏，我一定要自己到巴黎指挥《安魂曲》。"

他最后一次公开露面，是在1809年3月27日，在维也纳大学演唱《天地创造》，以庆祝他即将来临的76岁生日。埃斯特黑齐王子派他的马车去接这位衰弱的老人到会场。海顿坐在一张扶手椅上，被抬进坐满贵族名士的大厅，公主们用她们的围巾包住他抖颤的身体，贝多芬跪下来吻他的手。这位老作曲家激动过度，不得不在中场休息时送他回家。

1809年5月12日，拿破仑的大炮开始轰击维也纳。一颗炮弹落在海顿家附近，震撼了房屋和同住的人们，但海顿向他们保证："孩子们，不要害怕，只要海顿在，你们便不会受到伤害。"这话果真不假，但他自己被此次的轰炸震坏了神经系统。法国攻下此城之后，拿破仑派了一队卫兵守在这位作曲家门前。一个法国官员进入时，唱着

《天地创造》中一首抒情调，表现"那样男性化与壮丽的风格"。因此，海顿拥抱了他。5月31日他去世，享年79岁，欧洲主要的城市都曾举行纪念他的仪式。

海顿在历史上的成就，是发展音乐的形式。他以管乐器和敲打乐器平衡弦乐器，使弦乐团产生新的活力。借着萨马提尼、斯塔密茨和小巴赫的作品，他建立了奏鸣曲的形式，使它的对比主题具有证明性、精致而扼要。他为莫扎特准备了重奏小夜曲，虽然没有组曲正式，但较易为社会大众接受。他将弦乐四重奏扩大为四乐章，而且定第一乐章为奏鸣曲形式，因此奠下弦乐四重奏的古典型式。现在海顿的后继者必须使用与海顿所用相同数量和品质的乐器。我们从贝多芬晚期四重奏的深渊中逃脱而松一口气时，不免认为海顿颇具有愉快、温柔的可爱处。

海顿的104首交响曲中有9或10首现仍存在。它们附加的名字并不是他取的，而是评论家或出版家使用的。我们在其他地方已注意到歌剧序曲（集合的声响）经过萨马提尼和斯塔密茨的实验，由序乐而演化，其他许多人观察到海顿如何塑造"古典"交响乐的结构。他从埃斯特黑齐移入一个较广阔的世界时，他仍未老化得不能向莫扎特学习如何将此结构加上重点和感觉。《牛津交响曲》显示出他已走向更丰富、有力量，《伦敦交响乐》表现他的交响乐顶点。101号《时钟交响曲》（*The Clock Symphony*）很快活，作品104号颇有莫扎特之风。

大致上，我们发现他的音乐有着善良、优雅的特性。它可能从未深入忧伤或爱的感受，而且使其制作过于急促。因此，概念、主题和乐句都不够圆熟。海顿太幸福了，因此不能壮丽伟大，也不够丰富。然而，在这嬉戏的乐谱中，蕴涵着珍贵纯洁而宁静的喜悦。正如他所说的："衰弱的伤残的人们或被事务困扰的人们，都可以享受一些安慰和清爽。"

海顿逝世后不久就过时了。他的作品反映一个安定的封建世界，贵族安全而闲逸的环境。它们过于愉悦、自满，无法适应一个充满革命、危机与浪漫的狂喜和绝望的世纪。直到勃拉姆斯赞赏他，德彪西写下"向海顿致意"，海顿才重受敬爱（1909年）。人们那时才了解，追随海顿这位音乐上的拉斐尔和米开朗基罗，能以更精密、熟练的方法将更深刻的思想倾入他们的作曲中，那全因为海顿及他的先驱们已塑造好储藏他们的黄金的形式。"我知道上帝赋予我一项天才，"海顿说，"我为此感谢它。想来我已尽了我的职责，成为有用的人……愿他人也能如此。"

第七章 | 莫扎特

神童（1756—1766）

萨尔斯堡，有如布拉格、普雷斯堡和埃斯特哈查诸市镇，是维也纳的音乐前哨。此地拥有的特色，部分是由于它出产盐矿而得名，部分是由于周围环绕的群山及横亘全堡的萨尔察赫河，再由于约公元 700 年伏姆斯的圣鲁伯特建立而发展至今的修道院和主教区，萨尔斯堡环绕此古迹而建立发展。1278 年，大主教复被奉为帝国的君主，而且从那时起一直到 1802 年，他不仅是该城市民的统治者，也是教会的首领。1731 年至 1732 年，约有 3 万名新教徒被迫离开萨尔斯堡向外移民，从此开始天主教的神权统治。另一方面，在大主教的治理下，竟轻而易举地控制住了这群笃信永恒真理、热衷于人间交往与其他凡俗欢乐的教徒。西吉斯蒙德·苏拉德赫，莫扎特少年时期的大主教，除了对异教徒以外，对待人都是很和蔼可亲的。

利奥波德·莫扎特于 1737 年从他的故乡奥格斯堡来到这个可爱的城市时，年仅 18 岁，本想攻读神学成为牧师。但这时的他醉心于音乐，于是，在一个贵族的官邸里做了 3 年的乐师和侍从。1743 年，成了大主教管弦乐队的第四小提琴手。1747 年，他和安娜·玛丽亚结婚时，被誉为萨尔斯堡最漂亮的一对。他曾写过协奏曲、弥撒曲、交响曲，还写有颇享盛名的《小提琴艺术》一书，1757 年被委任为大主教的宫廷作曲家。他所生的 7 个儿女中，成年的只有生于 1751 年的玛丽亚·安娜和生于 1756 年 1 月 27 日的阿玛得乌斯，即莫扎特。利奥波德不但是一位好丈夫，也是一个好父亲，挚爱家人而且工作勤勉。他写给孩子们的信里总是充满着爱和不虞缺乏的智慧。莫扎特的家庭是一个由相互关爱、父母的慈爱、孩童的嬉戏及连绵不尽的音乐交织而成的安乐窝。

每个日耳曼孩子都被期望在某种乐器上能成为某种程度的音乐家。利奥波德在他的孩子们启蒙之初就教他们音乐。玛丽亚·安娜 11 岁已是演奏克拉维琴的音乐名手。莫扎特受了她的刺激，也渴望着弹克拉维琴。3 岁时他选择了弦乐，4 岁时能弹几段他记得的曲调，5 岁时已能拿起父亲的五线谱纸写出自己的作品。利奥波德为了专心教导自己的孩子，而拒收其他的学生。他没有送莫扎特上学，因为他计划每件事都由自己来教。他想用日耳曼式的艰苦训练，但对于莫扎特而言并不需要。这小男孩会自愿地直立着停留在键盘边数小时，直到被迫离开。数年之后，利奥波德曾写信给他：

> 对于一个小孩子又是个男孩子的你来说，严肃比天真烂漫来得恰当些。你还在弹克拉维琴或热衷于其他音乐时，你不会容许甚为微小的说笑来打扰你，你特殊的表情如此严肃，以致有许多善于观察的朋友曾就你早熟的天才和认真的态度而预言你会早夭。

1762 年 1 月，当时日耳曼仍然困于战争，利奥波德带着女儿和儿子到慕尼黑，在选帝侯马克西米利安·约瑟夫御前显示了这对儿女的艺术天才。同年 9 月又带着他们去维也纳。他们被邀请到舒伯鲁宫。玛丽亚·特蕾莎和弗朗西斯一世都很喜欢这两个孩子。莫扎特跳到女皇腿上，拥抱着她，亲吻着她的面颊。他接受皇帝的挑战，用一只手指拉小提琴，而且在覆着桌巾的克拉维琴上毫无错误地弹奏着。急切地想跑到公主面前去，却被身上的佩剑绊倒在地的莫扎特，被当年只有 7 岁大的玛丽·安托瓦内特公主扶起来，并安慰他。"您心肠真好，"莫扎特感激地说，"等我长大后一定娶您做妻子。"一打以上的贵族惊叹于他们听到的音乐，又欢迎莫扎特家人到他们家中，以钱和礼物奖赏他们。然而，不久莫扎特因患猩红热被迫躺在床上 4 星期之久——这是疾病第一次破坏了他的旅行。1763 年 1 月，这班人马又回到萨尔斯堡。

利奥波德离开萨尔斯堡远超过原定的期限。但仁慈的主教对利奥波德逾越原定期限的事予以宽宥。稍后，大主教擢升他为指挥家。同年 6 月 9 日，利奥波德再度踏上征途，这使他失去更高的擢升机会。这次他带着妻子同行，向欧洲夸示他的家宝，毕竟他们不能永远作为这个神童的父母！在美因茨，孩子们举行了 2 场演奏会，法兰克福有 4 场。60 年后，歌德回忆起他所听到的一次演奏会，他如何惊叹于这个"佩戴着假发和剑的小男孩"——因为他父亲这样打扮他的宝贝儿子。莫扎特几乎就像马戏奇观一样被他父亲利用着，1763 年 8 月 3 日法兰克福报纸上一则通告，预示当晚将有一个音乐会：

> 一个年仅 12 岁的小女孩将演奏几位最伟大的名作曲家最艰难的作品。而未满 7 岁的小男孩将弹奏克拉维琴或大键琴。他也将演奏小提琴协奏曲，而且将用键盘上铺着桌巾的克拉维琴，有如他能目睹键盘般地伴奏交响乐，来显示出他对琴键的纯熟。他能马上念出在远处克拉维琴或任何其他乐器如钟、铃的独奏或管弦合奏的总谱。

对这小男孩的天才做这么多的要求，很可能对他的健康或神经有所损害，但他喜欢掌声喝彩的程度，并不亚于他父亲喜欢金币。

他们又到科布伦茨演奏，在波恩和科隆感到失望透了，接着又在亚琛举行一场音乐会。在布鲁塞尔，他们期望着统治洛林的总督查理亲王会出现在音乐会上，并对他们的演奏加以赞赏，但这位统治者太忙了。利奥波德气愤地记载着：

> 我们待在布鲁塞尔将近3个星期了……什么事情都未发生……殿下除了打猎、吃喝玩乐以外不做任何事情，而且在最后我们可能发现他根本没有钱……我承认我们曾接受各色各样的礼物，但我们不希望把这些礼物变换为现金……有了这些烟盒、皮箱和诸如此类的小摆饰，我们够开一间商店了！

这位亲王最后终于同意出席，于是又举行一场音乐会，当然又赚了不少金币，莫扎特一家人动身前往巴黎。

经过3天的颠簸，1763年11月5日，他们到达了巴黎。他们有许多封给著名人士的介绍信。其中最贵重的是给格里姆的信。他为莫扎特家人安排谒见蓬巴杜夫人与王室成员，最后连路易十五和王后也召见他们。现在连最尊贵的王室也很热忱地欢迎他们，私人和公开的演奏会都富有爆炸性的成功。格里姆写了一封充满热情的信给他的当事者们：

> 真正的奇迹是罕有的，但我们有机会见到一个奇迹，是一件多么令人兴奋的事啊！一位名叫莫扎特的萨尔斯堡音乐指挥家，带着他那两个世界上最漂亮的孩子来到这里。他的女儿，仅11岁大，以她那卓越和令人骇异的精确技巧，弹奏几首最长和最困难的曲子。她的弟弟，到明年2月才满7岁，是如此特殊的人物，所以你将不会相信你的眼睛所看到的……他的手小得几乎按不到第6个琴键……带着充满喜悦的乐思，由他自己的天才中产生丰富的灵感。他能临时作出一首长达一小时的演奏曲……就连最伟

大的指挥家也不可能和这小男孩一样对和声和转调有如此深的造诣，无论你写任何不懂的乐曲请他释明，对于他来说都是轻而易举的事。不需要利用钢琴或找出他的和弦，他就能轻易地作出曲子。我曾写出一首舞曲，然后我要求他为我写上低音部，他甚至不用钢琴，抓起笔就谱上低音……如果我再多听些这个小孩的音乐，他将会改变我的思想……多么遗憾的事啊！在这个国度对音乐的领会如此浅薄！

在巴黎获得胜利后，他们又动身前往加来（1764 年 4 月 10 日）。在伦敦他们接受英王乔治三世的款待。5 月 19 日，在国王御前，莫扎特一拿到亨德尔、巴赫以及其他名家的作品，即作了长达 4 小时的演奏。他为夏洛特王后的独唱伴奏，当场为亨德尔歌剧的低音部配上新的旋律。J. C. 巴赫从 1762 年起就定居在伦敦，他把莫扎特抱在腿上，两人配合演奏了一段奏鸣曲。"如此天衣无缝的合作，绝不会有人怀疑是二人合奏的！"J. C. 巴赫又开始弹赋格，莫扎特接着弹，然后这二位天才又像是合二为一了。此后数年之久，莫扎特的作品显示出曾受到 J. C. 巴赫的影响。6 月 5 日，孩子们又举行了一场音乐会，兴奋的利奥波德又得到 100 多个基尼的金币。可是好景不长，父亲的喉咙发炎很严重，于是他们全家隐居在伦敦近郊切尔西，在那里休养了 7 个星期。那时莫扎特刚 8 岁，已作了两首交响曲（K.16、K.19）。[1]

虽然大主教苏拉德赫很早就召唤利奥波德返回萨尔斯堡，1765 年 7 月 24 日，他们却离开伦敦前往荷兰。可惜的是在里尔，父子二人都病倒了，旅程也因而耽误了一个月。9 月 11 日，他们到达海牙，第二天轮到玛丽亚生病，而且病况恶化，因此，10 月 21 日她竟接受了最后的圣餐，好不容易才得以康复。9 月 30 日，莫扎特在没有姐姐的帮助下，单独举行了一场音乐会。莫扎特发烧生病时她却复原

---

[1] K 即克氏目录，为奥人克歇尔（Köchel）所编莫扎特全部作品的目录。

了。因此，全家一直待到1776年1月。1月29日和2月26日在阿姆斯特丹市，他们举办过音乐会，这是莫扎特的交响乐（K.22）首次的公开表演。在这几个月，这位男孩拼命地作曲。5月他们回到巴黎，他们的行李已都被安置妥当；格里姆已为他们安排舒适的公寓；他们又在凡尔赛宫公开表演，一直到7月9日他们才依依不舍地向这个迷人的花都告别。

在第戎他们嬉游数日，成了孔代王子的上宾。在里昂停留4个星期，日内瓦3个星期，洛桑1个星期，伯尔尼1个星期，苏黎世2个星期，多瑙埃兴根停留12天。然后在比伯拉赫、乌尔姆、奥格斯堡短暂地休息。在慕尼黑时，莫扎特生病了。因此，他们休息了较长的时间。经过3个半月的睽违，最后于1766年11月底，全家人又回到萨尔斯堡。老主教宽恕他们，而他们也开始可以享受家庭的温馨。一切似乎都过得很顺利，但此后莫扎特不再健康了。

青春期（1766—1777）

利奥波德不是一个悲天悯人的教师，他教导他的儿子完成对位法和数字低音（或记号低音）的艰苦课程，及在他以前的日耳曼和意大利诸音乐名家作曲的基础。大主教听说莫扎特能作曲，怀疑是否是在他父亲的帮助下作成的，为了消除这个疑团，他邀请这男孩去和他住一个星期。隔绝了一切外界可能的帮助，给他纸张、铅笔和大键琴，命他为《第一诫》（First Commandment）神剧的第一部分谱曲，在将近一个星期后，莫扎特就献上成果了。有人告诉主教这个成果应该得到赞颂。接着他任命他的乐队首席米契尔（是约瑟夫·海顿的弟弟）作第二部分曲子，至于第三部分则由他的风琴师担纲，整出圣乐于1767年3月12日在大主教宫廷中演出，而且被评为有价值的音乐，在4月2日重演一次，莫扎特的一部分现收入克歇尔的目录35号。

得知玛丽亚·约瑟法公主将和那不勒斯国王斐迪南结婚的消息，

利奥波德想到即将在宫廷举行的典礼，可以给他的孩子们一个新的机会。1767 年 9 月 11 日，全家人动身前往维也纳。他们被带进宫廷，但出来时，莫扎特和玛丽亚·安娜二人都感染上公主的天花。失意的父母带着他们的宝贝到摩拉维亚的奥尔米茨都，在那里坡塔茨基大公照料他们，并给他们居住的地方。莫扎特的眼睛失明了 9 天。1768 年 1 月 10 日，一家人又回到维也纳，女皇和约瑟夫二世热忱地接见他们，可是当时宫里正哀悼着死去的新娘，在这种情况下，当然不可能有音乐会了。

过了一段漫长而毫无收益的空白生活，他们又回到萨尔斯堡（1769 年 1 月 5 日）。莫扎特继续跟随父亲学习音乐，在年底时利奥波德想到他已教完他所能教的东西，而现在莫扎特需要的是亲自体验意大利的音乐生活。从哈瑟和其他人那里拿到给意大利的音乐大师的介绍信后，父子两人于 1769 年 12 月 13 日步上征途，留下玛丽亚·安娜和母亲住在萨尔斯堡。第二天晚上在因斯布鲁克，莫扎特举行一场音乐会，他当场演奏了一首为了测验他的技巧而他不太熟悉的协奏曲。当地的新闻界人士称赞他的"惊人的音乐造诣"，在米兰，他会见了萨马提尼、哈瑟和普契尼。佛密恩大公还要求莫扎特为他写一出歌剧。这意味着莫扎特又要为家里的财产增加 100 杜卡特金币了。在博洛尼亚他们听到刚从西班牙凯旋的法里内利的永远神奇的歌唱。他们和马蒂尼讨论的结果，认为莫扎特应回去接受测验，以得到令人垂涎的爱乐学院的文凭。在佛罗伦萨利奥波德的宫廷，莫扎特弹奏大键琴，为纳尔迪尼的小提琴伴奏。然后父子两人匆忙赶到罗马参加神圣音乐周。

1770 年 4 月 11 日，他们在一个雷电交加的暴风雨中抵达罗马，因此利奥波德才会记载他们受到"接见达官贵人鸣放的礼炮般的礼仪"。他们刚好及时到达西斯廷教堂，听到格雷戈里·阿莱格里的每年演唱一次的教会音乐《忏悔诗》。这部著名的圣歌是一首很难记忆的长篇大曲，以 4 组、5 组或 9 组不同的声部来演唱。莫扎特听两次后，根据他记忆的，将原曲一字不漏地写下来。在罗马停留的 4 个星期中，他们在民间和教会的贵族们家中举行了音乐会。5 月 8 日，他们又动身前往那不勒斯。因为常有强盗出没，旅程极为危险。为了求得神的庇护，或保有危急时的旅行费用，莫扎特和 4 位奥古斯丁的教士一道踏上旅途。那不勒斯人民整整地挽留他们一个月，因为在那不勒斯上流社会里，自坦努奇以下，都邀请他们参加音乐晚会，并给予他们贵族们随意支配的马车。莫扎特在彼耶塔音乐学院的礼堂演奏时，一般迷信的观众认为他那不凡的技能是由于他戴在手指上的戒指的魔术。但他们看见戒指除下后照样弹奏得光彩绚烂时，他们都迷惑了！

再度邀游过罗马之后，他们穿过亚平宁山脉去膜拜洛雷托的《圣塔卡撒的圣女像》，然后往北在博洛尼亚停留 3 个月。莫扎特几乎每天师事马蒂尼学习作曲结构，因而得了不少教益。然后他参加一项进入爱乐学院的考试：他被单独关在一间小室里，给他一段朴素的格里高利歌乐。[1] 要在严谨的形式，即严格传统的形式上，加上三段高部曲式。他失败了，但善心的神父改正了他的作品，而且这种经改定的形式被评为"由于特殊的际遇"——这可能是莫扎特的幼年事迹，而被接受了。

10 月 18 日，父子两人在米兰，在那里莫扎特作为一位作曲家得到他第一次胜利，但这是经过多少辛劳的工作和苦难而得来的！他被委任作一出歌剧，主题为"彭特国王米特拉达梯"，剧本取材于拉辛。这位 14 岁的年轻人辛劳地作曲、弹琴和重复地改写，以致弄痛了手指。这种努力的工作转变为热狂，所以他的父亲必须严格限制他工作的时间，而且以适时的散步来平静他这种激动的状态。莫扎特觉得他

---

[1] 这是一种天主教的礼拜音乐，其来源颇为复杂，部分为犹太圣乐，部分为希腊乐调。到 6 世纪末将罗马主教格里高利一世将天主教堂各种歌乐加以搜集与整理，制为专书，即所谓的《格里高利歌乐》。此类歌乐包括两种主要乐曲，一为《弥撒曲》，一为《祈祷曲》。前者在特别节日歌唱，后者在平时礼拜歌唱。

的第一出正歌剧，是比在博洛尼亚的古老测验更具有决定性意义的试金石。他的歌剧作曲家生涯可能要仰赖此剧的开花结果。现在，虽然不怎么虔诚，他要求母亲和姐姐为他的成功祈祷，"如此我们全家才能快乐地生活在一起"。最后，他经过多次的预演而濒于精疲力竭时，歌剧终于呈现在大众面前（1770年12月26日）。作曲家亲自指挥，而他的胜利是全面性的。每个重要的曲调都得到疯狂的掌声，还大喊着："大师万岁！大师万岁！"这出歌剧重复演出20次，骄傲而虔诚的父亲写着："如此看来，我们不埋葬我们的天才时，上帝仁慈地赠与我这股伟大的力量。"

现在他们荣耀地回返家园。1771年3月28日，他们回到萨尔斯堡，在他们刚一到达时就接到佛密恩大公的请求，以女皇之名要莫扎特写一出清唱剧（只唱不演的戏）或写出康塔塔（Cantata，一种清唱剧）。而且要他在10月来到米兰指挥他的清唱剧，作为庆祝斐迪南皇子和摩德纳公主结婚庆典的一部分。大主教允准了利奥波德的另一次请假，于是父子两人8月13日再次前往意大利。一到米兰，他们发现哈瑟也在那里为此庆典准备一出歌剧。这或许不是故意安排，但经理人已为这两位闻名的作曲家安排了一个天才的战场，一位是73岁的老者，一位是曾公开试过他的歌剧的15岁的少年。哈瑟的剧本《鲁奇洛》（*Ruggiero*）在10月16日演出，赢得很多的掌声，第二天莫扎特的清唱剧《阿斯卡尼奥在阿尔巴》，在他的指挥之下唱出，掌声更是惊人。利奥波德在写给他妻子的信中说："我很抱歉，莫扎特的清唱剧竟会如此完全地使哈瑟的歌剧黯然失色。"哈瑟大度地参加为莫扎特举行的盛宴，并做了一个著名的预言："这个小男孩将会使我们的大名湮没。"

父子回到萨尔斯堡（1771年12月11日），5日以后善心的大主教西吉斯蒙德去世了。继承人克罗拉多是卢梭和伏尔泰的敬慕者，是开明的专制君主，急切地想实施自约瑟夫二世以来的改革运动，但比约瑟夫更甚的，是他的专制如同他的开化，要求纪律和服从，而且无法容忍反抗。1772 年 4 月 29 日，在他的正式就职日，他迫切地要求莫扎特为他作一出歌剧。这位如今已是驰名欧洲的少年，快速地以《西庇阿的梦》来回应他的要求：此剧草草交差了事，如今已被人遗忘！克罗拉多原谅这件事，而且指派莫扎特担任乐团指挥，年薪 150弗罗林。这样忙碌了好几个月作交响曲和四重奏及教音乐，但他同时制作一出歌剧《鲁乔·西拉》（*Lucio Silla*），这是米兰方面要他在1773 年交卷的作品。

　　1772 年 11 月 4 日，利奥波德和他的摇钱树又到了伦巴底。莫扎特很快疲于奔命地探寻如何能使他的音乐理想、歌唱家的才能及善变之间得到协调。首席女高音由于被骄纵而显得很难待候。这位大师对她却很容忍，结果她爱上了他，宣称"被莫扎特对待她的态度所迷醉了"。首次公演（1772 年 2 月 26 日）并没有像两年前的"米特达拉梯"一剧那样成功，在预演时男高音生病了，因此必须用一个毫无舞台经验的演唱者来代替他。虽然如此，这出歌剧还是重演了 19 次。这种音乐是难以表达的，它带着强烈的感情，抒情的旋律被拉得太高了。或许此处一些日耳曼澎湃而快速密集的主题，是不适于打入意大利歌剧的。在这次交流中，莫扎特带回清澄的意大利歌曲的美声唱法。而且他那种快乐的天性被意大利的蓝天和弦歌不辍的生活熏染得更加兴奋了。在意大利，他研究喜歌剧，听了普契尼和乔瓦尼·帕伊谢洛的作品后，认为喜歌剧是高尚艺术。他学习这种歌剧的形式，在《费加罗的婚礼》与《唐·乔瓦尼》两出戏剧里，也发挥得淋漓尽致。他机警的心灵和灵敏的听觉，使每次的体验对他都是一种教育。

　　1773 年 3 月 13 日，当萨尔斯堡新主教再度会见这对父子时，新主教不像西吉斯蒙德容忍他们的长期请假，他找不出理由用晋升来奖赏利奥波德，而对待莫扎特有如对待他的家仆，他希望莫扎特父子给予他的唱诗班和管弦乐队最快速最新的音乐。此后两年，他们竭尽所能地满足他的赝求。但是，利奥波德烦恼着没有额外的旅行，难以支持他的家庭。莫扎特呢？习惯了接受掌声，简直无法适应做一个音乐仆人。他写歌剧，但萨尔斯堡的舞台太小，唱诗班、管弦乐队和观众也太少，无法让这位刚生羽毛的聪明伶俐的雏鸟展开他的双翼。

机会终于来了，巴伐利亚选帝侯马克西米利安·约瑟夫委任莫扎特为慕尼黑 1775 年嘉年华会创作一出喜歌剧。征得大主教的同意，准许作曲家和他的父亲请假。1774 年 12 月 6 日，他们离开萨尔斯堡，莫扎特染上严重的感冒，还引起牙痛并发症，音乐和哲学都无法抑制疼痛。但 1775 年 1 月 13 日《假园丁的女儿》一剧首次公演时，舒伯特这位著名的作曲家，曾预言："假如莫扎特不是一朵温室的暖花（为太多的家务而操心），他将会是世界上最伟大的作曲家。"虽然脑海中萦绕着成功的思绪，莫扎特仍然回到了萨尔斯堡，服务于他认为毫无价值的家臣职位。大主教命他作一出音乐剧来欢迎他期待的女皇玛丽亚·特蕾莎的最小儿子马克西米利安大公的来访。莫扎特采用梅塔斯塔西奥所写古老的剧本《牧羊国王》。1775 年 4 月 23 日公开演出，这个故事是无意义的，但音乐是最好的。选曲至今还出现在音乐会的节目中。同时他不停地作出奏鸣曲、交响曲、协奏曲、歌剧清唱曲、弥撒曲。一些在这几年不愉快的岁月中的作品，例如降 E 大调钢琴协奏曲（K.271）和 B 调清唱曲（K.250）皆收入于永恒的杰作中。虽然如此，大主教却说他不懂作曲的艺术，应该到那不勒斯的音乐学校研习。

无法再忍受这种情形，利奥波德请求主教允准他和儿子出去旅行，克罗拉多拒绝了，说他不准他的属下继续从事"乞讨的远征"，利奥波德再度请求时，大主教遂将他们父子解雇。莫扎特很高兴，但已 56 岁的父亲对被抛掷在这个紊乱的世界大感恐慌。大主教怜悯他并让他复职，但从此不准他再请假。那么，谁能伴同莫扎特呢？莫扎特已 21 岁，正是对探求和婚姻禁锢感到迷惑不解的年龄，比以前更需要人来指导，最后决定由母亲陪伴他旅行。玛丽亚·安娜试图忘记她也曾经是一位天才，仍然给予她父亲热爱的照顾。1777 年 9 月 23 日，母子俩离别了萨尔斯堡，远征日耳曼和法国。

音乐与婚姻（1777—1778）

9月26日，莫扎特从慕尼黑寄给他父亲一封自由的赞美歌，"我现在处于最佳的心灵状态中，自从我离开那位欺诈者后，我的头轻如鸿毛。还有，我长胖些了"。利奥波德必定很快地回了信，他的情感再度提醒我们，历史的事实是由人类的血肉之躯写出来的：

> 你们俩走后，我非常疲惫地沿着我们的足迹行走着，而后把我自己投掷在椅上。我们互道再见时，我用了很大的意志力努力控制着自已，免得使我们的分离增添更多的痛苦。在匆忙与激动中，我忘了作为一个父亲应给予孩子的祝福，我跑到窗边，对着你的身影遥寄祝福。但是，我看不到你了……兰妮儿（莫扎特的姐姐）……哭得很伤心，我俩向妈妈祝祷！吻你们千万遍。

在这个作曲家和演奏家供过于求的国度里，慕尼黑让莫扎特意识到他已不再是一个神童，只不过是一个音乐家而已。他曾希望在选帝侯的音乐侍从中谋个职位，但到处都无空缺。母子俩到达奥格斯堡，在利奥波德的敦促之下，忙于拜会他年轻时代的朋友。但那些尚活在人间的朋友，都变得肥胖而且庸俗不堪。莫扎特只对一位活泼的堂妹发生兴趣，她的名字是玛丽亚·安娜·代克拉·莫扎特，而他使她不朽。比较有收获的是一位钢琴商人约翰·安德列亚斯·斯顿。过去惯于使用大键琴的莫扎特，现在第一次开始欣赏新乐器的可能性。他到巴黎时，把自己的注意力转移到钢琴上了。在奥格斯堡举行音乐会时，他用钢琴和小提琴演奏，得到很多掌声，获益却很少。

10月26日，母子俩来到曼海姆，在那里莫扎特高兴地和颇富技巧的音乐家们交际，找刺激。选帝侯卡尔·西奥多无法为他找到门路，而且只拿一块金表来酬谢莫扎特在宫廷的演出。莫扎特在给他父亲的信中写道："10个金币对我还比较有用些……一个人在旅途中需要的是钱。而且让我告诉您，我现在已拥有 5 块金表……我想在裤子两旁都缝个装表的口袋。我去拜访一些达官贵人时，我可以挂两个表……那会提醒他们不要再送表给我。"利奥波德劝他赶紧到巴黎，那里格里姆和埃皮奈夫人会帮助他。但莫扎特劝告母亲，在严冬的旅程是很艰难的。利奥波德假想他们会很快地往巴黎去，警告莫扎特小心那里的女人和音乐家，而且提醒莫扎特，他现在是全家命运的希望。利奥波德已负债 700 金币。在他的晚年生涯里，又开始教授学生，信中又写道：

> 而且，在这个小镇，这种繁重的工作，薪水却少得可怜……我们的将来完全依赖你丰富的见识了……我知道你爱我，不仅只因身为你的父亲，也是你最可信赖、最可靠的朋友。所以，你了解而且体会出我们的幸福与不幸福，更甚的还有我的长寿与不长寿，除了上帝以外，全部都掌握在你手中。如果我已全然地了解你的话，我将别无所求，只欢欣地期待着你，这份孤独一定会安慰我。身为父亲的我，由于你的不在而被剥夺了畅怀地倾听你声音、注视你的容颜及把你拥抱在臂弯里的喜悦。我送你为父出自心灵的祝福。

在这封利奥波德写的书信里（1778 年 2 月 9 日），已经 26 岁、智力渐减而且面临老处女困境的兰妮儿，附加一段话语，完成这幅可爱家庭的素描：

> 爸爸不让我留在房里好好地写信给妈妈和你，我祈求她不要忘了我……希望你有一个快乐的巴黎之行和最佳的健康，无论如何我真心希望能够快点拥抱你。可是事实上只有上帝才知道何时才能如愿！我们都渴望你能创造你的财富。唯有如此，我确知这是我们大家的幸福。我吻妈妈的手和拥抱你，相信你会永远地惦

记着我们，而且想念我们，但这要在你有空时才如此做，而且不作曲不教授时，望你能祈祷一刻钟。

在充满着如许期待与挚爱的信任的心境之下，利奥波德接到莫扎特2月4日的来信，告诉他已到库比亚。在曼海姆少数的音乐家中有一位弗利德林·韦伯，他必须负担1位夫人、5个女儿和1个儿子一家人的生活。韦伯夫人忙于为女儿撒网捕捉丈夫，尤其是为她的大女儿约瑟法·韦伯——19岁带点神经质的大姑娘找对象。可是莫扎特喜欢阿洛伊西亚，她仅16岁，自恃天使般的嗓音和矜夸的美貌，经常做着音乐家的美梦。他几乎很少注意到以后成为他妻子的康斯坦策，当时她仅14岁。他为阿洛伊西亚作了几首最温柔、最悦耳的曲子，她唱这几首歌曲时，他忘了自己的野心，只想到为她伴奏，并想陪同她——及约瑟法·韦伯和她的父亲——到意大利去，在那里她可以得到声乐的指导和戏剧的经验，而且他可为他们举行音乐会和编写歌剧剧本。这位年轻勇敢的恋人向他父亲解释了这件事：

> 我现在对这个不幸的家庭发生很大的兴趣，所以我最大的愿望就是使他们快乐……我劝他们到意大利去。因此，我希望你能尽快地写给我们的朋友拉格蒂，而且问明维罗纳城给一个首席女高音的最高条件如何。关于阿洛伊西亚的歌唱，我以我的生命打赌，她将会为我带来声誉。如果我们的计划能成功的话，我们——韦伯先生，他的两个女儿和我——经过萨尔斯堡时，可以有两星期的时间去会见我亲爱的姐姐。为了能够使她成名，我也很高兴为维罗纳城写一部只拿50个基尼的歌剧……最大的女儿可以帮我们很大的忙，因为她懂得烹任，可以做我们的管家。顺便一提的是，你听到我原有的77个金币，现只剩下40个时，请你不要太惊讶，这仅是我喜欢与诚实而趣味相同的人为伍的结果罢了。

请你快些回复我，千万别忘了我是多么想写歌剧，我嫉羡每个会写歌剧的作曲家。我听到一首独唱曲，我真会烦恼地低泣。但意大利不喜欢正歌剧，正如日耳曼不喜欢喜歌剧……我现在所写的，已超过心灵所能负荷的了，妈妈对我的快乐甚觉满意……想帮助一个穷困的家庭，又不伤害到我自己的念头，使我的心情非常愉快。我吻你的双手1000遍至死为止。你最孝顺的儿子。

利奥波德2月11日回信：

我亲爱的儿子！带着惊讶和恐慌看完4日的来信……整晚我不曾合眼睡着……仁慈的上帝啊！……那些快乐的时光已消逝得无影无踪了，曾是一个小男孩的你，再也不需用椅子垫脚上床和唱歌给我听，而且一再吻我的鼻尖，告诉我当我老时，要把我放进一个玻璃箱里保护我，免于微风的吹袭，可以永远地陪伴我和纪念我。因此，听我的话，耐心些吧。

接着他说希望莫扎特能延后他的婚姻，直到他能为自己在音乐界找到一个稳固的职业。到时他就能得到一个好妻子，照料一个好家庭，而且帮助父母和他的姐姐。但现已深深地迷恋着一个年轻妩媚的俏女郎的儿子已忘了他的父母了，只想做她的侍从，追随她到意大利去。这种荒唐事真叫人难以相信啊！

离开你现在的地方到巴黎去吧！而且快些！在那些著名人士中找寻自己的地位。"或是恺撒，或是虚无！"在巴黎有声望的伟大天才的大名，可以很快地扬名世界。在那里，贵族们都尊敬、殷勤地对待伟大的天才们。你也可见到一种文雅的生活方式，和在我们日耳曼，朝臣们和他们的仕女中的生活方式，形成一种惊人的对照。此外，你可以精习法语。

莫扎特谦恭地回复他的父亲，说他对护送韦伯家人到意大利的计划，并不是非常认真的。他与韦伯家人悲伤地道声再见，而且保证在回家的路途中会来看望他们。1778 年 3 月 14 日，母子俩人乘了一辆租来的大马车，动身往巴黎去。

巴黎沧桑（1778）

3 月 23 日他们到达巴黎，刚好碰上伏尔泰的盛名而被淹没。他们只带了简单的行李，莫扎特开始到处谋职。格里姆和埃皮奈夫人打起精神为这位 14 年前被巴黎激赏的神童注意消息。凡尔赛宫给他一个宫廷风琴师的职位，每年服职 6 个月，拿 2000 个利维尔金币的薪金。利奥波德劝他接受，但格里姆反对。由于薪金太少，而且对他的才能也不太适合，莫扎特拒绝了这个职位。许多人为要听他的钢琴演奏而邀请他用餐。但即使要到他们的住处，也需要昂贵的马车，才能穿过泥泞的街道。一位贵族吉尼斯看来似乎有点希望，莫扎特为他和他的女儿作了一首辉煌的 C 大调长笛和竖琴协奏曲（K.299 号）。而且在高薪之下，他还教这位女士作曲的课程，但不久她结婚了，而这位大公只肯为一首协奏曲付 3 个金路易。在莫扎特的音乐生涯中，第一次失去了勇气。"我身体非常好，"他在 5 月 29 日写给父亲的信中说，"但我非常怀疑生命是否值得存在下去。"担任宗教音乐指挥的约瑟夫·勒格罗请求他写一首交响曲（K.297 号）时，他的信心恢复了，这首交响曲在 6 月 18 日成功地演出。

7 月 3 日，他的母亲过世了，她刚开始享受离开萨尔斯堡的主妇生活后的假期，可是不久发现萨尔斯堡每天的家务事和接触的人物，曾给予她实质而有意义的生活。因此，她渴望回到自己的家。到巴黎途中，坐在颠簸的马车中，令人厌烦的旅伴和大雨已损害到她的健康。在巴黎，儿子找寻职位的失意，使她曾经愉快的心灵变得忧郁不堪。日复一日，儿子出去教学生，参加音乐会，前往歌剧院时，她独自待在陌生而语言不通的环境里……现在，眼看着她渐渐地衰弱，在最后那个星期里，莫扎特每天陪在她身旁，温柔地照料她，而且几乎不能相信她会这么快就去世。

埃皮奈夫人在她家中给莫扎特和格里姆一间屋子，就在她的餐室旁边，而且可使用她的钢琴，他不曾和格里姆如此亲密过。格里姆过分地赞赏伏尔泰，莫扎特却轻视他，并对他的主人们和朋友谈论"基督教是一种神话，在社会的管制下是有用处的说法"甚感惊讶。格里姆希望他接受一些较低的职位作为基础，以后再接受较高的职位，并为一些有势力的家族做免费的演出。莫扎特觉得这种处事方法会损耗他的体力，与其如此，他宁愿作曲。格里姆认为他是懒惰的，所以告知利奥波德，结果连他也同意了这种说法。这种情况由于莫扎特不断地向格里姆借贷显得更糟了，总共借了15个金路易。格里姆告诉他可拖延些时候再偿还，这倒是真的。

这个危机终因莫扎特父亲的一封来信（1778年8月31日）而解除了。原来大主教克罗拉多已任命他父亲为管弦乐队指挥，如果莫扎特愿充任风琴师和音乐会指挥，每人每年可得500个弗罗林币。还有，大主教宣布，"假如你愿为他写一出歌剧的话，他准备让你随意到你愿去的地方旅行"。如此诱人的钓饵，利奥波德又附上阿洛伊西亚·韦伯可能高兴接受萨尔斯堡唱诗班的邀请，在那种情况下，"她一定会和我们住在一起了"。莫扎特回信（9月11日）："当我看完您的来信，我高兴得浑身颤抖了，因为我觉得已在您的怀抱中了。这是事实，正如您所知，就是你们对我已没指望了，但我期望见到您并拥抱我亲爱的姐姐时，我已别无所求了。"

9月26日，他搭马车到南锡，在斯特拉斯堡一间几乎空荡荡的屋子里，他举行了艰苦的音乐会而赚了一些金路易。在曼海姆，他停留数日，希望能被委任为日耳曼歌剧院的指挥，可是这也失败了。他继续往慕尼黑去，思念着阿洛伊西亚·韦伯。但她已在选帝侯的唱诗班中找到一个职位，也可能在选帝侯的心中占有一席地位，她冷漠地接待了莫扎特，这表明她不再想当他的新娘了。莫扎特作了一首曲子，唱了一首哀伤的歌曲，然后一心一意地回到萨尔斯堡家里。

萨尔斯堡与维也纳（1779—1782）

1月中旬，莫扎特回到家乡，接受了许多欢宴，但也深深地体验到母亲去世的哀伤。不久他被任命为风琴演奏师和乐团首席，但很快他变得烦躁不安。他回忆道：

> 在萨尔斯堡，我的工作简直是一个负担，我几乎无法从事自己的工作，这是为什么呢？因为我从没有快乐过……萨尔斯堡对于我来说，至少——那里没有一件是有意义的娱乐。在那里我拒绝和许多人来往——而且大多数其他的人并不认为我是优秀的。除此以外，萨尔斯堡没有新奇的事物来激发我的天才。我演奏或我的任何一首曲子演出时，所有的观众像桌子和椅子一样。但愿萨尔斯堡能够有一个较好的剧院。

他一直渴望写歌剧，所以很高兴地接受选帝侯卡尔·西奥多要他为下一届慕尼黑节日写一出歌剧的请求。1780年10月，他开始着手作《伊多梅尼欧》，11月到慕尼黑预演。这出歌剧有它不寻常的音节，在1781年1月29日终于成功地演出了。莫扎特在慕尼黑停留了6个多星期，享受他的社交生活，一直到大主教克罗拉多召唤他到维也纳。在那里，他很愉快地和他的雇主住在一起，却和仆役同桌用餐。"两位男仆分别坐在桌子的两端，而我很荣幸地坐在厨师之首。"这是当时那些贵族家中的风尚，海顿以无声的愤怒忍耐了，莫扎特却大声反抗着。他很高兴在大主教朋友们家中表演他的音乐和显露他的天才，但在他向大主教要求让他接受外界合约以增加一些收入和扩大声名时，却遭大主教的拒绝。这使莫扎特非常愤怒。"我一想到离开维也纳而口袋里却连 1000 个弗罗林金币也没有时，我内心沉落了。"

他下定决心辞去克罗拉多的职务，1781 年 5 月 2 日，他与搬到维也纳的韦伯家人住在一起，并做他们的房客。大主教传来命令要他回到萨尔斯堡时，他回复说要到 5 月 12 日才能离开维也纳。大主教再度和他约谈（如莫扎特向他父亲报告的）：

> 对着我叫嚷着最凌辱人的话语——哦！我真的不能全写出来！最后，我的血液在沸腾，再也不能忍受，我说："阁下不满意我？""什么？你居然敢威胁我？你这恶棍、流氓，门在那里，我再也不和这么一个恶劣的家伙有任何关系！"因此，最后我说："本人颇有同感。""滚出去吧！"我走出去时对他说："就这样吧，明天你会收到我的辞职信。"告诉我，亲爱的父亲，我是否迟早该说这些话？
>
> 如果您高兴的话，就请秘密地写信给我吧——事实上你可能会被迫这么做——而且诚恳地公开批评我。唯有如此，才不会对您有所指责。但假如大主教对您太无礼的话，请您立刻来维也纳吧！我们三人可靠我的薪金生活。

利奥波德被儿子和韦伯家人住在一起的消息吓坏了，那家人的父亲已去世了！阿洛伊西亚已嫁给演员约瑟夫·朗吉。但那寡妇还有一个女儿，正等待着一位丈夫呢！利奥波德恳求他向大主教道歉，而且回家。莫扎特第一次拒绝服从父亲。"为要您高兴，我亲爱的父亲，我会抛弃我的幸福、我的健康、我的生命。但我的荣誉凌驾我的所有，因此，也就超越了您。我最爱、最好的父亲，任意地要求我为您做别的事吧！只要不是这件事。"6 月 2 日，他寄了 30 个杜卡特给利奥波德作为未来的一种象征性的帮助。

他曾三次到大主教在维也纳的居处，向他正式提出辞呈，克罗拉

多的侍从拒绝为他传达，"第三次时把莫扎特赶出去，还对着他背后
踢了一脚"——莫扎特在 6 月 9 日的信中描写当时的情景。为了满足
他的父亲，他终于离开韦伯家到别家住宿。他向利奥波德保证，他只
是喜欢康斯坦策而已。"假如我必须与曾和我开过玩笑的人结婚，那
我至少应已有 200 个妻子。"12 月 15 日，他却告诉父亲，康斯坦策如
此甜美、纯洁，善于处理家务，因此他希望娶她：

> 您对这个意念感到骇异吧！但我恳求您，我最敬爱的父亲，
> 请您听我说罢……自然的声音在我心中，像其他人一样高歌着，
> 大概要比许多倔强或不解风情的人更响亮。我今天不能像一般年
> 轻人那样活着，因为：第一，信心太充裕了。第二，过分关心他
> 人，若要我去欺骗无邪的姑娘，实在我又过于诚实。第三，我有
> 太多的恐惧和厌恶，对疾病有着太多的惧怕，而且我过分关心自
> 己的健康，以致不愿和那些娼妓终日浪荡无所事事……我愿以我
> 的生命做赌注，我所说的都是实话。……
>
> 但我的爱情目标是谁呢？……必然不是韦伯家人啰？是
> 的……康斯坦策……全家中最善良、最聪敏的一个！请告诉我能
> 否得到一位更好的妻子……我迫切希望的，是有固定的收入（对
> 这个，感谢上帝，我有极大的信心），那时我将不停地恳求您准
> 许我保全这个可怜的女孩，并使我和她——还有，如果我可以这
> 么说的话，我们全体——非常快乐。诚然，您儿子快乐时，您也
> 是快乐的吧！而且您将可享受我固定薪水的一半……请您怜悯您
> 儿子吧！

利奥波德不知该信仰什么，他尽了所有的力量来阻止儿子的婚
姻，但莫扎特觉得已尽了 26 年作为人子的孝顺，现在该过属于自己
的新生活了。为了求得父亲的允准，他祈求了 7 个月之久，但一切都
无效。最后，1782 年 8 月 4 日，他不经父亲同意而结婚了。8 月 5 日，

父亲的同意书来了。现在莫扎特真正发现，以创作在人类历史上最富于变化的壮丽音乐来支持一个家庭，是多么遥远的事啊！

作曲家生涯

他自己相当自信，因为现在他不仅是一个小有名气的钢琴家，还收了几个学生，也写了几部成功的歌剧。离开大主教一个月后，他从约瑟夫二世宫廷剧院的指挥奥尔西尼—罗森堡伯爵那里接到一份工作，要他写一出唱剧——配上歌唱的话剧。作品完成后，于1782年7月16日在皇帝御前演出，这就是他的歌剧《后宫的诱拐》，只有一些与莫扎特敌对的人故意贬低它，其他听众几乎都被他为这个古老故事所配的愉快音乐迷醉。故事大意是：一个基督徒的美女被海盗抓去，并卖到土耳其的后宫中，她的爱人使用了一些令人难以置信的谋略诡计后，终于把她救出。约瑟夫批评此剧说："歌曲旋律太美了，但似乎太多了些，莫扎特先生！"对这些话语，这位鲁莽的作曲家立刻回答："是的！陛下，正如必需的那样多。"这部小歌剧写成后，6年中在维也纳演出了33次。格鲁克，这位改进歌剧形式的先驱，虽然不满意莫扎特未曾采用他的观点，仍然赞赏他的作品，并邀请这位才气纵横的青年参加晚宴！

莫扎特认为从意大利音乐比从日耳曼音乐能撷取更多灵感。他喜爱美妙的旋律和简谐的和声，甚于复杂庞大的复音音乐，只有在他生命最后的几年中，他才真正体会到亨德尔和巴赫的伟大成就。1782年，他加入由斯维顿男爵赞助的一群音乐家。他们经常在国家图书馆或斯维顿家里举行音乐会，主要演奏亨德尔和巴赫的音乐。1774年男爵从柏林回维也纳，曾带了一些巴赫的著作，包括《赋格的艺术》和《谐和的克拉维琴》。巴赫排斥意大利音乐，认为它仅是用来业余消遣的。他主张真正的音乐必须严格遵循赋格、对位法和复音音乐。莫扎特恰恰相反，他从不把自己的音乐局限在结构、规格或形式上。

但从斯维顿的建议和他家中举行的演奏会中，莫扎特领会到不少心得。于是仔细地对亨德尔，尤其是巴赫的音乐研究一番。1787年后，他在维也纳指挥亨德尔的音乐，不仅把亨德尔的总谱编成适合维也纳管弦乐队的演奏，同时使乐曲显得更自由活泼。此后，在他的音乐创作里，他能很和谐地把意大利式优美的旋律和日耳曼式严格的复音音乐融合起来。

关于莫扎特的作品，我们只要稍加浏览克歇尔所编的《莫氏作品目录》，就能对他的作品数目的庞大留下深刻印象。他总计有626件作品，除了海顿，没有其他作曲家能望其项背，包括：77首奏唱曲，8首三重奏，29首四重奏，5首五重奏，51首协奏曲，96首嬉游曲、小夜曲、舞曲，52首交响曲，90首艺术歌曲，60首宗教作品，22部歌剧。有些人可能觉得莫扎特的私生活太过于懒散放荡，这些人是不能了解心智劳累带给肉体的倦怠的，没有适当的松弛，天才是会发疯的。他父亲也曾对他说："懒散将是你天生的缺点。"有好几次，莫扎特要等到最后，乐曲已在脑中完成，才愿意把它写下来。他说："我是可以这么说，沉迷在音乐中。音乐整天在我脑中，我喜欢幻想它们、学习它们，而且表现它们。"他妻子也说："他常漫不经心地玩弄帽子、表带、桌、椅，仿佛它们是琴键似的。"他在听歌剧的时候，甚至也曾在心中想着作曲的事。他把随时想到的曲句收集在口袋里，旅行时就放在背包中，这样收集了不少曲子，都放在一个皮袋内。他准备从事作曲时，不是坐在琴边，而是在桌子上写。"他作曲有如写信，"他的妻子说，"在写完前从不移动一下。"有时他坐在琴边数小时，最后来个即兴演奏。把他的音乐幻想自由自在地表现出来，仅用尚存的理智来决定他所将采用的形式，或是奏鸣曲，或是咏叹调、赋格。聆听莫扎特的即兴演奏，能从内心真正领悟到隐藏在他怪异的气质背后的和谐秩序。尼美兹切克（Niemetschek）曾说："假如我能祈求一件人生最大的享受，那莫非就是欣赏莫扎特的即兴演奏？"

莫扎特几乎可以一看到总谱就立即演奏它，因为他已看出藏在音符中的某种关联和顺序，而能把它们一起当作一首曲子来看。他以老练的指法来弹奏，正如老练的读者把整句当作一个字或整段当作一句来读似的。莫扎特的记忆力加上他能把整个乐曲当作一首曲子来读的能力，使他能察知整曲中些微不协调的部分。以后几年，他几乎能在心中演奏任何协奏曲。在布拉格，他写作《唐·乔瓦尼》的倒数第二乐章，终结的鼓号部分，并不参考其他乐器的总谱，只靠记在脑海中的整个复杂的音乐来配合。一次，他只写下一首小提琴和钢琴协奏曲的小提琴部分。第二天，没有经过预演，在演奏会中，就由斯特林纳沙吉拉小提琴，莫扎特甚至没有时间把乐曲记下，反靠他记忆中的概念，弹起钢琴部分。像他这样心神与音乐贯注为一的人，历史上可说绝无仅有。

我们常认为莫扎特的奏鸣曲轻松、富于娱乐性，与贝多芬那种热情澎湃的曲子几乎全然不同。这可能是因为这些曲子是为程度较低的学生所写，或让共鸣效果差的大键琴与不能延长声音的钢琴演奏的缘故。我们小时最喜欢听的 A 大调奏鸣曲（K.331），其中包括逗人喜爱的《爱奴哀舞曲》和《土耳其进行曲》，就是为大键琴的演奏所写。

莫扎特最初没想到要作室内乐，但 1773 年，他看到海顿早期的四重奏，非常钦慕他优异的对位技巧，就在那年模仿写了 6 首四重奏，但未成功。1781 年，海顿出版了另一系列的作品，莫扎特再度激起竞争之心，写了 6 首四重奏（K.387，K.421，K.428，K.458，K.464，K.465）。这是举世公认同类作品中出类拔萃的杰作，但当时的演奏者常抱怨其令人厌烦的艰难。批评家更是批评第 465 号互相冲突的不和谐的和音，及勉强地把大小调混合使用。一位意大利的音乐家认为它充斥了粗鄙的错误而把乐谱退回。另一位购买者发现到处充满了不和谐的和音，一怒之下把乐谱撕掉。然而，在莫扎特、迪特斯多夫及其他人演奏过第 4 号（K.458）、第 5 号（K.464）、第 6 号（K.465）之后，海顿对利奥波德·莫扎特说："在上帝的面前，我很诚实地告诉你，你的儿子是我见过、听过的最伟大的一位作曲家。他不仅有很高的鉴赏力，更有深厚的作曲知识。"6 首四重奏出版时（1785 年），莫扎特写了一封与曲子相辉映的信，把它们献给海顿：

　　一个父亲决定把儿子送出去闯天下时，一定会觉得他有责任把他交托给他有地位的最好的朋友来照顾。在此情况下，特将我的 6 个"儿子"（指 6 首乐曲）送到最出色、又是我最敬爱的朋友那里。它们是我经过长期辛勤研习得来的成果。朋友们一致认为我花费的那些劳力将会带来某种报酬……并认为这些"孩子"将来有一天会成为我慰藉的源泉。

　　上次您来首都（维也纳）时……曾表示赞成我作这些曲子，您的鼓励使我斗胆把它们呈现给您，并使我敢于期望您将不致认为它们不值得您的喜爱。请您耐心地接受它们吧！从今天起，您不仅是它们的父亲，也是朋友、尊师。我对它们所有的权利，现在都献给您了。我恳求您对那些基于作者偏见的错误稍加宽容，并继续施舍您高贵的友谊给我——这个一直敬爱您的朋友。

莫扎特写歌剧之前，特别喜爱他的五重奏。他认为那首降 E 大调钢琴、双簧管、竖笛、法国号和巴松管的五重奏（K.452），"是他最好的作品"。另一首《弦乐小夜曲》最初以五重奏的形式写成，但不久编成管弦乐，目前编在他的小夜曲中。还有一首降 E 大调小夜曲（K.388）更好——这是一首忧郁如贝多芬和柴可夫斯基的"悲怆"的音乐。

莫扎特也利用管弦乐作成上百的作品：序曲、小夜曲、组曲、户外演奏曲、舞曲、嬉游曲。嬉游曲通常是比较轻松消遣的作品，而非分量重大足以反映音乐历史的演进的作品。虽然如此，他的第 15 号（K.287）、第 17 号（K.334）嬉游曲却是内容充实的作品，比其他交响曲更令人愉快。

莫扎特的交响曲与海顿一样，是使用 35 件乐器的组合。因此对那些听惯了 20 世纪加倍壮丽的管弦乐的人，他们的作品常不能显出真正的价值。评论家们称赞第 25 号（K.183）交响曲为"令人感奋的"及"奇迹似的强烈感情的表现"。他的第一首音乐的注解是"巴黎"（31 号，K.297），莫扎特把它写得精致迷人以适合法国人的口味。《哈弗纳交响曲》（35 号，K.385）本是为萨尔斯堡前任市长西吉斯蒙德·哈弗纳（Sigismund Haffner）的女儿婚礼所写（1782 年）。莫扎特后来再加进长笛和竖笛部分，并在维也纳约瑟夫二世御前演奏（1783 年 3 月 3 日）。他说："皇帝给我很多的掌声及 25 个杜卡特金币。"在这首作品与 1783 年 11 月在林茨所写的 36 号交响曲中，莫扎特仍流露着海顿流传下来的那种欢娱而少深刻内容的特殊风格。但对那些成熟的聆赏者，深刻而缓慢的乐章可能更令他们感动。更值得一提的是第 38 号交响曲，那是莫扎特在 1786 年为布拉格所写。第一乐章结构的严谨与对位法的精妙，使音乐家们大为惊叹。而行板旋律的优美，使专家们大为激赏，一致认为具有"不朽的完美"和"令人迷醉的世界"。

　　一般公认莫扎特最好的交响曲，是 1788 年夏，正值他最穷困落魄、负债最多的时候，以其泉涌般的灵感完成的三首作品。第一首记的日期是 6 月 26 日，第二首是 7 月 25 日，第三首是 8 月 10 日。三首交响曲在 3 个月内作成！就我们所知，没有一首作品在他生前演奏过，他不曾听过它们。谱上的音符对于作曲者来说，仍是无声的小曲，曲调与和声只有在他自己内心演奏过。它们仍停留在神秘无解的领域里。其中的第三首（41 号 C 大调，K.551），被称为《朱匹特》的，一般认为是最好的作品，舒曼（Schumann）把它与莎士比亚和贝多芬相提并论。但它并非一般业余听众所能欣赏的。第 40 号 G 小调（K.550）一开始就充满了英雄的气势，接着发展到使评论家难以形容——从里面读到苏格兰英雄麦克白（Macbeth）或李尔王（Lear）那种个人悲剧的味道。但对一些听众，这首作品有一种天真烂漫的欢乐。而他们也更喜欢第 39 号降 E 大调（K.543），这是一首找不到哀恼的情绪，更没有复杂的技巧，旋律与和声优美如漂流在宁静小溪上的乐曲。它甚至是使那些厌烦了天上工作的神祇，轻松愉快地欢度乡间假日的音乐。

关于交响协奏曲，这种形式是从大协奏曲演变而来，介于交响曲与协奏曲之间。两种以上的乐器借着旋律与伴奏，出现的方式与管弦乐对话辉映。莫扎特在降 E 大调长笛、小提琴及中提琴交响协奏曲中——这是一首可媲美他的交响曲的作品——把这种形式发挥到巅峰。

一般协奏曲通常较易听懂，因为独奏的部分可帮助未受训练的听众追踪主题与旋律。这些主题旋律在其他曲式中，常为了苦心经营技巧与炫耀对位法以致无法辨认。争辩是一件有趣的事，尤其是以一敌众的争辩。协奏曲中独奏乐器与全体乐器的对位演奏正是这种情形。协奏曲由巴赫最先使用，再经过莫扎特加以发展。莫扎特喜爱这种和谐的对抗，他常写一些自己弹奏的钢琴协奏曲，在第一乐章终结时加进饰奏，尽情玩弄他的种种技巧。

他最早能发挥这种曲式的优点的作品是第 9 号降 E 调钢琴协奏曲（K.271）。到目前仍受欢迎的最早的作品是 20 号的 D 小调（K.466），以天真可爱的浪漫著称。在这个优雅的乐章里，我们可以找出浪漫乐派起源的痕迹。不知由于懒惰或某种烦扰的事，莫扎特到演奏前（1785 年 2 月 11 日）一小时，尚未完成此协奏曲的总谱，演奏会就要开始时，乐曲才送到团员手中，根本没有时间练习和预演。然而演出如此成功，而莫扎特弹奏钢琴部分如此熟练，使这首作品在以后几年一直受到热烈的欢迎。

莫扎特为其他乐器也写了许多高雅的作品，A 大调竖笛协奏曲（K.622）比其他作品更带有这种高贵的色彩。在他无忧无虑的青年时代（1774 年），喜欢在降 B 大调巴松管协奏曲中加进些微玩笑的气氛。由于对各种乐器性能的深刻认识，他的《法国号协奏曲》也写得欢欣如跳跃的泡沫，乐谱上常记着指示吹奏者幽默表情的语句——如"是的！奏得好！"——而他的长笛与竖琴协奏曲（K.299）更是把我们带到天上崇高的境界！

1775年，19岁的莫扎特写作了5首美丽非凡的小提琴协奏曲，其中3首目前仍常在演奏会的节目单中见到。在第3号G大调小提琴协奏曲（K.216）中，有一段令爱因斯坦着迷的慢板，第4号D大调小提琴协奏曲是音乐杰作之一，而第5号A大调小提琴协奏曲中有一段美妙如歌的行板，几可媲美女性柔美的声音。

莫扎特写的艺术歌曲通常带有较愉快的色彩，这是无须惊讶的，尤其在他爱上阿洛伊西亚·韦伯的那几年。他写的歌曲并非如舒伯特或勃拉姆斯的作品那样具有成熟的风格，而是一些带着痴话的简单的短歌。但若有好诗的话，他也能写出高水准的作品。如以歌德的诗《紫罗兰》写成的曲子"一朵紫罗兰，高兴地战栗抖颤，看到美丽的牧羊女走近时，它想能躺在这美女的胸前该是多么甜美。但她带着愉快的歌声走过，却不在意地把它践踏。"这是他对残酷的阿洛伊西亚的痛苦回忆！为了她，莫扎特曾作了一首柔情万种的歌曲。莫扎特并不十分专心写这些单独的歌曲，他把对声乐技巧的个人心得用在写歌剧与宗教歌曲上。

他的宗教歌曲在萨尔斯堡之外难得听到，因为其他天主教不喜欢他曲中的歌剧风味，而这是他的上司大主教喜爱的。莫扎特为萨尔斯堡写的大弥撒曲，是在风琴、弦乐、小号、长号及鼓声伴奏之下唱出的，并常在严肃的场合爆出欢乐的乐章。在他写的经文歌K.327和K.341b里，几乎可以说看不到丝毫的宗教精神，在K.339里，更是流露出莫扎特独具的欢畅风格。

总而言之，莫扎特的音乐是巴士底狱事件前贵族时代的音乐，而且是未受怀疑前绝对权威的天主教文化的产物。那时，人们醉心于享受悠闲的迷人的生活，根本无须忙碌追求新的感受来满足虚幻梦想。就他的作品带有较轻松逸致成分的观点而言，他的音乐可说与洛可可派装饰性的高雅、华多图画中的浪漫风格、提埃波罗所绘宁静漂浮着的奥林匹亚山及蓬巴杜夫人的长袍、微笑、诗篇一致。它是十分虔诚安详的音乐，借着这份安详，常能抚慰那些受苦与哀怨的人，却既不会使人产生过分谦卑的祈祷，也不会使人产生普罗米修斯式对神的反抗。莫扎特从小就从事音乐工作，一种天真淳朴的风格常贯穿着他的作品，直到他了解那位陌生人托他作的《安魂曲》竟是为自己所作的时刻。

精神与肉体

莫扎特的外表并不吸引人，他身材矮小，鼻子太长，上唇的厚度超过下唇，丛生的眉毛盖住了无神的眼睛，只有一头闪亮的金发还给人留下一些印象。以后几年，他一直想用华丽的衣服来弥补身体和外表上的缺陷：花边的衬衫，蓝色的燕尾服，金色的纽扣，紧身至膝的短裤，鞋上银色扣带。唯有当他坐在琴边弹奏时，外表的不足才被遗忘，这时他的双眼闪烁着内在凝聚的光芒，全身每条肌肉受着表演的支配。

小时候，他是一个性情诚恳、谦恭仁爱的男孩。但过早得来的声誉及每天不停受人赞扬，使他性格的发展受到不良的影响。他的父亲曾警告他说："儿子啊！你太暴躁，太冲动了。一受到别人的批评就立刻以嘲笑来反击。"莫扎特自认更甚于此。"假如有人触怒了我，我一定要报复；若不加倍偿还，我并不认为已经纠正了他的谬误。"结果他的报复心使人不愿去欣赏他的天才。"考尼茨王子告诉大公说，一般人只希望我这种人100年才出现一次。"

直到他去世的那一年，他的信与音乐中才常常流露出幽默的意味，通常那是无害的玩笑，有时是尖锐的讽刺，在年轻时则常流于淫猥。他却能神奇地不受污染地度过这段时期。21岁时，他写给堂妹玛丽亚·安娜·代克拉·莫扎特19封粗鄙难以置信的信件。一封以炫耀散文和诗韵著称的写给母亲的信，大概未令她太过难堪，在她写给丈夫的一封信上，曾要他"好好保重，我爱。你得留意你的嘴巴和屁股"。很明显，这些基本的词汇必定是莫扎特家人及其近亲常用的。这个习惯可能是从某位较不拘泥的祖先流传下来的，却不致阻碍莫扎特以最温柔的感情写信给他的父母和姐姐。

用他自己形容的来说，他是贞洁有如刚结婚的新郎，他会是一个忠实的丈夫吗？他太太抱怨他是"殷勤的仆人"。据他忠实的传记作家所言：

> 谣言在公众及书刊中到处散布，夸大地指出他参加评论他的性格缺点这件事的谬误。他的一些学生，及由他作曲的歌唱家们假装相信他，并作弄地指出他实在是唐璜（Don Juan）的化身。

他妻子常常患病，为了恢复健康一再地旅行。他为了演奏的关系与妻子分离，他对女性美的敏感，及他与那些迷人的女歌手、放荡的女演员的厮混，所有这些原因使他陷入不可避免地去从事某种危险勾当的地步。他妻子提起他如何对她承认做了那些"荒唐"的事，及她如何原谅了他，因为"他是那样地和善，简直不能对他发脾气"。但他姐姐就常爆出怨言了。莫扎特看来很爱他妻子，他耐心地忍受她不善处理家务，在分别时写给她的信，几乎像对孩子般的关照。

他在社交圈子里是十分不成功的，他苛刻地批评一些竞争者："穆西奥克莱门蒂的奏鸣曲没什么价值……他是一个骗子，就像所有的意大利人一样。"或是："昨天我很幸运地听到弗赖霍尔德先生演奏一首他自己可怜的作品，我发现没有什么可赞美的。"另一方面，他赞美那时伊格纳兹·普莱耶尔刚写成的四重奏，虽然它们与自己的作品竞争。他父亲责备他自大而被人所厌。莫扎特否认自大，但不可否认的是，他在维也纳几乎没有朋友，他的骄傲也阻碍了他的前程。在奥地利和日耳曼，当时音乐家的命运常须依赖贵族的支援，而莫扎特拒绝把世袭的地位看得比天才更尊贵。

他由于未进学校或未受大学教育而遭受另外一种障碍。他父亲并未给他受普通教育的时间。在他寥寥的几本书中，也有一些格斯纳（Gessner）、维兰德（Wieland）及盖勒特（Gellert）的诗集。但他主要是拿他们作为写歌剧的材料。他很少关心文学，他在巴黎时正好伏尔泰逝世，他不能了解为何全市的人对这个老叛徒的来临与去世做这样无谓的纷扰。"那个无神论者，"他写信给他父亲说，"已经像一只狗、像一只野兽般的被踢出去了，这是他的报应。"他一方面从兄弟会员那里接受反对神权的思想，同时也手持蜡烛加入圣餐节日庆典的行列。

可是由于他心思的单纯，使他虽然有许多缺点，仍然令人觉得可爱。那些不是他音乐竞争者的人觉得他相当友善、欢乐、和蔼、诚恳。他的妻姐索菲亚·韦伯曾写道："在我一生中，不曾见过莫扎特发脾气或愤怒过。"他参加许多团体，随时想玩，想开玩笑。他爱玩撞球和跳舞。有时他看起来更像一位舞蹈家而非音乐家。若说他对他的竞争者太不慷慨的话，那么他对其他人可以说是无心地大方了，乞丐很少被他拒绝，一位钢琴调音匠一再向他借钱而不曾还过。莫扎特很坦率地高谈阔论他对金钱的崇高论调，但他从没想过这是由于不曾有钱的缘故。不顾已经失去赚钱的来源，及尚须与数百嫉妒的音乐家竞争以养家庭，他仍然忽视他的经济情况，毫不在意地让金钱从指缝间溜去，而且使自己陷入贫困的绝境。所有这些正是他写出最杰出的作品——最后 3 首交响曲和 3 首歌剧时的情形。

巅峰时期（1782—1787）

他在维也纳展开了锋芒毕露的生涯，并获得令人振奋的成功。他教授学生得到很高的报酬。1782 年至 1784 年所写的每首协奏曲都带给他约 500 金币。他生前虽然只印出 70 首作品，每首却都得到公平合理的报酬。出版家阿塔林为那 6 首献给海顿的五重奏付他 100 杜卡特——这在当时是相当好的报酬。另一位出版家霍夫迈斯特为了印莫扎特的 G 小调（K.478）及降 E 大调（K.493）钢琴五重奏，赔了不少钱，因为演奏者觉得它们太难了（但目前被认为十分容易）。于是，霍夫迈斯特写信警告莫扎特说："写更通俗点的，不然的话，我将不能出版，也不愿再买你的作品了。"莫扎特的歌剧通常的报酬是100 杜卡特。但他的《唐·乔瓦尼》加上演出的红利，使他赚到 225杜卡特。他在这几年"有相当多的收入"，他父亲于 1785 年去看他后说道："假如我儿子不必还债的话，我想他将已在银行存了 2000 金币了。"但莫扎特未曾把钱存进银行过，他把钱花在时髦的耗费、娱乐和漂亮的衣服上，并供给那些乞丐朋友的需要。这些花费及其他不察觉的支出，使他陷入为偿债不得不努力作曲和演奏的地步。早在1783 年 2 月 15 日，他就写信给瓦德斯泰滕女爵说：一位债主威胁着要"对我采取行动……假如我不还债的话——甚至还一半也好……我恳求您，尊贵的夫人，看在老天分上，帮我保住这份名声吧！"后来他因一场演奏会的成功得到某些红利，而暂时解决了困难。这个演奏会带给他 160 金币，得款后，他买了一件礼物送给父亲。

1783 年 5 月，他搬进约登布拉兹 244 号，这是一间较好的房子。在那里他们生下第一个儿子（6 月 17 日）——"一个健康的男孩，胖得像球"。这个孩子加上先前送的礼物，使他父亲对他婚姻的不满化解不少。莫扎特与妻子利用这个时间拜访了在萨尔斯堡的利奥波德和兰妮儿，留下孩子在维也纳让人照顾。8 月 19 日孩子死了，他们仍留在萨尔斯堡，因为莫扎特忙着安排他的 C 小调弥撒曲四重奏，其中他妻子也要参加歌唱。他们可能留得太久令人不耐，因为利奥波德不仅向他们收取食宿费，还抱怨三个月的访问太长了。他们回维也纳时，路过林茨，在那里接受了一份要莫扎特写交响曲的差事。

回家后，莫扎特很努力地工作，忙着教学生作曲、演奏、指挥。在两个月里（1784 年 2 月 26 日—4 月 3 日），他开了 3 次演奏会，并参加了其他 19 次演奏。12 月，他成为维也纳 7 个秘密兄弟会（主张博爱、互助、四海之内皆兄弟）中的一员，他很高兴加入他们，并答应为他们的庆祝节日作曲。次年 2 月，他妻子又生了一个儿子，老父亲抱孙心切，从老远的路途来看他们。1785 年，洛伦佐·庞特加入他们的生活。

这位洛伦佐过着如同另外一位朋友卡萨诺瓦那样冒险的生活。他于 1749 年出生，是色内达犹太人区一位皮革匠的儿子。他 14 岁时，这位原名伊曼纽尔·科内利亚诺的少年与他的两个兄弟被他父带到色内达主教洛伦佐·庞特处受洗为天主教徒。伊曼纽尔取用主教的名字成为一名教士。后来和威尼斯一位有夫之妇发生关系，被驱逐出境，到德累斯顿再到维也纳，并以诗人和剧作家的身份在国家剧院工作。

莫扎特建议他把博马舍的最近一部喜剧《费加罗的婚礼》改编成歌剧剧本。这部剧本曾被译成德文以在维也纳演出。但约瑟夫二世大加反对，因为剧中的革命思想将大大刺激他的王朝。这个自己本人就有几分叛逆色彩的皇帝，有可能准许这部忠实原著的歌剧上演吗？庞特赞赏莫扎特的音乐，他以后讲起莫扎特说："他被赋予的天才，超过过去、目前或未来任何作曲家。但由于敌对者的阴谋，他至今尚未能在维也纳好好利用他的才能。"他删去博马舍剧中大唱高调的部分，把它编成意大利风格的歌剧，几可与梅塔斯塔西奥最好的作品媲美。

歌剧《费加罗的婚礼》是讲一些古老错综复杂的故事。有自米南德和普劳图斯以来喜剧常见的情节，比如埋名隐姓，历经惊险而恢复原来面目，及仆人以诡计欺骗主人等。莫扎特立刻着手编曲，并在剧本完成的同时谱成音乐，二者均在 6 个星期内完成。1786 年 4 月 29 日，莫扎特写成序曲。5 月 1 日，成功地推出首演。这次的成就部分得力于主唱"费加罗"的低音手弗朗西斯科·贝努奇的快乐洪亮的歌声，更重要的是音乐的配合成功，与歌曲的生动活泼及一些美丽隽永的曲调，如凯鲁比尼哀伤的《问君何为爱情》歌曲和女伯爵抑制不住热情而向神祈求爱情的《爱神，请听我言》（*Porgi amor*）之歌。由于听众不停地要求再唱，表演时间超出了原先预定的两倍。最后莫扎特更应观众要求而一再地谢幕。

　　从维也纳与布拉格演出的"费加罗"歌剧所得来的收入，足可使莫扎特过一年舒适的生活而绰绰有余，若非因为他自己的挥霍无度再加上妻子生病怀孕的话。1787 年 4 月，他们搬到一处较便宜的住宅——兰兹史托拉瑟街（Landstrasse）224 号。一个月后，利奥波德去世，遗留给他儿子 1000 基尔德的遗产。

　　布拉格方面要求他再写一出歌剧，庞特建议写有关唐璜的浪漫情史。这个故事曾被蒂尔索·莫里纳于 1630 年在马德里以《塞维拉的骗子》（*Elburlador de Sevilla*）的剧名搬上舞台。莫里哀也曾以《石头庆祝日》（*Le Festin de Pietra*）为剧名写于巴黎（1665 年），哥尔多尼于 1736 年在威尼斯也发表了《大情人唐·乔瓦尼》歌剧，文森特·里吉尼于 1777 年在维也纳编成剧本《石客记》（*Il Convitato di Pietra*）。在威尼斯，1787 年朱塞佩·加扎尼加也推出了一部同名的歌剧，而庞特从此剧中抄袭了不少，包括唐璜那份时髦的犯罪记录！

　　这部"所有歌剧中最伟大的作品"（正如罗西尼称誉的）于 1787 年 10 月 29 日在布拉格首次公演，莫扎特和妻子康斯坦策为此剧公演而来到此波希米亚的首都，他们不断受到热情的招待，以致到公演前夜，莫扎特才开始作序曲，"在度过所能想象的最快乐的夜晚后"，他写了一首瓦格纳式指示剧中悲喜剧动机的序曲。而在乐谱到达乐队手中时，刚好赶得上演出，维也纳报纸如此报道："乐队指挥莫扎特先生盼望已久的歌剧《唐·乔瓦尼》终于在星期一演出了……音乐爱好者和音乐鉴赏家们一致认为这是一场在布拉格难得一见的表演。莫扎特先生亲自指挥乐队，他的出现带来了只要他在就蓬勃焕发的欢乐。"

　　11 月 12 日，这对快乐的夫妇回到维也纳。3 天后格鲁克逝世，约瑟夫二世派莫扎特继任宫廷内的室内乐作家。在经过与歌手的一番讨价还价后，歌剧《唐·乔瓦尼》终于于 1788 年 5 月 7 日在维也纳演出，但掌声稀落。莫扎特与庞特虽然作了些许的修改，但一直不能达到在布拉格、曼海姆、汉堡等地那般的轰动。一位柏林批评家指责

"这部喜剧"违反道德，却接着说："任何国家若能以某一子民为荣的话，那日耳曼将是以此歌剧的作者莫扎特为荣了！"9年后，歌德写信给席勒："您对歌剧的期望，完全在《唐·乔瓦尼》剧中达成了。"歌德对莫扎特不能活着为他的戏剧《浮士德》配乐，感到遗憾万分。

落魄（1788—1790）

从《唐·乔瓦尼》一剧所赚的钱，不久就花光了，只靠莫扎特低微的薪金甚至都不能糊口。他教了几个学生，但教音乐是一件吃力而花时间的工作。后来，他不得不搬到较便宜的郊区瓦林格史托拉瑟区居住，但欠债不停地增加。他向任何可以借到钱的人借钱，对象主要是一位好心肠的商人和兄弟会会员米歇尔·布奇贝克。这位布奇贝克，莫扎特曾在1788年6月写信给他：

> 我仍欠您8杜卡特的钱，虽然目前的处境不能偿还，但我对您怀着无比的信心，使我敢冒昧地恳求您再借我100基尔德以渡过难关，下星期我的演奏会在卡西诺一开始，我就可领付我的钱，那时我将带着十二万分的感激，很轻易地偿还欠您的136基尔德欠债！

布奇贝克寄了100基尔德给他。受到这次求借成功的鼓励，莫扎特于6月17日再向他借"1000或2000基尔德，在一两年内付您相当的利息"。他尚未付清前住地的房租，房东威胁要把他关进牢里，而莫扎特就是要借钱来付给他的。显然，布奇贝克并未寄来他要求的数目，这位走投无路的作曲家于6月和7月又向他恳求援助。然而，也是在这艰苦的几个月里，莫扎特完成了他那3首最伟大的交响曲。

莫扎特很高兴地接受了卡尔·利赫诺夫斯基王子的邀请，与他一同骑马到柏林。为了这次旅行，他向弗朗茨借了100基尔德。王子和穷光蛋于 1789 年 4 月 8 日从维也纳出发了。到德累斯顿时，莫扎特曾在选帝侯腓特烈·奥古斯都御前演奏，并得到 100 杜卡特的赏金。在莱比锡，他用巴赫风琴举行了一次公演，并为托马斯学生合唱团演唱的巴赫的圣歌《对上帝唱新曲》（Singet dem Herrn）深深感动。在波茨坦与柏林（4 月 28 日—5 月 28 日），他为腓特烈·威廉二世演奏，结果得到一件价值 700 弗罗林金币的礼物，及写作 6 首五重奏、6 首奏鸣曲的工作。但他所得的钱奇异而快速地挥霍掉了。未证实的谣言称他把钱花在与柏林一位歌手亨里特·巴罗纽斯的厮混上。5 月 23 日，在他写给他妻子的信上说："至于我的归来，您能得到的，只有我而没有钱。"他于 1789 年 6 月 4 日回到家。

他妻子康斯坦策再度怀孕，她需要医生、药品及到巴登·拜文取用那里的水源的昂贵旅行。莫扎特只好再向布奇贝克借钱了：

> 老天！我目前的处境已经糟到我都不忍让它降临在我最痛恨的敌人身上的地步，愿您！我最敬爱的朋友及弟兄。能体谅我的困难——不论是我不幸而且无可指责的霉运或我生病的可怜太太和儿子……所有这些情形……均得靠您再借我 500 基尔德的援助了！等到事情安顿下来，我愿意每月付还 10 基尔德来把所有的欠款还清……天啊！我简直不敢把这封信寄出，然而我是非寄出不可的，看在上帝的分上，请您饶恕我、接济我吧！

布奇贝克寄来了 150 基尔德，然而大部分花在付他妻子在巴登的账单上。11 月 16 日，她在家里产下一个女婴，但不久就夭折了！约瑟夫二世此时也帮上了忙，他委派莫扎特与庞特编写一部谐剧，取材自古老的故事（故事曾在 1730 年被马里沃在他的《爱之赌》一剧中使用过），大意是：两个男人假扮成别人来测验他们未婚妻的贞洁，竟然发现她们太易受人诱惑了，然而最后还是不得不承认天下女人皆如此，而原谅了她们。《女人皆如此》，即此剧名称的由来。这件差事实在不适合莫扎特目前悲哀的心情（特别是康斯坦策在巴登传出了一些绯闻流言），但他仍能写出使这部歌剧具体表现出的聪明机智的音乐。闹剧写得这样堂皇富丽实在是罕见的。1790年1月26日首次公演，并未得到太大的成功，但每月4次的演出，也带给莫扎特100杜卡特的报偿。不久约瑟夫二世去世（2月20日），维也纳的剧院也在4月12日关闭了！

莫扎特期待新王能给他一份工作，但利奥波德二世完全把他忽视了！庞特也未被重用，他离开维也纳到了英国、美国，最后在如今的纽约州的哥伦比亚大学教意大利语。莫扎特一再向布奇贝克求助（1789年12月29日，1790年1月20日，2月20日，4月1日、8日、23日），虽然不曾被拒，但很少借到他要求的数目。5月初，他求借600基尔德来付房租，而布奇贝克只送来了100基尔德。5月17日，他在信里向布奇贝克坦率地说："我常去求助放高利贷者"，而且提到他只有两个学生，并要求他的朋友替他传出"他要教学生的消息"，但他的神经质与缺乏耐心，使他难以成为好老师，有时他甚至没有在约定的时间去教学生。有时他和学生玩撞球而不上课，但他发现学生具有可堪造就的天分时，便毫不保留地倾囊相授。如此，他很成功地教出了约翰·胡美尔。他从8岁（1787年）起就师事莫扎特，而成为他那个时代杰出的钢琴演奏家。

严重的病情更令莫扎特的忧愁加上痛苦，一位医生诊断他的病"是化脓性分泌肾脏炎，肾脏将缓慢地破坏，而最后趋于不可避免的肾机能萎缩"——也就是萎缩性发脓性的肾炎。"今天我实在痛苦已极，"他在1790年8月14日写给布奇贝克的信上说，"昨晚痛得令我不能入睡……您可稍加想象我的情形，疾病加上忧虑的煎熬……您能借助我少量的金钱吗？不论多小的数目，我都非常感激。"结果布奇贝克寄了10基尔德给他。

不顾病痛，莫扎特在绝望中仍不得不负起家庭的重担，利奥波德二世将于1790年10月9日加冕，有17位宫廷乐师被编入国王的随从中，但莫扎特未被邀请。但他不管这些，径自和他的妻舅小提琴家弗朗茨·霍弗一起去了！为了支付费用，他把家中的银盘当了。10月15日，在法兰克福，他演奏并指挥他的 D 大调钢琴协奏曲（K.537），这是他 3 年前写的，但不知是谁出的主意，后人竟把此曲称为《加冕协奏曲》——这是他最好的作品之一。"从尊严与荣耀来说，它获得了辉煌的成果，"他在写给妻子的信中说，"但提到钱呢，却是一大失败！"他回到维也纳时，更是入不敷出了！11月，他搬到更便宜的劳斯特恩加瑟街 70 号的房子。那里，也就是他死亡的所在。

安魂曲（1791）

次年，他仍充满了活力，忙着三件接连而来的工作：1791 年 5 月，专门在乡下剧院演唱日耳曼歌剧的席卡内德，提供莫扎特写作有关一支魔笛歌剧的大概计划，并要他的兄弟会的弟兄们供给音乐，莫扎特同意了！当时康斯坦策再度怀孕，6 月到巴登去了。因此，他接受席卡内德的邀请，住到剧院附近的花园旅社。在那里，他可在经理的督促下写作《魔笛》，晚上他又可加入席卡内德，过镇上的夜晚活动。"蠢事及放荡，"约翰告诉我们道，"在此情形下不可避免地伴随来到，而且这些事立刻传到人们耳里去，而大量的坏名声掩盖了他应得的声誉达数月之久。"从这些玩乐中，莫扎特也拨出时间到巴登（离维也纳 11 英里）看望他的妻子，她在 7 月 26 日生下了沃尔夫冈·莫扎特二世。

同时，在那个月中，一位陌生人来访，愿出 100 杜卡特要求莫扎特为他写作一首《安魂曲》，但需要秘密地完成，不要让公众知道是他的创作。于是莫扎特从写作快乐的《魔笛》，转而写作以死亡为主题的《安魂曲》。8 月，他自布拉格方面接受制作一出歌剧《狄托的仁慈》，要在即将来临的利奥波德二世加冕为波西米亚国王的典礼上演奏。他只好用仅存的一个月的时间改编梅塔斯塔西奥的老歌剧，他在偕同妻子前往布拉格的途中，在震荡的马车上和嘈杂的旅店中不停地工作。歌剧在 9 月 6 日上演时，未得到太大的赞赏。莫扎特离开这个曾对他友好的城市时，知道国王目睹他的失败，不禁热泪盈眶。他仅有的安慰是得到 200 杜卡特的报酬，及后来的消息——此剧于 9 月 30 日在布拉格再次上演而得到完全的成功。

《魔笛》首演那天，莫扎特一边弹钢琴一边指挥演出。此剧情节的题材部分取自神仙传说，部分则取自兄弟会员们入会的仪式。莫扎特花了巨大的心血从事这项艺术创作，但他仍把大部分的歌曲写得尽可能的通俗，以适合普通程度的听众。他在《夜之皇后》一幕中，尽情地炫耀花腔女高音，私下却不喜欢花腔女高音，而讥笑她们有如"切断的面条"。第二幕一开始的《祭司行进》撷自兄弟会音乐，祭司们高唱"在这些神圣的殿堂，我们永不怀报复之心，同志们！互助互爱是加入本会必须的条件"——这首表现出兄弟会的号召，要求恢复过去基督传道的"四海之内皆兄弟"的精神。（歌德把《魔笛》比作《浮士德》第二部，它也是倡导互助互爱精神。而他本人也是兄弟会员，赞扬剧中含有"崇高的意义将永传于世"。）第一次演出没有得到太大的成功，评论家们被复杂的赋格曲与曲折离奇的情节惊骇，然而不久《魔笛》变成瓦格纳和威尔第之前最受欢迎的歌剧。

这次最后的成功到来时，莫扎特正深受着死亡的威胁，好像要强调这个讽刺似的，一群匈牙利贵族愿意供给他 1000 弗罗林金币的年薪。一位阿姆斯特丹的出版商愿出更高的金额购买独家出版他作品的权利。9 月，莫扎特接到庞特的来信，邀请他到伦敦。他回信道："我很愿意接受您的好意，但我如何做得到呢？……情况告诉我，死期已经逼近，我将离开这个世界了。在发挥我的天才之前，竟不得不提早结束曾经一度光辉美丽的生命！"

在最后数月中，他把残余的精力用在写作《安魂曲》上，有好几个星期他一直狂热地工作，他太太试图把他的注意力转移到比较不伤感的题目上时，他告诉她："我是为我自己写这首安魂曲的，它将在我的葬礼上演奏！"他已写了各个片断部分——而这些片断部分都未经校对地保存下来——显示他在面对死亡前头脑混乱的情形。后来弗朗茨·卡弗·苏施梅尔以惊人的天才把此未完成的《安魂曲》写好了！

11月，莫扎特的手和脚肿大的部分已开始麻痹，他必须躺在床上。在《魔笛》演出那晚，他把表放在旁边，并幻想着每一幕的进行，有时哼着剧中的曲子。最后一天，他要求取来他的《安魂曲》总谱，他唱女低音部，沙克夫人唱女高音部，弗朗茨·卡弗唱男高音，盖尔主唱男低音，当他们唱至"Lacrimosa"时，莫扎特不禁潸然泪下。他预知当晚将死，教士们前来为他举行临终的仪式。黄昏时分，莫扎特失去了知觉；半夜后，他短暂地张开双眼，然后面向墙壁，从此脱离苦海（1791年12月5日）。

他的妻子和友人，都不能为他举行得体的葬礼，遗体供在圣史蒂芬教堂（12月6日），供人祝福，然后葬在圣马克教堂的墓地。因为他们未曾购买墓地，因此，他的遗体只能放在一般用来埋葬15至20个穷人的地下室墓穴中。没有用以标示墓址的十字架或碑石。数天后，那位寡妇去祈祷时，已经没有人能指出哪里是莫扎特埋骨的所在了！

第三部

卢梭时代的宗教

El sueño de la razon produce monstruos.

戈雅的《理性的沉睡带来怪兽》，以奇异的形式深刻地反映出当时的社会政治动乱。

第一章 | **伊斯兰教**
（1715—1796）

土耳其

18世纪，基督教可以说被夹在伏尔泰和穆罕默德之间，也就是启蒙主义和伊斯兰教之间。虽然自1683年索别斯基（Sobieski）在维也纳击退土耳其人后，伊斯兰世界的军事力量已开始衰退，但它仍然统治着摩洛哥、阿尔及利亚、利比亚、埃及、阿拉伯、巴勒斯坦、叙利亚、波斯、小亚细亚、克里米亚、南俄、比萨拉比亚、摩达维亚、瓦拉几亚、保加利亚、塞尔维亚、蒙特尼哥罗、波斯尼亚、达尔马提亚、希腊、克里特、爱琴海群岛、土耳其等地。除了波斯外，其他完全处于奥斯曼土耳其大帝国的领域范围内。在达尔马提亚海岸，他们的势力已经触及亚得里亚地区，直接面对天主教国家。在博斯普鲁斯海峡，他们控制了黑海的唯一出海口。同时，可以随时封锁，使俄国无法进入地中海。

横越匈牙利后，即进入伊斯兰世界，我们觉得基督教文明和伊斯兰教文明并无显著不同。在此地，同样有一群淳朴而虔诚的贫民，在精明而多疑的富人阶级的监督下，翻耕土地。但是，一过了博斯普鲁斯，经济景象就不同了。在那边，可供耕种的地区还不到15%，其余都是沙漠，或是藏有矿源和长了牧草的山脉。最大的特色是那里的游牧民族皮肤黝黑，因为受到阳光的炙烤，他们总是将全身包覆着，以防风沙和热气。那些沿海的城市或稀稀拉拉的小镇上，虽有贸易和手工艺，但是比起基督教世界来，生活显得非常悠闲。妇人都留在家里，或者头顶物，面覆纱，庄严地走过街道。男人则在街道上来来往往，行色毫不匆忙。工业几乎全是手工艺，工匠的店面就是住屋的前缘。工匠们一面工作，一面吸烟闲谈，有时和闲逛的顾客共享咖啡和烟袋。

一般说来，土耳其人对他们的文明非常满意，因此，他们世代安居，无法忍受任何太大的变迁。传统，一如在罗马天主教义之下《圣经》一样的神圣。宗教在伊斯兰世界比在诸基督教世界更具有权力，影响范围更广泛。《古兰经》既是福音，又是法律。神学家是法律的公认解释者。每年有大批信徒前往麦加朝圣，沿途形成动人的景观。但是在上层阶级中，8世纪穆尔太齐赖派所持理性主义者的异端思想，经由"信仰时代"的伊斯兰诗人和哲学家的流传发扬，已秘密地得到广泛的支持力。1719年，玛丽·沃特利·蒙塔古在君士坦丁堡做了如下的报道：

> 受尊敬的绅士们（指士人）……不太相信穆罕默德的启示，正如不相信教皇绝无谬误。他们彼此坦承是自然神论者，或对他们信得过的人宣称他们所持的这种信仰态度，他们绝口不提他们的法律（《古兰经》的戒律、命令和一切传统），只是将它看作一种早就由政客们与狂热者倡导，目前仍适合一般明智人士遵守的政治体制。

正如西方的基督教分裂成天主教与新教，伊斯兰教也分裂成逊尼和什叶两派。18世纪，又兴起一个新教派，这一派由内志（Nejd）部落（在中部高地，也就是我们现在所称的沙特阿拉伯）的酋长穆罕默德·伊本·阿伯德·阿尔·沃哈伯（Mohammed ibn-Abd-al-Wahab）所创。就大多数穆斯林而言，天国并非想象，而是如同他们居住的风沙和烈日的世界一样的真实。

教职人员把持教育，认为要公民良善或族人忠诚，最好是施以纪律约束而不让其有心智上的自由。中世纪，在伊斯兰世界，科学家、哲学家和历史学家曾经一度大放异彩，但终被教职人员打败。星相学、化学、医学、历史沦为占星术、冶金术、巫术和神话。但是在许多穆斯林眼中，无言的智慧取代了教育和学识。正如睿智而能言善道的道蒂（Doughty）描写的："对于阿拉伯人和土耳其人而言，人们的面孔就是书本……他们那个东方世界中流传的一般格言和不少古老智慧箴言，就是书本的注解。以这种书本和注解，他们接近了人世间的真理。在对待年轻人的政策上，他们是道地的老人作风，而对无所学的人，更是如此。"1717 年，玛丽·蒙塔古女士在给约瑟夫·艾迪生的一封信中，保证"土耳其的重要人物，就其言谈看来，实与我在意大利接触的人一样文明"。智慧是不分国籍的。

伊斯兰世界一向不缺乏诗人。令人望而生畏的沙漠，辽阔无际的天空，没有一片云彩的繁星之夜，撩起各种想象和宗教信仰，还有那受压抑的欲望使他们的心境理想化了，妇女们的面巾遮饰与羞答答的态度益增其妩媚。1774 年，威廉·琼斯爵士（Sir William Jones）在《阿拉伯诗评》（*Commentaries on Arabic Poetry*）中，提醒西欧人士认识伊斯兰教诗中具有的大众性、优雅和热情。18 世纪奥斯曼最伟大的诗人是尼迪姆（Nedim），他在艾哈迈德三世那个时代，即 1703 年至 1730 年，写了下面这首诗：

> 恼人的爱情，我心灵的企盼终成泡影……
> 我一切的苦心坚忍只落得一场虚空
> 我乍见她那动人的酥胸，
> 我原有的宁静安详，

顿变为兴奋飞扬……

她那黑痣、秀发、明眸，散发出慑人的芬芳……

我敢说，她那无比美丽的胴体是一种魔咒。

她许我亲她的粉颈，吻她的酥胸，

伤心啊！因为她已许身于人，

她卸下覆发的轻纱，风姿是多么婀娜，

任谁一睹芳泽，无不瞠目惊讶……

无情的你啊，令天下男士悲绝哭泣……

你优美的胴体，比香水还浓郁，比颜料还艳丽；

仿佛你是在玫瑰芳香的蕊瓣中成长……

你一手捧着玫瑰，一手握着酒杯款款前来，多么甜美；

啊！我不知该选取何物——玫瑰，酒杯，或是你。

看啊！我目睹你轻盈的体态，

就仿佛有一股狂流自生命之泉中涌现。

　　女人必须尽量利用她们娇美的身段，因为有朝一日花容消逝，她们就会永远被深藏在闺房的深处。18世纪，闭锁生活仍是女人的命运，她们也许可以外出，但是必须要全身裹覆，只留一双迷人的眼睛（1754年后才可免）。除了父亲、兄弟、丈夫和儿子外，任何男人都不能踏进闺房一步。得救的女人有其乐土，不能和男人混在一起。得救的男人所前往的是有美女服侍的天堂，这些美女是天上的女神，她们能定期重获童贞。女人主动进行诱引的通奸行为会受到极其严厉的惩罚，不过这种情形很少发生。阿拉伯人以"我的女人的名义"所做的发誓是最为安全可信的。玛丽女士曾报道，她会见的土耳其女人对她们受到的隔离并不抱怨。她觉得那些女人中，有些身材甚佳，面目姣美，同时举止形态都非常优雅，如同"我们最令人赞誉的英国美女"一样。玛丽女士也获准进入许多公共浴室，在其中，她发现她们甚至不着衣装时都非常美。最吸引她的是亚得里亚堡一所浴池内的女人，她们邀请她卸装与她们同浴，不过她谢绝了。"她们非常殷切而热心地鼓励我，最后我不得不打开衣衫，亮出胸衣；如此她们就非常满意了，因为她们相信我是被那副枷锁锁住，无法以己力解开它，而她们将那副枷锁归咎于我的丈夫。"其中有一位说："你看可怜的英国女人受到丈夫如此对待，好残酷啊！"

土耳其人对他们的公共浴池非常自豪，他们总是自认为比基督徒更为洁净。许多上、中社会阶层的人，每周泡"土耳其浴"两次，大多数人也每周一次。入浴时，他们直到痛快地出了满身的汗为止，然后侍者松弛每一关节，按摩身体，用一块较粗糙的布轻揉、擦洗。因此，在土耳其，我们很难看到有人患有关节炎。但有些病症颇为流行，尤其是眼疾，因为风沙和苍蝇很容易令眼睛感染上病菌。不过教导欧洲人进行天花预防注射的，也是土耳其人。

他们承认奴隶在伊斯兰世界较为普遍，但他们认为基督教世界的农奴或仆婢如同土耳其的奴隶一样，实际上没有差别。玛丽女士同意这一点。他们喜爱花，照顾花，其热心的程度，和我们相当。艾哈迈德三世时代的君士坦丁堡，也有狂热的郁金香栽种竞赛。郁金香、含羞草、栗花、东方水仙和毛茛显然是通过威尼斯、维也纳和尼德兰，由土耳其人将其介绍给基督教欧洲的。

艺术在大部分基督教世界渐趋没落，在土耳其也是如此。土耳其人自认他们在陶器、棉纺、地毯、装饰，甚至在建筑上都是一流的。他们相承的艺术传统，在抽象的绘画中，含有逻辑、思想的沟通和相当的意义。彩陶的光彩（正如艾哈迈德三世时代君士坦丁堡的喷泉一样），琉璃瓦永不褪色的光芒，细致而耐用的织品，坚韧而夺目耀眼的地毯，都令他们引以为荣。这一时期，安那托利亚和高加索最负盛名的是绒毛光泽而且带有几何图案的毯子。尤其是祷告用毯，毯上所现的纹路和突起的弓状，使弯下身的祷告者自然面向指示麦加方向的壁龛。土耳其人比较喜欢圆顶、覆瓦和有尖塔的清真寺，对尖顶、拱门和肃穆而庄严的哥特式教堂并不感兴趣。他们仍然兴建一些雄伟的、壮观的清真寺，比如怒里奥斯曼尼清真寺（Nuri-Osmanieh，建于 1748 年）和拉勒利珈密斯清真寺（Laleli-Jamissi，建于 1765 年）；艾哈迈德三世在 1729 年建立的皇宫，就是采取阿尔罕布拉宫（Alhambra）的风格。君士坦丁堡虽然街道凌乱，贫民区也很喧哗，但与欧洲诸国的首都相比，堪称最宏大、最壮观的首府。居民共有 200 万人，这一数字是伦敦的 2 倍、巴黎的 3 倍、罗马的 8 倍。玛丽女士从英国大使的官邸眺望这个城市与港埠时，她认为"若就它的一切说来，它也许是世界上最美丽的景观"。

日渐式微的苏丹统治这一广大的奥斯曼土耳其帝国，它涵盖了整个幼发拉底河流域直至大西洋沿岸。我们前面已经讨论过它衰落的原因，此处再略述一下：西欧向亚洲的商业发展经非洲海岸的海路渐渐取代经埃及或西亚的内陆路线，忽视并破坏了灌溉运河的建设，帝国过度扩张使中央无法有效统治，帕夏（Pasha，土耳其高级文武官员的尊称）的相继独立和各行省的分离，中央政府为贪污、无能和因循守旧的作风腐化。禁卫军或军队不时叛变，纪律涣散，使帝国的基础为之动摇。落后而信从宿命论的宗教控制了思想，主宰了生活，耽于逸乐的苏丹沉迷于女人的诱惑而抛弃了战争的声威。

艾哈迈德三世在登基之初即允许军人有干预任免首相的权利。他带着 20 万土耳其军与彼得大帝 3.8 万人的部队在普鲁特河会战时，首相接受了 23 万卢布的贿赂，放走了已经陷于四面楚歌的沙皇（1711 年 7 月 21 日）。威尼斯煽动黑山人（Montenegrin）叛变时，土耳其向威尼斯宣战（1715 年），征服了克里特岛和希腊。于是奥地利参加了战争，土耳其向它宣战（1716 年），但在皮特沃登为尤金（18 世纪上半叶奥地利将军，萨伏依选帝侯）所败。依据《帕斯若沃蒂兹条约》（1718 年）的规定，苏丹撤出匈牙利，割让贝尔格莱德和瓦拉几亚的一部分给奥地利，把阿尔巴尼亚和达尔马提亚的一些重要据点划归威尼斯。为了弥补这些损失，土耳其人对波斯大肆蹂躏，但引起更恶劣的反效果。在兵荒马乱之间，一位浴池侍者带动一群暴民，杀死了易卜拉欣，并逼迫艾哈迈德三世退位（1730 年）。

艾哈迈德三世的侄儿马哈茂德一世，和西方再起战端，为了解决税赋和神学规条的问题。其中一支土耳其军队从俄国取得奥查克沃和科普润，另一支军队则从奥地利手中收复贝尔格莱德。但在穆斯塔法三世的统治下（1757—1774 年），土耳其的军事力量又衰落了。1762年，保加利亚自行宣告独立。1769 年，因为俄国势力向波兰扩展，土耳其趁机向俄国开战，由此展开了两者之间的长期斗争。俄女皇叶卡捷琳娜的军队在这一过程中，重创土军，挫败了土耳其人。穆斯塔法殁后，其弟阿伯达尔·哈默德一世签署了丧权条约，即《凯纳甲湖条约》（1774 年）。据此，土耳其在波兰、俄国南部、摩达维亚和瓦拉几亚的影响力告终，土耳其也失去黑海的控制权。阿伯达尔·哈默德一世于 1787 年又兴战事，但惨遭败绩，忧郁身死。土耳其只好等待凯末尔帕夏来收拾残局、结束两个世纪的混乱，创造现代化的国家。

非洲的伊斯兰教

土耳其在征服阿拉伯埃及后（1517 年），即将其统治权分给帕夏总督。自 1250 年开始统治埃及的梅美卢可斯（Mamelukes），仍然保有地方上的权力，而身兼分裂的 12 行省省长。帕夏迷恋于奢侈的浮华生活，因此逐渐失去原有的活力。省长却训练军队，使军队效忠他个人。不久他们更威胁到不受人民爱戴的总督的权威。在这些地方统治者中，阿里省长实力最为雄厚。阿里在孩提时代曾是被贩卖的奴隶。1766 年，他罢黜帕夏。1769 年，他宣布埃及独立。当时为胜利冲昏了头的他，带领他的梅美卢可斯军队征服阿尔巴尼亚，攻克麦加，成为埃及的苏丹和两海（地中海和红海）的可汗。1771 年，他派阿布尔—阿哈哈伯（Abul-Ahahab）带着 3 万名士卒去征服叙利亚。阿布尔—阿哈哈伯在目标达成后却倒戈，与土耳其政府联盟，班师南归埃及。阿里逃到阿卡（Acre，今以色列西部一个海港），另组军队，和阿布尔－阿哈哈伯及土耳其军队会战，结果他负重伤、溃败、被俘，不到一周即死亡（1773年）。埃及又成为奥斯曼土耳其帝国的一个行省。

虽然不时有权力斗争和屠杀的梦魇场面，但是商船和贸易商队、工艺工业、尼罗河沿岸定期泛滥及努力耕耘的奴隶劳工，一直带给埃及繁荣的经济力量，而其利润全部掌握在少数人手中。这些人都具有能力或地位。劳工、丰富的地产和海洋供养着城市，其中尤以两大城最为突出：亚历山大城是18世纪世界最大的港口，开罗则为人口最旺的首都。街道都很窄，为了遮挡阳光，雕着花边的窗户和阳台把街道点缀得多彩多姿。躲在深闺中的妇女们，从窗子或阳台上，可以望见她们未曾见过的世界。较为宽大的街道上，充斥着喧嚷的手工艺品叫卖声，象征着对资本主义和机器生产方式的排斥。在伊斯兰世界里，每种工业都是艺术，产品的重要性在于其质地优良而不在于其数量众多，贫苦阶级替富有阶级制造精美物品，但他们从不出卖尊严。

300个清真寺是带给开罗贫苦大众的一线希望。寺院里随处可见巨大的圆顶、深荫的回廊和庄严的尖塔。其中一座叫作艾尔阿扎尔（El Azhar）的寺院是伊斯兰大学的前身。两三千名学生，其东有来自马来西亚的，其西有来自摩洛哥的，聚在一起修习《古兰经》文法、修辞、神学、伦理学和法律。大学毕业生组成学者团体，或称乌勒玛（Ulema），教师和法官皆出于此。这个团体在宗教、道德和政治上是一种有力的正统力量。

由于道德世代相传，所以很少改变。很多人十二三岁结婚，有些甚至10岁就结婚，等到16岁才结婚被认为有失体面。伊斯兰教法律允许多妻制，但只有富人才有这个能力。淫妇之夫将犯淫乱罪的妻子处死，不但于法有据，也受到舆论的支持。伊斯兰教神学如同基督教神学一样，认为妇人是罪恶之源，唯有令她绝对顺从才能控制这一罪恶。孩子们在妇女的纪律管教下长大。他们要学会爱母亲，学会敬畏父亲，几乎所有的孩子都形成自制和谦逊的性格。各阶层人士都谦恭有礼，带有某些安逸优雅的动作，这或许是学自妇人们。而妇人们之所以如此，大概由于她们常常头顶物品而自然形成这种习惯。社会风尚不容有急促匆忙的举止行径，也禁止怠惰懒散。

多妻制并不能使娼妓绝迹，因为娼妓带给人们刺激和兴奋，这在家居长久的日子中，是比较不容易有的。埃及的娼妓善于跳色情舞，在一些古老的纪念物上可看出这一诱人的情景。每个大城市都将某一特别地域划归为娼妓的风化区，以便让她们卖弄风情而无须顾忌到法律。擅长色情舞的埃及女人如同一般文明社会的舞女，在众多男客面前从事表演，全身颤动扭摆。在某些场合中，埃及女人也能观赏这类节目。

音乐既能用以示爱，也能用以激发战斗力。不管作何用途，它都能激起攻击精神和慰解失败的心灵。职业性乐师，不管是男是女，都可以从事娱乐表演。莱恩（Edward Lane）在1833年称赞道："我曾经在开罗聆听最受欢迎的乐师演奏，对他们歌曲的欣赏超过其他任何我听过的音乐。"凯门（Kemengeh）是最受喜爱的乐器，它是一种小型的提琴，共鸣箱由椰子壳制成，上中段微开，上面覆盖紧绷着的鱼皮，还加上两条马鬃制的弦。演奏者盘腿而坐，将乐器的尖端置于地，然后在弦上拉起白杨和马鬃做成的弓来。此外，一些艺师盘腿而坐，将叫作查奴恩（Chanoon）的大古琴搁在脚上，而以套在食指上的角形物拨弦弹奏。古代的琵琶，已形同吉他。以这些乐器再加上笛子、曼陀林和羯鼓，随时都可组成一支管弦乐团，其旋律比现在风行西方的原始音乐，还要适合文明风味。

的黎波里、突尼斯、阿尔及利亚、摩洛哥——以海盗船的私掠行为，或暗杀其省长或总督的行为，登上18世纪的历史舞台。这些政府每逢节日盛会都向君士坦丁堡的苏丹进贡一些礼物，而维持其实际上的独立状况。居民主要以农民或海盗为主。用来赎回为海盗所俘的基督徒的赎金是国家相当重要的收入。海盗头子和私掠船长大多是基督教人士。工艺时兴时废，但摩洛哥的建筑工匠们仍保有相当的技巧，这使宏伟的巴勃曼梭宫（Bab-Mansur）显得辉煌无比。巴勃曼梭宫坐落在摩洛哥当时苏丹所在地梅克内斯（Meknes）内，它是17世纪穆莱·伊斯梅尔王朝恢宏巍峨的宫殿寺院，1732年曾加建了大门。穆莱·伊斯梅尔在位55年期间（1672—1727年），建立了秩序，繁衍了无数儿女。

波斯（1722—1789）

波斯人在基督教世界，甚至在土耳其帝国境内走完一段旅程，回到他们的祖国时，也会舒畅地感到"回到文明真好"！在萨非（Safavid）王朝崩溃（1736年）以前，波斯士人可能会认为伊朗文明可谓当时各种文化中的佼佼者。也许在科学、商业和战争上，基督教居于优势，但他们喜爱艺术甚于科学，喜爱手工艺甚于机器工业。

18世纪对于波斯说来是较为艰苦的时代。东南地区被阿富汗人征服，东北地区则有来自乌兹别克的成群结队的匪徒骚扰，西方则不时受到大规模的土耳其军队的侵噬，其国度本身更因蛮横的纳狄尔·萨哈（Nadir Shah，伊朗国王）在赋税上所行的暴政而愈加贫困，外加觊觎波斯王位的诸家族激烈的火拼，造成了国家的解体——在这一连串的动乱下，伊朗还能存续波斯文学和伟大的艺术传统吗？

阿富汗在16世纪由3个政府分治：印度统治喀布尔（Kabul），乌兹别克统治巴尔卡（Balkh），波斯则治有赫拉特（Herat）和坎大哈（Kandahar）地区。1706年至1708年，在弥尔·艾斯（Mir Vais）带动下的坎大哈和阿富汗兴起，波斯人被逐出。其子弥尔·马哈茂德带兵侵入波斯，罢黜萨非的统治者哈森自封为王。宗教情势加强了他的力量，因为阿富汗尊奉逊尼教派。于是马哈茂德激昂壮烈地杀死3000名哈森的侍卫、300位波斯贵族和约200名被认为抱怨其父被杀的小孩。过了一段宁静的日子后，除了哈森和他的两个小孩外，马哈茂德在一天之内（1725 年 2 月 7 日）又将所有余存的皇族全部残杀。后来马哈茂德发疯，27 岁时为其表兄艾什拉夫所杀（1725 年 4 月 22 日），艾什拉夫紧接着自立为王，流血斗争由此展开。波斯在该世纪终于元气大伤，一蹶不振。

哈森之子塔哈玛斯普向俄罗斯和土耳其求援。他们应允，但双方协议瓜分波斯（1725 年）。土耳其的一支军队攻入波斯，取得哈马丹、卡兹温和马拉格，但在克尔曼沙阿附近为艾什拉夫所败。土耳其军队缺乏斗志。土耳其遂和艾什拉夫议和，但仍占有他们征服（1727 年）的省份。

艾什拉夫的王位目前已坐得相当安稳了。但是，一年过后，他借外力之助而篡夺来的权位又开始受到威胁。挑战者是一位出身寒微的波斯人，名叫纳迪尔·库里，本来籍籍无名，但光辉而浴血的军旅生涯使他的声望渐如日之东升。他出生在伊朗东北方的一个帐篷里（1686 年），自小一直帮助他父亲看管羊群，没有上过学校，参军前一直过着艰苦而冒险的生活。他父亲去世时，18 岁的他成为一家之主。后同他母亲一起被入侵卡哈瓦的乌兹别克匪徒带走，被贩卖成奴隶。他母亲死在枷锁里，他却逃走了，后成为土匪的头子，在占有喀拉特、尼沙布尔和麦什德诸城，向塔哈玛斯普王宣示他个人和这些城市的效忠。他同时驱逐了阿富汗人，使塔哈玛斯普再度成为波斯王，他如秋风扫落叶般用几次战役（1729—1730 年）完成了这些大业。塔哈玛斯普复位，封他为呼罗珊、塞伊斯坦、克尔曼和马赞达兰的"苏丹"。

这位常胜将军不久即着手收复被土耳其占有的省份。在 1731 年哈马丹决定性的一役中，他击败了土耳其。伊拉克与阿塞拜疆也成为波斯的治域。闻及呼罗珊发生阴谋叛变，他解除了埃里温城之围，以快速行军，横越伊拉克和伊朗（距离达 1400 英里），包围赫拉特——此举使"七年战争"中日耳曼腓特烈大帝有名的大横越为之失色。就在此时，塔哈玛斯普亲自督阵迎战土耳其，但纳迪尔所赢得的土地尽为他所失，还割让了格鲁吉亚和亚美尼亚给土耳其，以换得土耳其协助对抗俄国的保证（1732年）。纳迪尔迅即班师"西"归，宣布条约无效，罢黜并监禁塔哈玛斯普，立塔哈玛斯普6个月大的儿子为王，即撒哈·阿巴斯三世，由他摄政，并向土耳其宣战。

他以鼓动或征兵的方式，募集了一支8万人的军队，后即向土耳其进军。在萨迈拉附近，他遭遇到一支庞大的土耳其劲旅，其领队托普·奥斯曼虽双脚残废，但能在轿上指挥战事。纳迪尔的坐骑两度受伤，他的旗兵以为他已死，因而逃走了。同时，他赖以成名的一支阿拉伯军团也叛变，波斯军于是溃败（1733年7月18日）。他在哈马丹收拾残兵，重新增补武装，又招来几千人，再度迎战土耳其军，在勒兰地区大获全胜，土军全部覆没，托普·奥斯曼阵亡。但是，此时在波斯东南地区又起了叛乱，纳迪尔再度横走西东，敉平叛军，而叛将自杀。回师横渡波斯与伊拉克时，又在巴格哈瓦达城遇到土军8万人（1735年），但纳迪尔将其彻底击败，土耳其不得不签订和约，割让第比利斯和埃里温等地。

纳迪尔并未忘记彼得大帝曾于1722年至1723年进攻波斯，占有吉兰、阿斯塔拉伯地、玛兹德安等里海诸省和德本特、巴库等城。俄国由于忙于另一边界事务，于是将3个省份归还给波斯（1732年）。但是现在（1735年），纳迪尔开始以实力胁迫俄罗斯撤出德本特和巴库两地，否则声称联土抗俄。俄国置之不理，纳迪尔便包围两城，以波斯帝国光荣的重建者身份，驱部进入伊斯法罕（Isfahan）。阿巴斯三世这位小国王驾崩时（1736年），萨非王朝也告终了。纳迪尔实至名归，自封为王，是为纳迪尔沙哈（Nadir Shah）。

他认为土耳其与波斯两帝国宗教上的不同导致了不停的战争，因此他宣布，从今以后，波斯放弃什叶教派，接受逊尼派。什叶教长谴责此举时，纳迪尔不动声色地将他绞杀。他征收卡兹温的宗教财产，以供军队的需要。对此，他声称波斯得之于军队的比宗教的还多得多。他任命他的儿子里扎·库里为摄政，亲率十万大军，远征阿富汗和印度。

他包围坎大哈一年，城降时（1738年），他宽大为怀，善待守军，因此，有一支阿富汗军成为他的正规军，而至他死为止，对他忠心不贰。他进军通往开伯尔山口（Khyber Pass）的重镇喀布尔，在该城掳获大批战利品，使他的大军军心大振。统治印度的莫卧儿帝王坚决不相信波斯军队会从天而降，而其帝国内的一个官员弑杀了纳迪尔的使者。纳迪尔翻越喜马拉雅山，取得白沙瓦（Peshawar，今巴基斯坦北部一城），横越印度，在穆罕默德的军队未来得及抵挡前，急速挥兵进入60英里内的德里。两军于是在卡纳尔（Karnal）平原上会战（1739年）。印军作战的主力是大象，但波斯军以火炮攻打这群笨拙的动物。象群转身遁走，使印军乱成一团，印军阵亡者有1万人之多，被俘虏的更多。纳迪尔曾记道，穆罕默德前来恳求，请他"当着上天的面"发点慈悲。这位胜利者苛求他割让德里，几乎带走所有能带走的总值8750万英镑的财富，还使约翰沙哈成为莫卧儿权位中最崇高、最受尊荣的有名的孔雀王。百姓暴乱杀死了一些纳迪尔的士兵，为了报复，他让他的军队在7个小时内，屠杀10万居民。而为了表示歉意，他让他的儿子纳撒尔拉和穆罕默德的女儿成婚。他成为自帖木儿以来最伟大的征服者，而后他率领大军直返波斯，未受任何阻碍。

军队是他的大难题。因为，若解甲，混乱和叛变必起；若保留，则其给养是相当大的负担。对此，他的观点是战争若能在外国境内进行，其代价必定比和平更为划算。然而谁是他攻击的下一个目标呢？他稍加思索，马上记起了乌兹别克对波斯东北部的一次袭击，他本人也因此受奴役，他母亲也因此死于枷锁中。1740年，他挥兵进入乌兹别克。布哈拉（Bokhara）的酋长既无力量又无斗志抵抗纳迪尔的进攻。他投降，付出一大笔赔款，同时，同意恢复奥克苏斯河（Oxus）为两国国界。由于卡哈瓦酋长杀害了纳迪尔的使者，纳迪尔也杀了酋长，同时释放了几千名波斯和俄罗斯奴隶（1740年）。

纳迪尔是十足的军人，对政治一窍不通，和平对于他而言意味着极端的无聊。丰盛不绝的战利品使他更加贪婪，而绝非慷慨。由于得到印度的大量宝藏，他曾经一度宣布波斯的税赋有 3 年延期支付权，但随后他又改变主意，下令如期征收。他的税收将波斯人民榨取到极点，如同波斯是他征服的国家而非他的祖国一样。他怀疑他的儿子有罢黜他的阴谋时，竟使其成为盲人。里扎·库里向他说："你所挖出的不是我的眼睛，其实是波斯的眼睛。"如同俄国人知道要恨彼得大帝一样，波斯人终于开始恨起他们的救主了。宗教领袖激起全国人民在宗教信仰上对他的怨恨。叛变时起，于是他以整批屠杀来压制，同时那些牺牲者的头颅堆积如山。1747 年 6 月 20 日，4 名贴身侍卫冲入帐篷刺杀他，2 名为他所杀，2 名将他砍死。波斯上下都松了一口气。

随后，波斯陷于比阿富汗统治时更加恶劣的混乱情况。好几位省长争继王位，因此展开了一场激战。艾哈迈德因此而成为现代阿富汗王国的创始者。鲁卡哈，这位洒脱、仁慈而和蔼的继承者，继位不久即被害目盲，因此退而治理呼罗珊之地至 1796 年。卡瑞姆可汗在争"位"战中，终以胜利者的姿态出现，1750 年建立了赞德王朝（Zand Dynasty），一直掌权到 1794 年。卡瑞姆以设拉子为首府，在该地建起无数壮丽的建筑，并带给南波斯 29 年相当稳定的秩序与和平。他驾崩后，权位之争又造成内战，全国再度陷于混乱。

萨非王朝被阿富汗人推翻后，波斯艺术史上最伟大的时代也宣告结束，只留下一些依旧闪耀着这一世纪光彩的作品。库尔尊爵士称伊斯法罕一地专门造就学者和律师的大学马德拉沙为"波斯最壮丽绚烂的废墟之一"。普尔斯·斯克斯爵士对"精致的瓦顶……和可爱动人的图案"更是赞叹不已。他们的瓦匠仍是世界上最卓越的，但上层阶级因经年累月的战争而陷于贫困后破坏了那种精制品市场，他们强迫陶工降低技艺水准而转为工业化。精彩夺目的书皮由上漆的混凝纸制成，棉纺工人编出细致而精巧的织锦和刺绣。波斯地毯虽然自撒哈·阿巴斯一世以后，即不再见到绝世佳品，但对许多国家的有能力购买者仍然具有巨大的吸引力。尤其是约拾根、赫拉特、克尔曼和设拉子诸地的编织匠们产出的地毯，"仅稍逊于其古代一些前辈的成品"。

被阿富汗征服后，波斯诗的精华丧尽，在其后的痛苦年代中，诗近乎告绝。拉特韦·阿里·勃格·阿达尔在约1750年，编了一部波斯诗人的传记字典，其中包括60位当时的诗人。表面上看来，还算不错，但他进一步探究，堪称好作家的却少得很，其因他归之于当时社会的混乱与世人的惨况，"已到达没有人有读诗的心境，遑论有人作诗这个地步了"。撒伊卡哈·阿里·哈森（Shaykh Ali Hazin）的境遇是最好的例子，他写了4部诗集，在阿富汗围伊斯法罕城时被捕，除他幸存外，家人尽亡。康复后，他逃离了这一曾经绚丽一时而现在已成灰烬的城市，在印度过完33年的余生。在他的回忆录（1742年）中，他表扬当时的100位波斯诗人。最受他赞誉的是伊斯法罕的哈提夫（Sayyid Ahmad Hatif），其受到最高评价的诗篇是在怀疑和悲惨时，对上帝最为坚定的信仰：

> 在教堂中，我向一位基督教的虔诚信徒说：
> "啊！能够掌握人心的你！
> 我的每一根发尖都系在你的网带中！
> 你还要背离神的道路多久？你还要亵渎神的圣洁多久？
> 你怎能称真正的上帝为'圣父、圣子和圣灵'？"
> 这位女信徒笑着，甜言蜜语地对我说：
> "如果你知道上帝的秘密，请别侮辱我说我不诚敬，
> 永恒的美，从她灿烂的容貌投射辉光在三面镜子上……"
> 我们正谈时，在我们身侧的教堂钟声唱着这首歌：
> "他是唯一的神，此外别无他神！"
> 在最纤细的原子中，你都可发现太阳，
> 如果你因喜爱而付出一切，却因我使你有所损失，
> 我因此而被称为不诚的信徒……

你将超越空间的困窄，你将目睹圣域的广阔；
你将闻人之未能闻，见人之未能见！
直待你到达了除了上帝之外别无他人的地方。
你要献出全心的爱给上帝，直到你确信：
"他是唯一的神，此外别无他神。"

第二章 | **俄罗斯插曲**
（1725—1762）

统治与功勋

1776 年，腓特烈大帝说："在所有普鲁士的邻国中，俄罗斯最值得我们注意，因为它是最危险的一个国家。它不但强大，而且邻近我们。谁将来要治理普鲁士，谁就必须同我一样，多多培养与这些蛮族之间的友谊。"

一提到俄罗斯，我们自然想起它的国土面积。在叶卡捷琳娜二世时，它的领域包括爱沙尼亚、立陶宛、芬兰（一部分）、欧洲部分的俄罗斯、北高加索和西伯利亚。18 世纪中，其国土面积从 68.7 万平方公里增加到 91.3 万平方公里，人口也从 1722 年的 1300 万人增加到 1790 年的 3600 万人。1747 年，伏尔泰估计日耳曼或法国的人口，比俄罗斯的人口都稍多一点。但是他提醒道，俄罗斯比两者中任何一国，在土地方面要大 3 倍之多。时日一久，俄罗斯人的后裔会满布这一广袤的空间。

1722 年，97.7％的俄罗斯人口是农业人口。1790 年，农业人口也还占全国人口的 96.4％。工业化的进展非常慢。1762 年，农民占 90％，其中农奴占 52.4％。半数土地为数十万贵族所有，其余的大部分属于国有或东正教教会，只有一些为半自由但仍须向地主服劳役和效忠的农民所有。地主的财富以农奴的多寡来评定。例如，我们说彼特·彻瑞莫特依伯爵有 14 万农奴的财富。99.2 万名农奴是教会最主要的财富。1762 年，总共有 280 万名农奴在俄皇的土地上耕作。

军事上的领导阶层和经济上的各种组织，都由贵族充任。贵族可以免除服役，但是他们经常自动献身，以期政府的恩惠。对农奴，贵族有司法权，可以处罚他们、出卖他们，或将他们放逐到西伯利亚。但是，一般说来，贵族让农民通过村落组织或公社（Mir，革命后实施集体农场制度以前，旧有的村落组织），自行治理内部事务。依照法律，贵族要提供农奴耕作的种子，在饥荒时节，也要供养他们。一个农奴可以向他的主人购取自由，也可因从军而得到自由，但这都要经主人的同意。自由农民可以购买农奴。这些享有自由的人叫作库拉克（Kulaki），其中有些控制了当地的村落事务，而且放高利贷，他们对农奴剥削的苛刻程度，甚至超过了地主。主人和男人非常强悍，体格健壮。他们一起开垦和耕作土地，共同忍受残酷的时局。有时，生活艰苦的程度实在令人忍受不了。因此，在俄罗斯，时而闻及农奴抛弃家园大举逃亡，流落在波兰、乌拉尔山或高加索各地，成百上千的人死于沿途，或被军人追捕。反抗地主和政府的农民武装叛乱也时常发生，而且死命和军队战斗。这些事件差不多都失败了，叛乱失败的幸存者只好"爬"回他们的工作岗位，以他们的血汗灌溉土地，以他们的精力抚养妻子。

有些农奴受到各种技艺的训练，以满足他们主人的需要。在一次为叶卡捷琳娜二世举行的欢宴中（据法国的一位伯爵塞居尔的记述），所演出歌剧的作曲者和诗人，建造剧厅的巧匠，装饰它的画家，剧中的男女演员，跳芭蕾舞的名伶，管弦乐团的乐师，都是彻瑞莫特依伯爵属下的奴隶。在漫长的严冬里，农人织衣制物，以备来年所需。城市工业的发展非常迟缓，一方面由于家家户户本身就等于小工厂，另一方面因为交通困难，运输不易，交易范围通常只限于邻近地区。政府鼓励私人工业，对最有希望者给予垄断权，有时也提供资本，还允许贵族参与工商业。于是，在矿业、冶金业、军火上，在生产棉纱、木材、糖和玻璃的工厂里，呈现出一种雏形的资本主义形态。企业家们可以买进农奴，以"装配"工厂。这些"被占有的农民"的决定权落在企业家手中，不再由其主人处置。这是因为政府1736年的一道命令，规定他们和其子孙永留在他们工作的各自的工厂内，除非为官方所许，否则不准离去。在很多工作单位里，他们住在营区内，被迫与家人隔绝。每人每日的工作时间是11至15个小时不等，中间只有1个小时的休息时间。男工工资每日只有4至8卢布，女工则仅为2至3卢布。但是有些雇主供他们膳宿，替他们纳税。1734年以后，工厂里"自由"工人（非奴隶工人）激增，因为工人受到更多的鼓励和照顾，雇主也因之获利更多。劳工廉价得很，机器的发明和应用根本无法推行。虽然如此，1748年，普尔扎奴还是在他乌拉尔山的铁工厂里，启用了一部蒸汽机。

介乎贵族和农民之间的一小群中产阶级逐渐形成，他们在政治上毫无力量可言。1725年，商人约占总人口的3%，这些人包括村镇或市场里的商贾，进口中国茶叶和丝织品的商人，进口海外的糖、咖啡、香料和药材的商人，进口西欧的精良棉纺、陶器和纸的商人，出口木材、松节油、松脂、动物脂、亚麻和大麻的商人。陆地商队经西伯利亚或里海到达中国，商船则由里加（Riga，今拉脱维亚首都）、瑞尔（Revel，爱沙尼亚首都，又名塔林）、纳尔瓦（Narva，爱沙尼亚中部沿岸一港口）和圣彼得堡出海。总而言之，河流和运河的交通或许比陆运和海路还要发达。

莫斯科是内陆商业的中心。就外表看来，它是欧洲最大的城市，街道既宽又长，484所教堂林立各处，城内也坐落有近百宫殿，还有数不尽的棚舍。1780年，共有人口277535人。在该城，俄国人、法国人、日耳曼人、希腊人、意大利人、英国人和亚洲人都有，他们都说他们本国语言，同时自由信奉他们的神祇。圣彼得堡是政治上的首府、法国式的贵族政体和文学艺术的重镇。但莫斯科可以说是宗教和商业的中心，生活起居带有东方和中古色彩，而且存有一股自觉的、善妒的斯拉夫爱国狂热。俄罗斯文明就在这两个相对的轴心上发展，有时整个国家形成两个不同的部分，如同细胞的分裂一样；有时，则形成一个紧紧的复合体。在该世纪结束以前，这一复合体每每成为欧洲的恐怖之源，还扮演着仲裁者的角色。

这一民族如此毫无生气，如此受尽自然煎熬，如此缺少沟通与交通，生活不安全，很少有教育的机会，也许除了在极端与外界隔绝的小村子外，根本不可能享有民主的特权，更不可能担得起民主的风险。经济上，它总是免不了有几分封建色彩，就中央的统治而言，也总是带有某种君王体制的形式。它总是认为，君王会经常被控制军队的贵族集团推翻。因此，君王统治必须要绝对专制，宗教也要用来协助军队、警察和司法力量，以维持社会的稳定和内部的和平。

行政上的每个系统都腐败不堪，甚至君王左右富有的贵族，也可以用"馈赠"来买通他们。卡斯泰拉曾说："即使俄国真有人不为谄媚所动，也不会有人不为金银所诱。"贵族控制了皇宫的警卫权，可以册立或罢黜"皇上"。在军队里，他们也组成军官阶层。元老院也由他们充任，这个机构在伊丽莎白时代甚至是一个立法机构。他们操控各个部门，由此操控外交关系、法院、工业、商业和财政。他们任命推动官僚制度的公务人员。他们左右了治理分裂帝国的"格勃尼侬"（guberniyas，俄国行政区域，和西方的省或州同等）的首长，1761 年后，他们甚至选派各省的长官。虽然帝国情报机构的工作人员（大多为中产阶级）潜伏在各个政府部门，暗中调查并处罚贪污者，但是不管这些工作人员如何卖力，其努力与工作总是受挫，因为君王若将每位受贿官员开除的话，国家这部机器就要停顿。税收人员也很刁钻，他们搜刮的民脂民膏在送抵国库时，还不到原来的 1/3。

宗教和文化

在俄国，宗教非常盛行，信仰也非常虔诚，因为劳苦大众贫穷得很，贩卖他们"希望"的商贾门庭若市。只有懂法文的上层阶级是怀疑论者的信徒，互助会的信徒不断地增加。乡村地区和大部分的都市居民，却生活在因畏惧而生的虔敬信仰中，在其信仰的世界里，处处充满着各种魔鬼。他们每天念祷文，双手画十字几十次，他们恳求圣人的慈悲，他们朝拜古迹，他们敬畏各种奇迹，他们在各种征兆出现时颤抖不止，他们拜倒在神像前，他们从宽阔的胸膛中吟出阴郁低沉的圣歌。教堂的钟声既洪亮又异常有力。伯尔斯·戈东诺夫曾造一座28.8万磅重的钟，但安娜·伊凡诺夫娜（Anna Ivanovna，1730—1740年的女沙皇）因造了一座43.2万磅重的钟而胜过他。教堂总是挤满人，比起罗马教廷来，这里的宗教仪式要严肃多了，但信徒们更为狂热。在俄国，每个教士等于一个教皇，他们留着慑人的长胡子和飘逸的长发，身着长触及地的黑色道袍（因为露出腿部在其眼中有碍神圣）。他们很少与贵族或宫廷人士交往，但他们的生活相当简朴，在寺院里的过着独身生活，在教区里的则可以结婚。大修道院院长与副院长统领诸修道士，女修道院长则统领修女们。入世的教士受主教统领，再上为大主教，而后为省区大主教，然后才是莫斯科大主教，整个教会承认世俗君王为最高权威。教会以外，有几十个宗教教派，在神秘说、虔诚和赎罪这几个方面，互相对抗、竞争。

宗教传播道德法典，这正可用来在初民强烈的自然冲动中创造出一种良好的秩序。宫廷里的贵族们的道德、仪态行为和语言与法国贵族无异。他们的婚姻是一种交易行为，但幸好其不美满能在情妇与女侍中找到慰藉。宫廷里的女人比男人受到更好的教育，但在情绪冲动之际，她们口中也会迸发出泼辣的言辞，也会做出凶狠的行为来。一般百姓的话是粗鲁的，暴力事件时有所闻，残暴的程度与人们身躯的强悍相同。虽然方式不同，人人聚赌、酗酒。同时，也依各人的方便地点行窃。虽然如此，人们还是慈善待人，同时在款待客人方面，小棚舍里的招待比宫殿里的招待更加热情。残酷与和善可谓普天下皆然。

服饰方面则各色各样都有，有宫廷里的巴黎款式，农民用的毛皮帽子、羊皮衣和厚厚的毛手套；有贵族的丝袜，也有奴隶用以裹足与覆腿的毛带子。炎炎夏日，村野农夫每每在溪流中沐浴，不分性别。俄罗斯浴和土耳其浴一样，形式夸张，又非常普遍和流行。在其他方面，俄罗斯人不很注重卫生，保健也是原始的。只有贵族修饰仪容，彼得大帝的敕令虽然禁止过，一般人仍然留着胡子。

一般说来，家家户户都有三弦琴（俄式三弦琴，琴身为三角形）。在伊丽莎白和叶卡捷琳娜二世时代，圣彼得堡即有从意大利和法国两国输入的歌剧。当时有名的作曲家与指挥家，最好的歌唱家与音乐名手也都来过。音乐教育获得优厚的财政支持，而在19世纪下半叶，产生了不少音乐天才，证明这些钱没有白花。他们从全俄国挑出一些极具潜质的男性，送到首屈一指的教会中加以训练。按希腊礼俗，唱诗班和歌唱队不准有乐器伴奏，因此歌唱时可自由发挥，他们那种一致而协调的程度，全世界各地都难以和他们较量。高音部的都是男孩子们，但是令许多外国人叹为观止的还是他们的低音部，他们的声音可以低到非常低沉的音度，他们感应的幅度更是良好，从柔和的耳语到喉音的声浪，都可以感觉出来。

俄罗斯唱诗班唱出的动人乐曲到底是何人所作呢？非常令人难以置信，这些乐曲的大部分竟是由名不见经传、默默无闻的教士所作。在18世纪，有两位显得较为突出。一位是索斯诺韦兹·别列佐夫斯基。他本来是乌克兰的一个少年，但天生有一副赞美上帝的嗓门。叶卡捷琳娜二世将他送到意大利接受最佳的音乐教育，所有的经费由国家支出。他在博洛尼亚过了几年，拜在巴德雷·马蒂尼门下，学习作曲。回俄罗斯后，便开始创作宗教乐曲。这些曲子中既有俄罗斯的强烈气氛，又有意大利的文雅风味。他一直想改革唱诗班的歌唱格调，但遭到正统派的反对，因此显得郁郁寡欢、落寞不群，终于在 32 岁自杀身亡（1777 年）。另一位更有名的是迪米瑞。他仅仅 7 岁时，就进入宫廷教堂唱诗班。伊丽莎白女皇召请意大利的加卢皮来教他。加卢皮回意大利时，叶卡捷琳娜二世命迪米瑞与他同去威尼斯。到了威尼斯，他再投师于巴德雷·马蒂尼门下，然后到罗马和那不勒斯去。在那里，他谱成了一些意大利格调的曲子。1779 年，他回到俄罗斯，不久任宫廷教堂唱诗班的指挥，一直任职到去世（1825 年）。他曾为了唱诗班，谱出 1 首希腊弥撒曲、45 首赞美诗、4 部合唱及 8 部合唱的配乐。更为重要的是，由于他的精心训练，唱诗班的水准达到最高超、最完美的境界，创造了音乐界的一个奇迹。1901 年，圣彼得堡盛大庆祝他的 150 周年诞辰。

俄罗斯的艺术受到法国强烈的影响。但是，在俄罗斯执牛耳的人物是来自意大利的弗兰西斯科·拉斯特雷利（Francesco Rastrelli）。他父亲卡尔洛曾受彼得大帝之召到俄罗斯（1715 年），替彼得铸了一尊骑在马上的青铜像，还铸了皇后安娜的全身雕像。拉斯特雷利秉承他父亲从法国带来的路易十五式的风格，又加上他自己得自日耳曼和奥地利的巴尔塔萨·纽曼和费舍·冯·埃尔拉赫的巴洛克作品的一些灵感。他将这两者巧妙和谐地与俄罗斯的需要与风味调和，成为伊丽莎白女沙皇时代最受欢迎的建筑师。1741 年至 1765 年，几乎所有俄国具有艺术价值的建筑，都出自他或者他助手的设计。在涅瓦河左岸，他建立起有名的冬宫（1732—1754 年）。冬宫虽然 1837 年曾遭火灾，后来还是遵照原来的设计恢复建造。这一闻名的设计由无数宏伟的窗子和圆柱组成，共分 3 层，最上端冠以许多雕像和城垛。此外，坐落于圣彼得堡南方 15 英里处小山上的特萨瑟克·瑟洛宫（Tsarskoe Selo，沙皇乡居所在地），更令伊丽莎白赞赏不已。在其左边，他也建了一座教堂。特萨瑟克·瑟洛宫的内部，正面看来是一座大典仪式用的梯阶，通往一处巨大的长廊，这个长廊白天被从恢宏大窗子射入的日光彻底照亮，夜间则被 56 根大烛台点缀得瑰丽辉煌。宫厅的最深处是王座所在的房间和皇后的闺房。宫内有一个中国厅，用以表示对中国艺术的敬意。琥珀厅里镶饰着琥珀饰物，这是腓特烈·威廉一世赠予彼得大帝的，因为他从彼得那里得到 56 名身躯高大的步兵。绘画陈列室内则陈列着皇家的艺术收藏。宫内的装饰大都是洛可可式的，有位英国旅客曾称它为"野蛮和壮丽的融合表现"。叶卡捷琳娜二世性好纯洁，因此她将宫廷正面的一切金色雕饰全部移去。

　　文学的发展远不及艺术快。读者出奇得少，产生不了激励作用；又受到教会与政府严格的检查制度的钳制，因此文学才华无法表现，而且俄国语言本身无论在文法上还是语词上，都尚未净化到可以作为良好文学工具的地步。虽然如此，在伊丽莎白继位（1742 年）以前，还是有 3 位作家在青史上留了名。第一位是塔季谢夫（Vasili Tatishchev）。他不仅是思想家，还是哲学家。他热爱俄国，但也深羡西方在思想学术和经济上的发达。彼得派了一批有为青年前往国外师习思想学术时，他就是其中的一位。但他带回的是危险的思想，他直接或间接地读过培根、笛卡儿、洛克、格劳秀斯、贝尔等人的著作。他对正教的信仰减退了，他支持教会，因为他认为那是政府的一股助力。在替彼得大帝打过几次危险的战役后，他成为阿斯特拉罕城（Astrakhan）的长官，后被控盗用公款。他漫游俄罗斯时，收集了大批有关俄罗斯地理、种族和历史的资料，这是他日后写《俄罗斯史》（*History of Russia*）一书的根据。该书触怒了教会，一直到叶卡捷琳娜二世统治早期及较自由的年代，才有人敢付印。

　　第二位是坎泰米尔（Antioch Cantemir）。这位才子继而起来反抗神学。他是摩尔达维亚公国统治者的儿子，3 岁时就被带到俄罗斯去，学会 6 种语言，后服务于伦敦和巴黎大使馆，遇到大思想家孟德斯鸠和莫佩尔蒂。回国后，他写了许多讽刺"泛斯拉夫"爱国主义者的文章，讥讽那些反对俄罗斯生活被西方观念感染的人。下面是他的诗《致我心灵》的片段：

勤研多载而仍不成熟的心灵，

静下来吧！

不要激荡自己去握笔杆……

当今的荣华并不难得，但是

九位裸足姐妹（缪斯女神）的路最是难随……

当你刻苦，你辛劳奋力时，

人们却视你为瘟疫，人们避开你、嘲骂你、讨厌你……

克里图（Crito）手持玫瑰花圈，如是怨道：

"埋首书本的人就成异教徒。"

而她又提醒，求知欲带来多大的危险啊！

我们的子孙读起了《圣经》，

教会为之悚然，

他们辩论一切，追问一切，

他们竟不信教士……

他们在圣像前竟不燃烛，

他们竟不理会仪式……

哦，我的心灵啊！

做个庸碌的凡人，免受煎熬吧……

不要抱怨你的默默无闻……

大智大慧若使你体会出个道理……

那就不要向人解说吧！

　　翻译了丰特内尔的《宇宙多元论》后，坎泰米尔更加触怒了教会，因为这本书被认为是哥白尼式的叛逆教徒理论，充满异教徒的思想和亵渎上帝的言论。但是，坎泰米尔 36 岁壮年时即死（1744 年），使那些迫害所谓"异端学说"的人，无法将他"正法"。不过，直到1762 年，他的讽刺书才告问世。

　　女沙皇伊丽莎白在位期间，俄国文学渐渐开始强调自我性，而不再只是法国文学的翻版。17世纪青史留名的第三位文学家罗蒙诺索夫（Mikhail Lomonosov），更是受德国的影响。他在马尔堡和弗赖堡读过书，与德国小姐结婚，并将她连同一大堆科学知识带回圣彼得堡，后成为学院名人。他博通各门学问，甚至饮酒也有相当见地，但是他不希望专精于某一门即告满足。因此，他成为冶金家、地质学家、化学家、电学家、天文学家、经济学家、地理学家、历史学家、哲学家、演讲家。普希金称他为"俄国第一所大学"，而他更称得上是一位诗人。

在当时能和罗蒙诺索夫一样，获得俄国知识分子热烈喝彩和赞誉的，只有苏马罗科夫（Alexis Sumarokov）。他出版一本自己写的抒情诗集，也出版一本罗蒙诺索夫写的诗，以炫示他比罗蒙诺索夫更高明（但是他们两人的差别，实在微不足道）。其实苏马罗科夫最值得称道的，还是在于他建立了一座俄国的国家剧院（1756年）。为了庆祝，他也写了一些戏剧，但都是模仿拉辛和伏尔泰两人的作品。伊丽莎白强迫宫臣观剧，但他们不买票。苏马罗科夫抱怨道，他5000卢布的年薪不足以维持其本人和剧院。"由于我的细心栽培，雅典曾经有过的且现在巴黎才有的盛况，在俄国也有了……在德国一大群诗人所为的比不上我一个人努力的结果。"1760年，他对这个劳心又劳力的工作感到厌倦，于是迁往莫斯科。但惯于争吵的本性，使他落得身无分文。他请求叶卡捷琳娜二世以公费派遣他出国，并向她保证："若由我这支大笔来描绘欧洲的一切，30万卢布的支出应该算不得什么。"但叶卡捷琳娜二世甚至在他醉死时（1777年），也没有欣赏过他。

行文至此，让我们谈谈一位公主的罗曼史，这或许更有趣味。纳塔利·勃尔斯恩·多尔格鲁卡是元帅勃瑞斯·彻瑞莫特依伯爵（也是彼得大帝的亲密战友）的女儿。17岁时（1729年），这位"美若天仙"和"俄国最伟大的女继承人之一"，被许配给沙皇彼得二世最宠爱的臣子瓦西里·卢基奇·多尔戈鲁基。不幸，在他们结婚前，彼得驾崩了，他的继位者将瓦西里放逐到西伯利亚。纳塔利坚定信心和他

结婚，并跟随他流亡西伯利亚。他们在托博尔斯克（Tobolsk）住了
8 年，生了两个孩子。1739 年，她丈夫被判死刑。经过 3 年的放逐生
活，她获准回到俄罗斯。在她两个儿子完成学业后，她进入基辅的一
所修道院。在修道院中，由于她儿子米哈伊尔的央求，她开始写回忆
录（1768 年），后来由她的孙子，即诗人艾温·米哈伊尔洛维奇·多
尔戈鲁基于 1810 年出版。有 3 位俄国诗人曾对她的回忆录大加赞赏，
俄国也因其英豪的气概和坚定的贞节，将她奉为和革命相映生辉的无
数俄国女性的典型。

　　总之，俄罗斯文明显示出一种奇妙的混合特性，既有违抗不得
的纪律，又充满着冷酷无情的压迫，虔敬中夹带着暴力，祈祷神祇而
又亵渎它们，充满着音乐却也非常粗俗，忠诚而又残忍，一副奴隶似
的卑微又时而表现出不屈不挠的英勇。这个民族无法发展出和平的美
德，因为面对着漫长的冬天和等不到黎明的冬夜，他们必须战斗，而
这是一场苦斗，他们要战胜横扫冰封大地的凛冽极风。他们从未闻及
文艺复兴或宗教改革，因此，除了在刻意人为装饰的首都以外，全俄
国人民仍然被禁锢在中世纪的一切束缚中，唯一能安慰他们的是种族
的骄傲和信仰的坚持。但这并不是根植于土地的民族主义，而是一种
狂热的信心，他们坚信，西方沉沦于科学、财富、异端学说和信仰的
失落时，"神圣的俄罗斯"对初始的基督教仍然忠心如昔，这当然会
更受耶稣基督的恩宠，有朝一日他们将会统治世界、解救世界。

俄罗斯的政治（1725—1741）

　　从彼得大帝到伊丽莎白这一时期的俄国，是一段充满各种阴谋和
宫廷政变的混乱恐怖史。

　　1725 年彼得驾崩时，最顺理成章的继承者原本是彼得·阿列克
谢，也就是彼得遭刺杀的儿子亚历克西斯的 10 岁大的儿子。但是，
彼得目不识丁的遗孀说动了宫廷近臣（以支付他们久未发放的薪饷为

手段），支持她本人为彼得指定的继承者。由于得到他们的支持，她自封为叶卡捷琳娜一世，全俄国的女沙皇（1725年2月27日）。这位叶卡捷琳娜的重要性不大，她登位后即酗酒纵淫，夜夜春宵，将政事交给她的旧情夫亚历山大·丹尼尔威奇·缅什科夫亲王和一个最高会议。日耳曼裔的安德烈·奥斯特曼伯爵掌管外交，使俄国与日耳曼和奥地利交好，而与法国交恶。叶卡捷琳娜遵照彼得大帝的意旨，将她女儿安娜·彼得罗夫娜嫁给名叫卡尔·腓特烈的哈尔斯顿·盖塔普公爵后，夫妻二人安居基尔，就在那里喜获麟儿，即后来的彼得三世。叶卡捷琳娜本人则因游乐至极，死于1727年5月6日，但她仍举彼得·阿列克谢为继承人，篡夺的王位复归。

这位新王彼得二世年仅12岁。因此缅什科夫得以继续治理国事，而且利用他的权势营私舞弊。后来，他被一群以伊凡和瓦西里·卢克斯·多尔格鲁克兄弟为首的贵族推翻，并遭放逐至西伯利亚，1729年死在该地。然而，就在宫廷革命的次年，彼得二世得天花病故，罗曼诺夫王朝的男支因而告终，而也因为这次不幸的意外事件，俄国由三位女人统治了66年。更巧的是，这三位女沙皇无论在行政才能或在政治成果上，都堪与当时大部分的欧洲国王匹敌，甚或胜过他们。在性行为的浪漫态度上也都超越他们，当然路易十五不包括在内。

在这一序列的女沙皇中，第一位是安娜，继位时35岁，是彼得大帝的弟弟、意志薄弱的伊凡五世的女儿。枢密院决定举她为女沙皇，因为她具有谦逊和顺从的声誉。枢密院的控制者是"多尔格鲁克"和"吉尔特萨"两大派系，他们草拟一篇继位的"条件书"，送给当时居于库尔兰（Kurland，位于今日立陶宛西南）的安娜，作为举她为女沙皇的先决要件。她签署了（1730年1月28日），但军队和教会都不希望专制政体为寡头政体取代。于是禁卫军的一个代表前往晋见安娜，陈请她掌握绝对权力。得到武力的支持，她更为壮胆，在枢密院上撕毁了"条件书"。

安娜不信赖俄国贵族，因此她从库尔兰带回曾取悦她的日耳

曼人埃尔斯特·冯·比伦，这个人又名比尤，曾是她的情郎，现在
成为她政权的头号人物。奥斯特曼也再度起而掌管外交，克里斯托
弗·冯·明尼希伯爵重组了军队。勒文沃尔德、科尔夫、凯泽林三人
更使新政权有日耳曼式的效率。课税慎重而有效，教育更加扩展并获
改善，文官制度也在积极筹备中。此外，新政权对多尔格鲁克和吉尔
特萨两派人士也以同样快速有效的手段，将他们监禁、放逐或处决。

　　安娜对她的两个情郎（比尤和勒文沃尔德）非常满意，她生活
颇为规律，每天 8 时起床，处理 3 个小时的政务，对她手下的那些德
国人从事俄国势力扩张，微笑地颔首表示赞同。明尼希统领一支军队
侵入波兰，罢黜了亲法派的斯坦尼斯拉斯一世，而立萨克森奥古斯
都三世为王，开始准备将波兰拉入俄国的怀抱。法国于是鼓动土耳其
攻打俄国，但土耳其的苏丹不同意，因为他正忙于同波斯的争端。然
而，俄国认为这是向土宣战的良机，于是开启了 60 年的黑海争夺战
（1735 年）。对此，安娜的外交官员是这样解释的：土耳其人及辖下俄
国南部的属民，居于德涅斯特河、布格河、第聂伯河、顿河、库班河
五大河的出口区，而这五大河正是俄国往南贸易的主要水道，若穆斯
林仍在这些河川的下游盆地，对基督教的俄国是一种威胁。黑海北岸
应是俄罗斯的自然而必须领有的疆域，而像俄国这样伟大、广袤而且
一直在成长的国家，应该能自由通航黑海和地中海。于是，从该世纪
起，这一目标成为俄国的目标。

　　第一个目标是克里米尼，它的形状差不多是一个岛，是土耳其
在黑海北岸的坚固据点。1736 年明尼希发动的战役，目标即在取得
这个半岛。明尼希的主敌并非是土耳其人，而是空间和疾病。他必须
横渡 330 英里的旷野，其间没有任何市镇可以供给他 5.5 万人马粮草
和医药。在漫长的远征线上，随行的上千辆大篷车随时随地有遭鞑靼
部落突击的可能。明尼希卓越的指挥才能，使俄军在 29 天内攻下了
勃罗克普、库斯乌和巴赫奇萨赖，但也就在那个月中，痢疾和其他疾
病侵袭了部队，惨相环生，引起了部属的叛变，他不得不放弃这次远

征，班师北归乌克兰。这时，安娜的另一位大将攻下了控制顿河出海口的亚速城。

1737 年 4 月，明尼希再度挥兵七万南下，在布格河入海口附近，掳获了敌将奥基克乌。6 月，奥地利也加入攻打土耳其的战事，但是战役失利，只好单独和土耳其订立和约。因突然单独与所有的土耳其军队相抗，又考虑到可能与瑞典发生战事，俄国与土耳其签订和约（1739 年 9 月 18 日），将 3 次捷役中取得的大部分领土归还土耳其。圣彼得堡大肆庆祝这一仅丧失 1 万生命的战争和所签的条约，以其为光荣的胜利。

安娜在战争结束一年后即去世（1740 年 10 月 17 日）。在她死前，她指定仅 18 周大的伊凡六世为王位继承人，这位继承人是她那带有日耳曼血统的侄女安娜·利奥波德娜和不伦瑞克的安东·乌尔里克亲王的儿子。直到 17 岁，他一直要由比尤摄政。但明尼希和奥斯特曼两人因受够了这个摄政者的气，联合乌尔里克和利奥波德娜，将他送到西伯利亚（1740 年 11 月 9 日）。于是改由安娜·利奥波德娜摄政，而明尼希成为"第一大臣"。由于深恐俄国完全落到条顿人的掌握中，法国和瑞典两国大使促使一批俄国贵族叛变，并愿提供他们财力支援。他们看上彼得大帝和叶卡捷琳娜一世的女儿伊丽莎白·彼得罗夫娜为预定的王位继承人。

这位伊丽莎白虽已 32 岁，但正是她的美丽、勇敢和活力达到最高潮的时候。她喜欢运动和任何强烈的活动，但她也深知爱情的乐趣，同时更喜爱款待一群献殷勤的勇者。她受的教育不多，法文说得很好，但不太会书写俄文。其实，要不是安娜·利奥波德娜和奥斯特曼迎来一个外国人而将她冷落，她似乎并不对王位感到好奇。摄政者下令圣彼得堡的军队进军芬兰时，军士们对这即将在严冬进行的战争感到不满，于是马上被伊丽莎白抓住了机会。她一身戎装打扮，在 1741 年 12 月 6 日凌晨 2 时前往军营，要求军队支持她。然后她率领军队，驾着雪车向冬宫前进，唤醒摄政者，将她和小沙皇监禁起来。

第二天，市民醒来时，发现他们得到了一位新王，彼得的女儿，而且是道道地地的俄国女沙皇。俄国与法国皆大悦。

伊丽莎白·彼得罗夫娜（1741—1762）

时代的不同和历史的成见，使我们很难了解她。1744 年，叶卡捷琳娜二世初见到她时，的确"被她的美丽和高贵的气质震慑……虽然她看来颇为肥硕，但一切似乎丝毫不受她的体形的影响。她盛装时，穿着的是藤圈大裙，但她的举止轻快自然"。私底下，她对无神论本身极其怀疑；表面上，她是热心的正统派人士。法国一位观察家曾报道她"对酒有一股强烈的爱好"，但是我们必须要了解到俄国是一块寒地，而伏特加酒是一种温暖之源。她拒绝结婚，唯恐结了婚会分化她的权力，并惹起许多争端。有人指出她曾私下和亚历克西斯·雷斯姆斯克结婚，但此事如果为真，也只能令她更特别而已。她爱慕虚荣，喜欢华丽的饰物，拥有 1.5 万套衣服及多如山的袜子。各式各样的鞋子，总数达 2500 双，其中有几双，她更将其当作争辩时攻击对方的飞镖来投射。她用军曹才说的粗鲁话叱责她的宫仆。她曾批准一些残酷的惩罚，但基本上她是仁慈的。她废止了死刑（1744年），但犯叛国罪仍须处死。除几桩重大的审判外，苦刑不能施行。鞭打仍然保留，因为她觉得必须想出办法来制止那些在街道上为非作歹的罪犯。她既勤奋又好逸乐。她天生聪明伶俐，她在俄国的教育、道德、风俗和经济允许的范围内，尽可能把俄国治好。

在将奥斯特曼和明尼希放逐到西伯利亚后，她恢复元老院旧态，用以执掌行政领导，外交事务方面则交给阿列克谢·别斯图热夫—赖恩。叶卡捷琳娜二世称这位外交长才为"一位大阴谋家，长于怀疑他人，对原则坚定而果敢，是一位难缠的敌人，却是她所有朋友中最为真实的一位"。他爱财，也同许多人一样，深知功高必定招忌，最后必然落个悲惨的下场。英国欲图贿赂他时，先行对他的"正直"做了一个估价，价格是 10 万克朗。交易是否成功，我们不得而知，但别斯图热夫在外交上通常采取英国路线。这对法国支持瑞典和土耳其对抗俄国的政策，的确是一个当头棒喝。日耳曼的腓特烈大帝见事情不妙，遂向别斯图热夫提议 10 万克朗以换得俄国亲普鲁士的外交路线，但是受拒。同时，这位外交家连续与奥地利（1745 年）和英国（1755 年）联盟。但是，英国随后紧接着与普鲁士结盟（1756 年 1 月 16 日）时，别斯图热夫的外交生涯出现了转折，伊丽莎白此后不再重视他的意见。一位新的大臣将俄国与法国和奥地利结了反联盟，"七年战争"于是开始。

我们已提到俄国将军阿普克森在格尔斯·加吉斯多弗一地击败普鲁士军队（1757 年），然后撤军入波兰的情形，我们且看其下一出戏。法国和奥地利的大使的说辞，使伊丽莎白相信阿普克森的撤军是因别斯图热夫的命令，其目的在于试图废弃她。因此，她下令逮捕这位外交大臣和将军（1758 年）。将军死在狱中。本来其政敌想拷打他让他供认，但伊丽莎白不答应。别斯图热夫的部长职位也由密克海尔·沃龙佐夫取而代之。

充斥宫廷的尽是舞会、赌博、阴谋等活动和嫉妒、仇恨的气氛，但是伊丽莎白还是鼓励她的臣属努力提高俄国的文化。她的一位年轻的宠臣伊凡·沙瓦弗在莫斯科开创了一所大学，建立了一些中小学，派遣学生到国外研究医药，而且将法国的建筑、雕刻和绘画输入他在首都所创的艺术学院（1758 年）。他结交伏尔泰，要求他写一部历史，即《彼得大帝治下的俄帝国史》（*History of the Russian Empire under Peter the Great*, 1757 年）。他弟弟皮特·沙瓦弗则促进经济发展，取消了国内贸易的通行税。为了安抚泛斯拉夫主义者，伊丽莎白容许宗教上不宽容的情形扩张。在鞑靼部落区，她关闭了一些清真寺，同时放逐了 3.5 万名犹太人。

最值得骄傲的大概是她的将士们屡次击败腓特烈二世，制止了普鲁士的前进。要不是身体状况的逆转，削弱了她维系法、奥、俄联盟的力量，她可能就打垮他了。关于她的健康，早于 1755 年，英国大使即报告道："女王的健康情形不佳，她咯过血、呼吸急促、不断地咳嗽，腿肿、肺部积水。不过，她仍和我共舞了一分钟。"现在，她更喜爱浪漫式的性爱，不愿付出结婚的代价。她无子嗣，因此一直在寻求一位具有皇家血统、而且能应付俄国内外问题的继承者。令人百思不解的是，她竟选上了她妹妹安娜·彼得罗夫娜和哈斯坦－盖塔普公爵卡尔·腓特烈的儿子卡尔·腓特烈·乌尔里克为其继承者。这是她为政生涯中最错误的决定，但这在她替他安排配偶之事中得到了补救。

彼得与叶卡捷琳娜（1743—1761）

伊丽莎白为她选的继承者起了一个新名，叫彼得·费得尔维斯。他 1728 年生于基辅。由于同是彼得大帝和查理七世之孙，俄国和瑞典的王位他都有权继承。由于体弱多病，他一直待在家中被妥善地照顾着。7 岁时，突然地被指派到哈斯坦卫队去，被教养成了军人。9 岁时，他成为在大队阅兵时雄赳赳地迈步向前的士官。他还学会了军官们的语言和习气。11 岁时，他受教于一个德国教师，这使他在路德教派深深的信仰中长大，他还被训练得带点神经质。由于这个迂腐的教师教导方式是不时地严苛叱责，他逐渐变得胆怯而阴沉，趋于狡猾而奸诈，而成为"易怒、固执和老是惹是生非"的一个人。卢梭最是可以举他为例来说明人性本善，但受了恶劣环境的影响而完全改变原来的本性。这个小彼得有一颗仁慈的心，而且内心极想做一番事业，这在他后来的敕令中看得出来，但他被铸造成另一种形态，一种就他的本性说来最不适合的角色。叶卡捷琳娜二世见到他时，他正好 11 岁，她形容他"面目清秀，风度好，彬彬有礼"。而她对要成为他的妻子这个安排，"并不感到厌恶"。

1743 年，伊丽莎白派人将他接回俄国，封他为大公爵，将他的信仰改为正教，并培养他的施政才干。但是，对他本身教育的缺陷和性格上的不稳定，她吓呆了。关于如何教导他，她真是不知所措。在圣彼得堡，他又多学了一样缺点：酗酒。伊丽莎白心想在她死前，这个奇异的年轻人要是能配上一个健康而聪明的女人，或者可能会因之带来一位贤能的未来沙皇。欧洲的贵族都少有种族偏见，即使在民族主义风起云涌的时代也是一样。伊丽莎白就凭这一特点，环顾欧洲各国，结果选上了日耳曼一位小选帝侯的公主。这是机智的腓特烈二世推荐的，他希望在这个对日耳曼感到恐惧的俄国中，有一位友善的日耳曼女沙皇。

行文至此，我们遇到了一个难题，即有关叶卡捷琳娜大帝的回忆录的疑问。当然，它的真实性无可怀疑。它于1859年出版，不过，叶卡捷琳娜亲笔的法文原稿仍保存在莫斯科的档案柜中，而它的内容是否可靠呢？一般说来，其记述的故事都可由其他的资料加以证实。因此，问题在于其公正性，而非其具有虚构的嫌疑。该书是一部充满睿智、天才横溢的故事叙述，但它也是一种对废了丈夫王位和对其丈夫被弑的消息不感惊讶不受刺激的忍受态度，有感而发的一种歉意表示。

她于1729年4月21日出生在波美拉尼亚的一个叫什切青的地方。受洗时依照她的3个姑母名，综合取名为索菲亚·奥格斯特·弗雷德里卡。她母亲约翰娜·伊丽莎白是当时日耳曼的一位诸侯王国哈斯坦–盖塔普的公主。但由于叶卡捷琳娜的关系，她成为彼得大帝的表亲。叶卡捷琳娜的父亲克里斯蒂安·奥古斯都则为日耳曼中部安奥尔特–泽伯斯特选帝侯小国的王子，是腓特烈大帝大军中的一名将领。她出生时，她父母亲都颇感失望，因为她是女儿身，尤其是她母亲，对此更悲怨而痛哭，宛如怀错了胎似的。但是叶卡捷琳娜弥补了这一性别上的"弱点"，她发展出一股大将的雄劲气概和王者的政治才华，之后一直是欧洲最为人怀念、最难得一见的女性统治者。

小时候的她害过各种病，其中一次特别严重，带给她终身不去的症状，比如"脊椎骨成锯齿状""右肩高左肩低"，结果她的"身形如Z字"。该国的刽子手，由于对脱臼或骨折之道非常精通，为她特别设计一套紧身褡，"我（叶卡捷琳娜自指）日日夜夜都紧紧套着，除了换内衣以外，永不除去"。结果"18 个月后，我的身架开始有恢复挺直的迹象了"。别人也常对她说她长得不佳，因此，她决心发展她的智慧，以便替代姿色的不足。这里，我们又可见到自觉缺陷因而激发权力欲以为补偿的一个例子。不过，她渐渐长大后，尤其在进入青春期后，本来有点曲折的骨架一变而为曲线玲珑的体态。虽然受了不少的苦难，她仍然具有"快乐的性情"和"近乎需要加以抑制"的活力。

她受教于几位私人教师，其中最重要的一位是常被她的发问难倒的路德会牧师。她令人感到棘手的问题，比如，她觉得"提图斯、马可·奥勒留和所有古代的伟人，虽然德行很高，却因不知道上帝的福音而遭谴，莫非有失公平"。她精彩的应辩激怒了老师，她老师正准备向上建议要鞭打她时，一位女家教从中制止。同时，她也非常热切地想知道，根据《创世记》，上帝造物之前的混乱情形到底如何。"他的解说我从未感到满意过"，结果"我们两人都发脾气了"。此外，她坚持要他解说"何谓割礼"，这问题更令他困扰不堪。其他的老师和女教师都来自法国，因此她语言能力极强。她读过高乃依、拉辛和莫里哀的作品，也准备进一步阅读伏尔泰的作品。她已经成为当时最具教养和最有学识的女人。

急于物色一位才女，以期于身心结合中，供给彼得一股智慧的俄国伊丽莎白女王，终于获知欧洲有这么一位贤惠的公主。1744 年 1 月 1 日，索菲亚（叶卡捷琳娜的名字）的母亲接到邀请信，要她陪同索菲亚到俄国访问。对此，她父母亲先是犹疑不决，但是索菲亚心想她可能有成为俄国大公爵夫人的机会，于是请求她父母接受邀请。1 月 12 日，他们起程了，从柏林、斯德丁、东普鲁士、里加，经圣彼得堡到莫斯科，旅程漫长又艰苦。在柏林，她们受到腓特烈的款待，腓特烈非常喜爱索菲亚，因为她"问了我上千个问题，热烈地谈论到歌剧、喜剧、诗、舞等——简单地说，任何人与一位14岁的少女谈话时，所能想到的各种问题"。在斯德丁，"我的父亲依依不舍地送别我，这是我最后一次见他的面，我悲伤地哭了"。在52个小时从圣彼得堡到莫斯科的雪车行程后，母女两人连同一大批的随从终于抵达了目的地。

是夜，她见到彼得两次。她对他印象甚佳，但他暗地里告诉她，他是一位路德派的热衷教徒，而且正和一位在内廷侍候的宫女热恋，她感到有点不快。她发觉他的日耳曼口音和举止行径，深为他的百姓厌恶。于是她决定要将俄国彻底了解一番，也要百分之百地接受东正教的信仰。对彼得，"（我）不太在乎"，但"对俄国王冠，我是非常关心的"。在那里，她有三位老师，一位教她语言，一位教她宗教，一位教她俄国舞蹈。她热切地学习，曾经一次在午夜时分，起床研习课业，结果在2月22日因肋膜炎卧病床上。"我在生死边缘挣扎了27天，其间出血16次，有时候一天竟出过4次血。"她母亲因请求召来路德教派的牧师而失宠，但索菲亚反因请求一位希腊教士而赢得宫中的许多人心。终于在4月21日，她能起身露面。"我变得骨瘦如柴……我的脸变了形，我的头发脱落，脸色苍白，憔悴不堪。"伊丽莎白于是送给她一盒胭脂。

6月28日，索菲亚带着一颗感人的虔诚之心，接受了改信东正教的仪式。从此，她的名字冠上了爱克特瑞恩·阿尔克西娜，从此，她也成为叶卡捷琳娜。第二天早晨在乌斯宾斯基圣母升天大教堂，她被正式许配给彼得大公爵。所有见过她的人，都喜欢她那股机智的谦逊，甚至彼得本人也开始爱上了她。经过了14个月的见习和试行期后，他们于1745年8月21日在圣彼得堡成婚。10月10日，叶卡捷琳娜的母亲起程返国。

彼得是年17岁，他的妻子16岁。她美丽而多姿，他则因为在订婚那年感染上天花，所以外表不太漂亮。在知识上，她既贪求又敏慧，而据索尔弗报道，他却"表现出心智缺陷的各种特征，如同一个长不大的小孩"。他还好玩洋娃娃、木偶和玩具兵。他喜爱狗，还在他宫殿内饲养了好几条。叶卡捷琳娜只觉得又吵又臭，不知道哪一样更令人讨厌。他便改拉小提琴，但情况并未因此而改善。结果他对杯中物更加酷爱，大概"从1753年起，他几乎天天醉酒"。伊丽莎白女皇常责骂他的恶习，但她的告诫没有产生丝毫效果。同时，她更是深受他那股厌恶俄罗斯而且对此毫不加以掩饰的态度所扰，他身为俄国大公，却称俄国为"该诅咒的地方"。此外，他咒骂东正教教会和教士，毫不掩饰自己对腓特烈大帝的崇拜，甚至在普鲁士与俄国交恶和开战后还是如此，这些表现都令她非常困扰。他的警卫团几乎都是日耳曼人。在奥拉宁巴姆的休闲居所内，所有的侍者皆着日耳曼式的制服，受的操练也是普鲁士式的。1759年，俄国大将费莫和萨尔特克弗击败普军时，他们竟不敢乘胜大肆追击，唯恐这会激怒随时有可能成为沙皇的彼得。

两人的结合几乎可说是文化冲突的一种表现，彼得的一切言行尽是普鲁士化，而叶卡捷琳娜以研习法国文学进一步增强她自身的教育。这说来也真令人难以置信，如此年轻的一个女人，过着大公爵夫人的郁闷生活，竟博览了柏拉图、普鲁塔克、塔西佗、贝尔、伏尔泰、狄德罗、孟德斯鸠诸名家的作品，尤其对孟德斯鸠的《论法的精神》一书，她认为是"每一位稍具常识的君王的每日必读本"。虽然她勤奋不断地观察研究东正教的仪式，她博览的这些书籍必定使她对宗教信仰在心里头下了定论。书带给她"开明专制"的观念，而这也正是一个世代以前，腓特烈大帝从伏尔泰的思想里吸收得来的。

同时（若我们相信她第一手的报道的话），"我与大公的婚姻没有成就可言"。1800年，卡斯泰拉曾替叶卡捷琳娜写了一部广博见闻却不友善的传记，他认为"彼得有一个缺点，这个缺点虽容易去除，却每每更加显得险恶。他暴烈的爱情，他对此永不停息的追求，无法使其婚姻趋向美满而有成果"——这与路易十六和玛丽·安托瓦内特的情形雷同。或许在较长的订婚那段时期里，叶卡捷琳娜对彼得的厌恶，已令彼得深深地察觉到，而更加使他在心理上产生一种无能感。于是他很快追逐起其他的女人，一个个皆想取代叶卡捷琳娜而成为公爵的女人。在叶卡捷琳娜的记述中，新婚后几年是她最悲惨的日子。一天（据 18 世纪英国史学家沃波尔的记述），伊丽莎白问她何以婚姻仍无结果，她答说不应该期望有子孙——这事实上即等于宣称她丈夫的无能。"伊丽莎白回道，国家务必要有人继承，因而任凭公爵夫人的高兴与选择借他人之助去获得子女。后来的一子一女即是她服从命令的结果。"奉伊丽莎白令服侍叶卡捷琳娜的玛丽亚·乔格洛科瓦（据公爵夫人的说法）向公爵夫人解释道，婚姻的忠贞原则亦有其例外。她保证若叶卡捷琳娜有了情夫，她一定守口如瓶，而"这一羞耻的建议非得自侍女而是来自女沙皇本人，乃属少有疑问之事"。对此事，我们务必要从某一观点来评论才可，因为俄国宫廷久习有多夫的女王，而法国宫廷惯于有多妻的国王，在波兰宫廷中，奥古斯都三世更拥有 150 个儿女。因此，时代的风尚与需要是我们叙说历史时应参考的必要因素。

叶卡捷琳娜是否循此例呢？在她继承王位后，确是如此。在她登基前，她似乎刻意自制地限于 3 位情夫。第一位大约在婚后 6 年开始，是一位精力旺盛的青年军官，名叫萨尔特克夫。叶卡捷琳娜曾记述她对此的反应：

> 恕我冒昧直说……我结合了一位可爱女人的所有诱人处和男人的心性于一身。我这样的形容，我祈求能获得原谅，因为我是忠实地叙说……我是颇吸引人的。结果我迈向了欲望之路，而现已达半途，在这种情境下，必须向前，无法驻足，乃是人的常情……一个人岂能控制自如地掌握其内心，为紧为松，欲伸欲缩？

　　1751 年她怀了身孕，但不幸流产。1753 年，痛苦的经历再度上演。1754 年，她产下了未来的皇帝保罗一世。伊丽莎白大喜，送给她价值 10 万卢布的礼物，并将萨尔特克夫送到斯德哥尔摩和德累斯顿去回避一阵。据叶卡捷琳娜说，萨尔特克夫在当地"与所有他遇到的女人嬉乐"。彼得此时更加沉湎于杯中物，不断猎取更年轻的女孩，但是后来终于选定唯一，这女孩就是新首相的侄女，名叫艾丽兹沃特·沃恩特斯娃。叶卡捷琳娜和他互相动怒，她并当众取笑他和他的朋友。1756 年，英国派来新大使查尔斯·汉勃尔·威廉，在他的随行人员中有一位波兰人斯坦尼斯拉斯·波尼亚托夫斯基伯爵，年方 24 岁，英俊洒脱，叶卡捷琳娜接受了他的殷勤。斯坦尼斯拉斯的自传对 1755 年的她，有如下的描述：

　　　　她正值大好年华……对于美丽的女人来说那正是美丽的极致时期。她有乌黑亮光的秀发，令人炫目的白皙皮肤，黑而长的睫毛，希腊人的古典鼻，甜而醇的嘴似是生而为吻，完美无缺的秀臂，身段略高而瘦，甚为苗条，体态轻盈，但是十分华贵大方。她的言语极其悦耳，她的笑声正如她的性情，快乐无比。

　　他一凝视着她，他即刻就"忘了有个地方叫西伯利亚"或许是他来日的去处。这一次是她诸多爱情中最深刻难忘的，对于他而言亦同。即在后来她接受其他追求者时，她的心仍属于波尼亚托夫斯基。他也从未从对她的狂爱中苏醒过来，不管她的各种策略如何考验他。她前往奥拉宁巴姆与彼得相聚时，他冒着生命危险去拜望她，结果被察觉，彼得下了绞死令。叶卡捷琳娜买动了彼得的女人的心，要求她代他恳求，因而安抚了彼得。结果彼得突被内心一阵善良天性的呼声感动，不但原谅了波尼亚托夫斯基，而且叫叶卡捷琳娜回到她情郎的身边，同时带着艾丽兹沃特·沃恩特斯娃与他们共度和谐的 4 人家居生活，共同享用过多次欢乐的晚餐。

1758 年 12 月 9 日，叶卡捷琳娜产下一女。宫廷里大都认为波尼亚托夫斯基是其生父，彼得却将她记在自己的名下，他接受祝贺，并以各种欢愉的活动来庆祝他的成就。然而，4 个月后小孩子夭折了，波尼亚托夫斯基被召回波兰，于是叶卡捷琳娜暂无情郎。不过，她马上又为爱情世界与战场上的大冒险家着迷了，这个人就是彼得·舒瓦洛夫的副官格里格里·格里格里耶维奇·奥尔弗，他因在措恩多夫一役中三处负伤但仍顽守而威名大振。他身材硕壮，宛如运动家，更有"天使般的脸"，但是他唯一所恪守的道德，是尽一切可能手段赢得权力和女人。艾伦·库拉金公主是宫廷里最标致、最放荡不羁的美人之一，原为舒瓦洛夫拥有的女人，竟为奥尔弗夺取。舒瓦洛夫发誓要杀死他，但在参加决斗前就死了。叶卡捷琳娜对这个年轻人的勇气很是赞赏，而她也注意到，在禁卫军中他有 4 个又高又壮的弟兄，这 4 个彪形大汉在危急时刻都可派上用场。于是她安排与奥尔弗会晤，然后也陆续与其他几位会晤，她很快代替了库拉金。1761 年 7 月，她怀了孕，1762 年 4 月极尽保密，替奥尔弗产下一子，这个孩子后来成为阿里克谢·勃伯林斯基。

1761 年 12 月，伊丽莎白生病，她显然已濒于死亡了，好多种安排都企图促使叶卡捷琳娜加入阻止彼得继位的预谋。好多人警告她，若彼得继位沙皇，他必定废她位，而娶艾丽兹沃特·沃恩特斯娃为妻，立她为后，但是叶卡捷琳娜拒绝参与阴谋。1762 年 1 月 5 日（依新历法计算），伊丽莎白女皇驾崩，彼得登基，未遭公开反对。

彼得三世（1762）

他的一切措施都非常宽容大度，令人震惊不已。他善良的天性，原本为粗野、无思想的举止玷污，但由于对他得以和平继承王位的那一阵感激，使他的本性又告浮现。他宽宥敌人，留用大多数伊丽莎白属下的大臣，尽量和蔼地对待叶卡捷琳娜。他让她住在皇宫中的一个舒适的房间，而他住在另一端。居间的大间则分给大臣们。这当然是极大的侮辱，叶卡捷琳娜暗地里却庆幸能远离他。他供给她可观的津贴，替她还大笔欠债，而从不过问其原因。在公开场合，他让她与他并肩而立，有时礼让她。他召回被前任统治者放逐到西伯利亚的男男女女。明尼希现在也回来了，他32岁的长孙迎接他时，他已是82岁高龄的老人了。彼得恢复他野战军元帅的旧阶，他誓言效忠至死，后来的确是如此。这位快乐的皇帝更免除贵族们牺牲他们一生时光贡献国家的义务，这是彼得大帝早先加诸他们的义务，他们遂提议替他造一尊金制雕像。他嘱咐他们最好较明智、较聪明地重新考虑这种贵重金属的用处。2月21日的谕令废除了众人痛恨的秘密警察制，而且禁止以政治犯的罪名来逮捕人，除非已经经过参议院的审查与批准下令。6月25日，彼得又下一纸敕令，自此通奸罪的人可免于接受惩处，"因为耶稣并未对这事判罪"。宫廷上下乐极，商人也因为出口税赋的减低而大喜，盐价也下降，贩奴为工厂劳力的恶习也停止了。在伊丽莎白的统治下，逃离俄国以避迫害的"传统信奉者"，现在获准归国，而且享有宗教自由。但是2月16日与3月21日的谕令激怒了教士们，因为这两道命令将所有教会的土地收归国有，而东正教所有教士都成为政府部门中按月领薪俸的雇员。这些从教会手中世俗化的土地上的农奴可以恢复自由身了，而在贵族采邑里的农奴也引颈以待。虽然有这许许多多的改革——由大臣们建议的，彼得照常耽于酗酒。

　　在所有措施中最令人惊骇、也最令他称心快意的是普鲁士战事的结束。其实早于他即位前，他曾暗中协助腓特烈王，比如曾经将伊丽莎白内阁会议的军事计划透露给腓特烈，而在即位后更以他以前的这种行为而沾沾自喜。5月5日，他代表俄罗斯与普鲁士缔结攻守联盟。他训令当时与奥地利军同在沙场的俄军的指挥官，要其部队转向，以便为"吾主国王"效力。他穿着普鲁士军服，也要求各地军队仿效他。在军中，他实行普鲁士军纪。在宫廷内，他组团每天进行军事操练，并强迫要求宫里的男性参加，不分老幼也不管其高兴与否。他给予他自己的"手枪卫队"一种未曾享有的特惠。

俄军并不是讨厌和平，但对俄罗斯猛然地背弃法国与奥地利两盟友又归还所有在战争中从普鲁士赢得的领土，感到非常震惊。而彼得宣布他准备派一支俄罗斯军队攻打丹麦，以夺回现有石勒苏益格的公爵辖地时，军队更是为之大惊。因为该领地是丹麦人从荷尔斯泰因诸公爵包括彼得的父亲手中赢得的。军方表明拒受此令的态度，在彼得下令要卡瑞尔·拉祖莫夫斯基率军攻打丹麦时，这位将军如此回答他："陛下，您必须另拨给我一支军队来督促我军的前进。"

虽然彼得做了许许多多勇敢而非常值得称道的改革，他突然发觉自己竟不受爱戴。军人恨他这个国贼，教会也恨他这个信奉路德派的叛徒，未获自由的农奴嚷着要解放，宫廷上则嘲笑他为蠢夫。除这一连串事情外，更有一个普遍的谣传，即大家都怀疑他意图和叶卡捷琳娜离婚而和另一个女人结婚。据卡斯泰拉的说法，"那个年轻的女人各方面的表现，比如谈吐，都贫乏得可怜，她只是愚昧而一味地骄傲着……却以各种手段，有时谄媚，有时叱责，有时甚至鞭打——要彼得三番五次地重新保证……与她结合而使她登上本属于叶卡捷琳娜的俄国后座"。这时，权力与烈酒更加冲昏了他的理智，他待叶卡捷琳娜越发刻薄，甚至当众斥她愚笨。伯尔特乌尔男爵在写给舒瓦瑟尔的信中说："皇后（叶卡捷琳娜）现况最惨，她被藐视得无以复加……因为我深深地了解到她具有那股勇气与猛烈的习性，因此若这件事使她趋于极端，我不会感到惊讶……她的一些朋友正尽最大可能安慰她，但是若她要求他们，他们必定会冒死为她做任何事情。"

圣彼得堡及其郊区到处都是叶卡捷琳娜的党人。军队里、宫廷上下及民间，她都广受爱戴。在这些艰难的时日里，除了她的贴身侍女和奥尔弗外，达斯卡瓦的公主罗曼诺夫娜是她最亲近的友人。这位大胆而富进取心的小姐只有19岁，但由于身为首相沃恩特斯瓦的侄女和彼得宠妇的妹妹，她在宫廷里已是非常耀目的女人了。不知道是出于天真，或是耽酒的缘故，彼得竟对她透露欲行废叶卡捷琳娜位而立其宠妇的意图。达斯卡瓦公主将这个消息传给叶卡捷琳娜，而且向她恳求加入推翻彼得的计划。但是叶卡捷琳娜已经和一些人安排了一个阴谋，这些人包括她儿子保罗的教师帕宁、乌克兰的司令官拉祖莫夫斯基、警察局长科夫和奥尔弗的诸兄弟，加上首都军团的军官帕西克。

6月14日，彼得下令逮捕叶卡捷琳娜；随之又将该令取消，但嘱咐她退隐到首都西方12英里外的彼得霍夫，彼得本人和其宠妇则退居到奥拉宁巴姆宫。他留下诏令，要军队准备向丹麦进发，并保证于7月同他们会合。6月27日，帕西克中尉以诽谤皇帝的罪名被捕。由于唯恐帕西克会招供阴谋，奥尔弗和他的兄弟阿列克谢认为时局紧迫，不能再延，必须立刻行事。28日清晨，阿列克谢急驰彼得霍夫宫，唤醒睡梦中的叶卡捷琳娜，劝说她和他一道回圣彼得堡去。归途中，他们在伊斯曼洛夫斯基军营中驻足片刻，一阵鼓号紧急集合了所有的官兵。叶卡捷琳娜恳求他们解救她面临的来自皇帝的陷害计谋，他们宣誓效忠誓死保卫她。"他们一拥而上，争相吻着我的手和脚，我的衣带，称我为他们的救主。"（叶卡捷琳娜写给波尼亚托夫斯基信中的话）——因为他们知道她不会派他们去丹麦，她由两个兵团和奥尔弗兄弟护卫，向喀山大教堂进发，在她被封为俄国专制君主的这座教堂附近，普列奥布拉任斯基的军队又前来会合，指挥官乞求她"原谅我们最后抵达"。骑兵队也投向她，1.4万名官兵护随她到冬宫。在那里，教会会议和元老院正式宣布彼得退位，叶卡捷琳娜继位。有些元老抗议，但是军队震慑了他们，他们只好发誓效忠女皇。

她穿着骑兵队一个队长的军服，率着她的部队，向彼得霍夫宫进发。彼得那天早晨本已在那里等着见她，但一闻及叛变，即逃至克琅施塔得（Kronstadt，圣彼得堡西方一个海岛要塞）。明尼希提议与他一道前往波美拉尼亚，另号召军队，恢复王位。彼得犹疑不决，遂回奥拉宁巴姆。叶卡捷琳娜的部队迫近时，他用了一整天时间来请求妥协；而后于6月29日（新历法），他签字退位。腓特烈说："他让自己被推翻，如同小孩被送上床去睡觉一样。"他被禁在离圣彼得堡 15 英里处的罗普沙。他乞求叶卡捷琳娜准他保有他的黑人奴仆、狗、小提琴和他的女人。他的这些要求，叶卡捷琳娜都一一允准，只是最后一项不准。他的女人艾丽兹沃特·沃恩特斯娃被放逐到莫斯科，从此消失。

第三章 | 叶卡捷琳娜大帝
（1762—1796）

专制君主

　　叶卡捷琳娜现在得到胜利了，但是面临由各种混乱的改变可能带来的危险。为了犒赏军方护她上位之功，她下令首都中的制酒当局免费供应他们大量的啤酒和伏特加酒。其结果是军队酩酊大醉，有一阵子几乎要把她掌大权的军事基础给醉垮了。6月29日午夜，正是叶卡捷琳娜上位后第一次能安静下来大睡两天的时候，她被一个军官唤醒。这位军官紧急向她报告："我们的军队喝得烂醉如泥时，一位轻骑兵突然向他们呐喊道：'紧急集合！3万普军就要来劫走我们的母亲（叶卡捷琳娜）了！'因此他们全面武装，向此进发，要来看看你到底如何了。"叶卡捷琳娜着装整齐，步向室外，澄清了有关普军来袭的谣传，并劝她的战士们回营睡觉。

　　她8岁大的儿子保罗也给她带来几番险境。帕宁和许多贵族，及大部分的教士觉得，为了维系正统，保罗要加冠封王，而由叶卡捷琳娜摄政。但她深恐政府会因此落在寡头贵族的手中，而且如此一来，她更有被罢黜或被控制的可能，于是她在形式上正式宣布保罗为王位继承人。然而她的支持者仍不断地主张原议，她的儿子因此在对母亲骗走他的王冠的这股恨意中长大。

宫廷政变的消息传遍全俄时，都城外的民意很显然地对她不表欢迎，都城目击彼得的缺失，自然认为他不适合治理天下。但圣彼得堡之外的俄国百姓对他的了解是他行了若干慷慨大方的仁政，这给他的政权带来某种威望。莫斯科的民众因为离京城太远，无法感受到叶卡捷琳娜的魅力，因此在态度上，仍然是冷酷地对待她、反对她。叶卡捷琳娜把保罗带到莫斯科（正统派的大本营）时，保罗受到了疯狂的喝彩，而叶卡捷琳娜被冷落在一旁。许多省级的军团称圣彼得堡的军人是国家权力的篡夺者。

我们无法断言，彼得受到广泛的同情是否为其致死的原因之一。下台后，这位精神萎靡、落魄不堪的沙皇，谦卑地陈情他的妻子"怜悯我，给我唯一的安慰"——他的情妇，同时让他回到荷尔斯泰因那里的亲友身旁。然而，他的请求不但未获准，他反而被软禁在一个孤独的房间里，经常受到监视。守卫他的队长阿列克谢·奥尔弗，常和他打牌，并借给他钱。1762 年 7 月 6 日（以新历法计），阿列克谢单骑急驰圣彼得堡，向叶卡捷琳娜报告道，彼得与他和其他侍从吵了一架后，在一阵混战中死亡。关于他死亡原因的记载，历史上只留下一些谣传，皆未获证实。其中，有认为他是被毒死或被扭绞致死，有认为他被拷打到死，也有认为他死于肠炎和中风。后世的历史学家则下此结论："谋杀的真相不明，叶卡捷琳娜扮演何种角色也无从确定。"叶卡捷琳娜不太可能下令行事，但她并未惩罚任何一个人，而且事发一天后才公布，而后哭泣两天，表示哀痛，然后随即接受既成事实。几乎全欧洲都认为她铸下谋杀罪，彼得下台受损最大的腓特烈大帝却释了她的罪，他说："女皇对这一罪行并未预知，她听到消息时，生发的那股悲伤并非是一种做作，因为她早已正确地预见了今天人人要加诸她的论断。"伏尔泰同意腓特烈的说法。叶卡捷琳娜之子保罗，在读过他母亲逝世后私下留给他的信件时，也肯定阿列克谢杀彼得时，并未获得叶卡捷琳娜的任何命令或请求。

　　这个事件给叶卡捷琳娜带来了麻烦，但也解决了一些难题：它引起了一连串欲图罢黜她的阴谋，使她身陷于行政混乱的重重危险与困扰之中。后来，她对这一时期有如下记载："参议院对国事不闻不问，立法机构已经腐化不堪，到了近乎解体的程度，可以说没有人认为它还存在。"俄国此时虽然刚赢得战争，但花费非常惊人，财库亏欠了1300万卢布。情况如此恶劣，荷兰的银行拒绝贷款给俄国，军饷的发放都迟了几个月。军队涣散异常，叶卡捷琳娜深恐俄国南部的鞑靼人随时有入侵乌克兰的可能。宫廷上下到处煽动着阴谋与反阴谋，人人患得患失。在彼得下台不久，普鲁士大使即认定"叶卡捷琳娜女皇的统治只是世界史上的一个小插曲而已"。这当然是一厢情愿的想法，因为当时腓特烈因彼得的去世而深感哀痛，同时叶卡捷琳娜取消了彼得救援腓特烈大帝的命令。

　　彼得原下令收归教会土地还给世俗社会，女皇暂缓这一谕令的执行，以安抚教会，减低其反对的热潮。她以重赏来重新鼓舞支持者的热切忠心。比如格里格里·奥尔弗受赏5万卢布，并得共寝的殊荣。遭流放厄运的贝斯特兹弗也被召回，虽未复官职，但也得以享有旧日荣华。往日和她作对的人，都受到她宽宏大量的对待。明尼希在臣服后随即获谅，被任为爱沙尼亚与拉脱维亚的总督。这些措施当然都有助于她稳定摇摇欲坠的王权，但最主要的稳定因素还是她个人的智慧与勇气。17年失宠的冷宫生涯，使她学会了与她年轻时那股跳跃之情截然不同的作风，她有了耐心，她谨慎、自制，她也有政治家们具备的掩饰手法。她蔑视帕宁的谏言，她怀疑参议院的忠心、正直和能力，现在她总揽大权于一身，面对欧洲的诸集权王室，摆出绝对集权主义的态势，可以与腓特烈大帝拥有的集军国主义与哲学为一的作风媲美。她不再挑选丈夫。贵族当时既然控制参议院，她就必须在独裁与分崩离析的集权主义两者之间做一选择，这正是17世纪的法国黎塞留面对的选择。

　　叶卡捷琳娜重用了许多有能力的人，也赢得他们的忠心，也经常博得他们的爱心。她令他们奋力工作，但也厚待他们，也许太过厚待了——宫中的奢侈生活与浮华场面成为政府过度开支的主因。她的宫廷真是复杂多端，根基是野蛮主义，却深受法国文化的熏陶，而其统治者又是一个在教育与智力上皆强过其左右随从的日耳曼妇人。她对各种特殊使命予以重赏的挥霍作风，激起了朝野的争胜求功之心，但也无法制止腐化之风。她的左右随员大多收取外国政府的贿赂，其中一些更接受敌对一方的贿赂，以表示公允。1762 年，叶卡捷琳娜通告全国的一篇有名的自白声明如此说：

> 我们认为，怀着极痛苦的心情，告诉全国人民这一件事是必要的职责。这即是我们久已闻及而现在被明显的事实证明的，我们这一帝国已受到贪污腐化的严重侵袭。因此，政府中几乎没有一个部门……其公正未遭这一恶毒传染病的抹杀。若有人想要谋得一个职位，他必须花钱买它；若有人要控诉别人的诽谤，也必须花钱；而若有人捏造事实控告邻人，他可以用贿赂来保证这一恶毒的意图能够成功。

在她的周遭酝酿的各种阴谋中，包括设法使伊凡六世取代她的王位。伊凡六世在 1741 年 12 月的政变中被黜后，已遭禁锢 21 年之久。1762 年 9 月，伏尔泰即忧心地提到"伊凡可能推翻我们的女恩人"，后改写道："我担心我们敬爱的女皇会被杀死。"叶卡捷琳娜曾去拜访伊凡，但她发现，他已成为"一具人体残骸，经多年的监禁已成白痴"。她下令卫士，若有任何非经她授权过的意图而要释放伊凡的话，务必先行杀死他，不得屈服。1764 年 7 月 5 日午夜，监狱里来了一个叫瓦西里·米尔维斯的军官，他手提一纸，向狱官解释该纸为参议院之令，要将伊凡提交给他。他靠几个军人的帮忙，冲到了两位卫士与伊凡共寝的地窖，敲了门，要求入内。受拒后，他命令手下以大炮轰开大门，然而卫士一闻及此即将伊凡杀死。米尔维斯于是被捕，在他身上搜出的文件上载有"叶卡捷琳娜已遭罢黜，从此伊凡六世为俄国沙皇"的字样。他在受审时，拒绝透露同谋者，后被杀死。舆论群情无不指责叶卡捷琳娜谋杀了伊凡。

此后，又有一次阴谋。1768年，一位名叫乔格洛科夫的军官，声称受上帝之令，要报彼得三世的大仇。他身带一把长匕首，混入宫中，潜藏在叶卡捷琳娜时常经过的通道旁。格里格里·奥尔弗预先闻及这一阴谋，因此乔格洛科夫被捕，然而他骄傲地承认欲刺杀女皇的意图，后来他被放逐到西伯利亚。

情夫

周围的贵族她无法依赖，困扰她的各种阴谋使行政解体，于是叶卡捷琳娜不得不更新治法。她让她的情夫们轮流处理政务。每位情夫在其受宠期间都是首相。她将肉体连同官位作为报酬，但是她严格要求受赐者须达到高效率的政务要求。梅森（叶卡捷琳娜的法国敌人之一）写道："在所有政府的职位中，没有一个就职者如此谨慎与刻苦地尽其职责……同时，也许女皇对其他任何职位没有比对这个职位表现出如此具有自由选择的裁量大权和审慎洞察的能力。我相信没有不能胜任的人位居该职的例子。"若因此而将叶卡捷琳娜视为荡妇，将是一大错误。她的举止合乎一切正当的行仪，言谈从不猥亵，而在她面前也不准有这种话语。对大部分情夫，她给予一份忠实的情感，对其中几位更表现出女人的温柔与体贴。她写给波得姆恩的信函可说与出自少女的那种爱慕与忠心无异，而兰斯古依的死更令她忧伤断肠。

她选择新欢新宠，既有技巧又合乎理性。她先行注意那些政治与体魄兼优的能人，而后邀请有希望的候选人共同进餐，以试其举止言谈与心智能力。若这一关细查他能通过，她再召令御医对其详细检查一番。若再通过这一关，他被任命为她的助手，然后享有丰厚的待遇，并获准与她共寝的特殊荣誉。由于她的宗教信仰非常淡薄，她不许基督教的伦理规条干涉她这种选择首相的独特方法。她向尼古拉·萨尔特科夫解释道："我以教导有竞争力、有才干的年轻人的方式来替这个帝国效劳。"虽然这种方法可能不比法国支付路易十四的情妇的费用来得高，但对她的新宠旧爱，政府财政的支出也够繁重了。卡斯泰拉认为奥尔弗家庭5位兄弟共得1700万卢布，波得姆恩得5000万卢布，兰斯古依得726万卢布。这些庞大的支出，部分以有效服务国家的形式回报俄国。波得姆恩这个最受宠幸的情夫，更给帝国加添了一块一本万利的土地。

然而，何以她的情夫如此之多，在40年内换了21个呢？这是因为，其中有些在双重职责中某一方面未能称职，有些则中途去世，有些表现不忠，而另有一些因远处的职位所需不得不调离。在情夫阵营中，一位名叫瑞姆斯基·凯萨古的男士，竟在她的房间中被发现躺在她女仆的怀中。叶卡捷琳娜只是将他开革而已，未予其他惩罚。另有一位马莫诺夫背离了她而投向另一个较年轻的女人，女皇也仅开除他而已，未作任何报复。梅森说："这是叶卡捷琳娜的性格中很值得称道的一面，虽然她的宠臣中有些人冒犯了她，却没有一个激起她的恨意与报复心，而其去职也不尽然是随她所欲，毫无原则。我们未见及'他们之中'有被处罚的……在这方面，叶卡捷琳娜比其他的女人似乎卓越得多。"

她登基后，格里格里·奥尔弗维持了10年的长久特殊尊荣。叶卡捷琳娜爱慕他，颂扬他：

> 格里格里伯爵有鹰一般犀利的心智。我从未见过像他这样的人，不管是他承担的事或你向他提起的事，他都能正确快速地抓住重点……他的诚实是对任何攻讦的最好辩驳……可惜教育没有机会提高他那实际上至高的素质与天分，而他随意的生活让他的天赋处于休闲状态。

　　她也曾写道："要不是他先行感到精疲力竭，这一个必会永远是（她的情夫和宠臣）。"他卖力地解放农奴，他提议替基督徒解开奥斯曼加诸的束缚，他在许多战事中贡献良多，但他的高傲与无礼触犯宫廷上下，而他也逃离叶卡捷琳娜的掌握。1772 年，他遭罢黜，退回到他的田庄安享天年。他哥哥阿列克谢则成为海军大将，率舰队战胜土耳其人，在女皇统治期间一直备受尊崇，后来曾率部对抗拿破仑。

　　继格里格里之后的情夫是出身寒微的美男子阿列克谢·瓦西尔奇卡。他本来是宫廷中一心一意企图诱骗叶卡捷琳娜使其心思从被罢黜的奥尔弗身上转移过来的某党派中的一员，但叶卡捷琳娜发现他政治上或其他方面的无能，随即示意格里格里·阿历克西莫德沃德·波得姆恩取其位而代之（1774 年）。波得姆恩是骑兵队的军官，叶卡捷琳娜曾穿着他的制服，率军队前往对抗彼得。当时，他发现叶卡捷琳娜的佩剑缺少一条骑兵队引以为荣的饰穗，于是将他的饰物从剑柄上拔下，动作干净利落，又大胆地强行步出队伍，将其献给她。她接受了，并赦免他的鲁莽与无礼，同时极欣羡他洒脱的气质和十足的男性身躯。他的父亲是一位爵位不高的退伍上校，自小即将他教养成来日的宗教界人士。因此，他受过历史、古典文学与神学方面的教育，在莫斯科大学就读时出类拔萃，但他发现他无拘无束而狂想的个性待在军中比在座谈研习会中更为合适。当然，他也为集权力与美丽于一身的叶卡捷琳娜迷醉。他说："未燃灯火之室，因她的进入而大放光明。"在 1768 年的战争中，他以大无畏的勇气，带着骑兵团纵横沙场，叶卡捷琳娜特为此给予他私人的嘉奖。但回圣彼得堡后，他因嫉妒奥尔弗和瓦西尔奇卡等人得宠而陷于烦恼。结果与奥尔弗吵了几次架，而就在其中的一次大打出手中，他失去了一只眼睛。为了不再思念女皇——或者为要吸引女皇，他从皇宫出走，在郊区隐居，并苦读神学，平日不修边幅，声称欲出家为僧。叶卡捷琳娜深感同情，派人传话表示她对他的无比尊敬，并邀他回宫。结果他马上修面剃胡，着上军服，絜然回宫。女皇脸上深情的笑容，使他深受感动。叶卡捷琳娜发现瓦西尔奇卡不合标准时，她便转而笑迎年仅24岁、正值男性活力最盛与魅力最强之时的波得姆恩。不久，两人即深深地互相爱恋。她无限地献给他恩宠、卢布、土地和农奴，而他不在时，她赠给他许多热情洋溢的情书：

> 这是多么神奇啊！我以前嘲笑的一切，现在都临到我头上来，因为我的爱，我为了你而无视一切。我本来以为爱情是愚笨的、夸张的、一点也不自然的，现在我自己经历着。我痴爱的眼离不开你……
>
> 三天后就不能相见了，因为紧接着就是封斋期的第一周了，那是祈祷和斋戒的时候，而……在那时两人会见正是大罪恶，我一想到要暂时分离就想哭。

他提议结婚。有些史学家认为他们暗地里结过婚。在几封书信中，她称他是"最喜爱的丈夫"，而称她自己为"你的妻子"——虽然我们不能从这些话语上来下断语，但这是深值考证的。后来他似乎有点厌倦她了，也许是因为她强烈的爱无法稍加限制的缘故。事实上，追求的过程比赢得胜利的吸引力更大。但他对她的影响力如此长远而巨大，后来的几个继位者都要得到他的首肯后，才能上任。

此后，也是在这种状况下，彼得·扎瓦多夫斯基自1776年至1777年，在她的闺房经历过一段爱的洗礼。1777年至1778年，她同西蒙·佐里奇度过。1778年至1780年，她与瑞姆斯基·凯萨古相爱。但一直到1780年，她接受阿历克西·兰斯古依时，才真正摆脱旧日的恋情，真正恢复了内心的欢爱。他不但雄姿英发，洒脱无比，多才多艺，而且具有诗人的情感，他既有古道热肠，又是女皇文学与艺术方面的知音。"每个人都由衷地赞赏女皇对他的钟爱。"然而，一天，他突然腹痛不止，有如刀割，有如蛇咬。宫廷上下皆怀疑波得姆恩下了毒手。虽然极力挽救，叶卡捷琳娜也在旁忠心地照顾，他还是撒手人寰，在她的怀中咽下了最后一口气。叶卡捷琳娜三天三夜将自己深锁在房间内，忧伤、悲痛不止。从她 1784 年 7 月 2 日的书信中，我们可听到统治者身影后的一个女人的心声，我们可看出历史形象的后面隐藏着的那一股爱恋：

> 我想我应为这永无法弥补的损失而死……我曾经深望他成为我老年的一切支持。他关怀别人，他懂得很多，学得很多，他和我有相同的嗜好。他是一个我提拔长大的年轻人，他感恩、仁慈而善良……但是他，兰斯古依却一去不回……而我的房间，往日是充满欢愉，现在都成空幻了，我在房间内拖曳着躯体宛如只剩了影子……我一看到别人，喉咙就塞住，说不出话来……长夜漫漫，无法安眠，白天食不下咽……我不知道我将会如何。

这一事件发生后，整整有一年，她未曾找过一个情夫。而后她投向阿列克谢·伊姆尔沃的怀抱。因为他非常不讨波得姆恩的喜欢，不到一年（1785—1786 年），即为阿列克谢·玛姆恩沃取代。然而，玛姆恩沃不久也厌倦这位年已 56 岁的情妇。因此，他请求女皇准他与舍尔巴特娃公主结婚。叶卡捷琳娜在宫廷里给这一对成了婚，在送给他们成堆的礼物后，打发他们离去（1789 年）。叶卡捷琳娜最后一位情夫是普拉顿·祖博夫（1789—1796 年），骑兵队的一名军官，身强力壮，同时温文有礼。叶卡捷琳娜对他的各种服务，非常感激。她亲自负起教育他的职责，后更待他如亲子，他一直侍候她走完人生的旅程。

哲学家

叶卡捷琳娜这位令人喟叹的女人，不但周旋于爱情与战争之间，身负政务与外交重责，她更拨出时间来研读哲学。18 世纪，两位最能干的统治者都以能与法国哲学家书信往来为荣，而且竞相博取其赞誉。从这一点，我们可想象到法国哲学家当时的崇高地位。

　　早在登基之前，叶卡捷琳娜就酷爱伏尔泰的风格、灵智及他那桀骜不驯的作风，并向往她自己将来成为伏尔泰梦中的"开明专制君王"。她必定也喜欢狄德罗，因为 1762 年她提议若法国政府继续禁印的话，她将在圣彼得堡出版他的《百科全书》。她在 1765 年写给伏尔泰的许多信，流传下来的只有一封。那是 1763 年 10 月他写给她书信后，她的回信：

　　　　我第一次对我不是一个诗人而感到遗憾，而我必须用散文来函复你的诗。但是，我或许要告诉你，自 1746 年起，我不断地、无限地秉受你的恩惠。在那以前，我的阅读范围仅限于爱情一类。但突如其来地，我接触到你的作品，自那时起，我一直阅读你的作品，从未间断，对其他不如你写得好的，不能令人深省获益的，也没有兴趣了……所以，我不时地回到带给我爱好的源泉上，是为我的至高乐趣。先生，若我有何知识的话，那的确是得之于你的。我现在正在拜读《论通史》，我要一页页地背诵，用心研读。

　　她一生中，或者说到她离开人世前，一直和伏尔泰、狄德罗、达朗贝尔、若弗兰夫人、格里姆及许许多多法国的名望之士通信。伏尔泰为卡拉斯和塞尔文成立的基金会，她也曾捐过大笔款额。我们也清楚地知悉她如何向费内订购大批量的钟表，也大批订购伏尔泰的工人所织的或者有时伏尔泰本人亲自织的袜子（若我们相信老弗克斯，这位 18 世纪英国政治家和演说家的话）。女皇如此赞赏他是他最值得骄傲的事，而他以作为女皇在法国的宣传员来报答她。彼得三世之死，他力言叶卡捷琳娜并未共谋。他写道："我知道叶卡捷琳娜在一些与她丈夫之间的琐事上受到责难，但这是属于与我无关的家务事。"他请求他的朋友们帮他支持叶卡捷琳娜，阿让尔伯爵就是其中之一。伏尔泰写道：

> 我另想要求你一件事，这是为了我的叶卡捷琳娜的请求。我们必须在巴黎的名望之士中，建立起她的声誉。我有足够的理由相信西沙与舒瓦瑟尔诸公爵们并不认为她是世界上最完美无缺的女人。然而，我知道……她与她的醉汉丈夫的死毫无关系……何况，他是所有君王中最笨的一个人……我们有义务赞誉叶卡捷琳娜，因她鼓起勇气罢黜她的丈夫，而以智慧与荣誉来治理国家。我们应该祝福一位在广及 135 度经度内的领域上，推行宗教上的宽容精神的王者……替叶卡捷琳娜说些好话吧！我请求你。

杜德芳夫人认为这个替女皇的辩解，实属羞耻，舒瓦瑟尔更是公开加以指责。西沙和舒瓦瑟尔负责法国的对外关系，对反对法国在波兰的影响力与挑战法国在土耳其的影响力的女皇，自然无法表示景仰。伏尔泰本人也常起疑问，他闻及伊凡六世被杀时，他伤心地承认对叶卡捷琳娜"我们不能够太过热心"。但不久，他又开始赞美她的立法计划、她对艺术的推崇、她发起的波兰宗教自由运动，他更封她为"北国的西密拉米斯"，其后（1767 年 5 月 18 日），她与土耳其发生战事时，他暂停对罗马教会的攻击，以赞扬她解救基督徒免于穆斯林压迫的盛举。

狄德罗同样地为她的美艳倾倒，但是，他之所以如此，另有重大的原因。叶卡捷琳娜知悉他准备出卖图书以筹措他女儿的嫁妆时，她当即指示她在巴黎的代理人以任何狄德罗要求的价格买下它们。他开了价，得到 1.6 万利维尔。结果，她请狄德罗在他有生之年保有这些书籍。作为她的图书看管人，她支给他年薪 1000 利维尔。同时，她更先付给他 25 年的薪水。狄德罗摇身一变成为富人，一夜之间竟成为她的护卫者。她邀他拜访时，他几乎无法回绝。他说："一个人在一生中，至少要见这位妇人一次。"

在安排他妻女的财政问题后，60岁的他于1773年6月3日踏上漫长而艰苦的圣彼得堡之旅。他在海牙蹉跎两个月，细尝盛名。然后，取道德累斯顿与莱比锡继续旅行。他小心翼翼地避开了柏林和与他有点瓜葛的腓特烈大帝。在旅途中，他两度因剧烈的疝痛而病倒。10月9日，他到达圣彼得堡。10日，受到女沙皇的接待。他记道："她待人宾至如归，在这方面，没有一个人比她懂。"她与他开怀畅谈："正如一个男人对另一个男人一样。"他确实如此为之。他言谈时一如惯常的比画作势，结果带回家一大成果：打坏了女皇的臀部。叶卡捷琳娜在写给若弗兰夫人的信上说："你的狄德罗不是常人。在与他会晤过后，我发现我的臀部竟淤了血以致乌黑。我不得不在我们之间摆张桌子，以保护我自己和我的人。"

如同伏尔泰对腓特烈大帝一样，狄德罗一度想扩展外交，急欲使俄国脱离普奥联盟，而与法国联合，但她随即又将话题引回他的本行。他详细地告诉她，俄国如何可能转变成为一个理想国；她听得甚喜，但仍存有几分怀疑。后来，在她给菲利普·德·瑟格伯爵的信上，曾提起这段对话：

　　我与他频繁交谈且谈得很多，但总是好奇心多于实际用处。若我相信他的话，在我的王国内，百事都可来个翻天覆地的大改变，那么俄国的立法、行政、财政——所有的一切都会落得一场混乱，而换来的仅是不实际的理论而已……然后，我坦白地对他说："狄德罗先生，很高兴倾听你光芒四射的智慧孕育的言语。对所有这些高贵的原则，人们可以写出好多伟大美好的书篇，但用之于实际事业，则非常不适……你只是纸上谈兵，这当然可以容忍任何事物……但是，像我这样的一个小女皇要处理的是人民的事务，比起来，那是比较不稳而棘手的"……从那时起，他只谈文学。

　　当她言及他曾经提过的"论皇上起草法律的重点"，她形容那些观念为"十足的胡说，在其中，我们找不出任何实际的知识，任何慎思的结论，任何远见"（此为她在他死后的评议）。然而，她欣赏他生动而愉快的谈话，而在他长长的居留期内，几乎天天与他谈话。

　　在过了 5 个月的友谊高潮时期和不舒适的宫廷生活后，狄德罗返国了。叶卡捷琳娜下令为他打造一辆特制的马车，使他可以安逸地躺在里面休息。她问他想要什么礼物，他回答说什么都不用，但他提醒她，她尚未履行她预先付给他旅途花费的诺言，他原估计 1500 卢布，但她给他 3000 卢布和一枚贵重的戒指，而且派了一位军官护送他到海牙。回巴黎后，他热烈地歌颂她，由衷地感激她。

　　叶卡捷琳娜未与在性情和观念上与她正好相反的卢梭来往。可是她缔交了格里姆，因为她知道他那本《文学通讯》极大影响了欧洲人。他抢先发动第一步，提议定期给她写信（1764 年）。她同意了，同时，发给他年薪 1500 卢布。他第一次见她的面是在 1773 年，随从赫斯－达尔莫斯塔特王子，前往圣彼得堡参加王子的妹妹与保罗大公的婚礼。叶卡捷琳娜发现他比狄德罗实际多了，因此很用心地询问他有关令她深爱的文学、哲学、艺术、女人、沙龙等巴黎世界的各种情形。1773 年至 1774 年冬天，她几乎每天都邀他闲谈。有关这些会晤，她曾写信给伏尔泰说："格里姆先生的谈话令我非常愉快。但是我们要谈的话实在太多了，因此到目前，我们的会谈仍具有殷切的气氛，而非循序而谈或依一般进程。"在这一连串热烈的会晤中，她不时提醒自己（正如她所说的）她要回到她艰困的生活方式上，也就是要照顾政事，要劳力劳心地度日。格里姆回到巴黎后，极其热心地称赞叶卡捷琳娜为"我灵魂的滋润者，我内心的慰藉者，我精神上值得自豪的所在，俄国的荣耀，欧洲的希望"。1776 年，他再度拜访圣彼得堡，她仍然几乎天天会晤他。她请他留下来督导俄国教育的重建，但是他非常思念故里巴黎和埃皮奈夫人。对此，叶卡捷琳娜并不嫉妒。她获悉埃皮奈夫人经济拮据时，她通过巧妙的间接安排，送给埃皮奈大笔款额。从 1777 年起，格里姆成为叶卡捷琳娜在法国的艺术品买卖和机要任务的代理人。他对她的友谊一直保持，至她死时皆未生风波。

这种专制君王与哲学家之间的互相爱慕产生了何种结果呢？就她栽培哲学家作为她在法国的宣传员产生的政治效果而言，可以说毫无成就。法国的政策，法国的史学家，仍然极端仇视制止法国觊觎东欧的俄国。但她对法国启蒙英雄们的敬仰的确出于真诚，这种崇拜与敬佩的心理在她执政前的早期即已有之。假如那股爱才之心全然出于虚饰，她必定无法维持与狄德罗、格里姆等人长久的交往。她与法国思潮的沟通，有助于俄国文人的欧化，也纠正西方视俄国为野蛮国度的观点。许多俄国人效仿叶卡捷琳娜，纷纷和法国作家们通信，因而大受法国文化、作风与艺术的影响。拜访巴黎的俄国人日渐增多，虽然其中有许多荒废时日于性生活的追求中，但也有许多人不时造访沙龙、博物院和宫廷，研读法国文学与哲学，并将一些思想带回俄国，为 19 世纪俄国文学开花结果的灿烂时代做了铺路工作。

政治家

叶卡捷琳娜早期执政的一切举措，全然出于善意。这一点我们是不用怀疑的。在她持有的那册费内隆所著的《忒勒玛科》（*Télémaque*）上，可看到表现她决心的这段看法：

> 深刻地研习人类，学会运用人们而不能毫无保留地对他们投降。要追求真正的成就，即使它在世界的另一端，也要努力为之，因为它总是谦逊而避不见人的。
>
> 不要使自己成为谄谀者的目标。要使他们了解到你既不在乎别人的夸赞，也不在乎别人的逢迎。对那些有勇气和你的看法冲突的人要有信心……对那些重视你的威望甚于你的赐惠的人亦同。

要有礼貌、仁慈、平易近人，有同情心和宽阔的胸怀。不能因为高贵而令你无法亲切地屈尊与下面的人接近，及阻止你设身处地替别人着想。要知道，这一亲切的态度，无论如何既不会削弱你的权威，也不会灭损他们的自尊心……拒斥一切虚伪。不能让这个世界来污染你，使你失去荣誉与德行的古老原则。

我对上帝发誓铭记此话于心中。

她孜孜不倦地学习任何有关的学科，不厌其烦地做札记，其主题近乎千种，从军队训练、工业上的运作到宫廷里的洗手间和歌剧的产生都有，范围广泛至极。有一本最早出现也是最不友善的有关她的传记上说：

野心并未使叶卡捷琳娜的灵魂中那股对享乐的热切爱好消失，但她知道如何放弃享乐，而将其转换运用到最重要的事务上，运用到需要充沛的精力和不能倦乏的政府工作上。枢密院的审议大事她全力资助，她宣读大使的派遣，口述或书面指示如何回复外国的文件……她只将事情的细节交给她的大臣去做，即使如此，她仍不断地监视他们的执行。

治理这片广大的疆土，就当时那种繁多（近万）、纷乱、互相矛盾和一团糟的法律而言，简直是不可能的一件事。一心要当俄国查士丁尼和巩固一己权力的她，于1766年12月14日召令莫斯科行政长官和帝国各地的法律专家，聚集一堂，从事俄国法律的彻底修正和编纂。为了这项工作，她个人也准备了一篇指示，点明新法典应该依据的几大原则。这可以看出她确实对孟德斯鸠、贝卡里亚、布莱克斯通、伏尔泰诸人的作品下过了一番工夫。她开门见山地说，俄国要有一基于"欧洲诸种原则"的宪法。这一点，据她的了解，并不意味着成立一个君王隶属于民选的代议机构的"立宪政府"。因为俄国的教育水准实在无法实行如同英国当时那种有相当限制的投票选举制度。而真正的意图是一种新政府形式的成立，于其制下，统治者，也就是法律的唯一根源，必须依法治理国事。叶卡捷琳娜认为封建制度——农民与领主之间，领主与贵族之间，贵族与君王之间，一者效忠，另一者提供服务的互惠制度——就 1766 年俄国的经济、政治、军事体制看来，是不可或缺的（当时俄国由于通讯与运输的困难，各个地区与中央或者各个地区之间，都显得孤立而隔绝）。然而，她主张主人对其奴仆的权利应依法而定，而且应受法律的限制，农奴应该有权拥有私有财产，对农奴的审判与惩罚权，也应从封建领主手上转交给对省法庭负责的大众法官手上，而各省法庭更要向君王负责。所有的审判应该公开为之，火刑务必取消，死刑要废除，而这些不但在法律上如是规定与遵行，实际中也要做到。此外，保证宗教信仰自由："在如此众多不同的信条中，最为害人类的错误是不宽容。"这篇训示在付印前，先交给她的顾问阅读。他们警告她说，任何对现行事例剧烈的改变，都会使俄国陷入一片混乱。结果，她接受他们对建议的一些修改，尤其是农奴的逐渐解放一项。

这篇 1767 年在荷兰出版的指示虽然被修删很多，仍然获得欧洲知识分子热烈的赞赏。女皇送给伏尔泰一本，他一如往常地对她推崇备至。"夫人，昨晚我收到的是你不朽帝业的一项证明——你的德文版的法典。今天我已将它译成法文。它将被译成中文，译成任何文字，它将成为全人类的福音。"在后来的几封信中，他又说："立法者在人类光荣的圣殿中应居第一位，征服者居次……我认为那篇指示是本世纪最美好的纪念物。"法国政府禁止法文版的"训示"在法国发行。

1767 年 8 月 10 日，"新法典起草委员会"开始聚会。修删过后的"训示"即刻被呈上。起草委员会由各个团体选出的 564 位代表组成，其中 161 位选自贵族，208 位选自各城镇，79 位选自自由农，54 位选自哥萨克族，34 位选自其他非俄罗斯的部落（包括非基督徒的部落），另外有 28 位选自政府行政官员。教士并未自成一阶级来选出其代表，农奴也无代表。起草委员会有些像是 1789 年在巴黎集会的国民大会，而正如后者这一更有名气的全民代表会一样，俄国的委员也提供政府一大堆的来自各选民团的冤情报告和改革计划。这些文件都转呈女皇本人，提供给她和她的助手们有关她王国的状况和极有价值的调查报告。

起草委员会并未获授权可批准法律，只备女皇咨询各个阶层及地区的需求和状况之用，并提供立法上的建议。代表们被保证有言论的自由与人身不可侵犯权。有些代表提议解放全部农奴；有些要求地主对各自所有的农奴的权利规定，应该大量放宽。1767 年 12 月，委员会休会。1768 年 2 月，移往圣彼得堡召开。该委员会前后共计开了203 次会议，1768 年 12 月 18 日因为与土耳其的战争爆发，很多代表赶赴前线，决定无限期休会。于是，起草建议立法的工作就转交给一些次级委员会，其中有些继续开会到 1775 年。但他们并未制定出任何法典。叶卡捷琳娜对这一无具体成果的会议并不全然感到不悦。她说：“委员会……已经使我对整个帝国有了明确的认识。现在我知道什么事是必要的，也知道我应该开心与操劳的事情。它已经对法律的各个部分详加研讨过，也已经分派各职司一同研究采取行动。若不是与土耳其发生了战事，我会多做许多事的，但无论如何，一种在讨论的方式与原则上前所未有的合一感已经在这个国度生根了。”同时，她已经向贵族们显示过，她权力的根基是相当有深度的。起草会在休会前提议加诸她“伟大”的封号，她拒绝了，但同意他们称她为“国家之母”。

叶卡捷琳娜的建议有两项成为法律：火刑的废除和宗教宽容的建立。这可以说是极为广泛的一项发展：它既容许罗马天主教会与希腊正教竞相存在，又保护耶稣会的会员，甚至在教皇克莱门特十四世1773 年将该会解散之后，还是如此；它也准许穆斯林建立他们的清真寺。叶卡捷琳娜虽准犹太人进入俄境，但她课赋他们特别税，而且

（也许只为了他们安全的原因）限制他们在某一特定地区内活动。她让宗教上的异教徒旧礼仪派人士，自由无碍地施行其特殊礼仪。她在写给伏尔泰的信上说："我们的确有一批疯癫者，别人不再压迫他们时，他们自焚而死。若其他国家的这批人也如此做的话，不会有何种明显害处的。"

那些哲学家更是欣赏叶卡捷琳娜将俄国教会隶属于国家的威权之下。虽然一些人抱怨说，她仍参加宗教仪式（伏尔泰亦然），但有些较年长的，则以为她参加宗教仪式对于获得百姓的效忠而言是必要的。1764 年 2 月 26 日的一道命令，更将所有教会土地收归为国有财产。东正教教士的薪水从此由国家发给，从此可以确保他们对国家的效忠。许多修道院关闭了。余下的那些每年只能固定收受一批新人，同时宣誓为僧的法定年龄也加以提高。所有教会机构的剩余收支用来作为学校、疗养院和医院的基金。

教士和贵族反对民众教育的推广，深恐民间知识的普及会导致异端邪说的盛行、民众的不信仰和朋党主义，因此危害社会秩序。叶卡捷琳娜在这个问题上，如同对许多其他的问题一样，表现出一种自由思想的萌芽。对此她转而求助友人格里姆：

> 我的哲学之友，你暂时请听我言：若你有这么一种慈善之举，能替青年草拟一套从 ABC 到大学的完整教育计划，你将会备受人们喜爱，被人们敬爱……我未在巴黎读过书，也不曾在那里住过，对这方面既无学识又无远见……我非常关切大学、中学、小学和其管理方式这些观念……在你未接受我请求以前，我将要多多翻阅《百科全书》。而我将会设计出我需要的！

在教育方面，伊万·别茨基教学的热心令她非常感动。伊万·别茨基游踪万里，曾至瑞典、德国、荷兰、意大利和法国，是若弗兰夫人沙龙的常客，研读过《百科全书》，也曾会见过卢梭。1763 年，女皇在莫斯科创办一所孤儿学校，1796 年已经有 4 万名学生毕业。1764 年，圣彼得堡的一所男子学校也成立了。1765 年，又成立一所女校。1764 年，斯姆尔尼修道院改为斯姆尔尼学院，专供贵族女孩读书——这是对曼特农夫人创办学院的一种响应。我们可以说叶卡捷琳娜是俄国统治者中第一位着手进行妇女教育的。由于优良师资的缺乏，计划进行得不顺，因此，她派遣大批俄国学生前往英、德、奥、意学习教学法。1786 年，教师学院也随之成立。

　　她非常敬仰奥地利约瑟夫二世的教育改革，她请求他借聘给她几位对其改革过程深有心得的人才。他派西奥多·扬科维奇前往，替她草拟计划，她称之为"民众学校的规章"（1786 年 8 月 5 日）。结果是在每县的主要城镇设立一所小学，而在 26 省的各个主要城市都设立了中学。学校对任何阶级的子弟开放，禁止体罚；师资与教科书都由国家供应。但这个计划无法顺利进行，主要因为父母们不愿让他们的子女上学，而宁愿将其留在家里当劳力使用。从初创到叶卡捷琳娜去世，10 年之间，民众学校从 40 所增设至 316 所，速度并不算快。老师从 136 人增加到 744 人，学生则从 4398 人增加到 17341 人。1796 年，俄国在民众教育方面仍远落后于西欧。

　　高等教育相当缺乏，只有莫斯科大学和一些专科学院而已。1772 年成立了一所商业学校，1773 年成立一所矿业学院。旧有的科学院加以扩大，并拥有大量的基金。1783 年，在达斯克瓦亲王的敦促和主办之下，又成立了一所俄罗斯学院，主要目的是改进语言、鼓励文学和研习历史。该学院刊行各种译本，出版各类杂志，另外也编了一本大字典，1789 年至 1799 年分 6 期出版。

　　由于深深感到俄国人口死亡率太高，公共卫生和个人保健太过简陋，叶卡捷琳娜请进一批医生，在莫斯科兴建药剂学院，并拨了一笔基金以供外科用具的制造。她也在莫斯科开设三所新医院、一家孤儿教养所和一所精神病院，在圣彼得堡开设三所医院，其中包括治疗性病的一所"秘密医院"。1768 年，她将天花疫苗介绍到俄国，40 岁的她身先士卒，第二个接受该疫苗注射，平息了大众对陌生治疗法的恐惧心理。后来，叶卡捷琳娜写信向伏尔泰报道说："一个月内在这里接受注射者超过维也纳在一年内的注射人数。"1772 年那不勒斯才开始接受疫苗注射，1774 年路易十五因未接受预防注射死于天花。

经济学家

叶卡捷琳娜主要改革措施中，有一项是将全俄国的土地进行一次全面性的调查（1765 年）。此举受到地主们的反抗。在她临终时，55 个省已完成了 20 个省，但是全部计划到 19 世纪中叶才告完成。这一过程令女皇有些沮丧，因为她终于明白俄国的经济深深地根植在由地主与农奴组成的封建体系和农业组织之上。1766 年，她悬赏 1000 杜卡特征文，题目是《农奴的解放》。结果得奖人为亚琛的阿贝。他认为"普天下的人民都要求他们的君主解放农奴"，同时预言若"使农民拥有其自耕地"，农业产量一定会大量增加。然而，贵族地主们警告叶卡捷琳娜，除非农民被束缚在土地和他们的地主之下，否则一旦解放，他们会移向城镇，更会漫无限制地流徙乡间，造成一片混乱，阻碍生产，也使陆海军不能征召到壮健的农村子弟。

叶卡捷琳娜对此萦绕于心。她小心翼翼地进行一切措施，因为贵族既有钱又有军队可以推翻她，而贵族们若想这样做，更可得到那些愤恨丧失土地和农奴的教士的支持。她唯恐一旦解放，初获自由的农民，会如潮水般涌向城镇，而城镇对他们的供养和雇佣毫无准备，因此必定会造成混乱。于是，她只能逐步使解放运动推进。她再次颁发彼得三世禁止购买农奴作为工厂劳力的诏令。她要雇主们付给工人现金，指令城镇里或公社的官员，制定合理的工人工作环境标准。虽然如此，工奴的状况仍是最惨无人道、最令人惊愕的奴隶制。叶卡捷琳娜禁止她建立的城镇有奴隶制。只要付一点款额，她就将那些从教会没收来的土地上的农奴解放。然而，这些改进毫无成就，因为速度赶不上她不时地将国有土地赐给那些侍候她的将军、政治家或情夫们。也因为如此，80 万自由农成为奴隶。农村人口中，在她刚掌政时奴隶的比例是 52.4%，在她临终时则升至 55.5%，其人数从 760 万升至 2000 万。1785 年《给贵族的宽限书》（*Letters of Grace to the Nobility*），叶卡捷琳娜等于完全向贵族让步，她再度确认他们可以免除人头税、体罚、兵役，而且享有只受其贵族审判的权利，拥有在他们各自的土地上的采矿权，拥有工业企业，以及随时出国旅行的权利。虽然她禁止地主成为暴君，对农奴不得残酷，但她又不准农奴向她控诉申冤，这使禁令变得毫无意义。

被压榨的农民暗地里使尽逃亡、叛乱、暗杀等各种手段。1760 年至 1769 年，就有 30 个地主为其农奴所杀。1762 年至 1773 年，有 40 起农村暴动。但是一直要到出了一个知悉如何将怨恨转化成力量，将农民加以组织武装以博取胜利的革命分子，叛乱才能大规模有效地进行，否则其前的一切暴动很快速地被敉平。这个人就是普加乔夫，顿河地区的哥萨克人。他曾在俄国军队里服役，与普鲁士人和土耳其人打过仗。他申请退伍被拒，于是企图逃亡，但未成功，后再度逃亡，其后他过着放逐流浪的生活。1772 年 11 月，他受到不满现状的修道士的怂恿，对外宣称自己是彼得三世，现仍存于人世，以前所有预图杀害他的阴谋，都神奇地失败了。他吸引农民与盗匪为其部属。1773 年 9 月，他认为势力已够庞大，便公开反叛篡位者叶卡捷琳娜。乌拉山、伏尔加河和顿河三个地区的哥萨克人，成千的被判刑到乌拉山采矿与炼矿的劳工，成百的欲推翻东正教的传统信仰者，被伊丽莎白以武力弹压被迫信奉基督教的鞑靼、吉尔吉斯和巴斯噶尔三个部落的当地人，逃离其主人的奴隶，越狱的罪犯，所有这些人都投向普加乔夫的麾下，最后他统率的竟有 2 万人之多。他们大队人马开向各个城镇，无往不胜，打败了地方政府派来的军队，夺取了重要的市镇如喀山和萨拉多夫。他们没收一切作为补给品，杀死地主，强迫不很愿意的农人加入他们的队伍，迈向伏尔加盆地，其后目标指向莫斯科。

普加乔夫宣称，到达莫斯科时，将是保罗大公登基，而非他本人。但是——或许这是一种奸险的幽默——他称他那位乡村太太为皇后，并以叶卡捷琳娜皇族的姓氏封赠爵位予他的副手——奥尔弗伯爵、帕恩伯爵、沃龙佐夫伯爵等人。

叶卡捷琳娜最初还开玩笑地称他为"普加乔夫侯爵先生"，但闻悉叛军已攻下喀山市时，她马上派出大军，由皮特·伊万诺维奇·帕恩将军统领，前往镇压。贵族也深深明白整个封建结构已呈岌岌可危的状态，因此纷纷起而协助她。不久，由于与土耳其言和结束战事的关系，苏沃罗夫随即带领骑兵前来与帕恩会合。叛军在和由帝国军官统领的纪律严明的正规军相抗后，即刻瓦解，他们被迫撤出各个据点，粮弹也耗尽了，其内部饥饿继起。几个头目因为期望得到粮食和赦免，逮捕普加乔夫，将他交给官军。这位叛首被关进铁笼并押解至莫斯科的克里姆林宫，结果不但被判袅首，其尸首被剖成 4 份，然后在城的 4 个地区，同时悬于竿上，示众多日，借以吓阻众人。他底下的几个队长中有 5 个被枪决，余者皆被鞭打，几乎致死，后放逐西伯利亚。这次叛变的结果是强化了叶卡捷琳娜与贵族的联盟关系。

在某些措施上，她也向贵族挑战，比如鼓励商业阶级的成长。她相信重农主义的论调，于是先行建立农产品自由买卖制度（1762年），后更扩及各种产品。她结束了政府管制的独占制度（1775 年），容许任何人自由从事和经营工业企业。由于农村式和庄园式工业的发展，而贵族又参与工商企业的发展，中产阶级的形成与增长受到阻碍，在其统治年间，工厂由 984 间增至 3161 间，但其大部分都是仅雇用一些工人的小工厂。都市人口从 1724 年的 32.8 万人增至 1796 年的 130 万人——此时仍占不到全国人口的 4%。

女皇繁忙至极，但她赖着牢骚满腹的贵族的支持，还是尽一切可能来促进商业的发展。俄国当时的陆运恶劣不堪，但幸好水道很多可做补救；同时，运河居间联络，形成一道有利的运输网。在叶卡捷琳娜的治理之下，伏尔加河与涅瓦河间的运河，即沟通波罗的海与里海的运河开工了。她计划要开取另一条运河，用来连接里海与黑海。此外，借着谈判与战争手段的互用，她终于为俄国取得通往黑海和地中海的权利。她敦促外交官从事与英国（1766 年）、波兰（1775年）、丹麦（1782 年）、土耳其（1783 年）、奥地利（1785 年）和法国（1787 年）贸易协定的签署。对外贸易由 1762 年的 2100 万卢布增长至 1796 年时的 9600 万卢布。

对这一数字的增加，我们必须考虑到政府因为战费太多而导致的通货膨胀。叶卡捷琳娜为支持她对土耳其的战役，从国内外借贷 1.3 亿卢布。她又发行纸币，其量远超过应存有的准备金。在其当政期间，卢布贬值 32%。在此期间，虽然国家税收从 1700 万卢布增至 7800 万卢布，国债却累积至 2.15 亿卢布。这些现象主要源于她欲瓦解土耳其帝国的力量，而将俄国的边界扩展至黑海的企图，因此大兴战事，引起了财政上的大问题。

战士

叶卡捷琳娜执政初期如同其他哲学家一样，以和平为其崇高的目标。她宣称帝国的内部问题已足以吸引她的全部注意力了，因此，能相安无事的话，她要避免涉外争端。她延续彼得三世对普鲁士的和平态度，并终止与丹麦的战争。1762 年，她拒绝征服库尔兰的建议，也拒绝干涉波兰事务的主张。她说："我有足够的百姓可以共同地快乐生活在一堂，那一小撮土地对我的安适毫无助益。"她裁减军队，漠视军备，试图与土耳其谈判，订立永久性和约。

然而，她愈研判俄国地图，愈发现俄国疆界的不妥。就其东面而言，帝国本身有乌拉山与里海为屏，边界很是安全的。其北为冰所护。但是西面，因瑞典据有芬兰的一部分，从而这一输给彼得大帝大块领土心有不甘的国家，随时都有发动反攻的可能。波兰与普鲁士更封住其迈向欧洲的通路，也阻止了"欧化"的进行。其南，鞑靼人正被一个为土耳其控制的可汗统治着，而这正堵塞俄国通往黑海的出路。历史给予俄国的竟是这样一种令人懊恼的状况，如此不利的地理情势、如此不安的边界。老将明尼希和年轻的将领格里格里·奥尔弗都曾私下告诉她，黑海若能为俄国南界，将是最为完满的一件大事；而若俄国能获得君士坦丁堡，控制博斯普鲁斯海峡，又是如何令人称心快意。纳卡塔·帕恩是她1763年到1780年的外交部长，他一直思索如何提高俄国对波兰的影响力，及如何防止那片无防卫性的土地落入普鲁士的掌握中。

叶卡捷琳娜终为他们的意见所动。她一直急切地希望这个她心爱的国家，在政治上的地位能与其地图上的地位相称。在她继位的一年内，她即刻确立了外交政策，不为其他，只为使俄国成为欧陆的中心强权。她在给俄驻华沙大使凯泽林伯爵的信上说："我告诉你，我的目标是要与所有的强权建立友谊，建立武装的联盟，因而我经常能够投向被压迫的一边，而成为欧洲的仲裁者。"

有很多时候，她几乎完全达到目标。首先，在退出"七年战争"后，她实际上决定了那次全欧的战斗的结果，也就是让腓特烈大帝占了些上风。1764年，她与腓特烈签了一份条约，此为后来瓜分波兰的前奏。她利用丹麦需要俄罗斯支持对抗瑞典的机会，控制丹麦的外交政策。1779年，她充当腓特烈与约瑟夫《特斯岑和约》的仲裁人，俨然成为日耳曼帝国宪法的保护人。1780年，她联合丹麦、瑞典、普鲁士、奥地利和葡萄牙组成"武装中立联盟"，以保护英国与其殖民地战争中的商船：中立国船只除非载有军火，否则一概免受任何一方的武装攻击；同时，主张封锁务必要实际封锁，才具有法律效力，才需要遵守，若仅为纸上封锁则否。

早在欧洲诸国联盟的第二度大改变以前，争取黑海控制权这一无法压制的冲突就已开始了。叶卡捷琳娜第一次对土耳其战役是她入侵波兰的奇异的意外结果。她那时正派军入侵波兰，帮助非天主教徒向占多数的天主教徒争取平等权。天主教徒鼓动教廷大使向土耳其解释这是土耳其进攻俄罗斯的最佳时机。法国也附议，并敦促瑞典和克里米亚加入攻击行列。伏尔泰为岌岌可危的女皇感到忧伤。这一情势几乎使他改变对天主教的看法。的确，在 1768 年 11 月的一封信上，他曾建议叶卡捷琳娜兴起神圣义战，打垮异教徒：

> 你不顾及教廷大使的威胁，迫使波兰人要宽容、要快乐，而你却因此与穆斯林有了瓜葛。若他们对你开战，或许彼得大帝要将君士坦丁堡收为俄罗斯帝国首都的理想就会实现……我想，若土耳其人被逐出欧洲，那将只有俄罗斯人才做得到……羞辱他们是不够的，必须要永远将他们逐退。

瑞典拒绝参与进攻俄罗斯，克里米亚的鞑靼族却大肆蹂躏俄罗斯在塞尔维亚的殖民地。一支土耳其的 10 万大军更向波多里亚进发，与波兰邦联军会合。叶卡捷琳娜拒绝从波兰撤军。她派出 3 万名士兵，由亚历山大·戈利岑和彼得·鲁缅采夫统率，前去逐退鞑靼人，制止土耳其人。有人告诉她敌人为数很多时，她答复道："罗马人并不关心其敌人的多寡，他们只问道'敌人在何处？'"于是鞑靼人被逐退了。顿河口的亚速和塔甘罗格为俄军攻下，1.7 万人的俄军也在卡古尔一地，击败了 15 万人的土军（1770 年）。鲁缅采夫继续往前推进，最后远至布加勒斯特，在那里，他受到东正教人民的狂热欢迎。1771 年，瓦西里·密克海洛维奇·多尔戈鲁基横扫克里米亚，土耳其在那个地区的统治也因之告终了。阿历克谢·奥尔弗的战绩更是辉煌，他率舰队由英吉利海峡、大西洋，以达地中海，将土耳其在希俄斯岛的海军击溃，并将其歼灭在彻斯米附近（1770 年 7 月）。但是俄国舰队本身的损耗也极其沉重，不能再度求取胜利之果。

然而，其他的一些事没能令叶卡捷琳娜这么称心。一场瘟疫在多瑙河岸俄军阵营中爆发了，然后扩至莫斯科，1770 年夏，莫斯科竟然在一天之内就有 1000 人病亡。她也知道腓特烈大帝对她帝国与权力的扩大，侧目相视，大起疑心。同时，由于俄国向奥地利在巴尔干半岛的疆界推进，约瑟夫二世也深受其扰。而法国对强化他的盟友土耳其更是不遗余力，英国则更激烈地反对俄国控有博斯普鲁斯海峡，瑞典则在等待良机的出现。叶卡捷琳娜于是邀请土耳其人和谈解决战争，土耳其人如期赴约，但由于叶卡捷琳娜坚持克里米亚的独立，和议受阻。1773年，战事又起。

1774年1月，穆斯塔法三世驾崩，其继承者认为土耳其已达极端混乱与匮乏的阶段，而足以危害到其成为一个欧洲国家。于是，1774年7月21日签了《库查克—卡纳基和约》（Kuchuk Kainarji），承认克里米亚独立（当时由鞑靼人统治），将亚速、刻赤、叶尼卡、卡勃姆割让给俄国；黑海、博斯普鲁斯海峡、达达尼尔海峡对俄国船舶开放，并赔偿俄国战资450万卢布；对涉入反叛土耳其长官的基督徒，更给以特赦；最后承认俄国对土耳其的保护权。这可以说是俄国缔结的和约中，获益最多的一次了。俄国现在已成为黑海海权国。克里米亚和俄国南部的其他鞑靼人地区，现在也成为俄国不久要征服而占有之地，本为怀疑论者的女皇，现在大可以信仰的护卫者自居了。叶卡捷琳娜被胜利冲昏了头，更梦想着要解放或者说征服希腊，而要为她的孙儿君士坦丁在君士坦丁堡加冕为帝国的元首。她令伏尔泰那一年老的心灵心花怒放，因为她要令奥林匹克大赛复起的远景再度浮现，成为事实。"在雅典的（狄奥尼索）剧场上，我们将可看到希腊剧人演出的古希腊悲剧。"但是，思及军队已疲乏不堪、财库耗尽后，她又说："我必须谨慎而有节制地行事，我要说，在世界上，和平比最好的战争都要好。"

现在她已经取代腓特烈成为欧洲最有名望的君王，她对目标的坚定追求、她权力的惊人扩张，无不令人惊讶诧异。奥地利的约瑟夫二世本来一直拜服腓特烈二世的天才，现在则转向女皇了。在取道前往莫基廖夫旅行后，他直往圣彼得堡奔去。他会见了女皇，恳求与她联盟。1781年5月，她与约瑟夫签约，约定在波兰联合行动，同时联合对抗土耳其。

此时，波特金也在南部扬威立名，他在那里组织、装备并给养一支 30 万人的海军，建立黑海舰队，以塞瓦斯托波尔和敖德萨两港为基地，以赫尔松为军火基地，拓殖鲜为人居的俄国南部。他在那里建立村落和城镇，建造工厂，供给殖民地无数的家畜、工具和种子——所有这些行为，都为基地提供补给，以便兴起战役，将克里米亚并入叶卡捷琳娜的帝国辖域内，或者替她本人戴一顶王冠。克里米亚的鞑靼人此时正闹内讧而告分裂。波特金以贿赂的手段软化其诸族头目。最后，他攻入半岛时（1782 年 12 月），只遭到些微的抵抗，1783 年 4月 8 日，在土耳其无效的抗议之下，克里米亚终于被归并入俄国的领域之内。波特金成为野战军元帅、战争学院院长、塔瑞斯亲王及克里米亚的将军首长，女皇额外赏赐他 1 万卢布。波特金将这笔赏金花在女人、酒和美食上。

叶卡捷琳娜也觉得是该缓和与轻松的时候了。她将欢乐与正事一起进行，她安排一次路上与水上的壮丽"巡礼"，来检视她征服的地方，而且使其百姓和全欧洲人对她宫廷的辉煌功勋与庞大财富留下深刻的印象。1787 年 1 月 2 日，她身裹皮裘，离开冬宫，开始踏上漫长的旅程，她的交通工具是驿车，其形奇大，除了载负她发了福的身躯外，更载有她当时的情夫马莫诺夫、她的第一侍候宫女、一只哈巴狗和一座小型图书馆。随行的有 14 部马车和 170 部雪车，上载有奥地利大使、英国大使与法国大使——库本兹、弗特兹泊特、塞居尔伯爵，及利涅·查理亲王，一队军官、朝臣、乐师和仆从。波得姆恩已于几天前前往克里米亚，他在路上安排了几百只火炬，照亮了沿途，并准备晚宴和安排妥当所有人马的宿处。在主要城市，叶卡捷琳娜接见当地长官，调查该地的情况，询问诸事，赏罚一番，这时扈从就跟着休息一两天。沿途的每一城镇，受到波得姆恩的警告和指示，表现出最佳状况，大肆冲洗粉刷，以便快乐地迎接女皇的到来，其盛况实属空前。

到达基辅时，陆上行宫在波得姆恩的指挥下，转至他特别配置与装饰的 87 只船舰上。皇家人马一行弃车登船，直下第聂伯河。沿河，叶卡捷琳娜看到许多"波得姆恩式的村落"，这是聪明奇巧的塔瑞斯亲王下令的统一修饰，用以博女皇欢心的，可能也为了给外国使节一个美好的印象：繁华的俄国。有些繁华景象是波得姆恩的创作，但有些是真实的。"沿着河岸建造假村落，制造农业进步的幻象，这是叶卡捷琳娜外交家惊人的杰作。"利涅亲王曾几次上岸观察其幕后，知悉一切，而他记述波得姆恩虽使出一些障眼魔法，却深深地给自己留下印象，"那刚刚在发展、成长的工厂、村落，由树木隔开的整齐而标准的街道，是一种上等建筑"。叶卡捷琳娜也许未受骗，但她可能如同塞居尔一样认为，或许这些市镇的繁华与洁净只是过眼云烟，塞瓦斯托波尔的真实世界——建立在克里米亚已两年有余的商镇、堡垒和港口，也已令波得姆恩有资格享有她的奖励了。利涅亲王认识每位欧洲名人，称他是"我们遇见过的人中最为特殊者"。

在坎弗，曾得她的爱护与受她赐位的波兰王斯坦尼斯拉斯·波尼亚托夫斯基前来向她致敬。沿第聂伯河而下至凯达克时，约瑟夫二世也前来加入行列，然后一并上行到赫尔松港，直到克里米亚。在那里，女皇、皇帝和将军首长一道编织驱逐土耳其人出欧洲的美梦：叶卡捷琳娜欲占有君士坦丁堡，约瑟夫要吞并巴尔干，波得姆恩要成为达卡之王。这时，英国与普鲁士建议土耳其的阿伯德·哈密帝苏丹，乘俄人疏于警戒时，进攻俄国。俄驻君士坦丁堡大使的无礼行为，更提供另一个借口。苏丹将俄国大使逮捕下狱，开启圣战，要求归还克里米亚以为回复和平的条件。1787 年 8 月，土军主力通过多瑙河，向乌克兰进发。

波得姆恩的庆功宴来得太早了。俄军此时对决定性的一战尚未准备妥当。他劝女皇让出克里米亚，但她对这种反常的胆怯表现，马上加以拒斥，她命令他和萨沃罗夫、鲁缅采夫三人各率其现有部队，前往应战，她个人退守圣彼得堡。萨沃罗夫在卡勃姆一地将土耳其人击垮，波得姆恩包围并控制德涅斯特河和布格河两河出海口的奥卡克弗城。穆斯林与基督徒两方的十字军，在俄国南部会战时，瑞典觉得收复失去山河的时机已经来到。由于受到英、普的鼓励，古斯塔夫三世重新与土耳其结盟，共同要求叶卡捷琳娜归还芬兰与卡累利阿给瑞典，而克里米亚归还土耳其。1799 年 7 月 9 日，瑞典舰队在波罗的海决定性地击败了俄舰队。瑞典的隆隆炮声在冬宫都可闻及。叶卡捷琳娜也打算要撤出首都。然而，她的大臣不久即成功地说服瑞典签订和约（1790 年 8 月 15 日）。

现在，她可以集中武力来对抗土耳其了，而奥地利也与俄国并肩作战。波得姆恩命令其属下，不计任何代价进行攻击，终于结束围城之役，但其胜利也付出了俄军 8000 人的生命，同时战斗的狂怒于一阵滥杀（1788 年 12 月 17 日）后始告停息。波得姆恩继续攻打本德城，奥军则攻陷贝尔格莱德城，萨沃罗夫再度击溃土军于瑞姆尼克（1789 年 9 月 22 日）。土耳其似乎已注定失败了。

此时，各国政府深觉这种情势必须要大家联合行动对抗叶卡捷琳娜才可，否则阻止不了具有战略地位的博斯普鲁斯海峡落入她的手中，而俄国也将成为欧洲的主人。腓特烈大帝死后（1786 年），其继承者腓特烈·威廉二世看到俄国欲长驱直入君士坦丁堡、席卷巴尔干的态势，感到极度不安。深恐夹在日趋壮大的俄奥两国之间的普鲁士，不久将会受其掌握。1790 年 1 月 31 日，他与土耳其政府签了协定，向俄、奥宣战，除非土耳其收复其失去的山河，否则他不准备休兵。

政治形势对叶卡捷琳娜渐渐不利。奥属尼德兰的叛乱和匈牙利的不安，削弱了约瑟夫二世的力量。1790 年 2 月 20 日，约瑟夫二世驾崩，其继承者与土耳其签订休战协定。英国与普鲁士再度敦促叶卡捷琳娜归还所有战争中取得的领土，订定和约。她拒绝了，因为奥卡克弗的攻陷已使俄国通向黑海的路线畅通。同时，她手下的大将更是连战皆捷，更因萨沃罗夫和波得姆恩攻获伊兹密尔城（1790 年 12 月 22 日）而达到胜利的最顶峰。在攻取这座土耳其在多瑙河上的重要据点时，俄军损兵折将达万人之多，而土军更阵亡了 3 万人。在这场浴血战之后，精疲力竭的波得姆恩陷入狂放的怠惰和与他侄女放荡无耻的乱伦生活中。1791年10月15日，他死于雅士城附近的一条大路上。叶卡捷琳娜闻及其死讯的那天，一连昏倒3次。

1791年3月，小威廉·皮特向英国议会提议，向俄国提出最后通牒，要其归还所有在这次战役中从土耳其取得的领土，而他也准备派遣英国舰队驶入波罗的海，以示作战的决心。叶卡捷琳娜并未答复。英国议会知悉英国商人对俄国贸易的损失深感伤痛后，劝皮特打消此意。此时，土耳其也已精力丧尽，于是宣布放弃奋斗，签订《雅士和约》（1792年1月9日）。该约承认俄国控有克里米亚和德涅斯特、布格两河盆地。叶卡捷琳娜并未攻达君士坦丁堡，但她已达她政治生涯的最高峰，她是当时欧洲最有权力的统治者，也是那个世纪最不平凡的女人。

女人

她到底是女人还是一个残酷的怪物？我们知道在她治国初期，身材好，模样美。但1780年，她已显得硕壮，但体重的增加令她更加高贵与威严。利涅亲王（他是第一个称她为"伟大"的皇帝的人）曾如此殷勤地形容她：

> 她（1780年）仍然很美丽。每个人都看得出，与其说她是一直很漂亮，不如说她一直很美：我们用不着像一本书上所说的，在她的额头上抚摸一下，即可知悉她特别具有的那股天分：公正、勇敢、深刻、镇定、甜美、冷静和果决。她那美好的上身是牺牲她曾经弱小的腰际而换来的，但在俄国一般人总会长胖……没有人会注意到她是短小的。

卡斯泰拉在她死后不久，曾撰文描写过她。他描绘她身着丝袍时的那种庄重的神态。"她的头发，轻轻地施过粉，飘逸地落在肩头，发顶上戴着镶满钻石的小帽子。晚年时，她常涂胭脂，因为她不想让岁月在她脸上留下的痕迹显露出来。这些装饰很可能是后来使她生活极其节制的原因。"

她很得意，她明白她的成就和权力。约瑟夫二世告诉考尼茨说："虚荣浮华是她崇拜的，运气和过分被渲染的成就惯坏了她。"腓特烈大帝认为，若叶卡捷琳娜能与上帝通信，她会要求与上帝列为同等的地位。然而，她与狄德罗像"普通人与普通人"之间一样交谈，同时请法尔科内特省掉礼貌上的恭维。除掉一些可能涉入的谋杀案和核准战争的屠杀不计，她同英国的查理二世和法国的亨利四世一样仁慈、和蔼。她每天从她的窗子扔出大量的面包屑，来善待那些定时来食的成千小鸟。到她晚年时，她时而沉溺于阵怒，看来与她的全能大权不很相称，但她尽量留意不在火暴脾气迸发时下令，或签署只字片纸。同时，她很快地觉得这种暴烈脾气是一种羞耻，于是竭力加以自制。至于她的勇气，欧洲没有人怀疑。

毫无疑问，也非常泰然自若，她表示深深喜好感官之乐，但她的恋情不比路易十五的更令人不快。如同当时的统治者一样，她将私情置于政治之下。每当这一方面阻碍了国家的发展与扩大时，她旋即压制个人情感。而国家与私事无所冲突时，她具有女人应有的温柔与爱心的表现，比如喜爱小孩子，与他们一道欢娱，教导他们，也替他们做玩具等。在旅游时，她总是关切车夫与仆从的食宿是否安妥。她死后，在她桌上发现的一大堆文字中，有一张是她亲笔写成的墓志铭："她善于宽恕别人，她不恨任何人。她容忍、体谅，天性快乐，有共和精神和一颗仁慈的心。"

她对待她的第一个儿子并不算好，这可能是保罗在出生后即由帕宁和一些人在伊丽莎白的监督下抚养长大的缘故，也可能是因为许多要罢黜她王位的阴谋都表示要奉保罗为王，而由他人加以摄政。也可能是保罗久已怀疑其母谋杀其父，也可能是因为保罗"对他的权力的被窃，总使他动起某种念头"，以便承继他名义上的父亲为王。但是，叶卡捷琳娜非常疼爱保罗惹人喜爱的两个儿子亚历山大和君士坦丁，她亲自照顾其教育，一心想让他们与父亲疏远，并计划由君士坦丁而非保罗来继位。保罗另娶新妻，快乐无比，但很厌恶那群讨好他母亲、浪费公帑的情夫。

在智力上，叶卡捷琳娜超过她所有的宠臣。她纵容他们，满足他们的贪婪心，但很少让他们决定她的政策。她的法文造诣深厚，能与任何文学界的领导人物通信，如同哲学家一般彼此愉悦地畅谈。的确，从她给伏尔泰的信函中可以看出，在见识上她胜过他，在文学的优雅与笔锋的机智上也是能与他匹敌的。虽然，她的信件都是在宫廷革命阴谋、国内的不安、紧张万状的外交、欲重建俄国疆土的战争等一连串的大事之间，忙中偷空写成，但她的信件如同伏尔泰的一样堪称浩瀚。她的言谈令狄德罗警觉，令格里姆感动至极："在这些时刻，我们看到这一卓越、举世无双而由天才与美德组成的头脑，正构成燃烧般的一股理想，支配着她，也形成一束束的光芒，从她身上放射而出。大段的评语，紧迫地脱口而出……连续不断地……假如我有能力将这些话逐字地记下，那么整个世界在人类心智史上，将有珍贵甚至精彩绝伦的一章。"然而，在其观念之流中，有一股匆匆的遽乱和不稳。她在决定计划时，总是太过快速，因此她每每未予彻底考虑过。她有时也被繁杂的工作和紧急的事件给打败。虽然如此，她的成就仍是非凡。

叶卡捷琳娜在政治、军事如此高潮迭起的生涯中，竟能找出时间来撰写重大著作、诗、大事记、回忆录、戏剧、歌剧剧本、杂志文章、神话故事、有关西伯利亚的科学论文、《罗马皇帝史》、富有深度的《俄国史杂记》等，洋洋大观，真是令人难以置信。1769 年至 1770 年，她匿名主编了一份讽刺性的刊物，她本人更是经常撰稿。其中有一篇小品文，描写一位宗教上的伪君子，天天上教堂望弥撒，在圣像面前燃圣烛，而后口中喃喃自语，他祷告上帝是时止时为的。

然而，一出教堂后，就欺骗商人，诽谤邻人，拷打仆人，大骂时下的
道德破产，哀悼往昔的好时光。她创作的神话故事《卡哈尔王子》，
叙说一位年轻人想前往险境拜访传说中无刺的玫瑰，结果发现世界上
并无这种玫瑰花，只有这种贞德。这个故事成为俄国的古典文学作
品，被译成好几国文字。她的戏剧有两部是模仿莎士比亚的历史故事
悲剧，其他的大多数则为不做矫饰、只是坦白地描写的喜剧，嘲弄江
湖骗子、骗徒、守财奴、神秘主义者、挥金如土的人、互助会会员和
宗教狂徒。这几部都描写得不够细腻，虽然叶卡捷琳娜不露其作者身
份，却都令观众非常喜爱。她在建于隐宫的剧院幕布上，题了几个
字："Ridendo castigat mores"——"他以笑声来责骂世上的许多行径"，
这正表现出她作喜剧的目的。她最好的一部剧《奥列格》(Oleg)，从
俄国历史上取材，包括一连串不平凡的场景，配上 700 个演员的欢
舞、芭蕾和竞技比赛，显得无比生动与逼真。叶卡捷琳娜大多数的文
学作品都经她秘书修改过，因为她未把俄国文法与文字学通，她也不
把自己当成真正的女作家，但是文学界由她这一皇家榜样得到无上的
鼓舞，使叶卡捷琳娜之治再度大放灿烂的光辉——那是她治国期间的
最后一幕。

文学

俄国终于渐渐知悉其在知识上的不成熟了。大批作家谦虚地翻
印外国作品，或将一些在法、英或德成了名的作品翻成俄文。叶卡捷
琳娜亲自拨出 5000 卢布，来推动这一外来文学的传入。她本人即翻
译过马蒙泰尔的作品。由于俄国人对这一伟大事业的热心，坦波夫的
一位地主拉克玛尼诺夫也翻译了伏尔泰的作品。喀山学院的院长韦廖
夫金 (Verevkin) 则将狄德罗的《百科全书》译成俄文。也有人将莎
士比亚的戏剧、希腊或拉丁古典文学作品、塔索的《被解放的耶路撒
冷》等译成俄文。

加夫里尔·罗曼诺维奇·杰尔查文是叶卡捷琳娜为政期间最成功的诗人。他出生在东部的奥伦堡，家世寒微，身上流有鞑靼人的血液，在普罗伯拉岑斯基军团中服务 10 年，亲眼看到叶卡捷琳娜起而主政，当军官后参加平定普加乔夫之乱，然后力争上游，在参院占了一个席位。他发现叶卡捷琳娜在她的作品《卡哈尔王子》中，替一个善良的公主取名弗丽特娜，于是在他的一首很有名的抒情诗中，也给这位"吉尔吉斯哥萨克游牧部落天仙似的皇后"取了同样的名字，同时他恳求这位皇后："告诉我如何找寻不带刺的玫瑰……如何追求享乐但要确切而实在地过着日子。"这位诗人称弗丽特娜是一个"从她笔下流出全人类的万般幸福"的人时，他事实上是在颂赞叶卡捷琳娜。他责难自己"昏睡至午后，吸浓烟，饮咖啡……使眼前的现实世界在我面前抖颤不已"，或者沉溺于"金银餐具，亮光闪闪的豪华宴会里"时，朝廷上下都知道这是对波得姆恩的抨击。此外，杰尔查文更是狂喜万分地赞道，弗丽特娜"女皇""在黑暗中创造光明"，未害过任何人，宽恕小过，让百姓自由言谈，"写寓言故事教导其属民"，"教导卡哈尔学习字母"（卡哈尔暗指叶卡捷琳娜之孙亚历山大）。最后，这位诗人下了这段结论："我祈求我伟大的先知，愿我能触摸你的足尘，愿我能享有你的言语、你的容貌的甘美泉源。我恳求天上的神祇伸展他们蔚蓝的双翼，暗地里护你……你的事迹你的声名，在子孙后代里闪耀着光辉，如同天上的星光永远灿烂。"杰尔查文曾抗议道，他这番颂赞与美言，并不是为了得到任何报酬，但叶卡捷琳娜仍提升他。不久，他能接近她而也能发现她的缺点了。他不再写任何赞言。他转向更高一级的帝位，撰写一篇"上帝颂"，赞美"三位一体"，赞美上帝将上天治理得如此美好。他常常攻读哲学，附和笛卡儿对上帝存在的证明方式："我的确是存在，因此你也是。"他的抒情诗在俄国称霸半个世纪之久，一直到普希金出现，才有人能和他媲美，并驾齐驱。

维辛的两部喜剧《旅长》（*The Brigadier*）和《未成年人》（*The

Minor），令首都人士为之惊讶。《未成年人》十分成功，以致波得姆恩劝作者"现在即刻就死，或者以后永不要再写"，意即后来的作品会减低他的声名。维辛漠视这一忠告，结果眼睁睁地看到预言不幸言中。他在晚年旅游西欧，写了几篇精彩的信笺，其中一篇有过如此狂傲的预言："我们（俄人）正要起步，他们（法人）却要告终了。"

在叶卡捷琳娜主政期间的文学界，最有趣的人物莫如尼克莱·伊万诺维奇·诺维科夫了。自从因怠惰与落伍而被莫斯科大学开除后，他渐渐成为一个活跃的知识界的人物。刚满25岁（1769年），就在圣彼得堡主编杂志。杂志名《雄蜂》（The Drone），恶作剧地用来对抗苏马罗科夫的杂志《工蜂》（The Industrial Bee）。诺维科夫以生动的笔调，攻击流行于政府上下的贪污。他批评上层阶级那种伏尔泰式的非宗教作风是对道德与人格的破坏。相反，他赞颂彼得大帝以前的俄国，认为那是一种不容置疑的信仰和堪供效仿的道德典范。他说："古老的俄国统治者似已预言过，通过艺术与科学的介绍表现的，俄国最珍贵的宝藏——他们的道德将会丧失，无可挽回。"就这点而言，卢梭与伏尔泰观点不同，他们曾互相辩驳。叶卡捷琳娜对《雄蜂》杂志投以几分怒色后不久，杂志于1770年停刊了。1775年，诺维科夫加入了"互助社"，而该社在法国的会员虽已在进行革命，在俄国却转化成神秘主义、妄信主义与神秘狂。1779年，他改往莫斯科负责大学出版业务，在他负责之下，该社出版了一大批书籍，3年内的出版总数比该社24年来出版的还要多。由于得到友人的财政支援，他又接管更多的出版业务，后更组成出版社，并在全俄开设书店，宣扬他的宗教与改革的理念。他兴学校，建医院，设诊所，创建工人的模范住宅。

法国大革命使开明君王叶卡捷琳娜一变而为惊慌的专制君主时，她担心诺维科夫的行径会颠覆现行的社会秩序。她指令莫斯科大主教普拉顿调查诺维科夫的思想。大主教报告说："我恳求全能的慈悲上帝，不仅在这些由上帝托交给我的人民中，就是普天之下，都有如同诺维科夫这种基督徒。"然而，女皇怀疑不安，命令逮捕诺维科夫将其监禁在斯兹卢兹堡（1792 年）。他就在那里被监禁到叶卡捷琳娜逝世为止。保罗一世释放他后，他隐居到他在提克文的田庄里，在虔诚的信仰与善行中度过余生。

拉季谢夫的一生却充满坎坷。叶卡捷琳娜派他到莱比锡大学留学，他阅读了一些哲学家的作品，卢梭的《社会契约论》及雷纳尔对欧洲剥削殖民地和奴隶买卖的残酷所做的报道，使他深受震动。他回到圣彼得堡，心中燃烧着社会理想。由于他被安排在海关工作，他必须学会英语以与英国商人交谈，因此他又博览英国文学，其中受斯特恩的《感伤之旅》影响最大。1790 年他出版了一本俄国古典文学，名为《从圣彼得堡到莫斯科之旅》（*Journey from St. Petersburg to Moscow*）。他强调正统，攻击教会欺骗民众的轻信。他不反对君主制，但主张若统治者毁弃超越一切法律的"社会契约"，则人民有权叛乱。他也描述征兵使家庭破亡及奴隶受到主子虐待的情形。他说，在某个地方，他曾听说有一位地主竟然强暴过 60 个处女。他也抨击出版物的检查制度，要求出版自由。他不鼓吹革命，但他要人宽大地了解革命倡导者的立场。他向政府和贵族呼吁解放奴隶："让你们生起恻隐之心吧！你们这些铁石心肠的人，打破你们兄弟同胞的镣铐吧！打开监禁奴隶的地牢吧！给我们健康和生命的农人，有权控制他们耕作的土地吧！"

奇怪的很，书竟然能通过检查而出版。但 1790 年，正是叶卡捷琳娜担心她的子民会效尤法国大革命之时，于是她交代属下惩罚那位强暴 60 位处女的地主，但她也下令拉季谢夫要依叛国罪审判。官员们在他的书中发现了许多处记载各城堡正酝酿风暴，而军士们正图起义以打倒残酷的沙皇的情形。同时，对英国人抗拒一个不公正国君的事迹，则有诸多赞词。参议院判作者死刑，女皇将罪刑改为流放西伯利亚 10 年。后来保罗一世允他回来（1796 年），亚历山大一世邀他到圣彼得堡（1801 年）。在那里一年后，他自杀，不为任何理由，或许只是认为他将会再度被放逐吧！他与诺维科夫的命运可谓这一灿烂辉煌的执政期间的众多污点的具体体现。

艺术

叶卡捷琳娜对艺术比对文学多尽了一点心力，因为艺术是上等阶级的喜好，不会因之响起叛乱的警号。但是，流行音乐会在无意之间激起革命意识，因为那种低沉的调子和哀怨的伴奏形成的悲歌，不只倾诉出破碎的爱心，而且道出平生劳苦的凄凉情景。贵族中很少人会听这种歌曲，他们欣赏由加卢皮、帕伊谢洛、萨列里、契玛罗萨等人带到圣彼得堡的歌剧，这类享受全由国家负担费用。叶卡捷琳娜本人并不十分喜爱歌剧。她说："就音乐而言，我只能分辨出我的9只狗的声调，它们轮流分守我的房间，而我可从远处分辨出其各自的声音。"

她也承认她对艺术并不通晓，也尽可能地发展俄国对艺术的领悟力。她提供一笔基金，由贝特斯基实际开始推动（1764 年）。在伊丽莎白时代早已组成了艺术学院（1757 年）。她从外国大量购进已获公认和评定的艺术品，陈列在她的艺术馆中。她花了 18 万卢布，买下了德累斯顿伯鲁哈尔伯爵的收藏；花了 4 万英镑，买下沃波尔爵士在豪格顿堡的收藏；花了 44 万法郎，买下舒瓦瑟尔的收藏；花了 46 万法郎，买下克劳萨特（Crozat）的收藏。她做了一次漂亮的交易，而她本人并不知悉。因为这些收藏包括一百多件拉斐尔、普桑、凡·戴克、伦勃朗和其他不朽人物的作品，其价值随着时代的推进与通货膨胀已大大地增加。她由狄德罗和格里姆（他们两位的沙龙，她非常注意）来指派工作给法国的艺术家们，这些人包括威纳、夏尔丹和乌东。她收有梵蒂冈拉斐尔的壁画如同人像大的复制品，同时在隐宫特设一条长廊来陈列它。

她不太重视俄国艺术家的作品，因为当时俄国的作品，在欣赏法国风味的她的眼中，并不具有永恒的价值。然而，她提供艺术学院教育基金，资助学生，也派几位到西欧研习。就从这一所学院，诞生出历史画家安东·劳森克、人像画家迪米尔·里维特斯基和维拉迪米尔·伯尔维库斯基。劳森克在巴黎学习 5 年，又在罗马研习 3 年后，回到圣彼得堡学院教画（1769 年）。他与"维拉迪米尔在罗根达之前"互相激励过，两人都振翅图飞，但也许是学院工作太繁忙的缘故，他没有画出众所期望的杰作，36 岁即去世（1773 年）。此后，叶卡捷琳娜曾雇里维特斯基替一些在斯牟尼学校就读的年轻女孩作画，结果不凡，所作的画等于替她们的美丽作了证。他替叶卡捷琳娜所作的肖像画中，叶卡捷琳娜身着柔软而下垂的长袍，掩饰了她那堪称肥硕的身材。她也曾让维基·勒布朗夫人替她作过画，这位夫人是应叶卡捷琳娜之邀，来给俄国艺术增添一些法兰西光彩的许多法国艺术家之一。

在她从外国请来的艺术家中，最伟大的一位是法尔康涅。他于 1766 年来到俄国，一连住了 12 年之久。叶卡捷琳娜请他设计，并以青铜铸成彼得大帝的骑马像。他也带来一位年轻的女人玛丽－安·考特，她铸造巨像的头部模型。法尔康涅大胆地向物理定律挑战，他将马像铸成向高空腾跃的态势，而仅以后足着地，另外从卡累利阿运来一座巨大的圆石作为底盘，用以象征彼得克服的巨大的环境阻力。为了求得铜像的平衡，他在后头铸上一条正在噬咬马尾的青铜蛇——此为嫉妒的象征。这一精心杰作历久不变，无论圣彼得堡被改成彼得格勒，或被改成列宁格勒，它永远以那个态势屹立于斯。法尔康涅为这个创作花了相当长的时间，大概比叶卡捷琳娜预期的还要久，使叶卡捷琳娜兴趣渐减，因而冷落了雕像。后来法尔康涅返回巴黎，对她、俄国与人生都感到失望。

1758 年，吉莱从法国来到艺术学院教导雕塑。他的学生中有三个在叶卡捷琳娜执政期间表现非凡，分别是丘宾、科兹洛夫斯基和斯彻顿。丘宾受波得姆恩之邀，替叶卡捷琳娜二世塑像，该塑像坐落在托里达宫的大厅里，但专家们批评其为"呆板而冷酷"的作品。丘宾替波得姆恩铸造的塑像也是如此。科兹洛夫斯基替萨沃罗夫元帅设计的英雄像同样生硬异常，甚至后来的作品《丘比特》同样呆滞。斯彻顿的主要作品是在亚历山大一世时完成的，尤其是雕柱上的女像，双手擎住苍穹——意即拥有世界的女人，这是属于 1812 年的作品。伊凡·彼特罗维基·玛尔托斯则专精于丧葬的纪念像，圣彼得堡公墓充满他的泪痕，"他使大理石哭泣"。除模仿外国风格的作品外，俄国本土雕塑家在各方面都落后了。东正教教会反对雕塑，但贵族们对那些出自奴仆的艺术家感到非常兴奋。

建筑在叶卡捷琳娜时代辉煌灿烂，因为她下决心要在首都留下纪念。她说："伟大的建筑道出一代治世的伟大，其势其力不亚于其他方法。" 1779 年，她写道："你们知道，建筑的狂热对于我们而言应强过其他，没有任何地震摧毁过我们兴建的建筑……这股狂热是一件可怕之事。建筑浪费金钱，但是我们建得愈多，愈想再建。那简直是一种病，就像醉酒一样。"虽然她告诉法尔康涅"我甚至不会画"，但是她对艺术另有自己的看法，那种看法或者说受到从赫库兰尼姆挖掘出的罗马古迹和凯吕斯与温克尔曼诸人著作的影响。她脱离伊丽莎白时代那种巴洛克式俗丽装饰的作风和绚丽的洛可可风格，赞同朴素的新古典作风。当时有些人认为她对她的建筑师们，提供过明显的指示和初步的构图。

她发现没有一位俄国艺术家可以实现她的观念，于是，她转向西欧物色秉承有古典传统风味的人才。于是就来了一位让·巴普蒂斯·瓦林·德拉·莫瑟，她在涅瓦河畔建了艺术学院的宫阙（1765—1772 年），覆砖和古典回廊的文艺复兴式的外形构成它的正面形象，其内则有一条庄严的半圆楼梯道，通往覆以圆顶的大圆厅。在冬宫的附属建筑群中，瓦林建造了有名的隐宫，那是原想逃避宫廷繁文缛节的去处，却成为她的艺术馆，在今天成为世界上主要的博物院之一。1790 年，叶卡捷琳娜曾向格里姆描述过它，隐宫可以说是"我的小避居室，它就坐落在近旁，我从我房间到那里来回超不过 3000 步路程。在那里，我漫步在我深爱的许多事物之中，而这种冬天漫步是我的健康之道"。

从法国也来了一位学古典装饰的艺术家，名叫斯科特·查尔斯·卡梅伦。他用纯银、亮漆、玻璃、彩色宝石、玛瑙和花色的大理石，将叶卡捷琳娜在塔萨斯库·瑟罗的大宫——这是专供自己、她的情夫和狗居住的寝宫，装饰得金碧辉煌、精巧细致，叶卡捷琳娜甚为喜爱。她写道："我从未看过装饰如此新颖的房间，几周以来，我不停地思念它，毫不感到厌倦。"在这座华丽宫室的附近，她另有一座"自然式"和"英国式"的花园。对此，她在写给伏尔泰的信中有过如此描写："现在我疯狂喜爱上英国式花园、小路、曲折的幽径、缓而成阶的斜坡，水池和湖泊……我现在很嫌恶笔直线条。总之，英国狂取代了我的种植狂。"卡梅伦为她的儿子保罗和他美丽的第二任妻子，在帕勒夫斯克（首都另一处近郊）建了一座意大利别墅型的华宫。这位大公和玛拉·费德尔费娜就在这里陈列他们西欧之行收集的艺术品。

意大利方面，则来了一位安东尼奥·里纳尔迪。他替叶卡捷琳娜盖了两栋华丽的宫殿，作为她送给格里格里·奥尔弗的礼物。一栋是在涅瓦河上的大理石宫，另一栋是沙皇村（Tsarskoe Selo）附近的加特契那宫。此外，从意大利来了一位加库姆·夸伦吉。他非常神往帕埃斯图姆一地的希腊神殿建筑，和维琴察帕拉底欧的作品。1780 年，经格里姆的介绍，他呈给叶卡捷琳娜一批他希望兴建的建筑计划与模型。叶卡捷琳娜深为其吸引，因此从那天起至 1815 年，夸伦吉在圣彼得堡城内城外，建了一连串的古典式建筑。其中有隐宫的剧场、斯牟尼学校（这是他对拉斯特雷所建斯牟尼寺院的后续建筑）、帝国银行、马耳他教会的教堂、彼得霍夫一地的英国宫和坐落在塔萨斯库·瑟罗的亚历山大宫。后者是专为叶卡捷琳娜的孙子，即为未来的亚历山大一世设计的，在其落成两年后，亚历山大于 1793 年即迁入新居。"它是 18 世纪建筑中最好的精心杰作之一。"[1]

然而，有没有一位俄国建筑师，够得上资格来花费叶卡捷琳娜的卢布呢？其实是有的。叶卡捷琳娜希望在莫斯科留下她的纪念物，她命瓦西里·巴热诺夫设计一座石块砌成的克里姆林宫，以取代伊凡大帝砖制的克里姆林宫。巴热诺夫设计得相当宏大，几乎足可以把凡尔赛宫比下去。当时，凡是看过其竹制模型的人——该模型本身即花了6000 卢布，莫不对其建筑设计上的卓越与超级的形态赞叹不已。但是，莫斯科河的改道导致其地基下沉时，叶卡捷琳娜便取消了该宏伟计划的进行。她另筹了一笔基金，使伊凡·斯塔罗夫能有所表现，而在涅瓦河左岸建了托里达宫。她将这光彩献给波得姆恩，以纪念他征服克里米亚的伟大功勋。

虽然她的这些建筑代价太高，叶卡捷琳娜达到了她的目的。当时的梅森曾记道："一个法国人在冷漠的普鲁士的边界蜿蜒而行，再越过荒凉而未开化的立窝尼亚平原后，突然之间又惊又喜地发现，在这一无垠的荒地里，赫然立着一座宽大而壮丽的城市。城里头的社会、娱乐、艺术与豪华生活是如此伟大，使他认为这是除巴黎之外没有的盛景。"利涅亲王在几乎游遍欧洲各处后，下了这个结论："不管叶卡捷琳娜有何种缺点，她的公共与私有的宫殿与大厦，已使圣彼得堡成为世界上最精美的大城。"千万农民的血汗身躯也随之化成砖头与石块，奠基在壮丽的宫墙下。

生命之旅的终站

叶卡捷琳娜必然会像亘古以来的众多统治者一样，对她所作所为如此解说："不管如何，凡是人必然要死，那何不让政治家运用天才，

---

[1] 这也是沙皇尼古拉二世最喜爱的居所，1917 年他从这里逃到西伯利亚而死在那里。后来改成博物院。二战时受损极重，但后又修复。

将这些劳碌的生灵和某些生命的牺牲化成力量，来建设强大的国家和伟大的城市呢？"经年的权力斗争，叛乱和战争的挑战，胜败兴衰，人事浮沉，已使她习于冷心硬肠地闻知他人的苦难，而不再有所畏惧，而她也不再理会弱者受到强者剥削的悲惨情形，因为她也爱莫能助啊！

　　受到数十次欲图推翻她的阴谋的困扰，受到普加乔夫叛乱的惊吓，她对法国大革命恐惧万分。法国大革命初期表现出来的只是人民要推翻荒淫暴虐的贵族和无能政府，她事不关己地忍受这一事实。但巴黎暴民强迫路易十六和玛丽迁出凡尔赛宫，而住在为不受管束的民众围绕下的杜伊勒里宫——这也是立宪大会自行发表声明谓其为全国最高权力机构，而路易同意他只是一个行政官员时——叶卡捷琳娜对这件事可能给俄国潜在的激进分子的鼓励作用，感到惶恐不安。于是她准许教士们禁止伏尔泰的作品传播（1789 年），而那些作品是她一度甚为喜爱的。不久，她更亲自禁止所有法国出版物的传播，她将她房间的伏尔泰的半身像移到储藏室去（1792 年）。她放逐倡导理想主义的拉季谢夫（1790 年），监禁热心大众事务的诺维科夫（1792 年）。在文学作品与戏剧上，她也建立起类似以前宗教裁判所的检查制度。路易十六与玛丽上断头台时（1793 年），她断绝与法国政府的一切关系，并呼吁欧洲王室组成联盟对抗法国。她本人并未加入联盟。她利用这个机会使西欧列强忙碌不堪，而让她完成吞并波兰之举。她告诉她的一个外交官说"我有很多大业未完成"，"柏林和维也纳宫廷必须要忙着他事，我们才能自由行动"。

　　她早年的自由主义之风还残留到 1793 年。因为在这一年，有位朝臣向她报告，她孙子的教师拉阿尔普是一个罪恶的共和主义者。她派人找他来，告诉他这一指控。他回道："陛下，您在将几位大公交托给我以前，也知道我是一个瑞士人，因而我是一位共和主义者。"他请求她测验他的学生，然后从其行为来评判他的工作。但是，她早已深知他是如何好好地教导他们。她说："先生，你要做一个雅各宾党人或共和主义者都可以，随你的高兴吧！我相信你是正直的，这点我就满足了。再和我的孙子在一起吧！好好保持我对你的完全信任，以你一向的热心来教导他们吧！"

在这一连串不安的年代里，她选上了她的最后一位情夫（1789年）。普拉顿·祖伯夫是年 25 岁，而她 61 岁了。她写信给她名分上的情夫波得姆恩说："像一只曾被寒冷冻得麻木了的苍蝇一样，我又回到了原来的生活。"她这位新"学生"提了一个三面进攻土耳其的计划：一支由他 24 岁的弟弟率领的俄军，横越高加索进入波斯，切断所有土耳其与其东方的陆上贸易；另一支军队则由萨沃罗夫统领，穿越巴尔干半岛，包围君士坦丁堡；此外是由女皇亲自统率俄国新成立的黑海舰队，控制博斯普鲁斯海峡。在多年的准备后，这一划时代的大业开始了（1796 年）。德本特和巴库即刻被攻占，叶卡捷琳娜企盼这番胜利的来临，以完成她的计划，而使她的统治生涯达到顶峰。

1796 年 11 月 17 日晨，她似乎如往常一样愉快。早餐过后，她先回她房间去。但过了一些时候，她并未复出，她的女侍前去敲门。由于一无反应，她们即刻冲入。结果发现女皇倒卧在地板上。她的脑动脉血管已经破裂。那天，她两度出血，而后有一阵子恢复了知觉，但不能说话。是夜 10 时，她溘然长逝。

她的敌人觉得她的死法对于这样一个女人而言，太过慈悲了。他们永远不谅解她表现的一切矛盾：她有自由的信仰，却是一个专制统治者；面对反对派毫不容忍，也未实行其俄国法律的改革计划，在奴隶制上的废除改革更是向贵族低了头。许多家庭被重税榨贫，千万子弟征战不归，更令人悲怆，对她的胜利他们并不感到高兴。但是，一般说来，对她将俄国疆土推到更宽广、更安全的界域，人民是深为她喝彩的。她替俄国增加了 20 万平方公里的国土面积，打开了俄国贸易的新港埠。俄国人口更从 1900 万人增至 3600 万人。在外交上，她曾比欧洲当时其他统治者还要狂妄大胆——这一点或许由她兼并波兰之举看得出。

她最伟大的成就在于实现了彼得大帝西化的计划。不过，对此构想与努力，彼得只考虑到技术层面，叶卡捷琳娜则认为主要是文化上的问题。凭其人格的力量与勇气，她将俄国带出了中古世纪，进入文学、哲学、科学和艺术的现代思潮洪流中。在建立宗教宽容之事上，她在基督教的统治者中（除了腓特烈二世这一非基督徒外）是首屈一指的。一位法国历史学家将她与最伟大的君王（Le Grand Monarque，指路易十四）做过如下有利于她的比较：

> 叶卡捷琳娜的恢弘大度，她执政的灿烂事迹，她的宫廷、制度、纪念物及战争的磅礴气概，对于俄国而言，真是如同路易十四时代之于欧洲一样。但就个人而论，叶卡捷琳娜实较这位君王更伟大。法国造就路易的光荣，叶卡捷琳娜却带来俄国光荣。她与他不同而不如他有利，因她治理的并不是已深受教化的子民，她也非自孩提起就在伟大而有成就的人物之间长大。

在一位英国历史学家的眼中，叶卡捷琳娜是"唯一在能力上超越英国的伊丽莎白女王，而在她勋业的永久意义上与她匹敌的女性统治者"。一位德国史学家则说："她是彻头彻尾的一位'政治人物'，在现代史上没有任何其他女性能与她相比，然而，她同时是一位十足的女性和伟大的女士。"我们可以引用歌德所说的话来下结论："她的失误是时代的感染使然，她的德业却属于她自己。"

法国哲学家、作家卢梭，其论文和小说影响了法国大革命的领导人和欧洲的浪漫主义。

上 | 让-雅克是法国雕刻和金工世家卡菲耶里家族最著名的雕刻家。

下 | 法国雕刻家克洛迪翁的《仙女和半人半兽的野人》，其作品体现了洛可可风格的精华。

上 │ 《乡村婚礼》（格勒兹，1761 年）。格勒兹于 1759 年结识狄德罗，受其鼓励转向创作感情夸张的
     风俗画。

下 │ 《偷吻》（弗拉戈纳尔，1788 年）。

法国经济学家、重农主义者主要代表人物之一杜尔哥。

路易十五统治期间，法国在外交和军事上屡受挫折，道义和政治方面的权威日趋衰落。

上 | 若弗兰夫人的沙龙成为艺术家和作家集聚的场所。在这里，百科全书派为他们庞大的计划寻求到
了资金支持。

下 | 路易十五的加冕。路易十四去世后，他的曾孙路易十五成为国王，年方 5 岁。

18 世纪起流行遍游欧洲大陆的教育旅行，一位旅行家正指着自己前往意大利的路线。

由于印刷术的发展，书籍成为现代最重要的思想传播方式，成为现代人最重要的认知媒介。

DISCOURS

SUR L'ORIGINE ET LES FONDEMENS
DE L'INEGALITÉ PARMI LES HOMMES.

Par JEAN JAQUÉS ROUSSEAU
CITOYEN DE GENÈVE.

Non in depravatis, fed in his quæ bene fecundum
naturam fe habent, confiderandum eft quid fit na-
turale. ARISTOT. Politic. L. 2.

A AMSTERDAM,
Chez MARC MICHEL REY.
M D C C L V.

《论人类不平等的起源和基础》的扉页，这本书被认为是卢梭思辨人类学的杰作。

路易十五的情人蓬巴杜夫人在法国宫廷中具有稳固的地位，经常赞助画师、雕塑家、工匠及百科全书派。

上 | 那不勒斯介于两座火山活动频繁区之间，东为维苏威火山，西北为弗莱雷伊平原。

下 | 新航线开辟后，由于缺乏直接进入新世界的优势，威尼斯衰落了。

《皮萨尼家族的颂扬》(提埃坡罗)。提埃坡罗的众多天顶画、壁画与当时巴洛克、洛可可式的教堂和宫殿相映成辉。

意大利悲剧诗人阿尔菲耶里，希望以抒情诗和戏剧促进意大利民族精神的复兴。

查理三世即位后加强内政，立志使西班牙再度成为一等强国，国内恢复了繁荣，在外交方面却不成功。

《查理四世的家庭》。西班牙国王查理四世缺乏领导才能，又引起法国的入侵，使西班牙沦落到法国的附庸国。

《狂想曲》组画中的戈雅自画像（约 1798 年）。

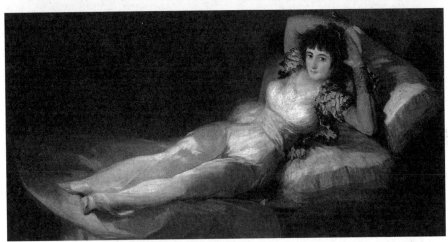

上 │ 《裸体的玛哈》（戈雅，1799—1800 年）。
下 │ 《穿衣服的玛哈》（戈雅，1799—1800 年）。

上 | 威尼斯圣马可广场，杂混着不同国籍、不同语言的人士。

下 | 18世纪，圣彼得教堂前围有柱廊的椭圆形广场车水马龙、人来人往。

上 | 虔诚的教徒在圣彼得教堂里膜拜，看得出教廷为恢复信仰而做的努力；另一些人对教堂内文艺复兴和巴洛克时期的艺术杰作更感兴趣。

下 | 18 世纪后期罗马的画廊，这一时期的罗马艺术停滞了，没有任何兴盛的迹象，城市更是破烂不堪。

德国考古学家和艺术史家温克尔曼，歌德称颂他未曾发现新世界，但预示了新时代的来临。

玛丽亚·特蕾莎是 18 世纪欧洲强权政治的核心人物，她将哈布斯堡帝国一堆互不相干的领地聚合在一起，使之获得了一定的统一。

约瑟夫二世（右）和莱奥波尔多大公在一起。年轻的约瑟夫表现出了非凡的才智和浓厚的政治兴趣，但其标榜的启蒙运动"新哲学"使玛丽亚·特蕾莎感到恐惧。

18 世纪末，维也纳学院的画室。约瑟夫二世是典型的启蒙运动的君主，他改革政府和教育体制，并积极支持艺术的发展。

奥地利作曲家海顿。在约瑟夫二世改革精神的推动下，格鲁克、海顿和莫扎特开创了维也纳音乐的第一个黄金时代。

莫扎特自幼即表现出卓越的音乐天才：3岁能辨认大键琴上奏出的和弦，4岁会弹短小乐曲，5岁会作曲。

莫扎特以其敏锐的洞察力、杰出的技巧和大胆的创作，将 18 世纪晚期维也纳的古典风格音乐推向顶峰。

i

imaginist

想象另一种可能

理想国
imaginist

文明的故事

THE STORY
OF CIVILIZATION

卢梭与大革命（下）

Rousseau and Revolution

10

〔美〕威尔·杜兰特　阿里尔·杜兰特 著

by Will Durant, Ariel Durant

台湾幼狮文化 译

上海三联书店

第四章 | 波兰之劫
（1715—1795）

波兰一览（1715—1764）

地理状况、种族、宗教和政治情形都是波兰先天的敌人。它的国土面积与法国相当，就 1715 年的疆界而言，西自奥得河起，东则一直延伸至斯摩棱斯克和基辅。然而，它没有高山、大河的天然疆界在东西两界作为国防上的屏障。其国名本源自"Pole"（意即田野或可耕地），而该字正是平原之意。它本土上可以说只有一个出海口，即但泽。另外的维斯图拉河出海处，因为太接近普鲁士，所以根本谈不上防卫。民族的构成也不单纯：占多数的波兰人有 650 万人之多（1715年），还有德国人、犹太人、立陶宛人、俄罗斯人等少数民族，互相火拼，尤其是条顿人和斯拉夫人，更是水火不容的世仇。宗教上也不统一，罗马天主教教徒占多数，统治并压迫"异教徒"，包括新教徒、希腊正教教徒和犹太教徒，他们本身也不团结。政治上更无团结力可言，因为最高权力掌握在完全由贵族组成的国会手中，而每位代表凭其自由否决权，可以取消其他代表的任何提案，也可以随心所欲地使任何会期或任何一期国会中途夭折。国王由国会选举，同时一切遵照"约定"，这是他签了名作为选他的交换条件，其实即使有任何接替王位和获得稳固的支持力的保证，他也实行不了长期政策。贵族要求毫无限制的立法权，因为他们希望他们能完全自由地管理其土地与奴隶。然而，自由的精义就是它本身也要受限制。它不受限制时，那也就等于被宣告死亡而陷入无政府状态之中了。索别斯克之后的波兰史，就是无政府状态下的大事记。

几乎全国的土地都由封建体系下的农奴耕作，但农奴毫无上诉权。虽然地主有时显得非常仁慈，但他们通常更像是专制君主。农奴不但要交给他们要求的生产量，同时每周要在田庄内工作两三天，作为对主人恩德的报答。幸好，波兰土地肥沃、水源充足，农民尚能糊口。但是，库克西形容他们"比我在旅游中见过的所有百姓还要穷困、贫贱和悲惨"。他们的主人只是低阶的贵族或乡绅（Szlachta）而已，他们还要向他们头上的几百位拥有或控制广大地区的大地主效忠，绅士阶级充任国家行政机构的大部分职位。理论上他们也控制国会，事实上，波兰的政治是由大地主或其家族控制的，他们以经济上的影响力或直接以贿赂手段，操纵绅士阶级彼此明争暗斗。

在波兰，家族仍然保留其超越国家的原始优先权，拉德兹维尔、普土克斯、卡扎托斯克斯三大豪门，其个别的家族情感紧密结合的程度，胜过任何国家民族的同属感所能产生的联结力。在此意义下，爱国心的表现成为对父亲的尊重，尤其是对族中长老的尊重。家族如同机构一样地刻板，因为那是经济生产和道德纪律的单位。因而，在此制度下从来没有经济上的个人主义，没有子孙分散在全国各地各自为政的情形。一般说来，孩子们都留在祖产的事业上，而只要其父仍在，就完全听命于父亲。家族因为权威的统一而飞黄腾达，缺少这种统一性的，则势力日减。所有家族的财富都由父辈们集中管制，很多家族由于其产物与出口的再投资利润，财富不断累积。结果，竟有一些家族在财富方面超过国王。18世纪，波兰20大家族每一家族每年在家务开支上，都要花上20万利维尔，权势赫赫的家族将自己的家当作宫廷，既有家臣、私有军队、无数的侍仆，又有类似皇家的排场。比如卡诺尔·拉德兹维尔，他的领地有半个爱尔兰那么大，在1789 年一次 4000 名宾客的大宴中，就花了 100 万马克。

波兰最有名的家族是卡扎托斯克斯，家喻户晓，被直称为"大家族"。自 15 世纪以来，它一直占有王侯之位，同时与 1384 年至 1572 年统治波兰的乔治尔奥家族联婚。立陶宛副首相卡斯米尔兹·卡扎托斯克斯亲王与伊莎贝拉·莫施蒂因的婚姻（1741 年），也使这一家族吸收了法国文化。她带给他 3 位有名的孩子，其一为弗雷德里·米西尔，后来成为立陶宛的首相；其二为亚历山大·奥古斯都，后来成为"红俄罗斯"有王权的亲王；其三为康斯坦蒂娅，她与斯坦尼斯拉斯一世结婚后，生有一子斯坦尼斯拉斯·波尼亚托夫斯基，这个孩子后来成为波兰历史上最富悲剧性的人物。

卡扎托斯克斯家族另一渐趋明显的特色是，随着财富的增加，其自由主义的思想逐渐衍生。他们很早以对俘虏行人道的待遇而闻名。当时一位人士说："若我生而为奴隶，我愿意做亚历山大·奥古斯都·卡扎托斯克斯亲王的奴隶。"他们建学校给小孩子们就学，供给他们教科书，建教室、医院和模范乡村。他们召来老师与学者，在其位于普劳维（Pulawy）的田庄与别墅里，为国家教导出生于任何阶级的有为青年。政治上，他们极力反对自由否决权的行使，因为他们主张建立有效率的政府。但是，许多家族反对他们，因为他们认为否决权是他们防止君主集权专制的唯一方法。其中最强硬的反对派是普土克斯家族，这一家族的领导人物弗里希·波托茨基侯爵，在乌克兰有 300 万英亩的领地，他巡视时，可以从任一方向行 30 英里，而不出其领域。

16 世纪，工业与商业曾使波兰国家壮大，城镇繁荣，然而地主与受地主摆布的国会两者的敌视，导致其发展停滞不前。很多城市恰好坐落在封侯的私有领地内，而这些封侯力赞农业反对工业，因为他们唯恐独立的中产阶级会因之兴起。此外，庄园内的农奴手工业的竞争，使城镇的工业受挫。安东尼·波托茨基于 1744 年写道："城市荒芜得很，我们只要一望即知，除了华沙一地外，全国第一大的城镇大概只有盗匪巢穴一般的规模而已。"利沃夫（Lvov）的街道杂草丛生，有些广场已成旷野。克拉科昔日为欧洲伟大的文化中心之一，沦落为只剩9000居民的寂寞小城，显赫一时的大学，也只剩下600个学生而已。

城市的荒废部分归因于叶卡捷琳娜的再度征服。许多被驱逐的新教徒以前都是商人和工艺匠人；除了波兰西部（那里无数日耳曼人留了下来），波兰新教人口的锐减使波兰土地尽归地主所有，这些地主若不是罗马天主教徒，就是居于东方的东正教徒或唯一神教派教徒（承认教宗的最高权威，但仍保留其东正教仪式的教徒）。占全国总人口8%的异教徒包括新教徒、希腊正教徒和犹太教徒，被排除在政府公职与议会之外。所有对他们的诉讼都由天主教徒组成的法庭判决。宗教仇视已达到顶点。1724年，在多由新教徒居住的地区托伦城，民众因为愤懑一个耶稣会学生的行为，而污辱圣体，践踏圣母像。9个滋事者被判处死刑。波兰的新教徒于是向南部的普鲁士求助，希腊正教教徒则向东方的俄国求援。俄普两国都伸出援手，因此步向入侵与瓜分波兰之途。

波兰人的德行在桌上宛如德国人，在床上则一如法国人。农民因需要照顾其土地和妻子，所以长久习惯于一夫一妻制。但在首都，这一制度实难以维持，因为女人既美又富"诱惑的仪态"，而她们又不许她们的良好教育来收敛她们的魅力。据说，华沙的女人在性生活方面的放纵，堪与巴黎女人相比。波尼托夫斯基向我们保证过他到22岁时仍是处男，但他又补充说明，有这样的操守在他那个阶层里实属例外。酗酒不分阶级，普遍流行。在农民中，它可带来暂时的遗忘，忘掉贫穷、艰苦与寒冷。在贵族中，则可安慰他们的孤独与烦恼。所有阶级的男士都视酗酒为一种成就而非罪恶。潘·库玛泽乌斯克能够一次饮尽一大桶香槟，而面不改色、神志清醒，这使他深以为荣。波尼托夫斯基更被警告说，除非他一周醉酒两次，否则将失去民心。

好客的风气全国盛行，但好客程度的高低全看被款待客人的酒量而定，有时，竟需以一大片土地或以一个城镇作抵押以备盛宴之需。

受过教育的波兰人，更以其服饰来点缀周围的景观。农民在夏天，随便穿着以粗亚麻做的衬衫与膝裤，既无袜子又无鞋子；在冬天，则裹着厚厚的衣服，从不讲究颜色，也没有时间修饰。为数72.5万人的绅士阶级则不然。他们脚穿马靴，头顶羽帽，身着丝制或绣花边的彩色袍子，腰际系着一条宽大有图案而且色彩鲜艳的织带。这一身神气十足的民族服饰是立陶宛人在乌克兰与土耳其人接触后而引进的打扮。这也可代表波兰人与土耳其人为对抗奥地利或俄国而行的临时结合，它也许表现出波兰人的行为举止与性格带有某种亚洲的风味。

具有文化传统的波兰在1697年至1763年，却因其萨克森诸王对斯拉夫文学与艺术的不关心和两次蹂躏全国的大战，而毫无进步。天主教会不但是首要的艺术赞助人，而且也是教育的教导者和知识与文学的主要来源。它处心积虑地将波兰带到西方的科学与哲学运动的洪流之外；不过，在这一范围内，它也推广了知识，教化了民众。基辅主教约瑟夫·扎鲁斯克在华沙替一个历史悠久博大的图书馆收集了20万册的书卷，1748年，他将该馆开放给大众使用，并送给国家。而他自己生活俭朴，在力保波兰独立的战争中还牺牲了自己的生命。

促使年轻而热切的教士斯坦尼斯拉斯·卡纳尔斯克改学历史与法律的，也正是这位基辅主教。卡纳尔斯克编纂的从卡西米尔大帝到他那个时代的波兰法典，在1732年出版了四卷中的第一卷。对于他而言，这些和其他一些研究，显示出波兰很可悲地漂浮在文艺复兴的潮流之外。他深信，若要再生，必须从上层做起，因此他在华沙建立一所贵族学院（1740年），家世上等的青年可在那里接受良好的教育。他们不仅学数学、古典语言与文学（耶稣会教士在这方面的教育是颇有成果的），而且研习自然科学与现代语言。这真是值得称赞的创举，因为他既无财源，又无教科书，师资与学生俱缺，然而在15年的辛劳耕耘后，贵族学院成为一所有名望而为人赞誉的学校，更成为波尼托夫斯基执政期间文化兴盛的源泉，也是 1791 年开明宪法诞生的主力。他呼吁改革波兰语言，剔除拉丁字句和华而不实的修辞。但全国都表示反对，仍旧照学传统语言不误。卡纳尔斯克于 1760 年至 1763 年出版了波兰 18 世纪最重要的政治论著，标志着其事业与声名达到最顶峰。该论著虽称为《论辩论的有效行使》（*On the Effective Conduct of Debates*），表面上看来毫无政治色彩，其实是对自由否决权的口诛笔伐。对否决权虽然另有许许多多的抗议，但 1764 年后，国会还是被自由否决权瓦解了。波尼亚托夫斯基改革的波兰宪政是由于得到卡纳尔斯克的助力而开始的。

在波兰逐渐苏醒并重见光明之前，它一直要在萨克森王的统治下，痛苦地度过 67 年的混乱、屈辱和败亡的苦痛岁月。

萨克森诸王（1697—1763）

波兰国会通过提案，将伟大的索别斯基之子的波兰王冠，交给萨克森选帝侯腓特烈·奥古斯都。这位选帝侯因与天主教和解，一夜之间成为波兰王（强者）奥古斯都二世。瑞典的查理十二被斯坦尼斯拉斯一世取而代之（1704 年），查理在波尔塔瓦被打败（1709 年），而奥古斯都重得其王位。奥古斯都在 18 世纪的诸君王中，享有最少的立法权，但享有王室所有的性生活特权。由于他没有能力治理波兰，他将他的爱人送回萨克森美化德累斯顿，然后沉溺于啤酒中，在女人身上消耗他的生命力，而这些女人中只有一个是波兰美人。在他执政晚年，他打算将波兰瓜分给奥地利、普鲁士和萨克森三国，但他在实现这一罪恶前就死了（1733 年 2 月 1 日）。他在其临终的床上说："我的一生真是恶贯满盈。"这真是肺腑之言。

在选举国王的会议召开期间，法国公使利用银弹攻势，赢得议员和官员们关于恢复斯坦尼斯拉斯王位的保证。自被贬之日起，斯坦尼斯拉斯一世就在阿尔萨斯静候。1725 年，他女儿玛丽和法王路易十五结婚，成为法国皇后。因此，路易希望他岳父复位，而执行法国联合普、土两国以围堵奥地利的政策。但是，俄国政府唯恐这样一来会削弱俄国对抗土、普那种势难避免冲突的力量，也运送了大批卢布到华沙设法阻止法国的预谋。结果，利维尔压过卢布。1733 年 9 月 10 日，斯坦尼斯拉斯成为波兰王。

但是一群少数派拒不承认该次选举，于是他们拉拢俄国，当时俄国军队已进至维斯图拉河，而且宣布萨克森选帝侯为波兰王奥古斯都三世（10 月 6 日）。由此兴起了波兰王位继承战，俄国首次决定性地干涉波兰事务。斯坦尼斯拉斯期盼有一支波兰军队护卫他，但除了纸上所载的外，看不见真的一兵一卒。他逃到但泽，乞求法国援助。法国政府当时由弗勒里大主教主政，而他不想与遥远的俄国作战，因此只派一支 2400 人的军队前往。对峙的结果，1.2 万名俄军自然以量取胜。斯坦尼斯拉斯逃离但泽，退隐洛林。1736 年 1 月，他签了退位书。7 月，奥古斯都三世成为波兰王。

但是，他治理这个混乱不堪的君宪国家，比斯坦尼斯拉斯更加不适合。一度，他与卡扎托斯克斯合作，欲制止自由否决权的行使。波托茨基却不时地动用自由否决权来保有该制。奥古斯都终于放弃努力，而逍遥在德累斯顿，很少回波兰。贪污贿赂不但横行如常，甚至更加恶化。国王无法改善，只好与它合流，于是他也将官职卖给出价最高的人。大地主控有军队与法庭，他们直接与外国强权谈判，而得其资助。法、奥、普、俄四国展开竞争，希望能从这即刻就要瓦解的国家中，得到最大的利益。

在奥古斯都临终与死后（1763 年 10 月 5 日死亡）的一段时间，提名其后继者的竞赛，花样层出不穷，各式各样的外交手段竞相登场，也有"战争边缘"的运用。波托茨基号召建立一支 10 万人的常备军，以保护波兰免受外强的宰割。卡扎托斯克斯家族则退到俄国的荫庇下，与叶卡捷琳娜二世妥协。俄国声称有波兰境内占少数的希腊正教徒的保护权，并追溯至 800 年前圣弗拉基米尔（St. Vladimir，约

956—1015 年）时代，东波兰省是从俄国手中被夺走的。法国则赞同奥古斯都三世之子承继王位，因为若俄国控有波兰，整个法国对东方的外交政策都要失败。腓特烈大帝因刚结束对法奥的 7 年艰苦战争，需要得到助他逃过灾难的叶卡捷琳娜的友谊。因此，他同意支持她的波兰王位候选人，同时与她签了条约（1764 年 4 月 11 日），秘密地约定反对任何对瑞典或波兰宪政的改变，否则王权的增大会导致这两者或其中之一危险的扩大，他们提议要以自由之名来制止混乱。卡扎托斯克斯之所以为叶卡捷琳娜的绥靖劝服，是因为她保证在情势恢复稳定后，支持他革除自由否决权，同时，她要选定受他们家族保护者之一，即他们的家臣为王位候选人。1764 年 9 月 7 日，在卢布的攻势与 3 里外的俄军逼近之下，国会一致通过选定斯坦尼斯拉斯·波尼亚托夫斯基为王。

波尼亚托夫斯基

他生而为斯坦尼斯拉斯·波尼亚托夫斯基公爵，克拉科总督，后于 1732 年 1 月 17 日投效卡扎托斯克斯家族。他告诉若弗兰夫人说："我在极其严厉的教养中长大，在今日你们找不到像我母亲那一类型的女人，我父亲则仅以他本身为典范来教诲我。"年方十六，他即开始出国游历。1753 年，他的外貌、风度和年轻深深地令若弗兰夫人为之迷醉，也吸引了她整个沙龙的人士，他几乎风靡全巴黎。几年之后，他也跟着时尚，写了一段自画自剖的文章，其中所述与真实情形完全符合：

> 若我再高一英寸，若我的鼻子稍微不那么又勾又直，我的嘴再稍微小一点，则我对我的外貌身段就完全满意了……虽有这些瑕疵，我相信我的面部是高贵而富有表情的，我的外形是出众的……我的近视常令我看来有点笨拙，但这种感觉只是片刻的。的确，我容易触怒别人，因为我太走相反的极端，也就是行径太

过高傲。美好的教育使我能够弥补我心智和身体上的缺陷，因此很多人对我的期望，比我能做到的还多。我的机智使我参加任何谈话，但总是无法持久和太过频繁。然而，我生性具有的同情心与友爱心总是一大助力。我天生对艺术有癖好……但是我的惰性令我无法深入艺术与科学。我不是做得太过分就是全然不做，我对事物的判断力不错……但是我特别需要好的建议，来帮我实现我自己的任何计划。我易受感动，但常为悲伤而较少为快乐所动。我很快就会懊恼……我喜爱时，我喜爱得极其狂热……我不报复别人。虽然在激动的片刻之间，我很想报复敌人，但我从未将这种意愿实施。因为同情心总是及时介入。

观察自己、表达自己如此得当，正表示波尼亚托夫斯基是生而为思考与写作，而非为计划与施行的人。他遇见过孟德斯鸠，读过伏尔泰的作品。他有法国社会那种心智上的优雅与细腻之风，并带有相当程度卢梭表现出的那种感情。他对女人很敏感，每每觉得她们给予他的，在精神或肉体上，都是无价的。曾经有过谣传说，他在巴黎负债累累，而后因之被捕，但在被监禁一小时后获释，因为若弗兰夫人替他偿还了 10 万利维尔的债务。

在巴黎过了 5 个月、学会了英语之后，他到英国去。他参观了好几次国会的会议，一心想要以孟德斯鸠描述的英国情形来改造波兰的情势。旅游结束回国后（1754 年），他被任命为立陶宛的高级总管。一年后，他陪同查理·威廉亲王前往俄国，此行结果令人颇为满意。1756 年回国，1757 年以波兰大使的名义再度前往圣彼得堡。后因参与 1758 年欲图推翻伊丽莎白的阴谋，被迫即刻离开俄境。叶卡捷琳娜那时的确对他的离去感到悲痛，但后来在支持他为波兰王时，已不是因为她仍喜爱他，而是因为（据她的说法）他比起别的候选人来力量最小，因此会更为感激她的支持。至于他本人，则从未从兴奋而难以忘怀的短暂结合中清醒过来。他回忆中的叶卡捷琳娜是心肠尚未被权力硬化的女人，他对她的一股迷恋即使在她利用他作为统治的工具时仍然存在。

在他被选为王时，他告诉若弗兰夫人：

> 我亲爱的妈妈：自从前天起，如此称呼你似乎是我更大的荣幸（他的亲生母亲现已死）。在我们的历史上，从没有过一次选举如此平静、如此一致……王国所有的尊贵夫人都到了，她们居于一大群的贵族之间……被所有的男士与女士的声音欢呼着时，我有一种满足感……但你为何不在场呢？你应该提名你的儿子的。

从这封信我们可"看出"他的"母亲"后来步上坎坷的欧洲大路，来造访她在华沙皇宫的"儿子"（1766 年）了。她对法国与波兰文明的差距，没有一点实际的概念，因而她希望他能在一年内将落后一个世纪的波兰大肆整顿赶上他国。但她的这个建议带给他诸多麻烦，因为她使波尼亚托夫斯基紧张地表现才能，尽量地尽儿子应有的孝心。她回去时，虽然他以一番好话和用钻石镶嵌的自己的画像送给她、安慰她，其实在内心里觉得松了一口气。回国之后，她对他的爱趋于狂热，她从维也纳写给他的信中，肯定她对他的"感情是我生命中不可少的东西"。

波尼亚托夫斯基尽全力而为。第一年，他对政府上下的大小事务尽忠职守。他日日参与他的大臣们的议事，并工作至深夜，对任何问题了如指掌。他成功地施行了几项措施，训练出一批才干超群、完美无缺的文官。他使自己尽量地平易近人，以和蔼可亲而不以其对改革的热心来吸引人，但是他这一股精神被他对叶卡捷琳娜甚至对俄军的依赖感减损、冲淡。这些俄军是她派留在波兰境内，以保证他的安全并令他服从的。她的大使奥托·斯达克伯格伯爵监视他，以免他忘了后台老板俄国。

他受到远近各处的敌人的包围。当时，波兰的权贵分成两派：一派以波托茨基家族为首，要求在改革施行之前独立，同时希望保持贵族的强盛，以牵制王权；另一派以卡扎托斯克斯家族为首，主张先行改革，他们认为当时波兰的混乱情势，国力太弱，无法摆脱俄国的保护。卡扎托斯克斯家族对波尼亚托夫斯基的支持犹豫不定，因为他们对他的放纵奢侈和眷恋女人感到十分悲痛。国会准他每年花费 220 万泰勒，1786 年提高到 614.3 万基尔德——后者约等于政府年收入的 1/3。他的花费比这还多，他从国内和海外银行到处借钱。国家曾两度偿还他的债务。然而，1790 年他仍负债 1150 万基尔德。他和叶卡捷琳娜一样，想以大兴土木作为他执政的永久纪念。他自己和他的仆从来来回回地在两处富贵华丽的宫殿中过日子。他耽于昂贵的享乐，他滥施赠礼给艺术家、作家和女人。

他个人的魅力也让他有所付出。继位时年仅 32 岁，潇洒而有教养，大方而仍未婚，于是吸引了渴望得他青睐和他财源的大批美女。一些无法同他结婚的女人，也都乐意与他同床，而一些巴黎来的女演员同样欲得国王宠幸。卡扎托斯克斯家族抗议。他承认过错，但不改恶习。最后，一位女郎名叫帕尼·格拉伯斯卡终使他走向圣堂，秘密地结了婚。此后，他的性生活备受监督，因而较有时间参与政事、文学和艺术。

他本人对艺术家和当时作家的作品与生活非常感兴趣。如同叶卡捷琳娜一样，他收集绘画、雕像和书本，建了一座艺术陈列室和图书馆。在图书馆内，给了伏尔泰崇高的尊荣。他替当地的艺术家找事做，也从法国、意大利和德国请来一些艺术家。皮拉内西和卡萨诺瓦两人不能来，但他们在意大利替他做了很多作品。他将王宫的一部分改为艺术学校，同时提供一大笔资金，使有潜力的年轻艺术家能到外国进修。他在华沙附近建了一个瓷器厂，其产品优良，堪与梅森和塞夫尔的产品媲美。他鼓励富有的波兰人——如阿达姆·卡扎托斯克斯、伊丽莎白·鲁勃米斯卡、海伦·雷得兹维尔——收集艺术品，聘雇艺术家，并重新建造和装饰其华丽的居所，以新古典主义的风格来取代萨克森时代的洛可可式样。但他本人喜爱古典与巴洛克两种风味的调和。达莫纳克·莫里尼就以这种风格来设计波兰郊区的拉兹克宫。此外，外国画家也在训练一批新生的波兰年轻艺术家，这批人在波兰失去自由后也都成熟了。

腓特烈大帝在波兰自身的改革过程中设下的障碍，是波兰走向灾难的第一步。到目前为止（1767 年），叶卡捷琳娜似乎仍然不愿瓦解这个显然一切已受俄国影响的波兰。瓜分会扩大普鲁士的领域，这比一个听命于斯拉夫的波兰，更能构成俄国参与西欧事务与文化过程的重大障碍。她对能要求波兰给予非国教教徒百姓充分的民权，已感到满足。然而，腓特烈大帝的要求不仅止于此。他永不认为西普鲁士这一大多数居民皆为日耳曼人和新教徒的地区，应该归波兰人和天主教徒统治。因此，瓜分某些部分的波兰领土是他永难忘怀的目标。波兰本身所生的任何力量，无论政治上的还是经济上的，都会阻挠这一目标的达成。因此，他在波兰的代理人赞同自由否决制度的维持，反对波兰国家军队的组成，而对天主教与新教的冲突也表示欢迎，因为这为其入侵提供借口。

在这个问题上，罗马天主教教士阶级的不宽容态度，与腓特烈大帝的计划恰恰不谋而合。它反对任何给予异教徒民权的措施。在白俄罗斯——当时是波兰国土的一部分，包括明斯克一带，罗马天主教当局从希腊正教会手中，接收了 200 所教堂，而将其交给唯一神教派教徒。东正教社区则不被获准修补他们破旧的教堂，也不准翻新或再建新教堂。波兰的孩子们从父母手中被抱走，在罗马天主教会的教养下长大，以服从其权威，这种情形更是很普遍。东正教教士百般受到刻薄的刁难，有些甚至被处死。波尼亚托夫斯基虽然赞同宗教宽容，但是他明白国会会反对承认非天主教徒的国会代表权的任何措施；同时，一旦有必要的话，他们会使用武力。而他也认为这一提议务必暂缓实施，至少等到自由否决权部分地被限制时，他推行计划的力量才能加强。腓特烈与叶卡捷琳娜两人都回答波兰说，他们除要求他们各自在波兰境内的少数教派教徒能受到赐惠外，对波兰是别无所求的。普、俄、丹麦与英国对 1766 年 10 月和 11 月开会的波兰国会，提出了请愿书，要求他们在波兰境内的相同信仰者，能够享有充分的民权。

然而，代表们听完能言善辩的克拉科主教卡杰坦·索蒂克慷慨激烈的演说后，群情激愤，不但要求驳回请愿书，而且要求处死他们在波兰国内的支持者，因为他们是波兰和上帝的叛徒。一位代表企图替请愿书辩护，但备受攻击，险些没命。波尼亚托夫斯基为了使激动的国会冷静下来，发行一本小册子，名为《一位好市民的深虑》（*Considerations of a Good Citizen*），呼吁全波兰人团结一致，并警告人民，分裂只会招来外侮。同时，他要求波兰驻圣彼得堡大使力劝俄国脱离请愿诸国的联盟。他写道："若这种情况持续不变，那么结果必定是一个对非国教教徒的圣巴托罗缪之夜，及带给我一次拉维立克（Ravaillac，暗杀之意）的大成果……女皇会使我这件王服变成复仇之袍。我将不得不在放弃她的友谊和与国家为敌两者之间做一抉择。"叶卡捷琳娜通过她在华沙的大使尼克莱·列普宁，如此回答他："我想不通何以一个国君只因支持合理正义的请求，就幻想自己成为国家的叛徒。"由于空间上的距离与教育上的不同背景，她实在觉察不出波兰人那股高昂情绪与骄傲造成的燎原之势。一群新教徒贵族在桑恩城组成一个联盟，而卡扎托斯克斯一派人士在拉多姆组联盟时，叶卡捷琳娜嘱令列普宁告诉他们俄国会出面保护。以这个借口，俄国陈兵八万于波兰国界，一些更已进入华沙。

国会于 1767 年 10 月复会。泽卢斯克和索蒂克两位主教鼓励代表们坚定立场，反对任何宪政的改变。列普宁越过波尼亚托夫斯基，以侮辱女皇为名逮捕了主教与两位俗人，将他们送到莫斯科西南 90 英里处的卡卢加（Kaluga）。国会抗议，列普宁警告道，若他们进一步反对，他将送 40 个而非 4 个代表出境。1768 年 2 月 24 日，国会终于对战争的威胁低头，同时与俄签约，接受叶卡捷琳娜的全部条件：宗教信仰的完全自由，非国教徒任国会代表与公职的资格；天主教徒与非天主教徒之间的诉讼，要由混合法庭审判。国会、叶卡捷琳娜和腓特烈对该约有关自由否决权除一些经济上的立法外仍然保留的安排，感到非常满意。国会谦逊地接受叶卡捷琳娜为新宪政的保护人。对此，她保证只要这种和解关系持续不变，波兰的国家领土必然完整，她对她不仅给予波兰人超过英国人享有的宗教自由，同时阻止了腓特烈瓜分的计划，感到非常欣慰与满意。波尼亚托夫斯基受到哲学家的恭贺，人民却指责他。

第一次瓜分（1768—1772）

波兰的爱国志士与教士们同意腓特烈的看法，即不接受这一情况的安排。罗马天主教教士强烈地指责波兰沦为俄国异教徒的附庸。卡米内克区的主教阿达姆·克拉辛斯基和约瑟夫·普拉斯克（即为美国独立奋斗的卡西米·普拉斯克的父亲），在各地讲道和散发各种小册子，试图唤起波兰人保护他们的政治自由与宗教独裁。在国会向列普宁屈服后的一周内，一群波兰人在波属乌克兰的第聂伯河上的小镇巴尔城，组成巴尔联盟（1768 年 2 月 29 日）。该联盟在财政上的支持者都是对叶卡捷琳娜与国王深怀怨恨的大地主。腓特烈对他的党羽原本的称呼为"白痴的群众"，现在这些群众心中燃烧着熊熊烈火，为唯一真正的信仰义愤填膺。这股激情更由诗人以沉重的哀婉语调道出，他们痛感波兰所受的奇耻大辱和国王的"叛离"。于是武器与资金纷纷从土耳其和奥地利送到爱国志士手中，达姆瑞兹更从法国来到此地将民众组成战斗团体。一心一意想恢复萨克森王朝的波兰人也加入这一运动，于是这一运动在短时间内就蔓延到全国。列普宁向叶卡捷琳娜报告，"全波兰烈火将烧"。波尼亚托夫斯基想加入这一联盟，但联盟里的死硬分子吓走了他，他们警告他，即使不处死他，也要将他罢黜。若我们相信伏尔泰的报道，30 个联盟在琴斯托霍瓦（Czéstochowa）会师宣誓：

> 我们秉着一股神圣和宗教的热心，下决心替斯坦尼斯拉斯·奥古斯都触怒的上帝、宗教和我们的国家报仇，他是神圣法和人间法的唾弃者，是异教徒和非教徒的颂赞者，在圣母神圣的圣像前，我们保证并发誓要将践踏宗教、侮辱圣母的他，从这个世界上除去……请上帝保佑我们！

列普宁下令俄军平乱。他们把巴尔联盟军民赶到土耳其边境，并烧毁一座土耳其城镇，土耳其于是对俄国宣战（1768 年），土耳其要求俄国军队撤离波兰，还波兰自由。哥萨克人利用这一骚乱入侵波属乌克兰，不分青红皂白地恣意杀戮地主、犹太司务、罗马天主教徒或新教徒的居民。在某个镇上，就杀害了 1.6 万名男女和儿童。联盟方面也以牙还牙，谋杀了所有能逮得到的俄国人和非国教教徒，因此清教徒和犹太人连遭两方面的杀害。在这几年间（1768—1770 年），有为数 5 万人的波兰居民死于战争的屠杀中。

现在，到处都在谈论波兰如何被瓜分一事了。波兰内部联盟也被其敌人指控为与其外国盟友联合瓜分波兰。1769 年 2 月，腓特烈大帝修书致圣彼得堡，提出俄、普、奥三国瓜分波兰的建议案。叶卡捷琳娜回道，若普奥愿协助俄国将土耳其人驱出欧洲，她将同意普国占有部分波兰，即隔开普国主要本土与东普鲁士的那部分波兰土地——其余的波兰领土归俄国保护。腓特烈不以为然。法国方面的舒瓦瑟尔，则力劝奥地利务必取得紧接匈牙利边境的波兰领土。奥地利认为这是好主意，也是行事的好时机。于是 1769 年 4 月，占领了波兰的斯普兹省（Spiz）。该省 1412 年曾由匈牙利抵押给波兰，后一直未赎回。1770 年，战争中暂时成为波兰共同防卫者的土耳其，向奥地利提出一个两国瓜分波兰的计划。

这些各色各样、不同形式的谈判不断进行着，西欧列强本身觉得波兰的瓜分是它本身政治上的混乱、宗教上的仇视、军事上的无能注定的结果，"欧洲大陆上的政治家都认为这一灾难无法避免"。但是在波兰内部联盟的波兰人，此时仍要求一个国会代表，前往西欧要求社会主义哲学家马布利和反派哲学家卢梭两人，替波兰人起草新生的波兰需要的临时宪法。1770 年至 1771 年，马布利提出他的建议案。卢梭则于 1772 年 4 月，即第一次瓜分条约签字后两个月，才完成他的波兰宪法。

巴尔联盟（上文所指的波兰内部联盟）在其溃败之前，也曾制造出几回高潮。1770 年 3 月，它在土耳其城市瓦尔纳（Varna）宣布罢黜波尼亚托夫斯基。1771 年 11 月 3 日，一些联盟分子截获了他。是时，他趁夜离开他的一个叔父的家，联盟分子的声势与力量压倒了护驾者，在先行射杀了一位护卫者后，即将国王拖出马车，用刀抵住他的头，然后将他自首都绑架而出。行经贝勒尼森林时，遭到巡逻队的攻击。在一场混战中，波尼亚托夫斯基乘机逃走，他立即通知皇家警卫，他们出城护驾，一场战斗到破晓方告结束。凌晨 5 时，国王衣衫褴褛、血渍斑斑地回到宫中。从此，政府与联盟方面妥协的可能性完全丧失。波尼亚托夫斯基倒向俄国怀里，联盟军几乎全被镇压，最后只剩一些残余分子留在土耳其——这正是新月旗护卫着十字架（1772年）的场面。

这时，俄军向黑海与多瑙河的推进，深深困扰普、奥两国，腓特烈二世和约瑟夫二世都不乐于见到俄国控制黑海，更不希望俄国控有君士坦丁堡。根据 1764 年和 1766 年的条约，普鲁士保证俄国一旦遭受攻击，即出面援助。土耳其在名义上成为 1768 年俄土战争的攻击者，普鲁士现在却因援救俄国而殃及本身。奥地利则对俄国军队进入瓦拉几亚，愤愤不平，因此威胁要与土联盟对抗俄国。如此一来，俄国即可要求普国攻击奥地利了。但是腓特烈已受够了战争之苦，他为了攻下并占有西里西亚，已打过两次战争。难道要再兴战事吗？不，他希望运用外交途径。也许运用得当，三强可因瓜分波兰土地而互相妥协。而俄国大使已是波兰的真正统治者，若旷日持久，俄国准会用尽所有借口将波兰完全收归在其领域之内。现在是否来得及挽回呢？是的，假如叶卡捷琳娜答应只取得波兰的东部，从多瑙河撤军，腓特烈可取得波兰西部。倘若奥地利有机会分赃，是否会缓和它的好战心呢？

1771 年 1 月，腓特烈的弟弟亨利亲王，在圣彼得堡向俄国外交官提出瓜分计划。帕宁反对道，俄国已保证保卫波兰的领土完整。但他提醒，这一保证是以波兰遵守新宪和结盟俄国为重要条件的，现在众多的国会代表加入巴尔联盟，这一承诺自然失效。但即使如此，叶卡捷琳娜也不很乐意。她心想，为何要与腓特烈分享她即将全部取得的波兰呢？为何要给予普国更多的土地、资源、波罗的海港口和更多壮汉组成的军队而强化普国呢？但是，她也不想与腓特烈打仗。腓特烈有 18 万人的军队。她更希望用他来阻止约瑟夫与土耳其联合以对付俄国的举动。她现阶段的目标是黑海而非波兰。1771 年 1 月 8 日，在一次舞会中，她突然向亨利示意她初步同意腓特烈的计划。

对如何分赃的谈判，前后共花了一年时间方达成协议。腓特烈要但泽港，叶卡捷琳娜反对。对此英国也反对，因为它与波罗的海的商业贸易都要依赖该港口。奥地利却为此大肆动员，暗中与土联盟。1772 年 2 月 17 日，腓特烈与叶卡捷琳娜签了瓜分波兰的"协定"。叶卡捷琳娜放弃俄国对瓦拉几亚与摩达维亚的权益要求，安抚了约瑟夫。而 1771 年的大歉收，也使约瑟夫不能充分给养军粮。另一方面，玛丽亚·特蕾莎劝阻她儿子不要参与波兰大劫。腓特烈与叶卡捷琳娜两人已经开始实际占领其自封的领域，情势迫他非签约不可。1772 年 8 月 5 日，约瑟夫终于在该约上签字。

令人诧异的是，该条约竟允许波兰保有其 2/3 的国土和 1/3 的人口。奥地利取得瓦哈依纳和喀尔巴阡山脉之间的南波兰、加里西亚和西波多利亚三个地方，总共面积 2.7 万平方英里、人口 270 万人。俄国则取得从东波兰到杜味拿河和第聂伯河之间，总共面积 3.6 万平方英里、人口 180 万人。普鲁士取得除了但泽与桑恩两地外的"西普鲁士"，面积 1.3 万平方英里，人口 60 万人。腓特烈分得的最少，但他成就最大，因为他成功地促成几位阴谋家和平解决冲突，同时，正如他们所说的，他已将西普鲁士与东普鲁士和勃兰登堡"缀补起来"。爱国的特赖奇克认为，这毕竟只是使德国恢复"条顿民族原来的景观……的据点，可爱的维斯萨山谷。往昔，是日耳曼骑士与蛮族奋战过的地方"。腓特烈也提醒欧洲人，西普鲁士的居民绝大部分是日耳曼人和新教徒。叶卡捷琳娜则指出，她取得的区域完全是讲俄罗斯语、信希腊正教的人民定居的地方。

三强立刻以军队占领其各自的新领域。波尼亚托夫斯基呼吁各国政府出面制止瓜分，但他们太忙了。法国正准备与英国交战，并不想阻挠其盟友奥地利；英国则应付即要发生的美洲殖民地叛乱，而法国与西班牙皆有可能介入或者构成威胁，乔治三世（当时的英王）建议波尼亚托夫斯基祈祷上帝帮忙。瓜分诸国要求波兰召开国会，确认波兰的新国界，波尼亚托夫斯基虽然拖延了一年，最后仍在格罗德诺（Grodno）召开国会。许多贵族和教士拒绝参加，有些人虽然与会但表示抗议，结果被送到西伯利亚，其他人有的接受贿赂，最后这一残余国会自己变为一个邦联式的组织（其中波兰法律规定行使多数决议），并签约放弃了被三强所夺的领土权（1773 年 9 月 18 日）。波尼亚托夫斯基同玛丽亚·特蕾莎一样，挥泪签署。

西欧承认了第一次瓜分，以其为阻止波兰完全落入俄国手中的唯一方法。据说有些外交家对"列强仅取得 1/3 波兰领土的节制作风甚感诧异，因为他们只要要求，就可得有全部"。哲学家们则感到欣慰，因为怠惰昏睡的波兰人在其开明的专制君王给鞭打后现已觉醒过来。伏尔泰称这次瓜分是残废者的历史性败退。当然，有组织的力量必定压倒反动派的无能。

波兰的启蒙时期（1773—1791）

　　波尼亚托夫斯基现在必须在俄、普之间选定一个保护人和主人。他选了俄国，因为它比较偏远，而且只有它方能阻止但泽与桑恩落入普国手中。叶卡捷琳娜也很急切地阻止普国的进一步扩大，普国的陆军在当时可谓俄国西向扩展的最大障碍。她训令俄国驻华沙大使就合乎俄国利益的各种措施，全力协助波兰国王。她送给波兰国王帕宁设计的更有效、更能运作的波兰宪法的建议案。该案保留君王选举制与自由否决制，但大事增强王权，因为该案设立一个由 36 位代表组成的永久委员会，由国王任主席，并作为他的行政大权机构，在其底下分设警察、司法、财政、外交和国防诸部。同时，该案建议设置一支 3 万人的正规军。贵族深恐该支武力会危及其对国王的控制，因此将其减至 1.8 万人。除了这一修正和其他的一些小修改外，1775 年的国会批准了新宪法。波尼亚托夫斯基现在可以使国家恢复一点生机了。

　　贪污腐败一如往常，但无政府状态已消失了。游击队已被剿清，国家经济开始发展。河流的深掘工程使大船可以通行无阻，运河的开辟则连接了河流。1783 年完工的一条"皇家运河"，连接了波罗的海和黑海。1715 年至 1773 年，波兰人口从 650 万人增到 750 万人，国家收入增加一倍。国立学校的一套制度也建立起来，教科书有了准备，也有了供应，克拉科和维尔奴两所大学恢复旧有规模，国家更设立许多师范学院并提供一切基金。波尼亚托夫斯基喜欢与诗人、记者和哲学家为伍。据考克斯的记载，"国王每周四招待最具学识与能力的文人聚餐，而他本人当主席"，以引发对书本和许多观念的讨论。他请三位作家与他同住，并私下以津贴支持其他作家的生活。成千的波兰人虽然信从教会，但他们阅读洛克、孟德斯鸠、伏尔泰、狄德罗、达朗贝尔和卢梭的作品，甚至有些为教会工作的教士亦然。波兰的启蒙或者说波尼亚托夫斯基的启蒙已经有了基础了。

　　耶稣会教士阿达姆·纳鲁兹维茨的诗令国王爱不释手。因此他被提升为主教，但他不断地谱出赞美大自然的田园诗，他的《太阳颂》和《四季》两首诗，使那些能看懂波兰原文的人一直深爱着他。他的讽刺诗喜用一般普及的语言写成，有时是拉伯雷式的文体，有时是世俗文体。波尼亚托夫斯基要他写一部可读性高但不乏学术价值的波兰史，于是纳鲁兹维茨花了几年的时间完成一部以史料真伪辨明著称的著作，共有 6 卷（1780—1786 年陆续出版）。波兰第二度遭瓜分时，他伤了心，自此郁郁不乐，在最后一次瓜分的那年去世。

　　该时期最杰出的波兰作家是爱格纳西·克拉斯克。在旅游期间，他赢得了伏尔泰和狄德罗的友谊。后来成为教士，最后升为红衣主教。但波尼亚托夫斯基鼓励他发挥他的诗才。在一首仿英雄体诗（1775 年）中，他讽刺他那个时代的战争是鼠辈之间的战斗。在 1778 年写成的一首诗中，他取笑那些修道院内的争执——称其为通往神学坟墓的致命武器。在散文方面，他在 1776 年创作的一部书中，叙述一位年轻的波兰贵族，身负时下的学识与感情风尚，遭海难后流落到一个奇异的岛屿上，发现岛上仍然处在"自然状态"中，但男男女女又勤奋又守德。在模仿荷马、斯威夫特和笛福这方面的作品后，他采用艾迪生的体裁，出版了一系列的浮世画集（约 1778 年），描写一位标准绅士和市民的生活。在 1779 年的作品《寓言与格言》（*Fables and Parables*）中，他以尖酸的讽刺语，攻击在他周围横行的虚伪和残酷事实，堪与菲得洛斯和拉·封丹媲美。他最后给人类的一点建议颇有贺拉斯之风：找个安静的角落，让幸福悄悄地降临。

　　虽然法国启蒙思想对纳鲁兹维茨和克拉斯克的影响因为其尊重教权而减弱，但在斯坦尼斯拉斯·特伦贝茨基身上大收其效，特伦贝茨基不提宗教则已，一提则必敌视。他的诗崇拜自然，但并不常带有那种激发情感的快乐逸致。他更喜爱大自然狂野的一面——比如动植物疯狂的盛况，暴风雨和大雷雨，生存竞争，弱肉强食。他寓言的体裁是拉封丹式的，但充满卢克莱修的精神。他的诗的气势、精致和完美，替他赢得了波兰文学界高潮时代的崇高地位。后遭审判时，波尼亚托夫斯基自始至终支持他，而国王被罢黜时，诗人陪他流亡至死。

宗教诗非常之多，因为宗教是波兰个人和国家悲惨命运的最后慰藉。卡尔平斯基的《晨歌》、《晚歌》和《基督就要降临》，既是文学作品，又是虔诚的信仰表现。卡尔平斯基很轻快地超越了宗教与性的古老对立，而在任命圣职之际，却发现了阿那克里翁和爱情。他出版《情欲》（*Erotica*，1770 年）一书，追求人间的幸福，但又皈依宗教，后疯狂而死。由此可见，企图中和两大极端事物必导致疯狂和引发哲学思考。

在戏剧方面，主要人物是沃基斯·博古斯瓦夫斯基。波兰人誉他为"波兰戏剧之父"。我们或可称他为波兰的加里克，波兰人却宁愿称加里克为英国的博古斯瓦夫斯基。他的确是一位将一生献给舞台的波兰人，他曾为演员、剧作家和制作人，曾为华沙和利沃夫常设剧院的导演，也曾为剧团经理，将戏剧欣赏在国内外推广。他推出莎士比亚和谢里丹，而他本人也写了许多喜剧，其中一些在波兰舞台仍不时地上演。波兰这一时期的最佳剧本是朱利安所作的《代表的归来》（*The Deputy's Return*），剧中那位改革派的代表将爱心献给一位其双亲护卫地主和过去生活方式的少女，戏剧性地表现出政治危机和冲突的两面。

波兰这一时期出现的繁星中，最后也是最伟大的一位是科翁塔伊。他的教育使他感染上浓厚的哲学思想，但他隐藏了这种异端思想，因而获得克拉科舒适的圣职。科翁塔伊年方 23 岁，即草创出一种当时最好的教育改革计划，因此，波尼亚托夫斯基任命他为教育委员会委员（1773 年）。27 岁时，他被赋以重整克拉科大学的重任。他花费几年的时间将它整顿完成，并留任为校长。在《一个匿名作家给国会议长的信》（*Letters of an Anonymous Writer to the President of the Diet*，1788—1789 年）和《波兰国的政治法》（*The Political Law of the Polish Nation*，1790 年）两部作品中，他提了一些建议，后成为 1791 年宪法的蓝本。

由于诗人与政论家的鼓吹与激励，波兰人开始振作了，他们欲图将波兰建设为一个有效率、有防卫力量的国家。腓特烈二世的继承者腓特烈·威廉二世，向1788年至1792年那一届"四年国会"提出结盟的建议时，他们等到了一个好的机会，因为强大的普鲁士竟要保证他们免于受到任何外强的干预。同时，这时的俄罗斯正忙于同瑞典和土耳其作战。因此，这正是波兰脱离它长期屈居叶卡捷琳娜之下的羞辱生活和结束俄国大兵在过去25年对波兰国土蹂躏的最好时刻。不顾波尼亚托夫斯基的反对，国会解散了国会本身的常设理事会，通过了一个议案，征募一支隶属于国会的10万大军；同时，下令俄军即刻撤离波兰（1789年5月）。叶卡捷琳娜由于当时无暇无力顾及波兰，不得不让步，但她发誓要报复。1790年3月29日，波兰国会与普鲁士签订联盟。

这时的波尼亚托夫斯基陶醉在自由的气氛里。在毅然弃绝他对叶卡捷琳娜的依靠时，他带头起草新宪法。新宪法规定王位世袭，但确定无子嗣的波尼亚托夫斯基死后，萨克森家室有继承权。国王的行政权稍加扩大，因为宪法上列有他的搁置否决权——他能使国会通过的法案不能成为法律，除非下一届再次通过。国王也有权任命大臣和主教，并有军队的统率权。自治市和小城镇的居民也有了几个国会代表名额。国会分成两院：众议院和参议院。众议院本身可单独立法，但要获由主教、省长和大臣组成的参议院的同意，才能成为法律。任意否决权改以多数表决代之。新宪法更承认罗马天主教是国家的宗教，背叛它是一种罪过，但又保证全体人民的信仰自由。奴隶制仍然保留，但农民现在可以从世袭的法庭上诉到省级或国家法庭。美国宪法（1787—1788年）在这些建议案中，产生了很大的影响力。曾经参与美国独立战争的波兰人可谓替波尼亚托夫斯基这一改革铺路，而他本人也未曾忘了他阅读洛克、孟德斯鸠和其他哲学家的作品时所获的心得。

为了确保他的建议案被批准，波尼亚托夫斯基动用了一点小诡

计。大多数国会代表回家度 1791 年的复活节假日时，国王在 5 月 3
日宣布国会复会，时间上太匆促了，远道的代表都来不及参加；而能
准时到会的华沙附近的代表大都是自由派人士，他们是新宪较可靠
的支持者。因此，国会在皇宫复会时，波尼亚托夫斯基马上提出新
宪案。代表们为新宪大加喝彩，结果以绝大多数赞成而获批准。1791
年 5 月 3 日是爱国的波兰人能够骄傲地缅怀的伟大日子，波兰的文学、
艺术、诗歌莫不因此大事庆祝。

解体（1792—1795）

除了俄国外，所有的强权都承认新宪。伯克认为那是"在任何时
代、任何国度中得到的最高贵的恩惠"，而且宣称斯坦尼斯拉斯二世
已在历史上的伟大君王与政治家中为自己赢得一席之地，但这种热切
的看法可能是英国对叶卡捷琳娜失败的一种喜悦表现。

有一阵子，女皇对波兰的新宪事件不形愠色，事实上她不会原谅
她的军队被迫撤出的举动，也对普国取代俄国之位而影响波兰事务感
到非常不快。《雅西和约》结束了她与土耳其的战役，普、奥介入对
法国革命政权之争时（1792 年 4 月），她不再惧怕她的那些旧日分赃
的同伴，她开始在波兰展开另一回合的进军。

保守派的波兰人替她铺了路。他们一致认为，通过波尼亚托夫
斯基宪法的是一个匆忙聚会的国会，以至于有很多贵族没有办法出
席，弗里西·波托茨基和一些大地主更愤懑于保护他们对抗中央权威
的任意否决权的废弃，他们很不愿意丧失选举——及进一步地加以控
制——国王的权利。他们拒绝对新宪章宣誓，同时在波托茨基的带领
下到圣彼得堡请求女皇帮助他们恢复旧宪法（1775 年宪法）。女皇曾
保证过要维护这一部旧宪法。她的答复是，她并不因少数几个人的要
求就来干预波兰事务，但若这要求是一种来自一些有组织的少数派，
她会考虑。腓特烈·威廉二世当时正因法国的情形而忙得不可开交，

不欲再与俄国之间发生战事。他一闻及波兰少数派与叶卡捷琳娜正在谈判时，即通知波兰政府（1792 年 5 月 4 日），郑重告诉他们，若为了护卫新宪法必须动用武力的话，波兰不应该有获得普国支持的打算。波托茨基回到波兰后，在（1792 年 5 月 14 日）乌克兰的一个小城镇上，组织了塔格维克联邦（Targowica），号召团结那些欲图恢复旧宪制的人。他的部属自称为共和党人，他们谴责波兰与普鲁士的联盟，赞誉叶卡捷琳娜，并乞求她的祝福和军队。

她两者都给了，因为援助的力量如此强大，以致邦联党人一直向华沙迈进。他们扛着"自由"的大旗，看来颇吸引人，因为有几个城镇将他们当作解放者。在特瑞斯普（9 月 5 日），波托茨基事实上已被大众欢呼为波兰的新国王。波尼亚托夫斯基要求国会授给他所有保卫新宪所需的权力。国会任命他为独裁者，同时召集所有波兰成年男子入伍，而国会本身休会。斯坦尼斯拉斯任命他 29 岁的侄儿约瑟夫·波尼亚托夫斯基亲王为军队总司令。亲王发现军队未受过训练，装备也简陋得很。他下令所有军队在斯拉兹河上的卢波城与他会师，但好几支军队被俄军包围，而无法前往。同时，那些到达预定地的军队则因力量太弱，无法抵挡俄军的前进。这位年轻的指挥官只好退守到他的补给中心地柏林。撤退之所以成功，是因为勇敢的后卫萨迪斯·库斯乌斯克掩护的缘故。这位老将年已 46 岁，早年在美国独立战争中打过正义之战，现在享有爱国主义和战争两方面的殊荣。

1792 年 6 月 17 日，波兰人在泽伦斯遭遇俄军主力，在第一次会战中击败俄军，这是波兰人自索别斯基时代以来，第一次击败俄人。库斯乌斯克在战役中发挥了他的技巧，他夺得一座山丘，然后以炮兵控制战场。约瑟夫亲率后备队出战，迫使俄军撤退。他太年轻，一直得不到军队官兵的信任，这一仗使他建立起威望。这一胜利使波尼亚托夫斯基感到欣慰，但来了一则坏消息，几乎扫走胜利的气氛。在立陶宛负责波兰军队防务的普军军官符登贝格的路德维希亲王在此时弃职而去，结果军队溃散，6 月 12 日俄军轻取了立陶宛的首都。

如此一来，约瑟夫的军队成为波兰的唯一防卫军。然而他们太缺乏给养了，有些团队竟然有 24 小时未曾进食，炮兵只剩下一打炮弹而已。亲王下令撤退到杜勃努。由于被人指责为懦弱的表现，他坚守杜比恩卡（7 月 18 日），以 1.25 万人与 2.8 万人的俄军对峙，形成拉锯战。随后他又成功地撤到库尔弗，在那里等待国王答应给他的增补。

然而，斯坦尼斯拉斯放弃努力。腓特烈·威廉二世拒绝履行普、波联盟的条约义务，路德维希亲王的不忠，国王在普拉加募集的大军成百成千地脱逃，所有一切对于第一次表现果敢精神的国王来说，的确打击太大。他以个人的名义请求叶卡捷琳娜能以较为宽大的条件结束战事。她却以最后通牒来答复（7 月 23 日），她要他加入塔格维卡邦联，而且恢复 1775 年的宪制。对这种毫不妥协的语调，他大感震惊，这难道是出自曾经接受他疯狂的爱的女人口中吗？

然而目前主宰他的是他温柔的性格。当然，他也想过抵抗，要武装自己亲赴前线，孤独地率自己的属民捍卫国家。他的妻子、妹妹和侄儿思及他会因此捐躯，而遗下孤零零的他们时，都痛哭流涕、悲伤万状，为此他也只有答应她们不去沙场了。何况，抵抗又有何用处呢？既然不能从普鲁士方面求得援助，既然普鲁士也可能从毫无防卫可言的西线进击，难道波兰能抵挡得住俄国吗？他不是奋力劝阻过波兰不要藐视叶卡捷琳娜而企图冒险仰赖普鲁士的空头支票吗？他不是恳求过建立一支装备良好的大军，而国会在同意招募后不是拒绝筹出资金吗？即使目前波军赢得一两次战役，难道叶卡捷琳娜在和土耳其媾和而有充裕的军备后，不会一波又一波地派出精锐部队来打击他那些凌乱四散的残余部队吗？在此情况下，总归要投降的，何以再做更大的牺牲，使人员更加伤亡，使波兰半壁国土成为焦土呢？

新上任的俄国大使雅克夫在给他妹妹的信中，曾经同情地描述此时身心都要崩溃的波尼亚托夫斯基的情形：

脸色苍白的国王仍然（年已60岁）衣着华丽，看来潇洒依旧，但是他的心灵已蒙上了一层阴影。他的言语适当，甚至非常流利，而他总是谦恭有礼，对任何人都如此。但是，他被压得紧紧的，他被人藐视、轻视和出卖。然而他却是最友善的一个人。我们搁置他的权位不谈，全然从个人的观点来看，我敢说他的优点多于缺点。的确，在路易十六以后，他是最不幸的一位君主。他照顾他的亲人无微不至，而正因为这批人才导致他的一切不幸。

1792年7月24日，波尼亚托夫斯基在枢密院会议上宣读俄国的最后通牒，他促请他们相信叶卡捷琳娜的大权。许多大臣抗议，对这一干脆的态度不表赞同。其中一位名叫玛拉考斯克，提议在一小时内募集10万基尔德作为防卫基金，并激励大家若一旦华沙失守，波军即撤至克拉科，在人口较多的南部另征新军。波尼亚托夫斯基所提的投降动议在会议中以7票对20票的表决结果被取消。但他以独裁者的身份，否决了表决的结果，他命令他侄儿不要继续抵抗。约瑟夫却回道，国王不但不应该投降，反而应该急速率领任何可能募集到的军队到前线加入战斗，直到最后一兵一卒。国王坚持军队必须加入邦联组织时，所有军官除了一人外，全部提出辞呈，约瑟夫也退居他在维也纳的老家。8月5日，一支俄军占领了普拉加。10月，约瑟夫修书请求他叔叔在波兰的最后一丝光荣丧尽以前退位。11月，波托茨基在邦联军的护卫下，胜利攻入华沙，在那里宣布波尼亚托夫斯基为波兰君王。但是，波托茨基的胜利马上化为灾难，因为1793年1月，普军开入波兰，占领了但泽和桑恩两地，而波托茨基的盟友俄军未曾发一枪一弹来阻止它。事态已经非常明显，俄、普同意再度瓜分波兰了。

叶卡捷琳娜与腓特烈·威廉早在1月23日即签订此约，但一直到2月28日才公开。波托茨基呼吁波兰各党派群起为国效力，换来的却是一阵嘲笑。约瑟夫称他为国家的叛徒，准备与他来一个面对面的私人决斗，但国王波尼亚托夫斯基禁止决斗。

第二次的瓜分，俄国取得 8.9 万平方英里的东波兰，连同维尔奴和明斯克两地，人口共计 300 万人。普国取得西波兰 2.3 万平方英里的土地，连同但泽与桑恩两地，人口共计 100 万人。波兰保留 8 万平方英里的土地和 400 万人的人口，差不多等于 1773 年后的一半。奥地利在第二次瓜分中未取得一寸土地，但为俄、普两国的好言慰抚，两国答应协助奥地利取得巴伐利亚。西欧各强国仍然忙着与法国革命政权竞争，无暇制止第二次波兰大劫，而叶卡捷琳娜更对他们解释，瓜分对阻止为害所有君王制的华沙革命的激流来说，是一种必要的举动。

为了确证赃物的合法权，她命令波尼亚托夫斯基在格罗德诺召开国会，而且吩咐他必须亲自前来签订与俄国的盟约。起初，他拒绝前往，但她提议要替他还债时——他的债务已高达 156.6 万杜卡特——他终于为了债权人的缘故，接受了另一番凌辱。此时俄国大使更有充分的资金可用来贿赂足够的国会代表与会，而且很容易就可以收买到几个国王随从，他们向他报告他们主子的一举一动。这一"最后的国会"（Last Diet, 1793 年 6 月 17 日—11 月 24 日）后来同意与俄签盟约，但好几个月一直拒绝批准第二次瓜分。有人告诉他们若不签字则无法离宫时，代表们仍然拒绝，并静坐 12 个小时抗议。最后，司仪提出表决，由于代表毫无反应，只好宣布默认，即表示同意（9 月 25 日）。残存的波兰再度成为俄国的保护国，1775 年的宪政也恢复了。

在波兰，若有人可以将国家从灾难中救回的话，只有库斯乌斯克能够做到。由于卡扎托斯克斯的资助，他前往巴黎（1793 年 1 月），祈求法国给予援助。他保证，若援军一到，波兰农民会起而反抗奴隶制，城市居民会起而反抗贵族，波尼亚托夫斯基会退位而赞成共和国的成立，波兰军更会支持法国对普的战争。法国的领导人物很赞同他的计划，但法英之间战事的爆发（1793 年 2 月），及联盟军入侵法国，使法国援助波兰的可能性完全丧失。

库斯乌斯克虽然远离祖国，一些市民、互助会会员和军官另组一支新军（1794 年 3 月）。库斯乌斯克于是快马加鞭地从德累斯顿赶回克拉科会同他们。他被任以总司令一职，具有独裁式的大权。他命令波兰每户人家要出 1 名步兵兵员，50 户出 1 名骑兵，而要他们携负任何可以搜罗到的武器，甚至矛和镰刀亦可。4 月 4 日，库斯乌斯克以 4000 名正规军和 2000 名农民军，击败了克拉科附近雷克拉维斯的几千名俄军。此举部分归功于他的卓越统御，部分也要归功于农民镰刀的奇异效果。

闻及此次胜利，华沙的激进派或雅各宾派分子也掀起了一次叛乱。中产阶级的领导人物犹豫是否要加入行动。4 月 17 日，这些起义军袭击了 7500 名俄军的军营，杀死了很多俄军，同时打败了一团约 1650 名的普军。外国占领军逃逸，结果有一段时间，华沙又归于波兰人的控制。另一次相同的起义事件收复了维尔努（4 月 23 日），绞死了立陶宛的司令官，夺回部分波兰国土，几乎连明斯克也占领了。5 月 7 日，库斯乌斯克答应要释放农奴，保证他们可以拥有他们耕作的土地。因此，大批的志愿军和士兵纷纷投靠到他的旗下。1794 年 6 月，他统率的大军竟有 15 万人之多，但只有 8 万人的装备合乎标准。

为了应对这一反抗，从普、俄两方面调进的训练有素的大军，一批紧接着一批。6 月 6 日，一支 2.6 万名的联军突然下至什切科齐内，令波兰人大惊。库斯乌斯克只来得及征调 1.4 万人应战，不幸惨败，他力战欲死，但未能如愿。而后，波兰的残军退到华沙。6 月 15 日，普军攻下克拉科，8 月 11 日，俄军再取维尔努。9 月 19 日，一支 5500 人的波军，在特尔斯善被萨沃罗夫统领的一支长年善战的 1.25 万名俄军歼灭。10 月 10 日，库斯乌斯克和 7000 名波军在马策约威策，因为寡不敌众，又遭败绩。事实上他并未如同传奇中描写的，嘶声呼出绝望的呐喊："波兰亡矣！"但是，该次溃败也意味着波兰人英雄式的起义终结了。

　　萨沃罗夫整顿各支俄军，联合攻入波人在普拉加的坚固阵地，那支发了战斗狂的部队屠杀了守军，城镇的民众也成了牺牲品。波尼亚托夫斯基令华沙投降，以避免更大的屠杀发生。萨沃罗夫将库斯乌斯克及其他的叛将送到圣彼得堡监禁，而遣送国王到格罗德诺去等待女皇的发配。1795 年 11 月 25 日，他在那里签了退位书。他恳求叶卡捷琳娜手下留情，让波兰人拥有一点他们的国土，但她决心要将问题彻底解决，一心不想让波兰存于世界。在 15 个月的争执后，俄、普、奥终于签订第三次瓜分条约（1797 年 1 月 26 日）。俄国取得库尔兰、立陶宛、波多立亚西部和沃哈尼亚，总面积 18.1 万平方英里。奥地利取得"小波兰"连同克拉科和鲁得林（Ludlin）两地，总面积 4.5 万平方英里。普鲁士取得上述以外的其他地区，包括华沙一地，总面积 5.7 万平方英里。若以 3 次瓜分来计算，俄国共归并 1220 万波兰人中的 600 万人，奥地利则并有 370 万人，普鲁士为 250 万人（人口以 1797 年为准）。

　　成千上万的波兰人逃离他们的祖国。外国人接管了大批没收的财产。波尼亚托夫斯基仍留在格罗德诺赏玩植物和写回忆录。叶卡捷琳娜二世死后，保罗一世邀他到圣彼得堡，将他安排在大理石宫中，每年给养 10 万杜卡特。1798 年 2 月 12 日，他在那里去世，享年 66 岁。库斯乌斯克在 1796 年为保罗一世释放后转到美国，然后到法国，继续他解放波兰的奋斗，至死方休（1817 年）。约瑟夫·波尼亚托夫斯基逃到维也纳，加入拿破仑对俄国的战役，他在斯摩棱斯克受伤，在莱比锡勇猛奋战，后成为法军中的元帅，1813 年去世。他毕生爱国，英勇过人，连敌人都敬佩他。波兰消失了，但波兰民族与文化长存，虽然沾上了宗教不宽容的污点，却出现了许多伟大的诗人、小说家、音乐家、艺术家和科学家，而使其民族文化扬眉吐气于世。同时，他们永未放弃重新崛起的决心。

第五章 | 腓特烈大帝时代的德国
（1756—1786）

获胜者腓特烈

这位引起欧洲的敬畏，盗取西里西亚，打败联合起来对抗他的半个欧洲，嘲笑宗教，冷落自己的婚姻，给伏尔泰上了几堂哲学课，而且只为了防范俄国的并吞而把波兰拆掉一条腿的怪物，到底是一个怎样的人呢？

他打完了"七年战争"而消沉地带着胜利回来，进入柏林（1763年3月30日）接受百姓热烈的欢呼时，看起来不只像妖怪，更像鬼魂。他写信给阿尔让斯时说："我回到一个城市，我只认得这里的城墙，我找不到一个熟人，那里有一件重责大任等待我去完成，不久，这里将是我不受战争、灾难与人们恶行骚扰的最后安息之地。"他的皮肤表面干枯而起皱，蓝灰色的眼睛阴郁而深陷，脸上刻画着征战与苦痛的痕迹，唯有鼻子还保留他帝王的威严。那时他老以为这样延续的战争会长期消耗他的体力、精神与意志，他恐怕活不久，但他那有节制的习惯使他多活了23年。他吃喝俭省，一点也不奢华。他在波茨坦新宫里的起居和服饰，好像他仍然处身军旅似的，他极不喜欢让部下来侍候。到了晚年，他放弃修脸，只是偶尔用剪刀剪一下胡子而已，传言说他不常洗澡。

战争铸成了他坚忍的性格，这种性格的形成始于对他父亲暴戾性格的反抗。受罚的军人在执刑鞭打的行列里跑 36 个来回时，他却无动于衷，静静地旁观。他的秘密特务、突然的侵扰、恶言谩骂、吝于给俸及使人透不过气的创制新规与控制，类似的各种琐碎的命令，使他的官员和将军们困扰不堪。他从未赢得他的弟弟亨利王子的爱心，这位弟弟在外交与战争方面为他提供了有力与忠诚的服务。他有过几个女性朋友，但她们怕他而不爱他，也没有一个获准进入他内部的生活圈。他尊敬他那位被冷落的王后，在战后荣归时带给她价值 2.5 万泰勒的礼物，使她惊喜，但他是否与她同过床值得怀疑。不过，她尽心地爱他，视他为乱世的英雄和极负责任的领导者。她称呼他为"我们亲爱的国王"，"我爱慕崇敬的君主"。他没有孩子，与他的狗群形影不离。夜间经常会有两只狗睡在他房间里，可能充当警卫。有时他抱上其中的一只与他同睡，用动物的体温来温暖自己。他的最后一只狗死去时，他"哭了一整天"。有人怀疑他是同性恋，但这一点我们也仅能臆测而已。

在他勇武的盔甲之下隐藏着不常公开显露的温柔。他母亲去世时他痛哭流涕，并以真挚的深情来回报他妹妹威廉明妮对他的忠诚。他对甥女们的慈爱无微不至。他取笑卢梭的情操，但原谅卢梭的敌视，基督教世界驱逐卢梭时，他为卢梭提供庇护所。他严格训练部队之后，接着便拿起笛子吹奏优美的曲调。他编写过奏鸣曲、协奏曲和交响乐，也参加这些曲子在他宫廷中的演出。博学的伯尔尼在那里听过他的演奏，说他吹奏得"很精确，节奏干净利落而一致，指法卓越，纯净又单纯的审美力，非常精巧的技法，他的每件作品都同样的完美"。然而，伯尔尼接着说："在某些困难的音节里……大王不得不违规地吸口气，以便所有的音节奏完。"后来，他呼吸越来越短促，而且掉了几颗前齿，迫使他放弃了长笛的吹奏，但仍然保留了对琴键的研究。

他仅次于音乐的娱乐是哲学。他喜欢邀请一两位哲学家聚餐，借他们来苛评教区的牧师和鼓舞他的将领。他与伏尔泰讨论时，仍然保持自己的看法。而大多数哲学家倾向于教条与妄想时，他依然是一个怀疑论者。他是近世第一个公然主张不可知论的统治者，但他不公开攻击宗教，他认为"我们有充足的不同等级的可能，来确定死后的存在是没有的"。他反对霍尔巴赫的决定论，霍氏主张（好比说一个人是意志的化身）心灵主动地创发感觉，而且我们的生理冲动可以经过教育而为理性控制。他最喜爱的哲学家是"我的朋友卢克莱修……我的好皇帝马可·奥勒留"。他认为后世没有在他们之上增加什么重要的哲理。

他同意伏尔泰的看法，相信"大众"繁殖得太快了，而且过于劳碌，没有时间接受真正的教育。群众对宗教信仰的失望，势将把他们引向政治的暴力。腓特烈指出："启蒙运动，对于上层人士而言，仿佛是天赐的光芒，而群众却视之为制造毁灭的火把。"这一远见，可以由法国大革命之后发生的1792年"九月大屠杀"（the September Massacres）和"1793年的恐怖时代"（the Terror of 1793）的一段史实得到验证。1759年4月，他对伏尔泰说："让我们承认这个真理：哲学与艺术只分布在少数人身上。而广大的群众……仍是停留在自然界塑造他们的老样子，是怀有恶意的动物。"他称呼人类（半幽默地）为"这个受诅咒的种族"（diese verdammte Rasse），还嘲笑仁爱与太平的乌托邦：

> 迷信、自私自利、复仇的习性、叛逆及忘恩负义，在世界末日前夕总会产生流血与悲剧的下场。因为我们受制于情欲而绝少为理性所治。战争、诉讼、劫掠、瘟疫、地震与破产永不休止……由于事实如此，我以为这是必然的……但我常常这样想，如果这个宇宙是一个仁慈的造物者创造的，他应该使我们比我们现在的样子更快乐些……人心是脆弱的。世上有3/4以上的人类

是生来执迷不悟的。从他们的眼睛里可以看出来害怕魔鬼与地狱的迷惑，而他们又嫌恶试图开导他们的智者……我在他们身上找寻神学家断定与他们有关的上帝的形象的努力是白费工夫了。每个人都带有兽性，很少有人能束缚它。若没有严厉的法律束缚他们，大多数人将为所欲为。

腓特烈的结论是，把政府让给大多数人来支配是会带来灾祸的。民主政治为了生存，就该像其他政府一样，必须由少数人来劝服大多数人愿意接受少数人的领导。与拿破仑一样，腓特烈以为"在任何国家和任何革命中，贵族总是存在的"。他相信世袭的贵族能展现荣誉与忠诚的意识和牺牲个人的巨大利益以服务国家的意愿，这是不能期待于那些从财富竞赛中产生的中产阶级才子的。因而，在战争结束后，他用年轻的地主来取代大部分出生于军旅的中级军官。然而，那些骄傲的贵族很可能成为割据与纷乱的来源和剥削的工具，所以国家应由君主发挥绝对的权力，来防止分裂和防范老百姓受到阶级的不平等。

腓特烈喜欢把自己想象为国家与人民的仆人。这也许是为了掩饰他权力欲望的借口，然而他的确以实际行动表现了此种想法。对于他而言，国家是至高无上的，他愿为它牺牲自己和别人。对于他来说，这种效劳国家的需要凌驾了个人的道德律则。十诫也不约束国家。所有的政府都同意这种实际主义的政治，有些君主还采纳君权是神职的看法。腓特烈与伏尔泰接触之后才有了后面这一概念，哲学家们也是在与腓特烈接触之后才发挥了他们的"勤王论"（thèse royale）主张——认为改革与进步的最大希望在于国君的开明。

虽然他从事许多战争，他还是成为法国哲学家的偶像，甚至也软化了善良的卢梭的敌意。达朗贝尔一直不接受腓特烈的邀约，但这并不影响他对腓特烈的称赞。他写信给腓特烈说："陛下，各地的哲学家与文人长期以来尊您为他们的领袖与楷模。"这位数学家最后屈服于不断邀请，于 1763 年花了两个月的时间与腓特烈在波茨坦相聚。亲密（加上一笔恩俸）并没有减少达朗贝尔的敬意。他欣赏腓特烈那种不拘小节的作风，及他谈论战争、政府、文学与哲学的见解。他告诉朱丽·莱斯皮纳斯说，国王的见解谈论远胜过当时法国最优雅的言词。1776 年达朗贝尔因朱丽的死去而伤心欲绝时，腓特烈寄给他一封信，表现出这位国王的睿智和温柔的感情：

> 对加之于你的不幸我深感难过……心灵的创痛是最令人感伤的，也……只有时间才能治愈它们……在我遭遇的不幸里，从此类的损失中我得到了太多的经验。最好的治疗法是强迫自己转移心智的方向……你当选择从事一些需经常应用的几何学研究……西塞罗为了在他所爱的都利亚死去时安慰自己而奋力写作……在你我这般年岁，应该看得开而易接受抚慰。因为，不要多久我们将与那些悲怆失去的人相会。

他敦促达朗贝尔再度到波茨坦。"我们可以一起思考关于人生的虚无……斯多葛学派的浮夸……若能消解你的哀恸，我会像打胜仗一样感到快慰。"此点显示如果他不是十足的哲学家皇帝，至少是一位喜爱哲学家的国君。

对伏尔泰的情形却不是这个样子。他们在柏林与波茨坦发生的争执，及在法兰克福腓特烈逮捕伏尔泰的事情，给伏尔泰留下了比悲哀更深的伤害。这位哲学家感受的苦痛比这个国君更长、更久。他告诉利涅亲王说腓特烈"不知感恩，他唯一知道感恩的是他在莫尔维茨之役战败逃亡时所乘的那匹马"。那个世纪中最杰出的两位人物重新恢复通信，是在伏尔泰写信劝那个绝望的斗士不要自杀时开始的。不久，他们又互相责骂和恭维。伏尔泰提醒腓特烈自己与甥女在这位国君的部属手上失去的颜面。腓特烈回答说："假若你不是与这样一个为你的才华着迷的人有关系，你绝不能如此安然地脱免……想想发生的一切，而别让我再听到你那位令人厌烦的甥女。"不过，这位国王接着又很令人陶醉地安抚了一下他那位哲学家的自我（philosophic ego）：

> 你期望听到一些恭维的话吗？很好，我这就告诉你一些真相吧。我敬佩你是因为你是多少年代来曾有过的最卓越的天才。我崇拜你的诗，我爱你的散文……在你之前没有一个作者感触像你那么深锐，风格像你那么稳固而纤细……你交谈时很吸引人，你知道如何取悦人，同时教导人。你是我认识的最具有吸引力的人……一个人最重要的是出生的时代。虽然我来得太迟，但我已经无所遗憾，因为我曾经见过伏尔泰……而他常写信给我。

这位国王以实际的贡献支持伏尔泰为卡拉斯家族与塞尔丰家族而从事的宗教论争，还赞同他反对不名誉事件的战争，但他没有和那些哲学家一样信赖人类的启蒙。在理性与迷信的竞争上，他预测迷信会获得胜利。他在 1766 年 9 月 13 日写给伏尔泰的信上说：

> 你从事的伟大使命将会开启某些年轻人的眼界……但是这个世界上有着多少笨瓜不愿动脑筋啊！……相信我吧，如果哲学家们创设一个政府，不出半个世纪人们又会造出新的迷信……崇拜的对象或许会变，就像你们法国式的时髦。但是，不管人们拜倒在未发酵的面包之前，在牡牛阿匹斯（Apis）之前，在藏匿摩西十诫的约柜（the Ark of the Covenant）之前，或在石像之前，那又有什么不同呢？不值得去选择这种麻烦的。迷信依旧存在，只有理性徒劳无获。

承认宗教是一种人性的需要，腓特烈与它和平相处，而且以充分的宽容来保护它各种平和的形式。征服西里西亚之后，他容许天主教不受骚扰，只是把布雷斯劳大学开放给所有的信仰者，此前这所大学仅容纳天主教徒。他欢迎那些被天主教诸王驱逐，而在他"不可知论"的统治之下寻求庇护的耶稣会教士。他对穆斯林、犹太人和无神论者一视同仁，善加保护。而且，康德在他的统治领域内实现了他演讲、教学与写作的自由，在腓特烈死后这种自由受到尖锐的非难而终告结束。在这种宽容之下，大多数宗教组织在普鲁士衰落了。1780年，在柏林 1000 人中有 1 个教士，在慕尼黑则有 30 个。腓特烈认为宽容将使天主教结束。"要复兴天主教会需要奇迹，"1767 年，他写信给伏尔泰说，"它受到了可怕的中风的袭击，不过你还有埋葬它和为它写墓志铭的慰藉。"这位最彻底的怀疑论者暂时忘记了对怀疑论保持怀疑。

重建普鲁士

历史上没有别的统治者像他那样兢兢业业、勤奋不已，也许他的学生奥地利的约瑟夫二世例外。腓特烈像训练他的部队那样训练自己，通常 5 点起床，有时是 4 点，工作到 7 点，吃早餐，然后与他的助手们集议到 11 点，接着检阅皇宫卫队，下午 2 点半与部长和大使们聚餐，然后工作到 5 点，接着在音乐、文学与会谈中放松自己。战后，他的"午夜"晚餐始于 9 点半，过了 12 点后才结束。他不允许任何家庭的束缚扰乱他，不容宫廷礼仪劳累他，也不容宗教假日来免除自己的辛劳。他监督大臣们的工作，对政策上的每项进展几乎都有指示。他留心他的财库，他在政府整体之上设立了财政部或会计局，赋予随时可以检察任何部门的权力，而且训令它们报告任何不轨的疑点。他严惩不法行为与无能，以致那时漫布欧洲其他各地的官僚腐化，在普鲁士近乎绝迹。

对以上的作为，及他饱经战乱的国家的迅速复兴，他很感自豪。他从国内的经济开始建设，皇室开支像商人家里那么节约，这件事曾受到战败的法国与奥地利奢华浪费的宫廷的嘲笑。他的战袍不过是士兵的制服，有 3 件陈旧外衣，背心积尘而闻得出气味，仅有的一件庆典用的外袍被他穿了一辈子。他取消了曾经扈从他父亲的猎人与猎狗，这位斗士喜爱诗歌胜过打猎。他没有建设海军，不寻求殖民地。他的官员与僚属俸给微薄，而他供给柏林朴实无华宫廷的是极度的俭省——自己却留在波茨坦。然而，查斯特菲尔德伯爵评说那是"一个年轻人在欧洲能找到的最优雅、最光耀、最有用的宫廷"。他更补充说，"你会看到此时（1752 年）这个国家的政府的艺术与智慧比起欧洲其他各国都要好"。然而 20 年后，英国驻普鲁士公使马姆斯伯里爵士也许为了安慰伦敦，报道说："在那个首都（柏林）里，既无诚实的男人，也没有贞洁的女人。"

当国家安全有虑时，腓特烈检视他的开支情况。一面劝说一面募款，他很快使他的军队恢复了战前的力量。唯有掌握武力，他才能在约瑟夫二世与叶卡捷琳娜二世的虎视眈眈之下维护普鲁士疆域的完整。这支军队也维持了普鲁士人生活的秩序与安定。他认为，有组织的核心武力才是取代无组织、具有破坏性的私人武力的唯一途径。他希望因畏惧武力而产生的顺从会转化为因习惯法律秩序而培养的顺从——使武力转化成律则，同时藏起了它的利爪。

他更新他的命令，一再要求法学家们把各省和几个世纪以来互相冲突的土地立法编成一个法律系统，即《普鲁士土地法总则》（*Allgemeine Preussische Landrecht*）。这个工作因塞缪尔·科克采伊的去世（1755 年）与战争而中止，后来又由约翰·卡默总理与 K. G. 斯伐雷茨枢密顾问官恢复，并于 1791 年完成。这个新法条采纳封建制度与奴隶制度，但除了这种限制之外，它试求保护个人使之免于私人与公众的压迫与不公平。它废除多余的法庭，减少并加速法律程序，缓和刑罚，制定了任命法官的条件。死刑的判决若无国王的批准则不准执行，每个公民都有权向国王申诉。他的公正获得了普遍的赞誉。普鲁士的法庭不久也被公认为全欧洲最公正、最有效的法庭。

腓特烈于 1763 年颁布了《全国乡村学校规程》，批准并延长了其父 1716 年至 1717 年要求的强迫教育。普鲁士的每个小孩，从 5 岁到 14 岁，必须上学。腓特烈的教育思想正好反映了他的性格，他规定小学课程里不授拉丁文，年老的军人受命为学校教员，而且所有的学习都是半军事训练。他附加说明："乡村的学校教师教年轻一代宗教与道德是一件好事……乡下的百姓只要学一点读和写就足够了……教学必须有计划地……来把他们留在乡间而不要促成他们离去。"

经济的重建最需要的是时间与金钱。最初原为另一次战争而收集募款，现在已经不需要了。腓特烈以财政支持城市与乡村的重建，分发食物给饥馑的社区，供应种子以利农耕播种，他从军队里拨出来 6 万匹马分配给各地农场。总共花了 2038.9 万泰勒从事公共救济。受到战乱摧残的西里西亚免税 6 个月。此地在 3 年间新建了 8000 户住宅，一家土地银行以宽厚的条件贷款给西里西亚农民。在各地的中心成立了许多信托会社，以促进农业的发展。沿奥得河低处的多沼泽地区得到排水处理，为 5 万人提供了可耕的土地。许多官员奉命到国外邀引移民，结果来了 30 万人。

奴隶制度使农民受到地主的束缚，所以，普鲁士的农民不像英国农民那样有迁往城市的自由，以促进工业的迅速发展。腓特烈试过了上百种途径克服这层障碍。他以优厚的条件贷款给工商业主，容许暂时的垄断。他引进工人，设立技术学校，在柏林开了一家瓷器工厂。他拼命地建设蚕丝工业，但桑树在寒冷的北方凋萎了。他在西里西亚奋力开矿，因为那里矿藏极丰。1777 年 9 月 5 日，好像一个商人对另一个商人那样，他写信给伏尔泰："我刚从西里西亚回来，我对此地颇感满意……我们卖给外国人价值 500 万克朗的亚麻布与价值 120 万克朗的衣料……我们发现了比雷奥米尔简易得多的程序，可以把铁炼成钢。"

为了促进贸易，这位国王废除了国内的过境费，拓宽港口，开挖运河，还辟建了 3 万英里的新路。对外贸易因对进口货课以高税和禁止军略物品出口，受到阻碍。国际上的乱局迫使政府保护国内工业，以便保障战时工业的负荷能力。然而，除了政府中枢之外，柏林仍然是贸易中心：1721 年它的人口有 6 万人，1777 年有 14 万人，柏林已准备作为德国的首府了。

为了在封建制度、资本主义、社会主义与贵族政治的混合制度中理财，腓特烈向他的人民收取的重税与他在社会秩序、补贴和公共工程上还给他们的一样多。他为国家保留了盐、糖、烟草和咖啡（1781年后）的专卖权，他还拥有全部可耕地的1/3。他样样课税，连街头的卖唱人也无法幸免，还任用爱尔维修设计的一套万无一失的征税制度。"新的操作（课税）计划，"一位英国大使写道，"新的课税方法实际上分离了百姓与他们君王的感情。"腓特烈去世时留给国库 5100万泰勒——等于全国岁入的两倍半。

访问过柏林三次的小米拉波，在 1788 年出版了《论腓特烈大帝统治下的普鲁士君主政治》（*De la Monarchie Prussienne sous Frédéric le Grand*），对腓特烈大肆抨击。从他父亲那里承继了重农主义的自由企业原则，他谴责腓特烈政权是警察国家，是滞碍创新和侵犯私权的官僚制度。腓特烈似乎回答说，在"七年战争"之后的混乱的普鲁士，经济无政府主义的放任政策会使他的胜利化为乌有。领导是必要的；他是唯一能有效地指挥的人；而除了采取军事的铁腕指挥方式之外，他不知道别的指挥方式。他使普鲁士免于战败和崩溃，却以失去人民的爱戴为代价。他体会到了这个结果，而以公正来安慰自己：

> 人类受到催促才会往前走，只要你一停止驱策，他们便会马上停下来……人们读书少，也不爱学习如何使用不同的方式处理任何事务。至于我，只做对他们有益的事，绝不做危害他们的事，然而每当我实施改革或推动革新时，他们都以为我要拿刀子搁在他们的脖子上，强迫他们非做不可。在这种情况下，我依靠的是坦诚的目的、我的良心及我具有的知识，因而才能平静地坚

守我的方针。

他的意志获胜了。普鲁士当他还在世时就已富强，人口倍增，教育普及，宗教歧视埋首隐匿。这个新秩序的确依赖于开明的专制，而腓特烈死后，专制依旧，却不再开明。处于像腓特烈那样坚强的意志统治下，国家的结构那时已经欲振乏力，终于崩溃。然而同样依恃一个人的意志与脑力统治的"拿破仑大厦"，也崩溃了。后来，还是腓特烈的远房继承人和受益人俾斯麦，他惩罚了拿破仑继承者统治的法国，而把普鲁士和其他上百个诸侯国联结成强而有力的德国。

诸侯国

在此，我们需要再次提醒自己，18 世纪的德意志不是一个国家，而是由一群近乎独立自主的邦国组成的松散的联邦，形式上他们接受维也纳神圣罗马帝国的领导，并偶尔派遣代表参加帝国国会或皇家议会，但其主要功能是听演讲、忍受各种仪式和推选皇帝。这些邦国有共通的语言、文学和艺术，但在礼节、服饰、币制、宗教信仰等方面各不相同。这种政治上的割据有一些好处：各式各样的亲王宫廷有益于刺激文化的多彩多姿。各国军队规模小，不致联合起来构成对欧洲的威胁。由于向外移民容易，宗教、风俗和法律上的宽容在相当程度上对邦国、教会与人民构成有力的影响。理论上，每位君主的权力是绝对的，因为新教的信仰准许"各国国王的神权"。不承认神圣权利而只承认他的军队力量的腓特烈，讽刺说："大多数小君主，尤其是日耳曼的小君主，以无止境的奢华来毁灭他们自己，他们是被他们幻想的伟大导入歧途了……连一个受册封的王朝的最小王子的最小儿子都把自己幻想成路易十四那么大。他也盖起他的凡尔赛宫，养一批情妇，拥有一支军队……（自以为）强得足以在意大利维罗纳的战场上大打一仗……"

诸侯国中最重要的一个是萨克森。它的选帝侯腓特烈·奥古斯都二世与玛丽亚·特蕾莎联手反抗腓特烈大帝时，它的艺术与光荣的时代就结束了。1760 年，狠心的腓特烈大帝炮轰德累斯顿并将之摧毁，选帝侯流亡波兰而为奥古斯都三世，后死于 1763 年。他的孙子腓特烈·奥古斯都三世承继选帝侯之位时年仅 13 岁，博得了"正义王"（Der Gerechte）的美名，使萨克森成为王国（1806 年），直至去世（1827 年）仍保有王位。

符登堡公爵卡尔·尤金是席勒的朋友和敌人。他向他的臣民收税的机巧用之不尽，又将其部队中的 1 万名军人卖给法国，维持着卡萨诺瓦所说的"欧洲最富丽的宫廷"，他有一座法国式戏院、意大利式歌剧院和成群的妻妾。更重要的是卡尔·奥古斯都，他是 1775 年至 1828 年萨克森—魏玛的摄政大公。不过我们将从更有利的角度，通过那些环绕他而使他的统治光辉灿烂的巨星来了解他——维兰德、赫尔德、歌德和席勒。他是那时几个小"开明专制君主"之一，在受了伏尔泰的影响和腓特烈的模范带动下，对德意志的觉醒有所贡献。管辖明斯特、科隆、特里尔、美因茨、符腾堡、班贝格几个地方的大主教们也加入这一行列，他们使学校和医院倍增，查核宫廷的奢侈浪费，缓和阶级差别，改革狱政，扩展贫民救济，也改善了工业与贸易情况。伯克记载说："很难发现、也很难想象哪个政府会比这些教会的主教更温厚、更宽大为怀。"

然而，在大多数日耳曼邦国中仍然强调阶级差别，并将其视为控制社会技巧的一部分。贵族、僧侣、军官、专业人员、商人和农民，构成差别巨大的阶级。每个阶级还分做许多等级，每一等级皆极为轻视它的下一等级。阶级外的通婚近乎无法想象，不过有些商人和资本家以金钱收到高贵的地位。贵族把持着军队与政府的高层官位，他们中有许多是靠勇猛和竞争赢得了他们的特权。但也有许多只是寄生虫，他们身穿礼服，在宫廷里争夺社会的优先权，还在语言、哲学和奉承仕女方面追赶法国式的时髦。

西部的德意志亲王、高级教士和贵族们，1780 年将农民从农奴制度中解放出来，因而促使了农村的普遍繁荣。赖因霍尔德·伦兹以为，比起那些斤斤计较的商人或趾高气扬的年轻贵族，农民算是较好的人类——他们单纯、真挚而又朴实。海因里希·荣格的自传（1777年）使农村生活中的日常劳动和季节性的庆典理想化。赫尔德发现农村的民歌比书本上的诗歌更真实、深邃。歌德在他的《诗与真》（*Dichtung und Wahrheit*）一书中描写葡萄收成的庆典使全区"充满了烟火、歌声与酒的快乐"。这只是日耳曼景象的一面；另一面是辛劳的工作和苛税，女人 30 岁而老，没受过教育的孩童穿着破烂的衣裳在街上行乞。1770 年，伊娃·柯尼希告诉莱辛说："在一个车站里有80 个乞丐对我蜂拥而来……在慕尼黑，好几家人追在我后面，大声呼喊着决不要让他们饿死。"

18 世纪，家庭比起邦国或学校来更为重要。日耳曼人的家庭是道德教养、社会秩序与经济活动的根源与中心。孩子们学会了服从严厉的父亲，在慈爱的母亲那里寻求安慰，而在年纪轻轻的时候就分担了各色各样的、塞满一整天的刻板的工作。席勒的《铃之歌》（*Song of the Bell*）描绘了一幅想象中的图画，"家庭主妇很温柔……聪慧地管理家务，教养女孩，管教男孩，而利用所有节省下来的时间纺纱"。妻子服从丈夫，然而她是孩子们的偶像。离开家里，除非是在宫廷，男人们不让女人参加他们的社交生活，她们的谈吐既无聊又鄙俗。宫廷里有许多有教养和仪态优雅的女士。埃克曼认为她们有些能"写出风格卓越的作品，而在这方面超出我们最有名的一些作家"。在德国，如同在法国一样，上层社会的女人必须学会昏倒的技巧，而且准备随时被感动得泪流满面。

宫廷道德在饮酒、赌博、私通和离婚方面的老师是法国。根据斯塔尔夫人的说法，有头衔的仕女更换丈夫"就像戏剧中安排插曲那般轻易"，而"精神上也没什么痛苦"。君主们竞相败德乱行，把他们的军人卖给他国的统治者。赫塞·卡塞尔的领主建造辉煌的宫殿，支持奢华的宫廷生活，用的都是他贩卖军人的收入。总之，在美国独立战争期间，日耳曼诸王卖了——或者用他们的话说，"借了"——3 万军人给英国而赚得 50 万英镑，其中 1.25 万人没有回来。普鲁士以外的 18 世纪的日耳曼人回想起 17 世纪的恐怖，对战争已没有兴趣，"民族性"由一个世纪到另一个世纪显然是会有所转变的。

比起天主教区，宗教在德意志是更附属于国家的。由于分裂为许多教团，它没有可怕的教皇来配合教义、战略和防卫。教团的领袖由君主任命，经费则依赖君主。中下阶层的信仰是强固的。只有贵族、知识分子和一些僧侣才会感染从英、法进入的无信仰的风潮。莱茵地区住的大多是天主教徒，而也就是这个地方的这个阶段里，我们看到兴起了一种向教皇权威勇猛挑战的运动。

1763 年，特里尔的助理主教约翰·尼古拉斯·洪特海姆以尤斯蒂努斯·费布罗纽斯的假名出版了《论教会国家及罗马教皇的合法权利》（*De Statu Ecclesiae et Legitimate Potestate Romani Pontificis*）。这本书被译成德文、意大利文、西班牙文与葡萄牙文，它引起的骚动传遍了全西欧。费布罗纽斯承认教皇的优越地位，但只视教廷为荣誉和执行的行政机构。教皇并非不会犯错，应该由他决定召开教会中有最高立法权威的宗教会议而使诉愿成为可能。这位作者不信任罗马教廷的秘密和保守的影响力，而暗示教权的过度集中产生了宗教改革运动，分权或许会使新教徒易于返回天主教会。在非神的而是世俗的法律问题方面，诸王有权拒不服从罗马教皇的权力；如果必要，他们还可以把他们的国家教会与罗马分离开来。教皇谴责了这本书（1764 年 2 月），它却成为"各国政府每日的祷告书"。我们也看到了它对约瑟夫二世的影响。

科隆、特里尔、美因茨、萨尔斯堡等地的大主教支持费布罗纽斯的看法。他们想脱离教皇而独立的渴望，如同各诸侯国想脱离神圣罗马帝国的皇帝一样。1786 年 9 月 25 日，他们发表了《埃姆斯临时协议》（*Punctation of Ems*），这项协议如果付诸实现，是可能产生新的宗教改革的：

教皇是而且依然是教会中的最高权威……然而教皇的那些特权并非起源于基督教起初的几个世纪，而是以虚伪的以撒多拉的教皇教令集为依据，这对各地主教是不利的……而不能继续被认为有效。它们是罗马教廷各种掠夺行为中的一部分，主教们有权（因为和平的抗议不可得）在罗马——日耳曼的皇帝的保障下维护他们的合法权益。我们不再向罗马有所请求……教团不该再接受外国的统治者的指令，也不该出席德意志以外的任何宗教大会。不应该对罗马继续奉献……出缺的圣职不该由罗马而应从本土的候选人中依正规程序选出来递补……应由一个日耳曼民族宗教会议来处理此等及其他事务。

日耳曼的主教们因害怕教廷的财政力量而没有支持这项宣言。再者，要他们以迫近而直接的、很难闪避的日耳曼君主的权威，来取代那偏远的罗马霸权，他们就有所犹豫了。刚发难的反叛就这样崩溃了。洪特海姆取消前言（1788 年），大主教们也撤销他们的"协议"（1789 年），一切如故。

日耳曼启蒙运动

事情未必就此了结。除了教会统属的几个邦国之外，教育已从教会的手里交由国家监督。大学教授由政府任命，由政府支付薪金（但微薄得可怜），也具有公务人员的地位。虽然全体师生必须皈依君主的宗教，但在 1789 年之前，教职员已享有了与日俱增的学术自由。德文取代拉丁文成为教学用语。科学与哲学的课程逐日递增，哲学（在康德时代的科尼斯堡大学）宽大地被定义为"思维的能力，及探讨万物的本性而不带有成见或宗派立场"。腓特烈大帝麾下尽忠职守的教育大臣卡尔·冯·策德利茨（Karl von Zedlitz），请求康德指示一些方法"来把大学生从他们对奶油面包的研究引开，使他们了解，如果他们具备哲学知识，他们会更轻易地获得他们那些法律、神学和医学的知识，而且能运用自如，万无一失"。

许多穷学生获得公家或私人的援助而得以接受大学教育。埃克曼的故事读来令人愉快，那是描写在他奋发进取过程中的每一阶段如何受到邻居的帮助。学生团体是没有阶级区别的，任何有学位的人都可以在大学的赞助下举办演讲，然后从听众那里收取或多或少的费用，康德就是以这种方式开始他的教授生涯的。这种来自新教师的竞争，促使老学者们更脚踏实地工作。斯塔尔夫人认定日耳曼的24所大学是"全欧洲学术水准最高的。没有另一个国家，连英国在内，有这么多的教学方法，使人的能力发挥到完美的境地……从宗教改革以来，新教的大学无疑是优于天主教大学的。德意志文学上的光荣，凭借的就是这些学院制度"。

教育上的改革这时已漫布四方。约翰·巴泽多（Johann Basedow）从卢梭的作品里获得灵感，1774年，他出版了4卷《基础作品》（*Elementarwerke*），概括描述了以直接亲近自然来教育儿童的计划。他们应从游戏和体能运动中获得健康与体力，他们应从户外得到更多的教育，而不应老是被绑在书桌旁边。他们应从日常经验接触的事物与行为的名称与定义中学习语言，而不应只凭背诵死记文法规则。他们须凭借组织与管理自己的社团而学习道德。他们应学会一项职业技能以备生活之需。宗教应安排在课程里，但不像已往那般彻底。巴泽多公然怀疑"三位一体"之说。1774年，他在德绍创办一所示范的博爱自然学校，培养学生的活泼、敏捷、博学和自重，令他们的长辈感到后生可畏。这种"进取的教育"与启蒙运动取得了协调，迅速传遍全德意志。

在"七年战争"与法国大革命之间，教育上的实验只是激发这个国家知识进步的一部分。书籍、报纸、杂志、巡回图书馆、读书俱乐部，都使狂热倍增。成打的文学运动萌芽了，皆各有自己的意识形态、报刊和领袖人物。日耳曼的第一家日报《莱比锡时报》（*Die*

Leipziger Zeitung）创始于 1660 年。1784 年，德意志已经有了 217 家日报或周报。1751 年，莱辛开始在柏林担任《福斯时报》（*Vossische Zeitung*）文艺部的编辑。1772 年，默克、歌德和赫尔德发行了《法兰克福文艺新闻》（*Die Frankfurter Gelehrte Anzeigen*）；1773 年至 1789 年，维兰德使《信使报》成为德国最具影响力的文艺评论杂志。与此同时，文学事业日趋繁荣。1773 年德国有 3000 名作家，1787 年则达到 6000 人。仅莱比锡一地，就有 133 人。其中许多是业余作家，莱辛可能是靠文学支持生活好多年的第一个日耳曼人。几乎所有的作家都是贫困的，因为版权只在他们自己的小邦国里有保障。盗印书严重限制了作家的收入，出版商也是一样。歌德为了《葛兹·冯·伯利欣根》（*Götz von Berlichingen*）这本书亏了钱，《少年维特之烦恼》这本书让他赚了一点点钱，而他是那个时代文学方面成就最高的人。

日耳曼文学的勃兴是 18 世纪下半叶许多大事件的一部分。1763 年，达朗贝尔从波茨坦写来的信说，德国出版界没有发现什么值得报道的。1790 年，德意志在产生现代文学的天才方面已可与法国匹敌，甚至超过它。我们曾经注意到腓特烈嘲笑德语沙哑粗糙而且被许多子音糟蹋了，然而腓特烈自己由于戏剧性地打败了许多敌人，激起了德意志的民族骄傲，鼓舞了日耳曼作家使用他们自己的语言，大踏步地走到了伏尔泰、卢梭等大文学家的前面。1763 年，德文已纯化为文学的语言，也已经做好成为日耳曼启蒙运动的呼声的准备。

这次启蒙运动并非是新妇初度生产。它是在克里斯蒂安·沃尔夫提供的温和理性论的基础上由英国的自然神论与法国的自由思想结合的产品。托兰、廷德尔、科林斯、惠斯顿、乌尔斯顿等自然神论的主要作品，1743 年都已译成德文，而到了 1755 年，格里姆的《文学通讯》把近期的法国观念传遍了日耳曼的中等阶层。1756 年，德意志已有了足够的自由思想家可供出版一部《自由思想家名录》。1763 年至 1764 年，巴塞笃出版了他的《真理之爱》（*Philalethie*），拒绝自然本身以外的任何天启。1759 年，柏林的一位书商克里斯托夫·腓特烈·尼古拉创刊《有关新近文学界的信札》，因为载有莱辛、赫尔德、摩西·门德尔松等人的文章而更加丰富。这个刊物持续到 1765 年，可以说是启蒙运动的文学指标，为反抗文学上的奢华和宗教上的权威而战斗。

互助会运动也加入这次启蒙运动。互助会的第一个分会于 1733 年设在汉堡，其他的分会相继设立，会员包括腓特烈大帝、不伦瑞克的斐迪南公爵和萨克森-魏玛的卡尔·奥古斯都公爵、莱辛、维兰德、赫尔德、克洛普施托克、歌德和克莱斯特。一般来说，这些社团赞同自然神论，但都避免公开批评正统信仰。1776 年，因戈尔施塔特的教会法教授亚当·魏斯豪普特组织了类似的秘密会社，他将之命名为人类完美论者（Perfektibilisten），不过后来还是采用光明派（Illuminati）的旧名。老耶稣会的创办人模仿耶稣会的模式，依入会礼将会员区分等级，要求他们服从他们的领导人来从事"联合所有能独立思考的人"，使人"成为理性的杰作，而且达成统治的最完美的艺术"。1784 年，巴伐利亚的选帝侯卡尔·西奥多废除了对所有秘密结社的法律保障，于是光明会教团就英年早逝了。

甚至教士也受到了这个"清理运动"（Clearing Up）的影响。哈勒的神学教授约翰·塞姆勒对《圣经》做了高等批判（Higer Criticism）：他（与沃伯顿主教正好相反）论辩说，《旧约》不可能受到上帝的灵示，因为除了最后一段外，它忽视了不朽问题。他暗示基督教从使用没见过基督的保罗神学来教导基督的教义时就已步入歧途，他还劝告神学家要把基督教当作人努力达成道德生活的一种过渡形式。卡尔·巴尔特和他的一些学生否认所有基督教教条而只相信上帝时，塞姆勒却返回正统，于 1752 年至 1791 年长期占据神学的讲坛。巴尔特把耶稣描述为：只是一个伟大的教师，"就像摩西、孔子、苏格拉底、塞姆勒、路德和我自己一样"。约翰·埃伯哈德也将基督与苏格拉底一般看待，他被驱离了路德教的教职，但腓特烈让他在哈勒当哲学教授。另一名教士 W. A. 特勒把基督教变为自然神论，还邀请任何信仰上帝的人加入他的礼拜会众，犹太教徒也不例外。约翰·舒尔兹是路德教牧师，他否认耶稣的神性，还把上帝变为"现世的充足理由"。他于 1792 年被革除教职。

这些发表意见的异端分子毕竟只是少数人，也许沉默的异端分子还多的是。因为有那么多教士欢呼理性，因为宗教在德意志比在英国或法国强得多，也因为沃尔夫的哲学已为各个大学供应了理性主义与宗教的调和，所以日耳曼的启蒙运动没有走极端。它不求毁灭宗教，只求从神话、荒诞和祭司制度中把宗教解放出来，免得像在法国那样，天主教是那样深得一般大众的欢心，而又那样激起哲学家的愤怒。日耳曼人追随卢梭甚于服从伏尔泰，他们的理性论者深深体会到宗教是诉诸人的情绪的。日耳曼的贵族比法国贵族少了公开的怀疑，他们支持宗教，并认为宗教有助于道德和政府。继起的浪漫主义运动校正了理性主义的发展，使莱辛之于德意志不至于像伏尔泰之于法国那样。

莱辛（1728—1781）

他的曾祖父是萨克森一个小城的市长；他的祖父在卡门茨当了 24 年市长，写过一篇宗教宽容的请愿书。他父亲是卡门茨路德教派的首席牧师，写过一篇被莱辛牢牢记在心头的教义问答。他的母亲是传教士的女儿，而他父亲继承了外祖父的牧师职位。母亲有意使他担当教职，他却因接受过太多的教条而厌烦，所以他叛教了。

他的早年教育是在家庭和梅森的文法学校里，学习日耳曼教养与古典文学、路德派神学和拉丁文喜剧。"特奥夫拉斯图斯、普劳图斯和特伦斯就是我的世界，我很愉快地研究他们。"17 岁时，他得到奖学金到莱比锡，发觉这个城市比那里的大学更有趣。他表现了轻微的浪荡，爱上了剧院和一个女演员，还获准到后台去，熟悉了操纵舞台的一些机械。19 岁时，他写了一出剧本，还设法出版。听说他犯了这些过错，妈妈哭了，父亲一怒之下把他召回家去。他说服他们转悲为喜，还使他们为他还债。他的妹妹偶然发现他写的诗，她发现这些诗句乖谬吓人，一把火把诗烧了。他把雪丢进她的怀里，想冷却她的热心。他被送回莱比锡学哲学，当了教授。结果他发觉哲学枯燥无味，而且欠了无法偿还的债务，只好逃到柏林（1748 年）。

他在那里写评论，从事翻译，与克里斯罗布·密里乌斯合编一个短命的剧场杂志。19 岁时，他已经沉湎于自由思想。他读斯宾诺莎的作品，虽不喜欢几何学，却无法抗拒。他编了一出剧本名之为《自由精神》（Der Freigeist）。它以年轻而慈善的教士提奥方与粗犷而放浪不羁的自由思想家阿德拉斯特（Adrast）做对比。在这里，基督教占尽了论辩的上风。但是，莱辛在这个时候写信给他父亲说："基督教的信仰并不是一个人因信任他父亲就可以接受的。"接着他创作了另一出剧本《犹太人》（Die Juden），讨论基督徒与犹太人的通婚问题：一个富有而荣耀的希伯来人，名字叫作"朋友"，救了一个基督教贵族和他女儿的命。这个贵族奉出他的女儿做报答，但犹太人说出他的种族时，这个贵族收回了承诺。犹太人同意这样的婚姻会是不幸的。不到 5 年（1754 年），莱辛在下棋时认识了摩西·门德尔松，这个人几乎就是他笔下"朋友"的化身。

早在 1751 年，伏尔泰或他的秘书就已委托莱辛把一些资料译成德文，那是这位脱离本国的哲学家想用来控告亚伯拉罕·希尔施的。这个秘书允许莱辛借去一部分伏尔泰写的《路易十四时代》（Le Siècle de Louis XIV）的手稿。那年稍晚，莱辛到维登堡，带着那些手稿。唯恐这份未修正的版本成为盗版，伏尔泰很有礼貌地写信请求莱辛把这些稿件送还。莱辛依言送还，只是埋怨那着急催促的口气。也许这影响到他此后对伏尔泰作品与性格的敌视。

1752 年，莱辛获得维登堡大学的硕士学位。然后他回到柏林，投了很多思想积极而风格尖刻的文章给一些期刊，也许因此缘故，1753 年他 24 岁时，即已赢得了大批读者支持出版他的六卷著作集，包括一部新剧本《萨拉·桑普桑小姐》(*Miss Sara Sampson*),这是日耳曼舞台剧史上的里程碑。到这时,日耳曼的剧场演过很多喜剧,但几乎没有本地生产的悲剧。莱辛催促他的剧作家友人从法国人转到英国人,并创作自己的悲剧。他称赞狄德罗保护了情感的喜剧和中产阶级的悲剧。然而,他写作《萨拉·桑普桑小姐》的灵感都是得自英国——得自乔治·利洛的《伦敦商人》(*The London Merchant*,1731)和理查森的《克拉丽莎》。

1755 年,这个剧本在奥得河畔的法兰克福排演,甚受欢迎。它具备了戏剧的全部要素:一开始是诱惑,结局是自杀,连接它们的是成河般的泪水。恶徒梅雷丰(小白脸)是采花老手,反对一夫一妻制。他答应与萨拉结婚,与她私奔,和她同床,然后拖延婚姻。一个从前的情妇想重新赢得他的欢心,但失败了,却毒死了萨拉。萨拉的父亲准备原谅一切并接受梅雷丰为婿时,却发现女儿已死去。梅雷丰自杀,好像是为了展示莱辛的双关语,在戏剧里主角死于第五幕。

他以为现在可以靠写舞台剧谋生了。因为柏林没有剧场,他搬到莱比锡(1755 年)。接着"七年战争"爆发,剧场关门,书业生意萧条,莱辛不名一文。他只好搬回柏林,写了许多文章给尼古拉的《有关新近文学界的信札》,把日耳曼的文学批评推向了新高峰。他在《19 号书简》里说:"规则是艺术大师们梦寐以求的事。"1760 年,奥俄联军侵入柏林,莱辛逃到布雷斯劳为某个将军做秘书。在那 5 年中,他常到酒馆喝酒,赌博,研究斯宾诺莎、基督教神父和温克尔曼,还写了《拉奥孔,或诗与画的界限》(*Laokoon, oder berdie Grenzen der Malerei und Poesie*)。1765 年他返回柏林,1766 年把他最著名的书送去付印。

《拉奥孔,或诗与画的界限》一书得自温克尔曼的《模仿希腊画与雕刻的思考》(*Thoughts on the Imitation of Greek Works in Painting and Sculpture*,1755 年)的直接启发。他写了半部手稿时,收到了温克尔曼的《古代艺术史》。他暂停他的论著而写道:"温克尔曼先生的《古代艺术史》出现了。没有读过这本书我决不进一步冒险。"他把温克尔曼认为希腊艺术的特质是清澈的尊严与崇高的概念拿来作他的起点，他还接受了温克尔曼的主张，认为梵蒂冈画廊里所存的拉奥孔雕像保留了那些性质，现世的痛苦姑且不论。(拉奥孔是特洛伊的太阳神祭司，他怀疑木马里藏有希腊人，向它掷了一根长矛。女神雅典娜支持希腊人，她蓄意说服海神波塞冬从海里派出两条巨蟒，将这位祭司及他的两个儿子绞缠起来使他们窒息而死。)温克尔曼认为拉奥孔雕像属于菲狄亚斯的古典时代——现今被认为是公元前1世纪罗得岛雕刻家的作品。温克尔曼看过并研究过那些作品，他何以把宁静的崇高赋予祭司的歪曲特性实在是一个谜。莱辛接受这种描述，因为他没亲眼见到那些雕像。他同意雕刻师把痛苦的表现缓和了，他进一步研究这种艺术限制的理由，他提议从造型艺术的内在和本身的限制中寻求答案。

他引用了希腊诗人西摩尼季斯的名言"画是无言的诗，诗是能言善道的画"。他接着说，不过，两者必须固守在他们的天然限界之内：画与雕刻应描绘空间里的物象，而不该试图讲故事。诗应叙述时间中的事件，而不该试图描绘空间中的物象。详述细节的工作应留给造型艺术，一旦它出现在诗里，就像汤姆森的《四季》或哈勒的《阿尔卑斯山》，它就干扰了叙述而隐晦了事件。"反对这种错误的鉴赏力和抵制那些没有根据的意见，是下述诸考察的主要目的。"莱辛不久就忘了这个目标而在琐碎细论温克尔曼的艺术史中迷失了自己。在这方面他既无经验也无竞争对手，他把理想美提升为艺术的目标，对日耳曼绘画起到了去腐生新的作用。他把画与雕刻混为一谈，把原本主要属于雕刻的规范应用到这两个方面，因而鼓舞了安东·拉斐尔·门斯的冷峻形式。不过，他对日耳曼诗的影响倒是值得庆幸。他使日耳曼脱离了冗长的描述、学院式的教诲和烦人的琐碎，也启发其走向行动与感情。歌德很感激地体认拉奥孔的舒展作用。

他迁往汉堡以每年800泰勒的薪俸作为剧作家与剧评家时(1767

年 4 月），他觉得更自在。他在那里写出了新剧本《邦海姆的米娜》
（*Minna von Barnhelm*）。故事中的英雄德尔翰少校从战争中带着荣誉
回归故里，与富有而可爱的米娜订婚。由于倒霉的命运和敌手的阴谋
暗算，他变穷了。他认为自己已不适合作为一个巨大财产女继承人的
丈夫而从婚约中撤退。他消失了。她追到了他，要求与他结婚，而他
拒绝了。察觉了他的理由，她设计了一个骗局把自己变成一名不文，
于是少校的男性尊严出现了。突然间两个信使进来，分别宣布米娜与
德尔翰少校都恢复原来的富有。结局是皆大欢喜，连佣人都被催促结
婚。对白是轻松愉快的，而人物都不可信，剧情荒唐——不过剧情差
不多总是荒唐的。

　　国家剧院在汉堡开幕的同一天（1767 年 4 月 22 日），莱辛开始
印行他的新著《汉堡的戏剧创作》（*Hamburgische Dramaturgie*）的内
容预告。此后两年，这些论文定期批评德意志创作的剧本，也批评哲
学家的戏剧理论。他同意亚里士多德的看法，认为戏剧是诗的最高级
品种，他也在持续的不一致中接受了亚里士多德在《诗学》里设下的
规则："我毫不犹豫地宣布……我认为它就像欧几里得的《几何原理》
那样颠扑不破。"（欧氏已不再是颠扑不破了。）他恳求他的同胞放弃
阿谀高乃依、拉辛和伏尔泰，而应该研究莎士比亚表现的戏剧艺术
（莎氏忽视了亚里士多德的规则）。他以为法国戏剧太呆板了，不能达
成亚里士多德在希腊戏剧中发现的发泄情绪的作用。他认为莎士比亚
在《李尔王》、《奥赛罗》、《哈姆雷特》诸剧中，借行动的强度和语言
的力与美把这种清洗的作用发挥得更加淋漓尽致。忘记了苔丝狄蒙娜
的手帕，莱辛强调偶然性的需要：好的戏剧家应避免依赖巧合事件与
细节，须塑造每个人物而使事件不能避免地随着相关人物的性格而发
展。狂飙时期的戏剧家同意以莎士比亚为楷模，而很乐意地把日耳曼
戏剧从法国戏剧的影响下解放出来。腓特烈的胜利与法国战败的民族
主义精神，响应莱辛的呼吁，莎士比亚也因而支配了日耳曼舞台将近
一个世纪之久。

汉堡的实验崩溃了，因为演员之间互相争吵，只有痛恨莱辛的批评这件事能使他们携起手来。腓特烈·施罗德抱怨说："莱辛无法全神贯注看完一个全场演出。他会走开再回来，和熟人讲话，或陷入沉思。他会从激起他偶发兴致的特性中勾画出属于他自己的揣测而不符合现实的图像来。"这个察觉者的判断把莱辛任性的一生与心灵描述得恰如其分。

我们可以由他的上半生观察他吗？他有中等的身高，傲慢地挺立着，因规律的运动而身体强健柔软。清秀的面貌，暗蓝的眼睛，淡褐色的头发至死未变。他对朋友温和，对敌人火热。他从没有像争论时那样感到快乐，他还用尖刻的笔锋对待受伤害的人。他写道："……让批评家先找到他的争吵对象。于是他会渐渐地找到话题，其余的只须顺其发展。我坦白承认我基本上是选法国作家为目标，特别是伏尔泰。"——这是够勇敢的了。他是杰出的健谈者，对答如流，只是有点鲁莽。他对每件事都有许多看法，这些看法多而有力，使他无法有秩序地、一致地、以充分的效果表达出来。他陶醉于追求真理更甚于危险地误认真理。以下是他最著名的见解：

> 并非一个人已获得——或自信已获得——真理，而是他为了达到真理付出的真诚的努力，造就了人的价值。因为不是通过真理的获得，而是通过对真理的探求，使人发挥了他内在永远增长的完美的力量。占有使人呆滞、懒散和傲慢。如果上帝的右手握住真理，左手握的只是永远奔向真理的冲劲，然后对我说："由你选！"尽管我有永远犯错的可能，我还会很谦逊地向他的左手鞠躬，说："天父，给我吧！纯粹的真理惟你能当。"

汉堡惨败之后留下了两份珍贵的友谊。一方面是与埃莉泽·赖马鲁斯，她是汉堡学院东方语言教授赫尔曼·赖马鲁斯的女儿。她使她家成为该市最有学养的人士的社交中心。莱辛加入了她的生活圈，而门德尔松和雅各布是到城里来时才参加，我们要看看这个联系在莱辛的生平里扮演的生动部分。他与伊娃·柯尼希的关系更为亲密。她是丝业商人的妻子，有 4 个孩子，莱辛告诉我们说："她聪明而活泼，有着女人的灵敏触觉与优雅"，而且"还有年轻女人的青春气息与魅力"。她也聚集一些有教养的朋友组成俱乐部，而莱辛在那里是每有活动就带头的人。1769 年她丈夫起程到威尼斯时，他对莱辛说："我把我的家庭委托给你了。"这绝非有先见之明的安排，因为这个戏剧家除了天才之外别无资产，还负了 1000 泰勒的债。那年 10 月，他接到了不伦瑞克的卡尔·威廉·斐迪南亲王的邀请，要他到沃尔芬比特尔负责公爵的图书馆。这个城市由于公爵在 1753 年把住处搬到 7 英里外的不伦瑞克而减少了将近 6000 人，不过，卡萨诺瓦认为那里收藏的图书和手稿是"全世界第三大图书馆"。莱辛每年可支薪水 600 泰勒，有两个助手和一个仆人，还可以在公爵的旧府第自由起居。1770 年 5 月，他在他的新家安定下来。

他不是成功的图书馆人才，但他在手稿堆里发现了图尔斯的《白隆加》(*Berengar of Tours*) 这份有名而失传的论文而颇得雇主的欢心，这篇论文怀疑神学中的变体说。在这种安定而少活动的生活中，他失去了汉堡与柏林的论战与刺激。由于在光线不足之下专注劣本书稿，他的视力衰退了，也有了头痛的毛病，他的身体开始变坏。他写了另一本剧本《艾米莉亚·加洛蒂》(*Emilia Galotti*) 来安慰自己，表现他对贵族的特权和道德的愤慨。艾米莉亚是一个热情的共和论者的女儿，他们的国君瓜斯塔拉亲王欲对她染指，于是谋害了她的未婚夫，把她绑架到王宫里。他父亲发现了她，在她的坚决要求下把她刺死，然后他自己到亲王宫里自首，后被处死。亲王的生活腐败如故，只是受到了瞬间的骚扰。热情与雄辩弥补了此剧的结局。它成为受日耳曼舞台欢迎的一部悲剧，歌德把其首演当作日耳曼文学的苏醒。有些批评家把莱辛捧为日耳曼的莎士比亚。

1775 年 4 月，莱辛到意大利担任不伦瑞克的利奥波德亲王的向导。8 个月之中，他畅游了米兰、威尼斯、博洛尼亚、摩德纳、帕尔马、皮亚琴察、帕维亚、都灵、科西嘉和罗马。他在罗马谒见了教皇庇护六世，可能也看到了那些相见恨晚的拉奥孔雕刻。1776 年 2 月，他又回到沃尔芬比特尔。他想辞职，但是因为薪俸增加了 200 泰勒，也因为当了曼海姆剧场的顾问而每年收受 100 金路易，他还是被说服留下来。这时，他已 47 岁，向寡居的伊娃·柯尼希求婚，她把她的孩子们一起带来。来了之后，他们于 1776 年 10 月 8 日结婚。他们体验了一年平静幸福的生活。1777 年圣诞节前夕，她生了一个孩子，但第二天就夭折了。16 天后这位母亲相继死去，使莱辛的生活乐趣全失。

争论持续着他的生命。1768 年 3 月 1 日，赫尔曼·赖马鲁斯去世，留给他太太一大堆他生前不敢付印的手稿《上帝的理性崇拜者的辩白》。莱辛看过这部巨著的某些部分。他要求赖马鲁斯太太让他印行其中的一部分，她同意了。因为他是图书馆员，他有权出版收藏中的任何手稿。他把这部《辩白》放进图书馆里，于 1774 年印行其中的部分，名为《自然神论者的宽容》(*The Toleration of Deists*)，无名氏著。这本书没有造成骚动，但是超自然论的专家们被赖马鲁斯手稿的第二部分震动，莱辛 1777 年以《无名氏论文增补，关于天启》为名，把它印了出来。它论辩说，在这个多种族与信仰的世界上，任何只对单独个人的启示，不可能获得普遍的接受。在历经 1700 年之后，只有少数的人类听说过犹太教－基督教的《圣经》，因此《圣经》实在不能被视为上帝对人类的启示。最后的一章，《耶稣与使徒的目标》(*The Aims of Jesus and His Disciples*，1778 年)，不把耶稣当作上帝之子，而仅视其为一个热情的神秘主义者，他带有一些与犹太人相同的看法，认为就那时所知的这个世界行将终结，而接着就是上帝的国度在大地上设立。使徒们（赖马鲁斯说）是这样了解他的，因为他们希望被任命为这个将来的国度的君主。这个梦随着耶稣失望地在十字架上呼喊——"天父啊，天父！你为什么舍弃我？"——而崩溃时，使徒们（赖马鲁斯设想的）杜撰了他复活的寓言来掩饰他的失败，把他描绘成对现世能赏能罚的裁判者。

受到震惊的神学家们在日耳曼的报纸上发表了 30 多篇文章，攻击这些《沃尔芬比特尔断简》。汉堡首席牧师约翰·梅尔希欧·格策指责莱辛暗地里与那位"无名氏作家"沆瀣一气，他催促教会与国家处罚这个伪君子。温和的敌对者谴责莱辛，认为此手稿如真要出版，则应该用拉丁文印行于少数人之间，而不可用清晰的德文印行。莱辛写了 11 本小册子予以答辩（1778 年），其中表现的轻快的讽刺与极高的机智，足可与帕斯卡的《省区书简》媲美。海涅说："任何人的脑袋碰到他都难保安稳无事。""他敲掉许多脑袋，只出于任性，他还很淘气地把它提高了给大众看看里面是空的。"莱辛提醒攻击他的人，自由判断与自由讨论是启蒙运动计划中不可缺少的要素。再者，人们有权得到可以获得的知识。否则，一个罗马教皇要比 100 个新教的先知好得多了。毕竟（他辩论说），基督教的价值会继续留存，即使《圣经》只是人间的文献，而它的奇迹仅是虔敬的寓言或自然事件——结果，公爵政府没收了《沃尔芬比特尔断简》和赖马鲁斯的手稿，还命令莱辛没有得到不伦瑞克那边的检查通过不得出版任何东西。

在圣坛方面他沉默了，因而转向舞台，他写出了最好的剧本。妻子的生病和去世花了许多钱，所以他又负债累累，他向汉堡一个犹太人借了 300 泰勒，使他有时间完成《智者纳旦》（*Nathan der Weise*）。他把剧情的发生地点放在耶路撒冷，时间是第四次十字军东征。纳旦是虔诚的犹太商人，他太太和 7 个孩子都被战争期间风纪败坏的基督徒杀害。3 天后一个修道士带给他一个基督徒婴孩，孩子的母亲刚去世，而这位母亲不久前与战斗中阵亡的父亲曾好几次解救纳旦于危难中。纳旦将她取名为蕾沙（Recha），像对自己的女儿一般把她养大，而只教她那些犹太人、基督徒和穆斯林都能同意的宗教学说。

18 年后，纳旦外出做生意时，他的房子被火烧毁。蕾沙被一个年轻的圣殿骑士（Knight Templar）救出来，他没有说明身份就消失不见了：蕾沙以为他是奇迹的天使。纳旦回来后寻找那位救助的青年，因为自己是犹太人而被他打伤了，不过纳旦仍然请他去接受蕾沙的致谢。他去了，爱上了她，她也爱他。但他获悉她为基督徒所生而没有被教养为基督徒时，他怀疑自己是否需受骑士誓词的约束，他把这件事报告给耶路撒冷的基督教大主教。他对大主教叙述时没有指明具体的人。大主教猜想他们是纳旦与蕾沙，发誓要把纳旦处死。他派一个修道士侦察这个犹太人。凑巧那正是 18 年前把蕾沙带去给纳旦的那个修道士。经过这几年，他已看出了这个商人的仁慈智慧。他警示纳旦，同时哀痛那使人嗜血的宗教仇恨。

那时，耶路撒冷的统治者沙拉丁（Saladin）正逢财政窘困。他派人去请纳旦，希望能安排借款事宜。纳旦来了，他察觉沙拉丁的需要，没等他开口就提供了贷款。这位伊斯兰教君主知道纳旦以智慧出名，问他说三种宗教里面他认为哪个最好。纳旦把薄伽丘认为是亚历山大城的犹太人麦基洗德（Melchizedek）所作的故事，巧妙地改变后，拿出来作答：有一枚珍贵的戒指代代相传，并用来确定一份富有家产的合法承继人。但是到了其中某一代，父亲因同样热心地爱着他的 3 个儿子，于是做了 3 枚类似的戒指，私下给每人一枚。他死后，儿子们争论哪枚戒指才是真的。他们把这件事弄到法庭上去了——但是一样无法决定。这个慈爱的父亲就是上帝。那 3 枚戒指则是犹太教、基督教和伊斯兰教。历史迄今还没有确定哪种信条是上帝真正的律法。接着，纳旦给故事一个新的转折：那枚原来的戒指本来是要使戴着它的人有德行，但是因为那 3 个儿子中没有哪一个比其他两个更有德行，很可能原来的那一枚已经丢失了；每一枚戒指、每一种信仰都是真的，只要它使戴着它的人有德行。沙拉丁对纳旦的答复大感钦慕，他站起来拥抱他。这次哲学会谈过后不久，一份阿拉伯语的手迹翻开了，里面说那个圣殿骑士与蕾沙是同一个父亲所生的。他们惋惜不能结婚，但很高兴他们能以兄妹之情相爱，他们受到犹太人纳旦和穆斯林沙拉丁的祝福。

纳旦这个人物是暗指摩西·门德尔松的吗？两者之间确有相似之

处。尽管有许多不同的地方，莱辛还是可能在他朋友身上发现一些特点使他将那个耶路撒冷的商人理想化。也许，莱辛因热衷于传播宽容之道，比起基督徒来，他用了更大的同情心来描绘这个犹太人和那个穆斯林。那个圣殿骑士初遇纳旦时盲信而粗暴，而大主教（是否莱辛想起了格策？）实在对那些治理那时的特里尔、美因茨和科隆的仁慈而颖悟的主教很不公平。1779年这部剧本出版时，德意志的基督教界斥责它不公平。莱辛的一些朋友也加入批评。1783年《智者纳旦》才搬上舞台，到演出第三天的晚上剧场里就已空空无人了。1801年，席勒和歌德的改订本在魏玛大受欢迎，而且此后一个世纪，这出戏在日耳曼舞台一直受人喜爱。

在去世的前一年，莱辛印行了体现他研究心得的最后著作。他用宗教用语来表白，似乎为了缓和抵制及在新旧观念之间提供桥梁。从某些方面来看，《人类的教育》（*Der Erziehung des Menschengeschlects*，1780年）肯定了旧观念，然后我们察觉他的辩白是在吁求启蒙。全部历史可看作对人类的天启、对人类的渐进教育。每种伟大的宗教，都是一步一步的启示过程中的一个阶段。它并不是像一些法国人认为的诡计骗局，而由自私自利的教士加诸轻信的平民身上；它是一种现世论，意图教养人性、教诲德行、庄正和统整社会。在前一个阶段里（《旧约》），宗教以许诺长生中的现世财物来使人有德。在另一个阶段里（《新约》），它许诺死后的报酬而试图克服使人灰心的德行与世俗的成就之间的裂缝。在这两个阶段里，它的愿望都调整到那时的人的有限的理解范围内。如果围绕在基本信念之外，神学家还发展出来类似原罪和三位一体的难以了解的教条，这些学说也是真理的符号和教育的工具。上帝可以被想成带有许多层面和许多意义的力量。原罪的含义是，我们生来带有抵制道德和社会律法的倾向。不过，超自然的基督教只是人心演进过程中的一个阶段。当人类学会了思考，当人们足够强壮和明智到能因事情是对的而合理地择善而为，不是为了物质的或上天的报酬，那时一个更高的阶段就来临了。一些人已达到那个阶段，但整个人类还没有，不过，"这个阶段会来临的！一定会来临的……那就是一个新的、永恒的福音的时代！"好比个人在成长时重演了种族的知性与道德的发展，种族也慢慢地经历最优秀的个人的知性和道德的发展。用毕达哥拉斯的话来说，我们每个人再生又再生，直到他的教育调整到理性的境界。

莱辛对宗教的最终看法是怎样的呢？他认为它对道德有重大助益，但恨它是一个独断的教条体系，要求人在罪、惩罚和社会的毁损上来接受它。他以为上帝是真实世界的内在精神，导致发展，自身也进步。他认为基督是人的最高理想，但只在隐喻上是上帝的肉身。他期待所有基督教神学会消失，只有能忍的仁慈和博爱的最高伦理留存的时代。在写给门德尔松的一封信的草稿里，他宣称他赞同斯宾诺莎的看法，认为身体和心灵是同一个真实的内外两面，是与上帝同一的实体的两种属性。"正统的神性概念，"他告诉雅各比说，"对我是再不能成立的了，我受不了它们。一即全体（Hen kai pan）！此外我一无所知。"1780年雅各比到沃尔芬比特尔拜访他，要求他帮忙排斥斯宾诺莎，却被莱辛的答复震惊了："除了斯宾诺莎别无哲学……如果要我师法某人，我不晓得还有其他的名字。"

莱辛的异端和他在争论时的蛮横，使他在晚年时陷于孤独。他有朋友在不伦瑞克，他偶尔去找他们闲聊和下棋。他太太与前夫所生的孩子们和他住在沃尔芬比特尔。他把她留下来的微薄遗产全部给了他们。但是，他的敌对者在德意志各地骂他是可怕的无神论者。他公然蔑视他们，还敢与付他薪俸的人对立。那时的不伦瑞克大公卡尔·威廉·斐迪南将一个使其不快的犹太青年下狱时，莱辛到狱中探望这个青年，后来还带他回家让他恢复健康。

他自己的健康却一去不回了。他的视力模糊得几乎不能看书。他患了气喘病、肺脏衰弱和动脉硬化。1781年2月3日到不伦瑞克访问时，他的严重气喘和吐血发作。他告诉他的朋友们："你们看到我就要死去时，请叫公证人来，我要在他面前宣布我死时不皈依任何宗教。"2月15日,他躺在床上,几个朋友聚在隔壁房间里。突然他的房门敞开,莱辛出现了,弯着身,很虚弱,拿起便帽打着招呼,然后,他扑倒在地板上,中风般地抽动。一家神学刊物宣布他的死讯时说:撒旦带着他到地狱去了,他像是出卖灵魂的另一个浮士德。他留下的钱太少,以致公爵还得为他支付安葬费。

他是德国最伟大的文学时代的先驱。在他死去的那一年,康德出版了划时代的《纯粹理性批判》(*Critique of Pure Reason*),席勒出版了他的第一部剧本。歌德尊莱辛为伟大的解放者,是德国启蒙运动之父。歌德对莱辛的阴魂说:"生时,我们尊你为诸神之一;死后,你的精神统治所有的灵魂。"

浪漫的复古运动

歌德只替少数人说话。大多数德国人依恋他们的基督教遗产,他们把歌颂他们信仰的诗人高呼为天纵之才。在亨德尔以《弥赛亚》的天韵之声激动了爱尔兰之后6年,腓特烈·哥特里·克劳普斯多克以他最初的热情诗篇《弥赛亚》(1748—1773年)赢得了德国人的心。

克劳普斯多克生于1724年,比莱辛大5岁,又比他多活了22年。莱辛是牧师的儿子,却变成自由思想家。克劳普斯多克是律师的儿子,却以书写基督生平的叙事诗作为他一生的主要使命。他如此热衷于他的主题,竟然在他还是24岁的小伙子时就出版了开头的前3个诗篇。这些无韵的六声部诗章获得了广大读者的赞赏,一年后他向他表妹求婚时,来自德国各地的信件催促她接受,但是她拒绝了。丹麦王腓特烈五世在他的牧师约翰·伯恩斯托夫的推荐下,邀请克劳普斯多克住在丹麦王宫里,以每年400泰勒的薪俸完成他的叙事诗。在到哥本哈根的途中,这位诗人善意地到汉堡去看一位崇拜他的女人玛格丽特·莫勒。1754年他们结了婚,但1758年她就死了。这使他伤心极了,他的诗也暗淡起来。他在《弥赛亚》第15诗篇中追忆她,在他的一些最动人的抒情诗中亦然。他在哥本哈根住了 20 年，伯恩斯托夫被革职后他不再受到支持，于是回到汉堡，于 1773 年出版了他大部头诗作的最后一个诗篇。

开始仿自弥尔顿的祷词。这 20 个诗篇，阐述从基督在橄榄山上的冥思到他升天的一串圣迹。在花了差不多与耶稣活了一生那么长的时间去写他的叙事诗之后，克劳普斯多克以感恩的赞美诗作结尾：

> 哦，我已经达到了目的！那激荡的思潮
> 发出颤动的声音通过了我的心灵。
> 唯有你那万能的臂膀
> 我的主，我的上帝，曾经导引我
> 越过数个阴暗的坟穴，在我能抵达
> 那遥远的目标之前！主啊，你还治愈了我，
> 在我下沉的心里投入了清新的勇气。
> 它带着死亡作它贴近的伴侣；
> 若我正视各种恐怖，它们的阴影
> 随即消逝，因为有你护佑着我！
> 它们迅速消失——救主，我已吟诵
> 唱过感谢你的誓约。我也已踏过
> 我害怕的路途！我的希望全在于你！

《弥赛亚》为传统的德意志欢迎，被视为用德文写得最好的诗篇。歌德谈到一个法兰克福的议员，他"在每年的受难周（Passion Week）要读一次前 10 个诗篇，然后使他一整年心旷神怡"。至于歌德自己，他只能"在撇开某些要务"时才能欣赏这首叙事诗，而这些要务是"一个推进中的文化拓荒者不愿舍弃的"。克劳普斯多克毫不吝惜地倾注虔诚于他的诗中，使他的诗变成抒情诗与巴赫式的赞美歌的接连续列，而不仅是叙事诗那样地平铺直叙。我们也发现，要以 20 个诗篇

和 25 年的时光来跟随抒情诗的奔放不是一件容易的事。

如同伏尔泰从卢梭的思想中衍生了相反的观点，莱辛透过他的怀疑主义、理性论和知性论，使德意志对比地体会到需要有能够认识感情、情操、幻想、神秘、浪漫、人生中超自然素质等的重要性与合理性的作家。对于这个时期的某些日耳曼人，尤其是女人来说，感性的讴歌成为他们的宗教与时尚。达姆斯塔特组成"性情中人俱乐部"（Circle of Sensitives），其成员之间订立了表达情感与情绪的原则和仪规。卢梭是此辈灵性上的弥赛亚。他在德意志的影响力远甚于伏尔泰，赫尔德与席勒认他为活水源头。康德的《纯粹理性批判》充满了卢梭的影子，歌德从卢梭起程（《我们皆具性情》），经过伏尔泰（《怀念人生》），最后把他们的思想糅合在一起。这时的英国也出现了感性诗人，詹姆士·汤姆森、威廉·科林斯、爱德华·扬；也出现了感性的小说家，理查森和斯特恩。珀西的《废墟》及麦克弗森的《奥西恩的诗集》，激起了人们对中世纪诗歌、神迹和英雄美人的故事的兴趣。克劳普斯多克与海因里希·格斯滕贝格则给基督以前的斯堪的纳维亚和德国的神话注入了新的生命。

约翰·格奥尔格·哈曼在 1781 年以前是反抗理性的领导者。跟康德一样，他生在多云的柯尼希山（Königsberg），被他父亲灌输了强烈的宗教情愫。他受过大学教育，因贫困而劳碌地从事家教生涯，也因发现一个新教信仰不被任何启蒙运动击倒而感到欣慰。他辩称理性仅是人的一部分，而且发展得较晚，又不是基本的。本能、直观和感情却深邃得多，真正的哲学应以完整而全部的人性作为基础。语言不是理智的产品，而是上帝供给表达感情的礼物。诗比散文更有深度。伟大的文学不是依赖规则与理性的认识和观察写出来的，而是凭天才创造的，天才是一种无法给予定义的素质，是由感情引导，是超越一切规则之上的。

腓特烈·雅各比赞同哈曼与卢梭。他说，如果你承认逻辑，斯宾诺莎的哲学的确完美地合乎逻辑，然而它是错的，因为逻辑不能抵达真实境界的核心，真实境界只能由感情和信仰揭示出来。上帝的存在不能由理性证明，但是感情知道，若不信上帝，人的一生就成为悲剧，无希望又无价值。

如此高扬感情与诗，激扬民族的心灵已经预示了想象文学的飞扬，使18世纪下半叶的德意志充满了伊丽莎白时代英国的热情与富饶。诗歌杂志倍增，却总是很短命。约翰·海因里希·福斯除了翻译荷马、维吉尔和莎士比亚外，还用韵文写了温柔的小说《路易丝》(*Luise*, 1783—1795年)，赢得了德国人的欢心，也激起歌德起来对抗。萨洛蒙·格斯纳以他细腻的抒情诗和田园散文诗，在各国赢得许多读者。马赛厄斯·克劳迪乌斯用田园体诗歌咏家居生活，感动了无数的母亲。下面是他所作的《月光下的摇篮曲》：

> 睡吧，我的小女孩！
> 你为什么哭泣？
> 月光是那么柔和，
> 你可安静地憩息。
> 睡意快快就要到来，
> 无声又无息。
> 月儿见到小孩就欢喜，
> 她深深地爱着你。

戈特弗里德·毕尔格是一个浪漫的天才。生为牧师之子，他被送到哈勒和哥廷根去学法律，却因生活放荡退学。1773年，因为他的歌谣《勒诺》(*Lenore*)，他的罪过获得了普遍的宽恕。勒诺的爱人随腓特烈的大军攻夺普拉加。每日清晨她梦醒起来都要自问："威廉，是你缺乏信心，还是死了？你到底还要耽搁多久？"战争结束了，军队也回来了，战士们的妻子、母亲、儿子兴高采烈地去欢迎他们，而且感谢上帝：

> 她问遍整个军队的行列，
> 对着每个人，呼唤他的名字，
> 可是没有一个人回答她，
> 那么多人中就是不见他。
> 所有的战士都已离去，
> 她扯住乌黑的头发，
> 扑倒地上，
> 悲恸绝望。

她的母亲对她说："上帝所做的，必尽善而为。"勒诺回答说那是误信，而她是必求一死的。母亲与她谈到天堂，也谈到地狱。勒诺回答说："天堂必与威廉同在，地狱里绝不会有他。"整天，她只是自言自语。夜里，一个骑士停在她的房门口，没有报出名字来，只是邀她同行，做他的新娘。她坐在他的后面，骑着他的黑马，彻夜没有停蹄。突然间骑士变成尸体，勒诺发现自己依偎的是骷髅。她徘徊生死之际，鬼魂泣诉以下的话语：

> 忍耐呀，忍耐！即使心伤欲碎！
> 不要与上帝争吵。
> 你的躯体已被夺去，
> 上帝怜悯的是你的灵魂！

狂飙运动

从克劳普斯多克的虔诚和格斯纳的温柔，浪漫主义运动推进到不敬的个人主义，展开了德国青年反抗道德和社会狂热的"狂飙运动"。宫廷里顽强的贵族政治，传教士衰颓的教条，商业阶层乏味地挖钱，官僚阶级无聊地例行公事，老学究傲慢地卖弄学问——这一切使年轻的日耳曼人注意到能力与剥夺职位的问题。他们听从卢梭自然与自由的呼唤，但是并不珍惜他神化了的"全体意志"。他们赞同卢梭，排斥唯物论、理性论和决定论，他们与莱辛一样喜欢莎士比亚的生动与不落俗套，而不喜欢高乃依与拉辛的拘束的古典主义。他们赞赏伏尔泰的睿智，然而发现他走过的地方总留下来一片荒地。他们对美洲殖民地反抗英国感到震惊。歌德回忆说，"我们祝福美国人大获成功""富兰克林与华盛顿的大名开始辉耀政治与战争的天空"。这些狂飙运动者（Stürmer und Dränger）陶醉于身体的青春与心灵的觉醒，而感叹老一代对年轻人的重压，也感叹国家压迫人民的心灵。他们追求原创力，追求直接体验与没有阻碍的表白，其中还有人以为他们的天分使他们免受法律的管制。他们以为时代站在他们那边，以为不久的将来就可看到他们的胜利。"噢，"歌德大呼起来，"默克和我年轻时，那真是一个可爱的时代！"

有些反叛者舍弃服饰的旧习，而代之以他们自己的习惯，借此表现他们的哲学。克里斯托夫·考夫曼不管走到哪里，都不戴帽子、不梳头发，衬衫敞开到肚脐眼上。不过这毕竟只是例外，大多数领导人物制定了禁止条令，避免这种服装上的倒行逆施，他们中有些人还过得很宽裕。歌德自己以剧本《葛兹·冯·伯利欣根》（1773 年）成为狂飙运动的先驱。1774 年，他的《少年维特之烦恼》成为浪漫主义成功的标志。席勒则以《强盗》（Die Räuber，1781）这个剧本加入运动。不过，这些复杂而不断进展的主脑人物很快就把这场竞赛留给一些更热烈但是根基不厚的年轻人去干。

约翰·默克是创始人之一。他的体格健康而硕壮。他完成了大学教育，在赫塞－达姆斯达特宫廷里是受欢迎的人物，当了会计长，以敏锐聪明和能力务实出名。歌德于 1771 年碰到他，印象颇佳，后来与他和赫尔德合办了一份批评刊物《法兰克福文艺新闻》。从那时起，这些反叛者最初被称为"法兰克福帮"。默克熟悉商业与政治，游遍德国，还到过俄国，他看到了也讽刺了财富的浮华、宫廷的沉闷和对农民的剥削。发现自己无力改变这些情况，他变得既辛辣又善讽。歌德叫他"靡菲斯特·默克"（Mephistopheles Merck），还把他自己和默克当作《浮士德》里的主角人物的部分样本。生意上的失败加上婚姻的不幸，使默克心神不安。他深陷债窟，萨克森—魏玛的公爵应歌德的请求而接济他。他成为长期忧郁的牺牲品，在 50 岁时自杀身亡（1791 年）。

更可悲的是赖因霍尔德·伦兹的一生。他是立窝尼亚一个路德教派牧师的儿子，他脆弱的神经和容易激动的脾气在幼年时就因受到罪与地狱学说的重压而生病。他在科尼斯堡听了一段时间康德的讲课而有些起色。康德介绍卢梭的作品给他，不久伦兹说《新爱洛漪丝》是法国出版过的最好的书。他在斯特拉斯堡遇到歌德，着迷于他的积极性格，在思想和风格上模仿他，他的抒情诗写得太像歌德，竟然被收集在某些歌德的著作集里。接着他到塞森海姆，继歌德之后爱上了弗里德里克·布里翁，因作了一些热情的诗而得到她的赞赏。他保证说，如果她不回报他的爱，他就自杀。结果她没有回报，他也没有自杀。他应邀到魏玛去，受到歌德的善待。他嫉妒歌德的成就，嘲笑歌德与夏洛特·斯特恩的关系，被公爵强迫离开他的领地。他有相当的才具成为诗人和戏剧家。他的剧本之一《军人》（*Die Soldaten*）尖锐地讥讽阶级差别和资产阶级的生活。它的中心人物是一个中产阶级女孩，想和一个军官结婚不成，变成娼妓向未被她认出的父亲招揽生意。伦兹自己不能安定地稳住脚跟，一个职位再换一个职位，一次失败再加一次失败，患了一连串的疯癫，不断寻求自杀，终于死于精神失常（1792 年）。

马克西米利安·克林格（Maximilian von Klinger）是狂飙运动中最聪明的一位。他贬斥这个世界，却占据其中的高位。他沉浸在他剧本中的激烈言辞里，又成为多尔巴特大学的评议员。他享尽了年轻人放浪不羁的生活，而且活到 79 岁高龄。歌德写下了很有见地的名句："女孩子，我们爱的是她们目前的样子；年轻的男孩，我们爱的是他们将来可能的样子。"这里指的就是他。克林格的剧本《狂飙》（*Sturm und Drang*，1776 年）写于 24 岁，把名字和情调赋给了这个运动。它讲了欧洲的反叛者移居美洲，希望找到他们自己的自由出路，他的言谈是狂迈和热情的，他的信条是天才应免受所有规则的约束。克林格服务于奥俄联军，与叶卡捷琳娜大帝的私生女结婚，然后接受教授职位，成为那个国家的栋梁。

威廉·海因森（Wilhelm Heinse）给狂飙运动增加了一部小说《阿尔丁赫洛》（*Ardinghello*，1787 年），它把君主专制、虚无主义、共产主义、法西斯主义、非道德主义和权力意志联合在一个荒淫而犯罪的欢宴上。这个英雄说，罪不是罪，只要是勇敢的；唯一真正的罪是懦弱，最真实的美德是身体的强健与意志的勇气。人生是基本本能的张扬，如果我们把这些本能看成不道德的，我们就失去了标志。于是，阿尔丁赫洛只要有机会或一时兴起，就诱惑女人，谋害人命，而且把他不受拘束的热情看成自然界的最高法则。他描述汉尼拔的勋业，尊他为超人，还问道："成千上万的人算得了什么——他们的一生加起来也不及他的一小时——比比这个唯一的人！"他设立了一个所谓共产社会，女人共有，女人参政，崇拜本能。

在狂飙运动的混乱旋风里，有些占优势的观念赋予这个运动特质和影响。它大多数的领袖来自中产阶级，他们从反抗生来的特权、官方的傲慢和高级教士把得自农民的什一税用来欢宴等开展他们反对当时社会的运动。他们一致同情农民的命运，将农奴或自由农民的性格理想化。他们向妇女挑战，要她们放弃时髦和用鲸箍扩大的裙子，放弃她们的矫情、随时随地的晕倒术和柔顺的虔敬，也呼吁她们分享自由心灵和遨游四方的男性的刺激生活。他们把宗教重新定义为一些人的心灵的神圣启悟，此等心灵的才具是创造的动力与世界不可思议的一部分，他们以为自然就是上帝，而归结说，合乎自然就是神圣。他们拿中世纪的浮士德的传说作为突破所有传统障碍、习规、道德或法律的对知识的渴望与燃烧的野心的象征。马勒·穆勒（Maler Müller）

早在歌德之前就写了一个剧本《浮士德的一生》(*Faustus Leben*)，"因为我很早就认识到他是一个伟大的人物……他感觉到他的全部力量，感到命运加给他的束缚而试图摆脱它，谁有这样的勇气像他那般走完那个行程"。

狂飙运动的热情与夸张表现了它是知性上的青春期，少数人的呼声注定上扬而又冷静下来。这次运动没有获得普遍的支持，因为传统与一般人民总是互相依存的。他们发觉自己在日耳曼的生活结构里缺乏基础后，狂飙运动者与各邦君主和平相处，也像法国的哲学家们一样，相信开明的统治者会引导知性的解放和社会的改革。赫尔德、歌德和席勒年轻时接触这个运动，在火焰衰退时撤退出来，他们剪短了他们的利爪，收敛羽翼，很感激地接受魏玛温和君主的保护。

艺术家们

这个时代的日耳曼人，在艺术方面与法国人和意大利人极为相似。他们从意大利带进巴洛克艺术，从法国带来洛可可艺术，他们送温克尔曼和门斯到意大利，而他们亡命国外的大卫·伦琴、里瑟诺和亚当·魏斯魏勒被法国国王和王后请去当家具设计师，法王路易十六付给伦琴身边的一个秘书8万利维尔。慕尼黑的首府、腓特烈在波茨坦的新宫及富裕的日耳曼人家里，挤满了精心雕刻而成的家具，直到这个时代的末期，才从英国输入了齐本德尔和谢里丹风格的家具——梅森的工厂在战争期间损毁了，但是宁芬布格、路德维希堡、波茨坦和其他中心继续发展瓷器与彩陶的技艺。日耳曼的衣架、壁炉架、餐桌和书桌，点缀了带有喜气的优雅地舞着、唱着和轻吻着的小人像。

也有大规模的可观的雕塑艺术。马丁·克劳尔于歌德在魏玛的早期替他塑了一个半身像——热切，眼睛明亮有神，充满信心。马丁的儿子路德维格也替席勒做了一个，但做得不太好。设置在斯图加特广场的席勒像倒是好些，那是由约翰·丹内克尔雕塑成的。在这个时代的日耳曼雕刻上获得最高成就的是约翰·戈特弗里德·沙多，1788 年他成为柏林的宫廷雕刻师。1791 年，他做了一个腓特烈头像；1793 年他雕出了全像；1816 年他铸了一个较小的腓特烈铜像——真是令人难忘的杰作。他为勃兰登堡门铸了一个铜身的胜利的战车，而他为太子妃路易丝和她妹妹弗里德里克雕成的大理石像，近乎成了古典美的极致。

德国的画家则太多了，即使派 12 个人到意大利，仍然可以留有几位好的在国内。蒂施拜因家族有那么多拿画笔的兄弟，我们很轻易就会把他们弄混了。约翰·海因里希·蒂施拜因是赫塞—卡塞尔宫廷的画家，画了一幅很好的莱辛像。他的侄儿约翰·腓特烈·蒂施拜因到卡塞尔、罗马、那不勒斯、巴黎、维也纳、海牙、德绍、莱比锡和圣彼得堡各地作画，也替萨克森—魏玛的卡尔·奥古斯都大公的孩子们画了一幅可爱的群像。1787 年至 1789 年，约翰·海因里希·威廉·蒂施拜因住在意大利，作了一张名画《在罗马旷野的歌德》（Goethe in the Roman Campagna），后来回国当了奥尔登堡公爵的宫廷画师。

日耳曼回奔意大利运动（Drang nach Italien）的代表人物之一是亚当·腓特烈·奥塞（Adam Friedrich Oeser），他是雕刻家、画家、蚀刻师、教师和古典艺术改造的斗士。温克尔曼在德累斯顿与他同住了一段时间，批评他的画风，欣赏他的性格，还说："关于意大利以外的人，人家能知道的他都知道。"1764 年，他当了莱比锡艺术学院的指导，歌德到那边访问他，才产生了意大利狂热。

留在德国的艺术家中，丹尼尔·乔德凯维奇是领导人。他是波兰人，生于但泽，身为孤儿，他得靠作画和木刻谋生。1743 年，他到柏林，除了名字不改之外，整个人变成了德国人。他用华丽而纤巧的彩饰画来讲述基督的生平，名满全国，此后，他以更近于伏尔泰的格调画出《让·卡拉斯及其家人》（Jean Calas and His Family）。他的画供不应求，几年间普鲁士的任何巨著出版都附有他亲笔的插画。在他最美好的蚀刻画中，他勾画了他的家居生活：他自己在工作，他太太骄傲地照料她的 5 个孩子，墙上挂满了艺术品。他用红色笔画了那位歌德爱过又失去了的洛特·凯丝特诺。他的作品中有细腻的线条和温柔的感情，这使他和霍加斯有了区别。他有许多描绘平民生活的画，人们常拿他与后者做比较。他反对把他们两人拉在一起，这是对的。他经常受到华多的影响，《动物园中的聚会》（A Gathering in the Eoological Garden）这幅画有着华多对辽阔的天空和女性衣袍在风中飘扬的迷人心魂的嗅觉。

安东·格拉夫留下了一幅柯勒维奇的画像——满面笑容、鬈发、身体肥壮——还有一张自画像，从工作中抬头仰望，但是服饰有点像要赴舞会的样子。他付出了更多的精力在他太太的可爱的画像上面——带有女演员科洛瑙·施勒特尔的傲气，穿着金黄色的衣服而有霍芙拉德·伯姆夫人的尊荣。

阿斯穆斯·雅各布·卡斯滕是那半个世纪这条战线上的最后一位，他吸收了温克尔曼在书信和精神上的思想，完成了德国画的古典复兴。他生于石勒苏益格，在哥本哈根和意大利上学，而主要是在吕贝克和柏林工作。1792 年，他回到意大利，在古代雕刻和建筑里享乐。他不知道时间已洗去希腊艺术的色彩，只留下线条。于是，像门斯一样，他以铅笔代刷子，一心只求完美的形式。在他画室里摆姿势的模特身材上的缺陷使他受到阻挠，他决定信赖自己的想象，他喜欢把希腊诸神和希腊神话中的景致画成他和温克尔曼想象的样子。接着，他绘制但丁和莎士比亚的插画。他追求线条与形式的热情常常使他的画失去了色彩与生动，即使他成就了近乎米开朗基罗对神圣人物的眼力，譬如《光明的诞生》（The Birth of Light）这幅画，我们也只能称赞他精确地记住了西斯廷教堂的壁画，像莫扎特记得他的音乐一样。罗马报答了他的深情，1795 年给了他一个任何近代艺术家所能得到的最有影响和最著名的画展。3 年后他死在那里，只有 44 岁。

新古典主义的气氛支配了腓特烈大帝统治下的波茨坦和柏林。1755 年，他开始新宫的建设，而不曾让战争阻挠他的计划。3 个建筑家——布林、贡塔尔和曼格尔——共同负责设计。他们在一座堂皇的大厦上混合使用了古典式与巴洛克的风格，使人想起古代的罗马宫殿。在内部装潢方面，他们真可媲美法国洛可式的最佳样本。柏林的法国教堂有古典的柱廊，贡塔尔和他的学生格奥尔格·昂格尔为它增建了一座古典的塔（1780—1785 年）。1774 年至 1780 年，昂格尔建设皇家图书馆而益增柏林的威风。勃兰登堡门，1788 年至 1791 年由卡尔·朗汉所建，坦率地模仿雅典卫城的入口。它有幸在第二次世界大战中留存下来，但是闻名的"战车"毁损了，这座四轮战车是建筑家用来作为大门的冠顶的。

其他德国城市也有各邦国君主、贵族等新建的功业。腓特烈的妹妹，威廉明妮以迷人的洛可可式的皇宫美化了拜罗伊特城（1744—1773 年）。在加塞尔，西蒙·路易设计了（1769 年）豪华的舞厅及赫塞·加塞尔领主官邸的蓝厅。在靠近杜塞尔多夫的莱茵河畔，尼克劳斯·皮伽建筑了气派十足的本德拉宫（1755—1769 年）；在靠近路德维希堡的地方，菲利浦·奎庇埃尔建筑了美丽的蒙雷坡宫（1762—1764 年）。

巴赫之后

除意大利之外，德国比任何其他国家更受到音乐的祝福与激荡。家里若没有乐器是不正常的，学校里教音乐就像上宗教课与阅读课一样。教会音乐已经衰微，因为科学、哲学、都市和工业使人心世俗化了。伟大的路德派赞美诗虽然还有人唱，但已经从教堂唱诗班移转到歌谣、短剧和歌剧了。约翰·彼得·舒尔茨（Johann Peter Schulz）的《通俗歌谣集》（*Lieder im Volkston*，1782 年）为歌曲开辟了新纪元。从这时起，德国在运用音乐到抒情诗这方面已处于无可怀疑的领导地位。

钢琴构造机件改良，刺激了演奏会的普及和乐器演奏名家的兴起，演奏家约翰·舒伯特、阿布特·沃格勒、约翰·赫梅尔等人征服了众多的城市。1789 年 3 月 10 日，年仅 11 岁的赫梅尔在德累斯顿举行独奏会，他不知道莫扎特也在观众席中，演奏会中，他看到并认出了他从前的老师。他的作品一演奏完毕，立即穿过聚集的人群，拥抱莫扎特，表达他的敬意和喜悦。阿布特·沃格勒在曼海姆，身兼礼拜堂牧师与音乐指挥二职（1773 年）。作为一个音乐作家，他是那个世纪中最有创见和最具影响力的人之一。作为演奏名家，他赢得了莫扎特的钦慕；作为教师，他造就了韦伯和迈尔贝尔；作为罗马教皇的使节，他穿蓝袜，同时进行每日的祷告与音乐演奏，有时让听众等他做完祈祷再演奏。这一切都给曼海姆城带来欢笑。

那时，曼海姆的管弦乐团由 76 个精选出来的音乐家组成，由身兼教师、指挥和小提琴独奏的克里斯蒂安·卡纳彼希很好地领导。福代斯爵士有名的评语说，德国领先各国有两个理由：普鲁士的军队和曼海姆的管弦乐团。莱比锡的布商公会管弦乐团名气只小一点点，演奏会的规模很庞大——节目上经常排出三四首，有时六首合奏曲；这种场面到处都有——剧场、教堂、大学、皇宫、酒店和公园皆然。这时，交响曲与合奏曲在管弦乐节目表上已并驾齐驱；1770 年——甚至在海顿之前——这是公认的乐器演奏的最高表现形式。

这一时期数位作曲名家来自约翰·塞巴斯蒂安·巴赫的家族。他的前妻生了 7 个孩子，其中威廉·弗里德曼和卡尔·菲利浦·伊曼纽尔享誉国际。他的第二个妻子生了 13 个孩子，其中约翰·克里斯托夫·弗里德里希和约翰·克里斯蒂安在音乐上有杰出表现。前者生了一个小作曲家威廉·弗里德里希·厄恩斯特·巴赫，所以约翰·塞巴斯蒂安给这个世界带来了 5 个在音乐史上有地位的人。另一个是远亲约翰·埃伦斯特·巴赫，他在莱比锡随大师研究，成为魏玛的乐团指挥，也留下一些被人遗忘了的曲子。

威廉·弗里德曼·巴赫生于魏玛，他父亲的《优良整调键盘》（*Wohltemperirte Klavier*）的第一部分就是为了教他而写的。他进步神速，16 岁时就已经是作曲家了。23 岁时被任命为德累斯顿的索芬礼拜堂的风琴师。由于在这里的职责轻松，他写了一些奏鸣曲、合奏曲和交响曲。1746 年，他被选为哈勒的圣母纪念礼拜堂的风琴师，薪资与声名一并鹊起。他在那里逗留了 18 年，后来被称为"哈勒的巴赫"。他喜欢喝酒，仅次于音乐。1764 年他辞职，此后 20 年，他往来于各都市之间，为人演奏或收学生，过的是仅可糊口的生活。1774 年他定居柏林，1784 年死于此地，穷困潦倒。

卡尔·菲利浦·伊曼纽尔·巴赫是左撇子，因此他的演奏只能限于风琴和钢琴。1734 年，他进法兰克福大学，与格奥尔格·菲利浦·特勒曼颇为要好，后者是他的教父之一，他的名字有一部分是这个教父取的。1737 年，他演奏一些他的作品，听众包含普鲁士的腓特烈·威廉一世。听说皇太子腓特烈喜欢音乐，他到莱茵斯贝格自荐，并没有马上得到结果。不过，1740 年腓特烈已经是国王了，任命他为波茨坦的礼拜堂管弦乐团的键盘音乐演奏师，他觉得为腓特烈神经质的长笛伴奏和在音乐上接受他的帝王权威是十分恼人的事。在管弦乐团服务 16 年后他辞职了，专心从事教学。他的论著《演奏键盘乐器的真技巧论》，从 1753 年开始写，标志着近代钢琴技巧的起点，海顿根据这部手册组成了他的钢琴作品。也由于这本书，莫扎特称他为"柏林的巴赫"："他是父亲，我们都是他的孩子。我们之所以正确地学到一些东西，因为是跟他学的，任何人不承认这一点就是无赖。"在作品里，伊曼纽尔有意从他父亲的对位风格中分离出来，使之成为单纯的同音处理与曲调。1767 年，他接受汉堡的教堂音乐的指导职位，在那里度过了最后 21 年的生命。1795 年，海顿到汉堡去看他，结果发现约翰·塞巴斯蒂安的儿子中最伟大的一个，已经过世 7 年了。

约翰·克里斯托夫·弗里德里希·巴赫，在师从他的父亲和在莱比锡大学学习之后，18 岁时（1750 年）在毕凯堡成为绍姆堡－里佩的威廉伯爵的宫廷乐师，28 岁时当上了乐团指挥。他在这个宫廷 28 年之中的最大事件，是赫尔德来这里当教士（1771 年）。赫尔德供给他一些激发灵感写作神剧、清唱剧和歌曲的题材。约翰·克里斯托夫追随他父亲的方法与精神，在岁月的变迁中失落了。

　　相反，最年幼的儿子约翰·克里斯蒂安·巴赫，把他的音乐归属于意大利。他父亲死时他才 15 岁，他被送到柏林，他同父异母的兄长威廉·弗里德曼支持他、教导他。19 岁时，他到博洛尼亚，那里的卡瓦列雷·阿戈斯蒂诺·里达伯爵出钱让他就学于巴德雷·马蒂尼。这个青年整个被意大利生活和天主教音乐迷住了，因而使他的信仰改宗，6 年中所作的曲子都是献给天主教会的。1760 年，他成为米兰天主教堂的风琴师，因而被称为"米兰的巴赫"。同时，意大利歌剧也使他在俗世音乐方面有杰出表现的野心，就像他在教会音乐的表现一样。他在托伦和那不勒斯（1761 年）制作了一些歌剧，而他的米兰雇主们认为他作品中的那些爱情艳遇与他在天主教会中的地位不相称。于是他转移阵地到伦敦（1762 年），他的歌剧在那里不寻常地长期连续上演。不久，他被任命为夏洛特·索菲亚王后的音乐老师。1764 年，他欢迎年仅 7 岁的莫扎特到伦敦，还陪他玩钢琴作曲。这个小孩喜爱这位目前已有充分成就的音乐家，还从他那里得到许多创作奏鸣曲、歌剧和交响曲的启发。1778 年，巴赫到巴黎演出他的《高卢的阿马迪斯》（*Amadis des Gaules*）。他在那里又遇到已经 22 岁的莫扎特，仍然像 15 年前他们相遇时那般地愉快相处。"他是老实人，对人公正，"沃尔夫冈·莫扎特写信给他父亲时说，"我衷心喜爱他。"

　　总而言之，这是巴赫时代，从死于 1619 年的威特·巴赫到死于 1845 年的威廉·弗里德里希·埃伦斯特·巴赫，皆是文化史上最引人注目的。约翰·塞巴斯蒂安·巴赫的家族中出名的约有 60 位巴赫，其中有 53 位是职业音乐家。有 8 位是他的先辈，5 位是他的子孙，都具有充分的才气以致需在音乐辞典中各辟专文来介绍他们。众子之中有几位在生前得到了比约翰·塞巴斯蒂安享有的更大的名望。并非他们垄断了音乐的名声，演奏家生前通常会得到更大的喝彩，但死后不久就被遗忘了。像卡尔·弗里德里希·法施和克里斯蒂安·弗里德里希·舒伯特等作曲家，他们的名望是足以和巴赫的孩子们对抗的。

　　回顾 18 世纪的下半叶，我们观察到音乐演进的几条特别线索。成长中的钢琴音域与力量，使音乐从字词的奴役下解放出来，也鼓励了器乐曲的制作。音乐会听众的扩增和教会支配力的减弱，使作曲家离开了约翰·塞巴斯蒂安·巴赫的多音曲，而走向他的继承者更容易欣赏的和声。意大利歌剧的影响甚至及于器乐作品的旋律，然而另一个相对的运动，正为歌曲带来新的复杂性。反意大利歌剧运动到格鲁克时达到高峰，他提议使音乐附属于戏剧，结果仅使戏剧与音乐同样高贵。从另一条大道，这个"反动"开展了小歌剧，它的最高表现是《魔笛》。协奏大部转变为由一个独奏乐器和一支管弦乐团组成的协奏曲。奏鸣曲维持卡尔·菲利浦·伊曼纽尔·巴赫和海顿那样的古典风格，而四重奏变成了交响乐。一切皆已备妥，等待贝多芬的到来。

"老年的"腓力兹（腓特烈）

　　历经了这一切政治、宗教、工业、享乐、音乐、艺术、科学、哲学、忧郁和罪过等变化无常多彩多姿的人生之后，这位老迈的英雄变得阴郁，而德国人就叫他"老年的"腓力兹（Der Alte Fritz）——并非因为爱他，而是尊他为他那个时代里最叫人吃惊的条顿人。他不因统治他的王国和管弦乐团而感到满足，他还羡慕伏尔泰的文笔，因而希望做一个诗人和历史学家让人赞美。他留给后世 30 卷作品：7 卷历史、6 卷诗、3 卷军事论文、2 卷哲学和 12 卷信札，全用法文写成。他的诗大多是"即兴随笔"那一类，已经被人遗忘了。他是那个时代一流的历史学家之一。他当上国王不久，就写了他祖上的历史《勃兰登堡家族纪事》（1751）。与大多数的历史学家一样，他声称公平无私："我没有任何偏见，我把亲王、国王和亲族都看成平常人。"但是描述伟大的选帝侯腓特烈·威廉时，他竟欢喜若狂。

他的文学巨著是《我的时代史》（*L'Histoire de Mon Temps*），记载他自己的统治。第一次西里西亚战争结束后不久他就开始写，中间断断续续，直到晚年。也许受到伏尔泰的影响——虽然此书大部分写于伏尔泰的《路易十四时代》和《论各国风习与精神》之前——腓特烈在这部巨著中包容了科学、哲学、文学和艺术的历史。他歉疚地说他腾出篇幅来"使笨蛋穿上龙袍，使浪荡子戴上皇冠……但为了追随新真理的发现、为了把握道德与礼仪变化的原因、为了研究野蛮的黑暗从人心移去的过程——这些当然都是值得善于思维的人留意的"。他称赞英国的霍布斯、洛克，德国的托马修斯和沃尔夫，法国的丰特内尔和伏尔泰。"这些伟大的人物和他们的门徒给宗教致命的打击。人们开始审视他们顽固崇奉的对象，理性推翻了迷信……自然神论是对最高存在的单纯崇拜，已经获得许多跟随的人。"他瞧不起法国的政府，但是喜爱法国的文学，腓特烈评判伏尔泰的《亨利亚德》一书高于《伊利亚特》，认为拉辛高于索福克勒斯。他认为布瓦洛与贺拉斯、波舒哀与狄摩西尼成就相等。他嘲笑德国的语言和文学，却称赞它的建筑。他努力辩解他侵略西里西亚：他认为一个政治家可以和十诫抵触，只要是他的国家的生存利益需要的。"与其让全民毁灭，不如让君王毁弃诺言"——他希望我们相信那是因为 18 世纪 40 年代普鲁士的危机。他承认身为将军，他做错了许多事，但是他认为他在莫尔维茨的败逃是不必记载的。总而言之，这两卷书足可与吉本以前有关近代欧洲最好的史籍并列。

远在"七年战争"还没结束时，腓特烈就已着手撰写他的《"七年战争"史记》（*Histoire de la Guerre de Sept Ans*）。与恺撒一样，他希望成为自己从事过的战役的最好史学家，也和恺撒一样，他避免用第三人称谈自己的困惑。再者，也许还有更好的理由，他试图证明他大胆发动公然的敌视是合理的。凡是与内政有关的，他赞美他的大敌玛丽亚·特蕾莎，但在对外关系方面他骂她"这傲慢的女人"，她"吞饱了野心，想从所有的途径来获得光荣的目标"。在公平不偏地记载他的战役时，他曾停下来悲悼那死于 1757 年的母亲和死于 1758 年的妹妹。他描写威廉明妮的那一页，是全书战争的荒原中唯一爱的绿洲。

他归结说，历史是杰出的教师，只是学生太少。"由于人的本性，没有人向经验学习。父亲们的愚妄失落在孩子们身上，每个世代都得犯上它自己的错误。""读历史而又能应用的人都能看到同样的景象总是被重复着，只须把演员的名字换过来就行了。"即使我们能从经验中学习，我们还得受到不能预知的机遇的限制。"这些纪事使我越来越相信，写历史就是要编纂人们的愚妄和运气的偶然。每一件事终归变成这两项题材。"

在两篇《最后的遗言》（*Last Testament*，1752 年、1768 年）中，他企图告诉他的后人一些得自他本人经验的教训。他催促他们研究各个国家的目标和资源，及所能获得的防卫和开发普鲁士的方法。他效法他父亲强调维护军队优良纪律的需要。他警告他的子孙不要让开支超过财库，他预言疏忽财政的法国会有政治上的麻烦。他也忠告，财库不能以设置新税来增加，而须依靠刺激经济的生产力来获得。任何宗教只要能维护和平的都应加以保护——虽然"所有的宗教，只要深入考察，都是奠基于或多或少的荒谬寓言"。国王的权力是绝对的，但是他必须把自己当作国家的第一个仆人。由于普鲁士危险地以小国之身介于俄国、法国和奥匈帝国之间，国王必须抢到任何足以扩大和统一普鲁士的机会——最好是靠征服萨克森、波兰的普鲁士和瑞士的波美拉尼亚。"一邦的君主最需要关心的是维护他自己，其次是扩展领土。为此需要能屈能伸，还需要资源……隐藏秘密的野心之道是在有利的时机来临前公开平和的心情。这是所有大政治家的方法。"

国王必须使他的继承人具备治国的能力。他应让他接受开明之士的教导，而不是教会人士，因为那会使他装满了迷信、暗算，使他成为教会的温驯工具。这样的教育仅足以产生平庸的心灵，不久就会被国家的责任压碎。"这是我亲眼所见的，除了我、匈牙利的女王（玛丽亚·特蕾莎）和萨丁尼亚的国王（查理·艾曼努尔一世）之外，所有欧洲各国的国王都只是有名的笨瓜。"这些话写于伊丽莎白统治俄国的时候。1768年的《遗言》倒是和蔼些，因为叶卡捷琳娜已经表现了她的气质。这时，腓特烈预言俄国将是欧洲最危险的力量。

他老迈时，他开始担心他的侄儿，也是他的预定继承人——腓特烈·威廉二世——是否适合继承这个政府。"我为你劳碌，"他写道，"但你应思及延续我所做的。如果你疏懒旷废，我费了许多麻烦积聚起来的功业将会在你的手上消失。"1782年，他更是悲观，写道："如果我死后我的侄儿变得软弱，两年内将不再有普鲁士了。"这个预言于1806年得到证验，不见得是因为腓特烈·威廉二世那么软弱，而是因为拿破仑太强大了。

腓特烈在他最后的10年中变得令人难以忍受的苛严。他停止了他在1756年以前许给报纸的自由。1769年，莱辛写信给尼古拉说："你们柏林的自由已经减少了……已经到了你愿意把反对宗教的荒谬带到市场去的自由那么少的地步……但是应该有人……提高嗓子来为臣民辩护，同时反对剥削和专制……不久你就会发现在今天的欧洲那里是最奴化的土地。"赫尔德恨他那出生地普鲁士，而温克尔曼恐惧地掉头离开那个"专制的地方"。1778年，歌德访问柏林，他惊讶于这位国王的不负众望。不过，老百姓尊重腓特烈是老人，他在45年中没有一天不为国家服务。

战争与和平一样，都使他疲惫不堪。他的头痛、气喘、疝气和痔疮，频频作痛而病势加剧，他喜欢不易消化和加了佐料的食物，这又加重了他的病情。1778年8月22日至25日，他在接近布雷斯劳的地方检阅他西里西亚的军队。24日，他穿上平常的制服，在大雨中坐在马上6个小时，回到指挥部时他全身湿透而颤抖，从此他再没有好起来。1786年6月，他从汉诺威召来齐莫尔曼医生。他禁止医生为他开药，宁可活泼地和医生谈论文学与历史。为了使他安宁，齐莫尔曼开的处方是吉本的《罗马帝国衰亡史》。水肿增加了麻烦，用来减轻肿胀的切开手术却变成坏疽病，肺炎终于成了致命之症。1786 年 8 月 17 日，腓特烈逝世，享年 74 岁。他曾要求葬在桑苏花园内，邻近他的爱犬和爱马坟墓的地方。这一富有人性的临终要求被忽视了，他被葬在波茨坦的加利森教堂内他父亲的墓旁。拿破仑在打败耶拿的普鲁士人之后来到这里，站在腓特烈的墓前，对他的将军们说："如果他还活着，我们就来不了这里。"

第六章 ｜ 康德
（1724—1804）

绪论

假如没有腓特烈大帝，我们将永远不会有伊曼纽尔·康德。《纯粹理性批判》和《纯粹理性界限内的宗教》（*Religion within the Limits of Reason Alone*）之所以成为可能，是由于腓特烈的怀疑主义和宗教宽容。腓特烈死后不到两年，康德已被普鲁士政府三缄其口了。

康德像腓特烈一样，是启蒙运动的崇拜者，而且——不管他策略上的犹豫——始终依靠着理性。他也像卢梭一样，是浪漫主义运动的一分子，致力于调和理性与感情、哲学与宗教、道德与反叛。他承受了父母虔信教派的沐浴，却跨向沃尔夫的理性主义。他全神贯注于哲学的异端，却投向《爱弥儿》中的"莎夫亚牧师信仰的自白"（Profession of Faith of the Savoyard Vicar）。他继承了洛克、莱布尼茨、伯克莱和休谟的神秘心理学，而试图用它救济休谟的科学和伏尔泰的宗教。他自己过着资产阶级式的规律生活，而且为法国的革命欢呼。孤独地处在东普鲁士，他对那个时代的一切精神思想有彻底了解而且加以归纳总结。

他出生在柯尼希山（1724年4月22日）多雾的海边，距离风光明媚的法国很远。有人对他的家族是苏格兰血统表示怀疑，但是康德自己告诉我们，他的祖父"在前世纪末（我不知道什么缘故）从苏格兰移居到普鲁士"。他的父亲约翰·乔治·康德与安娜·勒泰结婚，伊曼纽尔·康德（Immanuel 意即"上帝与我们同在"）在他们 11 个子女中排行第四。他以自己生日当天圣徒的名字取为教名，为了避免德语发音成 Tsant，他将姓 Cant 改为 Kant。所有家族里的人都在虔信教派中成长，这种教派正如英国的监理会教，强迫信仰、忏悔与随时恳求上帝，而不同于正统的路德教派以居间的牧师在教堂里做礼拜。

康德从 8 岁到 16 岁参加了虔信教派一位传教士在柯尼希山建立的一所腓特烈长老会。学校作息从上午 5 点半做为时一个半小时的祷告开始，每节课后也要祷告。每天早晨要奉献一个小时在强调地狱之火的宗教训示上。历史课主要是讲《旧约》，而希腊史只从新希腊开始。星期日要参与一个盛大的宗教祈祷会。这种教育产生出来的毕业生一部分遵从美德，另一部分行为伪善，而大部分则带着忧郁的精神。后来康德愤恨这种虔敬与恐怖的沉重做作。他说他回想起那些时日，就会因为不安与战栗而不能自已。

1740 年，他进入柯尼希山大学。在这里，他的恩师马丁·孔策虽然是一个虔信派教徒，却引导康德走向沃尔夫的理性主义。孔策曾读过英国自然神教的教义，他谴责他们也讨论他们，而他至少留下了一些自然神教的怀疑给这个学生。在大学 6 年后，康德被邀请加入路德教派的牧师团，但他不顾曾经预期的舒适职位而加以拒绝。换取而来的是 9 年内他生活在贫困之中，当私人的家庭教师和继续研究。他的兴趣一直到 1770 年，可以说在科学而不是在神学方面。卢克莱修是他敬爱的作家之一。

1755 年，康德接受博士学位，同时取得在大学讲课的资格，是其报酬仅凭学生决定给付学费多寡的无薪讲师（Privatdozent）或私人教师。他继续在那种朝不保夕的情况下度过了 15 个年头。在这段漫长的岁月里，他曾两度申请教授资格，都被拒绝。他仍然生活在潦倒之中，从一处漂泊到另一处，从不奢望结婚，直到 59 岁时从来没有拥有过属于他自己的家。他讲学的主题是广泛的，大概相当吸引各种程度的学生，他有自知之明，必须维持生计。当教师的康德必须绝对不同于以晦涩出名的作家康德。赫尔德，他的一个学生（1762—1764 年），30 年后用感激的回忆描述他说：

> 我得以认识一位哲学家作为我的老师非常幸运，在生命的初期里他溢满着年轻人欢欣的勇气，而且我相信，此种性情一直伴随他到老年。他舒展的颇富思想的眉睫，是无忧无虑的愉快与欢乐的所在，他的言谈充满着理想和富于暗示性。与生俱来的戏谑、妙语如珠及幽默的幻想，他的演讲既有益又有趣。他用同样的态度来批评莱布尼茨、沃尔夫、鲍姆加滕（Baumgarten）……及休谟，他研究牛顿、开普勒和其他物理学家的自然法则。他也对卢梭的著作给予一番探究……以一种声望没有结党或宗派，没有偏见或崇敬，面对真理的扩展和增进，对于他而言只是最轻微的影响，他鼓励并温和地迫使他的听众为他们自己去思想，专制与他的个性是格格不入的。这个人我以最大的谢意和敬意称他就是伊曼纽尔·康德。他的影子呈现在我的眼前，而且对我是那么的可贵。

假如我们记得康德在他 57 岁（1781 年）以前的主要著作，我们将认为他是一位科学家而不是一位哲学家——虽然这两个名词并不背道而驰。他的处女作《活力测定考》（1747 年）是讨论在运动中物体是否被动量（mv）来决定的问题。（如笛卡儿和奥伊勒所说的）质量乘以速度，或者（如莱布尼茨所说的）质量乘以速度的平方（动能 mv^2），是否决定了物体在运动中的能力。康德成功地解决了这一难题，对于一个 23 岁的年轻人来说，这是一项惊人的成绩。7 年以后，他写了一篇短论，讲地球每天自转的时间是否因潮汐的涨落而改变。

同一年，康德出版了《地球衰老论》，对太阳每天能量的消耗及未来地球的凝结，提出了隐忧。

在 1755 年一篇有文采的论文《自然通史与天体论》中，这个冒险的 31 岁的青年给了"自然的一般史和天体的理论"。它是匿名出版，而且题献给腓特烈大帝，或许康德是唯恐引起神学家的麻烦并期望得到大帝的垂青。他将天与地的运转归之于机械的法则，但讨论结果，由于它的同位和美感，而证实了一种至高智慧（a supreme intelligence）的存在。为了解释太阳系的起源，康德提出了他的"星云说"（nebular hypothesis）：

> 我认为我们太阳系的一切物质……是在万物之初被分解成它的基本元素，并充满整个太空……在此物体于焉形成而各自运转……在太空中如此弥漫着，一种宇宙的静止仅能维持一刹那……一种密致的分散元素，由于它们的吸引力、结合……环绕它们小比重的万物，这些元素本身与它们结合的物质相连在一起，聚集在那些更密致的分子被发现的点上，这些同样地结合更密致的分子……

> 但是，自然有其他的力量……由于这种力量，分子才互相排斥，又由于它们与引力的冲突，把自然的持续生命带向前运动……这种反斥力量可以在液体汽化的弹力、强烈气味物体的流散及一切含酒精的物质的散布中得到证明。由于这种力量，元素能够落到吸引它们的点上，从它们的直线运动中，被转到旁边……它们垂直地落在附近，绕着它们落下的中心产生一种圆周运动。

康德相信所有星球已经——或者即将——汇集成这种行星和太阳的系统。而且，他加上了一个意义深长的句子"Die Schöpfung ist niemals vollendet"——创造是从不完全的，那将永远继续下去。

这个 1755 年的"星云说"，与拉普拉斯（1796 年）对它的校订，正如起源理论，是相当艰难的，但仍然有一个著名的现代天文学家的评价："截至当代，我相信，康德论宇宙开辟说是科学上最佳的客观的概要。"这篇论文对我们的重要性是它指出康德不是一个神秘的形而上学家，而是一个被科学迷住的人，而且为调和科学方法与宗教信仰而奋斗。这是他一生工作的本质。

1756 年，有如伏尔泰被 1755 年里斯本的大灾祸而将其从他的哲学深渊唤醒，康德出版了 3 篇有关地震的论文和 1 篇有关风的论文。1757 年他写了一本《自然地理学的讲义概要》，1758 年写了《运动与静止的新学说》。然后，他的兴趣扩大了，他把他的短论《有关乐观主义》（1759 年）、《三段论法》（1762 年）及《头脑的疾病》（1764年）——这里建议因工作的增加和细分，可能由于单调的反复而引起精神错乱——投稿到报上。1763 年，他以一篇文章《证明上帝存在的唯一可能根据》而转移到神学方面，很明显，他对他宗教信仰的动摇感到不安。1764 年，伯克的类似论文发表 8 年后，他写出了《美感与崇高感情的观察》。

有时，他想扩大他的进化论的宇宙开辟说到生物学，他精通由于生活条件的改变，旧的形式已进化为新的形式的观念，而且他接受人类解剖学上本来就适合四足运动的看法。他仍然退回到完全机械论的生物学。"我也时时不知所以，认为盲目的自然的机械论是解释的根据。我相信我能给简单而自然的概念发现一条道路。但是我不断地破坏理性，因而我情愿在观念的无垠大海中冒险。"鲁道夫·拉斯普的新近发现，及在 1765 年出版的莱布尼茨失传已久的《人类悟性新论》，被康德读到，这些新得来的认识使康德转向知识论。他没有完全放弃在科学上的兴趣。1785 年，他写了一篇《论月球中的火山》（*On Volcanoes in the Moon*）。但是他的科学研究和继承的神学之间的内在冲突，迫使他探求一种哲学的调和。

或许他的新方向，是被聘为逻辑和形而上学教授时（1770 年）

引起的。对于一个 46 岁的男人而言，薪金少得可怜——每年 167 泰勒，1786 年才慢慢升到 225 泰勒，1789 年兼任大学理事和主任又升到 726 泰勒。习惯上，一个新任命的教授须提出以拉丁文写的就职论文，康德选了一个艰巨的主题"感觉与睿智世界的形式及原理"。康德运用一直流行在德国大学里的繁琐的哲学术语。所谓"感觉世界"（sensible world），他定义为由感官所知觉的世界，后来他又把它称作"现象的世界"或"呈现的世界"。所谓"理智世界"（intelligible world），他定义为由理智或理性想象的世界，这个世界后来称为"立体的"或可想象的世界。我们从数学和科学应用于时间与空间的主观概念上，试图去了解感觉的世界。我们由于抛弃感官，从理智和形而上学对超感性来源和感觉世界的原因，来试图了解想象的世界。这里，康德已经铺下他的基本主题：时间和空间非客观的或感觉的对象，而是传承心灵特质与构造的知觉形式。此心灵非被动的承受者和感觉的产物，而是一个主动的作用者——带有承袭的样态和运作的法则——为了将感觉变成观念。

康德把这个基本的论题看作"未来即将完成的著作"。这个声明在 1771 年致马克思·赫兹的信中曾经显示，这位哲学家已经计划创作《纯粹理性批判》。经过 12 年的工夫，他将这本巨著于 1781 年公之于世，题献腓特烈大帝手下的教育与教会事务部长卡尔·冯·策德利茨。他有如大帝一样，是启蒙运动的崇拜者，而且支持出版自由。他的保护诚然可贵，但神学家们仍然可以发觉，在康德神秘的用语和表面上正统结论的后面，是基督教神学曾受到的最具破坏性的一种分析。

《纯粹理性批判》（1781）

如果世人发现这本著作难以理解，那可能是由于康德的写作方法。他在致门德尔松（1783 年 8 月 16 日）的信中说，虽然这本书是

"酝酿在我心中至少 12 年的结果，我在最为匆促的四五个月间将它完成。内容方面刻意求精，但是我只用一些解说或者使读者易于理解的微不足道的思想——这个决定我从不后悔，因为假如不如此的话，我就要长久地延搁下去，并探求给予一种更脍炙人口的形式，毕竟这部著作也许永无完成之日"。透彻了解需要时间，而康德不相信他有时间，他审慎地略去了说明的举例，免得著作的篇幅过多。"那些只有从通俗的角度才需要，而这本著作并不能适合通俗的需要。"因此，他这样写下去，而且相信别人会给他冲淡消化。虽然沃尔夫已在他之先用德文写哲学，那时的这种语言在思想的用语措辞上，一直还是很生硬粗糙的，而且它尚未建立一种技巧的术语学。几乎随时随地康德必须创造拉丁名词的德文翻译，甚至在许多场合拉丁文缺乏他想表达的特征和精微的名词。他对老字眼给予新意义，有时忘了他的再定义而使读者混淆。最初的 100 页还算清楚，其余的部分则是一片"哲学的火焰"（a philosophical conflagration），对于一个普通的读者而言，除了弥漫的烟雾外，将是一无所见。

　　题目本身必须加以厘清。谁能明白《纯粹理性批判》就是一种理性的批评和判断的分析检讨，而不依据经验呢？"批判"不仅是分析和解说，也是判断，正如它的希腊字源 Kritik（判断）。康德打算描述感觉、知觉、观念和理性，并给它们适当的范围和审判权。还有，他希望指出理性能给我们知识，不必依据任何确定的经验，就如我们知道 6 乘 6 等于 36，或者一个结果必须有一个原因。这些是"纯粹理性"的例子——一种先天的知识，也即一种无须经验证实的知识。"先天原则的知识能力可以称为纯理性，其可能性与范围的一般考察（构成）纯粹理性批判。"康德相信这种考察包括一切形而上学的问题，而且他深信在这个批判里"所有形而上学问题虽未获致解决，但可说至少解决的钥匙已经找到"。他认为他的唯一危险在于"不是被驳倒，而是不被了解"。

　　把他引到如此英雄式的冒险中来，到底为什么？可能有人认为是由于法国启蒙运动理性的提升——信仰必须服从理性的"哲学"设定及如此加诸基督教神学的破坏，这是康德决定研究理性的发端、作用和界限的激因。这个动机之遂行，正如康德在再版序言中所说的。但是，在该序言中很明显地他挑选的死对头却是所有的"独断论"（dogmatism）——由一种不精审的理性而展开的一切正统的或异端的思想体系。他把断言单独理性即能证明基督教义和莱布尼茨哲学的沃尔夫称为"最伟大的独断论哲学家"。凡是企图以纯粹理性证明宗教的真理与谬误，对于康德而言就是独断论的形式。而且，他谴责那些没有先通过理性自身的批判检验，任何科学、哲学或神学体系上的"形而上学的独断论"。

直到 1770 年，他非难着自己的思想也蕴含这种独断论的罪愆。他告诉我们，从不精审的思索中，他觉醒了，由于读到休谟——大概是一本出现于 1775 年的德文译本《人类悟性的探究》。休谟主张一切推理依据原因的概念，在事实经验里我们知觉的不是原因而只是结果，因此，将一切科学、哲学和神学置在一个观念——原因——其结果变成一种睿智的假设，而不是一种知觉的实在。"我坦率地承认，"康德说，"很多年前，起初因为休谟的警告，打断我独断论的睡梦，并对探究我的思辨的哲学领域给予一个完全不同的方向。"原因概念如何能从休谟所留下来的含糊假设的粗略状况中被拯救出来呢？康德说，只有表示它是先天的、独立于经验的、范畴中的一个，或者未必天赋而属于心灵固有的结构的思想形式。[1] 因此，他致力于用批判论——一种批判的检验——这是即刻能描出、界定和恢复理性的权威，克服沃尔夫的"独断论"和休谟的"怀疑论"。康德观点的三阶段——独断论、怀疑论、批判论——是现代哲学发展中的三种提升的局面。

---

[1] 在 1798 年致格拉夫的信里，康德对他的"觉醒"做了一个更新的解释："纯理性的二律背反（the antinomies，包括对上帝的信仰与否、自由意志或不朽的诸难题）……首先从我独断的美梦中唤醒我，并驱使我走向理性的批判。"

中肯的定义、特征与类别，长话短说，康德划分一切知识为经验的（依据经验）和先验的（独立并超越经验）。他认为一切知识发端于经验，在这个意义上，感觉必须在先，然后唤起思维的作用。但是他相信开始经验的同时，经验已被心灵的结构从直觉（知觉）或概念的固有形式塑造成型。直觉的固有形式就是经验来自如同空间的外在感觉，来自如同时间的内在感性的普遍的形式。

同样，独立于经验和形成经验的概念或思想的固有形式，康德称之为范畴（categories），把它们区分以喜爱与怀疑对称为四种三组：量的三范畴——单一性、多数性和总体性；质的三范畴——实在性、否定性和有限性；关系的三种双重范畴——实体和性质、因和果、主动和被动；及样式的三种双重范畴——可能性和不可能性、存在和非存在、必然和偶然。每个知觉变成那些基本的形式或思想模型的一种或更多种。知觉是被时空固有形式解释的感觉，认识是被介入判断或观念的范畴转变的知觉。经验不是我们的感觉对客观印象的被动接纳，而是我们的心智在原始感觉上产生作用的结果。

康德试图反驳休谟因果关系的怀疑论，使因果关系不为客观的实在，而是一种思想的内在形式。如此因果关系则独立于经验，而非依从于经验观念的非确定性。然而，因果关系还是一切经验的必要部分，是因为我们没有因果关系则不能了解经验。所以，"原因的概念包括了非经验所能取代的必然的特性"。休谟将科学贬低为不确定性，康德认为，通过这种假设，他将科学从那种颜面尽失的限制中拯救了。事实上，他认为，建立起普遍的"自然的法则"的是人类的心灵，而不是自然，因为赋予我们的概括——像那些数学——是普遍和必然的性质，而非客观地被知觉。"在我们称之为'自然'的表象中，我们自己导入那种秩序和规则。没有我们自己的存在，在表象中也就永远找不到自然，因为我们自己心灵中的自然，原本就放置在那里。""自然法则"不是客观的实体，而是有效处理经验的心理结构。

一切知识都是观念的形式。按这种说法，观念论者是对的：世界对于我们而言，只是我们的观念。因为我们仅仅能比照和由观念认识事物，唯物论在逻辑上是不可能的，因为它使直接的认识（观念）变成不可知的或间接的认识。但是，观念论者如果认为除我们的观念外，别无存在，则是错误。因为我们知道观念可以由感觉产生，我们若没有为感觉设定一些外在原因，我们就无法解释一切感觉。当我们的知识被限定于现象或表象——外在原因被我们的知觉和概念的模式造成后的形式——我们永不能得知那种外在原因的客观性质。留给我们的是神秘的自在之物（Ding-an-sich, thing in itself），一种物自体，一种想象而永不被知觉的本体（noumenon）。外在世界的存在，只有其终极的实在才是不可知的。

心灵也是实在的但不可认知的。我们从不曾知觉它像我们知觉附于心理状态的一种实体。它也是一种本体，必须想象如同在自我个体背后的实在、道德意识及心灵的形式与过程。自我的感觉混合在每种心理的状态，并给予连续与个人的同一性。自我的意识（统觉，apperception）是一切我们经验中最为直接的，并非借想象力之助，而能使我们相信其如同物质一样。一种非物质的心灵起作用——及被起作用——于一个物体上，那似乎是不可能的。但是我们可以相信在物质背后不可知的实在，与内在物自体的心灵"毕竟，性质大同小异"。

我们不能以纯粹的或理论上的理性来证明（像沃尔夫曾做过的）个人的心灵是不灭的，或者意志是自由的，或者是上帝存在的；但是我们也不能以纯粹理性来驳斥这些信仰（像一些怀疑论者想去做的），理性和范畴仅仅是预备来处理现象或表象，外在的或内在的；我们不能把它们应用在物自体——感觉背后的实在或者观念背后的心灵。我们想去证明或驳斥信仰的独断时，我们就陷入了"谬论"（paralogisms）、诡辩（fallacies）或"正反论题"（antinomies）——固有的矛盾中。假如我们以为这个世界有或者没有一个起源，意志是或者不是自由的，一种必然的或者终极的存有或者不在，其结果是一样的荒谬性。康德以他罕有的辩才表达了设计的辩论，但是他结论说："辩论的终局能证明的是一位建筑师……他在工作中时常被材料的适应性妨碍，而不是一位创造者……对于他的观念而言，每一件事都是主题。"

然而，我们如何能满足于如此不可理喻的一种结论——自由意志、不朽和上帝，既不能被纯粹理性证明，也不能被驳斥？（康德极力主张）我们有些东西比起理性更为深奥，即我们无可辩驳的意识，这种意识、心灵与灵魂都不是物质的，其意志无论如何带有几分神秘性的和非逻辑性的自由。我们永远不能情愿思考这个世界像没有道德意义或固有心灵的发展与毁灭的意识结果。我们如何能证明我们的意志信仰呢？（康德说）多少由于信仰的理智效能——因为这种信仰在现象的解释，如同哲学的公正与宗教的和平方面，给了我们一些指导：

> 世上万物，我们必须把它们看作一种最高的睿智接受它们的存在。（上帝的）观念是这般真实地启发式的，而不是明白提示的（ostensive），概念（这是一种对发现与了解的假设颇有裨益，但那不是一种论证）……在神学的领域里，我们必须将每件事看作一切表象（感觉世界本身）的综合，具有超越自身的唯一的、最高的和一切充足的理由——一种自存的、原始的、创造的理性。因为在创造的理性这种观念的观点下，我们导引自己的理性后从经验的工作中获致其最大可能的范围……纯粹思辨的理性给我们关于"上帝"唯一确定的概念，严格说来，是自然神论的概念。这就是说，理性不能决定这样一种概念的客观妥当性，而仅是产生某些概念、构成一切经验实在性最高的和必然的根据。

但是，以康德的观点，宗教信仰其更强制性的理由，认为这种信仰对道德是不可或缺的。"假如没有不同于这个世界的原始存在，假如这个世界是……没有一个'作者'，假如我们的意志是不自由的，假如心灵是……像物质一样会腐朽，道德观念和原则将失去一切效力。"如果道德特性和社会秩序不是完全依靠法律的畏惧，我们必须支持宗教信仰，把它当作一种调整的原则，我们必须把我们的行为视为已经知道有一个上帝，我们的心灵是不朽的，我们的意志是自由的。而且，视为思想与道德的救星，"我们可以用微妙的神人同形同性论（anthropomorphism）来表示世界的原因（舍此之外，我们无法思想任何关于神的问题），也即像已然了解的存在，快乐和烦恼的情感相对应于欲望与志向作用"。

因此，这个著名的批判结论，摒弃了称心的和不快的对立的思想派别。怀疑论者可以认为康德已经证实了不可知论（agnosticism），也可以嘲笑他上帝复位（reinstatement of God）的说法实为尘世统治的补述。被折磨的神学家谴责他太过于容许异教徒，而且为宗教显然已经从康德迷宫似的心灵中，涉险通过而高兴。1786 年，卡尔·赖因霍尔德描述这场纷乱说：

> 《纯粹理性批判》已经被独断论者宣告为暗中败坏一切知识确实性的怀疑论者的一个企图；又被怀疑论者宣告为在早先瓦解的系统上，企图创立一种独断的新形式的自大假设的一部分；被超自然论者宣告为一种狡猾的阴谋策略去置换宗教的历史基础，而建立没有争端的自然主义；被自然论者宣告为濒死的信仰哲学的新的拥护者；被唯物论者宣告为对一种物质实在性的观念论者的否定；被唯心论者宣告为对物质世界一切知识的无理界限，隐藏在经验领域名下……

几乎所有这些思想学派都攻击这部书，评价它，只是一种"丑恶的成功"（succès de scandale）。正是它的艰涩难解提高了它，使它成为一种每个时代心灵面临的挑战。不久康德的"冗长词句"

(sesquipedalia verba) 挂在每个学者的嘴上了。

他无法明白为什么他的批评者不能了解他，他不是一再地对每个基本的用语下定义吗？（对了！多得不计其数！）1783年，他答复批评时曾重新表白他思想的批判是一种简单的形式，而且他大胆地把他的答辩题为："未来形而上学可能像科学出现的导论。"在他写下批判之前，他主张毕竟没有真正的形而上学，因为形而上学的工具——理性，没有任何体系能作为一种批评检查它的开端。假如有些读者不能明白批判，那可能是因为他们不太精于它的缘故，"在这种情形之下，他可以把他的精神天赋用之于别的对象"。毕竟"每个人都研究形而上学是没有必要的"。这位老教授的话语中洋溢着幽默和骄傲，也带有一点脾气。再继续下去，序言将变得如批判般艰难了！

论战在腓特烈大帝政权的宽容下继续着，康德在批判里对理性的崇高和言论自由的权利写下了一些雄辩的文章。一直仗恃着腓特烈和策德利茨保护，1784年他出版了一本《什么是启蒙？》（*Was ist Aufklärung?*）。他把启蒙下定义为思想的自由与独立，并将它作为他的座右铭和劝勉——"勇于认知"。他痛惜知识分子的自由被大众的保守主义如此地妨碍发展。"假如试问我们是否生活在一个已启蒙（aufgeklärt）的时代，其答案将是否定的。"我们仅仅是生活"在一个正在启蒙（aufklärung）的时代"。他歌颂腓特烈是德国启蒙运动的体现和保护者，也是那位君主曾告诉他的臣民说："依照你的意愿去思索探讨吧。"

宽容的政策没有维持下去，继承者腓特烈·威廉二世（1786—1797年）对国家的权力远比对心灵的自由有兴趣。《纯粹理性批判》第二版即将问世时（1787年），康德修饰了一些内文，而且为了缓和他的种种异端，而以认罪的序文说："我已然发现为了使信仰得其所，必须否认（物自体的）知识……只有批判论才能根绝唯物论、宿命论、无神论、思想自由、盲从与迷信。"他有不得不谨慎的理由。1788年7月9日，路德教会的牧师约翰·克里斯蒂安·冯·沃尔纳颁布了一项宗教令，很明白地拒绝了对道德松弛要负完全责任的宗教宽容，而且威胁所有违背正统基督教的牧师或教师，要开除他们的圣职或职位。康德就在这种气氛中，出版了他的第二批判。

《实践理性批判》（1788）

由于第一批判讨论到纯粹理性不能证明自由意志，又因为康德的观点，即道德要求这样的自由，理性的作用似乎已经离开了道德，正如神学缺乏合理推理的基础。更糟的是启蒙运动由于怀疑一位信赏必罚的上帝存在，而削弱了宗教的道德基础。假如这些传统的道德支柱崩溃了，文明如何能够残存？康德坦然以启蒙运动者的门徒自诩，负有为道德规范寻求某种合理根据的义务。在一篇名为《道德形而上学的基本原则》（1785 年）的论文中，他拒绝自由思想家们把道德置于个人或种族经验基础之上的企图。这样一种后天的由来将使道德原则失去普遍性和绝对性，以他的判断是一种坚实的伦理要求。他以特有的自信宣称："很明显，一切道德概念有它们的地位和起源，完全先天于理性之中。"他的第二本巨著《实践理性批判》（*Kritik der Praktischen Vernunft*）就是打算发现和阐明这种地位和起源。它将分析道德的先天因素有如第一批判对知识先天因素的分析。

每个人（康德认为）具有一种良知和责任感，有遵从道德法则的意识。这种道德意识时常和我们的本能欲望冲突，但是我们认为比起快乐的追求，它是一种更高的因素，它不是经验的产物，它是我们与生俱来的心理构造的一部分像范畴一样，它是赋予各种民族的心灵的裁判所。它是绝对的，它无条件地命令我们，没有例外或赦免，为自己的理由行使权利，它是以自我为目的，而不是获取快乐或奖赏或一些其他幸福的手段。它的命令是无上的。

"无上命令"（categorical imperative）具有两种形式。第一，"一切行为应遵从你意志的规律（maxim），则能永远有效地作为普遍立法的原则。"假如其他人的一切行动也像你一样，则一切将是美满的。这种"黄金律的变异"（Variation of the Golden Rule）是"纯粹实践理性的根本法则"，而且是"绝对至善的公式"。第二，"一切行为要合乎人道（humanity），无论对你的同胞或是任何其他人，在任何情形下总要当作目的，而不要仅仅作为一种手段。"康德宣告了这种原则，比起美国或法国的人权宣言更具革命性。

道德责任感是某些自由意志的附加证据。倘若我们没有自由去做或者不去做，倘若我们的行动仅仅是联系在机械因果牢不可破的链锁里，则我们将如何能有这种责任意识呢？没有自由的意志，人格将是无意义的。假如人格没有意义，生命也同样无意义。因此，假如生命是无意义的，宇宙也将是同样无意义了！康德认为这种决定论的逻辑显然是不可避免的，而自由抉择如何介入（他自认的）那个很明显被机械法则支配的客观世界呢？他的答复是文字晦涩的杰作。他提醒我们，机械法则是一种心理的建构、一种计划，心灵由其因果关系的范畴，强使时空世界成为与其协调一致的组合。因此，我们对现象世界的范畴给予限制，而且因此承认我们不知道实体世界（the noumenal world）——现象后面的物自体——的性质，我们不能假定终极存在也同样地具有我们为现象建构的法则。而且，因为我们承认我们自己知道的只是现象本身——只是知觉和观念的世界——而不知道内在和实体心灵的性质。我们不能假定因果法则好像是支配我们身体（包括我们的大脑）的行动，也同样应用于我们心理过程背后的终极精神存在的意志作用。在时间观念和空间现象世界的机械论背后，没有时空的实体世界的终极的内部或外部存在，可能会有自由。我们的行动和观念一旦进入了可感觉的肉体或心理事件的世界里，也就被决定了。在它们起源的无感觉的灵魂中，他们可能一直是自由的。"在这种情形之下，自由和本性……能一并存在。"我们无法证明这个，但是我们可以合法地假定它包含在我们道德意识的命令特性之中，假如没有它，我们的道德生活将化为乌有。

毕竟（康德说），为什么我们不把优位让给实践理性，让它超过思辨理性呢？科学，似乎使我们不会成为机器人，终究是一种思辨——一种结论永久有效与方法时常改变的赌博。我们有理由发现人的意志应该比智力更为根本，智力是被意志炼铸的一种工具，用来处理外部的和机械的世界，它将不会是利用智力而成为人格的主使者。

但是，假如道德意识保证我们设定一种自由意志的限度，那也是为了保证我们相信灵魂不灭，因为我们的道德意识怂恿我们趋向于被我们的本能冲动一再挫败的"圆满"（perfection）。在我们短暂的尘世生命里，我们不能达到这个"圆满"。我们必须设定：如果这个世界有任何正义，我们被赋予的，是为了我们的道德成就，在死后持续生命。假如也同样地设定一位公正的上帝存在，这也是被实践的理性保证的。世间的幸福往往不是与美德一致，我们总觉得在美德与幸福之间的平衡，有些方面需要加以重建，只有在假设有一位将实现这一调和的神，才使之成为可能。"于是，一切自然的一种起因的存在，有别于自然本身，而且包含幸福与道德的真正调和……的原则，也同样地（为实践理性）设定。"

康德倒转通常的程序：不把道德意识和规范当作源自上帝（如神学家所说的），而从道德意识演绎出上帝。我们必须想象我们的责任不是作为"外在意志的恣意训令，而是当作每个自身自由意志的根本法则"。无论如何，因为意志和上帝同属于实体世界，我们应该当作神圣的命令来接受这些责任。"我们将不把（道德的）行为视为义务的，因为那是上帝的命令。但是我们将把它们当作神圣的命令来关心，因为我们对行为负有将它演绎成自由意志的义务。"

假如所有这些意志性的思想稍稍难解的话，那可能由于康德并不太热衷于对伏尔泰与卢梭的调停。《纯粹理性批判》在供认纯粹理性不能证明意志自由、不朽或上帝，比起伏尔泰已经有了很大的进步。但是，康德发现卢梭的教条理性——觉醒、感觉优位和人类道德衍生宗教——才能逃避不可知论、道德的崩溃及沃尔纳的警察。他以为卢梭将他从伦理的"独断论睡梦"中惊醒，正如休谟把他从形而上学的独断睡梦中唤醒一样。第一批判属于启蒙运动，而第二批判属于浪漫运动。企图结合这两个方面是哲学史上最艰难的工作之一。海涅把这种企图归之于对大众需要的挂念，教授看到他的忠实仆人拉莫普为上帝的死亡悲叹："然后，康德给予怜悯，并表示他自己不只是一位伟大的哲学家，也是一位善良的人。接着他半仁慈地、半讽刺地说道'年老的拉莫普必须有一位上帝，否则他不能快乐……至于我自己，有实践理性就能保证上帝的存在'。"

《判断力批判》（1790）

康德对他自己的讨论必定是不满意的，因为在《判断力批判》里，他回归到机械论对自由意志的难题，并助长机械论与设计（design）之间的冲突，在这些方面，他又对美感、崇高、天才和艺术加上复杂的论说，这不是一种促进食欲的调味。

"Urteilskraft"（判断的能力）是"包含于普遍思考事项的一般能力"。它是产生一种对象、观念或者阶级内的事件、原则或律法的活动。第一批判已经在先天普遍的范畴下产生了一切观念，第二批判则在普遍先天的道德意识下产生了一切伦理概念，第三批判企图为我们的美学判断——秩序、美感或自然里的崇高或艺术——找寻先天的原理。"我敢大胆地期待解开一个卷入其本性的问题，其困难可以作为解释某些几乎不可避免的暧昧的一种借口。"

"独断论"哲学想在美感里找出一种客观的元素，康德觉得这个格外主观的元素是卓越的。没有什么是美的或崇高的，只有感觉使它如此。我们把美感归之于给我们无私欲的快乐的任何对象的冥想——一种无一切个人欲望的快乐。因此，我们从日落、拉斐尔、大教堂、一朵花、合奏曲或者一首歌的满足，诱导出来是美学而别无其他。但是，为什么某些对象或经验能给我们这种无私欲的快乐呢？大概因为我们看到那些局部的结合很成功地在和谐的整体中发生作用。谈到崇高，我们是被那些并不威胁我们的庄严和权力引发快乐的，因此，我们感觉天空或大海崇高，只不过是因为它们的扰攘不危及我们而已。

我们对美感或崇高的鉴赏因接受目的论而增进——认识在有机体里，是局部的一种固有适应性对整体的需要，而感觉在自然里，则同位于调和、庄严与权力背面的神性智慧。然而，科学的目标刚好相反——表示一切客观的自然在机械法则的操纵下，对外在的设计一点也不屈服。我们如何能够区分这两种对自然的探讨途径？接受机械论和目的论，在能帮助我们的范围内，我们可以把它们当作"启发式"的原则——有如使容易了解或研究的假设。机械论的原则帮助我们考察无机体的本质，目的论的原则适宜用在研究有机体。这些具有成长和再生的力量已经破坏了机械论的解释。对器官或有机体的目的局部有一种可见的适应性，如为了把握的指爪和为了视觉的眼睛。更具体地说，既不是机械论，也不是设计能表达出普遍的真理。有时，科学本身是目的论的，因为它假定有一种睿智的秩序、规则和个体在自然界中，正如神的心意使其能够维持一样。

康德认为，将人与世界视为神的设计产物是有许多困难的：

> 在着眼于地球上自然存在的终极整体为目的而定的秩序系统，第一件必须特别安排的事将是它们的栖息所在——其外在或内蕴的土壤或元素在此地区发展。但是，一切有机物在这种基本条件下的性质，其在更精密知识中并未显示具有任何原因的痕迹，然而那些活动全然没有经过设计，而且事实上，趋向毁灭，与其说是计划促进事物形式的形成，秩序与目的的实现，不如说是陆地和海洋不只是相当于袭击它们和一切活生生的同类的巨大的原始灾难的遗迹，而且它们的全部构造——陆地的地层和海洋的海岸线——呈现着在混淆状态中动变的大自然剧烈开辟力量的结果。

然而，假如我们放弃自然界一切设计的构想，我们把道德意识置于生命之外，那么生命则变成了一种痛苦诞生与苦恼死亡的愚蠢连续。在这里，对于个人、国家、民族而言，除了挫败之外，一切都是虚空了！我们必须相信有些神的设计仅仅是为了支持我们的公正，而且因为神学只是证明了一位苦干的工匠而不是一种神圣的全能德行，我们必须把我们生命的信仰依存于一种除了由于相信一位公正的上帝外别无保证的道德意识上。怀着这样的信念，我们可以相信——虽然我们不能证明——公正的人类是创造的最后目的，也是伟大和神秘的设计的最高贵的产物。

宗教与理性（1793）

康德从不如神学家一样踌躇自满。1791年，在一本小书《论神正论一切哲学试探的失败》（*On the Failure of All Philosophical Attempts at Theodicy*）里，他重复说"我们的理性，对深入了解这个世界……与最高智慧之间的关系，是全然无能为力的"。他加上一种警告，或者是对于他自己而言，"哲学家对这件事不可以扮演一种特殊辩论者的角色，他不会辩护任何原因，对他不能捕捉到的公正，而且也无法用思维模式，特别是哲学的方法加以证明"。

他又回到使他招致公然挑衅普鲁士政府的一连串论著的问题上，其中第一篇《根本恶论》于1792年4月发表在《柏林月刊》杂志上。出版检察当局允许他出版的理由是"仅仅有思想深度的学者才读康德的著作"，但是拒绝同意续编《人支配下的善恶原则论》。康德凭借德国大学具有批准出版书籍和论著的特权，将第二、第三及第四篇论文交付耶拿大学的哲学教授会（当时被歌德及萨克森－魏玛的卡尔·奥古斯都公爵控制着，席勒也在职中）。教授会给他出版许可，其全部四篇于1793年在柯尼希山以《纯粹理性界限内的宗教》为题出版。

第一行就宣告了极具影响的主题："就道德是以人类概念为依据

而论，作为一个自由的行动者，人是自由的，从他的理性到无条件的法则蒙蔽了他自己，使他了解他的责任，既不需要一个超越他的另一种存在的观念，也不需要一个除了法则本身之外的动机使他去行动……因此，这种自我原因的道德不需要宗教。"康德保证服从官方当局，而且承认检查制度的必要，但是他力陈检查制度"将使科学的领域造成没有纷争的局面"。科学被神学侵犯，正如伽利略的案子，"可能阻挠一切人类理性的努力……哲学的神学……就其科学的范围来说，必须有完全的自由"。

康德从人类善恶倾向的双重遗传引出了道德的问题，"一种颓废的倾向必须确切地根深蒂固于人类，不需要形式上的求证，因为大众经验的显著例子……摆在我们的眼前"。他不同意卢梭主张的人生下来就是善良的或者在一种"自然状态中"是善良的，但他指责"文化与文明的恶行"是"万恶之恶"，却跟卢梭的见解一致。"事实上，这一直是一个问题，是否我们在未开化的条件下更为不幸福，比起我们在目前的社会状态下"自私自利、伪善、道德失调及战争中的大规模屠杀。假如我们想知道人类的真正本性，我们须观察各种情态的行为。

"人性中的根本罪恶"是如何开始的呢？不是"原罪"，"毫无疑问，这种罪恶由我们的种族所有成员和组织已经被扩张，并为了普及的缘故而变形，其最愚昧的是把它描述为像一种遗产从我们的祖先传给我们"。大概"罪恶"的倾向根深蒂固于人类，是由于他们在原始条件下生存的需要吧！只有在文明——有组织的社会——之下他们才变得不道德，因此，他们需要的不是抑制而是控制。"自然的性向，'他们自己认为'是'善'，即不是一件可耻的事，而且想去消灭它们——不只是枉然的，如此做也将是有害的、有罪的。宁可让他们驯服，而不使他们彼此冲突，他们才能被带到一种称为幸福的整体的和谐中。"

道德的善也是与生俱来的，正如普遍的道德意识证实的，但那只是起初必须被道德教谕和刻苦训练发展的一种需要。最好的宗教不是一种胜过仪式崇拜的典礼，而是最能影响人类走向道德的生活。理性的宗教其本身不是以神的启示为根据，而是以一种被解释为人类最神圣的元素的责任感为根据。宗教可以合法地把它自己组织成一个教派，它可以从神的经典中寻求教条的定义。它可以正当地礼拜基督作为人类的最高神祇。它可以有天堂的寄望、有地狱的险恶，而且"没有宗教能被想象其不包含对未来生命的信仰"。但是，那将是没有必要的，对于一个基督徒而言，坚定信仰奇迹，或者基督的神圣，或者赎罪，要面对基督的十字架；对人类的罪愆，或者灵魂的宿命，到天堂或地狱，借着神的恩典的赐予而无关善恶的行为。这"必须在孩提时代小心地谆谆教诲一些祈祷的形式（一直还有使用字母的必要）"，但是请愿式的"祈祷……作为赢得神的恩典的手段，则为迷信的妄想"。

当教会变成逼人不得不信仰或做礼拜的一种机构，当它设定本身为唯一的公理解释《圣经》和界定道德，当它形成一种教士职位要求唯我独尊的接近上帝与神的恩典，当它的礼拜形成一种魔术般的仪式具有神奇的力量，当它变成一种政府的武器和知识暴政的代理人，当它企图统治国家及运用非宗教的统治者作为教会野心的工具——自由的心意将起而反对这种教会，而且在教会之外寻找、追求道德生活的"纯粹理性宗教"。

康德这部最后的巨著，带着一些踌躇与困惑，自然是谁也不愿做阶下之囚的缘故。其中有很多卖弄学问的赘述，还有一些奇妙的逻辑和异想天开的神学。奇异的是，69岁的人会一直展现如此丰富的思想和语言，以如此巨大的勇气与教会和国家的联合权力战斗。腓特烈·威廉二世向康德下达"内阁命令"时（1794年10月1日），国王与哲学家之间的冲突终于到了紧要关头：

　　鉴于长久以来，你一再误用你的哲学暗伤和破坏基督教及

《圣经》极其重要的根本的教条，皇帝陛下至感震怒。而且，你在你的著作《纯粹理性界限内的宗教》里，也做上述的违犯……我们要求你即刻尽责答复，并盼望今后尽可能规避皇上的嫌弃，勿蹈前辙，宁祈善尽汝责，以汝之才智声望贡献于我们的传统目标，可获益良多。如果你继续反抗，势将使你自己招致不愉快的后果。

康德做了一个和解式的答复，他指出他的著作仅仅提供给学者和神学家，而他们的思想自由则被维持在政府本身的利益之下。他的书容许不充分的理由判断宗教信仰的最后奇迹。他以服从的誓约做结论说："我在此，以陛下的最忠诚的臣仆的身份，郑重宣布，从此以后，无论在演讲或写作上，我将完全避开有关宗教的自然与天启两个方面，不做任何公开陈述。"大帝驾崩时（1797 年），康德如释重负，而且腓特烈·威廉三世解雇了沃尔纳（1797 年），废除检查制度并撤销 1788 年的"宗教令"。经过这番胜利，康德总集他的论文，出版了一本《权能的冲突》（*Der Streit der Fakultäten*，1798 年）。其中，他重复他的主张，学究的自由对一个社会的知识成长是不可或缺的。实质上，这位身处遥远世界角落的矮小教授，对一个在欧洲拥有最强大军队的国家，已经赢得了他的战斗。这个国家不久便崩溃了，但是到 1800 年，康德的著作竟成了最新影响德国人知识生活的力量。

改革家

他于 1797 年（73 岁）退出教坛，但一直到 1798 年继续出版主题生动的论文。虽然他是孤独的，但极度关心时事。安排德国、西班牙与法国之间和平的巴塞尔会议于 1795 年召开时，康德利用这个机会（有如圣皮埃尔神父参与 1713 年的乌特勒支会议）出版了一本小册子《论永久和平》。

他先谦虚地描述"永久和平"正如给墓地做一个适当的碑铭，能令政治家高枕无忧，康德不希望他们认为他只不过是一位"不会给国家带来危险的学界腐儒"。于是，取消了迎合时势的琐事，和平条款在巴塞尔签字。他参与起草，作为一位拟订维持和平首要条件的"六项初步条款"的委员。第一条款宣布一切秘密保留或追加条约的无效。第二条款禁止任何独立国家被他国并吞或统治。第三条款要求逐渐取消常备军队。第四条款保持国家不被"其他政体的暴力干涉"。第六条款要求两国交战不得"容许诸如雇用刺客或毒杀者……及在敌国煽动叛乱，这种敌对行动将在未来和平的时候，使互相信赖成为不可能"。

因为在承认无限统治权的国家之间，不能达成持久的和平，必须不断地努力发展一种国际秩序，才能为战争提供一个合法的代替品。因此，康德起草了一些能维持和平的"明确条款"：第一，"每一个国家的政体必须是共和制"，君主政体和贵族政治有造成频频战争的倾向，因为统治者和贵族们经常在战争中被保护不致丧失他们的生命和财产，也欣然地当作"国王的消遣"而从事战争。在共和政体里，"一切归之于全民去决定是否宣战"，而且他们要承担其后果。所以，"一个（共和制）国家的人民不会加入如此昂贵的一种游戏"。第二，"一切国际公理必须以自由国家联盟为基础"，这将不是一种超级国家，"事实上，战争并不像一般君主政体垂死状态那么无可救药的坏"。每个人都可以决定他自己的政府，但是单独的国家（至少在欧洲）应该联合成一个同盟，授权统治他们的永久关系。这个从不被放弃的理想，在具有相同道德规范的国家中，要求他们的人民去实践。这样一种冒险可能得到的结果，会比国际诈欺和暴戾频频发生更为不幸吗？最后，康德希望马基雅维利会被证明是错误的，在道德与政治之间不相背驰是必需的，只有"道德才能解开政治不能解开的结"。

康德显然对共和政体（这已经和一切最可怕的战争连在一起）存有谬见。但是我们可以发现，他把"共和"的意义看作与其说是一种完全的民主，不如说是立宪的政府。他不信任没有束缚的人民的野蛮冲动，而且害怕普遍投票变成不学无术群众的授权，而压倒进步的少数和不一致的个人，但是他痛恨世袭的特权、阶级的自大及围绕在柯尼希山的农奴的境遇。他欢迎美国的革命，像他所看到的，照着他已经为欧洲制订的计划，美国正在产生独立州的联盟。他以几近年轻人的满腔热情追随法国大革命，即使在 9 月的大屠杀和恐怖时代之后，也是如此。

但是，几乎像所有启蒙运动的追随者一样，他对教育比革命更具信心。在某些方面，他感觉受到卢梭和浪漫主义运动的影响。"我们必须允许孩子从婴儿开始就在各方面被给予完全的自由……让他……不致被其他的自由干涉。"不久，他收回了这种完全的自由。他承认一些教训的准绳，在性格的形成上是必需的，"教训的疏忽比教养的疏忽更有害，因为教养的缺失可以在日后生活中矫正过来"。工作是最好的教训，在教育的每一阶段应该给予要求。道德教育是不可缺少的，而且应在年幼时就开始。因为人性包含了善与恶的种子，一切道德的增进基于淘汰恶的一面与培养善的一面。这种要求不是奖励和惩罚，而是强化责任的概念。

国家的教育不会比教会的教育更好，国家想造就服从的、柔顺的、爱国的人民，将教育托付由启蒙的学者与具公共精神的人领导的私人学堂那将更佳。因此，康德对巴塞笃的原则与学派倍加称赞。他对国立学校与教科书产生国家主义的偏颇感到遗憾，而期待全民平等时刻的到来。1784 年，他出版了《世界主义观点的一般历史概念》，概述从迷信到启蒙的人类进步，只容许宗教担任无足轻重的角色，并吁请历史学家应当超越国家主义。

俨然是一个哲学家，他以进步、道德与才智的信仰来激昂他的心胸。1793 年，他申斥门德尔松所谓的每个进步都被堕落勾销：

有许多证据，就全体人类及特别是我们自己与早期人类的比较，可看得到在道德向善方面已有长足进步。短暂的停顿并不能否定这种看法。种族之间持续堕落的呼声正方兴未艾，当一个人站在道德的更高层面，他看得更远些，而且他判断人类是什么，与他们应该是什么做一比较，则更为精确。

在康德一生的最后 10 年中，他早期的乐观主义蒙上了一层阴影，也许因为是普鲁士的反应及反对法国大革命的权力的结盟。他过着隐居的生活，并秘密地从事忧郁的《遗著》（*Opus Postumum*）写作，这是他对人类的最后遗嘱。

遗著

在体形上，他是当时最矮小者之一——身高刚刚 5 英尺多一点，他一直长不高是脊骨向前弯曲所致。他的肺脏虚弱，他的胃有病，而他能活下去完全借着一种规律的和有节制的养生法。这是他的独到之处。他在 70 岁时写下一篇文章《论意志力量可以避免疾病的感应》。他强调用鼻子呼吸的知识，一个人能避免感冒和其他的不适，只要保持嘴巴紧闭。因此，每日散步，他孤独地走着，避开与人言谈。他准时 10 点睡觉，5 点起床，并在 30 年中（他给我们保证）从不睡过头。两次他想结婚，但都退却了！他不是不爱交际，通常他邀请一两位客人，大部分都是他的学生——从没有一个女性——来分享他下午 1 点钟的午餐。他是一位地理学的教授，但是极少离开过柯尼希山，他没有看过一座山，大概——近乎可能——也没有看过海。他在贫穷与出版检查中得以支持下去，凭借着除了他自己的理性外只是外表上屈服于权威的一股傲气。他是豁达的，对自己的判断却斤斤计较，也缺乏使哲学家免于过分严肃的幽默感。他的道德意识时常泛起一种伦理的装腔作势，对一切的快乐抱着怀疑，直到证明它们是美德。

他很少关心宗教组织，只有他的学校庆典需要时，他才参加教会。他似乎在他的成熟的生命中从不祈祷。赫尔德说，康德的学生把康德所教的作为他们宗教怀疑论的基础。"那是千真万确的，"康德写信给门德尔松说，"我用最透彻的坚定信心思考许多事情，给我最大的满足，我始终没有勇气说出来，但是我没有思考过的我从不说出来。"

一直到他最后的一年，他还在拼命地改善他的工作。1798年，他告诉他的一位朋友说："我现在忙于献身的工作应该从自然科学的形而上学基础转变为物理学，这个问题必须解决，否则在批判哲学的体系里就会有一个缺陷。"但在这封信里，他描述他自己好像"无能为力于智力的工作"。他经过长期的身体衰弱，经年累月的病疴，及未婚寂寞的晚年，死于1804年的2月12日，埋葬在柯尼希山的大教堂。他的墓碑上还刻记着他的话："在我头上的是星空苍穹，在我心中的是道德法则。"

在他死后留下了杂乱的庞大著作，1882年至1884年作为他的《遗著》出版。其中有一本他题名为《物自体》——在现象与观念背面不可知的层面——"非实在事物……非实存的存在，但只是种种感官直觉综合的先验知识的一种原理……"他称之为思维物（gedankending），一种只存在于我们思想的东西。他对上帝的观念也用同样的怀疑论：

> 上帝不是一个外在于我的实体，而只是一种属我的道德关系……无上命令不是假定一个我们想象为外在于我的实体，从高位发号施令，而是我自己理性的一种命令或一种禁忌……断言命令以神的命令代表人类的责任，并非在历史意义而言，恰似（神的存在）给人类下命令，而从理性的意义而言，具有发号施令的权力，而且假托为神人……这样一种存在的"观念"，在他面前所有的人都要屈膝，等等。因无上命令而起来，而不是反之亦然……超存是一种理性的创造物……不是一种外在于我的实体。

因此，康德学派的哲学，在德国和以后的英国，始终与基督教纠缠不已，最后，一切寄希望在有神论，而终归于一种上帝的荒凉概念，正如一部有益的小说被人类的心灵发展为解释道德命令的显然绝对性。

康德的继承人不知道他的《遗著》，将他歌颂为基督教的救星，这位德国的英雄斩杀了伏尔泰，还夸张他的成就，认为他的影响超过任何现代的哲学家。一位学生卡尔·赖因霍尔德预言在一个世纪之内，康德的声望将可与基督颉颃。所有德国的新教徒（除了歌德之外），都接受了康德在心理学方面关于"哥白尼式的回转"的主张：不以心灵（太阳）绕着对象（地球）旋转，他认为对象（万物）绕着——并依据——心灵而旋转。人类的自我被过分地夸耀，以被它的知觉的内在想象作为现象世界的决定要素。费希特的结论（甚至在康德死前）说外在世界是心灵的创造物，而叔本华在着手他的大部头论著《作为意志和表象的世界》（*The World as Will and Idea*）接纳康德的解析，同时宣称："这个世界是我的观念。"——这使斯塔尔夫人大为吃惊。

观念论者对于康德指出心灵是我们直接认知的唯一实在，而使唯物论在逻辑上成为不可能，感到欢欣鼓舞；神秘论者高兴康德限定科学于现象，除去本体的和实在的真正世界，并离开这种有如神学家与哲学家的私人公园的暧昧领域（这种存在他秘密地否认）。形而上学家，其"哲学家"已被哲学驱逐出境了，而被恢复为一切科学的判断。于是，里克特把制海权让给英国，又把制地权让给法国，制空权再签给德国。费希特、谢林和黑格尔在康德先验的观念论上面构筑一座形而上学的楼阁，甚至叔本华的杰作也是从康德强调的意志的根本为起点。"看吧！"谢林说，"一个独身的富人如何使一群乞丐活下去。"

德国的文学不久也受到康德的影响，因为一个时代的哲学多半将成为下个时代的文学。谢林把自己埋首在康德的册卷之中，不久，写了一封信给作者表示敬意，于是在他的散文写作上，呈现一种几乎像康德式的晦涩。晦涩变成德文著作的一种风气，古式编织工人会证实会员的徽章。"就全体而言，"歌德说，"哲学的思辨对于德国是一种伤害，促使他们的形态走向朦胧、困难和晦涩。他们越强化对某一哲学派别的执着，他们的写作也就更加恶化。"

我们将不易想到康德是浪漫的，但他讨论美感与崇高，他博学的、朦胧的文章，变成浪漫运动的泉源之一。谢林在耶拿的演讲及他的《论人类美学教育的信》（1795 年）——这个运动的里程碑都是得之于对康德判断的研究。康德知识论的主观主义解释，为浪漫的个人主义提供了一种哲学基础，在狂飙运动中飘扬着它的旗帜。康德学派的文学影响横过英国，影响到了柯勒律治与卡莱尔，也横过美洲，给爱默生与梭罗的超验主义运动一个名字。这位驼背的矮小的地理学教授，在柯尼希山踏着"哲学家的步伐"，震动了这个世界。无疑，他对哲学与心理学知识的进展，做了有史以来最为苦心的分析。

第七章 | **到魏玛之路**
（1733—1787）

日耳曼的雅典

日耳曼文学的高峰世纪何以肇端于魏玛呢？日耳曼并不如英、法一般有一个文化首都，也没有一笔资助文化发展的财富。经过"七年战争"，柏林和莱比锡已经衰落——德累斯顿几乎毁灭殆尽；汉堡起先赞助歌剧，然后赞助剧场。1774 年，艾森纳黑领地的首都魏玛只是一个有 6200 居民的小镇，纵使它已成为名城后，歌德仍以"诚如人们喜称的，拥有上万名诗人和寥寥数位住户的这座小都城"来称呼它。它的光荣是因一大群伟人之故吗？

1758 年至 1775 年，魏玛受制于腓特烈大帝的侄女，爽朗的安娜·阿马莉公爵夫人。她 19 岁时，因康斯坦丁公爵之死而成为寡妇，并成了他们 1 岁大的儿子卡尔·奥古斯都的摄政。借邀请维兰德前来，教导她的诸子（1772 年），因而打破了政府与文学的隔阂。她是几位有教养的妇女之一，在她的领导下，直到 1807 年去世，她都支持并刺激一批诗人、剧作家和史学家们。1776 年后，她将自己的家变成一个沙龙，并在那里——虽然人人都说着流利的法语——她鼓励使用德语从事文学创作。

1775 年，魏玛宫廷约有 22 人，其余是他们的仆从。在歌德到来的那一年，诗人施托尔贝格伯爵在那里过着悠闲愉快的日子。"老公爵夫人那时 36 岁，是一位十分有趣的人物，亲切而不拘泥于形式。公爵是一个了不起的孩子，充满对未来的愿景，他的弟弟也是如此。还有许多杰出的人物。"1787 年，席勒以"多愁善感"来描述"魏玛的仕女，那里很少有一个女人没有过桃色绯闻的。她们人人都想要去征服……一个无为而治的政府让每个人活下去，享受着清新的空气和和煦的阳光。倘使有人有心寻欢作乐，机会到处都有"。

卡尔·奥古斯都于 1775 年 9 月 3 日，18 岁时，掌理公国内的政务。不久，在给了情妇一笔赡养费之后，他娶了海塞—达姆斯坦特的路易丝公主做妻子，也延揽了风尘仆仆的歌德。他嗜好狩猎，驾着马车狂驰过宁静的小镇，对女人朝三暮四，但是他的急躁脾气在一位学者的熏陶下，慢慢地培养出成熟的公正判断力。他研究并促进农业和工业，培育科学，协助文学，同时为他的公国及其子民谋求美好的未来。让我们听听 1803 年游历过日耳曼的斯塔尔夫人的证言：

> 在日耳曼的所有公国中，没有一个让我们感到比小小的魏玛更要繁荣的，它的主权者是一位深悉民间疾苦，并有能力致力于各阶级的幸福，而不失去他们遵从的人……公爵的军事天才普受敬重，而他生动风趣的谈吐不断令我们回想到腓特烈大帝当年的神采。由于他自己和他母亲的声望，最有学养的杰出人士聚集到魏玛。日耳曼破天荒地第一次总算有了一个文化都会了。

维兰德（1733—1775）

在使魏玛出名的 4 个人中，维兰德是名气最小、却可能是最受人爱戴的一位。几乎当时的一切影响都与他有关，并先后为他歌功颂德过。作为奥贝荷泽海姆的一个牧师的儿子，他从小就在虔诚与神学的环境下长大。他阅读诗歌时，他奉善良的克洛普施托克为其理想，之后又转依伏尔泰作为解除痛苦的慰藉。在沃昂森附近，他找到了藏书颇为丰富的伯爵体育场大图书馆。于是，他埋首于英法文学的领域中。由于对神学开始生厌，他写了一部浪漫冒险小说《罗沙瓦的堂西尔维奥历险记》（*Don Sylvio von Rosalva*，1764 年），嘲笑他孩童时代的信仰。他出版了莎士比亚的 20 部戏剧的散文翻译本，因此日耳曼方能首次一窥莎士比亚全貌，同时为日耳曼剧作家们提供了一条脱离法国剧作家古典形式桎梏的道路。此外，温克尔曼及其他人到处宣扬希腊语的福音；维兰德自己印了该福音的版本，其语调模仿《滑稽故事集》（*Komische Erzäblungen*，1765 年）一书的享乐主义语调，他甚至以一位虚构的希腊人作为其主要散文作品《阿格森的故事》（*Geschichte des Agathon*，1766—1767 年）的主角。莱辛称之为"唯一为有思想者而写的小说"。

在他无所不谈的书中，维兰德（当时年仅 33 岁）宣称要诠释他的人生哲学，而且在伯里克利的时代中找出一位文武全能的雅典人楷模。在该书的序文里，他说："我们的计划是这样的：我们的主角将历尽沧桑，以便达到无须借助宗教的激发或支持即可教导人迈向完美智慧的效果。"阿格森（指善良）是一位年轻漂亮、抵住德尔菲女牧师的诱惑的青年。可是，他创造出另一位天真的少女塞姬（指灵魂），她虽然热情洋溢，却不是纯洁无瑕。他参与政治活动，可是对党争又觉得不胜其烦。他因诋毁选民缺乏原则，被驱逐离开雅典。正当他在希腊的山里游荡时，正好碰到了一群色雷斯妇女在大跳淫舞以庆祝酒神节。她们把阿格森误认为酒神，几乎把他拥抱得窒息死亡。后来他被一群海盗救走，但这批人又把他当成奴隶，卖给士麦拿一位公元前5 世纪的诡辩家希庇阿斯。维兰德以生气的口吻诠释诡辩家的哲学：

　　诡辩家们的职业智慧，在性质和效果上，可以说与苏格拉底的智慧相反。诡辩家们以三寸不烂之舌教导人激发热情的艺术，苏格拉底却教人控制热情。前者向人展示什么是善，后者却展示如何去行善。前者鼓励雅典的年轻人控制城邦。后者指示年轻人说，即使单单要学会如何控制支配自己，也须浪费几乎半生的光阴。苏格拉底派的哲学以无财产为荣。诡辩家们的哲学都深谙取财之道。他们的哲学是殷勤、讨人喜欢、多才多艺。他们赞扬伟人与风月场合，而且对花钱去玩女人者大为赞赏。他们处处为家，在宫廷、闺房、贵族家里，甚至在牧师的房子里都受到欢迎。相反，苏格拉底的教条却被忙碌者视为无利可图，懒人视为无聊，虔诚者视为危险之物。

正如维兰德描绘的，希庇阿斯正好集诡辩家们的观念和罪恶于一身。他是一位哲学家，同时也是一位百万富翁。他决心把老实的阿格森抚养成一位思想和生活上的享乐主义者。他辩称：寻欢作乐是最聪明的策略，而且"事实上一切欢乐都是肉欲的"。他嘲笑那些克制自己的世俗之乐而欲取得天国之乐的人。"到底有谁曾经真正亲眼见过宗教上所谓的诸神及神灵呢？"这些都是教士们对我们开的玩笑。阿格森认为这种哲学忽视了人类的精神元素及其社会秩序的需求。于是希庇阿斯把富有而美丽可爱的达尼介绍给阿格森，而且鼓励她引诱他，不让他知道她以前是一位妓女。她跳舞时的轻盈仪态、迷人的谈话和歌喉，使阿格森把他纯洁的爱完全奉献给她。达尼以同样的爱回敬阿格森，因而破坏了希庇阿斯的计谋。和无数人合欢过的她重新在阿格森的热情中找到了新的经验与乐趣。对虚情假意感到厌倦的她，渴望能与他开始另一种更纯洁的新生活。她从希庇阿斯手中买到了他，解放了他，并邀他与她分享财富。为了复仇，希庇阿斯把达尼以前曾当过妓女的事透露给阿格森，阿格森听了之后便搭船往西那库斯去。

为此，他赢得了智慧与坚强的美名，也因此当了独裁者狄奥尼索斯的首相。此时，他已经放弃了他的某一部分理想：

此时，他对人性已不再像以前那样存有崇高的观念。换句话说，他已深知，一位思考、梦想的形而上之人，或一位自宇宙之母手中离开但仍然具有一份粗鲁纯真的自然人，与一位在社会、法律、意见、需求、依赖和其意愿不断与环境的冲突中，在自己利益和他人利益的冲突中，为掩饰其真正动机而采取的掩饰、欺骗、降格、曲解、伪装及其他数以千计方式的非自然人之间有多么大的差距。他已不再是一位想象执行比思考容易的热情的年轻人。他已学会不该对别人期望太多，不该太依赖他人来与他合作，而且更重要的是，不该太信任自己……他已深知，最完美的计划往往是最糟糕的计划，在道德世界和物质世界中没有任何事物是直线进行的。简言之，人生就像一次航行，在旅程中驾驶者必须乘风破浪，他无法确知他的航程是否会因逆流而遭耽误或改变航道。因此一切须决定于：虽然一个人的历程可能波折无数，却必须坚韧不拔地把握最终目的地——港口。

西那库斯在阿格森的治理之下政绩斐然，先后完成了不少改革，可是后来被一位宫廷中的奸党罢黜，于是就隐退到塔伦特姆。在那里，他受到他父亲的老友毕达哥拉斯派的哲学家和科学家阿基塔斯（Archytas）的欢迎，阿基塔斯是一位柏拉图理想中的哲学家国王。在那里，阿格森遇到了他年轻时的爱人塞姬，可是，天啊！她已嫁给了阿基塔斯的儿子为妻，因此是阿格森的表妹了。然而（借着一位小说家的魔棒），达尼居然从士麦拿被带到塔伦特姆来。她已尽弃昔日的享乐主义，过着朴实无华的生活。深觉犯了遗弃她的罪，阿格森便央求她宽恕。她拥抱他，却拒绝再与他结婚。她已决心以节制的生活方式来度其余生，以弥补她过去道德上的迷失。故事就在阿格森对妹妹们的不可置信的满足下结束。

这部作品错误百出，整部作品结构松懈，巧合完全是艺术手腕的懒惰借口。文体虽然差强人意，可是非常散漫。在很多段落里，句子只有主词没有述词。一位批评家于庆贺作者之生日时表示，但愿他的寿命长如其句子。虽说如此，《阿格森的一生》（The History of Agathon）仍是腓特烈时代的重要著作之一。该书的结尾说明，维兰德最后已经与其世界和解了，现在已经可以托之以教导、驯服那些轰轰烈烈的年轻人的重责。1769 年，他被聘为爱尔福特的哲学教授。三年后，他出版了表达其教育概念的《金镜》（Der Goldene Spiegel）一书。安娜·阿马莉是一位美丽动人的小姐，她邀请他尝试去教她的儿子，他欣然应聘前往，此后他一直住在魏玛。1773 年，他首创了《日耳曼先驱报》（Der Teutsche Merkur），该报在其领导下成为日耳曼当时（1773—1789 年）最具影响力的文学评论杂志。他是歌德成名以前魏玛的知识分子之星，而 1775 年《少年维特之烦恼》的年轻作家风靡该城时，维兰德也居然能以不嫉妒的雅量来欢迎这位年轻作家，并与他维持友谊达 36 年之久。

"普罗米修斯"歌德（1749—1775）

·成长

法兰克福是一座"自由之城"，城市不但到处遍布商人与市集，也被指定为日耳曼国王与神圣罗马皇帝们的加冕所在地。1749 年，该城的人口共有 3.3 万人，几乎每个人都是虔诚的教徒，都是有教养而快乐的市民。歌德的诞生地是一幢 4 层楼的房子，该房子 1944 年毁于大火，1951 年又被重建。他的父亲约翰·卡斯帕·歌德是一位生意兴隆的裁缝师与旅店老板的儿子，由于傲气与自大，他的政治生涯受到了致命的打击，此后他便放弃律师的执业生涯，退隐到他那间高雅的图书室里，过着业余学问研究者的生活。1748 年，他娶了卡斯瑞娜·伊丽莎白——约翰·沃夫冈·塔克思特先生之女——为妻。她的儿子绝对忘不了，由于她，他才属于一个统治该城达几代之久的无称号的贵族阶级。他 78 岁高龄时，他告诉埃克曼说："我们这些法兰克福的贵族老是自视为高贵分子，我被授予贵族证书时（1782 年颁发给他），据我个人的想法，我现在所有的和以前相差无几。"他觉得，"唯有流氓们是朴实无华的人"。

他在 6 个孩子中排行老大，不过只有他和他的妹妹科妮莉亚幸存下来，活过了孩童时期。那是一个不愉快的家庭。母亲虽然和蔼可亲、有幽默感，而且会欣赏诗歌，可是他的父亲是一位学究式、守纪律的人，一位因其生性苛刻冲动而与他的孩子疏远的人。歌德回忆说："因为我父亲那个脾气，我和他根本毫无亲密关系存在。"歌德晚年之所以变得那么执着，也许是来自他父亲及当过枢密顾问官累积而成的。从母亲那里，他承继了作诗的本性及对戏剧的爱好。她曾在家中造了一个演傀儡戏的剧台，她的儿子也因而乐此不疲。

孩子们的教育，首先是由他们的父亲启蒙，后来才请家庭教师。歌德学会了阅读拉丁文、希腊文、英文和少许的希伯来文，也会素描、油画、骑马、射箭和跳舞，他却把人生当作他最好的教师。他探险过法兰克福城的每个区域，包括尤顿格斯区。他曾对标致的犹太女孩频送秋波，参观过犹太人的学校，参加过割包皮礼，对犹太人的节日也颇为了解。充满了异国情调和货物的市集，更增广了他的见识；"七年战争"期间，在歌德家中出入的法国军官，也令他开了眼界。1764 年，这位年方 15 岁的小孩，亲眼见过罗马皇帝约瑟夫二世的加冕典礼。他把加冕的每个细节全部牢记在脑海中，在他的自传里，总共花了 20 页长的篇幅描述这次典礼。

他 14 岁时，就有了激发他大半诗兴与诗作的爱情史。当时他早已因会写押韵诗而闻名全市了，一些曾经偶尔与他在一起的男孩，请他模仿一位女孩子以诗写信给一位年轻人。他把这种信写得非常成功，并拿给他的同伴，送给另一位失恋的同伴当作他那位爱人寄给他的信。这位接到信的小伙子想要以同样的方式写封回信，可是缺乏才情与诗意，因此去请歌德是否愿意代他捉笔，写封回信。歌德欣然应允，为答谢他起见，这位小伙子便为他的同伴出钱，招待他们到城外的旅馆做一次郊游。那家旅馆内一位女服务生正好二八年华，名叫玛格丽特——我们且简称之为葛雷特。歌德就以这个名字给《浮士德》一剧中的女主角当名字。也许由于他读过不少传奇爱情故事和写过不少情书，他对少女的情怀也最欣赏。60岁时，他写道："一位纯洁年轻人的初恋经验往往是他一生的精神导向。自然似乎注定，由感官一个人才可能感受到另外一位异性的善与美。因此，我初次看见这位女孩时，因为我对她的钟情，一个崭新而美丽崇高的世界便展现在我眼前。"此后这个世界即未再离开他，一个又一个少女紧接着激动着他敏感的心扉，几乎都呈现欲望与崇敬。73岁时，他爱上了一位17岁的少女。

有半晌，在这位爱人面前他惊奇地说不出话来。"我深深地爱上了她，因此我去教堂，在那漫长的讲道时间内，我的双眼一直盯住她。"他后来又在她所住的旅店内看到她，像是另一位葛雷特坐在一架纺纱机旁。这一次轮到她采取主动，而且欣然在他假造出自一位女孩之笔的第二封情书上签字。后来他同伴中的一位——他曾将其介绍给他的祖父认识——被人发现假造债券和遗嘱，歌德的双亲于是下令他不许再和其他同伴来往。葛雷特又搬到另一个城市，从此歌德再也没见过她。他听说她曾说过"我一直都把他当孩子看待时"，心里很不是滋味。

此时（1765年），他毅然决然地离开法兰克福到莱比锡大学学法律。像任何有抱负的年轻人，除了正课外，他的阅读范围非常广泛。早在他父亲的图书室内，他已读过贝尔所著的《历史与批评辞典》，这部书对他的宗教信仰非常不利。"我一抵达莱比锡后，我立即设法使自己摆脱与宗教的关系。"有一阵子，他潜心于神秘主义、炼丹术和幻术的研究。这一点在《浮士德》剧中也可以看出来。他尝试去学木刻，研究在德累斯顿收藏的画，而且经常拜访住在莱比锡的画家奥塞。由奥塞的介绍，他认识了温克尔曼的著作。从这些作品中，及莱辛的《拉奥孔》，他首次对古典作品兴起了敬佩之心。温克尔曼在的里雅斯特港被杀的消息传来时（1768年），他正和他的同学筹备为温克尔曼举行一次欢迎会！

他对世界的观点充满美感。宗教中的多彩多姿及富于戏剧性的圣礼可以说是他唯一喜欢的。除掉斯宾诺沙所写的外，其他哲学家的哲学著作他一概不理。他对逻辑感到胆战心惊，因此也远离康德的著作。他很喜欢戏剧，在莱比锡期间曾经写过一部无甚价值的剧本，他几乎每天都写诗，甚至上法律课时也不例外。他出版的《莱比锡诗集》（*Das Leipziger Liederbuch*），是以阿那克里翁的文体写成的，非常富于戏谑性，而且有点色情的成分：

> 我会心满意足，欢天喜地的，
> 只要她给我一个甜蜜的微笑，
> 或者倘若她吃饭时，
> 愿意利用其情人的腿当枕头的话；
> 把她咬过的苹果拿给我，
> 把她饮过的杯子递给我，
> 我想与她接吻时，
> 我可以看见她那我从未见过的酥胸。

这些话难道只是幻想吗？显然不是。他在莱比锡巧遇一位愿意进入其爱情回廊的美貌小姐，名叫安娜特·斯库克弗。她是一位酒商的女儿，其父亲负责为学生提供午餐。歌德常到那里吃饭，因此爱上了她。对他的热情，她报以有限度的保留态度，并允许其他的男孩对她的钟情，为此他吃起醋来，监视着她。他俩不时争吵，最后甚至到达破裂的边缘。即使在这些快乐的时光中，他仍然时时提醒自己出身高贵，而且在他内心的深处蕴藏着一颗渴慕自由的心灵，并充分发展其终极的目的与心愿——促使其成为一个无所不知的天才。安娜特因此接受了另一位求婚者。

歌德将这件事看成他的失败，而且试着把它当成逢场作戏而忘掉它。"我已经真正失去了她，为了报复我的过错，我以各种疯狂的方式折磨我的肉体，以便伤害我的精神，这种狂乱大大损坏了我一生中黄金时代的健康。"他陷入了忧郁，患了神经衰弱，在脖子上又长了一个痛苦不堪的瘤。有一天深夜，甚至被瘤的疼痛折磨得差点失去性命。他没取得学位就离开了莱比锡，回到法兰克福（1768 年 9 月）去面对父亲的责备和母亲的慈爱。

在他漫长的养病期间，他结识了一位多病却很和善的摩拉维亚虔信派信徒，名叫苏萨娜·冯·克勒滕贝格的女孩。"她的心永远都是那么雅静。她把生病当作她如白驹过隙的人生中不可或缺的要素之一。"多年之后，在他收入《威廉·迈斯特的学习时代》（*Wilhelm Meisters Lehrjahre*）一书内的《一颗美好心灵的自述》（"Confessions of a Beautiful Soul"）一文中，曾经以同情的口吻描述到她，不过他欣然接受她的看法，认为他自己的神经质和忧郁，是由于他未能皈依上帝：

> 现在我已相信，从青年时期到今天，我和上帝之间的关系还算很好，不，我甚至幻想他就站在我背后，因为我居然胆大包天，自以为我有原谅他的理由。这种假设是建立在我有一颗极善良的心。因此，他也应该助我一臂之力才对。也正因为如此，我才经常为这个问题和我的朋友争得面红耳赤，最后的结果却总是不欢而散。

话虽如此，他也曾体验过不少误入歧途的时光，甚至参加过摩拉维亚兄弟会的聚会。不过，终因觉得这些淳朴者的"平庸之子"不适合与自己为伍，很快又回到他那集荒唐之大成的泛神论和理性怀疑论。

1770 年 4 月，他迈向斯特拉斯堡，希望到那里攻读法律学位。他的一位同学描述他是（当时年仅 21 岁）"一位英俊的人物，前额宽广，两眼炯炯有神"，不过"没有人可能跟他相处得来，因为他的神态看起来似乎狂野不定"。也许长期得病已使他失去镇定力，他的"恶魔"已烦躁得使他无法静下心来，但世界上有几位血液中燃着烈火的年轻人能有一颗安宁之心呢？他伫立于一座大教堂面前时，他不称赞它是天主教的象征，而是以爱国之心称赞它是"日耳曼人的建筑，我们的建筑，因为即使意大利人也造不出这样的教堂，遑论法国人了"。（他还没见过意大利或法国的呢！）"我独自爬上塔顶……冒险地从那高处走到一个面积仅 1 平方英尺的平台……我常与恐惧交战，一直到后来由于经验的累积才使我能淡然处之。"他的一位教授这么说他："歌德先生的举止，令人觉得他是一位卖弄学问、对所有宗教教义采取敌对态度的人……所有的人一致同意，他的脑子似乎有一块板瓦松掉了。"

许多新经验的来临，更使他气焰高涨。赫尔德住在斯特拉斯堡时，他和赫尔德碰过好几次面。大他 5 岁的赫尔德，自然占他上风。在一篇口气还算客气的插曲里，歌德自称是绕着赫尔德这位太阳转的"行星"。他对赫尔德的独裁作风虽然稍感不快，却由于赫尔德的激励去阅读古老民歌、麦克弗森所著的《奥西安诗集》（*Ossian*）及维兰德所译的莎士比亚的作品，他自己还读了伏尔泰、卢梭、狄德罗等人的作品。除掉研读法律方面的作品外，他又选修化学、解剖学、妇产科学的课程……还有，他继续修他的女人学。

他以一位诗人的尖锐敏感力、一位年轻人具有的热情去感受女人的魅力。47 年后，他告诉埃克曼说，他完全相信一个人对另一个人确实具有魔力的说法，尤其是在异性之间。女人走路时的轻盈与神气的仪态、她们悦耳的说话声和笑声、她们服饰的色彩和摆动，他都为之心摇神动，他更羡慕她们有时把一朵花戴在胸前或发上放射出来的魅力。像这类具有魔力的女人，一个接着一个激动他的热血和他的想象力，推动了他的笔。在此之前已有葛雷特和安娜特，紧接着要来临的有卢特和夏洛特，然后是明娜和乌尔丽克。在斯特拉斯堡附近的瑟森荷默，更有最最迷人的弗里德里克·布里翁。

她是镇上牧师的小女儿（1771 年，19 岁），歌德把她的父亲比成戈德斯密笔下那位善良的威克菲尔德牧师。在歌德自传中描写弗里德里克的散文，是他最佳、最美的作品。他常常骑马自斯特拉斯堡市出发去她家享受淳朴的乡村家庭生活。他带着弗里德里克去作漫长的散步，因为她一到野外似乎是如鱼得水，如鸟翔空，其乐无穷。她坠入了他的情网，把一切他要求的都奉献给他。"在森林中一块人迹罕至的地方，我们尽情地拥抱，我们道尽了互爱的肺腑之言。"很快地，他就告诉朋友说："能够获得我们心爱之物是世界上最快乐不过的事了。"

此时，他正以拉丁文撰写他的博士论文，论文的主题是阐述国家的主权可以脱离教会的控制。这篇论文赢得该大学所有教授的一致赞成。他于是通过了考试，并于 1771 年的 8 月 6 日取得了律师执业资格。此时该是他离开斯特拉斯堡市的时候了，他骑马到瑟森荷默向弗里德里克道别。"我在马背上伸手去牵她的时候，她已泪盈于睫，我觉得非常难过……最后我终于挣脱了离别的激动，在平静安详的旅程中，慢慢恢复我的神智。"后来他懊悔地说："葛雷特已被淡忘，安娜特已远我而去。如今我才首次生起内疚之心，我已深深地伤害了一位最可爱的姑娘的心。忧郁的懊悔时光——我已习惯于令人鼓舞的爱情——是最痛苦不堪的。"这完全是一种以自我为中心的哀伤，可是世界上有谁能在获得某人的爱之前，未曾在爱情的尝试中伤过心呢？弗里德里克未婚而逝，时间是 1813 年 4 月 3 日。

·葛兹与维特

在法兰克福，这位刚取得律师营业执照的青年勉强地开业了。他偶尔也去达姆施塔特参观，以感受感情崇拜的影响力。此时，他对法国有强烈的反感，讨厌法国戏剧及其严厉的规律，甚至也反对伏尔泰。他越来越喜欢莎士比亚，因为莎翁同时把合法与不合法的人类本性搬上舞台。在此心情及一股年轻人具有的热血沸腾的摆布下，他自然渴望狂飙运动。他同情反权威、本能胜于理智的理论及英雄个人超越受传统摆布的芸芸众生。因此，1772 年至 1773 年，他写出了《铁手骑士》（*Götz von Berlichingen*）的剧本。

就一位年仅 23 岁的年轻小伙子而言，那确是不同凡响之作：一部集战争、爱情和反叛于一个故事中的剧本，整部作品充满了对自由的热望，散发着生命的活力，自始至终令人觉得趣味盎然。葛兹（Götz）是一位 24 岁在一次战役中（1504 年）失去右手的骑士，虽然他的这只手是用铁接合的，他仍然挥舞宝剑一如往昔。除皇帝外，任何霸王或君主他一概不承认。因此，他成为一位以自由为招牌的"强盗大王"，到处打家劫舍，与人争战。1495 年，马克西米利安一世皇帝颁布一道禁止互相争战的诏书，违者不但要被国王驱除出境，而且要被教会开除。铁手葛兹拒绝遵守这项禁令，认为它违反人民的传统权利。因此，该剧一开幕就是一场叛逆骑士与贝姆贝格王子兼主教的争战。喜欢爱情更甚于战争的歌德，把故事中心转移到一位美貌和财富早已引起一打以上男人的觊觎及争夺的阿迪莱德·沃德弗身上。为了这个女孩，另一位"自由骑士"阿德伯特不惜与葛兹决裂，违背了他对葛兹之妹玛丽亚的誓言，毅然加入了主教的阵营。也许从阿德伯特的情变中，歌德记起了他自己的不忠。因此，他特别托一位朋友把这部剧本的复本送给弗里德里克，而且说了这么一句话："可怜的弗里德里克读到剧中那位不贞的情人终遭毒毙时，也许心中会有一点释然的感觉。"

为了配合他的剧本，作者把历史润了色。贝利欣根并不像歌德笔下的葛兹那么高贵。可是这种修饰如同刻苦经营的诗律一般，是诗人的特权。此外，歌德给予男主角的粗野话语以表现其大丈夫气概也是值得原谅的。该剧在柏林上演时（1774 年），腓特烈大帝斥之为"充满了讨厌的野蛮味"，简直与莎士比亚作品中具有的特色一样，因此他呼吁日耳曼的剧作家们到法国寻找范本。赫尔德开始时也同意腓特烈的看法，并告诉歌德"莎士比亚已毁了你"。可是，在他寄给其朋友的剧本里却给予该作品极高的评价："我有一样东西可令你着迷几个小时。这部作品充满了极不寻常的日耳曼人的力量、深度和诚意，虽然有时它只是一种智慧的运用而已。"较年轻的一代称赞葛兹是狂飙运动的最高表现。日耳曼的读者听说有伟大的日耳曼性格象征——中古骑士——都欣喜异常。新教徒们异口同声地对马丁·路德弟兄的回响表示赞同与欢迎，因为马丁视守贫、守贞和服从为违反人性的行为，他把女人描写为"开天辟地的杰作"，他更把酒看成"怡男人心胸"之物。此外，他推翻了一句古老的谚语，说道："快乐是一切美德之母。"即使是歌德的父亲也不得不承认，也许这个小伙子确有他的一套。

1772 年 5 月，这位年轻的律师为了法律上的事务，动身到维特拉皇家上诉法院。心不在法律的他到处逛，到田里、森林里，忽而写写东西，东画画，西想想。在维特拉，他碰到了诗人与神秘主义者卡尔·威廉，被他描述为"以其举止镇静平衡，观念清晰……行动沉着，精力充沛"。也见到了早已订了婚的乔治·凯斯特尼。凯斯特尼宽大地描写歌德：

　　一位有钱父亲的独生子，年仅 23 岁。依其父亲的意思，他是要在本地开律师事务所。而依照他自己的意思则是研究荷马、品达及其他才华、志趣和心愿所欲启发出来的一切……实言之，他确实有天才，而且是一位有奇特性格的人。他的想象力极为活跃，一位说话时善于创造意象和比喻的人……他有强烈的感情，不过他大部分都还能自制。他有崇高的信仰。他没有任何偏见，而且为所欲为，不在乎那是否会讨人喜欢、是否流行或可行。他最憎恶勉强不自由。他喜欢孩子，而且能够和他们玩上几小时……他是一位不同凡响的人。

1772 年 6 月 9 日，在一次乡村舞会上，歌德碰见了凯斯特尼的未婚妻夏洛特·布夫。次日，他就去拜访她，在她身上他又发现了女人的另一种魅力。当时年仅 20 岁的夏洛特是一个有 11 个孩子的家庭中的老大。她的母亲已经去世，父亲则忙于赚钱过日子。因此，夏洛特便像其弟妹们的母亲一般。她不但具有健康女孩的活泼，还具有少妇的魅力。她穿着虽然简单，却纤尘不染，相当能干，对待弟妹非常亲切。歌德很快地就爱上了她，因为他的想象力不能没有女人的意象去温热。凯斯特尼心里有数，不过在深知不会失去其爱人的情况下，仍然表现出一种可爱的容忍。歌德则几乎完全把自己看成一位情敌，不过夏洛特老是制止着他，而且提醒他说，自己已名花有主了。最后他便要她在两人之间做个抉择。她照着做了，因此自尊心暂时动摇的歌德，次日（9 月 11 日）便离开了维特拉。不过，直至他死亡为止，凯斯特尼仍是他忠诚的朋友。

在回法兰克福的路上，歌德在埃伦赖特施泰因镇停下来，来到乔治和索菲亚的家里。索菲亚有两位女儿，"其中的老大"——玛西米莲——"很快就特别吸引住我……旧情未完全消失，新情又已开始在我心中滋长，我因激动而非常舒服。因此，太阳正在西下时，我们便希望月亮从东方出来。"不过，玛西米莲还是嫁给了彼特·布伦塔诺，生了一位可爱的女儿，名叫白蒂娜，35 年之后爱上了歌德。歌德结果退隐到法兰克福从事律师行业。其实，他的心并未完全平静，因为偶尔他还是有自杀的念头：

> 在我搜集的武器中，有一把很漂亮、很光亮的小刀。每天晚上我把它放在枕边，而且在我吹熄蜡烛之前，我总是尝试看看刀口是否有办法插进我的胸膛一两寸深。既然我的尝试不能成功，最后我反而嘲笑自己这种自杀的念头，因此，我赶紧丢掉一切不正当念头，并决心活下去。

> 想开了后，我便不得不解决一个文学问题，换言之，我须把

我所思所感受的以文字表达出来。为达到此目的，我开始把多年来已在我心中酝酿的加以整理。我回忆曾经使我感受最深、创痛最深的往事，然而这么做并没什么具体的结果。我只缺少使往事整体贯穿的一个事件、一个寓言。

提供这一重要事件的人，是一位住在维特拉的律师同业。1772年10月30日，从凯斯特尼借得一把手枪的卡尔·威廉，因为爱上其朋友之妻，过度忧伤而自杀了。"突然之间，我听到卡尔·威廉的死讯时，"歌德回忆道，"《少年维特之烦恼》一书的结构马上成形，整部作品的元素立即凑成。"此话虽然也许是真话，可是事实上他开始着手写此部书的时间还得等到15个月后，同时他继续和玛西米莲·布伦塔诺（已与其夫迁到法兰克福）保持往来。她的丈夫对这种暧昧关系当然表示反对，最后歌德只好打退堂鼓。

他的精力曾被许多难产的文学计划分散。他幻想重述《流浪的犹太人》的故事。不过，他命名为《永恒的犹太人》（*Der Ewige Jude*）的书只完成了10页。他写了不少篇讽刺雅各布、维兰德、赫尔德、伦兹、拉瓦特等人的文章，不过最后都获得了他们的友情。他也投稿到拉瓦特的《人相学断片》（*Physiognomische Fragmente*）杂志，允许别人替他看相，结果当然是恭维的话。"此人天生一副聪明相，而且有发挥其才智的感应力，"一位瑞士人评断道，"瞧他那充满活力的双眉……双眼活动敏捷而且有透视力，炯炯有神，令人着迷……单单看他的鼻子就知道他是一位诗人……凭他强而有力的下巴和宽长的耳朵——有谁敢说他不是一位天才呢？"谁能配得上如此一副相貌呢？雅各比认可这种说法，因为于1773年7月，他拜访过歌德后，在给维兰德的一封信里称赞歌德说："从头到脚都是一副天才相，一位注定完全听命其个人意志而行事的人。"

1774年2月，歌德终于写出了使他名满全欧的作品《少年维特之烦恼》。由于该作品已经在他心中孕育很久，因此，他一写完便立即推出给世人，据他说："有四星期之久的时间，我完全与世隔绝，我谢绝所有朋友的拜访。"50 年后，他对埃克曼说："这是一部我曾呕尽心血的创造。"书的结局，他把维特处死，以为他自己取得安宁。

把这部作品写得简短是明智之举。他运用的书信体部分是模仿理查森的《克拉丽莎》和卢梭的《新爱洛漪丝》，部分是取其表达分析感情时的方便。此外，也许使用书信体，他可利用他住在维特拉时写给其妹妹凯尼拉，或其朋友默克的信件。夏洛特和凯斯特尼两人对他居然以她的真名夏洛特作为维持情人之名大为惊奇，因为这显然说明了歌德对凯斯特尼的新娘怀有真情。凯斯特尼在该书中以阿尔伯特的名字出现，塑造得还算不错。即使书中的舞会相遇，及次日的拜访等也是完全与真事相符。"自那一天后，太阳、月亮和星星又恢复其平静的运行，可是我根本不知有白昼或夜晚，我周遭的整个世界在消失中……除了为她外，我已不再做祷告了。"维特并非完全是歌德的写照：维特显然较多愁善感，比较易于淌泪，宣泄感情和自怜。为了使叙述体的故事有悲剧的结局，维特的特色不得不从歌德转变成卡尔·威廉。这个最后的安排符合史实：就像卡尔·威廉一样，维特从阿尔伯特借来一把手枪以作为自杀之用，而莱辛的艾米莉亚·加洛蒂也是躺在桌上死去的。"没有牧师护送他"到坟墓去。

在文学史和德国史上，《少年维特之烦恼》的问世（1774 年）可以说是一件大事。它表达并推进在狂飙运动中的浪漫元素，和《铁手骑士》一书表现的英雄特色，可以说相互辉映。反叛的青年们对之礼赞有加，群起效尤。有的人模仿维特穿蓝色的外衣和浅黄的背心，有的人模仿维特的啼哭方式。更有人视自杀为时髦。凯斯特尼抗议他的私人生活受到打扰，可是很快他的怒气也被平息了，而且歌德告诉夏洛特说"你的大名正被成千上万的人争相传诵"时，她并没有向他抱怨。日耳曼的牧师没有参与对他的称赞。一位住在汉堡的传教士把这部作品斥为一种自杀的辩解。莱辛的敌对者格策牧师对该书加以诋毁，可是莱辛也照样斥之为一部温情主义的作品、一部缺乏古典节制的小说。在一次公开的餐会上，哈森卡弗牧师当面诋毁歌德，说他写了一部"劳什子作品"，而且说："但愿上帝保佑你的心肠每况愈下！"歌德却低声地回答他说："请你记得代我祈祷。"此时这本小书正以秋风扫落叶的姿态席卷整个欧洲，不多久即出现了十几种译本，法文有 3 种。法国首次承认，日耳曼境内也有文学作品了。

·年轻的无神论者

教会人士开始担心是有他们的理由的，因为此时歌德已公开与基督教会作对。1772 年，凯斯特尼写道："他钦佩基督教的方式与咱们的神学家们有别……他既不上教堂，也不参加宗教团体，他很少做祷告。"对基督教中强调原罪及悔悟最厌恶，他宁愿犯罪不忏悔。他写信给赫尔德（约 1774 年）说："要是基督的整个教义不是一堆这样无聊的话，像我这么无大志的人怎么会为之动怒呢？"他计划写一部以歌德的普罗米修斯为人类向神挑战的象征的剧本，不过写完了开场白便停笔了。为此，雅各比大感震惊，莱辛却雀跃三尺。那是歌德反宗教最激烈的一篇文章。歌德说道：

> 宙斯！以云雾布满你的天吧！
> 你自己嬉戏——就像一个砍掉蓟头的小孩，
> 在橡树梢上，在山顶上！
> 可是你可要留下我的居穴，
> 及我的茅屋，因为那不是你建的，
> 也要留下我的炉床，虽然你嫉妒里面的火焰。
>
> 哦，天啊，你是世上我所知最穷的人，
> 你千辛万苦才建立了你的崇高地位，
> 你获得了许多的祭品和无数的祷告，
> 你一定会饿死，

要不是有那么多傻小孩和乞丐。
我年纪还小时，我没有什么主见，
我把迷茫的双眼转向太阳，
仿佛那边有人可听我诉怨，
有一颗像我一样，怜悯
他人痛苦的心。

有谁可帮我抵抗泰坦的傲慢？
谁能救我免于一死，免于沦为奴隶？
难道这一切不是都凭
我这颗炽热的心完成的吗？可是不论男女老少，
仍感谢那位睡在天上的家伙。

尊重你，为什么？
难道你可曾为悲伤者减轻痛苦？
难道你可曾擦干那些受苦受难者的泪水？
难道我的成人不是
以万能的"时间"和永恒的"命运"——难道是
那位你我的主人吗？……
如今我高坐于此，以我的模式创造人类，
创造一群像我的人类，
一群会悲伤、会哭泣、会享受和会快乐的人，
而且和我一样，是一群会鄙视你的人。

从这一座高傲的无神论高峰，歌德渐渐转向温和的斯宾诺莎的泛神论。根据拉瓦特的报告："歌德告诉我们许多斯宾诺莎及其作品的事……他是一位极为正直、公正的穷人……所有的现代神论家都以他为立论根据，他的书信……就其正直和热爱人类而言，是世界上最富

于乐趣的文章。"42 年后，歌德告诉卡尔·泽尔特说，影响他最深的是莎士比亚、斯宾诺莎和林尼厄斯。1785 年 6 月 9 日，他收到雅各比写的《论斯宾诺莎言论》（*On the Teachings of Spinoza*）一书。从他讨论雅各比诠释斯宾诺沙的话里，我们可以很容易地看出他研究这位犹太籍的圣哲所下的功夫。他写道："斯宾诺莎并不说明上帝的存在，他证明存在精神、物质的实体即是上帝。由此观之，大家都称斯氏是无神论者。我却要赞佩他，称之为最有神论者，甚至是最十足的基督徒⋯⋯他给予我在思想与行为上最深刻的影响。"在他的自传里，歌德曾经提到他怎样给雅各比回信：

　　　　幸亏我早已做好准备⋯⋯我的思想和精神已具有某种程度的伟人气质⋯⋯对我具有决定性的影响，且命定深深左右我思维模式的这个精神便是斯宾诺莎。我徒然地想在世界上为我的怪癖寻求发展之道后，我终于找到了可凭依的，这位哲学家的《伦理学》（*Ethics*）⋯⋯在该书里我找到了可平息我激情的东西。而且一种自由广阔的感性道德世界观似乎豁然开朗在我眼前⋯⋯我从未敢如此大胆地以为，我完全了解一位通过数学和犹太法学的研究，将自己提升到最高境界的人，他的姓名即使在今天，似乎仍是一切思辨成果的最高峰。

他之所以爱好斯宾诺莎的泛神论，是因为他对自然的热烈喜爱。那不只是由于他能在阳光的田野中，或在神秘的森林中，或在那些欣欣向荣的花草中找到乐趣而已；他也喜爱自然界严肃的一面，他喜欢在风雨雪中搏斗，喜好爬到危峻的山顶。他把自然视为一位可让他自其胸部吸取生命生气和乐趣的母亲。在他的一篇散文诗《自然颂》（"Die Natur"，1780 年）中，他以宗教的感受表达出他对周遭的创造、破坏力是何等的谦卑顺从和欣然接受：

自然，她环绕在我们四周，包围着我们使我们走不出她的界限，也无法更深入她的内部。她不威迫也不利诱地迎接我们加入她的舞圈，与我们共飞跃，直等到我们精疲力竭，脱开她的双臂……

她不停地创造新物；现在有的，以前没有；往昔存在的，永不再来；一切都是新的，却总是旧的……

她似乎蓄意使每样东西各具其性，对每个东西却不介意。她永远在建造中、在破坏中，她的工厂永难理解……

她有思想，而且时时在沉思中。她不以人的态度出现，而是依自然而行。她具有一颗包容一切的心，无人可透视它……

她让每位小孩与她嬉戏，让每位傻瓜批判她。成千上万的人在她身上绊倒，却一无所见。她有她的一切乐趣……

她和蔼可亲，我歌颂她的一切作品。她聪明沉静，没有人可说服她说明一切，除了她自动赐给你的礼物，没有人能从她那里勒索到任何一物……

她把我留在此地，也将带我离开。我完全信赖她，我愿意听从她的指挥。她不会厌恨她的工作。

1774年12月，卡尔·奥古斯都公爵在到卡尔斯鲁厄相亲的路上，半途在法兰克福停了下来。他曾经读过而且佩服《铁手骑士》一书，于是他邀请该书的作者来见他。歌德来了，留给他一个很好的印象。这位公爵心想，为什么不让这位英俊而风度翩翩的天才作为他魏玛宫廷的装饰品呢？他需要赶路，不过临走时留下话，要歌德在他从卡尔斯鲁厄回来的路上再见他一次。

歌德相信命运，却不相信机会。对他能与公爵见面，而且因为这次的相识离开了可爱的莉莉·舍内曼而投身到蕴藏无数危机与机会的魏玛一事，也许他会归之于命运，而非机会。莉莉是法兰克福市内一位富贾的独生女。如今已是有为青年的歌德，有次被邀请到她家参加一个欢迎会，会中她弹了一手好钢琴。歌德俯着身体，一边听她弹，一边品啜她二八年华的天姿。"我感受到一种最美妙的吸引力……我们立即四目相接……我们现在已迫切互相需要……一种不可抗拒的渴望已占据了我。"——这种诗人特有的敏感性，这种名闻天下的热情居然如此迅速地爆炸了。在他完全不知情的情况下，对方公然宣布订婚（1775 年 4 月），然后自忖已擒服歌德的莉莉又开始与他人打情卖俏。歌德看了之后颇为愤怒。

此时正好有两位要去瑞士途经法兰克福的朋友——克里斯蒂安伯爵和施托尔贝格伯爵——来看他。他们建议歌德加入他们的行列。他的父亲也逼他同往，要他直往意大利。"在通知了她，可是没说道别的情况下，我离开了莉莉。"他于 1775 年 5 月起程。在卡尔斯鲁厄，他又与那位公爵见了面，而且毅然接受他的邀请，与他同往魏玛。他继续往苏黎世迈进，在那里他见到了拉瓦特和勃德莫。他爬到圣哥特哈尔德教堂上，以渴望的眼光望着意大利。于是，莉莉的影子又在他的脑中出现了。他离开他的同伴，走上回家的路。9 月，莉莉又投入了他的怀抱，可是一回到他的卧室后，他以前把婚姻视为监牢与呆滞的恐怖观念，不禁又油然而生。对他的摇摆不定，莉莉尤为光火，他们两人同意取消婚约。1776 年，她嫁给了勃哈德·冯·蒂尔克海姆。

从卡尔斯鲁厄回来，在法兰克福停留的公爵风闻此事，立即表示愿意派一部马车去接歌德来魏玛。歌德表示同意，于是准备妥当，等待约期的降临，可是马车并没按约到达，他被愚弄欺骗了不成？在家纳闷几天后，他起程前往意大利。他抵达海德堡时，约好的马车赶上了他，公爵的特使向他说明迟到的原因，并向他道歉。歌德气消了。1775 年 11 月 7 日，他抵达魏玛，正好 26 岁，此时他的心情就像以前一样，也是徘徊于爱神与命运之间，他渴望女人的慰藉，也决心成为一位伟人。

赫尔德（1744—1776）

到达魏玛后，不到一个月的光景，歌德就向公爵递呈了一个由维兰德所提的建议，要求把公国学校和教会总院长的职位授给赫尔德。公爵照办。

1744 年 8 月 25 日诞生于东普鲁士莫哈根的赫尔德，就地理位置和波罗的海的迷雾而言，可以说是康德的同族。他的父亲是一位穷校长和虔信派教徒的合唱指挥，因此这个孩子饱尝不幸。从 5 岁开始，他的右眼就感染了瘘管病。为了提高家里的收入，他辍学去当塞巴斯蒂安·瑞斯豪的秘书和仆役。瑞斯豪拥有一间可让赫尔德吸收知识的图书室。18 岁那年，他被送到柯尼希山施行手术，以拿掉他右眼的瘘管，并在那边的大学学医。那次的手术没成功，大学的解剖课又使这位少年大感恶心，因此他改修神学。

他结交哈曼为友，哈曼拿《哈姆雷特》作为教本教他英文。赫尔德几乎把那本剧本背了下来。他跑去听康德讲授的地理学、天文学和沃尔夫的哲学课。康德非常喜欢他，因此特别免他交学费。赫尔德以翻译和家教赚钱糊口，而且自 20 岁到 25 岁在里加的一所教会学校教书。21 岁时，他被任命为路德会的牧师，22 岁时他成为互助会的会员，23 岁时他被指派为靠近里加的两家教会的辅助牧师。22 岁时，他突然出版了一部书，名为《革新的日耳曼文学》（*Über die Neuere Deutsche Litteratur*）。一年后，他陆续推出了该书的第 2 卷和第 3 卷。康德、莱辛、尼古拉、拉瓦特等人对该书作者的学问大为钦佩，他们尤其称赞他摆脱外国文学的束缚，而建立本国文学的雄心。

赫尔德以爱上一位有夫之妇而预示了维特的风尚。他身心交瘁，教会允许他请假休养，而且答应他复职时给他加薪。他向人借钱离开里加（1769 年 5 月 23 日），从此便未曾再回来过。他乘船到南特，在那边滞留 4 个月后，便转往巴黎。他遇到了狄德罗和达朗贝尔，可是他从未赢得法国启蒙思潮的青睐。

他的个性适合追求美学，不适合做学问。在巴黎期间，他开始搜集上古的诗作，他在这些诗作中发现了比法国古典文学更多的乐趣。他看过麦克弗森所著的《奥西安诗集》的德文翻译本，宣称这些诗作的技巧比起莎士比亚以后的大部分近代英文诗要高明多了。早在1769年，他即着手撰写他称为"小森林"的美学和文艺批评散文。他在世时，以《批判之林》（*Kritische Wälder*）的名称出版了3卷。1770年2月，他花了14天的时间，在汉堡和莱辛相聚，结果收获甚丰，然后他去当豪斯顿—高特普王子的家教和玩伴，而且陪他到西日耳曼旅行。在卡瑟尔，他遇见了考古学教授鲁道夫·拉斯佩，不久后者出版了《明希豪森男爵的俄国历险记》（*Baron Münchausen's Narrative of His Marvelous Travels and Campaigns in Russia*，1785年）一书。鲁道夫·拉斯佩曾于珀西所著的《古英诗遗作》（*Reliques of Ancient English Poetry*）一书问世时（1765年），呼吁日耳曼对该书加以注意。赫尔德因此更加相信，诗人们应该放弃温克尔曼和莱辛模仿希腊古典文学作品的呼吁，而更应珍惜他们本国传统，尤其是民俗诗歌和民谣史。

离开王子后，赫尔德便前往达姆施塔特，在那里他碰见了当地的"敏感圈子"，对这批人给予多情的礼赞大为欣赏，他尤其欣赏枢密顾问安德烈斯·豪斯的成为孤儿的小姨子卡罗琳的柔情。他被邀请到一家教会去布道，她也去听道，而大受感动，于是他们相偕到森林里散步，手牵着手，他心动了！他向她求婚。她警告他说，她现在完全依赖姐姐的慷慨解囊而生活，因此不可能带给他什么嫁妆。他也告诉她，他眼下正债台高筑，前途渺茫，而且答应要陪伴王子。他们不订正式的婚约，却协议以函件互道爱意。1770年4月27日，他动身前往曼海姆。

抵达斯特拉斯堡时，赫尔德虽然对意大利心仪已久，却离开王子。他泪腺里的瘘管，此时已阻塞泪管到鼻腔的通道，因此时常引起痛楚。该地大学里的妇科医学教授劳伯斯顿向他保证，施行手术的话，在3个星期内就可医好他的病。赫尔德听了他的话，愿意在无麻醉剂的情况下，通过骨骼凿开一条通道通往鼻孔。结果病毒侵入，赫尔德被困在旅馆的房间内达 6 个月之久，对手术大感失望，对前途也感黯淡无光。就在这种痛苦和悲观的情绪下，他和歌德见了面（1770年 9 月 4 日）。歌德回忆道："手术时我想办法在场，而且做很多方面的服务。"从赫尔德认为诗可激发人类的本性，而不只局限于"某些上流的知识分子才能欣赏"的看法中，歌德得到很大的鼓励。赫尔德要离开时，袋内分文皆无，歌德"便代他借了一笔钱"，不过赫尔德后来偿还了他。

日耳曼西北部的斯查姆伯格—里普小公国国王威廉·里普伯爵，邀请他到质朴的首都布克伯格当一名宫廷的布道牧师和主教法庭院长，他只好勉强接受。1771 年 4 月，赫尔德离开了斯特拉斯堡市，前往达姆施塔特拜访卡罗琳，到法兰克福看歌德，而于 28 日抵达了布克伯格。他发现这位伯爵是一位讲求严厉教条的"开明专制君主"。除了音乐之外，该城的一切设施都粗陋得很，因为音乐是在巴赫主持之下才有那么好的环境。为此，赫尔德辞职隐退，避免加入当时日耳曼思想的主流。然而，他出版的书却强烈地影响了这个主流，而且分享了构成狂飙运动的文艺思想。他向日耳曼的作家们保证，倘若他们愿意在本国内，在本国人民的生活当中寻找灵感的话，他们的光辉成就有一天必定会胜过法国人。在哲学和科学界的成就，已证明这句预言完全正确。

他的《论语言的起源》一文，于 1770 年赢得了由柏林科学院颁发的奖。他一方面诚恳地在文中表明其虔诚之心，一方面排拒语言是上帝创造物的观念。语言是人类的创造物，是感受与思考过程中的自然结果。追本穷源，语言与诗是感情的表达，而表现动作的动词是"八大辞类"的第一要素。另外一卷《另一种历史哲学》（1774 年），则把历史看成"一连串事件的自然哲学"。每种文明便是一种生物实体，一株自行诞生、成长、成熟、衰老和死亡的植物，我们应就其时代去研究它，不应存有另一种环境和时代的道德偏见。与当时很多人一样，赫尔德赞赏中古时代是一个想象与感情、诗歌与艺术、淳朴与太平的时代。相反，宗教改革后的欧洲，是一个崇拜国家、金钱、都市奢侈、虚伪和罪恶的时代。他批评启蒙时代是一个盲目崇拜理智的时代，与希腊和罗马古典文化比较起来真是不可同日而语。在所有的历史过程中，正如波舒哀一样，赫尔德望见了上帝之手，但有时这位口若悬河的牧师也会忘掉了他的神学，而且认为"整个世界的变化很少操纵于人，而是决定于不可知的命运"。

他收入微薄，在寂寞的驱使下，他仍然鼓足勇气请问卡罗琳及其姐夫，是否他可以回来娶她为妻。他们同意了，这对情人终于于1773年5月2日，在达姆施塔特结为夫妇。他们一起回到布克伯格住下来，赫尔德借了钱把他的牧师住宅整修一番，以博得妻子的欢心。她服侍了他一辈子，待他忠心耿耿。因为她的存在，原来赫尔德和歌德之间的冷淡友情缓和了。歌德推荐赫尔德接受一个收入较丰的职位时，赫尔德居然欣然接受。1776年10月1日，赫尔德偕其妻到达魏玛，住进一间歌德为他们准备好的房子。此时，使魏玛声名大噪的人员已是四缺一的局面了。

席勒的游历岁月（1759—1787）

席勒1759年11月10日诞生于符登堡的马尔巴赫。他的母亲是雄狮旅馆老板的女儿，父亲是卡尔·尤金公爵军队中的外科医生——后来升为上尉。他随着军团到处走，他的妻子大部分时间留在洛尔希或路德维希堡。席勒就在这些地方接受他的教育。他的双亲本来要他以后当牧师，可是经过公爵的游说，将年方14岁的他送到位于路德维希堡的卡尔斯学校（后来又转到斯图加特），一起和军官的孩子们接受法律、医学或任何军中职务等方面的训练。这所学校的训练和军校一样严格，而且学校的课业对一位有女人般敏感力的小孩当然不合适。席勒因此吸收了一切反叛思想，将之投入一部比《铁马骑士》更能表现狂飙运动精神的《强盗》剧本中。

1780年，席勒毕业于医科，当了驻扎于斯图加特的一个军团的外科医生。他的薪饷微薄得很，他和卡普夫中士同住一个房间。他们自己做饭，大部分是吃香肠、马铃薯、莴苣，如有节庆时喝点酒。他尝试成为一个会打仗、喝啤酒和玩女人的军人，他上军中俱乐部，可是由于他把妇女理想化为神圣的神秘物，须以颤动的崇敬心情去接近，因此他对鄙俗的嫖妓根本提不起兴趣。他的女房东路斯·维斯彻是一位年已30岁的寡妇，但她弹竖琴时，"我的心便魂飞九霄云外"。他祈望他能"永远吻住你的双唇……饮你的呼吸"——这真是自制的奇妙方法。

他尝试去找一个出版商出版他的《强盗》剧本而未果，既然找不到，他便自己筹资并向人借贷，自己付印刷费出版（1781年）。对该书的轰动，连这位年方22岁的作者都感意外。卡莱尔甚至认为"该书使世界文学史进入了一个新纪元"。可是上流的日耳曼人对在该剧本中几乎无一当时的文明能免其攻击而大为震惊。席勒在序言中指出，该剧的结局说明了良心的崇高和反叛的恶劣。

年事已高的马克西米利安·莫尔伯爵有一位较大的儿子，名叫卡尔·莫尔。他具有理想主义和一颗慷慨之心，因此特别受到其父亲的喜欢，可是他也因此受到其弟弗朗兹的嫉妒与厌恨。卡尔离家出走前往莱比锡大学，在那里他吸收了燃烧在西欧年轻人心胸中的反抗情绪。在债务催讨之下，他痛斥那些没良心的金钱追求者，他们居然"只因撒都该人没按时上教堂做礼拜便处罚他，而事实上，他们自己对宗教表示出一副虔诚之心，不过是觊觎神坛上的高利贷的利润"。他对一切社会秩序已完全失去信心，因此加入一群强盗集团，成为该集团的首领，而且当众宣誓愿意效忠该组织至死不渝，他以扮演绿林好汉的角色来慰藉他的良心：

　　　　　他和我们不一样，不为掳掠而犯杀人罪，至于谈到金钱，他似乎不在乎。他把分得的战利品与孤儿们分享，或帮助大学中有前途的青年。可是倘若万一他碰到压榨其农夫如牛的乡绅，或一些随便亵渎的花花公子，或任何诸如此类的人，那么朋友们，他就会如鱼得水，变得暴跳如雷似恶魔了。

卡尔把教会的牧师们诋毁为权力的谄媚者和魔鬼的秘密崇拜者："只要你出10块银币，这类人便会把整个三位一体出卖掉。"

另一方面，弗朗兹此时正计划编造一则假消息，以告诉公爵说卡尔已经去世了。弗朗兹因此成为其财产的继承人，并向阿梅莉亚求婚，而阿梅莉亚深深地爱着卡尔，不论他是死是活。弗朗兹毒死他的父亲，却以无神论的口吻来平息其良心的不安："世界上根本找不到一位亲眼看见我毒死父亲的见证人……世界上根本没有上帝存在。"卡尔闻及其弟的罪恶后，立即带领他的一伙人抵达他父亲所住的城堡，包围弗朗兹。弗朗兹此时开始拼命哀求上帝帮助他，可是在见不到援军的情况下，自杀身亡了。阿梅莉亚愿许身于卡尔，只要他愿意放弃打家劫舍的生活。这是他梦寐以求的事，可是他的随从提醒他说，他曾宣誓与他们厮守一起、至死不渝。尊重誓言的他离开了阿梅莉亚，她要求他杀死她，他果然答应她的要求。之后，他安排了一位穷工人可以因逮捕他而拿到奖赏，他出来投案，被套上了枷锁。

当然这个故事可以说荒唐无聊。人物和事件都令人难以置信，不过文体具有雷霆万钧之势，里面的对话令人不堪忍受，对妇女的观念完全属于浪漫式的理想。然而，这是强有力的荒唐，几乎每个人都会默默地同情那些法律的挑战者。有时，我们也会有一种被成千上万法规训令束缚了手脚，以致"动弹不得"的感觉。我们已习惯于法律给予我们的便利，因此觉得司空见惯了。我们等到无法无天的日子来临，使我们深受其害了，我们才会产生对警察的同情。因此，这部剧本一问世，广大的读者马上为之疯狂，为之喝彩，那些抱怨席勒把犯罪理想化了的布道牧师与立法者也难免要称赞他最有希望成为日耳曼的莎士比亚，甚至戏剧演员们也提出要将它搬上舞台的建议。

沃夫冈·赫尔伯特·达尔伯格男爵提议说，倘若席勒愿意将剧本的结局改写为圆满的结局，那么他愿意将它搬上位于曼海姆的国家剧院舞台。他果然照办，卡尔和阿梅莉亚结了婚，而不是杀了她。未经其军团团长卡尔·尤金公爵的允许，席勒偷偷地离开斯图加特，参加1782年1月13日的首次公演。观众从沃尔姆斯、达姆施塔特、法兰克福及其他地区蜂拥而来观看这次演出。当时最佳演员之一的奥格斯特·艾弗兰德扮演卡尔的角色，观众为之大叫，为了剧情而泣。从未有德文剧本得到如此多的喝彩，这是狂飙运动精神的最高表现。剧终后，席勒受到演员的款待，博得了曼海姆出版商的青睐。他已发觉很难再回到斯图加特去干军中的外科医生。5月，他又逃到曼海姆指导《强盗》的另一次演出，而且和达尔伯格男爵讨论写第二部剧本的事。但他再次回到军团时，受到公爵的责骂，被禁止再写剧本。

他当然无法接受这道禁令。1782年9月22日，在一位朋友安德雷斯·斯特雷彻的陪伴下，他逃到了曼海姆，把一部新剧《斐爱斯柯在热那亚的阴谋》交给了达尔伯格。他把剧本读给演员们听，演员们却说这部新剧已较先前的《强盗》大为逊色。达尔伯格认为，只要席勒愿意加以修改，他还是愿意将它搬上舞台。席勒于是花了好几个星期修改，结果却令达尔伯格大为失望。席勒至此已一文不名，供养他的斯特雷彻已把一笔储蓄下来想要到汉堡学音乐的钱用光了。席勒只好应邀到亨里达·冯·沃尔措根夫人的、位于巴尔巴赫的一栋茅屋住下来。他的第三部剧本《阴谋与爱情》（*Kabale und Liebe*），便是在那里完成的，而且他爱上了才16岁大的卢特·冯·沃尔措根小姐。此时，已出版的《斐爱斯柯》（*Fiesko*）一书，销路甚佳。达尔伯格也悔悟了，写信邀席勒为曼海姆剧院的常驻作家，年薪300弗罗林。他欣然应允而往（1783年7月）。

虽然债台高筑、重病缠身，席勒在曼海姆的生活还算差强人意，过了一年朝不保夕的快乐日子。《斐爱斯柯》一剧于1784年1月11

日首次公演，由于达尔伯格坚持剧本结局应为大团圆式的，该剧被破坏得一塌糊涂，根本引不起观众的兴趣。可是结构较佳、长篇大论、对白较少的《阴谋与爱情》，却表现出他对戏剧逐渐增强的感受。有些人甚至站在剧院的观点说，该剧是所有日耳曼悲剧中的最佳作品。1784 年 4 月 15 日首次公演后，由于观众对该剧的疯狂式喝彩，席勒不得不从他的包厢座位起立向大家鞠躬致敬。

他的欢乐极端而短暂。就其个性而言，他无法应付演员，因为他们几乎和他一样敏感兴奋。他很严厉地评判演员们的演出，有人若台词背得不熟，他就严加苛责。他无法照规定的时间交出第三部剧本《堂·卡洛斯》（*Don Carlos*）。他与剧院所订的合约将于 9 月期满时，达尔伯格拒绝续约。席勒身无分文，再度面临贫穷，被不耐烦的债主们包围。

差不多这个时候，他出版了一些信札，名为《哲学书札》（*Philosophische Briefe*），该书说明除了经济拮据外，他对宗教的怀疑也已产生。他无法接受古老的教条，但他的诗兴都和霍尔巴赫于《自然的体系》一书中所说的唯物无神论相违背（1770 年）。他已无法再做祷告，但对那些做祈祷者感到羡慕，他以一种极惋惜的口吻描述宗教为成千上万在痛苦、悲伤和死亡边缘挣扎者带来的安慰。他信仰自由的意志、不朽和一位不可知的神祇，而且和康德一样，一切以道德良心为其根本。他以回忆的语气说明基督的伦理："当我恨时，我便从身上损失了某些东西；当我爱时，我便因爱而更富有。宽恕可寻回已失去的财产，厌世是一种慢性的自杀。"

在潦倒的境况下，克尔纳为席勒的一生带来了文学史上最宝贵的友情。1784 年 6 月，他从莱比锡寄给席勒一封向他致敬的信，而且附寄了他自己、他的未婚妻米娜·斯托克、她的妹妹德拉、德拉的未婚夫鲁德温·胡波等人的画像，及一个米娜绣好的钱包。克尔纳于 1756 年（比席勒早 3 年）出生在斯莫斯克尔西一位牧师家中。这位青年 21 岁时，即取得律师营业执照，现在是德累斯顿高等法院的顾问。为烦恼所困的席勒，迟至 12 月 7 日才回他信。克尔纳复他信说："我们愿意以至诚向你表示最高的友谊。请阁下急速前来见我们。"

席勒踌躇不前，他在曼海姆已结交了不少朋友，而且也有几段恋爱史，尤其是那位刚于一年前完婚的夏洛特·卡尔伯夫人。1784 年 12 月，他在达姆施塔特会见了魏玛的卡尔·奥古斯都公爵，他把《堂·卡洛斯》一剧的第一幕读给公爵听，因而赢得了"荣誉顾问"的头衔，但仍然没在魏玛争得一席之地。因此，他决定接受克尔纳的邀请到莱比锡。1785 年 2 月 10 日，他写了一封文情并茂的哀求信给那位素不相识的朋友，说他已濒临破产：

> 大半的曼海姆人奔向剧院时，我却趋到您身边去……自从上次接到您的信后，我一直认为我们注定会成为朋友。请不要因为我的友谊似乎有点操之过急便对我有所误会。对某些人自然免掉了客套的礼貌。君子之交淡如水，而且是经得起时间考验的。
>
> 倘若你对一位有伟大思想和涵养，但成就稀微、一位我们从他的糊涂行为就可预知天将降大任于他、一位需要无边之爱、可是又不知如何去报答，然而能爱某物胜过爱他自己，因怀才不遇而内心深觉痛苦者，能够海量包涵的话，倘若你的友谊需要这样一种人的话，那么咱们之间的友情便可永远存在，因为我便是那种人。也许即使你对这位诗人席勒的钦慕之情已退时，你将仍然喜爱他。

这封信写到这里中辍，2 月 22 日又继续写下去：

> 我已无法在曼海姆继续待下去了……我必须去莱比锡与你相识。我的灵魂渴望新的食物——更好的人——渴望友谊、热情和爱。我必须靠近你，并借与你的交谈和友伴，使我受创的灵魂得以吸入新鲜的血液……你必须赐我以新生命，那么我势将成为一

位超越我自己的人。我将会快乐——因为我从来没快乐过……你会欢迎我去吗？

3月3日，克尔纳回信说："我们将竭诚欢迎你来。"他还付给一位莱比锡的出版商戈申一笔钱，请他马上把这笔钱预支给席勒作为他将来写散文的稿费。这位诗人抵达莱比锡时，克尔纳却到德累斯顿去了，不过他的未婚妻、他未婚妻的妹妹、胡波等人以一顿丰盛的筵席和殷勤的招待为他洗尘。戈申马上去找他，并记载道："席勒被进以批评的忠告时，我真不知如何描述他脸上的感激之色，以及他费了多大的力气去改进他的言行道德。"

7月1日，克尔纳和席勒首次会面于莱比锡，然后回到德累斯顿。席勒写信给他说："上天使我们以奇妙的方式相遇，而我们的友情更是一件奇事。"不过，信内还附带说：他已又近乎破产了。克尔纳寄钱给他，安慰他，劝告他：

> 万一你还要的话，可来函告诉我，我会立刻把你所要的如数寄给你……即使我富有得能满足你生活所需的一切，我仍将不敢这样做。我深知只要你一动手去工作的话，你也能赚得生活所需的费用。不过，请你再让我供给你一年的生活费。我不会因此变穷的，而且如果你愿意的话，随时都可以把钱还我。

克尔纳此时正准备结婚，因此他更慷慨，婚礼于1785年8月7日在德累斯顿举行。同年9月，席勒去看他们，和他们住在一起，由他们供养，一直到1787年7月20日。就在此时——也许沉浸于新婚夫妇的快乐气氛中——他写出他那首成为贝多芬第九首交响乐的《欢乐颂》（*Ode to Joy*）。贝多芬动人心弦的乐章无人不知，可是除了德国之外，很少人知道这首乐章的词是席勒的杰作。这首《欢乐颂》以呼吁世人相爱为开始，以革命为结束：

来自天国的快乐火焰；

天国仙都的女儿，

我们陶醉圣火的狂热，

闯进了你的神圣殿堂。

你具有将被可怕的世俗窒息而亡，

并使之重新恢复团结的魔力；

四海之内皆兄弟，

看你的柔翼飞翔。

合唱：我们将成千成万的人拥入怀中；

我们送给世人香吻！

兄弟们，

在那星光灿烂的苍穹里

住有一位仁慈的天父

谁曾享受伟大的幸福，

曾经是一位知己的朋友，

谁曾求得恩爱的淑女，

便请加入我们欢庆的行列。

谁曾抱着一颗自私之心，

一位闭门造车的孤独客，

一位失败者，那么便请他

离开我们啜泣着。

合唱：整个大宇宙

都向"同情"膜拜吧！

她引导我们经过群星，

走到不可知之神统治之乡……

凡是迫切需要者皆不畏缩，

援手伸向在苦难中的赤子；

真理永不坠毁，

敌友一视同仁！

帝王之相，将帅之才，

即使赴汤蹈火也在所不辞！

把皇冠赐给最高贵的人，

把死亡投在说谎者的头上！

合唱：关闭神圣的圆场。

以金黄之酒宣誓！

宣誓国家这些神圣的誓言，

在星群的立法者之前宣誓！

　　克尔纳资助席勒两年之久，他希望这位诗人能努力把描述菲利普二世及其子卡洛斯之间冲突的剧作改编成一部可搬上舞台的剧本。但席勒丢下那部剧本的时间太久，因此失去了当初他创作该剧的心情，也许阅读更多历史的结果也已使他改变对菲利普的看法。总之，他把该剧本改得毫无连贯可言。1787 年 2 月，他又爱上了哈丽雅特，为此，情书耗尽了他的大部分墨汁，而到后来，哈丽雅特却看中了一位比他富有的追求者。克尔纳说服席勒把自己关闭在郊外的一幢房子里，一直等到写完为止。最后，剧本终于完工（1787 年 6 月），汉堡剧院提议要上演该剧。席勒的兴致与傲气重被点燃，也许现在他已有资格加入围绕在卡尔·奥古斯都公爵四周的灿烂银河里。心情大为开朗的克尔纳，认为席勒在德累斯顿已无前途可言。此外，在魏玛，夏洛特·卡尔伯夫人已是自由之身，正向他呼唤。7 月 20 日，参加过许多惜别会后的席勒，才从德累斯顿驾车迈向新生活的大道。次日他抵达魏玛，于是各路英雄好汉全部聚齐。

第八章 | **魏玛盛世**
　　　　（1775—1805）

维兰德续篇

　　1777 年，莫扎特在曼海姆与维兰德初次谋面，莫氏对维兰德的面貌有这样的评语："丑得可怕，满脸麻子，鼻子特长……可是除此之外，他是一个禀赋极高的人……大家仰慕他，就像他是从天而降一般。"狂飙运动的好汉们对他颇为不悦，因为他对他们造反的狂热大加揶揄。不过，魏玛时代的人们倒是蛮喜欢他的，这是由于他的讽刺随笔中，总带着优雅的特质和对人类的悲悯，他也乐于见到文学的天际不时闯入新的明星，而在这片天际中，他可以说是唯我独尊。歌德的自传中对他有不胜追念之情。席勒和他首次晤面时，认为他是一个自负而落落寡合的人。"可是他对我的友谊，显示了他的信任、爱与尊重。"席勒要比诗人维兰德稍年长些，席勒说："不久，我们就推心置腹，无话不谈了。""我们要互相帮助，"席勒也确实忠于他的诺言，"维兰德与我的友谊，历久弥坚……他总给人以适时的激励。"

　　维兰德在新人辈出的时代里，仍能居于不坠的地位。他于 1780 年发表了一部传奇故事《欧伯隆》（*Oberon*），描述了一名骑士如何被精灵王子的魔杖从成百个精怪与过分热情的王后的迷惑困境中解救出来的。歌德在不得不静坐个把钟点让人画像时，总是要维兰德把他这篇史诗念给他听。维兰德说："我从来没看过有什么人对别人的作品像歌德这样感兴趣的。"约翰·亚当斯在他出任美国驻普鲁士公使期间（1797—1801 年），曾翻译此诗。普兰谢（James Planché）又以之作为韦伯歌剧（1826 年）的脚本。

1798 年 3 月，维兰德的多篇论文包含着一个课题——推测为维兰德所作，预示将要发生的事件，特别提及 1789 年以后法国陷入的暴乱。在共和罗马发生危机时，他建议指定一位独裁者主政。他认为嗣后埃及遭遇麻烦时，年轻的拿破仑是解决困难的最适当人物。拿破仑征服德国后，曾与维兰德在魏玛与爱尔福特两地见面（1808 年），并与他谈论希腊和罗马的历史与文学，对他的尊敬，在德国作家中仅次于歌德。

1813 年 1 月 25 日，歌德在日记上写道："维兰德于今日下葬。"并将此事告知一位在卡斯巴特的朋友："老友维兰德已离我们长逝……记得 9 月 3 日我们还为他的八十大寿大大庆祝了一番。在他的一生中，宁静与活跃获得一种美妙的均衡。他以一种鲜有的慎思，不带一点热情的抗争或呐喊，对德国文化做了无限的贡献。"

赫尔德（1777—1803）

席勒于 1787 年 7 月，有过这样一段记载："我刚辞别了赫尔德……他的谈吐不俗，语句温文而有力，但他的感情为爱憎左右。"

赫尔德在魏玛的职务很是繁杂，简直没有什么时间写作。身为公爵府邸的牧师，他必须主持爵邸与宫廷里的受洗、坚信礼、婚礼、葬仪等。又身兼公爵直辖区总监，他必须监督牧师的事务与任命，出席宗教法院的会议，及在他信仰容许的范围内布道。公爵直辖区内的学校，都在他的掌理之下，这些学校也成了全德国的楷模。繁杂的职责，加上他患了颈肿的毛病，身子也不大硬朗，他暴躁易怒，他的谈话不时露出歌德所谓的"毫不留情的恶毒"。他跟歌德之间，有 3 年（1780—1783 年）彼此避不照面。公爵本人也痛恶赫尔德的某些布道（歌德说，在听完这种讲道之后，对于一个亲王而言，除了挂冠求去之外，别无第二条正路可走）。连温和的维兰德 1777 年都说："我倒是希望赫尔德跟我之间保持距离。"1783 年 8 月 28 日，歌德利用他本人跟赫尔德的长子同在这一天生日的机会，邀请赫尔德一家共进晚餐，于是他跟赫尔德的宿怨一笔勾销。歌德写道："我们之间长久以来的阴霾消散了，而我也深信再也不会有阴霾出现了。"一个月后他又写道："他有我所见过的最高贵、最开明的心灵。"1787 年，席勒也说："赫尔德对歌德甚为心折——他几乎拿歌德当偶像看待。"维兰德与赫尔德终究还是成了相知的朋友，而且在安娜·阿马莉的沙龙里，也是他们两位，而非歌德与席勒，成为群龙之首，并赢得了窦华格公爵夫人的青睐。

赫尔德在他的行政琐事之余，从事早期诗歌的整理工作，搜集了十余国的作品，从俄尔甫斯到奥西安均在其网罗之列，他将之编纂成集出版，这部《民谣集》（1778 年）即成为德国浪漫运动的滥觞。正值歌德准备重返古典的理想、形式与文体，并以理智约束感情之际，赫尔德则反抗 18 世纪的理性主义与 17 世纪的形式主义，而走向中世纪的信仰、传奇、歌谣与风尚。

1778 年，《诗歌对各国风俗与道德的影响》一文获得了巴伐利亚学院的特优奖。赫尔德的这项贡献获得赏识，并于 1781 年由该学院出版。该文阐述希伯来、希腊与北欧诗歌的衰落，如何由早先吟游诗人将野史、感情与意念以一种自由、流畅的韵律来表现的方式，败落到一种细致造作、学院式的、牵强的韵律，洋洋洒洒的规则，并在城市生活僵化的虚伪中丧失了人的活力。赫尔德认为，文艺复兴把文学从黎民手中夺了过去，又将之禁锢于宫廷里，而且由于印刷术的兴起，书本也取代了活泼的吟游诗人的地位。赫尔德在《论希伯来诗歌的精神》一文中表示，《创世记》应该拿来当诗读，而不宜视之为知识。他说这种诗透过象征揭露的真理与科学由"事实"揭露的真理，是可等量齐观的。

虽然他在科学与历史方面涉猎颇广，但他的宗教信仰仍然在他心里争得了一席之地。在初抵魏玛的头一年，他被人疑为无神论者自由思想家、神秘主义者及主张否认基督的神性与人类的原罪而以理性解释犯罪与救赎的一派论者。他读过由莱辛出版的《赖玛鲁斯的浮芬布托遗稿》（*Wolfenbüttel Fragments of Reimarus*），因而对基督的神性起了相当的怀疑。他并不是无神论者，只是接受斯宾诺莎的泛神论。1784年，他对雅各比表示："我不承认有什么超物质的神祇。"他跟随莱辛研究斯宾诺莎哲学，并为斯宾诺莎作辩："老实说，斯氏哲学使我非常快乐。"1787年《神，几段对语》一书的开头几章，都用于阐释斯宾诺莎思想。在这部论著中，神丧失了他的个体性，而成了宇宙的能或精神，除非是在世界的秩序和人类的精神意识里加以体认，否则即属不可知。然而在致教士的一篇短文中，赫尔德接受了基督奇迹的超自然性和灵魂的不朽。

赫尔德把他散置的哲学论述整理成一本大部头的论著，他谦抑地题为《人类史哲学浅论》。这是18世纪的一部划时代论著，共有4卷，分别于1784年、1785年、1787年和1791年问世。在赫尔德刚毅的个性与贤内助的鼓励下，这部皇皇巨著是理该问世的。

首卷以浮世的"开创"发其端序，故事以当时的天文与地质学为基础，除了将《圣经》视为诗予以引用之外，别无用到《圣经》之处。生命并不由物质演化而来，因物质本身也是活的。肉体与心灵并非分立对峙的东西，而是一种力的两种形式，每个有机体的每一个细胞，都以某种程度涵盖了两种形式。自然中并无可见的外在意志，却有内在意志——每颗"种子"发展成特殊有机体神秘而"完美的决心"。赫尔德并不认为人类源自低等动物，不过，他视人类为动物界的成员之一，跟其他生物一样为粮食与生存而奋斗。人类以直立的姿态而成其为人，这种状态使他发展出一套基于视与听而非嗅与味的感觉系统。前足成了手，于是人可以抓、可以操作、可以掌握、可以思维。上帝或大自然最伟大的产品，就是有理性、有自由、并注定不朽的自觉的心灵。

第2卷"观念"，以人性本善为出发前提。重启初民社会是比较美好与快乐的论战，而且不赞成康德——及稍后黑格尔——所说国家是人类发展的目标的论点。赫尔德鄙视国家。他写道："在大国家里，多数的人饥饿，少数的人作威作福。多数的人受压迫、被驱向死亡，于是那高高在上、头戴冠冕的蠢材或聪明人，才得以实现他的奇想。"

在第3卷里，赫尔德赞扬雅典的民主政制，这种政治制度使文化得以在人民各个阶层中展开，而将富裕建立在征服与奴役的罗马帝国，则发展成一种褊狭的文化，置民众于贫穷与无知。在人类的历史中，赫尔德看不到什么上帝。与自然合一的上帝，听凭万事万物循着自然律和人类的愚蠢自由发展下去。可是，由于要争生存，在混乱中也浮现了些许进步。互助、社会秩序、道德和法律，都是求生存的一种手段，而人类也就这样缓缓地走向一种人道的文明。然而，人类的进步并不是持续不断的。这是不可能的，因为每个民族的文化是独一的实体，有其固有的特质、其自身的语言、宗教、道德律、文学与艺术。因此也像任何有机体一样，每种文化——除非发生什么意外——总是完善到它自然的极致，而后衰落、死亡。后起的文化不一定胜于前者，好在每种文化的贡献都多少传递些给后继者，人类继承的文化遗产也就日益增多。

第4卷赞美基督教为西方文明之母。中世纪的教皇制对限制君主的独裁与国权的伸张有很大的效果。学院派的贤哲以高妙的文字技巧织就的网，虽无甚意义，但是却把推理的用语与工具锻炼得很锐利。中世纪的学院也汇聚、保存并传递了大部分的希腊与罗马文化，甚至阿拉伯和波斯的科学和哲学。知识界的充溢，日渐不受权力的管束。于是惯例打破了，现代的心智向世界宣告其自由。

赫尔德在他第3卷完稿、第4卷尚未开笔的这段时间，实现了他一访意大利的夙愿。特里尔大主教的枢密顾问达尔贝格，邀请赫尔德陪同他做一次为期颇长的巡游。萨克森－魏玛的公爵及卡罗琳给了他长假，赫尔德于 1788 年 8 月 7 日由魏玛起程上路。他在奥格斯堡与达尔贝格会合时，他发现达尔贝格的情妇是此次巡游中重要的一员。她的参与及种种的要求与身体的不适，对于赫尔德而言，都使此行难如人意。10 月，安娜·阿马莉抵罗马。赫尔德辞别了达尔贝格，与阿马莉结伴同行。由于卡罗琳的关系，他很钟爱考夫曼，卡罗琳的信里经常提到歌德，也对歌德甚是怜爱。赫尔德在得知歌德在罗马的生活情形后，又嘴不饶人了起来，他写道："我在此地的旅游，已很不幸地使歌德那自私自利的存在，一清二楚地展现在我的眼前，简直是比我所能希冀的还要来得清楚。他是无能为力的，那么就由他去吧。"

赫尔德于 1789 年 7 月 9 日回到魏玛。5 天后，法国大革命爆发，赫尔德于是变更了他的写作计划。他的第 4 卷完稿后，即置之一旁，而着手《人性进展尺牍》。他以谨慎的笔调赞同法国大革命，欢迎法国封建制度的瓦解。魏玛公爵与歌德在瓦尔米面对法国大革命而遭受挫败的痛苦时，赫尔德已超越了他早先谨慎的同情态度，走向歌颂真正平安的死亡。

到了老年，赫尔德对知识上的争论仍是饶有兴味。康德对他的《纯粹现象学通论》多有批评，他也对康德的《纯粹理性批判》做尖刻的回敬。他称《纯粹理性批判》是一部以玄学的暗鬼耍弄文字把戏的著作，诸如康氏"先验性综合判断"之说。他否认空间与时间的主观性。他表示，哲学可能要由语言的逻辑分析来做新的尝试——这一点倒是颇有先见之明。

歌德大体上同意赫尔德对康德的批评，不过这没有管住他那张爱嘲弄的嘴。1803 年在耶拿，这两个人在同一场合中碰面，其间歌德向一帮朋友朗读他的戏剧新作《自然之女》（*Die Natürliche Tochter*），赫尔德适巧也在座。赫尔德对在场的朋友们表示，他对该剧很是欣赏，可是等到歌德来请教他的意见时，他又忍不住一语双关地揶揄一番。歌德跟情妇生了一个儿子，这件事赫尔德是清楚的，于是赫尔德不饶人地说："我对你的自然之子要比《自然之女》更喜欢些。"歌德听后，自是不快。这两人自此再也没有见面。此时赫尔德已退隐，休闲于魏玛的老家，1803 年 12 月 18 日于宅邸长逝——此时较之席勒仙逝早两年，比维兰德早 10 年，比歌德早 29 年。奥古斯都公爵以隆重的葬礼将他葬于圣彼得暨圣保罗大教堂的墓地。赫尔德生前对这位公爵是冒犯累累的。

枢密顾问官歌德（1775—1786）

除了一些搞政治的人之外，几乎所有人都欢迎歌德来到魏玛。维兰德在 1775 年 11 月 13 日致拉瓦特函中说："我得告诉你，歌德从星期二起就跟我们在一起了，3 天来我对他又爱慕又佩服，这种感觉实非笔墨所能道尽，然谅你当能想见。"同月，宫廷中掌事在致歌德双亲的函牍中表示："令郎已是公爵的挚友……此间贤淑女子对他更是爱慕至极。"

但是其间也有阴霾。公爵本人甚喜狩猎与杯中物，歌德起先也陪同行乐。克洛普施托克公然指责歌德诱使亲王玩物丧志。公爵夫人路易丝深恐歌德会导致自己的丈夫疏远了自己。其实歌德是在用他的影响力使公爵与其夫人重修旧好，虽然这个婚姻本身并不是以爱情为基础的。有些官场里的人，将歌德当成具有异端信仰与浪漫梦想的人物，视他如洪水猛兽一般。于是，有不少人自告奋勇地要为歌德辩护或决斗。一次，歌德一时兴起，想居住城郊——在城门外，距公爵府邸并不远——奥古斯都公爵于是叫一些佃户迁了出去，不知情的人对歌德大为不满。歌德于 1776 年 4 月 21 日迁入。他在此摆脱了宫廷的繁文缛节，学会了种菜植花。此后有 3 年的时间，他一年到头都住在这个地方。1782 年后，他仅在夏天来此小住，因为后来他必须迁往城内一座宽阔的大厦中，处理公务，成为政府的一员。

奥古斯都公爵视他为诗人，并邀他前往魏玛当他爵府中的文学饰品，但是他觉察到这位年方二十六的作家，可以成为有实际判断力的人。他派歌德到伊曼纽矿场视察那里的环境与工作情形。歌德勤于此职并颇有见地，使奥古斯都公爵决意让歌德成为枢密院的一员。一位老资格的枢密院顾问官提出抗议，并扬言辞职。公爵与公爵夫人出面调和，1776 年 6 月 11 日，歌德出任立法枢密顾问官——年薪 1200 泰勒。歌德减低了他对仕女的注意。维兰德于 6 月 24 日对默克表示："从他决定献身于公爵与爵邸的事务开始，他就以无疵的智慧与缜密心思认真干了起来。"1778 年，歌德晋升为那时尚平安无事的战务部大臣，1799 年晋升为枢密院的正式枢密顾问官。他颇有改革之念，然而不久即发现困难重重，在上的紧抓既得利益不放，在下的漠不关心，因而不久连他自己也变成了十足的保守分子。1781 年，他被任命为公爵府总监。1782 年，约瑟夫二世封他以爵位。45 年后，他对埃克曼说："那时我真是心满意足，好像我已成了亲王似的。我简直没有想到这种改变是这样可观，这样好。"

交织在他政治生涯中的，是他生命中最长久、最炽烈、最痛楚的一段爱情。且让我们来听听齐莫尔曼医生 1775 年 11 月对他的一位病人所做的非医学性描述：

> 斯坦男爵夫人有一双大而黑亮的美目，她的声音低而柔，你一眼就能在她脸上看到……肃穆、温婉、和蔼……美德与深度的感性。她完美的宫廷风范，在她一点也不显得造作，反而成了一种罕见的单纯之美。她很虔诚，有着动人的、高雅的心灵。从她优美的姿态与舞步，使你不能不联想到那静谧的月光……她心中充满了平和。她 33 岁，有几个孩子，很敏感。面颊红晕，有着乌亮的头发，肤色带点意大利人的色调。

夏洛特生于 1742 年，1764 年下嫁斯坦男爵。1772 年，她已生了7个孩子，其中4个夭折。歌德遇到她时，她还不断因怀孕而不适，身体上的虚弱也在她的性情中掺入了一些节制与怯弱的特质。歌德把她理想化了，因为他有年轻人的热血与诗人的想象力，惯于将现实加以美化。不过他对夏洛特的赞美，还是比不上齐莫尔曼医生。夏洛特是歌德玫瑰园中的一株新的玫瑰：她是贵族，优雅的风姿似乎是与生俱来的。他们之间的关系，使歌德从她那里学到了她那一阶层的美好风度，泰然自若的稳重、节制与礼度。她对歌德给予的爱是感激的，因为这份爱使她对生命又有了兴味，然而她接受的态度是持着一个有教养的女子接受一个比自己年轻7岁的青年的仰慕所应具有的态度——虽然这种爱的增长使寻求体验与充实的心灵十分痛苦。

这不是一种一见钟情的爱，歌德加入魏玛社交圈6周之后，仍然写着"可爱的莉莉"的情诗。但1775年12月29日，齐莫尔曼医生注意到歌德对"夏洛特之美与善"的觉醒。1月15日，他还想摒拒这初发的情意。他对夏洛特表示"我很高兴能离开你"，但到了1月28日他已无法自持。他在写给夏洛特的信上说："亲爱的安琪儿啊，我不到宫里去了。我太快乐了，简直受不了跟那一大堆人在一起……请容下我对你的爱吧。"2月23日又写道："我非告诉你不可，你把爱置于我心中，它使我快乐。"

夏洛特也回了许多信，不过有关这段初期的爱情，现存的仅有一封信："我好像一直处在一个与世隔绝的状态，如今我又爱恋起这个世界了，这是由于你的缘故。我的良心叱责我，我觉得是我，使你与我都受到一种磨难。半年前我愿随时死去，如今再不做此等念想了。"歌德狂喜。他对维兰德说："这个女子之于我，是无法言传的……除非你接受轮回之说。啊，对了，我们前世一定曾是夫妻！"歌德享有了那种夫妻之间吵吵好好的特权。1776年5月，夏洛特对齐莫尔曼表示："一个星期前，他发狂了似的离开了我，然后又满溢着爱意回来……他到底要我怎么样呢？"夏洛特显然希望维持着柏拉图式的爱情，可是歌德的热情没法仅仅维持此种关系。他说："如果我不能跟你生活在一起，你的爱跟别人的又有什么两样呢。"可是第二天他就后悔了，说："原谅我对你的折磨。此后就让我独自忍受吧。"

夏洛特北赴皮蒙治病的这一期间，歌德十分孤独，不过她回来后曾经伊曼纽去看歌德，这是 1776 年 8 月 5 日和 6 日的事。8 月 8 日，歌德写道："你的露面对我有着神奇的影响……当我想着你在我这斗室里跟我在一起，我握着你的手，你倚着我……你之于我，是既神圣又奇异的……个中感受实难以言表，人的肉眼是无法觉察得出的。"距他们初次见面 5 年之后，歌德仍不能忘情于她。因此，1780 年 9 月12 日，他在齐尔巴赫深感孤绝时，他写下："每当我午夜梦回，我发觉我仍是爱你，想你。今晚，我们骑着马远远望见灯火时，我不禁想到：要是她在那里接待我们该多好。这里很破烂，但是，如果我能在此静静地跟你度一个长冬，我就心满意足了。"1781 年 3 月 12 日：

> 一如你所知的，我的灵魂已与你的合在一起，我与你已是不可分，但高山、深海都不能把我们分开。我希望有什么誓言或依什么法律的誓约，把你与我结合起来。这该多美！而我见习性的修行当容我有足够的时间深思……犹太人在祈祷时，用带子把手臂束起来。因此，我向你祈祷时，我也用你赠予的带子束起我的手臂，希望你能把你的智慧、善良、节制与耐心分给我。

有人把"修士见习期"的期满，解作夏洛特肉体上的屈服。不过，歌德在 6 年后写给她的信中说："亲爱的夏洛特，你很难想象我对自己的摧残，如今我仍是这样摧残自己，每一念及我无法据有你，就有肝肠寸断之痛。"如果说歌德还真有肝肠寸断之痛，那表示他们之间的秘密还守得很好。到 1793 年尚未去世的斯坦男爵，对歌德与自己妻子之间的暧昧关系，始终抱着 18 世纪绅士的谦恭，歌德偶尔也会在信尾附笔"问候斯坦"。

他也学会了去爱夏洛特的孩子们，这一来又使他尖锐地感到没有他自己的孩子。1783 年春天，他说服了夏洛特让她 10 岁大的男孩弗里兹，多跟他住几天，甚至陪他长途旅行。夏洛特 1783 年 9 月给儿子的信，显露了她母性的一面：

> 我真高兴你在外面还没把我忘了，也很高兴能收到你写得还不算太坏的信。由于你要多待几天，你的衣服怕会不够用的。要是衣服脏了，或者你自己不太干净了，就尽管央求歌德把我的小亲亲扔到水里……好好利用这难得的机会，还要听话，别惹歌德叔叔生气。你父亲希望你别玩昏了头。

1785 年，歌德的热情已趋于长久的沉默。1786 年 5 月，夏洛特抱怨道："歌德想得多，很少说话。"其时，她 44 岁，歌德 37 岁。他经常到耶拿以摆脱魏玛宫廷，而且在学生中找寻活力。他总不忘了接近自然，攀登布罗肯峰（Brocken，海拔 3747 英尺，是哈茨山脉的主峰，该峰与浮士德传奇颇有些渊源），并与公爵结伴畅游瑞士（1779 年 9 月—1780 年 1 月）。有时，在反省中，他觉得在文学或科学的领域里，"在魏玛的头 10 年生命中，几乎一无所成"。可是话得说回来，这位被宠坏了的、不专情的年轻诗人，能够在宫里做几年行政工作，及在爱情方面不尽如人意，对他还是有好处的。他从每个经验与每次的失败中，成长了起来："我最觉骄傲的是，那内在的沉静使我成长而且受益良多，这些都是外在世界夺不去的东西。"他的锻炼没有一样是白费的，每次遭遇都在他的作品中找到了归处，最后他成了德国知识界的集大成者。

他最伟大的两部诗篇，都是这一时期的作品：《自然颂》是一部哲学与宗教、诗与散文相结合的巨构；另一部是最完美的抒情诗——第 2 卷叫《流浪者》（"Wanderers Nachtlied"）——1780 年 9 月 7 日他将之刻在一小猎屋的墙上，也许是在一种不安的渴望情绪中刻上的：

群山之巅

已沉寂；

众树之梢

听不到

一丝声息；

鸟儿已在林间入寐。

别急：

像鸟雀一样，

你也当歇息。

　　歌德另一篇有名的抒情诗，也是这一阶段的产物：沉郁的《魔王》（"Erlkönig"），舒伯特曾将之谱成乐曲。这个诗篇将儿童对自然所怀的神秘感，做了极致的描写，歌德笔下那垂死的孩子幻想着"妖精王"把他从父亲的臂弯中夺走的情境，还有什么作品比这更生动的？

　　歌德此时还编写了3部戏：《艾格蒙》（1775年）、《伊菲革涅娅在陶里斯》（1779年）、《塔索》（1780年）。《艾格蒙》直到1788年才推出上演。《伊菲革涅娅在陶里斯》1779年4月6日在魏玛上演。然而歌德将这出老戏做了相当大的改变，并赋予其诗的生命，我们竟可以说这是歌德在罗马期间的古典时期作品。《塔索》也写于意大利，同样也是做了相当的改变并以诗的方式表现出来，此剧隐约透出歌德对斯坦男爵夫人的倾慕与迷惘。他在1781年4月19日给夏洛特的信上说："《塔索》的每一句都是对你说的。"按此，夏洛特视自己为剧中的勒奥阿，歌德为塔索，奥古斯都公爵就成了费拉拉公爵。[1]

　　在歌德的心中，塔索在费拉拉爵邸精神崩溃，跟阿方索二世之妹的悲恋不无关系。他写塔索时，他无疑写的是自己：

---

[1]　译按：歌德是1786—1788年游学意大利的，而《塔索》于1781年写成，《伊菲革涅娅在陶里斯》在1779年前写成，均与此次意大利之行无关。杜兰特先生可能弄错了。

他的眼睛很少瞥视凡尘；
两耳唯天籁是听。
历史与生命的赐予，
他即接纳以欢欣。
杂陈之大千，于他是合一，
易感的心灵化腐朽为神奇……
于是啊，在他若虚若幻的境界里，
我们迷惑了，
随着他徜徉，跟着他笑啼。
似若即，
实若离；偶尔
他瞧着我们，看穿了你我的心灵。

而接受了诗人的爱又保持着相当距离的勒奥阿，很可能即是影射斯坦男爵夫人之于歌德的激情。诗人塔索的话，正道出了这两位诗人的心声——

我的歌在我心底
找到了反响，我感激他，
只他一个！在我灵魂前翱翔的
总是他的意象，
璀璨地他来了，又隐去，
而将善与娴雅留在我眼里。

阿方索公爵是奥古斯都公爵的化身，他对塔索的暴躁、热情与幻想，有着无比的耐心，他也像奥古斯都公爵一样，对这位诗人迟迟未能完成允诺下的杰作，深感忧伤：

> 每获些许进展，即置而他顾；
> 一改再改，收场乏术——

　　这种说法，倒是很贴切地说明了歌德那些断章残句及《威廉·迈斯特的学习时代》与《浮士德》迟迟未能付梓的情形。另一位公爵夫人赞美阿方索（奥古斯都公爵）让塔索（歌德）接触各色事物，而使他有成熟的机会：这两行名句是——

> 才华悄然自成；
> 品性于世界之流中熔铸。

　　不过，歌德与塔索的相关性，在该剧结尾时则隐退了去：塔索没有歌德的能耐，他不能在世俗之流中怡然自处。他沉入他梦幻的领域，把谨慎与节制都丢给了风，他搂住了大惊失色的公爵夫人，而她挣脱了他的拥抱与他的生命时，塔索疯了。或许歌德觉得他自己已濒临悬崖。

　　他常想到意大利，认为到意大利才能躲开这种鞭笞他心灵的环境。大约就在此时，在初版的《威廉·迈斯特的学习时代》中，他为迷娘（Mignon）作了一首歌，这歌倒更像是为他自己唱的：

> 你可知道那柠檬树花开的地方，在那里
> 金黄的柑橘在浓绿中闪亮，
> 蓝天送来软风，
> 桃金娘却静默着。
> 啊，我爱！那里，正是那里，
> 我要与你同往。

　　魏玛是美的，但并不令人满意，而且宫中琐事令歌德难以忍受：

"要在不和谐的世界中建立和谐，靠这来挣饭吃，实在是一件痛苦的事。"宫廷的生活令他厌烦。"我跟这班人没有相同的地方，他们跟我也是这样。"他在某些方面渐渐跟公爵疏远了，没法再亦步亦趋地随同着打猎、玩女人。他炽热的恋情，也由于时间和口角而减淡。他深觉必须摆脱这些枷锁，找寻新的方向与远景。他向公爵请假，公爵准许他停薪留职。为了多筹点钱，歌德把一部选集的版权卖给了莱比锡的出版商戈申。不过，这部选集仅售出602册，戈申赔了1720泰勒。

1786年9月1日，歌德从卡尔斯巴致函夏洛特：

> 这是最后的道别。我要再说一次我爱你……你说你对我的爱感到欢愉，这重启我对生命的乐趣。我一直把太多的感情藏在缄默里，我最殷切的愿望是，我们之间的关系能成为某种形式，任何外力都无法干预的形式。如果那是办不到的，我将不居于你所在的地方，而情愿单独自处，处于一个我眼下即将前往的世界。

歌德旅居意大利（1786—1788）

歌德化名为穆勒（M. Jean-Philippe Möller）前往意大利旅游，因为他怕盛名之累。这年他37岁，却较之年轻人更具英气，也更具学养，对意大利的历史与艺术也有些认识。9月18日，他在致赫尔德的信中说："我希望回去时也是全然再生之人。"在给奥古斯都公爵的信中说："我希望带回去的是完全洁净的、更充实的身心。"在致友人的《意国鳞爪》中，记载着意大利生活的种种特色，他借用一则古老的题词"也在古廊里"为之序。在其他的记载里，我们也可看出他对地中海的阳光是多么的满意，在进入意大利时，他嚷着："我又相信上帝的存在了！"他也爱意大利的风土人情，喜欢他们的坦诚、生活的自然、谈吐的热情与风趣。他既是诗人又是饱学之士，他对气象的殊异、地质的形成、矿石及各种动植物多有观察，他甚至喜欢在岩石上跳跃的蜥蜴。

他急于一睹罗马芳颜，在威尼斯、伦巴底、托斯卡纳，都只作走马观花式的过访。不过，在维琴察做了相当久的逗留，为的是欣赏帕拉迪奥建筑古典的单纯与雄健之美。此行更是大大加深了他对哥特式建筑的反感："烟管似的屋宇，小小的尖塔，顶端繁复的虚饰……如今，感谢上帝，我已完全抛开，永不回顾……帕拉迪奥已为我启开通往各种艺术的平坦大道。"由此，他重返维特鲁维亚，他是由加利亚尼的一个版本中得知的。古典的风格如今是他最热衷的，这种风格洋溢于他的作品与思想中，他也把过去的一些作品，诸如《伊菲革涅娅在陶里斯》与《塔索》，重新改写成古典的格局。在威尼斯，巴洛克的宫殿似乎过于浮夸，过于显出女性的雅致，他情愿看古典建筑的残垣与博物院中的雕塑。但他的热血也为韦罗内塞和提香的色彩与傲岸而沸腾。

在费拉拉，他没能找到幽禁塔索的宫殿。在博洛尼亚逗留 3 天，佛罗伦萨仅做 3 个小时的观赏后，取道佩鲁贾、特尔尼、塞特·卡斯特里，于 1786 年 10 月 29 日抵达罗马。他突然有一种谦抑之感："所有的路都开向我，因为我以谦逊的心而行。"

他的意大利语还不娴熟，他找到德国人在意大利聚集的区域，尤其是艺术家群居的地方，因为他想学点东西，至少学点绘画与雕刻的原理。考夫曼爱慕他的热情与俊美，给他画了一幅像，突出他的黑发、高傲的前额、清澄的眼睛。他与蒂施拜因结为密友，而出自蒂施拜因手笔的那幅歌德肖像，其泰然自若的神情，仿佛他已征服了古典的拱廊。早在歌德起程赴意大利之前，他就与这位画家联络了。他们于 11 月 3 日初次晤面，地点是圣彼得广场，歌德先认出了这位画家，于是简洁地自我介绍："我是歌德。"在蒂施拜因致拉瓦特的信中，对歌德有一段描述：

我觉得他跟我料想的十分相近。唯一使我惊异的是，这样一个具有深度感性的人，会如此的持重、安详，他能在任何情况下泰然自若。更令我欣喜的是他生活的单纯。他只要求我给他一间小屋，使他能不受打扰地睡觉与工作即可。他的饮食起居都是极简单的……此刻他就坐在那个小屋里，从清晨到晚上9点，写他的《伊菲革涅娅在陶里斯》。然后，出门，研习伟大的艺术作品。

蒂施拜因在艺术方面常做歌德的向导，为他画了一些画，并为他搜集名画的复制品。歌德自己也为一些特别喜欢的地方作了写生画，以便日后回忆。他也尝试雕刻，雕成海格力斯的头像。他承认自己并无造型艺术的禀赋，不过他觉得这些尝试增加了他的造型感，并有助于把他想写的东西写得更生动。他熟读温克尔曼的《古代艺术史》："如今在这里，我感到它的无上价值……现在，起码我的心灵得以沉静地扬升出最伟大、最纯净的艺术创造。""整个世界的历史都展现在这里……我仿佛觉得自我来到罗马的那一天开始，我已获得真正的新生……我已脱胎换骨。"同时，他对画室里"优美的"模特提供的活艺术，似乎也很感兴趣。他的罗马之行，完成了他自出任公职以来的反浪漫主义。如今，葛兹的狂乱和维特的眼泪，对于心智成熟的歌德而言，似乎是情绪不平衡的一个标记。他说："浪漫是病，古典是健康。"不过，在他对古典的大理石像、石柱、柱头、山形墙及希腊雕塑纯净的线条倾注的热爱上，仍然带着浪漫主义的色彩。"如果我们真要一种形式，我们势必要重返古希腊去寻求，在古希腊的作品里，总呈现着人类之美。"正如温克尔曼一样，歌德在希腊的文化与艺术里，只看到了"阿波罗精神"——形式与节制的高扬。他此时几乎忽略了使希腊的宗教与生活染上丰富色彩的"狄奥尼索斯精神"，其实在歌德的爱情中，也正是满溢着狄奥尼索斯的那种奔放的狂热。

歌德就是在这种古典的狂喜中，以诗重写《伊菲革涅娅在陶里斯》（1787年），他决意与拉辛甚至欧里庇得斯分庭抗礼。由于他仍然珍视夏洛特在他内心留下的余烬，他让这位希腊公主的言谈中，也带着那位德国男爵夫人的温婉与含蓄。他把这个古老的故事说得很好，把繁杂的神话与家系交代得一清二楚。他把斯基泰人（Scythian）刻意写得很好，而加强了情节。而且，他大胆地改变了结局，以人即使对"野蛮人"也有其道德上的责任来收尾——这种结局在希腊剧中是罕见的。只有精通德文的人，方能欣赏歌德的这出戏。泰纳，一位知名的法国剧评家，而且对拉辛的戏剧颇在行，他说："歌德的《伊菲革涅娅在陶里斯》在现代戏剧中，无人能出其右。"

在这出戏及在《塔索》一剧中对夏洛特的怀念，重燃起歌德对她的情感火焰。歌德突然前往意大利，使夏洛特受到很大的创痛，加上歌德也没把夏洛特的儿子一起带去而交给了佣人，她立刻把爱子弗里兹接回，而且要求退回所有她给歌德的信件。歌德由罗马回信道歉（1786 年 12 月 8 日、13 日、20 日），她回信（12 月 18 日）谴责是"痛楚的甜蜜"。歌德的答复（12 月 23 日）是："得知你病了，而这病竟是由我的错而起，令我万分难过，此情实非笔墨得以道尽。宽恕我，我如今是与生死相搏，内心的苦楚也是难以言表。"夏洛特终于原谅了他。歌德在 1787 年 2 月 1 日的信上说："现在我可以比较快活地去工作了，因为你说觉得接读我的信是一大乐事。"

就在那年的 2 月，歌德与蒂施拜因远赴那不勒斯。歌德两次登上维苏威火山。在他第二次的尝试中，一场小规模的塌方使他的头与肩部挨了不少灰尘。在面对庞培城古典的废墟时，思古的幽情油然而生，见到帕埃斯图姆的希腊庙宇时，又赞叹其单纯的庄严。回程中，他取水道往巴勒莫一游，又赴陶尔米纳的希腊剧场缅怀一番，于 6 月重返罗马。他越来越爱那"世界上最壮观的城邑"，要求奥古斯都公爵准予他续假至 1787 年底。假期届满时，才依依不舍地挥别这个古城。他于 1788 年 4 月 25 日离开罗马，取道佛罗伦萨、米兰、科莫，于 6 月 18 日抵魏玛。每天他都在忖度，不知奥古斯都公爵、宫廷里的人及夏洛特，对脱胎换骨的歌德会是怎样的看法。

歌德的公职生涯（1788—1794）

奥古斯都公爵在征得远行中的歌德的同意后，重新任命了一位枢密院的枢密长。于是，歌德得以请辞所有的公职，仅留下教育长一职，而且此后他对枢密院仅居于顾问性质。奥古斯都公爵是一个宽厚的人，不过如今他有了其他的知己，而且对歌德重新改写的《艾格蒙》中的半共和思想，他也不大喜欢。读者几乎已经把歌德忘了。他们接纳了一位新诗人席勒。读者对席勒的《强盗》一剧极为欣赏，而该剧满溢的反叛性与激烈的感情，对于已走向古典的秩序与收敛的歌德而言，似乎已显得荒谬而欠成熟了。夏洛特给予歌德冷淡的接待。对歌德一别经年，迟迟不归，对意大利的念念不忘等，夏洛特很是厌恶。也许是她已风闻罗马画室里那些模特的事也未可知。按夏洛特的记载，歌德返国后他们第一次的晤面"简直就是虚伪，我们之间什么也没谈，谈的尽是无聊的应酬话"。其后她即前往寇克堡小住，于是歌德便想到了克丽斯汀·乌尔皮乌斯。

克丽斯汀步入歌德的生命中，起于1788年7月12日，这天她替她哥哥带个口信。她23岁，在一家工厂做人造花。歌德为她的清新、单纯及初绽的女性美所动。于是歌德雇她到别墅来当管家，不久，她就做了他的情妇。她没有读过书，而且据歌德说"根本不懂得诗"。然而她很信赖地把自己交给了歌德，而且给他以肉体上的满足，这正是夏洛特拒绝的。1789年11月，她即将临盆，歌德把她带到魏玛的家，而且对外公开，此时除了在名分上，她已是歌德的妻子。夏洛特与朝臣们对他这种有失身份的行径，大表震惊。这种反应颇令歌德与克丽斯汀痛苦。不过，原是此中老手的奥古斯都公爵，还是愿意做这个孩子的教父。孩子在1789年圣诞节出生，严峻而宽厚的赫尔德在给孩子施洗后，替他命名为奥古斯都。

一向都是情人的歌德，如今也为人父了，他在他的儿子与那个小妇人中，得到了快乐。她为他理家，满怀爱意地依顺着他，即使有时并不懂他，对他生活起居上的照顾更是无微不至。歌德对一位朋友说："从她第一次迈进这个门槛，我对她就只有喜爱。"在歌德眼中她唯一的缺点是，她比自己更爱酒，因此有些时候，她几乎醉到失态。她常去看戏，也常去跳舞，此时歌德则在家里把她写进他的新作《罗马挽歌》（*Römische Elegien*，1789—1790 年）里。其实《罗马挽歌》里毫无悲切的成分，这个名字的由来，是诗中用的是六韵步和五韵步的扬抑抑格挽诗音节之故。而且其主题也跟罗马无关，是写一个快乐的寡妇，我们不难由她看到克丽斯汀的面貌：

> 永恒的罗马，所有你神圣的墙垛内，
> 都充满了生命；然而于我，则全是寂静死灭的。
> 啊，谁会对我低语呢？何时我才得在窗前看到
> 那美丽而已枯萎的形象的再生……
> 不要丧气吧，我爱，说什么不久你也要降服！
> 相信我；你并不鲁莽，我信得过；
> 我只尊崇我所感……
> 伟大的亚历山大、恺撒、亨利、腓特烈，
> 会欣然给我以其一半的荣耀，
> 而我只能给他们一晚这卧榻；
> 可是，天呀！他们却让阎王管住了不放。
> 所以啊，你活着的快活起来吧，于你充满爱的家园，
> 在冥河的哀浪打湿你逃亡的双脚之前。

那个俏丽的寡妇，可能是在罗马的一段情，不过这几行诗句的热力，则是得自克丽斯汀无疑，不论怎么说，歌德不是在学艺术吗？——

> 然而这也得十分用心，以敏感的手，

> 显出她柔美的胸线，并让
>
> 聪慧的手指顺着光润的股线滑下，
>
> 就这样，我探索那个古雕塑家的手艺，
>
> 思量、比较、体会，
>
> 以有感的眼观察，
>
> 以能看的手感触。

　　魏玛的仕女们对歌德把女性的魅力做这种贬抑的呈露，颇为不悦。端庄的夏洛特对她心中英雄的堕落，也很是痛惜。连奥古斯都公爵也有些不快，好在不久就消气了。公爵夫人自意大利返国时，他派歌德前往威尼斯护侍她。歌德在意大利的这段期间（1790年3—6月）过得很不愉快。他很思念克丽斯汀，便把怒气发在意大利的店铺老板及写《现在与永远》（*Venezianische Epigramme*）上，这是他作品中最差的一部。

　　从威尼斯返回德国后，他发现法国大革命在德国的青年中掀起了狂潮，也吓坏了德国的统治阶层。他的许多朋友，包括维兰德与赫尔德在内，都为法国君主专制的推翻而喝彩。歌德察觉到所有的君主专制政体都已受到威胁，他的立场与奥古斯都公爵一样，并建议公爵提高警觉。他说，有那么多的人"手里拿着风箱到处煽风点火，所以我看他们最好还是备点冷水"好管住烈火。他奉奥古斯都公爵之命，参与了第一次反法的联合阵线。瓦尔米之役他亲临其阵（1792年9月20日），在炮火中沉着应战，也分尝了失败的苦果。一位德国军官在日记中记道，有人问歌德对此役的观感，歌德回答说："从此时此地开始，将展开世界历史的新纪元。"关于此话的真实性，我们无法证实。不论怎么说，歌德回到魏玛后，撰文猛力抨击革命，而此时革命已进入如火如荼的阶段（1792—1794年）。

　　这种转变在歌德成长的自然发展上，也可以得到印证。歌德已由热爱自由迈进对秩序的向往。他对民主政治制度不热心，他认为这种体制真要施行起来，必成为一个幼稚、无知、迷信而野蛮的国家。歌德在他自己的天地里是宽宏大量的，并把他的部分收入默默用作慈善工作，但是他远离群众。在群众或陌生人前，他既高傲又怯弱地不能跟别人打成一片，他只有在自己的家里才有快乐。1790 年至 1794 年这几年里，歌德跌入一种抑郁的蛰伏状态，在此期间他觉察到席勒蓬勃的生命力与未可限量的才华。

席勒的教职生活（1787—1794）

席勒到魏玛的时候，歌德正在意大利。这位几乎一文不名的诗人，承认对歌德所享有的一切是颇为眼红的："歌德在意大利画画的时候，一群默默无闻的文人正做着牛马。他在意大利挥霍着 1800 泰勒的薪俸时，我们拼了命也赚不到他一半的钱。"1787 年 8 月 12 日，他的笔锋就温和多了：

> 此地的许多人在谈歌德时，对他总是很推崇的，他们对他的爱戴，并不因为他是作家。赫尔德说他有明晰的判断力、深邃的感受力和纯净的感情……据赫尔德说，歌德不喜欢钩心斗角。他从不伤害任何人……在他的政治生涯中，他总是光明正大，敢作敢为的……赫尔德说，歌德作为一个人要比作为一个诗人应得到更多的敬爱……他有对任何事物宽大为怀的心胸。

席勒来时，奥古斯都公爵适巧外出，不过安娜·阿马莉与斯坦男爵夫人夏洛特倒是给予他亲切的接待。维兰德告诉他，他欠缺的是"文雅、明晰的谈吐与风韵"，并愿意培养他。席勒跟卡尔伯夫人夏洛特处得很好，这位夫人跟斯坦男爵夫人一样，有一位大度的丈夫。"此间对我和夏洛特的交往，已有不少闲言闲语……卡尔伯已写信给我。他是在 9 月底来的，他的到来对我的安排有很大的影响。他对我的友谊仍然未变，这是出人意料的！因为他爱他的妻子，但又晓得我跟他夫人的亲密关系……可是他从来没有怀疑过她的忠实……他诚正、善良一如往昔。"

　　1787年8月27日，《堂·卡洛斯》在汉堡首演。席勒太舍不得魏玛，所以没去参加首演礼。这是他第一部以诗行写成的戏剧，获得的反应毁誉参半，说他抄袭法国悲剧的格局，然而欠缺亚里士多德"三一律"的戏剧统一性。此戏一展开，是菲利普二世与他的儿子之间为赢取瓦洛瓦的伊丽莎白之爱而起的冲突。而后，剧情转向荷兰争取脱离西班牙的统治。席勒试图将菲利普二世做公正的描写，新教读者对卜沙对菲利普二世的哀诉，大加喝彩：

> 陛下，
> 我从佛兰德斯与布拉邦经过
> 那富裕而欣欣向荣的省份，
> 尽是勇敢、善良而诚实的子民！
> 作为这样一个种族的祖先，
> 必是非凡的，我想。然而未几
> 我却眼见一堆烧焦的人骨！
> 把你剥夺的全还给我们吧，
> 让快乐自你"丰饶之羊角"流出；[1]
> 让人们的心灵在你广阔的帝国中成长……
> 如此，愿你成为万王之王！
> 让每个臣民还他本来面目——
> 君王的关爱以子民为主，
> 维系以兄弟之爱，别无其他义务。

---

[1] "丰饶之羊角"（Horn of Plenty），源自希腊神话。宙斯神酬答克里特王之女亚玛夏哺养之恩的羊角，凡有所求，均可借此羊角获得。

尽管《堂·卡洛斯》获得成功，席勒还是有很长一段时间放弃了戏剧。1786 年，他致函克尔纳："历史的每一个继来的日子，对我都有新的吸引力……我真希望过去的 10 年我没浪费在学其他的事物上，否则我想我会完全是另一个人。你觉得我是否还有时间来补偿过去的损失？"他还没法自立，更谈不上养家糊口。偶尔推出的戏，即使是在首演时颇受赞扬，也不能历久不衰。也许一些成功的历史剧，能够给他足够的学术上的声名，而在耶拿大学谋得一个教职。耶拿大学距魏玛仅 14 英里，隶属奥古斯都公爵的管辖。

因此，在《堂·卡洛斯》一剧完稿后，他即着手《荷兰联合王国衰亡史》。席勒不谙荷兰文，他只能借助于二手资料，因此编纂的史剧也就没什么价值了。克尔纳对他的第 1 卷（1788 年）做如下的批评："这部作品，并未充分显露出你应有的才华。"席勒放弃了这部剧作，第 2 卷也就胎死腹中了。

1788 年 7 月 18 日，歌德自意大利返国，9 月在鲁多施塔特乡间与席勒晤面。席勒对克尔纳表示："我对他颇高的评价，一点也没降低……不过我觉得我们不大可能变成很亲密的朋友……他是高高在上的……他整个的生命从一开始就与我的背道而驰。他的世界不是我的世界。在某些地方，我们的看法完全相反。"这两位诗人彼此并不投合，似乎真是一种天意。歌德 39 岁，已达到他的巅峰。席勒 29 岁，还在尝试历练的阶段。只有在自我的傲岸上，他们是相同的。席勒是一介平民，出身寒微，所写均为半革命性的作品。歌德则富有，拥有贵族的地位，做的是压抑革命的枢密院顾问官。席勒正值感情激烈的阶段，他是感情、自由与浪漫情操的代言人。而一心向往希腊的歌德，专注的则是理性、节制、秩序与古典的风格。无论如何，文人相轻自古皆然，原不足为怪。

歌德与席勒回到魏玛时，两人住处相距仅一箭之遥，可是彼此没有来往。席勒发表了那篇评论歌德的《艾格蒙》的充满敌意的文章后，情况变得更糟。歌德深感一山不容二虎，于是 1788 年 12 月，歌德推荐席勒往耶拿大学任教，教授历史。席勒欣然同意，还亲自拜访歌德感谢他的厚意。但1789年2月，他在给克尔纳的信上说：

> 我不大喜欢跟歌德的社交圈有太密切的关系，那会使我很不愉快。他连对他最好的朋友，也是从来不热络的。他对什么事情都是一副冷漠的态度。我真相信他是头一等的自大狂。他有一种本事，以小殷勤或是大礼相待，而让你对他感恩戴德，而他自己总能保持自由之身，不轻易受惠于他人……我觉得他就是无限自私的化身。人们是不该容忍这种人的。这就是我憎恨他的原因，虽然另一方面我还是禁不住要仰慕他，认为他是高贵的。他在我内心激起的，是一种奇特的爱与恨的交织。

1789年5月11日，席勒出任耶拿大学的教职，5月26日发表他的"首次讲座"，讲题是"何谓世界史，研究世界史的目的何在？"自由听讲，而听众拥挤得一个讲堂容不下，只好换个地方，涌到镇里另一头的一个大厅举行。这次讲演极为成功，"学生们还为我奏乐，为我欢呼"。但是选修这门课的寥寥无几，因此席勒在学校里的收入少得可怜。

席勒于是以写作增加收入。1789年至1791年，分3期出版了《"三十年战争"史》。在这部著作里，至少他在语言方面是毫无问题的，虽然在搜集原始资料方面仍是困难重重。而且，由于他喜欢加进自己的判断与哲学思想，降低了这本书的学术价值。视野广阔、思想深邃成了这部历史著作的特色，但也是其缺点。维兰德对该著作的评价颇高，视之为显示席勒"有能力与休谟、罗伯森、吉本分庭抗礼"。第1卷在头一年就售出7000册。

席勒如今觉得，他可以成家了，可以要一位女子给他爱与照顾。1784年在曼海姆时，他跟夏洛特与卡罗琳·伦根弗尔德都有过一面之缘。1787年，在鲁多施塔特又跟他们见了面。夏洛特跟母亲同住，卡罗琳已结婚，而婚姻生活并不美满，她就住在席勒的隔壁。席勒在给克尔纳的信上说："这两个人都不漂亮，可是都很有趣。她们对当今的文学，涉猎颇广，也显示出受过相当完美的教育。她们都弹得一手好钢琴。"卡洛琳的母亲弗劳·伦根弗尔德不愿意自己的女儿嫁给穷诗人，好在奥古斯都公爵给他200泰勒一年的薪俸，萨克西·梅宁根公爵也给他弄到了贵族的特权。他对夏洛特说，他有很多缺点。夏洛特说她晓得，可是接着说："爱就是在发现对方有缺点后，还能以爱心来接受他。"他们于1790年2月22日结婚，在耶拿城组织了一个尚称小康的家庭。夏洛特自己也有200泰勒一年，她生了4个孩子，而且在席勒困苦的一生中，她也确实是一个耐心而温柔的妻子。席勒写道："我的心充满了快乐，并因此获得新的力量。"

席勒工作很忙，一星期要准备两门课，写文章和诗，加上编纂历史。一连几个月，一天工作14个小时。1791年1月，他患了两场重病，胃痛并吐血。在床上躺了8天，什么东西都不能吃。学生们帮着夏洛特照顾他，按席勒的记载："他们争着晚上陪我……公爵还赠以半打马德拉陈年白葡萄酒，这种酒再掺以少许匈牙利酒，对我很有帮助。"5月，"可怕的痉挛，有窒息的症状，所以我不禁想到我不久于人世了……我跟我所爱的人一一话别，准备随时死去……大量的鸦片烟、樟脑、麝香等，用来解除我的病痛"。

席勒被人误传的死讯，使朋友们大感震惊，此事甚至传到哥本哈根。于是，在两位丹麦贵族卡尔·赖因霍尔德与詹斯·柏格森的建议下，豪斯顿·奥古斯滕伯格、弗里德里希·克里斯蒂安公爵与恩斯特·冯·席姆尔曼伯爵，赠席勒以每年1000泰勒的厚礼，并连续赠予3年。席勒十分感激地接纳了。校方准他可以不开课，不过他仍然对一小部分熟悉的人授课。在赖因霍尔德的敦促下，席勒以他一部分的闲暇时间来研究康德哲学，他几乎完全接受康德的观点。为此歌德很满意，赫尔德则大不以为然，而对康德哲学的研究，也许多少会对席勒的诗产生一些不良的影响。

　　1793年，他的《论典雅与尊严》（*On Grace and Dignity*）付梓，文中一开始即讨论美丽灵魂的培养。他说："所谓美丽的灵魂即是指理性与感情、责任与意欲的和谐，并外现以优雅的形容。"哥本哈根的那几位赠款人，对席勒的回礼——薄薄的一册《论人类的美学教育》必定大感意外。康德的看法是，美感是对和谐的形象而发的一种无私的静观。席勒则说："由美而产生的感觉，可以美化气质。"而美感也就与德行合二为一了。这是读来令人感到慰藉的作品，席勒在这本显示他在魏玛度过平静快乐时光的作品中（如同歌德一样），感觉到他的时代已经过去，已经沉沦入"崇高道德的堕落"之中。

　　席勒由哲学回到诗歌时，发现他很难重新抓住"我过去拥有的奔放与那股热情……批评性的讨论对我的诗是有妨碍的"。可是他坚决认为"诗人是唯一真实的人类，最好的哲人跟诗人比起来也不过是漫画家而已"。他赞扬诗人的灵感对教化、提升人类心灵所具的功能。在《艺术家》（1789年）这篇长赋中，他说诗人与艺术家引导着人类走向真善美的合一。在另一部诗篇《希腊众神》（1788年）中，他赞美希腊人的美感与艺术创造，而且很谨慎地指出，自从基督教文明取代了希腊文明，世界才变得灰暗而丑恶。在这方面他深受了歌德的影响，正如歌德深受温克尔曼的影响一样。

　　也许席勒与歌德都是把希腊文明浪漫化，以作为对基督教文明的一种逃避。他认为人类还是靠理性而非神恩以得救。他对上帝采自然神教的信仰，他拒绝各派教会，不论是新教或天主教。他没法忍受讲道，即使是赫尔德的讲道。在一首短诗《我的信仰》中有这样的名句：

　　　　你信什么教？
　　　　我不信你说的任何一种教。
　　　　为什么？
　　　　为的是：这正是我的宗教。

1796 年 7 月 9 日，他给歌德的信说："健康而美丽的自然——正如你所说的——是不需要道德律、法则或政治形而上学的。你也许还愿意加上一句：也不需要上帝或什么不朽的观念来维持它本身于不坠。"不过，席勒的想象力与敏感的特质，还是把他拉回了基督教：

> 我觉得基督教实在含蕴了最高尚的原质。其各种外在的形式之所以看来惹人不快，实在只是由于错误的解说……从来没有人把重点充分放在这个宗教对美丽心灵产生的影响力上，或是一颗美丽的心灵能够由之得到的启发……这也说明了为什么这个宗教之所以特别受到女性的欣赏。

席勒跟歌德一样，在体魄上都不是异教徒的料子。他的面目俊美而苍白，个子很高，却很瘦弱。他怕天气的多变，宁可坐在自己的屋子里抽烟。他认为自己跟歌德是对立的，正如观念对本质、想象对知识、感情对客观思维。他既怯弱又高傲，既退缩而又勇往直前。偶尔暴躁易怒，也许是由于他觉察到时不我予。他常批评别人，有时出于妒忌。他喜欢把每样事物就道德意义加以解释，而且总带着很高的理想主义色彩。在他早期致歌德的信中，对自己的才具做了很好的剖析：

> 在我必须做哲学思考时，诗人的心灵总霸占着我，而每当我想作诗时，则又反之。即使现在，也常如此，在我做抽象思维时，想象力不请自来，而我从事诗的创作时，又是满脑子的冷硬理性。如果我有能力把这两种力量分别用到极点，就是我最大的快乐。可是，天哪，就在我有了这种认识而想开始善用我的潜力时，疾病抓住了我，我大概要力不从心了。

1793 年 12 月，他病得很厉害，后来虽然康复，可是他总觉得这病是没法根治的，而有复发的危险，这种恐惧大大影响了他的心情。12 月 10 日，他致函克尔纳说："我以全力与此疾病搏斗……可是我总是吃败仗……我的未来很难预料。如今又完全没法跟知识界来往，交换意见，这对于我实在是非常重要的。"所以说，他的身心受到极大的考验。他从耶拿向着魏玛引颈而望，渴望看到令人生羡的健康的歌德。席勒觉得只有歌德能给他激励与支持，只要他们之间的冰霜能够解冻，只要他们之间相隔 14 英里的距离能化为乌有！

席勒与歌德（1794—1805）

1794 年 6 月，席勒与歌德同出席在耶拿举行的自然科学会会议。在散会时席勒碰到歌德，席勒表示展出的生物样品没有生命，对了解自然不能提供真正的助益。歌德颇表同意，于是他们的谈话继续下去，直至他们抵达席勒的住所。歌德后来回忆道："这席谈话诱我走进了席勒的家，我对他说明《植物的变形》（*The Metamorphosis of Plants*）"——歌德的一篇论文，大意是说一株植物的几乎所有部分，都是叶子的变形或是由叶子演变而成的。"席勒听得很入神，也很能了解我所说的。不过等我讲完了，他摇摇头说，'这不是实验，而是一个观念'。"换句话说，这是一项尚未经观察或试验而证实的理论。席勒的评语很使歌德不快，但也使歌德觉得席勒有其独立的人格和精神，由此增加了对席勒的敬意。歌德说，席勒的太太，"我是看着她长大的，对增进我们彼此的了解，不遗余力"。

1794 年 5 月，席勒签下了一纸合同，主编一份叫作《四季女神》（*Die Horen*）的文学月刊。他希望邀请的撰稿人有：康德、费希特、克洛普施托克、赫尔德、雅各比、伯格森、克尔纳、赖因霍尔德、洪堡、施莱格尔，最主要的还是歌德。6 月 3 日，他致函歌德，说明该刊的主旨，又说："此中附函表达了一群爱戴您的后辈对您的希望，恳请惠予赐稿。我们深信您的相助当是本月刊成功的保证。"歌德回答说，他很乐于撰稿，并表示"与贵编委会作密切的联系，必能使目前滞缓的我激发出新的生命"。

于是，文学史上最足珍贵的联系就这样展开了，彼此的友谊也因此而持续了 11 年之久，直至席勒逝世。在现存的 999 封信件中，最有价值的也许当推第四封信（1794 年 8 月 23 日）。席勒在与歌德经过几次晤谈之后，在该信中细陈彼此的不同，笔调不卑不亢，客气而公允：

> 最近与您的几次谈话，启动了我封存的诸多构想……许多我没法抓牢的观念，从您处我得到了新的、预期之外的曙光（所以我称之为您的观念之于我的概括印象）。我的一些揣测性的观念，需要客体，是您使我走上发现它的正途。您沉静与明晰的洞悉力，使您不致误入歧途……而这正是我欠缺的……以致我常迷失了方向。您正确的直观掌握了一切事物，而这种直观比旁人费心费力的分析还要完美……您心灵的透视力未曾借助于哲学，而事实上一般人只有从哲学上才能学得这种能力……您寻求自然中的必要，可是……您为自然的每一部分寻求解答时，您是将自然视为整体的。您是从大自然的万象中，找寻个别现象的意义。

歌德的回信（8 月 27 日）聪明地避免了对席勒心态的分析：

> 您的来信是我在生日（正是在这个星期）收到的最佳礼物，在信中，您以恳切的笔调综述了我的存在，并以您的共鸣鼓励我善用我的能力……暇时与您促膝长谈实为一大乐事；我也认为与您共处的那段日子，是我生命的新纪元；因为在我而言，在那样意外的碰面后，我们不禁共同对生命有了新的兴趣。

歌德紧接着（9 月 4 日）邀请席勒前来魏玛共度数日。"在这里您可以不受打扰地做任何您想做的工作，我们也可以在此闲暇中交谈……我想在我们分开时是总能获些实益的。您该完全照您喜欢的方式过，尽可能地就像在自己家里一样。"席勒欣然接受，不过先关照歌德说："气喘病强迫我整个早晨都得躺在床上，因为我在晚上病发得凶。"9月14日至28日，席勒即在歌德处做客，几乎是歌德的病人。年长的歌德对这位病诗人的照顾是无微不至的，不让人打扰他，照料他饮食，教他要爱新鲜空气。席勒返回耶拿后，于9月29日致谢函说："我又回家了，不过我的心思还留在魏玛。我得花很长的时间来思索您唤醒的我心中观念。"而后（10月8日），以他惯常的热切，他说道："我似乎觉得我们有必要立刻把我们对'美'的看法加以澄清。"

其后的3个月均用于《四季女神》创刊号的准备工作中。创刊号于1795年1月24日问世，第2册于3月1日推出。其后的3年，《四季女神》月刊都能每月按时发行。歌德自魏玛的报道（3月18日）称："大家争着看，简直没有比这更好的开始了。"4月10日，席勒对歌德表示："康德来函，不过要求他的稿子得缓一缓……我真高兴把这个老鬼也抓了来一起干。"歌德则要求他自己的作品不要署名，因为里面有一部分来自他的《罗马挽歌》，他觉得其中部分对肉欲的描写似乎有些不合他枢密院顾问官的身份。

在成功的兴奋下，席勒又说服了歌德加入他的另一份期刊，这份刊物《摩萨年鉴》（*Der Musenalmanach*）从1796年至1800年，每年出刊一次。其中的佳构当属这两位诗人合作的《讽刺诗刊》（*Xenien*）——飨客的警句。席勒对克尔纳解释他的这项构想说："这份东西全由警句组合而成，每组警句是由一对句组成。主要是刁滑的讽刺，特别是针对一些作家和他们的作品而发，时而闪现出诗的或哲学的观念。全篇不下600个对句。"歌德表示，他们是要以这个计划作为对批评者的反击方式，取笑那些夸大的作家与中产阶级的口味，并激发德国读者大众对文学有更锐利的品尝能力。他们欲将这些"礼物"送给敌对的阵营使其"如同尾巴着火的狐狸"。这些警句式的短诗均未署名，其中有些是歌德与席勒共同的杰作。因为很多这些批评是针对作者或某些论点而言，现已无从查考，时间已经吞没了他们的怒火。其中有一节诗，为歌德所写，特别值得一提：

> 时时为整体而奋斗，假如你自己不能成为整体，你就得将自己归属整体之下，作为其善尽己责的一分子。

另一节诗，相信为席勒所写，扩大了这一思想：

> 你在死神之前害怕吗？
> 你希望永生吗？
> 做一个完人，虽死犹生。

歌德与席勒在友谊日增的几年中，写下了几篇他们最好的诗篇：歌德的《科林斯新娘》（"The Bride of Corinth"）与《上帝和拜亚德》（"The God and the Bayadere"）；席勒的《行》（"The Walk"，1795 年）、《伊比克斯之鹤》（"The Cranes of Ibycus"，1797 年）和《铃之歌》（"The Song of Bell"，1800 年）。席勒尚有一篇论文《论质朴与感伤的诗》（1795 年），歌德也来了一部《威廉·迈斯特的学习时代》。

所谓《论质朴与感伤的诗》，席勒的意思是指源于客观认识的诗，与由自省的感情而生发的诗，也就是影射歌德与席勒的异同。所谓"质朴"的诗人，并不是说这类诗人简单、肤浅或懵懂，而是这种诗人极能适应外在世界，致使他觉得自然与他之间毫无对立之感，他由直观来认识"实在"。席勒并举荷马与莎士比亚为例。随着文明渐趋复杂与造作，诗也渐渐丧失了其客观的直接性与主观的和谐性。冲突因之而起，诗人必须通过想象与感觉，重新掌握自身与外在世界的和谐。于是诗即变成自省的，满布了思想的阴霾。席勒认为，希腊的诗歌大多是属于质朴式的或直接的，现代诗则多半是不和谐、不统一及怀疑的产物。最佳最理想的诗人，要能同时把单纯与繁复的探索方式，一并表现在一种诗的形式里。歌德后来指出，这篇论文成了古典与浪漫文艺论战的滥觞。

从《威廉·迈斯特的学习时代》的孕育过程，可以看出歌德是如何创作的。这个故事的构想始自 1777 年，于 1778 年完成第 1 册后搁置一边，第 2 册直到 1782 年 7 月才完成，第 3 册和第 4 册分别于同年 11 月和 1783 年 11 月着手进行，第 5 册和第 6 册又拖了 3 年。歌德称这 6 册大部头的书为《威廉·迈斯特的戏剧生涯》，并将部分念给朋友们听，而后就抛诸脑后了。在赫尔德与安娜·阿马莉的敦促下，1791 年再次提笔续写，1794 年 6 月又完成第 7 册和第 8 册。这些手稿都交给了席勒，席勒即不断寄回他的批评、建议与鼓励，这情景就像是一个接生婆在协助一场难产一样。1796 年全书终于付梓。这最后的产品，无疑在结构上很弱，情节混乱，只有部分写得好，不过全书也反映了歌德在冲突的兴趣与模糊的理想之间，彷徨无措的一面。席勒笔下果断而自信的歌德，实际隐藏了很多内心的震撼与挣扎。

德文"Lehrjahre"即学习阶段之意，书中指主人翁威廉·迈斯特在德国同业公会做学徒痛苦的成长过程。由书中的主角，显示了歌德在童年时就有过恋情，及他对戏剧的持续爱好。故事的进行是通过一组伶人在数十个城邑中各种各样的遭遇，反映了生活的教训和德国的生活景象。歌德忠于他本身的不忠实，将他故事里的英雄塑造成抛弃情妇的薄情郎。威廉·迈斯特不是一个迷人的角色。他顺着外在环境的变动或个性，而由一个状况或想法进入另一个状况或想法，如此而已。在他的恋情中，总是女子采取主动。生而为中产阶级，他总羡慕贵族，一心希望终有一天也能跻身贵族之列。另一个角色弗林比较有吸引力：她是一个标致的女伶，桃色事件频传，但她愉快开朗的个性非常具有感染力，而且她完全不知道什么是罪恶。最突出的角色当推迷娘，她跟随着她年迈的父亲弹着竖琴吟游，以赚几个小钱糊口。歌德对她的形容是"德语说得很不好"，可是她的那首歌《你可知那地方》唱得美极了。她爱上了威廉·迈斯特，而威廉·迈斯特对她只像爱一个孩子一般。迷娘看到威廉·迈斯特在瑟瑞萨的臂弯里之后，抑郁而终。安布洛瓦斯·托马斯把她从这 800 页的书里挖出，为她谱成一出哀艳动人的歌剧（1866 年）。

席勒赞美《威廉·迈斯特的学习时代》一书沉静的风格，及对一个闯码头戏班子的真实描写。不过也指出了时间的前后矛盾、心理上的不可能性及人物塑造上的缺失。他也提出他对剧情上的意见，及故事应如何收尾为佳的观点。歌德对他说："在可能的范围内，我一定照你的意思做。"可是 33 年后，歌德对埃克曼坦承，只有做这样的表示，才可使他的小说不致受席勒的影响。其他的书评家，态度可不这么友善了，有人批评这部书简直是一个巡回的妓院。夏洛特抱怨说："歌德在处理高尚的感情时，总要撒点脏东西在上面，似乎要剥夺人性追求神圣的权利。"这部小说倒也不该受到这么多不分青红皂白的指责，它也有不少美好的片段，能使人忘却世界的烦嚣。

1796 年 3 月 23 日，席勒再度前往魏玛的歌德家中做客。他们携手为剧场工作。歌德自己选择上演的剧本，自己训练演员。他说："凡是病态、荏弱、哭哭啼啼的及恐怖、可怕、非礼的，皆在摒除之列。"观众通常仅限于宫中人士，有时也邀请耶拿的学生。施莱格尔尖酸地说："德国有两个国家剧场，一个是有 5 万名观众的维也纳，一个是有 50 名观众的魏玛。"

席勒于 4 月 12 日回到耶拿，他与剧场的再度接触促使他从历史、哲学与诗歌，又转向了戏剧。他早想就华伦斯坦写一出戏。歌德也敦促他。11 月，歌德赴耶拿，在那里住了一阵子，与席勒朝夕相处。歌德返回魏玛后致函席勒："望善用时光，着手您的新剧，以便我们得以就此加以讨论。"

在席勒着手《华伦斯坦》之际，歌德受到约翰·海因里希·福斯叙述德国的生活与感情的田园诗《路易丝》(*Luise*，1795年)的启发，也尝试起这种体裁来了，他于1798年出版了《赫尔曼与多萝西娅》(*Hermann und Dorothea*)。赫尔曼是一个强壮、健康、腼腆而安静的男孩子，他有暴躁的父亲和温柔的母亲，家里经营着一个小客栈，并在靠莱茵河的村庄里有一大片农场。由于边界的村落为法国人攻占，大批难民涌进了这个莱茵河畔的小镇，赫尔曼家人准备了一些衣物食品，让赫尔曼送了去。在救济难民的人群中，他发现了一个小姑娘，"体态丰满""足踝玲珑"，她给难民帮助与慰藉。他爱上了她，几经周折之后，姑娘终于成了他的妻子。故事以六韵步诗行写成，充满了田园生活的风味。其中呼吁国人驱除法国侵略者的呼声，也很使德国人的爱国情怀得到满足。一般读者对他过去的两出戏《伊菲革涅娅在陶里斯》和《塔索》总觉异国味太重，而且艰涩难懂。如今这篇叙事诗又大大受到读者的欢迎，歌德自《少年维特之烦恼》后，他的读者几乎仅限于萨克森—魏玛地区。

1798年至1800年是席勒声誉的鼎盛时期。1796年11月28日，他致函克尔纳说："我仍在苦苦构思《华伦斯坦》，而这出戏到目前为止仍不成形，无终无了。"他起先以散文写，而后又改用诗的形式。他研究《"三十年战争"史》，所以部分材料在他而言是颇能得心应手的，可是角色太杂、事情太繁，他原想写成一出五幕剧的，如今只好放弃此想。他决定以《华伦斯坦的军旅生涯》(*Wallensteins Lager*)为其序幕，而将全戏分成两部，皮柯洛米尼说明如何策划罢黜一位谋反的将领，而以华伦斯坦的女儿与一个主谋者的儿子之间的恋情展开故事。下集华伦斯坦之死是故事的重心所在。

歌德于阅毕该序幕后，深为其逼真的描写所动，其为以后的发展预埋的伏笔又处理得非常巧妙，所以，他坚决主张在上部尚未完稿之前，即先行在魏玛上演《华伦斯坦的军旅生涯》(1798年10月12日)。也许这是歌德的一着妙计，这样一来，席勒就不得不完成他的大作了。1799年初，席勒赴魏玛推出《皮柯洛米尼父子》(*Die*

Piccolomini），1 月 30 日首演，颇受欢迎。他返回耶拿后即废寝忘食地着手《华伦斯坦之死》。1799 年 3 月 19 日的一封信，显露了一位作家在充满创作热情时的状况："我真是怕完成我工作的那一刻，而我又同样强烈地希望这一刻的到来。我觉得现在获得的自由，要比我历来所受到的束缚还要令人难受。那些束缚我的东西全消逝了，我只觉着无尽地孤悬在空中。"

　　《华伦斯坦之死》的彩排与首演（1799 年 4 月 20 日）是很令人兴奋的，而且极为成功。连极为挑剔的魏玛观众，都认为这是戏剧界的一大杰作。席勒已达到他登峰造极的阶段。他将对白缩短，情节加强，各个要角都是鲜活而有力的。所有的伏笔都汇聚在悲剧的收场——一个伟大人物毁于其无限的野心与自负。席勒觉得他现在可以跟歌德站在平等的地位分庭抗礼了。在戏剧方面，他们也确实已不分轩轾。也许是由于歌德的建议，奥古斯都公爵给席勒的年俸增加了200 泰勒，并邀请他住在魏玛。1799 年 12 月 3 日，席勒举家迁往魏玛，其宅邸距歌德处仅一箭之遥，这两位诗人有一段时间几乎天天见面。

　　在此同时，席勒乘胜着手另一出戏。1799 年 5 月 8 日给克尔纳的信说："多谢老天爷，我又碰到题材上乘的一出悲剧了。"为《玛丽亚·斯图亚特》一剧，他翻遍史料，可是他没说他要写历史剧。他只是想以历史作为材料与背景，写一出戏就是了。他把事情与年代重新安排，以加强戏剧的连贯性与戏剧效果。他强调伊丽莎白个性中不开朗的成分，并把玛丽亚塑造成几乎完美无缺的女英雄。他又使这两位女王面对面，造成戏剧性的对峙。在正史上并无这两位女王碰面的记载，这一幕在戏剧上却是极强而有力的一场戏。此剧 1800 年 6 月 14 日在魏玛上演时，席勒再度获得嘉评。7 月，他着手《奥尔良的圣女》（*Die Jungfrau von Orleans*）。他再次改编历史以配合戏剧的需要：他将圣女贞德描述为逃脱了英国人的囚禁，奔往战场援救国王，并在战场上功成身殉，而并非如正史所载被焚而死。此剧在莱比锡首演时，为席勒赢得了空前的成功。

　　歌德对这位后起之秀是否有些妒忌呢？一点也不，他为席勒的成功而高兴，28年后他仍然对席勒的那出《华伦斯坦之死》赞不绝口："这是一出无与伦比的戏。"不过，他并不认为席勒在诗歌方面赶得上他在戏剧方面的卓越地位。他觉得席勒的诗哲学味太重，而且在诗的韵律方面并不到家。一些席勒迷打算在席勒剧院为席勒庆祝一番，歌德予以禁止，认为此举太过浮夸嚣张。1800年7月，歌德赴耶拿隐居静修，席勒仍留在魏玛。在席勒11月23日的谈话中，仍可以看出他们之间的友谊是完好无损的。他推赞歌德是"自莎士比亚以来，最有才华的作家……在我们6年来亲密的交往中，我从来没有怀疑过他正直的为人。他有高度的荣誉感与是非之心……对构成家庭快乐的错误观念，及对婚姻的恐惧，使他越陷越深不能自拔。这是他唯一的弱点。"席勒的妻子，正像魏玛的其他女士一样，不愿在她家里容纳克丽斯汀，而且在席勒与歌德现存的来往信件中，席勒也很少提到克丽斯汀。

　　歌德与席勒之间的友谊，至少证明了一位古典派与一位浪漫派的天才，是可以和谐相处的。他们之间几乎每天都有联系，他们常在一起进晚餐，歌德常将他的马车供席勒使用，他还不时送给席勒酒商刚送到的老酒。1801年4月20日，歌德的便条："今晚一块儿散步，一直到夜阑。"6月11日："再见了！并请代向夫人问安，希望我回来时，得以见到你的新成果。"1802年6月28日："就此奉上我庄园的钥匙，愿你尽情享用。"席勒过世后22年，歌德还对埃克曼表示："我能结交席勒实是大幸，尽管我们性情相异，我们的倾向却走向相同的目标，这使我们无所不谈，竟至在生活上若是少了对方，就觉得是很大的憾事。"

　　在他们相处的最后几年中，两人都受到病痛的折磨。1801年春天，歌德患失眠症、心绪不宁、重感冒及溃疡，有一个阶段他竟长期的不省人事，魏玛几乎在等候他的死讯了。1月12日，夏洛特·斯泰因在给她儿子弗里兹的信上说："我今天才知道自己仍是这样关切着我过去的朋友歌德，他9天来严重的病情，使我寝食难安。"她曾把克丽斯汀的儿子奥古斯都接至家中小住，给以细心照顾，以减轻自己的不安。歌德的复原是缓慢而痛苦的。他致函夏洛特·斯泰因说："重返人世，实备极艰辛。"

1802年，席勒由于剧本的演出与出版，已颇有余裕，于是在魏玛置产，以7200金币购屋一幢，歌德协助他把过去在耶拿的房子出售。1803年3月17日，席勒推出《墨西拿的新娘》(*Die Braut von Messina*)，他坦承此剧有意与希腊悲剧作家索福克勒斯的《俄狄甫斯》一比高下，此剧大意是描写两兄弟同时爱上一位女子，而这位女子原来竟是他们的亲妹妹。该剧并不受欢迎。歌德于1803年推出他的《自然之女》一剧，也遭到同样的挫败。

在《自然之女》演出期间，观众中有一位女士——斯塔尔夫人，此人颇为不俗，她是在为自己的一部书《德意志论》(*De L'Allemagne*)搜集材料。1803年12月，她第一次与席勒晤面：

> 在魏玛公爵与公爵夫人的客厅里，在那充满灵气与高昂兴致的场合里，他（席勒）的法文朗诵得很好，但他并不以法文交谈。我总觉得我们的戏剧体系是要比别人优越些的，可也并不嚣张地表现出来。他并不拒绝跟我在一起，对他并不流利的法文，他也并不觉得有什么不自在……从他并不顺畅的语句中，我立刻发现了极多的见地，我对他个性的单纯很是吃惊……我觉得他非常谦逊……非常和善，从那一刻起，我就给他倾慕的友谊。

席勒对她的评语是："她是法国知识文化的化身……她唯一的缺点是太健谈了。你得集中全力才能跟得上她。"12月24日，席勒把她介绍给歌德，且看歌德的记载："最有趣的一个钟头。我简直没有机会说一句话。她的谈吐很好，只是话太多了些。"她的记载与歌德的差不多，只是稍有变动。她说歌德的话讲得太多，她简直没机会说一个字。她的书把德国介绍成"思想的祖国"。她写道："全欧洲见闻最广、思维最缜密的德国作家，在文学与哲学上居然没有得到应有的重视，简直不可思议。"

席勒的《墨西拿的新娘》一剧是失败的，为了赢回观众的好感，席勒在歌德的建议下，采用通俗的威廉·退尔（William Tell）的故事，做他下一出戏的主题，而他也立刻为这个主题吸引了。歌德于 1820 年回忆道："他在收集了所有必要的材料后，就一口气地写下去……直等他写完该剧，才离开位子。疲倦的时候，他就伏在桌子上睡一会儿。一醒来就大嚷着要浓咖啡提神。全剧 6 个星期就完工了。"

席勒将威廉·退尔的传奇故事当作历史素材。威廉·退尔曾于 1308 年领导瑞士反抗奥地利。这一反抗活动确有其事，可恶的奥地利监督官格斯勒也确有其人。据传说格斯勒曾经答允退尔，假如他能射中自己儿子头上的苹果，以证明他"神射手"的美誉，就宽恕他的一切反叛行为。退尔将两支箭插在腰带内，用第一支箭射中了苹果，格斯勒问他这第二支箭打算做什么用的，退尔回答说："假如第一支箭射中了我的儿子，这第二支箭就是用来对付你的。"该剧 1804 年 3 月 17 日在魏玛推出时，大受喝彩，不久在其他地方也受到同样的欢迎。该书出版后，在数周内，就销售了 7000 册。席勒此时所享的盛名，尤高于歌德。

可是他的生命已剩下不到一年了。1804 年 7 月，他的疝气症已到了极严重的地步，医生几乎束手无策，席勒也希望就此了结残生。不过他又渐渐康复，并着手另一出戏《德米特里乌斯》（Demetrius）。1805 年 4 月 28 日，是他与歌德最后一次晤面。其后歌德返家，席勒疝气复发，而且来势凶猛。29 日，病况益危。海因里希·福斯记载道："他的两眼深陷，每一根神经都痉挛着。"文学创作的紧张压力、肠炎加上肺疾的一齐并发，夺去了席勒的生命。歌德后来说："席勒从不多喝酒的，他是非常有节制的人，可是在他体力日衰的最后阶段，他不得不借助于烈酒，以刺激起力量。"5 月 9 日，席勒平静地面对死亡：他跟妻子、4个子女及他的朋友一一道别，尔后就此长眠。验尸的结果，显示席勒的左肺已完全为肺结核所毁，心脏不健康，肝脏、肾脏与内脏各部分都有毛病。医生对奥古斯都公爵表示："在这样的情况下，我们实在不能不惊异于他怎么能够活这么久的。"

歌德此时也重病在身，所以没有人敢告诉他席勒的死讯。5月10日，克丽斯汀的饮泣，使他得知了事情的真相。他给泽尔特的信上说："我自觉是一天不如一天了，然而去世的是我的朋友——席勒，他是我一半的生命。"歌德以剩余的另一半生命，走完了他自己的历程。

第九章 | **歌德的晚年**
（1805—1832）

歌德与拿破仑

　　我们对歌德的敬重是否该仅限于我们叙述的范围，限于他笔下所写的《浮士德》与他在那个时代显示的智慧，或者我们应该突破空间与时间的限制，紧随这位永远在发展的气势非凡的伟人？他那无尽的智慧，使我们对他的敬重有增无减。

　　1806年10月14日，拿破仑大败普鲁士于耶拿。与普鲁士站在同一阵营的奥古斯都公爵，也在该战役中率其部将与法军对阵。溃散的部队及随后胜利的法军，进入魏玛，劫掠商店，侵占民房。16名阿尔萨蒂安军人进占了歌德的房子，克丽斯汀供应他们吃的、喝的和住宿。那天夜里，又有两个喝得醉醺醺的军人闯了进来，在楼下找不到床铺可睡，于是冲到楼上歌德的卧室，挥着刀剑逼着歌德，强行要求住宿。克丽斯汀拦开了他们，好说歹说总算把这两个士兵请了出去，而后闩上大门。第二天（10月15日）拿破仑抵达魏玛，才恢复了秩序。拿破仑发布指示，不得侵扰"杰出的学者歌德，并采取一切措施保护伟大的歌德及其家园"。拿破仑手下的几员大将拉纳、奈伊、奥格瑞乌等，向歌德道歉并致敬后才离去。歌德为克丽斯汀的勇气所感，决定与她结为夫妇。10月19日，他们正式结缡。歌德的母亲也给予祝福。她于1808年9月12日去世，歌德继承了她一半的财产。

1808年10月，拿破仑在爱尔福特主持了一个会议，与会者有6位君主和43位亲王，拿破仑还重新划定日耳曼的疆界。奥古斯都公爵也列席，他带了歌德做他的随员。拿破仑邀请歌德于10月2日晤面，歌德即应邀进谒。晤谈约一个小时，在座的尚有两位将领，塔莱朗及魏玛的司法官米勒。拿破仑恭维歌德老当益壮（其时歌德已59岁），垂询歌德的家中情形，并对《少年维特之烦恼》一书大加批评。他对当时一般戏剧强调命运，颇不以为然。"为什么要相信命运呢？命运是操在自己手里的……歌德先生以为然否？"歌德作何答复，我们不得而知，不过据米勒的记载，歌德告辞后，拿破仑曾对他的将领们说："大丈夫当如是！"

10月6日，拿破仑复抵魏玛，并从巴黎带来了一个剧团。这个剧团就在歌德的剧场里演出伏尔泰写的剧本《恺撒之死》。散戏后，拿破仑把歌德请到一旁讨论悲剧。他说："严肃的戏剧对贵族与平民都是很好的教育，因为在某些方面，它凌驾于历史之上……你该把恺撒之死写得比伏尔泰更庄严才好，而且要显示出假使人民能给恺撒充裕的时间来实现他高尚的理想，那么恺撒（言下之意指的当然是拿破仑自己）必能把这个世界治理得至善至美。"稍后，他又说："你一定要来巴黎！请务必接受这一邀请。在那里你可获得更宽阔的眼界，也能为你的诗找到无尽的题材。"后来拿破仑从莫斯科兵败班师回朝，再度经过魏玛时，还请法国驻德大使向歌德问候。

歌德说，拿破仑是"世界上迄今最伟大的心灵"。他颇赞同拿破仑对日耳曼的统治（歌德于1807年曾经记述），毕竟日耳曼还不成其为国家，只是一些七零八落的邦郡，而1806年，神圣罗马帝国已不复存在了。歌德似乎真觉得欧洲是应该统一的，尤其能够在像拿破仑这样杰出的领导人物的领导之下。对拿破仑的滑铁卢之败，他并不为之兴奋，虽然奥古斯都公爵再次率军抗法。他所受的教化是世界性的，使他没法太爱国。常有人请他写具有强烈民族意识的爱国歌词，他自觉没有这种情操。80岁时，他对埃克曼说：

> 在我没有恨的感觉时，怎么写得出充满仇恨的歌曲呢？虽说日耳曼摆脱法国的统治，未必是一件好事，但是我从来就不恨法国人。我怎么能够恨一个世界上最文明的国家——一个有惠于我们本身的文化的国家？不论怎么说，国与国之间的仇恨，原不足取。文明的水准越低，仇恨才越强烈。而文明高到某种程度，仇恨就完全消失了。此时，人有一种高于国家的情操，他对邻国人民的祸福，正如对他自己的一样关切。这种水平才合乎我的天性，在我年届花甲之前，早已有此想法。

但愿欧洲的每个大国都有上百万这种"优良的欧洲公民"！

《浮士德》：第1卷

歌德并没有接受拿破仑的邀请前往巴黎，也没有编写关于恺撒的剧本。在他的胸臆与手稿中，早就孕育了一个主题，这个主题深植于他，远较最堂皇的政治生涯来得深切，即灵魂追求知识与美的挣扎，美的短暂与真知的难以掌握，及将目标缩小，自我扩大后可能获得心灵的平和。但是如何把这些观念在一出现代戏剧里展现出来？为此，歌德努力了58年。

小时候在图画书和木偶戏里，他就看过浮士德的故事，在莱比锡奥尔巴赫地下室的墙上，也看过浮士德与魔鬼的图片。他年轻时也研究过魔术和炼丹术。他自己不断求知，导致了浮士德的概念；他通过阅读伏尔泰及对赫尔德嘲讽风格的接触，演变出了魔鬼靡菲斯特（Mephistopheles）的造型；他在法兰克福爱过的格里森，及在塞森荷姆遗弃的弗里德里克·布里翁，给他玛格丽特（Margaret）的造型。

浮士德的故事感动歌德之深，它的风格在他打腹稿时一变再变，可从他于1773年开始动笔写此剧，直到1831年始完成的事实上见之。关于他于1771年与赫尔德晤面的情形，他在自传里写道：

> 我非常小心地不让他窥知深藏在我内心渐渐地酝酿成诗篇，而我感兴趣的某些主题。这些便是《格茨·贝利欣根》和《浮士德》……后者是意义非凡的木偶剧，以不同的声调在我的内心发出共鸣。我也涉猎各种科学知识，并过早见到了科学的虚狂。更有甚者，我探索过真实生命中的各种生活方式，却经常失望和困扰。目前，这些事情及其他许多别的事情，时常在我脑子中回旋，孤独的时光就以它们来自娱，却没有任何一点留下来。

1775年9月17日，他对一位记者表示："今天早上我觉得很清朗，写了《浮士德》的一景。"9月下旬，齐莫尔曼问他进展如何。按齐莫尔曼的记载："歌德拿来一个袋子，里面装了上千的纸头，把它们全倒在桌上。他说，'这就是我的《浮士德》了'。"1775年11月他赴魏玛时，此剧初稿已经完成。由于看了不满意，他搁在一旁不管了。直到1887年，所作该初稿的一份手抄本在魏玛被发现后，这份原始的《浮士德》初稿才付梓。歌德将此初稿经过15年的修改，终于在1790年出版了《浮士德残简》（*Faust, ein Fragment*），计63页，成为当时自《哈姆雷特》以来最享盛名的剧作。

歌德对此仍不满意，直到1797年又行执笔。6月22日，在给席勒的信中称："我已决定重写《浮士德》……不同于已出版的，要写大部头的……要作更深一层的布局……我只希望你能在一个失眠的夜里，替我思量一下这件事，告诉我你对全剧的要求，替我把我这个梦圆一圆——就像一个先知一样。"席勒第二天就复信："人性的双重性，灵与肉是一种永世不息的斗争……这个主题的特性将使你不得不做哲学上的处理，想象将必须受役于理性。"歌德的想象力极丰，记

忆犹新的经验又极多，其中有许多他已用在《浮士德残简》里，如今
他又将篇幅增加了一倍。1808年，他的《浮士德》第1卷问世。

　　歌德在让他的主角说话之前，先向他已故的朋友们致献辞，并来
了两个小引：一个是演员、编剧与弄臣之间的"剧前开场白"；一个
是"天堂序幕"——上帝跟魔鬼靡菲斯特打赌，浮士德不会永远沉沦
堕落。然后，浮士德终于开腔了，操着一口歪诗：

> 唉，我钻研过哲学、
> 法理学，还有医学，
> 最可悲的是我也研究了神学，
> 还念兹在兹，孜孜不倦哩。
> 我的脚步第一次迈进学堂，
> 我就执着有如一个聪明的傻瓜。
> 他们不但称我为先生，还叫我博士呢，
> 十年来，我牵着学生的鼻子
> 履险踏夷，
> 上上下下，纵横四方，
> 然而肚里明白，我们什么也没法知晓。

　　原诗以四韵步写成，源自汉斯·萨克（Hans Sachs）的短剧。以
这种韵律来写一出以玩世不恭的态度追寻哲学的戏剧，倒是恰到
好处。

　　浮士德当然就是歌德。他也像歌德一样，年届花甲，仍对女性
的温婉与美有着极锐利的感性。他对智慧与美的双重热望，正是歌
德灵魂的写照。它以放恣向报复的众神挑战，不过它是高尚的：浮士
德与歌德肯定生命——精神的、肉欲的、哲学的、放浪的。而靡菲斯
特（他并不是撒旦，只是撒旦哲学的代言人）怀疑并否定生命，在他
而言，所有的热情都是无意义的，所有的美只不过是罩上一层皮肉的

骷髅罢了。歌德就常是这副嘲弄的姿态，否则他也无法赋予靡菲斯特这样的心智与生命。靡菲斯特似乎常常成了经验、现实与理性的代言人，来抑制浮士德的浪漫愿望与幻想。歌德对埃克曼表示："靡菲斯特的个性……确实是与世界广泛接触后的自然结果。"

浮士德并不是无条件地出卖自己的灵魂。他的条件是，除非靡菲斯特能够展示给他一种他欣然接受并愿永远保有的欢乐，他才同意进地狱：

> 倘若我竟满足于床榻的怠惰，
> 我就自此偃旗息鼓……
> 不论何时，倘若我竟说
> "别走，你多艳丽！"
> 就给我套上枷锁；
> 我当欣然以赴。

浮士德就是按这个条件，以他的鲜血签下了契约。他呐喊道："现在我们就把激情浸在欲海里吧！"

于是，靡菲斯特把他带向玛格丽特——歌德在法兰克福曾经爱过的格里森。浮士德在她身上找到了单纯具有的魅力——非知识性却带着智慧的魅力。浮士德以珠宝向她求爱，并道出了他的人生哲学：

> **玛：** 请告诉我，你的宗教如何？
> 　　　你是一位善良的君子，
> 　　　可是，我想，却很少注意宗教的事。
> **浮：** 得了，心肝！我爱你，你是知道的。
> 　　　对我所爱的，我愿肝脑涂地，
> 　　　这种信仰，这种宗教，是没人可以剥夺的。
> **玛：** 这是不对的！人总得有信仰！

你不信上帝吗？

浮： "我信上帝"意义又在哪里？

玛： 那么你是不信喽？

浮： 你迷人的天仙似的脸庞，别误会！

谁能为他命名？因此谁又能声称

我信仰他？

凡是有感情的人，又有谁能硬着心肠说

"我不信他"？

那无所不包的上帝；

你、我、他自己

能不紧拥他不放……

将这伟大，植进你的心田，

在你感到满心幸福时，

就随便怎么叫它吧！

叫它至福、心、爱、神！

我是无以名之的。

感受吧！

名字只不过是一个声音，一缕烟，

将天堂的光辉蒙上阴霾……

玛： 你的话似乎言之成理，

然而……你没有基督教的信仰。

浮： 唉！

玛格丽特对浮士德的泛神论并没什么兴趣，倒是为他的漂亮身材、仪表与衣着所动，靡菲斯特以法术唤回了浮士德的青春。她在纺车前唱出热切渴望的短歌：

宁静远飘，

我心哀苦，

重觅无处，

重觅无处……

倚窗远眺，

君我所盼；

千里迢迢，

为见君颜。

器宇轩昂，

翩翩风采，

唇边笑漾，

眸中光芒……

我为卿狂，

我为卿狂……

啊！

愿我能拥抱他，

紧紧抓住他，

愿我能吻他

在他的甜吻中晕厥，

死去！

　　如果只从歌德自己的经历去了解，整个西方世界对以下的故事知之甚详。玛格丽特为了摆脱母亲的管束和保护以亲近浮士德，于是给她母亲服了一剂安眠药，她母亲竟就此长眠不起。浮士德在决斗中杀了玛格丽特的哥哥，尔后隐没。玛格丽特悔恨交加，于是杀了她的私生子，她被捕后处以死刑。浮士德前往探监，要求她一起逃走，两人相拥，然而玛格丽特拒绝越狱。靡菲斯特把浮士德拖了开去，此时天堂响起了声音："她已得救。"

　　读者大众慢慢地才体会到 1808 年的《浮士德》是德国历来最好

的戏剧，也是最上乘的诗。只有极少数的人先知先觉，即刻就认出了
此剧可跻身世界第一流文学之列。施莱格尔将歌德与但丁相提并论，
里克特认为歌德可媲美莎士比亚。维兰德推崇歌德在诗的领域中享有
的尊荣与拿破仑在政界和军事上所居的地位，不相上下。

歌德的恋情

1818 年至 1821 年，发生了两件使歌德灵魂深处为之震颤的韵事，
而与白蒂娜的交往，并不算在内。1807 年 4 月 23 日，22 岁的白蒂娜
拿着维兰德的介绍信，往见年迈的歌德。她是索菲·拉罗什的孙女，
马克西米利安的女儿。她的祖母爱过维兰德，她母亲跟歌德卖弄过
风情，所以她觉得她在歌德的心中有一种因血缘关系而衍生的较亲密
的感情。进入歌德的屋子后，她就投进歌德的怀抱。歌德当孩子一样
接纳她，其后的联系也一直是这种的。不过歌德在给她的信里，附上
新写的情诗，虽然这些诗并不是写给她的，可是她视之为爱的宣示，
而且在她 1835 年出版的《歌德来鸿》（*Goethe's Correspondence with a
Child*）也附上这种色调。

其实，这些情诗的灵感大多得自威廉明妮·海泽丽伯——歌德昵
称为弥娜的女子。弥娜是耶拿城一位书商的女儿。她小时候歌德就认
识她，1808 年她 19 岁，已出落得文静温柔、亭亭玉立。她对歌德所
说的每句话、每个字，都牢记在心，无奈年龄与身份使她觉得自己不
宜爱恋与拥有歌德。歌德觉察到她的这份感情，于是写了许多十四行
诗给她，以她的名字影射爱情深挚的心。但是歌德并没有忘记，他跟
克丽斯汀正式结为夫妻，才是最近的事。在《亲和力》（1809 年）一
书中，羞怯、多情而又易受感动的奥蒂莱，写的似乎就是弥娜。

这部著名的小说《亲和力》——正如歌德自己认为的，是他最好
的一部，在结构方面，远比迂回曲折的《威廉·迈斯特的学习时代》
紧凑得多。且看 1829 年 2 月 9 日歌德给埃克曼的信："全书没有一行

不是我切实感悟过的，没有人能看过一遍就得知背后隐含的意思。"的确，该书最大的缺点，就是把太多的歌德、太多的哲学，勉强塞进了不相称的角色里。（他让女孩奥蒂莱写日记，而字里行间蕴藏着他最为成熟的思想，诸如"另一方面对抗伟大的人物，因此除了恋爱以外无法防卫自己"。）可是，也正由于歌德的成分太重，才使全书充满了生命与思想。因为故事里的夏洛特仍是身为斯泰因男爵夫人的夏洛特——受诱惑但又拒绝不忠于丈夫。因为上尉就是爱着友人之妻的歌德，又因为爱德华，那个50岁的丈夫迷恋着奥蒂莱，也正是爱着弥娜的歌德，也因为通过整个故事，就是歌德企图分析自己的恋情。

　　他在此提议以化学词汇思考性方面的吸引力。他也许从伟大的瑞典化学家托本·奥洛夫·伯格曼（Torbern Olof Bergman）于1775年出版的《亲和力》（*Elective Affinities*）一书上获得他的题目的。上尉向爱德华和夏洛特两人描述吸引力、冲动和物质分子的聚合："你们应当亲自去看看眼前的这些物质——它看上去像是死的，实际上却充满着活力。瞧，它们彼此吸引……彼此扭抓、碰撞、吞噬甚至毁灭，接着，它们突然又以……新颖、不同和意想不到的形状重新浮现。"因此，爱德华邀请他的朋友上尉、夏洛特邀请她的侄女奥蒂莱，和他们长留在一起时，上尉和夏洛特坠入爱河，爱德华则与奥蒂莱好上了。爱德华与太太交合时，却想着奥蒂莱，夏洛特则想着上尉，完全是虐心的手法。出生的孩子看起来有点像奥蒂莱，而奥蒂莱也将这个孩子视如己出。接着，显然是出乎意外，她让孩子溺毙。她因悔恨而绝食自杀。爱德华伤心欲绝而死，上尉失踪，夏洛特幸存，却已是行尸走肉。一位小镇上的哲人下结论称："婚姻是一切文明的开始，也是结束。它驯服野蛮，并给予最有教养的人表现他们温顺的最佳良机。对婚姻应无争论的余地，因为它带来如此多的愉快，而它附带的苦难在比例上就不算什么了。"不过，4页后，一人提议试婚制，试婚约的时间一次以5年为限。

　　1810年，歌德在卡尔斯巴德养病，与年轻妇女调情，已婚四年的克丽斯汀留在家里，与年轻的男子调情。61岁的歌德赢得了一位黑发美貌的犹太女子玛丽安娜·冯·艾本伯格热切的爱，然而跟他私奔的是金发碧眼的斯尔弗·齐格萨。他给斯尔弗的诗上，称她做"女儿、情人、情妇"。歌德的妻子克丽斯汀此时来信，要求歌德忠于她：

> 白蒂娜跟那个艾本伯格小姐是否已到卡尔斯巴德了？听说斯尔弗和歌德一家也在那里。好了，看你怎么办？你可真是艳福不浅哩。不过，你该不会忘了我吧？也不时想想我，好吧？不论别人怎么闲言闲语的，我还是绝对信赖你的。因为你知道，你是唯一关切我的人。

歌德接信后，送了一些小礼物给她。

歌德几乎每天都写些诗与散文。约1809年，他开始写自传，题为《诗与真》（*Fiction and Truth from My Life*）。这个标题本身，就意味着作者可能不时有意无意地在真实中掺入想象。他仅微妙地略略点到对夏洛特的爱。不过，他跟弗里德里克·布里翁的艳事则有较完整的叙述。这两位女士当时还健在。对诸如伦兹、巴塞笃、默克、赫尔德、雅各比、拉瓦特等人，他都以不少篇幅加以分析，并多作褒举。对他自己，则未用去多少笔墨，并颇为谦逊。他在笔记里说，这份自传坦承自己的过失，而非宣扬自己的德行。此书是他的心路历程，而非生活纪实。其中叙事少，反省多。这是他最伟大的一部散文著作。

1811年，他收到贝多芬一封赞美的信函，随同寄来的还有贝氏的《爱格蒙特序曲》。歌德与贝多芬1812年7月在特普立兹晤面。贝多芬亲自为歌德演奏一曲，两人又一起散步。小说家奥古斯都·弗兰克有此一说："不论他们走到哪里，散步的人们都满怀敬意地让路，并对他们行礼致敬。歌德对这种不断的打扰颇为不耐，就说：'真是烦人！我永远都没法避免这种事情！'哪晓得贝多芬淡淡一笑回答道：'您老倒是不用烦心，他们大概是对我致敬吧。'"1812年9月2

日，歌德在给泽尔特的信中说："贝多芬的才华是真了不起，不过他的个性可真桀骜不羁。他觉得世界讨厌，并没有错，然而这种态度对人对己都没有什么好处。他逐渐失聪，所以这种态度实在也就情有可原了。"贝多芬对歌德的评语是："他对我真是极有耐心，极好。可惜这人官气太重。"

歌德的宫廷装束与态度，是他政治生命的一部分，因为他在政界仍然是很活跃的。他的家庭生活已没有什么情趣：他的儿子奥古斯都1812年时已22岁，是一个不可救药的庸才，而他太太又痴肥嗜酒。这也不能怪她，因为歌德还是一直在外拈花惹草的。歌德在访法兰克福期间，经常住在约翰·维尔米的乡间别墅里，对维尔米夫人玛丽安娜大为倾倒。1815年夏天，他几乎在那里与维尔米夫妇共处了4个星期之久。玛丽安娜31岁，正值丰满圆熟的女性美的最好阶段。她荡人心魄地唱歌德的抒情诗与莫扎特的歌曲，写得一手好诗，而且跟歌德交换一系列的诗句，多半是模仿哈菲兹、菲尔多西及其他波斯短歌谣的戏作。（哈菲兹的诗1812年已有德文译本。）有些诗是直截了当的色情，诉说相拥之互悦，不过大概也只限于赋诗而已。他们三人9月在海德堡再度碰头。两位诗人一起散步，歌德把玛丽安娜的名字以阿拉伯文写在喷泉周遭的沙上。从那天以后，他们未再见面，不过在歌德17年的余生中，他们一直有书信往来。至于玛丽安娜的丈夫，由于自己的妻子能使一位文名如此之盛的大诗人动情，也就更珍爱玛丽安娜了。玛丽安娜回敬的诗文，并不弱于歌德之作。歌德把玛丽安娜的诗文和自己一部分的诗，收在1819年出版的《西东诗丛》（*Westöstlicher Diwan*）里。

在歌德与玛丽安娜诗文往返期间，歌德的夫人克丽斯汀去世了（1816年6月6日）。歌德在日记中写道："她去世时曾做可怕的挣扎……空虚与死寂在我体内，也在我周遭回旋。"一连几年，歌德十分沮丧。他年轻时代的恋人，如今已是凯斯勒枢密官夫人的萝特·凯斯特诺，1816年9月25日带着女儿来访时，歌德似乎没有忆起一点感情，他所谈的全是一些礼貌上的应酬话。1817 年，他的儿子奥古斯都暂时放下了荒唐的生活，与奥特丽·普格维斯结婚。歌德让儿子媳妇跟自己同住。奥特丽使家里又充满了生气，不久又为歌德添了孙子孙女，于是这位年迈的诗人又有了活力。

乌尔瑞克·丽沃兹弗助了一臂之力。她是歌德在卡尔斯巴德认识的阿玛丽·丽沃兹弗三个女儿中的一位。1821 年 8 月，他在马里恩巴德遇见了她，她后来回忆道："当时我在斯特拉斯堡的一所法国供膳宿的学校已待了 9 年，年仅 17 岁，我从未听过歌德之名，更不知他是一位著名人物，而且是一位伟大的诗人。因此与这位可亲的老绅士为伴，一点也不感到羞怯……就在隔天早上，他要求我与他一块儿散步……几乎每天早上，他都带着我和他一块儿散步。"1822 年，他回到马里恩巴德，"整个夏天，歌德对我非常亲切"。一年后，他们在卡尔斯巴德相遇，不久他们就在当地引起了闲言碎语。这时，诗人肯定他的爱已超越父爱。卡尔·奥古斯都公爵力劝乌尔瑞克嫁给歌德。假如她愿意，他将给她的家人一幢在魏玛的房子，而且在诗人死后，她每年将获得一笔 1 万泰勒的津贴。然而母亲和女儿都拒绝了。歌德孤独地回到魏玛，将自己的失望沉浸在墨水之中。乌尔瑞克活到 95 岁。

1821 年，耶拿的音乐指挥卡尔·泽尔特带了一个人到魏玛见歌德，此人就是当时年方 12 岁的门德尔松。泽尔特已经引导门德尔松进入音乐的世界，甚至还教他作曲。如今这位小钢琴家的琴艺，使这位老诗人大为惊异赞赏，他还一定要留门德尔松在魏玛跟他多住几天。门德尔松于 11 月 6 日写道："《浮士德》与《少年维特之烦恼》的作者，每天早上都亲吻我。下午我为他弹两个钟头的琴，部分是巴赫的赋格曲，部分是我自己的即兴曲。"11 月 8 日，歌德安排了一个欢迎会，把门德尔松介绍给魏玛文化界。11 月 10 日，门德尔松写道："他每天下午打开琴盖时，总说'今天我还没听你弹过。来，弄点声音给我听听！'然后，他就坐在我旁边听。你真没法想象他有多么好，多么热情。"泽尔特想带他的学生门德尔松回耶拿时，歌德又挽留了他几天。门德尔松自是乐不可支，他写道："大家都感谢歌德，好多女孩子跟我都抢着亲他。奥特丽·普格维斯搂住他的脖子，由于她生得俏丽，歌德老是跟她闹着玩，这个情景真是美好极了。"在悲剧背后，也有欢乐的时刻，而这是史学家常注意不到的。

科学家歌德

且让我们话说从头，回溯到歌德的少年时代。他在少年时代，即由于悟性高、兴趣广，开始了一生对科学的追求。很少有人知道歌德在科学研究与著述上所花的时间，要超过他在文学著述上所花的时间。他在莱比锡习医学与物理学，在斯特拉斯堡攻读化学，1781年习解剖学，又以多年的时间在图林根搜集矿石与植物标本，并观察地质形成。旅游时，他并不只是注意男人、女人与艺术，他也留意一个区系的动物与植物及气象。耶拿大学实验室的建立，歌德功不可没。他对自己在科学上的成败，其重视的程度并不弱于他对自己在文学上的成败。

歌德在气象方面也有所贡献。他在萨克森–魏玛公国筹组了几个气象观测站，协助在日耳曼全境设立气象站，并给予指导。关于这方面的论述有《气象论》和《温度计作用的原理》。他说服奥古斯都公爵开始搜集矿石标本，这一部分的收藏成了耶拿矿物学博物院的核心。在研究了伊尔梅瑙的地层之后，他指出由此可以证实亚伯拉罕·沃勒所说的地球表层所有岩石的形成，都是水缓慢作用的结果。他也是首批论者之一，指出地层的年代可以由其中的化石加以断定，他并为此种论点做辩：如今不规则地分散在高地的漂石，是被北极地带的冰河夹带而上的。

1791年至1792年，歌德出版了两卷的《光学概论》。他说："我的目的是要汇集这方面所有的知识，自己做各种实验，使之易于了解，便于一般人阅读。"1790年至1810年，他做了无数的实验以说明颜色，魏玛的歌德博物馆至今仍保存了他使用的实验工具。多年的研究成果是1810年出版的两大卷《色彩论》，这是他作为一位科学家的主要论著。

歌德认为色彩不仅由于物体化学组成的关系，也由于眼睛的构造与作用。他分析视网膜对光与暗的适应、色盲的生理成因、视觉暂留现象及在感觉与艺术中对色跟混合色的效果。他误以为绿是黄与蓝的混合。（在调色板上确实如此，不过在光谱上蓝光与黄光相混，则产生灰与白色光。）他把牛顿1704年光学上的许多实验拿来重做，发现有几个实验的结果与该书所载不同，于是他指责牛顿所言不实。他驳斥牛顿所说的白色光是各色光的综合。他说，各色光的集合产生的并不是白色光而是灰色光。不论歌德同时代的或后来的光学家，都不接受歌德的这项结论。他们赞许歌德的实验，对他的立论则多不予理会。对歌德在诗与哲学方面颇为景仰的叔本华，1815年寄了一篇论文给歌德，为牛顿的光学做了有力的辩护，歌德终其一生对此耿耿于怀。

像歌德这样对色彩敏感的人，必定会对世间的植物产生异想的。1786年在帕多瓦，他对该地的植物园叹为观止，那是他所见过的种类最多的植物园。他见到南北植物的殊异，决意研究环境对植物的形成与生长具有的影响力。他也从来没有像此刻这样深深惊异于一些看来类似的种子，在神奇的自然力之下，各自发展成其独有的结构、质地、色彩、脉络和形状。多么奇异的生命力与创造力！然而在个体的殊异之中，是否也有共同点，在各种组织的演化中，是否也有它们相同的地方？他认为植物的各科、种、属，实在是由一个基本的原型发展而成。他在给赫尔德的信上说，"同一原理可用之于所有的生物"，即适用于动物与植物，它们都是一个基本结构主题的变相。各个有机物，就其一致性而论，是原初形态的一种翻版，所以一种有机物的各个部分，也许是一个基本形态的各种变形。歌德在帕多瓦时注意到一株棕榈树，它的叶子有各个不同的发展阶段。

他研究棕榈树从最简单的叶子到形成扇状的完全成熟阶段的变形，他获致的理念为，一株植物的各种组织——树干为例外——是叶子的成长的各个阶段和变形。[1]

歌德返回魏玛后，把他的这项理论出了一本 86 页的小书，名叫《歌德试解植物的变形》（1790 年）。植物学家讥之为诗人的梦呓，奉劝这位诗人还是搞他的本行吧。歌德倒也听取忠言，将之改写成诗篇：《植物的变形》。渐渐地，这项理论有了更多的明证，支持者也就越来越多了。1830 年，希莱尔把歌德的论文向法国科学院推荐，因为后来植物学的进展，证实了歌德的理论是缜密研究与创造性想象力的成果。

应用他的理论到解剖学上，歌德建议（1790 年），颅骨是脊椎骨的变形和延长，它包容的脑子犹如脊椎中的脊髓一般。今天就这一概念看法并不一致。在解剖学上，一条明确、卓绝的成就归功于歌德——人身上的上颌间骨（这根骨头在上下两颚之间，门牙即从这里长出来）。解剖学家从动物身上已发现这样一根骨头，但是，怀疑人身上也有同样的骨头。歌德的发现缩小了人与猿之间结构上的差异。且听听诗人 1784 年 3 月 27 日从耶拿以情人和科学家的口吻写给夏洛特·斯泰因的一封信上声称他的成功时说："顺便在问候时，对我的夏洛特多写上几行……我怀着难以言喻的满足感。我在解剖上的发现，既美妙又重要。你分享这份成就，但是就这种发现无须多置一词。"他在 1784 年送到许多科学家手中去的一篇题名为《根据比较骨学的研究，发现上颚的上颌间骨为人类和较高等动物所有》的论文上宣布了他的发现。这是"在比较解剖学领域内，有正确描述的第一篇论文，因此，它是解剖学史上的一座里程碑"。（法国解剖学家达齐于同年发表了相同的发现。）

歌德在他的另一篇论文中说："人类与禽兽是非常近似的……每

---

[1] 卡斯巴尔·沃尔夫（Caspar Friedrich Wolff）于 1768 年获得相同的结论。

样生物都只是大和谐中的一种风格、一个变化。"就像许多早先的科学家与哲学家一样，歌德也认为人类是动物王国的一部分，并写成一诗篇，题为《动物的变形》。不过他不持达尔文派的观点。歌德的立论并不同于跟他同时代的拉马克与达尔文，他并不认为物种的演化是按物竞天择的道理。

歌德是一位真正的科学家吗？在科学上他不能算是专家。他是一位有研究科学热诚与开放心灵的业余者，一位纵身于诗歌、小说、爱情、艺术实验与行政琐事之间的科学家。他使用不少设备，搜集成为一间大型的科学图书馆，做了有用的观察和细心的实验。赫尔姆霍茨证实歌德叙述的无论在客观过程和实验上都属正确无误。他避免目的论上的说明。专业性的科学家并不承认歌德是科学家，他们认为歌德太过信赖直觉与假设，观察不够，结论太快，在每一范畴上只点到为止，除了在光学和颜色论上以外，都无成就可言。不过倒也不乏一些理想与英雄式的执着。埃克曼于 1825 年说："歌德已年近八十，仍不倦于发掘问题，进行实验。"歌德的这种想法也许是对的：科学的主要目的，不该以新的工具满足旧的欲望，而是以知识增长智慧，以启发新的希望。

哲学家歌德

正如在科学方面，歌德在哲学方面也是一个爱好者，而非专家——不过费希特、谢林、黑格尔在耶拿任哲学讲座，都是由于歌德的推荐和介绍。他对各派系之间的辩论，没什么兴趣；对自然的诠释及对生命意义的探索，则兴趣无穷。当年事日高，他已透过科学与诗，走入哲人的境界。他从个体、瞬间与部分，发掘整体的意义："每个暂时的东西，都只是一个象征。"《格言录》在他死后才印行，每一页都充满了智慧之言。

在逻辑方面他没有提出什么体系，不过提出很实用的见解："只有有效的，方为真"，而"创始是行动（不是言辞）。"他并不像席勒那样接受康德的理论。他也承认实在的最根本的本质是无法认知的，但他并不认为这种见解使他成为正统主义者；反之，他建议弃绝不可知论："不可知论是无实际价值的。"他又说，可认知的世界已足够我们俯仰其间。他毫不犹豫地承认外在世界的存在。在读过康德和谢林后，他写信给席勒说："我愿意承认，我们理解的并非是自然（本体），而是仅由根据我们的心智的某种形式和官能而使我们理解到的自然……不过，我们的有机本质对于外在世界之适切（调整）……（指出）一种从无中生有的命题，一种对事物的关系。""许多人拒绝认知实有，只因为他们一旦接受了它，他们就会崩溃之故。"

歌德拒绝唯物论和主观的唯心论。霍尔巴赫的《自然的体系》"对于我们（指在斯特拉斯堡的学生）而言，真是艰涩乏味透了，我们看到它就头大，怕它就跟怕鬼差不多"。这是歌德年轻时讲的话，而且直到他晚年，他仍持同一观点。从1812年4月8日写给克内贝尔的一段文字中可以见之：

> 一个抓不到事实的人，就不会产生精神与物质，灵与肉，思想与外延……而这种对称具有平等的权利，因此，在它们的聚合成分中，可视之为上帝的代表：倘使他不能了解到这一点，也许他是在无所事事中混日子。

歌德通常跟随斯宾诺莎的见解而成为决定论信徒："我们是隶属自然律的，即使我们违抗自然律时，仍是自然律的一部分。"然而，有时他也倾向于同意康德的看法："我们的生命，就像我们所属的宇宙一样，是自由与必然性的神奇组合。"他感到自身受命运的主宰——感到决定他自我发展的种种特质，他身不由己地要走向某种发展。不过他与命运持合作的态度，而不是持对立的立场。

他的宗教是崇拜自然，并与大自然的创造力合作并进。他冥冥中把自然拟人化了，在自然中看到了心灵与意志，不过这种心灵并不同于人类的心灵，其意志也是一种漠然的中立。自然没有尽其本身那一部分的责任来合作的道德感，因为它自身即整体。歌德在《神圣》（"Das Göttliche"，1782 年）一诗中，说自然是没有感情、不知悲悯的，她的摧毁如同她的创造一般充满活力。"你的一切理想不会阻止我（歌德）成为真实，就如同自然一般的善与恶。"自然的唯一伦理是，共荣共存。歌德承认许多人需要超自然作为心灵的支柱，而他本人直到晚年才有这种需要。他说："凡是没有艺术或科学的人才需要宗教。""作为一名诗人与艺术家，我是一位多神论者（将自然的个别威力加以拟人化），而我担当科学家的角色时，我则倾向于泛神论（一神在万物之中）。"

　　在宗教与道德方面，歌德是一个"绝对的异教徒"，他没有原罪感，也不觉得需要什么上帝代他赎罪而死。1782 年 8 月 9 日他给拉瓦特的信："我并不是反基督教，我只是断然不要做一个基督徒……你接受福音，视之为神圣的真理。而天堂并没有传下双耳能闻的声音，说服我一个女子能够不靠男人而生孩子，或者死人能从坟墓里复生。我认为所有这些说法才是对神的亵渎。"歌德对人表示：拉瓦特把他往死角里逼，"于是终于逼到进退维谷的地步，也就是'非基督徒即无神论者！'关于这一点，我宣称，如果他不能容许我持有自己对基督教的观点，那么我宁愿做一个无神论者，尤其是我觉得根本没有人明确地知道到底什么是基督徒，什么又是无神论者"。歌德认为"基督教是一场政治革命，革命未成功才退而求其次，转而成为一种道德主张"。在文学著作里"有成千的书页跟《四福音书》同样美丽而有用"，"不过我认为《四福音书》是十分真诚的作品，因为其中辉映着发自基督与他本性的恢弘气度……那是道德最高原则的神圣表现，我向他敬礼"。然而，他建议崇拜太阳也要跟崇拜基督一样，因为那也是神圣力量的表现。他推崇路德，赞扬其宗教改革打破了传统的镣铐，却也惋惜路德派陷于教条化。他怀疑新教将由于欠缺启示性与仪式而衰落，并认为天主教将精神关系象征化，是颇明智而有益的。

歌德对不朽的看法，随着年事的日增而渐变。1789 年 2 月 2 日给弗里德里希·斯托尔贝格的信："我多多少少服膺卢克莱修的主张，而将自身与自己所有的希望寄托于今生今世。"不过，1824 年 2 月 25 日给埃克曼的信："我绝不能不信仰来生的快乐；我甚至要说，对来生不寄予希望的人，今生也就跟死了差不多了。"1825 年 2 月 4 日："我坚决相信，我们的精神是一种不可毁灭的东西。"他读斯韦登伯格，接受其精神的观念，并抱转世轮回的希望。他研究犹太教的神秘哲学（Cabala）与米兰多拉（Pico della Mirandola），甚至有时也造命运图。他日趋老迈时，他承认了信仰的权利：

> 严格地说，除了如我从这颗仅有的行星上，从我有限的感知异象中推知的外，我没有任何有关上帝的知识。这种知识犹如凤毛麟角。我不承认这种可适用到我们对自然的观察上的限制，可适用在对信仰的实施上。反之才是事实。这么说来，我们十分不完整的知识，要求通过信仰的行为来辅助以臻于完整之境。

1820 年，他后悔在年轻时写了反叛性的《普罗米修斯》一剧，因为现在激进的青年都引用里面的句子来反驳他。费希特控诉无神论时，他摒弃了费希特。歌德如今则说："不要对别人灌输他们不能接受的观念，是我们的义务。人只能接受合乎自己需要的东西。"

正如他的宗教观一样，他的道德观也随着年岁渐增而有所改变。在充满青年的活力与傲气的时日，他认为生命纯粹是一个供自我发展与表现的舞台。"这种极欲将自我生命的金字塔尽量往高处建的渴望，驾凌了其他的一切，且不容须臾的怠惰。"在此过程中，我们看到歌德寻求温柔的心灵。透过政治生涯的成长，他察觉到人生是一个合作的过程。个人的生存靠互助来维持，自我追寻的活动仍是生命的基本动力，然而必须受到群体需要的约束。在第 1 卷中的浮士德就是个人主义的体现；在第 2 卷中，他发现了以救赎来达成灵魂的"超度"。在《威廉·迈斯特的学习时代》一书中，其主人翁也是不断寻求自我的教育与发展，虽然在本性和后天的训练上，威廉·迈斯特经常帮助别人。在《威廉·迈斯特的漫游时代》一书中，歌德试图增进社会群体整体的快乐。歌德并不拥赞"爱自己的敌人"的说法，不过在一篇极佳的诗篇里，他对高贵的人性作了界定：

> 愿人高尚，
> 有用而善良。
> 如此
> 他即
> 不同于万物。
> 大自然是
> 无所知 无所感者；
> 阳光照耀于
> 卑微 也照耀于伟大
> 月亮星辰
> 辉映于至卑 也
> 辉映于至善
> 疾风 狂流
> 雷电 雨雹
> 以永恒的铁则
> 呼啸……
> 唯有人得以
> 完成不可能者；
> 他分辨
> 选择、判断；
> 化瞬间

> 为永恒。
> 只有人会
> 报善
> 惩恶
> 救赎。
> 对迷途者
> 给以忠言
> 愿高尚的人
> 有用而善良。

要成为高尚的人，必须时时留心那些卑劣的影响力。"不要把精力全放在与同时代人的竞争上，多多钻研古往今来的伟人，他们的著作就是他们的价值所在。一个真有禀赋的人，是知道怎么由先贤处获取智慧的，而这种意念正是有较高禀赋的表征。"图书馆是古圣先哲留下来的遗产，应予敬重。"图书馆就像大宗的资金，默默流出无以计数的利息。"但是，有才智而无品德，较诸有品德而无才智，远为不善。"任何虽解放心灵却不赋予我们控制我们自身力量的事物都是有害的。"计划你的生活——不过要在思想与行动之间求取平衡。只想而不做，是一大弊害。"文化是思维与行动的结合。""工作给人的福惠，甚于一切。"最重要的是成为一个整体，或参与一个整体。"唯有人类才是真实的人。个人只有有勇气在整体中体认自己时，才能获得快乐。"

歌德对欧洲当时风起云涌的革命思潮，持相当保留的态度。他认为，能积极为人民谋福利的贵族政治，是当时欧洲可能拥有的最佳政体。社会上的弊端是应予革除的，但是不宜以暴力革除。革命的代价太高，常是得不偿失的。而且，通常革命的成果，是回到原来的起点。

因此，这位承袭了幸福和安全，并使斯特拉斯堡的学生们嘲笑他的奇装异服的人，从哲人、圣贤和生活的体验上学到体谅穷人，希望有钱人更慷慨地愿意与人分享他们的财富。贵族的税赋应与他们的所得成正比，而且应让他们的子孙从"知识和繁荣带来的利益"上受益。纵然名满欧洲，歌德也体会到中产阶级对贵族出身的羡慕。"在日耳曼，除贵族外，没有人有获得充实的……良好教育的机会。"人人都知道1812年7月，歌德和贝多芬在特普立兹的故事。但是，它的唯一资料来源是根据不十分可信的白蒂娜，她声称是引自贝多芬的说明：

> 国王和王子们固然能颁赠爵衔和勋章，但是，他们不能造就伟人，因此，伟人不得不受到礼遇。歌德和我两人碰在一起时，那么这群出身高贵的绅士一定会注意到伟大如我们者是什么情形了。昨天，我们碰见（奥地利）皇室的成员们，歌德从我身边挣脱开去垂立一旁。我压低戴在头上的帽子，垂着双手走进群众中去。王子和朝臣们成两列纵队走了过来。魏玛公爵向我脱帽致敬，而女皇首先向我问好。更令我愉快的是，我见到仪队在歌德身旁排列着，他站在一旁，手中拿着帽子，频频鞠躬为礼。之后，我为此而曾严厉地责备过他。

因此，1824年歌德给埃克曼这样一封信："我的确不是法国革命的友人。革命的恐怖是立即就感到了……而其好处则尚未见到……然而我同样也不是集权统治的友人。我甚至觉得，革命不是人民的错，而是政府的过失。"歌德欢迎拿破仑，认为法国与欧洲在经过10年的动乱后，是拿破仑为之带来了秩序。他不信任民主政体，认为"无知当道，恶莫大焉"，又认为"智慧绝非通俗、俯拾皆是的东西"。

他讽嘲派系之间的倾轧。"玩政治，就像是病人躺在病床上，从这边翻到那边，想躺得舒服些。"他反对新闻自由，理由是思想不成熟与不负责任的执笔者，会使社会与政府经常受其困扰。在他晚年，当年争取自由的呼声在他看来，只不过是无权无势的人争取权力与财富的吼声。"唯一的目的是从一边变到另一边去的权力、影响和幸福。自由是秘密的阴谋者们的密语、公然宣布革命者的呐喊，事实上，专制主义领导受它征服的群众起来反抗敌人，允诺而今而后中止一切外来压迫时，便成了专制主义本身的口号了。"

歌德尽了老年人最大的职责，以抑制年轻人的冲劲。

《浮士德》：第 2 卷

歌德把他老年的哲学注入《浮士德》第 2 卷。在第 1 卷结尾时，歌德使他走了样的自我，在靡菲斯特的权力下，处于一种破败、绝望而悲惨的状态——对过分欲望的一种惩罚。但是，难道这就是智慧的极致吗？浮士德还没有完全输了他的赌注；靡菲斯特还没有找到一样欢乐，能够使浮士德不再奋发向上。世上真有什么奋发向上而获致生命的完成这回事？歌德以 24 年的时间努力为这个故事寻求一个终结，这个终结必得包容歌德的思想，或者歌德思想的象征，而且可以给予剧中主角以高尚而且富启示性的结局。

终于，歌德在 78 岁时，重新面对他的工作。1827 年 5 月 24 日，他给老友泽尔特的信上说："我想平静地坦白告诉你……我已再度执笔续写《浮士德》……此事勿与外人言。"诗人拜伦为希腊自由之战而丧生的戏剧性终结，给了歌德很大的感触。如今，他可以将拜伦化身为欧福里翁，作为浮士德与海伦的儿子，来代表一颗不断追寻与受尽苦难的近代心灵，通过与古典希腊沉静之美的结合，终获痊愈。歌德一大清早即振笔疾书，一天最多只能写一页，直到 1831 年 8 月，也就是在他逝世前 7 个月，他向埃克曼宣称，这项耗心费神的工作终告完成——距歌德最初有作此剧的构想，已有 59 年之久。他曾写道："最快乐的人，是能将其生命的终结与起始合而为一的人。"如今他说："此生尚余的时日，我可视之为一项赠礼。我是否能再完成什么作品，我一点也不在意了。"

第2卷的开始第1幕，浮士德在春天的草原上醒来，叙述旭日东升之美，又不时地间杂以对自然的美或壮丽或残暴的赞颂。这一景美则美矣，然则太过重复。歌德一向鼓吹古典的节制，而在这里，他自己却违犯了这一戒律。在这出戏里，他几乎尽其所知地和盘托出：希腊与日耳曼神话，丽达与天鹅，海伦与她的种种，巫师与骑士，仙子与侏儒，狮身鹫嘴怪兽与小矮人，森林女神与水妖、花仙、醉汉、差童、典狱官、御夫与人面狮身兽，星象家与帝王，半人半羊的林野牧神与哲学家……这样五花八门的混杂，比热带莽林还教人昏昏然不知所以，因为它在自然之上又加以超自然，而每样东西又伴以长篇大论或颂歌。

第3幕，海伦上场，使人精神不禁为之一振。海伦仍然神奇地以她优雅的风姿和流转的秋波，征服了男人。歌德在叙述海伦与浮士德晤面——古典希腊面对中古的日耳曼——的一场戏，其戏剧艺术可谓达到了顶点。让这两人结合！——这是这个故事的重荷。浮士德像所有被蛊惑的男人一样，把他从法术与战争中获得的权力与财富，全部奉献在海伦的脚下。海伦答应了他的请求，不过，不久墨涅拉俄斯（Menelaus）即挥军而至，打断了他的幸福。浮士德因而披甲上阵，率军往征斯巴达（13世纪，法兰克人征服摩里亚人的记忆）。

日月如梭，幕启处浮士德与海伦所生的儿子欧福里翁已是一位翩翩美少年，使浮士德和海伦又爱又喜。他在危岩间嬉戏，与山林水泽女神狂舞。一天，听到战争的警钟时，他一跃而起，冲将出去，坠落悬崖，在奄奄一息之际，他对他母亲说，再见于黄泉：

> **海伦**（转向浮士德）：
> 伤心啊！古谚在我身上应验——
> 财富与美貌双全，必是过眼云烟。
> 生的束缚一如爱的束缚，碎裂片片，
> 我哀伤而痛苦地道别，

容我再一次投入你胸怀前。

珀尔塞福涅[1]，接纳我与我子吧。

（海伦拥抱浮士德。她的肉体消失了，长衫与面纱仍留在浮士德的臂弯里。）

于是，第3幕也是最好的一幕，就这样结束了。这一幕是歌德最先写成的，一度他视之为单独的、整体的一出戏。如果他真是这样做，倒是不错。此处，鼓起最后的勇气，歌德最后一次攀上诗艺的巅峰，如伯里克利时期一般，将戏剧和音乐结合在一起，并赋予复杂的寓言故事中的人物真实的生命，以适合近代的心智状态。

第3幕的高潮过后，就走下坡了。第4幕是一位国王与一名对手争夺神圣罗马帝国的宝座。浮士德与靡菲斯特运用法术，使那位国王一战而赢得江山。浮士德邀功，获赐神圣罗马帝国北部滨海的大片疆土。在第5幕里，百岁之身的浮士德已是一位广大辖区的主子，然而还不是他自己。菲利门与巴乌希斯是一对农民夫妇，他们住在一间茅屋里，而这间茅屋却挡住了浮士德大宅院的视野。浮士德给他们一幢比较好的屋子，嘱咐他们迁移。这对夫妇拒绝了。于是浮士德要靡菲斯特跟他的那班小鬼，去赶这对夫妇出门。双方僵持不下，小鬼们即纵火焚宅。这对老农惊吓而死。浮士德不久就觉得老是有不散的阴魂缠着他——这群阴气的女鬼各有她们的名字：贪欲、罪恶、关切、需求、死亡。女鬼对着浮士德的脸吹了一口阴气，浮士德就瞎了。在万念俱灰中，他萌生了一种非自利性的念头：他命令靡菲斯特和他的那班喽啰，筑堤防、填沼泽，在新生地上建造千幢住宅。他看到这块新生地，而且觉得假如他能"与一群自由的人站在一块自由的土地上"，在这样的一个时刻，他终将会说："停一会，你是如此的美好。"他听到铁锹挖土的声音，心想他伟大的计划已在进行，其实是小鬼们在为

[1] 珀尔塞福涅是冥王之妻。

他掘坟。精疲力竭的浮士德跌倒在地，奄奄待毙。靡菲斯特在一旁冷笑。此时一群小鬼则准备把浮士德的灵魂取往地狱，然而一群天使自天而降，正值靡菲斯特看得出神之际，他们已将浮士德的尸体带往天堂。换上新装的浮士德，在天堂受到格蕾琴的接待，格蕾琴并向圣母求情道："让我来开导他吧！"圣母首肯，于是此剧在合唱队的合唱声中落幕：

> 世道无常
> 仅为表象；
> 无止无尽者
> 于焉完成；
> 罄竹难书者
> 于焉表尽；
> 上苍有好生之德
> 辅我助我永无尽期。

生命的终结（1825—1832）

1823 年，约翰·彼得·埃克曼年 31 岁，成为歌德的秘书，并开始为后世录下老人的谈话，因而产生了《歌德谈话录》（*Gespräche mit Goethe*，共 3 卷，1836—1848 年）——部分经歌德修正过——包容隽语之多，是大多数哲学家难以望其项背的。

1825 年 9 月，魏玛庆祝卡尔·奥古斯都登基 50 周年。歌德参加这一仪式。公爵抓起他的手，轻声对他说："愿相偕以终。"11 月 7 日，宫廷中庆祝歌德莅临魏玛 50 周年，公爵送给他一封信，信中公开宣称：

> 以无比愉快的心情，我要盛大庆祝这一天的第 50 次到来，不

仅是身为国家的第一公仆，也是为了我年轻时的一个朋友，他以不变的感情、忠贞和坚定，陪伴我历经生命中的各个变数。每次艰巨任务的愉快收场，我都归功于他的谨慎咨商、历久不衰的同情和仁慈的服务。我视他与我的长相砥砺，为本朝的最高荣誉之一。

如今已到了老友渐逝的悲哀年岁。1826 年 8 月 26 日，歌德 77 岁诞辰的前两天，斯泰因夫人夏洛特，还写了最后一封信给她 50 年前的情人歌德："今天我最大的愿望与祝福是但愿天堂议会的守护神下令赋予你一切的善和美，我亲爱的朋友。我请求你在我仅存的短暂期间给我慷慨的关怀，我怀着希望而无恐惧地依然属于你。"而在 1827 年 1 月 6 日，她就与世长辞了。歌德闻丧，泫然落泪。1828 年 6 月 15 日，奥古斯都公爵逝世，魏玛的黄金时代眼看就要终结了。歌德埋首撰写《浮士德》，以等候自己的寿终正寝之日。不过紧接着奥古斯都公爵归天的，倒还不是歌德。他唯一尚存的儿子，在经过 20 年的放荡生活，1830 年 10 月 27 日在罗马去世。死后的检验发现，其肝脏肿胀达常人的 5 倍。歌德在获知儿子的死讯时说："我并不是不知道我是生了一个终归难免一死的凡人。"他写道："我竭力使自己埋首于工作，我强迫自己继续写《诗与真》的第 4 卷。"

歌德 80 岁时，开始缩小自己的兴趣范围。1829 年，他停止阅报。同年，他给泽尔特的信中表示，他已有 6 个星期未阅所有的法国与普鲁士报纸了。他说："一个人的世界是在他大门之内，则这个人是幸福的。"他很满意儿媳奥特丽对他的照顾，也颇满足含饴弄孙之乐。不过，有时他也远离家人，寻求完全的独处，赞美孤独是完满心灵的保姆与考验。

他的脸上此时已表现出 80 年的风霜痕迹，额头和唇边满布深深的皱纹，银发疏落，两眼呆滞而疑惑。但是，他的身体硬朗，健康良好。他终身避免喝咖啡和吸烟，两者他都斥之为毒品。他得意他的相貌和书籍，乐意别人的赞赏，却吝于赞赏别人。1830 年，一位年轻的诗人送给他一卷诗集时，歌德以尖酸的口气感谢说："我已浏览毕你的小书。不过，因为霍乱肆虐，一个人不得不自行保护以抵抗虚弱的影响，我就把它搁置在一旁了。"平淡的生活使他不安。岁月不能使他有所作为时，他越来越易怒，他十分感慨地承认："人们从我的作品上判断，认为我是一个性情温和的人，一旦当他与一个冷峻、自持的人接触，就发现自己大大地受骗了。"访客们描写他顽固不化，稍嫌刻板和呆滞，也许是因为困窘，或是恼怒岁月不饶人之故吧。不过，他的许多信件仍表现出温婉和敬意。

歌德如今已是誉满欧陆的人物。早在歌德逝世之前，卡莱尔即赞誉他是世界文坛的卓越作家之一。拜伦的《维尔纳》（Werner）是献给歌德的，柏辽兹则以《浮士德的天谴》一曲献给他，君王大臣则赠以厚礼。可是，歌德在日耳曼拥有的读者，则为数不多，日耳曼的评论界对他颇有敌意，其他的作家则说他只不过是一个声势显赫的枢密顾问，一心想做诗人与科学家罢了。莱辛讥其《少年维特之烦恼》为滥情的垃圾。克洛普施托克说他的《赫尔曼与多萝西娅》只是陈词滥调，《伊菲革涅娅在陶里斯》则是一成不变的模仿希腊的戏剧。歌德一再表示轻蔑日耳曼——他不喜欢日耳曼的气候、景色、历史、语言与心智。他埋怨他"不得不以德文写作，因此……把生命与艺术浪费在最坏的材料上"。他对朋友说"这批日耳曼蠢材"实在该让拿破仑在耶拿打个落花流水的，因此联军在滑铁卢大败拿破仑时，日耳曼有不少人都在心底窃笑。

在年老时，离开了主要的（浪漫主义）文学源流，他以侮蔑世界和人类以自娱。"从理性的观点上着眼，所有生命看起来如一些有毒的病菌，而世界犹如一座疯人院。""几天前，"他于1816年3月26日写信给泽尔特，"我偶然得到一本《少年维特之烦恼》的原版书，而这首长久以来沉寂的歌再度复活了。这是令我难以理解的，当一个人在青年时期已见到世界的荒谬时，他还能在这个世界上熬过40年。"他看不到未来的实际美好远景。"人活着只是彼此找麻烦和杀戮。过去如此，现在如此，将来依旧如此。"就如大多数 60 岁以后的人们一样，他认为新生的一代，也是堕落的一代。"年轻人在其中成长的傲慢气氛，不出几年，就会表现出愚蠢的结果……不过，过分刺激，几年后，也许就成为愉悦的原因。"

1832 年 3 月 15 日，歌德外出受了风寒。18 日病况似乎好转，可是到了 20 日转向胸腔，因肋膜炎而引发的高烧，耗尽了体力，他的脸孔因痛苦而扭曲变形。22 日，他注意到春天已经来临了，"也许这对我会有些助益"。卧室的帘幕深垂，以免刺激他的眼睛，他不乐意，还要求"多放点光线进来"。他仍然觉得屋里昏暗，要仆人"再打开一扇百叶窗，好使房里亮些"。这就是他最后的几句话了。他对儿媳奥特丽说："小妇人，把你的小手给我。"他就这样握着她的手，死在她的臂弯里，时间是 1832 年 3 月 22 日，享年 82 岁又 7 个月。

埃克曼翌日看到这具尸体：

> 躯体赤裸，只用一张白床单裹着……仆人拉开床单，见到摊开着的四肢，我愕然了。胸部结实，宽大并呈弧状。双臂和两条大腿丰满，稍现柔软的肌肉。脚掌形状优美，是最完美的形状。身体上没有一处过肥、过瘦或腐烂的痕迹。在我面前躺着的是一个姿势十分优美的男人。这种情景带给我的狂喜，竟使我暂时忘却它的不朽的灵魂已弃它而去了。

从腓特烈大帝 1763 年君临德国，历经莱辛、康德、维兰德、赫尔德、席勒、歌德，一个伟大的时代就此结束了。自路德以来，日耳曼还没有像这个时代这样积极，充满活力，并富于独立思想。日耳曼没有像英国那样扩张版图与贸易，没有像法国那样中央集权，没有像俄国那样专制，其实说来这些不能算是日耳曼的不幸。政治上，日耳曼尚未诞生；然而在文学上，它已是西方世界的佼佼者；在哲学领域里，更是已执西方哲学的牛耳。

第十章 | 犹太人

（1715—1789）

争取生存

卢梭曾云：

> 犹太人提供了一项惊人的奇迹。梭伦、努马和莱喀古斯的律法皆成陈迹。摩西的律法虽远比其更为古老，却永存不朽。雅典、斯巴达和罗马具已毁灭而中断薪传。锡安虽一度被毁，仍然保有其后裔。他们获得保护，繁衍不息，散布于世界各个角落……他们和所有民族混居，却未被同化，他们没有统治者，却始终维系一个民族……一个立法者该拥有何等大的力量方能造成如此奇迹呢？就我们现在所知的法律制度里，仅这一制度能历经诸般试炼，而永远屹立。

摩西律法所以能留存至今，可能并不全归因于其固有的智慧，而是由于处于敌对教条、外邦律法险象环生的社会中仍能维持秩序和稳定。在散居异邦的犹太人中，犹太教的会堂必然成为宗教与政治的中心，犹太拉比们借赋予一种深入犹太人生活各个部分的戒律宗教信仰，使他们的同胞团结在一起，历尽人世间的一切甘苦沧桑。《摩西五书》就成为这个无形国家的宪法，《塔木德》就是最高法庭，其威力远胜人嫌恶的力量。

正统教派没落时，反犹太主义者失去了他们的宗教论据，一般具有启蒙思想的人认为：仅由于少数人所犯的上古罪孽，就是那位老祭司对基督从圣殿到法庭一路上所做的迫害，他是因嫉恨一切了解基督而钦羡他的大众转而迫害基督的，若因此而一代又一代地迫害整个民族，是极其残忍而荒谬的。仔细研读《福音书》的人都还记得，耶稣是始终维护犹太教的，即使他在对那些虔诚的假冒伪善者做严厉批评的时候。任何读过历史的人都知道，基督教世界里几乎每个民族，都曾一度迫害过异教徒，而且不是仅仅将某一人钉在十字架，而是做集体屠杀或宗教裁判。

伏尔泰最清楚此种情形。他曾一再斥责基督徒对犹太人的迫害，在他的史诗《亨利亚德》中说：

> 马德里和里斯本可怖的怒火啊！
> 每年都有部分不幸的犹太人，
> 被宗教裁判送入你世俗的烈焰中！
> 只因他们认为：
> 他们祖宗的信仰为至高无上！

他赞扬犹太人"清明而正规的生活方式、禁欲、劳苦"，他很了解欧洲犹太人之所以喜欢从商，是因他们不能购置土地，"不能在一个国家长久地"——安全地——"生根"，但伏尔泰最后还是一位极端的反犹太主义者。他曾与犹太资本家有过一段不愉快的来往。他到英国时，携带了一些伦敦银行家梅迪纳的汇票，然而其时他宣告破产，欠了伏尔泰 2 万法郎。在柏林，以前我们曾看到，他雇用希尔施，企图从萨克森购进贬值公债输入普鲁士，获得 65% 的利润。（这是不合法的，希尔施曾警告过他。）哲学家与金融家因此争吵，终于走进法庭，对簿公堂，弄得彼此仇恨的下场。在伏尔泰的论文《论风俗》中，他尽情发泄自己的情感，他描述古希伯来"是一个可爱的国家，土匪的人民，凶暴，可恶，其法律为野蛮的法律，其整个历史是一部罪恶对抗人性的故事"。一位天主教教士摒斥这样的断案是无稽可笑的。伊萨克·品托（Isaac Pinto）是一位饱学的葡籍犹太人，1762 年出版《评论》（*Reflections*），批评伏尔泰所编的《哲学辞典》关于"犹太"人一条中反对犹太人的文字。最后，伏尔泰承认，他错把少数人之恶归罪于整个民族，并答应再版时删除这些攻击性的文字，但事后他就把这事忘了。然而一般说来，法国作家在这一问题上都不赞成伏尔泰，卢梭是以了解而同情的口吻描述犹太人的。

在大革命以前，居于法国的犹太人没有公民权，但他们自己发展了几个富庶的社区，而且培养了一些具有影响力的领袖，其中一人购买了一块领地，包括法国北部的城市亚眠。他运用中古特权，任命教堂牧师，虽有主教反对，但巴黎国会还是支持了这位犹太籍的领主（1787 年）。法国政府非常感谢犹太资本家在西班牙和波兰王位继承战争中所做的贡献，在收复 1720 年因为一名叫劳的人探险失败而陷落的因得斯城，犹太人也出力甚巨。住在波尔多的犹太人特别富有，他们的商人银行家均以廉正慷慨著名，但他们以具西、葡籍犹太人自傲，并成功地将一切中北欧犹太人赶出波尔多。

18 世纪，在西班牙没有一个公开的犹太人，在西班牙波旁王朝统治的最初几年，有一些小团体对于菲利普的开明运动信以为真，恢复犹太崇拜中神秘的宗教仪式，许多案件因此被告发。1700 年至1720 年，宗教裁判所在巴塞罗那处死了 3 位、在哥多华处死了 5 位、在托利多处死了 23 位、在马德里处死了 5 位犹太人。由于上述案件的刺激，宗教裁判所的处分更变本加厉，1721 年至 1727 年其法庭审判的 868 件案例中，有 800 件以上是为了犹太教的信仰，而被定罪的人中有 75 人被判火刑。此后这类例子就极稀少，1780 年至 1820 年，即宗教裁判所存在的最后几年，审问了 5000 个被告，其中只有 16 人是因犹太教信仰而被控，在此 16 人中，10 个是外国人。西班牙律法仍然禁止非林皮亚兹人（limpieza）——丝毫没有犹太血统的纯西班牙人参加军公职。某些改革家认为，这种规定使西班牙政府与军队丧失了许多能干的人才，殊为可惜。1783 年，查理三世放宽了此项法律。

在葡萄牙，宗教裁判所烧死了 27 名拒绝背叛犹太教的犹太人（1717 年）。席尔瓦（Antônio da Silva）被骚塞评为最好的葡萄牙戏剧作家，1712 年自里约热内卢来到里斯本。1726 年，因为他和母亲都为犹太人而被捕，结果母亲被烧死，他自己因发誓放弃犹太教信仰而被释，后来他又公然恢复旧信仰，旋即在 1739 年被烧死，时年仅 35岁。蓬巴尔在他许多改革中，废止了一切新旧（改变信仰的）基督徒之间的法定差别待遇（1774 年）。

在意大利，威尼斯开解放犹太人的风气之先，1772 年，宣布威尼斯共和国内一切犹太人的自由与其他民族一律平等。罗马堪称落后，居于罗马的犹太人区在欧洲算是最差的，由于犹太拉比的鼓励，生殖率相当高，于是增加了贫穷与肮脏，一度曾有 1 万个犹太人挤在 1 平方公里的空间内。台伯河每年的泛滥，淹没了犹太区的狭窄街道，使每间住宅塞满了传染瘟疫的泥泞。罗马的犹太人遭受到各个行业的排斥，只有从事裁缝一途。1700 年，3/4 的成年男子都是裁缝，而且蔚为风气。1775 年，教皇庇护六世颁布一项敕令重申旧禁并增加新令："犹太人不能乘坐马车，送葬不可唱挽歌，不能为死者竖立墓碑。"罗马的犹太人还要等拿破仑的解放以获自由。

在奥地利，玛丽亚·特蕾莎认为是怜悯心促使她将犹太人局限于特定的狭小地区内，并禁止他们从事工艺、公职及购置不动产。她的儿子约瑟夫受法国启蒙运动的影响，于 1781 年向国会提出一项"使我国境内——奥地利、匈牙利、波西米亚——所有犹太人对社会皆能有用"的计划，他认为犹太人也该学习本族语言，而且学习 3 年后，须在一切法律、政治、商业事务上使用国语。犹太人"在举行犹太教仪式和实践其教义时，应不受任何干扰，他们可以从事农业、工业、商业和参与艺术工作——不过，他们仍不能成为同业公会中的领导分子，因为具有这种身份的人，需要宣誓信仰基督教。此后，一切屈辱犹太人的歧视和限制被废除，不留一丝痕迹"。国务院和省府官员不同意约瑟夫的计划，认为太过宽大而急促，一时不能为大众接受，约瑟夫同意让步，另于 1782 年 1 月 2 日公布"信教自由特许"，法令只适用于维也纳和奥地利低地地区的犹太人。他们有权送儿女入公立学校和大学、享受经济自由，但不能购置不动产，不能有独立的公共组织，不能在省会建会堂，不能居住于某些特定城镇里——可能因为在那些地方反犹太人的活动非常激烈。约瑟夫要求基督徒的臣民尊重犹太人的人格和权利，好像对待自己的同胞一样。任何加诸犹太人的羞辱或暴力，都会受到严厉的处罚。不准强迫犹太人改教。不久，他也对波希米亚、摩拉维亚和奥地利西里西亚发布类似的敕令。皇帝赞赏犹太人对他财政上的贡献，提升数名犹太人为贵族，任命数名犹太人为财政家。

据法国驻维也纳大使的报告："皇帝的改革引起普遍的不满……认为赋予犹太人许多的方便，就是注定要毁灭国家。"基督教商人敌视他们的新竞争者（指犹太人），教士们谴责皇帝的敕令是容忍公开的异端。拉比也反对犹太子弟进入公立学校，唯恐他们会被引诱叛离犹太教。但是，皇帝仍然坚持，直到他去世的前一年，还公布对加里西亚的信教自由法令，在加里西亚一个城镇伯罗蒂，有 8 万名犹太居民。约瑟夫去世时（1790 年），维也纳已经很习惯于新的状况，而且该地也准备迎接 19 世纪光辉灿烂的维也纳犹太教—基督教文化。

大体而言，犹太人的处境在伊斯兰世界比在基督教世界里还要好些，玛丽·蒙塔古夫人的描述或许有些夸张，她形容犹太人 1717 年居于土耳其的情形：

　　犹太人在这个国家有令人难以置信的权力，他们有凌驾于土耳其本地人之上的许多特权……有自己的法律。他们掌握了整个帝国的商业，其原因，部分由于他们彼此之间紧密的联合，部分由于土耳其人疏懒的个性和他们对商业的需求。每位土耳其高级文武官员，都有犹太人作他们的代办……犹太人是一切大人物的医生、管家、通译……他们中间许多人都是巨富。

　　在俄罗斯，尤其是靠近波兰边界几省少数的犹太人，在彼得大帝死时的命运与上述迥异。1742年，女皇伊丽莎白下令："所有犹太人必须立刻离开本国，此后不准以任何借口回来，除非他们接受基督教的信仰。"1753年，有将近3.5万名犹太人被驱逐出境。有些俄罗斯商人上诉女皇，要求延缓执行，理由是犹太人的离境导致商业落入波兰人与德国人手中，因而使数省经济萧条，但伊丽莎白女皇拒绝延缓。

　　叶卡捷琳娜二世即位时，她很想让犹太人回来，但因政权尚不稳固，不敢面对教士的反对。第一次瓜分波兰带来新的困扰，即如何处置长久定居于波兰领土内的2.7万名犹太人，这一部分波兰领土已因瓜分而并入俄国版图，叶卡捷琳娜二世于1772年宣布："居住于新入俄土的犹太团体，仍然享有其目前所有的一切自由。"准许波籍犹太人享有极大的自治权，可参与市府公职，但禁止从旧属波兰省移入俄罗斯内地。1791年，犹太人才被批准居住在赫尔松、托利达、叶加特林诺斯拉夫诸省，以迅速充实这些新征服领土的居民人数，以便利防御。然而，俄罗斯商人在经济上排斥犹太人，俄罗斯社会在宗教上反对犹太人，使居于帝国境内的犹太人生活艰困而处境危险。

　　1766年，波兰有62.1万名犹太人。其获有保障的"特权"由前王赋予并由奥古斯都二世和三世批准，但这两位萨克森人忠于他们的两个王国与两种信仰（且不提他们的情妇），无暇镇压波兰人民对种族的仇恨。政府对犹太人课以杂税，乡绅剥削他们使其沦为农奴，地方官吏为保护本地免受暴乱，也要犹太人付重税。教士斥责犹太人为"顽固、执迷于无宗教"。1720年的宗教会议，要求政府应该禁止新会堂的建立和旧会堂的修葺。1733年的宗教会议，重申中古戒律：容忍犹太人的唯一理由是"他们是基督受难的提醒者，并借着他们受奴役的悲惨情形，作为上帝对不洁之民所做的合理鞭笞的明证"。

1716年，一位改教的希伯来人塞拉菲诺维奇出版《犹太教礼仪的真面目》（*Exposure of the Jewish Ceremonies*）一书，指责犹太人为了各种不可思议的目的而使用基督徒的血：将血抹在基督徒门上，掺在逾越节所吃的无酵饼里，浸透附有符咒的布，目的是保护家庭或使商业发达……犹太人向塞拉菲诺维奇挑战，召开拉比和主教会议，听取他为自己的断言辩护，但塞拉菲诺维奇没有出席，只将该书再版，又控告犹太人杀孩童以获得基督徒的血，由于这些罪状，波籍犹太人于1710年、1724年、1736年、1747年、1748年、1753年、1756年、1759年、1760年数度被召受审，惨受极刑，甚至被处死，有些活生生被剥皮，有些受刺刑而慢慢死去。这些受恐怖威胁的犹太人上诉教皇本尼狄克特十四世，请求停止此类控告。教皇由华沙公使下令红衣主教坎帕内利调查，他将一切赞成与反对证据处理过后，发表一篇备忘录，证实没有一件案子是有罪的。罗马的裁判法庭同意主教的备忘录，华沙公使通知波兰政府（1763年）："教皇多方调查上述越轨行为的理由——犹太人做无酵饼需掺入人类的血，得以下的结论：无任何证据足以证明那种偏见的正确性。"教皇英诺森四世于1747年也做同样的声明，但此类迫害仍然存在。

波籍犹太人经常生活在惧怕被杀之中。1734年、1750年及1768年数队哥萨克人和俄罗斯正教农民组成的"暴乱者"，劫掠了基辅、沃哈尼亚和波多利亚许多城镇和乡村，抢夺财产，杀害犹太人。1768年，暴徒们拿了一枚金牌，伪称是女皇叶卡捷琳娜二世所有，声称女皇要他们灭绝一切波兰人和犹太人——"我们神圣宗教的亵渎者。"在乌曼城，他们屠杀了2万名波兰人和犹太人，叶卡捷琳娜派一队俄军协同波兰军队扫荡暴徒。

在日耳曼，犹太人虽还忍受许多政治、经济上的不公平待遇，但生活还算安全、富足。大部分公国仍对犹太人课以重税。法律只允许被限制的少数犹太人居住在柏林，但没有严格执行，住在柏林的犹太人渐多且富。住在汉堡和法兰克福的犹太人也是同样的情形。1789年，1000多名犹太人参加在莱比锡举行的商展。日耳曼的统治者，甚至天主教的主教亲王，都雇用犹太人打理他们的财政和负责供给军队粮饷。约瑟夫·奥本海默（Joseph Oppenheimer，1692—1789年）以"Jew Süss"知名，服务于曼海姆的选帝侯巴拉丁和符登贝格公爵卡尔·亚历山大的军政及其他部门。他的才能和勤勉为自己和公爵赚得不少财富，同时树敌颇多，曾一度被控在铸币上渎职，复经调查委员会证实无罪后，被提升为公爵枢密院委员，在枢密院成为一位知名之士。他发明新的税收，建立皇家专卖制度，公开接受贿赂——然后与公爵均分。公爵建议将一切教会的金钱存放在国立中央银行，新教教士便联合贵族一齐反对公爵和他的大臣奥本海默。1737年3月3日，公爵骤然去世，军政领袖马上拘捕奥本海默和所有斯图加特的犹太人。奥本海默被审判刑，于1738年2月3日被绞死，他的尸首悬于公共广场的笼内。

我们已提过歌德曾数度来到法兰克福城的加登格斯。该城最古老的家族之一，后取名为罗斯柴尔德，其意取自区别于其他住宅的红色屏障。1755年，迈耶年方11岁，父母双亡，他成为该家族之主。当时，日耳曼境内无数的城邦，货币各自独立，仅偶尔为旅行者方便而有交易。迈耶自孩提始就学习货币互换，并从中赚取一点报酬。他还研究货币学，以收集稀有铜币作为他的业余兴趣。他又指导另一个收藏家哈鲁王子，并从他那里获得"银币经纪人"（crown agent）的头衔，大有助于他在法兰克福的商业。他于1770年结婚，育有5子，后来各自发展罗斯柴尔德公司的分公司于维也纳、那不勒斯、巴黎和伦敦。迈耶赢得公正、完全、可靠的赞誉，哈鲁继他父亲为荷瑟—

卡塞尔伯爵时，迈耶又扩充他的生意到宫廷之中，1790年他已年入3万基尔德——比他富有的父亲还要多出600。这个家族的财富在法国大革命时急速增加，迈耶也从事军队补给工作，受托保藏或投资王室资产。

犹太人在荷兰与斯堪的纳维亚半岛上一直享有相当的自由。阿姆斯特丹的会堂非常兴盛。在丹麦，犹太人聚集区并不显著，他们可自由迁徙，可与外人通婚。阿尔托纳是一座自汉堡跨越易北河的商业城市，但仍属丹麦，是欧洲最富庶的犹太区之一。在瑞典，国王古斯塔夫三世保障犹太人安全地举行宗教仪式。

许多逃避波兰与波西米亚宗教迫害的犹太人避难至英国。流亡人数自1734年的6000人增至1800年的2.6万人，居于伦敦的有2万人。他们极其贫困，但仍照顾他们的穷人、维持他们的医院。虐待犹太人运动（Jew-baiting）曾经风行一时，但犹太人在拳击方面崭露头角，并有犹太人成为拳击国手时受到抑制。由于政府军、文职人员必须宣誓成为基督徒，犹太人无法担任军、公职务。萨普桑·吉登由于改信基督教，成为英伦银行诸部门首长之一。1745年，詹姆士二世之孙查理·爱德华带着一批苏格兰军队进攻伦敦，要求乔治二世退位并恢复斯图亚特王朝时，民众对政府失却信赖，引起一阵恐慌，纷至银行提款。吉登领导犹太商人和大亨解救危机，他们将私有基金全倾于银行，在商业交易上，使自己能维持银行钞票的面额，银行尽其义务，信誉恢复，查理·爱德华遂被击退。

辉格党内阁为表示其谢意，特于1753年由国会提出一项法案，规定一切出生在外国居留英格兰或爱尔兰三年以上者，可以归化为英国人并享有公民权。（出生本地者，一出生即可入英籍。）上院贵族与主教均赞成，下院以96票对55票通过。但英国民众因不了解犹太人对解救银行危机的贡献，群起反对，送给议会的抗议书几乎来自英国的每个乡镇，教士和客栈老板联合上诉，商人阶级也控诉允许犹太人进行商业竞争将难以容忍。（那些投票赞成这一法案的主教，当街受到公众侮辱。）那久被遗忘的关于犹太人杀害基督徒祭神仪式的古老传说重新复活，数以百计的反对小册子、歌谣、漫画和讽刺嘲骂的文章充斥市面。妇女们在她们的衣服和胸襟上绘上十字架，装饰的缎带上也有"无犹太人，基督教始可永存！"的字样。辉格党的领袖们，唯恐下届选举被击败，终于取消了这一立法（1754 年）。

神秘的慰藉

许多犹太人，尤其是在波兰境内居住的犹太人，由于他们在世间所受的苦难，就退隐到超自然的安慰里，有些人因努力研读犹太经典而损坏了眼睛，有些人耗尽智力在犹太教的神秘哲学里，有些巫士并不顾假弥赛亚、萨巴太、兹弗的叛教与死亡，仍相信他们是神。而背弃犹太教，斥其具有异教徒的盼望与仪式的色彩，詹库·雷波维茨后以土耳其人给予的名字雅各布·弗兰克知名，劝服了数百名波兰籍犹太人相信他是兹弗的化身，他的教训近似温和基督教异端派，认为三一的神是由父上帝、母玛利亚及子弥赛亚组成，最后他把他的随从带进天主教会里（1759 年）。

波兰犹太教的浅陋情况，多少被哈西德运动（Hasidic Movement）挽回，这位"虔诚主义"（doctrine of piety）的创始人班以利艾萨克，以"善名之师"（Baal Shem-Tob）闻名，简称"巴沙"（Besht）。他教育儿童，到处漫游，生活清苦而愉快，祷告获致极乐，用山上药草施行医术，要求他的信徒，应多注重个人与神直接而亲密的交感。从大自然的各种表现与风景中，从岩石与树林中，从幸福与痛苦中，寻求神并爱他，而不必过分重视犹太教会堂的仪式与犹太教经典的教训。他吩咐信徒们，要享受现实人生，代替过去对犯罪的忧伤。有时他这种高明的教训，酷似基督的教训。"一位父亲向巴沙抱怨他的儿子离弃神，说道：'先生！我该怎么办？'巴沙回答是：'更加爱他。'"

在某些方面，哈西德运动颇似在摩拉维亚教会的教友或日耳曼的虔信派信徒和英国的卫理公会教徒。他们同样将宗教从外在的圣殿带进人的心灵，但又摒斥苦修主义和忧郁，嘱其信徒可以跳舞，享受伴侣的拥抱，也可以喝得酩酊大醉。

巴沙去世之后，他的信徒受到其继承者的照顾，有时也受其蒙骗。正统犹太经典的信奉者，在博学但富有宗教狂热的维尔纳的领导之下，以演说布道与逐出教会的方式，攻击哈西德教派，但波兰被瓜分时（1772—1792年），这一教派的信徒骤增，在18世纪末，其会众号称有10万人。

犹太人的尘世生活如此艰难，其心灵又如此紧系于天国，因此极不可能在俗世的文学、科学和哲学方面有大的贡献。只要任何一所大学有宣誓加入基督教方可入学的规定存在，所有的犹太学生都会被摒弃于门外。《摩西法典》限制他们从事绘画艺术，使他们的欣赏力无从产生，无论用极少数人能懂的希伯来文，还是用尚未成为文字的意第绪语（Yiddish）写作，除了宗教注释或普通琐碎事物以外，都不能刺激创作任何的文学作品。在实用艺术里唯一值得一提的是，波尔多发明的专为聋哑者设计的手势语言，赢得了狄德罗、卢梭、达朗贝尔、布丰等人的赞誉。此外，一位犹太诗人的成就，也照耀了这一暗淡无光的时代。

牟瑟斯·查依姆·拉加图1707年出生于意大利的富有家庭，受过良好的教育，师从罗马与意大利诗人如瓜里尼学习诗歌韵律的技巧，并能运用这一技巧在希伯来诗歌的创作上。他的诗歌韵文流畅，纤巧迷人，为耶胡达·哈勒维以后所少见。17岁就编写关于萨姆松和菲利士人的剧本，后转而研读《佐哈尔》（Zohar，约14世纪犹太教神秘经典），他的想象力完全局限于神秘虚幻的故事，将部分《佐哈尔》经典译成诗歌，自认富有神的启示，又写了第二部《佐哈尔》经典，宣称自己即是那位曾答应过犹太人的救世主弥赛亚。威尼斯的犹太拉比开革了他（1734年），他逃到美因河的法兰克福，该地的拉比要求他放弃做弥赛亚的幻想。他动身前往阿姆斯特丹，此地的犹太人欢迎他,与斯宾诺莎一样,他借磨镜片为生,并再度从事对犹太神秘哲学经典的研究。1743 年,他编写了一部希伯来文戏剧《荣耀归于至德》,除了使用一些拟人化的戏剧人物之外,还赢得了那些善批评者的称赞。譬如他说,由于权术与欺诈导致的普遍无知就产生愚昧,愚昧一再挫折智慧,剥削功德,直等到真理彰明、理性与容忍最终战胜欺诈为止,然而所谓真理就是"犹太教的神秘哲学"。1744 年,他到了巴勒斯坦,希望被称为弥赛亚,但于 1747 年因瘟疫死于阿卡,享年 39 岁。他是犹太中世纪最后一个有力的声音,正如门德尔松是从保护的隔离中走进近代思想的犹太主义的第一个声音一样。

门德尔松

他与康德是朋友,也是对头;他是莱辛的朋友,也是他灵感的提供者;他是作曲家和指挥家门德尔松的祖父,18 世纪的名人。他的父亲梅纳赫姆·门德尔松,是德绍犹太学校的一名老师和雇员。门德尔松 1729 年 9 月 6 日生于德绍,有"摩西第三"的雅誉,热衷研究,终生患背脊骨弯曲症。他 14 岁到柏林,深入钻研《塔木德》,严守教规:"吃面包掺盐,有限度地喝水,睡在硬地板上,过着穷困的生活,终日忙于钻研律法。"7 年之久,他满足于自己的阁楼生活,将每周面包分成 7 份并标上记号,靠着帮人抄写文件的微薄收入维生。在柏林时,详读迈蒙尼德的作品,从这位"摩西第二"的生平事迹中获得鼓励,并从他和生活中学得如何变骄傲为谦卑、化暴戾为祥和。他在柏林的同事教他拉丁文、数学、逻辑学。他读过由洛克原著译成的拉丁文本,又读了莱布尼茨和沃尔夫的作品,很快他就爱上了哲学。他也试着用德文写作,其文笔平实流畅,在当时日耳曼文学中诚属罕见。

21 岁时,他做了艾萨克·伯哈德家族的教师,结束了贫穷的生涯。艾萨克·伯哈德在柏林拥有一间缫丝厂。4 年后,他成为该厂的会计，继而为此厂的巡回代理人，终成为合伙人之一。他一直维持此业到老年，因为他不愿依靠自己出版的书籍为生。约1754年，他遇到莱辛，在一局棋赛中，从此揭开友谊之幕，虽然彼此在哲学观点上互有歧异，但友谊维持到莱辛去世。1754年10月16日，莱辛致友人函："门德尔松，年25岁，从未受过大学教育，却能在语言、数学、哲学及诗歌的造诣上有大成就，我预见此人必成为我国的光荣，假如他能借其教友之助达到成熟的话……他的热诚和哲学精神迫使我预期他必是斯宾诺莎第二。"门德尔松也称："莱辛友善的言语和神色，能驱尽我心中一切的忧郁和悲伤。"

1755年，莱辛着手整理出版门德尔松所写的《说话哲学》(*Philosophische Gespräche*)一书，该书阐释斯宾诺莎和莱布尼茨的论据。同年，门德尔松与莱辛合作写一论文《蒲柏，一位形而上学家！》，批评英国诗人没有自己的哲学，完全抄袭莱布尼茨。1755年，门德尔松出版《论情感书简》(*Briefe ber die Empfindungen*)一书，领先康德的观点，认为美感应独立于物欲之外。这些出版，使这位犹太人得以极受欢迎地进入在柏林不太"平静的哲学家同谊会"。通过莱辛，他认识了尼古拉，二人共同研读希腊文，他很快就能阅读柏拉图的原文，他又帮尼古拉建立纯文学与美术图书馆，又为其他定期刊物写稿，对当时文学艺术批评的潮流产生极大影响。

现在，门德尔松认为自己该成立家室了，就在1762年，32岁的门德尔松与25岁的弗若米特·古根海姆小姐结婚。因为两人已达理性成熟之年，这段婚姻非常美满愉快。在他们蜜月期间，他着手撰写《形而上学可否容许如数学上的证明存在？》一文，以角逐柏林大学提供回答该问题最佳作品的奖赏。康德也是竞争者之一。门德尔松终于获奖（1763年），赢得50杜卡特和国际声誉。

一位竞争者托马斯·阿伯特，是奥得河法兰克福的教授。在他致门德尔松的一封长函中称：他怀疑灵魂不灭说，也为该信念的丧失导致的道德信条的沦丧和最终慰藉被剥夺的不幸而悲痛，门德尔松部分原因是答复这一问题，又写了他最有名的著作《论灵魂不朽》，采用柏拉图式对话录的通俗文体。他说人的灵魂（是争论的焦点），显然不同于一般事物，我们也可相信它不同于人肉体的命运，假如我们信神，我们不可能相信神会将一种没有真理基础的盼望放在我们体内来欺骗我们。甚至如康德所言，人的灵魂有一股自然力量，驱使自己圆满，但此圆满无法于有生之年来到，所以神才容许灵魂在人的肉身死亡后仍然存在以完成它。门德尔松认为："若无上帝这位不朽者的存在，生活上的一切善行在我眼中毫无价值。而我们的一生也宛如是在风雨的夜晚中，寻不到掩蔽、庇护的慰藉，而绝望地漂泊着一般。"他的论证虽嫌脆弱，但文体优美，为所有读者喜爱。柏拉图式的对话录，似乎重为人捕获，他因而博得"日耳曼的柏拉图"之名。这本小书销行 15 版，几乎翻译成欧洲所有文字，包括希伯来文在内。在那个时代，该书成为日耳曼境内家喻户晓的非小说性读物。赫尔德和歌德赞扬他，拉瓦特亲自拜访他，仔细端详作者的面孔和烦恼，声称他的每一根线条和每一记脉搏都显示出苏格拉底的精神。

　　许多不同宗派的基督徒也赞扬这位雄辩的犹太人，两位圣本笃教士祈求他灵性的帮助。但 1769 年，虔诚的神学家和骨相专家拉瓦特突然公开吁请门德尔松改信基督教，因此引起一阵骚动。门德尔松于 1770 年作《致拉瓦特执事先生》答复函，他承认犹太教和犹太人生活中有若干缺点，但这些缺点在每个宗教发展史上均有，他提醒拉瓦特注意犹太人在基督教世界忍受的艰辛，并说："若是人有良心，该了解目前犹太人所处的状况，远非我所能描述。"结论说："我是如此坚定地确信我的信仰，我可乞神作证，终我一生必坚持犹太教信仰中一切基本信条。"拉瓦特极受感动，谦卑地忏悔他所做的请求。但仍有许多攻击性文件指斥门德尔松为异教徒，一些正统犹太人更指责他容忍恶习侵入犹太教的宗教习俗中。这类争论一度引起热烈的辩论，远胜于讨论国家政策和腓特烈大帝身体状况的欠佳。

门德尔松的健康因这场骚扰受损，1771年有几个月之久须停止一切心智活动。在精力恢复后，他更将大部分时间致力于解除同胞的痛苦。瑞士有几个州准备制定法规限制犹太人时，他请求拉瓦特加以阻止，拉瓦特照办了，效果很好。德累斯顿当局驱逐数百名犹太人时，门德尔松又凭借与当地某位官员的友谊，使犹太人获准留境。他于1783年发表《摩西五书》的德文译本，此书引起另一场论战风暴。因对原文做了一点批评，与当时远离会堂的柏林犹太人联合的洪贝格论战，数名拉比禁止这一译本，但它在犹太社会中仍很风行，年轻的犹太人从中学得德文，下一代的犹太人也积极从事日耳曼的知识活动。1779年，莱辛出版一剧《智者纳旦》，读者们皆认为该书是对他犹太籍朋友的颂扬。

正当他的声誉和影响力达到巅峰时，门德尔松又劝服马克劳斯·赫兹将马纳塞于1656年对英国人民所做的演讲——《犹太人的辩白》（*Vindication of the Jews*）——译成德文。他在译文前加一篇序言，题为《犹太人的拯救》，要求拉比放弃他们破门律的权利。1783年，他又著《论宗教权利与犹太教》，极富影响力，在此他重新保证他的犹太教信仰，呼吁犹太人走出他们的生活圈子，反对宗教信仰迫害，又认为国家应依靠劝服更甚于凭借武力来治理。康德同样处于巅峰状态，曾致函门德尔松，这在友谊史上有其重要价值：

> 我认为此书是大改革的先锋，这一改革不仅影响你的同胞，也及于他人。你很成功地将你的宗教信仰与良知自由结合在一起，而且达到一种意想不到的境界……同时，你如此明显而完全地证实不受限制的良知和自由在任何一种宗教中的必要性，最终使我们的教会（路德教派），也考虑到如何除去在我们中间影响与抑制良知和自由的一切事物。

此书受到许多正统犹太教与基督教领袖的攻击，却大大有助于犹太人的解放与西化。

1783 年，门德尔松年已 54 岁，体力、健康都很衰弱，他也自知将不久于人世。最后几年，他给朋友及儿女的讲话里一再阐释他的犹太教条，以后（1785 年）收集起来又出版《晨光或论上帝的存在》一书。在他最后一年，读到雅各比所著的一书，极为震惊，该书说他那已逝的朋友莱辛久已笃信斯宾诺莎的泛神论。他不能相信，为文辩护，在手稿付梓期间染上感冒，因此并发中风而谢世，时为 1786 年 1 月 4 日。犹太人和基督徒联合为他在他的出生地德绍城竖立一座铜像。

他是 18 世纪最具影响力的人物之一，由于著作的鼓舞及他成功地逾越宗教藩篱，许多年轻犹太人得以走出他们狭窄的生活圈，而且很快地在文学、科学、哲学上崭露头角。马克劳斯·赫兹进入柯尼希山大学，攻读医学，选修了几门康德的课，成了这位认识论学者的助手和朋友。因此，唯有他看到了《纯粹理性批判》的原稿，但他读了一半就放弃了，因恐自己继续读下去会发疯。他回到柏林后，自己开业行医，也对犹太教徒和基督徒演讲医学和哲学。他的妻子亨丽埃塔既美丽又有成就，开设一个沙龙，成为 18 世纪末 19 世纪初柏林知识分子的聚集处，洪布洛特、施莱尔玛赫、施莱格尔、米拉波等都到过这里。门德尔松的几个儿女都改信了基督教，两个女儿参加了亨丽埃塔·赫兹的沙龙，其他的加入了塔珍布德（Tugenbund）道德团，赞成任意选择的男女关系胜于对婚姻的忠实，亨丽埃塔与施莱尔玛赫有暧昧行为，杜洛丝亚·门德尔松离开她丈夫，成为施莱格尔的忠实夫人，最后成了一名天主教徒，亨丽埃塔·门德尔松也接受了罗马天主教条，亚伯拉罕·门德尔松使他的孩子，包括音乐家门德尔松在内，受浸加入路德教派。那些正统的拉比宣布他们的预言都不幸被证实了，但这都是新自由的意外结果。门德尔松的影响仍长存于犹太人的知识、科学与政治解放等方面。

走向自由

就知识而言，在当时的解放是采取"哈斯卡拉"（*Haskalah*，意为智慧）的形式，但就上文所言的发展来看，却变成了犹太人的启蒙运动。一批新兴犹太人反抗拉比和《塔木德》的束缚，最后积极走向梦想中的现代思想。这些反动派学习德文，特别是那些出身商人或金融家家庭的子弟，大多学习法文。他们研究日耳曼的自由思想家，如莱辛、康德、维兰德、赫尔德、席勒和歌德。许多人还研究伏尔泰、卢梭、狄德罗、爱尔维修、霍尔巴赫。自由派和保守派犹太人有了分歧，前者追求现代化，后者致力于维护《塔木德》和会堂，认为仅此一途才能保障犹太民族宗教和种族的完整。

哈斯卡拉运动从日耳曼向南发展到加里西亚和奥地利，向东发展到波希米亚、波兰和俄国。在奥地利，这一运动因约瑟夫二世的容忍运动相助而蓬勃发展，后者准许犹太人入非犹太人学校就读。某些拉比起而反对时，一位汉堡犹太诗人拿弗他利·威斯利用希伯来文写一份宣告，要求他们批准犹太人受俗世教育，又鼓励年轻一代使用希伯来文和德文，以代替过去使用的意第绪语。除了研读《圣经》和《塔木德》外，还要学科学与哲学。他的意见被奥地利的拉比否决，但为的里雅斯特、威尼斯、费拉拉和布拉格的犹太领袖接受。自那以后直到现在，犹太人在科学、哲学、文学、音乐和法律上的贡献，远超过他们在世界人口比例上应有的贡献。

知识和经济的发展促进了犹太人的解放。天主教的学者如理查德·西蒙使研究《圣经》的基督教学生了解拉比的理论，新教神学家雅克尼斯·巴斯纳吉写了一部友善的《犹太教史》（*History of the Religion of the Jews*，1707年）。贸易、财富的增进，使犹太人和基督徒接触频繁，大大地消灭了种族仇恨。犹太的理财专家在许多国家的政府中，扮演重要而忠诚的角色。

现在，基督徒也开始呼吁终止宗教迫害。1781年，基督徒威廉·达哈姆，也是门德尔松之友，在他的建议下，出版了划时代的宗教论文《论改善日耳曼境内犹太人担任公职问题》，原因起于亚耳沙斯犹太人投诉于门德尔松，请为他们的无资格任公职拟一份抗议书，达哈姆就把它扩大成为解放犹太人的呼吁。他详尽地道出欧洲犹太人忍受的种种限制，并指出不能善用犹太人的智慧和才干，对于欧洲文化而言是无法弥补的损失！"这种排外的原因明显与人性和政治抵触，残存黑暗时代的烙痕，实在不值得留到今天这样开明的时代。"他建议犹太人有完全宗教自由，受教育和就业自由，享有一切公民权，但仍不能任公职，因为他们尚未准备好。

他的论文在许多国家引起争论，有些反对者认为他出卖自己的文笔给犹太人，但有些新教教士则起而护卫他。瑞士历史学家约翰尼斯·米勒支持他，并建议将迈蒙尼德的著作译成德文和法文。奥地利1782 年的"容忍状"和1783 年美国犹太人的政治解放，更促进了解放运动。1784 年，法国政府很吝啬地解除犹太人的重负——个人税，米拉波侯爵和马勒泽布也一同维护解放运动。米拉波之子小米拉波伯爵更撰文《论门德尔松和犹太人的政治改革》（1787 年）予以声援。格雷古瓦也以其得奖著作《论犹太人物质、精神与政治的革新》推进此次运动。

最后的政治解放尚有待于法国大革命。1789 年 8 月 27 日，国民会议公布的《人权宣言》隐含解放之意；1791 年 9 月 27 日，立宪大会正式给予法国境内一切犹太人完全的公民权，革命军及拿破仑军队分别于 1796 年、1797 年、1798 年、1810 年、1811 年为荷兰、威尼斯、美因茨、罗马、法兰克福的犹太人带来自由。对于犹太人而言，中世纪的黑暗时代终于结束了。

第十一章 | 从日内瓦到斯德哥尔摩

瑞士人（1754—1798）

欣赏瑞士这个观光乐园的和平气氛，及其人民在勇气和廉正方面显现的智慧的那些人，很难了解在欧洲各国过去与现在均赞许不已的沉静个性、耐心务农和稳定工业之下，也埋伏了种族与种族、语言与语言、教派与教派、邦与邦及阶级与阶级之间的冲突。在相当范围内，瑞士几已实现了圣皮尔修道院院长描述的、卢梭和康德梦寐以求的理想：邦联国家，内政彼此独立，但对外事务保持一致的行动。1760 年的"赫尔维希亚同盟"（the Helvetic Union），旨在促进全国而非各州的团结，并统一政治改革的各种不同的运动。

住在邻近的伏尔泰估计 1767 年瑞士的人口为 72 万人。他们多数人以农耕和栽培葡萄为生，开垦山坡地达到山巅。纺织工业日渐发展，尤以圣加仑省和苏黎世州两地为甚，格拉鲁斯、伯恩、巴塞尔等地也逐渐形成制造业中心。日内瓦和纳沙泰尔是制表工业的两大中心，自伦敦至君士坦丁堡（该城有 88 家代理商），欧洲各地都有日内瓦的代理商，使日内瓦外销业进展神速，很快便使这个罗讷河上的城市繁荣富庶。银行迅速增加，因为瑞士金融家向来以忠实享誉国际。

与各处一样，才智总归于少数人，以致形成了财富集中的现象。大体来说，诸邦郡由寡头政府统辖，他们的行为与其他统治阶级无异。贵族是文学、科学和艺术的慷慨拥护者，但他们反对任何扩大投票权的行动。吉本此时住在洛桑，曾责备伯恩城的寡头政府打击其附属各郡的工业、压低当地的生活水准，他们的原则是"贫苦和服从的臣民总比富裕和抗命的臣民易治得多"。常有许多社团一次又一次地组成，旨在废除经济和政治特权，但是屡为国家和教会联合加以阻挠。整个 18 世纪，断断续续发生的阶级战争沸腾着日内瓦一地。1737 年至 1762 年，该地得享较和平的时期。但市委员会焚烧《爱弥儿》一书（1762 年），又引起扩大投票权的运动。卢梭和伏尔泰两人协助这一运动，经过太多争斗之后，贵族才肯让步，从而中产阶级始稍可参与政府事务。

但仍有 3/4 的人口全无投票权——生在日内瓦，但双亲非土生市民之人，也称为"二代移民"（natifs）。这些人也不得从事多数的行业，不得服兵役，也无资格为同业公会的会长。他们还被禁止向统治共和国的"大会议"（the Grand Conseil）和"小委员会"（the Petit Conseil）请愿，但他们应付重税。1766 年 4 月 4 日，这些二代移民的代表至费内拜访伏尔泰，请他协助他们取得投票权。伏尔泰对他们说：

> 朋友们，你们是独立、勤勉的社区中人口最多的阶级，但是你们被人奴役。你们只要求享有自然的权益。你们这样小的要求是理该准许的。我将尽我所能影响的力量来协助你们……假如你们被迫离开因你们的辛勤才得以欣欣向荣的国家，则在别的地方我也愿意协助和保护你们。

贵族和中产阶级联合拒绝二代移民的要求，而伏尔泰能做的，只是尽可能欢迎更多不满的技工进入他的地方（1768 年）。1782 年，二代移民起义，推翻贵族，建立一代议政府，但贵族诉请法国、伯恩及萨丁尼亚的协助。这些强权出面干涉，叛变被敉平，再次恢复寡头政治。二代移民要等到法国大革命，才得以自由。

瑞士诸邦在这30余年中，产生了几位国际知名人物。佩斯泰洛齐是主张以《新约》为行为指南的少数人物之一。他与卢梭一样，主张文化已经使人类腐化，但他觉得改革不能通过法律与制度，而应通过教育来改造人类的行为。在他的一生中，他一直喜爱小孩，尤其是穷苦人家的小孩，更重要的是他收容无家可归的小孩，不但收容还施予教育，而在施教过程中，他应用的是卢梭《爱弥儿》一书的自由教育原则，加上自己的某种见解。他曾在书中阐述其见解。《贤伉俪》（*Lionhard und Gertrud*，1781—1787年）一书的女主人公为了改革全村，曾学耶稣来对待民众，并耐心地设想小孩的天分才情来施以教育。佩斯泰洛齐计划在不侵犯别人权益的范围内，给予孩子最大的自由。早期的教育总须提供范例，教学要依赖器材、感官和经验，而非依赖文字、思想和背诵。佩斯泰洛齐在瑞士各学校，尤其在伊韦尔东的学校，使用其教学法。塔莱朗和斯塔尔夫人及其他人曾拜访他，不久其理论即传遍欧洲。不过，歌德抱怨，佩斯泰洛齐的学校渐渐产生懒惰、傲慢及不守纪律的个人主义者。

考夫曼生于格里松省，是当时最有名的女艺术家，可与维基·勒布朗相提并论。年仅12岁，除了是一个优秀的音乐家，绘画亦佳，一群主教和贵族都来要求画他们的肖像。年方13岁（1754年），其父把她带到意大利去，在此她继续未竟的学业，到处都有人为其成就和个人魅力而接待她。1766年，她应邀赴英国访问，以画加里克的肖像而轰动一时。雷诺兹爵士非常喜欢这位"女天使"（Miss Angel），曾替她画像，她也画他的肖像回报。她曾协助成立"皇家艺术协会"（the Royal Academy of Arts），该会于1773年聘她与其他艺术家共同装饰圣保罗像。1781年她退隐罗马，在此（1788年）她与歌德结成好友。1807年她死于该地，卡萨诺瓦代为安排的葬礼，是当时的大事之一。整个艺术界人士送其灵柩出殡。

卢梭以后 30 年最杰出的瑞士人是约翰·拉瓦特。他 1741 年生于苏黎世，是一位新教牧师，终其一生是最热切的正统基督徒。我们已知他曾企图使歌德和门德尔松改教，但他并非教条主义者。他交友是无宗教和国籍界限的，认识他的人都尊敬他，许多人很喜欢他。他著有关于神秘敬神的著作，阐释《启示录》时，想象极为丰富。他相信祈祷及卡廖斯特罗具有奇迹的力量，又曾依梅斯梅尔的处方给予其妻催眠治疗。其最特别的主张是，每个人的个性可自脸和头的形状显露出来。其见解引起歌德和赫尔德的兴趣，他们撰文附于其《面相学》一书中（1775—1778 年）。他研究贵人的颜容、头及身材，而使其头盖骨和脸部形状，与其心智和个性的特质发生关联。其分析和结论在当时被广泛接受，但是一般说来现已为人所拒斥。其基本原则是心理特质（加上空气、环境、饮食、职业等）影响身体和面容的造型，至今仍有相当大的合理性。每个人的脸就是一部自传。

拉瓦特是瑞士名家辈出、文化鼎盛时代的一部分，这包括卢梭、诗人及科学家哈勒、诗人和画家格斯纳、历史学家米勒及霍勒斯。他经过 27 年的尝试，终在 1787 年登上勃朗峰，首开登山运动之风。同时，各州郡均感受到自法国边界吹过来的革命之风。1797 年，腓特烈·拉阿尔普这位叶卡捷琳娜大帝孙子的教师，曾联合巴塞尔同业公会商人彼得·奥克斯，吁请法国革命政府协助他们在瑞士建立民主共和国。伯恩和沃州首先起事（1798 年 1 月），为创建民主国家铺路。1月 28 日，一支法国军队越境入瑞，多数瑞士人民欢迎这支法军，视其为人民脱离贵族统治的解放者。3 月 19 日，宣告成立"唯一永不可分的瑞士共和国"，废止各州郡、各阶级或个人的一切特权，瑞士人在法律之前人人平等。苏黎世抵抗最久，在混乱状态中，那位诚实的老拉瓦特被射伤（1799 年）。由于伤口的慢慢恶化，他终于在 1801年去世。

荷兰人（1715—1795）

丹麦戏剧家霍尔贝格曾于 1704 年访问联合行省（荷兰和比利时）。他特别热爱那里的运河，他说，河上的小船在愉悦的平静中"把我从此处渡往彼处"，"使我每天晚上都可在相当大的市镇上消遣，而在一晚之内，船一到，我就可以长驱直入歌剧院或剧院"。12 年后，蒙塔古夫人也有类似的美好感受：

> 全国（荷兰）看来就像一座大花园。道路铺得整洁大方，两旁树木成荫，接壤之处就是许多大运河，河中到处都有小船来往穿梭……每条街（在鹿特丹）……都那样净洁……昨天我几乎独自走遍城中每一角落，而拖鞋竟一尘不染。你会看到荷兰少女清洗走道……比我们打扫寝室更专心……商船（运河上）可以直抵人家门口。商店和仓库惊人的整洁和高雅，充满了无数难以置信的精良商品。

但这些描述荷兰的愉快报道，是荷兰在西班牙王位继承战争中战胜路易十四，尚未发生不良经济影响之前写的。在此战争中，其人员和财力的消耗，几至山穷水尽的地步，公债数额极巨，运输生意多已为其军事盟邦与商业竞争者所夺，也为日耳曼所夺。荷兰东印度公司股息 1715 年是 40%，1737 年降为 12.5%；荷兰西印度公司的股息 1700 年是 5%，1740 年竟落到只有 2%。"七年战争"带来更大的损害。阿姆斯特丹的银行家曾以高利贷款给交战强权，因而富庶一时，但 1763 年的和约结束了此等美景，许多荷兰银行家经营失败，各种重要企业也因之受害不浅。1763 年，博斯韦尔在荷兰报道说："许多重要城市衰败不堪……到处都可见到无事可做、食不果腹的一群可怜人。"赋税提高的结果，导致资本和人口的外移，此时荷兰和日耳曼的殖民者与南非的土著混血，渐渐形成布尔人（the Boers）。

荷兰人的本性、勤勉及正直终于使荷兰恢复旧观。这个冷静、强壮、节俭的民族，垦殖土地，给风车上油，照顾乳牛群，洗净牛奶坊，并生产风味奇特的乳酪。在科学种植方面，荷兰一直领先欧洲其他各国，德尔夫特也夺回其瓷器市场。阿姆斯特丹的银行家恢复可靠和资金充足的声名，他们冒风险放出低利贷款，接受支付和供应军队的有利契约。政府和企业向阿姆斯特丹银行申请贷款，很少落空。在一个几乎混乱不安的世纪中，阿姆斯特丹的交易所一直是西方世界的金融中心。约1775年，亚当·斯密曾说："荷兰一地……依其领土和人口的比例计算，比英国还要富庶。"

1725年，荷兰最令伏尔泰印象深刻的是，不同宗派可以和平相处。此地有正统天主教徒与詹森派天主教徒，亚美尼亚重自由意志的新教徒与加尔文派宿命论新教徒，再洗礼教徒与苏西尼派教徒，还有一群自由思想家享受着法国的启蒙主义。多数的地方法官为新教徒，但是一位荷兰历史学家说："他们向天主教徒收取金钱，而默许他们做礼拜，并允许他们担任公职。"天主教徒此时占300万人口中的1/3。上层阶级通过贸易而熟悉各种宗派，对各种宗派持怀疑态度，不允许他们干涉赌博、饮酒、饮食及法国式的开明的通奸行为。

法语是受教育的文明人的语言。此地学校林立，莱登大学以医学课程远近闻名，那是为纪念伟大的布尔哈弗（Boerhaave）而开设的。几乎各城都有艺术协会、图书馆及诗人大会，定期举行吟诗竞赛。荷兰艺术商人向来以藏品丰富和善于制造赝品而闻名欧洲。荷兰绘画的伟大时代止于霍贝玛（Hobbema），但特罗斯特至少可说是光荣的共鸣。或许这个时代最光辉灿烂的荷兰艺术产品，是精密点刻或以钻石针刻的玻璃制品。阿姆斯特丹是印刷商中心，有些印刷商是绅士，有些则为盗版专家。18世纪初，文学的创造力消沉了，但1780年的文学中兴产生了一位真正的诗人威廉·比尔德狄克（Willem Bilderdijk）。

一位朋友告诉博斯韦尔，他发现荷兰人"以自己的愚拙为乐"。但博斯韦尔在乌特勒支报道称："每周我们有两次美妙的聚会，几乎每天晚上都有私人舞会……在我们的圈子内有很多漂亮亲切的淑女，即使一百张纸也写不尽对她们的赞美。"博斯韦尔的《荷兰点滴》中最引人注目的部分，是描述他和美女朱丽德或朱伦之间的无奈恋情——那是对伊沙贝拉而言。她生在古老的望族家庭，其父是乌特勒支省的总督。她接受超过其容纳能力的教育，成为傲慢地反正统的人，她藐视传统、道德、宗教及地位，但又以其美丽、愉悦及令人兴奋的坦诚迷惑了不少男士。她捐弃上流社会那种尽人生义务的婚姻。"假如我无父无母我决不愿结婚……我希望有一位把我当作他的情妇的丈夫。我要向他说：'别把忠实当作义务。除了做一位爱人的权利和嫉妒外你应一无所求。'"博斯韦尔这位欧洲罗曼史最多的人，却答以："嘿！我的朱丽德，这是什么话？"然而她坚称："我宁愿住在阁楼上做我爱人的洗衣妇，我讨厌大家族那种索然无味的自由和礼仪。"

朱丽德历经恋情沧桑，结果孑然一身，留下了永远的伤痕。此时她年仅 24 岁，要靠吸食鸦片来镇定神经。30 岁（1771 年）时，她与一位瑞士教师圣亚森特结婚，并与他一道住在洛桑近郊。她发现他的学问不够，于是 40 岁时又爱上了一位比他年轻 10 岁的男人，这个人却在尽情利用她后将她遗弃。她为了发泄感情，写了一本小说《卡丽斯特》（*Caliste*，1785—1788 年），该书曾使圣伯夫爱不释手，为之狂喜不已。47 岁时，她在巴黎遇见了 20 岁的本杰明·贡斯当，竟以其智慧迷惑了他（1787 年）。他曾写道："沙里尔夫人（指朱丽德）对人生所抱的态度极为新颖活泼，她轻视偏见如此之深，才智如此敏锐有力，她对一般人具有优越感，竟然如此的激烈和带着鄙视，而致……她虽显得又怪诞又傲慢，我仍在谈话中找到前所未有的愉快……我们嘲笑人类而觉兴奋。"这种情形继续到 1794 年，本杰明·贡斯当为斯塔尔夫人所迷才告终止。朱丽德痛苦地隐退下来，在耗尽了空虚的生命后，终于在 65 岁那年去世。

在 18 世纪联合行省的政治史上，可以找到悲观主义的资料。自威廉三世死后（1702 年），政府操纵在少数商界领袖手中，他们只留意赋税、重用亲信和耍阴谋手段。1737 年，一位荷兰作家抱怨说："人民不得参与政府大政……国事也不需要顾问或人民表决。"荷兰参与奥地利王位继承战争时（1743 年），该政权在军事上的腐化无能已暴露无余。一支法国军队入侵荷兰，几未遭到任何抵抗，许多城市毫无争议就向敌人投降。诺瓦耶报道说："我们面对的是一群很友好的人民。"然而并非完全如此，多数市民曾呼吁找寻一位能挽救国家危亡的军事领袖，就像 1672 年威廉三世的行动那样。威廉的旁系后裔奥伦治王子威廉四世被任为 7 省行政长官、陆军总司令及海军上将（1747 年 5 月 3 日）。10 月，这些职务皆成为家族世袭。事实上，君主政体又告恢复。但是，威廉四世是善良的基督徒，而非将才，他无重建陆军纪律的才能，失败接踵而至。在《艾克斯拉沙佩勒条约》（*The Treaty of Aix-la-Chapelle*，1748 年）中，荷兰虽幸能保存其旧有土地而无损失，但经济惨况再次出现。后威廉死于丹毒，年仅 40 岁，其遗孀安妮女公爵任摄政，直至去世（1759 年）。在威廉五世长大之前（1766 年），荷兰由路德维希亲王主政，严厉却颇有政绩。

在英国与其美洲殖民地发生的独立战争中，荷兰曾抗议英国干涉荷兰的轮船运输，并联合俄国于 1780 年宣告"武装中立"（Armed Neutrality）。英国遂对荷兰宣战，并几乎完全控制了荷兰的商船。而在巴黎条约中（1783 年），荷兰的利益尽被忽视，它竟须割让奈格巴谭（Negapatam，在印度南方）给英国，并许英国可以自由航行，穿过摩洛哥群岛。从此，荷兰不再是欧陆强权之一。

这些惨剧使威廉五世失去一切众望。而且，美国革命的成功对尼德兰的民主思想颇有刺激作用，因而一群仇视皇族统治的爱国者兴起。在政府不断的转换中，少数有钱人吸收了全国渐趋减少的财富，致使一度繁荣有秩序的城镇中，竟有很多人须赖乞讨为生，许多妇人则沦为妓女。1783 年，阿姆斯特丹秘密成立了许多"自由射手队"，而海牙也准备起来革命。1787 年，爱国者曾经掌权一时，但很快即因普鲁士的武装干涉使威廉五世复位。法国大革命恢复了爱国者的热情，他们请求法国来援助他们。1794 年，法军入侵荷兰，荷兰陆军战败，威廉五世只好逃往英国，荷兰的革命者联合法国人组成了巴特维共和国（the Batavian Republic，1795—1806 年）。1815 年，威廉五世之子恢复奥伦治王室的大权，即位为荷兰国王威廉一世。

丹麦人（1715—1797）

丹麦第一次人口统计（1769 年）为 82.5 万人，其中 72.76 万人住在挪威，该国在 1814 年以前仍受丹麦国王的统治。在挪威，几乎每位农民都有自己的土地，而且和维京人一样骄傲。然而在丹麦，半数的农民沦为农奴，另一半应支付赋税。历来丹麦诸王很想压制这种封建制度，但是他们在财政上依赖领主太深，心有余而力不足，1787 年以前，该国始终保持着农奴制度。该国的商业或工业受政府的鼓励太少，因此始终没有重要的中产阶级兴起，就是基尔运河的开浚（1783 年）也仅对英国和荷兰商人有利，丹麦人却无利可图。丹麦是第一个（1792 年）在其领土内废止贩奴的欧洲国家。

贵族统治着这个国家，路德教派霸占了教坛、报纸，并希望统治人的心灵。1537 年至 1849 年采行的严厉的出版检查规定，已使非路德正统论的印刷品和言论皆成非法，而且有许多非神学作品，如歌德《少年维特之烦恼》，均被视为有害公共道德。法庭用语为德语，大学使用拉丁文，纯文艺——几乎无此类作品——则使用法语，当然更有害文学的发展。利用本地语言写作丹麦文学，并引导启蒙主义的某些光芒进入丹麦的，是一位 18 世纪最杰出的丹麦人。

不仅丹麦，挪威也可声称霍尔贝格为本国人，因为他生于卑尔根（1684 年 12 月 3 日）。在当地的拉丁学校毕业后，越海进入哥本哈根大学读书。不久，手上的钱用罄，他回到挪威，担任一位乡间牧师家里的家庭教师。在积下 60 泰勒后，即出发环游世界。1704 年，他在荷兰。1706 年至 1708 年，他在牛津图书馆流连进修。回到哥本哈根后，他开始登台讲学，然而除了自我教育外几乎一无所得。同时，他以家教为生，却胸怀大志。1714年，哥本哈根大学聘他为荣誉教授，他又得到一笔私人赠礼，使他能够环游意大利和法国两年，但途中多为徒步旅行。这次最伟大的旅行归来后，他转任令其讨厌的形而上学教授，然后任拉丁文和韵文教授，最后（1730年）担任他喜爱的历史与地理学教授。

闲暇时，他创作丹麦文学。在此之前，丹麦文学几乎只限于民歌、闹剧、赞美诗及民间敬神的著作。霍尔贝格著有丹麦文论政治、法律、历史、科学及哲学的诗、讽刺文章、小说和论文，混合成为一部小丛书。他的多才多艺，只有伏尔泰差可比拟。像伏尔泰那样，他利用讥嘲来惩罚崇拜古典主义的自大的教授、用专门用语阻碍司法的律师、又爱钱又要地位的教士及置人于死地的医师。其第一部主要著作是讽刺史诗《派德·帕斯》（*Peder Paars*，1719年），几乎这些社会的中坚分子皆受其讥笑。有些丹麦要人觉得有如芒刺在背，要求丹麦国王腓特烈四世查禁该书，理由是该书违背道德而且讥笑教士。国王看了该史诗的第一篇后，认为该史诗"是一本无害、有趣的著作"。但是皇家会议告诉霍尔贝格，假如没有写下那篇诗会有多好。

他的兴趣又转到舞台上。1720年，法国演员加庇翁在哥本哈根开设了第一家丹麦剧院。他发现丹麦剧本皆不值得演出，便从法国和德国引进剧本。他从《派德·帕斯》中看出霍尔贝格有收集喜剧题材并写喜剧的才能，便请他提供本地语剧本给新戏院使用。在一年内，霍尔贝格写了5部，8年内写了20部，均贴近本国的社会习俗。其伟大的继承者亚当·厄伦施莱格谈到他时说："他知道如何忠实地描述哥本哈根中产阶级的生活，即使该城已成历史陈迹，即使在200年后，霍尔贝格喜剧始再重现，人们仍然可以从这些喜剧来构想那个时代的情形，正如从庞培和赫库兰尼姆两城我们可以看出古罗马时代的情况一样。"

霍尔贝格的喜剧形式和思想取自普劳图斯、特伦斯、莫里哀及艺术喜剧联盟（Commedia dell'Arte，16 世纪意大利著名的一群演员）的剧作，那是他在去意大利时欣赏的。其喜剧有的是轻松愉快的独幕剧，如《史加那若哲学国境之旅》（*Sganarel's Journey to the Land of the Philosophers*）；也有魅力依旧的独幕剧，如《山上的杰普》（*Jeppe of the Hill*），由该剧我们才知道，农民一旦掌权，比贵族还要狠辣得多；有些则是完整的戏剧，如《拉斯慕斯·蒙塔努斯》（*Rasmus Montanus*），这是一部对学究的卖弄博学、神学的教条主义及民众的无知大事讽刺的笑闹戏剧，剧中还悄悄地点出乡下人的坦白，例如李斯伯特听说未婚妻大学放假回来，就告诉其父说："那么我的梦是真的了……昨晚我还梦见和她睡在一起哩。"纵然有这么多生动的喜剧，但 1727 年哥本哈根剧院仍因缺乏公众支持而告关闭。该剧院最后演出的是霍尔贝格的《丹麦喜剧的葬礼》（*The Funeral of Danish Comedy*）。

他写作舞台剧本，震惊了大学的评议员。现在足能告慰他们的是，他终于推出几部历史杰作，在丹麦读者面前表现了西欧学术的成果。《丹麦挪威一瞥》（*A Description of Denmark and Norway*，1729 年）、《丹麦史》（*A History of Denmark*，1732—1735 年）、《教会通史》（*A Universal Church History*，1727—1747 年）、《犹太人史》（*A History of the Jews*）等均系编纂的著作，但是编写颇佳。在用力甚勤中，他在其杰作《尼尔克林地底游记》中找到了慰藉（1741 年）。为了获得全欧洲的读者，他用拉丁文来写这本书。该书确实赢得了广泛的欧洲读者，巴格森（Jens Baggesen）通过译文将之译为丹麦文，共印了 3 版。德文版则印 10 版，瑞典文、荷兰文及英文均印 3 版，法文和俄文则印 2 版，匈牙利文只印 1 版。就是这部《尼尔克林地底游记》，使霍尔贝格不但成为丹麦的伏尔泰，更成为丹麦的斯威夫特。

岩穴中的响声引起了尼尔的好奇，他决心进去探查。他的朋友们用绳索把他吊下去，没想到绳子断掉了。"带着令人惊恐的速度我就这样往深渊下掉。"在地壳里面，他发现了一处空旷的地方或可说另一个天地，那里有一个太阳，有它的行星，还有许多星星。他落进其中一个行星里，成为其卫星，无助地绕着它团团转。但他终于抓住一只苍鹰，随它轻轻地落在行星"柏渡"（Potu, Utop[ia] 理想国的反写）上面。此处树木才是统治者，它含有智慧的汁液。不幸，"我爬上的树是警长的妻子"。"柏渡"有一些优良的法律。"公开反对天神的特性及本质者"，"被视为有点神经不正常"。他们会被放血减热，并在"精神狂乱复原"之前，遭受禁闭。"柏渡"的母亲亲自授乳养育婴儿——这比卢梭呼吁母亲亲自授乳还要早 21 年。在柯克拉古省，女人治理国家，男人则负责管家或成为男妓，女王后宫有 300 名俊美男子。柯克拉古的哲学家试着登陆太阳，浪费了很多时间，因此对地面上的事很少加以注意。在米克拉克省，全体人民皆是无神论者，"只要避开警察什么恶事都干"。尼尔发现了一本书《塔尼安人地面世界之游》（*Tanian's Journey to the Superterranean World*），该书这样描写欧洲及其奇异的习惯：头上戴着奇大的假发，帽子夹在手臂下（法国贵族就是如此），"小饼或圣饼还要带到街上游行，教士说那就是诸神的化身。烤这些饼的人……将须宣誓，就是这些圣饼创造了世界"。

《尼尔克林地底游记》对基督教教条曾有一些讽刺的描述，该书呼吁各种宗教应有礼拜的自由。但它也劝人信上帝、天堂和地狱，视为不断受到自私和肉欲打击的道德律的支柱。1747 年，丹麦王腓特烈五世封这位已经自我改革的改革者为男爵。霍尔贝格年轻时享受反叛的快乐，老年却享受接受的快乐，其生命终于 1754 年。

有些人认为埃瓦尔德才应取得霍尔贝格的地位。埃氏在冒险、受苦及生命短暂这几点上，与拜伦、济慈和雪莱相似。1743 年，他生于哥本哈根，是一位路德派牧师之子，曾反抗其老父旨意，年 16 岁即爱上了阿伦斯。他认为神职报酬太缓故予放弃，而加入普鲁士军队，后又加入奥地利军队，决心取得财富与光荣后与阿伦斯结婚。但贫困和疾病毁了他的健康，他只好回到哥本哈根，仍从事神学工作。阿伦斯嫁给有钱人家，埃瓦尔德只好全力写诗和散文。他曾写了第一部丹麦文悲剧《罗尔夫·卡拉格》（*Rolf Krage*，1770 年），并在写下英雄诗剧《巴尔德之死》（*Balder's Death*，1773 年）后，达到 18 世纪丹麦诗歌的顶峰境界。他无法依靠写作为生，曾退隐乡下养病，最后得到政府一笔津贴才复原如常。为报答政府之雅意他写了《渔夫》（*The Fishers*）这部剧，内含爱国民谣《国王克里斯蒂安立在高墙上》（*King Christian Stood by the Lofty Mast*），其后这首歌成为最受喜爱的丹麦国歌。它是埃瓦尔德光荣的呼声和向生命的道别。经过长久的病魔纠缠，1781 年他终于告别人间，享年 38 岁。斯堪的纳维亚半岛的人民认为他是"北欧最伟大的抒情诗人，也许应说是最伟大的诗人"。

随着 18 世纪脚步的前进，丹麦的政治史成为一部传统与实验之间无休止冲突的现代戏剧。国王克里斯蒂安六世曾融合了反对派的主张。他与其大臣引进纺织工人，建立纺织工业，成立国家公司以与亚洲和美洲进行贸易，并开设哥本哈根银行（1736 年），因而促进了经济的发展。他们曾把格陵兰岛置于丹麦国王的统治之下（1744 年）。他们到处设置小学和中学，并创设促进文化和学术的学院。不过，他们恢复了古老的法律，要求人们星期天参加路德教派的礼拜。他们封闭了戏院、舞厅，驱逐戏剧演员，并禁演舞剧。

克里斯蒂安之子腓特烈五世继续执行这类法律，但此人性情和蔼，生活较重肉体享受，这些法律便变得较为松弛。1751 年，他重用汉诺威的伯恩斯托夫为首相，提高政府的诚信和能力，恢复陆军和海军，不再参与"七年战争"，并引进教授、诗人、艺人和科学家，搅动有若一池死水的丹麦文化。我们已知克洛普施托克曾经接受这项邀请。1767 年，伯恩斯托夫曾说服叶卡捷琳娜大帝签约释放荷尔斯坦因回丹麦，其绥靖外交政策达到成功的顶峰。

腓特烈五世因荒淫的生活而损害健康，43 岁时即去世（1766 年）。其子克里斯蒂安七世年方 17 就忙着和英王乔治三世之妹卡洛琳结婚。她为丹麦京城的社交生活增光不少，但其半疯的丈夫冷落了她，径自过着放荡的生活，结果卡洛琳与御医施特林泽发生了可悲的奸情。施特林泽是神学教授海尔之子，曾在当地学医，与多数医生一样，他也失去对宗教的信仰。他治愈了一些国王宠爱的情妇，因而在国王面前很有影响力，他又很成功地促使克里斯蒂安七世与王后同床，因而使王后生下一个继承大统的王子，此事也令他在王后面前很得势。丹麦国王变得冷淡阴沉时，王后在政府中的权力逐日见长，而她的御医不但得宠而且许他指导政策时，他成为国家真正的统治者（1770 年）。皇宫发出的敕令，是由施特林泽以精神不健全的国王的名义签署的。伯恩斯托夫则被解职，安详地退隐到其在德国的庄园。

施特林泽曾读过许多哲学书，他想依据他们的原则来重整丹麦人的生活。他禁止滥用贵族特权，结束对报刊的检查，开设学校，清除贪污渎职的公务人员，解放农奴，禁止司法刑讯，宣告宗教宽容，鼓励文学和艺术的发展，改革法律、法庭、警政、大学、财政、都市卫生……为减少公共债务，他废止多种津贴，并将宗教基金收入拨归公共用途。

贵族阴谋推翻他，并利用新闻自由来削弱他的声望。虔诚的丹麦人痛恨宗教宽容，视同无神论，并把施特林泽看作外国人，认为其权力的唯一渊源来自王后床上。1772 年 1 月 17 日，一群陆军军官使国王相信，施特林泽和王后阴谋杀害他。国王下令逮捕他们两人。卡洛琳被贬入哈姆雷特堡。施特林泽被打入地牢，经过 5 周的苦刑，终于供认与王后有奸情。1772 年 4 月 28 日，在准予参观的群众面前他在刑架上被乱刀分尸。在乔治三世力保之下，卡洛琳获允退隐于汉诺威的策勒城，1775 年 5 月 10 日去世，只有 24 岁。

这些成功的阴谋者共拥王子腓特烈之师古尔德贝格掌政。在其12 年执政期间，古尔德贝格曾领导爱国行动抵抗外国对政府、语言、教育等方面的影响力，开放公职给人民、恢复农奴制度、司法刑讯，确立路德教会的最高地位，在各大学实施宗教教育。伯恩斯托夫伯爵之侄及其保护人安德烈亚斯·彼得·伯恩斯托夫受命主持外交事务。王子腓特烈自为摄政时（1784 年），古尔德贝格即被解职。安德烈亚斯·彼得·伯恩斯托夫继任为首相，一直到老死。在其小心翼翼的主政下，农奴制度又告废止（1787 年）。在丹麦，贩奴已告绝迹，经济也获得自由发展的余地。伯恩斯托夫去世后（1797 年），丹麦已经稳定地走上令全世界羡慕不已的和平繁荣之路。

瑞典人（1718—1771）

·政治

查理十二戏剧性的一生是瑞典的悲剧。其目标皆源于好大喜功，而未先度量其国家的资源。他耗尽他们的人力和财富时，瑞典人仍然勇敢地忍耐下来，但在他死前他们就已知道他一定会失败。依据《斯德哥尔摩条约》（*The Treaties of Stockholm*，1719—1720 年），瑞典割让不来梅和费尔登两地给汉诺威，并把波美拉尼亚的大部分划予普鲁士。依据《尼斯达德和约》（*The Peace of Nystad*，1721 年），它把立窝尼亚、爱沙尼亚、英格曼兰及卡累利阿东部割让给俄国。瑞典在大陆上的强权地位到此已告结束，它被迫退回半岛上，那里矿产丰富，人民坚韧，但是必须付出极大人力和持久的技术作为生存的代价。

查理的失败减弱了君主的势力，而使贵族重掌政府。1720 年的宪法把国家大权交到由四级议院组成的国会手中：贵族院，由显贵家族的领袖组成；教士院，由主教加上教区教士选出的 50 名代表所组成；中产阶级院，约有 90 名代表政府官员及城中商界领袖的议员；农民院，由自由农选出的约 100 名代表组织。各级议院各自开会，法律通过至少应得其中三院的同意，事实上农民阶级如未得到另两个阶级的同意即无立法权可言。在国会开会期间，由 50 名贵族、25 名教士及 25 名中产阶级组成的"秘密委员会"（Secret Committee）负责起草法案，遴选大臣，并控制外交政策。贵族可以免税，对国家高级职位还拥有绝对特权。在国会休会期间，另有由国会选出、并向之负责的 16 名或 24 名议员组成的委员会，负责处理政务。国王担任该委员会的主席，一人可以投两票。除此之外，他无立法大权。俄国、普鲁士、丹麦都支持这部宪法，理由是该宪法赞成和平政策，并能抑制瑞典好战的习性。

君主不再世袭，而改为选任。查理十二死后（1718 年 11 月 30 日），其王位本应由查理十二的大妹之子，荷尔斯坦因公爵卡尔·腓特烈承袭。但 1719 年 1 月召开的国会，20 年来第一次改为将王位给予查理之妹埃莉诺拉，只因她同意放弃其兄的专制政治。即使如此，事实仍证明她很难领导群雄，1720 年接受劝告，让位给其夫兰格拉夫·腓特烈，他成为瑞典王腓特烈一世。在伯恩哈德伯爵小心的辅佐下，瑞典享有 18 年的和平，战争中所损伤的元气才告恢复。

骄傲的瑞典人讥嘲其绥靖主义，并称其党人为"睡帽党人"（Nightcaps）——简称"小帽党"（Caps）——一群昏庸的老人，当瑞典已在追逐强权的队伍中落后之际，他们还昏昏欲睡哩。反对"小帽党"的是以塞伦堡伯爵、德辛及其他人为首组成的"大帽党"（Hats）。该反对党于 1738 年控制国会，塞伦堡取代了伯恩哈德的位置。他决心使瑞典恢复从前身为列强的地位，因此恢复早已失效的瑞法盟约。法国付给瑞典津贴，以使瑞典对抗俄国。1741 年，瑞典政府对俄国宣战，希望恢复割予彼得大帝的波罗的海诸省。但其海陆军准备不够充分，海军因为痢疾而不能作战，陆军则阻止不了俄军的进攻，而致芬兰失陷。俄国女皇伊丽莎白急于得到瑞典的支持，同意将芬兰大部分还给瑞典，条件是应指定其表兄弟阿道夫·腓特烈为瑞典王位继承人。依此条件签订的《亚伯和约》（*The Peace of Abo*）结束了双方的战争（1743 年）。腓特烈一世去世时（1751 年），阿道夫·腓特烈即位为瑞典王。

阶级会议不久就令他了解，他只是名义上的国王而已。他们驳斥其任命新贵，或选择皇宫人员的权力。他们威胁他，假如他敢反对签署某些法案或文件的话，即不用其签名。国王本人极为温顺，但他有一位骄傲和希望左右一切的王后，名为乌尔丽卡，是腓特烈大帝之妹。国王与王后终于计划反抗阶级会议的专权，但是失败；国王的代表人受折磨刑讯，然后被杀；国王能保全生命，是因人民喜爱他。乌尔丽卡成为"文艺王后"（Queen of Letters），聊以自慰和自我表现。她与林尼厄斯结为好友，在其周围是诗人和艺术家组成的小圈子，通过他们，她传播法国的启蒙主义思想。国会另派人为其10岁儿子的家庭教师，并训令他要让未来的古斯塔夫三世了解，在自由国家里，国王的存在出之于人民的宽容。他们的显赫和尊荣"是为了王国的荣誉，而非为了个人，其人可能在偶然的情况下取得加冕大典中的最高地位"，而且也应让他们知道"宫中的光彩华贵"会使他们对显赫荣华有了谬想妄念，因此他们该不时去看看乡村茅屋的简朴无华，并去看看负担宫廷豪华费用的穷苦人家。

　　1771年2月12日，阿道夫·腓特烈去世，委员会召唤古斯塔夫三世自巴黎归来，接受登基大典。

·古斯塔夫三世

　　自法王亨利四世以来，他是最有吸引力的国王，英俊、潇洒、愉悦，爱好女色、艺术及权力，如同闪电一样划过瑞典的历史，使瑞典国家的生命力尽情发挥。德辛曾给他很好的教育，不幸却为其慈爱的母亲宠坏。他的智力又早熟又敏锐，富于想象力和审美感，有野心而傲慢，显得浮躁。我们毕竟不易找到谦逊的王子。其母遗传给他爱好法国文学的热情。他热爱伏尔泰的作品，曾写信向他致敬，并用心学习《亨利亚德》一书。瑞典驻法大使每册《百科全书》刚出版立即寄给他。他专心着迷地研读历史，他读到古斯塔夫·瓦萨、古斯塔夫·阿道夫及查理七世的历史，为之激动不已。在读了这些人的史实后，他不能忍受再做一个无为的君主。1766年，委员会未与他商量，也未征得其父母同意，即决定让他与丹麦的腓特烈五世之女索菲亚公主结婚。她娇羞、温柔、虔诚，并认为戏院是犯罪的地方。他却怀疑成性，喜爱戏剧，永远不原谅委员会为他安排这次意气不投合的婚姻。委员会曾拨一大笔款子让他到法国旅行，暂时借此舒缓其不满的情绪（1770—1771 年）。

他曾在哥本哈根、汉堡及不伦瑞克停留，但巴黎才是他的目标。他不顾法王路易十五的愤怒，径自拜访被放逐的舒瓦瑟尔，还违背传统习惯，竟至罗维辛尼杜巴利夫人别墅拜访她。他与卢梭、达朗贝尔、马蒙泰尔和格里姆见面，但是美梦因而清醒。他写信给母亲说："我认识了所有的哲学家，发现他们的书比人可爱得多。"他在若弗兰夫人、杜德芳夫人、莱斯皮纳斯小姐、埃皮奈夫人、内克夫人等的沙龙中，是一颗闪亮的北方之星。就在节节成名中，他得悉自己已成了瑞典国王。他并不急着回去。他在巴黎多留一段时间，尽可能从几乎破产的法国政府争取更多的津贴，还争取了 30 万法郎作为对付国会的自用款项。在返国途中，他曾中途停留去拜访腓特烈大帝，大帝警告他，普鲁士将保卫——必要时使用武力——严格限制王权的瑞典宪法。

6 月 6 日，古斯塔夫抵达斯德哥尔摩。14 日，他召开第一次国会。很奇怪的是，其亲切的言辞如同另一位窘困的国王乔治三世，在1760 年召开第一次英国国会的讲词一样。"你们看着我出生和长大，在我少年的时候我就知道要爱我的国家，而且我以生为瑞典人是最大的荣耀，也以身为这一自由国家的第一公民为荣。"其能言善道及爱国思想得到全国热烈的喝彩，但一群政客不为所动。"小帽党"人是宪法和俄国之友，曾得到叶卡捷琳娜二世 4 万镑的财政援助，因此在四级会议中的三级取得多数党的地位。古斯塔夫为了应对，也向荷兰银行家借款 20 万镑，购买选票，使其指定人为国会的典礼官。但他还要等着加冕为王，"小帽党"控制的阶级议院修改加冕宣誓条款，规定国王须保证遵守"阶级议院多数"所做的决定，而且升迁应依考绩为之。古斯塔夫反对走向民主的这个行动达半年之久，其后（1772年 3 月）他还是签署了修正条款。但暗中他决心机会一到立即推翻这部讨厌的宪法。

　　他从建立民望来打基础。他显得平易近人，愿接触一切的人，"给人恩惠时神情宛如不是给而是取"。任何人不会不满地离开他。几位陆军领袖同意其主张，即只有不为腐败国会拘束的强有力的中央政府，才能使瑞典免受俄国和普鲁士的统治——此时，这两国（1772年8月5日）正在瓜分波兰。法国大使维尔热纳捐献50万杜卡特作为政变费用。8月18日，古斯塔夫安排让陆军军官次日晨在军械库与他相见。200名军官来临，他请他们协助推翻瑞典敌国资助的那个贪污和不稳定的政体。200人中只有一位不答应追随他，那位唯一的例外是督军吕德贝克，他游行于斯德哥尔摩街上，号召民众保卫他们的自由。他们却冷漠以待，只因他们爱戴古斯塔夫，不喜欢国会，认为国会是由贵族和商人寡头假民主之名来控制的机构。年轻的国王（此时26岁）领导军官到斯德哥尔摩护卫军的营房。他对他们的演讲极具说服力，他们都保证支持他。他似乎逐步在重弹10年前叶卡捷琳娜二世掌俄国大权的老调。

　　8月21日国会集会时，发现四周已为步兵所围，国会大厦也为军队占据。在一篇开创历史的演讲中，古斯塔夫责备阶级会议已因党派纠纷和外国贿赂而自贬其地位，并下令宣读其手下事先准备好的新宪法。该宪法仍然维持有限君权的体制，只是较扩大了君王的权力，它赋予他控制陆海军和外交的大权，他可以独自任免大臣，国会只由国王召集才开会，而且他可以任意加以解散，国会只能讨论他所提的议案，但是未得国会的同意任何草案皆不能成为法律，国会还可以通过瑞典银行和征税权来保住看管人民荷包的权力。未经国会同意，国王不得发动攻击性的战争。法官由国王任命，但一经任命后即不得随意予以解职。人身保护状的权利（the right of habeas corpus）可以使被逮捕的人民免受执法稽延之苦。古斯塔夫请求议员接受该宪法，在刺刀下他们不得不服从，只有接受并宣誓效忠一途。国王向国会致谢，然后解散了它，答应在6年内再召集国会。从此"大帽党"与"小帽党"消失于政坛上。在不流血的迅速行动下完成的政变，显然使一般人民感到满意。他们"欢呼古斯塔夫为解放者，并向他祝福……人们欢喜地流着泪，并互相拥抱"。法国乐不可支，俄国和普鲁士则威胁出兵恢复旧宪法。古斯塔夫却不为所动，叶卡捷琳娜和腓特烈唯恐战争会危害到手的波兰赃物，只好作罢。

在其后10年中，古斯塔夫表现得像一位立宪君王——遵守宪法规定的君主。他曾推行兴利除弊的改革，成为那个世纪"开明专制君王"之一。伏尔泰赞许他"是古斯塔夫这个伟大名字中最杰出的后裔"。杜尔哥在法国遭到挫败，当然很乐意看到其经济政策在瑞典获得成功，在该地谷物的自由贸易完全合法，工业不再受同业公会规程的拘束。波罗的海的自由港组织及内陆城镇的自由市场，处处促进了商业的发展。米拉波受命提供改良农业的意见，里维热负责草拟发展公共教育的计划。古斯塔夫送给伏尔泰一份保证出版自由的敕令副本，并写道："人类应该向你致谢，因你摧毁了无知与狂妄用来阻止人类进步的那些障碍。"他改革法律与司法制度，废止刑讯，减轻刑罚，并稳定货币；减低农民的赋税，重组陆军和海军舰队；结束了路德教派对瑞典宗教的垄断，宽容一切基督教派，并在三个主教城市给予犹太人宗教宽容。1778年他召集国会开会时，其前6年的统治措施，受到国会无异议地拥护。古斯塔夫致书一位朋友说："我的一生此时已达最快乐的阶段。我的人民已经深信，我只想增进他们的福利和建立他们的自由。"

·瑞典的启蒙运动

在致力于立法和行政的同时，瑞典国王全心全意推动文学和科学的蓬勃发展，这两个方面的进步令18世纪瑞典的学术足以与欧洲各国并驾齐驱。这是植物学家林尼厄斯、化学家谢勒和伯格曼的时代，我们已在前面给予赞誉。但是，在科学方面，我们也该述及当时最杰出的瑞典人斯韦登堡，他声名鹊起是因身为科学家时所做的贡献。他在物理学、天文学、地质学、古生物学、矿物学、生理学、心理学等方面都有创新的著作。他曾利用水银改良空气抽水机；他对磁力和磷火做了甚佳的阐述；他在康德和拉普拉斯之前，即已对星云做了某种假定；他开启了今日对人体无管腺研究的先河。他比其后的科学家要早 150 年揭示头脑的震动与呼吸同时发生，而非与脉搏同时。他将心智的主要作用归功于脑下皮层，并指出脑中的特殊部分控制着身体不同的部位。他曾向贵族院演说，主张试用小数系统，改革币制和贸易平衡制度。其全部天才似乎都指向科学，但他发现其研究使自己走向心智和生命机械论，而且其理论会导致无神论时，他的反应极为激烈，竟远离科学而走入宗教领域。1745 年，他开始有了天堂与地狱的幻想。他确实相信这类幻想，并在《天堂奇境与地狱》（*Heaven and Its Wonders and Hell*）一书中加以描述。他告诉其众多读者，说在天堂中他们并非无实体的灵魂，而是有实体、有血有肉的男女，不但享受精神上的快乐，而且享有物质上的快乐。他并未登坛讲道，也未加入任何宗派，但其影响遍及全欧，影响了卫斯理、布莱克、柯勒律治、卡莱尔、爱默生、布朗宁等人。最后（1788 年），其信徒还组成了"新耶路撒冷教会"（the New Jerusalem Church）。

纵使在他的反对之下，瑞典仍然日甚一日地走向启蒙运动。法、英著作的引进并译介，迅速造成文化的世俗化及文艺风格与形式的精炼化。在古斯塔夫三世及其母亲的领导下，新的自由主义广为中上层阶级接受，甚至为高级教士接受，他们开始宣扬宽容和简单的自然神论。到处看到的标语是理性、进步、科学、自由及人间的幸福生活。林尼厄斯等人曾于 1739 年组成瑞典皇家科学会，德辛则于 1732 年成立皇家艺术学会。在乌尔丽卡的赞助下，皇家纯文艺学会曾有昙花一现的存在。但其后古斯塔夫给予更多的援助，恢复了它的生命（1784年），他还指定该会每年颁发价值 20 杜卡特的奖章，给予瑞典最佳的历史、诗歌或哲学著作。他本人因著古斯塔夫·阿道夫最佳大将托斯滕松的颂辞，而获得第一面奖章。1786 年，国王成立（用他自己的话说）"一个培养我们自己的语言，而以法语学会为楷模的新的学会。

该学会宣告为瑞典语学会，由 18 名会员组成"。该学会与纯文艺学会均有一笔专款，作为瑞典学者及作者的津贴。古斯塔夫亲自协助文艺、科学及音乐界的人才，他使他们感到国王的恩助是他们应得的。他邀请他们至宫中做客，使他们有了新的社会地位，他还亲自参与著作竞争，刺激他们努力。

在他之前，瑞典已有戏剧上演，特别是受到其母亲的鼓励，但这些戏剧皆是法国剧本，并由法国演员演出。古斯塔夫解散外国剧团，要求本地人才为真正的瑞典戏剧提供剧本。他本人曾与维兰德合作写了一部歌剧。该剧于 1773 年 1 月 18 日首次公演，共演出达 28 晚之久。此后 8 年，国王又专心国事。1781 年，他再度执笔，编写了几部戏剧，至今仍为瑞典文学的顶尖作品，第一部作品是《高贵的古斯塔夫·阿道夫》(*Gustaf Adolfs Adelmod*，1782 年)，为瑞典戏剧发展之始。

国王的戏剧题材取自历史记载，教其人民国家的历史，犹如莎士比亚教英国人英国的历史一样。1782 年，曾由国库拨款建立戏剧、音乐两用的超级戏院。古斯塔夫所写的散文剧本，由凯尔格伦改写为韵文，并由本国或外国作曲家加以谱曲，如此其剧本一变而为歌剧了。这类合作编写的歌剧中最成功的是《歌颂一位伟大将领的爱情故事》(*Gustaf Adolfoch Ebba Brahe*) 及述说第一位古斯塔夫·瓦萨驱逐丹麦人解放瑞典的故事。

受惠于皇室的领导及三家大学（艾柏沙拉大学、艾伯大学及兰德大学）的贡献，瑞典有了自己启蒙运动。达林在刊物上匿名提供作品，并定期予以出版。该刊除政治外无所不谈，其亲切的风格仿自《旁观者》杂志，可谓艾迪生式文学的先驱。几乎每位读者都很喜爱它。国会也投票奖励其作者，他也立即显露其真面目。王后乌尔丽卡立刻聘之为宫廷诗人及未来的古斯塔夫三世的家庭教师。这样反而使他的诗才受到拘束而无法发挥，但他也才有时间和闲暇来提笔写其杰作《瑞典史》(*Svea Rikes Historia*)，这是第一部瑞典王国批判史。

在新的诗人中，最有趣的人物是一位妇人海德维格，她是瑞典的萨福、艾斯巴夏和夏洛特·勃朗特。她阅读戏剧和诗歌，使清教徒的双亲不悦。虽然他们处罚她，她仍阅读不辍，而且写了许多美妙的绝句，他们只好听之任之，但他们逼她嫁给丑陋而聪明的地产管理人。"我爱倾听像哲学家的他说话，但做一个爱人，他的样子简直令人无法忍受。"她学着爱他，只不过结婚 3 年他就死在她的怀抱里。一位英俊的年轻教士追求她，这才结束其悲悼。她再度结婚，并享受"在这一不完美的世界里，任何人所能过的最幸福的生活"。但不到一年他去世了，海德维格悲痛得几乎发疯。她独自住在小岛的茅屋里，作诗发泄其悲伤。因其诗广受欢迎，她移居斯德哥尔摩，每年（1744—1750 年）都发表《北方一名牧羊妇人的格言》（*Aphorisms for Women, by a Shepherdess of the North*），她的家也成为社会和学术精英的聚会场所。年轻诗人如塞伦堡和克罗伊茨，皆步随其后，采用法国的古典风格创作，并拥护启蒙运动。1758 年，年已 40 岁的她竟爱上只有 23 岁的约翰·菲舍斯特伦。他供称他爱的是别人，但他不忍见海德维格孤苦无依，便向她提议结婚。她拒绝接受这种牺牲，为了使事情简单化，而试图自沉于水中。后虽获救，仍在 3 年后去世。《北方一名牧羊妇人的格言》至今仍为瑞典文学的古典佳作。

克罗伊茨著有一套精选的诗歌《艾迪斯与卡米拉》（*Atis och Camilla*，1762 年），浪漫情调的迸发完全取法于海德维格，该诗一直是那种语言中最受赞赏的诗歌。月神狄安娜的女祭师卡米拉誓言守贞；猎人艾迪斯见她后就想念着她，在森林中绝望的徘徊流连。卡米拉同样有了激动的情怀，并问狄安娜："自然法是否与你的命令一样神圣呢？"她遇到一条受伤的牡鹿，曾加以照顾疗伤，它舔了她的手。艾迪斯请求许予同样的舔手特权，她却责备他。于是他自悬崖往下跳，企图寻死，爱神之子丘比特救了他。卡米拉于是服侍他并接受他的拥抱，一条毒蛇的毒牙深陷于伊人雪胸中，她死在艾迪斯的怀抱里。艾迪斯猛吸其伤口的毒液，濒临死亡关头。此时狄安娜才大动怜悯之心，设法让他们起死回生，并免却卡米拉坚守处女贞洁的誓言，一切圆满结束。这部田园诗甚受瑞典文人及伏尔泰的赞誉，但克罗伊茨旋即转入政界，并成为瑞典总理。

假如海德维格是瑞典的萨福，卡尔·贝尔曼则是瑞典的伯恩斯。他虽生长于安乐和浓厚的宗教气氛中，喜欢酒店的欢乐之歌实甚于家中严肃的赞美诗。在酒店里，生命和感情的现实情景尽情地宣泄出来，很少顾及传统和礼节的问题。在那里每人的灵魂因喝酒而赤裸裸地显露，而且在幻想和愤怒交加中竟有真理的流露。在人类这种醉生梦死的生活中，最悲剧的人物是弗雷德曼，此人一度曾为宫廷钟表匠，如今由于婚姻失败而想埋首酒杯、忘记一切。最快乐的是玛丽亚，堕落的皇后。贝尔曼和他们一道唱着他们的流行歌，编写以他们为主题的歌词，并亲自谱曲在他们面前演唱。有些歌曲有点松弛无力，那位尚未加冕的当时的桂冠诗人凯尔格伦很责备他。但贝尔曼发表《弗雷德曼·埃皮斯塔拉》（*Fredmans Epirstlar*，1790 年），凯尔格伦却在这些韵文上面加上热情的序言，其后该文曾获瑞典皇家学会的大奖。古斯塔夫喜欢听贝尔曼的诗歌，呼之为"北方的阿那克里翁"，并给予政府中的高薪闲职。后国王被刺（1792 年），诗人收入尽失，流落于贫苦绝境，并因负债过多一度入狱，但终为朋友营救。50 岁时死于肺病，临终前坚持到其喜爱的酒店做最后的巡礼，在那里他引吭高歌直至声竭音哑。不久即去世，时为 1795 年 2 月 11 日。有些人称他为"瑞典最有创作力的诗人"，也有人说他是使王国增光的"诗人圈里最伟大的人物"。

但时人认为在学术成就方面仅次于其国王的是凯尔格伦。他是一位传教士之子，但置基督教教条于不顾，追随法国启蒙运动的风潮，他希望享受生命的种种快乐，而几乎无任何懊悔。其最早的一本书《吾之欢笑》（*Mina Löjen*），赞颂欢乐，包括色情的欢乐在内。凯尔格伦颂扬欢笑为"神圣之事，人性的特征"，希望它会伴随他终生不离。1778 年，他 27 岁，与伦格伦共同创办《斯德哥尔摩邮报》（*Stockholmsposten*）。在 17 年中，其生花妙笔使该报成为瑞典学术生活的重要传声筒。该报大肆宣扬法国的启蒙运动，其古典风格被推许为最精美的标准笔法，德国的浪漫主义被嘲为非宫廷文学，而凯尔格伦的情妇在其诗中被提升至崇高地位，内地的保守派分子在这些诗中成为被羞辱的对象。其敬爱的国王的被刺，使诗人的享乐哲学蒙上伤心的阴影。1795 年，其中一段恋情在失去自我控制的情形下，进而沉醉于热恋之中。凯尔格伦开始承认恋爱、理想主义和宗教权利。他收回对莎士比亚和歌德的责难，认为畏惧上帝即可能为智慧的开端。不过，他临终之际（1795 年），年仅 44 岁，即要求死后别为他摇动教堂的钟声，他最后还是伏尔泰的信徒。

其个性可爱的一面是，他竟愿意在《斯德哥尔摩邮报》中刊登其敌对者的意见。在其敌对者中，最厉害的一个是托马斯·图里尔德。他曾向启蒙运动宣战，认为那是对一种肤浅理性不成熟的偶像崇拜。图里尔德 23 岁时，即以《热情》（*Passionerna*）一书震惊斯德哥尔摩。他说：《热情》一书"包括了我哲学的全部力量，及我想象的一切灿烂光辉——那是无韵节、出神入化的、奇妙绝伦的"。他宣称"其一生尽瘁于……宣泄自然的奥秘，并改革这个世界"。尤其左右是一群文艺叛徒，他们为了满足心中那股火焰，只有紧随狂飙运动的潮流，崇拜克洛普施托克更在歌德之上，崇拜莎士比亚更在拉辛之上，崇拜卢梭也在伏尔泰之上。古斯塔夫三世不同意这种见解，不得已图里尔德移居英国（1788 年），以阅读汤姆森、爱德华·杨格、塞缪尔·理查森等人的作品来陶冶心灵，并与拥护法国大革命的激进派为伍。1790 年，他返回瑞典，出版了许多政治宣传作品，竟使政府驱逐他出境。在德国流亡了两年后，他获允再入瑞典。在担任教授的职务后，他终于慢慢地消沉下去。

在文学的天地里，另有几颗熠熠生华的星星，值得一提。卡尔·古斯塔夫·利奥波德的诗歌采取古典形式，格调谦恭，善于颂扬，因此颇为国王喜爱。本特·林德与图里尔德一样，比较喜欢浪漫的情调。由于其人胆大妄为，曾遭兰德大学开除学籍（1776 年）。后来他在罗斯托克继续研究，然其行为仍然与常人有殊，曾被置于开往东印度群岛的船上，但终得脱身，回到瑞典以一卷寓言诗引起古斯塔夫的注意。他曾担任瑞典驻巴黎大使馆克罗伊茨的秘书。在那里，他研究妇人比研究政治还多些，不久被遣回本国，年仅 35 岁即死于赤贫（1793 年）。他著有充满拜伦烈焰的 3 册诗，有此死也可以瞑目了——还有那位羞怯的安娜·玛丽亚·伦格伦，是凯尔格伦创办《斯德哥尔摩邮报》的合伙人之妻。她曾在该刊中写诗，这些诗得到瑞典皇家学会的特别准许。但其诗才并不影响主妇应做的家庭杂务，她曾在一篇致其想象中的女儿的诗中，劝她勿干预政治和介入社交，而应以家事和家庭的快乐为重。

在瑞典的艺术发展方面，是否有任何足可力追文学和戏剧发展的运动呢？几乎是没有。德辛以洛可可风格（约 1750 年）装饰由其父尼科迪默斯·德辛 1693 年至 1697 年营建的皇宫，而且他曾搜集图画、雕像等作品甚丰，这些作品现在是斯德哥尔摩国家博物院收藏的一部分。塞格尔的维纳斯及酩酊的农牧之神范恩雕像，具有古典风格。他还以大理石镂刻约翰·帕施粗豪的外貌，借资留念。帕施家族共出了 4 名画家：老大洛伦茨、其弟约翰、其妹乌尔丽卡及最小的洛伦茨，都为皇室和贵族作画。他们在使本朝增光的灿烂辉煌的启蒙运动中，所占的比重仍只平平而已。

· 暗杀

是国王自己使百花齐放的美景转为悲剧的终场。得到法国有力支援的北美革命，对于他来讲似是对每个君主国家的威胁。他把殖民地人民称为"叛民"，并誓言在英王解除他们对他的效忠誓言之前，决不承认美洲为一个国家。尤有甚者，在其主政的最后 10 年中，设法增强王权，以繁缛的典礼仪节显夸其权力，又把有独立思想能力的能臣解职，改由丝毫不犹豫、更毫无异议的服从其命令的仆从，来取代其位。他开始限制以前给予出版界的自由。在发现王后不解风情后，居然放纵地与其他妇人调笑，致舆论为之哗然，舆论原预期瑞典历朝诸王是婚姻情笃和忠实的国家楷模。他实行酒类由政府独家垄断酿造的制度，这无异于疏远其人民。农民向来就有自行酿酒的习惯，因此纷纷利用种种权宜之计，逃避政府垄断酿造的规定。他在陆海军的用度开支日见增加，而且显而易见是在准备与俄国一战。他召集第二次国会开会时（1786年5月6日），他发现阶级会议已不再像1778年的国会那样，支持他的一切措施；几乎其一切提案均为国会所拒，或为其修改至面目全非、一无所用的程度，无奈只好取消政府垄断酒类酿造的措施。7月5日，他解散国会，决心不经国会同意而独自统治。

依据1772年的宪法，除了自卫战争外，其他战争的发动应取得国会的同意，但古斯塔夫考虑出兵攻打俄国。因为他知道俄国与丹麦曾经签署秘密条约（1774年8月12日），要采取一致行动对付瑞典。1777年，他莅临圣彼得堡访问叶卡捷琳娜二世，但是他们虚与委蛇，彼此不信任。俄军渐渐在土耳其获得胜利时，古斯塔夫觉得如果不设法抵制其节节胜利，则俄皇不久可能挥军西向，即如其对波兰的行为一样，征服瑞典。有没有办法使俄皇的计划遭到挫折呢？瑞典国王觉得，唯一的办法是协助土耳其，从侧翼攻击圣彼得堡。土耳其苏丹答应只要瑞典出兵共同对付叶卡捷琳娜，则以后10年中每年给予瑞典100万比索。古斯塔夫做了决定。也许瑞典乘此时可以收复1721年割予彼得大帝的土地。1785年，古斯塔夫开始加强其陆海军，准备参战。1788年，他致俄国最后通牒，要求卡累利阿和立窝尼亚归返瑞典，并将克里米亚还给土耳其。6月24日，他远赴芬兰。7月2日，在赫尔辛基，亲率集结的军队开始向圣彼得堡进军。

但一切均不对劲。瑞典舰队在霍格兰岛外，一次无决定性的战役中，受到俄军的阻挠（7月17日）。在陆军方面，共有113名军官叛变，指控国王违反未经国会同意不得进行攻击性战争的保证。他们派遣代表往谒叶卡捷琳娜，愿接受其保护，并与她合作促使瑞属和俄属芬兰成为一个独立的国家。同时，丹麦派军攻击哥德堡，瑞典最富庶的城市。古斯塔夫希望这一入侵行动会鼓起人民应战的精神。他诉诸全国，特别是诉之矿区称为达斯的贫苦农民，希望可以募集一支更忠诚的新陆军。他穿上达斯人的服装，亲往穆拉村的教堂墓地向他们演讲，巧的是该地是1521年古斯塔夫·瓦萨向他们请求协助的地方。人民纷纷响应，几百个城市都成立了志愿军团。9月，国王为其政治生命的延续而奋斗，竟在48小时内骑马走了250英里路程，进入哥德堡，鼓舞守军继续抵抗来袭的1.2万名丹麦人。幸运之神终于转向他这边。普鲁士不愿瑞典落在俄国手中，威胁出兵对付丹麦。丹麦人只好自瑞典撤军，古斯塔夫得以凯旋返京。

如今他已有一支新军而再不胆怯了，他于1789年1月26日召集国会。贵族院的950名议员中，有700名支持叛变的军官，但另外三院——教士院、中产阶级及农民院——则绝对支持国王。古斯塔夫发动对付贵族的政治战争，向国会提出《统一与安全法案》（*Act of Unity and Security*），几将一切政府职位开放予人民，并授予君王立法、行政、战略及谈和全权。下层的三阶议院均接受该法案，但是贵族院斥为违宪，拒绝通过。古斯塔夫逮捕了21名贵族，包括腓特烈·费尔森伯爵和卡尔·佩克林男爵在内——前者正直但不能干，后者多智而不忠。但掌管人民荷包的大权仍在国会手中，拨款非得四级议院的同意不可。下层的三院已经票决同意拨给国王因事实需要而延长与俄作战所需的款子，但贵族院只肯供应为期两年的装备。4月17日，古斯塔夫进入贵族院，入主席位，向一群贵族询问是否接受其他三院的决定。反对人数明明较多，国王却宣称其法案已获该院多数通过。他谢谢这群贵族热烈的支持后退席，这是冒着被愤怒的贵族暗杀的危险。

此时他自觉已无任何束缚，可以从事作战。1789年底，他努力重建陆军和海军舰队。1790年7月9日，海军在芬兰湾斯文桑德海面与俄海军大战，赢得瑞典海军史上最具决定性的胜利。俄方损失53条船舰及9500名人员。叶卡捷琳娜二世忙着对付土耳其人，愿与瑞典谈和。依《维莱拉条约》(*The Treaty of Varala*，1790 年 8 月 15 日)，她答应不再干涉瑞典内政，双方恢复战前的国境线。1791 年 10 月 19 日，古斯塔夫说动她与他签订防守同盟条约。据此条约，每年瑞典可得 30 万卢布的津贴。

他们无疑对法国革命有相同的恐惧，旧敌竟成为新友。古斯塔夫尚记得法国在过去 250 年中曾是瑞典的忠实盟友，更记得 1772 年至 1789 年，路易十五和路易十六曾给他 3830 万利维尔的援助。因此，他提议组成君主同盟入侵法国，恢复旧王朝的大权。他曾敦请汉斯·费尔森安排让法王路易十六逃离巴黎。他本人则赴艾克斯拉沙佩勒领导联军作战，他的军营也给予法国逃亡者必要的庇护。然而，叶卡捷琳娜只肯给钱而不派军，利奥波德二世则拒绝与他合作，古斯塔夫只好黯然返回斯德哥尔摩，求自保其王位。

贵族的政治优势虽已被他一手根除，但他们不甘心接受失败。他们把古斯塔夫的专制政治看作明显违反他宣誓拥护的宪法的行为。安卡斯特伦曾思及其阶级的失败问题。"我想来想去，不知是否能找到较佳的方式，来促使国王依据法律和仁心来统治这个国家及其人民，但各种想法都碰了壁……为了国家是值得冒生命危险的。"1790 年，他曾以叛乱罪受审。"这次所幸……只有使我更下定决心，宁死也不愿过这种非人的生活，因此，我那颗本是敏感多情的心，在这件可惊的行动上，变得完全冷酷无情。"佩克林、卡尔·霍恩伯爵及其他人也参与刺杀国王的阴谋。

1792 年 3 月 16 日，这是一个令人记起恺撒被刺的凶险的日子，古斯塔夫收到一封信，警告他不要参加那天晚上在法国戏院举行的化装舞会。他却仍半蒙面前往参加，其胸前的勋章暴露了他的身份。安卡斯特伦认出了他，举枪射中他，然后逃之夭夭。古斯塔夫旋被送上马车，穿过激动的人群，驶抵皇宫。他流血不止，情况濒危，仍然开玩笑地指出，他就像教皇列队行经罗马一样。经过 3 个小时的追击，安卡斯特伦终遭逮捕。几天后，参与阴谋的领袖也被逮捕。卡尔·霍恩曾供认该阴谋共有 100 名帮凶。群情激动，要求处以死刑，古斯塔夫却建议慈悲宽免。安卡斯特伦受鞭笞之苦，被杀头分尸，古斯塔夫只不过多延长了 10 天的生命。然后，他在获悉只有数小时的生命后，即口授文件指定一名摄政来治理全国及京城。1792 年 3 月 26 日，他终于去世，享年只有 45 岁。几乎全国的人民哀悼其死，因为尽管他有缺点，他们已经学会去爱戴他。他们更了解，在其统治下，瑞典曾经度过了一段其历史上最光荣的时代。

第四部

卢梭时代的英国

18 世纪末 19 世纪初，英国诺森伯兰的工作场景。一切似乎都表明，世界正在被铁和煤改变。

第一章 | 工业革命

原因

工业革命为什么首先发生在英国呢？因为英国在欧洲大陆上获得了好几次战争的胜利，而其本土却未曾遭受战争的蹂躏；因为英国巩固了海上的霸权，并借此霸权获得了供给原料及所需产品的海外殖民地；因为其陆军、海军及日增的人口，为英国工业产品提供了日渐扩大的市场；因为在上述情况之下，同业公会已无法迎合这种增加的需要；因为广泛的商业贸易利润积聚的资本正寻求新的投资方向；因为英国允许其贵族们利用其所拥有的财富从事工商业；因为畜牧迅速取代了农耕，迫使农民离开自己的土地来到都市，以致增加了工厂所需的人力资源；因为在英国，科学是由一群爱好实用的专家学者引导，而在欧洲大陆，科学则被引向抽象的研究；因为英国有一个立宪政府，它对商业利益极为敏感，而且隐约地觉察到工业革命的优势将使英国成为100多年来西方世界的政治领袖。

英国在击败西班牙的无敌舰队之后，开始称霸海上。在英、荷战争击败荷兰及在西班牙王位继承战争中战胜法国之后，其势力更加扩张，"七年战争"更使海上贸易几乎全为英国垄断。其强大无比的海军使英吉利海峡成为"这个免于战祸的天然堡垒"的护城河。英国的经济不仅因而免于遭受军队的破坏，反而由于英军及欧洲大陆联军的需要而刺激了发展。因此，纺织和冶金工业特别发展，而对机器的生产效率提高、对产品产量的增加也格外迫切。

海上霸权促使英国轻易地征服了许多海外殖民地。加拿大及印度最富庶的部分也落入英国手中，那是"七年战争"的成果。一些类似库克船长从事的航行（1768—1776年），为大英帝国获得了战略和商业上极具价值的岛屿。罗德尼对葛拉斯（1782年）的胜利，更巩固了英国的牙买加、巴巴多斯群岛及巴哈马群岛的统治权。新西兰在1787年，澳大利亚在1788年也相继为英国获取。殖民地和海外贸易为英国工业提供了18世纪无可匹敌的国外市场，单是与北美殖民地之间的贸易，就雇用了1078艘船只和2.9万名船员。伦敦、布里斯托尔区、利物浦及格拉斯哥也都因成为大西洋贸易的重要港口而繁荣起来。这些殖民地输入了制造好的货品，又运回食物、烟草、香料、茶、丝、棉、原料、金、银和宝石。英国国会不但以重税来限制外国货品的输入，而且打击与大不列颠竞争的殖民地和爱尔兰工业的发展，同时没有国内通行税（如同阻碍法国国内贸易的一些税）来阻碍货物在英格兰、苏格兰及威尔士之间的流通，这几个地区因此构成了西欧最大的自由贸易区。英国上流社会和中产阶级享受着最高度的繁荣与购买力，而这种购买力更加刺激了工业生产。

同业公会并不足以适应国内外市场的需要。起初同业公会的设立，主要是为了供应都市及其郊区的需要，它们被一些阻碍发明、竞争及企业计划的陋规束缚，并未准备如何从远地获取原料，或取得资本以扩大生产，或是估计、取得并交付国外订货。于是逐渐地，同业公会领导者为企业家取代，这些企业家知道如何筹款，如何预见或创造需要，如何获取原料及组织机器与人力以生产全球各地市场所需的产品。

大批的财政收入来自商业或财政的利益、战争和私掠船的战利品、金银的进口或开采，及奴隶买卖或在海外殖民地获取的巨大财富等方面。英国人虽然身无分文地外出打天下，有些人却大发其财、衣锦还乡。早在1744年，就有15个从西印度群岛返回英国的移民，竟能有足够的钱财买进国会。到了1780年，从印度发财回来的英国人已成为下议院的一股力量。像这些从国外赚回的钱财，多数可用于投资。在法国，贵族们被禁止从事工商业，在英国则不然，植根于土地的财富可由企业投资而增长，所以布里奇沃特公爵冒险将其继承的财产悉数投资于开采煤矿。成千上万的英国人将他们的积蓄存入银行里，这些钱都可低利出借，同时有钱出借者比比皆是。银行家也发觉帮人处理金钱即是最佳的生财之道。1750年伦敦有20家银行，1770年共50家，1800年则增至70家。另据伯克估计，1750年伦敦市外有12家银行，1793年就有400家之多。纸币更助长经济的繁荣，1750年纸币仅占货币的2%，到了1800年已达10%。工商业界宣布提高股息时，这些积聚的钱财也就纷纷冒险投资中。

不断增加的店铺与工厂需要更多的人力。为数日增而无法再在乡下谋生的农村家庭，增加了人力的来源。同时，蓬勃发展的毛纺业也急需羊毛的供应，以致越来越多的耕地变成了牧场，羊群替代了农人。像戈德史密斯奥邦这样的地方并非英国仅有的无人荒村。1702年至1760年，英国国会就曾通过246部法案，批准了400英亩耕地不再续耕；1760年至1810年，类似这样的法案更有2438件之多，影响了面积将近500万英亩的耕地。随着农业机械的进步，狭小的佃农自耕地由于无法加以利用或偿付新机器，已不再受欢迎。因此，成千的农人卖了自己的土地，然后受雇于大规模的农场、乡村或市镇的工厂。由于大农场具有较佳的经营方式、组织及机器，每英亩的产量自然要比过去的农场还多，但也几乎彻底毁灭了曾是英国经济、军事及道德中坚骨干的自耕农和佃农。同时，从爱尔兰和欧洲大陆来的移民，也加入了竞争工厂职位的男女和儿童的行列。

在18世纪英国经济的变革中，科学仅扮演了一个不太重要的角色。斯蒂芬·海尔斯对瓦斯及约瑟夫·布雷克对热力与蒸汽方面的研究，颇有助于瓦特改进蒸汽机。伦敦皇家协会的会员大部分是重实际的人，他们喜爱从事在工业上有实际应用价值的研究。英国国会虽为地主控制，但也顾虑到重大的现实因素，一些议员参与工商业。而且大多数议员，对商人请求放宽政府早期在经济上所设的一些限制和权利的要求，均为之所动。自由企业和自由贸易，及工资与物价随供求法则而自由波动的倡议，已赢得几位国会领袖的支持，而阻碍商务和产品流通的一些法律障碍也因此被解除。于是，英国充分具备了工业革命领先他国的一切先决条件。

要素

工业革命的物质要素是铁、煤、交通、机械、动力和工厂。大自然虽然赋予英国铁、煤和水路，但铁矿中掺有杂质，必须用火加以熔炼。煤也混合着杂质，需要加热才能提炼出焦煤。然后燃烧焦煤，把铁砂加热并提炼出各种成分不同的锻铁、铸铁或钢铁。

为此，亚伯拉罕·达比造了鼓风炉，它的一副风箱是由水轮发动的，可将额外的空气输入炉火中。1760年，约翰·斯米顿以一种部分由水力、部分由蒸汽发动的压缩空气装置代替风箱。利用如此不断输入高压热风的作用，工业用铁的产量由原来的每日每炉12吨增至40吨，于是铁便宜得足够应用于数百种新的用途上。所以，1763年理查德·雷诺兹建造了第一条为人所知的铁路——使火车厢可以取代马匹来运煤和铁矿的铁道。

从此开启了闻名的钢铁大王的新纪元。他们控制工业界，而且由于将铁用于当时似乎颇出乎人们意料的一些用途上而致富。约翰·威尔金森与亚伯拉罕·达比二世在塞文河上架设了第一座铁桥（1779年）。威尔金森曾提议建造铁船，英国人却觉得可笑，有些人说他精神失常。但是他根据阿基米德原理，竟把铁板拼凑成历史上有名的第一艘铁船（1787年）。生意人从国外来考察并研究威尔金森、理查德·克劳谢或安东尼·培根建造的大工厂。伯明翰因为靠近广大煤铁矿的储藏地，成为英国钢铁工业中心。从这里生产出来的更坚固耐用、信用可靠的器具与机器，大量地倾入英国的各大工厂。

煤铁相当沉重，除非利用水运，否则运费昂贵。犬牙交错的海岸线使海上交通能通达英国的各个主要城市，但为了运送原料和产品到远离海岸或通航河川的城镇，必须进行交通运输革命。陆上运输虽有赖于1751年和1771年所建的税道网，但仍使人感觉不便（这种道路是由路上满布一次只能容一人出入的旋转门关卡，必须缴税后始能通行的税道而得名）。这些税道使运输速度倍增，并加速了国内贸易的发展。同时马车取代驮马运输，人们也改乘驿马车以代替骑马旅行。税道也就留归民营企业维护，因此道路极易损坏。

在此情况下，商业交通仍喜采水路运输方式。于是，疏浚河川以利重型船只航行，而且河川与城镇之间也彼此以运河相连。詹姆士·布林德利以一个未受过正式技术教育且目不识丁的磨粉机修理匠的身份，全凭着他对机械方面的爱好，解决了运河流经水闸、隧道及输水道的种种问题，成为当时最杰出的运河工程师。1759年至1761年，他开凿了一条运河，可将沃斯雷布里奇沃特公爵矿区的煤运抵曼彻斯特。如此不但将曼彻斯特的煤价减低一半，也使该市成为英国的一个工业大城。船只沿着布林德利－布里奇沃特运河航行，行经一条高出巴顿厄维尔河99英尺的人工输水道时的情景，成了18世纪英国最生动美妙的景色之一。1766年，布林德利开始挖掘连接特林特河和默西河的大干线运河，因此开辟了从爱尔兰横越英格兰中部直通北海的水路。还有其他运河分别连接特林特河和泰晤士河，及曼彻斯特与利物浦两大城市。在短短的30年间，数以百计的新运河大大减低了英国商业交通的费用。

有了原料、燃料和交通运输后，工业革命还必须大量增产货物，而最迫切需要机器以加速生产的莫过于纺织业了。输入英国的棉花数量急剧增加——1753年是300万磅，1789年已达3200万磅，可是手工无法将这些原料即时制成成品以应需要，因此在制衣业方面发展的劳力分工情形提示并促进了机器的发明。

约翰·凯（John Kay）发明飞梭，使织布开始进入机械化（1733年）。刘易斯·保罗（Lewis Paul）则发明了一系列的滑轮，使纺纱机械化（1738年）。1765年，兰开夏郡的布莱克本的詹姆士·哈格里夫斯（James Hargreaves）把纺轮的位置从垂直改为水平，将轮子上下叠放，并以一个滑车和皮带转动其中8个轮子，如此一次可以纺8支纱。同时，他加动力于其他许多纺车之上，直到他的“珍妮多轴纺织机”（spinning Jenny，珍妮是他妻子的名字）能同时织8条线为止。手工纺织者唯恐这种新奇的机器将导致他们失业，砸坏了哈格里夫斯的机器。他为了保全性命逃至诺丁汉岛，由于当地劳力缺乏，他的多轴纺织机得以装置起来使用。1788年以前，英国已有2万部这种纺织机了，而纺车已逐渐成为浪漫色彩的装饰品了。

1769年，理查德·阿克莱特（Richard Arkwright）运用不同的机械学原理，发展成一种“水架”。这种水架利用水力以推动一系列滚筒之间的棉花纤维，而这滚筒具有能够将纤维变成更坚韧绒线的作用。约1774年，塞缪尔·克朗普顿（Samuel Crompton）将哈格里夫斯的纺织机和阿克莱特发明的滚筒合并而成为混合的机器，英国的有智之士即称它为“克朗普顿纺织机”。这种纺织机利用一种旋转纺锤的前后交替动作，可伸展、扭转并卷缠棉线，以增加其纯度和韧度。哈格里夫斯的多轴纺织机和阿克莱特的水架原先都是木头建造的，而克朗普顿的纺织机在1783年以后，即改用金属滚筒和轮子，因此坚固得足以承受操作时的速度与压力。

以曲柄和重力发动的动力织布机曾在德、法两国使用过，但爱德蒙·喀特莱特（Edmund Cartwright）于1787年在唐克斯特建造的一座小型工厂，厂内的20架织布机却全靠畜力推动。1789年，他以蒸汽引擎取代这种发动机。两年后，他与曼彻斯特的友人们创办了一所大工厂，厂内400架织布机全以蒸汽转动。此地的工人也加以反抗，他们烧毁工厂，并威胁要杀死蒸汽引擎的提倡者。在随后的 10 年内，许多动力织布机陆续建造起来，但其中有些被乱民摧毁，有些则获幸存并加以扩建，机器终于赢得了最后的胜利。

英国雨量丰富，无数的河川提供了充足的水力，使英国工业得以发展。所以在 18 世纪，工厂建于城镇里的较少，大都建于乡间，而且沿着能够筑坝拦水形成瀑布，又有充足的水力可转动巨轮的河流两岸而建。关于此点，诗人们也许会怀疑，假使蒸汽没有取代水力成为主要动力，而且工业不聚集于都市而与乡村的农业混合在一起，那岂不更好。但是，无论如何，较有效与有利的生产方法总会取代较差的，何况蒸汽引擎极有希望生产或运输世界上前所未有的那么多的货物和金子。

蒸汽引擎是工业革命的集大成，却不能算是工业革命的一项产品。且不必回溯到亚历山大港的数学家希罗，丹尼斯·帕潘在 1690年就曾描述了实用蒸汽引擎的结构和原理。托马斯·萨弗瑞于 1698年造了一部蒸汽推动的唧筒。托马斯·纽科门将其改良（约 1708—1712 年）成为一种机器，这种机器内由热水产生的蒸汽可凝结成一股冷水，而这种气压的改变可使活塞上下移动。这种"气压引擎"一直维持原状，直到 1765 年才由瓦特改造成真正的蒸汽引擎。

瓦特并不像当时大多数的发明家，他不但是一个学生，而且也是一个重实际的人。他的祖父是一个数学教师，父亲是一个建筑师、造船家，并曾任苏格兰西南部格陵诺克一个享有自治权的地方法官。瓦特没有受过大学教育，但他具有强烈的好奇心且酷爱机器。半个世界的人都知道瓦特的姑母责备他的这则故事，她说："我从来就没有看过像你这般无聊的孩子……过去的半个小时，你一言不发，却只见你把壶盖掀开了又盖上，一会儿拿着瓶盖，一会儿拿银匙，注视着蒸汽如何由壶嘴升起，捕捉并数着水滴。"虽然这则故事富有传奇意味，在瓦特亲笔写的现存手稿中，有一段描述他在一次实验中把"一根管子直的一端固定在茶壶嘴上"；在他的另一部手稿中，也有"我拿了一根弯曲的玻璃管，将它倒转插入茶壶口，并把另一端浸在冷水里"的记载。

瓦特20岁时（1756年）想在格拉斯哥做一个科学仪器制造商，却被同业公会以其未完成学徒训练为由，拒绝发给执照，但格拉斯哥大学在校园里拨给他一个工厂。同时，瓦特前往该校聆听约瑟夫·布雷克讲授化学课程，并赢得他的友谊和协助，瓦特对布雷克的潜热学说尤感兴趣。他也学习德文、法文和意大利文，阅读包括形而上学和诗的外文书籍。当时与瓦特相识并对瓦特的博学多识颇感惊讶的詹姆士·罗宾逊爵士曾经说："我只不过把他看成一个工人而已，不敢期望太高，没想到我发现他竟是一个哲学家。"

1763年，格拉斯哥大学请瓦特修理一部物理课使用的纽科门式引擎模型。他很惊讶地发现供应机器的热能竟有3/4浪费了：活塞每击一下，汽缸就因须用冷水凝聚新进入的蒸汽，以致散失热能。这样太多的热能散失了，使制造商认为这种引擎已无利可图。于是，瓦特建议用另一个容器来凝聚蒸汽，这个容器的低温将不致影响到有活塞在其内移动的汽缸。这个"凝聚器"依照完成工作所需燃料的比例，增加了大约300%的机器效能。更有甚者，经过瓦特的改良，活塞改由靠蒸汽而非空气的扩散而移动，至此瓦特终于制造了一个真正的蒸汽引擎。

从计划制造模型到实际应用这段过程，耗费了瓦特20年的光阴。为了连续制造引擎的样品，而且不断地加以改良，瓦特借贷1000英镑以上，这笔钱主要是来自对瓦特从不感到灰心的约瑟夫·布雷克。另外一位既是发明家又是工程师的约翰·斯米则预言瓦特的引擎"由于无法精确地制造机器零件，绝不致被普遍采用"。1765年瓦特结婚后，必须赚更多的钱养家，只好暂时抛开他的发明，从事测量和工程设计工作，或绘制港口、桥梁和运河的蓝图。同时，布雷克把瓦特介绍给约翰·罗巴克，而约翰·罗巴克那时正寻找一部比纽科门式更有效的引擎，以便从他的煤矿中抽出积水。1767年，他同意替瓦特还清债务，并出资让瓦特建造自己设计的引擎，而以将来安装或出售引擎所得 2/3 的利润作为交换条件。瓦特为了保障他们的投资，1769 年向国会提出专利申请，让他有独家的权利制造引擎。这项专利申请直到 1783 年才获认可。瓦特与罗巴克在爱丁堡附近建造了一部引擎，可惜由于铁匠粗劣的技术这项计划功败垂成，有时他们为瓦特做的汽缸两端直径竟相差 1/8 英寸。

由于时运不济，罗巴克被迫把他的股权卖给马修·波尔顿（1773 年），一项工业兼友谊史上著名的联合从此开始。波尔顿并非仅是一个唯利是图的人，他对改进产品的方式和结构也极感兴趣，并因此丧失了一笔财富。1760 年，波尔顿 32 岁时娶了一位富有的女子，他本来可以退休，只靠她的收入过日子的，可是他并未这么做。他在伯明翰附近的索霍建立了一座当时英国生产工业产品种类最多的工厂，专门制造包括鞋扣与吊灯在内的各种各样的金属物品。为了操作工厂内的机器，他过去一直仰赖水力，现在却建议试用蒸汽动力。他知道瓦特已经证明了纽科门式引擎缺乏效率，也清楚瓦特引擎的失败在于汽缸凿得不够精确。因此他以上述缺点必能予以克服的决心，1774 年将瓦特的引擎搬到梭河。1775 年瓦特也随着他到那里，而国会也将他的专利权限从 1783 年延长至 1800 年。

1775 年，一位铁厂厂长威尔金森发明了一种中空的圆筒状钻孔用柄，使波尔顿和瓦特能制造出具有空前动力与效能的引擎。不久他们就把新厂制造的这引擎卖给全英国各地的厂商与矿主。1776 年，博斯韦尔访问梭河并做了如下的报道：

赫克托先生很好意地陪伴我参观了波尔顿先生的大工厂……要是詹森与我们一道来多好，因为我实在想借他的智慧来默察这里的情况。有些机械的浩大与其设计的巧妙，真能"配得上他那伟大的心灵"。我将永远忘不了波尔顿先生对我说的这番话："先生，我这里所卖的是世人渴望拥有的动力。"波尔顿先生手下约有 700 个工人，我把他当作一个钢铁大王，而他似乎又是那个行业的鼻祖。

瓦特所造的引擎仍难以令人满意，所以他不断地力求改进。1781 年，他申请到了另一项发明的专利权。此项新发明中，活塞由交互移动改为旋转移动，如此引擎就适于发动一般机械。1782 年，瓦特的复式作用引擎也获得了专利，这种引擎的汽缸两端同时承受煮沸器和冷凝器的压力。到了 1788 年他又为"飞球调速机"申请到专利，这种机器可调节蒸汽的流动，以控制其在引擎内的速度。在瓦特从事实验的数年之中，其他发明家也竞相制造引擎，而瓦特出售引擎所获利润直到 1783 年才还清债务，并开始获利。后来瓦特的专利权期限到了，他就从实际的工作中退休下来，至于波尔顿与瓦特公司则由他们的儿子继承。从此瓦特便从事较不重要的发明以娱晚年，直到 1819 年才与世长辞，享年 83 岁。

在这一段多产的时期里，还有许多其他的发明问世，正如狄恩·塔克所说："几乎每位主要的制造商都有一项属于自己的新发明，每天都在设法改进别人的发明。"瓦特本人发明了一种复印法，利用一种胶质墨水将书写好或印刷过的纸张压在潮湿的薄纸上（1780 年）。瓦特的一位雇工威廉·默多克将瓦特的引擎应用作牵引机，制造了一个时速 8 英里的火车头模型（1784 年）。默多克与法国的菲利浦·勒邦皆以煤气照明的独特方法共享盛名，而他以此法照亮了索霍工厂的外部（1798 年）。18 世纪末，英国经济的主要情景即是蒸汽引擎领导并加速了工业革命的步伐，并应用于成百种工业机械上，诱使纺织工厂从水力改以蒸汽发动机器（1785 年后）。它改变了乡村，侵袭了城镇，煤尘黑烟污染了天空，这种引擎装置用于船上更给英国的海上霸权增强了声势。

此外，有两个必备的要素——工厂与资本，使工业革命更加完整。这些要素——燃料、动力、原料、机器及人力——齐置于同一领

导人之下的同一建筑或工厂、同一个机构及纪律时，就最能合作无间
了。以往固然也有许多工厂，不过现在由于市场扩大，需要经常不
断大规模地生产，原有的工厂数目增多，规模也增大了，因此"工厂
制度"成为代表工业新秩序的一个名词。同时，随着工业机械及投资
建厂的价格不断提高，一些能汇集或提供资本的人和机构因而崛起得
势，而且银行势力又凌驾于工厂之上，使整个复杂的情势博得了资本
主义之名——经济被资本提供者垄断的一种现象。于是，在每个刺激
因素都已导致了发明与竞争，及在企业一途渐脱离了同业公会的种种
限制与法律层层障碍的情形下，工业革命已随时准备改变英国的面
貌、天空，甚至灵魂。

开展

雇主与工人都需要改变他们习惯的技巧与彼此之间的关系。雇主
要管理比以往更多的工人，应付更快速的人事变动，因此他失去了与
工人之间的亲密感，而把他们认为生产过程中必须单凭利益的眼光予
以评价的一些小分子。1760 年之前，大部分技工都在工会工厂或家
庭里做工，他们的工作时间并非毫无伸缩性，而且也准许有间歇的休
息。较早期工人们还获有假日，在这种假日里，从事任何有报酬的工
作皆为当时的教会所禁。我们固不可将工业革命之前一般人的情况予
以理想化，然而我们可以说，其所遭受的困苦可由传统、习惯及在很
多情形下户外的工作环境等予以减轻。随着工业化的进展，工人们的
困苦也由于工作时数的缩短、工资的提高及能更广泛地接近从机器制
造出来不断增加的产品而获得缓和。但在 1760 年以后的半个世纪里，
从手工和家庭工业发展到工厂的这种转变，对于英国劳工而言，有时
却是较奴隶制度更为悲惨的一种不人道遭遇。

当时大部分工厂要求工人每天工作 12 至 14 个小时，一周工作 6
天。雇主们辩解说："工人们必须留在工厂里长时间地工作，因为无

法让人信赖他们会按时报到上班。例如很多工人在星期天酗酒过度以致星期一无法上班；还有许多工人一星期做了 4 天工作后，其余的 3 天也就待在家里休息不去工作。"亚当·斯密为此曾加以解释："一星期 4 天当中过度地专心工作，往往可能加速导致身心的崩溃。"同时他认为："一个工作适度因而能不断工作的人，不仅能保持最久的健康，而且在一年之内，能完成最多的工作。"

真正的工资当然只能按物价的高低来计算。1770 年在诺丁汉岛，一条 4 磅重的面包约要 6 便士，1 磅干酪或猪肉要 4 便士，1 磅牛油要 7 便士。亚当·斯密在约 1773 年，曾统计过伦敦工人平均每天收入大约是 10 先令，在较小的工业中心是 7 先令，爱丁堡则只有 5 先令。约瑟夫·扬在约 1770 年曾报道，英国工人的周薪依地区区分，自 6 先令至 11 先令不等。若以工资与物价相较，当时的工资显然较现在低得多，但有些雇主除发给工人工资外，还增加了燃料或房屋津贴，而且有些工人还可拨出部分时间从事农耕。1793 年后，英国开始与法国展开长期战争之际，物价上涨较工资为速，贫穷问题也变得更加严重。

不少 18 世纪的经济学家建议以低薪来刺激人们从事稳定的工作。甚至曾目睹法国有些地区的贫困情况而感困扰的约瑟夫·扬也宣称："除了白痴之外，每个人都知道较低阶层的人们必须保持贫穷的状态，否则他绝不会勤勉工作。"或者，又如约翰·史密斯所说：

> 熟悉这个问题的人都了解这个事实，那就是贫乏到某一程度即可促成勤勉，同时从事制造业者（手工业者）如果工作 2 天就能维生，那么一星期的其他 4 天将会懒散、无所事事，而且酗酒……总而言之，我们可以公平地断言毛织业降低工资将是国家之福，对穷人也不致造成真正的损害。而且借着这种方法，我们可以维持贸易，提高租金（岁收），还可以改造人们。

妇女与儿童受雇于工厂内，从事不需技巧的工作。有些熟练的女织工，其工作量足可媲美她们的丈夫，但工厂女工的通常周收入平均只有 3 先令 6 便士——差不多只是男人工资的一半。1788 年，单是纺织厂就雇用了 5.9 万名妇女和 4.8 万名童工。罗伯特·皮尔爵士在他兰开夏郡的工厂内就雇有 1000 多名儿童。使用童工在欧洲并非新的制度，农场或家庭工业雇用童工早已被视为当然。既然普及教育被保守人士认为将导致学者过剩及人力不足的现象，18 世纪的英国人几乎没有人会将儿童不上学而去做工这种情形视为一种罪恶。如果机器简化到连小孩也能操作时，厂主当然欢迎 5 岁上下的男女童工。教区当局埋怨负责维持孤儿和贫困儿童的费用过巨，却很乐意把他们以数十个或上百个为单位大批地寄养在工业家那里；有时还规定雇主每收养 20 个小孩，就要附带收养 1 个白痴。这些童工通常每天的工作时数为 10 至 14 个小时，他们通常成群地住宿在一起，有些工厂还采取童工 12 小时轮班制，如此一来，机器就可以几乎不停地转动而床位也鲜有空着的情形发生。童工们的纪律全靠拳打脚踢来维持。这些工厂学徒成了对疾病无抵抗力的牺牲者，而且很多童工由于工作过劳而变成畸形，或由于意外而成残废，甚至自杀死亡。虽然有少数人以同情的态度谴责这种童工制度，童工制度终于逐渐被废止，却并非由于人们变得更人道，而是因机器更加复杂之故。

工厂里的孩童、妇女与男人们处于他们的环境与纪律中。厂房通常都是仓促建造结构脆弱的建筑，难免发生意外事件和招致疾病。同时，纪律十分严酷，违规常会受到扣薪的处分。雇主们辩解说："假如要避免混乱与浪费，抵消利润或国内外市场产品的物价波动的话，在适当管理机器、协调不同工作的需要及掌控一群散漫不习惯于规律或速度的人时，的确需要严格的纪律。"这种严酷的纪律之所以能够维持下去，是因为一个失业的手工艺者不得不予以忍受，否则他个人及其家庭都将面临饥寒交迫的命运，而雇主们也深信许多失业者正渴望获得他提供的职位。因此，这点对雇主们是最有利不过了，他们有了一大群失业者可以随时填补那些能力不够、令雇主不满或被解雇工人遗下的空缺。而且，当生产过剩、产品充斥市场超过人们的购买力，或和平的到来结束了军队订购更多货物的意愿，及库存高企时，甚至连循规蹈矩和颇能胜任职位的工人同样面临被解雇的危险。

在同业公会制度下，工人受到同业公会或市政法令的保护，但在新的工业主义之下，他们几乎很少或甚至完全得不到法律的保障。重农主义者为了使经济脱离法律限制所做的宣传，在英国正如在法国一样，已获得成功。雇主们更使国会深信，除非工资受供求率的限制而调整，否则他们实在无法继续生产下去或与国外竞争。在乡村工厂，地方保安官员仍保有对工资的部分控制权，但在工厂里，1757 年以后，工资已不再受到控制。却找不到任何拒斥工业界领袖的理由，这时如洪水般的大量出口货品为英国贸易开拓了新的市场，而具有购买力的英国人也对丰富的产品感到满意。

然而，工人们并未分享到这种繁荣。尽管他们负责管理操作的机器已大量地生产，他们自己在 1800 年仍和一个世纪之前的工人一样穷困。他们不再拥有生产工具，他们几乎很少能参与产品的设计，他们从自己供应产品的日渐扩大的市场上也得不到丝毫利益。继续保持高度生产力以偿付土地的增值股息，更增加了他们的贫困。他们从酒与性中找寻主要的慰藉，而他们的妻子由于生育过多的子女而一直备受责难。于是穷困到处蔓延，贫民救济金从 1742 年的 60 万英镑增加到 1784 年的 200 万英镑。房屋建筑的速度跟不上移民或工人的增加，这些工人往往只能栖身在阴暗狭窄的街道上那些栉比拥挤而又摇摇欲坠的房子里。他们有些住在地下室里，而地下室的潮湿更容易致病。1800 年，所有的大城镇都产生了一些贫民窟，其穷困的生活状况，远较英国史上曾有的情形更为凄惨。

工人们曾企图以暴动、罢工及组织来设法改善他们的命运。他们攻击那些使他们遭受失业威胁的发明。国会于 1769 年通过了破坏机器须判死刑的决定。然而 1779 年，兰开夏郡的工厂工人们自行组成一支队伍，人数从最初的 500 人很快地增至 8000 人之众。他们一面收集武器弹药，一面熔化锡铅合金的碟子来制造子弹，而且发誓要摧毁全英国的每一部机器。在伯尔顿城，他们将一所工厂的厂房及其设备全部破坏。在奥尔萨姆，他们猛攻后占取了罗伯特·皮尔（内阁阁员罗伯特爵士之父）的纺织厂，并将昂贵的设备予以捣毁。在他们前往攻击位于克伦福德城的阿克莱特工厂的途中，碰巧从利物浦派来的军队赶上了他们，于是这群工人就此溃散了，其中有些被捕后被判绞刑。保安官为此解释说：“破坏机器在这个国家里，只是将机器运往他国的一种方法……那将有害于英国的贸易。”一位自称“穷人之友”的匿名者在呼吁工人们要更有耐心时说：“所有由机器带来的改良，起初确实给某些特殊职业的人造成了一些困难……印刷机的第一个影响不就是剥夺了许多抄写者的职业了吗？”

法律禁止以协调劳资双方对工作时间、工资等问题的争议为宗旨的劳工联盟的组织存在，然而“职工协会”一类的组织已经存在了，有些甚至早在 17 世纪就已成立。18 世纪，这类组织为数颇多，其中尤以存在于纺织工人中为最多。最初这类组织仅属社交俱乐部或共同利益的团体性质，但随着这一世纪的演进，他们变得更为激进，有时国会拒绝他们的请愿时，他们就发动罢工。例如，1767 年至 1768 年，就有船员、织工、制帽商、裁缝匠、磨玻璃业者的罢工事件发生。其中几次罢工还演变为双方武装的暴力事件。亚当·斯密将 1776 年为止的这种纠纷的结果概述如下：

　　劳资双方在一般情况下，到底哪一方在争论中必然居于有利地位，并能迫使对方接受他们的条件，这是不难预见的。雇主们由于人数较少，很容易联合起来，同时法律……也并未禁止他们的联合，然而法律禁止工人们结合。我们虽无国会制定禁止人们结合、降低工作代价（工资）的法案，却有很多法案反对提高工资。因此，在所有这种争执中，雇主们总能坚持较久的时期……

然而如果不工作，许多工人连一个星期的生活也都无法维持下去，而能维持一个月的几乎少之又少，至于能维持一年的，那简直是凤毛麟角了。

雇主们在工厂和国会都能为所欲为。1799年，下议院宣布，任何旨在提高工资、改变工作时数或减少对工人要求的工作量而成立的组织均属非法。工人们加入这种联盟可能遭受牢狱之灾，告密者将受到保护。至此，雇主们取得了全面的胜利。

结果与影响

工业革命的结果几乎影响了除文学与艺术以外此后英国发生的一切事情，其结果与影响如果不撰写一部过去两个世纪的历史是无法加以充分描述的。因此，我们必须注意这持续不断的发展与尚未完成的变迁过程：

一、由于发明与机器的繁多而形成工业本身的转变——这种转变过程如此繁多，以致我们目前的生产和分配货品的方式与1800年相较，两者的不同之处远比后者（1800年时）与盛行于2000年前的生产与分配方式的差别更大。

二、从合乎规定的同业公会和家庭工业制度转变到资金投资系统与自由企业。亚当·斯密即是英国这种新制度的发言人，皮特二世更于1796年对这种新制度给予政府的许可。

三、农业工业化——小农场被以资本主义方式经营的大农场取代，他们使用机械、化学和机械动力大规模地生产食物和纤维，以供国内和国际市场所需——而且持续至今。因此，家族耕种的农场遭受了与同业公会同样的命运，成为工业革命的牺牲品。

四、科学的刺激、应用与普及。起初受到鼓励重视的是实用科学的研究，但纯粹科学的研究也已导致极广大的实用价值。所以，抽象的研究工作也得到经费资助,科学变成了现代生活的显著特征,就像宗教曾是中古世纪的特征情形一样。

五、工业革命(而非皮特二世所言的拿破仑)稳固了英国在海上及在最富庶的殖民地上150年的控制权,因而重绘了世界地图。它引导英国及后来其他工业国家去征服一些能提供原料、市场或商业及设备的海外地区,由此进一步助长了帝国主义的形成。它迫使农业国家为获得或维护自由而走向工业化和帝国主义化的路途。它还制造了经济、政治或军事上的相互关系,使独立成为虚幻,而相互依赖成为事实。

六、工业革命改变了英国的特质与文化。大量增加英国人口,将半个英国予以工业化,并使英国人口向北、向西往那些靠近储藏煤、铁或靠近水路和海洋的城镇移动。于是产生了利兹、谢菲尔德、纽卡斯尔、曼彻斯特、伯明翰、利物浦、布里斯托尔等大城市。工业革命把英国和其他工业国家的大部分地区转变成满布冒着黑烟的工厂及令人窒息的煤烟与灰尘的肮脏之地,又把底层民众堆积在发臭而无望的贫民窟里。

七、工业革命使战争机械化、扩大化、非人化,还大大地增进了人类破坏、毁灭和杀伤的能力。

八、它促使通讯传达和运输交通变得更为方便、快捷,因此使更大规模的工业兼并和由一个首府统治较大区域的构想成为可能。

九、工业革命提高了商人阶级的地位,使其支配财富并进而形成其在政治上的优势,由此产生了民主政治。为了影响并维护这个划时代的权力转移,这个阶级获得了日增的部分群众的支持,他们确信这些群众能借着控制传播媒介及灌输思想而与他们步调一致。尽管受到这些控制,工业国家的人民仍然是近代史上消息最灵通的群众。

十、既然继续发展中的工业革命需要工人与管理者双方不断接受更高深的教育,新的阶级以前所未有的大规模方式资助学校、图书馆和大学。其目的是要培养技术方面的才智,而其副产品却是世俗知识的空前扩展。

　　十一、这种新的经济制度将货物与舒适散播于远较以前任何制度更大比例的人群之中，因为它只能靠人民永远不断扩增的购买力来维持其不断上升的生产力。

　　十二、它使都市人的心思更为敏锐，却使他们的审美观念退化了。因此许多城市变得异常抑郁丑陋，最后艺术本身也放弃了对美的追求。贵族阶级的被废止，失去了标准与鉴赏力的贮藏所及宫廷，也贬抑了文学与艺术的水平。

　　十三、工业革命提高了经济学的重要性与地位，而且导致经济观的历史解说。它使人们习惯以物质的原因与结果来从事思考，并导致生物学的机械论——把生命的一切过程解释为机械活动的一种企图。

　　十四、这些科学方面的发展及哲学上相似的倾向，加上都市的状况与不断增加的财富，减弱了宗教信仰。

　　十五、工业革命改变了道德观念。它并未改变人性，但它将新的力量与机会赐予基本上有用但在社会上令人困扰的旧有天性。它强调利益动机的程度，似乎鼓励并加强人类自私的天性。以往不合于社会群体生活的本性均为父母的权威、学校的道德教育及宗教教条节制，然而工业革命削弱了所有这些控制力量。在农业制度中，家庭是经济生产，也是种族延续和社会秩序的单位。在这种制度之下，人们在双亲与季节的戒律下，共同在一块土地上工作，它也教导人们合作并把人们塑造成相同的性格。但工业主义使个人与群体成为生产的单位，双亲与家庭丧失了他们原所具有的权威与道德作用的经济基础。由于童工在城市里不再成为赚钱的工具，儿童也就不再被当作一种资产。节育运动因此流行起来，尤其在较有知识的人们当中更为普遍，知识程度较浅的很少实行节育，这样就产生了人种关系与神权政治力量的意外结果。由于家庭规模的缩小及机械工具的发明，妇女从做母亲的职责与家务束缚中解放了出来，并随即涌向工厂和办公室，因此妇女的解放也是工业化所产生的结果。儿子们需要较长的时间才能达到经济自给，同时生理成熟与经济独立的间隔期延长而使婚前守贞更加困难，因此以往在农村生活中由于较早达成经济独立、早婚与宗教约束等情形形成的道德规范被破坏无余。这种工业社会已发觉它们正在一种旧道德规范逐渐没落而新道德规范仍未建立的非道德的真空期间游离浮沉着。

然而欲了解工业革命的全部层面，或对其结果加以道德批判，却远非一个人的心智能力所能及。它已产生了大量各种各样不同的新罪恶，同时以传教士、修女般的英雄奉献精神激起了科学家们的灵感。它制造了丑陋的建筑、阴暗的街道和污秽的贫民窟，但这些并非起自其以机械力替代人力为目的的本质。工业革命已开始攻击其本身的罪恶，因为它已发现为贫民窟所花费的远较教育费用昂贵，而且贫穷的增加反而促使富人致富。实用建筑与机械的优越性——如同表现于桥梁一样——能产生一种融合科学与艺术的美。美变成有利可图，而工业设计也在艺术与生活装饰物中占了一席之地。

第二章 | **政坛风云**
（1756—1792）

政治结构

英国在 18 世纪后半叶最基本的变化是工业革命，而最富刺激的事件是政治斗争。在此期间，英国最著名的演说家——查塔姆、爱德蒙·伯克、查理·詹姆士·弗克斯、理查德·布林斯利·谢里登——使英国下议院成为国会与国王之间、国会与人民之间、英国与美洲之间、英国良知与英国在印度的统治者之间及英国与法国革命之间激烈、严重的冲突舞台。政治结构也就成了这一幕戏剧的骨架与组织。

大英帝国政府实行君主立宪制，国王同意绝对遵守依据现有的法律和传统惯例来治理国家，而且非得国会同意不得另立新法。英国宪法是判例的总和而非一项成文法，但有两个例外：一为约翰国王于 1215 年签署的《英国大宪章》（*The Magna Carta*）；一为 1689 年威斯敏斯特会议为英王奥伦治·威廉及其妻玛丽加冕时附带提出的《宣布人权与自由及解决王位继承法案》（*Act Declaring the Rights and Liberities of the Subject, and Settling the Succession of the Crown*）。这个简称为《人权条例》（*Bill of Rights*）的法案，宣称"未经国会许可，由国王宣布暂停法律效力或执行法律的权利系属违法"，及"未经国会允许而借特权为王室或供王室之用而征税……亦属违法"。同时，上述《人权条例》规定："所以我们具有充分信心确认：奥伦治王子将……保护他们（国会），使他们自此条例中所获确认的权利不受侵犯或破坏，并使他们的宗教信仰、权利与自由也免受其他任何侵害，不居神职和居神职的上议院议员与平民确已决定威廉和玛丽、奥伦治王子和公主是而且要被宣布为英国、法国与爱尔兰的国王及王后。"威廉三世及玛丽二世在接受王位时，毫无保留地接受了骄横而有权势的英国贵族借这个宣言而加诸王权的这些限制。国会根据后来颁布的《协调法案》（Act of Settlement，1701 年）及某些条件加冕汉诺威"索菲亚公主及其新教徒的继承者"时，国会还认定她及其继承者在接受加冕时，也同意接受《人权条例》中有关非经国会同意，即剥夺了创制法律的所有权利的规定。直到 1789 年，当几乎所有其他欧洲邻邦仍被能任意创制或废止法律的极权君王统治之际，只有英国仍然是为哲学家赞美、而且受半个世界称羡的君主立宪政体。1801 年英国户口调查的结果，估计大不列颠人口为 900 万人，分成下列阶级：

一、最高阶级为 287 个世俗的贵族与女贵族，他们是国家中最具权势的人，总数约为 7175 人。这个阶级内从上至下依序又分为：有王族血统的王子，公、侯、伯、子、男等爵位。这些头衔由长子继承，世代相传。

二、其次为 26 个主教——"位居神职的上院议员"。这些主教与287 个世俗的贵族都有权进入上议院。而这些总共 313 个家族构成了贵族的本体，其中除公爵与王子外，"贵族"这个称呼均可适当地用以称呼他们。一种较非正式而不能移转的贵族头衔，可以通过任命而由行政机关、陆军或海军中职位较高者取得，但通常这种任命都给予那些已有爵位者。

三、约有 540 个男爵及他们的妻子，有权在教名之前加上"爵士"或"夫人"的称呼，而且这一名衔还可传给后代。

四、另外约有 350 名骑士及其妻子也可在教名之前加上同样的称呼，但这一称号不能传给后代子孙。

五、约有6000个乡绅——"绅士"或为数最多的地主阶级。这些男爵、骑士、乡绅及他们的妻子构成"次贵族"，而且通常都与高于他们爵位的其他王族合称为"贵族"。

六、约2万名"绅士"与"夫人"享有俸禄，不须以劳力谋生，他们获有纹章，而且被认为出身高贵——出生于氏族或一些古老而具有名望的家族。

七、在以上6种阶级之下的其余人民为：低级神职人员、政府文官、商人、农人、店员、手工艺者、工人、军人及海员，并有约104万人依靠公众救济为生的"贫民"，此外还有约22.2万人是"游民、吉卜赛人、流氓、小偷、骗子、伪造钱币者及妓女"。

贵族阶级除了仅偶尔遭遇抵抗外，以其财势（1801年，287位贵族获得全国税收的29%）、担任文武高级官员的特殊地位、古老阶级的声望及对国会选举和立法的控制权等控制了政府。依选举划分，英国共分为40个郡（乡村地区）及203个享有君授自治权的市镇。未享有公民权的有妇女、贫民、定罪的犯人、罗马天主教徒、教友派信徒、犹太人、不可知论者及其他不能对英国国教的权威和信条宣誓效忠者。在各郡，只有每年缴付40先令税金的新教徒地主才有权参加国会议员选举，这些地主的总数约为16万人。由于选举是公开举行的，很少人敢支持任何非由该郡主要地主提名的候选人，因此很少选民愿意参加投票，很多选举由领袖们安排决定，甚至连选票也没有。大地主们认为他们的财产大部分寄托于政府的决策和国家的命运上，所以他们在国会的代表权应该与其财产相称，大多数小地主也同意这种看法。

在享有自治权的市镇内，显出各种杂乱的选举形态。在威斯敏斯特，约有9000个选民，伦敦市依当时法律规定约有6000个选民，另外布里斯托尔有5000个，仅有22个自治市的选民超过1000个。在12个享有君授自治权的区域内，所有男性成人都有投票权，其余大多数的市镇则只有拥有财产者才能投票。有些选区候选人是由"市自治团体"选出的，此团体被解释为"确立于能自选的团体内，并借王室的特权，对市镇财产具有独享控制权的一种由律师、商人、经纪人、啤酒酿造商等组成的都市寡头政治"。有些市自治团体选举那些提名人能付出最高代价的候选人。1761 年，萨德伯里自治市曾有公开登报拍卖选票的事情发生。而在下一次选举中，牛津的市自治团体竟正式提议假如辖区内的国会议员能答应为市自治团体还清债务的话，就让他们连任。有些自治市选举候选人的特权，习惯上属于某些特定的个人或家族，而这些个人或家族并不一定是居住在该市的市民。因此，难怪卡默尔福德勋爵夸称假如他愿意的话，他也可使他的黑人管家进入国会。这些"袖珍自治市"有时就像商品一般出售。埃格尔蒙特勋爵也曾以 4 万英镑的代价购得密德赫斯特自治市的选票。在一些"腐败的自治市"中，一群选举人竟可以选出 1 名或 1 名以上的代表进入国会，而伦敦市只能有 4 名代表。甚至在选票几乎已普及各地时，选举一般仍由贿赂、暴力或借着使固执的选举人过于兴奋而无法行使选举权的手段来决定。总共有 111 个"赞助人"借种种方式与手段控制了 205 个自治市的选举。当时在自治市约有 8.5 万个选举人，伦敦则有 16 万人之多——合计总数为 24.5 万人。

1761 年，从这些不同的选举中产生了 558 位下议院议员。其中，苏格兰选出 45 位，英格兰和威尔士各郡选出 94 位，各自治市共选出 415 位，另外两所大学各选出 2 位。上议院当时则由 224 位具有神职或世俗身份的贵族组成。"国会特权"包括有权通过立法提案，享有征税权及因此掌握的"荷包控制权"——判定人民权利声明的证件。处罚——假如国会愿意的话也可拘禁——任何伤害国会议员或不遵守国会所订的法规者，也可享有包括在国会发言以免受处分的完全言论自由权等。

将国会议员区分为保守党和辉格党，1761 年已几乎完全丧失其意义。真正的区分界线应存于对当时"政府"或内阁或国王的支持者与反对者之间，综观之，保守党维护土地的权益，而辉格党有时则考虑到商人阶级的愿望。除此之外，他们两党同样保守，没有任何一个党派为了大众利益而立法。

除非获得国会上、下两院的同意并获国王签署，否则没有任何一个法案能成为法律。国王具有"帝王特权"——依据英国习俗与法律而赋予国王的种种权力、特权及免除捐税义务的豁免权。国王具有军事大权，他是陆、海军的最高统帅，他能宣战，但须经国会拨款作战，他有权缔结条约并与敌国议和。国王也有一些立法权：他能撤销对国会通过法案的同意权——但国会仍可运用其对财政的控制权而迫使国王让步，所以1714年以后，英国从未行使该项权力。他可宣布戒严令或在会议中发布命令而增加法律条款，但他不能改变习惯法，或制造新的抵抗，他还可任意为殖民地立法。他拥有行政权：他个人有权召集、中止或解散国会，他也任命负责指导政策和施政的内阁阁员。在乔治三世60年统治的前22年（1760—1782年），造成当时部分政治狂热的就是关于选择内阁阁员及决定政策方面王权的伸张情形。

国王的立法权受到严格的限制，他的阁员们提交国会表决的法案，只有靠劝说国会两院同意（1770年，有190位以上的下议院议员在行政机构里持有任命的职位）。从事上述活动的经费，大部分由国王的"皇室费"——国王自己及其家属的费用（国王私人用度）、国王付给侍仆的薪水及授予的年金清单——之中支出。国会每年拨给乔治三世80万英镑作为"皇室费"，可是他经常超支。于是，国会1769年增加了513511英镑，1771年增加了618340英镑，以便偿付皇室债务。国王的部分经费用于收买国会各项选举的选票，另一部分则用来购买国会本身的选票。国会投票通过作为秘密用途的各项基金，在许多情况下以贿赂而送回国会重新审议。我们看到从印度发财返英的人花在选举或立法上的金钱，或寻求政府合同及避免政府干涉的商人的金钱，加上王室与国会的交易，其金额之大时，我们就可看到政府腐败的详细情形。这在奥得河以西几乎没有一个国家能与其相比，而且其对人性更是一个令人不愉快的教训。

关于英国的制度，有些细节也应予以注意。大小地主都要缴税，也许这是当时平民尊敬贵族的理由之一。英国国会只准政府组织民兵自卫队，而不准其拥有常备军。法国、普鲁士及俄国分别拥有18万、19万及22.4万人的常备部队时，英国却拥有颇占优势的财富。然而，在战时，三军全靠征兵与强召入伍制度以补充兵源。这种制度对个人自由的侵犯及陆、海军生活的残酷，都是当时英国社会的阴影。

布莱克斯通觉得（约1765年），英国的政治结构是在当时人们的天性与教育许可下最完善的。他还引述古典的见解，认为最好的政府形态应该包含君主政体、贵族政体和民主政体，同时他发现这些政体在英国宪法中"和谐与快乐地结合着"——

> 如同我们一般，由于法律的行使权操于一人之手，法律能发挥最独裁的君主专制政体才能具有的力量和迅速等益处。又由于王国的立法权是委由三种彼此完全独立的不同权力操纵：第一个权力属国王；第二个属于居神职或不居神职的上议院，他们是因其虔敬、出身、智慧、英勇或财富而被选，组成贵族会议；第三个是下议院，由人民自由选出的平民代表构成。这样就形成了一种民主政治，因为这个集合体是由于不同的动机而产生，而且分别关切不同的利益……对一切事物具有绝对控制权，这三个权力分支机构的任何一个都不致造成任何不便，但是三者可以互相制衡。每一个都具有否决权，足可拒斥任何它认为不利或具危险性的改革。因此，英国君主立宪的统治权即存在于此，而且是尽可能有益于社会地存在于此。

我们或可讥嘲这位著名权威从舒适的高位来观察当时政府的爱国保守论点，但不可否认的是，他的评断一定获得在乔治三世统治下90%的英国人民的赞同。

主要人物

　　这些政治舞台上的角色都在英国历史上最著名的人物之列。其中地位最高者为乔治三世，他在最具重要性的几年里（1760—1820 年）统治英国，目睹英国经历了美国与法国革命及拿破仑的战争。他是第一位出生于英格兰，自认是一个英国人，而且对英国事务颇感兴趣的汉诺威国王。他是乔治二世之孙，也是死于 1751 年、难以驾驭的威尔士王子腓特烈·路易之子（未来的乔治三世，当时只有 12 岁）。他的母亲萨克森—哥达王朝的奥古斯塔公主一共生了九个孩子，她对遇见的那些"没有教养而又邪恶的世家子弟"颇感震惊，所以以将乔治三世与那些伙伴隔离，而且以一种使他与当时的贵族和当时风行的游戏、欢乐、骚乱、思想等完全隔绝的方式教养他。乔治三世长大后成为一个胆怯、昏庸、虔诚、欠缺教养而郁郁寡欢的人。他对吹毛求疵的母亲说："假使我将来有一个儿子，我将不会像你对我一样使他那么不快乐。"她把她对乔治三世的祖父纵容国会权威的轻视态度传给了乔治三世，再三叮嘱他说："乔治，要做一个名副其实的国王！"——重新掌握政府的实际领导权。有一个可疑的传说，认为这位年轻的国王受了波林布洛克子爵的《爱国国王的思想》（*Idea of a Patriot King*，1749 年）一书的影响，此书劝告统治者"不但要治理而且要统治"，允许国会保留其拥有的权力的同时，要实施改进英国人生活的措施。乔治的老师之一沃尔德格雷夫勋爵 1758 年将他描述成"绝对诚实，但缺乏使诚实变为可亲的率直和坦白的行为……他并不缺乏决断力，却过于固执……在他的性情中存在着一种忧郁，这……将是他通常焦虑不安的来源"。这种特性一直保留到他神志不清。

　　自从乔治三世的父亲死后，他的寡母就与担任侍从官的比特伯爵和约翰·斯图亚特过从甚密。比特 1751 年正是 38 岁，而且已经与当时名闻一时的玛丽夫人的女儿蒙塔古结婚 15 年了。在乔治登基之前的最后几年，乔治将他视为首席教师和知己。他仰慕这位来自苏格兰的教师的学识和正直，十分感激地领受他的忠告，而且接受了他的鼓励，准备争取积极的政府领导权。这个王室青年向 15 岁的美人莎拉·莲诺克丝女士求婚时，他悲伤却诚挚地接受了比特伯爵向他提出要他娶一个外国公主以巩固政治联盟的劝告。"我把前途付托在你的双手中，甚至将避免想到我亲爱的恋人，我只有默默地悲伤着，绝不再以这令人不愉快的琐事来麻烦你。假使我必须在失去朋友或恋人两者之间做一选择，我宁可放弃后者，因为我重视你的友谊远甚于一切尘世间的欢乐。"乔治登基后，他把比特带在身边。

乔治三世在位期间是英国历史上最多灾多难的王朝之一，而他也受到谴责。他本人则是一个不折不扣的基督徒，是一个绅士。他接受英国国教的信仰，以不炫耀的虔诚心遵行它的教条，甚至还为此责备过一位在传道时赞美他宫廷的传教士。他仿效其政敌，而且变本加厉地行使贿赂，但在私生活方面，他是美德的典范。值此纵欲昭彰的时代，他却为英国树立了一个忠实丈夫的楷模，这恰与他的祖先们私通放纵的丑行及其兄弟、儿子的不法行径形成了强烈的对比。除了宗教与政治之外，他在各方面都是一个仁慈的人。虽然在赠送礼物方面有时表现得过分慷慨，但是他是一个有简朴的习惯与嗜好的君主。他禁止在宫中赌博。他勤于政事，连细枝末节也不放过，有时一天 12 次下达指令给他的助手和内阁阁员。他并非沉闷的清教徒，也喜爱剧院、音乐和舞蹈。他并不缺乏勇气，他固执地与政敌周旋达半个世纪之久。1780 年，他勇敢地面对暴民，而且在两次谋刺事件中都能保持镇静。他很坦白地承认自己所受教育的缺陷，以致一生对文学、科学和哲学相当无知。假使说他心中有些怯懦，那是由于遗传的怪癖、教师的疏忽及环绕国王的无数压力造成的。

乔治所犯错误之一是对别人的才能和独立性的猜忌。他对威廉·皮特一世具有的卓越的政治洞察力和理解力、深入的判断力和雄辩有力的口才耿耿于怀。从皮特进入国会（1735 年）到在"七年战争"获胜期间，我们也可在别处看到这位不平凡者的功绩。他可能比乔治三世更自大与顽固，觉得自己是这个在他领导下建立的王国的监督人。所以，名义上的国王与实际上的国王相遇时，一场王权争夺战就此展开了。皮特个性耿直，不为他周围盛行的贿赂恶习所动，但他把政治视为纯粹的国家权力，而且不让人类感情改变他使英国强大的决心。他被称为"伟大的平民"，因为他是下议院中最伟大的人，而不是因为他曾考虑到改善平民的命运。然而他曾挺身而出，为美国人和印度人反抗英国的压迫而辩护。与英王一样，他也愤恨批评，而且也"不惯于遗忘或宽恕"。除非国王能统御他，否则他并不愿为国王效命。乔治三世坚持撕毁与腓特烈所订的条约而另与法国订立片面和约时，他便辞去内阁职务（1761年）。假如说最后他被打败了，不是别的敌人而是痛风击败了他。

皮特在英国政治上的影响可与爱德蒙·伯克在英国思想上的影响相比。皮特于1778年退出政坛，而伯克于1761年出现，直到1794年才断断续续地吸引了有教养的英国人的注意。他生于都柏林（1729年），是一个律师之子，这个事实也许会妨碍他为政治职位和权力的奋斗。他并非真正的英国人，只是被英国人收养而已。他也并非贵族，但他心地有如贵族一般高贵。他母亲和姐妹是天主教徒这个事实，使他一生同情爱尔兰和苏格兰的天主教徒，也使他固执地强调宗教是道德与国家不可或缺的堡垒。他在波利托尔的教友派教会学校和柏林的三一学校接受正规教育。他的拉丁文程度足够使他欣赏西塞罗的演讲词，并使它们成为他自己辩论风格的基础。

1750年，他来到英格兰，在伦敦的中神殿法学院研习法律，后来他称赞法律是一种"比其他各种学问的总和更能加速并鼓励理解力的一种科学"。但是他认为法律"除了对生来快乐的人以外，不能够完全依照同样的比例来启发并解放心灵"。约1775年，他的父亲以他忽略了法律研究而从事其他的追求为由取消了他的零用钱。显然，他已养成了对文学的喜爱，而且经常出入剧院和辩论俱乐部。还有人谣传他爱上了著名的女演员佩格·沃芬顿。1757年，他在写给友人的一封信上说："我已破坏了所有的规则，而且疏忽了所有的礼仪。"他还描述他的"生活状况"是"由各种不同的图样交错而成，有时在伦敦，有时在遥远的乡下，有时在法国。偶尔，感谢上帝，还远在美国呢"！此外，我们除了知道伯克于 1756 年在一种不太确定的情况下出版了两本不凡的书，而且结了婚，对他在这段期间的其他一切就一无所知了。

其中一本书名为《自然社会的辩证》(*A Vindication of Natural Society*) 或称《各种人为社会对人类产生的不幸与罪恶观》(*A View of the Miseries and Evils Arising to Mankind from Every Species of Artificial Society*)、《给某勋爵的一封信》(*A Letter to Lord——*)、《一位已故的高贵作家叩上》(*By a Late Noble Writer*)。这篇长达 45 页的文章，表面上是一本强烈谴责各种政府的书籍，比一年前卢梭刚出版的《论人类不平等的起源和基础》更富无政府主义色彩。伯克为"自然社会"下了这样的定义："根据自然嗜好与本能而非由绝对的法律制度组成的社会。"他阐释道："法律的发展是一种堕落。"历史是一部屠杀、奸诈和战争的记录，同时"政治社会应被控以毁灭社会的较大罪名"。所有的政府都遵行马基雅维利的权谋霸术原则，摒弃一切道德约束，并给人民立下贪婪、欺诈、抢劫及杀人的伤风败俗的榜样。雅典与罗马的民主政治丝毫不能改善政府的罪恶，因为它可由煽动政治家的能力而赢得容易受骗的大多数群众的仰慕，而且很快地把民主政治又变成独裁统治。法律是一种编纂而成的不公正，它保护懒散的富人对付被剥削的穷人，并加上一项新的罪恶——律师。"政治社会使多数人成为少数人的财产。"请看英国矿工的遭遇，想一想这种惨痛是否会存在于自然的社会里——在法律创制之前的社会——我们是否应该像宗教支持现状一样，由于它已成为人类的天性而必须接受这种状态？

假如我们决心放弃自己的理性与自由，屈服于社会的僭越之下，我们除了尽可能默默地顺从与之俱在的世俗（通俗）观念之外，别无选择的余地，还得接纳这些世俗的宗教和政治见解。但是，假使我们认为这种需要是想象而非真实的，我们将放弃他们对社会的梦想与宗教的幻想，并为完整的自由而辩护。

这项言论有年轻激进者的大胆与愤怒的真诚，这个青年在精神上是宗教的，却拒斥已建立的神学，而且对他在英格兰目睹的贫穷与堕落也非常敏感。他具有自知的才能，但在当时的世界潮流中，尚无地位和美名。每个机警的青年都经过这个阶段而达到地位、财富及我们将在伯克的《法国革命感想录》（*Reflections on the Revolution in France*）中发现的令人震惊的保守主义。我们察觉到《自然社会的辩证》一书的作者以匿名来掩护自己，而且假装自己不在人世。几乎所有读者，包括威廉·沃伯顿和查斯特菲尔德伯爵在内，都了解这篇论文是针对当时罪恶所做的真正攻击。许多人还认为此书为波林布洛克子爵所著，他死于1751年，就是所谓的"已故的高贵作家"。在这篇论文出版9年后，伯克竞选国会议员。伯克唯恐他年轻时所发的言论将对自己不利，于1765年重印此书，而且加上序文，此文的一部分如下："下面这篇短文的目的是为了表示……用以摧毁宗教的同一'文学'工具也可以照样成功地用来颠覆政府。"大多数为伯克写传记的学者把他的解释当作真诚的，我们虽然不敢苟同，却可了解一个政治候选人为了避免一般人的偏见所做的努力。假如我们之中哪一个人的过去被揭发，他还会有什么前途呢？

伯克另一本于1756年出版的书，书名为《崇高与美丽两种观念的起源的哲学探讨》（*A Philosophical Enquiry into the Origin of the Sublime and Beautiful*），言辞正如《自然社会的辩证》一样犀利，文笔更为熟练。此书再版时，他又加上一篇《论鉴赏力》（"A Discourse on Taste"）的论文。我们不禁对这位27岁的年轻人在莱辛的《拉奥孔》一书出版前整整10年就敢于探讨这么难懂题目的勇气钦慕之至。也许他是从罗马诗人和哲学家卢克莱修的《物性论》一书的第2册中获得了启示。此书一开始就说："风吹乱了大海的波浪时，从陆地遥望他人的辛劳，是多么愉快。这并非我们幸灾乐祸，而是因看见你自身能免除一切罪恶实在甜蜜。"因此，伯克写道："自卫的强烈情感依赖痛苦与危险而定。情感的起因直接影响我们时，就会令人痛苦。当我们知道痛苦与危险并非真正存在于环境中，情感就会令人快乐……凡能引起这种快乐的，我就称之为崇高。"其次，"所有耗费巨大人力、物力及富丽堂皇的作品都是高贵的……所有豪华、壮丽的建筑物也都是崇高的……因为仔细观察这些伟大的作品，内心就会把产生这些作品所需的竭尽一切心力的伟大的意念专心凝神于作品本身"。阴郁、黑暗和神秘有助于提高高贵感，因此中古世纪的建筑家们，很谨慎地只允许微弱的光线进入他们的大教堂。浪漫主义的小说，如霍勒斯·沃波尔的《奥特兰托古堡》（*Castle of Otranto*，1764 年）和安·拉德克利夫的《乌杜尔福的神秘》（*Mysteries of Udolpho*，1794 年），都从这些见解中获益不少。

"美，"伯克说，"这个名称适用于凡是事物能引起我们产生情爱和温柔感或最类似的情感的一切特性。"他反对认为只有和谐、统一、对比、对称这些特性才是美的古典美学观念。我们认为天鹅是美的，虽然它的长颈和短尾与其身躯不成比例。通常美的事物都是细小的（这与高贵形成了对比）。"我现在想不起来有任何不光滑柔和的事物是美的。"美的事物如果表面破裂或粗糙、有锐角或突起等情形，那将会影响并限制我们欣赏美的乐趣。"青春与活力的神态，有损美感。细致或甚至柔弱的外表，对美几乎是必要的。"色彩，特别是变化多又明亮的色彩，可以增加美，但耀眼和强烈的颜色则否——说来奇怪，伯克并未曾问过是否一个女人因为娇小、柔美、细致、多彩多姿就可以被认为美丽。

无论如何，琼·纽金特是伯克向往的。1756 年，他们结婚了。她是一位爱尔兰医生的女儿，是天主教徒，但不久改信英国国教。她柔顺温和的性情缓和了她丈夫暴躁的脾气。

　　《自然社会的辩证》和《崇高与美丽两种观念的起源的哲学探讨》两书，如果不是其理论，便是其体裁造成的印象为伯克开启了成功之门。罗金厄姆侯爵不顾纽卡斯尔公爵提出的，伯克是一个狂野的爱尔兰人、詹姆士二世的拥护者、秘密的天主教徒及耶稣会会员的警告，毅然聘他为秘书。1765 年底，伯克借着佛尔尼勋爵的影响，当选温多佛自治区（当时佛尔尼"拥有该自治区"）的国会议员。在下议院，这位新选议员获得了能言善道但并不善于说明的演说家的美誉。他的声音刺耳，夹着爱尔兰腔，他的动作笨拙，他说的笑话有时又显得粗鲁，他的指责也过分激烈。人们只有在阅读他的作品时才能察觉到，他是以精通英语的能力、清晰的描述、广博的知识和例证及利用哲学透视法处理当时问题的才能而创造文学。这些特性也许在上下两院里反而成了障碍。哥尔斯密告诉我们说："有些听众喜爱看他像蟒蛇般迂回前进，慢慢进入主题。"但许多人对他过多的细节、偏于理论的枝节、装饰华丽的雄辩、繁复的掉尾句和不时流露的文雅颇感不耐。他们喜欢重实际的思考和直接地引入正题，他们赞美他的语法，却不理会他提出的忠告。因此，博斯韦尔说伯克像一只老鹰时，塞缪尔·约翰逊反驳他说："是的，先生，但是他什么也没有捕获到。"几乎直到他的议员生涯终了，他一直为那些令人民、内阁和国王不愉快的政策辩护。他说："我知道，我选择的路并不是步步高升的路。"

　　显然，他一步步爬上事业巅峰时，他明智地博览群书。一个与他同时代的人描述他是一部百科全书，从他的知识贮藏库里，每个人都可以得到指示。弗克斯对他推崇备至，说假使他（弗克斯）把从书本上学得的所有政治知识，从科学中获得的及世上的知识与事务教导他的一切学识放在一个天平上，而把他从正直诚恳的朋友指示和谈话中获得的进步放在另一个天平上，那么他将难以决定取舍。通常吝于赞美他人的约翰逊也同意弗克斯的说法。约翰逊说："即使和他在同一个棚里避雨 5 分钟，你都会受不了，但是你会相信自己正和曾见过的最伟大的人物站在一起。"

约 1758 年，伯克加入了约翰逊·雷诺兹集团。他很少与这位顽固的辩论家争辩，也许是怕自己和约翰逊的坏脾气。可是两人一旦争辩起来，总是这位文坛权威约翰逊先行退缩让步。约翰逊生病而有人提到伯克时，这位博士便叫道："那个家伙会唤起我全部的力量，假如我现在见他，那我必死无疑。"但是这两个人几乎对政治、道德、宗教等所有基本问题的看法一致。虽然他们是平民，但接受英国的贵族政治法则。他们轻视民主政治，认为那是庸人当政。他们替希腊正教和英国国教辩护，以为上述两者是道德与秩序不可替换的堡垒。只有在美洲殖民地革命的问题上，两人的意见相左。约翰逊自称为保守党员，而指责维新党员是罪犯和傻子。伯克自认为是维新党员，却为保守党的基本信条较英国历史上其他任何人提出了更强有力、更合理的辩护。

他似乎有时支持在存在状态中最可疑的要素。他反对议员选举法或对法律制定的规则的修改。他又以为"腐败的"或"由一人或一家操纵选举的"自治区是情有可原的，因为这些自治区选出了像他这么好的议员参加国会。他非但不主张扩大选举，而且认为应"借减少选票的方式"增加选举人的重要性及其独立性。然而，他曾赞助了成百项自由主义的主张。他在亚当·斯密之前提倡自由贸易，并在威尔伯福思之前攻击奴隶贩卖制度。他主张废除天主教徒没有参政资格的规定，支持非英国国教者提出的享有充分公民权的要求。他又设法减轻野蛮的严刑峻法和军人生活的困苦。虽然他本人曾遭受过新闻自由之害，他仍然为新闻自由辩护。他面对大多数狂热的爱国主义者，挺身而出为爱尔兰、美国和印度辩护。他率直而大胆地支持国会反对国王，以致失去了所有担任政府公职的机会。我们或许可对他的见解和动机提出异议，但是我们绝不能对他的勇气有所怀疑。

伯克政治生涯中的最后一次奋斗——反对法国大革命——使他失去了长久以来他仰慕、热爱的一位友人的友谊。查理·詹姆士·弗克斯与他感情极好，并在无数次面临挑战的危险之际，与他站在同一阵线上，但是除了彼此都重人道、有勇气之外，他在心性与个性方面，几乎完全与伯克相异。伯克是爱尔兰人，穷困、保守、虔诚信教，而且有道德操守。弗克斯是英格兰人，富有、急进，而他脆弱的宗教信仰不足以使他远离赌博、酗酒、女人及法国大革命。他是亨利·弗克斯的第三个、也是最宠爱的儿子。亨利·弗克斯继承了一笔财富，不过很快就被他挥霍掉。后来他又娶了一个富有的妻子，并因此得到了另一笔钱财。他当军需官时，他又聚敛了一笔财，他还资助比特伯爵贿买国会议员的席位，结果被酬以荷兰男爵的封号，却被指为"拖欠数百万钱财的公众债务人"。他的妻子卡罗琳·伦诺克斯是查理二世与路易丝·凯鲁阿尔的孙女，所以查理·詹姆士流着稀薄的斯图亚特王朝放荡成性的国王和谦顺的法国妇女的血液。他的名字就有着斯图亚特王朝的回忆，定然使汉诺威王朝的臣民听来不甚悦耳。

荷兰男爵夫人设法将她的儿子们教养成诚实而有责任感的人，但是荷兰男爵非常溺爱查理，为了他而把古老的谚语改成："明日能做的事，切勿今日做；别人能做的事，绝不自己做。"查理刚满14岁时，他的父亲把他从伊顿学院带往欧洲大陆的赌场和温泉游乐一番，而且允许他每晚花5基尼。待他回到伊顿学院时，他已是一个名副其实的赌徒了，一直到他进牛津大学后，仍是积习难改。他在牛津大学时利用时间阅读了许多古典及英国文学作品，但只念了两年就离开，到各地做为期两年的旅行。他学了法文和意大利文，在那不勒斯输掉了1.6万英镑，拜访在费内的伏尔泰，并从他那里得到了一些书籍，这些书启迪了查理对基督教理论的认识。1768年，他父亲为他在一个自治区里从事贿选，所以查理在19岁时，就当选了国会议员。这是十分不合法的，但是很多议员对这位年轻人的个人魅力与财富留下了深刻的印象，所以没有提出任何抗议。两年后，查理借着他父亲的影响力，担任了诺斯勋爵首相内阁的海军大臣之职。1774年，他的父母亲及长兄相继去世，于是查理成了一笔巨额财产的主人。

查理成年以后对自己的外表与品德颇为疏忽。他的长袜松松地系着，外衣和背心皱皱的，衬衫的领口敞开，脸上则由于酒食之故显得红扑扑的，他坐下时，那圆滚滚的大肚子好像就要从两膝上滚落下来似的。他与威廉·亚当斯决斗时，他拒绝了他的助手要他采取习惯的侧立姿势的劝告，他反而说："反正我正面或侧面站立还不是一样臃肿。"他并不费心掩饰自己的缺点。有一个流传极广的谣言说他是赌棍们惯常的牺牲品。一次（吉本告诉我们）查理一口气接连赌了22小时，那次他总共损失了20万英镑。查理言及，人生最大的乐趣除了"得"之外，就是"失"了。查理养了一马厩的赛马，在它们身上下了颇大的赌注，而且（我们被要求相信）他在赌马上赢得的要比输掉的多。

有时他对政治原则也如同他对衣着与道德一样疏忽。他不止一次以自己的爱憎来决定他采取的立场。他天性疏懒，并不以使伯克成名的那种谨慎与研究精神去准备他的国会演说或议案。作为一个演说家的他，几乎毫无优雅之处，他根本也不想求得这些。他的演讲总是既无一定形式，又一再重复，有时还会令文学家大为震惊。理查德·波森这位英国学者说："他把自己投入句子中，而让万能的上帝设法再将他解救出来。"然而，由于他有天赋的敏锐头脑和极强的记忆力，一般人都认为他成了下议院最能干的辩论者。霍勒斯·沃波尔如此写道："查理·弗克斯已把老农神（查塔姆）从雄辩的宝座上一脚踢了下来。"

与弗克斯同一时代的人对他的缺点极为宽容，因为这些缺点是许多人共有的；可是对他的优点，大家几乎异口同声地予以赞扬。弗克斯在1774年以后的大部分生涯中，不惜牺牲升迁与获得人望的机会而走自由主义路线。伯克谴责罪恶，却喜爱弗克斯，因为他了解弗克斯毫不自私地献身于提倡社会正义与人类自由。伯克曾说："他是生来要被爱的人，他有着天真烂漫、坦白、公正与慈悲为怀的性情。他为人大度，个性温和，具有对错误宽大容忍的脾气，他的心性中并没有半点毒恨。"吉本也同意说："也许从来就没有一个人更能完全免于怨恨、虚荣或虚伪的污点。"但只有乔治三世不为弗克斯这种自然的魅力所迷。

与伯克和弗克斯共同领导维新党自由派的是一名叫理查德·布林斯利·谢里登的另一个爱尔兰人。他的祖父托马斯·谢里登出版了一些希腊和拉丁文的翻译作品及《双关语的艺术》(*Art of Punning*) 一书，此书对谢里登也许有些影响。他的父亲托马斯·谢里登二世被列为仅次于加里克的演员和剧场经理。他与成功的剧作家和小说家弗朗西丝·张伯伦结婚。他曾获都柏林、牛津、剑桥等大学的学位，并在剑桥讲授教育学。他协助约翰逊得到皇家的恩俸，也为他自己谋得了一份。他写了一本饶有娱乐趣味的《斯威夫特的一生》(*Life of Swift*)，而且在约翰逊字典出版后仅 25 年就大胆地出了一部《普通英语字典》(*General Dictionary of the English Language*，1780 年)。他协助其子经营德鲁里巷剧院，眼见其子在罗曼史、文学方面以及国会中的作为。

因此，假如说理查德的血液中没有机智和戏剧的话，那么他的环境中也必充满这些。他生于都柏林 (1751 年)，11 岁时被送往哈罗公学，在校 6 年，获得了极佳的古典教育。他 20 岁时，就模仿其祖父，出版了希腊文学翻译的作品。1771 年，他与双亲住在巴斯时，他为了 17 岁的伊丽莎白·安·林利的可爱面容和声音而失魂，她那时正在她父亲作曲家托马斯·林利举办的演奏会中演唱。任谁看了凯恩斯博罗为她所画的肖像，都会了解理查德除了为她心神荡漾之外，实在别无选择了。其实她也为他着迷，假如我们能相信她姐妹的话，她认为理查德真有令人不可抗拒的英俊可爱之处。"他的双颊泛着健康的红光，他有着世界上最美好的眼睛……温柔与挚爱的心……与他后来表现在写作上同样的戏谑的思想和纯洁无害的机智令其家人喜悦。我仰慕——我几乎崇拜——他。我将极愿意为他而牺牲我的生命。"

伊丽莎白·安有很多求婚者，包括理查德的哥哥查理。追求者中有一位马修上校，颇为富有，早已结婚，却缠着她，使她受不了而竟然服下鸦片企图自杀。她自杀未遂，但已了无生趣，直到遇见理查德后，他的挚爱才使她恢复生气。由于马修威胁要强迫她就范，她在恐惧与爱恋参半的心情下与谢里登私奔法国，并与他结了婚（1772年），然后在里尔附近的一所修道院避难，理查德则返回英国与双方父亲重修旧好。他曾与马修决斗两次。第一次获胜，但他饶了马修一命。第二次他喝醉了，却说服他的仇敌使其缴械，并同意把决斗降级为角力赛，然后带着一身血、酒味和泥巴回到巴斯。当时他的父亲不认他，但托马斯·林利从法国带回女儿伊丽莎白·安，还承认了她与理查德·布林斯利·谢里登的婚姻（1773 年）。

理查德太过骄傲，不愿让他的妻子公开演唱来维持生活，所以在 22 岁时就开始靠编剧赚钱谋生。1775 年 1 月 17 日，他的一部喜剧《情敌》（*The Rivals*）在修道院广场剧院上演。但演得颇差，各方批评也极恶劣。谢里登重整旗鼓，找到一个更好的演员来饰演主角，因此从第二次演出（1 月 28 日）起就开始获得了一连串的戏剧性成功，并为他赢得了美誉与财富。很快地，整个伦敦都谈论着该剧的剧中人物安东尼·艾布索卢特爵士、鲁西亚斯爵士、黎狄亚·兰桂丝小姐，并模仿马拉普乐夫人随意引用含意不清的字。（例如："忘掉这个家伙！一窍不通地把这个人完全赶出记忆"，"像尼罗河畔的寓言一般顽固"）。谢里登脑子里充满着许多戏谑的题材，他将它们满布于每一页的字里行间，使男仆也有机智，并使傻瓜讲起话来，好像哲学家一般。批评家们抱怨说，他的剧中角色与对白有时并不一致，而机智幽默的对白响遍了每一幕戏，几乎塞满了每一张嘴，而且由于过分使用机智，反使原意晦涩不清。不过，这些都无关紧要，观众喜爱剧中的欢乐气氛，而且这种喜好至今历久不衰。

《女伴》（*The Duenna*）一剧获得更大的成功，此剧于 1775 年 11 月 2 日在修道院广场剧院首演。第一季就一连上演了 75 个夜晚，打破了《乞丐的歌剧》（*The Beggar's Opera*）一剧于 1728 年创下一连上演 63 个晚上的纪录。在德鲁里巷剧院的大卫·加里克对这个激烈的竞争想不出更好的对策，只好重新上演由谢里登去世不久的母亲写的《发现》（*The Discovery*）一剧与之对抗。谢里登为成功而兴奋着，提议购买加里克的德鲁里巷剧院的一半股权。加里克深觉自己年华已逝，答应以3.5万英镑成交。谢里登说服他的岳父和一位朋友各捐助1万英镑，他本人投资1300英镑现金，其余部分则靠贷款筹足（1776年）。两年后，他又另筹了3.5万英镑，与他的合伙人买下该戏院的所有权，并予以接管经营。

很多人认为谢里登过于自信，但他接着又以编写《造谣学校》（*The School for Scandal*）一剧而得到另一次胜利（1777年5月8日），此剧获得了当时最大的戏剧性成功。自从5年前理查德私奔以来，他父亲一直对他不悦，可是现在也与他和解了。在这些一连串胜利之后，谢里登在成功的路上即稍有挫折。德鲁里巷剧院的演出并未大受欢迎，而且这些合伙人对破产忧惧万分。谢里登即以《批评家》（*The Critic*）这部讽刺悲剧及戏剧专家的闹剧解除了困境。然而，他惯常的拖延个性却阻挠着他的写作，在预定公演的前两天，他竟还未写完最后一幕戏。他的岳父及其他友人即想出了计谋，将他诱至剧院的一个房间里，给了他纸、笔、墨水和酒，要他完成这个剧本，而且把他锁在房里。后来他终于带着大家企盼已久的结局出现，经过排演后被认为相当完美。该剧的第一次公演（1779年10月29日）对于这位热情洋溢的爱尔兰人来说，是幸运之神的又一次微笑。

他向四处继续找寻供他征服的新世界，于是决定进入国会。他给斯塔福德市市民每人5基尼贿买他们的选票，1780年，他进入下议院，成为激烈的自由主义者。他与弗克斯和伯克共同检举华伦·黑斯廷斯，而其锋芒更胜过他俩。同时，他与善于社交又多才多艺的妻子一起过着愉快而奢华的生活，并以他的会话谈吐、机智、横溢的才气、仁慈及债务而闻名一时。拜伦爵士概述这些奇迹说："不论谢里登已做了些什么，或选择做什么，那都是同样的优越，而且永远是最好的。他曾写了最佳的喜剧、最好的戏剧……最好的闹剧……做了最好的演讲（《关于加里克的独白》），尤其是他曾发表过国内能想象到或听过的最好的正式演讲。"此外，他赢得并保持着英国最可爱的妇人的钟爱。

谢里登真是一个传奇人物，我们很难想象他与小皮特这位只知现实、超越感情而无雄辩口才统治国家的人竟会属于同一个世界、同一个时代。小皮特生于1759年，其父事业正呈巅峰状态之际，他的母亲是英国首相（1763—1765年）乔治·格伦维尔的姐妹，他在政治的养育和国会的气氛熏陶之下长大。由于他年幼时体弱多病，他并未进入严格及与社会接触的公立学校。在他父亲严格的督导下，在家中受教，他父亲要他每日背诵莎士比亚或弥尔顿的诗以便学习演讲术。10岁时，他已是一位古典学者，还写过一部悲剧。14岁时他被送入剑桥大学，不久因病辍学返家。一年后再度前往就学，他是侯爵之子，因此未经考试于1776年从剑桥毕业并取得了文学硕士的学位。后来他在伦敦的林肯法学院研习法律，并曾短期地执行律师业。21岁时，他有计划地由詹姆士·劳瑟爵士控制的自治市选入国会。他的首次演讲即颇支持伯克改革经济的建议，以致伯克说他："不仅有乃父之风，简直是青出于蓝。"

由于小皮特是家中的次子，他每年只许有300英镑的零用钱，及偶尔从他母亲和伯叔们那里获得的补贴。这些情况促使他在行为和品格方面养成了高度自律的单纯与朴实的特性。由于他发誓追求权力，他避免结婚。他不以赌博或观剧为乐。虽然后来在经历过一次政治骚乱后，他曾酗酒以麻醉他的神经，但他终究还是赢得了生活纯洁、意志廉明的美誉。他能赢取任何东西，但他绝不会被收买。他从不追求财富，也很少为了友谊而让步妥协。仅有少数他的挚友才会察觉到在他冷漠、自制的外表之后，蕴藏着一种友善的欢乐，甚至还有挚爱的温柔。

早在1782年，诺斯勋爵首相的内阁即将辞职时，"这个孩子"，正如有些议员们如此屈辱降格地称呼小皮特一样，在他的一篇演讲中包含着这篇不寻常的声明："就我而言，我不敢期望能成为新阁的一分子，但是如果我去争取而能达到目的，我认为我必须声明，我绝不愿意接受任何附属的职位。"那就是说，他将不会接受组成所谓内阁的六七个席位以下的职位。因此，新阁要派他出任年薪 5000 英镑的爱尔兰副财务大臣时，他即予以婉拒，并继续靠着他每年 300 英镑的津贴过日子。他对升迁颇具信心，而且希望凭自己的长处获得升迁的机会。他极其勤奋，成为下议院里在内政、工业和财政方面知识最渊博者。在他骄傲的声明发表过后一年，国王这次不仅延请他加入内阁，而且任命他为政府首相。在他之前从未有任何人以 24 岁的年纪出任过首相之职，而且很少有首相曾经在英国历史上给人留下较其更深刻的印象。

国王与国会

乔治二世在绝对嫌恶英国政治的心情下结束了他对英国 33 年的统治。"我对所有这些傻事厌恶之至，而且我全心全力期望魔鬼把你的主教们、部长们、国会及整个英伦三岛一齐带走，要是我能远离此地到汉诺威去就好了。"他于 1760 年 10 月 25 日安息，葬于威斯敏斯特。

乔治三世在其祖父去世当天登基，除少数念念不忘斯图亚特王朝的人们之外，他受到了几乎所有英国人的热烈欢迎。当时他 22 岁，英俊、勤勉又谦虚（他是自亨利六世以来第一位放弃对法国提出主权要求的英国国王）。他对国会发表第一次演讲时，他在国务大臣为他准备的原稿上加上了他的汉诺威祖先们绝不会说的话："我在这个国家出生并接受教育，我以英国之名而自豪。"霍勒斯·沃波尔曾说："这个年轻的国王有着和蔼可亲的外表。他有着高度的优雅美德可以缓和他的威严，他那极为善良的天性更是随时随地显露出来。"他借着"为了鼓励虔诚和美德，为了阻止并惩罚罪恶、异端与不道德"，于 10 月 31 日签署了一项文告，因此增加了他的威望。1761 年，他与麦克伦堡－史特雷立兹的夏哈特·索菲亚公主结婚，他与她生下了 15 个孩子，因而找不出与其他女人私通的时间。这对于汉诺威国王来说，是史无前例的。

乔治三世并不喜欢当时已进行 4 年之久的"七年战争"，他觉得可与法国达成和解。威廉·皮特、南方部门的国务大臣及纽卡斯尔公爵内阁中最有势力者，却坚持继续作战，直到法国势力衰颓，无法与这个借在加拿大与印度获胜而崛起的大英帝国抗争为止。此外，他们要求除非与英国的同盟国腓特烈大帝步调一致，否则英国不应单独与法国议和。1761 年 3 月，比特伯爵被任命为北方部门的国务大臣，着手进行单独议和的计划。皮特力阻无效，于 10 月 5 日辞职。乔治赐给他及其继承人 3000 英镑的养老金，并颁赠爵位给他的妻子，使她成为查塔姆男爵夫人以示抚慰。皮特（一直到 1766 年）拒绝接受封爵，因为那样他会被迫离开他最喜爱的战场——下议院。由于他过去曾经轻蔑地批评养老金制度，他因自己接受了这笔津贴而受到严厉的指责，但是这笔钱比他以前所赚的为少，而其他赚得比他少得多的人却得到更多的养老金。

1762 年 5 月 26 日，纽卡斯尔公爵在其 45 年卓越的政治表现后解去他的职位。3 天后，皮特继他出任首相。于是，这位年轻国王乔治的目的也就定型而且开始推行了。他和比特伯爵都认为决定政策，尤其是外交政策的主要路线是王室特权的一部分。再者，他急欲打破少数富有家族对政府的控制。1761 年，一个老辉格党员威廉·普尔特尼——巴斯伯爵，在一本匿名的小册子中力劝国王不要满足于做"王室的影子"，而要运用他"合法的王室特权"去匡正"党派的寡头政治的不合法要求"。

大多数的下议院议员坚持，国王应该从被认可的党魁中或在选举中获胜的小党派中挑选他的内阁阁员。乔治则坚持他的法定权利，主张挑选阁员不应有党派之分，而且认为除了重视他对国家的责任之外，不受任何限制。辉格党人曾策划让汉诺威的选举人登上英国王位，有些保守党人则曾与被放逐的斯图亚特王朝族人举行谈判，无法避免地，起初的两个乔治国王只让辉格党人参政，而大多数的保守党人都归隐山野。但1760年，他们接受了新王朝的统治，相当多的人对这位出生于英国的国王表示臣服与效忠。乔治欢迎他们，而且看不出有任何理由不指派能干的保守党人与辉格党人担任政府要职。辉格党人提出抗议，认为假使国王自由地选派阁员及决定政策而不对国会负责，那么国王就违反了1689年的《人权条例》，国王的权威也必将倒退回查理一世声言的程度，而且1642年和1688年的革命也就毫无意义了。党派政治制度固有其缺点，（各领袖们主张）它仍是一个负责任的政府不可或缺的，它为每个内阁提供一个反对党以监视并批评内阁，（选举人要求时）能够以一些有能力改变政策方向的人来取代原来的内阁而不影响政局的稳定，因此，新王朝最主要的权力冲突阵线就此形成了。

比特伯爵在此次冲突中首当其冲。批评多半宽恕国王，但对他的母后不肯放过。讥讽的文章指责她是比特的情妇，这种谗言使国王怒不可遏。比特与法国单独订立了和约，同时为了迫使腓特烈屈服，他终止了英国对普鲁士的援助。腓特烈骂他是一个恶棍，继续对法作战。英国人民虽然乐见战事结束，却谴责和约对战败的法国过于宽大。皮特也严词谴责，而且预言法国以其完整未受损的海军必将很快重新向英国宣战——果然不出所料，法国于1778年发动了战争。下议院以319票对65票批准了和约。乔治的母亲为王室的意愿获得优势而欣喜异常，她说："现在我儿是名副其实的英国国王了。"

至此，这位新的统治者仍享有廉正的美誉。但他眼见辉格党人正收买国会选票，并策动新闻记者攻击他的政策时，他决定将得来的启示加以改进。他运用他的基金与赞助人的权力以诱使像斯摩莱特那样的作家为他内阁政策的目的和措施辩护。也许1762年7月比特劝说国王颁给塞缪尔·约翰逊养老金时，他已考虑过这种服务了，而国王也未令他失望。可是没有任何一个阁员的同党能挡住约翰·威尔考斯巧妙的苛评，查理·丘吉尔的野蛮讽刺或匿名的"朱尼厄斯"（Junius）的责骂。"大胆与仇恨的程度超过任何以往数年出版的宫中诽谤或讥讽的文章，现在每天更以散文与诗两种体裁层出不穷地出现。"

国会拿了国王的金钱而投他的票，但国会不喜欢国王任命的首相，因为作为一个苏格兰人，比特首相并未由对下议院某一党派的长期服务而取得权力。英格兰人对1745年苏格兰入侵的史实记忆犹新，反苏格兰人的情绪极为高涨。尤有甚者，比特把政治的额外红利分给他的同胞：他命罗伯特·亚当为宫廷建筑师、埃兰·拉姆齐为宫廷画家（忽视了雷诺兹），他也给苏格兰剧作家约翰·霍姆（John Home）养老金，但拒绝颁给托马斯·格雷（Thomas Gray）教授职位。伦敦市民以悬挂或焚烧长筒马靴（马靴是比特的双关语）及攻击首相的马车来发泄心中的愤恨，他前往观剧时，必须将脸遮掩起来才行。而一项加于苹果酒的税捐更使乡村的民心与政府疏远，并使比特成为英国历史上最不受欢迎的首相。比特无法力挽狂澜，身心交瘁，他也了解他无法适应政坛的骚动与阴谋，在他担任国王的首相不满一年之后就辞职了（1763年4月8日）。

他的继任者乔治·格伦维尔遭受三种不幸：他在新闻界受到约翰·威尔考斯（1763年后）的攻击；他经国会通过了《印花税法》（*Stamp Act*，1765年3月），此举使北美殖民地与其母国开始疏远；此时乔治三世的精神病首次发作。比特的失败与辞职使国王的神经和意志崩溃了，更何况他的婚姻并未为他带来幸福，格伦维尔又是令人痛苦的独断独行，甚至几乎到了跋扈的程度。乔治三世很快就复原了，但他觉得他已不足以抗拒控制着大部分国会和新闻界的辉格党寡头政治执政者。于是他只好妥协，并邀请一位维新党人罗金厄姆侯爵另组新阁。

也许这位侯爵从他的秘书爱德蒙·伯克之处得来的建议，他在一年之内经国会通过了几项缓和性的措施。苹果酒税被废除或修改了，《印花税法》撤销了，与俄罗斯订立条约促进了贸易，由威尔考斯引起的热烈讨论与骚动也获得了缓和。显然，侯爵并未运用贿赂手段来促使法案获得国会的通过。国王对税捐的撤销及内阁对威尔考斯的让步极为震怒，1766 年 7 月 12 日，解散了罗金厄姆内阁，颁赠爵位给皮特，并要求他接管政事，皮特也同意了。

但这位"伟大的平民"已失去他的健康，也几乎丧失了他的心智。如今由于他接受查塔姆伯爵的封号及因此举而放弃他在下议院的地位，使他牺牲了仅存的威望。而他对此有他的借口：因为他觉得太软弱无能，无法忍受下议院的紧张与冲突情况，而在上院他必将有更多的闲暇与较少的紧张。他自任较清闲的掌玺大臣一职，而让其友格拉夫顿公爵担任名义上较为重要的首相一职。然而，他的阁员们注意到他常事先未与他们谘商或不顾他们的反对而径自决定政策。因而，他到巴斯去寻求减轻痛风之苦时，很多人反而觉得安心多了。他虽已解除痛风之苦，但服用的药物扰乱了他的心智，他返回伦敦时，已不适于参与政事。1768 年 10 月，他辞职了，格拉夫顿正式成为首相。

就在这个无政府状态的政治混乱时期（1766—1768 年），众所周知的一群"国王之友"联合起来赞助国王执行他的目标。他们引导乔治如何分配他的恩宠，以获得政治支持，同时运用各种方法选举候选人及升迁阁员，他们发誓遵从王室的意旨。格拉夫顿陷入困难和错误时，他们又加重他的困扰，直到他退休始罢（1770 年 1 月 27 日）。2 月 10 日，诺斯（就是我们所知的诺斯勋爵，虽然他到 1790 年才能继承此职位）开始他为期 12 年的首相之职时，这群"国王之友"获得了最大的胜利。

诺斯是一个软弱但并不坏的人。他的忠贞与同情心使他保有职位，但也因此使他在历史上占了一个如此令人不愉快的地位。他是吉尔福德伯爵之子，生来富有，占尽了教育和社交上的一切优势，他于 22 岁进入下议院，并一直保有该席位几达 40 年之久。他以谦虚、仁慈、和蔼可亲、幽默[1]等特点而广结良缘。但他太过于遵循保守路线，以致除了获得国王一人的欢心之外，并未讨好过任何人。他支持《印花税法》及驱逐威尔考斯，（直到最后阶段）他也支持与美国的战争。他为乔治三世的政策辩护，甚至他怀疑国王的政策是否明智时亦然。他自认是国王的，而非国会的，更非人民的代理人。而且，他似乎真诚地相信统治者具有合法的权利，可以选择他的阁员及指导国家政策。由诺斯的辅弼与他处理对下议院事务表现的机智，及由国会投票通过的款项运用。他由其代理人购买了席位和选票，贩卖养老金和官职，又给记者津贴，并设法束缚新闻界。由于他的勇气和刚愎固执，约翰·威尔考斯、朱尼厄斯、伯克、谢里登、富兰克林及华盛顿联合起来击败他。

国会与人民

我们在吉本 1762 年 9 月 23 日出版的《杂志》(*Jounal*) 上读到：

> 威尔考斯上校与我们共餐……我很少遇见过比他更好的同伴。他有不倦的精神、无限的机智和幽默及广博的知识，在做人原则与实际方面则是一个彻彻底底的放荡者。他的人格是卑鄙无耻的，他的生命充满着罪恶，而他的谈话中则充满了亵渎淫秽之词。他却以这些德行为荣——因为羞耻心是他久已克服的弱点。他亲自告诉我，在这个众议纷争的时期，他决定设法发财。

这是一位保守党员的观点，他在当下议院议员的整整 8 年间，都投票赞成政府的政策，却不愿同情这位国会与国王之敌。然而，威尔

---

[1] 某个演讲者抱怨说，诺斯在演讲时一直打瞌睡，他回答说，抱怨一个高尚可敬的绅士服用他自己供给的药品是不公平合理的。一位愤怒的议员要他的头时，他回答说，他将很乐意放弃他的头颅，假如他不必接受这位议员的头作为交换条件的话。

考斯定会承认上述大部分指控。他早已摒弃伦理和基督教教养，而且在那些与他具有共同德行、却对他的坦白感到惊奇的国会议员面前，炫耀他的享乐主义。

约翰·威尔考斯是伦敦北方克拉肯威尔的一位麦芽蒸馏者之子。他在牛津和来登两地受过良好的教育，而他在古典文学方面的知识及其"绅士风度"更足以让约翰逊感到惊异。他20岁时，娶了一位"年纪是我的一倍半"但"颇为富有"的女士为妻。她是一位严肃虔敬的非英国国教徒，而他耽于酗酒与女色。约1757年，他加入了弗朗西斯·达什伍德爵士、巴布·多丁顿、乔治·塞尔温、诗人查理·丘吉尔和第四位桑德维奇伯爵的"地狱火俱乐部"（Hell-Fire Club），此俱乐部聚会于靠近泰晤士河畔的迈德麦罕的一座古老的修道院。

靠着同伴的影响力及7000英镑的费用，威尔考斯获选为艾尔斯伯里的国会议员（1757年）。他起初依附于皮特门下，但1760年以后，他又转而投靠比特的政敌。比特资助斯莫勒特的杂志《英国人》（The Briton），于是威尔考斯在丘吉尔的协助下，于1762年6月创办了一个与其打对台的周刊《北英国人》（The North Briton）。它富有活力与机智的风格，及对内阁的攻击充满敌意与痛恨，此刊物一时颇为风行。在该杂志某一期里，他终于否认——他所传播的——国王的母亲是比特的情妇这一谣言。在第45期（1763年4月23日）中，他猛烈抨击比特与法国单独媾和违反了英国与普鲁士签订的协定，而且在一篇以国王的名义由阁员提出的《国王的演讲》（Speech from the Throne）中诡称该和约已获得腓特烈大帝的同意：

> 本周给公众带来的是一例历史上最恶劣的大臣级的无耻行径……它针对的是全人类。该大臣上周二的演讲在这个国家的历史上根本是无可比拟的，我不确定是君王受到的欺骗更大，还是国家受到的欺骗更大。其国家的每一个友人一定会哀叹，为何这

样一个品德高尚、和蔼可亲的王子竟肯以自己的圣名去许可这可憎至极的举措，以及这些极其无理的公开宣言……我确信所有外国人，尤其是普鲁士国王，将会轻视、憎恨这位大臣。他让我们的君王宣称："本王国的几个盟友从《最终条约》中获得了令人愉快的结果，这满足了我所有的期待。与我的好兄弟——普鲁士国王——交战的那些力量已被劝诱，进而接受了那位伟大的王子所通过的这些调停条款。"这句话的无耻谬误是全人类共见的，因为众所周知，普鲁士国王……曾经被来自苏格兰的英格兰首相卑鄙地抛弃。至于他们大肆鼓吹的"议会全票通过"，其实全世界的人都知道那是如何办到的。"王室年俸表"上的大量债务……清楚地展现了这个冬季的所有交易。

虽然威尔考斯把"国王的演讲"一词解释为实际上出自比特的，但乔治三世认为那篇文章显然是对他个人的侮辱，所以命令哈利法克斯和埃格尔蒙特两位侯爵即当时的国务大臣，逮捕所有与《北英国人》杂志第 45 期的出版有关的人。他们签署了一张集体逮捕令状——一种未指明被逮捕人是谁的令状。在含糊不清的说辞之下，包括威尔考斯（1763 年 4 月 30 日）在内的 49 人被捕入狱。尽管威尔考斯声称他是国会议员，应享有豁免权，也无法幸免。该杂志的印刷者威廉斯被判枷刑，但有一群人向他喝彩，认为他是一个殉道士，还筹募了 200 英镑设法为他脱罪。威尔考斯则向高等民事裁判所请求人身保护令，被批准后，他即为自己的案情辩解，并赢得首席法官查理·普拉特（皮特的朋友）的释放令，理由是他的被捕已触犯了国会的特权。然后，威尔考斯控告哈利法克斯及其同伙犯了非法逮捕和损害财产之罪，因而获得了 5000 英镑的损失赔偿费。普拉特对集体逮捕令状的判决，终止了一项职权的滥用。这项职权的滥用令英国人觉得可憎，几如逮捕令使法国人憎恶一样。

为了考验他的命运，威尔考斯与托马斯·波特（Thomas Potter,

坎特伯雷大主教之子）模仿蒲柏的《论人》("Essay on Man") 一诗，
共同作了一篇《论妇女》("Essay on Women")。那是一篇混合猥亵与
渎神的文章，单调地使用一般认为是威廉·沃伯顿主教添加于蒲柏诗
的注解。这篇小文章由威尔考斯自家的印刷机油印，虽未公开出版，
但共印了13份给少数友人。国王的阁员得到了校样稿，即劝桑特维
奇伯爵向上议院议员朗诵。伯爵果然照办（11月15日），使那些早
已熟知威尔考斯放荡声名的爵爷颇以为乐。沃波尔告诉我们，桑特维
奇朗诵时，他们实在"无法忍住不笑"，但他们一致认为那首诗是
"可耻的、亵渎的及不敬的诽谤文章"，而且请求国王以亵渎神明的罪
名控告威尔考斯。桑特维奇告诉威尔考斯他将死于绞刑或性病时，威
尔考斯回答说："我的伯爵呀！那要看我接受的是你的原则还是你的
情妇了。"

　　1763年11月15日，威尔考斯在下议院控诉他遭受逮捕是对特权
的侵犯。他的控诉被否决，国会命令绞刑吏公开焚毁《北英国人》第
45期刊物。11月17日，一位曾在这期杂志中受到辱骂的塞缪尔·马
丁向威尔考斯挑战。他们在海德公园决斗，威尔考斯受了重伤，卧
病疗伤一个月。伦敦市民谴责塞缪尔·马丁是一个受雇的刺客。绞刑
吏正要焚毁第45期杂志时，他们立即骚动起来，当时"威尔考斯与
自由！"及"第45期"变成了反对国王与国会的流行口号。威尔考
斯在一位暴怒的苏格兰人企图杀害他而没有成功之后，到法国去（12
月26日）。1764年1月19日，他正式被逐出英国国会。2月21日，
他以重印第45期杂志及《论妇女》一文而被英国高等法院宣判有罪。
他被召出庭受审，他并未出庭，11月1日即被宣布为一个罪犯。

　　威尔考斯唯恐返回英国后将遭到终身监禁，于是在法国和意大利
流浪了4年之久。在罗马时，他与温克尔曼时相过从。在那不勒斯，
他见到了博斯韦尔，博斯韦尔觉得他倒是一个有趣的同伴。"他对道
德生动而有活力的俏皮评语，使我的精神起了一阵并非颇为不快的激
动。"在返回巴黎途中，他在费内拜访了伏尔泰，并以其机智迷住了

这位当时欧洲最机智的人物。

　　罗金厄姆和格拉夫顿等辉格党人重新得势，使威尔考斯燃起获赦的希望。他获得了假如他保持缄默，将不致遭受骚扰的私人保证。于是，他回到英国（1768 年），并宣布为伦敦市的国会议员候选人。他在竞选失败后，又在米德尔塞克斯郡参加竞选，经过一番混乱选战后，他得到绝对多数票的支持，该郡大部分地区已都市化，并以其激进倾向及对新兴资本主义所怀的敌意而闻名。4 月 20 日，威尔考斯向法庭投案，本来期望能取消罪名的。他的罪名虽被取消，却被判罚1000 英镑，并监禁 22 个月。一群愤怒的民众把他从官员那里解救出来，而且凯旋似的举着他在伦敦街道上游行。他在逃避过仰慕者的包围后，即自行向圣乔治广场监狱投案。5 月 10 日，一群暴民又在该处集会，要求再度释放他出狱，因此引起军队向骚乱者开枪射击，造成 5 人死亡、15 人受伤的惨剧。

　　1769 年 2 月 4 日，下议院再度驱逐他，米德尔塞克斯郡却重新选举他（2 月 16 日），他又遭下议院驱逐，该郡再次选他（4 月 13 日）。这次他以 1143 票胜了仅获得 296 票的亨利·勒特雷尔而复告当选。国会却基于威尔考斯已退出国会，在国会会期内他已无资格被选为议员的理由，反把议员席位给予勒特雷尔。勒特雷尔离开国会时，即受到人民的攻击，以致他不敢在街头出现。17 个郡及无数自治市曾向国王请愿，抱怨地主选举下议院代表的权利已横遭侵犯。国王极力支持国会驱逐威尔考斯，并未理会上述人民的请愿，以致埃塞克·巴雷上校就此种情形在国会表示对人民请愿的漠视不理"也许会使人民想到暗杀"。[1] 一位将自己的信仰屈服于伏尔泰魅力之下的年轻牧师约翰·霍恩·图克，脱下他的僧袍，而且声言在威尔考斯屡被取消资格后，他要将他的（牧师的）黑袍染成红色。

---

[1] 宾夕法尼亚州的威尔考斯–巴雷城即为纪念威尔考斯和巴雷两人在国会中强烈支持殖民地的运动事迹而命名的。

图克领导组织一个"支持《人权法案》会员协会"(Society of Supporters of the Bill of Rights，1769年)，其最迫切的目的是释放威尔考斯，代为偿清其债务，并使其再度进入国会。在公众集会中，该协会以当时的国会已腐败到无可救药的地步，而且对一般民意又表现冷漠且无任何反应，因此强烈地认为国会应予以解散。它又呼吁每年国会应由成年男子普选，同时内阁的政策与开支应对国会负责。每位国会议员候选人应宣誓不接受任何方式的贿赂，也不接受国王（任命或）颁赠的任何职务、养老金或其他津贴。每位议员应为其选民的意愿而辩护，即使该意愿违反了他自己的本意也应如此。爱尔兰的困境应设法予以补救，美洲殖民地也应拥有单独向其人民征税的权利。

1769年7月，伦敦市长威廉·贝克福德与身着制服的官员们向国王呈递请愿书，指责他的阁员们破坏了给予汉诺威家族英格兰王位所依据的宪章。1770年3月14日，他们向国王呈上一份以革命的语气写成的抗议书，指出："各阶层政府在秘密与不良的影响下，舍善而取恶，大多数下议院议员已剥夺了你的子民们最珍贵的权利。他们做了较诸查理一世征收船税，或詹姆士二世擅用颁赠养老金的权利更具破坏性的一件事。"该抗议书中又请求国王恢复"立宪政府……将那些邪恶的阁员们永远逐出你的内阁"，并解散现在的国会。这位愤怒的国王以手按剑，大叫着说："与其让步而解散国会，不如求助于此物。"1770年，伦敦较诸巴黎似乎更濒临革命。

在沸腾的政治漩涡中，朱尼厄斯投下了英国历史上最富煽动性的信件。他对自己的身份守口如瓶，甚至对他的出版人也不透露，以致迄今还没有人知道他到底是谁，虽然大部分人猜测他就是华伦·黑斯廷斯的残忍敌人菲利浦·弗兰西斯爵士。作者已经在某些信件上署名"卢修斯"，有些则署名"布鲁特斯"，但现在他采用了卢修斯·朱尼厄斯·布鲁特斯中间的名字。根据李维的说法，此人曾经推翻一个国王（约公元前510年），并缔造了罗马共和国。这些信件中强而有力的英文运用能力显出朱尼厄斯若无绅士风度的话，也有绅士的教养。

他可能是一个富有的人，因为他从不为这些信件而收取分文，而这些信件的力量与刺激使自 1768 年 11 月 21 日至 1772 年 1 月 21 日刊登这些信件的《大众者广告》（*The Public Advertiser*）一报大大增加了销路。

在《朱尼厄斯信件选集》首篇《给英国的献礼》（"Dedication to the English Nation"）一文中，作者宣称其目的在于"维护选举自由，及辨明你们选举代表的独有权利"。他把威尔考斯一再被取消议员资格及借集体逮捕令状而把所有与《北英国人》杂志第 45 期有关的人员集体逮捕这两件事作为辩白的起点。"新闻自由是一个英国人的公民、政治、宗教等所有各种权利的保障……是我们宪法中一个必要的部分。"作者就是从这个观点细察英国政府的基础的："国王、上议院和下议院的权力并非一种专断恣意的权力。他们是财产的受托人而非所有人，无条件继承不动产的权利是属于我们的……我相信你们不会愿意让这 700 个被王权腐化而声名狼藉的人来决定是否与他们立于同等地位的 700 万人应该是自由人或成为奴隶。"

朱尼厄斯接着控诉格拉夫顿政府（1768—1770 年）贩卖官位，并以恩宠和贿赂腐化国会。此时，这项攻击转为直接并趋于激烈，以致似有为其个人遭受的伤害或侮辱提出复仇的决心：

来吧！你这有美德的部长，告诉我们海恩先生到底以何利益为代价而被推荐为具有如此特殊声望的国王恩宠，他的特权是以什么代价购得的？……你卑鄙地建立王室施恩派职的权力并予以拍卖……你以为这种穷凶极恶的罪行不致受到指责检举而能逃之夭夭吗？你确实关心着要维持现有的下议院。他们在整批地把国家出卖后，毫无疑问地，将在细节方面保护你，因为他们袒护与赞助你的罪行时，也就是同情他们自己的罪行。

这种攻击一直到格拉夫顿辞职后很久仍然继续着，如在 1771 年 6 月 22 日的信件上写着：

　　我不能以温文有礼的态度称呼你为这个王国内最卑鄙、最下贱的家伙。我抗议，阁下，我并不认为你是如此的。你将会在那种声誉上遭遇到一个危险的敌手……只要一个活着的人认为你值得他的信任，而且能够委以政府中的任何一份职务。

　　这似乎在称呼乔治三世自己为"王国内最卑鄙的家伙"。朱尼厄斯在其第35封信中，已经计划要"以尊严的、坚定的，但非以尊敬的态度"攻击国王："陛下，这真是你一生中的不幸……在你从人民的抱怨声中听到真实的话语之前，你将永远不会知道实情。然而，要改正你的教育的错误为时犹未太晚。"朱尼厄斯建议国王应罢黜他的保守党阁员，而且允许威尔考斯拥有他曾被选上的议员席位。"王子，他以其王权的安全稳固而引以为荣时，应该记得既然它是借革命而得来的，它也可能因为另一次革命而失去。"

　　在《大众者广告》上刊登这封信的亨利·伍德福尔，因刊登煽动性的诽谤文字被捕。反映中产阶级意见的陪审团拒绝将他定罪，因此他偿付了诉讼费后即获释。朱尼厄斯这时已达到蛮勇鲁莽与权力的顶点。但是国王毫不让步，并把首相位置给予和蔼可亲、坚定不移的诺斯勋爵，以巩固自己的地位。朱尼厄斯继续写信，直到1772年，然后离开这个战场。我们注意到在1772年，菲利浦·弗兰西斯爵士离开英国陆军部（朱尼厄斯对该部的事务显示出具有颇为精密的知识），然后前往印度。

　　这些信件既属于英国政治史又属于文学史，因为它们是许多英国政治家在情绪激动而需匿名自保时，挺身而出、间接表达的活生生的例子。这些纯粹的英文掺杂着辱骂，但是辱骂本身常是一种具有巧妙的攻击与尖锐的警语的杰作。这里没有仁慈和慷慨，更没有控诉者自己的党派与被控者共同分担罪恶与犯罪的意念。我们很同情威廉·德雷珀爵士，他在1769年1月21日给朱尼厄斯的回信上写道："这个王国内充满了如此众多有着秘密品格与德行的强盗，以致没有一个诚实的人感到安全，特别是这些怯懦卑鄙的刺客在暗地里行刺，却没有勇气把他们的真名实姓签在他们的恶意与邪恶的作品上。"

　　英国报界在通往更大自由与影响力的过程中，因这几年内的另一次冲突而更为显著。1768年，有些报纸开始刊登国会中有关重要演讲的报道。其中大多数报道偏向于某一党派而且缺乏真实性，有些是想象的，还有些是诋毁谩骂的。1771年2月，乔治·翁斯洛上校向下议院控诉，指出某一报纸曾指他是"小无赖"及"卑鄙、无足轻重的昆虫"。3月12日，下议院下令逮捕该报的印刷者。结果只逮捕了自愿被捕者，同时这些人被带至两位市议员（其中一位是威尔考斯）和市长布拉斯·克罗斯比面前。

　　后者以除非由市政法官签发逮捕令状，否则禁止逮捕伦敦市民为由，认定这项有企图的逮捕印刷者无效。因此，市长被国会下令囚禁于伦敦塔监狱，但是民众起而支持他，并攻击国会议员的马车，威胁议员，嘘国王，同时攻入下议院。市长终于获释，并受到了广大群众的称赞与喝彩。报纸重新刊载国会辩论的报道，国会也停止检举这些印刷者。1774年，路克·汉萨德获得国会的同意，及时且定期地出版《下议院杂志》（*Journals of the House of Commons*），一直继续到1828年他去世。

　　英国新闻界这次历史性的胜利，改变了国会辩论的性质，并使18世纪后半叶成为英国雄辩的黄金时代。演讲者觉得整个不列颠群岛的人正在倾听他们的演说时，他们变得更为谨慎，或许是更为戏剧化了。由于政治知识和消息传播得更为广泛，英国朝着民主政治又向前迈进了一步，那是事所必然的。商业阶级、知识团体及新兴的激进分子，在新闻界表达心声，而这种心声越来越大胆而有效，直到它压制了君主政体。选举人现在知道，他们选出的代表在制定或废除法律方面到底尽了多少力量，为他们及他们的利益而辩护。贿赂行为仍然存在，但是由于其较易受公开揭露，至少也减少了。新闻界成为有时能在国内各阶层之间或国会内各党各派之间形成制衡作用的第三种力量。于是，有能力购买或控制报纸的人也就变得像阁员一样有力量了。

　　这种新的自由，与大多数自由权一样，屡被滥用。有时，它成为比以往曾在国会中出现过的任何自由更自私、更偏狭、更粗俗、更凶暴的反对工具。因此，它对查塔姆为其所取的——"特许的放纵者"这个名称，足可当之无愧。轮到新闻界需要受到第四种表达意见的心声的制衡，那就是舆论，然而新闻界其实就是舆论的部分来源，也往往是舆论的诱导者，有时它可能就是这第四种表达意见的心声！具备更广泛的知识、但无任何头衔的男女，开始对政府的政策与施政方法发表意见。他们聚集在公众集会里，他们的辩论对历史的影响力，有时确可与国会的辩论互争长短。现在，财富与出身已可以作为要求统治权的后盾，偶尔在这两个竞争者之间，也能听到人民的呼吁。

　　威尔考斯于 1770 年 4 月 17 日获释。当时很多人张灯结彩如同庆祝节日一般，而市长更在他的官邸前展示一块上面以三英尺高的字母写着"自由"（LIBERTY）一字的标志。不久，威尔考斯即被选为国会议员，后来他当了市长。1774 年，他再度被米德尔塞克斯郡选入国会。现在下议院不敢再拒绝承认他的议员席位，而他已经历了所有选举，直到 1790 年还保有议员席位。他领导国会中一小群要求改革国会及给予"低阶层民众"公民权的"激进分子"：

　　　　我希望，王国内的每位自由代理人都应该在国会中获得代表。至于不名誉与无意义的自治市，如此被强调地称为"我们宪法中腐败的部分"，应该予以铲除，而富有、人口稠密的商业贸易城镇——如伯明翰、曼彻斯特、谢菲尔德、利兹及其他地区——应允许其派代表参加国家的重要会议……阁下，我但愿有一个能为英国全体人民的自由及基于公正感而发言的国会。

　　而国会一直等待了 56 年之久才接受这些改革。

威尔考斯拒绝参加 1790 年的竞选连任，他从此退休过着平民生活。他死于 1797 年，时年 70 岁，死时正如他刚生下来时一样贫穷，因为他担任所有职务时，一向小心翼翼地保持其诚实不欺的高尚品德与操守。

英国与美洲

1750 年，移居北美洲的英国殖民地侨民总数约为 175 万人，而当时英格兰与威尔士的人口合计大约 614 万人。由于殖民地人口增长率高于其母国，这个子孙何时要反叛他的祖先，只是时间问题而已。孟德斯鸠于 1730 年已经做了这样的预言，他甚至还载明这项分裂必将肇因于英国加于美洲殖民地的商业限制。约 1747 年，阿尔让松侯爵也曾预言殖民地人民将起而反抗英国，组成一个共和国，而且必将成为强国之一。英国刚在"七年战争"结束而从法国取得加拿大不久，维尔热纳告诉一位英国旅客说："英国不久就会后悔已移除这个能使她的殖民地人民畏惧的唯一阻力。他们已不再需要英国的保护。她将要求他们协助减轻他们曾帮忙加于她身上的负担，而殖民地人民将会以铲除所有对她的依赖作为答复。"

英国王室宣称其对殖民地议会通过的法律具有否决权。虽然王室很少使用此项权力，但南卡罗莱纳州州议会的下议院"察觉到殖民地黑人大量增加而产生的重大社会和政治危机"，通过一项对进口奴隶课以重税的法律时，因为"奴隶买卖是英国贸易获利最多的一项"，这项法律被王室撤销了。在经济方面，英国国会擅用其为整个大英帝国立法的权力，而通常其通过的法案是牺牲殖民地而偏袒母国的利益的，其目的是使美国成为英国不易生产的物品来源地和英国商品的市场。它阻挠了将与英国竞争的殖民地工业的成长。它禁止殖民地人民制造布匹、帽子、皮革制品和钢铁产品，在其他方面对殖民地极为友善的查塔姆伯爵竟曾宣称他不准美国未经英国国会许可而制造一枚铁钉。此外，殖民地被禁止设立钢铁熔炉或碾压工厂。

许许多多的限制加在美国商人身上。他们仅能以英国轮船运送货物，而且只准将烟草、棉花、丝、咖啡、糖、米及其他各种物品卖给英国领土内各地区，同时美国商人如欲自欧洲大陆进口货物，则只有先将货物运往英国，付完港口税，并转运至英国船只后，始获允准。为了保护英国毛织品对美洲殖民地的出口，英国禁止殖民地商人在出产毛织品的殖民地以外的地区出售殖民地的毛织品。美国自英国本土以外的其他任何地区进口的糖或糖浆，均被英国国会课以重税（1733年）。殖民地人民，尤其是居住在马萨诸塞州一带的，通过走私秘密将美国的产品售给外国，在"七年战争"中甚至还售卖产品给法国人。在每年输入美洲殖民地的150万磅茶叶中，仅有约10%遵从货物须经过英国港口的规定。而马萨诸塞州63家酿酒厂1750年酿造的威士忌酒，大部分使用自法属西印度群岛私运进来的糖和糖浆。

为了替这些限制辩护，英国人指出其他欧洲国家为保护或酬谢其本国人民，对其殖民地也加以类似的限制，而且许多美国产品由于免缴进口税，在英国市场上享有实际的垄断权。何况，英国认为，英国海军为了保护殖民地的运输及其陆军为保卫殖民地人民免受法国人和美国的印第安人侵袭所花的费用，应该获得一些经济上的补偿。自从法国势力被逐出加拿大及西班牙势力被赶出佛罗里达之后，英国人就免除了长久以来一直困扰着他们的危险。英国认为，要求美国协助偿付其在"七年战争"中所欠的巨额债款——1.4亿英镑——是正当合理的。然而，殖民地人民答复说，他们也曾为那次战争提供了2万人的军队，还负了250万英镑的债。

无论如何，英国已决定向殖民地课税。1765年3月，格伦维尔向英国国会建议，主张所有殖民地的法律文件、发票、文凭、纸牌、债券、契据、抵押单据、保险单和报纸均须贴上一张向英国政府缴税的印花。但是，弗吉尼亚州的帕特里克·亨利和马萨诸塞州的塞缪尔·亚当斯劝阻此种课税的拟议，其理由是根据传统——《大宪章》、反对查理一世的大变乱及《人权条例》——英国人民只有在他们自己或他们授权的代表的同意之下，始能正当地被征税，那么，英国殖民地的人民怎能由一个他们并无代表的国会来征税呢？关于这个问题，英国人却答复说，由于旅行和交通的种种困难，美国在国会中派代表一事无法实现。他们又指出，数百万英国成年人虽然无权选举国会议员，但是几个世纪以来，他们始终忠贞地接受英国国会课税的规定。他们觉得美国人民应该感觉他们在国会中实际上已有代表，因为国会议员认为他们代表整个大英帝国。

殖民地人民并未信服这一套说辞。因为英国国会保留征税权作为其对国王控制的支柱，殖民地人民也就保护他们自行课税的独有权，以作为对抗那些他们从未谋面而且未曾踏上美国土地的人施于他们的财政压迫的唯一变通办法。律师们逃避着必须使用贴有印花的文件的规定。有些报纸在应该贴上印花的地方却画上了骷髅头。美国人民开始抵制英货，商人取消购买英国产品的订单，还有的坚持在英国国会废止《印花税法》之前，他们拒绝偿付所欠英国的债务。殖民地少女更誓言不接受任何不公开指责《印花税法》的求婚者。在某些城市里，民众普遍的愤懑已达到暴乱的程度。在纽约，总督（国王所指派者）的肖像被绞缢以泄公愤。在波士顿，副总督托马斯·哈钦森的住宅遭到焚毁。印花配售人在受到绞死的威胁之下，被迫辞职。英商感到殖民地人民抵制英国货品的严重性，立即要求废止《印花税法》，英国人民的请愿纷纷从伦敦、布里斯托尔、利物浦及其他各大城送达英国政府，陈述如不废止该项税法，则许多英国制造商必将破产。而由于缺乏来自美国的订单，已有数千工人遭到解雇。也许是皮特二世已认可这些请愿，他在久病之后，戏剧性地返回国会，而且宣称（1766年1月14日）："我认为这个王国无权对其殖民地征税。"他讥评"殖民地人民在英国国会中实际上已有代表的见解"是荒谬的。乔治·格伦维尔打断他并暗示他有鼓励叛乱之嫌时，皮特大胆而挑衅地回答说："我为美国已经起而反抗感到高兴。"

　　3 月 18 日，罗金厄姆勋爵劝服国会废止《印花税法》。但他为了安抚那些"国王之友"（the King's Friends），除了要求撤销《印花税法》之外，他要求国王制定一项《宣言法案》（*Declaratory Act*），重申国王经过国会同意有制定法律的权威及国会有向英国殖民地征税的权力。美国人民虽然对《印花税法》的废止表示接受，却不理会该项《宣言法案》。当时双方达到和解似有可能。可是到了 7 月，罗金厄姆内阁垮台了，继任的格拉夫顿内阁财政大臣查理·汤森德恢复了使殖民地人民支付用以保护他们免遭内乱外患所需的行政和军事力量经费的企图。1767 年 5 月 13 日，他向国会建议输往美国的玻璃、铅、纸和茶叶应征新税，而所得的税收，将由英王用来支付他为美国指派的总督法官的薪水。如有任何盈余，则应用来维持当地英国军队的费用。英国国会终于同意了这项建议，汤森德却在几个月后去世了。

　　美国人民抵制这些新的关税，认为那是变相的课税。他们借着迫使皇家军队和总督强烈依赖殖民会议通过的资金以维持生活的手段，已经控制了他们。因为他们深知如果放弃这种财政权而将其给予英王，那无异将美国政府的管辖权拱手让给英国王室当局。殖民地议会也联合起来呼吁恢复抵制英货。因此，征收新税的努力受到强烈的抗拒。诺斯勋爵只好取消所有汤森德建议的关税，仅保留每磅 3 便士的茶税，以寻求妥协。殖民地人民这才缓和他们对英国货物的抵制，不过他们决心只饮用走私进口的茶。东印度公司的 3 艘轮船企图在波士顿港卸下 298 箱茶叶时，50 个愤怒的殖民地人民化装成莫霍克族印第安人（Mohawk Indians），登船并制服了船员，同时将船货悉数倾倒入海（1773 年 12 月 16 日）。在美国其他港口相继发生的骚乱，使运入该公司茶叶的企图受到挫折。

　　这一事件的其余部分大都直接属于美国本身，但英国政治家、演说家、作家及舆论在其中扮演的角色，在英国历史上占着极为重要的地位。正如在美国，有一群为数颇众、相当活跃的少数派人士呼吁殖民地人民效忠祖国及其政府，而在英国，民众普遍支持诺斯勋爵内阁采取的军事措施之际，国会内也有一些以查塔姆、伯克、弗克斯、霍勒斯·沃波尔、威尔考斯等为代表的少数人士，正致力于达成条件有利于美国的和平。在这种英国舆论的分歧中，即有部分人士认为此乃1642年保皇党及支持国会反对查理一世者之间互相对立的局面历史的重演。在这一纷争中，英国国教表示全力支持对殖民地的战争。卫理公会教徒也在卫斯理的领导下支持政府，但其他许多非英国国教者对这种冲突感到遗憾，因为他们记得大多数的殖民地人民原是出自不信奉英国国教的集团。吉本与约翰逊意见一致，谴责殖民地人民，但正濒临死亡的大卫·休谟警告英国，压迫美国的企图必将导致灾祸。英国商业界认为战争物资的订单可为他们带来利润，所以他们转而支持英王。"战争，"伯克悲哀地说，"它实在已成了商业的代替品：各种各类供需品和储藏品的大量订单……使商业界精神为之一振，而且促使他们认为美国战争并非他们的灾祸，而是一项财源。"

自由主义分子深恐战争将加深保守党与辉格党之间及英王与国会之间的对抗。一位自由主义者里士满公爵甚至想要迁往法国以逃避君主专制。乔治三世还给这些恐惧增加了某些借口。他对这次战争负完全的责任，甚至连军事的细节也不例外。经常违反他们自己判断的诺斯勋爵及其他阁员们，这次仍服从王室的领导。英王觉得如果此次美国获得成功，英国必将面临其他殖民地的反叛，而最终将被局限于它自己的本岛上。然而，查塔姆伯爵警告国会，认为对美国的强力镇压将是查理一世和詹姆士二世原则的胜利。1777年11月20日，英军在美洲屡遭败绩，而法国也正运送补助金资助殖民地人民时，查塔姆仿佛来自墓穴一般出席上议院，聆听内阁发表"国王演说"。他越听越感不耐，终于起而发言，做了一次英国演说史上最伟大的演说。历史与文学在他这项演说中结合了：

各位议员先生阁下，我起来宣布我对这个最庄严、最严重问题的观点……我无法苟同此一赞成并试图将那些已带给我们无数耻辱与不幸——并已把毁灭带至我们大门的残暴措施予以神圣化的盲从与奴隶性的演说。议员先生，这是危险及非常的时刻！这不是谄媚的时候。此时谄媚的奉承已无济于事……将事实与真相进谏国王才是目前最需要的……议员先生们，这是我们的职责，也是我们这个贵族会议，在这个王族世袭会议的上议院内，坐在我们荣衔上应尽的神圣职责。有哪位阁员，若有，那又在何处？——胆敢以与今天发表的演说相反的、违宪的言辞向国王建议？国王一向就要求国会给予谏诤……但是今天，值此极端紧要关头，宪法会议已不再受到信赖，国会虽有冷静审慎和富启迪性的关怀，却也不再被要求提出忠告。只有国王，从他自己那里并由他亲自宣布一项无法更改的决定，以寻求一些措施……命令并强迫我们去执行……如此已使以往这个显赫繁荣的帝国遭受毁灭及鄙视的厄运。"然而就在昨天，英国也许可与整个世界抗衡，但是现在已没有一个国家可怜得要向她致敬。"

议员先生们，你们征服不了美国……你们也许会浪费掉更多的费用和努力，囤积与聚集你们所能购买或借到的装备，而与将自己臣民贩卖并送往屠场的每位渺小又可怜的日耳曼王子做买卖及交易……然而你们的努力将永远徒然而无功——而你们仰仗的以图利为目的的协助更是如此，因为它激怒你们的敌人，迫使他们心里的怨恨达到无法消除的程度……假使我是一个美国人，正如我是一个英国人一样，外国军队登陆我的国土时，我绝不放下武器！绝不！绝不！绝不！

伯克运用他说理辩论的能力，努力劝阻国会与内阁对美国采取武力的政策。1774 年至 1780 年，伯克在国会中一直代表布里斯托尔地区，该市的商人初即反对与美国的战争，伯克此时也担任纽约州的支薪代理人。他如查塔姆一样，并未否认国会向殖民地征税的权利，同时也不支持殖民地人民对享有抽象的"天赋人权"的请求。他将问题降低到主张采取行动的顽固分子能够了解的地步：向美国征税合乎实际吗？在他所作有关美国征税问题的演说中（1774年4月19日），他不仅谴责了《汤森德法案》，而且指责每磅茶叶征收3便士关税的规定。他警告说：假使在已加于美国的工商限制上再课新税，殖民地人民必将坚持革命到底，如此便将瓦解刚缔造成功的大英帝国，并将玷污国会的名誉。

此案未获通过，他于1775年3月22日再度提出调解的请求。他指出，英国与美国之间的贸易于1704年至1712年已增加10倍。他还质问：为了战争而断绝甚至牺牲此项贸易关系是否是明智之举。他深恐与殖民地作战将会导致英国门户洞开，而遭受外国敌人的攻击。不出所料，这项预测果然于1778年发生。他赞同美国在英国国会中的代表权一事由于海洋的阻隔而致不切实际这种说法，这固然是不合常理的，他只要求英国不要依靠征税，而须靠殖民地议会的自愿赠款。此项赠款在扣除强迫征税所花的代价之后，也许会远超过直接征税的收入数额。

他提出内容大意如此的动议被国会以270票对78票否决了，但是他有值得安慰之处，就是他因此赢得了查理·詹姆士·弗克斯以其雄辩的口才与技巧来支持他这项运动，如此开始了一段因美国革命而巩固、又因法国革命而分裂的友谊。吉本称，弗克斯1776年10月31日发表的演说是他曾听过的最富技巧的一次演讲，霍勒斯·沃波尔也宣称那是"他（弗克斯）最好又最生动的演说之一"。沃波尔对这个问题将自己列于赞成和解这一边，他为诺斯勋爵领导下英国政治才能的崩溃深感悲痛。于是，1775年9月11日，他写信给霍勒斯·曼说：

国会将在下月20日开会投票表决2.6万名海员问题。那是多么血腥的一段！美国为维护自由必须遭受多大的痛苦啊！而在英国，又有什么方法能解救它呢？啊！疯狂的英国呀！它是何等狂乱，抛弃了它的宝藏，弃置了帝国的财富，而且牺牲了它的自由，以便让它的王子成为美国一望无垠的沙漠及因穷困、人口减少而变为无足轻重的欧洲岛屿的专制君王！

然而，并非查塔姆、伯克和弗克斯的热心，而是殖民地方面的连连胜利与外交手腕迫使英国人民及随后的政府存有和平的念头。伯戈因在萨拉托加村的投降（1777 年 10 月 17 日）是转折点，这也是英国首次体会到的"你们征服不了美国"的警告。法国承认"美利坚合众国"，并加入对英国的战争时（1778 年 2 月 6 日），法国政治家的判断证实了查塔姆的见解，同时法国武器与重建的海军力量增加了英国的负担。诺斯勋爵此时惊慌失措，请求允其辞职。国王却赐给他许多礼物，并命他留任。

许多有声望、地位的英国人现在觉得只有由查塔姆伯爵领导的政府始能赢回殖民地，使其从与法国同盟转而和英国联合。但乔治国王不肯听从此项建议。他还告诉诺斯说："我严正宣告，没有任何能使我个人与查塔姆勋爵谈判之处。"查塔姆伯爵于 1778 年 4 月 7 日最后一次莅临上议院，当时他靠着拐杖及其子威廉的扶持，他濒临死亡，脸色苍白，声音也几乎微弱得听不见。他再度建议和解，但仍反对因允许美国独立而使"这个古老而且最崇高伟大的君主政体瓦解"。此时里士满答复说：只有承认美国独立，始能使其脱离法国而重回英国怀抱。查塔姆曾试着再行起立发言，但是一阵中风发作使他瘫痪了。他于 1778 年 7 月 11 日去世。死后国会通过予以公葬，并在威斯敏斯特大教堂内为其建造一座坟墓和纪念碑。大众一致认为他是当时最伟大的英国人。

接二连三的事件急剧发生，他预言的灾祸竟不幸一一言中了。1779 年 6 月，西班牙加入了法国对抗英国的战争，它围攻直布罗陀海峡，并派遣舰队参加对英国船舶的攻击行动。同年 8 月，一支由 60 艘法国与西班牙舰只组成的分遣舰队驶入英吉利海峡。正当英国积极准备抵抗时，疾病使这支敌对的舰队失去作战的能力，而被迫退回布列斯特城。1780 年 3 月，俄罗斯、丹麦和瑞典联合发表了一项《武装中立宣言》（*Declaration of Armed Neutrality*），誓言抗拒英国登上中立国船只进行搜查敌人货物的行为，不久其他中立国家相继签署该项宣言，但英国继续进行对荷兰船只的搜查。英国方面发现了阿姆斯特丹与美国谈判代表之间秘密协定的证据，于是要求处分阿姆斯特丹的有关官员，但为荷兰政府所拒，英国乃对荷兰宣战（1780 年 12 月）。此时，几乎所有的波罗的海及大西洋沿岸国家联合起来对抗仅在不久之前仍然统治这两个海域的英国。

英国国会的气氛也充分反映出灾祸的频仍，因反对国王阻挠其阁员结束战争的意愿而产生的怨恨不满情绪正逐渐高涨。1780 年 4 月 6 日，约翰·邓宁向下议院提出了一项动议，宣称"国王的影响力已经增加，而且在持续增加之中，因此应该加以压抑"。此项动议终以 233 票对 215 票获得通过。1781 年 1 月 23 日，年轻的皮特进入下议院，在其第二次演说中，指责对美国的战争是"最可诅咒的、邪恶的、野蛮的、残忍的、反常的、不公正的与恶毒的战争"。弗克斯不胜欣喜地欢迎皮特加入反对党的行列，却未预料到这位青年不久将成为他最顽强的敌人。

1781 年 10 月 19 日，康沃利斯勋爵在约克镇向华盛顿投降。消息传来，诺斯勋爵感叹道："啊！上帝，战争终于结束了！"但国王坚持继续作战。1782 年 2 月至 3 月，先后传来了梅诺卡岛被西班牙人占领及几个西印度群岛被法国人攻占的消息。英国各地的公众集会，大声疾呼要求和平。诺斯在下议院所获的票数降至 22 票，至 19 票，至 1 票——这是在一项"议会不再信任现任内阁阁员"的动议（1782 年 3 月 15 日）中发生的情形，由此创下了在国会议程中强迫内阁改组的一个历史先例。诺斯在那年 3 月 18 日致乔治三世的上书中，即指出事实上王室对美国的政策及其拟建立国王对国会的至高无上控制权的企图皆已失败：

陛下充分料到在这个国家里居位的国王无法基于审慎而反对下议院谨慎的决议……国会已经表达了意见，而其意见无论公正合理或谬误，终将获胜。陛下……如果让步也不致丧失尊严。

1782年3月20日，诺斯在经过12年的耐心服务与屈从之后终于辞职了。乔治三世的精神已经崩溃，他写了一封让位书，但并未寄出。他只得接受一个由得胜的自由派人士：罗金厄姆、谢尔本伯爵、查理·詹姆士·弗克斯、伯克、谢里登等组成的内阁。罗金厄姆死后（7月1日），谢尔本即继任首相之职，但弗克斯、伯克和谢里登却因不喜谢尔本而都辞职了。谢尔本就任后，即着手安排一项和平条约（1782年11月30日于巴黎，1783年1月20日和9月3日分别于巴黎和凡尔赛），将梅诺卡岛和佛罗里达让给西班牙，把塞内加尔让给法国。同时，不仅承认美国殖民地的独立，还承认其在阿勒格尼、佛罗里达、密西西比河及大湖区之间的全部领土主权。

英国人民久已渴望和平，但对割让如此广大的土地给予殖民地表示愤恨。谢尔本受到的批评如此激烈，他提出辞呈（1783年2月24日）。由于谢尔本和弗克斯之间的争执促使自由辉格党分裂成无数的小派系，而又没有任何一派势力足以控制国会，弗克斯只好同意与其旧敌诺斯勋爵合组联合内阁。伯克此时再度担任军需官，经常负债的谢里登则被推为财务大臣。弗克斯与伯克两人多时以来均曾研究英人在印度的活动情形，而印度此时继美国之后成为英国政治上最严重迫切的问题。

英国与印度

英国东印度公司曾于1709年改组为"英商对东印度贸易联合公司"（the United Company of Merchants of England Trading to the East Indies）。该公司获得英国政府的特许，有权垄断英国对印度的贸易。

它是由凡持有该公司500英镑或更多股票即有一票选举权的"所有人法庭"(Court of Proprietors)每年选出的一位主席及24位董事经营的。在印度,该公司成为一项军事和商业组织,并与荷兰、法国及当地的军队为争夺面临崩溃的莫卧儿帝国的土地而时起战端。在其中一次战争中,孟加拉王子(总督)希拉-乌德-德奥拉攻取了东印度公司所属的加尔各答,并将146名欧洲人囚禁于"加尔各答的黑洞"(the Black Hole of Calcutta)之中——一个18英尺长、14英尺宽而仅有两扇小窗的房间,囚犯中有123人由于酷热或窒息隔夜即死亡(1756年6月20—21日)。

圣大卫堡的总督罗伯特·克莱夫(Robert Clive)率领一支小武装为该公司夺回加尔各答。他参加了希拉-乌德-德奥拉宫廷中一位贵族米尔·雅法企图推翻总督的一项阴谋。他以900名欧洲军人和2300名当地战士的兵力,在普拉斯击败了5万名敌人(1757年6月23日)。希拉-乌德-德奥拉被处死,米尔·雅法则取代他被立为孟加拉王子。克莱夫更以征服者的姿态进驻首都摩夕达巴。在他看来,该城面积与伦敦不相上下,但其财富或许超过伦敦。他在王子的宝藏中见到了难以置信的大批珠宝、金、银及其他财富。米尔·雅法请他说出拥立他为王的代价时,他即为自己要求16万英镑的报酬,并为其海陆军要求50万英镑,为东印度公司董事会的每位董事要求2.4万英镑,还要求100万英镑作为对该公司在加尔各答遭受的财产损失的赔款。后来克莱夫告诉下议院他对当时自己的节制并未狮子大开口而颇感惊奇时,他所指的即为此事。他从米尔·雅法处得到一笔为数总计20万英镑的款项作为赠礼,并被承认为孟加拉的英国总督。东印度公司每年仅付给米尔·雅法2.7万英镑的租金,即获得承认为加尔各答周围882平方英里土地的最高地主。1759年,为了酬谢其协助敉平叛乱,米尔·雅法同意每年将该公司所付的租金全数汇寄给克莱夫。

由于并无竞争之虞,该公司毫不同情地剥削臣服于其统治下的当地人。同时借其装备较具优势的精良武器,迫使印度统治者为接受英国的保护而付出极大的代价。该公司的高级官员由于远离英国政府的监督，又免于苏伊士运河以东十诫的限制，他们在贸易上获利甚巨，返回英国后均成富豪，而且能在不严重损及他们资金的情况下，贿买由一人或一家族操纵选举的自治市，或者借贿选而成为国会议员。

克莱夫于 1760 年（35 岁）返回英国，此时他正满怀希望能享盛誉与财富。除了贿买许多自治市而使他足以指挥控制下议院内的一个政治集团外，他本人经什鲁斯伯里市推选为议员。东印度公司的某些董事，觉得他窃取剥削的实已超过其年龄，攻击他在与希拉-乌德-德奥拉和米尔·雅法交易时，使用伪造的文书。但有关印度当地人的叛乱、官吏的贪污及行政的无能正危及该公司在印度的地位的消息传抵伦敦之际，克莱夫却受敦促火速赶回加尔各答（1765 年）充任孟加拉总督一职。在当地，他竭尽心力以遏止副官们的贪污腐化、镇压部队里的反叛及当地统治者反对该公司当局的一再叛乱行为。1765年 8 月 12 日，他说服无助的莫卧儿阿拉姆王将人口 3000 万人、税收 400 万镑的孟加拉、贝哈和奥里萨诸省的全部财政控制权交给该公司。这一方面及克莱夫在普拉斯的胜利，建立了在印度的大英帝国。

克莱夫在经过两年的奋斗后，健康大为受损，他于 1767 年 1 月再度返回英国。东印度公司的董事们重新恢复对他的攻击，那些曾被制止勒索的官员也加入攻击的行列。一项关于印度发生大饥荒及当地印度人攻击该公司基地的消息，引起了许多著名的英国人物的恐慌，他们担心蒙受重大损失。1772 年，国会两个委员会着手调查印度事件，于是揭发了该公司如此压榨和残酷的行为，以致霍勒斯·沃波尔大声疾呼："我们比西班牙在秘鲁的所作所为还要过分！我们已犯了谋杀、废王、抢劫、篡夺霸占的罪行。而且诸位对东印度公司官吏垄断粮食供应，以致造成 300 万人丧生的孟加拉大饥荒不知作何感想？"1773 年，国会的调查委员会之一曾要求克莱夫就有关他在印度使用的统治方法及获得的利益向下议院作出说明。他几乎承认了所有的事实，而且辩称那些行为就当地习俗与当时情势的需要而论是正当的，他还附带说："那些委员们审判他的荣誉时，也不应忘记他们自己的荣誉。"最后，下议院以155票对95票表决通过，认为他在统治孟加拉首任内曾接受23.4万英镑的款项，但他"同时确也为国家做出了极其重大、值得褒奖的贡献"。一年后，克莱夫自杀，死时年仅49岁（1774年11月22日）。

1773年，诺斯勋爵促使国会顺利通过一项管理法案，决定预支140万英镑的贷款给东印度公司，以解救该公司使其（及国会内的股东们）免于破产，并将该公司统治的印度领土全部归于孟加拉总督的管辖之下，但规定它必须相对地向英国政府负责。华伦·黑斯廷斯当即被任命为孟加拉总督。

黑斯廷斯是由卑微的出身而晋升至此一职位。他的母亲生他时死于难产，随后其父出外冒险谋生而死于西印度群岛。他即由一位叔父送入威斯敏斯特学校求学，但这位叔父于1749年去世后，17岁的华伦即远渡重洋前往印度追求财富。他投入克莱夫麾下当志愿军，并参与再度夺回加尔各答的战役，充分表现出其在行政管理方面的勤勉与能力，其后被选派进入一个管理东印度公司在孟加拉事务的委员会。1764年，他返回英国。4年后，该公司的董事们劝其加入马德拉斯会议。在前往印度的途中，他邂逅了伊姆霍夫男爵及其夫人玛丽昂，她后来成为黑斯廷斯的情妇，又做了他的妻子。黑斯廷斯在马德拉斯表现不凡，1774年他担任孟加拉总督后，即开始进行其狂暴的统治。

他工作极其努力，使用的手段则过分独裁，其采取的某些措施为菲利浦·弗兰西斯爵士在孟加拉会议、乃至后来伯克在英国国会内提供了攻击他的材料。玛拉沙（Maratha）诸部落在德里重新拥立阿拉姆王登上莫卧儿人建于16世纪的印度王朝王位，而阿拉姆王将克莱夫分配给他的高拉（Kora）及阿拉哈巴德这些区域转让给他们时，黑斯廷斯却以500万卢比的代价将这些地区售予奥德王子（Nawab of Oudh），并派遣公司所属的部队协助王子收复该地区。他还允许王子使用公司的军队侵略并占领罗希克罕德（Rohikhand）部族的领土，该部落首领（据王子说）曾积欠他一些金钱，公司方面也因为其部队的出借而获致巨利。黑斯廷斯的行为显然违犯了董事们赋予他的职责，然而董事们事实上以运回英国金钱的多寡来衡量总督的价值。

一位印度官员南科玛指控黑斯廷斯收受贿赂。弗兰西斯及其他议员相信这项指控，而且宣称"可敬的总督并不认为禁绝任何一项盗用公款或公物的行为是合理的"。南科玛竟因伪控罪而被捕、判刑并被处死（1775年）。黑斯廷斯涉嫌曾经设法影响首席法官依里雅·恩培（他们两人是在温彻斯特城求学时代的同学）坚持要求对南科玛判以不寻常的重刑。1780年，黑斯廷斯擢升恩培至一项年薪达6500英镑的额外职务。而黑斯廷斯与弗兰西斯两人之间的互相反控，终于导致了一场使弗兰西斯受重伤的决斗。

迈索尔的大君海达尔（Haidar Ali）认为黑斯廷斯与他的议会之间的争执，无疑提供了一个将东印度公司逐出印度的机会。所以，在法国人的支持下，他攻击公司的基地，而且赢得了几次惊人的胜利（1780年）。黑斯廷斯便从孟加拉运来军队和金钱，以抵抗他的攻击。海达尔去世（1782年）后，其子蒂普·撒希布继续作战，直至1792年最后一次战败为止。也许是为了资助这些战役，黑斯廷斯竟采取了导致他受人指责的募款计划。

他要求贝拿勒斯的王公蔡特·辛格除了上缴该地区每年应付予公司的税收之外，另须增付战争补助金。王公以无法从命向其抗辩。于是黑斯廷斯率领一小队兵力至贝拿勒斯（1781年），撤废蔡特·辛格的王位，并向蔡特·辛格的继任者征收加倍的税收——奥德王子未能履行向公司付款的责任，却解释说：假使公司方面愿协助他迫使他母亲、祖母及奥德公主们交出王子父亲遗留给她们的200万英镑中的一部分金钱，那么他就能偿付公司的款项。王子的母亲在他不再多作要求的承诺下，已作让步而给予他大批款项。公司方面不顾黑斯廷斯的抗议，也做了类似的承诺。其后黑斯廷斯劝王子撕毁诺言。他又派遣军队至法扎巴德，借严刑拷问及近乎饥饿的手段，迫使公主们的侍从宦官交出财宝（1781 年），王子即从中取得一些以偿付其应付而积欠公司的款项。

　　同时，菲利浦·弗兰西斯爵士在伤势复原后即返回英国（1781年），并将他认为的黑斯廷斯的罪行向公司董事及其国会中的友人详加说明。1782 年，下议院谴责黑斯廷斯及公司的其他代理人"在许多不同的例子中，表现出厌恶国家荣誉和政策的态度"，而且命令董事们将他们召回英国。董事们即签署了这项命令，但是法庭也许由于迈索尔的革命方兴未艾之故，撤销了这项命令。

　　1783 年 11 月，查理·詹姆士·弗克斯以联合内阁外相的身份，向国会提出一项《印度改革方案》，欲将东印度公司划归内阁指派的委员控制之下。批评家们抱怨这一议案将使弗克斯—伯克的维新党获得一个大量支持的来源。这一议案在下议院获得通过，但国王通知上议院，表示凡投票赞成该议案者，他将视为敌人。上议院以 95 票对76 票，否决该案。下议院提出一项正式抗议，指出王室干预立法是对国会特权的一种可耻的破坏行为。国王却声称联合内阁已失去国会的信任，即下令将它解散（1783 年 12 月 18 日），并邀请年仅 24 岁的威廉·皮特另组新政府。乔治三世自信能赢得全国大选，再次将国会解散（1784 年 3 月 23 日），而且命令其代理人在选民中散播王室的愿望与抉择，以保证国会恢复保守派占多数的局面。在 5 月 18 日组成的国会中，皮特与国王即获得了全面压倒性的支持。

　　皮特是一位行政和管理的能手。他对工作的细心热爱、对事务的详尽知识及谨慎考虑与审慎判断的习惯，使他异常卓越，而令几乎所有他阁员僚属很快让步臣服。自罗伯特·沃波尔（Robert Walpole，其子于 1773 年曾为他使用这一名称）以来，英国首次有了"首"相，因为皮特的阁员们采取的重要行动，没有任何一项是未经皮特同意的。事实上，他建立了"内阁政体"——在一个领导权之下，主要阁员集会、审议、筹谋及共同负责任的一种制度。虽然皮特担任拥护王室权威的职务，但他辛勤的工作和广博的知识逐渐使他升至领导而非遵从国王的地位。在乔治三世精神病第二度发作后（1788 年），实际上统治英国的即是皮特。

皮特对商业和财政方面的特殊认识，使他能将为一代之内因连续发生的两次大战严重拖累而险象环生的英国财政恢复旧观。皮特曾阅读过亚当·斯密的著作，听取商人和厂商的意见，降低进口税，并与法国商订一项降低关税的条约（1786 年），并宣称厂商一般而论应予免税，以取悦工业界领袖们。他又将下列各项消费品——丝带、棉纱、手套、帽子、蜡烛、长椅、盐、酒、砖、瓦、纸、窗户加以课税，以弥补因降低关税等措施而造成的财政损失。此举使许多家庭将窗户以木板盖起，以求减税。1788 年，预算终获平衡，英国因而逃过了一次政府破产，而这种破产引导法国走向革命之途。

在选举之前，皮特曾提出他的《印度第一议案》，却未获通过。现在他又提出第二个议案：拟将东印度公司的政治关系交给由国王指派的管理委员会处理，其商业关系与任免权力则交由该公司负责，但须受王室否决权的限制。该议案终获通过（1784 年 8 月 9 日），直到1858 年，一直沿用于管理英印事务方面。

弗克斯和伯克认为这项安排是对这个以腐败与罪行而声名狼藉的公司的一项可耻的屈服。伯克对此表示不满，实有其特殊的理由。因其赞助人佛尔尼勋爵、其兄弟理查德·伯克及其亲戚威廉·伯克曾投资东印度公司，也曾在该公司的股票波动中遭受严重的损失。但威廉·伯克前往印度期间，爱德蒙将威廉·伯克以其挚爱者的身份推荐给菲利浦·弗兰西斯爵士。威廉即被任命为军需官，结果事实证明他"正如其他任何人一样腐败"。弗兰西斯返回英国后，即向伯克与弗克斯说明其认为的黑斯廷斯在印度的统治情形，他即成了伯克在有关印度事务方面具有的卓越知识的来源之一。自由维新党人对黑斯廷斯的攻击，部分可能由于对皮特内阁的不信任，而且欲将其推翻的愿望促成的。

1785 年 1 月，黑斯廷斯辞职返回英国。他希望长年经营印度，使公司恢复其清偿债务的能力，并为英国夺回马德拉斯和孟买两地的势力等种种功劳，即使不获封爵，也应得到养老金的奖赏。1786 年春，伯克向下议院索取有关黑斯廷斯统治印度的正式记录，结果其中部分资料下议院拒绝给予，另外一部分则由阁员提供。同年 4 月，他向下议院提出一项指控孟加拉前任总督的议案，黑斯廷斯即向下议院宣读一份详尽的答复。6 月，伯克又提出有关罗希克罕德之战的指控，并要求弹劾黑斯廷斯，然而下议院拒绝予以起诉。6 月 13 日，弗克斯讲述有关蔡特·辛格的故事，他再度要求弹劾黑斯廷斯。皮特颇令他的内阁讶异，竟投票赞成弗克斯和伯克。皮特的同党中，也有多人遵从他此项可能意图将内阁与黑斯廷斯的命运分开的领导，因而此项弹劾的动议以 119 票对 79 票获得通过。

国会休会及其他问题的压力暂时中断了这一紧张事件，但 1787 年 2 月 7 日，谢里登发表了一项被弗克斯、伯克及皮特誉为下议院曾听过的最佳演说时，此项控诉极其成功地再度被提出来。（曾有人出价 1000 英镑向谢里登购买校正过的讲稿，可是他无暇从事此项校正工作，以致我们仅能从简略的摘要中了解此次演讲。）谢里登以其出生于戏剧界的全部技巧和浪漫之士的全副热诚，详述了奥德公主们被掠夺财物的经过。他讲述了 5 个多小时后，即要求弹劾黑斯廷斯，而皮特再度投票赞成起诉。此项动议终于以 175 票对 68 票获得通过。2 月 8 日，下议院指定一个 20 人委员会——以伯克、弗克斯和谢里登为首——拟定控诉的条文。这些条文向下议院提出后，下议院于 5 月 9 日命令“伯克先生，以下议院的名义……出席上议院法庭……以重大罪行及不法行为的罪名弹劾黑斯廷斯。”黑斯廷斯被捕，并被带往上议院，但最后获准保释。

经过长期拖延后，审判于 1788 年 2 月 13 日在威斯敏斯特会堂开始。所有的文学爱好者将会忆起麦考莱对这一历史性集会的华丽描述：“在上议院，议员们高坐在貂皮金椅上，象征着王国最高法院的权威，在他们面前的就是脸色苍白而病弱、年 53 岁、身高 5 英尺 6

英寸、体重122磅的黑斯廷斯。法官们戴着覆耳的假发，在场的有国王的家人和下议院议员们，楼座上挤满了大使、公主和公爵夫人们。西登斯夫人（Mrs. Siddons）依然保持她庄严高贵的美，雷诺兹爵士则坐在许多他曾画过像的名人之中。在一旁，现在被称为'经理'的委员们已准备提出弹劾案。书记官首先宣读诉状和黑斯廷斯的答辩。"整整4天中，伯克在其议员生涯中最有力的一次演说里以极其众多的罪名加之于被告身上，然后于2月15日，他以其热情激动的请求震撼了那次历史上著名的大会堂：

> 我以重大罪行及不轨行为的罪名，指控华伦·黑斯廷斯先生。
>
> 我以大不列颠下议院之名指控他……辜负了国会的信托……
>
> 我以印度人民之名指控他，他破坏了印度人民的法律、权利与自由，他毁坏了他们的财产，并使他们的国家废弃荒凉。
>
> 我以他违犯的正义的永久法之名并凭借着它控诉他。
>
> 我以他曾不论性别、年龄、阶级、职业与生活状况残酷地触犯、伤害及压迫人性本身之名而控诉他。

伯克、弗克斯、谢里登及其他人讲述有关黑斯廷斯统治印度的故事时，审判在受到上百次中断的情形下进行着。人们知道6月3日正午谢里登将提出有关奥德公主一案的证据时，通往威斯敏斯特会堂的几条街道从早晨8点钟就已挤满了人，其中有许多是阶级颇高者，渴望能获准进入会堂。而获得入场券的部分民众曾以每张50基尼出售。谢里登了解人们期望他有戏剧化的演出，他也果真不负众望。他在4次开会期间发表演说，在最后一天（1788年6月13日）发言5个小时后，他精疲力竭地跌入伯克的臂弯里，伯克立即将他抱住。在楼座中的吉本描述谢里登是"一位好演员"，并述及次日早晨这位历史学家访问他时，这位演说家气色如何之好。

那次演讲是审判的高潮。其后由于每项指控的事实都须经过调查，上议院议员们于是从容不迫，而且可能因为拖延致使雄辩的效力消减，而让对此案的兴趣移转到其他事件上。事情果然发生了。1788年10月，乔治国王发狂了，病情相当严重，他是受到上述审判的压力与其子不规矩行为的打击而致病。威尔士王子乔治·奥古斯都·腓特烈是一位肥胖、心地善良、慷慨、浪费又多情的人。他相继养了许多情妇，负债累累，这些债务是由其父亲及国家代为偿付的。1785年，他私自与费兹尔伯特夫人结婚，她是一位虔诚的天主教徒，已经两度守寡，较王子年长6岁。辉格党人在伯克的领导下，熬夜等待着无能的王子被宣布为国王，并做好组织摄政团的准备。乔治三世时而清醒，在清醒时谈论着加里克和约翰逊两人，演唱亨德尔音乐的片段，或吹奏横笛，以致情势更加复杂混乱。1789年3月，他康复了，即脱下拘束疯人的紧身衣，并恢复原来的统治形式。

法国革命是促使人们分散对审判黑斯廷斯的注意力的另一因素。伯克因此放弃对黑斯廷斯事件的追查，转而帮助玛丽·安托瓦内特。由于伯克的演讲毫无节制，他失去了剩余的威望，他却抱怨国会议员们在他开始演讲时即纷纷溜走，而且大多数新闻界人士对他怀有敌意，他指控黑斯廷斯以2万镑收买新闻记者来攻击他并为黑斯廷斯辩护。他认为，黑斯廷斯的大部分财产就是如此花费的。最后，在提出指控的8年后，上议院宣判黑斯廷斯无罪（1795年）时，伯克一定不会为此感到惊讶。一般的反应认为此项判决确属公正：被告诚然在许多方面有罪，但他为英国保住了印度，而且他也已受到了惩罚，因为此次审判不仅摧残了他的健康、粉碎了他的希望，也使他身败名裂、名利俱失。

黑斯廷斯在所有控诉者死后仍然活着。东印度公司投票通过赠予他9万英镑作为礼物，使他免遭破产的厄运。他购回他家族在戴尔斯福德的祖产并加以重建，享受着东方式的奢华生活。1813年，他81岁时，应邀在下议院为印度事务作证。在那里他受到喝彩与尊敬，他的贡献永远留在人们的记忆里，而他的罪恶却为时间冲淡。4 年后，他去世了，而在骚动不安的那一代里，硕果仅存的只有既瞎又庸懦的国王。

英国与法国大革命

伯克在他对东印度公司的争议几乎使他精疲力竭，接着又把法国大革命视为他个人之敌，而在这项新的运动中，他为政治哲学做了一项重大的贡献。

他在法国大革命爆发前 20 年即已预言它将发生。他说："整个法国财政在如此极度窘迫及劳力分散的情况下，截至目前，在各方面需求的费用已远超过了供应的物质，以致每个人——不管他抱着何种程度的知识关注他们的事务——必将不时期待整个制度发生某些不寻常的骚动，此种骚动对法国甚至对全欧洲产生的影响则是难以臆测的。"1773 年，他访问法国，在凡尔赛宫见到了当时的公主玛丽·安托瓦内特。他永远难忘她青春的美丽及快乐与骄傲的样子。他对法国贵族，更对法国教士的观感极佳。他对反天主教而且常是反宗教的哲学宣传感到震惊，他返回英国后，他即警告他的国人，认为无神论是"对公民社会可能施予的最可怕、最残酷的打击"。

法国革命来临之际，伯克为其友弗克斯对革命的喝彩而感惊慌，弗克斯高呼巴士底狱的倾覆是"世上曾发生过的最重大的事件，也是……最精彩的事件"。由威尔考斯及权利法案支持者协会推行的运动的发展而成的激进见解，逐渐散播于英国各地。某一籍籍无名的作家曾于 1761 年提出共产主义，作为医治除人口过剩以外的所有社会病态的一剂良药，他深恐人口过剩可能抵消所有解除贫穷的企图与努力。1788 年，一个纪念革命（1688 年）的会社组织成立，其会员包括杰出的牧师和贵族。在 1789 年 11 月 4 日该协会的一次会议上，由于受到一位唯一神教派传道者理查德·布莱斯的鼓动，其会员决定向巴黎的国民会议发出贺词，表达他们的希望，但愿"法国开创的光荣先例"，可能"鼓励其他国家起而维护不可剥夺的人权"。这一贺函由该协会主席即威廉·皮特的姐夫斯坦诺普伯爵签署。

理查德的一番说教及该协会发出的贺函引起了伯克的恐惧与愤怒。现在，他以 60 岁的高龄，已获有稳固的权利。他信教虔诚，而且拥有大批的地产。法国革命对于他而言似乎不仅是"至今世上曾发生过的最令人惊骇的事件"，而且是"对宗教、财产、秩序和法律最暴虐的一种攻击"。1790 年 2 月 9 日，他告诉下议院，假如他的任何一位朋友居然赞成意欲将此种正在法国形成的民主政治制度介绍到英国，那么不论这份友谊已建立多久或受到如何的珍视，他将正式宣告与这位朋友断绝关系。弗克斯即以他对伯克的著名赞语恭维伯克是他最好的教育家，以安慰这位演说家，这样才延缓了两人之间的决裂。

1790 年 11 月，伯克出版了《法国革命感想录》一书，此书是以写给"巴黎的一位绅士"的书信形式（长达 365 页）编成的。伯克在美国革命时期曾是自由党人的领袖，现在他却成为保守的英国的英雄。乔治三世对他的旧敌表达了他的欣喜，此书被朝臣与贵族们奉为圭臬，而且曾一度是哲学家之友的叶卡捷琳娜女皇，也向这位曾宣称要推翻他们的人发出她的贺词。

伯克以有关布莱斯博士及"纪念革命会社"开始他的《法国革命感想录》。他为教士参与政治议论而感悲痛，他认为他们的职责在引导人们走向宗教的仁慈而非在政治改革方面。他对布莱斯请求的全体男性公民投票权也不表信任。他认为群众将会是较国王更坏的暴民，而民主政治也将衰败而变为暴民统治。智慧并不在于数目的多寡，而在于经验。自然对平等一无所知。政治平等是一个"荒诞怪异的想象，以其错误的观念与徒然的期待来激发这些注定要在艰辛生涯的偏僻幽暗的路途上旅行的人的灵感，而其结果仅仅是使它永远无法消除的真正不平等更加恶化"。贵族政治是不可避免的，它愈是长久就愈能尽到默默地建立社会秩序的职责，而如无社会秩序，也就没有稳定、安全与自由可言。世袭的君主政体是好的，因其使政府具有统一性与连贯性，而若无此二者，公民之间的法律与社会关系将陷入一种狂热与混乱的变动中。宗教也是好的，因为其协助束缚那些不合于社会需要与规范的冲动，这些冲动在文明的表面下像秘密的火焰一样蔓延着，而只有国家与教会、法律与教条及恐惧与尊敬的不断合作，始能控制它们。那些破坏他们教育阶层人民宗教信仰的法国哲学家，正愚蠢地失去过去一向使人们免于沦为禽兽的控制力量。

伯克对暴民在凡尔赛宫对"一位温和又合法的君王"的胜利，及他们以"比以前曾经"起而"反抗最非法的篡位者与最残暴的暴君的任何人民使用的更狂暴、残酷及侮辱的手段以对付这位君王"一事，感到厌恶愤恨。下面就是令年轻人激动的一页著名记载：

> 距离我在凡尔赛宫见到法国王后即当时的公主，已经十六七年之久了。无疑，从未有更令人喜悦的景象在她那涉世未深的眼睛里出现过。我见到她正在地平线上，装饰并欢欣着她正要踏入的升起的家园——像晨星一般闪耀着，充满了生命、华丽与欢乐。哦！什么样的革命！我必须要有什么样的心情始能不带感情地默想兴起与衰落！[1] 我想象不到，她在狂热的、冷淡的与可爱的表象之下，不得不将抵抗手段隐藏在心中。在一个有着勇士们的国家里，在一个有着君子与骑士的国家里，我也简直梦想不到我会活着见到这样的灾祸竟降临在她身上。我想一万把剑定已从它们的剑鞘里跃出，甚至为一个侮辱或威胁她的眼神而复仇。然而骑士时代过去了，诡辩学家、经济学家与计算家的时代接踵而来，而欧洲的光荣从此永远消逝了。

---

[1] 即一群凡尔赛宫的暴民加于路易十六与玛丽·安托瓦内特的胁迫，迫使他们从该处走回巴黎，然后在群众的监视之下居于杜伊勒里宫（1789 年 10 月 5—6 日）。

菲利浦·弗兰西斯爵士却讥笑这些，认为全是浪漫的胡言妄想，他还设法使伯克相信法国王后是一个"梅莎琳娜"（Messalina），而且是一个放荡不羁、声名狼藉的女人。许多英国的爱国者也持这样的看法。然而霍勒斯·沃波尔断言伯克曾描述玛丽·安托瓦内特"确如她当王妃时，我首次见到她的模样"。

随着革命的进行，伯克借其《致国民会议某议员的信》（*Letter to a Member of the National Assembly*，1791 年 1 月）以继续他的攻击。在这封信里，他建议欧洲各国政府应该联合起来阻止叛乱，并使法国国王恢复其传统的权力。弗克斯对这项建议颇为惊慌。5 月 6 日在下议院，这对曾在多次战役中并肩作战的老友，终于走到了戏剧性的分歧点。弗克斯反复称赞法国革命，伯克随即起而抗议。他说："在任何期间，尤其是在我这种年纪，去招惹敌人，或给予我的友人遗弃我的机会或理由都是轻率的，但是假使我对英国宪法坚强与稳定的忠诚竟会使我处于如此左右为难的情况，我也准备冒险如此做。"弗克斯向他保证，他们之间的歧见应不致牵连到造成友谊断绝的地步，但是伯克回答道："当然会的，当然会的，这会失去友人的。我知道我的行为的代价……我们的友谊就此结束了。"此后，除了正式的在黑斯廷斯的审讯时曾勉强的联合外，他再也不曾和弗克斯讲过话。

在他有关法国革命的著述中，伯克给保守的哲学做了一项古典的说明。它的第一原则是个人的论据，不论如何卓越，假如与种族的传统冲突，则不予信任。正如一个小孩无法了解其父母谨慎与禁止的理由一样，个人因其与种族相较仅是一个小孩，也无法了解包含许多世代经验的习俗、传统、法律的理由。"假如所有道德职责的实行依赖与社会的基础，其理由令每个人都能了解清楚与信服的话"，则文明必将成为不可能。甚至"偏见"也有其用途，它们以过去的经验为基础预断目前的问题。

因此，保守主义的第二要素即是"惯例"：一种传统或风俗，假使已经记录或包含于社会秩序或政府结构中，那么就应该被加倍尊重与极少改变。私产仍是惯例和智慧显得不合理的例子。某一个家庭拥有如此大量的资产，而另外一个家庭仅有如此微薄的财产，似乎是不合理的，尤其更不合理的是财产所有人居然准许将其财产遗传给并未费举手之劳去赚取它的继承者。但是由经验获知，一般人除非能将其努力获得的成果视为自己的财产，并能大部分按其自己的意愿遗传下去，否则绝不愿激励自己去从事工作、研究或做费力与昂贵的准备，而经验也显示了财产的拥有是立法审慎和国家延续的最佳保证。

国家不仅是在某一指定的空间与时间范围内一群人的结合，它是经过广远的时间的个人的结合。"社会事实上是一种合约……这是一种不仅介于生存者之间，也是生存者、死亡者与将出生者之间的合伙关系"，那种密切的关联就是我们的国家。在这三者合一的整体中，目前的多数将来可能成为少数，而立法者必须考虑到以往的（惯例）、未来的及现存的那些人的权利。政治是，或者应该是一种将矛盾的少数的目的与延续的集团的利益加以调整的艺术。而且并无所谓绝对的权利，这些都是自然所不知的形而上学的抽象概念，只有欲望、权力与环境三者而已，而"环境使每个政治原则具有特殊的色彩和不同的效果"。权宜有时较权利更为重要。"政治应加以调整，使其适于人性而非（抽象的）人类推论，因为理性仅是人性的一部分，但决非最重大的部分。""我们必须利用现存的资料。"

所有这些因素都由宗教予以阐明。宗教的教义、神话与仪式也许与目前个人的理性并不相符，但是假如它们与过去、目前及假定的未来社会的需要一致，那么其是否与个人理性符合，也就成为次要的了。经验指示我们，人类感情只能借宗教的教义与仪式来控制。"假如我们竟以抛弃一向是……我们文明一大来源的基督教，以揭开我们的本来面目（释放我们的本能）……我们极为担心（由于非常了解人类心灵不能忍受空虚）一些奇怪的、有害的及堕落的迷信可能会取代它。"

许多英国人拒绝接受伯克的保守主义，认为那是对停滞不前的一种狂热崇拜。托马斯·佩恩在其《人类的权利》(1791—1792 年）一书中，对他作了有力的答复。但如伯克一样年老的英国人，对他的祖先崇拜说表示欢迎。法国大革命演变成"九月大屠杀"，国王和王后被处死及"恐怖时代"(the Reign of Terror) 时，大多数英国人觉得伯克已充分预言了反叛和反宗教的结果。因此整整有一个世纪之久，英国虽然淘汰了腐败的自治市镇制度并扩大了选举权，却坚决维持由国王、贵族、英国国教及一个只考虑到王权而非民权的国会构成的宪法。而法国在大革命之后，则由崇拜卢梭转而信仰孟德斯鸠，约瑟夫·迈斯特更为悔恨的法国人重新撰述伯克的思想。

伯克自始至终鼓动一场神圣战争的运动，法国对英国宣战时 (1793 年），他深感欣慰。乔治三世欲晋封其旧敌伯克为贵族，以酬报其新近的服务与贡献，并以稍后令狄斯累利感到荣耀的毕肯斯费尔德勋爵的头衔来封赠他，却为伯克所拒，他只答应接受 2500 英镑的养老金 (1794 年）。正当英国与法国谈判的会议开始时，他出版了《论弑君和平的信》(*Letters on a Regicide Peace*, 1797 年），热烈要求继续战争。只有死亡才冷却了他的怒火 (1797 年 7 月 8 日）。弗克斯建议将伯克葬于威斯敏斯特大教堂，但他曾留下遗言，嘱为其举行私人葬礼，并葬于毕肯斯费尔德的一个小教堂。麦考利认为伯克是自弥尔顿以来最伟大的英国人——那样也许忽略了查塔姆。而莫利勋爵较审慎地称其为"我们的语言中，最伟大的启迪民智的导师"——如此也许又忽略了洛克。无论如何，伯克是保守主义者历经理性时代所渴求而未遇的人物——他是一位能像伏尔泰为理性辩护一样，卓越地为习俗辩护的人物。

英雄隐退

随着法国大革命的进展，查理·詹姆士·弗克斯发现他在国会和国内成为声势逐渐消减的少数派。原来支持他的许多盟友，此时转而接受这种观点，认为英国应加入普鲁士和奥地利对法国的作战。路易十六被处死后，甚至弗克斯本人也转而反对法国革命，但他仍然反对英国卷入战争漩涡。战争依然来临时，他只得愤而以饮酒、阅读古典作品并与他的（也是加文狄斯勋爵、德比勋爵、考门德雷勋爵等人的）前情妇——曾为他还债的伊丽莎白·阿姆斯特德夫人结婚（1795年），来安慰自己。他对《亚眠和约》的签订极表欢迎（1802年），其后他即前往法国旅行，在那里受到民众的欢呼，并以文明的爱国者受到拿破仑的款待。1806年，弗克斯出任"全部人才内阁"（Ministry of All the Talents）的外务大臣，他努力维持与法国的和平，并坚决支持威尔伯福斯反对奴隶买卖的运动。他获悉一项行刺拿破仑的阴谋时，即由塔里兰向这位皇帝密递警告。如果不是弗克斯的身体极度衰弱，他或许能为拿破仑的野心与英国的安全寻获达成协调的一种方法。但1806年7月，他因患了水肿病而丧失了工作能力。一连串痛苦的手术都无法阻止病情的恶化，他在与英国国教谈和后，于同年9月13日与世长辞，他死后受到他朋友及其敌人，甚至国王的哀悼。他是当时受到最普遍爱戴的人物。

年轻的皮特却过于早衰，较弗克斯先行进入威斯敏斯特教堂的地下坟场，长眠于九泉之下。他也发现只有不时借酒浇愁忘却烦恼，始能忍受政治生涯。乔治三世不稳定的神智是长久的问题。国王与阁员之间任何严重的歧见与冲突，都能导致国王精神失常，并演变成威尔士王子摄政的局面，而王子将会解除皮特的职务，并召请查理·詹姆士·弗克斯主持政事。所以，皮特发现国王乔治对政治改革与奴隶买卖正如对其他事情一般焦急烦躁地坚持要永久维持过去的状态时，他不惜放弃自己的政治改革计划，并撤销他反对奴隶买卖的态度。皮特将他的天才集中在经济立法方面，在此方面他为兴起的中产阶级服务。令他十分厌恶的是，他竟将英国引入一场与他所称的"一个无神论的国家"的战争之中。作为一个战时首相，他表现并不佳。皮特唯恐法国入侵爱尔兰，以一项国会联合与天主教解放计划来安抚爱尔兰人，这项计划为国王所阻，皮特因而辞职（1801 年）。其后他再度复出而领导其第二任内阁（1804 年）。拿破仑远胜过皮特，非其力能敌。法国在奥斯特里兹战胜的消息传来（1805 年 12 月 2 日），而那次胜利使拿破仑成为欧陆的盟主之际，皮特的身心因此崩溃了。他指着一幅欧洲大地图，请求他的一位朋友："卷起那张地图，在这 10 年内，我们将不再需要它了。"他死于 1806 年 1 月 23 日，死时两袖清风，光荣而庄重（尽管身后萧条），年仅 46 岁。

生命花了更长久的时间来毁灭谢里登。他在为美国辩护及对黑斯廷斯的斗争中加入伯克与弗克斯的阵营，他支持弗克斯鼓掌赞成法国革命。同时，他的妻子以魅力与温柔的天性引起他朋友们的喜爱，而且他将这种影响力运用到政坛上，以协助他在国会中赢得一席之地。不幸的是谢里登夫人 38 岁时死于肺病（1792 年）。于是谢里登身心崩溃了。据一位与他熟识的人说："我曾见到他夜复一夜像小孩一般哭泣着。"谢里登从她为其所生的女儿那里获得一些慰藉，然而她也在同一年去世。在他极度悲伤的那几个月里，他面对着重建德鲁里巷剧院的工作，这个剧院就安全上来说，已过于老旧与脆弱。为了负担重建的经费，他负债累累，但他已习惯于奢侈的生活，而这种生活并非他的收入所能维持，于是只得靠借贷继续。每逢债主登门讨债时，他就像对待王公一样对待他们，以美酒、殷勤的态度和机智风趣的谈吐来款待他们，并以一种几乎忘掉债务的幽默情趣将他们打发走。1812年，在竞选连任失败之前，他在国会中一直颇为活跃。当时他身为下议院议员，因而免受拘捕。然而现在他的债主们包围着他，将他的书籍、绘画和珠宝据为己有。最后他们正企图以暴力挟持他到监狱时，他的医生警告他们，谢里登也许会死于途中。后来他死于 1816 年 7月 7 日，时年 65 岁。在他的葬礼中，谢里登再度风光，7 个贵族和 1位主教将他抬往威斯敏斯特大教堂。

半疯的国王比他们所有的人都活得更为长久，甚至英国在滑铁卢一役中获胜后，他仍然活着，虽然他对此次胜利一无所知。1783 年，他觉察出欲使其阁员向其负责而不向国会负责的企图已经失败。与下议院、美国及法国之间的长期斗争，对他似乎太难太繁重了，1801年、1804年及1810年，他的精神病一再复发。他年老时，人们才逐渐认清他的勇气与诚挚，最后他终于获得了在他与国会争斗时人们拒绝给予的拥戴与威望，其中还含着对一个曾目睹英国遭受这么多次失败，而竟无法亲睹其胜利的人的怜悯。他钟爱的女儿阿米莉亚的死（1810年）更使他完全脱离现实。1811年他既疯又瞎，而且已达到无法治愈的地步，直到他死时（1820年1月29日），他一直在监护之下过着隐居的生活。

第三章 | 英国人
（1756—1789）

英国习俗

首先，我们来看看他们的长相。毫无疑问，雷诺兹把他们理想化了，他只把有头有脸的幸运者介绍给我们，而且以衣袍和象征威严的徽章来为这些肥胖的人增加荣耀。不过，我们且听听歌德谈谈他在魏玛看到的英国人吧！他说："这些人长得多么文雅，多么俊俏！"——他也担心这些自负的年轻英国人带着大帝国的威风，可能会使日耳曼女郎失去对日耳曼男子的兴趣。这些小伙子有很多到了中老年还能维持当年的容貌，不过，大多数人一从学校的运动场转入餐桌上的享受之后，肚子和颈部就随之加粗，像绽开的红玫瑰，到了夜深人静时又得和昔日欢乐的时光带来的痛风苦斗。伊丽莎白时代的某些雄壮之气到了宗教改革时因为闹饮而告消失。相反，英国的妇女比往昔更漂亮，至少画中的人物是如此。高尚的容貌，戴花、配上缎带的秀发，丝袍中隐现的那份神秘，真是雅致得犹如庄肃的诗篇。

由于日渐加多的纺织厂大量出产新的棉衣，在街上衣着方面的阶级区分日渐消失。不过，在正式场合里，阶级的区别仍然存在。达温特沃特爵士赴刑场时就穿着一件猩红色的大衣，背心也滚上金制的花边。假发逐渐不流行，小皮特对假发的防臭粉开始征税时，假发就正式消失。不过，医生、法官、律师等人，还有约翰逊，还是喜欢戴假发。大多数人满足于自己的头发，在后颈以缎带系成辫子。约1785年，有些人的裤长由膝盖加长到小腿。1793年，由于受到胜利的法国无套裤汉（sans-culottes）的影响，又把裤长加到脚踝。妇女依旧把胸部系到几乎窒息的地步，不过衬有圈子的女裙已不流行，裙子的宽度也日渐减小，女人的时装开始弄上一些使小伙子入迷的飘荡线条。

清洁是仅次于神圣的至宝，因为水仍是一种奢侈品。河川虽美，却常被污染，泰晤士河是一条排水用的运河。大多数伦敦住家每周以水管送水三次，每夸脱的价钱是3先令。有些家里有抽水马桶，少数人家才有自来水浴室。大多数厕所（当时的习惯称呼叫"耶里哥斯"，Jerichos）设在户外，盖在空旷不加盖的坑上，排泄物顺着这个坑渗入土中而流到大部分人汲取饮水的井里。即便如此，公共卫生还是日渐进步，医院逐渐增加，婴孩的死亡率也从1749年的74%降低为1809年的41%。

找得到更安全饮料的人不喝水。啤酒被视为一种食物，是任何粗重工作所必需的。酒被视为一种受欢迎的药，威士忌则是手提式的火炉，而醉酒若不算是社会习尚必要的部分，也是一种可以饶恕的罪恶。约翰逊博士说："我还记得当年利奇菲尔德区每个正派的人每夜必醉，人们也不会瞧不起这些人。"小皮特就曾经醉着上下议院，康沃利斯爵士也醉着上歌剧院。有些驾驶出租马车的车夫每天深夜在街头巡回，把"烂醉如泥"的绅士载回家而赚取额外收入。愈接近这个世纪的尾声，醉酒的情形就愈少，茶叶承担起温暖主要器官、松弛舌头的任务。茶叶的进口量从1668年的100万磅增加到1786年的1400万磅，咖啡室里供应的茶比咖啡还要多。

三餐也很丰盛，血淋淋的，分量又多。上层社会约在下午4时进餐，后逐渐往后延，到了该世纪末已延至下午6时。赶工作的人可用三明治来果腹。这玩意儿的名字源自桑德维奇第四任伯爵，这位伯爵为了不让进餐影响自己的赌博，光吃两片中间夹了肉片的面包，蔬菜是在边抗议下边吃的。"抽烟已过时了。"约翰逊于1773年这么告诉博斯韦尔，烟叶却以闻鼻袋的形式出现。鸦片则被广泛地用来作为镇静剂或医药。

英国人在餐桌上饮酒可使自己达到醉话连篇、喋喋不休的地步，这时谈话内容的机智可以和巴黎的沙龙抗衡，至于话题的分量可能更有过之。一天（1778年4月9日），约翰逊、吉本、博斯韦尔、埃兰·拉姆齐这几个人和一些朋友在雷诺兹爵士家聚会时，约翰逊说："我不知在巴黎像我们今天这种聚会在半年内能否召集得起来。"贵族们的聚会比较喜欢谈点机智的话，不谈学问。爱谈塞尔温，不爱谈约翰逊。乔治·塞尔温堪称18世纪的奥斯卡·王尔德，他曾被逐出牛津大学（1745年），因为"他很不虔诚地把'赐福的救主'比喻成凡人，还讥讽过'圣餐'礼"，不过这没有使他在政府找不到有利可图的闲差，也阻挠不了他从1747年开始在下议院坐着、睡着，一直到1780年。他有一大群朋友，却至死不婚。他酷嗜行刑，却错过了一个诨名叫查理·詹姆士·弗克斯的政敌的行刑，他很有把握地在伦敦行刑场等待——"我有一个原则，从不参观预演。"他和霍勒斯·沃波尔是63年的挚友，没有任何不悦或女人阻挠这份友谊。

不欣赏行刑的人也有一百多种娱乐可以挑选，从两组对打的扑克牌游戏或赏鸟到赛马或斗鸡。板球在这个时期已成为全国性的运动。穷人把工资浪费在旅店，有钱人则把财富拿到俱乐部或私宅中赌掉。沃波尔就这样在赫特福德小姐家"还没来得及道声'福哉玛利亚'之前就输掉56基尼"。詹姆士·格尔瑞在著名的讽刺画中把这些女主人称为"纸牌之女"（Faro's daughters）。输了钱不抱怨，这是英国绅士必备的基本要求，即使脑袋开花也应如此。

当时真是男人的天下，法律上如此，社会上、道德上也莫不如此。男人喜欢跟男人去享受社会上大多数的娱乐，1770年以前没有组成过一个容许男女会员的俱乐部。男人先挫了妇女的智力，又怪女人谈话智识水准不够。不过，仍有某些妇女设法发展自己的智能。伊丽莎白·卡特夫人就学过说拉丁语、法语、意大利语和德语，还研究过希伯来文、葡萄牙文、阿拉伯文等，还借希腊奖学金翻译了爱比克泰德的作品，颇获约翰逊激赏。她抗议男人拒不和妇女谈论观念，她正是那些使"才女"成为伦敦文人话题的淑女之一。

"才女"这个称呼首先出现在迈弗尔城霍特弗德街伊丽莎白·沃瑟夫人家男女混杂的聚会上。在这种夜间集会中，玩牌已被禁止，文学的讨论却受到鼓励。一天，那位一时享有诗人、植物学家和哲学家荣衔的本杰明·斯蒂林格夫里特被沃瑟夫人邀请参加她下一次的"盛大的晚会"，他以没有适合参加宴会穿着的衣服为借口推托。那天他穿了一双蓝色长筒袜，她对他说："别管什么衣服了，就穿你这双蓝袜子来好了。"他依约前来。博斯韦尔说："他如此健谈……使人不禁会说：'没有蓝袜子，什么也办不成。'这个头衔就这么慢慢建立起来。"因而，沃瑟夫人的这个圈子被称为"才女会"。加里克和沃波尔也时常前往参加，一天晚上，约翰逊更在那里大谈教皇之事而语惊四座。

不过，被约翰逊称为"才女之后"（the Queen of the Blues）的，却是伊丽莎白·蒙塔古。她嫁给首任桑德维奇伯爵的孙子，也就是我们前面提到过的那位反复无常的玛丽小姐的先生——爱德华·沃特利·蒙塔古的亲戚，名字叫爱德华·蒙塔古。伊丽莎白很机智，是一位学者兼作家。她那篇论文《莎士比亚的作品与天赋》（*The Writings and Genius of Shakespeare*，1769 年）很愤慨地为这位本国的游吟诗人辩护，反驳伏尔泰的非难。她很有钱，并保持自己的格调。她把自己在布尔克丽广场家中的那间"中国屋"布置成伦敦文人和美女喜欢光临的聚会中心。雷诺兹、约翰逊、伯克、贝克莱、哥尔斯密、加里克、沃波尔、伯尔尼、莫尔等人都曾去过。在那里，艺术家可以遇见律师，教士可以会见哲学家，诗人也碰得着大使。蒙塔古夫人的那位"优异厨师"使他们一个个笑逐颜开，却恕不供应含有酒精的饮料，酗酒更是一大忌讳。她担任初出茅庐的作家玛瑟纳斯的赞助人，而且出手极为阔绰。其他的伦敦淑女——泰罗尔夫人、布斯卡温夫人、默克顿夫人等——也欢迎才子佳人前往她们家做客。伦敦的社会逐渐两性化，而伦敦沙龙的声望和天才之多也开始和巴黎颉颃了。

英国的世风

亚当·斯密说："在每个社会中，一旦阶级的区分完全建立之后，一定都有两个不同的道德制度同时并行。其中有一个可称之为严格的（或苛刻的），另一个可称之为自由的，要是你愿意的话，也可以称之为随便的制度。前者通常为一般人所景仰、所羡慕，而后者……则更为一般所谓'赶时髦'的人所称道、所采用。"属于严苛派的卫斯理把1757年英国的道德描写成"走私、伪誓、政治贪污、醉酒、赌博、奸商、法院中的狡诈、教会中卑躬屈膝、教友派返俗及慈善基金饱入私囊的混合体"。这种说法已经是老调重弹了。

那个时代，有些妇女想当男人，而且几乎成功了。我们也听说过好几起妇女乔装成男人，而且至死还维持这种骗局。有些从戎当陆军或海军，也跟男人一样喝酒、抽烟，跟男人一样说粗话、参加战争，也跟男人一样忍受鞭笞。约1772年，"纨绔子弟俱乐部"在伦敦街上到处可见。这些纨绔子弟都是一些年轻人，留着鬈曲的长发，衣着的布料极为高贵，颜色也很夺目，还"打扮成女孩子，一点也不在乎"。塞尔温把这些人描写成"既不男又不女，而是中性的动物"。同性恋者虽然一经查获属实可以处以死刑，但同性恋者还是自有他们的娱乐场所。

这种双重标准极为风行。虽然有上千家的妓院供好色的男人泄欲，这些男人却认为女子的不贞只有处以死刑才稍可弥补。因此，儒雅的哥尔斯密说：

> 可爱的女人屈服于昧行
> 太迟发现男人出卖了她时,
> 有什么魅力可以抚慰她的忧悽,
> 有何妙方可以洗净她的罪?
> 遮掩她罪孽的唯一妙方,
> 不让众人发现她的羞辱,
> 使她的情人忏悔不及
> 扭痛他心胸的方法,只有——去死。

　　为了防止这种惨剧,有人提议早婚。法律容许女子 12 岁结婚,男子 14 岁。大多数受过教育的女子都早婚,而把越轨的时期延后。不过,这时又有这个双重标准监督着她们,且听约翰逊对通奸所发的高论(1768 年):

　　子孙的混淆造成这种犯罪的基因,因此,违犯了自己婚约的妇女远比男子罪责更重。男人在上帝眼中的确是罪犯,只要他不去侮辱妻子,他就不算是给妻子造成实质上的伤害。例如,为了换换口味而偷偷地潜入女佣房里就是一例。诸位,为人妻者必不可为此震怒。我绝不收容因为这种理由而逃离丈夫的女儿回家。为妻者应该研究以更留意取悦她丈夫的方式来重获丈夫。列位看官,要是为妻者没有疏忽于取悦丈夫的话,100 个男人之中绝不会有 1 个离开自己的妻子去寻花问柳。

　　在博斯韦尔这个圈子里,男人偶尔嫖妓被认为是再平常不过的事。在贵族社会中——包括王室在内——通奸之风颇盛。格拉夫顿公爵担任大臣时就公开和纳茜·帕尔森同居,而且当着王后的面带她到歌剧院。离婚的情形很少发生,除非依国会法案,否则办不到,由于离婚费用高达"数千英镑",只有有钱人才办得到这种奢侈的事情。

1670 年至 1800 年，有案可查者只有 132 件获许。一般人以为平民阶级的道德可能优于贵族阶级，约翰逊却不以为然（1778 年）。他说："农民和贵族一样，通奸的情形一样普遍。"而且"据我观察所得，阶级愈高，愈有钱的妇女，受到的指点也更多，而且也较守道德"。这个时期的文学作品，如同在菲尔丁和罗伯特·彭斯的作品中一样，描写农民们几乎每个周末都得举行庆祝酒会，把薪资的半数花在旅店里，有些花在女人身上。每个阶层都以各自的生活方式与习惯从事犯罪。

穷人拿拳头和短棍打架，有钱人则拿手枪和刀剑。决斗在贵族社会里是争面子的关键，弗克斯与威廉·亚当，谢尔本与费尔顿，小皮特与泰厄尼都曾决斗过。要想过一辈子有头衔的日子而不挨刀确实很难。

比这种性道德的堕落更坏的，是工业开发的残酷：为了抓取利润不惜无情地损害人命。要 6 岁大的儿童到工厂做工或扫烟囱，少用了成千上万男女工人，使这些人卖身去做无酬的劳工以便前往美国。政府保护贩奴，并视之为英国珍贵的财源。

商人从利物浦、布里斯托尔、伦敦等地——正如同从荷兰和法国出发一样——航向非洲，购买并逮捕黑人，把黑人运往西印度群岛，卖掉黑人，再把一舱舱有利可图的糖、烟叶、甜酒等运回欧洲。1776 年，英国商人一共把 300 万名奴隶运到美国，再加上 25 万人死在途中，被扔到海底的、遭受迫害的黑人数量之巨可想而知。英国政府每年拨出 1 万英镑的津贴给"非洲公司"和后来的"管理公司"，以维护这两家公司在非洲的各堡垒和驻在站，理由是这两家公司是"我国商人组成的各公司中对本岛最有贡献者"。乔治三世命弗吉尼亚总督"不得赞成任何禁止或阻碍进口奴隶的法令"（1770 年）。1771 年，英国境内的黑人约有 1.4 万人，均由其殖民地的主人带进，或逃离其主人。其中有些被用作家仆，无权要求支薪。有些则以公开拍卖的方式卖出，如 1766 年利物浦就有过一次。然而，1772 年英国某法庭裁决，奴隶在踏上英国土地后即刻自动成为自由人。

英国的良知逐渐发现这种人口贩卖与宗教或道德的训诫之间的相互矛盾。英国最优雅的人大肆攻击：乔治·弗克斯、笛福、汤姆森、理查德·斯梯尔、蒲柏、威廉·佩利、卫斯理、威廉·柯珀、哈奇森、罗伯逊、亚当·斯密、约赛亚·韦奇伍德、霍勒斯·沃波尔、约翰逊、伯克等人。首先组织起来反对贩奴的，是英美的教友派人士。1761 年他们把所有参与这项贩奴工作的人的会员资格予以注销，1783 年更组成了一个协会来"解放西印度群岛的黑奴，指责非洲海岸的贩奴"。1787 年，格安威尔·萨普召集了一个委员会来促进黑奴制度的废止。1789 年，威尔伯福斯展开他在下议院长期结束英国贩奴的运动。商人一再要求议院搁置其行动。直到 1807 年，国会才正式规定自 1807 年 5 月 1 日起，英国辖区内的任何船只皆不得自港口载运奴隶，即自 1808 年 3 月 1 日起不得将奴隶载运至英国的任何殖民地。

这个时期，英国的政治风气达到最低点。市镇投票人少而其代表仍在议会占有若干席次的制度极为流行，大富豪远比一般人更具有斗争的能力。富兰克林以一个很奇特的理由叹惜美国的革命："他们为什么不让我继续下去呢？要是他们（殖民地）把战争所花的钱给我 1/4 的话，我们本可以不流一滴血而获得独立。我可以拿那笔钱来买通英国整个国会和政府。"贪污之风盛行于教会、大学、司法机构、政府单位、海陆军及国王的咨政。军事纪律远比欧洲其他各国（普鲁士例外）严苛，军人被遣散后，并没有任何措施来使这些人安于现实、守法的生活。

社会风气在善与恶之间漂浮着。1765 年至 1780 年，前后发生过 9 次大暴动，几乎全都发生在伦敦附近，下面我们要谈到其中的一个例子。群众跑去看绞刑有如度假一般，有时还贿赂绞刑吏，要他在鞭打某个囚犯时打得狠一点。其刑法在全欧最严酷，每个阶层的用语几乎趋于暴行和亵渎神圣。出版界也尽其诽谤、中伤之能事。几乎人人必赌，至少赌国家的彩票，而且几乎人人饮酒过量。

英国特质的毛病与其基本特性有关——热忱、活泼的精力。农民和工厂的劳工把这股精力用在劳动上，整个国家的精力则表现在处理危机中。这股精力产生了难以填满的食欲和旺盛的精神。狎妓、酒店闹事、公园决斗、议会辩论的狂热、沉默忍耐的能力，使每个英国人自傲地说他的家就是他的城堡，非经法律程序不得擅入。在这个时期，英国衰退之际，把英国人追求自由的感情移植到美洲大陆上去的，正是英国人。杜德芳夫人留意地观察了她遇见的形形色色的英国人，这些人有一大半是她过去未曾谋面的。她说："每个人都各异其趣，没有两个完全相同。我们（指法国人）正好相反，只要你见过我国的一个朝臣，你就等于全都看过了。"沃波尔也同意，他说："其他国家的确无法像英国这样，产生这么多特异而各不相同的角色。"试看看雷诺兹那一帮人，他们只有对国家和自己所属那个阶级的自负是一致的，再有，就是他们那些红彤彤的脸及大胆地面对世界是一样的。真是一个强有力的人种。

信仰与怀疑

英国人大多还维持自己对各种不同形式的基督教教义的信仰，仅次于《圣经》的最畅销书就是教会年鉴的入门书《纳尔逊的节日与斋戒日》（*Nelson's Festivals and Fasts*）。约翰逊所著，在他去世后出版的《祈祷与沉思》（*Prayers and Meditations*），4 年内也卖了 4 版。在上层社会中，宗教被敬奉为维系社会功能、道德的辅助及政府的左右手，不过已失却了私人的信任和对政策的决定权。主教由国王任命，教区牧师则成为乡绅的被委任人与附属。由于对宗教自然神教的攻击早已消失，伯克才能够于 1790 年问道："在过去 40 年内诞生的人，还有那一大群自称为'自由思想者'的人，有哪一个读过柯林斯、托兰、廷德尔、查伯，还有摩根等人的作品？"不过，要是没有人起来应声，那可能是因为这些反叛者已赢了这场战争，有识之士则认为这个老问题早成定案，因而不屑一顾。博斯韦尔于1765年（忽略了平民）说他活着的那个时代是"人类喜欢怀疑，似乎以尽可能缩小自己的信仰圈子为荣的时代"。我们前面已谈过塞尔温在牛津、威尔考斯在迈德门哈姆嘲笑宗教的情形。据霍斯特·斯坦豪普小姐的说法，小皮特"一生未进过教堂"。人并不一定要信神才可以布道，博斯韦尔于1763年曾这样写道："在各教派中有不少不忠之士，这些人认为宗教只不过是与政治机构一样的东西，他们可以像担任公务员一样地支领薪俸，这才使他们肯努力进行他们的欺瞒工作。"吉本说："对各种宗教的正统和信仰的条款，现代的教会莫不以叹息或微笑的方式来加以认可。"

私人俱乐部让人可以松弛一下符合公共要求的标准。许多贵族阶级的人加入"互助会"的组织。这些团体谴责无神论的愚昧，要求会员信仰上帝，却再三告诫会员对其他宗教教条的差异采取容忍的态度。在伯明翰"月光会"里，有些制造商，如马修·博尔顿、詹姆士·瓦特、韦奇伍德等人听到约瑟夫·普里斯特利和达尔文等人的异端邪说时也面不改色。不过，对自然神论的风靡情形已经过去，几乎每个自由思想者都接受了一项协定。根据这项协定，要是教会容许某些犯罪的自由，他们也不去干涉信仰的传布。英国的上层社会，以他们那种秩序感和中庸感避开了法国启蒙运动大胆的激进主义，他们体认政府和宗教亲密的一致性，不敢轻率地以大量的警卫人员来取代这种超自然的道德约束力。

英国国教的诸位主教如今已成为国家的公仆，因此他们与天主教的红衣主教一样，认为自己才配得上享受俗世的荣华。考伯以很刻薄的字句来讥讽那些像政客一般抢夺更多或额外的圣俸的教士，不过，也有好多其他教士谨守自己岗位，有些更是博学，成为护卫自己信仰的能手。佩利的那本《道德与政治哲学的原理》（*Principles of Moral and Political Philosophy*，1785年）中就表现出对教义方面解说的自由与容忍的宽宏大量，而他那本《基督教教义的证据》（*Evidences of Christianity*，1794 年）更是很有劝服力地把设计好的辩词表达出来。只要自由思想者能传布宗教的要义，又能在自己的生活圈子里作为道德方面的表率，他都欢迎有这种倾向的人前来服圣职。

不信奉国教者——包括浸信会、长老会和独立教派（清教徒）等——只要遵守三一教会的教义，都能享受宗教上的容忍。不过，这些教派的教友不得担任政治或军事上的官职，也不得进牛津或剑桥就读，除非他们肯接受英国国教及其《39 条款》。卫理公会教派依旧在下层阶级中传布。1784 年，该教派脱离和国教间薄弱的关系，同时使国教的少数教士发起"新教运动"。这些人景仰卫斯理，同时赞成他认为《福音书》应该依《新约》所流传下来的样子去传道，不可对唯理主义者或批评经文中的字义者让步的看法。英国人对"火药阴谋"（Gunpowder Plot）、"大叛乱"（the Great Rebellion）及詹姆士二世在位期间之事的记忆仍然存在，法令书上记载着原来反对罗马公教的法条。除非以诈术再加上缴付双倍财产税，否则天主教徒依法不得买入或继承田产。同时，他们还被排斥于陆、海军及合法的职业的门外，也不得投票选举国会议员或充任政府中的职位。即使如此，天主教徒的人数仍然逐日增加。1781 年，他们中有 7 名贵族、22 名准男爵和 150 名"绅士"。望弥撒都在私人住宅中举行，在乔治三世在位的 60 年间有记录可查的，因犯了这个规定而被捕的只有两三起。

1778 年，乔治·萨维尔爵士向国会提出了一项"天主教徒赈济"方案，使天主教徒买卖、继承土地合法化，允许天主教徒不须放弃自己的宗教就可从军。这项法案获得通过，而在上议院中遭遇的英国国教主教们的反对也不激烈。虽然这个法案只适用于英国本土，但1779 年诺斯爵士又提议把适用地区扩展到苏格兰。这项建议的消息传至"低地"时，爱丁堡和格拉斯哥两地爆发了动乱（1779 年 1 月），有几家天主教徒居住的民房被夷为平地，天主教徒所开的商店被劫掠后又被捣毁，新教徒的住宅——如历史学家罗伯逊——因对天主教徒表示同情也遭到同样的攻击，使动乱在爱丁堡总督正式宣布《天主教徒赈济法案》（*The Act for Catholic Relief*）不适用于苏格兰时方才平息。

　　一名苏格兰籍的国会议员——乔治·格尔顿爵士——提出英国"无教皇"案。1780 年 5 月 29 日，他主持某次"新教徒联会"，会中计划举行一次弥撒游行，以便提出废止 1778 年《天主教徒赈济法案》的请愿。6 月 2 日那天，6 万人佩戴蓝色帽章，包围了国会大厦。有好多议员在走进大厦途中都挨了揍；曼斯菲尔德、瑟洛、斯达尔蒙特等爵士的马车也被捣毁；有些高贵的大爷坐下来时不是假发不见了，就是衣服散乱，还颤抖不已。格尔顿和 8 名随从一起走进下议院，提出请愿书，谣传上面有 12 万人签署，请求废止，同时要挟：唯一的途径是立即采取行动，否则暴民立即攻入。议员们不听，还派遣军队来搜查群众，把门全锁上。格尔顿的一名亲戚声称：只要门外有一个人硬要闯进议会，他就即刻杀死格尔顿。然后议会投票决定休会至 6 月 6 日。军队抵达后清了一条道，让诸议员回家。两座分别属于撒丁岛和巴伐利亚牧师的教堂被捣毁，教堂内的家具则拿去街上烧毁。群众作鸟兽散，不过，6 月 5 日有 5 名暴徒劫掠其他外国教堂，还烧毁了几家民房。

　　6 月 6 日那天群众又告聚拢，冲进新门（Newgate）牢狱，释放囚犯，占领一座军械库，然后全副武装地在首都各处游行。贵族纷纷闭户以求安全。霍勒斯·沃波尔对自己在柏克莱广场的"戍卫"中护卫了一位女伯爵之事，大加宣扬。6 月 7 日，更多的民房被劫掠、被焚毁。群众闯入酒坊，而口渴的也喝个痛快。有许多参加暴动的人醉倒在燃烧中的房屋里而被火葬。唯一可以合法指挥首府卫戍部队的伦敦诸行政长官也拒绝下令卫兵对民众开枪。乔治三世召集民兵，命令他们在群众使用武器或以暴力恐吓时向他们射击。威尔考斯郡长虽得到国王的谅解，却失去了民望，因为他骑上一匹马，和民兵一起企图逐散集拢的群众。民兵在受到暴民攻击后开枪还击，杀死了 22 人，群众四散。

　　6 月 9 日，暴动再度展开。房屋——不论天主教徒还是新教徒的——都被抢劫后烧毁，消防队员想去扑救，也受到阻挠。军队为了平息这场暴乱，一共死亡 285 人，受伤 173 人。有 135 名暴徒被捕，其中有 21 名被处绞刑。格尔顿在逃往苏格兰途中被捕，他证实自己并未参加此次暴乱，因而获释。伯克得到众议院的同意，重申加强实施英国境内《天主教徒赈济法案》。1791 年，另一部法案虽然延伸了法律上对天主教徒崇拜和教育的容忍，但天主教堂仍不得有尖塔，也不得装设钟。

布莱克斯通、边沁与法律

某法学权威认为"布莱克斯通那本《评注》的出版……从某些方面来看，是法学史上最重大的一件事"。这句话虽说得有点太爱国，不过，由这句话可以看出：时至今日，英语民族的学子对布莱克斯通于 1765 至 1769 年以 4 巨册、厚达 2000 页印成的那本《英国法律评注》（*Commentaries on the Laws of England*）的那种敬畏之心。不论是否考虑这本书的厚度，这本书当时被推举为智识和智慧的里程碑。每个贵族的图书馆里总少不了一部，乔治三世更衷心认为它是诸国君王中最崇高的理想。

布莱克斯通是伦敦一名富商之子，父亲有钱让他到牛津和中神殿法学院（伦敦两所法学院之一）学习法律。他在牛津的讲座（1753—1763 年）使规章之间的矛盾和荒谬减少，整合了秩序与逻辑，使规章明确、有吸引力。1761 年，他被选为国会议员。1763 年，他被任命为夏洛特王后的副检察长。1770 年，他开始担任民事诉讼法庭的法官。他嗜好钻研却讨厌旅行，致使他虽年轻却已显得未老先衰。1780 年卒，时年 57 岁。

他的"巨著"一如他讲学时的一切优点：条理清晰，阐述详明，文体优美。他那富有感情的死对头边沁称赞他这个人"教法理学的措辞让学者和一般人都能懂，润饰了这门艰苦的学科，从满是灰尘和蜘蛛网的办公室中把它清理出来"。布莱克斯通给法律下了一个定义，说法律是"某一个居高位者制定的行为准则"。他对法律有一个理想、静态的观念，认为法律在社会上具有的功能与自然律在宇宙中一样，他似乎也把英国的法律视为与万有引力定律具有相同的伟大与永恒性。

他喜爱他所见的英国和基督教，几乎不承认两者有何缺点。他比威廉·沃伯顿主教更虔诚，比乔治三世更忠于英国。"英国的国王不仅是英国的首领，而且更确切地说，应该是英国独一无二的行政长官……他有权取消方案，也有权缔约……只要他高兴，还可以原谅任何过失，除非宪章上有明文规定，或是因结果明确，才能对这个权力创下例外或约束力。"布莱克斯通把国王摆在国会和法律之上。国王"不仅不会做错，还不会想错"——不过，布莱克斯通这句话的意思却是指没有任何一种法律超乎国王之上，并可以据以审判国王。不过，他说："每个英国人的绝对权利就是个人安全、个人自由及私有财产的权利。"这又激起了所有英国人的那股豪气。

布莱克斯通认为英国法律是一套永远有效的制度，因为归根结底，他根据的《圣经》是上帝之言的说法，显然能够迎合那个时代，不过阻碍了英国法理学的发展及典狱学和监狱的改革。即便如此，他能称赞约翰·霍华德为改善英国监狱的情况所做的努力，也是十分值得嘉许的。

霍华德并没有把基督教当作一个法律系统，而是把它视为一种对内心的祈求。他被任命为贝德福德镇警长后（1773 年），他对当地牢狱的情况颇感震惊。狱中的看守和助理人员都未支领薪水，这些人就靠向囚犯索取的费用糊口。服刑期满的人也不得获释，除非他付清他应付的款项。许多人在法庭发现他们刑满几个月后依旧被监禁。霍华德一乡一乡地考察后，发现同样滥用职权，有时更糟。欠债未还的人和初犯皆与惯犯监禁在一起。大多数囚犯都加锁链，依其所付款额来决定重铐或轻铐。每个囚犯每天只分到值 1 至 2 便士的面包。若想多得，就得付钱，或靠亲友送来。每名囚犯每天只给 3 品脱的水供饮用或盥洗。冬天不给炉火，夏天也没有通风设备。地窖里臭气冲天，霍华德在出来以后好久臭味都还附在他衣服上。"监狱热"和其他疾病导致了许多囚犯的死亡，有些还因饥饿慢慢死去。伦敦的新门监狱里更是 15 至 20 名囚犯挤在一个 23 英尺乘 25 英尺的小房间里。

1774 年，霍华德向国会呈递他视察 50 所监狱后所做的报告。下议院通过一项法案，要求各监狱进行卫生方面的改善、支付狱卒薪金，同时将大陪审团在过去无法确实定罪的人悉数释放。1775 年至 1776 年，霍华德又考察了欧洲大陆的监狱。他发现荷兰的监狱设备最好，也较人道。最糟的几所之中有一所在汉诺威，在乔治三世的统治下。霍华德那本《英格兰与威尔士监狱的状况及一些外国监狱的记述》（*The State of the Prisons in England and Wales and an Account of Some Foreign Prisons*）的出版（1777 年），唤醒了国人沉睡着的良知。国会通过拨款兴建两栋"管训所"，在那里还尝试以个别处理的方式来尊重囚犯，要他们服有人监督的劳役，也分别灌输宗教方面的教诲。霍华德四处旅行，又把新发现记载在该书新版中。1789 年，他前往俄国，在赫尔松感染伤寒去世（1790 年）。他要求改善的努力所收的效果并不显著。1774 年的法案被大多数狱卒和法官忽视。1804 年和 1817 年，对伦敦监狱所做的报道显示没有比约翰·霍华德在世时有任何改进之处。"也许情况未见好转，反而每况愈下。"所谓改革，则有待狄更斯在他那本《小杜丽》（*Little Dorrit*，1855 年）中对新玛斯莎瑟监狱所做报道之后出现。

边沁为法律、政府和教育诸方面改良所做的各项努力，虽然在这个时期以后大部分瓦解，但他那本《政府的碎片》（*Fragment on Government*，1776 年）属于这个时期，主要是对布莱克斯通的一项批评。他瞧不起布氏对传统的崇拜，他指出："'现今'已建立起来的事物在过去莫不'曾经'是新物"，目前的守旧即是对过去的激进的崇敬。因此，提倡改革的人是和那些一想到改变就颤抖的人一样爱国。

在法治国家里，好国民的座右铭是什么呢？'严格遵守，尽情责难。'"边沁排斥布莱克斯通王权至上的看法。良好的政府一定分权，鼓励每个人稽核他人，允许言论的自由、集会的自由、反对的自由。退而言之，革命对整个国家造成的损失可能小于愚昧地屈服于暴君。这本小册子正好出版在美国《独立宣言》发表的那一年。

边沁在同一篇论说中阐述了约翰·密尔于1863年取了一个叫"功利主义"名字的那种"最高幸福原则"。"为最大多数人谋求最大的幸福才是衡量是非的标准。"一切道德与政治上的提案和施行均应依此"功利原则"来批判，因为"政府的职责是促进社会的幸福"。

边沁是从爱尔维修、休谟、约瑟夫·普里斯特利和贝卡里亚等人的理论中演绎出这个"幸福原则"的，而他的通盘见解，则是从阅读《哲学家》这本书之后才形成的。

他在1780年写成、1789年出版的《道德学立法原理导论》（*An Introduction to the Principles of Morals and Legislation*）一书中，把自己的意念做了更详尽、更富哲学意味的说明。他把一切意识行为简化成对快乐的追求与对痛苦的惧怕这两种，给幸福下了"享受快乐，避开痛苦"的定义。这种论调似乎使完全的自私者振振有词，边沁却把这种幸福原则应用在个人和国家：个人的行为是否为他自己造成最大的幸福？总归一句话，他认为个人以公平对待他人的方式才能获得最大的快乐和最少的痛苦。

边沁对自己的学说身体力行，因为他一生致力于一系列的改革建议：识字成年男子的普遍选举权，秘密投票，任期一年的国会，自由贸易，公共卫生，监狱的改善，司法机构的净化，废除贵族院，将法律条文用语现代化，整理得使门外汉看得懂，扩大国际法（这个名词由边沁发明）。这些改革方案有许多在19世纪实现，主要由于詹姆士·密尔、约翰·密尔、里卡多、格罗特等"功利主义者"与"哲学激进分子"的努力。

边沁是"启蒙运动"最后一位发言人，也是18世纪开放的思想和 19 世纪的改革之间的桥梁。他甚至比"哲学家"更依赖理性。他是最可爱的男人之一，却至死过着独身生活。他以 84 岁的高龄去世时（1832 年 6 月 6 日），他立下遗嘱要求将遗体在朋友面前解剖。结果遗体果真解剖了，骨骸至今犹保存在伦敦市的国家博物馆里。在他死后次日，那个实现了他许多建议的历史性《选举法修正法案》（*The Reform Bill*）获得国王的签署。

戏院

·演出

18 世纪后半期，戏院的表现很好，戏剧的表现很差。这个时期出现了两位历史上最优秀的剧作家，其作品能传及后世，一个是我们谈到过的谢里登，一个是哥尔斯密（他自然也会在文学界占到一个合适的地位）。也许缺乏严肃剧本正是莎士比亚复起的因与果，莎剧的复出一直延续到这个世纪末。

剧作家因观众的鉴赏力而受制。谈论演员的多，谈论剧本、技巧和艺术的人少。剧作家唯一的物质报酬通常是第三次演出时的利润，这还得有第三次演出才行。然而，有些男女演员富比首相。受雇到戏院鼓掌喝彩的那一帮人也可以用仇视的声响来贬低一个好剧本，也可以使一个一无是处的剧本走红一时。一季中能够连演 20 个晚上的，只有那些最受欢迎的戏。通常是 6 点或 6 点半开始，演出一出 3 个小时长的戏，再加上一出闹剧或哑剧。票价自 1 至 6 先令不等。不卖预售票，只能派仆人提前买票、占座。座位都是无靠背的长板凳。在加里克没有把这种恶习革除（1764 年）以前，有些受到优待的观众甚至可以坐在舞台上。灯光照明全赖枝形吊灯架上的蜡烛，整个戏进行时烛火通明。1782 年以前，不论戏中是何时何地之事，服装皆是 18 世纪英国式。连加图、恺撒大帝，还有李尔王也都穿着长及膝盖的裤子，戴着假发。

虽然有教会人士的反对、歌剧与马戏团的竞争，戏院依然生意兴隆，伦敦和各省莫不如此。巴斯、布里斯托尔、利物浦、诺丁汉岛、曼彻斯特、伯明翰、约克郡、爱丁堡，还有都柏林都有很好的剧院，有些甚至还自己有班子。由于大戏班都巡回演出，几乎每个城镇都可欣赏到好戏。伦敦有两家戏院旗鼓相当，不相上下。1750 年，这两家戏院在同一个时间内连续两周每晚演出《罗密欧与朱丽叶》，斯普昂勒·巴瑞和萨安哈·瑟伯在科芬园戏院演出，加里克和贝拉米（Bellamy）小姐则在德鲁里巷演出。富特在干草市场有自己的"短剧院"，专演一些具讽刺味道的模仿戏（mimicry）。他模仿了大卫·加里克的模样，使大卫在一生中过了一大段悲凉的日子。

这个时期，英国舞台上第一流演员之多是前所未有的。查理·马克林于 1741 年以制作莎翁的戏而开创了这个时代：他是第一个把夏洛克这一角色精彩地演绎出来的演员，虽然剧中的夏洛克仍是毫无怜悯心的坏人。（在亨利·欧文之前，夏洛克这个角色从未有人怀着同情心来演。）菲利浦·克姆勃结束了这次长达一个世纪的莎翁复现的时代。他的黄金时代是 1785 年和他姐姐西登斯两人在德鲁里巷戏院合演《麦克白》。

这个时期一些值得怀念的女演员使舞台增色不少。佩格·沃芬顿虽然天生丽质、面庞姣好，生活却很糜烂。她在一次演戏时中风（1757 年），46 岁时就去世了（1760 年）。凯蒂·克丽弗在加里克的戏班里待了 22 年，她足为楷模的私生活震惊了全伦敦。结束戏伶生活（1769 年）之后，她在特维恩哈姆沃波尔送给她的住所中住了 16 年。普瑞查德夫人在西登斯夫人饰演麦克白夫人而演技胜过她之前是最佳悲剧演员，"她把生活融入戏里，（据说）没念过书"。约翰逊称她是一个"怀有灵感的白痴"，她却演得比好多美女都久，一直到她去世之前几个月。弗兰西丝·阿宾顿夫人演过勃瑞斯·波特·奥弗拉和蒂丝德默娜等角色，不过她最有名的一次，是演《造谣学校》中的蒂泽尔夫人。玛丽·罗宾森因为在《冬天的故事》（A Winter's Tale）中演珀迪塔一角极为成功，而得到了"珀迪塔"这个艺名。她当过威尔士亲王和几位较不著名人士的情妇，也曾坐着让雷诺兹、凯恩斯博罗、罗姆尼等人为她画肖像。

舞台上的女神是西登斯。她是一个巡回演出的演员的女儿，生在威尔士一家客栈里（1755 年），18 岁嫁给演员威廉·西登斯，19 岁在奥特韦的《得救的威尼斯》（*Venice Preserved*）一戏中演出。一年后加里克聘用了她，不过批评家说"她的才华不足以在伦敦舞台上献丑"，而专为加里克演喜剧角色的亨利·伍德沃德也劝她暂时回乡间戏院演一阵子。她真的回去了，在各省城演了 6 年。1782 年应聘重返德鲁里巷戏院时，她演技的进步令人刮目相看。她是第一个随着故事发生年代而选择服装的演员。不久，加里克就安排她饰演莎翁剧中的角色，伦敦人惊讶于她把麦克白夫人这一角色的庄严和令人凄恻的力量表露无遗。她的私生活赢得当时著名人士的尊敬和友谊。约翰逊在雷诺兹帮她画的一幅画像上的衣袍边缘签上自己的名字，说她是"悲剧诗神"（Tragic Muses），被她"极度的谦虚和举止的适切"震慑。她的两个弟弟，一个妹妹，还有两个侄女使戏院中的克姆勃王朝一直延续到 1893 年。由于她和加里克的努力，演员的社会地位获得提高，虽然这个时期的英国把阶级区分当作政府的灵魂和器械。

·加里克

凡知道约翰逊其人的，一定记得加里克生在利奇菲尔德（1717 年），就读于约翰逊设在艾迪尔的学校（1736 年），还陪着他进行了历史性的迁居伦敦（1737 年）。他比约翰逊小 7 岁，一直未能完全赢得约翰逊的友谊，因为那位老大哥不能原谅小老弟演戏赚大钱。

加里克到伦敦以后就和他弟弟经营酒类进口和贩卖的生意，这种生意必须经常出入旅店，他于是在各客栈里见了演员。演员们的谈话颇使他着迷，他跟其中几个前往伊普斯威奇，还饰演小角色。由于他演技进步迅速，不久他就在伦敦东端尽头格德曼一家地下剧院扮演

《理查三世》（*Richard III*）一戏中的主角。他很喜欢这个角色，因为他个子小，很像戏里那个驼背的国王，他还愿意终生献身舞台。由于他的演技颇受欢迎，他放弃了卖酒的生意，这使他在利奇菲尔德家乡的亲戚感到羞恼。不过，老皮特到后台来夸奖他，而且跛足如理查的蒲柏也向另一名观众说："那个青年在过去没人能比得上他，将来也不会遇到对手。"他是一个把全部精力都用在他扮演的角色中的演员。他的容貌、音调、双手、驼背及诡谲的心地和不良的企图，都成了理查三世。轮到别的角色讲话时他也没有停止自己这一角色应做的动作，而且下了戏之后也很难忘记。不久，他就成了喜欢上剧院的伦敦市民的话题。很多贵族过来见他，也有高官与他共餐，格雷说："格德曼每天晚上总有十来个公爵前往报到。"这时，利奇菲尔德的加里克一家人才骄傲地说大卫是他们家的人。

接着他又试演李尔王（1742 年 3 月 11 日），结果失败了。他扮演一个 80 岁高龄的老头子时，动作太过于有活力，而且没有具备身为国王的威严。这次失败磨炼出来的经验，其价值似乎无法估计。他暂时放弃演艺生涯，研习剧本，练习脸部的表情，蹒跚的步态，减退的视力，不快活的李尔王那种尖锐、哀愁的腔调。4 月，他再度尝试。这次他已脱胎换骨，观众又暗泣又欢笑，加里克总算又创了一个几乎长达一个世纪之久的、观众都记得他的角色。大家都鼓掌了，只有约翰逊一个人不为所动，他认为演戏只不过像演哑剧一样微不足道。还有沃波尔，认为加里克的表情过分夸张。格雷也没有鼓掌，因为他哀伤古典的抑制已堕落为浪漫的情感主义。学者们抱怨说加里克所演的，并不是莎翁未被滥改前的原剧本，有时是经过加里克本人修正、改过的版本，他演的《理查三世》中有一半的剧本是由西伯（Colley Cibber）写的，而他演的《哈姆雷特》一剧，最后一幕也经修改，以造成较温和的结局。

1741 年至 1742 年，加里克共演了 18 个角色——这项记录使人惊叹几乎不可能实现的强记能力和注意力。只要有他出场的戏，场场爆

满。没有他，座位就空了一半。经过某种后台政治的谈判，格德曼的
剧院被迫关闭。加里克无处演戏，只有和德鲁里巷戏院签订 1742 年
至 1743 年的合同，报酬是 500 英镑——这个报酬是演员薪水当时的
纪录。此时，他还动身前往都柏林赶春季戏。亨德尔刚以他的《弥撒
曲》风靡了该城（1742 年 4 月 13 日），如今加里克和佩格·沃芬顿
以莎翁的作品来征服该城。回伦敦后，他们两人携手整理家务，加里
克也买了一枚婚戒。她讨厌他太小气，而他也讨厌她太过奢侈。他开
始怀疑佩格有过那么一段多彩多姿的过去，不知会成为哪一类型的妻
子。加里克把戒指留了下来，两人自此分手（1744 年）。

　　他在德鲁里巷剧院的演出开启了艺术上的新纪元。他扮演每个角
色时都注入全副精力和持续的注意力，使他的举手投足和声调上的改
变都融入那个角色中。他把麦克白的机警戒心和恐惧演得极为生动，
使人们对他扮演的这个角色的记忆强过他所演的其他角色。他以更自
然的语调来取代老一辈悲剧演员的大声疾呼。他脸上表情的敏锐变
化，使他能随剧本中思想或气氛的最轻微改变即有不同的表情。几年
后，约翰逊说："大卫看起来比实际年龄大，因为他的脸部工作量有
别人两倍之多，他的脸部总得不到休息。"他真是多才多艺。他扮演
滑稽角色时付出的注意力和努力并不亚于他演麦克白、哈姆雷特、李
尔王等角色时付出的。

　　当了 5 年演员后，加里克签了一项合约（1747 年 4 月 9 日），把
德鲁里巷剧院的管理权和詹姆士·拉斯分开：拉斯负责业务，加里克
负责挑选剧本和演员，同时指导排练。在他担任经理的 29 年间，他
一共制作了 75 个不同的剧本，自己写了 1 个剧本（和乔治·科尔曼合
编），改编了 24 出莎翁的剧本，撰写了许多开场白、收场语和短闹剧，
还隐姓埋名地为报社写了许多文章来推展并夸赞自己的成果。他很爱
钱，挑选剧本的依据是为最大多数掏腰包的人谋取最大的快乐。他也
喜爱掌声有如一般演员和作家，他分配角色希望能发挥各人所长。为
他演戏的人说他像暴君，小气，还埋怨说他自己越来越富，却老是不

肯多给他们一点报酬。他给那些自以为是天才的嫉妒分子与神经质的演员建立起秩序和纪律。这些人虽然嘴巴上嘟囔着，却都愿意留下来，因为没有别的戏班在运营与艺术表现上能跟加里克的团队相比。

1749 年，加里克和伊娃·玛丽亚·维吉尔结婚。伊娃是个威尼斯籍的舞蹈家，以"维勒特小姐"的艺名来英国，在歌剧院的芭蕾舞表演中曾赢得不少掌声。她先前就是虔诚的天主教徒，到英国后仍然一样。加里克笑她相信圣乌尔苏拉及 1.1 万个贞女的故事，却尊重她的信仰，因为她的举止符合道德规范。她以自己的努力和意愿来尽力维持一名演员和管理者的生活。他把自己的财富用在她一个人身上，带她到欧洲大陆旅行，为她在哈普顿村买了一栋昂贵的房子。他在这个房子和伦敦阿迪菲·特瑞斯的住所大宴宾客，许多贵族和外国贵宾很喜欢上他家去。他和伯尔尼就在那里游玩，摩尔也曾在那里住过。

1763 年后，除了特殊场合之外，他放弃任何演出。他说："今后我要坐下来读莎翁了。"1768 年，他提议、筹划，也督导埃文河畔斯特拉特福区第一届莎士比亚纪念日。他继续经营德鲁里巷剧院，却觉得越来越吃不消演员们的脾气和争执。1776 年初，他把属于自己的股权卖给理查德·布林斯利·谢里登，并在 3 月 7 日宣布自己马上要退休。其后 3 个月内他为自己喜爱的戏中角色做告别剧坛的演出，其演出的成功可能是空前未见的。加里克的告别舞台在伦敦被谈论之多，真可比得上英国与美国的战争。1776 年 6 月 10 日，他结束了戏剧生涯，所得的利润捐给"已故演员基金会"。

他在脱离演艺圈子后又活了 3 年。他死于 1779 年 1 月 20 日，时年 62 岁。2 月 1 日那天，遗体由英国最有名望的贵族运往威斯敏斯特，葬在莎翁纪念碑底下的"诗人角"。

伦敦

约翰逊第一眼看到伦敦时（1737 年），心里有着贞洁者的恐惧：

这里有的是恶念、劫掠、事故杂陈，

不是来群暴民，就是来场大火；

处处埋伏着残酷的恶汉的伏兵，

凶狠的律师也踱着方步等待猎物；

倒塌的房子在你头顶隆隆作响，

还有一个女无神论者 [1] 烦死你。

当然，这种情形只不过是伦敦的某一面。3 年后，约翰逊就说伦敦是"一个以财富、商业和物产闻名的城市，市民彬彬有礼，不过堆积如山的污物使野蛮人都会看得目瞪口呆"。这个时期，市政当局把街道的清洁工作交给市民，市民奉命保持自己家前面的马路或土地路况的良好。1762 年的《威斯敏斯特铺路法案》（*The Westminster Paving Acts*）规定，由市政当局派人员清洁道路、收集垃圾、铺修交通要道，还建立地下排水系统，不久之后伦敦市各区也纷纷效法。新马路开得笔直，房舍也建得更坚固，使这个老迈的都市流露出较有朝气的气息。

当时没有公众消防队，只靠保险公司的自用救火队来减少他们自己的损失。煤烟和浓雾时常混在一起笼罩住这个城市，这个烟幕之厚使人分辨不清来人是敌是友。天空晴朗之日，街道因色彩缤纷的店铺显得极为灿烂。在斯特兰街上，全欧洲最大、货色最齐全的商店玻璃后面排列着半个世界的产品。离此不远，就是各行各业的千万家店铺，陶器场、玻璃工厂、锻冶场和酒厂都到处可见，工匠和商贩的响声充斥街道。要是想要有较为安静的环境、清新的空气，可以到圣詹姆士公园流连，或是到林荫道上去观赏迷人的小姐摆动她们的宽裙，展露丝鞋。早晨可以到牧场去向挤奶的女佣买鲜奶。到了夜晚，可以跟博斯韦尔一样地踱方步找妓女，或是静静地等着去瞧那被夜色覆盖

---

[1] 是否指玛丽·蒙塔古夫人，待考。

的一大堆罪恶。若向西行，可以在海德公园骑马或驾马车。公园里有的是最壮观的游乐场所：瓦克西豪游客杂陈，花园占地数英亩，还有夹道的林木；兰拉格则有宽敞的一层层圆顶建筑物，莫扎特才 8 岁时就曾在此处表演过。

穷人有穷人的酒肆，中上阶层有他们的俱乐部，旅店则向各个阶层的人士开放。一家叫野猪头，一家叫米特的，是"文坛权威"（指约翰逊）用膳的地方。还有哥尔斯密喜爱的"环球"（Globe）。还有一家叫"魔鬼客栈"的，招待过从琼森到约翰逊等著名人物。有两家都叫塔克的商店——一家是斯特兰街上的咖啡室，另一家是吉尔德街上的客栈，这家客栈后来成为"俱乐部"的会址。妇女也跟男人一样到客栈去，不过有些是去出卖肉体的。在怀特或奥尔马克等俱乐部，富豪聚集在隐秘之处喝酒、赌博。还有的就是戏院，在那里人们各显神通，炫耀名角。

戏院附近就是妓院。布道者抱怨说："正戏和中间插戏倒真的有很多卑贱、懒散、不务正业的人去观赏，不过，戏一散这些人就跑到妓院寻芳去了。"只要行有余力，几乎每个阶层的人都把钱花在嫖妓上，而且一致体谅这种行为对男人来说是潮流所趋、是无可避免的情事。有些黑人妓女甚至连达官显爵都成为入幕嘉宾。博斯韦尔就记载过彭布罗克爵士在"一家纯黑人妓院"过夜之后精疲力竭。

贫民窟依旧存在，下层阶级一家大小一张床是常有的事。赤贫的人住在潮湿、无暖气的地下室，或无顶的顶楼，有些睡在墙角、门旁或摊棚底下。约翰逊告诉雷诺兹小姐说："他凌晨一两点钟回到寓所时，时常看见可怜的小孩睡在门槛和畜舍，他总是放些零钱在他们手心，好让他们买早点。"某位行政长官对约翰逊说，每个礼拜总有 20 个以上的伦敦居民饿死。瘟疫时常传遍整个城市。即使如此，伦敦的人口还是从 1700 年的 67.4 万人增加到 1800 年的 90 万人，其原因可能是无地农民的迁入，加之工商业发达。

泰晤士河及河上的码头挤满了商人和货物。当时一个人记载道：

"整个泰晤士河河面摆满了小船、驳船、小舟、渡船等，在那 3 座桥下穿梭来回，船帆绵延数英里，使人以为全世界的船只都集拢到这里来了。"这个时期新增了两座桥梁：布拉克弗莱桥和巴特瑟桥。卡纳莱托从威尼斯来伦敦时（1746 年、1751 年）就画过这个城市、这条河川的壮丽景色，这些图画使受过教育的欧洲人了解伦敦发展成为基督教世界主要港口的情况。

自古罗马以来（除了君士坦丁堡之外），历史上从未有过这么广阔、富庶、复杂的城市。圣詹姆士王宫里的国王、王后及其侍从、宫廷和宫廷里的庆典；肥胖的高级教士在教堂里喃喃地说着催眠似的公式话，谦卑的信徒则从现实中获得安息、祈求圣神赐助；国会中上、下议院的议员们则以人民幸福作为他们玩政治象棋时的棋子，宅第里的市长老爷和身着制服的听差把关于教堂和妓院的训令拟定，一面为如何来控制下一次瘟疫或暴动而伤脑筋；管区里的士兵则一面嬉戏一面和少女打情骂俏，污染空气；店里的裁缝师傅则绕着针线忙碌着，修水管的忙着吸进铅质，珠宝商、钟表商、补鞋匠、理烫发业者，卖酒的人也赶着供应绅士淑女的需求；格拉伯街或舰队街上为人捉刀的作家则忙着为客户撰稿，整垮官爷们，向国王挑战；牢里的男女囚犯，不是感染流行病死去，就是即将出狱去做更大的案子；出租的民房和地窖里那些饥饿、不幸、落魄的人则卖力、永无休止地制造着跟自己一样的下一代。

虽然有这一切，约翰逊和为他写传记的人还是喜爱伦敦。博斯韦尔很景仰"那份自由和奇想……及奇奇怪怪的人，一大堆的群众与各行各业的那份匆忙和喧嚷，许多大众游乐场所，高贵的教堂和宏伟的建筑……追求自己最惬意的事物而不被发现，也没人盯着你的那份满足。"约翰逊则享受着，同时加深着"整个伦敦人谈话的洪流"，以一句极具权威性的话来总结这件事，他说："对伦敦厌倦的人也就感到人生乏味了。"

第四章 | **雷诺兹时代**
（1756—1790）

音乐家

英国喜爱伟大的音乐作品，自己却不能创作。

欣赏音乐的风气很盛。在佐法尼（Zoffany）的那幅《考珀与戈尔世家》中，我们可以看出音乐在书香世家所占的重要位置。我们也听说过了举办 1784 年的那次"亨德尔纪念音乐会"，一共动员了数百名歌手和演奏者。其后数月，据 1790 年 12 月 30 日的《记事晨报》记载，有一系列的"职业音乐会"，另一种"古老的音乐会"——"淑女订座的音乐会"也在星期日晚间演出，每周另有两次圣乐演唱，还有 6 次交响乐演奏会，都由作曲者海顿亲自指挥，这个景象真可媲美今日伦敦的音乐盛况。有如威尼斯训练孤儿组成合唱团一般，圣保罗教堂的"慈善儿童"每年也举行定期演奏，海顿对此事有如下记载："一生中从没有过任何音乐感动我如此之深。"各种音乐会和轻松歌剧分别在瑞拉格圆厅和玛勒本花园演出。有十余个业余音乐家组成的社团也举行公开演出。英国人对音乐的偏爱远近闻名，致使 20 多个音乐名手和作曲家纷纷奔向英伦本岛，其中有莫扎特、海顿、约翰·克里斯蒂安·巴赫，只有巴赫留了下来。

亨德尔作品盛行过后，英国对较严肃的歌剧兴趣逐渐衰减。乔万尼·曼佐里开始 1764 年的音乐季时，人们的热情再度被掀起。伯尔尼描写他的音色时说，他的声音是"法里内利以来我们的舞台上听得见的男高音中最雄浑、最洪亮的一个"。这显然是 18 世纪意大利歌剧在英国获得的最后一次胜利。伦敦的意大利歌剧院被烧毁后（1789年），霍勒斯·沃波尔最为高兴，他还希望最好歌剧院永远别再重建。

如果说这个时期没有值得记忆的英伦作曲家，却至少有两位杰出的音乐史学家，他们两人的作品都出现在 1776 年。那一年是出版丰年，著名的有《罗马帝国衰亡史》和《国富论》，至于美国《独立宣言》更是不在话下了。霍金斯（John Hawkins）的那部厚达 5 卷的《音乐理论与实务通史》（*General History of the Science and Practise of Music*）是一部治学严谨的作品，他自己——律师兼推事——不是音乐家，但他的评论在一大堆批评性的意见中极为突出。伯尔尼是圣保罗教堂的风琴师，也是英国争相礼聘的音乐教师。他英俊的仪表和可亲的个性，加上他的成就，使得他赢得了约翰逊、加里克、伯克、谢里登、吉本、雷诺兹等人的友谊——这些人免费为他做了最好的宣传。他周游法国、日耳曼、奥地利、意大利等国收集他那本《音乐通史》的资料，而且和当时活着的第一流作曲家交谈，获得第一手资料。约 1780 年，他说："老一辈的音乐家抱怨年轻一辈的音乐家曲谱铺张，而小一辈的又责怪老一辈所写的曲子太枯燥、不壮观。"

建筑师

这时英国的建筑师在哥特式和复古式的建筑方式上展开了一场热闹的竞赛。古老大教堂的宏伟，彩色玻璃的那些萎缩的光辉，不列颠那些中古的修道院长满了常春藤的残迹，激起了想把"中世纪"理想化的意念，正符合了日渐发展的罗马式反对古典双行式阴冷的廊柱和逼人的三角墙的反应。沃波尔聘了一大堆二流建筑师以哥特式的形状及装饰重建他在特维恩哈姆镇的"草莓山冈"（Strawberry Hill，1748—1773 年），他很挑剔地花了数年的时间来使他的家成为反对帕拉迪奥式建筑的典型。他一年又一年地增建房舍，最后共有 22 间。其中"艺廊"收藏他的艺品珍藏，屋长达 56 英尺。他时常以板条和灰泥来代替石头，只要瞧上一眼便可以看出：作为室内装饰的话，其脆弱情有可原，要说是外部架构的话，则又无法通融。塞尔温管草莓山冈叫"俗艳而无用的哥特式建筑"。另有一个缺德的估计，说沃波尔一定住垮过 3 座钝锯齿形的城垛，而且那 3 座城垛一定经过一修再修。

虽然有过许多尝试，但在 18 世纪前半叶也罢，后半叶也罢，帕拉迪奥和维特鲁维亚两位依旧是英国建筑界的守护神。这种古典的精神更因在赫库兰尼姆和庞培两地古城的挖掘而告加强，也因对雅典、帕尔米拉和巴勒贝克古废墟的描述而广布。威廉·尚贝尔在所著《民间建筑论述》（Treatise on Civil Architecture，1759 年）一书中为帕拉迪奥的观点辩护，为了在告诫之外加上实例起见，他又以广阔的文艺复兴式窗的正面加上科林斯式回廊来重建萨莫赛特居（Somerset House，1776—1786 年）。

在这半个世纪中，苏格兰有一个有名的家庭里出了 4 个兄弟——亚当家的约翰、罗伯特、詹姆士和威廉——来支配英国的建筑。罗伯特·亚当给当时留下的印象最为深刻。从爱丁堡大学毕业后，他先在意大利住了 3 年，遇见了皮拉内希和温克尔曼。在他发现维特鲁维亚曾经赞许过的私人宫殿从罗马的景色中消失，后又知道其中一座——斯帕拉托镇的戴克里先王宫——还比较完整地存在时，他向古达尔马提亚首府进发，在那里花了 5 周时间丈量、绘图，被疑是间谍而遭逮捕，旋即获释。他写了一本谈论自己的研究的书，回英国后决心以罗马形式来建造英国的建筑物。1768 年，他和兄弟获得斯特兰街和泰晤士河之间一块坡地 99 年的租约，在该处建起艾德菲台——这个区域内有极佳的街道，也有以硕大的罗马式拱门和穹隆支撑的路基上的漂亮房舍。许多戏剧界的名流在此住过，其中有加里克，还有萧伯纳。此外，罗伯特·亚当设计过一些著名的大厦，如比特的那栋拉顿·豪（伦敦北方 30 英里的拉顿镇的房子）。约翰逊说"这栋房子是我看过之后不后悔的地点之一"，而约翰逊此人是很难侍候的。

大体来说，古典式的建筑在这场与哥特式建筑的竞赛中获胜。这个时期有许多大宫殿，如伦敦城里的卡顿和约克郡的哈维德，都是以新古典的方式建设而成。沃波尔却未及见哥特式建筑在"国会议院大厦"（Houses of Parliament）的建筑上（1840—1860 年）重新获得胜利与光彩。

韦奇伍德

亚当兄弟并不以设计房舍和室内装潢为满足，他们还造了许多当时最出色的家具。不过，在这一方面最有名的还是奇彭代尔。1754 年 36 岁时，他出版了《绅士与橱柜制造者的导师》（*The Gentleman and Cabinet Maker's Director*），这本书之于家具艺术，正如雷诺兹那本《论述》（*Discourses*）之于绘画一样。他最拿手的产品有细长的"板条靠背"，还有美观椅腿的坐椅。而他制造的橱柜、写字桌、有抽屉的柜子、书架、镜子、饭桌和有四柱的床——都很华丽，大多数形式很新颖，却很不耐用——乔治三世在位期间达官显要和贵妇们颇为欣赏。

奇彭代尔的对手——赫普尔怀特——及这两人的徒弟谢拉顿的制品都有一致的"不耐用"的特性。他们似乎赞成伯克的论调——在艺术里就跟在生命中一样，"美"一定是脆弱的。谢拉顿使家具的轻盈和优美达到极致。他最拿手的是缎木及其他纹理柔美的木材制品。他很有耐心地磨光木材，细致地上漆，有时还在家具上嵌进金属饰物。在他那本《橱柜字典》（*Cabinet Dictionary*，1802 年）里，他列举了在伦敦城内或附近的 252 个"制柜大师"。这个时期，英国上层社会的家庭家具的精美和室内装潢的雅致已足与法国抗衡。

英国上层阶级人家的花园和公园的设计更凌驾于法国之上。布朗因为能一眼看穿他的客户能拿出多少土地来让他做奇妙——又花钱——的设计，因而得了"慧眼"的绰号。他就是用这种方式设计了伯伦哈姆和克维两地的公园。这个时期的花园朝学习外国、出人意料或栩栩如生的路子走，袖珍型哥特式庙宇和中国的宝塔都拿来当作室外装饰品。威廉·尚贝尔爵士在装饰克维花园时（1757—1762年）就曾经介绍过哥特式的殿堂、摩尔式的寺院及中国式的宝塔。骨瓮是花园中最受欢迎的荣耀之一，有时还装了去世友人的骨灰。

陶瓷的艺术更有近乎革命性的发展。英国制造的玻璃已与其他任何欧洲大陆国家制造的一般精美。切尔西与德比郡两地的陶器场在瓷器上绘制了很精美的图像，通常是沿用塞夫尔的形式。不过，最繁忙的陶瓷中心是斯塔福德郡的"五镇"——最主要的是伯斯勒姆和特伦特河畔斯托克两镇。在韦奇伍德之前，这一行业的人使用的方法笨拙，赚钱也少。陶器场工人既粗野又不识字，卫斯理初次向他们传教时，这些人竟拿泥巴投掷在他身上。这些工人住在小茅屋里，而他们的市场又因道路阻隔无法通行而极受限制。1755年，在康沃尔郡发现了极丰富的高岭土蕴藏地——这种坚硬的白黏土很接近中国人使用的那种。不过，这个蕴藏地距离"五镇"200英里的路程。

韦奇伍德早于9岁时（1739年）就开始在一家陶器工厂工作。他没受过多少教育，书却看得很多。他对凯吕斯《古代埃及、伊特鲁、希腊、罗马及高卢汇编》（1752—1767年）的研究激起他想复制的意念，并想与古典的陶瓷形式媲美。1753年，他开始他的事业，在伯斯勒姆附近的这家工厂周围建起他命名为易特拉的城镇。他以战士的冲劲和政治家的眼光抨击阻碍陶瓷业的各种条件。他安排改善将康沃尔郡的高岭土运到他工场的运输设备与程序，他发起——也协助支付——道路改善和挖掘运河的费用。他已下定决心打通"五镇"通往世界的道路。当时，优良瓷器的英国市场已由梅森、达弗特和塞夫尔把持，韦奇伍德先是控制了本国的市场，然后控制了大半对外贸易。1763年，他的陶器每年已可外销55万件到欧洲大陆和北美，叶卡捷琳娜女皇订了一套1000件的餐具。

1785年，斯塔福德郡陶器工场已雇用1.5万名工人。韦奇伍德推广劳务的专业化，建立工厂制度，提高工资，还开办学校和图书馆。他坚持工人手艺一定要好。某位早期传记作者描述他移动着木腿在工厂四处走动，看到有任何瑕疵的，就亲手把它摔碎。在这种情况下，通常他总是在这个粗心的工匠板凳上以粉笔写下："韦奇伍德才不制造这种劣货。"他发展出精密的工具，还购置了蒸汽引擎来带动机器。他大规模地生产商用陶器，使英国民众多半不再使用白镴器皿。他的产品下自伦敦排水道所用的陶制水管，上至供夏洛特王后使用的精致器皿。他把自己的产品分为"实用性"和"摆设用"两类。"摆设用"的，他很坦率地模仿古代的模式，他那些奢侈的玛瑙花瓶就是一例。不过，他也发展新样式，尤其是著名的碧玉器皿，在蓝色的衬底之上加饰雕刻得极为细腻的白色希腊人像。

他的兴趣和热心远超过陶器。在他进行实验想找出把泥土和化学物混合得更理想，还想找出更理想的烘烤方法时，他竟发明了量高温用的高热计。这项发明再加上其他研究，使他获准加入皇家学会（1783年）。他是"奴隶解放协会"的早期会员。他设计并制造了火漆。他发起运动，鼓吹男子普选权和国会的改革。他自始至终支持美国殖民地的革命。他拥护法国大革命，认为这次革命可望使法国步入更幸福、更繁荣的境地。

他的眼光不错，雇用了福莱克斯曼为他的陶器工厂提供更新、更好的设计。福莱克斯曼又从这些新设计中根据希腊花瓶画家的艺术画了荷马、埃斯库罗斯、但丁等人的画像在花瓶上。这些画的线条极美，却既无躯体又无色彩，有如一个极为迷人的女性少了肌肤一般。有时这种"冷"质的风格也带进福莱克斯曼的雕刻中，如那座圣保罗的纳尔逊纪念碑。不过，那座大理石刻的《丘比特和玛彭莎》（*Cupid and Marpessa*）是达到全身雕像仿古的极品。墓碑成为他的拿手活，他分别在布里斯托尔区给查特顿、在圣保罗给雷诺兹、在威斯敏斯特给保利立了墓碑。他在英国所做的，正和卡萨诺瓦在意大利做的一样——重新捕获普拉克西特利斯那种圆润、肉感美的新古典尝试。

我们觉得诺勒肯斯为著名的英国人所雕的半身像较少美感，却更富生气。他生于伦敦，父母都是佛兰德斯人，23岁以前在当地念书，以后到罗马去。他在罗马工作了10年，贩卖封印和冒牌古董。回英国后，他为乔治三世做了一座极成功的半身雕像，不久要他做雕像的人就很多了。斯特恩、加里克、弗克斯、小皮特、约翰逊等人曾经坐着让他雕塑，他们有时很恼火，因为诺勒肯斯没有把雕像塑得比本人美。约翰逊嘟哝说这位雕刻家把他雕得像是一个吃了泻药的人。

这个时期著名的雕刻家云集，民众对插足政治及其他舞台上的有权阶级，有极浓厚的兴趣，这些人的模样和脸型的印刷品充斥英伦各地。詹姆士·吉尔瑞的讽刺画之狠真可媲美朱尼厄斯的文字，弗克斯也承认这种画比"国会里的辩论"更使他"难堪"。托马斯·鲁兰德森的讽刺画把人画成野兽，不过他也画了很多宜人的风光，他那幅《斯塔克斯博士的旅行》更是受到好几代人的欣赏。保尔·桑德比和达耶尔两人更是把水彩画发展到尽善尽美的地步。

绕了一个大圈子后，不列颠人又带回印刷、雕刻、绘画及其他艺术作品。对艺术的欣赏风气大开，艺术家的人数激增，抬高自己的头，也抬高了价格与地位，一些人被封为爵士。"艺术、制造业与商业促进会"（The Society for the Encouragement of Art, Manufacture, and Commerce，1754年）颁发巨额奖金给本国的艺术家，还举办展览会。大英博物馆于1759年开放馆中的珍藏，1761年又有一个独立的"艺术协会"开始了年展。不久该会分成保守派与维新派两派。保守派组成了伦敦皇家学院，还以租约向乔治三世拿了5000英镑基金，并公推雷诺兹担任23年的主席。英国绘画的黄金时代于是开始。

雷诺兹

　　这个大时代由理查德·威尔逊开先河。威尔逊是威尔士一个牧师的儿子，15 岁时前往伦敦，靠画画维生。1749 年，他前往意大利，并在当地吸取尼古拉·普桑和克劳德·劳伦的传统，同时学会将历史性和风景类的绘画估价得比人物画像高。回英国后，他所作的风景画气氛极为明晰，可惜画面上乱堆着男神、女神，还有古代的废墟。最美的一幅是《特维恩哈姆的泰晤士河》（*The Thames at Twickenham*），画上捕捉住英国的夏天某日的情趣——沐浴者徜徉着，树枝和帆船几乎不为柔和的微风吹动。可惜英国人不肯买风景画，他们喜欢肖像画，可以把自己黄金时代的风采保存下来。威尔逊却坚守立场。他在托特恩哈姆院路一家家具不全的房子里过着潦倒的日子，每天以酒来苦中作乐。1776 年，皇家学会请他当图书馆管理员，这才救了他一命。他的一个兄弟去世，使他得到威尔士境内一小块田产。他晚年隐居，各杂志对他的去世（1782 年）均未刊载。

　　相形之下，雷诺兹的事业在一生中可算是一帆风顺，享尽了名誉与荣华。他幸运地出生于德文郡区一位办有一所拉丁文学校的牧师家中（1723 年），这位牧师喜爱藏书。在这些藏书中，雷诺兹找到了一本由理查森所著的《论绘画的纯艺术》（*Essay on the Whole Art of Painting*，1719 年）。这本书激起了他当画家的欲望，而与他有同感的双亲也极力鼓励他走这条路。他们把他送到伦敦去拜哈德森（Thomas Hudson）为师，这位老师是一个文人，娶了理查森的女儿为妻，是当时英国最走红的肖像画家。1746 年他父亲去世，我们这位年轻的画家和两个姐妹在今天的普利茅斯开了一家画室。他在这个著名的海港接触到船员和指挥官，为这些人画像，建立起珍贵的友谊。奥古斯都·凯佩尔船长奉命把礼物致送阿尔及尔总督时，他让雷诺兹免费搭船到梅诺卡岛，因为他知道这位青年渴望到意大利进修。雷诺兹从梅诺卡岛前往罗马（1750 年）。

他在意大利住了 3 年，一面创作一面模仿。他努力发现米开朗基罗和拉斐尔两人达到线条、色泽、亮度、层次、结构、深度、表现方式和风格之美的方式。他付出了代价。因为他在梵蒂冈没有取暖装置的房间里描拉斐尔的作品时患上感冒，把内耳伤了。然后，他取道威尼斯，研究提香、丁托列托和韦罗内塞等人的画，研究使每一个前来被画的人身具总督威严的方法。在他回家途中，他在巴黎住了一月，觉得当时法国的绘画太柔，不合他的胃口。他回德文郡后一个月，和妹妹弗朗丝在伦敦定居下来（1753 年），终其一生住在那里。

几乎是在一瞬间他又注意到凯佩尔的另一幅画像——英俊、热心、有权威感。这一幅画像有着凡·戴克的传统，使人像具有贵族那种华贵的气质。两年内雷诺兹一共接纳了 120 位坐着供他画像的人，被公认为是英国画人像的第一把交椅。他的设备限制了他的发展。他专注、精于画人像，使他既无时间，也无技巧来画历史性、神话性或宗教性的画。他虽然画了一些很好的，如《圣家》（*The Holy Family*）和《三女神》（*The Three Graces*），他的精神却不在其中。他的主顾也不想要这些，因为主顾多半是新教徒，不齿于这些有宗教意味的画，认为这是鼓励偶像崇拜。他们喜爱大自然，却把大自然当成他们个性或打猎时的附属物。他们希望看到画上的自己长生不老，加深后世对他们的印象。他们就是抱着这种想法来见雷诺兹，共有 2000 人之多，甚至连自己的妻子儿女，有时连狗都带去，没有一个是哭丧着脸离去的。因为雷诺兹那份可爱的想象力总是能把大自然没法赋予的东西补在这些人像上。

雷诺兹的画作之多是史无前例的，他的画至今犹有 630 幅留存。其中有政治家：比特的画像色彩艳丽；38 岁的伯克显得有点忧郁；44 岁的弗克斯显得大腹便便，做沉思状，极为高贵……还有这些作家，如沃波尔、斯特恩、哥尔斯密真像是"不怎么样的毕业生"，吉本那胖嘟嘟的面颊还让杜德芳侯爵夫人误以为是"小孩的屁股"，而博斯韦尔狂傲的模样仿佛约翰逊是他创造出来似的，而约翰逊这位自己画过 5 次可爱的画像的人也于 1772 年坐下来供雷诺兹画他的像，这幅画是雷氏最著名的人像画之一。然后是舞台上神明的部分：加里克"被悲剧女诗神和喜剧女诗人扯着"，玛丽·罗宾森成了皮特·珀迪塔，阿宾顿夫人成了"喜剧女诗神"，而西登斯成为悲剧女诗神。一个热心人士以 700 基尼的高价向雷诺兹买了这幅自负的名画。

这个无与伦比的画廊中为数最多的是贵族阶级。首先瞧瞧他们年轻时俊俏的模样，如 12 岁的托马斯·里斯特——这张画有如雷诺兹的那幅《棕色男孩》（*Brown Boy*）一样，足以媲美凯恩斯博罗的《蓝色男孩》（*Blue Boy*）。其中一些人在危险的年龄过后腰围渐粗，如 1753 年颇为像样的船长奥古斯都·凯佩尔，1780 年就成为胖元帅了。要是不去看这些肥胖和便服上的丝带和花边的话，雷诺兹很成功地把这种无形的威武和傲气以色彩和线条表现了出来。如查斯特菲尔德爵士威武的模样与个性，大胆地穿着不列颠红色的军服，手持直布罗陀海峡之钥。这个海峡当初被西班牙和法国围攻时由他坚守 4 年，固若金汤。

接着我们就看到那些名媛，也就是妇女群中的女神，这些女神都是雷诺兹在贵族的妻室和女儿当中找到的。由于他未娶，他可以恣意地以自己的眼睛和画笔来爱她们，把她们的鼻子扭正、扭挺，把她们的脸庞美化，整梳她们的满头秀发，为她们换上一套松软、飘逸的衣服，使维纳斯都想穿上一件。且看伊丽莎白·凯佩尔夫人——塔维斯托克女侯爵穿着多年前当夏洛特王后的伴娘时所穿的那件宫廷式的衣袍。要是没有这些画上去的丝褶盖住她的腿，那么她到底又和赞西佩（Xanthippe，苏格拉底之妻，以泼辣闻名）有何区别呢？有时，雷诺兹也尝试画穿着朴素衣着的妇女。他画过里奇蒙德女伯爵玛丽·布鲁斯穿着家居的大衣，正在缝垫上的图案；这张脸真可迷住哲学家，使他做尽美梦。有一幅画，画上人物的衣着一样朴素，却是极纯洁崇高的侧面像，那就是布维尔夫人倾听克鲁夫人讲话的画像；蒙特·艾德克姆伯女伯爵艾玛·吉伯特安详温柔的脸上流露出更具深度的美，这幅讨人喜欢的人像，在二战期间毁于战火。

这些妇女几乎都有小孩，因为贵族阶级的义务之一是延续家世，而且要把家产完整地传下去。雷诺兹就这么画了伊丽莎白·斯潘塞夫人；佩姆伯罗克伯爵夫人和她6岁的儿子，也就是后来的哈伯特爵士；还有爱德华·布维尔夫人和她3岁的女儿乔治亚娜，还有这位后来成为德文郡区女公爵的女儿（这位欢乐的美女，以其亲吻为弗克斯买得了他竞选国会议员时的选票）和她3岁的女儿，这位名字也叫乔治亚娜的女孩，后来成为卡丽丝伯爵夫人。

最后，也许最具吸引力的小孩子们，几乎站满了整个画廊，而且一个个表情各异，无一雷同，而其年轻人的不稳定和好奇也是可以谅解的。全世界的人都知道雷诺兹这一方面的杰作：《纯真年代》(*The Age of Innocence*)，这是他1788年视力未失前几年画成的。我们从他1758年所画罗伯特·斯潘塞11岁时的那幅美到无法形容的人像，就可以看出他对儿童的了解达到近乎神奇的程度。其后他各个年龄的人像都画：索菲亚·玛蒂尔达公主1岁，维恩2岁时牵着小羊，3岁的布尔丝小姐和她的狗，4岁的克鲁先生将亨利八世模仿得惟妙惟肖，还有差不多同龄的"草莓女孩"、5岁的布鲁米尔男孩威廉和乔治，6岁的威廉·腓特烈王子，7岁的乔治·坎维爵士，8岁的卡洛琳·霍华德小姐，9岁的卡丽丝伯爵弗里德里希。就这么一直画到青年时期、结婚、生子。

雷诺兹也承认自己比较喜欢画拥有头衔的人。"事物进展的缓慢，自然而然地使华丽和精美成为财势最后的结果"，而只有有钱人才付得起他画"全身，带着两个小孩"画像时的索价——300英镑。总而言之，他发了财，不久每年赚1.6万英镑。1760年，他在当时伦敦的黄金地段莱斯特广场17号买了一幢房子。他把房子布置得极为考究，收集了古代名家的作品，还以一个舞厅一般大的房间作为画室。他有自用轿式马车，上有彩色镶板、镀金的车轮。他要他妹妹把那部马车开到市区去转，因为他相信这种炫耀自己财富的方式会带来更多的金钱。他于1761年被封为爵士。他到处受欢迎，自己也设宴招待天才、美女及名流。他餐桌上文士的数目远比任何英国人为多。哥尔斯密把他那本《荒村》（*The Deserted Village*）献给他，博斯韦尔也把《约翰逊传》（*Life of Samuel Johnson*）献给他。于1764年创设"俱乐部"，使约翰逊能和他的同侪举行讨论会的正是雷诺兹。

雷诺兹一定很喜欢约翰逊，因为他为他画了许多画，雷诺兹为自己画的像可能更多。他的容貌并不出众，脸色绯红，因幼时天花而有疤痕，他的脸庞平平，上嘴唇因在米诺卡时跌了一跤而破了相。30岁时他画了一幅自画像，半闭着眼睛，想要穿过光与影的迷阵而在一个人脸孔的背后去捕捉灵魂。在50岁所画的自画像上，他穿着博士袍，因为那年牛津大学刚给他民法博士学位。这类作品中最好的一幅是1775年所作的。这时他的脸孔更柔美了，不过头发已灰白，手也托着耳朵成杯形，因为他近于耳聋了。

1768年皇家艺术学院创立时，雷诺兹经一致同意任该院院长之职。前后15年，他以向学生演讲来开始那个学期的课程。博斯韦尔是第一次演说时坐在第一排的友人之一（1769年1月2日）。许多到场的人惊讶于其文辞的优美，有些人认为讲稿出自伯克或约翰逊之手。不过，雷诺兹爵士早已从其友人处学到很多，而且早已发展出一种文体及独到的见识。他自己身为院士，他自然强调研究的重要性，他驳斥天才可借上学与勤读的方式获致的看法，他嘲笑"这种灵感的空想"，坚持"勤劳是稳健名誉的唯一代价"。尤有甚者，"应该把握住每个机会来羞辱这种虚伪、粗鄙的见解，说什么规则是天才的束缚"。一个艺术家正常的发展应该有三个阶段：第一阶段，受业时期——学习规则、技巧、着色、塑型等。第二阶段，研究已经被时间认可的大师们的作品，经过这些研究后"散见于诸大师的那些完美境界如今已结合成一个概念，这种概念今后可以指示学习者的鉴赏力，增广他的想象力"……第三阶段也是最后的阶段，使学习者解除那些他自己判断为有理智支撑的权威以外诸多权威的束缚。只有到这个地步以后，学习者才可以想到创新。"在他稳固地建立自己的判断，同时储备了自己的记忆力之后，他可以大胆地尝试自己的想象力了。经过这样练过的心智大可沉浸于狂野的奔放，而且可以放胆到最接近奢华边缘的程度。"

霍加斯曾指责"老大师"是"黑色大师"，还劝人画些大自然的写实画。雷诺兹却认为这应该只是进入更理想化的艺术的准备过程。"大自然本身不容描得太近似……有创意的画家的愿望应该更广泛才是，他不应该以自己抄袭来的整齐的图案来讨好人类，他应该致力于以自己观念的广大来改良……（他）应该以迷惑想象的方式来获致令名。"以美的观点来看，自然界每件事物都不完美，各有其瑕疵或缺陷。艺术家学着在自己的创作中把这些瑕疵除去，他以一种理想来把许多不完美的形式中的优美之处结合起来。"他校正大自然，以自然界较完满的情况来校正较不完美的部分……这种艺术家称之为'理想美'的自然界完美的境界是天才之士的作品依据的主要准则。"为了分辨缺点与完美、高贵与卑劣，同时为了教导、锻炼，并使想象力升华，艺术家应以文学和哲学来拓展自己的领域，还得和"博学、有天分的人交谈"。雷诺兹就做到了这一点。

1782年，他患了中风症，没有完全康复过来，但他又画了7年。其后他的左眼内障，旋即失去视力。1789年，右眼视力开始减退，他才搁下画笔，极为沮丧，因为他即将全盲，而他自27岁以来早已呈半耳聋状态，迫使他非用一种喇叭状的助听器不可。1790年12月10日，他发表了最后一次演说。他再度强调他对学院的信心，及他先前诸次演说中那些保守的训诫，而且重申学线条，再学色彩，在企图创新之前必先研习古典画家作品的看法。他以对米开朗基罗的赞词来结束他那次演讲：

要是我能从头开始的话，我一定循着那个大师的脚步前进。亲吻他的衣边，捕捉一丝他的完美，这对任何有野心的人来说已经是够光彩、够出风头的了……我回顾自己这些讲词证实我对这位真正神圣的人的景仰之意时，当然也有一点虚荣心在内。我恳切地希望我在本学院以院长的身份所说的最后这些话是以米开朗基罗的身份说出的。

这位悔恨的人像画家卒于 1792 年 2 月 23 日，由 9 位贵族光荣地把遗体抬到圣保罗教堂。

凯恩斯博罗

雷诺兹是一个世故的人，他肯做出屈膝顺从的事，以便社会一般人能接纳他。凯恩斯博罗却是一个易怒的个人主义者，他很恼火以自己人格和艺术的牺牲作为换取成功所需的代价。他的双亲都是反对国教者，他继承了他们精神的独立，却没有他们的虔诚。谣传他从家乡的学校逃课，荡到乡间去描绘树木、天空及在田野啃草或池塘边饮水的牛群。到 14 岁左右，因为已画完了邻近的树，他得到父亲的许可，前往伦敦学习艺术。他在伦敦研究了该地的女郎，我们从他后来给一个年轻演员的劝告中发现："别在伦敦街头乱跑乱窜，以为自己正在捕捉'自然'，这对你的身体有害处。这正是我的第一次上学，而且还上到衬裙深处的经历给我的教训，因此，让我提醒你。"

突如其来地，他才 19 岁就和一个名叫玛格瑞特·布尔的 16 岁苏格兰少女结了婚。据大多数记载，她是某位公爵的私生女儿，每年有 200 英镑的收入。1748 年，他们定居于伊普斯威奇，他参加了当地一个音乐社，因为他喜欢音乐，还能吹奏几种乐器。"我以画画维生，我画风景因为我爱风景，我爱音乐则是因为情不自禁。"他在荷兰诸"风景画"画家的作品里发现了自己对自然兴趣的增强。附近兰德哈德·弗特的总督菲利普·赛克尼斯委任他画出该堡、邻近的山丘及哈威奇；其后总督又劝他到巴斯去找寻更富有、路子更广的客户。

抵达巴斯之后，凯恩斯博罗找到了音乐家，而不是艺术家，不久就把巴赫当作朋友了。他有着音乐家的灵魂和敏锐的感性，他在绘画中把音乐变成色彩的温暖和线条的柔美。巴斯城有好多珍藏，他就是在这个时期研究克劳德·劳伦和普桑两人的风景画，及凡·戴克的人像画。他成为凡·戴克的英国作风的继承人——在人像画中把艺术最高的完美境界加进人格的突出和衣着的华丽。

他在巴斯画了几幅最得意的作品。理查德·布林斯利·谢里登一家人那时正好住在该地，凯恩斯博罗为谢里登那位年轻可爱的娇妻画了人像。他把自己日趋成熟的技巧大大地表现在那幅《高贵的格雷厄姆夫人》上，画上红袍的褶皱与折线使他表现出色彩与层次最细致的分层。这幅画在伦敦皇家学院展出时（1777年），许多到场参观的人一致认为远比雷诺兹的任何作品出色。约1770年，凯恩斯博罗把某个五金商的儿子琼兰·布塔尔画成那幅《蓝色少年》，后来亨廷顿湖艺廊出了50万美元的高价收购这幅名画。雷诺兹曾经表示过他的看法，说一幅能被接受的人像不可能用蓝色画成，他日渐抬头的对手却成功地迎接这种挑战，自此以后蓝色成为英国绘画中受偏爱的颜色。

至此，巴斯城的每个知名之士都想坐着让凯恩斯博罗画。不过，他对一个朋友说："我画腻了人像，真想拿着提琴散步到可爱的村庄去画风景画，宁静安详地享受余年。"而事实上，正好相反，他搬到伦敦去，以年租金300英镑在普尔·玛尔的斯查姆堡大厦租了豪华的房间（1774年），他不愿让雷诺兹的排场比他大。他为了自己画的悬挂方式和学院吵了一架，前后4年（1773—1777年）他拒绝在学院中展出。1783年以后，他的新作只有在他每年一度画室开放时才见得着。艺术评论家展开了一场不受欢迎的战争，来比较雷诺兹和凯恩斯博罗。一般人公认雷诺兹较佳，王室却偏爱凯恩斯博罗，而凯氏曾为王室家族作画。不久，全英的贵族有半数以上涌向斯查姆堡大厦，去找寻画彩上仅属臆断的不朽。凯恩斯博罗就是在这个时期为谢里登、伯克、约翰逊、富兰克林、布莱克斯通、小皮特、克莱夫等人作画。为了树立自己的声望，也为了缴付房租，他只得让步再画人像。

他的姐妹都觉得他不好侍候，有一位老爷坐着让他画时摆了架子，凯恩斯博罗把他赶走，不为他画。加里克的面貌变来变去（这是他身为演员成功的部分原因），使我们这位画家抓不住一种可以表现这位演员的表情。对于加里克的对手——塞缪尔·弗特，他也遇到同样的麻烦。凯恩斯博罗不禁大嚷："这些人也真是的，他们的脸什么人都像，就是不像他们自己。"西登斯夫人则使他遇到另一种困扰："夫人啊！你的鼻子真该死！几乎可以拉到天上去。"他最擅长画妇女，他很强烈地感觉到她们的吸引力，却把这种吸引力升华成柔和的色彩和梦般的眼珠合成的诗。

在他付得起昂贵的房租之余，他也画风景画，这种画索取的人很少。他时常把自己想画的人画入农村的景色中，如《罗伯特·安德鲁斯与其妻》（1960 年拍卖会时卖了 36.4 万美元）。由于他抽不出时间实地描绘，他时常把树桩、野草、树枝、花、动物等搬进他的画室，然后把这些——加上打扮得很漂亮的假人娃娃——整理成引人的画面。他就从这些物件，以自己记忆所及，加上想象，画出风景画。这些画多少有点假的味道，画中的拘谨和过分规律化是自然界难得一见的。虽然如此，画出来的东西却有着一股农村的芳香和宁静的气息。在他晚年，他又画了一些"想象画"，这些画不再加入伪造的真实感，而大大地发挥自己浪漫传奇的个性。其中一幅取名为《带着狗与水罐的小屋女孩》的味道很接近格勒兹的那幅《破水罐》。这两幅画都作于 1785 年。

只有艺术家才能估量凯恩斯博罗的价值。他在世时声誉在雷诺兹之下，他的画被批评为太粗心，构图又被说成缺乏一致性，所画的人物又被说成摆得不妥当，雷诺兹本人却称赞过他这位对手用色的技巧。凯恩斯博罗的作品中有一种诗意和音乐，是大人像画家无法亲切体认的。雷诺兹描绘男性的天分较高，画的男人也较成功。凯恩斯博罗的精神比较浪漫，比较喜欢画女人和男孩。他没有雷诺兹在意大利受过的那种古典训练，也缺乏那种使雷诺兹的心智和艺术更加充足的激发性连贯。凯恩斯博罗识字不多，也缺少知性的兴趣，也规避环绕在约翰逊四周的那个机智圈子。他虽慷慨，却很容易冲动、好批评。他一直没有耐心静听雷诺兹的演讲或约翰逊的说教。不过，他至死保持跟谢里登的友谊。

他年纪越大，越显得忧郁，因为他那种浪漫的精神，除了宗教之外，对面对死亡一无益处。在凯恩斯博罗所画的许多风景画里，一株死树突然以"暂时死亡"的姿态出现在丰盛的叶与绿嫩的草丛中。也许他臆测到癌症正侵袭着自己，也感觉到在如此漫长的焦虑中可能出现的苦处。在他去世前几天，他写了一封求和的信给雷诺兹，还请这位长者去探望他。雷诺兹应约前来，这两个人没有像先前一样为人生小事拌嘴，而是彼此友善地攀谈。他们分手时，凯恩斯博罗说："来生再见了，希望那时有凡·戴克在场。"他于1788年8月2日去世，时年61岁。

雷诺兹和谢里登参加了葬礼。4个月后，雷诺兹在他"第十四次演讲"里很公正地称赞了他。他很坦白地细说了凯恩斯博罗作品的优劣点，不过他又补充说道："要是我国能产生配得上'英国学派'殊荣的天才，那么在艺术史上'凯恩斯博罗'这个名字应该是在第一批这些传诸后世的名单中的一个。"

罗姆尼虽然试图达到雷诺兹和凯恩斯博罗的地位，但他在学识、健康和品格方面的缺点使他籍籍无名。他在12岁之后就未再受教育，在19岁之前一直在兰开夏郡乃父的木工厂中工作，他的图画使他得到当地一个有识之士的指点。22岁时他染上一场重病，复原后娶护士小姐为妻，不久就不安于室，到外面闯天下。其后37年内他只见其妻两次，却把自己所赚的钱寄一部分给她。他存够了钱去游历巴黎和罗马，受到新古典派潮流的影响。回伦敦后，因为他能使求他作画的人存有文雅或庄重的感觉而招来不少主顾。这些人中有一个就是爱玛·莱恩，也就是后来的汉密尔顿夫人。罗姆尼深为其美貌所迷，结果他把她画成女神、卡桑德拉、赛瑞丝、玛格达伦、圣女贞德、圣人等。1782年，他画了一幅萨瑟兰夫人的画，这幅画让他收入了18英镑（20世纪这幅画却卖了25万美元）。1799年，罗姆尼身心俱疲，倦鸟知返，回到其妻身边。她悉心照护他，一如她在44年前照顾他一般。他前后共瘫痪了3年，最后卒于1802年。这半个世纪里，由于他、雷诺兹和凯恩斯博罗，英国不论在绘画方面，还是在政治、文学方面，都在欧洲文明中居于领先地位。

第五章 | 英格兰之邻
（1756—1789）

格拉顿的爱尔兰

一位英格兰旅行家于 1764 年造访爱尔兰后，解释当地穷人犯罪的原因时说：

> 在爱尔兰农人处于不幸与极度匮乏的境地时，我们如何能指望他们对正义或刑罚生畏惧之心呢？第一个遇到他的人在他头上敲一下，使他在不幸、匮乏的生活中，得到永远的解脱，也许他还会认为把他打死岂非一种友善的、功德无量的行为？……他们之中，有许多人很有耐心地忍受……这种不幸的生活，我认为已充分证明他们的性情的确有着天生的谦恭的美德。

地主几乎全是新教徒，却并非是对几乎全为天主教徒的农人直接残酷的迫害者。地主通常住在英格兰，并没有看到向他们租地的经纪人在租地上剥削农人的惨状。经纪人向农人榨取了所能拿到的每一分钱，直到农人只能以马铃薯果腹，穿着褴褛的衣衫。

1758 年，瘟疫袭击英格兰的牛群，以致爱尔兰获准 5 年之内可将牲口外销不列颠。爱尔兰有许多农田——包括先前由佃农使用的公地在内——都由耕作变为放牧或畜牧了。富者愈富，穷者愈穷。穷人的问题更多一层，因为他们早婚——正如威廉·皮特爵士的说法——"初解风情"时就结婚。据推测，他们希望孩子们能迅速自谋生计，帮助家中支付地租。因此，死亡率虽高，爱尔兰的人口还是从1754年的319.1万人增加到1791年的475.3万人。

工业方面也呈现出一副有朝气的景象。许多新教徒，还有一些天主教徒，加入亚麻、羊毛、棉织品或玻璃等制品的生产行列。18世纪最后的25年，在格拉顿为爱尔兰的制造业和商业争取到减轻不列颠所施的限制之后，产生了一个中产阶级，提供了自由政治和文化发展所需的经济动力。都柏林成为不列颠诸岛主要的教育、音乐、戏剧、兼建筑中心之一。三一学院逐渐发展为一所大学，并早已有一大群杰出的毕业生。要是爱尔兰把自己造就出来的人才——如伯克、哥尔斯密和谢里登等人——留在本土，爱尔兰真可跻身人才荟萃的国家之列。1766年后爱尔兰总督把都柏林作为久居之地，不再是每年短暂地住一段时期。于是，庞大的公用建筑物和华丽的别墅纷纷建起。都柏林各剧院上演的剧目之优异直可与伦敦的大剧院抗衡。亨德尔的《弥撒曲》在都柏林首次演出，并获好评（1742年）。托马斯·谢里登也上演了许多成功的剧本，其中一部分剧本出自其妻手笔。

当然，宗教在爱尔兰最为盛行。反对英国国教者——长老会、独立教会派（清教徒）、浸信会等——根据《宣誓条例》（Test Act）皆不得任官或担任国会议员。这个条例规定：以英国国教的仪式来接受"圣餐"，是候选官职的先决条件。1689年的《异教默许条例》并未施行于爱尔兰。阿尔斯特的长老会教徒抗议这种无资格的规定，结果无效。数以千计的教友移民美国，并在革命中奋勇作战。

虽然爱尔兰人口中的80%是天主教徒，但没有一个天主教徒被选为国会议员。只有少数天主教徒拥有土地。新教徒的佃农须终身租用土地，而天主教徒的佃农所得的租约，则不超过31年，而且这些人必须缴纳利润的 2/3 作为租金。天主教学校不准设立，但有关当局也没有强制执行禁止爱尔兰人到国外求学的法令。虽然也有部分天主教学生获允就读三一学院，但他们不得取得学位。天主教的崇拜被许可，却没有合法的方式来产生天主教神父，神父的候选人可以到欧洲大陆的神学院就读。这些学生中有一部分在法国和意大利感染了异教徒和蔼的风度和远大的眼光，回爱尔兰担任圣职时，在受过教育的新教徒的集会上颇受欢迎，他们还协助缓和双方的偏见。格拉顿进入爱尔兰议会时（1775 年），天主教解放运动在英格兰和爱尔兰已获得数以千计的新教徒的支持。

1760 年，爱尔兰由一位经英格兰国王任命、并对其负责的总督及议会——由英国国教主教领导下的贵族院（上议院）和信奉英国国教的地主与政府官吏或享年功俸等所组成的下议院——治理。被选入议会时根据的制度与英国那些"只有少数投票人而在议会仍有代表"或"一人或一家操纵国会议员选择"的自治市镇一般无二。少数被称为"包揽者"的领导家族拥有该自治市镇的选票，一如他们拥有家产一般。

天主教对英格兰统治的反抗不时发生，但并无效果。1763 年，一些被称为"白衣队"（Whiteboy）的天主教行列——因为他们在衣服外面再穿上白衬衫——在乡间游荡，拆除围墙，弄跛牲口，殴打收税员。为首者被逮捕后施以绞刑，暴动于是瓦解。"国家"自由运动的命运较好些。1776 年，不列颠军队大多数皆自爱尔兰征集至美国服役。为防御内部革命与外来侵略，爱尔兰的新教徒组成了一支名为"志愿军"的军队。这种军队的人数与势力日益扩大，1780 年这些人在政界形成极为浩大的一股势力。弗拉德和格拉顿就是由于这 4 万人的支援，才赢得了他们在立法方面的胜利。

他们两人皆是"志愿军"中的军官，而且跻身一国之内最伟大的演说家之列，这个国家能够派遣伯克和谢里登这样的人才到英格兰去，而且国内仍然保有一大批能言善辩之士。弗拉德于 1759 年进入爱尔兰议会。他领导一次勇敢的运动，使那个半数议员欠政府债款的议院的贪污情形减少。他败于集体贪污者手中，只能认输（1775年），并接受薪水3500英镑的财务次官的职位。

同年，格拉顿由都柏林城的一个选举区选入国会。不久，他取代弗拉德的地位，担任反对派的领袖。他宣布了一项极具雄心的计划，设法解放爱尔兰的天主教徒，自《宣誓条例》中释放不信国教者，结束英格兰对爱尔兰的商业限制，同时建立爱尔兰议会的独立地位。由于他追求这些目标时极富有干劲、忠诚，也极为成功，他成为全国同胞——不分天主教徒或新教徒——心中的偶像人物。1778年，他使某一条款获得通过，使天主教徒能够获得99年的租约，并以与新教徒相同的条件继承土地。其后一年，在他的促成下，《宣誓条例》终告废除，不信国教者获得完全的民权。他和弗拉德两人向爱尔兰议院和总督力陈："英格兰对爱尔兰商业的继续阻挠，必然导致革命性的暴行。"当时英格兰政府的首相诺斯爵士赞成废除此等限制。英格兰制造业者以反对废除的请愿书抨击他，结果他向他们屈服。爱尔兰人开始抵制英货。"志愿军"在爱尔兰议会门口集会，手持武器，大炮上更贴有"不给自由贸易就请吃这个"的标语。英格兰制造业者受到此番抵制的影响，撤销他们的反对，英格兰政府也撤销其否决权，《自由贸易法案》（*The Free Trade Act*）终于得以通过（1779年）。

接着，格拉顿敦促爱尔兰议会的独立。1780年初，他提议只有英格兰国王"在爱尔兰议会的同意下"才可为爱尔兰立法，大不列颠和爱尔兰只有借共同治理的环节才能联合。他的提议未能实现。"志愿军"以2.5万人的浩大声势在邓甘嫩区集会（1782年2月），宣布如立法独立不获许可，他们必然终止对英格兰的效忠。3月，诺斯爵士主持的那个老化的内阁垮台，罗金厄姆和弗克斯两人上台，同时康沃利斯已在约克镇投降（1781年），法国和西班牙也已与美国携手抵抗英国。在此情况下，不列颠无法面对爱尔兰的革命。1782年4月16日，爱尔兰议会在格拉顿的率领下宣布其立法独立权，一个月后，这项主张获得英格兰的承认。爱尔兰议会通过投票将 10 万英镑的款项送给相比之下是穷人的格拉顿，他接受了一半款额。

这显然是爱尔兰新教徒的胜利，而非天主教徒的胜利。格拉顿——获得英格兰国教的主教弗里德里克·赫维强烈的支持——继续发起解放天主教的运动时，他力所能及的（史学家所称"格拉顿的议会"中），就是为有财产的天主教徒争取到投票权（1792 年）。这些少数天主教徒得到了投票权，却得不到被选为国会议员、市政官职或司法机构人员的权利。格拉顿到英格兰，得到被选入英格兰议院的资格，并在议院中继续奋斗。他死于 1820 年，比允许天主教徒被选为爱尔兰议会议员的《天主教徒赈济法案》在英国议院通过早了 9 年。正义不仅盲目，而且跛足。

苏格兰的文化背景

苏格兰和英格兰通过联合议会的方式于 1707 年合并时，伦敦方面的人士托词说"巨鱼已吞食了约拿"。等比特（1762 年以后）把二十多名苏格兰人带进不列颠政府时，才智之士又抱怨说"约拿吞食了巨鱼"。政治上是巨鱼赢了，16 名苏格兰贵族和 45 名下院议员被英格兰的 108 名贵族和 503 名下院议员吞没。苏格兰把外交政策和经济政策交付给由英格兰经济和官员操纵的立法机构。这两国并未忘却先前的仇恨，苏格兰人抱怨约拿和巨鱼之间商业方面的不平等，约翰逊则代表鲸鱼，以盲目的爱国心一再攻击约拿。

1760 年，苏格兰的人口约有 125 万人。虽然出生率极高，死亡率也紧跟其后。约 1770 年，亚当·斯密曾说："据说苏格兰高地经常有母亲生了 20 个孩子，结果活了不到 2 个的情形发生。"高地的首领几乎拥有市区以外所有的土地，却让佃农在多岩石的土地上过着赤贫的生活，夏天遭雨淋，从 9 月到次年 5 月受冰雪的侵袭。地租一再上涨——一块土地甚至在 25 年内从 5 英镑涨到 20 英镑。有许多农人眼见住在家乡难逃贫穷的境遇，纷纷移民美洲。因此，约翰逊说："贪婪的地主会造成自己田产的荒芜。"地主都以货币贬值作为抬高地租的借口。煤矿区和盐田区的情况更糟，1775年之前这两种地区的工人在有生之年只能乖乖从事自己的行业。

在低地区域诸城镇，工业革命为人数日众、敬业乐群的中产阶级带来繁荣。苏格兰西南部布满了纺织工厂。格拉斯哥城由于工业和外贸的关系，人口自1707年的1.25万人增加到1800年的8万人。该城有富庶的郊区，也有破落的家屋，而且有一所大学。1768年至1790年开凿一条运河，以接连克莱德河与福斯河，使工业化的西南和政治气氛浓厚的东南建立起一条全水域的商道。爱丁堡城——1740年的人口约为5万人——成为苏格兰政治、学术、时尚的中心，每个富有的苏格兰家族希望每年至少在那里待上一段时日。博斯韦尔和罗伯特·彭斯都到过这里，休谟、罗伯逊和亨利·雷伯恩等人更是住在该城，该城更有欧斯基内斯等名律师、一所颇具盛名的大学及爱丁堡皇家协会。

罗马正教的信徒虽少，但是我们前面已经看到过，这个人数已足够在这块仍然响应着约翰·诺克斯的回声的土地上引起信仰的动摇。"主教派教会"（如圣公会等）在那些喜欢主教与英国国教的融通仪式的支派中拥有很多信徒。不过大部分人的忠心还是归向苏格兰教会长老会，这个教会排斥主教，简化仪式，在宗教与道德方面接受的规定只限于教区会、地区长老、省级宗教会议及教友大会规定的范围。也许在欧洲其他地区除了西班牙以外，没有一个民族如此彻底地浸染于神学中。由长老和牧师组成的教会会议对行为不检或异端课以罚金或施以刑罚，该会也判决男女私通者在开庭期间站起，并接受公开羞辱。罗伯特·彭斯和琼·阿莫尔两人就曾于1786年8月6日的那次宗教会议上被如此惩罚过。加尔文教派的来世论主宰着一般人的心理，使自由思想成为生命的一大危险。不过，有一群"温和"的教会人士——在罗伯特·华莱士、阿达姆·弗格森、罗伯逊等人的领导下——缓和了人们的不宽恕之心，使休谟得以寿终正寝。

要抵制一个因天冷而喝得烂醉如泥、因贫穷而致肉欲的追求变为唯一消遣的民族的放纵，也许必须借助于一种严苛的宗教。罗伯特·彭斯一生的事业显示出人们无视"恶魔"与教师的存在，尽情狂饮、通奸，而自愿上钩的女子也不乏其人。在18世纪的最后25年内，有一种极显著的不信仰宗教的趋势，对传统道德的热爱也随之没落。爱丁堡的画家威廉·克里奇曾经记载：1763年，星期日是致力于宗教的日子；而1783年"做礼拜的人数少了很多，尤其是男人出席的更少"。一到夜晚，街头总是充满了行为不检、滋事生非的年轻人的喧闹声。"1763年只有五六所妓院……1783年妓院增加了20倍，妓女的人数则增加了100倍。该市的每个角落都充斥着一大堆行为放荡的妇女。"高尔夫球在礼拜天把男人从教堂引诱到球场，而在星期日之外，每天男男女女都跳舞（以前被认为是罪恶的行为）、上剧院（仍然被认为是一种罪恶）、赌马，更在旅店、俱乐部等地大赌特赌。

苏格兰（长老）教会是民主与教育的主要来源。会众选举长老，牧师（通常由"赞助人"选出）则被指定在每个教区组织学校。人们求知欲极为强烈，4所大学中，圣安德鲁已渐趋没落，但仍号称拥有全不列颠最佳的图书馆。约翰逊创建的那所阿伯顿大学，到1773年已极为发达。格拉斯哥大学的教师阵容包括物理学家约瑟夫·布莱克、哲学家雷德（Thomas Reid）和经济学家亚当·斯密，该校还收容了詹姆士·瓦特。爱丁堡大学是4所大学中最年轻的一所，但该校因为受到苏格兰启蒙运动的刺激而显得朝气蓬勃。

苏格兰启蒙运动

只有从和英国与世界贸易的发展方面及低地工业的兴起，才足以解释从休谟的《人性论》（*Treatise of Human Nature*，1739年）到博斯韦尔的《约翰逊传》（1791年）出版之间人才辈出，使苏格兰大放光彩的原因。在哲学方面有弗朗西斯·哈奇森、休谟、阿达姆·弗格森等人；在经济学方面有亚当·斯密；在文学方面则有约翰·霍姆、亨利·霍姆、罗伯逊、麦克弗森、罗伯特·彭斯、博斯韦尔等人；在科学方面则有布莱克、詹姆士·瓦特、内维尔·马斯卡林、詹姆士·哈顿、蒙博多爵士等人；在医学方面则有约翰·亨特和威廉·亨特。这一大群杰出的学者有如一条银河，熠熠生辉！休谟、罗伯逊和其他人在爱丁堡组织了一个"秘密会"，每周定期讨论意念。这些人和法国思想保持联系，舍弃英格兰思想，部分原因是数世纪以来法国一直与苏格兰来往，部分原因则是英格兰人与苏格兰人之间的世仇阻碍了这两种文化的交流。休谟对当时英格兰学者的评价极低，直到他死那年，他才感激地推荐那本《罗马帝国衰亡史》。

现在且来看看休谟那位和蔼的敌人雷德。此人致力于把哲学从不切实际的形而上学带回对客观实体的接受。在阿伯丁和格拉斯哥任教期间，他写过《根据常识的原则对人性的质询》（*Inguiry into the Human Mind on the Principles of Common Sense*，1764 年）。在付印之前，他把手稿递交休谟，还附了一封很有礼貌的信对他大加赞美，又解释说自己很抱歉，不得不对前辈的怀疑论哲学加以反对。休谟以他特具的可亲性格写了一封回信，吩咐他不必怕挨骂，放胆去出版该文。

雷德过去也曾经信服贝克莱那种认为我们只认识观念、无法认识事物的看法。不过，休谟以类似的推理方法主张我们仅知悉精神状态，无法了解外带其上的"心"时，雷德又认为这种过分讲究的分析必然破坏了真假、是非之间的界线，因而也破坏了对上帝或不朽的信仰。他认为："为了避免这种崩溃起见，他必须反驳休谟，而为了反驳休谟起见，他又不能不拒绝接受贝克莱的看法。"

因此，他讥讽我们只认识我们的感觉和观念的看法。他认为正好相反，我们能够直接、立即认识事物。例如，我们在分析我们对一朵玫瑰的经验时，我们才会"由于过度细腻"而将之降低为一束感觉和观念。那一束感觉虽然是真实的，但是玫瑰也是真实的，它在我们对它的感觉停止后继续其不变性。当然，基本性质——大小、形状、坚固的程度、结构、重量、运动、数量等——属于客观世界，也随主观的幻觉而附属地变化着。甚至连主观性质也有客观的来源，只要物体或环境的物理或化学条件引起嗅觉、味觉、冷热、明亮度、色泽、声音等方面的主观感觉即可。

虽然我们知道这些常识，但是"常识的原则"并非未受教育的群众的偏见。相反，这些原则是本能的"原则……由我们本性的性质（即我们都有的感觉）引导我们去相信，而且是我们在日常生活中必须认为理所当然的"。若与这种普遍的知觉相比，则每天受试炼而且经斩钉截铁地加以确认的形而上学、虚无缥缈的推理，只不过是孤独地遁世时所耍的把戏而已。如休谟供认的，连他自己在离开书房时也放弃了这种学识上的游戏。不过，同样地折返常识也将实体储入心中。存在的不仅止于观念而已。有着这些观念的，必然也有有机体、心及自我。语言本身已证实了这种普遍的信仰。每种语言都有第一人称和单数的代名词，是"我"在感觉，在记忆，在思考，在爱。"我们似乎自然而然地会认为《人性论文集》必须有作者才是，而且还是一个极聪明的作者。不过，我们已经知道那篇文章只不过是聚拢在一起，而且依某种关系和引诱力自己安排起来的一套观念而已。"

休谟很和善地接受这一切。虽然他无法接受雷德神学方面的结论，但他尊敬雷德的基督徒胸怀。也许他还暗地里松了一口气，因为他总算明白了，虽然贝克莱那么说，但毕竟有一种外在的世界存在着，不管怎样，休谟还是真实的。一般人也松了一口气，并在雷德未去世之前买了第 3 版的《质询》。博斯韦尔也是得到慰藉的一个，他告诉我们说雷德的那本书"稳定了我的心，我的心在过去一直都因深奥难解、怀疑的见解而弄得焦躁不安"。

艺术为苏格兰的启蒙时期增色不少。在英格兰建筑方面留下杰作的亚当四兄弟就是苏格兰人。埃兰·拉姆齐（诗人埃兰·拉姆齐的儿子，与其父同名）在其故乡爱丁堡未能出人头地后，移居伦敦（1752

年），经过几年的努力，终于成为国王的宫廷画家，使英格兰的画家甚为恼火。他为乔治三世画了一幅极美的肖像，不过，他画他自己妻子的那一幅更美。他右臂脱臼之后结束了绘画的生涯。

亨利·雷伯恩爵士是苏格兰的雷诺兹。他是爱丁堡一家工厂主之子，自学油画。他画一位寡妇，令她极为满意，结果就嫁给了他，还把自己的财产当作嫁妆。他在意大利学画两年，然后回到爱丁堡（1787 年）。不久，求他画画的人使他应接不暇：罗伯逊、约翰·霍姆、斯图尔特、司各特。还有，他画得最好的一幅——牛顿爵士的身体庞大头也大，让人感到画中人物是一个有个性、有仁慈心肠的人。与这个正好成极端对比的，是亨利·雷伯恩发现自己的太太具有的那种谦虚美。有时他画的小孩像足可与雷诺兹的作品抗衡，如大都会艺术博物馆珍藏的那幅《杜伦孟德幼童》（*Drummond Children*）。亨利·雷伯恩于 1822 年被封为爵士，不过他在其后一年就告去世，享年 67 岁。

苏格兰启蒙运动产生了许多杰出的历史学家。阿达姆·弗格森的那篇《谈民间社会史》（*Essay on the History of Civil Society*，1767 年）奠定了社会学和社会心理学的基础，他在世时这篇文章共刊印了 7 版。历史（弗格森认为）看人，是把群居的一群人整个拿来观察；若想了解人类，我们必须将之当作群居而又彼此竞争的动物来看。人类有着群居的习性，却又有个别的欲望，个性的演变和社会组织就是由这些相互矛盾的趋向交替出现来决定，很少受到哲学家的理想左右。经济上的抗衡、政治上的敌对、社会上的不平等，还有战争，这一切都是人类的天性，而且会持续下去。从全面观之，这一切又促进了人类的进步。

弗格森在世时与亚当·斯密齐名，而他们的朋友罗伯逊的名气比他们更大。我们还记得，维兰德曾经希望席勒当历史学家时能够"起而与休谟、吉本齐名"。霍勒斯·沃波尔和罗伯逊于 1759 年曾这样问："休谟先生和罗伯逊先生在世时，我们还能寄望会有别的史学家出现吗？……罗伯逊的作品文体极纯，立论尤其公正，是我读过的史书中最佳者。"吉本在他的《备忘录》中写道："罗伯逊博士的作品中完整的结构、严谨的词语、断句的高明影响了我，使我也有着一股雄心大志，希望有朝一日能步其后尘。"而他在"发现自己的地位已高居英伦历史学家三雄"——和休谟、罗伯逊两人并称时，极为喜悦。他把后二者和奎齐亚迪尼与马基雅维利列为现代史家中最伟大的，后来更尊罗伯逊为"当时首屈一指的史学家"。

罗伯逊与雷德一样，也是个教会人士之子，本人也担任圣职，22岁那年（1743年）他被任命为格拉德斯米罗城牧师，两年后又被选入"教会"的大会。他就在"大会"中成为"总会"主席，而且跟休谟一样保护异教。经过6年的努力，加上对文献著作的细心研究，他于1759年刊印了一本《玛丽女王及詹姆士六世登基为英王前之苏格兰史》（History of Scotland during the Reigns of Queen Mary and of James VI until His Accession to the Crown of England），他很谦虚地只写到休谟所著的《英国史》开始的地方就打住。该书讨好了苏格兰人，因为它避过了对苏格兰玛丽女王繁重的偶像崇拜，也因其文体而讨英格兰人喜欢——约翰逊很高兴，因为他在该书中找到一些约翰逊式的字眼。该书在53年间共发行9版之多。

不过，罗伯逊的代表作还是他那本厚达三巨册的《查理五世王朝史》（History of the Reign of the Emperor Charles V，1769年）。我们可以从出版商付给他的金额的多寡来衡量他得到的名声——这本书他得到4500英镑，而那本《苏格兰史》他仅得到600英镑。全欧洲以各种不同文字的译本来为这本新书喝彩。叶卡捷琳娜女皇在长途旅行中随身携带该书，她说："我从不错过读这本书的机会，尤其是第1册。"与我们大家一样，她也极喜欢那篇长长的序文，序文中摘要地说出引向查理五世的中古发展。虽然该书在日后的研究中已被更迭，但就文学作品而言，以后对这个题目的任何叙述都没有能跟这本书相比的。我们在这里很高兴提到这本书得到的殊荣，比起休谟的那本史书得到的赞誉多得多，因为这份殊荣并没有影响到这位牧师和异教徒之间的友谊。

比他们两位更有名气的是麦克弗森，歌德把他拿来和荷马相提并论，而拿破仑更称赞他优于荷马。1760 年，24 岁的麦克弗森宣称，在散佚的盖尔人的原稿中，有一部相当长而壮丽的史诗，要是他能得到金钱上的资助，他愿意加以收集之后予以译出。罗伯逊、弗格森和哈吉·布莱尔等人发起募捐，麦克弗森和两位研究盖尔的学者到苏格兰高地和赫布里底海游历，搜集古老的手稿。1762 年，麦克弗森出版了《芬戈尔——六册组成的古老史诗，由芬戈尔之子奥西安所撰，并自盖尔语译成》（*Fingal, an Ancient Epic Poem in Six Books Composed by Ossian, the Son of Fingal, Translated from the Gaelic Language*）。一年后他刊印另一部史诗《特莫拉》（*Temora*），据称也是出自奥西安的手笔。1765 年他把两书合并，称为《奥西安作品》。

根据盖尔的（爱尔兰与苏格兰）传说，奥西安是战士芬恩·麦克库尔的诗人儿子。据说他活了 300 年，由于他的命很长，他得以对圣巴瑞克带到爱尔兰的新神学表示他异教的反对。有一些据称是他写的诗留存在 3 种 15 世纪的手稿中，主要的一本是詹姆斯·玛克吉格于 1512 年编成的那本《莉丝莫》（*Lismore*）。麦克弗森拥有这些抄本。《芬戈尔》这本书记载了这位年轻的战士在击退侵略爱尔兰的苏格兰人后，邀请他们去参加宴会及唱和平赞歌的情形。故事叙述得极为生动，更因苏格兰人欣赏爱尔兰少女而充满了温情。一位战士对科马克国王的公主莫尔纳说：“你是石楠树丛中的白雪，你的秀发有如蜷曲在山丘上的白雾，朝着西方的光芒辉映着。你的额头有如从布兰诺的溪水中望去的两块圆滑的岩石。你的玉臂有如伟大的芬戈尔王宫的两根白廊柱。”我们还见到对酥胸的描写，却没有那么硬，如“雪白的双乳”、“高耸的酥胸”、“沉甸甸的酥胸”等。这些描写有点令人分心，不过，故事很快就把题目从爱情移向对战争的厌恶。

麦克弗森的那本《奥西安》在苏格兰、英格兰、法国及日耳曼引起了极大的轰动。苏格兰人把这本书当作他们英雄式的中古的一页来欢呼。英国于 1765 年正在欢迎珀西的那本《古代英诗拾遗》，正赶上迎接盖尔式传奇故事的热潮。歌德在《少年维特之烦恼》一书故事接近尾声时，就曾描写过男主角念了 6 页《奥西安》给洛塔听的情形。那 6 页提到的那个关于柔顺的少女——达拉——的故事，是由她父亲阿尔米叙述的：她父亲说，邪恶的艾阿丝勾引她到海中一块岩石上去，骗她说她的爱人阿尔玛一定会到岩石上会见她。艾阿丝把她弃置在岩石上，却没有爱人前来的迹象。她高声呼叫，她呼唤她的哥哥和父亲："阿恩达！阿尔米！"阿恩达划船去救她，但一个埋伏的敌人射出一支极准确的利箭，将他射死。她的爱人阿尔玛赶到岸边，他想游到达拉身边去，"突然间山谷吹来一阵强风覆盖在海浪上，他沉了下去，就再也没有浮起来过"。老父由于年迈体衰，无法到爱女身旁去，只有惊慌、绝望地失声大叫：

> 我听到爱女在海浪拍击的岩石上孤独地抱怨着。她的呼叫声既急促又高亢。为父的又能如何呢？我终夜守在岸滩，透过惨淡的月光我望得见她……风声疾，山丘上雨滴重。拂晓之前她的声音已极微弱，它像岩石间草丛上的晚风一般消逝，她终于饮恨离开了人间。
>
> 我在沙场上的勇猛不复存在，我在女人圈中的那份傲气早已失落，当天际刮起暴风，北风掀起海浪十丈高，我坐在海浪冲击的岸边，望着那块致命的岩石。在月亮西沉之际，我时常看见爱儿、爱女的幽灵……诸君岂能不一掬同情之泪？

争论随即产生：《奥西安》真的是从古代盖尔民歌译出，还是麦克弗森将自己所写的一系列的诗，冒充为一个根本不存在的诗人之作呢？日耳曼的赫尔德和歌德、法国的狄德罗、苏格兰的布莱尔和凯姆斯爵士赞同麦克弗森的说法。不过，1773 年约翰逊在赫布里底海群岛调查过后，1775 年在那本《苏格兰西方诸岛游记》中对《奥西安》诗集做了如下宣布，他说："这些诗，除了我们读到的这种版本之外，并未以任何其他文字写成，编者或作者绝对无法拿出所谓'原著'来，而且任何人也一样办不到。"麦克弗森在写给约翰逊的信上说，要不是看在这个英国佬的年纪分上，他真想向他挑战或跟他比武。约翰逊回信说："我希望我侦查一件骗案时，不会因一个无赖汉的卑鄙而受到阻碍……我不吃你赌气的那一套。"休谟、霍勒斯·沃波尔及其他人跟约翰逊一样起疑。在他被别人要求拿出他号称译述的那份原著时，麦克弗森一拖再拖。不过他死后却把那些盖尔民歌的抄本留下，这些民歌中有些他采用来作为故事的骨架，并形成他所写的诗的韵味。他从原文中采用了许多片语和名字，不过，这两部史诗是他的著述。

骗局并没有如约翰逊想象的那般完整，那么罪不可赦。我们姑且称之为大规模的诗人特许权吧！就诗论诗，这两部散文史诗也配得上这些诗获得的某些令誉。这些诗表现出自然界的美好与恐怖、仇恨的怒火及对战争的兴趣。这些诗柔美地带点感伤，却也具备了托马斯·马洛里爵士的那篇《亚瑟之死》（*Le Morte d'Arthur*，1470 年）具有的那种高贵的气质。这两部散文史诗在充塞了启蒙运动思想的那股"浪漫的"潮流中极负盛名。

亚当·斯密

除了休谟之外，亚当·斯密是苏格兰启蒙运动中最伟大的人物。他的父亲是柯卡尔迪城税务署的稽核，在亚当降生数月（1723 年）去世。这位经济学家一生中几乎仅有的一次冒险，就是在他 3 岁那年，有一群流浪汉把他绑架，由于有人在后面追赶，他们把他弃置路旁。在克卡尔地求学一段时期，并在格拉斯哥上过哈奇森的几堂课之后，他南下前往牛津（1740 年），他发现该校的教授真像后来吉本

1752 年描写的一般懒散、无能。亚当·斯密借阅读来自修，但学校当局没收了他手上那本休谟所著的《人性论》，理由是不适宜基督徒青年阅读。他认为和这些导师相处一年已足够。他很敬爱母亲，所以他回到克卡尔地，继续埋首于书堆中。1748 年，他迁往爱丁堡，独立讲授文学与修辞学的课程。他的讨论给一些具有影响力的人留下深刻的印象。他被任命为格拉斯哥大学逻辑学教授（1751 年），其后一年又成为道德哲学的教授——这门学科包括伦理学、法律哲学、政治经济等学科。1759 年，他印行了他的伦理学心得《论道德情操》（*Theory of Moral Sentiments*）。巴克尔把亚里士多德和斯宾诺莎撇在一边，说这本书是"有史以来对这个有趣的题目所写的诸多著述中最重要的一部作品"。

亚当·斯密演绎的伦理判断，其依据是假想我们置身于别人的地位时产生的自发的意向。我们因而和别人的感情产生共鸣，而由于这种共鸣我们才受到感动，开始赞同或谴责。道德感深植于我们的社会本能中，也就是深植于由于我们身为某团体的一分子而发展出来的精神习性。但这种道德感与自爱并不相悖。一个人道德发展的顶点是他以评判别人的标准来评判自己的时刻，"依据公正、自然律、谨慎和正义的客观原则来指导自己"。宗教不是我们道德感触的来源或主要依归，却因对一个主掌赏罚的上帝衍生的道德律的信仰而深受影响。

1764 年，亚当·斯密 41 岁，应聘陪同 18 岁的巴克卢公爵环游欧洲，担任其私人教师兼向导。其薪资——终身 300 英镑的年薪——使斯密有撰述他那本杰作的安全感与闲暇。该书是他在图卢兹停留 18 个月期间着手著述的。他在费内拜访了伏尔泰，在巴黎会见了爱尔维修和达朗贝尔、凯奈和杜尔哥。1766 年回苏格兰后，他前后和他母亲在克卡尔地很满足地住了 10 年之久，同时撰写他那本书。《国富论》于 1776 年问世，并接到休谟一封赞美函。其后不久休谟即告去世。

休谟自己在短论中屡次协助亚当·斯密以形成其经济与伦理观。

他早已讥讽赞成保护关税及贸易专卖的"重商主义"、政府其他确保出口额大于进口额的措施，及累积珍贵的金属以作为国家基本财富的办法。休谟说，这种政策如卖力地阻止水流向其自然水平流动一般。他呼吁经济应摆脱"欧洲各国，尤其是英格兰加在贸易方面的无数限制……与关税"而获得自由。斯密当然很熟悉凯奈及法国其他重农主义者反对同业公会和政府机构强行加诸工商业的规定的运动，还有他们要求顺其自然、以自由竞争的方式来制定价格与工资的放任政策的主张。当时美国掀起对英国加于殖民地贸易限制的反抗，也是斯密思想背景的一部分。

对英国和美国之间的不和，斯密有一些看法。他认为英国对殖民地贸易的垄断是一种"重商主义最卑鄙、最恶劣的权宜之计"。他建议："如果殖民地的人民拒绝缴纳税捐来支持大英帝国的支出，那么不必经进一步争吵就应该让美国独立。""以这种方式来和老友分手的话，殖民地居民对祖国天生的情分……自然很快重燃。可能使他们自然……在战争中或贸易中站在我们这一边，不但不会是狂乱、好结党的子民，反而会成为我们最忠实……最慷慨的友邦。"他又补充说："由于该国在财富、人口及进展方面都有如此迅速的进步，不需要一个世纪的时间，也许美国的产物就会超过英国所课的税收。帝国的地位到时自然转移到帝国中为整体的防御与支持出力最多的那部分。"

斯密对国家的财富所下的定义，并不是该国拥有的金或银的数量，而是土地、土地改良及其产品，加上该国人民及其劳力、服务、技术与货物等。他的理论是，除了少数例外不计，最大的物质财富是源自最大的经济自由。自我利益虽然普遍，但是我们若让这一有力的动机随着最大的经济自由来运营，则必然促成工业、企业及竞争，其衍生的财富必然大于历史上任何已知的体系。（这正是曼德维尔《蜜蜂的寓言》中完整地实现的。）斯密相信：市场的定律——尤其是供求法则——必可调和生产者的自由与消费者的利益。因为，如若生产者获利过巨，则必有他人从事该行业，而相互的竞争必使价格与利润降至公平的限度内。犹有甚者，消费者能享受一种经济民主，借着购买或拒绝购买的方式，他大可决定应该生产何种货品，应该提供何种服务，及其数量和价格，这些事务都可不必由政府来指定。

亚当·斯密也赞成重农主义的看法（不过他认为劳动的产品和贸易的服务与土地的生产品一样，也是财富），他呼吁终止封建税制、同业公会约束、政府在经济方面的规定及工商垄断，因为这些东西限制了某种自由——借着允许个人随心所欲地工作、用钱、储蓄、购买或贩卖的方式——这种自由可使生产与分配的巨轮转动不已。政府应采取放任政策，顺其自然——这是人类自然的习性。政府应容许个人自己改变职业，以尝试找寻自己胜任得了的工作、担当得了的职位。在经济生活中必须听任个人奋斗：

> 依据这种自然自由的制度，当权者（或国家）只须履行三种义务：第一，保护整个社会，使其不遭受其他独立社会的暴力与入侵；第二，尽一切方法来保护本社会中每一成员，使其不遭受其他成员的不平等对待或迫害，即建立确实执行正义的机构；第三，维持某些公共工程及公共机构，此等工程或机构绝对不准许因任何个人或少数个人的利益而兴建或维护。

这正是杰斐逊政府的方案，也是一个使新资本主义极度发展、极度繁荣的国家的蓝图。

不过，这个蓝图也有其美中不足的漏洞。假如防止不公平的责任即意味着避免智者、强者以不人道的方式对待愚者、弱者时，又将如何？斯密这样回答："这种不公平只有在限制竞争或贸易的垄断情形下才会发生，而我的理论主张的正是解除此等垄断。我们必须让雇主争取工人及工人争取职位的这两种竞争来制定工资，政府规定这些价格的企图终必为市场的规律瓦解。虽然劳动（不是重农主义者主张的'土地'）是财富的唯一来源，但是劳力是一种商品，正如资金一般，也受供需律的约束。"尽管法令企图规定工人的工资，但总是想压低它，而不是想提高它。"因为，"只要立法机构想规定雇主和工人之间的差异时，其咨询的对象总是雇主"。这种论调写成文字时，英国法律允许雇主自己组织起来，以保障其经济利益，却不许受雇者这么做。亚当·斯密指责法律的这种偏袒，他还预见一个事实，那就是由政府的立法得不到较高的工资，较高的工资只有由劳动阶级组织起来才能获得。

这位资本主义先锋，几乎总是站在工人这一边，反对雇主。他更警告过，不可以让商人和制造业者来决定政府的政策：

> 商人的利益……不管是任何一种贸易或制造业，在某些方面说来总是跟大众的利益相异，有时更是相冲突……由这种次序产生的任何一种有关立新法的建议或对商业规定的建议都得谨慎地去考察……提出这些建议的那一帮人……通常总是喜欢欺骗大众，甚至还迫害大众，而且这些人……曾经好几次确实欺骗又压迫过大众。

这到底是亚当·斯密还是马克思的论调呢？不过，斯密认为私有财产是企业不可或缺的激素，因而大力为之辩护。他同时还主张："工作机会和支付薪水的多寡，主要还是取决于资本的累积和应用。"不过，他声称高薪资对雇主、受雇人双方皆有利，他还劝人废弃奴隶制度，所持理由是："归根结底算起来，自由民所做工作的工资远比奴隶所做的还要便宜许多。"

我们想到斯密本人——他的容貌、习惯和个性时——我们不禁怀疑：一个如此与农业、工业和商业秩序隔离的人，对如此奥秘、复杂的事物居然能写得这么实际，有这种洞察力与胆识。他和约翰·牛顿一样心不在焉，对习俗也很不在乎。通常，他很有礼貌、性情温和，而且能以4个字的反驳来迎击约翰逊的粗野举动，使人对"文坛权威"（指约翰逊）地位的合法性产生怀疑。在出版那本《国富论》之后，他在伦敦待了两年，认识了吉本、雷诺兹、伯克等人。1778年，他——这位自由贸易的使徒——被任命为苏格兰海关税务兼盐税司司长。嗣后，他在爱丁堡和母亲度其余年，至死未婚。他母亲死于1784年。他也在1790年随她去世，享年67岁。

他的成就与其说在于他思想的独创，倒不如说在于他对资料的熟悉和组合。那一大堆列举出来的材料启发性极浓地将理论用于当时的情况下，文体简洁、有说服力及他宽阔的视界，使经济学从"黯淡的科学"提升为哲学的水平。他这本书之所以划时代，是因为它综合了、解释了——当然并没有制造——那些将封建主义与重商主义转变为资本主义和自由企业的事实与力量。小皮特将茶税的税率从119%降低为12.5%，还尝试着普遍实施较自由的贸易时，他对《国富论》的启示怀着受惠感激之情。罗斯伯里爵士还提到过在某次皮特也参加的宴席上，斯密走进来时全体起立，皮特还说："你不坐下我们就一直站着，因为我们都是你的弟子。"普尔特尼爵士也预言说亚当·斯密的巨著"必定能说服我们这一代，支配下一代"。

罗伯特·彭斯

"我那古老却很卑贱的血统，"苏格兰最伟大的诗人说，"从大洪水以来一直在丑闻之间爬行。"我们在此只追溯到威廉·彭斯为止，威廉不但没有制造丑闻，反而是一个勤勉、脾气暴躁的佃农。他1757年娶了阿根斯·布朗为妻，她1759年为他生下罗伯特。6年后威廉在奥丽凡特租得一块70英亩的农场，这个人丁旺盛的家族就在山上一个孤立的家中"富裕地"过日子。罗伯特虽然也在家里接受私人老师教导，也上过教会学校，但13岁以后他开始在农场上工作。他14岁那年，"一位健美、甜蜜、悦人的少女激起我一种很微妙的感情，这种感情若不去顾虑辛酸的失望、踌躇不前及书呆子的哲学的话，我认为称得上人类诸多喜悦中最优美的一种"。15岁那年，他又遇见第二个"安琪儿"，每到夜晚就痴狂地想着她。他弟弟也记得罗伯特"（对女性）渴望的感情很强，而一直成为艳丽的奴役者裙下的败将"。

1777年，罗伯特·彭斯以一种不顾一切的勇气租得塔伯顿郡洛查丽130英亩的土地，他为这块土地签订的合约规定年付130英镑的租金。此时年方18岁的罗伯特，由于身为7个小孩中的老大，成为负责耕种的人，因为父亲威廉几年来辛劳耕作却得不偿失，早已未老先衰。父子两人由于一个生活日趋严谨，一个生活日渐散漫，因而差距越来越大。罗伯特不顾双亲的禁止，到舞蹈社去跳舞。我们这位诗人回想说："父亲自从那次反抗行为之后就开始讨厌我，我相信这是我日后行为放荡的原因之一。"24岁那年，罗伯特加入了一个互助会的支会。1783年，由于田租拖欠未还，那块土地即被查封。罗伯特和弟弟吉尔伯特两人把口袋里的几个铜板凑起来租了一块118英亩的土地，租金每年90英镑。他们在土地上苦耕4年，每年每人只许有7英镑的零用钱，他们就靠这块地来养活父母、妹妹和弟弟。他们父亲于1784年死于肺结核。

在那些漫漫冬夜里，罗伯特看了很多书，其中有罗伯逊的历史、休谟的哲学，还有《失乐园》。"使我也有着与我心目中的英雄——弥尔顿笔下的撒旦——一样的精神。"由于他愤恨长老会教会对道德的监察，他毫不费力地舍弃教会的神学，对上帝和不朽只模糊地留着一些信仰。他嘲笑"那些信奉诺克斯的正统教徒"，他更怀疑牧师在礼拜天以外的日子恐怕跟他自己一样暗地里做坏事。在《圣集》（"The Holy Fair"，有关重振宗教的集会）中，他描写了一大堆布道者严苛地指责罪恶，动辄拿地狱来要挟，而教堂门外的娼妓却很有信心地等待着信徒会众去光顾。

有一次，一个教会人士派了一位代表去责骂彭斯，还罚他钱，说他没结婚就和贝蒂·帕顿同床共枕，这使彭斯对教会人士的厌恶达到极点。那位仁慈的地主——盖温·哈米顿——因一再未出席参加教堂仪式而被牟查林城的长老教会大会非难时（1785 年），这股厌恶之情即化为愤怒。于是我们的诗人就写了他那首最尖刻的讽刺诗《圣威利的祈祷》，来嘲骂牟查林城教会的长老威廉·费舍尔伪善的美德。彭斯描写他向上帝说话时的情形：

> 我祝福并赞美你无敌的神力，
> 你在夜里已留下了无数，
> 如今我在你跟前；
> 当作礼物当作善举
> 将燃烧发亮的光
> 带给这个地方……

> 哦！主啊！你知道，昨晚我和米格（Meg）——
> 我诚恳地乞求你宽恕——
> 哦！但愿它永不再是活生生的羞辱
> 来玷污我的令誉，
> 我保证不再以不法的方式
> 来玷污她。

> 此外，我必须另外发誓
> 和丽兹（Leezie）的少女来过三次，我想——
> 不过，主啊！那个星期五我是醉着
> 接近她的，
> 否则，你必也明察，你的忠仆
> 绝不会污了她……

> 主啊！你且数数盖温·哈米顿的功过，

他酗酒、妄用神名，还玩牌，

他有好多邪门的技巧，

不论是大是小，

从上帝自己的牧师手中把人们的心

偷走……

主啊！在你复仇之日审判他吧；

主啊！造访那些雇用过他的人吧！

请慈悲的你别走过他们身边，

也不必听他们的祈祷；

相反，为了你的子民，毁了他们吧，

万勿纵容。

不过，主啊！请记得我及

我一时或神圣的慈悲心怀，

让我的仁心和财富照耀的光芒

无人可以匹敌，

而这一切的荣耀必将尽属于你。

阿门！阿门！

彭斯不敢出版此诗，这首诗在他死后3年才拿去印行。

同时，他不断供给长老教会一大堆非难他的口实。他自称为"职业私通者"，少女们激起他的感情：有"诱人的克洛伊漫步走在珍珠般的草地"，有琼·阿莫尔、高地玛丽·卡姆伯尔、佩吉·查默斯、克拉琳达、克鲁克香克、达尔雷的珍妮、"美丽的小天仙"戴维斯、弗莱明、贾费里、绮丽的佩吉·肯尼迪、莱瓦尔、洛里默、玛丽·莫里松、帕克、斯图尔特、佩吉·汤姆森——此外还有一大堆。 只有这些少女明亮、含笑的秋波，柔嫩的玉手还有"雪白"的乳峰才安慰得了他生命中的辛劳和忧伤。他为自己性方面的曲折多变找到的借口是：既然大自然的一切都在变，为什么人类非成为这项规律的例外不可呢？不过，他也向妇女警告过，要她们千万不要轻信男人的诺言。据我们所知，他的婚姻使他有了5个孩子，婚姻以外他另有9个孩子。他说："我有为人父的天才。"他也臆测说，也许只有去势能治愈这个毛病。至于牧师的责难和苏格兰的律法——

> 教会和政府可能会联合声明说，
> 我绝不能做这类事情；
> 教会和政府可能都会步向地狱，
> 我却去找我的安娜（Anna）。

贝蒂·帕顿为他生下一个小孩时（1785年5月22日），彭斯答应娶她为妻，她的父母却不接受他这项建议。他转而向琼·阿莫尔进攻，而且书面承诺与她结婚，不久她也怀孕了。1786年6月25日，他到教会大会场，承认自己应负的责任，他（他自己力称）认为自己已经和琼结了婚，答应遵守诺言。女方家长却不答应让女儿嫁给一个年方17岁、已负担着一个私生子重担的农民。7月9日那天，彭斯在自己教堂中的位置上谦卑地接受公开指责。8月3日，琼生下了一对双胞胎。8月6日，他和琼在会众面前接受谴责，结果"免于被认为丑闻"。因父亲宣誓指控罪名而获得签发彭斯的逮捕状，我们的这位诗人潜逃，并计划乘船到牙买加。逮捕状没有执行，罗伯特于是重返农场。同年夏天，他又答应娶玛丽·卡姆伯尔为妻，并带她赴美。计划未付诸行动之前，她就去世了。彭斯在《高地玛丽》（"Highland Mary"）和《给天堂的玛丽》（"To Mary in Heaven"）两首诗中深情地纪念她。

在多产的1786年，他以订阅的方式在卡玛诺克出版了他的第一本诗集。他删除了其中可能会激怒长老教会或人们道德的诗篇，他以苏格兰的方言及对熟悉的景色的描写取悦读者，由于他把农人生活的细节升格为易懂的诗句，因此颇受农民欢迎。也许其他诗人没有一个能对分担农民日常工作重负的牲口，表现出像他一样的同情；或者对那些在逼人的寒雪中迷惘的"笨羊"，或因人们犁田而把其家园拆除的老鼠，有着跟他一般浓烈的同情心：

> 不过，老鼠啊！并不是只有你
> 才证明说预见的事物可能纯属虚幻；
> 鼠与人再周详的计谋
> 都可能事与愿违。

跟这一句几乎有同等格言味道的，是一首名叫《给一只在教堂中瞧见另一只虱子藏在仕女软帽中的虱子》的诗中结尾的两行：

> 哦！但愿施主能给我们权利
> 使我们自视如他人视我一般。

为了确保自己那本小册子受欢迎，彭斯以那首叫作《柯特的星期六夜晚》（"The Cotter's Saturday Night"）来配合出版。那首诗的大意是描写一个农民在辛劳一整天之后回家休息，妻子儿女都聚拢到他身边，每个人都讲一个当天发生的故事。大女儿怯生生地介绍了她那个胆小的求婚者，大家高兴地分享粗茶淡饭，父亲读《圣经》及共同祷告。在这个宜人的画面上，彭斯又加上一首爱国诗使题材转折，那首诗叫《苏格兰——我亲爱的祖国》——在印行的 612 份中，在 4 周之内卖到只剩 3 份，彭斯净赚 20 英镑。

他原先打算拿所得之钱来支付赴美的旅费，后来他却把那笔钱拿来到爱丁堡寄居。1786 年 11 月，他骑了那匹租来的马抵达爱丁堡，和另一个乡间青年共住一室，共卧一铺，楼上则住了一大堆莺声燕语的娼妓。爱丁堡书评家们对他诗集的嘉许为彭斯敞开大门，他成为这个社会的偶像达一年之久。司各特爵士这样描写他：

> 彭斯于1786年至1787年首次到爱丁堡时，我还只是一个18岁的小男孩……有一天，我在已故的那位德高望重、学富五车的弗格森家里看到他，当时在场的有很多享誉文坛的绅士……他长得魁伟、强壮。他的苍白是乡下式的，而不是小丑般的，带着几分庄严的淳朴……他的脸庞很大……眼睛大而黝黑……他讲话时……闪闪发亮。在这一大堆当时该国最为饱学之士的圈子里，他很稳健地谈笑自若，却一点也未逾矩。

于是彭斯受到鼓励，刊印了一册诗集的增订本。为了使这本新书增添新的内容，他提议把原来那本卡玛诺克版中未收入的一部主要作品《快乐的乞丐》（The Jolly Beggars）也加以收入。该诗描写聚集在玛查林城南希·吉布森开的那家酒馆中的流浪乞儿、穷光蛋、罪犯、诗人、提琴手、娼妓及跛足、被遗弃的军人。彭斯借这些人之口来做最坦诚、毫不悔改的自白，最后再以这醉酒的合唱团来唱出这支混合曲的最后几句：

> 那些受到法律保障的有什么了不起！
> 自由才是值得炫耀的东西！
> 法院本来就是为懦夫而建立，
> 教堂的兴建，只是为了讨好牧师。

学者兼布道者哈吉·布莱尔对想印行这么一本嘲笑美德的书的念头提出警告，彭斯也让步了，以后忘记了自己曾经写过这首诗。有一位友人保存了这首诗，后来于1799年发表。

爱丁堡的那一版售出3000册左右，为彭斯赚得450英镑。他买了一头驴，骑着（1787 年 5 月 5 日）上苏格兰西部与北部的高地，然后渡过特威德河到英国各地闯天下。6 月 9 日，他拜访了莫斯格尔城的亲戚，还拜会了琼·阿莫尔，她很热忱地接待他，于是再度怀孕。回爱丁堡以后，他遇见了阿根斯·丽豪斯夫人。这位夫人 17 岁时曾经嫁给一位格拉斯哥城的外科医生；21 岁那年（1780 年）她丢下了他，带着小孩到首都来很"节俭、守妇道"地定居下来。她邀请彭斯到她家去，他毫不迟疑地爱上了她。她显然未曾献身于他，因为他仍继续爱着她。他们彼此交换信件与诗句，他署名是"赛尔温德"，她则自称"克拉琳达"。1791 年，她决心到牙买加和丈夫重聚，彭斯送给她这几行柔美的诗句，作为送别的礼物：

> 一下亲吻，我们就得别离！
> 一声再见，从此两地相思！……
> 要是我们不曾爱得这么真心，
> 要是我们不曾爱得这么痴情，
> 永不相聚，也永不相离，
> 我们就不会如此心碎。

她发觉原来自己的丈夫已和一个黑人女侍同居，于是她又折返爱丁堡。

彭斯对她的一片情感未获实现，他跑到当地一家名叫卡洛查琳—芬瑟堡的俱乐部去找寻伴侣，饮宴作乐——那家俱乐部的名称含义就是"矢志卫城的人们"。俱乐部中酒和女人是"传家宝"，脏话充斥。彭斯为他们搜集了苏格兰的老歌，加上一些自己写的。这些歌中的一些于 1800 年以《苏格兰的快乐诗人们》（*The Merry Muses of Caledonia*）为书名，匿名秘密地印行。由于彭斯是该俱乐部的会员及他对阶级区分公然地指责，还有他在宗教和政治方面坦诚地说出他强硬的观点，这些因素使他在爱丁堡社会中受欢迎的情况很快结束。

他也试过找一份税员的工作，但由于人家一拖再拖，他又隐居，再度务农。1788年，他租得艾丽斯兰德农场，离邓夫里斯5英里，距卡莱尔的凯珍普托克12英里。地主很坦白地承认那块土地是"贫瘠得无法再坏"，所以先支付了300英镑给我们的诗人，要他建起农舍，还有把土地四周围起来。彭斯依约必须在起初3年每年支付50英镑，然后每年70英镑。此时琼·阿莫尔产下双胞胎（1788年3月3日），不久，这对双胞胎即告夭折。4月28日之前，彭斯娶了她，她带着他们所生的4个孩子中仅存的1个，前来艾丽斯兰德侍候他，做他忠实的妻子兼管家。她又为他生下一子，彭斯称那个小孩是"在那一类型的生产中我的'杰作'，有如在政治方面我认为塔姆·桑特是我的典范一般。"1790年，他又成为邓夫里斯旅店的女侍安娜·帕克的情人。1791年3月，她也为他生下一子，琼把这个婴儿和自己的小孩一起养大。

在艾丽斯兰德的日子并不好过，他仍陆续写出伟大的诗篇。他就是在这里为一首题名《友谊地久天长》（"Auld Lang Syne"）的老饮酒歌之后，加了很有名的两节。彭斯也跟他父亲一样，工作到鞠躬尽瘁。他很乐意被任命为税收官（1788年7月14日），可以到各处走走，量量酒桶，查验运粮船、杂货零售商、制革者等，再向爱丁堡的税务局报告。虽然他一再和约翰·勃莱科恩闹矛盾，但税务局对他似乎还算满意。1791年11月，他把土地卖了，赚了一点钱，带着琼和3个小孩搬到邓夫里斯的一栋房屋去住。

他时常光顾旅店，醉着酒回家，有好几次琼还在病中，因此惹火了镇上的显达。他仍不失为一位伟大的诗人，在邓夫里斯5年内他写了很多作品。他发现妻子不是他精神上的伴侣，他和弗朗斯·顿劳普夫人通信——有时还去拜望她。这位夫人血管中还留有一些华莱士的血液，她尽力克制彭斯的道德和用字，有时却不是为了他诗句的益处，彭斯却更欣赏这位妇人偶尔送给他的那些5英镑的钞票。

由于他观点偏激，他那个收税官的职位差点就不保。他以15节优美的诗句要求乔治三世革除那些贪污的部长，还劝威尔士王子结束行为的放荡，要是他想继承王位的话，更应及早结束他"和查理（绰号"狐狸"）玩的那种咯咯作响的骰子游戏"。在一封投到爱丁堡某家报纸的信中，他称赞美国的《独立宣言》。1789 年，他更是法国大革命"热心的支持者"。1795 年，他对阶级区分做了抨击：

> 只要诚实，贫穷又何妨？
> 只要他能挺起胸膛，
> 怯懦的奴隶我们可以不去理睬他；
> 我们虽穷却不害怕！
> 尽管情形会是如此，
> 我们的辛劳无人知悉，
> 名分只是微不足道的记号，
> 而"人"才是值得重视的黄金。
> ……
> 诚实的人，任他有多贫穷，
> 他仍是万人的王。
>
> 你看到同辈的人被称为地主，
> 他虽高视阔步，目空一切；
> 虽然成百的人崇敬他的话语，
> 他也只不过是一个傻瓜……
> 我们且为未来祈祷，
> 因为该来的还是要来，
> 世间的意义和价值，
> 都会有它应有的奖赏，
> 尽管事情会是如此，
> 即或如此，将来

四海之内
必皆为兄弟。

有人向税务局投书，说这种偏激分子不适任查核杂货零售商、计量酒桶，但长官们却因他对苏格兰的热爱和赞美而原谅了他。他那90英镑的年薪勉强够他糊口。在性爱方面他还是继续浪荡不定，1793年玛丽亚·里德尔夫人承认他那"无可抗拒的吸引力"，为他生下一子。他一再的酗酒终于导致心智和傲气的衰竭，跟莫扎特一样，他也发出求乞的信给朋友。人们谣传他染上梅毒。1796年1月一个严寒的早晨，有人发现他醉倒在雪地里。这些谣传又有人批评是空穴来风的臆测，苏格兰的医生所述彭斯最后的病状是风湿性热损坏了心脏。他在去世前三天，写信给岳父说："看在老天的分上，请即刻叫阿莫尔来。我的妻子每小时有一次阵痛，正在待产。慈悲的上帝啊！我可怜的弱女子啊！她没有朋友在身旁，情景多么凄凉！"然后他卧病在床，1796年7月21日与世长辞。在他下葬的同时，他的妻子产下一子。朋友们发动募捐，得了一笔基金来照料她，而她身体强壮，一直活到1843年。

博斯韦尔 [1]

·初生之犊

博斯韦尔出身名门，其父亚历山大·博斯韦尔是埃尔郡奥金莱

---

[1] 博斯韦尔所办的报纸被发现，是现代文学史上最令人兴奋的事之一。他死后把他的报纸遗赠继承人，这些人却认为内容涉及太多丑闻，不方便出版。其中有一捆于1930年在阿伯丁城附近发现，包括《伦敦日报》（*London Journal*）；1925年至1940年又在都柏林附近的玛拉海德城堡的橱柜和密室中起出。这些报纸多半为拉尔夫（Ralph Isham）上校收购，后来由耶鲁大学取得。波特（Frederick A. Pottle）教授为麦格劳·希尔编辑这些资料，后者已取得独家版权。本书作者谨此感谢该书编者及出版商惠允引用该书中某几段文字。波特教授所著《年轻的博斯韦尔》（*James Boswell: The Earlier Years*）一书在本节文字写成后出版。

克的地主及苏格兰高等民事法庭的法官，是苏格兰詹姆士二世的曾孙阿兰伯爵的后裔。博斯韦尔的母亲则是詹姆士六世之父达恩利爵士的曾祖父林恩奥克斯第三任伯爵的后裔。博斯韦尔 1740 年 10 月 29 日生于爱丁堡。由于他是三个兄弟中的老大，他就成为奥金莱克那块小地产的继承人。但是，由于他父亲一直活到 1782 年，博斯维尔当然对这位大地主给他的收入感到不满意。他弟弟约翰于 1762 年第一次神经病发作。博斯韦尔自己则身受抑郁症的侵袭，他对这种病症的治疗方法是酒精带来的健忘症加上女人胴体的温存。他母亲也教过他长老会的加尔文教派的教义，而这种教义也有其独特的温暖之处。后来他写道："我永远忘不了年轻时我的心智被炼狱的恐怖撕裂，接触的宗教看法窄狭，引起我内心恐惧的那段痛苦的日子。"他的一生都在信仰与怀疑、虔诚与纵欲之间徘徊，最多也只能做到片刻的融合或满足。

在家接受私人教师教导一段时日后，他被送至爱丁堡大学，然后被送到格拉斯哥大学去听亚当·斯密的讲课，并研习法律。他在格拉斯哥遇见许多男女演员，有些是天主教徒。当时他认为，这些人信仰的宗教远比加尔文教派更能与欢乐的生活相和谐。他尤其喜欢炼狱的教义，允许罪人在几世的燃烧之后获救。于是博斯韦尔突然出发前往伦敦（1760 年 3 月），加入罗马正教。

警觉的父亲向艾格里姆顿伯爵——当时住在伦敦的埃尔郡的邻居——请求抓住詹姆士·博斯韦尔。伯爵告诉年轻的詹姆士，身为天主教徒就不许学法律，不许进议会，也不得继承奥金莱克。于是詹姆士重返苏格兰，再次回归长老会，并在双亲的监视下过活。不过，由于我们这位大法官很忙，他的儿子设法去"遭遇强敌"——他几次与性病搏斗中的第一回合。父亲深恐这个鲁莽的青年一旦继承了奥金莱克，马上会把这个地产挥霍掉，于是以 100 英镑的年金为交换条件，要他在老博斯韦尔指定的受托人来管理这笔田产的文件上签名。

1761 年 10 月 29 日，詹姆士成年，年金也随之加倍。1762 年 3

月他使佩吉怀孕，7 月他通过了法官考试。1762 年 11 月 1 日，他留下 10 英镑给佩吉，动身前往伦敦。（数日后婴孩诞生，博斯韦尔却一直没见过那个孩子。）他在伦敦的唐宁街找了一套极舒适的房子。11 月 25 日之前他"因为没有女人而郁郁寡欢"，不过他也记得自己的宿疾，而"这个城市的医疗费又极高昂"。因此他节欲，"直到我找到保险一点的女孩子，或是有崇尚时髦的女性看上我"。他的印象是伦敦有着各式各样的娼妓，"上自夜渡资 50 基尼一晚的华贵名女人，下至市井的流莺……这些流莺……只要你给她买 1 品脱的酒加上 1 先令，她就任你摆布"。他找门路与"俊美的女伶"路易莎搭上关系，这位女伶长期的拒绝似乎证实了保健法的论调。最后他总算说服了她，而且还达到 5 倍的狂喜："她说我真是一个异人。"8 天以后他发现自己染上了淋病。约 2 月 27 日他觉得自己已经痊愈。3 月 25 日他又搭上了一个街头的流莺，"与她相爱"（戴着防止染病的护套）。3 月 27 日"我到圣顿斯坦教堂听道"。3 月 31 日"我漫步到公园里，带走我第一个遇见的妓女"。其后 4 个月间博斯韦尔的那份《伦敦日报》都记载着类似的情况——在威斯敏斯特桥上、萨克斯波斯旅店、公园里、斯特兰街上某旅店、托马斯法院，还有妓女家里。

当然，这只是一个人的一面，只是把这些零碎的插曲组合在一段文字里，当然无法使人对博斯韦尔的生活和个性有正确的印象。他的另一面是"对伟人的热爱"。他在这个方面的第一个目标是加里克，加里克细细品尝博斯韦尔对他的赞语，也乐得喜欢他。不过，詹姆士的目标并不是他。他在爱丁堡曾经听托马斯·谢里丹叙述过约翰逊的博学和谈话内容的丰富，要是能得拜见这位伦敦文坛的顶尖人物，应该算是"三生有幸"。

他的运气也真不错。1763 年 5 月 16 日，博斯韦尔在罗素街托马斯·戴维斯的书局中喝茶时，"有一位长得最恐怖的男人"走了进来。博斯韦尔从雷诺兹所画的一幅约翰逊画像中认出这个人。他求戴维斯不要泄露他来自苏格兰的秘密，戴维斯却"淘气地"马上泄露出去，约翰逊也把握住这个机会说苏格兰是一个"出身"的好国家。博斯韦尔退缩了一下，约翰逊则抱怨说加里克曾经拒绝过帮他为安娜·威廉小姐弄一张当时上演的一出戏的招待券，博斯韦尔大胆地说："先生，我想加里克先生不会吝啬帮你这么一点小忙。"约翰逊制止他说："先生，我对加里克比你认识得久，我看你没资格和我谈这件事。"这个局面实在难能辟出一条终生友谊之路。博斯韦尔"愣住"，也被"羞辱"了。不过，幸亏在多谈一会儿之后，"我很满意，因为他的态度虽然有点粗野，心肠却不算坏"。

8天后，经过戴维斯的鼓励，再加上自己厚脸皮的胆识，博斯韦尔跑到内殿法学院约翰逊的办公室找他，约翰逊也很客气地接待他。6月25日，我们这只大熊和小熊一起到舰队街上的米特旅店共进晚餐。"我一想到自己和大人物在一起，就觉得很神气。"7月22日，"约翰逊先生和我到达克咖啡屋去辟室独谈"。博斯韦尔在记录上写着："以后，我只须稍加思索就可想起约翰逊先生任何一件'值得记录的大事'。"那部伟大的传记于是开始。

博斯韦尔经父亲一再催促，到荷兰学习法律时（1763年8月6日），由于师徒两人相处得很好，当时年已53岁的约翰逊竟也陪着22岁的小伙子，到哈威奇为他送行。

·博斯韦尔出国

他在乌得勒支定居下来，研习法律，读荷兰语和法语，（他说）还读遍了伏尔泰的整本《论道德》。起初，他也深深地染上了忧郁症，责备自己是一个无用的调情者，还想自杀。他怪自己最近的放荡，缺乏宗教信仰。"我曾一度不贞，跟着行为不检，如今我已是一个信奉基督的绅士。"他订了一项自我改革的"不可违背的计划"。他立志做好担任苏格兰地主职责所必备的条件，他一定"竭诚做一个英国国教教徒"，而且他一定固守基督教的道德戒律。"万勿谈论自己"，应当"崇敬你自己……只要如此，那么整体说来，你就是一个人格完整的人。"

等到他应邀到有钱的荷兰人家中做客时，他又恢复了生活的乐趣。于是他"穿着猩红色配金色的衣服……白色的丝袜，漂亮的跳舞鞋……配上巴塞罗纳的手帕，还有华丽的牙签盒"。他爱上了被称为"朱伊伦"的美女，或被称为"兹丽德"的伊莎贝拉。我们曾经尊崇过她，说她是当年全荷兰最艳丽的妇女之一。不过她迟迟不愿谈及婚嫁，而博斯韦尔对自己保证过，说自己拒绝过那个女孩。他也试过吉尔温克夫人——一位美丽的寡妇，却发现她"极为悦人，却不受孕"。最后"我决定到阿姆斯特丹跑一趟，去找个女孩"。一到那里他就"到一处卖淫的地方……我发现自己置身于极端的淫乱之中，甚感伤心"。第二天，"我到一所大教堂去听了一次很好的布道……然后我漫步于脏乱的花街柳巷"。他接到朋友把他介绍给伏尔泰的介绍信之后，又恢复了"人性的尊严"。

由于他实现了自己对父亲许下的在乌得勒支努力求学的诺言，他也得到父母的允许，并由父母出钱让他做一次年轻的英国绅士受教育时最高的待遇——大游历。他向兹丽德告别，相信她必然热泪盈眶。1764年6月18日，他渡过边境，进入日耳曼。其后将近两年的时间，他和兹丽德保持着联系，彼此交换问候之意。7月9日，他在从柏林发出的信中写道：

> 兹丽德，由于你我这么合得来，我必须对你说：我实在太傻……居然以为你真爱着我……我居然让你明了实情实在太过大方了……我又不会因为娶了你就成为一国之主……我的妻子的性格必然和我亲爱的兹丽德截然不同，相同的只有感情、诚实及乐观。

她并未回信。10月1日他又写了一封信，向她保证说他爱她，她也没有回信。12月25日，他又写了一封信：

　　小姐，我很自负，而且会一直自负下去。我对你的情愫应该使你觉得是我在抬举你。我却不知我是否应该同样地觉得你在抬举我。天下男人像我这样的心地和见识者真是少有，天下的妇女具有多种才干者却不在少数……希望你能向我解释一下你对我的态度。

她的回信真可在妇女史上占有一席之地：

　　我很高兴接到你的来信，也怀着感激之情读完它……你收集到的那一切友谊的表示，及那些永相厮守的诺言和长相忆的誓言，此刻都由我的心加以确认，重新生效……你一再提及……说我爱你……你一定要我承认这一点，你非叫我再三地说这句话。我觉得这是一个自己不爱我，却认为用最快捷、最有力的词句来告诉我是他应负的责任（出于体贴的动机）的男人的奇想……一个我曾经认为年轻、聪明的男人，居然也有愚蠢的傻瓜特具的那种稚气的虚荣心，实在令我心寒。

　　亲爱的博斯韦尔，我不愿回答你。说我的谈话、我的语调或我的表情从来没有挑逗你的意思，要是有过这种情形，忘了它吧！……不过，别忘记我们两个都很开朗时的那些谈话的回忆：承蒙错爱，我很满足了，而你也一样快乐地把我当作"一个有才能的女子似乎也少有的特质"的朋友来看待。请你保存这个回忆，还有，我的柔情、我的爱慕，甚至我的崇敬，永远都属于你。

　　这封信折磨了博斯韦尔好长一段时间。他保持心境的安宁达一年之久，然后（1766年1月16日），他从巴黎写了一封信给兹丽德的父亲，请他答应他的求婚。"这么幸运的连理无法结成，岂不是一大憾事？"兹丽德的父亲回信说他女儿已经在考虑另一个人的求婚。一年后博斯韦尔又直接向她求婚。她回答说："我很高兴，含笑地看到你迟来的钟爱之言。好了，你毕竟爱过我！"——结果她拒绝了他的求婚。

这种书信游戏进行的同时，博斯韦尔早已又在好多国家试过好多妇女了。他在柏林校阅场上见过腓特烈，不过未再进一步接近。他也曾把一个怀孕的巧克力糖小贩带到床上，这个女人就像是一个安全港。他在莱比锡见了盖勒特和戈特谢德，他又在德累斯顿参观过"绘画的大画廊，人家告诉我说那是全欧洲最高贵的一处"。他又经过法兰克福、美因茨、卡尔斯鲁厄、斯特拉斯堡等地，进入瑞士。我们前面已经说过他拜访过卢梭和伏尔泰。在这些得意的日子里，天才的气氛和盛名的狂热已冲淡了年轻人的肉欲。

1765 年 1 月 1 日，他离开日内瓦，越过阿尔卑斯山。他在意大利很兴奋地住了 9 个月，游遍每一个主要城市，而在每一站都尝试一些妇女。他在罗马找到了温克尔曼，亲吻教皇穿着拖鞋的脚，在圣彼得堡教堂祈祷，再度染上旧病。他和约翰·威尔考斯攀登维苏威火山。他在威尼斯和曼特斯图拉特爵士（比特伯爵之子）共用一个妓女，又染上了性病。在锡耶纳逗留一个月期间，他向萨赛多尼——他的朋友曼特斯图拉特之妻——求婚。他劝她不要让贞操观念影响自己的乐善好施，因为"吾主的模样使他自己也忠贞不了，而他当然也不会硬要求你忠贞"。

他在下一次寻芳中，表现出他较好的一面。他在里窝那省搭船前往科西嘉（1765 年 10 月 11 日）。保利早于 1757 年就从热那亚手中解放了该岛，如今已是他统治这个新成立的州的第 8 个年头。博斯韦尔在梭拉卡罗与他见面，并递给他那封卢梭写的介绍函。起初还以为他是一个间谍，不过"我就趁机让他看一份我事先撰妥，关于大不列颠和科西嘉建交后的利益的陈情书"。以后他定期和这位将军同桌共餐。他做了许多笔记，这些笔记后来在他撰写《科西嘉纪行》（1768 年）时发生效用。他 11 月 20 日那天离开科西嘉岛，然后沿着里维埃拉一带前往马赛。马赛有"一个高大、出于名门的淫媒"帮他物色到"一个老实、可靠、无私心的少女"。

到艾克斯—普罗旺斯省后,他开始向《伦敦编年史》(*The London Chronicle*)发送新闻稿,以便从 1766 年 1 月 7 日起陆续刊出,向英国民众报道詹姆斯·博斯韦尔带着有关科西嘉的第一手资料正逐渐抵达英国本土。到巴黎后(1 月 12 日),他收到父亲告知母亲去世的消息。他负责护卫卢梭的妻子泰蕾兹到伦敦,要是他的话靠得住,听说她在途中曾献身于他。他在伦敦闲荡了 3 周,在某几次场合中会见了约翰逊,最后终于回爱丁堡(1766 年 3 月 7 日)。他历经 3 年 4 个月的独立和游历总算促使他成熟了不少,虽然这段时间既未减弱他的肉欲,也未消除他的虚荣心,但还是增广了他的知识和见闻,也使他有着新的均衡与自信。如今他已是"科西嘉的博斯韦尔"——一个曾经和保利同桌共餐的人,他正着手撰写一本书,此书可能激起英国人去帮助那位"解放者",而使这一岛屿成为那个具有战略地位的海上的英国据点。

·博斯韦尔返乡

1766 年 7 月 29 日,博斯韦尔奉准担任苏格兰律师,其后 20 年内他的生活以爱丁堡为中心,有几次前往伦敦,一次去都柏林。也许父亲身为法官的关系,也许他深具雄辩之才的关系,他"业务鼎盛",而且在出庭的第一年冬天"赚了 65 基尼"。极度的慷慨加上他的自负,使他为低阶层的罪犯辩护,以他口若悬河的辩才为显然有罪的人辩护,结果每件案子都告败诉,还把诉讼费拿来喝酒喝光。在意大利享度了数月多阳光的日子后,他感觉到苏格兰的寒冷,除了酒精之外,似乎再也没有治疗妙方了。

这段时期,他仍没有停止性的放荡。他找了多兹夫人作为情妇,不过因为她服侍不够,他又"和一个普通女子……躺一整夜"。而现在他又"发现某种恶疾又缠上了我"。三个月后,在酒醉眩晕的时候,他告诉我们说他"到一家娼寮去，整夜都在一个娼妓的臂弯中度过。这个娼妓长得美丽、健康，又有灵气，要说博斯韦尔非有娼妓陪他不可的话，这个娼妓真是配得上他"。结果再一次染病。显而易见，要想挽救他身体和道德的沉沦，结婚似乎是唯一的途径。他向卡瑟瑞恩·布拉尔求过婚，她却拒绝了。他又爱上玛丽·安·伯德，这位爱尔兰少女有着希腊人的体格和容貌，其父又极富裕。他追她追到都柏林（1769 年 3 月），在路上打消爱意，醉酒之后去找一个爱尔兰妓女，于是他再度染上了性病。

1768 年 2 月，他把那本《科西嘉纪闻——彼岛旅游日记以及帕斯卡·保利的回忆》（*An Account of Corsica, the Journal of a Tour to That Island, and Memoirs of Pascal Paoli*）寄给报馆。那篇文章呼吁英国援助保利之事引起了整个英国的揣测，结果做好了民意的铺路工作，使他们赞成英国政府将秘密武器和补给品援助科西嘉人的行为。该书在英国卖出 1 万册，并译成 4 种文字，使博斯韦尔在欧陆的名气大过约翰逊。1769 年 9 月 7 日，作者身着科西嘉酋长的装束出现在斯达特弗德镇的莎士比亚纪念会上，帽子上还写着"科西嘉的博斯韦尔"的字样。不过，由于这是一次化装舞会，并没有达到预计的效果，还是划不来。

他的表姐玛戈特·蒙特格米曾陪他一道去爱尔兰，一直很客气地忍受他爱尔兰式的求爱和饮宴。她比他年长 2 岁，而她那笔 1000 英镑的财产使她和奥金莱克的继承人显得极不相配（老博斯韦尔的说法）。不过，博斯韦尔细想她对他的一片情意时，他才逐渐想到她是一个善良的女人，当得了贤妻良母。尤有甚者，他纵欲和狂饮的名气缩小了他挑选的机会。而老法官本人也在考虑结婚，父子之间就会介入一个继母，她还可能会要求分地。博斯韦尔求父亲不要结婚，为父的却坚持原意，于是父子发生争吵，博斯韦尔想到美国去。1769 年 7 月 20 日，他写信给蒙特格米，问她是否愿意嫁给他，同意和他一道去美国，以他每年 100 英镑的年金和她那 1000 英镑的利息来过活。

他也向她警告过，说自己有时忧郁症会发作。她的回信（7月22日）值得背诵：

> 我已经按照你的意思仔细想过，而……我愿意接受你的条件……对于我来说，J. B.（博斯韦尔姓名的缩写）每年有100英镑就跟拥有奥金莱克的地产一般……我没有什么奢求，我宁愿要真正的幸福也不愿选择它华丽的外表……我亲爱的詹姆士，你得相信你这个朋友愿意为你牺牲一切，她过去从未寄望过有什么财富，如今她愿意把这笔财富献给她心爱的男人。

博斯韦尔的父亲于11月19日结婚，他自己则于11月25日结婚。年轻的一对另起炉灶，1771年又向休谟租了一层楼。詹姆士尽力节制，卖力做代言人，也很喜欢他太太帮他生的小孩。显而易见，她在怀孕的末期婉拒了他的求欢。1772年10月27日，他在喝了"过量的酒"后，又找妓女去了。他为自己找台阶下，他说《圣经》上容许纳妾。他又恢复饮酒，又加上赌博。1774年10月5日，他的日志上写着："喝得烂醉如泥。"11月3日："我们当中有好多人从晚餐一直喝到夜里10点钟。"11月4日："烂醉……大肆暴行之后倒地。"11月8日："又喝了。"11月9日："我难受得要死，约摸2点钟才爬得起来。"12月24日："我醉得很厉害……在那家勃奥既脏又窄的楼上，两个妓女的住处，和她们消磨1个小时以上。约12点回到家。我倒下去了。"妻子原谅了他，还在他生病期间照顾他。

他喝酒的原因很多。在法庭多次辩护失败和父亲闹得不太愉快，对自己行为不检的羞愧之心，自觉未能实现虚荣心的美梦及对住在苏格兰的厌烦等。他几乎每年都要去一趟伦敦，半是为了出庭，半是为了欣赏约翰逊、雷诺兹、加里克、伯克等人的谈话。1773年他获许加入"俱乐部"。那年冬天，他神气十足地在爱丁堡街道上漫步，身旁是约翰逊博士，这是他们到赫布里底群岛旅游的序曲。

起初，他到伦敦时，还是忠于其妻，而且很亲热地写信给她。不过，到了1775年，他又恢复了对杂交的兴味。1776年3月底他特别忙。"我走到街上时，心头就涌现嫖妓的强烈欲望，我自己就约定只荒唐一个晚上。"他却连续荒唐了好几个晚上。"我也以最高的关切之情和最温暖的爱意来想念我那珍贵的配偶，不过心头不免又有很复杂纷乱的想法，我认为我和娼妓之间肉体的结合应该不会影响我对妻子的爱。"另一次性病又暂时使他清醒了一阵子。

他的这些记录，加上他对约翰逊的阿谀，使霍勒斯·沃波尔等人以轻蔑的口吻来评论他，而（在他死后）麦考莱也毫无保留地抨击他。不过，这些人也没有使他陷入没有朋友的地步。"由于我颇有才能，再加上交游广阔，人们都喜欢我留意他们。"大多数伦敦的居民都和博斯韦尔有着同样的看法，认为任何一个女人都没有占有整个男人的权利。要是像约翰逊、雷诺兹等人也喜欢他，再加上有许多伦敦的住屋开放给他利用的话，那么他一定会有许多可爱之处。奈何这些有洞察力的人知道他换了一个又一个女人，一种又一种观念，就跟一个匆忙的游客一般，虽然抓遍了表面，却永远达不到事物的核心，永远感觉不出人家在那个牺牲了的肉体背后隐藏着的是一个被捣碎了的灵魂。这一点他自己也明白。他说："我对自己的傲气真的也有点留意，我那些优异的特质就像纱布上的花边。""我的看法都有点不完美、有点肤浅，我没有一件事了解得很清楚、很彻底。我虽拾起了零碎之物，但在我的记忆中没有过完整的东西。"

补偿他的，正是那些琐碎片断的记忆。他对自己缺点的弥补方式，是对那些他自己无法做到的、属于别人的完美的崇敬。他很谦卑地追随这些优点，记住这些人的言行，最后以不算小的技艺把这些资料整理出来，勾勒出一个伟人、一个时代至高的形象。但愿我们不管是在躯体或心智方面，都不要像这位半是跟班、半是天才的人一样，在暗地的肉欲和无止境的虚荣心方面袒露得那么率真，那么彻底，让后世子孙一览无遗。

第六章 | 文坛景象
（1756—1789）

出版界

报纸、杂志、出版商、流动性图书馆、戏院等与文学紧密相关的存在日渐蓬勃，使更多的民众接触发展至派系与学说的冲突。这个时期诞生了数种刊物：1756 年出现了《文学杂志》（*The Literary Magazine*）和《书评》（*The Critical Review*），1760 年出现了《公众纪录报》（*The Public Ledger*）。约翰逊的那份《漫游》（*Rambler*）创刊于 1750 年。至于约翰逊奋斗时期阅读的那份《绅士杂志》（*The Gentleman's Magazine*），则早于 1731 年创刊，而且一直发行到 1922 年。这个时期伦敦的报纸，种类和发行数都倍增。《监察》（*The Monitor*）始于 1755 年，《北英国人》始于 1761 年，《记事晨报》始于 1769 年，《先驱者晨报》（*The Morning Herald*）始于 1780 年，《每日环球记录报》（*The Daily Universal Register*）始于 1785 年，并于 1788 年改名为《泰晤士报》。其中《大众者广告》以"朱尼厄斯信箱"发了一笔财，发行数从 4.75 万激增为 8.44 万。其他日报则多仰赖有限的读者来维持。因此，1795 年《泰晤士报》的发行数只有 4800 份。这些日报版面小，口气可不小——通常是 4 页，其中有一页专登广告。约翰逊

1759 年就认为报纸广告已至极限：

> 目前广告数量之多，已到了使人无法细读的地步，因此，若想引起读者注意，已非夸下海口，或以崇高或哀怜的口才莫办……贩卖美容液的商人号称自己所卖的乳液可以消除面疱、洗去雀斑、润滑皮肤，使肌肤丰润……广告业如今已接近完美的境界，因此毋庸再提出任何改良的意见。然而，由于每种艺术的运用应顾及大众利益，因此，我不得不向这些大众视听的主宰提出一个道德问题，试问这些人是否时常胡乱玩弄我们的感情？

这个时期的印刷商、书局和出版社三者大部分仍然混居于一种行业中。罗伯特·多兹利曾经出版过蒲柏和查斯特菲尔德两人的作品，如今也印刷沃波尔和哥尔斯密的作品。托马斯·戴维斯也开过一家极受欢迎的书局，允许读者悠闲地在书局里翻阅书籍，约翰逊等人就曾到该书局里翻阅图书，向那位漂亮的老板娘献殷勤。威廉·斯特拉翰因为出版了约翰逊的《字典》、亚当·斯密的《国富论》及吉本的《罗马帝国衰亡史》而赢得美名——其中后两本同在辉煌的 1776 年出版。牛津于 1781 年创办克拉伦登出版社（Clarendon Press）。书商对好书给价甚高，但也能以极微薄的津贴雇得文人来为他们撰文、编书。亨利·布鲁克的那本《上等人的愚蠢》（*The Fool of Quality*，1766 年）中有一位书商曾说过："我有办法找到一个文人……他的教育费用远比……名门一家人一生的生活费用为高——我有办法找到这种人来跟受雇马车的马一样从早到晚卖力工作，而其工资却要比我雇用……一个门房或鞋童工作 3 小时少得多。"作家的人数增加到市场需要量的饱和状态，彼此惨烈地为仅足糊口的那份待遇竞争着，彼此挥动罪恶的笔杆相互攻讦。这时又有妇女加入竞争的行列：安娜·巴勃德夫人、萨拉哈·菲尔丁、阿梅莉娅·奥波夫人、伊丽莎白·因斯巴尔德夫人、伊丽莎白·蒙塔古夫人、范尼·伯尔尼、哈娜·莫尔等人。一位乡间的教区牧师也参加这一竞争，也带着收获离去。

斯特恩

　　他生下来就不是一个当牧师的料。他乃军人之子，10年中从这个驻地被拉到别的驻地，在那段期间及其后的日子里，他搜集了很多军事方面的传说，使托比叔叔谈起战役之时娓娓道来，有如老将军一般。后来他把自己的母亲描写成是"跟着佛兰德斯驻军一起行动的一个穷小贩……的女儿"。不过，他的曾祖父当过约克郡的大主教，而斯特恩的家人也曾经安排他以奖学金的方式进剑桥大学就读。他于1737年在该校拿到学位，不幸的是1736年的一次肺出血注定他一生和肺病搏斗的命运。被任命为英国国教的教士（1738年）之后，他在约克郡附近的萨顿镇分配到一小块教区。1741年，他娶伊丽莎白·卢姆丽为妻，随即带她和自己一同住在破烂的牧师住宅。她每年将40英镑交他保管，他把其中一部分投资在土地上，还赚了钱。

　　除此之外，他们生活得很困窘。夫妇两个都得了肺病，而且都神经紧张。斯特恩夫人不久就断言说，全英国最大的房子也容纳不下他们，因为他们生活一团糟，还常吵架。她的堂姐——"才女"伊丽莎白·蒙塔古——把她描写成一个易怒的豪猪，"要想不跟她吵架的唯一方法是躲开她远一点"。他们共有两个孩子：一个夭折，另一个名叫莉狄亚，和她妈妈缠得牢牢的。等斯特恩的母亲和姨妈这两个一直在爱尔兰过着贫困生活的长辈搬到约克郡来，还要他从妻子的收入中每年拿出8英镑来照顾她们时，不幸终于加深了。斯特恩给自己母亲一点钱，求她回爱尔兰去，她却赖着不走。她因流浪被逮捕时，斯特恩也不肯把她保释出来。

　　经过18年艰辛的婚姻生活之后，我们这位教区牧师觉得任何一个真正信奉基督的人，都容许他有少许通奸的自由。他爱上卡瑟瑞恩·弗曼特尔，还发誓说："我爱你爱得痴狂，而且一定永远爱你。"

妻子控告他不安于室，他矢口否认。由于她已接近发疯，他把她和女儿莉狄亚交给一位"疯人院医师"照顾，自己则继续维持那种暧昧关系。

在这段骚动期间，他写了一本英国文学史上最著名的巨著之一。他的朋友在看过原稿的一部分之后，求他删除掉书中"会引起攻击的那些粗鄙的叙述，尤其是出自教士的手笔"。他忍痛删去 150 页左右。他把其余的部分以匿名的方式送交出版商。该书于 1760 年 1 月以《项狄传》（*The Life and Opinions of Tristram Shandy*）或《根特》（*Gent*）为书名出版。这两卷书中已有足够的秽闻和许多遐想的幽默，使该书成为该年伦敦文坛的一大盛事。老远的费内也传来称羡之语："这是一本很难解说的书。"伏尔泰说道："而且是一本极富创意的书，英国人为之疯狂。"休谟也称该书为"虽然很糟，却是近 30 年来英国人所写的著述中最好的一本"。而在约克郡，斯特恩是该书作者一事已成为公开的秘密，而书中主要角色已有许多被认出实乃当地人士。两天之内居然售出 200 本。

这本书很难描述，因为它既没有形式也没有主题，无头也不见其尾。该书的书名本身就是一个噱头，因为这个故事中担任叙述工作的"根特"，虽然他的"一生和看法"在书中会被提到，但是这位叙述故事的人却是到第 4 卷（原著有 9 卷）第 209 页才诞生。故事的主干是这位叙述者尚未出生时发生或叙述的传说，其间这位叙述者仍悠闲地在子宫里成形、长大。第 1 页写得最好：

> 我真希望父亲或母亲，当然最好是他们两个都一样，因为他们两个人在责任方面一样重大，在生下我时曾经留意过他们的所作所为。要是他们曾想及取决于他们的行为的分量有多重的话——不光是事关塑造一个有理性的"人"，而且可能还影响到这个人的形状和体温，也许还涉及这个人的天分和心智的模样……也许这一切都取决于当时最佳的性情和情趣——要是他们

曾适切地衡量并顾及这一切，而且依此行事的话，我真的相信我可能成为世界上截然不同的大人物。

　　我母亲说："亲爱的，你可没有忘了给我们的钟上发条吧？"——"老天呀！"我父亲大叫道……"自从创世纪以来，可曾有过一个妇女用这么笨的问题来打断男人的？"

　　在这个令人尴尬的开头之后，是一大堆题外话。斯特恩没有要讲的故事，更没有大多数小说具备的那种爱情故事。他希望借古怪言谈来讨论一切的方式，以供自己和读者消遣，却没有一定的次序。他就像马场里一匹活泼的马一样，在人生的大小问题之间跳跃不停。在写了64章之后，他才想起自己还没有给这本书写序言。于是他就在那里写上一个序，这一招使他有机会玩弄批评他那本书的人。他认为自己这种方法"最具宗教色彩，因为我以写下第一句开始，而把第二句托付给'万能的神'"。至于其余的部分，则委托自由组合。拉伯雷曾经用这种方式写过一点，塞万提斯也曾让罗森纳特把他从一段故事带领到另一段故事。罗伯特·布尔顿在为"忧郁"解析之前，也在世界各地漂泊过。不过，斯特恩使前后不连贯升格为一种叙述法，使以后的小说家可以不必顾虑到非得有一个主题或纲要不可。

　　英国的有闲阶级乐得瞧瞧到底他能为无事而忙到什么程度，也希望能看看到底在约翰逊的时代，用盎格鲁—撒克逊英语写的书是如何写成的。好色的英国人对一个教会人士谈论性和浮夸及托比叔叔裤裆里的裂缝表现出的那种轻快的新奇颇表欢迎。1760年3月，斯特恩到伦敦去啜饮自己的成功之汁，他看到那两卷书卖光时颇为高兴，这两卷及其后的两卷他共拿了630英镑。《项狄传》出书后4个月才出版的那本《约里克先生的布道》（Sermons of Mr. Yorick），在人们知道原来约里克就是斯特恩时也都卖得很好。查斯特菲尔德、雷诺兹、罗金厄姆等人都发帖邀请作者前往，连威廉·沃伯顿主教都邀请他，并以50基尼的巨额金钱来使他惊喜，此举也许是为了避免在其后出书的诸卷中遇到美化过的讽刺文字。斯特恩买了一辆马车，还有马匹，带着欢乐的胜利回到约克郡，并在大教堂里布道。其后他又被推荐到离约克 15 英里的考克斯沃德城较富庶的教区，他把妻子和女儿带去和他同住，他更以前后不连贯的技巧在那里写成《项狄传》的第 3 和第 4 卷。

1760 年 12 月，他到伦敦去看这两卷的发售情形。虽然书摘的评论对他不利，但那一版还是在 4 个月内卖光。这时，书中的特里斯特拉姆经医生用钳子夹住而诞生，但他的鼻子走了样。这时作者又抓住这个机会畅谈鼻子哲学，文体则与最饱学的学究一样。一位权威说，婴孩鼻子的形状完全由哺育他的那个乳房的软硬来决定："埋入乳房之后……鼻子有如埋入跟乳房一样大的奶油一般，也觉得有人安慰，有人滋养，于是就隆起、丰满，也变得更清新，也因而再次复活。"

在伦敦住了半年之后，斯特恩回到妻子身边，妻子对他说他不在时她更快乐。于是他埋首写稿，完成了第 5、6 两卷。在这两卷中，特里斯特拉姆几乎全被遗忘，而托比叔叔和蒂瑞姆（Trim）下士以他们对战役的回忆和玩具城堡占据了大部分篇幅。1761 年 11 月，我们这位牧师再度前往伦敦。那年最后一天终于看着那两卷出版。这两卷也卖得很好。他和一位"才女"——伊丽莎白·沃瑟夫人调情。他还发誓说他愿意以他担任圣职的最后一块布来送给她，以接触她那神圣的手。然后他肺出血，于是他避居法国南部。他在巴黎待了很久，因此他有机会到霍尔巴赫的"无神论会堂"参加几次聚餐。在那里，他获得狄德罗持久的喜爱。斯特恩一听说妻子病重，而莉狄亚也有点气喘病，便邀她们母女前来法国和他同住。他们三个在图卢兹附近定居下来（1762 年 7 月）。

1764 年 3 月，斯特恩得到妻子和女儿的同意后，离开她们前往巴黎、伦敦、考克斯沃德等地。他写了《项狄传》的第 7、8 两卷、还拿到了这两卷的预付款，把所得的金额寄了一部分给斯特恩夫人。这两卷于 1765 年 1 月出版，得到的赞美极少，托比叔叔的气质已渐微弱。10 月，斯特恩开始了前往法国和意大利 8 个月的长期旅行。他北上之时在勃艮第和家人会合，他家人要求留住法国，他付了她们的费用之后回考克斯沃德（1766 年 7 月）。在几次肺出血期间他写成了第 9 卷。他到伦敦去看那一卷书出版（1767 年 1 月），还因为托比叔叔向瓦德曼夫人求爱时描写了性爱的成分，掀起了读者的狂热。愤慨的读者向报馆和约克郡大主教投书，要求把这个无耻牧师的教职除去，并驱逐他，不料这位职位高的教士拒绝了。此其同时，斯特恩还为他答应写成的《感伤之旅》收下了预约金，总共有 1050 英镑之多。于是他寄了更多钱给他太太，还和伊丽莎白·德拉波谈恋爱。

　　这位女士是当时东印度公司一位驻在印度（1767 年 3 月）的官员的妻子。她出嫁时才 14 岁，而当时那位官员已经 34 岁了。斯特恩把自己的书送给她，还答应她说自己一定身心一致地遵照书上所写的去做。有一段时期他们天天见面，还彼此交换柔情的书信。那 10 封"给伊丽莎白的信"反映出一位即将死于肺病的人最后那股忧戚的情感。"虽然说我在体格的成熟方面拿 95 分，而你只拿了 25 分……不过，我在年轻时缺少的东西，我一定以机智和性情来弥补。斯威夫特也没爱过他的斯特拉这么真，斯卡龙也没爱过曼特侬那么切，连瓦勒也没这么爱过萨查瑞萨像我立志爱你、为我这准妻子歌颂得那么真诚！"——因为"我的妻子已活不了多久"。这封信发出以后 10 分钟他就出血出得很厉害，而且一直流到早晨 4 点。1767 年 4 月，德拉波夫人在其夫吩咐之下乘船前往印度。从 4 月 13 日到 8 月 4 日，斯特恩不断地刊载"给伊丽莎白的日志"，这是一份"一个渴望和一位淑女交往的男士在跟她分手之后，那些悲切的感情的日记"。"无论何种代价我都一定要你，伊丽莎白！我一定……很公平、很仁慈地待你，今后我应该不再悲戚。"在 8 月 21 日那天的日志里，他写道："流了 12 盎司的血。"一位医生告诉他说他有梅毒，他却抗议说："不可能……因为我在……这 15 年中连我妻子都没碰过。"医生说："我们不想和你理论，不过你必须施一剂水银。"其他医师也证实了这个诊断。有一个甚至还向他保证说："感染病菌的血液的污物已潜伏了20年。"他只有让步，却又为自己的清白辩护。

6月他已康复，回到考克斯沃德。在撰写那本《感伤之旅》时他出血出得更厉害，同时他明白自己来日无多，将不久于人世。他到伦敦，看着那本小书出版（1768年2月），同时最后一次享受老友对他未曾稍减的友谊。正如那本《项狄传》使人忆及拉伯雷一般，这本新书也反映出理查森和卢梭对他日益加重的影响。不过，斯特恩的道德没有理查森那么无懈可击，而他的眼泪也没有卢梭的眼泪那么热、那么真。也许正是这本书和麦肯齐（Henry Mackenzie）的《感伤的男士》（*The Man of Feeling*，1771年）才使得"Sentiment"（伤感）和"Sentimental"（感伤的）这两个词在英国如此流行。拜伦认为斯特恩"可为一头死驴发牢骚，也不愿去救助活着的母亲"。

斯特恩最后一次到伦敦享受胜利的果实时着了凉，导致肋膜炎。他写了一封信给詹姆士夫人，在这封哀怨动人的信中拜托她，万一斯特恩夫人去世的话请她代为照顾莉狄亚。死亡之神于1768年3月18日到老伯德街上一家旅馆里找上了他，这时他身旁一个朋友也没有。他享年52岁。他有几分江湖郎中的本事，他把自己扮装成"丑角"的模样。不过，我们也了解他对女人的敏感，及不幸的婚姻给一个能够很精密地观察、很微妙地表达的男人所施的压力之重。他在一生中吃了太多苦，施舍得太多，还写了一本文学史上最奇特的书。

范尼·伯尔尼

有一位女性很短暂地在小说方面和斯特恩抗衡。这位女性于1752年诞生，是音乐史家查尔斯·伯尔尼的女儿。她小时候接触的，不是文字而是音符。范尼到8岁都还不识字，谁也想不到她竟会成为作家。她9岁时母亲去世。由于当时在伦敦登台表演的音乐家几乎全涌到其父家中，还吸引了许多知名之士前往，她就借着听字和音乐的方式来接受教育。她成长得很慢，再加上个性内向兼相貌平平，到40岁才找到丈夫。她那本著名的小说出版时（1778年1月），她已25岁。因为她担心这本小说会使父亲不悦，所以没有用本名发表。《埃维莉娜，一位少女踏进社会》（*Evelina, or A Young Lady's Entrance into the World*）引起了一阵骚动。这种作者不署名的方式激起了人们的好奇心，传闻说该书出自一个17岁少女之手。在那本书的序言里被夸奖的约翰逊也撰文嘉许，还把那本书推荐给伯尔尼博士。泰罗尔夫人则嫌该书写得太短。泰罗尔夫人知道个中秘密时，消息马上传遍伦敦。范尼一夜之间成为社会上的女名流，人人读她的书，而"我那位既仁慈又虔诚的父亲更因为我快乐而极为快乐"。

她的技巧是以绵延不绝的回忆和生动的想象来勾画出一个在乡间由一位和斯特恩截然不同的牧师带大的17岁孤女所见的伦敦社会百态。毋庸置疑，范尼也为加里克的表现着迷，而心中也感到埃维莉娜写给她的监护人信中所说的那种感觉："多么安详，风度多么活泼！他的行为多么优雅！他的两眼又有这么大的热情和蜜意……而他跳舞时，噢！我真羡慕卡拉林达！我真希望跳上舞台去和他们共舞。"厌倦了伦敦城罪恶的人们从这些有朝气的文字中感到这股清新之风洗净了他们的心灵。

这部一度极为风行的小说已不再风行，但范尼所写的日记仍然是英国文学和历史上极有地位的作品，因为日记里对约翰逊和乔治三世起到霍斯查尔和拿破仑时期为止的重要活动都有极亲近的描写。夏洛特王后任命范尼保管她的衣袍（1786年），而其后5年内范尼为王后穿衣、脱衣。这种不自然、生活圈子又小的生活几乎使我们这位女作家窒息。最后，她的友人终于救了她出来，而1793年青春已逝之时，她终于嫁给没落的亡命者阿伯雷将军。她以自己写稿所得和薪金来养活他。夫妇二人在法国隐居10年，因革命战争和拿破仑战争吃紧而陷于孤立。1814年，她获许回英国接受其父临终的祝福，其父享年88岁。她自己也活到88岁，只是她生活在另一个天地里，她自

已不知道大名鼎鼎的简·奥斯丁（逝于 1817 年）竟从她这位一直活
到 1840 年、被遗忘了的妇女所写的那些被淡忘的小说中获得写作的
灵感。

霍勒斯·沃波尔

"这个世界，"他说，"对于思考的人来说是一个喜剧，对于那些
感觉的人来说则是一个悲剧。"因此他学着对这个世界微笑，甚至还
对自己的鉴赏力调侃一番。他记载他在世时的记事年表，却又拒绝对
之负责。他虽贵为首相之子，却对政治提不起兴趣。他也爱过女人，
从范妮到最大的女伯爵，却又不愿娶她们为妻，或（据我们所知）把
她们当作情妇。他也学哲学，却又认为哲学家是那个世纪的眼中钉。
他只毫无保留地景仰过一位作家，因为她——瑟维吉夫人——风度优
雅，表达技巧又不做作。他只想效法她一人，即使他写给她的信没抓
住她那欢欣的魅力和那份优雅的话，它们也是一个时代的日常。虽然
他把这些信称为贝德拉姆的纪年表，却又小心翼翼地写，期望其中一
部分会在人类的记忆中占一席之地，因为即使一位向衰亡妥协的哲学
家，也觉得难以忍受被淹没的痛苦。

哈瑞图（Horatio，1717 年受洗时所取之名）是罗伯特·沃波尔
爵士 5 个小孩中的老幺。其父就是那个因为喜爱和平、厌恶战争而牺
牲了自己声誉的果敢首相，他却为赞成通奸、反对一夫一妻制度而
差一点毁了和平。也许为了报复自己的元配妻子，有一阵子喜欢说闲
话的人谣传说霍勒斯·沃波尔的生父是哈维·艾克沃斯——无大丈夫
气概的约翰的亲兄弟——哈维爵士卡尔。这位无大丈夫气概的约翰则
控告罗伯特爵士企图勾引哈维小姐。这些纠缠不清的事如今已难以下
公断，我们只能说霍勒斯是由家世清白的亲戚带大的，并没有任何
污名。首相对他漠不关心（他这么告诉我们说），他母亲则以"极度
的亲昵"来"宠坏"他。他小时长得极为俊俏，衣着也俨然是一个王

子，不过身体极孱弱，个性羞怯，和女孩子一般敏感。他母亲去世时
（1737 年），很多人担心这个 20 岁的年轻人会忧郁而死。罗伯特爵士
则以政府中领干薪的职位来安慰他，供他儿子买好衣服，享受豪华的
生活，及他花费极大的艺术品收藏所需的金钱。霍勒斯至死对其父都
有潜在的敌对观念，不过他始终为其父的政治立场辩护。

10 岁时，霍勒斯被送往伊顿学拉丁文和法文，还在那里和大诗
人托马斯·格雷交上朋友。17 岁时进入剑桥大学国王学院；他在该
学院攻读意大利文，并师从库尼耶·米德顿学习自然神论。22 岁时，
他未获学位就和格雷携手同游意大利和法国。在流荡一段时期之后，
他们在弗罗瑞顿别墅住了 15 个月，当英国代办霍勒斯·曼的贵宾。
其后，沃波尔和曼未再谋面，不过在以后 45 年中（1741—1785）保
持着联系。格雷和沃波尔在雷焦·艾米利亚城发生争吵，因为霍勒斯
将一切账单都付了，而这位诗人无法原谅因其父当时治理着英国而使
沃波尔得到的特别待遇。忆及此事时，霍勒斯谴责自己，他说："当
时我年纪太轻，只顾及自己的消遣……过分沉溺于享乐、虚荣及自己
所处地位的粗野……以致对一个当时我认为是在打击我的人的感觉未
加留意、未曾察觉。我实在羞于启齿说这个人对我有所亏欠。"两人
于是分手，沃波尔差一点就因懊恼或扁桃腺发炎致死。他为格雷安排
了回国的事宜，他们两人于 1745 年言归于好，而格雷大部分的诗集
也都在沃波尔设在草莓山冈的出版社出版。这时，沃波尔则在威尼斯
由卡列拉帮他画了一幅很好看的色粉画。

在返抵英国之前（1741 年 9 月 12 日），沃波尔已当选为国会议
员。他在任内发表了一篇谦卑、无效的演说，抨击使他父亲久任而
绩效良好的内阁垮台的反对势力。至 1767 年，他一直连选连任，然
后在那一年结束自己活跃的政治生涯。大体来说，他支持自由的维新
党计划：反对王权的扩张，赞成与威尔考斯妥协，更在威尔伯福斯诞
生以前 9 年（1750 年）公开谴责奴隶制度。他反对在政治上把英国
的天主教势力削弱，所持理由是："天主教徒和自由两者是相互对立

之物。"他虽然驳斥了美国反对《印花税法案》的案件，却又为美国殖民地要求自由的主张辩护，他还预言说下一个文明的高峰必然在美国。他（1786年）曾经记载："除了玛查维尔以外，还有谁梦想过我们对印度的土地有一点名分上的主权呢？"他痛恨战争，蒙戈尔菲耶兄弟首次使气球升空时（1783年），他就恐慌地预测，说战争可能有一天会升向空中。他写道："我真希望这些机械方面的流星只是供学者和懒人把玩之用，不要像科学方面许多改良和发现一样，成为摧毁人类的工具。"

在他发现自己总是受挫之后，他决定在乡间度过大部分的时光。1747年，他租到5英亩土地和一栋小房子。两年后他把这块地买了下来，而且把房子改建成新哥特式。他在这个中古化了的城堡中，收集各式各样艺术或历史上有名的杰作，不久，他家就成为需要有目录的博物馆。在其中一个房子里，他装上一部印刷机，印刷了34本极为华丽的书，其中也有他自己的。他主要是从草莓山冈发出了3601封信。他有上百个朋友，几乎一一跟他们吵起架，然后言归于好，又以自己微妙的暴躁脾气所能忍受的程度仁慈地对待他们。他每天摆着面包、牛奶给到他家来的松鼠吃。他尽力保住自己的干薪，又想多拿一点，他堂兄弟亨利·孔维被革职时，沃波尔却也曾经提议过和他共用自己的薪资所得。

他有上千个缺点，麦考莱一丝不苟地把这些缺点收集在自己一篇精彩而极不客气的散文里。沃波尔虚荣心重，爱挑剔，为人遮遮掩掩，反复无常，夸耀自己的祖宗，讨厌自己的亲戚。他的幽默有一点刻薄、挖苦人的味道。他把自己对那些参与使他父亲被免职的人的责骂带进自己的坟墓和自己的历史中。他时常极为偏激，描写庞弗雷特夫人就是如此，写蒙塔古也是如此。他柔弱的身体使他成为业余的艺术爱好者。正如圣伯夫那句发人深省的话所说的，狄德罗是法国人中最像日耳曼人的一个，我们也可以套一句：沃波尔是英国人中最像法国人的一个。

他毫不畏惧地公开承认自己一些不寻常的品位和看法。他觉得维吉尔令人心烦，理查森和斯特恩"犹有过之"，但丁是"疯人院里的卫理公会教徒"。他假装瞧不起所有的作家，而跟考恩格瑞一样，也坚称自己是一个以写作为消遣的绅士，并非以鬻文糊口、卖文为生的人。他在写给休谟的信上说："你该知道，我们英国人看书时很少、甚至不去留意作者是谁。我们认为只要作品销路好，他家的收入一定不错，当然我们不去管他的名望如何，我们用这个方法就可以不受作家虚荣心和鲁莽的约束……我身为作家，但我认为这个做法很合理，因为事实上我们都是一堆无用的人。"

不过，正如同他自己承认的，他自己也是作家，爱虚荣，又多产。他在家里住腻了以后，便开始勘探过去，仿佛希望把自己心智的根埋入最丰富的地层似的。他整理出《英国王室与贵族作家目录》（*Catalogue of the Royal and Noble Authors of England*，1758年）——这些人地位的尊贵足可使他们一跃而为作家，而第一流的人士如培根和克拉瑞顿更是够资格。他一共印了300份，大部分拿去送人，多兹利也冒险印了2000本，结果极为畅销，使沃波尔声名大噪，连他自己都得羞惭地低头。那本厚达5册的《英国绘画轶事》（*Anecdotes of Painting in England*，1762—1771年）使他更失面子，这本美丽的汇编还得到吉本的赞许。

似乎是为了在这种累人的学术性工作中得到消遣，沃波尔还写了一部中古的传奇故事《奥特兰托古堡》（1764年），这本书成为后来上千上万本志异和恐怖故事的先驱。他在《理查三世国王的一生与朝代的历史性怀疑》（*Historic Doubts on the Life and Reign of King Richard III*）中把神奇和历史糅合在一起。他及后来的很多人认为理查被传统和莎士比亚诽谤，休谟和吉本则认为他这种论调没有使人信服的能力，沃波尔至死一直重复这个论调。他又把题材转向自己拥有第一手资料的事件，撰写了乔治二世和乔治三世治下的回忆录。这些回忆录很有启示作用，只是党派心太重。由于他受到自己偏见的拘束，他对那个时代持悲观的看法："奸诈的内阁大臣、伪爱国者、沾沾自喜的议会，再加上易于受骗的王子。""眼看着国家濒临危亡，却没有一个有能力挽救它的人。"这些文字是 1768 年写成的，这一年查塔姆才刚刚创建大英帝国。14 年后，国王和诺斯爵士似乎已把帝国毁了之时，沃波尔下断言说："我们在各个方面都完全堕落，我个人认为是国家衰亡的症状。"一代过后，这个小岛击溃了拿破仑。沃波尔认为所有的人都是兽栏里"侏儒型、短命……滑稽的动物"。他觉得宗教无法给他慰藉，但他支持英国国教，因为这个教会支撑着给他领干薪的那个政府，不过他很坦诚地称自己是一个"不忠实"的人。"我开始认为'愚蠢'是一种物质，我们无法将之摧毁。你毁了它的一种形式，它又以另一种形式存在。"

有一段时期，他认为自己有办法到法国获得激励（1765 年 9 月）。所有的门户为他洞开，杜德芳夫人欢迎他，视他为达朗贝尔的替代者。当时她已 68 岁，而沃波尔才 48 岁。不过，这个年龄上的差距在这两颗仁慈的心彼此深情地交换失望之时，已不复存在。她很高兴，因为她发现沃波尔已同意伏尔泰的大部分见解，不过她宁愿受火烙之刑，也要阻止他说出来。因为他担心万一基督教瓦解的话，欧洲不知如何收拾，每思及此，不禁战栗。他驳斥伏尔泰，又嘲弄卢梭。他就是在这次赴巴黎旅游的途中写这封信——据推测可能出自腓特烈的授意——邀请卢梭到柏林观赏更多的宗教迫害。"抄本如野火般传布"，而且"时髦地瞧瞧我吧！"——他继休谟之后成为沙龙中的顶尖人物。他也会喜爱巴黎那些欢悦又无情的刺激，不过他觉得很快慰，因为他发现"法国人比我们（英国人）还要卑鄙十倍以上"。

返乡（1766 年 4 月 22 日）后，他与杜德芳夫人开始长期通信。以后我们还会谈到他如何折磨自己，免得她的感情使他觉得突兀。不过，他可能是为了再见她才分别于 1767 年、1769 年、1771 年、1775 年再访巴黎，她的爱情使他忘却自己的年龄。格雷的去世（1771 年 7 月 30 日），使他想及自己的来日无多。他居然一直活到 1797 年，自己也觉得奇怪。他没有金钱方面的忧虑，1784 年他的收入就有 8000 英镑之多，1791 年他继任为牛津爵士。不过，他那起自 25 岁的鉴赏力自始至终成为他的苦恼。他到老年时变得枯干、僵硬，有时还得由仆人把他从一个房间带到另一个房间。但他不停地工作，不停地写作。客人来访时发现他两眼炯炯有神，礼貌周到，言谈欢乐，反应敏捷又清晰，不禁惊奇不已。几乎每天都有知名之士前来参观他闻名遐迩的住家与珍藏，莫尔于 1786 年前来，夏洛特王后则于 1795 年来访。

虽然如此，他于 1797 年 3 月 2 日去世的地方不是草莓山冈，而是柏克莱广场，他享年 80 岁。似乎是为了悔恨自己在回忆录和信函中有着太多得罪人之处，他下令将自己的手稿锁在箱内，只有在"沃尔德格雷夫第一任伯爵 35 岁那年需用时"才能打开。因此，这些回忆录只有在 1822 年、那些可能会起来辩驳的人全都死光之后才告出版。他的信函于 1778 年出版了一部分，于 1818 年、1820 年、1840 年、1857 年又分别多印了一部分。在看得懂英文的世界里有些人曾经看遍这些信上的每一个字，而且把这些信函当作这个启蒙世纪里最足珍视、令人喜爱的遗产。

吉本

沃波尔在写给历史学家罗伯逊的信中说："好历史学家是所有作家中最难求的。无疑，文体优雅不可多得，能掌握翔实的资料更弥足珍贵，要是两者能配合得恰到好处的话，能够持平不偏真是这个巧合中锦上添花的好东西！"吉本诚然未能通过这个持平不偏的试炼，但塔西佗——唯一能在最优秀的历史学家群体中和他抗衡的一个——也过不了这一关。

·准备工作

吉本写了或开始了 6 份自传，他的著作执行人谢菲尔德第一任伯爵把这些自传编织成一份极为优美、却净化得不恰当的《备忘录》（1796年），有时被称为吉本的《自传》。吉本还记了一份日志，这份日志起自1761年，然后以各种不同的名称继续记录，直到1763年1月28日。他记录的这些主要来源被公认为极为正确，唯一的例外是他的家系。

他用了8页的篇幅来详述他极为显赫的先世，残酷的系谱学家却将之夺去。他的祖父爱德华·吉本一世在"南海的梦"被戳穿（1721年）后，和"南海公司"的其他主管一同以渎职的罪名被捕。吉本一世的财产，据他自己估计约值106543英镑，除了其中的1万英镑悉数被充公。据我们这位历史学家说，他就用这笔钱"筑起一幢新财富的大厦，这个新厦……不比原先的差到哪里去"。他不赞成他儿子爱德华·吉本二世的婚事，因此他在遗嘱中把大部分财产留给卡瑟瑞恩和霍斯特这两个女儿。卡瑟瑞恩的女儿嫁给爱德华·艾略特，艾略特后来为爱德华·吉本三世买了国会中的一个席次，霍斯特后来成为威廉·劳的有钱的拥戴者，因为她拖了很久才去世，还使她侄儿不高兴了很久。爱德华二世由威廉·劳担任其私人教师，念过温彻斯特学校和剑桥大学，娶朱迪斯·波顿为妻，生了7个小孩，只有1个没有早夭。

1737年5月8日，吉本生于萨里郡的帕特尼城。1747年，他母亲因怀第7个小孩而去世。他父亲把家搬到汉普郡的巴瑞顿乡间地产，离伦敦58英里，而把吉本交给帕特尼郡祖父家的姑母照顾。我们这位未来的学者就在那个藏书甚丰的图书馆里埋首苦读。他时常生病，使他在温彻斯特学校课业的进步不时中断，不过在他渐愈之后，他总是勤奋苦读，多半是读历史，尤其是有关近东的。"穆罕默德和他手下的信徒立即引起我的注意……我一本接一本地看，最后我终于转完了整个《东方史》的大圈子。16岁以前，我已经把那些用英文写成的有关阿拉伯人与波斯人、鞑靼人与突厥人的所有史书都看遍了。"他就是根据这些资料写成关于穆罕默德与哈里发及君士坦丁堡的占领那几章，堪称迷人的记载。

15 岁时，他被送往牛津大学的玛吉达伦学院就读。"我到校时满腹经纶的博学足可使博士惊讶不止，而无知的程度又足以使学生感到羞愧。"他身体太弱，无法上体育课，个性内向，无法很随和地与其他同学打成一片。他本来可以成为一个称职老师门下的聪明学生，然而他渴望向学，却找不到热衷于教学的教授。大部分老师容许学生们有不上课的自由，还允许他们把一半的时间用在"懒散的诱惑"上面。他们还沉溺于"行为不检、择友不良、迟到早退、挥霍无度"——甚至还可以在学期中到巴斯城或伦敦去玩一趟。然而，吉本"因为年幼脸皮薄，无法像街上那些有男子汉气概的牛津人一般去考文特花园的旅社和妓院寻欢"。

该校教员清一色是教会人士，他们在学校教英国国教的《39 条款》，并将之奉为圭臬。吉本生性好胜，向教授讨教。他认为从《圣经》和历史看来，天主教会配得上该教宣称的出于神圣。一位信天主教的熟人给他一些悬疑的书，主要的有波舒哀的《天主教教义的解说》（*Exposition of the Catholic Doctrine*）和那本《新教演变史》（*History of the Protestant Variations*）。这些书"促成我皈依天主教，我还真正被一只高贵的手触摸"。他带着一股年轻人的冲动向一位天主教教士忏悔，被收入罗马教会（1753 年 6 月 8 日）。

他将此事禀告其父，对被召回家并不感到惊讶，因为牛津不收天主教徒学生。而且，根据布莱克斯通的说法，新教徒皈依罗马正教更是属于"极大的出卖行为"。父亲急忙迫使儿子前往洛桑，并设法要他和一位加尔文教派的本堂牧师同住。他起先在那里终日郁郁不乐，幸亏帕维丽德虽然不很宽大，却很和善，于是我们这位年轻人才逐渐对他好些。而且，这位本堂牧师还是一个对古典文学颇有研究的学者，吉本阅读和写作法文的流畅才得以和英文一般，并对拉丁文有着相当的心得。不久他被介绍到有高度教养的家庭里做客，这些家庭里人的仪态和谈话，远比他在牛津学到的强得多。

他的法文日益练达，使他逐渐感到法国理性主义的清风已逐渐吹到洛桑。他20岁时（1757年）就在附近的牟瑞恩很尽兴地欣赏伏尔泰推出的戏剧。"我经常和那些艺人共进晚餐。"他和伏尔泰见面，开始拜读伏尔泰的作品，也读了伏尔泰新近出版的《论一般历史》（即《论道德》）。他熟读孟德斯鸠的《论法的精神》，而那本《论罗马人伟大与堕落之因》（1734年）更成为他《罗马帝国衰亡史》的起点。总而言之，这些法国哲学家的影响加上他原来阅读的休谟及英国那些奉自然神教者的作品，逐渐损毁了吉本的基督教与天主教信仰，而帕维拉尔为宗教改革争取到的胜利也因吉本私底下接受启蒙运动而抵消。

能在同一年（1757年）分别与伏尔泰、苏珊·库查德两人见面，真是一大快事。苏珊年方20岁，金发、艳丽、乐观，与她信仰新教的双亲同住在离洛桑4英里的卡拉瑟城。她是普兰当的灵魂人物。这个集会有15到20个年轻妇女会员，轮流在各个会员家中聚会：唱歌、跳舞、演喜剧，还深谋远虑地和美少年调情。吉本向我们保证说："这些人的贞洁从未受到一丝闲话或疑心的玷污。"请看他的说法：

> 她几次短暂的访问洛桑地区的亲戚时，这位库查德小姐的机智、美貌和饱学是一致激赏的话题。对这样一个才女的报道唤醒了我的好奇心，我一见她就已倾心。我发现她博学而不炫耀自夸，颇为健谈，情操纯洁，风度雍华……她家道清苦，而其家人却值得尊敬……她允许我到她父亲家造访两三次。我在她家很愉快地过了几天……我不禁醉入幸福的美梦中。

他们于1757年11月正式订婚，不过苏珊答应时有一个条件，即吉本得答应和她一起住在瑞士。

此时吉本的父亲却深信自己的儿子如今定然已变成良好的新教徒，于是命他返乡聆听自己为他安排好的计划。吉本并不急于返乡，因为父亲已经再娶。不过，他还是听了话，于1758年5月5日返抵伦敦。"我马上发现父亲不同意我的婚事，而未获他的同意，我会极为潦倒、孤立无援。经过痛苦的挣扎后，我终于向命运低头。我以一个情人的身份叹息，以一个儿子的身份服从。"他把自己叹息的心意于 8 月 24 日以信函传达给苏珊。他父亲为他安排了 300 英镑的年金。他的继母因为未生育而使他极为感激，不久他就对她表示友善。他把钱多半用来买书，而且"逐步形成一个藏书丰富、精选的图书室，这些书就是我写作的基础，是我一生最大的安慰"。

他在洛桑开始写，而在布尔顿（Buriton，夏天度假的地方）完成了那本《论文学研究》（*Essai sur l'Étude de la Littérature*）。这本书 1761 年在伦敦出版，1762 年又在日内瓦出版。由于该书以法文写成，而且主要谈及法国文学与哲学，在英国并未掀起骚动，而在欧洲大陆则被视为一个 22 岁青年极为杰出的成就。该书在历史的写作论上有一些极具意义的观念。"各帝国的历史是人类不幸的历史，知识的历史则是人类伟大与幸福的历史……一大堆的设想使研究的最后秩序在哲学家心中变成极为珍贵之物。"因此，"要是哲学家无法永远兼而身为历史学家，至少历史学家也该当当哲学家才行"。在他那本《备忘录》上，吉本更说："我从最早的青年时代就渴望有历史学家的特性。"他寻找一个能够容纳历史、哲学、文学的题目。18 世纪，历史没有成为一门科学的借口；相反，历史倒宁愿成为一种艺术。吉本认为，他写历史时，能兼而身为哲学家与艺术家，以一个大规模的观点来处理几个大题目，还要使这一大堆杂乱的素材具有哲学意义和艺术形式。

他突然从学术研究开始采取行动。在"七年战争"期间，英国一再受到法国侵略的威胁。为了防备这种紧急情况之需，英国上流社会组成了自卫队来防止侵略或暴乱。只有有产者才够资格当自卫队的军官。吉本父子于 1759 年 6 月分别被任命为少校与上尉。吉本于 1760 年 6 月加入阵营，而且时断时续地待在自卫队里直到 1762 年 12 月，从一个营地转至另一个营地。他不能适应军旅生活，而且"很烦那些既无学者的知识又无绅士风度的同胞"。在他的军旅生活中，他发现自己的阴囊因为充满液体而日见膨胀。"今天（1762 年 9 月 6 日），我被迫去找安德鲁斯医官检查一项我忽略了很久的病。我的左睾丸胀大，很有闹成大事的可能。"他被放血后加以治疗，却只有短期的效果。这股"疝气"一直折磨着他，最后使他致死。

1763 年 1 月 25 日，他出发到欧陆旅行。他在巴黎停留了一段时间，见了达朗贝尔、狄德罗、雷纳尔及其他启蒙运动的导师。"每周有 4 天我身为……招待亲切的若弗兰和伯卡吉夫人、著名的爱尔维修和霍尔巴赫男爵等人餐桌上的座上客……14 个星期就这么一溜烟过去了。不过，要是我既有钱又能自立，那么我会把时间延长，甚至定居在巴黎。"

1763 年 5 月，他抵达洛桑，前后住了将近一年。他也见了库查德小姐，不过他发现向她求婚的人很多之后，他不想和她重叙旧情了。这次再度停留于瑞士时，他承认"自卫队的习惯和我同乡的榜样使我变得极为放纵。而在我离去之前，我已经罪有应得地丧失了我昔日赢得的那些光彩评价"。他赌输了一大笔钱。不过，他继续研究，准备前往意大利，仔细研究古代的徽章、铜板、行程表和地图。

1764 年 4 月，他越过阿尔卑斯山。他先在佛罗伦萨住了 3 个月，然后转往罗马。前后 18 周之久，一个亡命意大利的苏格兰人天天引导他游历古物的遗迹。"我就是在 1764 年 10 月 15 日那天坐在古罗马的废墟上沉思，而赤足的修道士正好在朱比特神殿中唱晚祷，那股撰写有关这个城市的衰亡情形的念头首次涌入我脑海。不过，我原先的计划是只限于这个城市的没落，而不是整个帝国。"他又想及，这次致命的崩溃"可能是人类历史上最大规模、最令人寒心的景象"。在游玩过那不勒斯、帕多瓦、威尼斯、维琴察、维罗纳诸地之后，他经过都灵、里昂、巴黎（另 14 个愉快的日子）等地折返伦敦（1765 年 6 月 25 日）。

其后他大部分时间都住在布尔顿，先让自己以法文开始另写一本有关瑞士历史的书。休谟在见过他留在伦敦的手稿之后，写信给吉本（1767 年 10 月 24 日），求他用英文写，还预言说英语不久一定在流行区域的广阔和影响力的深远方面超过法文。此外，他向吉本警告说：吉本使用法文语调已经带他"走进比我们本国语言在史学著作方面所能允许的文体更富诗意、更多譬喻、更富色彩的世界"。吉本后来也承认："我对古物的习惯……促使我为欧陆读者而用法文写书。不过，我也知道我自己这种高于散文、低于诗的文体已退化为一种过分冗长、华而不实的演说。"

父亲的去世（1770 年 11 月 10 日）使吉本获得一大笔财富。1772 年 10 月，他定居伦敦。"我一把家和图书馆安顿好，就马上着手著述我这本历史书的第 1 卷。"他容许自己的许多消遣——晚间到维特，参加约翰逊的"俱乐部"，到布赖顿、巴斯、巴黎等地旅游。1774 年，他被他亲戚控制的那个伯勒（pocket borough，议员选举为一人一家操纵的城市，即称为"伯勒"）推选为国会议员。他在下议院诸次辩论中一直保持缄默。他写道（1775 年 2 月 25 日）："我仍旧保持沉默，场面比我想象的还浩大。发言者若是伟大，则使我极为灰心；若是差劲，则使我恐惧莫名。"不过，"我在国会出席的 8 次会期使我学到了百姓应有的审慎态度，这种态度是身为历史学家的人首要而且最基本的美德"。在美国问题诸多相反的意见包围之下，他通常站在政府决策的一边参加投票。他向整个法国发表了一份《备忘录》（1779 年），谈及英国和那些反抗的殖民地之间的冲突。他为此得了一份酬劳，在"贸易和农牧会"获得一个席位，年薪 750 英镑。弗克斯控告他，说他指出罗马式微原因之一是政界的贪污，自己却以贪污而图利。机智者说乔治三世先买通吉本，免得这个叙述罗马衰亡的作者他日也记下大英帝国的衰亡。

·衰亡史一书

1772 年以后，吉本注意力的焦点集中在历史上，同时他发现自已很难对其他事物认真地思虑。"几次实验之后，我才能在乏味的纪年表和注重修辞的演讲词两者之间找到中庸之道。第 1 章我前后共写了 3 次，第 2、3 两章写了 2 次之后我才勉强满意这 3 章的效果。"他决定把这部历史写成一本文学著作。

1775 年，吉本把前面第 1 章的原稿交给一个出版商，这位出版商拒绝了，所持理由是该书预期定价过高。另有两个书商——托马斯·卡德维尔和威廉·斯达翰——则冒着风险印行了《罗马帝国衰亡史》第 1 卷（1776 年 2 月 17 日）。虽然书价高达 1 基尼，但是那1000 册在 3 月 26 日就售光。第 2 版的 1.5 万册于 6 月 3 日出版，也在 3 天内卖光。"我的著作被摆在每张书桌上及几乎每个化妆台上。"连往常派系气氛极浓的文坛也一致赞赏。罗伯逊也很大方地致送赞美词。死于这一年的休谟也写给作者吉本一封信，吉本说这封信"足足偿付了我 10 年来的辛劳"。霍勒斯·沃波尔在出书次日向威廉·梅森说："看吧！一本真正配得上名著的作品诞生了。"

这本书很合逻辑，也很大胆地在书的开头以三章极富学术意味的文字来详述马可·奥勒留去世时，罗马帝国的版图、军事组织、社会结构及法律结构（奥勒留死于公元 180 年）。吉本认为这一年以前的84 年，帝国已达其行政效率和民心满足的最高峰：

> 要是有人被请来指出世界历史上人类的情况最幸福、最繁荣的一个时期，那么这个人一定毫不犹疑地说是图密善去世（96年）至康茂德登基（180 年）为止的时期。这个时期，罗马帝国广大的版图都在美德与智慧的引导下，由绝对的权力来统治。军队由一连 4 个虽严格却极温和的皇帝来约束，这 4 个君主的个性和权威博得了人们不由自主的尊敬。民间行政的形式则由涅尔瓦、图拉真、哈德良、安东尼等人细心保存。这些人乐于看见自由的形象，也乐得认为自己是应该对法律负责的内阁阁员……这些君主的努力获得的效果远大于他们的努力，因为……他们也得

到美德真正的光荣，还眼见大众对自己为他们带来普遍幸福而感到高兴，自己也有着极高的喜悦。

不过，吉本也了解"那种必须看一个人的脸色的幸福极不稳定。只要有一个淫佚的青年或善妒的暴君滥用……那种绝对权力，那么致命的时刻也许就来临了"。以往那些"贤明君主"一向都是由适于采行的君主政体来选定——每个统治者将其威权转移给他周围的人士中一个经挑定、又经训练的继承者。马可·奥勒留却容许至高的皇权传给自己不够资格的儿子康茂德，那次继位之日，吉本把它当作帝国衰落之日。

吉本认为，基督教的兴起也促进了这次衰落。在这一方面他舍弃了孟德斯鸠的看法，孟氏在《罗马人的伟大与堕落》中并无这种论调，吉本在这一方面倒是学了伏尔泰。他的态度是绝对理智的，他对神秘的狂喜和寄望的信仰并无共鸣。他有一段极富伏尔泰韵味的话，足以表明他的看法："在罗马世界里存在着的各式各样的信仰，人们都认为同样真，哲学家都认为同样假，行政长官则认为同样有用。因此，容忍产生了宗教上的协调。"吉本通常避免直接对基督教表示仇视，因为当时英国的法令全书中仍有条款视此种说法为重罪。例如："要是有一个接受基督教教育的人竟然以写作的方式……否认基督教是真实的，那么他……再犯时……得坐3年牢，不得保释。"为了避开这种不便，吉本把灵巧的建议和不着痕迹的讽刺变成自己文体的要素。他很谨慎地指出：他不准备谈基督教的那些初始、超自然的资料，而只想讨论其中涉及其来源和发展的次要、自然的因子。在这些次要因子中，他虽然也列出1世纪时"基督徒纯洁、朴实的道德"，不过他又加上另一个原因，说是"基督徒一成不变的（要是容许说出来的话，应该是无容忍性的）热心"。他虽然也称许"基督教的共和世界里的联合一致与纪律的良好"，却又说"它在罗马帝国的心脏地区逐渐形成了一个独立而且日渐扩张的城邦。"大体来说，他把基督教早期的进展从奇迹降为一种自然过程，把各种不常见的奇迹从神学搬至历史中。

到底基督教与罗马的衰落有何关系呢？腐蚀信奉国教的人民的信仰，然后借此将这个由宗教来支撑、并使之神圣化的国家逐步瓦解。（这当然正是神学家和哲学家争论的题目。）罗马政府不信任基督徒，认为他们逐渐组成与服兵役为敌的秘密结社，而从正业中将人们拉向全神贯注于天堂的拯救。（根据吉本的说法，教士就是一群觉得乞讨、祷告比工作简单的懒虫。）其他小圈子倒还可以容忍，因为他们也有容人的雅量，而且不危及举国的团结；只有基督徒排斥其余的圈子，说其他的人邪恶、理应受惩，而且公然预言"巴比伦"——意指罗马——的灭亡。吉本把这种宗教的狂热归因于基督教的犹太教来源，而他在叙述中也学塔西佗，在多处抨击犹太人。他还提议把尼禄对基督徒的迫害解释为其实是对犹太人的迫害（这种理论今天已找不到拥护者）。他跟伏尔泰一样，把罗马政府治下殉道的基督徒人数减少，据他估计最多不超过 2000 人。他还同意伏尔泰的看法，说"基督徒（自从君士坦丁大帝以来）内部纷争引起的彼此之间的苛刻对待，远超过不忠于基督教的人加诸他们身上的……"

第 1 卷结尾的几章（第 15—16 章）有很多人反映说吉本写得不公平、不诚实。他暂时把这些评语搁在一旁，自己再到巴黎度长假（1777 年 5 月—11 月）。已经嫁给银行家兼财政部长内克的苏珊·库查德邀请吉本到他们家去。如今她的生活已经极为优裕，因此不再怨他当初"叹息如情人，服从如稚子"；而内克先生一点也没有醋意，也时常让这对老情人独处，自己去办事或睡觉。"他们有本事更残忍地侮辱我吗？"吉本这么怨艾着，"简直是毫不相干的安全措施嘛！"苏珊娜的女儿吉莫恩（后来嫁给斯塔尔先生）觉得吉本是一个很合得来的人，要是吉本他日考虑以大英帝国的衰亡为题写书的话，自己很乐于提供有关资料。

回伦敦后，吉本拟妥一份给批评他的人的答辩书《罗马帝国衰亡史第 15、16 章数节的辩白》（*A Vindication of Some Passages in the Fifteenth and Sixteenth Chapters of the History of the Decline and Fall of the Roman Empire*，1779 年）。他很简短、客气地答复那些在神学方面意见与他不同的人，但一个 21 岁的青年——亨利·戴维斯——惹他动了一点肝火，这位青年指出吉本在 248 页上都有资料不确的事情。我们这位历史学家承认了其中少数，却矢口否认自己"故意曲解，粗鄙的错误，还卑屈地剽窃"。一般人公认这篇《辩白》反驳得很漂亮。其后，吉本除了偶尔在《备忘录》上答辩之外，没有再反驳过人家的批评，不过他在后来出版的各卷上找了机会对基督教做修好式的赞语。

他写作的速度随着他在国会席次的失去（1780 年 9 月 1 日）而加快。《罗马帝国衰亡史》的第 2、3 两卷于 1781 年 3 月 1 日出版。这次读者没什么动静，因为野蛮人入侵的故事早已流传，而对 4 世纪和 5 世纪刺激基督教会的异端邪说所做的冗长、专门的讨论引不起这个时代的人们的兴趣。吉本把第 2 卷的新书样本寄了一份给霍勒斯·沃波尔，他还在柏克莱广场见了沃波尔，结果极为懊恼，因为沃波尔告诉他说："书中你对阿里乌斯派、伊诺米派、半伯拉纠派的人谈得太多……虽然你把情形说得很清楚，但是有耐心看完的人恐怕不多。"沃波尔写道："从那次以后直到现在，我没再见过他，过去他总是一个礼拜来一两次。"吉本后来同意了沃波尔的看法。

君士坦丁到前线去以后第 2 卷重获生机。吉本认为这次著名的转变是一个政治家风度的表现。"大帝"已发现"最聪明的法律的执行是不完整、不稳固的。这些法律影响不了有道德的人，又无法永远约束罪恶"。在这个碎裂的帝国道德、经济和政府陷入一片混乱之时，"一位谨慎的君主一定乐于看见宗教的进展在人们之间散布着一种纯洁、慈悲、普遍的伦理系统，适用于每一行业，每一种情况的生活，而且被推为至高的'神'的意愿与理智，更以永远的报酬或处罚来加强其约束力"。换言之，君士坦丁大帝了解超自然的宗教可以协助促进道德观念、社会秩序及政府的建立。接着，吉本以150页雄辩、公正的文笔来谈"变节的尤里安"（Julian the Apostate）。

他以一个夸奖乔治三世"对科学和人类纯洁、大方的爱"的注释来结束第38章与第3卷。1781年6月，吉本由于诺斯爵士的协助，再度被选为国会议员，他在国会上重申他对政府的支持。诺斯爵士的垮台（1782年）使吉本的职位也一道告吹。"我被拿走每年750英镑的薪水。"等诺斯在联合内阁取得一职（1783年），吉本又向他要一份领干薪的闲职，这次却不能如愿。"没了这笔额外的收入，我无法长期以我习惯的花钱方式来过日子。"他估计自己在洛桑可以维持那种生活，因为那里一个钱可以当伦敦的两个钱花。他辞去国会议员的职务，把自己的藏书以外的一切卖了，1783年9月15日离开伦敦——还有伦敦的"浓烟、财富和喧闹"——到洛桑去。他在那里和老友乔治·迪沃顿共住一座宽敞的大厦。"我不再望着12英尺见方的铺石法庭，我可以望着一望无垠的山谷、高山和流水。"他2000册藏书在耽搁一段时日之后也运到了，于是他继续写第4卷。

他原先计划以476年罗马的征服来结束《罗马帝国衰亡史》。不过，在出版了第3册后，他"开始希望着每日例行的工作——积极地追寻——使每一册书具有价值，使每一个质询都有目标"。他决心把"罗马帝国"解释成东罗马和西罗马帝国，也把自己的记载延续到1453年因土耳其人征服君士坦丁堡引起的拜占庭王朝的崩溃。因此，他把所谈的年代延长了1000年，也承担了好几百个需要努力研究的新题目。

第4卷包括谈查士丁尼和贝利萨留的几章，有一章讨论罗马律法的，赢得了法学家的嘉许，另有忧郁的一章谈及基督教神学方面进一步的纷争。沃波尔曾写道："我真希望吉本先生没听说过一性论教派、聂斯托利信徒（Nestorian）等这些傻瓜的事才好！"在第5卷中吉本显然大松一口气地把题目转至穆罕默德的兴起及阿拉伯人征服东罗马帝国上面来，这次他大大地细说"先知"和勇武的哈里发，其不偏不倚的理解正是他在描写基督教时没办到的。在第 6 卷中"十字军"又给他另一个令人兴奋的题目，而穆罕默德二世占领君士坦丁堡更是带来最高潮，也是他的这部作品中最荣耀的一页。

他在最后一章以一句名言来总结自己的辛劳。他说："我已描述了野蛮和宗教的胜利。"他跟他不承认的老师伏尔泰一样，认为中世纪除了粗野和迷信之外什么也没有。他勾画出 1430 年罗马濒临崩溃的情况，还引用了波吉奥（Poggio）的挽语说："这个世界上的奇景跌落得多厉害，变得多快，面目已全非！"——古典的纪念碑与艺术的毁坏和倒塌，集会场所弗尔姆·罗曼姆已长满野草，为牛猪所盘踞。吉本很悲伤地下结论说："我当初就是在朱比特神殿的废墟间开始孕育这部作品，这部作品使我排遣了近 20 年的时光，也用去我 20 年的精力，虽然我自己不太满意这部作品，我总算把它交给大众去满足好奇心和诚意。"他在《备忘录》中还忆及那矛盾的搁笔时刻：

> 我是在……1787 年 6 月 27 日晚上 11 点到 12 点之间写好最后一页的最后几行文字的，地点是我花园里的夏庐。在我搁笔之后，我在……刺槐笼罩下走了几趟，这丛刺槐俯视着乡间、湖，还有高山的景色……我不想掩饰我重获自由时的喜悦之情，这也许还建立了我的名望。不过，我的自负不久即被压抑，一阵严肃的悲凄充满了我心田，因为我想到我已向一个多年深交且极宜人的伙伴永远告别。不管我写的这部历史未来命运如何，历史学家的生命毕竟既短暂又不安定。

·吉本其人

帕维拉尔先生描写吉本 16 岁时的模样，说他"身体细小，头部特大"。由于他好吃懒做，不久他的身体和脸蛋长得胖嘟嘟的，细长的腿支撑着圆鼓鼓的肚子。加上卷在一边、在背后系住的一头红发，柔美有如有翼天使一般的面容，扁平的鼻子，面颊肥胖，双下巴，尤其是他那既宽又高的前额更代表着日后的"大事业"。他的胃口可与约翰逊媲美，鉴赏力又与沃波尔旗鼓相当。他的阴囊很痛苦地一年年膨大，最后使他紧身的短裤隆起得有点离谱。虽然他有许多缺陷，他对自己的外表和衣着却极自负，在第 2 卷以雷诺兹帮他画的像作为首页。他腰间缠着鼻烟盒，觉得不安或希望人家听见他的讲话时就掏出来闻闻。他以自我为中心，有如任何一个怀着很显著的目的的人一般。不过他也很坦白地说："我性情乐观，感性适中（感情则不然！），还有爱好安逸的天性。"

1775 年，吉本被选入"俱乐部"。他到得勤，却少发言，因为他不喜欢约翰逊谈话的观念。约翰逊过度渲染吉本的"丑"，吉本则称"大熊"为"神谕"、"不饶人的仇敌"、"热心却失之偏激、专门找借口来仇恨、迫害不同意他的看法的人"。博斯韦尔对不忠诚的人一点面子也不给，说这位历史学家"既丑又做作，讨人嫌"，"把我的文学俱乐部破坏了"。即使如此，吉本的朋友一定还很多，因为他每次到伦敦，几乎每天晚上都在外面吃饭。

1787 年 8 月，他从洛桑赶往伦敦去监督第 4 至 6 卷的出版事宜。这 3 卷都在他 51 岁生日那天——1788 年 5 月 8 日——出版，他得了4000 英镑，这笔稿费是 18 世纪诸作家所获的最高稿酬之一。"虽然我这套书的结语看的人很多，各方评价不一……但是，大体来说，《罗马帝国衰亡史》不管是在本国或在国外，都算极为成功，也许 100 年后还会有人谈论。"亚当·斯密已把他排在"今日欧洲文坛的首席"。1788 年 6 月 13 日在威斯敏斯特会堂审讯华伦·黑斯廷斯，正巧在走廊上的吉本满怀欣喜地听见谢里登在他最富戏剧性的演说辞中提及"吉本那些明晰的文字"。据另一个不很可靠的说法，谢里登后来力辩说自己当时讲的是"浩瀚的"（voluminous）。不过"浩瀚的"这个形容词很少用来形容文字，而"明晰的"（luminous）才正巧适合。

1788 年 7 月，吉本重返洛桑。其后一年迪沃顿去世，把自己的房子供吉本这位历史学家有生之年住用。吉本在这栋房子里雇了几个佣人，又有1200英镑的收入，优游地过日子，饮酒很多，味觉进步了，腰围也日渐加大。"1790年2月9日至7月1日，我无法走出房门，也不离椅子。"谣传他就是在这个时期向卡鲁萨兹夫人下跪，正式示爱，她请他起来时他却站不起来，因为那个东西太重了。这种说法的唯一根据是让利斯夫人，圣伯夫说这位夫人是个"话中带刺的妇人"。她的亲生女儿却否认这种说法，说是人们的以讹传讹。

法国大革命影响了吉本的宁静。瑞士各郡纷纷响应这股革命热潮，据说在英国也引起了类似的震荡。他当然非常恐惧法国君主政体的瓦解，因为他投资了1300英镑来贷款给法国政府。1788年，他早已在某篇不幸的谶语中说法国君主政体"仿佛是奠基于时间、武力和力量三者合组而成的岩石上，靠教会、贵族和国会三者形成的贵族政体来支撑"。伯克发行《法国革命感想录》时他欢喜过一阵子。他写信给谢菲尔德爵士，劝他万万不要改革英国的政治体制："只要你容许我们的议会体系做最小而华而不实的改变，你就完了。"此时他深悔那篇《哲学家》讨伐宗教成功，"我一直想写一本死人对话录，让卢奇安、伊拉斯谟和伏尔泰彼此承认揭穿古老的迷信、蔑视既盲目又狂热的群众会带来危险"。他力劝葡萄牙领导阶级在危机威胁着各国王座之时，万勿废弃宗教裁判所。

半是为了避开逐渐进逼洛桑的法国革命军，半是为了寻觅英国的医疗，更直接的是想安慰萨弗尔德的亡妻之痛，吉本离开洛桑（1793年5月9日），急忙赶往英国。他到达后发现萨弗尔德忙于政务，早已平复忧戚的痛创。吉本说："病患竟在医生未到之前就好了。"这时我们这位历史学家才去找大夫，因为他的疝气已经大得"几乎跟一个小婴孩一般大了……我得费点力，极下流地四处爬"。一次手术就从他染病的睾丸里弄出4夸脱"透明，水状液体"。不幸这种流质再度聚集，第二次又取出3夸脱。吉本暂时减轻了痛苦，恢复在外进膳。于是疝气再度形成，这次转化为腐败脓毒。1794年1月13日进行第三次放出液体。吉本似乎恢复得很快，医生允许他吃肉类，吉本吃了一些鸡肉，喝了3杯酒，结果引起了剧烈的胃痛。跟伏尔泰一样，他也以鸦片来减轻胃痛。1月16日吉本去世，时年56岁。

·历史学家

"吉本这个人看得见的身体、个性和事业都不算很壮观，他的伟大之处全都注入他的作品中，注入其观念的广大和勇气、其构思的耐心、技巧及整体上夺目的壮丽感。"

是的，谢里登没说错。吉本的文体已达到讽刺文字所能容许的最大的明晰程度，而且除了他个人的偏见使他的观点不清之外，不论谈什么总是投下光芒。他的用字因为学过法文和拉丁文而受其影响。他觉得单纯的英语不适于他庄严的处理方式，他时常写得像一个辩才一般——李维的文体再以塔西佗的讽刺文辞来磨利，用帕斯卡的机智来照亮伯克的文辞。他以耍把戏者的技巧和欢悦之情来使两个句子彼此平衡、对称；不过，由于他耍的次数太多，往往接近单调乏味的地步。要是说他的文体有点夸大，那么这种夸大正贴切地适合他描述的主题的地位和光彩——世界上我们见过最伟大的帝国1000年之间的崩溃。随着他叙述事物的雄壮的推展、穿插的故事的气势、栩栩如生的勾画和描写，以一段在总结一个世纪发生事件时的气派，再看到他把哲学融入历史的做法，使他文体的毛病变得微不足道。

由于吉本承担的这个题目过于广泛，他自己认为缩小其范围并不为过。他说："战争和公共事务的处理，就是历史的首要主题。"他把艺术、科学和文学的历史略而不提，因此他不谈哥特式的大教堂或清真寺，也不谈阿拉伯的科学或哲学，他盛赞彼特拉克，却不提但丁。他几乎可以说丝毫也不留意低阶层人民的情况，及中古时期君士坦丁堡和佛罗伦萨工业的兴起。他对赫拉克利乌斯死后（641年）拜占庭的历史毫无兴趣。据约翰·布瑞判断："他未能提及一个划时代的事实，那就是（一直到）12世纪，（东罗马）帝国是欧洲抵抗东方的堡垒，同时他也未能洞悉东帝国保存希腊文明传统的重要性。"在他自己限定的范围内，吉本将影响和自然因素结合，而且将他所用的素材整理出易懂的次序及对整体有引导性的看法，因而获致其伟大之处。

他的学识既渊且博，他所做的注解更是一大堆珍贵的机智学问。他研究过古典的文物中最深奥艰涩的部分，包括道路、硬币、度量衡、法律等。他虽犯过经专家指正的错误，但指出过吉本错误的布瑞也指出："要是我们想及他的作品涵盖的范围之广，那么他的精确程度确实惊人。"他无法专心研究未出版的原始资料。为了完成他的作品，他只能采用已出版的资料，而坦白地局部仰赖二手权威资料如奥克利（Ockley）的《撒拉逊史》或蒂耶蒙（Tillemont）的《帝王史》和《教会史》。他取材的某些权威如今已被认为不足采信而遭排斥。他很详细地宣布他引述的来源，而且对这些人表示感激。因此，一过了蒂耶蒙叙述的时期（年代）之后，他就以一条脚注说："以后我得永远告别无可比拟的指引了。"

吉本研究历史得到的结论是什么呢？有时他根据哲学家接受进步的事实："我们可以很愉快地在结论时默认一件事——这个世界在过去每个时期，包括现在，都在增加着人类真正的财富——幸福、知识，也许还包括美德。"不过，在比较不可爱的时候——也许是因为他把战争和政治（及神学）当作历史的成分——他认为历史是"真的比登记下人类的罪恶、错误和不幸强不到哪里去"[1]。他认为历史并未经任何安排，事件都是未经引导的原因造成的后果，事件是不同来源及凑集成的结果的力量而形成的平行四边形。在这些事件形成的万花筒中，人性似乎一直未变。残酷、受苦和不公一直在迫害人类，而且继续下去，因为这一切深植于人的本性中。"人类对自己同类的感情的恐惧，远超过对自然界变动的畏惧。"

身为启蒙运动之子的吉本很希望当一个哲学家，至少也写一本哲

---

[1] 可参阅伏尔泰的看法："简言之，一切的历史也只不过是……罪恶、错误愚行和不幸的集合……"

学家的历史。"任何一个开明的时代都需要由历史学家给予一点哲学和批评的意味。"他喜欢以具有哲学意味的评语来打断自己对历史的叙述，不过他没有声称把历史减至法律或是拟出一种"历史哲学"。然而，在某些基本问题上他坚持自己的看法："他将气候的影响仅限于早期的文明，他也不承认种族是决定性的因素，在某些范围内他承认特异人物的影响。""在人类的生命中最重要的几幕戏视一个演员的角色来决定……一个人一种性情要有着尖刻的幽默的话，也许就可以防止或延迟好多国家悲剧的发生。"

　　总而言之，《罗马帝国衰亡史》可称为 18 世纪最好的一部作品，而孟德斯鸠的《论法的精神》则紧追其后。《罗马帝国衰亡史》并非最具影响力的一部作品，它对历史的影响无法跟卢梭的《社会契约论》或亚当·斯密的《国富论》或康德的《纯粹理性批判》相比。不过，要是拿它当作文艺作品来看的话，则在那个时期或那类作品中没有出其右者。探究吉本是如何来写这部杰作这个问题时，我们认为那是野心、金钱、闲暇和能力诸多因素碰巧结合，我们不禁怀疑到底这种巧合何日再度出现。另一个研究罗马的历史学家尼布尔说，无法再现了，"吉本的著作将永远没有出其右者"。

查特顿和考伯

　　今日有谁会认为 1760 年英国最受欢迎的诗人是查理·丘吉尔呢？他是一个教会人士之子，自己也授命担任英国国教牧师，享尽伦敦的乐趣，休妻，高筑债台，还写过一首一度极有名的诗《露西亚德》（"The Rosciad"，1761 年）。这首诗使他有钱还债、支付妻子的赡养费，还"使自己穿着夺目的非教会装束，有如花花公子"。他这首诗的题目来自恺撒大帝在位时掌理罗马剧院的那位罗希乌斯，内容讽刺伦敦的主要演员，也使加里克畏缩，有一个受害者"满街跑，有如受伤的小鹿"。丘吉尔在米德门哈姆修道院加入威尔克斯猥亵的宗教仪式，帮他写作《北英国人》，还到法国陪威尔考斯过放逐的生活。他因纵酒作乐而死于博洛涅（1764 年），死时还"带着享乐主义的漠不关心"。

另一个教士珀西则遵守牧师的生活，成为爱尔兰德罗莫的主教，而且在欧洲文学史上留下印记。他从一个女佣人手中把即将烧毁的一份古老手稿救出，这份手稿后来成为他那本《古英诗拾遗》（1765 年）的来源之一。这些中古时期不列颠留下来的歌谣激起了思古幽情，也鼓励浪漫精神——因理性主义和古典气质而久经压抑——以诗歌、小说和艺术的形式表达出来。华兹华斯也把这些遗诗计为英国文学的浪漫运动起始的年份。麦克弗森的《奥西安》，查特顿的诗，沃波尔的《奥特兰托》和草莓山冈，贝克福德的瓦泰克和弗恩西尔，这些不一的呼声一起召唤感觉、神秘和传奇。有一阵子，"中世纪"占据了现代人的心田。

托马斯·查特顿起先拿了他叔叔在布里斯托里亚区一间教堂找到的古老羊皮纸，企图以在羊皮纸上沉思的方式使自己进入中古时期的环境。在其父死后不久诞生（1752 年）于该城后，这个伤感、想象力丰富的男孩在自己的历史幻觉中成长。他研读了一本有关盎格鲁-撒克逊语的字典，然后以他自认为是 15 世纪用语的文字写了一些诗，宣称是在圣玛利亚雷德克利夫教堂发现的，他还称这些作品是他假想的那位 15 世纪的僧侣托马斯·罗利所写。1769 年时年 17 岁，他把这些罗利诗的一部分送给沃波尔——沃波尔早在 5 年前就把那本《奥特兰托》当作中古时期的真本出版。沃波尔对这些诗大加赞美，还请查特顿再多寄些来，查特顿果然又寄了一些，还请他帮忙找寻出版商及伦敦有报酬的工作机会。沃波尔把这些诗交付托马斯·格雷和威廉·梅森，他们两人都说这些诗是假货。沃波尔写信告诉查特顿，说这两位学者"对他号称的'真本'一点也不满意"，还劝他说除非他的诗能站得住脚，否则劝他先把诗摆在一边。其后沃波尔动身前往巴黎，忘了把那些诗还回去。查特顿先后写了三封信去要，3 个月以后这些诗才又回到他身旁。

我们这位诗人前往伦敦（1770 年 4 月），在哈伯恩的布洛克街租了一个顶楼小屋。他写了几篇拥护威尔考斯的文章，把这些文章和少部分罗利诗分别向杂志社投稿。不过稿费太少（每首诗稿费 8 便士），他无法以所得过活。他试过在一艘非洲商船上找一份医生助手的工作，又失败了。8 月 27 日那天，他写了一首向世界告别的悲凄诗：

> 别了！布里斯托里亚城一堆堆肮脏的砖块，
> 财神的情人，崇敬把戏的人们！
> 你们摈斥了把古歌谣带来的男孩，
> 他的报酬就只有你们空泛的赞美。
> 别了，你们这些狂饮的市议会傻瓜，
> 天生就是崩溃的工具！……
> 别了！母亲！——让我焦躁的心灵歇步吧。
> 也别让狂乱的浪涛卷去了我！
> 老天爷，请发慈悲！我不在人世时，
> 也请宽恕我最后这种罪恶的行为。

然后他喝下砒霜自尽。他才活了 17 年 9 个月，死后葬在贫民坟场。

今日他的诗已有两整册。要是当初他把自己的作品称为模拟中古之作，而不说是中古的原著的话，人们可能会认为他是一个有天赋的诗人，因为罗利诗集中有些简直和大多数同一类型的原著一般精彩。在他以本名发表诗作时，他写的讽刺诗几乎可与蒲柏的作品一争雄长，如那首《卫理公会教徒》（*The Methodist*）或最刻薄的一首——十七行诗句鞭伐沃波尔，说他是一个没有勇气的阿谀者。查特顿存留下来的手稿付印（1777 年）时，编者指控沃波尔对这位诗人的去世应该负部分责任，沃波尔则辩称自己无辜，所持理由是他没有帮助一个骗子的义务。某些有心之士，如哥尔斯密等人则坚称这些诗句是原著。约翰逊虽然嘲笑他的老友，却也说："查特顿是我所知的少年中最突出的一个。这小子居然写得出这些作品，可也真不简单。"雪莱在《阿多尼》（*Adonais*）里简短地提过这个男孩，济慈也撰了《恩底弥翁》（*Endymion*）来追忆他。

查特顿以中古的传奇和砒霜来逃避布里斯托里亚城和伦敦坎坷的现世。考伯也逃离约翰逊喜爱的伦敦到乡间去过淳朴、有宗教信仰及周期性的疯癫的生活。考伯的祖父被控谋杀，后又被判无罪，后来成为律师。他父亲是一个英国国教的教士，他母亲则与约翰·多恩同属一个家族。考伯6岁时母亲去世，留给他亲情的忧伤回忆。53年以后，一个表兄弟把他母亲一张破旧的画像送给他时，他在一首柔情的诗里，还记得自己小时候对夜晚的黑暗发生畏惧，他母亲如何来平息他内心的恐惧。

7岁那年，考伯离开溺爱他的人，搬到寄宿学校去住。学校里有一个霸王想尽一切办法羞辱他，使他成为一个怯懦的低年级生。他双眼发炎，好几年需要眼科医生照料。1741年，考伯时年10岁，被送往伦敦威斯敏斯特学校就读。17岁时，他先在哈伯恩某律师事务所内当了3年办事员。至此他已成长，可以谈恋爱了，由于他的表妹瑟德娜·考伯就住在附近，这个女孩成为他白日梦的偶像。21岁时他在伦敦的中神殿法学院念书，23岁时取得律师资格。由于他厌恶法律，在法庭怯场，他患了忧郁症，这种病在瑟德娜的父亲不准她进一步和表兄交往之后更加严重。考伯一直未再与她谋面，也永远忘不了她，他至死不婚。

1763年，由于他非在上议院露脸不可，他崩溃了，发疯之后还企图自杀。友人将他送往圣阿班斯城一所疗养院。18个月以后他复原了，在剑桥附近的亨廷顿镇过着离群索居的生活。他说，这个时期他"只渴望能跟上帝和耶稣基督交感"。他真正地接受了加尔文教派的教义，对解救和惩罚也想了很多。事有凑巧，他遇上当地一个家庭，这个家庭的宗教没有带来恐惧，而是带来和平与安详。莫利·乌温牧师，他的妻子玛丽、儿子威廉，还有他们的女儿萨兰娜。考伯把这位父亲比作菲尔丁的作品《约瑟夫·安德鲁》（*Joseph Andrews*）里的阿达姆牧师，他觉得乌温夫人这位比他年长 7 岁的女人就是他的第二个母亲。她们母女两个待他有如自己的儿子与兄长，给他柔细的女性关切，几乎使他重新爱上生命。她们邀他和她们共住，他也就住下了（1765 年），而且在他们这种淳朴的生活中把病治好了。

这种福祉在乌温先生摔下马来去世后突然中止。这位寡妇和女儿带着考伯一道搬往白金汉郡的奥尔尼，以便接近新教会的布道士约翰·牛顿。约翰·牛顿劝考伯和他一道去访问病患、写圣诗。在这些有名的《奥尔尼赞美歌》中，有这几行著名的诗句：

> 上帝以神奇的方式走动着
> 表现他的神迹；
> 他在海上留下足迹，
> 也在暴风上奔驰。

约翰·牛顿那些曾经"摔得教友站不住脚"的炼狱惩罚的布道，不但未能缓和我们这位诗人对神学的畏惧，反而使之加剧。考伯说："上帝永远令我畏惧，唯一的例外是在我看见他的刺被拔去，藏在基督耶稣体内时。"他也向乌温夫人求过婚，可惜第二次疯病的发作（1773 年）使这次婚姻受阻。经过 3 年的悉心照料之后，他再度复原。1779 年，约翰·牛顿离开了奥尔尼城，而考伯的虔诚也就随之缓和了些。

有许多妇女帮着玛丽·乌温让这位诗人接触现世的事物。新寡却极乐观的奥丝汀夫人放弃了她在伦敦的家，迁往奥尔尼，和乌温一家人联系，并带来了欢乐。她讲了一个故事给考伯听，考伯将之改写成《约翰·吉尔平的有趣经历》（*The Diverting History of John Gilpin*）。

这家人的一个朋友把这首喧闹欢乐的歌谣送往一家报馆，在德鲁里巷剧院继演加里克角色的一个演员在该剧院朗读。这首民谣成为伦敦人谈论的话题，考伯也首次尝到出名的滋味。他从未正经地自认为是诗人。奥丝汀夫人这时鼓励他写些有分量的作品。不过，以什么作为主题呢？她说，什么都可以。接着，她指着一张沙发椅，命他承担起以诗的形式赞颂沙发的任务。考伯乐于受一个迷人的妇女指挥，写了那首《任务》（"The Task"）。这首诗在1785年出版，颇受那些厌倦战争、政治和市区的喧闹的人们欢迎。

除非身具小克雷比永的才华，否则要来写或看6"卷"厚、谈沙发的诗可真是一件难事。这次考伯神志非常清晰，他只拿沙发当作楔子。在他以沙发作为趣谈椅子的历史的最高潮之后，他马上掉头谈起他最喜爱的题目，这个题目可以用这首长诗中最有名的一行来总结："上帝创造了乡村，人类创造了城镇。"我们这位诗人承认说伦敦的艺术和辩才极为风行。他夸赞雷诺兹和查塔姆，也对"计量一个原子，而如今束缚着世界"的科学极感惊讶。不过，他也责备"城市的女皇"拿死刑来处罚某些犯了小窃案的人，却滥颁荣誉给"挪用公家金银的人"——

哦！真想在广阔的旷野找个住处，
那里有一望无垠的一串树荫，
不管是迫害或欺诈的谣言，
或是胜仗、败仗的消息，
永远传不到我耳里！我的耳痛，
我的灵魂不适，因为每天都听到
充斥在世间的错误与愤怒。

他对奴隶的贩运备感惊讶，他也在英国境内率先谴责如下一个人：

认为他的同胞有罪只因

肤色与他不同；而且因为有权

来遂行他自己的错误……

就把这个人当他合法的猎物来任意宰割……

斯时人类成了什么？有哪一个有人性的人，

见了此景能不汗颜，

垂下头来，认为自己是"人"呢？

不过，他的结论是："英国啊！尽管你有这么多缺点，我仍爱你。"

他认为，只要英国能回复到宗教与乡间生活的话，这些缺失仍有缓和的一天。"我是一只离群、受伤的小鹿"——换言之，他离开过伦敦这个"妓女把挡路的路人推开"的城市——也在信仰和自然中获得创伤的治愈。到乡间去，去看"轻轻弯过平原"的乌斯河。安详的牛群、农夫的小茅屋及屋内强健的家人，乡间的塔尖指向悲伤和希望。瀑布流水的冲击，还有小鸟在晨间的啼鸣。在乡间，每个季节各有其讨人喜欢之处，春雨是一种祝福，而冬雪也很清新。能够踩过雪地，再聚拢在夜间炉火周围，是多么惬意！

考伯在《任务》之后少有够分量的作品出现。1786 年，他又搬到附近的威斯顿·安德伍德，在那里疯病又发作了半年。1792 年，乌温夫人突然瘫痪，她无助地当了 3 年病患者，考伯照料她有如当初她照料他一般，在她死前的一个月，他写成了那首《致玛丽·乌温》（"To Mary Unwin"）：

你那一度赤褐得明亮、如今却银白的秀发，

在我眼里依旧

比朝阳的金丝更可爱。

我的玛丽！

1794 年，由于忧心，再加上试译荷马的作品未成，他的疯病再度发作，再次企图自尽。复原后因得了 300 英镑的政府养老金，从而解除了金钱上的压力。不幸玛丽·乌温于 1796 年 12 月 17 日去世，考伯也觉得失落、无依，虽然他早又交上了新朋友——萨德娜的妹妹哈瑞特·考伯·哈丝克思小姐。他临终前因宗教方面的恐惧而深感困扰。他于 1800 年 4 月 25 日去世，时年 68 岁。

他在文学方面属于浪漫运动时期，在宗教方面则属于福音派运动时期。在诗的方面他结束了蒲柏时期，为华兹华斯时代铺路。他为英诗带进形式的自然和感情的诚挚，挡住了拉丁文学的全盛时代在英国滥用的对句的狂澜。他的宗教为自己带来灾祸，因为他勾画出来的是一个复仇心重的上帝与不饶人的地狱。不过，使那些慈悲为怀的妇女在他忧伤失志时照拂这只"受创的小鹿"的原因，可能正是宗教加上母性的本能也说不定。

奥立弗·哥尔斯密

虽然"可怜的普通毕业生"（Poor Poll）也有他悲惨的一面，但是这些悲剧没有教条来使之加深，反而因在散文与诗及舞台上的成就而减轻。

哥尔斯密的父亲是爱尔兰某个小村庄的英国国教卑微的助理牧师，神职工作之暇从事农耕，每年共有 40 英镑的收入。奥立弗 2 岁时（1730 年），其父被任命为西卡尔克尼的教区牧师，举家搬进里瑟附近一条大道上的家中，这个村庄后来改名为阿伯恩，我们有理由相信日后奥立弗写《荒村》时早有腹案。

奥立弗对在学校度过的时光印象颇深，他最记得由军需士官转任的一位校长，这位校长不但不会忘记他的战场往事，还会讲引人入胜的神仙、妖精、鬼怪的故事。9 岁时奥立弗几乎死于天花，这种疾病把他的脸蛋毁了。15 岁时他进都柏林的三一学院当工读生，穿着醒目的服装做卑贱的工作，还受一个暴君似的教师的折磨。他逃到科克，打算找路子前往美洲，他的哥哥亨利却赶上他，把他骗回学院里。奥立弗的古典文学念得很好，对科学却一筹莫展，但他还是想办法弄了张文凭。

他申请进入小教会服务，却因身着猩红色裤子而使主教大吃一惊。被拒绝后，奥立弗当起私人教师，和学生吵架，再度朝向科克与美洲。这时，一个叔父介入，借给他 50 英镑返回伦敦。奥立弗把这些钱拿去一家赌场输光了。亲戚们对他的慵懒不争气颇为失望，不过挺喜欢他的欢悦、笛声和歌声。他们募集了一笔钱，好让他到爱丁堡，而后到莱登去念医科。他虽稍有进步，却因为离开了莱登而拿不到学位。他在巴黎（他自称）上过鲁勒的化学课。然后，他优游地出发（1755 年），步行着走过法国、日耳曼、瑞士和意大利北部，一路上在乡间的舞会上吹笛，赚取零星的餐费，也到修道院门口去领周济。1756 年 1 月，他又回到英国。

他在伦敦挂牌行过医，也为理查森校过稿子，在萨尼教过书，然后在伦敦定居下来为人执笔捉刀，在文坛打过零工，也向杂志社投过几篇稿。他以 4 周的时间写成《伏尔泰的一生》（*Life of Voltaire*）。他于 1759 年劝多兹利出版肤浅的《欧洲古典教育的探究》（*Enquiry into the State of Polite Learning in Europe*），其中对剧院经理的谈论使加里克恨他很久。该文辩称各个创造性文学的时代之后似乎总是紧跟着一个批评的时代，而这些评论的时代总是从创作者的实作中推演出规则，因而妨碍了新诗人的文体和想象力。哥尔斯密认为 1759 年的欧洲正是这种情况。

一年后，他又为纽伯里的《公诉人》（*Public Ledger*）杂志写了一些《中国书简》（*Chinese Letters*），这些作品于 1762 年以《世界公民》（*The Citizen of the World*）为名重新出版。架构还是原有的：假想一个来自东方的旅客以愉快和惊讶的感情来报道欧洲的风情。林恩·阿坦吉就以这种方式在写给家乡一个友人的信中说欧洲是一个由贪婪、野心和阴谋组成的杂乱舞台。哥尔斯密以匿名的方式出版了这本书，不过舰队街上的居民一看到文辞的淳朴、描写的生动及语调的可爱，就认出是他的手笔。稍有名气之后，他搬进酒局公寓去住。在《中国书简》里对约翰逊夸奖了一阵子之后，他放胆邀请这位编纂字典的大师（当时就住在他家斜对面）共进晚餐。约翰逊应邀前来，而两人长期的友谊于焉正式开始（1761 年 5 月 31 日）。

1762 年 10 月，某日约翰逊接获哥尔斯密的一个紧急留言条要他帮忙。他即刻赶去，这才知道原来哥尔斯密因为付不起房租而马上要被逮捕，问他可有值钱的东西可以典当或出售。哥尔斯密交给他一份题名《威克菲尔德的牧师》（*The Vicar of Wakefield*）的稿子。约翰逊（据约翰逊的记载）要女房东稍候片刻，把这部小说拿去给书商约翰·纽伯瑞，卖了 60 英镑，把那笔钱拿去给哥尔斯密。哥尔斯密付了房租之后，还买了一瓶酒来庆祝。这位书商把那份稿子放了 4 年而未付印。

1764 年 12 月，哥尔斯密送出他的第一部主要诗作《游历者，或社会景象》（*The Traveller, or A Prospect of Society*）。他重游欧陆各地，写出每个地方的优缺点，也注明每个国家都自认为是天下无双的一等好国。他以英国的国力（刚赢了"七年战争"）自豪，也描写国会议员，说他们：

> 举止有傲气，目中无人，
> 我望着人类的主宰路过。

不过他警告说贪婪正逐渐玷污英国的领导，四周自私的人正日益压榨农庄，把英国最壮硕的子女赶往美国。他曾先把这篇稿子交约翰逊过目，约翰逊写了 9 行字，其中主要的是接近结尾的部分削弱了政治对个人幸福的影响力，盛赞国内的欢欣。

这首诗的成功使约翰逊以外的人都大吃一惊，约翰逊帮这首诗讲话，他宣称："自蒲柏以来，没有一诗优于此诗。"这句话藐视了格雷。出版商因重复地再版而大发其财，却只肯给作者20基尼。其后哥尔斯密搬进法学院较舒适的房子去住。他买了一套衣服，有紫色的裤子、猩红色的大衣、一顶假发，还有一根手杖，就拿这身庄严的打扮再度行医。这次转业成绩并不理想，而《威克菲尔德的牧师》的成功又把他带回文学界。

从约翰逊手中买下这部稿子的书商认为，哥尔斯密这次新近获致的名望可能会使人们接受这本怪小说。1766年3月27日那一版印得很少。这些书在两个月内卖光，第2版则又多了3个月才卖完。虽然如此，但是一直到1774年，卖出去的书钱才足够出版商的投资。早在1770年，赫尔德曾经把这本书推荐给歌德，歌德的评价是"有史以来最佳的小说之一"。司各特也同意这一说法。华盛顿·欧文更惊讶，说从小就无家可归的光棍居然能勾画出"家居的美德及婚后生活亲密可爱的情状"。也许因为哥尔斯密被排斥于家庭生活之外，他把家理想化，他非出于自愿的光棍生活使他把少妇理想化，而他匿名的爱使他把女性的贞洁赞美成比生命更可贵。他对其父和其兄亲情的回忆提供了普瑞莫鲁斯博士的原型，使他成为"牧师、农民、一家之主……在他身上融合了世界上三种最伟大的性格"。他自己到处旅游的情形也在小说中儿子乔治的身上再现，乔治也跟哥尔斯密一样，旅游之后，成为伦敦的一名捉刀作家。故事情节令人难以置信，却极诱人。

《游历者》和《威克菲尔德的牧师》两书的所得不久即告花光，因为哥尔斯密在用钱方面有如一把漏勺，而且经常寅吃卯粮。他经常羡慕地期待着一部成功的剧本所能带来的名望和财源。他最终艰难地写成了《和善的人》（*The Good-Natured Man*），把稿子交给加里克。加里克企图忘却当初哥尔斯密诽谤他的言论，答应制作这出戏。该剧嘲笑伤感的喜剧，而这类喜剧正是加里克的赚钱路子。于是加里克要求删改，哥尔斯密不肯。加里克预付作者40英镑现款，却因拖延太久，使这个无畏的作者把原稿交给加里克的对手乔治·科尔曼，当时科尔曼正管理着加顿戏院。科尔曼的演员贬抑该剧，约翰逊尽全力协助，参加预演，还写了开场白。这出戏于 1768 年 1 月 29 日首演，连演了 10 个晚上，由于成绩不很理想即告停演。虽然如此，原作者还是拿到 500 英镑。

哥尔斯密挥霍了一年之后，不听约翰逊的劝告，硬搬进布瑞克的一栋豪华寓所中住，由于布置得太考究，他不得不重新为人捉刀以付账单。其后他又写了罗马、希腊、英国的通史，还有一部《生气蓬勃的自然史》（*History of Animated Nature*）——这些作品的学术价值都不高，却因亲切的散文而增色不少。有人问他为何写这些书时，他回答说这些书使他有的吃，诗却使他挨饿。不过，1770 年 5 月 26 日那天他送出他的杰作《荒村》，这本书他拿到了 100 基尼的稿费，这个稿费以一首只有 17 页长的诗来计算的话，在当时算是很优厚的了。3 个月内该诗共卖了 4 版之多。

这首诗的主题是农人在圈地运动之后失去了耕地，使乡间荒废的情形。那首诗描写了——

> 甜美的阿伯恩平原上最可爱的村庄，
> 健康和丰收使辛勤耕耘的年轻人极为欢欣。

诗中还添加了哥尔斯密对乡间的想象（他认为），圈地运动以前农村繁荣的玫瑰色彩。他描写了乡间的风光、各式各样的花，有遮阴的茅屋、耕耘的农田、村里的运动和舞蹈，含羞的少女，长了青春痘的青年，还有洋溢着虔诚和美德的人家。他又看见自己的父亲在西卡尔克尼布道：

> 他是一个受村人普遍爱戴的人，
> 靠每年 40 镑的收入舒服地过日子——

　　还有足够的钱养流浪汉，救济那些挥金如土的人，让受伤的军人栖身，探望病患者，安慰即将去世的人：

> 在教堂里，他带着谦和而不做作的风范，
> 他的容貌使这个令人敬仰的场所更加增色；
> 出自他口中的真理具有两倍的影响力，
> 原想来嘲弄的傻子最后却留下来祈祷。

　　我们这位诗人小时候曾受教于他的校长，在这个回忆中却变成一个"望之俨然"的老师：

> 不过他很仁慈，要是他毫无严峻之处，
> 他对学习的热衷是错了……
> 牧师在雄辩方面也有其独到的技巧，
> 就算他败北了，他还是争辩不休……
> 他以饱学的文辞和洪钟似的声音
> 使在座的乡巴佬目瞪口呆；
> 乡巴佬尽管瞧，神奇却无时了，
> 他那小脑袋瓜却把知识全装进了。

　　哥尔斯密认为这个乐园因为圈地运动而被毁了。农民的耕地变成牧场，农村的家人则逃向城镇或殖民地，乡间淳朴的美德的泉源也逐渐干枯：

> 农田处境不佳，成为步履迅速的"不幸"的猎物，
> 财富集中了，多数人却萧条了。

　　写过这首当时最佳的诗后，哥尔斯密开始写起剧本。1771 年，

他把《屈身求爱》（*She Stoops to Conquer*）这个新剧本交给科尔曼。科尔曼也学加里克的老样子一拖再拖，最后约翰逊干预此事，几乎可以说是命令这位经理演出这出戏。这回科尔曼让步了，还为这个剧本写了开场白。在几经波折，几乎泄了原作者的气之后，这出戏总算于1773年3月15日制作完成。约翰逊、雷诺兹还有其他朋友前往观赏首次公演，还率众鼓掌。此时，哥尔斯密自己却在圣詹姆士公园漫步，直到有人找到他，向他证实他的戏极为成功。这次演出时间很长，几夜之间的利润已足以让哥尔斯密享受一年的荣华。

在当时的英国作家中，他仅仅屈居约翰逊之下，甚至名扬海外。他是"俱乐部"的领导人物，经常敢与约翰逊意见相左。有一次谈到动物寓言时，他认为要使鱼说话是特别困难的。他还告诉约翰逊："这并不如你想的那么容易，因为假如你想使小鱼说话，那么他们说起话来将会像鲸鱼。""大熊"有时残酷地抓撕他，不过依然爱他，于是感情恢复了。尽管哥尔斯密嫉妒约翰逊的谈话技巧，他自己从不整理他的学识，他无法在说话时迅速且适当地运用学识，加里克说他"写起文章来像一位天使，不过说起话来像一只可怜的鹦鹉"。博斯韦尔企图贬低哥尔斯密，但是许多人——雷诺兹、伯克、威尔考斯、珀西——都反对，认为不公正。我们可以观察到约翰逊不在场的集会中，哥尔斯密往往口若悬河。

他的乡音、他的态度及他的外表大大不利于他。他从未祛除他的爱尔兰腔，他太不留意他的穿着，有时还炫耀不协调、多彩饰的华丽衣服。对自己的成就，他并不自负，但也不承认约翰逊在写作上超越他。他有5英尺5英寸高，却嫉妒约翰逊的高度与体格。他的和善透过他丑陋的脸闪耀出光芒。雷诺兹的画像没有将他理想化：厚唇，微缩的前额，前伸的鼻子，忧郁的双眼。漫画家如亨利·邦伯里加宽他的嘴，拉长他的鼻子；而《伦敦信使》（*London Packet*）杂志则形容他为巨猿。城内流传着有关他言行的上百处错误及他对美丽的玛丽·霍内克的暗恋。

他的朋友知道他的错误只在表面，隐藏其内的是一个充满爱意、善良而且几乎招致毁灭的慷慨的灵魂。博斯韦尔也形容他是"所有生存者当中最慷慨的人，由于他的喜剧，他现已储存了一大笔钱，所有的穷人却依赖他"。他没钱给时，他借贷以应付这些有求于他的穷人所需。他求助于加里克（尚未退还40英镑给加里克）预付60英镑给他，他答应以另一个剧本偿还。加里克给了他。哥尔斯密死时共负债2000英镑。约翰逊问道："曾经有哪位诗人得到如此的信任吗？"

1774年，正打算前往一个俱乐部时，他遭到热病的侵袭。他坚持为自己开药方，却忘了伯克勒丝的忠告：他应该只为他的敌人开药方。他服了一种专利药品，结果病情更加恶化。一位医生找来时，已是回天乏术。他死于4月4日，年仅44岁。一群吊丧者群集在他尸体周围，都是一些几乎全靠他的周济而生活的朴实的男人和女人。他被安葬在教堂的墓地，不过他的朋友坚持应该在大教堂中为他设立纪念碑。诺莱肯斯刻纪念碑，约翰逊写墓志铭。作者在《和善的人》中的台词似乎更适合来纪念他："最伟大与最好的人生不过是一个早熟的孩子，必须稍加纵容与哄诱，直到他入睡为止，而你一切的挂虑都成过去。"

第七章 | 塞缪尔·约翰逊
（1709—1784）

缺憾的年代（1709—1746）

他有特立独行而又典型的性格，与同时代的英国人不同，兼具典型英国人的体形与心态。在文学著述方面（编纂辞典除外）虽不及同时代的人，却支配他们达 30 年之久，他只用自己的呼声来统治他们，而不标举任何其他的东西。

让我们约略记述一下形成他特殊风格的各种插曲。他是长子，父亲迈克尔·约翰逊是距离伦敦 118 英里的利奇菲尔德的书商、印刷商和文具商。母亲婚前名叫塞拉·福特，家世略为高贵些。1706 年，她 37 岁时与 50 岁高龄的迈克尔成婚。

塞缪尔是一个多病的孩子，刚生下来时就虚弱得很，于是立刻受洗，以免在还没有成为基督徒之前就夭折，否则，依据神学的律法，他就得永远留在地狱的边缘，那暗淡的地狱的前廊之中。不久，他有了瘰疬病的症状。他两岁半时，母亲虽然怀着第二个儿子，仍然带着他长途驱车到伦敦，去请女王安妮用手触疗他的瘰疬病。女王尽力了，但这个病使约翰逊只能使用单眼独耳，再加上别的灾难，他的容貌变得残缺不全。他的筋肉和骨架却长得很硬朗，他的力气与身躯撑起他专制的作风，就像哥尔斯密埋怨的，把文坛的民主共和变成君主专制。塞缪尔自以为从他父亲那里继承了"无益的感伤，使我疯癫一辈子，至少不够清醒"。也许与考伯一样，他的忧郁症有着宗教与生理的根源。约翰逊的母亲是一个笃诚的加尔文教徒，她认为永恒的责罚就在眼前，塞缪尔害怕地狱，直到临死。

他从他父亲那里继承了保守党的政治观和帝王神权论的倾向，而且热爱书本。他在父亲的书店里如饥似渴地研读，后来他告诉博斯韦尔说："我在18岁所懂的几乎就和现在一样多了。"经过一些基础指导后，他获准进入利奇菲尔德的文法学校，那里的校长是"严厉无情，以致没有一个受过他教育的人，愿意把自己的儿子送进同一所学校"。然而，后来有人问起他如何学到那么老练的拉丁文时，约翰逊回答说："我是在老师的棍棒下学成的。若不是那样，先生啊，我恐怕到现在仍然一事无成。"晚年，他对不使用教鞭感到惋惜。"现在较大的学校比以往少用鞭打了，因此，在那里学到的也就少得多，孩子们总是左耳进右耳出。"

1728年，他的双亲设法把他送到牛津，他在那里沉迷于古典的希腊文和拉丁文，并因不顺从而困住了他的老师们。1729年12月，他匆匆赶回利奇菲尔德，也许是因为用尽了父母给他的积蓄，或者是由于他的忧郁症已达狂乱的边缘而急需医疗。他在伯明翰接受治疗，没有回牛津，而在他父亲的店里帮忙。他父亲过世后（1731年12月），塞缪尔到伯斯沃斯的一所学校当助理教员。不久，因为厌倦这个工作而搬到伯明翰，与一个书商住在一起。由于翻译一本和阿比西尼亚有关的书，他赚到5个基尼。这是他后来写《拉塞拉斯》（Rasselas）这部哲学小说较早的渊源。1734年，他又回到利奇菲尔德，他的母亲和弟弟在那里继续经营书店。1735年7月9日，差两个月才足26岁，他与拥有700英镑和有3个孩子的寡妇伊丽莎白·波特结婚。他用她的钱在邻近的艾迪尔办了一所寄宿学校。加里克，利奇菲尔德的一个男孩子，曾经是他的学生。但是他与教学之间没有足够的协调，内部的创作力呼之欲出。他写了一个剧本《艾里妮》(*Irene*)，而且传话给《绅士杂志》的编辑爱德华·凯夫，阐释定期刊物改进之方。1737年3月2日那天，他带着他的学生加里克，两人合骑一匹马到伦敦去卖他写的悲剧剧本，而且在残酷的世界中，为自己划出一席之地。

他的长相对他不利。因他长得瘦削而高峻，露骨的体格使他凸出了许多角。瘰疬疱布满脸上，时有痉挛性的抽搐。他的身体常会惊跳起来，与人对面讲话总伴以奇异的手势。一位书商在他求职时劝导他"弄个垫肩来，然后扛皮箱去"。显然，他从凯夫那里获得了某种鼓励，因为他在7月回到利奇菲尔德，然后把妻子一起带到伦敦。

他并非没有心机。凯夫在报刊上受到攻击时，约翰逊写了一首替他辩护的诗寄给他。凯夫把这首诗发表了，也给他稿费，然后与多兹利出版（1738年5月）约翰逊的《伦敦》(*London*)诗册，为此他们给了他10个基尼。这首诗坦率地模仿尤韦纳尔的第三首讽刺诗，即特别强调城市令人悲叹的一面，而那时正是该诗作者学着去爱城市的时候。这首诗同时攻击罗伯特·沃波尔的施政，后来约翰逊又把他描述为"这个国家曾有过的最好的行政首长"。这首诗也是一个乡村青年在伦敦住过一年后发出的愤怒的呼声，那时他还在无法保障明天的食物的处境中，因而也就有了"晚起也值得，贫困使人愁"的名句。

在那些奋斗的日子里，约翰逊从事各种形式的写作。他写过《名人传》，而且为《绅士杂志》写各种文章，包含虚构的国会论争的报道。对这种论争的报道在当时仍是禁止的，因而凯夫想出了一个权宜的办法，托称他的杂志只是记录"高级小人国参议院"中的论争。约翰逊接办这个工作是在1741年。从一般性的消息到议席上的讨论过程，他杜撰了许多议员的演讲词，而这些议员的名字，都故意拼写错误以影射当时议坛上的主要斗士。由于此等论争带有的逼真的气氛，许多读者把它们看成逐字的报道，而约翰逊也不得不警告斯霍勒特（那时他正在写一部英格兰的历史）别把这些报道当作事实而依赖它们。有一回，他听到有人称赞查塔姆的一篇演说辞时，约翰逊赶紧说："那篇演说辞是我在艾塞特街的一间顶楼上写的。"有人赞誉他的报道公正无私时，他却供称："我把门面照顾得倒是相当妥切，不过我还是留心不让辉格党的狗儿们占到上风。"

他的工作到底得到什么报偿呢？他一度称呼凯夫为"吝于付款的老板"，但他经常表示出对他的带有感情的回忆。1738年8月2日至1739年4月21日，凯夫付给他49镑。而1744年，约翰逊预计一年有50镑的收入，"无疑多于生活所必需的费用"。然而照传统的说法，约翰逊那些年头在伦敦总被描述为生活在悲惨的贫穷之中。博斯韦尔相信："约翰逊与理查德·萨维基有时陷入极度穷困而付不起住宿的钱，以致他们数度在街上漂泊整夜。"而麦考莱把那段岁月里缺乏栖身之所的约翰逊想象成衣衫褴褛而吃相"狼吞虎咽的贪馋"。

理查德·萨维基令人难以相信地自称是伯爵之子，1737年约翰逊与他相遇时，他却变成一个浪荡子。他们游荡街上，是因为喜爱酒店甚于他们的房间之故。博斯韦尔"以无比的敬意和体贴"，说约翰逊：

> 到伦敦后的行为，与萨维基和另外一些人结成一伙，从某个方面看来并不是完美无缺的，因为那时他还是一个年轻人。他不寻常的强烈而激动的好色倾向是颇负盛名的。他诿称那是由于他的许多朋友，他常带城里的女人到酒店，而且听她们讲述她们的故事——简短地说，那是无须隐瞒的事情，就像其他许多善良而虔敬的男人一般（博斯韦尔是否也把他自己想在里面？）……约翰逊也不能免除那种势必"与其内心的法则敌对的"嗜欲——而在他与这些嗜欲的战斗中，他是失败过的。

萨维基于1739年7月离开伦敦，1743年死于一个债务人的禁锢中。一年后，约翰逊出版了《理查德·萨维基的一生》（*The Life of Richard Savage*），这本书被亨利·菲尔丁称为"我看过的这类书籍中，写得公正、写得很好的一本"。它预示了（而且后来被纳入）《诗人列传》的出现。这本书出版时不具作者的名字，但伦敦的文艺界很快就发觉那是约翰逊写的。从那时起，书商们开始认为他是编纂英语字典的人选。

字典（1746—1755）

休谟于 1741 年写道："我们找不到属于我们语言的字典，也几乎找不到一本可以接受的文法。"他说错了，因为纳撒尼尔·贝利（Nathaniel Bailey）在 1721 年出版了《字源学的英语及普及字典》（*An Universal Etymological English Dictionary*），此后出现了一些半辞典性的后继者。编一部新字典的建议显然是由多兹利在约翰逊面前提出来的，而后者回答说："我想我不至于担当这项工作。"然而，其他的书商与多兹利合伙并表示如果他愿意担任这项工作，他们愿意付给约翰逊 1575 镑时，他还是在契约上签了字，时间是 1746 年 6 月 18 日。

经过一再思索后，他草拟了一本 34 页的《英语字典编纂计划书》（*Plan for a Dictionary of the English Language*），而且把它印出来。他把这本《计划书》送给许多人，包括后来担任国务大臣的查斯特菲尔德爵士，对这位伯爵在英文及其他方面的卓越能力给以满怀希望的颂扬。查斯特菲尔德约他见面，约翰逊真的去了，伯爵赠他 10 英镑及一些鼓励的话。后来约翰逊再度造访，足足等了一个钟头，在那里非常生气，终于摒弃了把他的作品献给查斯特菲尔德的想法。

他闲散地着手这项工作，后来才勤奋些，因为他的稿酬是被分期给付的。他编到"辞典编纂人"（lexicographer）这个字时，他下的定义是"编写字典的人，从事一种无害的苦工……"。他原本希望以 3 年的时间来完成这个工作，但实际上花去 9 年的光阴。1749 年，他从舰队街搬往戈夫广场。他用自己的钱雇用了五六个秘书，让他们在四楼的房间里工作。他阅读 1558 年至 1660 年既有的英国作品——从伊丽莎白一世即位到查理二世登基。他相信英语是在这个时期达到最优秀的境地，而且提议把伊丽莎白时代到英王詹姆士时代的语法作为建立优良语法的标准。他想定了要引用某个句子来例释某个字的用法时，就在那个句子底下画一条线，然后在书页的边处注上必须界说的那个字的第一个字母。接着，他的助手们把做了记号的每个句子抄录在纸片上，然后依照字母顺序的正确位置，把这些纸片插夹在贝利的字典里面，贝利的字典被作为起点和导引。

在那 9 个年头里，他曾数度休假，去寻思适切的定义。有时他觉得写一首诗要比界说一个单字来得容易些。1749 年 1 月 9 日，他发行了为数 12 页的诗集《人类愿望的虚华》（*The Vanity of Human Wishes*）。就像 10 年前的《伦敦》诗集一般，这本诗集在形式上仍然模仿尤韦纳尔，但展现了自己的力量。他仍然埋怨自己的贫困，也埋怨查斯特菲尔德的轻视：

> 那里标示种种不幸，袭击学人的一生——
> 劳碌、妒羡、匮乏、主顾与监牢。

而斗士的胜利是多么徒劳！请看瑞典的查理十二怎么说：

> 他留下英名，使全世界在他面前顿呈苍白
> 他昭示一种德行，或美化了一个传奇故事。

人何其愚昧，我们眼见浮华、欺骗及老年的痛苦时，却祈求长寿，此心漂泊于重复的逸事中，命运随着每天的遭遇而摇摆不定，子女为了继承遗产处心积虑而淡忘了伤亲之痛，"数不尽的各种弊病，由卑污的角落袭击，包围着人生，逼迫悲惨的绝境"。要脱离徒劳的希望和可以确定的腐败，只有唯一的路：祈祷，信仰有力救赎苍生和赏善罚恶的上帝。

不过，这位悲观论者也有过快乐的时光。1749 年 2 月 6 日，加里克把《艾里妮》剧本搬上舞台。这件事对于约翰逊来说是一件大事，他沐浴洁身，穿上一件镶有金色花边的鲜红色背心，头上戴着同样装饰而很华丽的帽子，观赏他的朋友扮演穆罕默德二世与西伯夫人装扮的艾里妮配戏。这出悲剧共演了 9 个晚上，为约翰逊带来 200 英镑。后来没有重演，不过多兹利另外付给他 100 英镑买下版权。这时，他的名望与富裕足够他来创立一个俱乐部了。不是距此 15 年后的那个"俱乐部"，而是"常春藤巷俱乐部"（Ivy Lane Club），以街为名。在那里的国王大酒店（the King's Head Tavern）里，约翰逊、霍金斯及另外 7 位人士，每逢星期二晚上聚会在一起，吃牛排并交换偏见。后来约翰逊曾说："我经常去那里作乐。"

1750 年 3 月 21 日至 1752 年 3 月 14 日，他每逢星期二和星期五写一篇短论，以《漫游》为名由凯夫发表，由此他每周得到 4 个基尼。这些短论卖不到 500 份，凯夫因而亏了钱，可谓运气不佳。这些短论后来被集成单行本出版，竟然在约翰逊死前销行了 12 版。我们能声明其中有趣的只有编号 170 与 171 这两篇，约翰逊在此似乎把一个娼妓道德化并美化了她的故事。批评家们抱怨他的体裁与用字过于拉丁化与冗长。只有博斯韦尔发现约翰逊在描述罪恶之余还是励人向善而感到安慰。

在那几年中约翰逊显得特别紧张，因为他的心力被那些定义弄疲乏了，而他的精神也因他妻子的颓唐而沮丧。波特用酒和鸦片来排遣年老孤单的痛苦，她经常不让约翰逊靠近她的床，而他到外头吃饭时也极少带她一起。与他们两人都很熟识的泰勒医生说："她真是约翰逊生活上的累赘，总是烂醉如泥、面目可憎，约翰逊经常埋怨跟这种妻子一起生活的痛苦。"她的死（1752 年 3 月 28 日）使他忘了她的过错，而他在她身后表现的那种爱恋使他的朋友们觉得有趣。他称颂她的德行，悲叹他的孤单，而且希望她能为他向基督说情。"他告诉我，"博斯韦尔回忆道，"他通常在下午 4 点外出，而很少在清晨 2 点以前回到家……舰队街的米特酒店是他最常到的地方，他喜欢在那里长坐达旦。"

孤独是可怕的，约翰逊在妻子去世后，把安娜·威廉姆斯带进戈夫广场的家里（1752 年）。她是一个双目失明的威尔士女诗人，除了几段很短的时间外，她留在约翰逊身边直到去世（1783 年），她指挥家务和厨房工作，切烤肉片，而且用手指来判断杯子倒满了没有。约翰逊另外雇用一个黑人仆役弗兰克·巴伯料理一些私人生活，他留在他身边共达 29 年，约翰逊送他上学校，用尽了苦心让他学拉丁文和希腊文，而且留给他一笔可观的遗产。为了使这个新家庭更臻完善，约翰逊又邀请了一位不安于业的医生罗伯特·莱韦特同住（1760 年）。这三人组成一个时时争论不休的家庭，但约翰逊感谢他们能够相聚。

1755 年 1 月，他把《字典》的最后几页交给印书商。这位印书商眼看就要结束这个工作及和这个人的关联，因而大大地感谢上帝。查斯特菲尔德听到了这本书即将出版的消息时，他希望成为书首的题献人。他在一本刊物上写了两篇文章，祝贺众所期待的巨著，试图弥补以前没有接见他的那次失误，又颂又捧地把约翰逊称为精良的英语用法的独家权威。而这位骄傲的作者寄给伯爵一封信（1755 年 2 月 7 日），那就是卡莱尔描述的"那位声名远播的'厄运风暴'（Blast of Doom），声明那位赞助人已不算数了"：

伯爵大人：

最近才从《世界》（*The World*）杂志的所有人那里得知，该杂志所刊两篇推荐拙著字典的大文，乃是大人您所写。如此承蒙抬举本是一项殊荣，然而由于本人不惯承受来自大人们的厚爱，以致不知如何接受，也不知该用什么言辞来致谢……

大人啊，从我在您的外室久候，或者说被拒于你的门外，距今已经有 7 年的光阴了。在此期间，我历尽万难以推进我的工作，埋怨这件事是没什么用的，而我终于也把它带到出版的边缘，没有受到任何赞助的行动，没有一句鼓励的话语，也没有一丝亲切的笑意。我并不期望如此的待遇，因为在⋯⋯之前我未曾有过赞助人。

大人啊，所谓"赞助人"岂是对一个陷身水中而挣扎求生的人只有不关心的旁观，而当他到达地面，却以帮助来烦扰他的人吗？您对我的劳苦表示的欣悦与关注，若早得是时候，那就是您的仁慈。但是它毕竟延迟了那么久，以致我已淡忘而且无法消受，以致我已孤立而无法参与，以致我已成名而不再欠需。我希望不会因为我不承认自己没有实际受惠的恩泽而显得冷嘲与刻薄，也不愿意公众认为我对一位"赞助人"有所亏欠，神意使我能够为自己做这件事。

既然我的工作已经进行了那么久，而对任何赞助人也无所亏欠，对这件事我并不失望，只是我要断然地声明绝无亏欠，如果这是可能的。因为长期以来我已觉醒，不再留恋我曾经得意洋洋的梦想与希望。

伯爵大人

您最谦卑的仆人
塞缪尔·约翰逊

查斯特菲尔德对这封信的唯一批评是"写得很好"。而它的确是 18 世纪散文的一篇杰作，摆脱了一直受到影响而且难以负荷的拉丁式变体。该文的作者一定经过仔细思考而且深有感触，因为在 26 年后他曾经依据记忆再度向博斯韦尔重述。这封信一直到约翰逊死后才出版。也许他的愤怨影响了他对查斯特菲尔德的《给儿子的信》（*Letters to His Son*）的责难——他说："他们教导妓女的道德和舞蹈师的礼节。"

约翰逊早在 1755 年就到了牛津，一方面为了在图书馆里找参考书籍，另一方面为了暗示他的朋友托马斯·沃顿，如果《英语字典》一书的作者名字后面能放上一个学位，将有助于该书的流通。沃顿解决了这个问题，使约翰逊在三月内获得文学硕士学位。《字典》终于出版了，总共差不多 2300 页的对开本的两本巨著。约翰逊在结束他那篇前言时说：

> 　　这部《英语字典》的撰述，几乎没有得到学者们的任何帮助，也没有得到大人们的任何支持。并非成就于四平八稳的退休生活中，也非完成于学院亭林的庇荫之下，而是造就于不便与不安、病痛与悲伤之中。它也会遏止恶意批评的扬威，观察到我们的语言若没有在这里充分地展现出来时，我也只不过是失败于一种人力从来没有达成过的企图……我拖延了我的工作，现在那些我希望去取悦的人都已埋藏到坟墓里去了，这使成功与失败都成为空洞的声音。因而我以冷淡的静默来结束它，没有对恶评的恐惧，也没有对称赞的期望。

我们不能期望批评家能够体会约翰逊的《字典》达到了 18 世纪英国文学的顶峰与分界线，如同狄德罗与达朗贝尔的《百科全书》（1751—1772 年）在法国文学里达到了顶峰与转折点一样。约翰逊作品中的一些意外的缺点受到了许多嘲笑。在所收的 4 万字中居然有如"gentilitious"和"sygilate"的怪字（韦伯斯特很尊敬地保留在他的字典里）。有些字的定义是带有怒意的，譬如"pension"这个字是"一种付给特殊身份者的津贴。在英格兰通常是指付给由国家雇用使之背叛自己国家的人的酬劳"。而"excise"的定义是"可恨的商品税"。也有出自个人的妙想的，就像"oats"（燕麦）这个字的定义"一种谷类，在英格兰通常是喂马的，在苏格兰却是人吃的"——这倒是真的。博斯韦尔问约翰逊"文明（civilization）是否是一个字；他说不是，彬彬有礼（civility）才是"。约翰逊的许多字源学的解释目前被否认了。拉丁文他懂得很多，希腊文则较少，但对现代各种语言就显得太不熟悉了。他坦然承认字源学是他的弱点。他定义"pastern"这个字为"马的膝盖"（应该是马脚的一部分）。一位女士问他何以错到这个地步，他说："夫人，由于无知，完全是由于无知。"像这么大的一部著作，每页都带有成打的出错的机会，他是难免会有失误的。

约翰逊的成就得到了国外的赞赏。法兰西学院送他一部该院出版的《法语字典》（*Dictionnaire*），意大利佛罗伦萨的克鲁斯卡学院送他一部他们编的《意语字典》（*Vocabulario*）。《英语字典》的销路够好，乐得书商们出资给约翰逊另编节本。这个大部头的原本在 1828 年被韦伯斯特取代前一直被视为依据的标准。它把约翰逊高高地摆在他那个时代英国作家的顶端，除了像霍勒斯·沃波尔之类的贵族外，他实际上已成为英国文学界的至尊。"文坛大可汗"（the Great Cham of Literature）开始行使他的权威。

迷人的圈子

然而，他没能免于因负债而被捕。从《字典》那里来的收入总是来得快去得快。1756 年 3 月 16 日那天，他写信给理查森："先生，我不得已而求你惠助。现在我因 5 镑 18 先令而被拘留……如蒙善心借我这笔数目，我将会很感激地连以前已欠的一齐奉还。"理查森寄给他 6 个基尼。这段时间，他靠写杂志文章、替不太会说话的牧师编写证道文、靠预付给他承诺编辑莎士比亚的稿费及用"闲者"（The Idler）为笔名给《寰宇纪事》（*The Universal Chronicle*）每周写一篇短论（1758 年 4 月 15 日—1760 年 4 月 5 日）来维持生活。这些工作比起《漫游》来说都是较轻松的，然而对他们的读者依然是很严肃而吃重的。有一篇指责活体解剖，另有一篇暴露债主的牢狱，第五号作品为了军人与家室的分离而悲悼，而且提议设置"女骑兵"队（Lady Hussars）来处理军需及从事护理，还兼安慰他们的男人。

1759 年 1 月，他获悉 22 年没见过面的 90 岁的老母濒临死亡。他从一位印刷商那里借到了钱，然后在一封温柔的信里寄给她 6 个基尼。她死于 1 月 23 日。为了支付她葬礼的费用及为她还债，他以一个星期的所有黄昏时间写了（他是这样告诉雷诺兹的）《阿比西尼亚王子拉塞拉斯的故事》（*The History of Rasselas, Prince of Abyssinia*）。他分成几段交给印书商，总共获得 100 英镑。4 月出版时，批评家高举其为古典巨著，而且将其与伏尔泰的《康迪德》一书媲美。后者差不多同时出版而讨论同样的问题——人生能带来幸福吗？约翰逊不加犹豫地回答说："你们这些听信希望的幻象，期待年老时能实现青年的诺言，及今日的不足将在明日获得弥补的人呀！请注意拉塞拉斯的史事。"

约翰逊告诉我们，阿比西尼亚的国王习惯于把王位的继承人拘留在快活而富饶的山谷里，直到他继承的时间来临。什么东西都供应他：皇宫、美食、珍禽宠兽及聪颖的伴侣。但是到了第 26 年，拉塞拉斯已厌倦了一切欢乐。他不但失去了自由，还丧失了奋斗的力量。"如果我有了可追求的东西，我必会快乐。"他思索着他如何可以逃离这个平静的山谷，去看看人们是如何寻找和发现他们的幸福的。

一位技艺精练的机匠提议造一个能飞的机器，足以把王子和他自己提升到环绕他们的群山之上而奔向自由。他解释说：

> 能游泳的人无须对飞行失望。游泳就是在厚重的流体里飞行，而飞行就是在稀薄的流体里游泳。我们只须对我们经过的不同密度的物质成比例地分配我们的抵抗力。只要你在空气上面补充的任何冲力，能快于空气遁离的压力，你必然会得到空气的支撑……从地面上起飞所费的劲会是很大的……然而当我们越升越高，地球的吸力和身体的重力就会逐步消失，直到我们抵达某一领域时就会浮在空中而不会掉下来。

　　拉塞拉斯鼓励这位机匠，他同意造一架飞机，"不过有个条件，技巧是不能公开的，而且除了我们自己之外，你不能要我也为别人造翅膀"。"为什么？"王子问，"难道你嫉妒别人获得这么大的好处？""如果人人都是有德行的，"机匠回答，"我会尽快地教他们飞行。然而如果坏人能尽兴地从空中进行侵略，那么好人的安全又在哪里呢？"他造了一架飞机，在试飞的时候掉到湖里了，还是王子把他救出来的呢！

　　拉塞拉斯更喜欢与游历广、阅人多的哲学家伊勒克交谈。他们发现一个山洞，引出一条小径通到外面的世界。他们逃离了他们的乐园，带着公主妮凯雅和她的女侍。他们带着珠宝，因为那是到处通用的货币，去访问开罗，寻欢作乐，终至厌倦。他们听到一个斯多葛派的哲学家讨论克服热情，数天之后，他们发现他因女儿的死去而悲乱。由于读过田园诗，他们设想牧羊人必定快乐，但是他们发现那些人的内心"受到了不满的侵袭"，而且"对位居他们之上的人怀抱恶意"。他们遇到一位隐士，获悉他暗地里也向往城市的逸乐。他们探讨家庭生活的乐趣，发现每个家庭因失和与"背叛的欲望的冲突而昏暗"。他们考察金字塔，认为那是愚昧的顶峰。他们学习有关学者与科学家的快乐的生活。他们遇上了一位天文学家，他告诉他们说："廉正若无知识是脆弱而无用的，有知识而不廉正是危险而可怕的。"但是这位天文学家发疯了。他们得到的结论是：世间没有任何一种生活方式可导致幸福快乐，伊勒克说了一篇灵魂不朽论来安慰他们。他们决定回到阿比西尼亚，怀着至福的复活的信念，宁静地接受人生的兴衰。

　　这是一个老故事的精美再现。使我们惊奇的是文体的优雅流畅与清晰，脱离了约翰逊在论文和对白中的冗长词汇。一个这样博学的辞典学家几乎是不可能写出这样淳朴的故事的，更令人不能相信的是他居然在 7 天之内写出 141 页。

　　他又搬家了，从戈夫广场搬到斯台博客栈（Staple Inn，1759 年

3月23日）。不久他又搬到格雷客栈，再搬到内庙巷。这些变化可能是出于经济上的原因，然而1762年7月，英王乔治三世接受比特爵士的建议，赠予他一年300英镑的恩俸，约翰逊突然被抬举到相对富有的境地。为什么这一优遇竟落在一个经常反对汉诺威王朝，毫不例外地嘲弄苏格兰人，而且把恩俸描述为"付给由国家雇用来背叛自己国家的人的酬劳"的人身上，已成为许多神秘故事的主题。约翰逊的敌对者指责他爱金钱甚于爱原则，而且认定比特在寻求一支强有力的笔，来回应威尔考斯、查理·丘吉尔等用墨水来玷辱他名誉的人。约翰逊声明，他接受这笔恩俸是基于一种明确的认识，并经比特两度认可，即他不接受要求撰写支持政府的文章。他私下告诉博斯韦尔说："痛骂汉诺威王室而祝福詹姆士国王健康的那种快乐，远比一年300英镑大得多。"总之，这样的恩俸他赚了好几回，主要的原因不在于后来几年的政治路线，而是以文笔和演讲，以智慧和纯净的机智充实了英国文学。

他有足够的朋友来应付各方的敌人。他说："友谊是提神的强心剂，足以使欲呕欲醉的人生平静下来。"差不多他在场的每次聚会中，他总成为交谈的中心，并非他倾力以致之，而因为他是那时伦敦文艺圈最具个性的人，每当他开口时总可以确信他会说出一些名堂来。提议组织"俱乐部"的是雷诺兹，后来博斯韦尔称之为"文艺俱乐部"。约翰逊支持这个运动，1764年4月16日，这个新团体在伦敦苏荷区、格洛街的仙人掌大厦里举行第一次周一黄昏聚会。参加创立的会员包括雷诺兹、约翰逊、伯克、哥尔斯密、克里斯托夫·纽金特、托珀姆·博克莱尔、贝内特·兰顿、安东尼·夏米尔和霍金斯爵士。其他的人，像吉本、加里克、谢里登、弗克斯、亚当·斯密、伯尔尼博士等，是后来经过俱乐部的投票通过才加入的。

博斯韦尔1773年以前一直没有获许入会，部分原因可能是他并不经常住在伦敦。从他与约翰逊相遇到约翰逊之死，他与他的偶像相处的时间总共仅有两年几个星期。他未加隐藏的热情，及约翰逊也知道博斯韦尔计划写他的传记，使这位长者原谅了他近乎阿谀的偶像崇拜。一个善于言谈，另一个是好听众，两个人形成了快乐的一对。约翰逊对博斯韦尔的才智并不高估。博斯韦尔说他们交谈中所喝的酒令他头痛时，约翰逊纠正他说："不，先生，不是酒使你头痛，令你头痛的是我放进去的意味。"博斯韦尔好奇地回问："先生，意味为什么会令人头痛呢？"约翰逊回答说："会的，先生，当一个人感到不习惯于它的时候。"（从《生平》一书中的某些章节看来，博斯韦尔谈出的意味似乎比约翰逊还好。）在称赞蒲柏的《愚人记》（*Dunciad*）时，约翰逊表示它使一些蠢材因而获得持久的盛名，他继续他的玩笑说："这么说当一个蠢材也值得。啊，先生，如果你活在那段日子里该多好！"不过后来"老熊"也学会喜欢他的"小熊"了。"我很少喜欢别人像喜欢你那样。"他 1763 年告诉他。他说："博斯韦尔，别离开一幢房子而不留下重返的希望。"1775 年，博斯韦尔在约翰逊的住处获得一个房间，当谈得太晚时就睡在那里。

　　1772 年 3 月 31 日，他在日记里写道："我有写约翰逊先生生平的坚定决心。我还没有告诉过他，也不知道是否应该告诉他。"但约翰逊在 1773 年 4 月之前就知道了，也许还要早些。别人也有知道的，但对博斯韦尔以提出争论性的问题，来引出这位老师傅的话，从而获得一些写传记的珍贵资料的显著企图有所抱怨。而这位好问的苏格兰人炫耀说："若非我开启泉口，泉水常常是阻塞不出的。"若非博斯韦尔那种可爱的挑逗和不倦的摸索，我们熟悉而津津乐道的约翰逊可能就成不了那样了。请看看在霍金斯所写的《生活史》（*Life*），甚至泰罗尔夫人栩栩如生的《逸事》（*Anecdotes*）里的约翰逊是多么不同啊！

　　1765 年 1 月，约翰逊结识了泰罗尔夫妇，在他一生中，这份友谊比起他和博斯韦尔的更重要。亨利·泰罗尔是酿酒商，他受过良好的教育，游历广，被选为国会议员更足以证明他的地位。1763 年，他与赫丝特·琳奇·赛勒丝柏利结婚，她是威尔士女郎，虽然只有 5

英尺高，却活泼而聪明。亨利比她年长12岁，专心于他的生意，但对她倒也宠幸备至，使她年年有孕（1764—1778年），还把他的性病传染给她。她替他生了12个孩子，其中8个死于稚龄。她以文学自娱自慰，而她的丈夫把著名的塞缪尔·约翰逊请回家时，她使出了全副的女性艺术与魅力把他俘到家里。不久，约翰逊每逢星期四都与泰罗尔夫妇在他们南渥克的家里聚餐。1766年后，他经常在他们坐落于萨里郡斯特里罕的乡间别墅里陪他们度过夏天。以约翰逊为中心，泰罗尔夫人使家里成为沙龙，请来了雷诺兹、哥尔斯密、加里克、伯克、伯尔尼夫妇，最后加入的是带着妒意的博斯韦尔——因为他获悉泰罗尔夫人正在收集约翰逊的容貌、生活方式和言论的资料，于是《生平》有了对手了。

旷世天才（大熊星）

这位高居大熊宝座的巨人到底是怎样的一个人呢？博斯韦尔于他们1763年初次会面时写道："约翰逊先生是外表最恐怖的一个人……块头很大，被生疮的眼睛、神经痉挛和瘰疬困扰着。他穿着邋遢，说话声音很古怪。"泰罗尔夫人描述稍后几年的他："身躯显然很高，四肢尤其显得很大……他的面貌刚毅，眼睑特别绉蹙……近视眼，不然就是视力不足。然而他的两眼……如此凶猛，如此锐利，以致我相信来看他的人的第一个反应就是恐怖。"

他感叹说坐着让人画像是"浪费时间"。然而，他坐着让雷诺兹画了10次、让诺勒肯斯画了一次半身像。1756年约书亚爵士把他画得肥硕而懒散，1770年为他画侧面半身像而使他看来像哥尔斯密。1772年他的最有名的几张画像，留给后世的是一个身躯难看，有硕大的假发、大而肥的脸、低垂的眉毛盖住了困扰的双眼、宽厚的鼻子、厚唇和双层下巴的人。他的假发因脑袋、肩膀和两手的痉挛抽动而移歪了位置。他不注意自己的穿着。他告诉博斯韦尔说："精致的服装只有在缺乏别的手段以获取敬意时才有用。"在他成为泰罗尔夫妇的朋友之前，他已经很担心自己的健康。

他很贪吃，大肚能容，也许想起饥饿的往年。博斯韦尔说：

> 我没有见过像他那样喜爱美食的人。进餐时，他是那样专心一意眼前的要务。他看来全神注视他的盘子，除非是和很高贵的人会餐，他一句话不说，而对别人所说的一点也不留意，除非他已满足了胃口。他的吃相那样凶猛……以致额头的血管都鼓了起来，还常常看到他满头大汗。

他用手指头弄鱼吃，"因为我近视眼，怕吃到鱼骨头"。他一看到蔬菜就忍不住。在他比较称心如意的日子里，他"喜欢饮酒自宽，而只醉过一次"。威廉姆斯太太公然斥责醉酒："我怀疑男人们把自己弄成禽兽样子有什么乐趣可寻。"约翰逊回答说："夫人，我怀疑你还没洞察到这种超凡的强烈诱惑力，因为把自己弄成禽兽样子的人才能免除做人的痛苦。"但是喝酒"不能改善交谈，因为它改变了心理状态，以致你会喜欢任何交谈方式"。晚年，他摒弃任何酒类，而自足于巧克力、柠檬汁，喝茶无数。他从不抽烟。"那是可怕的事，从我们嘴里把烟喷到别人的嘴、鼻子和眼睛上，而别人也这样对待我们。"他把吸烟的习惯解释为"防范心灵的全然空虚"。他粗鲁的仪态，一部分是夜以继日深居不出的残迹，一部分是生理的激动和心理的恐惧使然。他身强力壮，也为此自傲，他能击倒一个书商而不怕报复。一个人占有他暂时离去的座位时，他能把那人抓起来抛开。他跨上一匹马参加泰罗尔的 50 英里越野猎狐。但他对支撑自己的体重感到困难。"他在街上走时，只看到他的脑袋起伏地摇摆，伴随着身体的移动，好像他就是靠这种移动和摇摆行进的，而不是靠他的两腿。"骑马时，"他没有命令也没有指挥他的马儿，倒像是坐在气球里被带着跑一样"。

　　1776 年后，他患了气喘、痛风和水肿。这些毛病连同其他身体上的困难，一定强化了他的忧郁，他有时太沮丧，以致"宁可切掉一手或一脚来恢复精神"。他不相信有人是快乐的。他对一个自认为快乐的人说："那是违心之论，连狗都知道它永远是不幸的。"一位医生告诉他忧郁症有时导致精神错乱，约翰逊于是害怕自己会发疯。他借《雷塞勒的故事》中的哲学家伊勒克之口说："在我们现有的各种不安定中，最可怕也最令人警惕的是不能确定的理性的延续。"

　　由于近视眼，他在女性、自然界或艺术的美中找不到什么乐趣。他认为雕刻的价值被高估了，而"塑像的价值则在于塑造过程是困难的。你不会对雕刻在胡萝卜上的美好人头做评价"。他试过学乐器，"但我弄不出一个调子来"。他问："先生，请问这个巴赫是怎样的人？他是吹风笛的吗？"——他问的是约翰·克里斯丁·贝奇，那时（1771 年）英格兰最著名的钢琴家。他认为音乐正被简谱污染。听到一位小提琴手因为他演奏的技艺是那么困难而受称赞时，约翰逊慨叹地说："因为困难——我真希望那是无法演奏的。"

　　如此强壮的男人在处理性爱问题时必定发生困扰——即使是正常的心灵都会受到骚扰。他出席《艾里妮》剧本的首演时，加里克带他进入演员们等候出场的后台，之后他拒绝再到那里去。"不，大卫，我不再回到这里来，因为那些女演员白嫩的乳房与大腿会激起我的性欲。"一天，在赫布里底群岛，博斯韦尔很惊奇地听到他说："我常想到如果我保有一间后宫别室……"

　　一般而言，他的缺点比起他的美德显著得多，而他的确是有些美德的。我们很可以把霍勒斯·沃波尔的批评"他虽生性温厚，但表现出来的性情很坏"倒过来说，而不失公正。对这样的事，哥尔斯密比较谦厚地说："约翰逊的仪态有些粗暴，但没有一个活人有比他更温柔的心肠。除了表现在外表的之外，他一点也不粗鲁。"他虽散乱、疏懒、迷信、粗鲁、独断和高傲，但他也仁厚、有人情味、慷慨、敏于求人宽恕和宽恕别人。泰罗尔夫人记得约翰逊动用了他的 300 英镑恩俸中的 200 镑。她说：

> 他护养一大家人……通常每周中间的几天他在我们家过，他用固定的费用来安顿舰队街的数口之家，而每逢星期六回到他们那里供应三顿美好的饭食。至于他的同事们，他在星期一晚上回到我们这里之前也给予他们同样的待遇，比起他受到上流社会的款待还要更谦恭有礼。

他为人写序文、献辞、布道辞，甚至法律上的见解，通常是免费的。他努力执笔撰文，使威廉·多德博士免受绞刑。看到一个妓女躺在马路上，他（那时已 75 岁）把她背在背上，带回他的房间，悉心照料直到她复原，而且努力使她过有德行的生活。与他合作编辑《莎士比亚》的乔治·斯迪文斯说：“如果他有意隐藏的许多慷慨善行，及他私下所做的许多仁慈的行为，能够（像他的缺点一样）同样被公开，那么他的缺点将在他美德的光辉之下消失无形，人们只会关心他的美德。”

在他最后的 19 年中，他只写了一本有分量的《诗人列传》，除此之外他只以舌代笔。他把自己描写为“喜欢盘起腿来把话说尽的人”。如果撇开吃的不谈，他大部分的生活都花在与有识之士的交谈上。关于人间世事，他由观察与阅读而收集的储量惊人而范围广阔的知识，其中许多是装在他记忆的贮藏室里。他总是希望减轻自己的负担，然而他很少发动任何严肃的讨论。有人谈起某个话题或有所挑战时，他才会高谈阔论。他经常倾向于反对别人所说的。他随时准备好为任何命题或其反面而辩护，他乐于争论，知道自己是雄辩无敌的，他决定在论辩中获胜，即使真理在他的攻击之下死亡也不怜惜。他知道这不是最好的交谈方式，但他确信这样是最有趣的。在冲突进行当中他无所礼让。“他对我们全不留情。”博斯韦尔说。他向一位争论者说：“我已经找到了与你论辩的题材，但我没有义务去得到你的理解。""别和约翰逊辩论，"哥尔斯密说，"因为如果他的手枪打不响了，他会用枪托把你击倒。""我第二天清早去拜访约翰逊博士，"博斯韦尔叙述说，"我发现他对自己前夜辩才的威力大感满意。（他说）'怎么样？我们可谈得不错。'（博斯韦尔答）'是的，先生，你摇撼、刺伤了好几个人。'"托马斯·谢里登叫他暴徒，而吉本说他顽固。蒙博多爵士称他为"我所认识的最可恶、最恶毒的人。他不称赞别人赞扬的任何作者或书（他倒称赞过范尼·伯尔尼所著的《埃维莉娜》），而且……连花极短的时间去听别人吸引众人的言谈的耐力都没有"。霍勒斯·沃波尔安于他的闲职，每当想到他时就会颤抖起来，以辉格党籍的首相之子的所见而把他总结如下：

> 虽博学多识而又具备某些有力的优点，约翰逊的性格讨厌而卑鄙。原则上是一个帝王神权论者，妄自尊大，自负而架子十足……他出卖他的文笔给党派，即使在字典中也如此，到后来，为了一笔恩俸而抵触自己的定义。他为人的态度卑鄙，目中无人而残酷，他的风格荒唐地夸大而恶毒，一言以蔽之，他的卖弄造作具备了一位乡下师傅所有的巨大鄙陋……后世读到我们崇拜的这样的偶像时，不知道会怎么想象我们？

当然了，理想中最好的交谈是与一小群不忙不乱的人在一起，大家都博学多识而谦恭有礼。不然，就得像约翰逊在一段可爱的插曲里所说的："那是最令人快乐的交谈，没有竞争，没有虚夸，只是安静地交换彼此的情操心绪。"不过，他在何种时刻会有那种体验呢？他告诉似乎在眨眼睛的博斯韦尔说："以敬意待你的对手，等于是给予他无权承受的好处。"我们这些没有与他冲击过的人，会因为他的机智、幽默和洞察力，宽恕他的所有抨击、伤害和偏见。他的真实不虚、坦诚不诈及他把智慧集中在简单语言中的能力，使他成为英国历史上最有支配力的人物之一。

保守的心灵

我们应该给他发言的机会吧？他对太阳底下的每件事差不多都可以说一些有趣的话。他认为生命是没有人愿意再次遭遇的不幸，而且大多数的人是"不耐烦地持续它而又勉强地脱离它"。麦克劳德夫人问他"是否没有人是天生善良的"，他回答："没有，夫人，并不比狼好些。""人显然是那么腐败，所有天上和人间的律法都不足以防止他们犯罪。""人们的恨比起他们的爱要顽强得多，一旦我说了一些话而伤害到一个人，我将无法再说许多话取悦他，而使这件事有所改善。"

他不常讨论经济学，他抨击政府对殖民地民族的剥削，而强烈谴责奴隶制度。有一回在牛津，他提议"为西印度群岛的黑人暴动"干杯，而使一些教授惊愕。不过，他认为"提高每天工作的劳工的工资是错误的。因为这样做并不能使他们的日子好过些，反而（指那些懒散的）只会使他们更疏懒，而懒散之于人性是一件很不好的事"。与布莱克斯通一样，他支持私有产权的神圣。他与思想风格迥异的伏尔泰一般，辩称富人的奢华是赋予穷人工作，而不要以施舍来腐化他们。他在亚当·斯密之前提倡自由企业，但是商人的增加惹恼了他。"我担心商业的增加与商业激起的对财富的不断竞争，产生不出一个可以从智巧与欺诈中迅即期待得到的有目的的远景来……狡猾取代了暴力。"他不假装轻视金钱，虽然他有所匮乏，他认为"除了木头人之外，没有人不是为钱写作的"——这样说是低估了虚荣心。

他以为（回想他给哥尔斯密的《游历者》一诗添加的句子）我们夸大了政治的重要。"我可不愿意花半个克朗去生活在一个政府形式之下而不要别的形式。"因为"大多数的政府改革计划都是可笑的事"。然而他曾经热衷于反对"辉格党的狗儿们"，还是一笔恩俸才协调了他与汉诺威王室的关系。他称爱国主义是"恶徒的最后避难所"，但是他以爱国的热情来辩护英国对福克兰群岛的权力（1771 年），而且他对苏格兰人和法国人有着一种近乎盲目排外的轻视。

1763 年，他早在伯克之前为保守主义辩白。"人的经验，虽常与理论抵触，却是真理的伟大考验。基于许多心智的发现上的系统，总是比仅由一个人的心智产生的要有力得多。"1762 年后，他对现状算是相当满意。他称赞英国政府为"比经验告诉我们的和历史传述给我们的更接近完善"。他称赞贵族政治、阶级区分和特权，因为那对社会秩序和精心的立法是必要的。"我是从属关系的支持者……它最有助于社会的福祉……从属是无知者的义务，也满足了穷人的美德。"他像每个时代的人一样感叹：

> 在这个时代里，从属关系可悲地被破坏了。没有人还有着他父亲曾有过的那种权威——除非是看守监狱的人。主人对仆人已无威权，在我们的大专院校里也没有了，在我们的文法学校里一样没有……这是有许多原因的，而主要的我想是金钱的大幅增加……金银摧毁了封建的从属关系。除此之外，敬意普遍松懈了。儿子们不再依靠他们的父亲，像从前那样……我的希望是，就像独裁产生暴政，这种极端的松懈将会收紧缰索。

静观伦敦的居民，约翰逊判断民主政治会成为灾祸。他讥笑自由与平等是不切实际的党团用语。"人生而平等的这种想法远非真实，任何两个人无法相聚半个小时，若非其中一个比另一个获得显著的优势。"1770 年，他写了一本小书《错误的警钟》（*The False Alarm*），谴责过激主义，认为把威尔考斯赶出国会是合法的。

在另一本小书《爱国者》（*The Patriot*，1774 年）中，约翰逊重新攻击威尔考斯，而且发动博斯韦尔所说的"促使我们在美国的同胞们的无条件归属的企图"。在早些时候的作品里，约翰逊对在美国的殖民地偶尔公平地说过话。这些殖民地的掠得"并非基于很公正的政策原则"，大部分是因为别的欧洲国家抢夺太多了，而英国希望防止法国和西班牙因并吞美国而危险地壮大，来保卫自己。他称赞过法国移民以人道的方式对待印第安人并与他们通婚，他也谴责英国移民诈骗印第安人而压迫黑人。但移民谈起自由、正义和天赋人权时，约翰逊藐视他们的要求，认为是无稽之谈，他反问说："那是什么道理，我们居然听到这些驱策黑人的人大声叫嚷着要自由？"他在《课税非暴政》（*Taxation No Tyranny*，1775 年）这本有力的小册子里谈论反对殖民地脱离的事由。显然这是应官方的要求而写的，因为约翰逊埋怨过（博斯韦尔说）他的恩俸是以"文坛名人"的名称颁赠，而现在他居然被"行政当局要求写政治性的小册子了"。

由于接受大英帝国的保护（约翰逊论辩着），移民们曾默认英国政府的课税权利。若要课税公正，纳税人并不需要在政府里有直接的代言人。英格兰居民中的半数也没有代表人在国会里，然而他们接受课税，认为那是政府维护社会秩序和提供法律保护的公平报酬。供应他论证资料的霍金斯以为《课税非暴政》没有得到答复，不过博斯韦尔记得站在美国立场的科西嘉曾经惋惜约翰逊在文笔上的"极端暴力"。他说："无可怀疑地，这本小册子是依那时当权者的意图而写的。实际上他也向我承认曾受到其中某些人的删改。"被删除的其中有一段预言说美洲人"在 125 年后将会得到比西欧人更公平的待遇"。他的政治哲学中有自由主义的成分。他重视弗克斯过于小皮特，还被诱与威尔考斯聚餐，后者请他吃小牛肉而试图改变他的政治原则。而这个年老的保守分子居然弹起革命的论调来：

> 我们在抽象的思辨中考察人间福乐分配的不均时……显然许多人缺乏基本的需要而许多人过着更舒服方便的生活。懒散的人靠着勤劳者的辛劳而安适地过日子，奢华的人饱食那些供应者尝不到的山珍海味……大多数人缺乏少数人享受的、弃而不用的。如此看来，社会安宁的长存似乎无法想象，因而这种期待是很自然的，即那么多人缺乏真正的需要时，不应当有人被许以长期的占有多余的享乐。

谈起宗教，他的保守思想又劲力十足了。过完了一段怀疑论的年轻岁月之后，他与日俱增地给予英国国教强烈的支持。有时他倾向天主教：他喜欢炼狱观念，听说英国国教教士有人转皈罗马教会时，他说："愿主福佑你！"博斯韦尔告诉我们说，"他为宗教裁判辩护，而且主张新教义初次出现时应接受检查，俗世的力量应与教会联合，来处罚胆敢攻击既经建制的宗教，而这只有借宗教裁判来处罚。"他恨透不服国教者，而赞同把卫理公会教徒逐出牛津。他拒绝和一位脱离国教而加入教友派的女士晤谈。他斥责博斯韦尔与"无神论者"休谟的温情友谊。亚当·斯密保证休谟过着为人典范的生活时，约翰逊大叫："你说谎！"为此斯密还骂他说："你是婊子生的。"约翰逊以为宗教对社会秩序与道德是不可免除的，也只有凭借灵魂不朽的希望，才能协调尘世的苦难。他相信有天使和魔鬼，还以为"死后我们都将住在恐怖之域或极乐之域"。他相信鬼巫之类真有其事，也相信他死去的妻子向他显过灵。

他不喜爱科学，而称赞苏格拉底试图转移研究星空为探讨人事。他害怕活体解剖，对探险了无兴趣，发现未知的陆地只会导致"争夺和抢劫"。他认为哲学是智性的迷宫，不是导向宗教的怀疑就是导向形而上学的无稽之谈。他以踢石头来否认贝克莱的观念论，为了替自由意志辩护，他告诉博斯韦尔："我们知道我们的意志是自由的，而且它是有目的的……所有的理论都在反对意志的自由，所有的体验却支持它。"

他反对法国启蒙运动的全部哲学。不管个人的心智多么卓越，他否认它可以坐着论断一个种族在试行与错误的经验里，为了防范社会秩序受到人们的非社会本能冲动的破坏而建立起来的制度。他以为天主教会虽有许多缺点，但是在保留法国文明方面显示着活泼有力的功能，因而他谴责那些哲学家是心胸褊狭的愚人，他们正在弱化宗教对道德律的支持。伏尔泰与卢梭对于他来说近乎两种愚痴的类型：伏尔泰愚于智，卢梭愚于情。然而两者之间的差异微小得"难以确定他们的罪过的比例"。他责骂博斯韦尔在瑞士向卢梭献殷勤，也悲叹英国款待了这位《爱弥儿》的作者（1766 年）。"先生，卢梭是一个很坏的人。我宁可从速宣判放逐他，而不是放逐在这几年中伦敦中央刑事法院（the Old Bailey）的重刑犯。真的，先生，我真想看到他在殖民地工作。"

约翰逊本人并不像他的意见那般保守。他轻松地破坏了上百个行为、言论和服饰上的习俗。他不是一本正经的人。他嘲笑清教徒，赞许舞蹈、玩牌和戏剧。不过，他谴责菲尔丁的《弃儿汤姆·琼斯的历史》一书，听说正正经经的莫尔读过这本书，他颇为震惊。他害怕文学中的感性，因为他在克制自己的感官冲动和幻想方面有困难。从他的学说里，我们可能以为他没有享受到人生，但在博斯韦尔的述作里，我们看到他是玩味了"人生的全潮"。他宣称人生是苦而不值得，但是，像我们大多数人一样，他尽可能地延长他的寿命，然后愠怒而不耐烦地面对衰老的晚年。

晚年（1763—1780）

1765 年他从内庙巷搬到舰队街，约翰逊短巷（Johnson's Court）7 号，这取名于一个早期住户。博斯韦尔从欧洲大陆回来后就是在这里找到他的。1765 年 7 月，都柏林大学送给他荣誉法学博士的学位。到这时他才第一次成为约翰逊博士，但他从来不在他的名字后面附加这个头衔。

1765 年 10 月，他出版了他编辑的 8 册《莎士比亚》，距离他答应给他的预订者的期限已经晚了 8 年。他勇于指出这位大诗人的错处、荒谬处和孩子气的口语上的奇想。他责备莎士比亚没有道德目的，认为莎士比亚留下了"也许没有一部可以听到结论的剧本，如果像对现在作家的作品那样加以揭露的话"。不过他称赞这位大诗人把爱的兴趣附属于较大的剧本，而且使他的主角成为人而不是英雄。他反对伏尔泰，而强有力地为莎士比亚疏忽于时间与场所的统一而辩护。批评家们辩驳了许多他的评论和修改处，他的这一辑 1790 年被爱德蒙·马隆所编的取代了。但是马隆承认他自己的那一辑是根据约翰逊的编的，他还给予约翰逊的序言甚高的评价，认为"在我们的语言中也许以此最为佳构"。

1767 年访问白金汉宫时，约翰逊遇见了英王乔治三世，他们互相问候。同时他与博斯韦尔的友谊发展到 1773 年接受他这位崇拜者的邀约而齐游赫布里底群岛的地步。对于 64 岁高龄的人来说，这是很勇敢的行为。一开始就是搭乘漫长而费力的驿马车，从伦敦到爱丁堡。他在那里遇到罗伯逊，但拒绝与休谟会面。8 月 18 日，他和博斯韦尔带着一个仆人搭乘可坐四人的驿马车起程向北出发，沿着东海岸向阿伯丁去。然后他们横越崎岖的苏格兰高地，从班弗到因弗内斯。然后从阿诺赫到格雷内格，他们大部分是骑马在西海岸上跑的。他们在那里搭船到斯凯岛，9 月 2 日至 10 月 3 日他们彻底地游历了一番。他们遭遇了许多难关，而约翰逊带着阴郁的勇气来面对。他睡在谷仓里的草堆上，躲避过虫害，爬过石堆，不顾尊严地骑过并不比他高大的矮马。在某个地方停歇时，一个麦克唐纳家族的妇人坐在他膝上吻他。"再来一次，"他说，"看看是谁先疲倦了。"10 月 3 日，他们搭无篷船以 40 英里的速度驶到科尔岛，然后到马耳岛。10 月 22 日他们回到本土，然后游览了从阿盖尔郡经邓巴顿、格拉斯哥到奥金莱克的这几个地方（11 月 2 日结束）。约翰逊在这里与博斯韦尔的父亲相会，受到了光荣的款待，但老博斯韦尔对约翰逊反苏格兰的偏见颇为感慨。他们有过极激烈的争论，博斯韦尔拒绝记录下来。老博斯韦尔后来称呼约翰逊为"大熊"，他的儿子很得体地解释说，他的父亲指的不是"大的熊"（Great Bear），而是说"天才与博学的星座"。11 月 9 日他们返抵爱丁堡，距离上次他们离开这里已经 83 天。约翰逊于 11 月 22 日离开爱丁堡，26 日返抵伦敦。1775 年他出版了《苏格兰西方诸岛游记》，这本书读起来并不像博斯韦尔于 1785 年出版的去芜存菁的报道《与塞缪尔·约翰逊游历赫布里底群岛日记》（*A Journal of a Tour to the Hebrides with Samuel Johnson*）那样趣味盎然，因为哲学毕竟没有传记那般引人兴趣，不过有些段落带着宁静之美，显示出约翰逊仍然是英国散文的大师。

1775 年 4 月 1 日，牛津大学终于授给约翰逊民法博士的荣誉学位。1776 年 3 月，他最后一次搬到波特短巷 8 号，带着他繁杂的家庭随行。带着奇怪而洋溢的感情，他写信给张伯伦爵士（1776 年 4 月 11 日），要求在汉普敦宫里给他一间寓所："对像我这样一个有幸尊崇我王政权的人，我希望我的请求——在他的房产之一里过退隐生活——并非不当或不值得，而能获致慨允。"张伯伦爵士婉转谢绝，说申请的人太多了。

他还有其他成就。40 个伦敦书商准备合力出版一部多卷的英国诗人集，请求约翰逊给每位诗人写一篇生平引介。他们让他开出条件，他要求 200 镑。马隆说："他的大名太有价值了，倘使他要求 1000 甚至于 1500 基尼，这些书商都会毫无问题地给他的。"约翰逊原本想简约地写些"小传"，他忘记了写作的定律之一是就像牛顿第一定律里的物体一般，一支勤动的笔会持续地摇动勤写，除非受到外力的压抑而改变状态。关于小诗人，他写得令人赞美地精简，但对弥尔顿、艾迪生和蒲柏，他放笔直书，写出了为数 60 页、42 页和 102 页的三篇大论文——它们都是英文文艺批评最精美的样本。

他带着厌恶清教徒的政治观和他们曾判死英王的色彩与成见，来看弥尔顿。他读了弥尔顿的散文和诗，而称他为"一个恶毒十足的共和论者"。论蒲柏的那一篇（在开始的那一集里足足写了 373 页），是英国散文古典文体最伟大的继承者，为英诗中的古典诗体而战的最后一击。对希腊文有很深造诣的他，认为蒲柏翻译的《伊利亚特》一书，已经修润了荷马的原著。他称赞格雷写的《哀歌》，但贬斥他的抒情诗因神话的构作而显得嘈杂。这 10 卷《诗人列传》出版时（1779—1781 年），对约翰逊非正统却权威的判断，无感于诗中的微妙绚丽，却依据诗人的诗与生平的道德倾向来评价和斥责他们的倾向，有些读者颇为震惊。沃波尔宣称："约翰逊博士无疑没有判断的品尝能力，既无耳朵也别无标准，只有他那老妇人的成见。"他还好笑地说："这位踩在高跷上的巨擘，他阅读古人的作品似乎领悟不到其中的观点，只是顺手牵羊一些复音词。"然而，为什么此等《列传》比约翰逊笔下的其他作品更广泛地受到喜爱和阅读呢？也许正是他的那些偏见和他表达上的坦率使然。他使文艺批评生动而有力，几乎到了要把死人抓起来严判重罚的地步。

解脱（1781—1784）

亨利·泰罗尔的去世（1781 年 4 月 4 日）是约翰逊结束一生的起点。他是这位酿酒商遗嘱中指定的四个执行人之一，但此后他减少了拜访泰罗尔家的次数。早在丈夫死去之前，泰罗尔夫人对约翰逊需要她的关切和用耳朵专心倾听已感到紧张和厌烦。泰罗尔使他俘到的这只巨熊保持适度而良好的行为，但（这位遗孀埋怨说）"没有人可以限制他的憎恶不快时，要想找个人来和他交谈而能免于争吵，则是绝顶的困难……类似的意外事件频频发生，我只好隐居到巴斯城，我知道约翰逊是不会跟踪我到这里来的"。

《清晨邮报》（*Morning Post*）把事情弄得更糟，它发表约翰逊与泰罗尔夫人的缔婚是"近乎现成的了"。博斯韦尔撰了一篇戏谑诗，"由约翰逊著作，是准备在拟定的即将到来的婚礼上献给泰罗尔夫人的情诗"。但 1782 年，约翰逊已高龄 73，而泰罗尔夫人才 41 岁。与泰罗尔结婚并非出于她自己的意愿。他老是忽视她，而她也从没有学会去爱他。现在她要求爱与被爱的权利，同时要为她的下半生找个男伴。她那时的年纪正是女人渴求生理上与情感上的伴侣的时候。在她丈夫死去之前，她已喜欢上了加布里·皮奥奇，那时他正在教她的几个女儿音乐。他生于意大利，1776 年旅居英格兰，到这时差不多是

42 岁的年纪。她初次遇上他，是在伯尔尼举行的宴会上，她模仿着他弹奏钢琴时的风度。他高雅的风度、温柔的脾气和音乐上的成就，使他与约翰逊之间有了突出的对照。既然她已是自由身，她沉浸在浪漫爱情中。她对 4 个女儿坦示再度结婚的意愿。她们感到惊慌，她的再婚会影响到她们继承遗产的希望，更糟的是与音乐家、罗马天主教徒结婚，这会伤害她们的社会地位。她们恳求母亲重新考虑，她试过了，但是没有成功。皮奥奇的作为像一个绅士：他回意大利（1783 年 4 月），离开了差不多一年。他回来时（1784 年 3 月）发现泰罗尔夫人慕情如故，于是他让步了。女儿们拒不同意，她们搬到了布赖顿。

6 月 30 日，泰罗尔夫人通知约翰逊说她即将与皮奥奇结婚。他回答说（1784 年 7 月 2 日）：

夫人：

如果你的信我理解得正确，你的结婚是没有体面的。倘若这件事还没做，让我们再聚谈一次。如果你遗弃了你的孩子和你的宗教，愿上帝原谅你的败行，倘若你丧失了你的名誉和国家，期望你的愚行不会带来更多的不幸。如果最后的决定仍是要那么做，我，一个爱过你、重视你和为你效劳过的人，我这个长久以来总认为你是妇女界第一的人，恳求在你的命运无可挽回之前能够再看你一次。

夫人，我曾是，一度是，你最真诚的

塞缪尔·约翰逊

泰罗尔夫人愤慨地认为"没有体面"是轻视她的未婚夫。7 月 4 日，她回复约翰逊："在你改变对皮奥奇先生的看法之前，我们没什么好谈的。"7 月 23 日，她与皮奥奇结婚。全伦敦的人与约翰逊一样谴责她。11 月 11 日，约翰逊告诉范尼·伯尔尼，"我不再谈起她，也不愿再听人谈起她"。

这件事一定耗费了一部分约翰逊衰退中的活力。他发现越来越睡不着，而只能借鸦片来减轻痛苦和安舒神经。1782年1月16日，他的"特约医生"罗伯特·莱韦特死了。接下去该轮到谁呢？约翰逊经常害怕死去。现在，这个事件加上他的地狱信念，使他的晚年在大量进食与神学上的恐怖中度过。"我害怕我将是受到天谴的人之一。"他告诉威廉·亚当博士，彭布罗克学院的院长。亚当问他"天谴"是什么意思，他叫嚷着说："先生，那是被送进地狱，永远受罚。"博斯韦尔对此不得不对照一下那位没有宗教信仰的休谟在临终时的安宁。

1783年6月17日，约翰逊患了轻微的中风——"混乱与朦胧在我脑子里持续了半分钟，我想……我的言谈不受我支配了。但是我没有痛苦。"一个星期后，他复原到可以去俱乐部吃饭的地步，7月他到罗切斯特和索尔兹伯里游览，震惊他的亲友。"我到底是何许人呀，"他感叹地告诉霍金斯，"我克服了三种病——中风、麻痹和气喘——现在居然还能享有与朋友交谈的乐趣！"但9月6日，威廉姆斯夫人死了，而他的孤寂更加无可忍受。他发现俱乐部人员不足——因为老会员中已有数人（哥尔斯密、加里克、博克莱尔）死去，而新进的会员有些是他不喜欢的——于是（1783年12月）他创立了"黄昏俱乐部"（Evening Club），聚会地点是埃塞克斯街。任何正派的人只要交3便士，就可以进去听他讲话，每周3回。他邀到了雷诺兹参加，而约书亚爵士拒绝。霍金斯与其他人认为这个新俱乐部"降低了曾带给许多威严的人快乐的力量"。

1784年6月3日，他与博斯韦尔一齐到利奇菲尔德和牛津玩赏。回到伦敦后，博斯韦尔说服雷诺兹及其他好友向财政大臣弄些钱来，使约翰逊能到意大利去旅行而有益健康。约翰逊说宁愿加倍获赐恩俸，财政大臣拒绝了。7月2日，博斯韦尔去苏格兰，此后他再也没有见过约翰逊。

治愈过的气喘病又回来了，水肿也加重了。1784年11月，他写信给博斯韦尔说:"我的呼吸很短促,身上的水也增多了。"雷诺兹、伯克、兰顿、范尼·伯尔尼和其他人来向他说再见。他立了遗嘱,留下来 2000 英镑,其中 1500 镑赠给他那位黑人侍仆。好几位医生诊治他,拒收费用。他要求他们用柳叶刀深刺他的腿,他们拒绝了。他们离去后,他把柳叶刀或剪刀深深地刺进小腿,希望多放出些水来减轻肿胀的苦痛;是有些水出来了,但同时流出了 10 盎司的血。1784 年 12 月 13 日那天晚上,他去世了。一周后,葬在威斯敏斯特。

他是文学史上最奇怪的人,甚至比斯卡龙和蒲柏更奇怪。初会之下很难喜欢上他。他内心温柔而外表野蛮,他风度上的粗暴匹对着他著书上的适切。没有人受到过那么多的奉承,却给予那么少的赞美。但是我们年岁越长,我们越能在他的言论中发现智慧。他用平凡话语表现他的智慧,然而他依赖言词上的力量与色彩把平凡的话提升为醒世的警言。我们可以拿他来和苏格拉底比较,他同样用最不激动的方式谈论,而人们永远记得他讲过的话。两人都是刺激人的牛虻,只是苏格拉底提出问题而不作答,约翰逊不提问题而答复一切。苏格拉底什么也不确定,而约翰逊确定了一切。两人都诉请科学莫究天体而探讨人事。苏格拉底面对死亡时就像一个哲学家那样一笑置之,约翰逊面对它时却带着宗教的怖栗及相对的虚弱无力的苦楚。

现今没有人会把他理想化。我们很能了解为什么英国贵族——兰顿、博克莱尔——回避他又忽视他的权威。我们深知他可以在高贵的陶瓷店里成为典型的英国人或者草莓山冈珍贵的古董之一。他不是为了美而被安排来的,他是来吓阻我们中的某些人变得虚伪、伪善和装腔作势的;他使我们在人性和自由的神往方面用较少的虚妄来看我们自己。像这样一个雷诺兹、伯克和哥尔斯密能花无数的时间听他讲话的人,必有他可爱的地方;像这样一位能鼓舞人写一部大传记而在持续的生命中填完 1200 页的人,必有令人倾倒之处。

博斯韦尔

巨熊死时，文艺圈的人蜂拥在他身旁，想从他的躯体上吸取一些营养。博斯韦尔一点也不急，他花了 7 年的时间为《生平》一书工作。不过，1785 年他出版了《与塞缪尔·约翰逊游历赫布里底群岛日记》，一年之内出了 3 版。赫丝特·泰罗尔·皮奥奇曾经收集约翰逊的言谈和作风的资料，现在，从这些《泰罗尔家志》（*Thraliana*）中摘出来，她编了《已故塞缪尔·约翰逊逸事——其最后二十年的生活》（*Anecdotes of the Late Samuel Johnson LL.D., during the Last Twenty Years of His Life*，1786 年）。这本小书不像她每天记载的日记那样给她的客人描出更亲切的形象，毫无疑问，约翰逊给她的最后那封信，留下了持续的创痕。

另一位竞争者约翰·霍金斯于 1787 年出版了 5 大卷《塞缪尔·约翰逊生活史》（*The Life of Samuel Johnson*），约翰·霍金斯所写而出版于 1787 年的 5 大卷。身为一个检察官，他有足够的成功而被册封为爵士（1772 年），他也有足够的学养写了一部《音乐史》（*History of Music*，1776 年）。他参与约翰逊组成的常春藤巷俱乐部（1749 年），也是"俱乐部"的原始成员。后来因为与伯克争论而离去，使约翰逊称他为"不善交际的人"。约翰逊仍然是他的朋友，经常征求他的意见，还指定他做遗嘱的执行人。约翰逊死后不久，一群书商请求霍金斯出来编辑这位博士的作品，而且以传记作引介。这件事被批评为无情地泄露约翰逊的缺点，博斯韦尔后来怀疑它的正确性，但是"所有对它的控诉不能在一次公平的审讯中证实"。几乎所有霍金斯赋给约翰逊的缺点都被其他的当事人注意到了。

皮奥奇夫人回到这件乐事上，出版了《与已故塞缪尔·约翰逊的往返信件》（*Letters to and from the Late Samuel Johnson*，1788 年），全都令人着迷，因为约翰逊的信（最后一函除外）比起他的言辞要有人情味得多。同时，博斯韦尔在诉讼与痛饮之际，耐心地致力于他既定的不可比拟的传记。从他们初度会面（1763年）不久时起，他就开始记录约翰逊的言谈。早于1772年，他拟订写《生平》一书的计划，这段孕育期如此漫长而劳苦，他不做当场的记载，也不会速写，他的原则是一回到他的房间后，立即记下他记在心里的发生过的事和说过的话。1786年7月9日，他在伦敦着手写《塞缪尔·约翰逊生平》。他跑遍了全市向约翰逊还在世的朋友索求资料。爱德蒙·马隆，这位莎士比亚学者，帮助他整理浩瀚而混乱的笔记，而且在博斯韦尔为浪荡、悲伤和妻子之死溃乱而置身于酒和女人中时，激励他的勇气。1789年，博斯韦尔写道："你无法想象安排浩繁的资料、补遗和在不同的纸堆里找寻纸张时，我忍受的是怎样的劳苦、困惑和懊恼，这还没有包括编写和润饰时的费尽心力。好几次我都想放弃。"他从威廉·梅森写的《格雷的生平与信件》（1774年）里得到了把他的英雄的信文插缀在故事里的观念。他细心地收集细微事件，以为这样可以在充实和生动方面有所增益。所有的片断都依年谱来叙述而编成一致的整体。

他是正确无误的吗？他声言务求如此。"我是很细致的，记录他时我每件琐事都求其可信。"他报道的约翰逊的言论，每逢我们能与其他的记载核对时，看来都是正确地合乎事实的，虽然不是一字不改的。我们拿他的《笔记》与他编写的《生平》做对比时，发现他把自己摘要起来的约翰逊的言论叙述成直接引语，有时是经过他扩充的，有时是压缩过的，有时是修改过的，有时是纯净化了的，把一些四个字母的单字延伸到可观的长度。偶尔他也略去对他不利的一些事实。他没有苛求自己说出有关约翰逊的全部真相，但莫尔企求他"减轻约翰逊外表的粗暴"时，他回答说他"可不愿意砍去约翰逊的利爪，也不愿把老虎变成猫来取悦人"。实际上，他像别人所做的那样充分暴露了他老师的缺点，只是大体看来，突出性减少了。只要性情上与威仪上过得去，他尽其可能展现出一个完整的人。他说："我绝对相信我对传记的写作方式，不但给了约翰逊在现世上'可见的'历程与他的出版事业一个'史故'，而且从他的信文与言谈里提供了对他心灵的'观察'，是所能想得到的最完善的一部，也将比任何出现过的类此作品更成其所谓生平。"

1791年5月，书终于出版了，两大卷。许多人对博斯韦尔感到愤恨不快，因为他报道了他们的私下言谈，而又不见得是美妙可赏的：狄安娜·博克莱尔夫人能够读到约翰逊叫她婊子；雷诺兹看到了约翰逊斥责他喝酒太多，伯克获知约翰逊怀疑过他政治上的真诚，还认为他可能与一个妓女来往；而皮奥奇夫人与伊丽莎白·蒙塔古夫人畏缩了。霍勒斯·沃波尔写道："布莱格登博士说得很公允，他认为这是一种新式的诽谤，借此你可以骂任何活人而推托这是那个过世的人如此讲的。"有人发现细节过量了，许多信文太琐屑，有些插话太乏味。英国人慢慢地才体会到博斯韦尔完成了一部杰作，才给予他一些尊荣。

他的父亲死于1782年，使他成为每年有1600镑收入的奥金莱克领主。他着实是一个好地主，但他太习惯于城市生活而无法长期留在奥金莱克。1786年，他成为英国下议院议员，此后他大多数的时间都住在伦敦。这一年，雷诺兹为他画了一张像——看起来既自信又傲慢，有一个可以探出任何秘密的鼻子。他的太太有时在伦敦陪他，但她通常住在奥金莱克。她于1789年去世，享年51岁，因照顾博斯韦尔和他的孩子操劳而死。他比他的太太多活了6年——那是一段极度颓唐的岁月。他一再试图戒酒，但没有成功。1795年5月19日，他在伦敦去世，享年56岁，遗体葬在奥金莱克。他的罪过，如今是众所皆知的，但是每当我们再度读起那本所有传记中最伟大的杰作时，我们就会宽恕他。

回顾18世纪的英国文学，我们看到这主要是一个散文世纪，从艾迪生、斯威夫特和笛福到斯特恩、吉本和约翰逊，就像17世纪是诗的世纪一样，从《哈姆雷特》和约翰·多恩到德莱登和弥尔顿的《失乐园》。科学与哲学的振兴、宗教与神话的衰颓及古典的各种和谐与束缚，冷凝了幻想的热力而阻塞了灵感的奔放。同时，不论是在法国还是在英国，理性的胜利等于诗的失败。但是 18 世纪英国散文文学的活泼生动与多彩多姿，仍然广泛地弥补了当时韵文诗的枯萎与刻板。透过理查森与菲尔丁，小说从在他们之前的用插话来联系的歹徒传奇，变成人生的描述与批评，成为对礼貌、道德与性格的研究，比起那些历史学家的记载，更能启发读者。而且，在那个时代里的文学的影响力，有什么能和理查森对普莱沃、卢梭、狄德罗与歌德的影响相比呢？

如果 18 世纪的英国文学不能比拟 17 世纪，也不能媲美伊丽莎白时代的飞跃，那么英国的全部生命必定是在查理二世复辟时的国家勇气与政策败坏后，恢复了向上的冲力。在打败西班牙的无敌舰队之前，英国已经预感到了经济与政治的汹涛大浪。从查塔姆到他儿子死去，我们可以看到工业革命使英国在经济的发明与力量上比其对手领先了许多，也可以看到英国国会在制约几位国王的同时征服了几块陆地。现在，庞大的大英帝国建立起来了；现在，下议院的议事厅里响彻着雄辩与阔论。在欧洲，那是从西塞罗以来所没有听到过的。这时，正当法国倾囊以解放美洲，且断其首以实现其美梦时，英国使用了其心智上与意志上的全副资源，在经济与政治上从事非革命的演进，而且进入无比辉煌的 19 世纪。

第八章 | 最后的荣耀
（1774—1783）

王位继承者（1754—1774）

路易十六是太子路易·斐迪南的第三个儿子，后者则是路易十五唯一合法的子嗣。路易·斐迪南在当时被人称为"路易胖子"，因为他嗜于盘中之物。为了抑制日益发福的身子，他试着借打猎、游泳、伐木、锯木等一些手艺来排遣自己。终其一生，他保留着对教会的尊敬，他最好的朋友都是教士，所以他对父亲私通之事一直深以为耻。他喜于博览群书，包括孟德斯鸠和卢梭的作品。他对政治的看法是："一国之君不过是国家财产的管理人。"他拒绝做全法国境内的旅行，为的是"民生疾苦"，这样做将会耗尽"民脂民膏"。显而易见，他这些品格、习惯和思想曾深深影响了路易十六。

路易·斐迪南的妻子玛丽亚·约瑟芙既贤惠又健壮，她为他生了8个孩子，包括勃格涅公爵路易–约瑟夫，他在1761年的意外事件中被杀；贝里公爵路易–奥古斯都，生于1754年8月23日，他继承路易十五，成为路易十六；普罗旺斯伯爵路易–斯坦尼斯拉斯（Louis-Stanislas），生于1755年，即是后来的路易十八；阿图瓦伯爵查理–菲利普，生于1757年，为后来的查理十世。1765年，路易·斐迪南逝世，路易–奥古斯都正式成为王位继承人，时年 11 岁。

路易–奥古斯都是一个体弱多病又害羞胆怯的孩子，但早年的乡村生活和简朴的食物，使他逐渐变得骁健有力。他和父亲一样——心地善良，却称不上英明。他嫉妒弟弟们超人一等的智慧，但他虚怀若谷，即使弟弟们目无尊长，他也不会责难他们。他已将嫉妒之心转变为对运动与手艺的狂热，他学习射击之术，以使弹无虚发。他和工匠们竞技，以磨炼成万能的双手。他敬慕宫廷工匠们的作品巧夺天工，而且喜欢与他们一起闲谈和工作，甚至模仿一些工匠们的谈话和举止。虽然如此，路易–奥古斯都也好读书之乐，他逐渐培养起对费内隆的爱好。12 岁时，他在凡尔赛宫设立了一个印刷厂，并得弟弟们（当时分别为 9 岁、11 岁）之助，于 1766 年出版了他设计的小册子，命名为《箴言集》。对这本小册子中的格言，他的祖父路易十五并不怎么欣赏，他会说："且瞧那个戆直而硕大的男孩吧！他终将会是法兰西和他自己衰亡的祸根，只是在我有生之年不曾看到罢了。"

如何才能使这位工匠王子变成一个国王呢？是不是能找到一个女子潜移默化地给予他勇气与骄傲，并为他生下未来波旁王朝的子孙？路易十五终日与杜巴利伯爵夫人厮混，简直抽不出时间留心这件事。然而，当时的外交大臣舒瓦瑟尔记起了他出使维也纳皇宫的一些日子，想起了当时年仅 3 岁却伶俐活泼的奥地利公主玛丽·安托瓦内特，也许她与路易–奥古斯都的联姻会赋予奥法联盟新生命，而这个联盟已因英法私谊的发展正日渐解体。在奥地利方面，考尼特王子也将同样的意见托给弗罗里蒙德伯爵——当时驻凡尔赛的奥地利大使，一位心肠好又富甲天下的贵族。众志成城，老路易十五在左右怂恿之下，采纳了他们的建议，正式向奥地利女皇玛丽亚·特蕾莎提出奥法联姻的请求，适巧玛丽亚·特蕾莎对这门亲事也计划已久，于是欣然答允。而这位自始至终都未参议其事的皇太子也顺从地接受了为他所做的安排，他被告知他的未婚妻是一位美丽的公主时，他镇静地说道："但愿她娴惠，雅淑。"玛丽·安托瓦内特 1755 年 11 月 2 日生于维也纳。她不是一个漂亮的小孩，她的前额凸起，鼻子长而尖削，齿列参差，下唇则嫌太厚。但是她很快就警觉到她体内流着的是皇族的血，她开始学习像皇后一般的步姿，而自然在青春期将她重造得醉人心弦，她有如丝般的金黄色的头发、"百合与玫瑰"般的肤色、闪闪发亮而耐人寻味的眼睛及希腊式圆润的颈项。她变成一个"即使没有攀上国王，也是公主"的名媛。她5个姐姐中的3个，在母亲的安排下已有了舒适温暖的归宿：玛丽·克里斯蒂娜嫁给了萨赫尔松的阿尔伯特王子，玛丽·阿玛拉嫁给了斐迪南即帕尔马公爵，玛丽·卡洛莱娜则贵为那不勒斯皇后，她的哥哥约瑟夫是神圣罗马帝国的皇帝，利奥波德是托斯卡纳大公爵。在这种情况下，玛丽·安托瓦内特除了法国王后外，真是别无选择了。

年龄最小的玛丽·安托瓦内特，早年确曾有些被忽视。13岁时，她已学会了一些拉丁文，但她的德文与法文总写得不正确，对历史她几乎一窍不通。虽然有格鲁克为师，她在音乐方面进步甚缓。路易十五决定选她为孙媳时，他坚持她必须做天花的预防注射，并遣沃莫德牧师加速她的教育。在沃莫德的报告中就曾提到："她品正心好，要比一般人想象的聪明得多。"但是"她甚为慵懒，轻浮不拘，不易受教……她只有在高兴的时候才学习"。但她喜欢跳舞及在森林中与爱犬追逐嬉戏。

深思苦虑的女皇知道在玛丽·安托瓦内特脆弱的手中持有多么任重道远的使命，而这个使命对未来奥法联盟的命运又是多么重要。在婚礼举行前的两个月，她要玛丽·安托瓦内特与她同房，借着晚上益发浓郁的亲情，她教诲女儿生活的智慧与皇族的艺术。她为安托瓦内特草拟了一份规则表，以指导女儿道德与政治的行为。她还写信给路易十五，要求他宽容未来孙媳的缺点和幼稚。此外，她满心悬虑与疑惧地写了一封温情洋溢的信给太子：

因为她一直是我快乐的源泉，所以我希望她也将是你的幸福

之根。我把她带到这么大，正因为我很早就看出她将与你同甘苦
共荣辱。我已培养起她爱你的心和女子温柔的情怀，我也教给她
取悦于你的方法……我的女儿将会深深地爱上你，我确信如此，
因为我了解她……珍重吧！我亲爱的王子殿下，愿你快乐，也使
她快乐……我以泪写成这封信……你亲爱的岳母。

1770 年 4 月 19 日，在维也纳的奥古斯丁教堂，这位春风满面、
天真无邪的 14 岁女孩，嫁给了法国的路易-奥古斯都，由其兄斐迪
南充当太子，代行其礼。两天后，一个由 57 辆马车、366 匹马组成的
车队，领着这位太子妃浩浩荡荡地经过舒伯鲁皇宫。她的母亲给她最
后的道别，喃喃地说："到法国去最好不过了，他们将会说我送给他
们一位安琪儿。"车队包括 132 个随从，其中有侍女、美容师、衣工、
僮仆、牧师、外科医师、药剂师、厨师、仆从及 35 位马夫，他们负
责每天换四五次马并照料它们。16 天后，车队来到了莱茵河上与斯
特拉斯堡相望的卡哈尔。在河中的小岛上，她卸下奥地利的盛装，换
上了法兰西的礼服。而奥地利的随从也为法国的侍女与侍仆取代，在
此向她告别，返回维也纳。从此，玛丽·安托瓦内特摇身变成了法国
太子妃。经过了不知多少繁文缛节，她被拥进了斯特拉斯堡，霎时礼
炮齐鸣，万民欢呼，教堂的钟声响彻云霄。她眼含泪珠面露微笑，耐
心地行完了漫长的礼节。斯特拉斯堡市长开始用德文演说时，她打断
他说道："不要说德语，从今天起我只懂得法语。"在斯特拉斯堡休息
一天后，壮观的车队开始横跨法兰西之行。

国王和太子由文武百官伴随已预定在巴黎东北方 52 英里的贡比
涅迎接太子妃。5 月 14 日，光辉灿烂的日子终于来到，新娘跳下她
的马车，直奔路易十五。她俯伏在地上，向老国王深深地鞠躬，直到
国王扶起她，并以亲切的话语使她舒泰自如："夫人，你已是家族的
一员了，因为你的母亲具有路易十四的精神。"亲吻了新娘的双颊后，
他介绍了太子。后者也行礼如仪，只是显得并不怎么热烈。5 月 15 日，

会合后的队伍开始向凡尔赛进发；5月16日，官方正式的婚礼更加确定了一个月前代行的婚式，当晚国王在新剧院设了一场空前盛大的宴会。杯盘交错中，国王特别提醒路易－奥古斯都要节制饮食，当时这位太子回答他说："我在饱餐后，总是睡得更舒适。"正如其言，他进入洞房后不久就倒头呼呼睡去。

一连不知多少个晚上，他都在大吃大喝后睡去。日复一日，他在晨色朦胧中外出去打猎。梅尔西·阿尔让多认为路易－奥古斯都近来快速的成长可能妨害了他性方面的成熟，但是除了等待以外，他也想不出任何解决的办法。不久，玛丽亚·特蕾莎也得知这种情况，她写了一封信安慰她的女儿，说道："你们俩都还年轻，尽你所能好好保重身体，事情总会有转机的，总有一天你们将变得健壮有力。"一些太子的御医建议多运动及营养的三餐，将会刺激他性方面的能力，结果使事情愈弄愈糟，他变得愈来愈肥胖，而且昏昏好睡。1770年底，太子决心试着行房，而使婚姻变得圆满无缺，但他失败了，他首次发现性爱对于他只是一种痛苦。西班牙大使阿兰达伯爵，在呈给本国国王的报告中说道："据云，是由于包皮下的某种东西使交合时痛楚无比。"或"由于包皮太厚，使阴茎无法正常伸缩而勃起。"一些外科医生建议由类似割包皮的手术移去性障碍，但为太子拒绝。他一试再试，但除了增加他和妻子的烦扰和羞惭外一无结果。这种情形一直拖到1777年。有缺陷的婚姻慢慢加深了皇太子的自卑，这可能是造成他后来凡事犹豫和缺乏自信的原因之一。

7年婚姻生活的挫折，可能深深影响了玛丽·安托瓦内特的性格与行为。她深知宫里的侍从残酷地对她的不幸加以嘲笑，而大多数不知情的国人也抱怨她的不孕，说她是不毛之地。但她无能为力，只有借欣赏歌剧或戏剧来消解郁闷，并恣意挥霍于华衣贵服。她厌倦与宫廷男女的交往，并拒绝参加所有的宫廷仪式与外交礼节。她喜欢像拉姆巴尔公主一样具有同情心的朋友，而且珍视她们之间的友谊。不知道由于看不惯杜巴利夫人的败德败行，或嫉妒她得宠于国王，玛丽·安托瓦内特曾有很长一段时间未与杜巴利夫人讲过话。

1774 年 5 月 10 日，路易十五驾崩，朝臣冲进了太子的房间，他们发现太子与太子妃双膝跪地，泪流满面。这位 19 岁的青年祈祷哭号着说："呜呼！上帝！天佑吾等，治国为君之道对于年少无知的我俩来说，实在是太难胜任了，但愿天佑吾等！"他还对一位朋友说："真是任重道远呀！我几乎一无所长，作为一国之君，对于我来说真是有如整个世界的责任都将落在我身上。"整天，由凡尔赛与巴黎，而后全法国，国王驾崩的消息所至之处，男女老少无不呼喊着："国王死了，国王万岁！"而部分满怀希望的巴黎民众甚至在亨利四世的雕像上刻下"复活"（Resurrexit）一词，寄望这位伟大的国王从死亡中归来，拯救法国于混乱、衰颓、破产与失败之中。

法国政府

到底法国政府有什么不对劲的地方呢？它既不像普鲁士那样专制蛮横，也不像英国那样腐败衰颓，它的行政当局和地方政府还拥有不少有品德又能干的人。虽然如此，波旁皇朝无法赶上人民经济与知识水准的发展。法国大革命比别的地方来得早，因为其中产阶级比同时代的任何国家达到了更高的知识水准，而其觉醒与有灵活心智的人民，对政府所作的要求，比别的政府遇到的更为尖刻严峻。

腓特烈二世和约瑟夫二世都是哲学和专制王朝的崇拜者，已经把普鲁士和奥地利的政治带入了井然有序、富庶安康的境界，这在爱好拉丁式的奢纵舒适的法国是见不到的。"纷杂与混乱遍地可拾。"在凡尔赛宫，国王的参议与各部的首长在司法权上争议不休。职责的重复、互争同一的公产及找不到一个绝对的权威来统一各部的政策，是各部互相冲突的原因。整个国家分成几个部门：司法，财政，军政，教会。每个部门的监督官与政府及地方议会都存在着无法消除的冲突，整个法国境内，乡村的生产者与都市的消费者的利害冲突，富人与穷人之间、贵族与中产阶级之间、议会与国王之间也充满了矛盾与冲突。迫切需要一个统一的诉讼程序和权威的意志，但讼事程序一直到1792年才公布，而统一的意志也直到1799年才付诸实现。

法国人民生活中最坏的一面是法律，而其最好的一面也是司法制度。南法国所行的是罗马法律，北法国所行的是普通与封建的法律。"审判，"托克维尔说道，"是复杂而迟缓的程序。"一般舆论早这样抱怨了。监狱污秽不堪，惩罚野蛮无理，苦刑1774年仍然盛行。当时的法官是坚定不移、廉正不可贿的。亨利·梅恩认为："法国的法律权威兼具律师、法官及立法者的特质，要比当时全欧洲的同行出色得多。"他们通常都是终身职，而且可合法地将其职权传给儿子中的一个。他们中最有才能的，常进入地方议会中，而那些最有财富和影响力的则被选入巴黎的议院。1774年，这些"文职的贵族"（nobility of the robe）——即世袭的法官——在爵位和赏俸方面，仅稍逊于"武职的贵族"（nobility of the sword），此时也只有生于这两个特殊阶级中的人才有进入议会的特权。

依孟德斯鸠的论述，国王与人民之间如存在一个"中间组织"（intermediate bodies），将会对脱缰之马的专制权力予以有效的控制。他已经将那些拥有土地的贵族和司法官归类于这种专制权力。为了使这个控制功能发生显著的效果，他提议议会可根据其是否符合已订立的法律或权利规章，而批准或驳回任何王室御令。有些行省的地方议会，尤其是格勒诺布尔、鲁昂和雷恩，甚至宣布半民主御令。有的则引用卢梭的专有名词"公众意志"（the general will）、"国家赋予自由"（the free consent of the nation）等。因此，1788年雷恩的议会正式宣称"人人生而自由，生而平等"，而且"这些事实是不证自明的"。虽然如此，一般来说，议会仍是阶级权利与优遇的保障者，它们与王室权力的斗争是造成大革命的原因之一。但革命真正到来时，它们也随着旧政权而销声匿迹，随着旧王朝的崩溃而隐没了。

在法理上，王室是专制独裁的。根据波旁王朝的传统，国王是唯一的立法者、主要的执行者及崇高的法庭，他可以毫无理由或不经审判而终身监禁法国境内的任何人，即使是慈悲为怀的路易十六也曾送出如此的拘捕令状。每位国王都继承了这个代价昂贵的传统，认为它是维系政府威望和统治权的不可或缺的利器。1774 年，凡尔赛的宫殿里住有王室成员，886 位贵族及其妻子儿女，加上 295 个厨师、56 位猎人、47 位乐师、8 位技艺师，各种秘书、牧师、医生、从仆及卫士，总共有 6000 余人，在他们附近还驻屯 1 万名军人。王室的每位成员都有自己个别的宫院，像孔德王子、孔蒂王子、奥尔良公爵、波旁公爵等地位特殊的贵族也拥有单独的宫廷。国王本人则保有其在凡尔赛、马尔利、拉穆特、梅登、查瓦西、圣胡贝、圣日耳曼、枫丹白露、贡比涅、朗贝维莱等地的几个宫殿。他和他的部分宫廷随员经常由一个宫迁至另一个宫，这些随员必须被安置和侍养，如此一来，花费不赀，1780 年国王支出的账目已高达 3660491 银币之多。

宫廷官员的薪俸只是中等的，但额外的赏金具有极大的弹性。奥格德先生是一个部的秘书，他每年只支领 900 银币的正薪，但一年中职位带给他实际的净收入却高达 20 万银币。成百的政府官员拿了朝廷的薪金，而实际做事的是他们的僚属，像玛查尔特先生每年只要签两次名就可领到 1.8 万银币。每年政府必须支出成百的恩俸给那些善于游说的贵族或他们的门客，总共要耗去约 2800 万银币之多。在私底下，成百的密谋折冲在进行着，以决定谁应得到国王不经心的慷慨恩赐。国王还要设法帮助那些经济陷入困境的老封侯，并须在贵族女儿结婚时为她们准备妆奁。路易十五时代，每个健在的孩子每年可得到约 15 万银币，而政府的每位部长每年可支领约 15 万银币的薪金，因为他必须在生活上以大方的开销来支撑门面。所有这些恩俸、礼金、薪金及冗金都由国家的岁入来支付，而这些岁入又抽自国民身上。总共加起来，朝廷的支出每年要耗去法国 5000 万银币，约为政府总岁入的 1/10。

玛丽·安托瓦内特王后

　　玛丽·安托瓦内特是宫廷里最奢侈放纵的人。嫁了一个无能的丈夫，为爱情蒙骗，而且得不到一点暧昧的男女私情，使她一直到1778年都借着穿华贵的衣服、戴贵重的珠宝、住堂皇的宫殿及观赏歌剧、游乐嬉戏和参加舞会以自娱。她在赌博中挥霍了无数钱财，又在不经意的慷慨中，赐赏钱财给那些她宠爱的人。她曾在一年中在衣物上花费了25.2万银币（1783年）。服装设计师特意为她缝制了化装舞会所需的衣服，称之为"轻浮的欢乐""苦闷的象征""化装的欲望"。美容师在她的头上花费几个小时的时间，把她的头发梳得高高的，使人乍看之下，她的下颌几乎位于躯体的中间，这种发型，像几乎所有围绕她的事物一般，马上成了宫廷仕女们的风尚，然后传至巴黎及各大省城。

　　她渴求珠宝几乎到了癫狂的地步。1774年，她从一位皇家珠宝商伯哈姆那里，购进了价值36万银币的珠宝。而路易十六也给了她约值20万银币的红宝石、钻石、手镯等。1776年，达格道写了一封信给玛丽亚·特蕾莎，说道：

　　　　虽然国王在各种场合已给了王后约10万埃库以上的钻石，而王后本人也已有了数量相当惊人的收藏，她仍决定从伯哈姆处取得……吊灯型耳环。我曾直言不讳地劝告她，在如此经济状况下，最好避免过度的挥霍，但她无法自已——虽然她一直隐瞒着国王，极小心地进行购买。

　　玛丽亚·特蕾莎写了一封信给女儿，并给予她严厉的斥责。最后王后虽然同意只在正式的场合才配戴珠宝，但人们再也不会原谅她的浪费无度了，后来人们还轻易地相信她要购买著名钻石项链的传言。

　　国王娇纵他妻子的缺点，因为他崇拜而且爱她。他尤其因她容忍自己的无能而感激她，他掏腰包为她偿清赌债。虽然他知道她在公众场合中娱乐，有损于人们对王室的敬畏，他还是鼓励她到巴黎剧院。政府几乎每个星期要为宫廷支出三场戏、两场舞会及两场正式晚餐宴会的费用。此外，王后经常参加在巴黎或私人家中举行的化装舞会，1774 年至 1777 年这几年是她母亲坦称的"放荡时期"。与丈夫夜晚的相处，除了激起不被满足的情爱外，她一无所得。她催促她丈夫早点就寝（有时甚至把钟拨快，以促使他的离去）好使自己可参加朋友的欢聚，有时甚至通宵达旦。她对文学毫无兴趣，对艺术则浅尝一二，戏剧和音乐则是她较为喜欢的。她善唱能演，偶尔也弹弹竖琴，有时则在翼琴上演奏莫扎特的奏鸣曲。

　　在所有这些过失中，只有一个是根本而重要的，那就是她随心所欲的挥霍习性，而这一习性实因其烦闷和挫折及从小到大只习惯于富裕生活，而对贫穷毫无所知之故。利涅王子曾经声称："玛丽·安托瓦内特随着年岁的增长，很快就放弃了她对昂贵衣服的爱好。而且传言中她在赌博中的输款也是被夸张的，不够聪明的慷慨及不假思索的挥霍实是造成她负债累累的两个重要原因。"宫廷和沙龙里的人，把她当作奥地利人一般加以敌视。奥法联盟一直都未曾受到欢迎，玛丽·安托瓦内特被人称作"奥地利人"，俨然成了该联盟的化身。而且由于某些原因，她被怀疑为不惜牺牲法国利益以偏袒奥地利的人。虽然如此，她青春的活力与欢乐的气息，再加上一颗仁慈的心，确曾赢得了不少人的敬慕。维基·勒布朗夫人曾怀着数个月的身孕，于 1779 年应召为安托瓦内特画像。她正沉醉于工作时，她掉落了几支颜料筒，这位王后立刻阻止她弯身去捡，并对她说："你离它太远了。"随后她亲自为她捡起了颜料筒。安托瓦内特经常是一个能体谅别人的人，但她尽情欢乐时，她会拿别人的怪癖或缺点来开玩笑。她几乎对所有的请愿都有求必应，"她甚至不知道心肠过于仁慈软弱的危险"。

　　对于一个相信"生活就是行动"的活泼的玛丽·安托瓦内特来

说，缓慢而谨慎的宫廷生活，实在是太不适合她了。她很快就背离了它，而在凡尔赛宫约 1 英里外的珀蒂·特瑞安恩，寻求生活的简单与舒适。1778 年，路易十六赐给王后此地无可争辩的拥有权，在那里她可以和她亲近的人安享隐居式的生活，路易十六还答应除了受到邀请外，绝不去打扰她们。又因为该建筑物只有 8 个房间，王后在其四周为她的朋友们建了一些别墅，她还将周围的庭园设计成一种自然的风格——里边有蜿蜒曲折的小径、各种各样的草木、千奇百怪的陈设及流水淙淙的小溪，为此她特意花了为数惊人的费用，从远处将水引来。此外，为了实现卢梭返回自然的梦幻，她还在邻接的庄园里建了 8 个小农庄，每个农庄各拥有农舍、农家、堆肥和母牛。玛丽·安托瓦内特穿着白色的长裙，扎着薄纱的头巾，戴着草织的帽子，将自己装扮成一个牧羊女，而且喜欢看白色的鲜奶从饱满的牛乳房里，被挤进塞夫尔的瓷盆中。在珀蒂·特瑞安恩，她和她的朋友们奏乐取乐，玩着各式的游戏，她们还常在如茵的草地上设宴款待国王或一些嘉宾。就像在王宫里一样，王后在这里上演各种不同的戏剧，在有些戏剧里她还扮演主要角色——像在《费加罗的婚礼》里演苏珊娜，在《乡下的大卫》（*Le Devin du Village*）里演库里特。她以她的多才多艺和迷人的风采来娱乐国王。

为了避免与男人交往过于频繁而引起的诽谤，玛丽·安托瓦内特与某些女流维持了超乎常理的密切友谊，以致世人对她的诽谤反而偏向这方面。第一个得到她宠爱的女人是萨沃－卡瑞吉安的玛丽·特雷瑟，她是拉姆巴尔公主，纤弱、温文而带点忧郁。当时她已是守了两年寡的妇人，她的丈夫是路易十四的孙子伯瑟弗公爵，他在婚后不久就沉溺于与情妇或娼妓的交往，后来他染上了梅毒，并死于该症。在他死前，他向妻子坦承罪过，并陈述了他令人震惊的放荡生涯。玛丽·特雷瑟一直未能从那次漫长而严酷的婚姻的创伤中恢复过来。她的神经受到严重的打击，时常失魂落魄，直到 1792 年大革命时代的暴徒把她杀害了。玛丽·安托瓦内特最初只是出于怜悯之心才喜欢特雷瑟，后来她慢慢学着真心去爱特雷瑟。她几乎每天都去看特雷瑟，有时甚至一天之内写两封充满关爱的信给特雷瑟。1775 年 10 月，她让这位公主做了王后的总管家，并说服国王（不顾杜尔哥的反对），每年付给她 15 万银币的薪俸。更有甚者，公主的亲友们利用她对王后的影响力，要求她通过王后以求国王赐予一官半职或恩赐。一年后，安托瓦内特得到了新的朋友，她对特雷瑟的爱也就渐渐淡了。

普拉斯瑞恩的约兰德是吉尼斯·波利尼亚克伯爵的妻子，她生长于一个老式而经济困顿的家庭。她的样子长得玲珑标致，自然大方，凡是看过她的人，没有人会相信她是一位贪婪无餍的财奴。王后找到了这位狡黠的伴侣时，杜尔哥再也无法维持政府预算的平衡了。这位伯爵夫人接近分娩时，王后要她搬到离凡尔赛宫不远的王室庄园拉·米特，在那里她几乎每天都带着礼物去访候她。伯爵夫人做了母亲以后，王后什么都答应她：拨了 40 万银币为她偿清债务，80 万银币作为她女儿的妆奁。使她父亲当了大使，给她无数的金银珠宝及大衣、艺术品等，甚至还将比查的田产和公国送给了她——为的是波利尼亚克想当公爵（1780 年）。达格道实在看不过去，就将王后被利用而波利尼亚克夫人却对她不忠的事，告诉了王后。他建议王后对波利尼亚克夫人做个试验，以测验她的忠贞。王后采纳了他的意见，于是要求波利尼亚克夫人离开她的情人沃德瑞尔伯爵的怀抱（后者甚为安托瓦内特厌恶），但夫人拒绝了，安托瓦内特重新寻求其他的友谊。由于此事，波利尼亚克家族联合了她的政敌，对王后做了很多无情的诽谤。宫廷和小册子的作者们也依照这些抨击，对王后的名声加以糟蹋。

她做的每件事几乎都替她招惹来一群敌人。朝臣不满她时常赏赐礼物给她的亲信，因为他们深知这无疑意味着赏给他们的将减少。他们抱怨她经常没有尽到她在宫廷中应尽的责任，使宫廷失尽了活力与应有的照管。很多当初指责她在衣服上花费太多的人，现在反过来批评她在穿着上树立了一种简单的新款式，如此一来，里昂的丝商和巴黎的女服设计师都要关门大吉了。她劝诱国王革除阿格里姆公爵的职权（1775 年，此人曾是杜巴利夫人支持者的领导人），公爵拥有很多同情者，这些人又形成了另一个敌对的核心。1776 年以后，巴黎的小册子作家们——其中很多接受朝廷人士物质和金钱上的资助——参与了对王后进行无情攻讦的运动。有些作家描述她在不同时候，曾分别是凡尔赛所有可用的男人的情妇。其中一种题名为《对王后的申诫》（*A Reprimand to the Queen*）的小册子问道："到底有多少次你离开了履行婚姻义务的床及丈夫的爱抚，将自己舍与那些女酒徒和色狼，而参与了他们野兽般的狂欢？"另一种小册子则借描写她在珀蒂·特瑞安恩的一面墙上挂满了宝石，来阐发她的浪费无度。流言指控她于 1788 年，正当粮食缺乏时，说过："假如他们没有面包，就让他们吃面饼吧。"但是一些历史学家同意她是无辜的，相反，她还曾私下拿出很多钱来做公众救济。当时在民间流传的更残酷的舆论则指控了她的不孕。卡姆潘夫人是第一个在王后寝室服侍王后的侍女，她曾说过：

> 1777 年，阿图瓦伯爵的一个儿子降生时，市场里的妇人和一些渔妇，坚决要求进入王宫，她们跟着王后到了她的房间，并用最粗鲁、鄙贱的话，说道："替法国生下王储的应是王后，而不是她的弟媳。"王后砰地关上了房门，将这些无法无天的悍妇关在门外，而她则由我陪着，在房间里为自己的命苦而悲泣。

她怎么能够向人民解释国王是性无能呢？

法国期待神圣罗马帝国的皇帝来澄清这个僵局。1777 年 4 月，约瑟夫二世化名来到凡尔赛宫。他几乎立刻爱上了王后，他告诉她："假如你不是我的妹妹，我将毫不迟疑地再结一次婚，以求获得如此迷人的伴侣。"他写了一封信给他们俩的兄弟利奥波德，说道：

我一个小时又一个小时地与她厮磨在一起，从来没感觉到时光的流逝……她是一个迷人而令人尊敬的女子。青春依旧，而且带点纯真的无邪。但她是绝对的正直而充满美德……她也拥有令我惊讶不已的心灵和智慧，她的第一个感应总是非常正确，假如她能依照她的第一个反应去做……并少留心一些闲言闲语……她就可达于十全十美的地步。她有寻求快乐的极强的欲望，而且因为她的嗜好为众所周知，一些投机者就利用她的弱点，来谋取利益……

但是她只考虑自己的快乐。她对国王几乎不存爱意，她还沉溺于对国库的挥霍……她威胁利诱国王做他不喜欢做的事……总之，她没能履行做一个妻子或王后应尽的义务。

她向约瑟夫解释为什么她和国王分房而睡，她说道，他喜欢早睡，而且他们发觉避免性刺激是明智之举。约瑟夫曾访晤了国王，非常喜欢他。约瑟夫写信告诉利奥波德："此人有一点懦弱，但绝不是一个低能者，他有高明的见解和令人折服的判断力，但他的心和外表表现得冷漠无情。他谈起话来条理分明，却没有学习的欲望和好奇心……事实上，治世仍未来临，每件事似乎都显得杂乱无章。"这位皇帝和路易亲切地交谈，他们谈了很多没有人敢向路易谈的话题。他指出，国王包皮下的障碍，可借一很简单的手术移去，虽然这样做将会有短暂的痛苦。他还直陈国王没有生养孩子是对国家的一种亏欠。路易在他的规劝下终于答应向手术刀低头。

在离开凡尔赛宫前，约瑟夫写了一纸"训诲书"给王后，这是一份重要而有价值的文件：

你已慢慢地步入老境，再也不能拿年轻当借口了。假如你仍因循苟且，你知道你将变成什么吗？……当国王爱抚你的时候，当他对你说话的时候，你是否表现出愤怒甚至嫌恶的态度？你想过你对国王的亲近和友谊……将会带给人民怎样的福祉吗！……
你衡量过做一个机运的赌徒得到的结果，及由此结果树立的风气
是多么的可怕吗？

对她迷恋巴黎的化装舞会，约瑟夫劝道：

　　　为什么要与那些行为放荡的娼妓和陌生人厮混在一起呢？为
什么要听他们胡扯卑贱的谈话，甚至有时也插上一两句呢？这是
多么不正经的事呀！……国王一个人被孤独地留在凡尔赛宫，而
你却混在芸芸众生中，与那些巴黎的流氓打交道！……我真替你
的幸福和前途担心，因为除非你现在开始预防，否则终究不会有
好的结果，甚至还可能惹起一场残酷的革命。

　　王后为其谴责深深地感动，在他走后，她写了一封信给她母亲：
"皇帝的离去，留给我无法弥补的缺憾。在与他相处的短暂的日子里，
我是多么快乐！而现在这一切都好像是一场梦。然而，他给我的一些
好的忠告将不会像梦一样，它们将永远铭刻在我的心中。"虽然如此，
真正改变她的不是约瑟夫的忠告，而是母性的发扬。1777 年夏天，
路易在毫无麻醉的情况下，做了一个被证实为完美无缺的手术。1777
年 8 月 23 日，他以完成他的婚姻来庆祝他 23 岁的生日。他既骄傲又
高兴，私下告诉他的一个婶母说："我真欣赏这种快乐，而且我也为
长久被剥夺这种享受而抱憾。"1778 年 4 月来临前，王后怀孕了。路
易将她拥在怀里时，她打趣地向国王宣布了这个喜讯："陛下，我不
得不抱怨你的骨肉，已在大胆地踢我的肚皮了。"从此，他比以前更
加纵容她的奇想异念，并同意她所有的要求。他每天要到她房里访候
她 10 次，只为了告诉她，官报中关于继承问题的讨论。
　　玛丽·安托瓦内特在身体和心灵上正在进行着神秘的改变，她告
诉国王："从今以后，我将过和以前完全不同的生活。我要做一个好

母亲，抚育我的孩子，并将整个心贯注于他的教育上。"

　　1778 年 12 月 19 日，王后在一个笨拙的产科医生的协助下，痛楚地生下了她的第一个孩子。做父母的虽然抱憾孩子是女的，但国王喜于见到生活的大门已经敞开，并深信儿子将很快降生。而这位年轻的母亲，尤其为她理想的实现而高兴。1779 年，她写信告诉她母亲（此时她母亲已步入生命中的最后一年）："亲爱的妈妈，你一定会对我的行为感到满意的。假如过去我常抱怨这抱怨那的话，那是因为我还太孩子气，而且过于轻佻。现在，我总算长得更成熟敏感了，我极清楚我的责任是什么。"虽然如此，朝廷或百姓已不再相信她的话了。然而"那是明显的事实"，塞居尔伯爵如此写道："自从她的第一个孩子降生后，她的生活逐渐步入了正轨。她常使自己处于忙碌中。她的言行更加谨慎，以防止招惹一些不必要的诽谤。她纯取乐性质的舞会渐渐地减少了，其光彩也日褪一日……简朴取代了奢华，而富丽堂皇的外衣也为简单的亚麻长袍取代。"这是玛丽·安托瓦内特对自己做长期惩罚的部分事例，但法国人民对她根深蒂固的看法，已使他们再也无法了解这位从小就被宠惯的无知女子，已变成一个温柔懂事的母亲了。即使她没犯什么大过错，但她已注定要为她这一生补偿了。

　　她知道法国法律是不允许女子继承王位的，所以她夜以继日的祈祷，并衷心期待儿子的降生。她遭遇了一次痛苦的小产，以致她的头发几乎落尽。她一试再试，终于在 1781 年 10 月 22 日生下了一个男孩，取名为路易·约瑟夫·格扎维埃。一些愤世嫉俗的攻讦者提出了孩子父源的问题，但快乐的国王根本不理睬他们，他欢呼道："我的皇太子，我宝贝的儿子呀！"

老实而懦弱的国王

　　除了年龄之外，路易十六与其妻恰好相反。她举止优雅、活泼好动、游戏人间、富于刺激、热情奔放、轻浮不拘、奢侈放纵、武断自信，是一个地地道道的王后。而他则动作笨拙、性格内向、遇事犹疑、严肃文静、勤勉节俭、温和羞怯，无论怎么看都不像是一个国王。他喜爱白昼，勤于工作，爱好打猎；而她则喜爱夜晚，沉溺于牌桌和跳舞。虽然如此，在早期那段不幸的日子过后，他们的婚姻并非如想象中那么不愉快。王后忠于丈夫，而国王也喜于如此，尤其忧愁到来时，他们更可以说是爱心固结的一对。

路易十六五官端正，如果他好好留心体重的话，可说是英俊潇洒的。他牛高马大，气魄逼人，但走起路来双肩摇摆而步态沉重，否则他可说是很有威严的。他的视力不佳，这可能是使他看起来拙钝不灵巧的原因之一。他的头发很少梳得整齐的，据卡姆潘夫人说："他根本就很少注意他的外表。"他肌肉发达、强健有力，能用一只手举起一个随从。他食量惊人，但只饮适量的酒，有时他饮食过量，只好由别人搀扶上床。他感情并不强烈，很少有得意忘形的欢欣，也很少有痛不欲生的苦痛。

跟那些围绕在他四周而具有警觉心灵和伶俐口齿的法国人相处，他会感到局促不安。然而在私人的谈话中，他却能以广博的知识和精明的判断赢得约瑟夫二世那类人的钦佩。让我们且听听腓特烈大帝的弟弟亨利王子的一席话：

> 国王真是令我大吃一惊！……我以前听说他的教育被忽视，他几乎一无所知，只具肤浅的心灵。但我跟他深谈后，我震惊不已，我发现他的地理知识甚为丰富、他的政治观念令人叹服。而在他的思想里，时时存在着对人民幸福的关切。他还深具良知，这是做一个国王比做一个智者更需要的，但是他太不相信他自己了。

路易有一个很好的书室，而且经常利用。他阅读并翻译一部分吉本的著作《罗马帝国衰亡史》，但他发觉它反基督的倾向后，便半途而废。他一读再读克拉伦登（Clarendon）的《叛乱史》（*History of the Rebellion*），好像预感到他将重蹈查理一世的覆辙。"假如我处于他的地位，"他说过，"我将永不会拔剑与我的子民相对。"为了指引拉彼鲁斯的太平洋探险之行（1785 年），他拟订了一个计划详尽的指示，而这本应是科学院院士们的事。他与各部之间保持了密切的接触，尤其对外交事务他更是操心。华盛顿和富兰克林都对他的判断力大加赞赏。他的软弱无能，导因于意志不坚甚于心灵的温顺，而这可能与他馋食造成的心宽体胖有关。但若要对其追根溯源，则不难发现他几乎无法抗拒别人的游说，而且无法在反应与行动之间取得适当的联系。他自己厉行节约，却因过于温柔而无法要求别人也这样做。在王后的要求下，他签发了数十万法郎。

路易几乎具有所有的美德，他没有情妇，对友谊忠实（也许对杜尔哥例外），"他可能是那个时代里——仅次于杜尔哥——最热爱他子民的人"。他登基的那天，他指示财政大臣将 20 万法郎施舍给穷人们，他说道："假如你觉得这对国家财政是极大的负担，那么就从我的恩俸中支出吧！"他禁止征收"登基税"（coronation tax），因为这将使新统治的开始成为人民的负担。1784 年，巴黎为洪水和瘟疫所困，他特别拨出 300 万法郎作为大众救济之用。严冬欠粮之时，他让穷人日复一日地进入他的厨房去取食。不论在名义上、事实上和实践上，他都是一个地地道道的基督徒。他小心翼翼地参加宗教仪式，并奉行教会的各种规定。虽然他嗜食如命，却遵守着封斋期的斋戒。他有宗教信仰，却非如一般人表现的盲目、狂热和炫耀。他传统而虔诚，正是他给了法国新教徒公民权。此外，他试着调和政府与教会之间的关系，这在当时真是最棘手的问题了。

他如此喜欢简单的生活，但在表面上，他还是要做得像一个国王。他要进行正式的接见，要让随从或朝臣帮他穿衣服。在早朝上他要诵述他的祝祷，他还要接待正式的晋谒，主持会议，签发敕令，参加晚宴和舞会，虽然他不跳舞。然而，就他的地位和喜好而论，他可说仍像一个好公民。他极为赞成卢梭每个人都要学得一手好技艺的主张。他本人就学有几样，从制锁到泥瓦砌工。卡姆潘夫人告诉我们："他允许锁匠进入他的私室，并与他们一起工作。他因工作而弄黑的手，当着我的面常成为王后劝告或严斥的目标。"他为那些结构精巧的器物深深着迷。他帮宫廷工人搬运器材和桁梁，并帮他们填平墙垣。他喜欢亲手修理他房内的装设，称得上一位完美的中产阶级的丈夫。他在宫廷里有一个房间，里面摆设着地理仪器、地球仪和地图（有些是他亲手绘制的）。此外，他放置了一些木工的器具、熔炉、铁砧及各种不同的铁匠器材。他花了几个月的时间，制造了一座可以记录月份、季节、年度及月亮盈亏的大钟。他的其他一些房间则充满了图书。

法国人非常敬爱他，甚至到他死及死后都是如此。他于1793年上了断头台，那是因为他身在巴黎之故。尤其在他即位的早期，人们对他的喝彩声更是随处可闻。腓特烈大帝写信给达朗贝尔说："你有一位好国王，我衷心地祝贺你。对于一个国家来说，一位具有智慧和美德的国王，比一位徒有匹夫之勇的王者，更令他的政敌畏惧。"达朗贝尔回信与他道："他喜爱美善、正义、俭约及和平……假如上苍没将他赐予我们的话，则他正是我们所将期待的国王。"伏尔泰曾赞颂道："路易自从登基以来，其所作所为，都深深赢得了法国人的心。"歌德在老年时曾经怀念路易那段美好统治的开始，他说道：

在法国，一个有希望而慈善的新政权，表明他革除各种不合理的制度的决心。他并誓言，将竭力执行高效率的经济政策，革除所有的特权，及仅依照法律与正义来统治国家。光明的希望弥漫了整个世界，年轻的国王既已做了自信的承诺，他必将带给全人类灿烂和高贵的前程。

杜尔哥当政（1774—1776）

路易十六首先要做的工作是找一些能干而正直的各部首长，而这些首长应是可以挽救政治与财政于混乱之中的。人民的舆论要求召回被驱逐的国会议员，他照做了，他还将企图取代他们的莫普革职。他要求费利波重回凡尔赛任他的首相，此人是莫勒帕斯伯爵。1738年至1749年，他曾任政府大臣，后来因为嘲讽蓬巴杜夫人而被免职。现在他73岁高龄了，又重膺重任。然而这是一个善意而非幸运的选择，因为莫勒帕斯在过了10年的乡间生活后，早已与法国经济和思想的发展脱节了。他拥有高度的机智，却非人民需要的智慧。此外，20岁的国王选了维尔热纳伯爵查理·格拉维耶掌理外交，斯恩特·泽曼伯爵卡劳德·路易掌理国防，奥尔纳男爵杜尔哥掌理海军。

我们已经知道杜尔哥是一位对基督教与进步的问题具有创见的专家和演讲家，他还是一位重农主义者和哲学家。他在利摩日时，他是当地具有进取心及为民求利的地方首长。朝臣们曾警告国王说杜尔哥是一个不可信任的人，他曾投稿给《百科全书》。虽然如此，1774年8月24日，国王还是提升他为财政大臣——当时政府中最重要的职位。至于杜尔哥在海军中的遗缺，则由萨特恩的吉伯瑞尔递补，后者曾依靠杜尔哥筹集的资金建立了一支舰队，这支舰队后来曾开往美洲，协助美国为自由作战。

杜尔哥有如路易十四时的考伯特一样，是一位尽心国事，有远大见解，孜孜不倦，无疵可驳的法国人。他长得高大英俊，却缺乏沙龙里那些刻意润饰的男士的优雅风度——虽然他确曾赢得了莱斯皮纳斯小姐的青睐。他的健康在他勤奋的工作下被牺牲了，他从事于重建法国经济时，他几乎整天把自己关在房内，潜心而有兴趣地规划研究。因为他觉得他的政权并不稳固，他企图将1/4世纪的改革，缩短在一个任期内完成。他开始掌权时，年方47岁，49岁时失去了职位，54岁时与世长辞。

他与重农主义者相信工业和贸易应尽可能地摆脱政府与公会的限制，而自由发展。他还相信土地是财富的唯一来源，因此他认为单独对土地抽税，是增加岁入的最公平而可行的方法。至于所有的间接税，他主张都应该废除。他从哲学家中撷取了宗教互容及宗教怀疑论，他感染了他们对理性和进步的信仰，并对由英明君主推行改革的希望深具信心。他认为，假如国君是一个明智、有决心而肯以哲学为行政指南的人，这些改革将是一次和平的革命，比起那些不但打破谬误而且破坏社会秩序的暴力混乱的革命，不知要好多少倍。现在伏尔泰笔下的《王者》就要付诸实现，难怪那些哲学家与重农主义者都要为杜尔哥的执政而雀跃了。

1774 年 8 月 24 日，杜尔哥在贡比涅晋谒了路易十六，并感谢他的任命。他说："我不是献身于一个国王，而是对一个诚实的人尽忠。"路易紧握住他的手，回答他："你将不会被欺骗利用的。"就在那天晚上，他将他重要的计划呈给国王：

> 严防经济破产，无论是公认的或被掩饰的……
>
> 绝不提高征税，理由是人民的境况已甚为不佳……
>
> 绝不向外借款……因为其在偿还期限到来时，不是造成经济破产，就是造成税征的增加……
>
> 为了达成这三个目标，只有一途可循，即在现有岁入下减少浪费，并保证在紧缩的状况下，每年节省 2000 万，以偿还旧债。否则任何暴动都将使整个国家陷入万劫不复的境地。[1]

杜尔哥在发觉国家岁入只有 2.135 亿，而国家岁出却高达 2.35 亿法郎后，宣布了一连串的经济措施，并发布指令，禁止任何没有经他过目或同意的国库支出，不管以什么名目。他循序渐进地建立了投

---

[1] 法国后来曾向外贷款，结果造成 1778 年的战争，使法国陷入破产与混乱中。

资、生产与贸易的自由制度，以刺激经济的发展，他还企图重建农业生产体系。过去通常为了预防城市消费者的不满，政府管制谷物的交易，限制农人将其农产品售给批发商，再转售给零售商，并抑制谷物的价格。如此一来，农产品的廉价使农人不再生产更多的五谷，而其他行业的人也不敢投资于农场的经营，大片的法国可耕地荒废在那里，使国家经济的潜力在一开始就遭到了遏制。这种情形，似乎迫使杜尔哥的改革一开始就以恢复农业为第一要务。农人可以任何价格出售他的谷物，这可以增加他的收入、提高他的地位及购买力，使这些人从拉布吕耶尔描写的路易十四时代原始落伍的生活中解放出来。

因此，1774 年 9 月 13 日，杜尔哥由国王内阁会议发布敕令，允许巴黎以外的地区可以自由交易谷物（巴黎因是大城，恐引起严重的不良反应，仍受到限制）。内摩尔的杜邦曾为此敕令作前言，以解释它的目的。他写道："为了刺激并扩展土地的充分垦用，其生产将是国家最真实的富源。为了借进口的谷物和谷仓的库存，维持粮食的充分供应……为了消除垄断……这些都将因自由竞争而得到预期的效果。"这样一篇解释性的序文，本身就是一种革命，它表示了民意渐渐抬头，并已形成了一股坚固的政治力量。伏尔泰将此敕令誉为新经济时代的开端，并预测它将很快增加国家的财富。他写了一张便条给杜尔哥，说道："身为费内的老朽，我感谢上苍让我活着见到 1774 年 9 月 13 日的法令，我向它的立法者致意，并祈祷他成功。"

然而在喝彩声中，有一个人极力反对他的主张。1775 年春天，一个住在巴黎的瑞士银行家内克带着一本名为《谷物交易法》的手册，去见杜尔哥，并询及此书是否可在不损害政府的情况下出版。内克在其手册中论及："假如少数的高智慧者，不将财富集中于某些人而造成另一些人更加穷困，在这种情况下，政府即须对经济采取管制措施。"他还建议："假如自由交易使粮食价格超过某一指数，则政府应立即恢复管制。"杜尔哥对其本人的理论深具信心，而且一向崇尚出版自由。因此，虽然内克的主张与他相左，他还是同意了内克的出版，好让人民做一个公允的判断。内克终于将之出版。

城里的人民没有读内克的书，但他们赞同他。1775 年春天，粮食价格暴涨时，暴乱在几个城市发生。在巴黎近郊，人们控制粮食流入首都，并到处鼓动人民起来反抗。武装的军队将农人和商人的库藏焚毁，并将贮存的粮谷倒入塞纳河中。他们还企图阻止进口谷物从哈佛运至巴黎，5 月 2 日他们带领一群民众来到凡尔赛宫的大门口。杜尔哥认为这些军队是受雇于那些在改革中丧失权益的地方官员，他们企图造成巴黎的粮荒，使粮食价格上涨，以逼迫政府重行管制交易。国王出现在阳台上试图有所说明，但群众的喧嚣声掩盖了他的话，他禁止他的军队向人民开枪，并下令降低粮价。

杜尔哥极力反对这种妨害供需原则的命令，认为它将会破坏他们的计划。他深信只要让交易自由进行，则商人与面包商之间的竞争将会很快降低粮价。国王听从杜尔哥的劝谏，终于撤销了压抑粮价的旨令。5 月 3 日，愤怒的群众聚集在巴黎，开始抢劫面包店。杜尔哥命令巴黎的军队保护面包商与谷仓，并下令对任何制造暴乱的人格杀勿论。同时，他注意到外国的谷物已进入巴黎及其市场。那些贮积粮食以待高价出售的投机商，也因进口粮的竞争而抛售他们的库存。粮价终于下跌了，暴乱也因而平息。一些领导风潮的人被拘捕，其中两人由警方下令吊死。杜尔哥从事的"谷物战"得到了最后的胜利，但国王对这位大臣的信心也已动摇，他对在格瑞弗被吊死的一人甚表哀悼。

虽然如此，他对杜尔哥在改革政府财政上获得的成效，仍甚为满意。在谷物敕令发布后仅一天，这位性急的大臣又开始发布一些法令，包括："节省政府支出，提高征税的效率，加紧控制农人公会，将交通、邮务与制造弹药的私人垄断权收归政府。"他建议，却没能建立一个称作"贴现仓库"（Caisse d'Escompte）的机构，是一家能对商业证券贴现、接受存款、出借债款及发行交易纸钞的银行，后来成为拿破仑于 1800 年组成法兰西银行的模型。到 1775 年底，杜尔哥已减少了 6600 万银币的支出，并把国债的利息从 870 万银币降至 300 万银币。政府的信用因而大大恢复，使他能以 4% 的利率从荷兰财政家手中借得 6000 万银币的贷款，他用此贷款偿清了利率 7% 至 12% 的债务。他致力于平衡预算，但他不是靠增加赋税来达成，而是靠减少奢侈浪费及铲除腐化无能。

在这些及其他改革中，他曾得到莫斯帕些微的帮助。大力支持他的是查瑞特恩·马勒泽布，我们已知他是《百科全书》和卢梭的辩护者，他也是财税部部长（专司征收间接税之权）。1775 年 5 月 6 日，他呈给路易十六一份备忘录，即"谏言"，解释由农人公会来征收赋税是不公平的，他还警告国王由此而生的怨恨。他还提议实行法律的简明化，他说："除了精简的法律外，再也没有好的法律了。"国王渐渐激赏他，并任命他为皇家事务总管。年长的自由主义者激促国王支持杜尔哥，但劝告杜尔哥不要一下做得太过火，因为每项改革将招来新的反对者。杜尔哥回答他们道："你们要我怎么办呢？人民的需要是这么多而迫切，而我的家族都在 50 岁死于痛风。"

1776 年 1 月，杜尔哥以国王之名，发布了 6 道敕令，大大震惊了法国。其中一道敕令将谷物自由交易的制度推展到巴黎，并停办许多与该项交易有关的机构。那些因此去职的官员，加入与他敌对的阵营。另外的两道敕令废止或修改对脂肪和牛畜的税制，农人们大为欢喜。另一项命令则废止强迫劳役——过去农人每年要为政府服 12 或 15 天的义务劳役，以维护桥梁地道或公路的完整，但此后这项工作将由从非教会私产征得的税收来支付。农人们因而欣喜过望，而贵族们怨声载道，至于杜尔哥借国王之口说出的序言，更加挑起了他们的愤恨：

> 除了少数几个行省外……几乎所有国内的道路，都是由最穷困的人民义务建造而成的。所有这方面的负担，几乎全落在那些除了双手外一无所有的人身上，而他们只从道路中享得了最低的

利益。真正的利益落在地主身上，他们几乎全是特权阶级，他们的财富因道路而日增。穷人单独地被强迫维护这些道路时，他无酬地被迫抽出时间工作时，他唯一对抗贫困和饥饿的工具，却被剥夺而为富人的利益工作。

巴黎议会宣称他们将拒绝签署该法令时，杜尔哥几乎掀起了一场阶级斗争，他说：

> 虽然这样做和以往一样有点不友善，但我还是要不变地告诉国王、议会甚至整个国家。因为这在根本上是富人与穷人之间的纠纷，则此事之可否，应由国王做全权决定。现在让我们来看看，国会到底是由什么人组成的？它是由一些较富有的人和全部贵族组成，他们是一群具有官衔的特权阶级。再让我们看看大声喧嚷的朝廷是由什么人组成的？是一些大公，他们大多数拥有田产封地，而它们本都应向国库纳税的……总之，不管是国会的抗议……或是朝廷的喧嚣，都不应曲解事实……只要人民在国会中没有发言的权利，国王在听到此事后，就必须自作抉择，而且必须以人民的利益为前提，因为他们是最不幸的一群。

6道敕令中的最后一道废除了公会。这些公会实际上已变成劳工界的特殊阶级，他们几乎控制了所有的行业。他们以高昂的入会费来限制普通人入会，甚至规定人们入会的资格。他们妨害了发明创意，并以各种税制以禁止竞争性的货品进入他们的市场，来阻碍自由贸易的进行。新兴的资产阶级——他们提供了商业的资金和组织，但要求自由雇用公会或非公会工人及自由在任何市场上销售他们的货品的人——指控公会是妨害贸易的独占机构。杜尔哥急于依靠自由创意及开放投资与贸易来推展工业，他发觉废除公会制度将会对国家经济有利。这个敕令的部分序言是：

几乎在每个市镇，交易和技术的运作操在公会几个首要人物的手中。他们可以自由地制造和出售他们的特殊工业产品，而且对这些工业拥有绝对的专断权。一个投资任何工业或贸易的人，除非他加入公会的理事会，否则他是不能自由经营发展的。而为了加入该会，他必须做冗长乏味而不必要的工作，他还会受到大量的勒索，而耗费一部分用于工厂设施或商业的资金。那些无法负担这笔费用的人，只有在公会的权势下，维持着不稳固的企业，他们除了选择贫困外，已别无选择了……或者他们将工业带至国外，而这些工业可能对本国是有利的。

目前为止，我们知道杜尔哥对同业公会的指控是公正无私的。可惜的是，杜尔哥除了禁止同业公会外，进而禁止所有的雇主职工和学徒形成联盟或组织。他太过于相信投资和贸易的自由化，而没能预见工人的联合是团结个人力量以对抗有组织的雇主的唯一办法。他认为商人如能从封建、同业公会和政府对投资的限制中解放出来，最后所有人都将获得利益。所有的法国人，即使是外国人，都被赋予自由投资工业或商业的权利。

1776 年 2 月 9 日，这 6 道敕令正式在巴黎国会提出。国会只批准了其中的一道——撤除一些小的机构，但拒绝同意或签署其余的 5 道敕令，它尤其大力反对停止义务劳役，因为如此将大大地侵害封建特权。由此看来，本来是以保障人民对抗国王为职责的国会，反而成了贵族的联合或传声筒。伏尔泰写了一本小册子，以支持杜尔哥并攻击国会和强迫劳役制度，国会下令禁止此书的发行。一些国王的内阁也袒护着国会，路易表现了一种刚毅不屈的精神，他指责他们道："我看这里除了杜尔哥和我关爱人民外，就别无他人了。"3 月 12 日，他在凡尔赛宫召集国会，要他们返回正义之路，并下令他们签署此敕令。工人们都为杜尔哥的胜利而游行欢呼。

一再为危机所迫，杜尔哥延缓了他的改革计划。1776 年 4 月，他将国内自由贸易扩展到酿酒工业时，只有一些垄断商发出抱怨。他催促国王早日开放宗教自由，他指示杜邦草拟一份民选议会的计划，即在每个教区内，由那些拥有价值600银币或更多土地的人，选出代表组成议会。这些地方议会将选出代表到郡议会中，而郡议会也将选出代表在省议会中，最后由省议会推举代表到国家议会。他确信法国实行民主的时机仍未成熟，所以只建议予这些议会以参议和管理之权，立法权仍保留在国王手中，但统治者可由这些议会中，得知国家的状况和需要。杜尔哥还向国王提出普及教育的蓝图，认为这是开化民智的必要步骤。他说道："陛下，我敢确定地说，不出两年，你的国家将变得完全两样。由于文明的开化和良好的道德……它将超乎所有其他国家之上。"可惜的是这位大臣没有机会，而国王也没有金钱实现这些进步的概念。

除了因新自由而获得兴旺的商人和制造商外，杜尔哥的敕令及其序言引起了所有受影响的人的怒焰。虽然他亟欲和平地解放商人——这本是实行经济改革的必然结果——但是一些垄断权受到破坏的商人，仍秘密地反对他。贵族反对他，因为他欲将所有的税加在土地上，并引起穷人与富人之间的冲突。国会埋怨他，因为他说服国王否决了它的决议。教会当局不信任他，因为他很少做弥撒，而且提出了宗教自由的建议。农人公会攻击他，因为他欲以政府取代他们征收间接税的权利。金融界对他感到愤恨，因为他以4%的利率借了外债。朝臣们厌恨他，因为他责难他们浪费恩俸及冗职，莫斯帕——他的顶头上司，尤其对他日益增长的权力和独立性感到不满。一位瑞典的大使写道："杜尔哥使自己成为一些最可怕的力量联合攻击的对象。"

玛丽·安托瓦内特起先很欣赏他，并试着依他的计划来调整她的支出，但不久恢复了对衣着和赠礼的挥霍。对她浪费国库一事，杜尔哥曾毫不掩饰地表现出他的惊慌和不满。为了取悦波利尼亚克家族，王后曾使波利尼亚克伯爵做了法国驻伦敦的大使。在那里伯爵牵涉了一件不明不白的金钱交易，杜尔哥偕同维尔热纳进劝国王召回他，王后因而宣称要对他采取报复行动。

　　路易十六之所以对杜尔哥失去信心，也有他个人的理由。他尊敬教会、贵族甚至国会，这些组织已为传统牢固地接受，并因时间而神圣化。如今若要破坏它们，无疑将动摇立国的基础。但是杜尔哥正从事一种疏远它们的工作。难道他全都对，而别人都是错的吗？路易暗地里抱怨他的大臣："只有他的朋友才是可取的，只有他的想法才是对的。"几乎每天，王后和朝臣都要找机会游说国王，以转变他对杜尔哥的信任。最后杜尔哥向国王请求支持，以对抗外来的压力，然而路易没有给他答复，杜尔哥回家后写了一封信给国王，而这封信决定了他的命运：

　　陛下：

　　　　不瞒您说，我的心已被您上礼拜天的缄默深深地伤害了……只要我以正确的作为，仍有获您谅解的希望，则任何事对我都不会是太难解决的。如今我得到的报酬是什么？陛下应很清楚，以我微薄的力量，是不足以跟那些伤害我的人对抗的。他们做出各种鄙恶的事来对付我，并企图破坏我的计划，以阻挠我执行一些有益的措施；然而陛下您既没给我帮助，也没给我安慰……我冒昧地说一句：陛下，我本不应得到这些的呀！……

　　　　陛下您正以缺乏经验作为托词。我很清楚，以22岁的年龄及您所处的地位，您仍缺乏正确判断的训练，而此训练是靠日常经验累积而成的。但是，您难道不希望在一个礼拜或一个月之内获得更多的经验吗？你的心不是靠这种缓慢的经验来塑造的吗？

　　　　陛下，由于莫斯帕，陛下给了我这个职位。对此我将永不忘怀，但我将永不会遵从他的……陛下，您知道莫斯帕的性格有多软弱吗？他常被围绕他的人的意见左右，您知道吗？大家都知道莫斯帕夫人是一位毫无心灵，却有倔强性格的女人，经常影响他的意志……正是这种懦弱，才使他沦为一些宫廷人士的同道，和他们一起喧哗来对付我，并使我丧失了几乎所有的职权……

陛下，您千万不要忘记，正是那种懦弱，才把查理一世送上了断头台……使路易十三做了皇冠的奴隶……也带给路易十五的统治所有的不幸。陛下，您常被人认为是软弱的，有时我真担心您具有这个缺陷。然而在一些极紧要的关头，我见您仍能表现出真正果决的勇气来……陛下，您千万不能对自己不忠，而顺从了莫斯帕的意思呀！……

国王没有回复他这封信，他觉得他必须在莫斯帕与杜尔哥之间做一个抉择，然而杜尔哥如此苛求政府，要其完全顺从他的意思。1776年5月12日，国王命杜尔哥自动辞职。在同一天，他还顺从了王后和波利尼亚克家族的意思，擢升吉尼斯伯爵为公爵。马勒泽布在听到杜尔哥的去职后，也递上了自己的辞呈，在他离去之前，路易对他说道："你是一个幸运的人，真希望我也能辞去我的职位。"过了不久，杜尔哥任命的人几乎全被免职了。玛丽亚·特蕾莎为情势的发展深深震愕，她与腓特烈、伏尔泰同样认为这是法国溃亡的征兆。她为女儿担任的角色而哀痛，并认为王后对此事是难辞其咎的。伏尔泰写信给拉阿尔普道："既然杜尔哥已离去，我也只有死路一条了。"

杜尔哥去职后，安静地住在巴黎，并专心于数学、物理、化学和解剖学的研究。他和富兰克林常常见面。他的痛风愈来愈严重，使他在1778年以后，必须靠拐杖才能走路。在经过了几年痛苦和不如意的生活后，他终于在1781年3月18日去世。在他去世前，他终未能预见他大部分的思想将在19世纪被接受或实现。马勒泽布曾为他做了一个仁慈的总结，他说："他具有培根的头脑和霍普特尔的心肠。"

内克的第一执政期（1776—1781）

杜尔哥的遗缺由克拉格尼·努伊斯继任，他重建了许多的公会及强迫劳役制度，而且不再实施谷物敕令。荷兰的银行家取消了他们以4%的利率借与法国6000万银币的允诺。这位新大臣认为，再没有比国家彩券的发行更能增加国库收入的了（1776年6月30日）。克拉格尼于10月去世后，巴黎的银行家说服国王任用当初对杜尔哥抨击最有力的银行家内克。

杰克·内克是一位新教徒，1732年生于日内瓦。他的父亲是日内瓦学院的法律教授，他很早就把内克送去巴黎。在那里，内克在伊萨克·沃尼特银行充当职员。伊萨克·沃尼特退休后，他拿出了一部分资金给内克筹设自己的银行。此外，内克加上了其他一些瑞士人的资金，这些人都是靠贷款给政府及做谷物投机生意而起家的。32岁的内克，现在是一个有钱、有地位，却未婚的单身汉，他现在期望的不是多赚一点钱，而是希求更高的权位——一个能获得特殊权力和国家声誉的机会。为此，他需要一个妻子和家来做根据地及从事政治活动的基础。他向守寡的玛克维斯·沃门纳克斯大献殷勤，但为她所拒。后来他从日内瓦带回一位漂亮而贤能的苏珊·屈尔绍小姐——她最近刚逃离了与吉本的婚约。内克爱上了她，并于1764年与她结为夫妻。他们为共度多彩多姿的一生而做的努力，确曾在那个千变万化而多事的时代放过异彩。他们在他银行的楼上筑了一个温暖的家，她还在那里开设了一个沙龙（1765年），以邀请一些作家或政府官员。她希望能借他们的友谊为她丈夫的前程铺路。

内克渴望自己能写作。1773年，他出版了第一本书《对考伯特的追忆》（*Éloge de Colbert*），为此，他还得了法兰西学院的赠奖。他借一篇攻击杜尔哥自由竞争政策的论文《谷物交易法》，而从商界进入了喧哗多变的政界。这本小书曾赢得狄德罗的赞誉，他可能对其中的一段特别欣赏。在这一段，这位银行家（他曾读过卢梭的作品）以社会主义者的口气议论着。他抨击道：

> 有权势的资产阶级，为了取得劳役的供应，只付与劳工尽可能低廉的工资，这些工资仅够他们起码的生活费用……几乎所有民间的法规，都是资产阶级制定的。你可以说那些自别于其他人的少数阶级，他们已使法律成为一种对抗公众的联合或保证……那些无产阶级的人也可以说：你们那些资产阶级的法律对于我们到底有什么意义呢？我们简直毫无财产可言。你们自称为正义的法律，对于我们又有什么意义呢？我们简直毫无保障可言。至于自由之法又如何呢？明日我们若不工作，我们只有死路一条！

1776 年 10 月 22 日，经莫斯帕的推荐，路易十六任命内克为"皇家财产的管理人"，这是对莫斯帕表示道歉的一纸任命。一些权位较高的教士，极力反对让一位瑞士新教徒来治理国家财政。莫斯帕答复他们道："假如教士肯替国家偿付债务，他也可以被选为阁员。"为了掩人耳目，一位法国的天主教徒塔布罗·雷奥被任命为内克形式上的上司——财政大臣。内克令人激赏的虔诚态度，使教会的反对浪潮日渐消失。1777 年 6 月 29 日，塔布罗辞去现职，内克被任命为财政总管。他不但谢绝了任何的薪俸，还私自借了 200 万银币给国库。他一直拒绝接受大臣的名位，因此他没能进入国王的内阁。

以他的才能和权力所及，他可以说干得很不错。他在处理金融问题上所受的训练，比在处理国家政务上所受的更多。他募集金钱的能力，比管理人事的能力更强。在财政方面，他建立了一套更佳、更有效率而且更负责任的经济秩序。他撤除了 500 个闲差冗职，在对金融市场有了信心后，他发行了国家公债。此举使国库在一年之内，增加了 1.48 亿银币的收入。他还展开了一些小的改革措施，譬如减少税制的不公平、改进医院的设施、组成当铺以为穷人作低利贷款等。他继续杜尔哥的努力，限制朝廷和王室的开销。农人公会虽然重新获得征收间接税的权力，但内克减低了其征收的数额，并对其做更严格的审查和控制。他说服了路易十六，使伯里、格勒诺布尔、蒙托邦等行省的议会得以成立。他还创立了一个先例，让中下阶级的代表在此等议会中，能与贵族和教会代表平分秋色。对此等议会，国王有挑选议员的权力，而且不赋予其立法权。内克还成功说服了国王，使他释放了所有留在宫廷内的奴隶，他还要求所有的封建诸侯也照样做。他们拒绝这样做时，内克建议路易废除全法国境内的农奴制度，而给予地主以适当的赔偿。国王囿于其传统观念，答复他道："这种特权制度太根深蒂固了，简直无法以一道命令撤除。"1780 年，由于内克的敦促，他下令停止司法的酷刑及废除秘密监狱。他还下令将已审判过的罪犯和仍未审判的分开拘禁，并将两种罪犯和那些因债务被拘禁的分开。所有这些及其他一些内克在第一执政期获致的成就，实应得到比目前一般人公认的更多的称许。如果我们要问为什么他不改革得更快更彻底呢？我们可不要忘记，杜尔哥就是因为执行得过于性急而招惹了太多同时代的敌人。内克曾被人抨击以发行公债来代替提高税率，但他觉得目前的税征已令人民够受的了。

对所有这些戏剧性发展极为注意的卡姆潘夫人，曾为国王对其大臣们的态度做一总结："杜尔哥、马勒泽布和内克都深知这位国王是一个温和而简朴的人，他肯为他的人民而牺牲王室的特权。他的心是倾向于改革的，然而他的锢见、畏惧，加上一些伪善者的喧嚣，逼使他放弃了一些有利于人民的计划，而这些计划是他那颗爱民的心一直希望实现的。"虽然如此，他敢于在国家文告中（可能是内克准备的）大胆地指出："穷困人民的赋税在比率上，远比其他人增加得快。"而且他"希望那些富人，在碰到那些他们本就应负绝大部分责任的指控后，不会懊悔他们重加赋税于平民的意念是错误的"。他害怕伏尔泰的思想，他自由的心灵却受伏尔泰、卢梭及一些哲学的塑造而成形，这些人的工作是致力于暴露旧荒谬及鼓吹源自于基督的博爱生活。在他前半期的统治中，他开始进行种种改革，而这种改革如果能继续并逐渐扩展，则他可能避免后来的革命。在这位软弱国王的领导下，一向被英国侵掠和屈辱的法国，成功而勇敢地打败了不列颠，并在此战役中，给予美国极大的帮助。

法国与美国

哲学一度与外交相辅相成。伏尔泰、卢梭、狄德罗、雷纳尔及其他数百位作家，他们的作品促成了法国的知识开化，也陶冶了法国人支持殖民地的心。而且，很多美国领袖——如华盛顿、富兰克林和杰斐逊——都是法国启蒙运动之子。因此，塞拉斯·迪恩（Silas Deane）于1776年3月到法国为反叛的殖民地募集贷款时，法国的舆论非常同情他。热血沸腾的博马舍也一再呈备忘录于维尔热纳，催促他早日帮助美国。

维尔热纳是一位贵族，他信任君主制度和封建制度。他不是民主或革新的朋友，却期望能为法国报一箭之仇。他不会批准任何对美国的公开支援，因为他觉得虽然萨特恩曾大力整顿海军，但英国的海军还是要比法国的强，真要发动战争，法国的海军将被一举歼灭。但他建议国王暗中提供援助，他论证道：假如英国镇服了革命，她将会在美国或其近邻，以其舰队轻易取得法国或西班牙在加勒比海的权益；假如革命得以持续，法国将会日益茁壮，而英国将会日益衰弱。如此一来，法国的海军可以完成它的重建。路易害怕这种支持革命的论调，他提醒维尔热纳不要做出公然的行动，以免引起英法之间的战争。

4月，维尔热纳写了一封信给博马舍，他写道：

> 我们将秘密地给你100万银币，你可以试着向西班牙也要求同等的数目（后来他的确得到了此笔款项）。用这200万你将可以创办一家贸易公司，并冒着种种危险，你将供给美国武器军

火、装备及其他任何他们为维持战争而需要的东西。我们的兵工厂将供给你军火和武器，但你必须付钱或以他物交换。你将无须向美国要求任何金钱，因为他们根本就没有。但是你将可以换来他们的农产品，对这些农产品我们将协助你在国内销售。

利用这笔钱，博马舍购买了加农炮、毛瑟枪、弹药、衣物及 2.5 万人的装备，他将这些运到一个港口，在这里迪恩已集结了一些改装的美国私掠船。法国这种援助的确定及到来，使殖民地人民有足够的勇气发表他们的《独立宣言》（1776 年 7 月 4 日）。此宣言被译成法文，并得到政府当局的默认，在法国流传着。它受到哲学家们兴奋而热烈的欢迎，那些卢梭的信徒更是欣喜若狂，他们视之为《社会契约论》的共鸣。9 月，美国国会任命本杰明·富兰克林和亚瑟·李为特使，到法国与迪恩会合，共同寻求更多的援助，甚至公开联盟（假如可能的话）。

这并不是富兰克林第一次在欧洲出现。1724 年，他未满 19 岁时，来到了英国。在那里他当一个印刷工，并发表了《对无神论的辩护》一文。后来他重返费城，继续高唱其理神论的论调。他结婚后参加了互助会，并成了举世闻名的发明家和科学家。1757 年他代表宾夕法尼亚议会，再度到英国辩论税征问题。他留在英国 5 年，遇到了约翰逊和其他名人。他还到苏格兰旅游，访问了休谟和罗伯逊，接受了圣安德鲁斯大学的学位，从此变成富兰克林博士。1766 年至 1775 年，他三度居于英国，他曾在下议院中演说，反对邮税的征收，并企图达成协议。他发觉和解无望而战争迫在眉睫时，他返回美国。他也参与了《独立宣言》的起草。

1776 年 12 月，他带着两个孙子抵达法国。当时他已是 70 岁的人了，看起来仍然智慧不减。全世界的人都熟悉他硕大的头颅、稀疏的白发及有如满月初升的脸庞。科学家赐给他满身的荣衔，哲学家和重农学派争着把他拉到自己的阵营，古罗马的崇拜者视其为辛辛纳图斯、西庇阿和加图的再生。巴黎的淑女为了模仿他的高礼帽，将她们的头发做成卷曲的高耸状。无疑，她们早已风闻他的许多罗曼史。朝臣们对他在衣着、谈吐和风度方面的纯简，深为惊讶。他几乎纯乡村式的装束，不但看起来不可笑，而且暴露了朝臣们的奢侈炫耀——他们那些天鹅绒、丝缎和花带已再也掩饰不了他们的真面目了。然而，他们还是接纳了他，因为他不以乌托邦为炫耀，他讲话有条理而且富于感觉，他对某些困难与事实有充分的谅解。他深深地了解他是一个新教徒、理神论者和民主主义者，被派往一个天主教国家，向一位虔诚的国王求助。

他小心翼翼地从事他的工作。他不敢触犯任何人，却使每个人都感到愉快，他不仅对维尔热纳表示敬意，也对米拉波的父亲和杜德芳夫人表示尊敬。他光秃的头在沙龙和科学院里闪闪发亮。年轻的贵族拉罗什富科公爵以做他的秘书为荣，他在街头出现时，群众尾随着他。他的著作曾被译为《富氏全集》（*Oeuvres Complètes*）出版，并拥有广大的读者。其中称作《理查德的科学》（*La Science du Bonhomme Richard*），即《理查德年鉴》的一本书，曾在3年内发行了8版之多。富兰克林参加了洛齐互助会，并当选为该会的荣誉会员，他在那里遇到了一些帮他促使法国与美国联盟的人。然而他不能很快要求法国政府公开支助美国。华盛顿的军队在威廉·豪战役以前都在节节败退，其士气曾大受动摇。富兰克林为了等待更有利的时机，在巴黎近郊的帕西定居了下来。他一面研讨、交涉，并以笔名发表宣传文件，一面取悦杜尔哥、拉瓦西耶、莫雷莱、卡巴尼斯等人。他还在萨纳斯和欧特伊两地分别对乌德托夫人和爱尔维修夫人大献殷勤，因为她们具有令人感觉青春的魅力。

就在此时，博马舍和其他人正将补给品大量运往美国，有些法国军官则投效于华盛顿的麾下。塞拉斯·迪恩于1776年写道："我几乎被那些申请到美国去的军官烦死……假如我这里有10艘船，我将可把他们一起全运到美国去。"大家都知道当时才19岁的拉斐特侯爵，曾离开他坚贞而且已怀孕的妻子，来到殖民地，为革命军无条件地效劳。他向华盛顿坦承："我渴望的是高贵的光荣。"这次的请缨带给他无数危险与屈辱，他曾在布兰德维恩受过伤，并与殖民军共同经历了弗尔格山谷的困阻，但他赢得了冷漠的华盛顿的热情。

1777 年 10 月 17 日，从加拿大南下的 5000 名英军和 3000 名日耳曼雇佣兵，在萨拉托加为 2 万名殖民地军队所挫，并弃械投降。胜利的消息传抵法国时，富兰克林和迪恩关于法美联盟的请求似乎更可为国王的幕僚接受了。然而，内克坚决反对，他不希望看到他近乎达到平衡的预算，因战争而再度遭到破坏。但维尔热纳和莫斯帕警告国王——英国早已知晓法国对美国的援助，而且怀恨在心，很可能与殖民地联合，转而攻击法国，路易十六于是勉强答应了他们同盟的请求。1778 年 2 月 6 日，法国政府与美利坚合众国签订了两项条约。一项规定两国的贸易与援助计划；另一项订立了两国的秘密军事协定，规定：假如英国向法国宣战，则签约国应联合抵抗，而且非得到另一国的同意，绝不私下与英国和解，两国将携手对抗英国直至美国得到独立为止。

3 月 20 日，路易接见了美国特使，富兰克林特意穿上长丝袜晋谒。4 月，约翰·亚当斯替代了迪恩的职位，并与富兰克林同住在帕丝。他发觉这位老哲人花了太多时间与妇人在一起，以致几乎无暇处理公务。他与富氏吵了一架，希望把他弄回国。结果他失败了，只好自己束装返美，富兰克林则被任命为驻法国全权大使（1779 年 9 月）。1780 年，74 岁的富兰克林向 61 岁的爱尔维修夫人求婚，却有如石沉大海。

除了内克外，战争几乎为每位法国人欢迎。内氏必须筹集大笔款额，以贷给美国：1776 年贷了 100 万银币，1778 年 300 多万，1779 年 100 万，1780 年 400 万，1781 年 400 万，1782 年 600 万。为了寻求和平的方案，他于 1779 年 12 月 1 日与诺斯大公秘密私商。除了这些贷款外，他还须为法国政府、陆军、海军和宫廷筹钱，他总共向银行家和国民借了 5.3 亿银币。他花言巧语地从教会借到 1400 万，并规定以每年 100 万分期偿还。他仍然拒绝提高征税——虽然上层阶级的财富似乎已足以负担。他的继承者对他留给他们的赤字，曾大为抱怨。金融家大为支持他，因为他同意以他们要求的高利率向他们借款，虽然他们必须冒得不到偿还的风险。

内克对社会财政的信心日增，1781 年 1 月，他得到国王的同意，发表了《国家收支统计表》（*Compte Rendu au Roi*），此表向国王和全国人民公布了政府的岁入和岁出。除了国防支出、国家债务及其他一些特殊支出外，它厘清了政府的各项会计预算。统计表在一年内销售了 3 万份。内克被认为财政的魔术师，他挽救法国经济于破产之中。叶卡捷琳娜二世曾向格里姆探询有关内克的事，以加强"她对他著作和才能的衷心敬佩"。然而朝廷对《国家收支统计表》大表愤怒，因为它揭发了他们过去滥用公款及从国库支领无数恩俸的事。有些人指责此文件仅是内克的自我宣扬。莫斯帕如同对待杜尔哥一般，越来越嫉妒内克，他联合了一些人，共同为促使内氏去职而努力。王后虽曾为内克的经济政策激怒，却袒护着他。维尔热纳称他为革命分子。一些地方长官害怕内克借建立更多的行省议会来削弱他们的权益，而参加了反内氏的运动。内克宣称除非给予他大臣的全衔及国王内阁的名位，否则他将辞职，此无异为其自求退路。莫斯帕要挟国王，如果内克的要求得逞，则所有的大臣都将放弃现职。路易终于屈服在他们的压力下，让内克去职。除了朝廷外，整个巴黎都为内氏的离去而惋惜，约瑟夫二世送去了他的慰问函，叶卡捷琳娜则邀他到俄国主持财政。

1779 年 10 月 12 日，法国与西班牙联盟以对抗英国。两国的联合舰队拥有 140 艘战舰，几乎与英国海军的 150 艘相等，联合打破了英国横行海上的霸权，这种海军力量的平衡曾深深影响了美英战局。英国在美国的主力军约有 7000 人，他们在康沃利斯大公的指挥下，驻屯在邻近切萨皮克湾（Chesapeake Bay）的约克河上的约克镇。在殖民军方面，由拉斐特所率的 5000 人与由华盛顿统率的 1.1 万人（包括由罗尚博所率的 3000 名法军），此时已在约克镇附近集结，并已夺下了附近的诸要地。1781 年 9 月 5 日，由葛拉斯伯爵率领的舰队，在切萨皮克湾内击败了一支英国的分遣舰队，并切断了康沃利斯大军由水路方面的退路。康沃利斯的军队用尽了他们的补给后，他和他的部下终于向殖民军投降（1781 年 10 月 19 日）。毫无疑问，法国人可以骄傲地说：葛拉斯、拉斐特和罗尚博在这一决定性的战役中，确已担任了重要的角色。

英国要求签订和约。谢尔本派使节到法国分别与法政府及美国大使磋商，以期联合一方以对抗另一方。维尔热纳后来与英国取得妥协，双方同意由英、法、西共同瓜分北美的大部分区域。他也与西班牙取得谅解，以使密西西比河谷在欧洲的控制之下。1782 年 11 月，他建议由英国继续保有纽芬兰的渔场。所有这些交涉都按照外交惯例进行，但美国使节已洞悉此中伎俩，也以类似的秘密手法进行协商。维尔热纳和富兰克林协议双方可分别与英国交涉，但除非得到对方同意，绝不签署任何和约。

美国方面的谈判代表主要是约翰·杰伊和富兰克林，他们玩了一次漂亮的外交手法。他们不但为合众国争取到了独立，还将其领土扩展至纽芬兰渔场、大湖区的一半及由阿勒格尼山脉到密西西比之间一大片富庶的区域，他们的成就远比美国国会期望的多。1782 年 11 月 30 日，约翰·杰伊、富兰克林和亚当斯与英国签订了初步和约。此约原则上虽与维尔热纳的意愿相违，但其在英法和解以前并不生效。维尔热纳起先还有所抱怨，后来他终于接受了现状。1783 年 9 月 3 日，正式的和约在"最神圣而且不可分的三国"的名下签署了——英、美和约在巴黎签订，英、法、西和约则在凡尔赛宫签订。直到 1785 年，富兰克林一直留在法国当合众国大使。1790 年 4 月 17 日他于费城去世，当时的法国制宪大会还为他致哀三天。

法国的参战导致了经济的崩溃，而经济的崩溃引起了革命。法国政府花在战争中的费用高达 10 亿银币，而国债的利息使国库一天天枯竭。虽然如此，债务毕竟只是政府与富人之间的事，它极少影响到平民，有些平民甚至因战争工业的刺激而致富。王朝受到了严重的创伤，但国家完好如故，否则历史学家又如何解释法国能在 1792 年至 1815 年，成功地对抗了半个欧洲呢？

毫无疑问，法国的国魂被振奋了。政治家从 1783 年的和平中，首次看到了 1763 年以来的复兴之兆。哲学家称此发展为他们思想上的胜利，托克维尔曾说："美国似乎已实现了作家们的理想。"很多法国人在殖民地的表现中预见了令人振奋的民主将传遍整个欧洲，民主的思潮甚至感染了贵族阶级与国会。1776 年 6 月 12 日，由弗吉尼亚制宪会议颁布的《人权宣言》及后来加入美国宪法的《民权法案》，变成了法国《人权宣言》的部分模型，该宣言由法国制宪大会于 1789 年 8 月 26 日公布。

这就是封建法国最后的荣耀——其豪侠义气帮助美国建立了民主制度，而自身被牺牲了。事实上大多数的法国政治家仍为法国的复兴而努力，然而像拉斐特、罗尚博等贵族，他们以生命为赌注而效劳于他邦的热心，也是不容否认的。年轻的塞居尔伯爵写道："我不是那种听到自由觉醒之声就感到忐忑不安的人，他们正试图奋力摆脱特权阶级的枷锁。"到现在已可以看出贵族阶级将在制宪会议中，被迫放弃他们的封建特权。这是一次著名而勇敢的切腹自尽——法国为美国出钱流血，却得到对自由新而有力的刺激。

第九章 | 死亡与哲学家
（1774—1780）

伏尔泰晚年

·费内的衰落时期

1774 年，伏尔泰 80 岁。这些年他昏迷过几次，我们称之为"轻微中风"，他则称之为"小的警告"。他已经惯于接受死亡的降临，因此能将虚弱置之度外，他的生活夹杂着谄媚国王和女皇的成分。叶卡捷琳娜女皇称伏尔泰为"本世纪最杰出的人"。腓特烈大帝于 1775 年在柏林称："人们争相抢夺伏尔泰的半身像，瓷器工厂供不应求。"费内早已成为聪明的欧洲人朝圣的目标，现在它几乎是宗教的神龛。苏阿尔德夫人于 1775 年拜访伏尔泰之后，说："我见到了伏尔泰。被圣德莉莎放逐的犯人，比不上我会晤这位伟大的人物时所经历的那些。似乎我站在一位神的面前，一位受到珍爱与崇敬的神，我终于能对他献出我所有的感激和尊敬。"1776 年，伏尔泰经过日内瓦时，他几乎被围绕在他身边的热心群众挤得喘不过气来。

甚至 80 岁时，伏尔泰仍对政治和文学感兴趣。他以一篇《理性历史的证实》的文章来庆祝路易十六的即位，其中他建议一些可能为后世喜爱的新秩序的改革：

法律将趋于一致……兼差（某些圣俸被一位传教士掌握），过多的花费将被铲除……对工作认真的贫者将给予大量财富——来自某些发誓贫穷而懒惰者。数以万计的（基督徒）家庭妇女将不再被视作姘妇，小孩也不再被讥为私生子……未成年者犯罪将不再被认为大罪恶而严加处罚……拷问方式将不再被使用……（国家和教会）这两大势力，因为只能存在其一——君主政体国王的法律、共和国的国家……最后，我们将敢于大声要求世界两大势力须有容忍的精神。

路易十六完成了许多改革工作——教会改革除外。他真挚虔诚，而且相信教会的忠诚对他的王权是一种绝对必要的支持，他对伏尔泰的影响深感悲痛。1774年7月，他的政府下令勃艮第的监督官继续注意年老的异教徒，并在他死后立刻扣押所有他的文件。玛丽·安托瓦内特同情伏尔泰，为伏尔泰《塔克德》剧的表演而哭泣，并说她将"拥抱这位作家"，伏尔泰送给她一些美的诗句。

伏尔泰的朋友杜尔哥全面控制财政时，他有一段充满信心的乐观时期，但杜尔哥被解职，他对有关人类的事务陷入黑暗悲观的心情。他借着收养女儿以寻回快乐。1775年，一个名叫瓦里康特的少女被介绍给他，她的家庭因为太贫穷而无法使她发挥出自己的禀赋，父母正计划送她去一所修道院。她天真无邪的美貌温暖了这位老年人的心。伏尔泰使她成为家庭的一分子，称她为贝莉·保妮，并为她找了一位丈夫——年轻有钱的维莱特侯爵。他们于1777年结婚，在费内度蜜月。伏尔泰曾写道："我的小爱女看来是那么高兴，他们夜以继日地工作，想为我造出一位小哲学家。"80多岁充满稚气的伏尔泰，想及身为父亲而感到喜悦，即使仅仅是义父。

同时，伏尔泰创作了最后的剧本《艾里纳》，将它送到法兰西剧院。1778年1月，它的接受引发了一个问题。公司的惯例是依照收受的次序上演每一出戏，但另外两个剧本已经先于伏尔泰而被公司收受和批准了——一本由拉阿尔普、一本由巴特（Nicolas Barthe）所写。两位作家立刻放弃他们先前答应剧本演出的条件。巴特写了一封信给公司：

> 伏尔泰的新剧本您已经读过了。对您来说仅有一件事要做：不要考虑我的剧本。我知道……规定的程序，但在这种情况下哪位作家敢诉诸规章呢？先生应像一位国王站在法律一边。假如我没这份荣耀给大家提供欢乐，至少我能不妨碍大众的欣悦。我希望您尽可能快些将伏尔泰所写的剧本上演。愿伏尔泰像索福克勒斯一样继续写悲剧直到100岁，愿他死后能得到人们的喝彩，就像诸位先生生活在喝彩中一般。

消息传至伏尔泰耳中，他非常高兴地计划去巴黎看他的剧本上演，没有什么能阻挡他去巴黎的意念。如果牧师在讲堂上攻击他将如何呢？他习以为常了。如果他们说服国王送他入巴士底狱又将如何呢？那么他也会习以为常。能再看到现已成为文明之都的大城市，是多么高兴的一件事！最后一次离开巴黎，是28年前的事了，现在巴黎该改变许多了。同时，德尼斯夫人已对费内感到厌倦，她时常央求他带她回巴黎。维莱特侯爵提供了自己在波尼的舒适旅馆，并供他食宿。

他决定去，假如旅程结束了他的生命，那么它只是不可避免的事情提前到来而已。他家里的仆人、农田的管事，他拥有的领地上工作的工人、工厂里的工人，他们集体抗议和悲伤。他答应6个星期后回来，但他们内心充满忧虑，认为再也见不到他了。同时，继承他的东主对待他们是否会像伏尔泰对待他们那么友善？1778年2月5日，旅行队离开费内时，他的眷属、仆从聚集在他四周，许多人为他的离开掉下泪来，而他自己也无法抑制住眼泪。5天后，大约走了300英里，他终于见到了巴黎。

·神圣化的人物

在城门处，官员们正在检查经过的马车，看车内是否藏有私货。伏尔泰向他们担保说："各位先生！我相信这里除了我自己以外没有私货。"伏尔泰的秘书瓦格涅尔向官员们保证他的主人"享有最好的健康状况，我从来没看过他有比此时更欣然的幽默感，他的愉快是可爱的"。

巴黎塞纳河的左岸，波尼和瑟顿转角处维莱特先生的旅馆已经为他准备好了房间。下车后，伏尔泰立刻沿着码头到附近他72岁的朋友阿让塔尔的家里。阿让塔尔伯爵当时不在家，但不久即出现在维莱特旅馆。伏尔泰对他说："我即将与世长辞，但我必须来看你。"另一位老朋友送给他一张欢迎短简，他以平时对死亡的达观态度回答说："我到达死亡境界，但我希望能复活，仅为能谒见杜德芳侯爵夫人一面。"这时，若古侯爵带来口信，称路易十六对伏尔泰抵达巴黎感到盛怒。但波利尼亚克夫人向他保证，玛丽·安托瓦内特王后将保护他。牧师们希望他被逐出，但在记录中，没能发现官方禁止伏尔泰访问的禁令。路易十六隐藏起来以拒绝王后允许这位闻名于世的作家在宫廷中介绍自己的请求。

消息传遍巴黎，这位18世纪具有影响力的思想播种者及睿智的作家，已不再有被长期放逐的威胁了。他住的维莱特旅馆的房间，立即变成真正的宫廷和王室。2月11日，据说有300多人来访，包括格鲁克、普契尼、杜尔哥、塔列朗、马蒙泰尔及内克夫人、杜巴利夫人、杜德芳夫人等。富兰克林带着他17岁的孙子到来，并为他请求这位祖师的祝福。伏尔泰举起双手放在小孩的头上，用英文对他说："孩子！上帝和自由，要记住这两个单词。"拜访伏尔泰的人络绎不绝，特龙金医生写信给维莱特侯爵说："伏尔泰现在最好过他的领主生活，更甚于他的兴趣，如此下去他的精力将会很快耗尽。"2月19日，《巴黎日报》将之刊登，很显然将一切好事驱走了。因为伏尔泰本人在费内时，预知这次胜利将会牺牲他的生命，他说："假如我必须生活得像世上平常人一般，那么我将于 4 天内死亡。"

一些牧师认为这将是一个很好的打击，以保证他会与天主教调和。他也愿能如此，因他知道只有那些为教会出力的才能被葬于奉献的土地上，而所有在法国的墓地皆是奉献的土地。因此，他乐于接受格尔特教士于 2 月 20 日寄来的一封请求接见的信函。该教士于 21 日到达，他们谈了一会儿，但没有得到神学上的结果。德尼斯夫人请求教士离开，伏尔泰告诉他，他可以再来。25 日，伏尔泰咳嗽时嘴和鼻子喷出血。他吩咐他的秘书请格尔特来。瓦格涅尔供认："我避不送信，因为我不希望人们说伏尔泰先生已经示弱，并使他相信找不到这位教士。"瓦格涅尔知道在巴黎的怀疑论者正希望伏尔泰在最后的时刻不致向教会屈服，或许他已听说腓特烈大帝的预言："他将玷污我们大家。"

特龙金医生来了才止住他吐血，但此后两三天伏尔泰又吐血。26 日，他写信给格尔特说："我请求您尽可能地快来。"第二天早上格尔特来了，发现伏尔泰正睡着，于是走开。28 日，伏尔泰告诉瓦格涅尔："我死于崇拜上帝和爱我的朋友，不是恨我的敌人和嫌恶迫害。"格尔特于 3 月 2 日又来，伏尔泰请求告解，格尔特教士回答："圣苏尔皮斯教区牧师特塞克曾要求他在听告解之前取回一项声明。"瓦格涅尔抗议。伏尔泰要了纸和笔，亲手写下：

我，签署人，过去 4 个月来受到吐血的打击，现年已 84 岁，不再能把自己拖进教堂。圣苏尔皮斯教区牧师，希望增加善行而遣来了格尔特教士。我已向他告解，并（声明）若上帝排除我，我死在出生地的天主教区，希望在神的慈悲下，原谅我所有的过错；若我曾毁谤教会，我请求上帝及他的宽恕——签名：伏尔泰，1778 年 3 月 2 日，于维莱特侯爵先生住宅。

维莱特先生和米尼奥教士（伏尔泰的侄子）皆签名保证。格尔特将此带给孔夫朗斯（Conflans）的大主教和圣苏尔皮斯的牧师，两人皆宣称不充分。不过，格尔特仍然准备给予伏尔泰圣餐，伏尔泰建议应该加以延期，他说："我经常咳血，我们必须防止我的血液与仁慈的上帝混合。"我们不知伏尔泰心灵为何——虔诚的或任性的。

3月3日，狄德罗、达朗贝尔和马蒙泰尔相偕前往探望伏尔泰。格尔特奉上级之命取一份"更不暧昧、更详细"的告解书也于那天拜访时，他被告以伏尔泰情况欠佳而无法接见他。格尔特又多次欲见伏尔泰，但每次皆因瑞士籍的看护者戒备甚严而只好回去。3月4日，伏尔泰写信给圣苏尔皮斯牧师，以谦卑的态度向其道歉。3月13日，牧师接获此信，除了礼貌上的交换信函之外，无任何拜访行动。当时伏尔泰咳嗽已止，他感觉精力恢复，然虔诚之心逐渐衰退。

3月16日，《艾里纳》歌剧于法国剧院上演，几乎所有的伯爵前往观赏，包括王后在内。这出戏演出的结果并未达到伏尔泰理想中的状态，但由84人的庞大演员阵容共同合作演出，获得了全场欢呼。伏尔泰因卧病无法前往，他仍不断以各种方式探悉听众的反应。17日，法国学术团体献给他祝贺词。21日，他感觉身体痊愈，于是出外拜访63年前的情妇苏珊娜·利夫里（Suzanne de Livry），古韦尔内（Gouvernet）女侯爵。28日，他又拜访杜尔哥。

3月30日，对于伏尔泰而言是一个重要的日子，当日午时，他前往卢浮宫参加学术团体会议。一位俄国作家维辛（Denis von Visin）在巴黎报道："伏尔泰离开住宅，马车载着他前往学术院时，一路上受到人群不停地欢呼。所有学术团体人员出门迎接他。"达朗贝尔致演讲词以表欢迎，使这位老人眼睛充满了泪水。伏尔泰坐在主席的位置，同时被选为4月上旬的主席。会议完，他被护送上马车，然后好不容易才经过不断欢呼"伏尔泰万岁"的人潮，最后抵达法国剧院。

他进入剧院时，观众与演员起立欢迎他。他发现德尼斯夫人和维莱特侯爵正在等他，他坐在他们的后座，观众却要求他坐在更易见着之处，于是他选择了女士们中间的一个位子。一位演员屈下双膝，献上月桂花冠戴在伏尔泰头上，伏尔泰脱下花冠将它戴在侯爵头上，坚持要侯爵接受。观众赞美之声不断响着："向伏尔泰致敬！""向索福克勒斯致敬！""向教人们如何思想的哲学家致敬！""荣耀归于卡拉斯保卫者！"目击者格里姆说："这种渴慕、发狂延续了20多分钟。"《艾里纳》演出了6幕。结束后，观众要求这位作家说几句话，伏尔泰应允了。大幕再次升起，演员们扶着伏尔泰走出休息室，到舞台上与观众见面，他们用月桂花冠为伏尔泰加冕。参加剧中演出的费斯特丽斯夫人，献给伏尔泰赞美诗：

> 眼花缭乱的巴黎，
> 今日崇拜一位伟人，
> 年复一年，
> 后代将更尊敬您。
> 不，您无须入地狱，
> 您应享不朽盛名。
> 伏尔泰，请接受
> 为您而奉献的皇冠。
> 当盛名留传法国，
> 此景必永垂千古。

观众要求重念赞美诗，在喝彩与鼓掌下伏尔泰离开座位，在一伙热心群众的护送下被引领至马车上，火炬被举起，马车夫被劝驶慢些，以使一群民众得以伴随着马车至维莱特旅馆。直至目前我们所知，在法国文学史上还未曾有如此一幕。

维基·勒布朗曾目睹此情景而写下："值得庆贺的老人，身体如此虚弱，我恐过分强烈激动的情绪，将给他带来致死的伤害。"特龙金劝他尽速返回费内，德尼斯夫人请求他留在巴黎。因受到招待而极度兴奋，他同意她的请求。伏尔泰赞美巴黎人民是世界上最愉快、最有礼貌、最文明、最放纵、最具文学鉴赏力、最知道如何寻找娱乐和培养艺术修养的。此时，伏尔泰忘记了巴黎的"贱民"。不久，他于4月27日在巴黎找一栋住宅。特龙金盛怒地说："在我一生中，从未见过如此傻的人，无人胜于他疯狂的表现，他好像寄望活至100岁似的。"

4月7日，伏尔泰参加"九姐妹"互助会社，他无须经过一般初步阶段，便被以正式仪式介绍加入会员中。月桂花冠加于伏尔泰头上，接着主席演讲："我们发誓兄弟们必互助，然而你已是整个群体的创办者，这群人敬爱你们而且处处传播你们的善行……你，伏尔泰，多可爱的弟兄，在你接受此资格之前，你已是具有责任感的互助会员。"伏尔泰为回礼杜德芳侯爵夫人，于11日前往圣约瑟女修道院其住所。她用手抚摸着伏尔泰的面颊，感觉仅仅剩下骨头。但12日她在写给霍勒斯·沃波尔的信上说："伏尔泰从未如此充满活力。他已经84岁了，我真的认为他是不会死的。他心智健全，并未呈现羸弱现象。他是一位非凡人物和至高无上的卓越人物。"修女们听到伏尔泰的拜访时，公开指责侯爵夫人与一位受到教会与国家都谴责的人物见面而亵渎了她们的修道院。

4月27日，伏尔泰再次前往学术院。讨论转到德利尔教士翻译的教皇《致阿布诺特博士之信》上，伏尔泰已读过原作，称赞该教士的翻译。伏尔泰乘此机会建议学术院的《字典》加以修订，以普遍使用的上千新字来充实这一可信赖的语言。5月7日，他又回到学术院，计划新字典改进的工作。他提示从A字母起添字，并建议每人承担一个字母。散会时，伏尔泰"为字母之故"感谢工作人员。沙特吕侯爵回答："为了文学，我们也谢谢您。"当晚，伏尔泰隐藏身份秘密观看他的剧本《阿尔泽》的演出。在第4幕终了，观众为演员拉里夫热烈鼓掌，伏尔泰也加入鼓掌行列，并叫着："啊！演得好！"观众们认出了伏尔泰，激动狂潮长达 45 分钟，犹如 3 月 30 日那般的情景再度显现。

伏尔泰不愿过着退缩隐居、充满痛苦的生活，他宁愿牺牲自己的健康来享受如前几个星期快乐的日子。他热心地欲完成一本新字典而努力工作，一天有时喝上 25 杯咖啡，以致晚上无法入睡。当时他的病情恶化，排尿变得极痛苦而且不正常，理应已被除去的毒素进入血液，造成尿毒症。黎塞留公爵送伏尔泰鸦片，推荐他视之为止痛药。伏尔泰误解了黎塞留的说明，5 月 11 日喝下整瓶，因而精神错乱达48 小时之久。他的脸因痛苦而不成形，特龙金医生被召来，给伏尔泰一些减轻病痛的方法，但数天后，伏尔泰说不出话，也无法饮食。他要求将自己送回费内，但为时已晚。

5 月 30 日，格尔特教士和圣苏尔皮斯教区牧师准备基督教的最后圣餐，只要伏尔泰在其先前的信仰告解上，加上对基督神性的信仰。但孔多塞描述有关伏尔泰未经证实的事，他狂叫："看在上帝的名义上，不要对我谈那个！"拉阿尔普曾报道伏尔泰的反应："让我平静地死吧！"迪龙瑞尔接受一般的看法：牧师发现伏尔泰的狂暴行为，于是不给予圣餐而离去。特龙金宣称："哲学家在临死前最后几个小时总显现极端痛苦和狂号嗔怒。"当晚 11 时，伏尔泰平静地逝世了。

米尼奥教士预料他叔父的尸体将被拒绝埋葬在巴黎国家公墓，于是让尸体直立地坐在马车里，驶离巴黎。在离此 110 英里处，塞纳河畔罗米尼村庄的西里利斯修道院，当地一位牧师给死者举行传统宗教仪式，唱大弥撒，也允许他埋葬在教堂的地下室。

路易十六命令报刊禁止报道伏尔泰的死亡。法国学术界要求法国修道士为这位死去的人举行弥撒，但遭到拒绝。怀疑论者腓特烈大帝在柏林的天主教堂为伏尔泰举行弥撒。腓特烈大帝为他的朋友也是他的敌人的伏尔泰写了一篇热诚的颂词，于 1778 年 11 月 26 日在柏林学院公读。叶卡捷琳娜大帝曾写信给格里姆：

我已失去未曾谋面，但喜欢我的两位伟人——我深感荣耀的伏尔泰与查塔姆。将经过相当长久的时间始能找到与他们匹敌的人，却永远不会找到超越他们的人，尤其是前者……几周前，伏尔泰为公众尊敬，现在他们却不敢为他举行丧礼。如此一位举国之内首屈一指的人物，为什么不以我的名义取得他尸体的所有权？你应该将他的尸体加以香料药物处理后送来给我，他必将会有最富丽堂皇的坟墓……假如可能的话，买下他的丛书、论文、文件，包括他的信件，我将给予他的继承者高价。

德尼斯夫人为图书馆接收13.5万银币，将其运送到圣彼得堡的冬宫。

1791年7月，由革命立宪议会命令，伏尔泰的遗体被移出西里利斯修道院，在热闹的行列队伍护送下经过巴黎，最后被安放在圣日内维教堂。同年，法国公开地再施洗礼，将瑟顿路改为伏尔泰滨河路（Quai de Voltaire）。1814年5月，王权复兴时期，一群出于宗教热诚的盗尸人秘密地从培索将伏尔泰和卢梭的尸骸移出，放入大袋内，将其埋葬于巴黎市郊弃地，从此他们消失无踪。

·伏尔泰的影响

《俄狄浦斯王》的剧本问世时（1718年），反教士的活动也开始了。我们深知它引起了统治者的兴趣，腓特烈二世、叶卡捷琳娜二世、约瑟夫二世、古斯塔夫二世及西班牙的查理三世，还有阿兰达和葡萄牙约瑟夫二世，最后到蓬巴尔等。在最后200年理智的世界里，也只有卢梭和达尔文的影响才能赶得上伏尔泰。

就卢梭道德的影响而论，是充满热情与伤感的情操，婚姻上彼此忠贞与家庭生活的重建。伏尔泰的道德影响是仁慈与公正，使法国法律涤净，使法律的滥用与野蛮民族的残暴天性得以改良。他胜于别人，是人道主义运动的先锋，是19世纪最负名望的。伏尔泰在文学上的影响，我们只须忆起维兰德、凯尔格伦、歌德、拜伦、雪莱、海涅、勒南便可得知。没有伏尔泰的先导，是不可能有此成果的。历史学家们承认伏尔泰的引导与灵感的启发，促使身染罪行的人忏悔，使知识、道德、态度、文学和艺术有所发展。

由于削弱了知识阶级对教会的崇敬及贵族阶级对其封建特权的信念，伏尔泰在法国大革命的引发上担任了一个角色。1789年后，伏尔泰思想对政治的影响力被卢梭思想压抑。因为伏尔泰似乎太过保守，太蔑视平民，重视诸侯，罗伯斯庇尔才会反对他。两年后，卢梭的《社会契约论》似革命中的《圣经》般地放出了光芒。拿破仑对这两人相继而起的影响，曾回忆道："我16岁以前支持卢梭，反对伏尔泰与他的朋友们，现在则相反……我愈读伏尔泰的作品，则愈喜欢他。他的行为永远合乎道理，从不冒充内行，不盲目。"王权复兴时期后，伏尔泰的作品成了中产阶级思想的傀儡，反对再兴的贵族与教士。1817年至1829年，伏尔泰的选集出了12版，在12年间售出300万册。革命运动自1848年起，在政治上毋宁是趋向卢梭而不采纳伏尔泰，在宗教上的主张则适得其反，是趋向伏尔泰的。

伏尔泰最深远长久的影响，在于宗教信仰方面。由于他和支持者的影响，法国才会在经过文艺复兴后又进入启蒙运动。"新教运动持续不断，其转变如此剧烈，这可能为原因之一。一些人感觉到，就整体而言，启蒙运动比路德与加尔文产生的改革更深，因为它不仅反对祭司制度与过度的迷信，也反对基督教的基本规则，甚至超自然的所有信条。伏尔泰聚集了反宗教思想的各种意见，借着澄清、反复和理智加强改革，有时似乎已毁灭了养育自己的庙堂。遍及基督教国家，知识阶级由于哲学家们的动摇而趋向政治的自然神论或无神论。在日耳曼，歌德一代的年轻人深受影响。歌德认为："伏尔泰将永被认为现代文学上的巨人，或许永远如此。"在英国，少数卓越的人物——葛德文、佩恩、玛丽·沃斯通克拉夫特、边沁、拜伦、雪莱也受其影响。但英国自然神论先行于伏尔泰，而使伏尔泰的观点黯淡，而且英国绅士以为没有一个有修养的心灵会攻击一个提供如此安详的慰藉给较弱的阶层与女性的宗教。美国的开国元勋几乎都是伏尔泰的信徒。在美国与英国，达尔文与现代生物学的影响已凌驾于伏尔泰脆弱的宗教信仰之上。在我们的时代，基督教神学理论因战争的无比残酷而蒙受其害，突飞猛进的科学又足以侵害诸神与圣者曾经据有的天国。

容许宗教自由的问题，我们受到伏尔泰的恩惠比得自其他人的还多。巴黎的人民认为伏尔泰不仅是划时代的作家，而且是卡拉斯的保卫者。由于他，欧洲无任何一个裁判所能像指控让·卡拉斯的罪行似的，将人处以车磔刑。像《爱弥儿》一书屡遭禁止与焚毁，但其灰烬却借以得散布其思想观念，直至宗教检查制度默认失败，它衰微了。假如我们的孩子可能在战场上再度为自由的思想而奋战，那么该让他们自己从伏尔泰的 99 卷书中去寻找灵感与勇气，他们将找不到单调枯燥的一页。

卢梭晚年（1767—1778）

·不朽的灵魂

1767 年，卢梭寄居英国期间很不愉快，故于 5 月 22 日返回法国。此时他几乎神志不清，在人民的欢迎之下，他与泰蕾兹找到了一处舒适的住所，他出游时化名为让-约瑟夫·瑞奥。虽然于 1762 年被逐出教会，他的出行依然是合法的。虽是化了名，他还是被认出，而且受民众敬重。法国北部亚眠热烈地迎接他定居，其他城市也赠他别墅。

许多法国贵族赠卢梭住宅。首先，老米拉波将 20 块地产献出任他选择，卢梭选择了近巴黎的梅敦。但这位侯爵要卢梭阅读他的著作，使卢梭感到苦恼，卢梭离去另找避难所——逃到吉瑟尔斯附近的泰雷堡，波旁王朝的孔蒂王子处（1767 年 6 月 21 日）。王子将整座古堡交由卢梭使用，甚至为卢梭请来乐师，为他演奏柔和的音乐。卢梭能享受于此，皆因他神志尚且清醒。他怀疑舒瓦瑟尔和布夫莱尔伯爵夫人（王子的情妇）加入伏尔泰、狄德罗与格里姆的行列阴谋破坏他。事实上，伏尔泰曾控告他于 1768 年 1 月 29 日纵火焚烧日内瓦剧院使其成为平地。卢梭相信古瑟尔斯民众，必误以他是罪犯。他渴望返回日内瓦，写信给舒瓦瑟尔，盼他说服日内瓦议会能让他补偿过去的失误。舒瓦瑟尔带来了官方的许可证，任他在法国任何地方活动，只要他愿意的话，可自由离开或回到此地。现在卢梭又想回英国，他写信给达文波特询问是否可收回乌东住宅，达文波特回答："当然。"

在泰雷堡，卢梭担忧自己的生命安全。1768 年 6 月，为顾及泰蕾兹的安全，卢梭让她留在堡中，自己逃走了。他乘坐公共马车前往里昂海岸，与亲戚丹尼·罗吉生活了一阵子，丹尼于 1762 年为他找到瑞士的藏身处。不久，他使自己孤立地生活在多芬的金喷泉客栈，并在他住宿房间的门上，写上自以为阴谋反对他的人的名单。他差人把泰蕾兹接来，泰蕾兹到达时，他喜极而泣，并终于决定娶她。1768 年 8 月 30 日，他们在客栈中以平民的仪式举行婚礼。

1769 年 1 月，他们搬至格勒诺布尔的牟昆农庄。在这里，他写了带有半疯狂状态的《忏悔录》，并以植物学的研究来缓和他的神经过敏。泰蕾兹发现他的脾气变本加厉，然而泰蕾兹本人也受风湿症之苦，加上各种模糊含混的疾病，有时甚至有生命之虞。这对新婚夫妇发生严重的口角，卢梭离家到野外研究并采集植物标本，临行送与泰蕾兹一封信，劝她入女修道院（1769 年 8 月 12 日）。卢梭转回家中，发现泰蕾兹仍等着他，两人的爱情因而恢复。现在他懊悔绝了后代，他觉得："能在自己眼前抚育儿女的是最快乐的人。"他写给一位年轻的母亲："家庭生活是生命中最甜蜜的一段过程……唯有我们的家庭与儿女才是最强烈、最持久地和我们融为一体的……但谈及家庭、儿女的我……夫人，为那些因无情的命运而被剥夺了这种快乐的人们怜悯吧！为不幸的人们怜悯，为有罪的人们怜悯吧！"

冬天，强劲的风吹拂着牟昆农庄，泰蕾兹要求回巴黎。1770 年 4 月 10 日，夫妇俩重新开始他们长期的冒险旅行。在里昂过了一段美好的日子，卢梭的小歌剧《乡下的大卫》在此地演出，受到敬重与庆祝。他们不慌不忙地经过第戎、蒙巴尔、欧塞尔。1770年6月24日，他们终于到达巴黎，寄宿于喧嚣的城市的一角圣依斯普里特旅馆4楼，这时将原来的化名卢·普拉特，改为卢·让—雅克·卢梭。

卢梭生活质朴安静，以抄写乐谱赚取收入，并研究植物学。1771年9月21日，他写信给林奈表明自己的尊敬之心。他住在巴黎之事为人所知，老朋友和新的崇拜者前来拜访他，包括利涅王子（供给卢梭布鲁塞尔附近的别墅）、格雷特里与格鲁克（与卢梭讨论音乐）、剧作家哥尔多尼、歌唱家索菲亚·阿诺德、瑞典皇太子古斯塔夫、年轻作家约瑟夫与贝尔纳丹·圣皮尔。1777年，他获知伏尔泰曾盼望拜访约瑟夫二世皇帝，但失去机会。卢梭再度加入歌剧院（当作曲家），偶尔去那里，特别是去听格鲁克所谱的曲子。圣皮尔描述卢梭60岁时身体如此纤弱、匀称，眉宇带着高傲，眼里充满怒火……眉间皱纹隐含着忧郁感，及一股强烈的含有讥讽的愉快气息。

卢梭遭敌继续攻击，被迫再事写作，他不顾1762年许下不再著作任何书籍的诺言了。为解决此事，避免巴黎与日内瓦敌意的闲话，他着手《忏悔录》一书（1765年）。1770年11月，书完成了，卢梭虽然不愿完全出版，但是他以为应将那些有关攻击的部分公诸巴黎。因此，12月在他的住宅中，他从他最伟大的书籍中读了一长段给在场的人听，诵读持续了17个小时，其间曾被两次匆忙的便餐打断。1771年5月，他在埃格蒙特伯爵与伯爵夫人、皮奈特利王子、梅姆侯爵、朱涅侯爵之前诵读《忏悔录》，以激烈的挑战做结论：

> 我写下了事实，假如任何人曾听说与书中记载相反的事，那么有千万次足以证明，他听见的是诽谤他人的谎言。假如在我活着的时刻，他完全拒绝检查比较事实的可靠性，则他不是公正与真理之友。就我而论，我公开、毫无所惧地宣称，任何人，甚至不阅读我的书籍，能以自己的眼光宣称我的人格、态度、爱好、

习惯、性格与理想，而声言我是一位不值得荣耀者，那么他自己才应被绞死并示众。

听见卢梭以激动的情绪讲这段话的人都认为他已近乎精神错乱。迪佐宣称卢梭的疑心与反责不是"宽大的、有品德的卢梭"应有的，这个批评因而结束了他们的友谊。其余旁听者将卢梭《忏悔录》带至巴黎名流聚集之处，但一些较敏感者感觉卢梭中伤了他们。埃皮奈夫人写给警署的陆军中将：

> 我必须再次通知您，我昨晨对您提起的那人又对多拉、佩兹、迪佐诸先生朗读他的著作。他正利用这些密友做毁谤人的工作，您有权利让他知晓您对此事的看法。您必须尽可能和颜悦色地对他说明，那么他将不会抱怨，不过必须够坚定，那么他才不会重犯错误。假如您得到他的承诺，我相信他将遵守它。原谅我一千次，只因我心灵的平静涉及危险之地。

警员要求卢梭不再宣读《忏悔录》，他同意了。卢梭声言在一生中他从未得到一次公平的发言机会，挫败感使他心绪失常。1772年以后，除了圣皮尔外，他避不见客。他独自步行时，似乎觉得路过身边者皆是反对他的人。他受伏尔泰的反对，但仍为伏尔泰的雕像捐助基金。一位教士送卢梭一本揭发指责伏尔泰的小册子时，他反而责骂小册子的作者说："伏尔泰无疑是一个坏人，我无意称赞他，但是他曾说了也做了许多好事，我们应该隐恶扬善。"

卢梭设法打消周遭人们可能加于他"阴谋"的念头时，他努力地写作，而且较以前澄清、保守、实际。我们可见1769年波兰如何热诚地为新宪法的问题请教卢梭的意见。1771年10月，他开始著作《论波兰政体》（*Considérations sur le Gouvernement de la Pologne*）一书，于1772年4月完成。此书给人的第一印象是他热烈地持以奋战之心而写出违法的诸种原则。人们读此书，甚感安慰的是：卢梭（60岁）如此年迈，仍努力使此书充实成熟，为人熟知。卢梭曾大声疾呼："人生而自由，却处处都在桎梏中。"他警告波兰人，因其"自由否决权"使他们注定陷入无政府状态。自由是一项赐予和考验，需要比遵从外来的命令更艰巨的自律：

> 自由是一种难以消化的食物，需要良好结实的消化功能……人们如因密谋者的片语只字而导致反叛行为，是多么可笑。当不完全知晓自由的含义，谁敢轻言自由；谁……为了自由而做不该之事，就足成一位叛徒。情操高尚与神圣的自由，但愿这些可怜的人认识你。他们获知你被赢取与保卫的代价，但愿他们被教以你的法律远较暴君的蹂躏严厉！

生活及孟德斯鸠的思想使卢梭认识到，这种讨论与《社会契约论》都是纸上谈兵，是抽象的理论重点而不具有实在性。卢梭承认国家根基于历史与环境之下，如将根基不分青红皂白地除去则将灭亡。因此他劝告波兰人，宪法不应做突如其来的更改。他们应保留被选出的君王，限制其自由的否决权。他们应将罗马天主教作为国家宗教，但是要发展一种独立于教会的教育制度。波兰由于面积广大，在交通困难的情况下被分割、被分成三个邦联，而仅只于外交与交流时才联盟。一度指责私人财产为罪恶来源的卢梭，现在认可波兰的封建制度，他建议征收土地税，放弃现有完整的财产权。他盼望有朝一日农奴制能被废除，但不主张过早废止，因为他认为须等到农奴们有相当的教育程度时方可。他主张任何事皆依赖教育的扩张，如果自由权较智力与人格快速增长，则将开启混乱与瓜分的局面。

在卢梭完成其著作之前，波兰已形成被瓜分的局面了。与科西嘉一样，波兰的现实政治忽视他的哲学立法。双重的挫败使他的晚年更苦，也强化了他对那些哲学家们的轻蔑——他们赞美那些正在瓜分波兰的统治者腓特烈二世、叶卡捷琳娜二世、约瑟夫二世为开明的专制君主。

1772 年，卢梭开始另一个答复他的敌人的尝试，他称这本书为《卢梭论卢梭》（*Rousseau Juge de Jean-Jacques*）。他断断续续地花了 4 年时间，完成这本 540 页的书。他继续工作，精神变得更加黯淡无光。在此书序言中，他请求读者读完下列对话："留意一颗伤感的心要求你的这个恩赐，是上帝加在你身上的一种公正债务。"他承认："此书冗长，重复，赘语而无秩序。"但他说："过去 15 年，我一直被阴谋包围且被破坏名誉，因此我必须在死前澄清自己。"他否认了《论科学与艺术》、《论人类不平等的起源和基础》的个人主义与《社会契约论》集体主义的矛盾。他提醒读者，他未曾希望摧毁科学和艺术，使其回复到未开化的原始状态。他描述自己的书籍——特别是《朱利安》和《爱弥儿》——是散发仁慈与美德的书籍，怎么可能是欲摧毁他名誉者想象中的有病的浪子所写的。他控告他的敌人焚毁他的像以泄恨，以嘲弄的眼光为他唱夜曲。他抱怨他的敌人不断监视拜访者而且引发邻人来侮辱他。他喜欢重述自己的身世、家庭、年轻时代，描述自己有风度而且人格完整。但他又承认自己懒惰，"喜好幻想"，有写作的倾向。孤独步行时，他似亲临幻象世界，那时是他最快乐的时光。他试以预言安慰自己："我有把握，死亡当日，善良与荣耀的人们将为我祝福，为我的坎坷遭遇而挥泪。"

卢梭在最后的对话中加了一章，定名为《此著作的历史》。他略述如何将此书引起巴黎与凡尔赛方面的注意，决定将原稿放入圣母院大教堂的祭坛上，寄予上帝保管。1776 年 2 月 24 日，卢梭试着如此做，但发现圣堂门被暴徒闩住，他只得寻找进入之法。找到锁时，他已是头昏脑涨，立刻跑出教堂，精神错乱地徘徊于街道上达数小时始抵家。他写给法国民众一封信，定名为《给依然热爱公正与真理的法国人》并印成传单，分给过路人。拒绝接受的人们说，传单对于他们是无用的。卢梭只得放弃此番辛苦，接受失败。

卢梭的兴奋之心已渐消除，1777 年至 1778 年，他写了一本最令人产生美感的书《一个孤独漫步者的遐想》。他说过，牟特斯人民如何攻击他的住宅，他又是如何隐退至比奈湖的圣皮尔岛。在此地，他找到了快乐。他回顾这个宁静的休息所，静静的湖水，潺潺的溪流，葱翠的岛屿，善变的天际。他接获一张带有诗意的纸条，建议他接触自然，从自然中寻回心底深处。我们读了几页书时，便会自问：一个半疯狂的人，怎么可能文章写得如此好，如此畅达，偶尔又显出明朗化。不久，往日的悲叹再生，卢梭哀悼他已失去儿女，他已无抚育家庭的勇气。他看见小孩游玩，便回到自己的房间暗自"哭泣与赎罪"。

卢梭在巴黎的后几年，羡慕宗教信仰将人类生命过程的死亡与复活戏剧化。有时，他参加教会仪式，前往圣皮尔一个隐居处，听教士们吟诵祷文："啊！能信神者多愉快！"他不能信教，但举止上仍试着像一位基督徒，施救济金，使生病者得以健全舒适。他阅读肯比斯（Kempis）的《效仿基督》（*The Imitation of Christ*），并为此书做注释。

卢梭越接近死亡边缘，痛苦反而减少。伏尔泰抵达巴黎时，受到热烈的尊敬与欢迎，他虽嫉妒，却称赞他的旧敌。在法国剧院，他指责曾嘲弄伏尔泰加冕礼的老相识："在神——伏尔泰所在的神殿里，您怎敢嘲弄他，是被 50 年来屡欲排斥伏尔泰杰作名著的牧师们影响吗？"他听到伏尔泰的死讯时，预言道："我俩生命一体，我的生命将无法较他为长。"

1778 年春天，卢梭征求满意的住宅。吉拉尔丹侯爵邀请他住进离巴黎约 30 英里的埃尔蒙诺维尔，此处是靠近他别墅的一所农庄。卢梭与泰蕾兹于 5 月 20 日抵达，住在此地后，他专心收集植物标本，教侯爵 10 岁的儿子植物学。7 月 1 日，他设宴款待主人全家。第二天，他不幸得了严重的中风症，不支倒地。泰蕾兹将他扶至床上，但他又从床上跌落，重重地撞上砖地，以致头破血流。泰蕾兹喊人帮忙，侯爵到达时，卢梭已回天乏术。

谣言伴随卢梭至死，格里姆与其他学者扬言，卢梭乃自杀身死，斯塔尔夫人更加上：他是因发现泰蕾兹的不贞行为，忧伤过度才自杀的。这种说法是一种无情的毁谤。不久，泰蕾兹向人们说明并表露对卢梭的感情："假如我的丈夫非圣人，则谁属？"仍有一些闲语描述卢梭死于疯狂神态，但所有在卢梭去世前在他身旁的人，描述卢梭死时神情宁静。

1778 年 7 月 4 日，卢梭葬于波普拉岛（Isle of Poplars），吉拉尔丹私有土地上的小湖边。不久，此处成了虔诚的朝圣者必到之处，全世界名流——甚至女王——皆前往卢梭墓地拜谒。1794 年 10 月 11 日，卢梭的遗骸迁葬于先贤祠，在伏尔泰墓地的附近，他们的精神从这处宁静的安息所再度掀起振奋革命魂、法国国魂与西方人心灵的战争。

·卢梭的影响

在 18 世纪，卢梭在文学、教育学、哲学、宗教、道德、礼仪、艺术诸方面都有不可思议的影响力。今天，他的著作大都显得夸大、伤感或荒谬，只有《忏悔录》与《一个孤独漫步者的遐想》感动我们，但直至昨日，他的每个字都出现在欧美思想界。斯塔尔夫人曾谓卢梭："没有创造过任何东西，却将所有东西付诸一炬。"

当然，卢梭是浪漫运动之父。我们可见许多散播浪漫主义种子的，如汤姆森、柯林斯、格雷、理查森、普莱沃及基督教本身，它的神学与艺术是最卓越的浪漫曲。卢梭使种子在他的温室中成熟，而结果从生出就成熟，丰饶于《谈话集》、《新爱洛漪丝》、《社会契约论》《爱弥儿》、《忏悔录》中。

但浪漫运动是何意？是感觉对理性的反叛、本能对理智的反叛、情感对判断的反叛、主体对客体的反叛、主观主义对客观性的反叛、个人对社会的反叛、想象对真实的反叛、传奇对历史的反叛、宗教对科学的反叛、神秘主义对仪式的反叛、诗与诗的散文对散文与散文的诗的反叛、新歌德对新古典艺术的反叛、女性对男性的反叛、浪漫的爱情对实利的婚姻的反叛、"自然"与"自然物"对文明与技巧的反叛、情绪表达对习俗限制的反叛、个人自由对社会秩序的反叛、青年对权威的反叛、民主政治对贵族政治的反叛、个人对抗国家——简而言之，19世纪对18世纪的反叛，或更精确地说，是1760年至1859年对1648年至1760年的反叛。以上浪漫运动趋势的高潮阶段，在卢梭和达尔文期间横扫欧洲。

几乎所有这些要素皆可从卢梭那里找到根据。法国已厌烦于受古典理性与贵族政治的压制。卢梭感情的表露，使"本能受抑制，情感受压制，个人与阶级受压迫获得了解放"。《忏悔录》变成"感性时代"的权威书籍，就像《百科全书》曾为理性时代的《新约》一样，并非是卢梭反对理性，相反，他称理性为神的礼物，而视为最后审判接受，但他感到理性的清冷之光需要心灵的温暖以激发行动、伟大与道德。"感性"成了男女之间的标语，女人比以前更需要学习多愁善感，男人则学习哭泣，使快乐与忧伤表现出热泪盈眶，难以知晓是何种情绪。

卢梭的革命始于母亲的双乳，现在它们没有了胸衣的拘束。然而，这一部分的革命显示出最为艰难，在超出一个世纪的关闭与解开的交替后才获得胜利。《爱弥儿》畅销后，法国妇女即使忙于歌剧辛苦的独唱工作，仍然仔细看护自己的婴儿。小孩由襁褓至成长，皆受到细心照料。对小孩关心之事传至学校时——瑞士较法国更为重视，学校皆采取卢梭式的教育。由于现在人性被视为本善，学生不再被视为倔强的顽童，而是可爱的天使，他的愿望是上帝之声。他的感官不再被责为撒旦的工具，而是启发经验与无数无邪的欢乐之门。教室不再被视为监狱，在鼓励发挥固有的求知欲与能力之下，教育变得自然、愉快。死记事实与遵守信条而令人窒息的时代已过，代之而起的是感觉、计算与推理的技巧。孩子们尽可能不由书本吸收知识，而是由实际观察接触所得——如接触地上的植物与石头，观察天空的云彩与星星。卢梭的教育观点影响瑞士的裴斯泰洛西与拉沃特、德国的巴泽多、意大利的蒙台梭利、美国的杜威。杜威的"进步教育"（progressive education）也是卢梭思想的一部分。由于卢梭的激励，德国的福禄贝尔（Friedrich Froebel）建立幼儿园制度，传遍西方世界。

卢梭灵感的表现深达艺术境界，孩子们的得意神情影响了画家格勒兹与维基·勒布朗夫人。英国前拉斐尔派信徒的画，皆反映出哀婉动人和神秘的崇拜行为。人们之间的态度也受影响，朋友之间，亲切与忠贞，相互牺牲与挂念也不断增长。浪漫式爱情表达在文学方面，而使生命融于其中。做丈夫的不再藐视社会习俗与行为准则，反而更爱其妻，做父母的爱其子女，重建美满家庭："以往人们对通奸之事只相对讽讥而毫无办法，卢梭却毅然定其名为罪恶。"通奸虽间断发生，但已不再为人们的礼俗所许。以往对高等妓女的偶像崇拜，改以楚楚可怜的卖身妓女视之。鄙视社会习俗，以对抗成规。中产阶级的道德表现已得其美名：勤勉、节约、态度与衣着上的朴实。不久，法国延长其"裙裤"为长裤，而在政治与裤子上都成了过激的革命家。卢梭将英国园艺改变成法国广场的风景，将文艺复兴的规律形式改变成浪漫式曲线，有时改变成未开化与归返自然紊乱的情景。男女出游，由城市移向乡村，结婚仪式以自己所愿的自然心境行之。男子喜欢登山，他们寻求独居，抚慰自我。

文学几乎向卢梭与当时的浪漫潮流低头。歌德的《少年维特之烦恼》一书中充满爱、自然本性与泪水（1774 年），而使浮士德以三个字来浓缩半个卢梭"Gefühl ist Alles"（感情至上）。1787 年，卢梭回忆："《爱弥儿》与其感情，影响了整个人类的心灵和文化。"席勒在《强盗》一书中背叛法律（1781 年）。他高呼卢梭是自由解放者与殉道者，可与苏格拉底相比。赫尔德同样要求："来！卢梭，请做我的向导。"经卢梭努力奋战，将法国诗与戏剧，从布瓦洛的规则、高乃依与拉辛的传统剧作形式及古典格式的严格限制中解放出来。贝尔纳丹·圣皮尔，卢梭的狂热信徒，使《保罗与维尔日尼人》（*Paul et*

Virginie，1784 年）一书表现出古典浪漫风格。拿破仑时代后，深受卢梭文学影响者包括夏多布里昂、拉马丁、缪塞、维尼、雨果、戈捷、米什莱及乔治·桑等。它产生了一群忏悔、幻想及伤感或激情的小说，天才与生俱来未澄清的想象力深受重视，强调须经训练与传统来培养。它影响了意大利的莱奥帕尔迪，俄国的普希金、托尔斯泰，英国的华兹华斯、骚塞、柯勒律治、拜伦、雪莱和济慈，美国的霍桑和梭罗。

卢梭的《新爱洛漪丝》（1761 年）与达尔文的《物种起源》（1859 年）期间的哲学，充满了卢梭反叛启蒙运动提倡的理性主义。实际上，1751 年他给博尔德的信中已表现出藐视哲学。他之所以轻视，根源于理性无法教人们培养美好品德。理性似乎毫无道德感，理性从事保卫任何欲望的工作，却败坏道德，因此有时仍需天赋良知才能判断真伪，甚至如果这个良知欲产生道德，塑造一个善良的人而不是聪明的计算者的话，它必须以感情来温暖。

当然，这些帕斯卡都已说过，但帕斯卡已遭伏尔泰的驳斥，而德国沃尔夫的理性主义正兴起于大学之中。康德为哥尼斯堡教授时，他信服休谟与哲学家主张的"单是理性甚至无法充分防卫基督教神学的基本"。卢梭找寻解决此问题的方法，否认理性在感性世界之上的有效性断言："心灵自主，自我控制与内在良知绝对性，而从人类对道德的绝对服从感中，演绎出意志自由、灵魂不朽、上帝存在。"康德承认亏欠卢梭甚多，故将卢梭的相片悬挂于书房的墙上，并尊他为道德世界中的"牛顿"。尚有一些德国人感受到卢梭精神的影响，如雅各比的《感情哲学》、施莱尔马赫的如蛛网的神秘主义、叔本华的意志崇拜。在哲学史上，康德是卢梭与伏尔泰之间的竞赛的表征。

宗教领袖联合教徒宣布卢梭为一位异教徒。卢梭被列入伏尔泰与贝尔的行列中，同被视为"传播错误与不实事件的毒素"。即使在他有生之日仍有一些俗人与牧师乐于聆听他的教诲。萨伏依的教区牧师已热忱地接受基督教的主要教义，而且劝告怀疑者回归其本国的信仰。1765 年，他由瑞士逃亡时，受到斯特拉斯堡主教的欢迎。由英国回法国时，他也发现法国天主教徒感激地引他以对抗无宗教信仰者，并期望他成功地转变信仰。

法国大革命的理论家尝试建立一种独立于宗教信条的道德。罗伯斯庇尔追随卢梭之后，放弃这个企图，以为这是一项失败，而寻找足以维持道德规律与社会内涵的宗教信仰。他谴责那些拒斥上帝、保留国王的哲学家。（罗伯斯庇尔说）卢梭已超越这些懦夫之上，勇敢地攻击所有国王，而为上帝与不朽辩护。

1793 年，伏尔泰与卢梭遗留下来的敌对在阿贝尔与罗伯斯庇尔的争斗中有了判决。阿贝尔是巴黎行政区首长，追随伏尔泰的理性主义，支持教会亵渎神圣，确定对"理性女神"的崇拜（1793 年）。罗伯斯庇尔是巴黎哲学家后期人物，追随卢梭思想。他称卢梭："神授之人！……我仰视、敬畏您的人格！……我了解一个献身于崇拜真理的崇高生命的所有忧伤。"罗伯斯庇尔稍具权力时，他说服国会采用信仰"萨伏依教区的副牧师"的表白，作为法国正式的宗教。1794 年 5 月，为纪念卢梭，他举行"上帝日"的仪式。罗伯斯庇尔指控埃贝尔与他人为无神论者，而将两人送上断头台时，他觉得此行是遵行卢梭未实行的意愿。

不可知论者拿破仑在宗教的需要上同意罗伯斯庇尔，使法国政府崇信上帝（1802 年）。天主教会随着法国波旁王朝的复辟而恢复（1814 年），它赢得了夏多布里昂、约瑟夫·迈斯特、拉马丁的权威之笔。但现在旧信仰愈来愈宁愿依赖感情的权利，而不愿依赖神学的争论，这是伏尔泰、狄德罗与帕斯卡、卢梭之间的争斗。1760 年显得呆滞的基督教，在英国维多利亚王朝与法国王权复兴时期再度兴盛起来。

政治上，卢梭时期呈现黄金时代。法国主动援助美国独立革命，使卢梭在政治的影响力上达到最高潮。杰斐逊发表的独立宣言源于卢梭思想，就如洛克仿效孟德斯鸠。1785 年至 1789 年，美国驻法大使极力吸收伏尔泰与卢梭的思想。他附和卢梭，以为北美印第安"平民生活较欧洲的官员生活来得快乐"。美国革命也使卢梭的政治哲学得以扬威四海。

根据斯塔尔夫人所言，拿破仑将法国大革命归于卢梭之处较其他作家为多。英国政治家伯克以为法国革命立宪议会中（1789—1791 年）：

> 有一大争论，即在革命领导人物的优秀人才中，大都类似卢梭的性格。事实上，他们确实是很类似……诸如研究卢梭的学问，学习卢梭的沉思冥想，学习卢梭利用白昼的辛勤工作或夜晚放荡消遣。卢梭成为他们的"圣经"标准……他们为卢梭立塑像。

1799 年，玛勒特·杜潘回忆：

> 在中层与低层阶级中，卢梭拥有的读者较伏尔泰多上 100 倍。卢梭灌输给法国人民至高无上的学说……要想举出一位不传授无政府理论，不以热忱的态度去实现它们的这种革命家是很困难的……我曾听说过，1788 年马拉曾在公众街道上向一位热情洋溢的听众阅读评论《社会契约论》。

演说家们遍及法国，引述卢梭之语，宣称人民至高无上的道理。部分由于对此学说的狂热欢迎，使充满反对声与暴行的大革命苟延了10 年。

经过革命与反动的交互出现，卢梭的政治思想继续不断地产生影响力。他的矛盾，他用以宣称它们的力量与激情，使他同时成为无政府主义者与社会主义者的先知与圣人。因为，两个对立的主义都在他谴责富人与同情穷人中得到滋养。第一篇论文《论科学与艺术》的

"个人主义及对文明"的拒斥激起了从佩恩、葛德文、雪莱至托尔斯泰、克鲁泡特金与爱德华·卡彭特的反叛。托尔斯泰说："我15岁时，颈上戴着有卢梭肖像的饰物，以代替平常的项链。"第二篇论文《论人类不平等的起源和基础》的平等主义，为社会学家理论的变化——从有"格拉古"（Gracchus）之称的巴贝夫（Babeuf），经法国的傅立叶、德国的马克思到苏联的列宁——提供了一个主题。朗松说："一个世纪以来现在所有的民主政治、平等、普遍选举权的进展……所有可能掀起波澜的极端党派的宣言，对财富与财产之战，所有劳工与苦难大众的运动，在某一方面来说，是卢梭的功劳。"卢梭已不必以逻辑与争论诉诸博学与高傲者，他已用他们能懂的语言，以感情与激情详细地告诉了人们。他雄辩的热情，在政治与文学上显出较诸伏尔泰之笔的权杖更具威力。

接踵而至的死讯

1778年，狄德罗见过伏尔泰后，问一位朋友："为何伏尔泰必须死？"自1771年爱尔维修的去世，至1819年莫雷莱的去世，哲学家的相继谢世，似乎是对虚荣与傲慢的一种讽刺评论，不过我们也会惊讶为什么其中的部分人活得那么长久，而承受所有因衰老而引起的痛苦与屈辱。

其中较幸运者死于大革命之前，因成千的迹象显示他们的观念接近胜利而感到安慰。孔迪亚克于1780年去世，接着杜尔哥于1781年去世。达朗贝尔不情愿在莱斯皮纳斯小姐去世后依然活着。她将她的稿件交付给他保管，从中可以发现，在生命旅程的最后12年，她将爱献给了莫拉或吉伯特，而留给他的只是一种偶含不快的友谊而已。孔多塞告诉杜尔哥："达朗贝尔大受打击，我对他的一切希望是他的生命被证明是可忍受的。"达朗贝尔回家继续写作，但所写已无重要之处。他参加某些沙龙，然而已不再有一度才华洋溢的谈话。他拒绝腓特烈大帝邀请他到波茨坦，也拒绝叶卡捷琳娜女王邀请他到圣彼得堡。他写信给腓特烈大帝："我感觉像立于沙漠中，接近死亡边缘。一个悲伤失落之人已毫无希望，等死后再给予机会吧！"

达朗贝尔被误会，是因他受到别人施舍钱财而起。休谟在他的遗嘱中遗留 200 法郎给达朗贝尔，此事传遍各地，达朗贝尔仅靠这些维持生活至终了。1783 年，他与狄德罗得了严重的疾病——狄德罗患肋膜炎，达朗贝尔患膀胱病。狄德罗复原，达朗贝尔却不治身死（1783 年 10 月 29 日），享年 67 岁。

狄德罗于 1774 年 10 月由俄国回来，居于狭窄马车的长途旅程，使他的身体变得虚弱不堪。他自己预测："仅余 10 年的生命了。"他写了一本书《俄国政府应有的大学计划》（*Plan of a University for the Government of Russia*，1813 年才出版）。在教学法的发展上，他注重科学和工艺学，而将古希腊、拉丁文学置于最后，其间置以哲学。他建议获胜的美国人，"阻止财产、奢侈、懒惰与道德败坏的巨大增长及分布不均"。在塞尼卡地区，他热心地为格里姆和埃皮奈夫人辩护，本人又反对卢梭在《忏悔录》的公开诵读中所做的控告：

> 一种奇怪的现象将会出现，就是诚实的人被一个聪明的罪犯无情地撕成碎片……往前思索再自问，一位承认千种罪行的家伙……是否值得相信。对于这种人而言，诽谤又算得了什么？——对 50 多年来隐藏在最厚的伪善面具下的秘密邪恶行为，一种罪恶又能增添什么呢？喜说恩人恶事者令人憎恶。毫不犹豫地破坏老友行为的凶暴之徒，令人憎恶。一离开某人坟墓就泄露此人曾对他倾诉的秘密，这种懦夫令人憎恨……至于我，我发誓，读某人作品时，我的眼睛从未被玷污。我坚决声明，我宁爱他的咒语，而不喜他的赞美。

1783 年埃皮奈夫人去世，狄德罗失友心酸，因为他如此喜爱与她的友谊和她的沙龙。格里姆和霍尔巴赫此时还活着，但狄德罗与他俩关系不熟，三位年老作家皆正寻找狭窄的"自我"，他们彼此谈论自己的病痛。狄德罗身染诸种疾病，包括肾脏炎、胃炎、胆结石与肺部发炎，他再也无法从4楼的房间上阶梯到5楼的图书室。但他感到很幸运，有妻子在身边服侍，他已减少往日不忠实的行为，然其妻子也已释然，两人生活在平静中。

1784年，狄德罗已病入膏肓。在伏尔泰身上失败的圣苏尔皮斯教区牧师特塞克，也尝试挽回狄德罗，去拜访他请求他回教会，并警告他除非他接受圣礼，否则他不能享有葬入公墓之权。狄德罗回答："牧师先生，我了解您的意思。您拒绝埋葬伏尔泰，是因伏尔泰不相信神。好吧！我死后，人们喜欢将我埋于何处，随便他们。但我声明，我所信的既不是教皇、圣灵，也不是任何一位神祇。"

叶卡捷琳娜女皇听到狄德罗身体虚弱的消息时，马上为他和他的妻子在黎塞留区准备了一套富丽堂皇的房间。夫妇俩约于7月18日住进去。狄德罗看见新家具时笑了，他说：他只能使用数天而已。的确，他只使用了不到两个星期。1784年7月31日，他享用了丰富的一餐之后，因血栓症死于桌前，享年71岁。他的妻子和女婿说服当地牧师，不要顾及他是一位声名狼藉的无神论者，请将他埋葬于教堂墓地。狄德罗尸体终于在无人知晓的情况下，神秘地埋葬于圣罗斯教堂。

死讯接踵而至，1785年马布利去世，1788年布丰去世，1789年霍尔巴赫去世。雷纳尔活到革命之后，公开指责它的残暴行为，对自己居然能享天年感到惊奇。格里姆有日耳曼民族的耐心，忍受得了命运的打击。1775年授予他罗马帝国男爵的荣衔，1776年萨克森—哥塔公国君王授予他驻法公使的荣衔。1772年后，他的《文学通讯》大多由秘书梅丝特尔写出，不过格里姆还在文学、艺术、宗教、道德、政治与哲学上写一些锐利的文章。在哲学家之中，他是道道地地的怀疑论者，他怀疑哲学，也怀疑理性和进步观。狄德罗和有信心的其他学者，期望后世能实现他们眼中的"理想国"，但格里姆宣称这是海市蜃楼的想法，"代代所期望握有的一种幻象"。格里姆 1757 年的预测终于应验了——"致命的革命"逼近了。大革命来临而变得凶残时，他回到他的祖国日耳曼，定居在哥塔（1793 年）。叶卡捷琳娜女皇见他贫穷交迫，授予他汉堡大使之位（1796 年）。他的恩人女皇陛下驾崩时，他与他爱的埃皮奈夫人的孙女生活在贝尔逊斯。1807 年他去世，法国领导欧洲走向自由时，我们的记忆里是不会忘记他的。

最后的哲学家

孔多塞侯爵是多芬一个旧式家庭的后裔，1743 年出生在皮卡第，受教于兰斯与巴黎的耶稣会会员，几年后他成了伟大的数学家。26 岁那年，他被选入科学学术院，后来他以永久秘书的身份为死去的院士撰写颂文，如同丰特内尔曾为法兰西学院作的。伏尔泰喜欢这些纪念颂文，因此告诉孔多塞："有位院士快死了，您就有机会为他写颂词。"孔多塞拜访在费内的伏尔泰（1770 年），为博马舍编辑了伏尔泰著作的版本，并写了热情的《伏尔泰传》（*Vie de Voltaire*）。达朗贝尔劝他向《百科全书》投稿，同时为他介绍莱斯皮纳斯。在其热情欢迎之下，他虽害羞，却成为一个主要人物。确实，以莱斯皮纳斯的观点，孔多塞在知识的领域次于达朗贝尔，或许在善举上已超过达朗贝尔。孔多塞是第一位加入反奴隶运动者（1781 年），莱斯皮纳斯帮助他从对尤斯小姐绝望的爱情中解脱出来，她是一位卖弄风情的女人，欺骗他的感情而不知回报。他以苏阿尔德和苏阿尔德夫人的友谊安慰自己，以一种满足的"家庭三角"与他们生活在一起。

1785 年，他强调马尔萨斯的《人口论》（*An Essay on the Principle of Population*），人口的增加将超过粮食的产量。他主张控制生育率，但不做禁戒性行为的矫正法。

他欢迎大革命，认为为普及教育、公理正义与繁荣开启了门户。

1790 年，他被选进已接管巴黎行政的市议会。后又被立法会议选出来管理法国（1791 年 10 月 1 日至 1792 年 9 月 20 日）。他当公立教育委员会主席时，他草拟一项报告，主张并概述初等与中等教育制度之下，男女受教育机会的普遍、自由、平等，而且远离教会的影响。孔多塞制定"福利国家"的基本原则："所有社会机构，必须为众多穷苦阶级在物质上、智力上与品性上的改进而努力。"此项报告于 1792 年 4 月 21 日呈递议会，本打算早日实施，却因大革命之故延缓。直至拿破仑当权时，才采用孔多塞的报告，作为法国新纪元教育组织的根基。

在取代立法会议的国会中，孔多塞则很少有卓越的表现，因为保守派的吉伦特党不信任他是拥护共和政体者，而激进派的雅各宾派也不信任他是欲将大革命置于中产阶级控制之下的贵族。他谴责路易十六身负叛逆的罪名，而投票反对他执政。孔多塞被指派与其他 8 人组成委员会以制定新的宪法，他提出草案，却因对中产阶级过分有利而遭到驳斥。雅各宾派控制下的议会通过更激进的宪法时，孔多塞写了一本匿名的小册子，劝告市民拒绝接受。1793 年 7 月 8 日，议会命令逮捕孔多塞。

他隐藏了 9 个月的时间，由画家韦尔内的寡妻提供资助而生活。为了转移其对逮捕的恐惧，他写了一本匿名的小册子，关于启蒙运动的摘要与未来"乌托邦"理想国的蓝图。原稿标名为：《人类历史舞台上的进步过程计划书》。他称此只是"大纲"罢了，显然，他希望有朝一日能以哲学的观点详述内容。

他由杜尔哥（其时是一位神学院的学生）描述"人类心灵继续迈进"的演讲中得到了灵感（1750 年 12 月 11 日）。他将历史分成 10 个阶段：

1. 家庭合并为部落；
2. 田园风味与农耕；

3. 书写的发明；

4. 希腊文化到亚历山大时期的精华结晶；

5. 罗马兴衰时期中知识的发展；

6. 黑暗时代（Dark Ages），自 476 年至十字军起；

7. 十字军与印刷术发明之间科学的发展；

8. 反抗权威者，由古登堡到培根、伽利略和笛卡儿；

9. 由笛卡儿到美、法共和国的成立；

10. 心灵解放时期。

　　孔多塞与伏尔泰一样，不赏识中世纪。他认为当时欧洲被教会支配，人们被弥赛亚摧毁，而且圣人的崇拜使多神论复兴。因此，与伏尔泰一样，他保持自然神论的信仰，他确信只有进步与散布知识，才能逐渐消灭教会的力量、扩张民主政治，甚至改进道德行为，他觉得罪恶是无知产生的结果。"太阳照耀大地，光明来临时，不再有统治者，只存在有理性的自由人。"他赞美伏尔泰是一位解放心灵的自由者，卢梭是能激励人们将社会改造成有秩序之人。他绘出"丰饶"远景，由 18 世纪的努力，将出现在 19 世纪和 20 世纪，普及教育、思想和表达的自由、殖民地解放、法律面前人人平等及财富平均分配。他有点犹疑普及选举权问题，他希望限制有钱人的投票权，然而这是很难的事。有时，他害怕低层社会者的单纯可能被少数富有者利用来灌输他们自己的思想，这在寡头政治之后、民主政治之前是会发生的。路易十六和玛丽·安托瓦内特逃往瓦尼斯时，他害怕他们两人会试图在法国复辟，组成独裁者的君主政体，因此他强调并支持普及选举权，包括妇女在内。

　　孔多塞被追捕而与世隔绝时，他想象出灿烂的未来远景。他预测遏抑政府专制的新闻业的兴起，通过国家保险与抚恤金，福利国家必得以发展。因为妇女的解放，文化必受刺激。由于医药进步，人类生命得以延续。各联邦政府普遍成立，殖民地受外国援助得以由未开化的国家进入文明的阶段。统计上的探索研究，得以使政策实行而放出光芒。政府和科学机构不断增加，每年将不断有新目标与取得的成就，因此无法预知进步何时终止。一个人无法十全十美，除非永远不停地寻求进步。"自然已无条件地给予人类才能的完美性，人类的可完美性是无限的，这种可完美性的进展——今后独立于任何想抑制它的力量——无限制、无限期地在自然赋予我们的本能之下寻求完美，比天体运行时间还长久。"

在"计划书"的结尾，孔多塞提出了问题，即马尔萨斯 4 年后在《人口论》（1798 年）中所述的：

> 世界人口超乎赖以维持生活之物时，在此情景下，导致幸福的不断缩小，或充其量只是善与恶之间的犹豫，不可能立刻来临吗？这种现象是否显示出它已经到达了可能改善的极点——历经多年，人类的可完美性已经到达了极限。

> 谁敢预言将自然力量转化为人类用途的技术终将会到来？即使我们同意有一天会到达极限……不过，想想在这完全发生之前，理性的发展将与科学并驾齐驱，而迷信的荒谬和偏见将不再以其苛刻的教旨来败坏与恶化道德律……我们能假定，届时人们将知道自己对他们尚未出生的一代负有责任，负有不仅给予生存，而且幸福的责任。

孔多塞的乐观主义并非完全缺乏判断。"我们仍可在地球的极小地区上发现启蒙的力量，但依然充满无知与偏见的大众，在人数上远超过真正受到启蒙的人们。我们可见，广大区域的人们仍在奴隶制度下，痛苦地呻吟着。"但是"慈善的朋友"，在面对困难时不要放弃希望，想及许多早已做过的高尚的事情、知识与事业无限的发展。这些成就的继续与传播，什么事不可能呢？因此，孔多塞以一种梦想结束他的书，在逆境中给他支持，取代超自然的信仰，侍奉他及其他无数的人。以下是 18 世纪启蒙运动终极的记载：

> 这位哲学家多么值得同情——谁会为地球遍染错误、罪行与不讲道义而哀悼，为这位牺牲者而悲伤——是这个人类种族的观点，解放其桎梏的……以一种坚定与确信的步伐沿着真理、善行与幸福的途径前进吧！他为援助理性的进展与防御自由而努力，其所得的奖赏是期望的沉思……这种沉思是使他远离迫害记忆的避难所。看！在思想上他与回归自然的权利与尊严的人生活在一起，而忘记人类因贪婪、恐惧与邪恶引起的痛苦与腐败。看！他与他的同辈生活在由理性创造以爱人类者所熟知的最纯洁的乐趣点缀的极乐世界。

信仰的表白使死亡更趋近他。孔多塞害怕沃尼特夫人因他而受害，因此将手稿交与夫人保管，然后由她掩护，化装后离开夫人的住宅。在巴黎郊区漂泊了数天，孔多塞向一间旅馆要了点食物充饥。他的外表及拿不出证件引起了怀疑。不久他就被认出是贵族，终于被逮捕并关进布格·拉·雷内的监牢（1794 年 4 月 7 日）。第二天早晨，他被发现死于小囚房内。他死后第一位为他写传记的作者认为，孔多塞曾在指环内放毒药，然后吞食入肚，但在检验他尸体的官员的报告中则称，孔多塞的死因是血管有一处凝块。国会在获得并读过《计划书》之后，订购了由国家印刷的 3000 本，将其散布法国各地。

哲学家与革命

伯克、托克维尔与泰恩都承认从贝尔到马布利的法国哲学家，是导致革命的主要原动力。我们能接受这些显赫的保守家的结论吗？

所有杰出的保守家，都反对对抗欧洲现存的政府的革命。相反，好几位哲学家相信国王是改革最实用的工具。伏尔泰、狄德罗与格里姆及当时最专制的几位统治者——腓特烈二世、叶卡捷琳娜二世与古斯塔夫三世保持友谊的关系，即使不是崇拜，也至少保持友好关系，而卢梭乐于接受奥地利约瑟夫二世。狄德罗、爱尔维修与霍尔巴赫，大体而言虽攻击国王，但在他们现存的作品中，从未提倡废除君主政体。马蒙泰尔与莫雷莱明确地反对革命，社会学家马布利则宣称自己是一位保皇党人，作为哲学家偶像的杜尔哥努力拯救而不是消灭路易十六。卢梭进步的共和政体思想，仅对少数几个国家适用。革命虽采取他的理论，但忽略了他的警告。革命者把法国建成共和政体时，在谈判中他们不是法国的哲学家而是普卢塔克的希腊和罗马英雄，他们的偶像不是费内而是斯巴达和罗马共和国。

哲学家们为大革命提供了观念上的准备，其目标是经济或政治的，其措辞则是哲学的，这个基本目标的进行是由于哲学家们排除障碍，对封建的特权、教会的权威与国王的神圣权利的信仰的破坏工作非常顺利。一直到 1789 年，所有欧洲国家都依赖宗教的帮助，灌输政府的神圣、传统的知识、服从的习惯与道德的原理。这些现世权力的基础植基于上天，而国家将上帝视同秘密警察的头子。革命在进行过程中，拉罗什富科写道："教士是一个完美政权的首要堡垒，而伏尔泰把他推翻了。"1856 年，托克维尔认为："18 世纪末所有宗教信仰陷入普遍的怀疑，这无疑在整个大革命过程中产生了最大的影响。"

渐渐地，挑剔旧神学漏洞的怀疑主义，开始细察俗世的制度和事务。哲学家们公然抨击宗教不容忍迷信及贫穷和农奴待遇，并致力于减少封建贵族对农民的权力。有些贵族承认攻击他们的讽刺作品的威力，以致许多人对其天生的优越与传统的权利都失去了信心。让我们听听塞居尔的说法：

　　　我们是蔑视传统的习俗、蔑视我们的父亲及他们严格礼节的批评家。……我们热情地倾向于由机智与勇敢的作者宣布的哲学学说。伏尔泰吸引了我们的智力，卢梭触动了我们的心灵。我们看到他们攻击旧体制，暗中引以为乐……我们同时享受贵族阶级的利益和平民哲学的愉快。

这些良心受谴的贵族，包括这些具有影响力的人物，如米拉波父子、利昂库特、拉斐特、诺瓦耶、奥尔良公爵，还可忆起给予卢梭帮助与舒适的卢森堡夫人和孔蒂王子。这些少数自由主义者受到农民袭击封建财产的刺激，在立宪会议中使封建领主放弃他们大多数的封建税以为补偿（1789 年 8 月 4 日）。甚至王室也受到哲学家们促使散布的半共和政体观念的影响。

路易十六之父记住孟德斯鸠《论法的精神》的好几段，并阅读卢梭《社会契约论》，除了其对基督教批评的部分外，下了"见解精辟"的评论。路易十六教授他的儿子们（其中三位先后称王）："你们享有的荣誉，不是自然赋予的，自然赋予的是人人平等。"路易十六在诏书中承认"自然法"（natural law）与"人权"（the rights of man）是得自作为理性存在的人类本性。

美国革命增加了共和国观念的声望，革命也使经济方面的征税与贸易得势。其《独立宣言》归功于英国和法国的思想家。但是有一点值得注意的，即华盛顿、富兰克林与杰斐逊早已受哲学家的影响而铸造了自由思想。法国一位国王承认，通过那些法国启蒙运动的美国拥护者，共和学说由军事的胜利成为政府的观念，并从事制定一种在某种程度上受惠于孟德斯鸠的宪法。

法国大革命分为三个阶段：第一阶段，经过国民会议，贵族尝试从君主政体中夺回他们失于路易十六的统治权。贵族们不再受哲学家的激励。第二阶段，中产阶级赢得控制革命之权。此时弥漫着哲学家的观念，但所谓"平等"的含义，只是出身贵族的中产阶级的平等观念而已。第三阶段，人民的领袖取得控制权。民众虽仍对牧师和国王保持虔诚之心，但领导人物失去对他们的期盼。民众自始至终拥戴路易十六，但领导人物使他上断头台。1789 年 10 月 6 日之后，雅各宾派控制巴黎，卢梭是他们的神。1793 年 11 月 10 日，胜利的激进分子在圣母院大教堂庆祝理性的觉醒。在杜里斯，革命分子以马布利、卢梭与伏尔泰的肖像取代了圣者的雕像。1795 年，在沙特尔城一所著名的教堂中，理性的觉醒在一场反抗宗教狂热的运动中，将伏尔泰与卢梭结合在一起的大戏启开序幕。

因此，我们不能把大革命时期发生的暴力事件归咎于哲学家们，尽管革命领导者直接受到他们的影响。哲学家们无意制造暴动、大屠杀与断头台之事。他们恐惧退缩于那些流血景象。他们可以正当地说他们被残酷地误解了，但是他们在对低估宗教的传统、抑制人类动物本能的影响上应负责任。同时，在引人注意的文告与可见的事件中，真实的革命仍然继续进行着。中产阶级利用哲学作为工具，从贵族政治与国王手中夺取了经济和国家的控制权。

第十章 | **光明前夕**
（1774—1789）

宗教与革命

在财政上，天主教会是国家最富有的组织。它拥有 6% 的土地，其财产价值达 20 亿至 40 亿利维尔，是靠着每年收入 1.2 亿银币而来，它还得自征收家畜产量总额的什一税 1.23 亿。教堂有这些税收，将之用于各个方面：增进家庭生活，促进教育，陶冶道德品性，维持社会秩序，布施救济与照料病患。此外，教堂提供沉思之地，以作为非政治思想与精神宁静休息的避难所，因为教堂可摆脱复杂群众、国家暴虐、恐惧与混杂的思想，及摆脱人类因贫穷、困苦与忧伤不平等的观念之下灵魂遭受的苦楚。

由于前述诸功能，每年全国约有 0.5% 的人要求成为教士。1779 年以后，人数减少了，修道院陷入严重衰败的状况。据我们所知：因为许多修道士赞成吸收新观念、阅读哲学家的著作，数以百计的修道士放弃修道生涯，但不以其他事业来取代。因此，1766 年至 1789 年，法国修道士由 2.6 万人降至 1.7 万人。其中一间修道院的修道士人数从 80 人降至 19 人，另一间从 50 人降至 4 人。1766 年，王室诏书下令关闭修道士少于 9 人的修道院，并规定修道士的年龄为男人至少

16 岁至 21 岁、女人则为 18 岁。修道士的道德行为标准很严格。1778
年，杜里斯的大主教写道："在格雷省区内的法国人渐渐堕落。主教
抱怨他们的生活放荡而无纪律。"另一方面，女修道院的情况较好。
1774 年，法国 1500 所女修道院有 3.7 万名修女。她们的道德行为是
良善的，她们满怀着积极服务的心情，从事如下工作：教育女孩们，
从事医院服务，帮助在战争中惨遭家庭破碎的寡妇们。

现世的教士与神父在主教面前极为活跃，但在教区内懒散无能。
一些主教辛勤地献身于工作，一些却游手好闲只顾物质的享受。伯克
于 1773 年访问法国时，发现一些高级教士有贪婪的罪行，但他们中
的大多数仍受知识与正直不断给予的强烈影响。一位熟悉文学作品
丑恶面的史学家，下了一个结论："大致可如此说——16 世纪教士与
神父令人反感的恶行，已于 18 世纪消失。无论法律有如何的独立性，
国家的助理牧师，依旧遵守规律与道德约束，行为质朴、严谨，具有
品德。"这些教区的牧师抱怨身为贵族的主教们在阶级社会里的傲慢
态度；抱怨传达事件至大地区内各小区域的主教；抱怨因贫穷而起，
迫使助理牧师献出自己的灵魂，就像服务于教会一样。路易十六被他
们的抗议所动，安排提高他们的俸给，每年由 500 银币改为 700 银币。
革命来临时，许多低级教士支持第三等级。一些主教也赞成全面改革
政治与经济，但他们大部分人坚定不移地反对教会或共和国的改变。
但法国财政面临破产时，教会财富却源源不绝，这一现象成了强烈的
对比。因此，曾贷款给国家的债券持有人，担忧政府是否有偿还本金
或利息的能力，开始征用教会的财产，这是仅能使国家有偿债能力的
最佳途径。教会不断拒绝当时经济上的改革。

宗教信仰盛行于乡间，在城市却很暗淡，中层与低层阶级的妇
女仍坚守传统虔诚之心。维基·勒布朗夫人回忆："家母是一位虔诚
信徒，我心亦是。我们经常望弥撒及参加教会奉献。"星期日教堂人
群拥挤，但非信徒的男士已散失大半的信仰。贵族出身的怀疑主义者
趋向时尚潮流，甚至妇女中也如此。1783 年，梅西耶在《巴黎戏剧》

(*Tableau de Paris*) 中写道："时髦的世界，10 年后不会有人望弥撒。"假如他们去了，"也不是自愿，而是跟随别人去的"。中上层跟随贵族政治的领导。学校里"1771 年后，教师们感染不信教的观念"。学生忽视望弥撒，而研读哲学书籍。1789 年，博纳得出结论："公立学校对宗教教育几乎完全丢弃，这将是导致悲剧后果的严重问题。"在一所大学内，"仅有 3 位愚蠢的低能者"信仰上帝。

教士的信仰与收入成反比。主教们"接受哲学思想中'功利主义的行为'，只以耶稣为慎谋能断的前人罢了"。有数以百计的牧师，类似马布利、孔迪亚克、莫雷莱与雷纳尔，本人就是哲学家，对现世总是采取怀疑的态度。像塔列朗之类的主教们，对基督教信仰稍有些主张。路易十六曾抱怨布里耶纳是一位不信奉上帝者，而有些大主教与他十分相似。路易拒绝将儿子交给牧师教导，因为他们将失去对宗教的信心。

教会继续要求对新闻出版加以监督检查。1770 年，主教们在呈给国王的报告中称："思想自由与出版自由将导致最危险的后果。"路易十五时代的政府早已放宽禁止清教徒进入法国的规定。此时成百的清教徒已处身于法国境内，生活在政治无能的状况下，他们的婚姻关系不为国家承认。此外，他们天天担忧路易十四的旧法律随时会施行。1775 年 7 月，基督教士会议向国王请愿，禁止清教徒集会、结婚或受教育，并从所有公共机构中排除清教徒。同时要求允许修道誓愿的年龄恢复到 16 岁。杜尔哥向路易十六祈求不要顾及那些建议，解除清教徒的困难。教士阶级联合起来对付杜尔哥，促使国王将他免职。1781 年，雷纳尔的《两个印第安那的历史》(*Histoire Philosophique des deux Indes*) 一书第 2 版，因巴黎国会的缘故被焚毁，作者也被逐出法国。布丰被巴黎索邦神学院攻击，指其为反宗教的缩影。1785 年，教士要求凡因反对宗教而被三度宣告有罪者处以终身监禁的惩罚。

不过，教会正处于遭受攻击的时代，其势力渐弱，不再能主宰公意，无法再依赖"俗权"(secular arm) 履行其命令。路易十六担心其加冕礼中所立的毁灭异端邪说的誓约，终于屈服于自由思想的压力，而于 1787 年发出由玛斯瑟伯斯草拟的宽容诏书："我们奉守的正义，实不容许我君再行排斥那些表示不信仰天主教的子民，而剥夺他们应享有的公民权利。"诏书仍含有从公共机构排除非天主教徒的含意，但还是给予了民权，容许他们有所有权，对过去与未来的婚姻使其合理化，允许他们在私人家中庆祝宗教仪式。我们或许可以说，教会主教拉鲁塞先生正精力充沛地支持解放清教徒，给予其宗教信仰的自由。

在法国城市中，没有一个阶层比天主教教士更令那些少数受过教育的男士厌恶。教会引起仇恨，但托克维尔说过："不是因教士在'另一世界'求事务符合标准，而是因为他们处'今日世界'里，为采邑的统治者与税收的持有者之故而引起他人的仇恨。"一位小农于 1788 年写信给内克，说道："贫穷者忍受饥寒交迫之苦时，担任教堂职位的教士们却大宴宾客、无所事事，只是将自己养得肥如胖猪，等待着接受宰割，好入西方极乐世界。"中产阶级也怨恨教会可免除征税。

早先的革命大多是单独反对国家或教会，绝少同时反对两者。蛮族横扫罗马时，他们却接受罗马的天主教。古代希腊先贤与 16 世纪欧洲从事改革运动者，拒受盛行的宗教，却接受存在的政府。法国大革命时，同时攻击君主政体和教会，进行艰巨危险的改革，排除既有的宗教与俗世秩序。如此，10 年后的法国进入疯狂状态时，还值得惊奇吗？

生活的边缘

哲学家们早已认识到道德神学基础被抛弃后，他们有责任寻找其他的根据，其他可以使身为公民、丈夫、妻子、父母和孩子们具有庄重的行为的信念系统。但是如果没有一种超自然认可的道德法典，他们丝毫没有自信人类能够被控制。伏尔泰与卢梭最后承认大众宗教信仰的道德必然性。1783年，马布利在致约翰·亚当斯的信函中，警告他对重要的宗教事件不要漠不关心。然而，无损于宗教在启蒙时期和理性主义时期的人，对群众的道德是一种致命伤。他建议一个政府必须控制和指导这些"孩童"的思想，如同父亲做给孩子们看一样。狄德罗在他生命的第二阶段中，沉思过如何发明一种自然的伦理道德，最后他承认失败了。他说："我还不敢写下第一行……我不觉得自己能胜任这个工作。"

在抨击超自然的信念10年后，有哪种道德在法国盛行呢？在回答这个问题时，我们不能把19世纪的前半世纪加以理想化。丰特内尔在1751年去世之前，他说但愿他能再活十年，"看看宇宙的背信、堕落和所有束缚的解除将会朝向另一个方向"。在法国《百科全书》（1751年）问世之前，如果当时的情况（可能对中低层社会不公平）能体现上流社会道德的一种真正的模样，在18世纪的下半叶，我们几乎把道德的缺陷推诿到哲学家的身上而认为是正当的。其他比宗教信念还要衰微的因素，使旧道德法典淡薄。财富的增多，使人在犯错时也付出比以前更大的代价。雷斯提证明一个良好的资产阶级的人，悲叹法国人个性的变质。年轻人从家庭、农村和住所逃到纸醉金迷及有更多机会的城市中，湮没在人群中显得更默默无闻。在《巴黎夜生活的景象》（*Les Nuits de Paris*）中，雷斯提描写了1780年代的巴黎，如同一个青少年犯、小偷、职业犯罪和出卖色情的大旋涡。泰恩认为1756年至1788年的法国，是"充满流浪、行乞及各种难以治疗的精神病……污秽的、憔悴的和蛮人组织引起的堕落的地方。在每种腐败势力之上，他们像害虫般聚集在一起"。这种社会有机体的人类废物，是人类天性和波旁王朝统治下的产物，这几乎可以归咎于哲学和宗教信念的衰微。

或许有些人下赌注，以为繁华的巴黎（如同伦敦一样）与不信仰有关。但是每个人无论是否虔诚，都加入了赌博这一方。1776年，所有私人的彩票都被禁止出售，而被合并成王室专营的博彩业。在上流社会中两性混乱的少数情况，却被认为是合理的无神论的结果。在拉克洛所著《男女之间私通的危险情况》（1782 年）一书中，我们发现虚伪的贵族在艺术的吸引力上互相交换意见，计划一个 15 岁的女孩离开修道院时被奸污之事，以表白一种道德的虚无主义哲学。主角维科第表示所有的人在他们的欲望中都是一样邪恶，但大多数人未能有结果，因为他们允许道德传统威吓自己。维科第认为聪明的人将从事任何一件大事，以期望自己得到愉快，因而轻视所有道德的禁令。我们回忆一些希腊的哲学家，在斥退上帝之后而得到了相似的结论。

就我们现在所知，因伯爵——通常被误认为萨德侯爵——的厌恶观产生了超道德论的哲学。1740 年萨德侯爵诞生于巴黎，在军中服役 12 年，因同性恋的罪名被捕并被判死刑，他三次逃亡、三度被捕，最后被送到巴士底监狱监禁起来。在狱中他写了几本小说和剧本，主要有《查士丁尼》（*Justine*，1791 年）和《朱利的罪行故事》（*Histoire de Juliette, ou Les Prospérités du Vice*，1792 年）。1789 年，他被迁移到查尔敦的疯人院，1790 年才被释放。1830 年他又被认为无可救药而再度被关进监狱，1841 年与世长辞。

从基督神学的评论中，可能哲学家们主张超道德论是一种令人生厌的非隐遁生活，稳健的记忆将会了解道德的义务有无宗教的信仰。在正常法国人中——甚至巴黎人——在这几年中，道德的更新有诸种因素：纤弱和感伤的兴起，浪漫爱情的胜利更是结婚的利器，年轻母亲骄傲地抚育自己的孩子，丈夫向自己的妻子求爱，家庭中恢复了团体是社会秩序健全的来源。以上诸因，其发展常与基督信条的遗风类似，或与半基督徒的卢梭哲学类似，但无神论者狄德罗仍予以热诚的支持。

路易十五死于过度荒淫。路易十六则靠朴素的衣着与生活，对妻子的忠诚与处处非难赌博，而树立好榜样。王后也加入朴素的潮流，使感情与情操复活。法兰西学院对有突出美德之人，每年授予奖品。

大部分文学作品都是正派的，把克雷比永的小说搁于一边，贝尔纳丹·圣皮尔的《保罗与维尔日尼》树立了爱情方面的良好道德风气。艺术作品反映出新的德行，格勒兹与维基·勒布朗夫人也赞美孩子与母爱的伟大。

基督教和哲学共同助长人道主义，鼓励了无数慈善和救济的行为。1784 年冬天，路易十六捐献了 300 万银币救济穷人，玛丽·安托瓦内特也捐出私有款 20 万银币时，许多人跟着捐献。1778 年，国王与王后提供资金给埃佩教士建立聋哑学校。1784 年，瓦伦廷·阿于建立了盲人学校。1778 年，内克夫人为穷人创办了养育院和医院，而且由她亲自管理达 10 年之久。教堂、修道院与女修道院则分发食物与药品。

礼仪如同道德，反映在卢梭时代是那样民主，是波旁朝代未曾有的。阶级差别仍然保留着，但他们调和着更大的仁慈与更广泛的殷勤。无头衔官职的人才，只要懂得修饰与礼节，也会被最尊贵的望族欢迎。就是王后也愿从马车上出来拯救受伤的御者。国王与其兄弟阿图瓦伯爵以肩抵着车轮，协助将车从泥淖中推出。衣着趋于简单化：假发没有了，在朝廷则为例外。绅士们废弃了刺绣、花边与佩剑。1789 年，要从一个人的装束来分辨阶级是困难的。当富兰克林游说法国时，连裁缝匠都效仿他，在街上行人都穿"富兰克林"装，粗质料的布……厚而深的鞋子。

中产阶级淑女们穿着的优雅，如同宫中的仕女。1780 年以后，妇女放弃了不雅观的长外裙，代之而起的是一层层硬的衬裙。上衣前部开得很低，但胸衣通常以三角领巾（fichu）遮盖着，这可以掩饰发育的不足，因此在法语上用此字来称"欺骗"或"说谎者"。此外，发式仍是高耸式，玛丽·安托瓦内特减去部分头发，以鬈曲式代替高耸式，因此新样式流行于宫廷和全巴黎。女帽的款式有 200 种，有的用铁丝、羽毛、缎带、花朵制成，其构造不一。在休闲时间，妇女模仿特里农王后喜爱的款式，头罩简单的头巾。其中最大的变革是一些妇女穿低跟鞋或舒适的高跟鞋。

生活方式的健康卫生足以改变衣着，使其趋向简化。正在成长中的未成年人过"自然生活"，即无胸衣、无仆人，更多的户外生活，尽可能远离城市到乡村。约瑟夫·扬报告："每个人都有乡村别墅，却无人前往。这种法国礼仪的改革是从英国取得的最好之处，经卢梭作品的介绍而更容易广为人知。"但是这种"返回自然"大部分只是谈论或观念，而无具体行为或实践。在巴黎生活的人们仍然沉迷在音乐会、歌剧、戏剧、赛马、水上运动、牌戏、舞会及各种招待会中。

沙龙名流

法国妇女不仅以她们的风采和衣着装饰了式微的封建制度，也以她们无比的能力使法国社会不只是一个闲谈杂议的场所，而是国家精神生活中重要的一部分。吉本于 1777 年与巴黎的沙龙重温旧情后，写道：

> 假使朱利安能重游法国首都（他 331 年诞生于此），他定会和其他有科学素养的、懂希腊文及受过训练的天才谈论。对一国的民心，未曾被奢侈的沉耽而削弱，反而因其无价的艺术完美性，使社会生活更温文、儒雅与润泽而不得不赞叹时，他必将感到惭愧。

在信中又附加："无论在瑞士的洛桑或在法国的巴黎，我始终认为女人比男人优越得多。"

老一辈的沙龙名流人士是很不情愿离去的，如若弗兰夫人死于1777 年。杜德芳夫人以家庭主妇的身份打入历史界，她举办的沙龙从 1739 年持续到 1780 年。她失去许多文学名流之士，如朱丽·莱斯皮纳斯与霍勒斯·沃波尔。沃波尔第一次见杜德芳夫人，发现她已属于冷静恬淡的贵族人士："我每周在那里吃两次晚餐，是为了摄政者的缘故，而去周旋她那些无聊的同伴。"——她是值得回忆的，曾奠定法国道德风尚几达 60 年。然而（杜德芳先生补充说），她是"极为愉快的（在 68 岁），如同我在 17 世纪热衷于每日发生的事情"。

沃波尔如此赞美杜德芳夫人的心灵——他从未遇到如此卓越、能镇定自制的英国女人——他每天到她那里并歌颂赞美她，似乎使她回到黄金时代。她为他准备特别的椅子，并给他女人所能给的所有关照与宠爱。夫人有些男子气概，她并不介意他近乎女性化的敏感。杜德芳夫人见不到他时，她能按她的心意塑造他的形象，并沉醉在此意象中。但沃波尔能见到她时，他不能忘记她的年纪和无望的身躯。他返回英国时，她以近乎莱斯皮纳斯写给吉伯特的热情，而且以她那种年龄所能表现的优美的散文给他写信。他的回信却是抑制她的得意，他以英国斯尔维恩斯做得出的讽刺想法打碎一切。她容忍他的谴责，重申她的爱，同意称之为友谊，使他确信法国人的友谊常比爱情深厚而坚定："我属于你甚于属于我自己……我恨不得寄给你的是我的灵魂而不是书信，我宁愿少活几年，只要你回巴黎时我还活着就可以了。"她把他比成蒙泰涅："这是我所能给你的最高荣誉，因为我发现没有别的人可与之相比。"

1767 年 8 月，沃波尔再到巴黎去，杜德芳夫人以处女般的兴奋等待着他。"大海毕竟无法隔离我们，我自己都无法相信一个如您一般重要的男人，他手操着伟大统治权的轮舵……能摆脱一切来看一个局促于修道院的老女巫。那真是太可笑了，但我仍被迷惑着……来吧！我的家庭教师！那不是梦——我知道我是清醒的——我也知道我今天必能见到你！"于是她派自己的马车去迎接，沃波尔立刻就到她身边。有 6 星期之久，他的出现使她喜悦，然而他的精明使她悲伤。沃波尔回英国之后，充满在杜德芳夫人脑海中的尽是他返回巴黎的情景："你将使我的晚年比中年或幼年更美好，你的学生如同小孩般柔顺，只盼望能见到您。"

1773 年 3 月 3 日，他请求她不要再通信。然而他于心不忍，继续通信。1775 年 2 月，他要求退还他所有的信件，她同意以一种巧妙的提议作为他的报酬。"假如你从我这儿收回信件，那么你将有足够长的时间点亮你的火炬。那将是公平的，但是我为着你的精明而留下它。"他给她的 800 封信只有 19 封被保存下来，她的信却全被保存着，在沃波尔死后出版。沃波尔听到杜德芳夫人的养老金不再继续时，他建议将他自己的收入拿出来赠予她，但她拒绝了。

杜德芳夫人的罗曼史幻灭，使她女人天生的悲观主义更重，失去生命的光彩，但也了解了爱情的浅薄与奥秘。甚至在她失明后，也能从殷勤的表面看穿不可克制的自私。她问沃波尔："我可怜的教师，你遇到过妖怪、鳄鱼与豺狼吗？对于我而言，我只见到白痴者、说谎者与嫉妒者，有时是不忠的人们……这里我见到的人，会使我的灵魂干枯，我找不到一个有美德、真诚与淳朴的人。"她靠着少许留存下来的宗教信仰安慰自己。然而她仍一个星期两次在外用晚餐，只为了逃避暗淡如黑夜的沉闷日子。

最后，杜德芳夫人学会憎恨生命，不再抓住生命，而甘愿死亡。年迈与久病缠身，使她 83 岁时已衰弱得无力与病魔对抗。她召唤祭司，交代后事。1780 年 8 月，她寄最后一封信给沃波尔：

> 我今日情况极坏……我不能思考，这意味着一切将完结。我弱得禁不住惊吓，我再也见不到你了。我没什么后悔的……我的朋友，尽情地欢乐吧！不要再为我的事悲伤……你将会以我为憾，因为一个人乐于知道所爱的是什么。

杜德芳夫人于 9 月 23 日去世，遗下她的文稿和爱犬给沃波尔。

许多其他沙龙名流继续维持这一伟大传统：乌德托、埃皮奈、德尼斯、让利斯、卢森堡、孔多塞、布尔莱尔、舒瓦瑟尔、格拉蒙、博哈尔奈诸夫人。此外，加上最后伟大的前期革命性的沙龙——内克夫人的沙龙。约 1770 年，内克夫人开始在星期五举办招待会，后以音乐为主时，星期二也举行。格鲁克、普契尼激烈竞争时，克莱龙小姐以背诵她最喜爱的章节来让分为两派的宾客和谐相处。星期五在沙龙可能会遇到狄德罗、马蒙泰尔、莫雷莱、达朗贝尔（莱斯皮纳斯小姐死后）、圣兰伯特、格里姆（埃皮奈夫人死后）、吉本、雷纳尔、布丰、吉伯特、加利亚尼、皮加勒和苏珊（即内克夫人），及文学界的朋友安东尼·托马斯。这些集会中有一次提出伏尔泰雕像的构想，狄德罗停止其邪说而变得近乎优雅而神圣，他写信给内克夫人："那使我感到遗憾之事是未能好运地认识您，您的纯洁感和文雅感必会给我灵感，而必会再从我的心灵透入我的工作中。"其他学者却无如此好评。马蒙泰尔虽然与她交往 25 年之久，在他的《回忆录》中，如此描写苏珊："缺乏巴黎的礼仪与风尚的素养，缺乏年轻法国女人的妩媚……服装没有风格，举止缺乏潇洒，缺乏妩媚，她的心灵与脸部表情一样，太完美而缺乏温雅。她最引人注意的品质是礼节、真诚与仁慈的心肠。"贵族淑女们不与她交往，欧伯克尔希男爵夫人与保罗大公爵于 1782 年访问内克家后，这样贬责她："只不过是女家庭教师罢了！"克雷奎侯爵以引人而尖刻的篇幅将她攻讦得体无完肤。内克夫人必定拥有许多美好的禀赋赢得吉本不渝的爱，但她未能完全克服自己加尔文教的遗传，她保持许多拘谨与清教徒的遗风，从未沾染法国男人期望女人的虚伪造作的快乐。

1776 年，内克夫人生下盖梅·内克，即斯塔尔夫人，她在哲学家与政治家们之间长大，10 岁时已成博学之士。她早熟的智慧使她的双亲骄傲，直至她执拗的和易怒的惰性被证明具备她母亲的气质。苏珊平日更是保守得很，使盖梅受着严厉的管教。在这文雅的家庭里，女儿的反抗与争吵胜过当时国家财政上的混乱。内克的难题在于尝试阻止政府的破产而轻视美国人的战争，而内克夫人对报纸上对内克的各种评论十分愤慨，再加上做母亲的不快乐，苏珊因此渴望她曾经在瑞士享有的恬静生活。

盖梅·内克于 1786 年结婚，承接她母亲的沙龙及一部分家庭主妇的责任。现在法国沙龙逐渐衰落，文学的讨论不涉及强烈的政治，1786 年苏珊写信给一个朋友道："我没有文学的作品给您……这种谈话已不再流行了，因为危机太大了，在危机边缘，他们不敢下棋了。"1790 年，全家迁移到科珀特，即内克买的位于日内瓦湖北岸的一个城堡。城堡由斯塔尔夫人管理，而内克夫人在遭受到一年多痛苦的神经病之后，于 1794 年结束了她的生命。

音乐

1778 年 5 月 1 日，莫扎特寄自巴黎的信函上说："就音乐而言，我如置身在野蛮人中……任您问何人——只要他不是法国人——如他略知个中情形，他定有相同的说法……假如我能全身而退，那么将感谢全能的上帝。"这些都是刻薄的话，但格里姆与戈德尼同意这些话。不过，三位批评者都是外国人。巴黎上层阶级人士对音乐的欣赏力反映了他们的态度，倾向于抑制冲动的表达及保持外表和内在的一致性。它仍然符合路易十四时代的要求。但是新王朝的前几年，巴黎半个区域不须管束，或许是因普契尼与格鲁克时期的战争刺激人们，倾向于培养优良的美德与态度之故。1774 年 9 月 22 日，莱斯皮纳斯的短信曾说："我经常前往夏特蕾剧院，一天听好几次演出，深入其境足以忘怀自我……"巴黎的乐声不会沉寂，不过，舶来品多过自己的创作倒是真的。

1751 年，17 岁的弗朗克斯·约瑟·戈塞克带着给拉莫的介绍信，由海纳特到巴黎。拉莫为他安排了一个职位，参加波匹利尼维持的私人管弦乐队，担任乐队指挥。因为他参加此乐队而组成的交响乐队较海顿组成的乐团早 5 年。后又于 1754 年首创四重唱，较海顿早 1 年。1760 年在圣洛克教堂，他出席自组的管弦乐团，其组成的动机得自低音大喇叭管乐器可在教堂外演奏。此后，戈塞克为事业心与才艺能力左右，满怀抱负。1784 年，他创办了皇家音乐学院，后成为闻名的巴黎公立音乐学校中心。他在滑稽与庄严的歌剧创作上有很大的成就。他也努力使音乐适合革命时期的需求，创作了一些著名的曲子，包括为庆祝罗伯斯庇尔而作的《赞美上帝》(*Hymn to the Supreme Being*，1795 年 6 月 8 日)。他在政治上留下了音乐的余音，于 1829 年与世长辞，享年 95 岁。

在法国歌剧史上，当时有一位有势力的人物格雷特里。与 18 世纪法国历史上的其他杰出人物一样，他 1741 年出生于列日，是一位小提琴家之子。他曾告诉后人，在他首次与上帝交感之后，要求上帝除非他被指名为一位善良与伟大的音乐家，否则请让他立刻死吧！就在那日，不幸一块橡木掉在他头上，严重地伤及他。复原后，他宣称崇高伟大的未来似神般向他招呼，就如此断送生命吧。他从 16 岁起，便定期地遭受内出血之苦，所吐的血一天中足可装满 6 个杯子。同时，他罹患发烧与精神错乱，有时几乎因疯狂、头昏脑涨天旋地转而无能力谱写乐曲。即便差劲的乐曲，也足使他忘记自己处于痛苦中，仍保有那份兴致过了 72 年。

格雷特里 17 岁那年便作了 6 首交响曲，这使他足够得到教会教士的安全保护，前往罗马。假如我们阅读他 1797 年完成的《回忆录》，就会相信他确实遍游各地。他在意大利的 8 年，受佩尔格莱西的成功影响而创作了滑稽歌剧。1767 年格雷特里到巴黎之后，深受狄德罗、格里姆与卢梭的鼓励。他也请教克莱龙小姐有关戏剧的艺术，得到对音乐上戏剧语言的说话语气与音调抑扬顿挫的技巧及在歌剧方面注意抒情优美、恢复法国生活的质朴与情感，这点表现了卢梭的精神。大革命期间，他在政府的支援之下，受命完成作曲以适合大众要求，他歌剧中的咏叹调流行于革命群众心里。拿破仑还给他年金。人人如此喜欢他的原因，是他如此具有天才：和蔼、慈爱、友善、谦虚、能对他的敌手和颜善语及偿付债务。虽然卢梭冒犯他，他仍爱卢梭。到了年老，格雷特里买下卢梭曾住过的隐庐。1813 年 9 月 24 日，拿破仑与欧洲各国交战之际，格雷特里病逝于别墅内。

路易十六时代的艺术

几乎自路易十六诞生起（1754 年），路易王族的作风皆是反对奇形怪状、弯曲的不规则形式及过于华丽的女性性格，一致主张男性化的曲线美和受赫库兰尼姆一地发掘物而引发的新古典艺术，采行对称化的比例格式，还追寻温克尔曼对希腊、罗马的热诚之心。在建筑上，具新派格式的特里农宫是最著名的模范。此杰作是杜巴利夫人与王后玛丽·安托瓦内特享乐的场所，她们认为此地的古典柱式与质朴率真适合娱乐，而不适合演说之用。近代的荣誉厅也是显著的榜样，建筑成类似塞纳河左畔的塞姆别墅。一所巨大的建筑物司法官，宏伟无比，用熟铁建成，面对五月法庭设铁栅，此建筑曾于 1776 年重建。国际奥德恩剧院则带有多利安式的忧郁形式。此间剧院位于亚眠城（1778 年），建筑师因卢梭之故，使其具有古典形式与文艺复兴风格。波尔多的维克多·路易是具有古典线条的极大剧院，约瑟夫·扬描述此建筑"是我见过法国最宏伟的建筑，使我不敢接触"。

房子内部装饰保有法国的文雅气质。绣帷不再追求时髦，只用于装饰扶手椅与沙发。壁纸来自中国，但主要装饰卧房。沙龙间的墙壁，以木头分割方格，再雕刻或油漆成各种图样，或饰以意大利最好的、具有阿拉伯风格的花样。路易十六时代法国最好的家具是指定里森纳与伦琴两人制作的。华莱斯收藏所有这些令人羡慕的成品，为玛丽·安托瓦内特与小特兰诺两位王后显耀之用。

雕刻术也兴盛了。路易十六时代有雕刻家皮加勒、法尔科内与卡菲耶里等。帕茹原本为王朝工作，现则为自己工作。帕茹接受路易十六的任命状后，以雕刻装饰皇室王宫与波旁宫。他主张"放纵心灵"，尝试融合当时的两个理论——纤细的情感与古典形式化。同时，他为传播艺术将女儿嫁给克洛迪翁，克洛迪翁的真实姓名是克劳德·米歇尔。克洛迪翁以赤土色粒带有轻微色情的风格，专心全力雕刻孟德斯鸠的人像而获得好评，后来全神贯注于雕刻《仙女与森林之神》。当时他边刻边歌咏，几乎达到忘形之境。这个雕像现存放在纽约大都会博物馆内。

当时最杰出的雕塑家是让·安东尼·霍顿。他的父亲曾担任艺术学校的门房。霍顿出生在凡尔赛，路易十四在勒诺特公园内放置许多雕像，使他对雕刻发生兴趣。他拜皮加勒为师，苦心研究之后，20 岁时获得罗马奖章的荣誉，使其声名远播意大利（1760 年）。在罗马，霍顿雕刻了一尊圣布鲁诺像，甚得克莱门特十四世的好评："这位圣徒可说是不采缄默原则。"在巴黎，他又雕刻或铸造了一连串的狄安娜像，其中一尊存于亨廷顿湖收藏所的青铜像，具有古典特征与法国优雅的气质。还有一尊更有名的努·狄安娜青铜像现存放于卢浮宫。它于 1785 年被拒绝放在沙龙内，（一位批评家说）或许因为"她太美、太裸露而不能暴露于大众眼前"，更可能的原因是此雕像违背了狄安娜传统的贞洁。

与 18 世纪许多艺术家一样，霍顿发现比雕刻神圣的女神更有好处的是现代人像。然而，他下决心力求完美，宁可显示出雕像的性格而不愿只是一张面孔。于是，他花费许多时间在医学校的解剖室内，研究解剖学。他尽可能小心地研究被塑像者头部大小的情形，然后非常协调地雕刻或铸造塑像。在巴黎曾因发掘一具尸体，要查明他是否是约翰·保罗·琼斯而引起了极大的关注。霍顿将 1781 年为琼斯铸造的人像，拿来与之比较脑壳的形状大小，最后证实了是琼斯的尸体。霍顿曾创作米拉波受天花感染后的大理石像，雕刻出每一处阴影与皱纹，甚至眼睛深度显示的愤怒感和唇间表现要说话的状态。

不久，霍顿开始创作太阳神的雕像。霍顿借着大理石与青铜表现出太阳神的肌肤和历史的灵魂。此外，还能见到霍顿创作的伏尔泰、卢梭、狄德罗、达朗贝尔、布丰、杜尔哥、路易十六、叶卡捷琳娜二世、凯格利欧斯特若、拉斐特、拿破仑、奈伊的雕像。伏尔泰 1778

年到巴黎时，霍顿替他雕了几尊像。包括现存于卢浮宫的青铜半身像，此尊表现出伏尔泰的枯竭与疲倦状。一尊存放于维多利亚与艾伯特博物馆内，一尊存于华莱斯收藏所，一尊带有微笑的头部，由腓特烈大帝订购，但最著名的一尊雕像由德尼斯夫人交给法国国家剧院。此尊艺术史上的杰作表现了：伏尔泰坐在宽松的长袍内，多骨的手紧握椅把，薄唇、无齿，渴望的眼光中透着些许快乐。听到卢梭去世的消息时，霍顿赶紧到埃尔蒙诺维尔，取得卢梭去世时的面模，然后雕刻成像，现存放于卢浮宫，此尊也是伟大的杰作。

霍顿也替创造美国的英雄人物雕刻生动的头像，诸如华盛顿、富兰克林与杰斐逊。1785 年富兰克林回美国时，霍顿与他同行。霍顿到美国后，急忙赶往弗农山，说服忙碌而有耐心的华盛顿，能坐着由他雕刻。这样断断续续地工作了两个星期，其成果被用来装饰弗吉尼亚州首府里士满，这尊花岗石的人像《弗吉尼亚人》，表现出那股战场获胜与任务待发的忧郁神情。此杰作是心灵与肉体的结合，反映出霍顿的艺术特点。

格勒兹与弗拉戈纳尔在革命时期居王朝内，因雕刻绘画娇小精致，不为朝廷重视。代之而起的是一位画家雅克·路易·大卫，他的艺术横扫法国，有独裁者之称，似拿破仑般经历流星般的一生。大卫向布歇学技术，成了一流的作图样者，注重色彩而不重线条与成分。布歇觉察到自蓬巴杜夫人、杜巴利夫人到玛丽·安托瓦内特的行为改变中，对胸部与臀部的需要减少。他劝大卫选择朴实无华的新古典形式，采行绘画罗马军人与英勇女子的约瑟夫·维安的风格。1775 年，大卫与维安相伴至罗马。在那里，他受温克尔曼与安东·拉斐尔·门斯及陈列在梵蒂冈画廊的古典雕塑影响，还受赫库兰尼姆、庞培两地发掘物的影响。他接受新古典法则，将希腊雕刻术融于自己的绘画中。

回巴黎后，大卫在古典画的作品方面有卓越的表现：《赫克托耳死亡的哭泣》（1783 年）、《霍拉提的誓言》（1785 年）、《苏格拉底之死》（1787 年）、《布鲁特斯谴责亲子于死地归来图》，大卫在罗马完成最后一幅画，但他献给巴黎学术院时，其展览品遭艺术团体力言禁止，他将帆布掀起，加上当时的革命色彩。巴黎人看了涂改之后的图画，发现画家以严肃的伦理学观点痛责、背叛——反对王室的贵族气派，反对喜多装饰的暴政。于是大卫成了巴黎绘画界激进派的英雄人物。

大革命期间，大卫被选为公会会员，1793 年 1 月为国王就位而投票。公会一位委员投票后却遭保皇党杀害（1793 年 1 月 20 日），因公殉道而被示于民众，大卫替他绘了《雷比莱特死亡前最后一刻》（*The Last Moments of Lepeletier*），公会将此画悬于会堂内。此外，马拉被夏洛特·科迪杀害时（1793 年 7 月 13 日），大卫为他画了一张半躺于浴缸内的画像，此画使艺术走上现实风格，以唤起人心为目标。上者两幅画的人物均为革命烈士，大卫同时热心地为丹东与罗伯斯庇尔作画。因而，大卫成了巴黎艺术界的领导者。

拿破仑取得相当于罗马执政官头衔的权力时，大卫为他作画，其热心之状好似他已成为泰洛的领袖。他心中的拿破仑确实有资格自命为"革命之子"（the Son of the Revolution），由拿破仑为保有欧洲诸王，使其还归法国而奋战之事便可得知。拿破仑称帝（1804 年）后，大卫更受敬重。当时，拿破仑聘请他入宫。这位艺术家创造了多幅有名的作品：《拿破仑横越阿尔卑斯山》（*Napolen Crossing the Alps*）、《拿破仑加冕礼》（*The Coronation of Josephine of Napoleon*）、《鹰群分布》（*The Distribution of the Eogles*）。这些巨幅画后来被悬挂在凡尔赛宫。同时，多才多艺的大卫展示他精心的杰作——雷卡米夫人与庇护六世教皇的人像。波旁家族复位后，大卫被以弑君罪名放逐出境。他逃到布鲁塞尔，其妻子前往与他同甘共苦（其妻曾于 1791 年大卫受革命热诚之心驱使时而与他分开）。于是，他的艺术风格转回古典流派，受门斯关照学习雕刻。1825 年，大卫 77 岁，也是他的在艺术生涯中最灿烂、最后的一年。

　　大卫所画的人像中，有一幅画的是反对革命但喜爱国王与王后的维基·勒布朗夫人。夫人享年 87 岁（1755—1842 年），著有一本《回忆录》，讲述自己年轻时代的往事（包括惨淡的婚姻），塑造了一位在艺术生活中一连串冒险旅行及抨击暴力诸行为的伟大妇女的典型。她的父亲是一位人像画家，在她 13 岁时去世，未留下任何财产。但伊丽莎白（维基·勒布朗夫人）凭学生时代的聪明精干，在 13 岁那年自食其力，靠画人像糊口。1776 年，她嫁给画家皮埃尔·勒布朗，皮埃尔是路易十四时代的学者查理·勒布朗的侄孙。（伊丽莎白告诉人们）她的丈夫把她的钱浪费在"嗜赌和对风尘女子的放纵热情上"。她为皮埃尔生了一个女儿（1778 年），随即与他分开。

　　1779 年，玛丽·安托瓦内特自命不凡地让维基·勒布朗夫人画了 20 幅人像。这两位妇女成了挚友，一起歌唱。这种温和融洽的气氛，格雷特里由巴黎人的眼光中便能读出。维基·勒布朗夫人深受王室恩惠，因此其作品有上流社会的优雅，使画家们赞赏不已。她将每位妇女画得娇美动人，能将褪色的面颊加上艳丽的玫瑰色彩。不久，有钱的妇女都渴望由她画几张像。她赚得的酬金足以让她拥有一栋与巴黎优秀音乐家群集而居的昂贵的公寓。

　　维基·勒布朗夫人曾不顾与王后的交情，三次到卢韦塞尼作杜巴利夫人的画像。第三次离开时（1789 年 7 月 14 日），听得巴黎炮火隆隆，她立刻转回，但只见巴士底监狱被攻下，获胜民众挥动矛器，任意砍杀贵族的头。10 月 5 日，暴民再度整队步行向凡尔赛宫进军，俘虏国王与王后。此时，维基·勒布朗夫人已无处可去，只得开始她 13 年的流亡生涯。在罗马她为自己和女儿作画，在那不勒斯她为酒鬼哈米顿女士作画。此外，她在维也纳、柏林与圣彼得堡作画。革命过后，她回到法国（1802 年），一切都变得繁荣，但她又活了 40 年，在革命再度来临前去世了。

文学

1774 年至 1789 年短短的一段时期，法国文学界作家源源而出，文学作品震撼人心者比比皆是，诸如拉罗什富科的《道德箴言录》、圣皮尔的《保罗与维尔日尼》、拉克洛的《男女之间私通的危险情况》（其实已说得够多了），此外雷斯提的作品也已面世。

学校、图书馆、阅读团体、演讲、报纸、杂志、小册子、书籍，皆是文学的源泉，足以喷发出惊人的作品——像墨水溅出泡沫一样，是以往未曾发生过的。法国仅有少数人士能阅读，数以百万的民众渴望获得知识与思想。《百科全书》内容为科学概要与知识轮廓，深受广大民众欢迎。哲学家与改革者满怀希望，努力为传播教育而工作。

耶稣会失势，学校由国家控制，但一些学校操于教士手中。大学内严格地规定宗教与政治上的信仰，以致落得声名狼藉，学生愚钝无知。一直到 18 世纪末才开始注意科学，向大众演说科学知识是最受欢迎的，因此技术学校渐渐增多。大学几乎都是由中产阶级包办的。年轻的贵族宁可入圣热耳曼于 1776 年前后创办的 12 所军事学校中的任一所（其中一所在布里恩，是拿破仑攻读之处）。据我们所知，大学生"经常组织团体，支持政治的示威行动"。当时，大学毕业生已不敷法国的经济需求，因而促成有些学校不满意的举动。这些人印发小册子，示意谋反，点燃战火。

家财万贯者拥有私人图书馆，有令人羡慕的书籍供人阅览。中下层利用这种流通图书馆借书或买书——但几乎只能买平装本而已——这些书是由小摊或店铺收购的。1774 年巴黎书籍的销量，被评价为比人数众多的伦敦要多。雷斯提报道：阅读成了"难控制的"巴黎人的工作。

报纸的数量、大小与影响力渐渐成长。1631 年创办的旧《法国公报》（*Gazette de France*），一直是官方的报纸，被疑为政治新闻由王室承办。1672 年的《信使报》，1790 年印有 1.3 万册，被认为是最优秀的，米拉波称之为法国杂志最畅销者。法国第一份日报《巴黎日报》于 1777 年印行，最著名的《箴言报》直至 1789 年 11 月 24 日才发行。一些地方性报纸，如《省讯》(*The Courier de Provence*) 由小米拉波编辑。

小册子如洪水汹涌而至。1788 年后的几个月，法国即有 2500 本小册子出版。其中最具历史影响力的，如谢耶斯教士的《平民是什么？》和卡米尔·德穆兰的《独立的法国》。1789 年 7 月，报纸杂志成了法国强大的势力。1784 年内克描述"有股无形的力量，非来自财富、兵器与军队，只有来自宫廷，甚至国王宫殿所下的指示"。此言摇撼人心。拉罗什富科也说过君主政体的政府限制了民众自由阅读的风气。

拉罗什富科本人也因革命的潮流被夺取自由，为取得人民在宫廷的权利，他也参与猛攻巴士底监狱。拉罗什富科是乡村食品杂货商的儿子，靠着小聪明住在巴黎。妇女们因他巧言善辩而供给他住宿与食物。他写了许多剧本，其中一出在枫丹白露演出，深得玛丽·安托瓦内特赞赏，玛丽说服国王给他 1200 法郎膳宿费。后来，拉罗什富科很荣幸地升为路易十六妹妹的秘书，因而每年额外得到 2000 法郎。他住在王室家中，被束缚得透不过气来。1783 年他遇见米拉波时，才改变了对政府的观念，处处严厉批评政府。他是谢耶斯教士写的有名小册子中的人物。

同时，拉罗什富科深受沃韦纳格和伏尔泰的影响，草草地记下"格言"，以讽刺世界。爱尔维修夫人在塞夫尔曾邀拉罗什富科做客，她说："每日早晨与拉罗什富科交谈后，就会发愁一天中剩余的时间应如何打发。"拉罗什富科认为"希望"是愚弄生命过程最有力之法。"希望是骗子，一直在欺骗人们。放弃希望时，才是快乐的到来。""如果人类 40 岁时，知识领域仍与 20 岁时一样，由'残忍的事实''凄惨的获取'与'社会的秘密'等构成，那么他将陷入绝望的地步，生活渐渐腐败萎靡不振。"理性时代末期，拉罗什富科讥笑理性只是罪恶的工具，还不如情感。"人类，在真实的社会里，理性比情感更腐败。"女人嘛！"男人认为最邪恶之事，女人则认为没有任何事比男人认为罪恶之事更严重的。"婚姻是一种陷阱。"结婚与独身主义两者是令人懊恼之事。但我们宁可选择结婚一途，因为有难时有人分担、服侍。""人，能将爱情献出来"，但"存在于社会的爱情无他意，只是肤体互相接触的奇妙行为罢了"。

拉罗什富科自认不适合住在巴黎街道边的大厦里。此时，他的悲观主义更加浓厚。他以为"巴黎，寻求娱乐与享受之城，4/5 的人们因悲痛而死亡，是一处无爱之城"。至于贫民区，不生育孩子才是其治疗之法，否则人口爆发更加重生活困难。"人类的不幸，却是暴君的得意，可怜贫者本无能，只是一些待囚禁的累赘者。"

拉罗什富科时常将观念放之纵情任性。"结合矛盾因素是必需的，如热爱美德与公众意见毫无关系，工作的滋味与名望亦是，财富与生命亦是。"他试着借革命贡献自己以获得有意义的生命，但 5 年后米拉波、丹东、马拉与罗伯斯庇尔的暴行使他绝望了。似乎是因革命口号"自由、平等、博爱"，后变为"是兄弟，否则宰你"的口号，才改变了他的心意。他与吉伦特党同甘共苦，讥讽激进领导者对他的鲁莽行为。他终于被逮捕，但不久被释放，又因再次恫吓而被捕，终于自杀身亡。他苟延残生至 1794 年 4 月 13 日，死前曾对谢耶斯说："我离开这个世界，心将破碎或被制成铜像。"

拉罗什富科受伏尔泰影响居多，卢梭则自认为影响了贝尔纳丹·圣皮尔。圣皮尔 31 岁时（1768 年），奉政府委任为现称毛里求斯的法国殖民地工程师。这是一座多山、多雨、肥沃的岛屿。圣皮尔感觉自己思想乃采自卢梭的"自然国"理论。他回法国后（1771 年）与卢梭成为知己，学习着容忍怒气与期望成为人类的救星。在《法国殖民地航程记》（1773 年）一书中，他描述岛民单纯的生活与维持生活的宗教信仰。此书也积极反对伏尔泰，艾克斯主教读过后，让这位作家获得 1000 法郎的年金。圣皮尔为了回报，写了两本书《自然的奥妙》（1784 年）和《自然的和谐》（1796 年），描写植物与动物生命的奇特，并举出许多实例，包括明显的或改编的，有意向和计划地证明至高无上的才智的必然存在。他甘拜卢梭之下，赞扬情感重于理智的理论。"理性越进步，空虚越多。痛苦离得越远、光明必越扩增……情感……给人们庄严的刺激与冲动，征服理性，使人发挥人类生活中最崇高的本性。"

贝尔纳丹·圣皮尔于《自然的奥妙》第 2 版中附加诗情画意的《保罗与维尔日尼》（1788 年），此书保有法国文学的古典风格，描述了一位丈夫去世的孕妇和另一位被爱人抛弃的孕妇。她们来到毛里求斯，各自生下了保罗与维尔日尼。孩子们沐浴于山谷幽岚、奇丽壮观与馥郁馨逸的天地，渐渐长大，其道德行为得自母亲的教导与宗教信仰。青春年华时，他们坠入爱河——似乎世界上只有他们俩。但事不由人，维尔日尼被送回法国以继承家产——在自然国度内未曾发生之事，假如她继续留在法国，她将被迫与大富翁结婚。维尔日尼坚决拒绝，回到保罗身边长相厮守。保罗喜极万状，精神紧张地到海滨等着维尔日尼所坐的船只靠岸。不幸的是船撞及浅滩，又被一阵暴风雨吹得破碎不堪，维尔日尼挣扎设法游上岸，但终被无情的海水淹死了。保罗伤心欲绝。

"小书"是散文诗的一类，记载朴实率真与纯洁。充满虔诚与感情，如偶遇心绪激动时，任何事都阻挡不了对真实事件的记载，例如有德行的妇女与孩子们在奴隶制度下遭蹂躏之事。贝尔纳丹·圣皮尔向卢梭致敬，赞赏作者对《爱弥儿》一书记载得淋漓尽致。贝尔纳丹不像卢梭这样有名望，他躲避社会，生活在安静的贫民群中。革命未伤及他。在一次暴乱中，他与 22 岁的斐莉西·狄多特结婚，此时他已 55 岁，斐莉西为他生下了两个孩子，取名为保罗与维尔日尼。斐莉西死后，贝尔纳丹于 62 岁时再娶一位年轻妇女狄西莉，她热情地服侍贝尔纳丹至 1814 年他去世。贝尔纳丹临死前，看着查丁·布雷德从他手中接过法国浪漫与虔敬思潮的火炬，带至 19 世纪贡献给人类。

18 世纪，人们不再读较小的书籍，但仍有小书反映那个时代的色彩和风格。让－雅克·巴泰勒米教士针对此文字写作了 30 年，72 岁时（1788 年）出版《希腊古迹水陆游记》，声称描述公元前 4 世纪由塞西亚旅人亲眼所见的希腊自然景观、古迹文物与风俗习惯。此书掀起古典浪漫思潮，为当时杰出的文学作品之一，引发了法国钱币科学的研究。

与之并驾齐驱的是由君士坦丁·伏奈所著的《帝国革命沉思录》，他到埃及和叙利亚旅游 4 年，1791 年回国后出版此书。看了古代文化所遭损毁而残留的史迹，伏奈禁不住问："谁能确信荒芜的残渣历史，哪天不会成为我国的？"现在，我们对这个问题仍踌躇如何以乐观的态度回答。但伏奈居于理性时代末期，仍须保持对人类莫大的信心来告诉读者（如孔多塞有责任告诉读者的）："古老帝国倒塌灭亡，是由于人类的无知及人与人、代代相传时产生传达知识的困难所致"，现在这一困扰已为印刷术的发明克服。从今以后，知识得以散播，引领人类与国家向着共通行为迈进。在力量平衡之下，解决战争问题将可由仲裁决议，于是"种族群居后将成大社会，单纯家庭组织由共同的精神、共同的法律来统治，并享有人类本性可能享有的幸福"。

难以置信，同时代拉布敦的雷斯提，其经历竟然被比喻为"贫民窟中的卢梭""清理卧房的女仆伏尔泰"。他出版的 200 本书都是亲手印刷、出版的，在路易十六王朝，故意地撰写低层阶级的污秽题材，对行为与态度构写得较详尽。

雷斯提因其父亲爱德蒙之故，在其所著《父亲的一生》（1779 年）一书中使其达到理想化，他犹记得父亲"有大个子的气派，女孩子般的温和"。雷斯提记下自己的生活，定名为《尼可拉斯先生》（1794—1797 年），共漫谈了 16 卷，关于自身命运坎坷盛衰、不正当男女关系及各种模糊不清的想法，均有事实与虚构的记载。他出生于农家（1737 年），距欧塞尔约 20 英里的萨斯（Socy，萨斯有一区名为拉布敦）。11 岁那年，他断然地说自己第一回当父亲。14 岁他又与让内特·卢梭相恋。17 岁起，他开始长期沉浸于对女性的迷恋之中："我对她的感情，是如此纯洁与脆弱……她的美腿令我难以克制自己。"为解除这些纠缠，他被送往欧塞尔当油漆学徒，不久他又引诱女主人，幸而无人知道。15 岁时他自称有 15 位"情人"。这种生活过了 4 年，他回到巴黎，被雇当油漆工，一天赚 2.5 法郎，足够吃三餐及付一位偶遇的娼妓的费用。有时，他财源耗尽，便与卖木炭的妇女睡在一起。1760 年他 26 岁，娶了一位与他生活经历类似的风尘女阿涅斯·勒贝格，然而彼此都不忠实。他们终于 1784 年离异，其原因并非因小过失而起，而是因彼此步入写作生涯，为笔墨与名望争风之故。

雷提斯自 1767 年起以《弗查特》（Le Pied de Fachette）开始其写作生涯。他的第一本作品是《堕落的农民》（Le Paysan Perverti，1775 年），叙述农民爱德蒙搬至巴黎后，受城市繁华与非宗教思想的引诱而堕入歧途。一位自由思想家高迪·阿拉斯教导爱德蒙"神只是一位神话人物与欺骗道德者，所能寻找的享乐都是合法的，道德不可能支配人类自然欲望的权利，因此我们最首要的职责是尽可能享受生活"。阿拉斯被捕，爱德蒙却告诉阿拉斯"他是神"，阿拉斯被问吊而不表现悔悟。有人称《堕落的农民》一书具有"男女私通的危险情况"。雷斯提认为只要法国语言存在，它也将被保留。在《堕落的农民》一书中，雷斯提继续借非道德主义与城市生活堕落的情形加以抨击。他俯视众生，为自己寻觅一两条小径，以钻入社会的黑暗之地。

雷斯提最有意义的作品《当代发生之事件》（Les Contemporaines），长达 65 卷（1780—1791 年）。标题吸引人的短篇故事《当前妇女的经历》：卖花女郎、卖栗子的、木炭卖主、缝纫女、理发师等人的生活、爱情与态度，描述得如此真实，正确无误，以致身历其境者承认为事实。但他们在街上遇见雷斯提时，又不得不诅咒这位作家。人类生活的本来面目如此赤裸裸地呈现于法国文学界，这种情形直至巴尔扎克才停止。批评家谴责雷斯提嗜好"低级事物"，梅西耶曾于《巴黎戏剧》一书中详述对城市全面的观察，声称"雷斯提这位伟大的小说家是对的"。

大革命前，雷斯提写了《巴黎夜生活的景象》，报道夜里散步时目击（或想象）之事。主要记录巴黎低层阶级的人物——乞丐、门房、扒手、走私分子、赌徒、酒鬼、绑匪、小偷、异端分子、娼妓、妓院老板与自杀者。他声称瞧见世间繁杂困苦，只有少许快乐，因而为自己构成一幅美景，希望在此情况下自己是一位救星和英雄人物。一日，他来到临近王室宫殿的餐馆，看到了革命的浪潮，听见有名的卡米尔·德穆兰挥臂呼喊，看见胜利的暴徒向巴士底狱守卫示威游行，妇女们齐步齐进至凡尔赛宫去捕获国王。不久，雷斯提在猛烈、恐怖与危险中厌倦生活，好几次他处于被逮捕的险境，但借着对革命信仰的表白而得以逃脱。他私自谴责这些举动，希望"善良的路易十六能恢复权力"。他詈骂卢梭解放年轻人思想的无知与感情的冲动："《爱弥儿》带来了妄自尊大、固执成见与任性刚愎的一代，能滔滔而语，但也会后悔得无言以对。"

雷斯提渐渐年迈，懊悔观念的腐败，但并不追悔年轻时的放荡生活。1794年他已是贫困老人，"富有"仅能寄望于子孙或追忆往事。《尼可拉斯先生传记》又附加13卷，叙述在他周遭生活的男女，包括数百奸夫，但是他重申对上帝的信仰。1800年，博哈尔奈告诉拿破仑，雷斯提贫穷不堪，未有温暖舒适的住处。拿破仑慷慨解囊，送钱、仆人与守卫给雷斯提，还让他升任地方警察部长之职。1806年2月8日，雷斯提去世，享年72岁。女伯爵和数名法兰西学会（曾拒绝认许他入会）会员加入了跟随葬礼之后的1800位平民的行列。

博马舍

1788年，约瑟夫·扬写道："越看法国的戏剧，越难让人承认它对我们戏剧的优势，在无数好演员中……舞蹈家、歌唱者和那些事业建立在戏剧上的人，其技能都建立在崇高的阶级之上。"1782年重建的法兰西剧院及省里的剧院，包括安息日在内，每天晚上都有表演，但曾有空档期：勒坎去世了。1778年索菲亚·阿诺德退休了，1787年拿破仑未来的亲信塔尔马与科米底·法兰西斯初次登台，1789年在玛丽·约瑟夫·谢尼埃的《查理九世》（*Charles IX*）之前才博得他第一次胜利。此时最有名望的剧作家是米契尔-让·塞代纳（Michel-Jean Sedaine），他写的诗情画意的喜剧立于法国舞台达一个世纪之久。我们祝贺塞代纳，并认为他曾由于莫扎特与罗森尼的帮助，给予人们精神上的鼓励和美国的民主自立。

皮埃尔-奥古斯汀·卡龙（Pierre-Augustin Caron）的父亲是巴黎郊区圣丹尼斯的钟表工人。反抗家庭后，卡龙放弃追随世袭的职业。21岁时他发明了一种方法，使他能制造"一种合适而小巧玲珑的优良手表"。他为讨好路易十五而给他一个样本，然而为蓬巴杜夫人只做了一个小的仅能戴在手指上的表。他自称此表是他制造过的最娇小的一个表。1755年，他又从表的所有者弗朗昆斯特先生那里将之购回。其时，弗朗昆斯特位列皇家食品柜的管理者，负责国王进餐的工作。他虽非身居高位，却使皮埃尔进入王宫。一年后，弗朗昆斯特去世了，皮埃尔竟与其寡妇结婚（1756年），皮埃尔小她6岁。她拥有一小块地，皮埃尔设法以自己的名义收为己有，而成为一个"博马舍"[1]。他的太太去世时（1757年），他继承了她所有的财产。

剧作家博马舍从未接受任何学校教育，但任何人——甚至对他易于投机取巧、攀附贵族而愤怒的人——也知道他心中的敏捷和聪明的机智。他在沙龙和咖啡馆中遇到狄德罗、达朗贝尔和其他哲学家，得以接触和吸收18世纪的启蒙思潮。他在低音竖琴方面造诣匪浅，引起了路易十五未婚女儿的注意，1759年他开始给她上竖琴课。银行家约瑟夫·帕尔森-杜威尔奈要求博马舍代为求情，以在路易十五面

---

[1] 有"得胜的情郎"之意。

前取得给予伊科·米利泰尔安全方面支持的权利，因为伊科·米利泰尔是财政长官。皮埃尔长于此，杜威尔奈给他价值 6 万法郎的资本。博马舍说："他教给我财政上的秘密……在他的指导下，我开始创造我的未来。由于他的指教，我从事几种投机事业，有些是用他的金钱或他的名义来援助我。"1871 年，他富有得足以向国王买一个有名无实的部长职位，这个职位带给他崇高的头衔，使他在科第获得一栋住宅别墅，装饰得富丽堂皇足以向他父亲和妹妹夸耀。

博马舍的两个妹妹住在马德里——一个已婚，另一个妹妹莉西提与既是编辑又是作家的何塞·克拉维哥订婚，其未婚夫反复延期结婚，约 6 年之久。1764 年 5 月，博马舍开始日夜乘公共马车去西班牙做长途旅行。他发现克拉维哥虽答应早日与莉西提结婚，他却不断地迁居以躲避博马舍。最后，博马舍追赶上他，要他在婚约上签字。何塞·克拉维哥假装腹泻，而西班牙法律认为在这种情况下所做的签约是无效的。博马舍恐吓他，何塞·克拉维哥便借助政府的力量对付他。聪明的法国人博马舍被克拉维哥的疯狂举动打败。他只得放弃追赶克拉维哥，转而开展生意和投资几个公司，其中之一提供黑奴到西班牙殖民地（他忘记在一年前，他曾经写诗谴责奴隶制度）。博马舍享有公司特权，他努力学习西班牙人的态度，足以去写他有关塞维尔理发师的剧本。不久，莉西提遇见了另一位爱人，而博马舍除了这段经历外毫无所得地返回法国。他描述其旅程中迷人的记忆，就我们见到的而言，由歌德所作的一个剧本《克拉维哥》即可知一切（1775 年）。

1770 年杜威尔奈去世时，所写的遗嘱中承认他欠博马舍 15 万法郎，杜氏的主要继承人德·拉·伯拉查公爵争论说这条款是伪造的。此案被提交至巴黎法院，法院指派议员哥茨曼负责此事。此时，博马舍因为与查尔尼斯争夺一位情妇发生争吵而被关在监狱里，暂时获释放，他送 100 金路易和一个钻石装饰的手表给哥茨曼夫人，似乎想在她的丈夫之前听到一些有利之语。夫人要求追加 15 金路易给一个秘书，他送了，终于获得访问的机会。议员却不吃他这一套，哥茨曼夫人除了 15 金路易未送还之外，其余的都退回去了，博马舍却坚持要回所有东西，哥茨曼指斥他行贿。皮埃尔把此事公诸大众面前，以他机智的口才赢得了广泛的喝彩，就像一位才气焕发的辩论家。然而其所言并非诚实之语。伏尔泰谈及他们："我从未看过他的反对者（敌人）中，有任何较强壮的、勇敢的、有趣的、幽默的人。他同时与12 个人决斗，而且将其打倒。"法国法院依照惯例反对他对继承遗产的要求（1773 年 4 月 6 日），因为伪造引起控诉，最后被定了罪的他，在损失和债务方面须付 5.63 万法郎。

博马舍从监狱中释放出来后（1773 年 5 月 8 日），被担保去做路易十五秘密事务的代理人，以阻止可耻的小册子流通及对抗杜巴利夫人。他做得很好，继续为路易十六秘密服务，博马舍回伦敦收买安杰卢奇，禁止安杰卢奇出版反对玛丽·安托瓦内特的小册子。安杰卢奇交出了 3.5 万法郎的原稿费后，向纽伦堡出发。博马舍怀疑他有另外的复本，便追踪他到德国，在靠近诺伊施塔特时赶上了他，强迫他交出复本。两个强盗同时攻击博马舍，而他将他们击退，身受轻伤但仍设法去维也纳。在路上遭密探逮住，在狱中一个月始获自由，最后乘车返回法国。

博马舍的下一个目标是获取正当的职位，1775 年维尔热纳派他去伦敦报告美英之间正在加剧的危机。9 月，博马舍发送一个报告给路易十六，预言美国人反抗成功，强调在英国有少数亲美派。1776年 2 月 29 日，他写给国王的另一封信介绍了法国帮助美国的秘密，只有在征服英国使其衰弱的过程中，法国在陆地上才能够保存自己。维尔热纳同意这个观点，即如我们所见，博马舍拿出资金供给英国殖民地以战争的必需品。博马舍一心一意放在企业上，组织沃德瑞吉·哈坦尔公司，从法国的各港口购买并装备船只，装载粮饷和武器弹药，招募有经验的法国军官以帮助美国军队。除了法国和西班牙政府补助他 200 万之外，自己又花费了几万法郎。塞拉斯·迪恩向美国国会报告（1776 年 11 月 29 日）："如果没有博马舍慷慨、不屈不挠和机智的帮助，我不可能完成任务。美国人欠博马舍先生太多了，谁也比不上。"战争结束后，塞拉斯·迪恩预测美国欠博马舍 360 万法郎，而国会冒称所有的物资都是盟国的赠品，驳回了要求，但 1835 年国会付了 80 万法郎给博马舍的继承人。

当此狂热期间，博马舍挤出更多的时间写回忆录，向大众演说，抗议 1773 年 4 月 6 日法国法务院的判决。1776 年 9 月 6 日，判决被取消了，博马舍的所有公民权利恢复了。1778 年 7 月，爱克斯省法院对杜威尔奈遗嘱案做了一个判决，博马舍能感觉出来在最后他已澄清了他的名声。

爱情、战争、商业、法律上的事务对于博马舍来说还嫌不够，他还要征服文字、思想、印刷品的世界。1767 年，他写出第一部剧本《欧也妮》（*Eugénie*）。此剧于 1769 年 1 月 29 日上演，极为观众接受，却为评论家反对。他的另一部《两个朋友》（*Les Deux Amis*，1770 年 1 月 13 日）却不被接受。文学协会由弗雷隆领导，反抗入侵者，他们反抗"一位因犯终于变成剧作家"，同时反抗他"位居凡尔赛宫内，由表匠变成贵族"。所以，博马舍在下部剧本中，描述"虚伪的文坛，彼此倾轧……全是昆虫、蠓虫、蚊子般无聊的批评家，是令人嫉妒的记者、书商与新闻调查员"。

生命如舞台，博马舍遭遇群敌，但仍能尽其全力击败之。他利用自己禀赋的各种创造力，构想出集合了各种人物的《费加罗的婚礼》一剧：理发师、外科医生、哲学家、穿着缎带背心与礼裤者、肩挂吉他者、为解决困难而绞尽脑汁者、靠才智以掩饰虚伪者、自作主张者、不讲道义者。就某种意义上来说，《费加罗的婚礼》并非创新，只是集合了希腊喜剧、罗马喜剧、意大利喜剧的元素，借鉴了莫里哀的手法，形成一系列人物。但就我们对博马舍所知的，音乐是他笔下的杰作。最初的音乐全是他所谱，他第一次为滑稽歌剧《塞维利亚的理发师》谱曲，1772 年呈现在意大利喜歌剧界上，却遭拒绝。莫扎特也于此时到巴黎，为此歌剧作曲。博马舍又仿造前作为歌剧谱曲，这回为法国喜歌剧界接纳，同时博马舍入狱（1773 年 2 月 24 日）而迫使演出延搁。待他被释放后，立即准备再次演出，但又因博马舍被法务院起诉而停止演出。由他的《回忆录》可见，博马舍为自我抗争所取得的成功，引导剧院有信心地再度计划演出。1774 年 2 月 12 日终于宣布演出，格里姆曾报道："在第 5 场演出时，所有包厢出售得一干二净。"最后遭政府禁止，只因法务院存偏见而伤害博马舍的利益。

　　一年后，新王登位，博马舍勇敢地冒生命危险，请求允许剧本演出，最后国王应允了。1775 年 2 月 23 日，《塞维利亚的理发师》一剧搬上了舞台。演得并不好，剧本过长，但初次能演出喜歌剧已使观众期盼已久。博马舍专心一意地从事修改工作。修订工作是将其删改和缩短，使喜剧由复杂混乱进入明晰清楚，使才智由极端讲道式变得自由畅达。第二天晚上，此戏终于演出成功。杜德芳夫人曾去捧场，称赞它"极为成功……掌声雷动"。

　　孔蒂王子邀请博马舍继续写能表现性格的剧本，但这位作家当时正全神贯注于做一位美国救助者。待完成任务后，他回到舞台上，写出比莫里哀的《伪君子》更具有历史价值的剧本。在《费加罗的婚礼》剧中，阿马斐瓦伯爵与《塞维利亚的理发师》中的罗西娜，许多年前结婚并生活在一起。伯爵已对生活的困扰繁忙感到厌倦，现他只求能勾引服侍于伯爵夫人身边、并与伯爵的首要男仆兼庄园总管家的费加罗订婚的女子苏珊。费加罗有甜美而天真无邪的脸蛋，13 岁时成为贵族的侍从，借着少许爱慕之心，为大他两倍的伯爵夫人伴奏。他最后成了一位哲学家。博马舍描写他是一位"借欢乐愉悦与俏皮话以增加理智"——这几乎是启发天才之法，也是启蒙思想之途。

　　他告诉苏珊："我生来即是一位朝臣。"她推测这"需要技术或能力的培养"时，他则回答："不尽然，只须把握三大秘密原则——接受知识、领会暗示、不耻下问。"一日费加罗自语地（罗西尼也曾因此而驰名于世），配以彻底藐视的眼光，对西班牙贵族发表演说："你们做了什么而得到好运呢？你们生来便为自己寻找麻烦，你们是头等庸俗平凡人！我呢，埋没在人群中，算计着勉强度日，贵族们却统治了西班牙数百年。"他讥笑军人"对杀人感兴趣而自相残杀，甚至连自己都不明就里。至于我，我必要知道自己的狂怒之因"。人类种族有许多特权："不因口渴而喝水，任何季节皆可谈恋爱——这点独与其他动物不同。"此外，有许多应被禁止，如反对公立办公室出售、反对部长专制独裁、抗议公理正义遭误审、抗议囚犯生活境地之苦与新闻检查员调查与破坏思想。"既非当局亦非国家、宗教、政治、道德、官方、财政、歌剧……即任何人或事不可阻碍我写作，我喜欢印刷多少书籍随我所欲，灵感激发绝不受制于两三位调查员的突击检查。"他还指责男性应对娼妓卖淫行为负责。男人借其所需自造快乐满足，又借律法粗鲁地对待为满足需要而出现的女人。这个情节表示仆人并非比其主人来得愚蠢，而且显露出高贵的伯爵只是一位极端丑陋的奸夫。

1781年，《费加罗的婚礼》终于为法国喜歌剧界接纳，直到1784年才正式上演。路易十六读了剧本后，以耐心幽默带点讽刺意味的口吻赞扬他，但路易十六发现剧本的对白中竟嘲弄贵族和新闻检查制度，他不允许这样的事情发生。"此事多可恨，"路易十六说，"剧本绝不能公演，允许此事的陈情就等于摧毁巴士底狱，此人对政府太不敬。"于是，路易十六禁止喜歌剧上台。

博马舍在家读了剧本的一部分后，顿生好奇心。他恳求他国让其剧本上演，一些国家准备上演，但最后仍遭阻止。国王终于屈服于他的请求，同意在新闻检查员小心删改之后才可公演。首次公演（1784年4月27日）是历史上的大事件，全巴黎人都想观看第一晚的演出。贵族因平民得到许可进入会场，而针锋相对与之格斗，铁门倒塌，入口被捣毁，3人因而窒息。博马舍当时在那里见此吵闹不堪而引以为乐。演出的成功，人潮汹涌，摩肩接踵，场场爆满，以致持续演出达60次之多。收入之多空前绝后，史无前例。博马舍拿出41999法郎给慈善机构。

　　历史证明，《费加罗的婚礼》是革命的先驱。拿破仑描述它是"革命已经在蠢动"。一些影响已在当时起了作用。在剧本后的序言里，博马舍否认有革命倾向，但他引用自己的著作来对抗君主政体与独裁政治。他不愿毁灭已存在的习俗风尚，而是改革有关的恶习弊端。他要求对各阶级一律平等，思想与出版的自由，保护个人权利以反对封建特权与君主政体武力下超越道德的行为。与他的偶像伏尔泰一样，他反对制造无秩序与暴乱的革命。

　　虽然博马舍周遭为各种狂乱包围，他继续研究伏尔泰的作品。他承认自己与年高德劭的伏尔泰有类似之处，或许完全一样：同样融合了智力活力与精明的财政技巧，同样蔑视自责与过分体贴，同样有足够的勇气对抗不讲公理与逆境。他设法保留、收集伏尔泰完整的著作并加以散布。其实，博马舍知道在禁止伏尔泰著作出版的法国，如果想让他的作品以秘密的形式流通，要努力去做是可能的。他到莫勒帕告诉伏尔泰，叶卡捷琳娜二世已预备将法文版存留于圣彼得堡，伏尔泰则生气地认为对于法国来说是不名誉之事。部长得知此事，答应允许全版流通。一位巴黎书商查理·约瑟·庞库克取得了伏尔泰尚未出版作品的出版权，博马舍由此得到16万法郎。博马舍收集寻找伏尔泰已完成的著作，又由英国买入巴斯克维尔牌的打字机与孚日山的一家纸厂，并邀孔多塞为编辑和传记作者。为建立起印刷出版业，博马舍不顾一切困难，带着已出版的两大版本，包括60册8开本的与92册12开本的书，从斯特拉斯堡横过莱茵河到凯尔租了一座城堡（1783—1790年）。在欧洲，这是当时最大的出版事业，除《百科全书》之外。博马舍期望能大卖，于是印刷了1.5万套，但仅卖出2000套，部分是因法务院与教士反对，部分则因1788年至1790年政治的骚乱，另一部分则因个人财富状况的不稳定，阻碍个人购买如此昂贵的书籍。博马舍宣称在此次冒险事业中，他已损失了1百万法郎。然而，他继续出版卢梭的书籍。

　　博马舍的作品帮助了革命，但他本人在革命中运气不佳。1789

年，他为自己及第三任妻子建筑一栋面对巴士底的巨宅，家具装潢精致无比，富于艺术气息，巨宅周围有 2 英亩地。因而惹来暴徒侧目而视，住宅二度遭暴徒侵入，博马舍听力不佳又年迈虚弱，又因贵族身份遭受威胁。他只得向巴黎公会诉愿，公开承认忠于革命，但他仍被逮捕（1792 年 8 月 23 日）。虽然不久他获得自由，但每日生活在恐惧中。命运的齿轮转动着，他终被革命政府授权前往荷兰购买武器枪械（1792 年）。协商没达成，在他未返回法国前，家产被查封，妻儿被逮捕（1794 年 7 月 5 日）。他见此情形，赶紧回巴黎，家产才退还，妻儿获自由。此时他已是疾病缠身，但精神尚好。三年多之后，拿破仑称帝。他于 1799 年 5 月 18 日因一次中风症而离开人世，享年 67 岁。在法国历史上未曾有过这么一位生活充实、多彩多姿与喜欢冒险刺激的人。

第十一章 | 法国大革命的分析
（1774—1789）

我们已经检讨分析过革命前夕法国人的心灵——哲学、宗教、道德、风俗、文学和艺术，但这些都是在经济的土地上长出来的脆弱花朵，我们不了解其根部，就不能够了解其本身。无论研讨的方式如何简化，但不循序检讨法国各个经济部门、研究这个大崩溃的背景，则我们对这一结束旧王朝的政治变动的了解将极其有限。

再次讨论农业、工业、商业、财政等问题时，我们必须记住其并非严肃的抽象名词，而是活跃、敏感的人类的实际生活：贵族和农人组织以生产食物，管理者和工人制造货物，发明家和科学家设计新方法和工具，城市里的商店和工厂有规律地工作着，及忧虑的家庭主妇们和顽强反抗的群众，港口和船上活跃的商人、航海家、水手和冒险家。银行家的风险，赚取、损失金钱如内克，像拉瓦西耶一样的生活，全体骚乱的群众，革命思想和不安的潮流与压力，这些组成一幅复杂而壮观的图画。

贵族与革命

内克于 1784 年估计，法国共有人口 2467 万，由 1715 年的 1700

万增长而至。因为有较多的食物供应、更好的卫生及无外来的侵略和内战，18世纪整个国家经历了繁荣，但新兴的财富大部分归于中产阶级。

法国人口中只有200万人务农。农人由皇家督察官、地方行政官、教区牧师和诸侯——封建贵族——指挥监督。据1789年的估计，这一阶层约有2.6万人。这些人和他们的子弟，战时仍以英勇而古老的方式报效国家（这时剑已多半成为装饰品而非武器），只有极少数贵族留在宫中，大多数住在他们的庄园里，从事农业经营与管理治安、宫室、学校、慈善机构等职业。然而这些工作多半已由中央政府专门机构接管，而且自耕农也在地方行政上发展他们自己的机构，因此贵族们已成为退化的器官，从社会的机体中汲取许多血液，却仅以少许军事服务作为报偿。连这项职务也引起了公众的愤懑，因为贵族们建议路易十六（1781年）将所有未具四代贵族出身的人，赶离陆军、海军和政府的每个主要职位。

若说贵族任由他们的广大土地荒废，而使成千的城市居民没有面包吃，未免言过其实。法国许多地方诚如约瑟夫·扬对卢瓦尔河和谢尔河地区的描述："这些田地呈现一片缺乏照料的荒凉，像那凄怆的房舍。但这个国家可以改善，如果他们知道怎么改善。"不少贵族本身穷困，有的无能为力，有的遭遇不幸，有的对土地使用不善。许多人向国王恳求帮助，其中几个人还获得国家的补助。

农奴制度——法律将一个人束缚在一块土地上，并使其成为对地主提供租金与劳役的终身奴仆——1789年在法国境内已多半消失。但仍有100万名农奴，主要为教会所有。路易十六将皇家领地的农奴解放（1779年），法国法务院（在法国东部）却将他的敕令延迟9个月才注案，合计有1.1万名农奴的吕克瑟维尔修道院和方登修道院，以及位于现在侏罗地区的有2万名农奴的圣克劳德修道院拒绝跟从国王的先例，漠视几位贵族与伏尔泰共同提出的呼吁。逐渐地，农奴或出钱或以打斗争取自由。1779年，路易十六将主人的权利——在其领地外贩卖农奴——废除。

1789 年，95% 的农民享有自由，但大部分必须支付一项或更多的封建税，按地区不同。它们包括年税（两倍于 18 世纪）、遗产税和使用地主的磨坊、烘炉、压酒机与鱼池——这些仍为地主独有——的费用。地主保留射取猎物权，即使进入农民的田地也无妨。圈限公地范围愈来愈大，那原为农民放牛砍柴用的。在法国大部分地区劳役以日计资，但在奥夫涅、香槟区、阿图瓦省、洛林，农民们仍须每年为地方贵族免费工作 3 天或更久，以维护道路、桥梁与水道。整体上，保留的封建税平均夺取农民 10% 的生产或收入，教会税又剥取 8% 至 10%，加上上交给国家的税，市场和出售税，与付给教区教士的洗礼、结婚、丧礼费用，农民仅得到约土地成果的一半。

货币贬值使地主所得的金钱价值降低，贵族们为保护他们的收入逐渐增加税金，或恢复久已废弃的税金，或将公地圈限更广。通常，收税外包给专业代理，他们大多办事冷酷。农民对某些必需品的征收权利发生怀疑时，他们会被告知，它们是被登记在庄主名册或登记簿上的。如果农民向这些名册的真实性挑战，就必须诉诸庄园法庭或省议会，而裁判由贵族们控制。邦瑟夫受到杜尔哥的秘密鼓励，出版一本小册子《封建权利的流弊》（*The Disadvantages of the Feudal Rights*，1776 年），倡导减少这些权利，他因此受到巴黎国会的责难。伏尔泰虽已 82 岁，再度起来奋战。"要废除封建权利，"他说，"就等于夺取国会绅士们的财物，他们大多拥有封地……这是教会、贵族和国会会员……联合对抗共同敌人——人民——的事件。"

关于封建税有些事要说明，以贵族的观点来看，它们是农民自由地缴出作为他从合法主人那里购买一块土地的部分代价的抵押——多数主人曾很荣耀地从以前的地主买来的。一些贫穷的贵族仰赖租税过活。政府税、教会税和战争所需与破坏远较封建税更使农民困苦。法国社会学家尤雷斯说："如果 18 世纪的法国社会，除了留有那可鄙的封建制度外没有其他弊端，就不需要一场叛乱来抚平创伤。逐渐减少封建权利，解放农民就能和平地完成。"

法国贵族最特殊之处是他们罪行方面的知识。许多贵族加入哲学家的行列，否定古老的神学，我们也看到有些人嘲笑他们过时的世袭特权。法国大革命的前一年，30个贵族放弃了他们金钱上的封建特权。拉斐特不仅为美国作战，而且回到法国激烈地从事和平改革的事业。他放弃奴隶制度，并献出他的部分财产以解放法属圭亚那的奴隶。自由主义的宣言和改革的主张在一部分贵族中变得很流行，尤其是有爵位的夫人，如拉马克夫人、布夫莱尔夫人、布里耶纳夫人和卢森堡夫人。成百的贵族和高级教士活跃地参与各种奋斗以平均税率，防止政府浪费，组织慈善机构，停止强迫劳役。有些贵族，如波旁公爵夫人，将他们大部分的财产给予贫民。

然而，所有这些事不过是这个隐藏的事实——法国贵族已无法自己谋生——的高贵装饰罢了！许多贵族努力尽他们的传统责任，但在浪费闲散的富有贵族与经常处于饥饿的平民之间的对比，引起恨懑和责怨。很早以前，一位伟大的贵族就宣告了自己的世袭阶级的死刑。国务大臣阿尔让松（1744—1747年），1752年如此写道：

> 大贵族出身的人必须完全消除。大领主们使我了解那些拥有尊严、财产、教会税、官位和职务，却无赏罚也无须成长的人们，全都不伟大，而且往往毫无用处……我发觉优良猎犬的血液能遗传，但一旦堕落便完了。

就是这些富有、骄傲而往往一无是处的地主触发了这次革命。他们缅怀黎塞留以前的日子，当时他们的意旨便是法国的统治力量。法院为他们取消皇家诏令的权利辩护时，血统贵族和战功贵族与教袍贵族合并——世袭的法官——企图使国王屈服。他们向法院内呼吁自由的演说家喝彩，他们鼓励人民和小册子作家停止路易十六的专制权力。我们不能责怪他们，但由于王朝权威动摇，促成1789年国民大会的可能性，它由中产阶级操纵，以掌握法国主权。贵族们为他们的坟墓掘下第一铲泥土。

农民与革命

法国55%的土地属于贵族、教士和国王，主要的农事由佃农完成，主人供给他们家畜、工具和种子，并往往酬以生产的半数。这些佃农普遍贫穷，因此约瑟·扬认为这个制度是"整个国家的灾难和毁灭"。其大半因素不在于属主的残忍，而是因为政府的鼓励太少了。

大多数的自耕农耕耘着45%的土地，由于土地太小，限制了机器的使用，他们注定贫穷。在农业技术方面，法国落后于英国。虽设有农业学校和示范农场，但只有一小部分农民利用它们。约60%的自耕农，其土地少于13英亩，不足以维持一个家庭，这些人被迫出外受雇于大农场做劳工。1771年至1789年，农场劳工薪资提高了12%，但同时期各种物价涨高了65%或更多。路易十六时期，农业生产增加，受雇的劳工却变得更穷，并形成了乡村无产阶级，在就业萧条时成为各种乞丐和流浪汉的环生地带。拉罗什富科认为"无可怀疑的，法国境内有700万人乞求施舍，有1200万人一贫如洗"。

旅客们很可能夸大了农民的贫穷，因为他们大多只注意到表面，没有看到为躲避付税员的眼睛而隐藏的钱币和货物。人们的判断互相冲突。约瑟夫·扬发现布列塔尼那样贫穷而肮脏的地区和波恩那样繁华而光荣的地区。总而言之，1789年法国乡村的贫穷情形较英国，或永远丰足的波河河谷要差。最近的研究指出"旧王朝末期有着农业的危机"。例如，1788年至1789年，干旱和饥荒发生时，尤其在法国南部，农业损失严重，只赖政府和教会分送救济才使半数人口免于饥饿。

农民必须付钱给政府、教会和贵族，租税或土地税，整个负荷在他们身上。他们几乎供应了陆军步兵的全部人力。他们忍受政府垄断食盐的重压。道路、桥梁和运河靠他们的劳力维护。他们是虔诚"敬畏上帝"的人，应该很乐意付教会什一税，因为付教会税是出自慈悲的心理，而且也很少照实拿1/10。但是他们看到多数的教会税只使得教区供应一位遥远的主教，或宫廷内的一个教职懒人，或曾买未来教会税的一个俗人。路易十六减轻农民的直接税，但许多地区的间接税增加了。

农民的贫穷是革命的原因吗？它是复杂的因素中最富戏剧性的一个。真正贫穷的人过于软弱而无法革命，他们能呼喊要求救济，但他们直到被更宽裕的农民、中产阶级的推动者和巴黎市民的叛乱惊起以前，他们既缺少方法也没有精神组织叛乱。后来，人民智慧的发展削弱了国家的力量，军队很危险地受叛乱思想的感染，地方政府再也无法依赖凡尔赛宫的军事支援。那时，农民便成了一支反叛的力量。他们聚会，交换怨言和誓约，武装自己，攻击城堡，烧掉顽固贵族的房屋，并毁掉被引用来批准封建税的庄园名册。就是那种举动威胁全国贵族财产，恐吓贵族放弃他们的封建特权（1789 年 8 月 4 日）。因此，旧王朝正式结束。

工业与革命

在工业方面，革命前的景象特别复杂而模糊：第一，家庭工业，男人、妇人和孩童为提供材料和运送成品的商人工作。第二，行会，主人、技工和学徒制造手工艺货品主要供应当地市场。行会一直延存至革命前，但 1789 年受到致命的打击，因为兴起了资本主义的自由投资。第三，资本主义的自由投资——公司自由地从各种渠道吸取资本，雇用任何人，发明并应用任何制造和分配的新方法，与所有人竞争，并将产品销至每一处。它们的组织通常很小，但种类繁多。1789年，马赛一地有 38 家肥皂工厂、48 家制帽厂、8 家玻璃厂、12 家糖厂和 10 家制革厂。资本家曾在纺织、建筑、矿业、金属上扩大投资，通常以合股公司的方式——股份有限公司。

　　法国很迟才接受开创英国工业革命的纺织机器，但大量的纺织机开始在阿比维尔、亚眠、兰斯、巴黎、卢维耶亚和奥尔良操作起来，里昂的丝织工业非常繁盛。建筑业兴建的大规模公寓，至今仍是法国大城市特有的面貌。造船业在南特、波尔多和马赛雇用成千名劳工。矿业则是法国工业中最进步的，政府保留所有的矿产权利，将矿区租给特权者，而且为矿主们执行一项安全法规。很多公司挖掘 300 英尺深的竖坑，装置昂贵的设备以通风、排水、运输，这些公司的所有者而后成了百万富翁。安岑公司（Anzin，1790 年）有 4000 名工人、600 匹马和 12 架蒸汽机，年产 31 万吨煤。铁和其他金属矿产供应了大规模冶铁工业的原料。1787 年，克鲁索特（Creusot）股份有限公司聚集了 1000 万银币的资本以使用制造五金的最新铁器、发动风箱的蒸汽机、铁槌和穿孔机，及使用原来需要五匹马现在只需一匹马就能拉动的铁轨。

　　这些年中，法国人有了一些惊人的发明。1776 年，亚伯恩在杜河发动一条由蒸汽机推动的两侧均有外轮的汽船，使观众颇感兴趣，那是早在富尔敦的卡尔蒙特号航遍哈得逊河前 30 年。1766 年，卡文迪什发表氢气密度低于空气的言论，布莱克推断一个充满氢气的气囊必可升空。布莱克和蒙戈尔菲耶兄弟根据空气加热必减少密度的定理实验，1783 年 6 月 5 日在靠近里昂的阿诺奈，他们将一只气球充满加热的空气，升到 1600 英尺高，10 秒钟后空气冷却便下降。1783 年 8 月 27 日，查理（Jacques-Alexandre Charles）设计的一只氢气球在巴黎 30 万名欢呼的观众前升空，它在 15 公里外的一个乡村降落时，人们以为它是从天而降的可怕的侵略者，将它撕得粉碎。10 月 15 日，罗齐尔写下人类飞行的第一次记录，他使用一只蒙戈尔菲耶热气球在空中停留了数分钟。1785 年 1 月 7 日，法国人布兰查德和一位美国医生约翰·杰弗里斯以一只气球从英国飞到法国，人们开始谈论飞到美国的计划。

在这行将破灭的不幸王朝，法国城镇却因工业和商业的繁荣而富裕。里昂的许多商店、工厂和企业忙碌着。约瑟夫·扬为波尔多的繁华而惊讶。巴黎现已成为商业而非仅仅是政治中心，它是控制法国一半的资本，即一半的经济的轴心。1789年，它有共约60万人口，那时它不是一个特别美丽的城市。伏尔泰形容它顶多只配哥特人和汪达尔人居住。约瑟夫·普里斯特利于1774年访问此地后报道："除了宽敞、繁多的公共建筑外，任何事物都不曾使我惊奇，与此相对的，我却对几乎所有低矮、污秽而曲折的街道感到无比的愤慨。"约瑟夫·扬也有类似的报告：

> 九成的街道肮脏，完全没有人行道。在伦敦，散步非常愉快而干净，因此仕女们天天散步。这里对于男人而言是辛苦而劳累的，对于一位穿着整齐的妇女是不便的。大马车很多，更糟的是年轻人和他们的情人，飞快地驾驶无数单马双座车……使街道非常危险……我自己曾数次被泥土弄黑了。

在都市和城镇，劳动阶级形成了："男人、女人和孩童为薪资工作，使用他人的工具和材料。他们没有统计数字，但1789年，估计巴黎城市约有7.5万户或30万人。在阿比维尔城、里昂和马赛，都有相当的劳动人口。工作时间长，薪资低，巴黎法院规定工人不许成立组织。1741年至1789年，薪资提高22%，物价却上涨了65%。路易十六时代劳工的情况似乎变得更坏，曾因需要减少（1786年）或外国竞争严重，大量劳工被解雇，成为救济的重担。面包价格提高使成千的家庭濒于饥饿。1787年里昂有3万人领公家救济；1788年兰斯遭遇一场大水，2/3的居民皆陷于困窘；1791年巴黎有10万户登记为贫民。""在巴黎，"梅西耶于1785年写道，"平民衰弱、苍白、矮小而发育不全，并与国内其他阶级显著不同。"

劳工们违抗禁令，组织团体进行罢工。1774年，里昂的丝工停止工作，声言生活所需远超过工资，而不规则的供需律使工人仅勉强糊口，雇主们则大量储藏食物，等待饥饿迫得劳工讲和。遭受挫折后，许多劳工离开里昂到其他城镇，甚至远赴瑞典、意大利，但在边境被拦截，被以武力带回家。叛乱时劳工奋起，占领市政厅，以公社建立短期的劳动阶级专制政权。政府征召军队压制叛乱，绞死两个领导人物，失败的罢工者又回到他们的商店，现在他们恨政府有如恨雇主。

1786 年他们再次罢工，抗议他们即使每天工作 18 小时，也不能维持家庭开销，而且抱怨他们的待遇"比家里的动物还不如，因为连它们也能够维持健康和精力"。市政府同意提高工资，但禁止任何四人以上的聚会。一营炮兵负责执行此项禁令，士兵向示威者开火，数人死亡。罢工者又返回工作。不久，薪资的提高再次被取消。

18 世纪下半叶，为争取生活所需而起的叛乱间歇性地发生。1752 年至 1768 年，有 6 次在诺曼底。1768 年，叛乱者控制了鲁昂，抢劫公共谷仓，掠走储藏物。类似的叛乱 1770 年又发生在兰斯，1772 年在普瓦捷，1775 年在第戎、凡尔赛、巴黎、蓬图瓦兹，1785 年在艾克斯省，1788 年和 1789 年又发生在巴黎。

劳动阶级或一般都市民众的贫穷，在革命的形成中扮演什么角色？表面上，它是一个最直接的理由。1788 年至 1789 年，巴黎缺乏面包而造成的叛乱，使人民狂热至甘冒生命危险抵抗军队，进攻巴士底狱。但饥饿与愤怒能产生动力，却不能产生领导力，这次叛乱很可能只要求降低面包价格。若不是较高层的领导者引导叛乱者占领巴士底狱并向凡尔赛进攻，群众仍未曾有推翻政府及取消王室、建立共和的想法。无产阶级渴望谈及自然的平等，但不妄想占领国家，它要求国家管理经济，至少稳定面包的价格——这恰是中产阶级反对的。但如此又回到旧制度，无法迈向劳工阶级控制的经济。事实是行动的时刻来临时，那由饥民推动、受演说家和推动者唤起的巴黎民众占领巴士底狱，并阻碍国民召集军队对付全民大会，但全民大会复会于法国时，由警卫保护，并谋取中产阶级的利益。

中产阶级与革命

18 世纪，法国经济生活的显著特点是商业阶级的兴起。它在路易十四与柯尔伯时开始繁荣，因为优良的道路和运河促进贸易而获利，因为与殖民地交易而富有，它崛起于行政职位（1781 年），它控制了国家财政。

但在道路和运河上，贵族或政府只有一个通行站来收取通行费，因浪费时间在货物的检查上迫使商业阶级几欲反叛。商人要求国境内自由贸易，但未确定国际上是否也如此。1786 年，受到重农主义理论的鼓动，政府减轻英国纺织品和五金器具的关税以换取英国减轻法国酒、玻璃制品及其他物品的关税。一个结果是打击了法国的纺织工业，其无法与装设新机器的英国工厂竞争。里昂、鲁昂和亚眠的失业问题达到爆炸点。

然而，降低关税、增加国外贸易，充实了商人的财富。1763 年至 1787 年，贸易额几乎加倍，至 1780 年已超过 10 亿法郎。法国的港口都市挤满了商人、船主、水手、仓库、加工厂、酿酒厂。商人阶级在未遭革命压制以前，曾在那些城镇独霸许久。

正如在英国，商业的繁荣部分来自贩卖非洲奴隶，将他们运至美国，在那里出售以耕作。1788 年，法国奴隶贩子独自运了 29506 名黑奴至圣多米尼加，那里及瓜德罗普和马丁尼克的大部分土地和工厂属于法国投资者。多米尼加的 3 万名白人使用 48 万名奴隶。1788 年，巴黎组成一个"黑奴协会"，由孔多塞领导，包括拉斐特和小米拉波，以解放奴隶，但船主和种植业主抗议。1789 年，波尔多的商会宣布："法国需要殖民地以维持它的贸易，因此需要奴隶在世界的角落从事农业生产，至少等到其他权宜之计发现为止。"

工业、殖民和其他投资都需要资本，因此银行家产生了。合股公司提供股票，政府发行公债，证券的买卖发展为投机事业，投机者收买记者散布谣言以提高或降低股票价格，内阁阁员参加投机，因此成为银行家施压或影响的对象。每次战争都使政府更加依赖资本家，并使资本家更急切地关注政府的政策与偿还债务的能力。有些银行家喜欢私人债务而不愿借给政府，但他们可以低息借钱，再以高利贷给政府，只凭账目就能增加他们的财富，假定他们判断正确，政府就还债。

总包税人（因贷款给政府而购得收取间接税权的资本家）特别富有但特别遭怨，因为大体上像贩卖税等的间接税，对于那些大部分收入用在日常所需的人是最重的负担。这些富有的佃农像爱尔维修和拉瓦西耶一样，都是很正直、有公共责任的人，对慈善业、文学和艺术的贡献很大。政府认清赋税承包制的害处，便于 1780 年将总包税人的人数由 60 人减为 40 人，但大众仍然不满。大革命废止了税田，而拉瓦西耶在这个过程中身首离异。

因为赋税在革命中扮演着领导的角色，我们必须再次注意法国人繁复的税：

一、租税是土地和私人财产税。贵族因服兵役而免税，教士们因为维持社会秩序和为国家祈祷而免税，法官、高级行政官和大学教职都免税，几乎所有租税都落在第三等级的地主——大多在农民身上。二、人头税或丁税，家庭中的每个人都要承担，只有教士可免。三、二十分之一税，为所有私人不动产税。但贵族使用私人影响力或雇用律师寻找法律漏洞，以逃掉大部分此税及人头税，而教职则按时自愿付钱给政府以避免。四、每个城镇付政府一项税金（入市税），此加诸市民。五、收取间接税的有（1）运输通行税；（2）出入口税；（3）消费税：葡萄酒、酒类、肥皂、皮革、铁、游戏用纸牌，等等。六、烟草、盐由政府专卖。每人每年必须向政府购买规定的最低量的盐，价格由政府规定，总高于市价。此盐的税金（盐税）是农人的主要困扰之一。七、农民付税以代替劳役。平均第三等级每人得付出收入的 42％ 至 53％ 缴税。

如果我们将商人、制造商、资本家、投资家、工程师、科学家、小官吏、出纳员、贸易商、化学家、艺术家、书商、教师、作家、医生和登记的律师与法官合称为中产阶级，我们便能了解为什么至1789年，它已成为国内最富裕、最有力的部分。它与贵族拥有同样多的乡村土地，它只要买下一块贵族封地，或一个国王许多秘书之一的职位，便可得到贵族资格。贵族因怠惰、浪费和身体衰败而减少人数和财产，教士们因为科学、哲学、都市享乐生活、法典等兴起而丧失其领土时，中产阶级却因工业技术、商业和资本的发展而增加他们的财富与权力。他们的制品或舶来品充满了小店铺或储藏室，繁华的程度使巴黎、里昂、兰斯或波尔多的外国访客惊讶。战争使政府崩溃，却使中产阶级更富有，因为他们供应运输和物资。这种增长的繁荣几陷于城镇，与农民和无产阶级隔绝，而以商人和资本家最为显著。1789年，40位法国商人共有财产6000万法郎，巴黎蒙马特区的一位银行家积蓄达1亿法郎。

革命的根本因素是现实的经济与政治形式之间的悬殊，是中产阶级制造和拥有财富上的重要性与政府权力上的被排斥。中产阶级确知它的能力与所遭受的轻视，它困扰于社会的排挤和贵族的轻侮——如显赫的罗兰夫人受邀留在一个贵族家庭进餐，却发现她被安排到佣人房。它眼见贵族剥取国库作为奢侈的费用和飨宴，却拒绝将政治、军事职位或升级机会给予那些真正以其创意的投资发展了法国经济、并以他们的积蓄支持国库的人。它看到教士们吸取国家岁入的1/3以维护全法国受过教育的人都认为中古、幼稚的神学。

中产阶级并不想推翻这一专制，但渴望控制它。他们绝不希望民主政治，但他们希求立宪政府，使各个阶级的才智之士能被推出来负责立法、行政和国策。他们要求解除政府或行会对工业和商业的限制，但他们不反对政府的补助金及农民和市民的支持以争取中产阶级的利益。法国大革命的本质是中产阶级利用农民的不满破坏封建制度，用市民的不满缓冲国王的军队，因而倾覆贵族和教士。革命的两年后，至高的立宪大会废止封建制度，没收教会财产，为商业组织立法，但禁止工人有任何组织或聚会（1791 年 6 月 14 日）。

资本家立刻感到事态不妙而大为惊恐，因为曾向他们借贷许多钱财的政府可能宣告破产——如亨利四世以来它曾有过完全或部分的破产共 56 次。公债所有人对路易十六失去信心，为政府企业工作的承包商不能确保他们的薪水或它发下时的价值。所有商人都觉得避免国家破产的唯一办法（后来证实了）是各个阶级完全税制，尤其是对教会积蓄的财富征税。路易十六唯恐失去他已动摇的王位，犹豫是否将租税扩征于特权阶级时，公债债主几乎在无意识中放弃了他们一贯保守的原则，成了一股革命的力量。这次革命不归因于农人们有耐性的贫穷，而是中产阶级危险的财富。

力量的聚集

所有这些革命的力量属于观念的影响，并可用来掩盖平息欲望。除了哲学家和重农主义者的宣传外，还有遍布的共产主义者，他们继承并发展前代人莫利、马布利、兰盖解释的社会主义。布里索的《深究财产权的哲学含义》（1780 年）、普鲁东的《财产来自窃取》（La Propriété, C'est le Vol）更早讨论到私人财富是盗自公众的货物。法律是"强者对付弱者、富者对付贫者的一项阴谋"。后来布里索为他在早期的书中像一个学童般激动而道歉，他成了吉伦特党人的领导者，而且因为温和而上了断头台（1793 年）。

1789 年，攻下巴士底狱后不久，F. 布瓦塞尔出版了一本《人类的问答》，完全走向共产主义。所有的罪恶都由于"图利、杀人及违反社会的阶级，他们曾管理、毒化并摧毁人类直到现在"。强者奴役了弱者，并设立法律控制他们。财产、婚姻和宗教的发明使篡夺、暴力和欺诈合法，因而一小撮人拥有土地，大多数人却在饥饿和寒冷中生活。婚姻是女子自私的财产。任何人都无权拥有他所需要之外的，任何超出之物都应按照各人的需要分配，有钱的懒人应工作或停止大吃大喝。修道院应改为学校。

这些激进分子中最有趣、影响最深的是巴贝夫，他为贵族和教士们完成封建义务服务后，向阿拉斯学院建议（1787年3月21日）设置一项有奖征文："以目前已有的知识，什么情况下人类的社会本能达到他们之间完全平等？什么地方一切都是公用的？"学院没有回答，巴贝夫如他后来自称在1787年7月8日的一封信中，解释人类生而平等，在自然的国家里一切公用，所有后期历史都是退化、欺诈。革命期间，他召集许多同志，正要发动一场叛变反抗执政团，被跟踪他的密探逮捕并被判死刑（1797年）。

这些想法在酿成革命的过程中只占微小的部分。1789年，从法国各地送到三级会议的诉苦状中很难找到社会主义情绪的迹象，也没有涉及攻击私人财产或专制。中产阶级控制了局势。

互助会是革命的一个因素吗？我们曾注意过这个秘密社团在英国兴起（1717年）及它首次出现于法国（1734年）。它快速传遍欧洲，普鲁士的腓特烈二世和瑞典的古斯塔夫三世都喜爱它，教皇克莱门特十二世禁止教职人员或俗世政府参加或帮助互助会（1738年），但巴黎法院拒绝承认这个敕令，因此剥夺了它在法国的法律效力。1789年，巴黎有629个互助会支会，每个支会通常有50到100位会员，包括许多贵族、一些教士、路易十六的兄弟们和启蒙运动的大部分领导人。1760年爱尔维修创立科学分会，1770年天文学家拉兰德推展为"九姐妹"分会（九姐妹即九位缪斯）。聚集了贝托莱、富兰克林、孔多塞、拉罗什富科、格勒兹、霍顿及后来的谢耶斯、布里索、德穆兰和丹东。

理论上，互助会会员排斥"无神的怀疑论者"和"愚蠢的无神论者"，每个会员必须声称信仰"宇宙的大建筑师"，它需要进一步的宗教教条，因此大致上互助会的理论限于自然神论。他们对驱逐犹太人离开法国的运动有明显的影响。他们宣言旨在建立一个秘密的国际兄弟会，以集会和仪式使人类基于友谊而结合起来，宣誓互相帮助、宗教容忍和政治改革。路易十六时代，他们活跃地参与政治，几个贵族会员——拉斐特、小米拉波、大米拉波、诺瓦耶子爵、利昂库特公爵、奥尔良公爵——成为全民大会的自由派领导者。

最后便是明确的政治团体。首先组成英国的形式——进食、谈话和阅读——1784 年，他们便成为半革命性辩论的中心。有人说："他们大声演讲而且毫无忌惮地谈论人类权利、自由和利益及地位不平等的大荒谬。"三级会议开会后，布列塔尼的代表组成布列塔尼人俱乐部。它很快地扩充会员以包容非布列塔尼人如米拉波、谢耶斯和罗伯斯庇尔。1789 年 10 月，它的总部搬往巴黎，变成雅各宾派。

因此，正如历史上多数的关键性事件，100 个相异的因素汇成法国大革命。根本原因则是中产阶级人数、教育、财富和经济力量方面的发展。他们要求与他们对国家、政府财政上种种贡献相对应的政治和社会地位，而且他们担忧，唯恐国库宣告破产使政府公债失去价值。次于这个因素而作为助力和威吓力的是百万贫穷的农民，他们渴求摆脱租金、税款和教会税。另有几百万农民已坚强得足以对抗庄园主、总包税人、主教和军团，而且有组织的城市群众不满于面包的供应受操纵及历史性通货膨胀循环中的薪资落后于物价。

除此，还有一些混乱的辅助因素，宫廷奢侈的浪费、政府的无能和腐败。由于长期与法院和贵族争斗而使王室衰弱，缺乏政治性机构以使怨懑能够合法而建设性地表达出来，市民受到学校、书本、沙龙、科学、哲学和启蒙运动的影响，比其他国家的国民更敏锐，他们对政府的期望愈来愈高。加上路易十六时代印刷检查制度崩溃，由伏尔泰、卢梭、狄德罗、达朗贝尔、霍尔巴赫、爱尔维修、莫雷莱、莫雷利、马布利、兰盖、大米拉波、杜尔哥、孔多塞、博马舍、小米拉波及成千其他作家传播的改革或革命的思想，数量、光辉和力量都是空前的，他们的宣传渗入农民以外各个阶级，军队的兵营、修道院的密室、贵族的宫殿、王室的前厅。加上基督教信仰悲剧性地降低，它曾经维护现状和国王的神圣权力，宣扬服从和依顺的美德，而在政府无力负担扩增的工作经费时，它却蕴集了可羡的财富。加上"自然法则"信仰的广播，它要求人类公平对待任何理性动物，不论出生、肤色、种族或阶级，共处于一个壮观的"自然国度"。在这个国度中全人类平等、善良而自由，但人类已离开此间而堕落，这是因为发展私人财产、战争和固定阶级的法律的缘故。加上律师和演说家的兴起和繁衍，可护卫或攻击现状，唤起并组织公共情绪。此外还有繁多而狂热的小册子作家、政治团体的秘密活动，以及奥尔良公爵欲夺法国王位的野心。

将所有这些因素集中于这个王朝，其国王温和而仁慈、柔弱而犹豫，受困于四周混乱的事件和内心矛盾的动机，所统治的人民却几乎比历史上所有其他民族更敏锐地感到痛苦，感情更丰富，易冲动且富幻想力。只需要一些比思想更能深刻激发人类本能的事件，便能将这些力量结合并煽动成为一股分裂的爆炸力量。也许那就是1788年的干旱和饥馑，及1788年至1789年的酷寒。1781年，吉拉尔丹这样断言："只有饥饿会造成这种大革命。"乡村、城市和巴黎的饥饿强烈得足以使群众推翻传统、敬意和畏惧，而且成为饱食者追求利益与智慧的工具。法律、风俗与怜悯崩溃，革命于是发生。

第十二章 | 政治的溃乱

（1783—1789）

钻石项链（1785）

1783 年 6 月，费尔桑为美国作战英勇，并在约克敦博得美誉后，返回法国。他发现王后玛丽·安托瓦内特仍然如 3 年前离开她时那样妩媚迷人，甚至 1787 年她已年届 32 岁时，约瑟夫·扬仍认为她是他那天在宫中见到的"最美丽的女人"。她欣然地附议了古斯塔夫三世的要求，请路易十六选派出法军中英俊潇洒的皇家瑞典军团的费尔桑上校——那将使他有充裕的时间留在凡尔赛。费尔桑向他妹妹索菲亚承认：他爱上了王后，而他相信他的爱必将获得回报。当然，她对他也感觉到一股温馨的爱意。在以后 8 年中，国王离开法国、他勇敢地试着去得到她，他们开始传递情书。然而不久，她应索菲亚的邀请来了，并与他咫尺相隔，这使他更下定决心要在一个特殊的领域内，保有她对他的感情。一首流行于民间的歌谣，毫无疑问地肯定了她的罪行：

> 你知道
> 一个戴绿帽的丈夫，一个私生子，

和一个淫妇吗？
看看国王，皇后，
和太子先生吧！

塞居尔为此事下了结论："她失去了名誉，却保留了其特长。"

1785年3月25日，玛丽·安托瓦内特生了第二个儿子，取名路易·查理。国王高兴至极，将他由奥尔良公爵处以600万银币购得的圣克劳德宫送给她。这座宫殿相当奢华，因而巴黎给这位王后取了绰号"不足夫人"（Madame Deficit）。她运用她的权势影响其夫对阁员、大使和其他高级官员的任命；她试着改变他对"与奥地利联盟"的嫌恶心理，但她失败了。而她的努力更增加了人民对她的反感。

只有在公众敌意的背景下对王后进行审视，我们才能了解钻石项链这个故事给予的这些不可磨灭的印迹。这个"项链"有它的可疑处：一串有647颗钻石的项链，重2800克拉，由查理·伯默尔和保罗·巴桑吉这两位宫廷珠宝商自半个世界外购得，为杜巴利夫人镶成一条项链，他们确定路易十五会为她买下。但路易十五驾崩了，现在，还有谁会去买这么一件昂贵的首饰呢？珠宝商愿以160万利维尔卖给玛丽·安托瓦内特，但她觉得太贵而拒绝了。此时，洛汗首席红衣主教路易·雷恩·爱德华初露头角。

他是法国最古老、最富有的家族的成员。据说，每年收入有120万利维尔。1760年，他接受圣职成为祭司，被选派为其叔父斯特拉斯堡大主教的助手。1770年，玛丽·安托瓦内特首次来到法国时，他即以此资格正式欢迎她。他发现斯特拉斯堡不足以施展他的野心，因此他大部分时间住在巴黎。在那里，他加入了反对奥地利和法国王后的党派。1771年，路易十六派他赴维也纳，以特使的身份去探察奥地利瓜分波兰的策略。但所举行的过分奢华的宴会及散布中伤新法国太子的谣言激怒了奥地利女皇玛丽亚·特蕾莎。路易十六只好将他召回巴黎，有势力的王族又诱劝国王使他成为一个重要的放账者——

王室救济品的主要支付者（1777 年）。一年后，这位英俊浪荡的祭司被提升为红衣主教，1779 年登上斯特拉斯堡大主教的宝座。在那里，他遇见了凯格利欧斯特若，而且着了魔似的，他竟相信了这个骗子的神奇权术。在这么短的时间内，晋升了这么高的位置，他觉得他似乎应该设法成为路易十六的首相，只要他愿意为这些年来他与王后的敌对做个补偿。

在巴黎，他的情妇是小巧迷人的莫特－维拉斯夫人。珍妮·维拉斯是法国亨利二世一个情妇的后裔。她的家族丧失了财产，珍妮被迫沦落到街上乞食。1775 年，政府终于承认了她的皇室血统，并支付她800 法郎的年金。1780 年，她嫁给安东尼·莫特——一个有着风流嗜好的武官。他在他的收入方面欺骗了她。他们的婚姻正如她表白的，只是饥与渴的结合。他将珍妮的全部收入据为己有。于是，她跑到巴黎和凡尔赛一带制造纷乱，以她所谓的"健康、年轻的气息（男人称此为'光辉'）和一种异常活泼的个性"作为征服的武器。为了成为红衣主教的情妇（1784 年），她装着与宫廷极为亲密，并企图取得王后对他的计划的许可，她雇用维莱仿造王后的手笔，写情书给他。最后，她答应安排一次会面。她训练了一个娼妓"男爵夫人"奥利瓦扮演王后。在凡尔赛的"维纳斯小树林"（Grove of Venus），一个黑夜里，他首次会见了这位妇人，误认为她是玛丽·安托瓦内特。他吻她的脚，并从她手中接过一朵玫瑰作为定情的信物（1784 年 8 月）。

现在，莫特夫人着手进行一项更无耻的计划，如果成功了，将使她的贫穷告一终结。她伪造了一封来自王后的信，授权红衣主教以她的名义购买这串项链。他把信交给伯默尔，伯默尔答应把珠宝让给他（1785 年 1 月 24 日），而他立据以分期付款的方式付清 160 万法郎。洛汗红衣主教将宝石拿给珍妮，并依她的请求，将钻石项链转移给一个确信是代表王后的人。进一步的故事是无法断定的，显然，它们被年轻的莫特"伯爵"带往英国，然后分拆开卖掉了。

查理·伯默尔将项链的账单拿给王后，王后却回答说她从未订过这东西，也未以她的名义写这信。第一次分期付款到期时（1785年7月30日），红衣主教只付了该期账单40万法郎中的3万法郎。伯默尔将此事诉诸国王的家务大臣布勒特伊，布勒特伊再禀呈国王。路易召来红衣主教，请他解释其所为之事。红衣主教呈阅了一些自认为是来自王后的信件，国王立即认出来它是伪造的。"这个，"他说，"不是王后的手笔，这个签名甚至不合规格。"于是他怀疑红衣主教和一些王后的敌对党企图损毁她的名誉。国王将红衣主教下至巴士底狱（8月15日），并命卫士搜寻莫特夫人。这时她已经开始了一连串的流亡，但终被捕，也被送入巴士底狱。同时被捕的还有"男爵夫人"奥利瓦、维莱和凯格利欧斯特若——他被误疑策划这一阴谋，事实上，他已尽力阻止它。

路易相信，一次公开的审判有助于让大众信服王后是无辜的。于是，他将这一案件提交他的敌人巴黎法院审判。在法国，此审判是18世纪"最轰动的审判"，正如3年后发生在英国的华伦·黑斯廷斯案件。议会的审判于1786年5月31日宣布：红衣主教被判无罪，因为他的被骗甚于骗人。但国王革了他的官职，并将他放逐到蔡斯—杜修道院。两个共谋者接到下狱的判决，凯格利欧斯特若则被释放。莫特夫人在巴黎法院前面的广场被当众剥去衣服鞭打。她被冠上"V"（voleuse，即小偷）的污名，终身监禁在声名狼藉的沙尔匹崔尔女子监狱。在一年监禁后，她逃到伦敦投奔其夫，并写了一本自传解释每件事。她卒于1791年。

巴黎的贵族和人民因红衣主教的被释而欢欣，他们责怪王后带来了这场公众审判的官司。一般的反应是她对珠宝的特殊嗜好，可为红衣主教相信那些伪造信辩解。谣言也因此控告她是他的情妇，虽然她在他被捕以前，已经有10年没见过他了。再一次，她保留了她的特长，却苦于名誉的受损。"王后的死，"拿破仑说，"从'钻石项链之审'就已经定下了。"

卡洛纳（1783—1787）

1783 年 11 月 10 日，国王任命卡洛纳为财政大臣。卡洛纳曾任梅斯及里尔两地之督办，颇为成功。他以一种吸引人的态度、愉悦的精神和金钱上的技巧，赢得了名声——虽然，他本人正如需要他去拯救的政府一样，对债务是一筹莫展的。他发现国库中仅存 36 万法郎，以支应 6.46 亿流通的债务，而这笔债一年增加 5000 万法郎。如内克使用过的同一手法，他决定代之以附加的税收，为了避免此举带来经济的混乱和萧条，他发行了一种彩票，以 10 亿利维尔买进。他求援于教会，以镇压博马舍再版的伏尔泰作品的承诺，换得了 1.8 亿利维尔的赏金。他重新铸造了金币，为国库赚得 5000 万的利益，又从银行家手中借来 1.25 亿，希望刺激商业。他拨了一大笔款子作为都市卫生设施及道路、运河、码头的改进之用，勒阿弗尔、敦刻尔克、迪耶普和罗谢利深受其惠。瑟堡的大船坞也开始兴建了。理论上讲，政府必须经常维持繁华的现状。他迅速地将公债分配给朝臣，并丝毫没有质疑国王的兄弟和王后的开支，国王自己却侮辱了这番好意，他允许将王室家务的开销，由 1775 年的 460 万利维尔遽升到 1787 年的 620 万。

卡洛纳的钱花得愈多，借的也愈多，而借的愈多，所须付出的利息也就愈多。1786 年 8 月，他向这位昏乱的国王承认：所有的权宜手段都已用尽了，而国家的债务和一年的亏欠又比以往增加了，只有在贵族和教会身上加税，才能把政府由财政困厄中解救出来。他知道巴黎法院现在正明目张胆地与有武力的贵族联合，将会反对此项提议，他建议召来一些知名之士——由他在全法国三个阶层中选出——到凡尔赛来，就解救国家财政之事加以磋商。国王同意了。

名士会议（the Assembly of Notables）于 1787 年 2 月 22 日召开，包括：46 位贵族、11 位教会人员、12 位皇家会议人员、38 位法官、12 位来自特权阶级和 25 位内政官员，一共 144 人。卡洛纳以一份勇敢的坦白，向他们陈述弊病——那是深植于历史和偏见中的——必须被除去，因为"它们涉及了大部分的生产和劳工阶级"，他痛责津贴的普遍不均，及"属于同一君王之下，不同省份和臣民之捐的巨大不均衡"。他所说的计划比杜尔哥的更激进，他将它们展示出来，仿佛已被国王赞同，假使它被接受，则革命即可被阻止。这些计划当中，一些来自杜尔哥时已为名士们接受的：盐税的减少、国内贸易通行税的废除、谷类自由贸易的恢复、省议会的建立、封建苦役的结束。但他对一项新设而一般性的土地税的要求被拒绝了，贵族和教会人员争论道："土地补助需要对所有土地测量及全部地主的户口调查，这在法国需要一年的时间，对时下的危机毫无裨益。"

卡洛纳以公开演说的方式呼吁人民，而贵族和教会对此项公众意见的结果不感兴趣。大会并以查询国家岁入的总数，及他任期内的支出经费来报复卡洛纳。卡洛纳拒绝服从，他知道阴谋的泄露和这笔开销将会毁掉他。大会坚持支出的经费较税制的修改更为必要。进一步地，大会问及了它对建立一项新税制的权威性，而此权威只属于三级会议——自 1614 年起，此会议即未召开。

拉斐特——名士之一——认同卡洛纳的大部分计划，但对他不信任。他控告卡洛纳瞒着国王贩卖王室土地。卡洛纳要他提出证据，拉斐特便予以证实。路易十六憎恶卡洛纳凌驾于政府之上，直接诉诸人民；而且从一连串被揭发的事件中，他知道了卡洛纳在财政上对他的蒙蔽。同时，他看出了只要卡洛纳掌大权，他即无法与名士们取得协调。所以，卡洛纳要求将批评他的布鲁特尔——他是玛丽·安托瓦内特的密友——免职时，玛丽反而劝国王将卡洛纳免掉。国王早已厌烦了这种乱糟糟的局面，也就接受了她的劝告（1787 年 4 月 8 日）。卡洛纳得悉巴黎法院正计划调查他的施政及私人事务，便逃亡到英国。4 月 23 日，路易以允诺"公开官方经济及国家财政"，与名士寻求妥协。5 月 1 日，在王后的再度建议下，他指派了一位名士任财政会议主席。

布里耶纳（1787—1788）

他是图卢兹的大主教，却以自由思想家闻名于世，所以哲学家皆为他的得权而欢呼。6年前，他被推荐继承大都市主教区的克里斯托夫时，路易十六就力言："至少，我们必须有一个信神的巴黎主教。"他任财务大臣时，他有一个最令自己满意的妙计：使他转任桑斯的大主教，那里比图卢兹要富庶得多。他说服名士们支持他一项贷款8000万法郎的计划，但他要求同意新土地税时，他们又希望剥夺他的威权。目睹了名士们再也无所作为时，路易很礼貌地把他们都解职了（1787年5月25日）。

布里耶纳缩减各部门的经费，企图挽救经济，部长们反对，但国王没有支持他的大臣。路易将家用开支减少了100万法郎，王后也接受了类似的缩减（8月11日）。布里耶纳有勇气拒绝宫廷、王后的朋友和国王的兄弟们的财政要求，以他的声誉成就了一个勉强的法务院（1788年1月），以对抗大多数他的主教伙伴们的反对，皇家敕令终于将公民权利伸展至新教徒了。

他不幸于此时——农作物歉收，英国输入品的竞争，已形成一种经济繁荣期中退却的现象，一直持续到大革命——得权。1787年8月，巴黎的饥民叫嚣着革命的口号，并焚毁了一些大臣的肖像。"每个人都觉得，"约瑟夫·扬于10月13日写道，"大主教似乎无法为国家目前的情况推卸责任……某些意外将发生，破产即将到来，一点儿都不稀奇。"到了第17天："一种思想弥漫着整个群众，那就是，他们正处于政府内一些大革命的前夕……一个大骚动存于人们的行列中，他们期望着一些改变……一股'自由'的强烈影响力，从美国革命后，时刻都在增长着。"

卡洛纳和布里耶纳主张的改革也为国王接受，却仍未被法院登记承认为法律。巴黎法院同意谷类的贸易自由及将封建苦役改为金钱偿付，但拒绝承认一项印花税。1787年7月19日，一项声明呈交路易十六："国家，由三级会议代表，只有认可的权利，对于国王而言，这些资源被证明是不可或缺的。"巴黎民众认可了此项声明，他们忘记了三级会议——就像在法国历史上我们所了解的——是一种封建制度，因为有利于特权阶级，而占着极重的分量。骑士贵族们并没有忘记这点，他们也承认了这项声明。此后，将他们自己与法务院、法律贵族联结在准备法国大革命的贵族革命中。路易对三级会议的召开犹豫着，担心它因主张立法权利而终止了波旁王朝专制的制度。

1787 年 8 月，他交给法务院一项敕令，有关全国各阶层必须要交纳的一种税收。法务院拒绝承认，路易于是召集会员到凡尔赛的法院底层，命令他们登记注册。这些会员返回巴黎后，宣布该注册无效，并重新要求三级会议。国王将他们放逐到特鲁瓦（8 月 14 日），各省法务院群起反抗。骚乱在巴黎爆发开来，布里耶纳和国王只好让步。在民众的欢呼声中，法务院再度被召回了（9 月 24 日）。

法务院拒绝承认布里耶纳的建议而提高 1.2 亿利维尔的贷款时，冲突又起了。国王召开了法务院中的"皇家法庭"（1787 年 11 月 11日），在此会中，大臣们提出注册这项方案，法院仍然拒绝。此时，奥尔良公爵叫道："陛下！这是违法的！"路易大发脾气地回答道："没有什么不同，因为我要它这样，所以它就是合法的。"——这明显地表示了专制制度。他命令注册此项敕令，它被执行了，但他一离开会堂，法务院立刻取消了该项注册。得知这个消息后，路易将奥尔良公爵放逐到维拉斯–柯特瑞茨，并将两名法官囚入巴士底狱（11 月20 日）。为了抗议这些和其他未经审议的逮捕，法务院呈递给国王一个"忠告"（1788 年 3 月 11 日），内容足以取悦贵族和民众，如："专横的法令，违反了固有的权利……国王们以征服或法律来统治……国家向陛下要求一个国王所能给予他的臣民的最大好处——自由。"

内阁想以公布政府的岁入和支出作为让步，来安抚法务院，然而因此透露的 1.6 亿利维尔的亏空，使问题更加恶化。银行家拒绝借钱给国家，除非法务院承认这项贷款，而法务院立誓否认它。1788 年 5

月 3 日，法务院发布了一项《权利宣言》，提醒路易十六和他的大臣们：法国是一个"由国王依照法律统治的君主政体"。在皇家敕令成为法律以前，法院绝不放弃它固有的权利而率先承认它们。在朝廷一片混乱和民间愤怒的抗议中，阁员们下令逮捕两位法务院领导者埃普雷梅尼尔和戈斯拉德（5 月 4 日）。5 月 8 日，布里耶纳宣布政府的意思——建立新法庭，以帕莱尼尔法庭为首。此后，它将成为唯一有权注册皇家敕令的机构，法务院被拘限为仅能处理司法案件，而整个法国法律都将重建。同时，巴黎法务院被迫"休会"——事实上，延宕其运作。

于是，法务院诉诸贵族、教会和各省法务院，他们一致予以支持。公爵和教士们都为国王的取消法务院的传统权利而抗议。一个教士会议（6 月 15 日）责备新的全民法庭（Plenary Court），将它的"免费礼物"由过去平均的 1200 万利维尔减至 180 万利维尔，并拒绝任何进一步的支援，直到法务院重新召开为止。接着，各省法务院群起而效之——波城（Pau，贝尔恩首府）法务院宣布：凡巴黎法务院拒绝的敕令，此地不予注册。武力因此威胁到法官时，人民起而保护他们。鲁昂法务院斥责国王的阁员们是卖国贼。所有使用新法庭的人，即失去法律上的权利。雷恩（布列塔尼首府）法务院也发布了类似的法令。政府派兵斥逐它时，立即遇上了当地贵族的武装侍从。在格勒诺布尔（多芬首府），军队司令宣布一项皇家敕令、解散该地法务院时，城镇平民，加上由警钟召来的农民们，从屋顶上以砖瓦投掷抵抗的军队，并强迫指挥官——此刻，他正受着被吊在灯架上的痛苦——收回国王的敕令（1787 年 6 月 7 日，"砖瓦之日"）。然而，法官们遵从了王室的命令，受到放逐。

格勒诺布尔的群众以其反应书写了历史。贵族、教士和民众决心在 7 月 21 日的一个集会中重建多芬的地位。自从第三等级取得胜利后，其代表被允许与其他两种人平等地联合在一起。大家同意，在新会议中，应照个人而非阶级投票。这开了它在全国三级会议组织中扮演一个角色的先例。因为格勒诺布尔的集会被禁止了，多芬的第三等级改在数里外的维吉利举行。在一位年轻律师让·约瑟夫·穆尼耶和一位青年演说家安东尼·巴纳夫的领导下，500名代表起草了几项决议（1788年8月）：维持法院的注册数，废除拘捕委任状，召开三级会议，并保证除非三级会议同意，决不增加新税。全省公然反抗国王，事实上，它已赞成了君主立宪政体，这只是法国大革命的序曲而已。

在几乎是全国反抗皇室威权的斗争中，国王投降了，他决定召开三级议会。但是，自最后一次开会起，迄今已174年了，而第三等级的兴起也使旧程序不合时宜。路易十六向人民发布一项特别的恳求，以作为皇家会议的一个规则：

> 陛下将致力接近早期的诉讼手续，但它们无法被决定时，他希望以确知他的臣民们的意向来补偿这个不足……依照国王决定的指示：关于上述事件，所有可能的探索，在每一省的所有托管处，皆已具备了。这些调查的结果，将转到省社团及议会……他们将轮流向陛下报告他们的愿望……陛下邀请了所有学者和知识分子……就现行法令中有关事务的所有消息和实录，去指导执印大臣。

8月8日，路易召集了法国三个阶层推派的代表到三级会议——它将于1789年5月1日，在凡尔赛宫开会。同一天，他中止了帕莱尼尔法庭，它很快就从历史上消失了。8月16日，政府宣布并实际承认了它的破产，直到1789年12月31日，政府所负的责任不是在金钱方面，而主要是在舆论方面。8月25日，巴黎民众焚毁布里耶纳的肖像时，布里耶纳身负恩宠与财富，辞官告退了。他隐退到他在桑斯的富有的主教辖区内。1794年，他自杀于此地。

内克再当大任（1788—1789）

国王无奈之下要求内克重返政府（8月25日）。现在，他拥有国家部长的名衔和皇家会议中的席位。每个人，从王后、教士到银行家、民众，都为他的再任喝彩。群众聚集在凡尔赛宫的庭院欢迎他，他走出来，告诉他们："是的，孩子们，我回来了，我回来缓和你们的痛苦。"同时，他自己也哭了。

政府内部、民间、行政系统和群众的紊乱，几乎造成政治的崩溃。内克所能做的最好的举动，就是维持它的稳固，直到三级会议召开。正如一个重建信心的手势，他将其私人的200万法郎注入国库，并抵押了他个人的财产，作为国家债务的部分担保。他取消了8月16日的声明，要求持有公债者以接受证券代替接受钱币。政府的公债在市场上提高了30%，而银行家借给国库足够的款子，以度过当年的危机。

在内克的劝告下，国王再度召集最高法务院（9月23日）。法务院为此胜利而得意忘形，犯了一个大错，宣布：即将召开的三级议会，其运作方式仍本着1614年的形式区分阶级的座位，并以阶级为单位投票——那将自动地缩减第三等级的政治权利，使他们变得无能。一般民众相信，法院的主张会协助自由抵抗暴力。他们了解的自由，与两层特权阶级的意愿相同，即压制国王。现在，法院因加入了封建制度的一方而丧失了有权利的中产阶级的支持。此后，中止了它为实现某些事业的代理人的资格。贵族革命已经显示了它的极限和没落，现在，中产阶级革命开始了。

内克的工作因为1788年的大旱而益发艰苦，后来，旱灾虽为一场大冰雹终结，却因此毁灭了那些早受摧残的农作物。1788年与1789年之交的冬天，是法国历史上最痛苦的一段时期。在巴黎，气温降至零下18度。塞纳河从巴黎到勒阿弗尔全冻结了。每磅面包价格从1788年8月的9苏，上涨到1789年2月的14苏。上层阶级的人尽其所能地赈济贫民。一些贵族，如奥尔良公爵，花了不计其数的利维尔，供给穷人们的饮食和取暖；大主教捐了40万利维尔；一家修道院每天救济1200人，持续了6个星期之久。内克禁止输出谷类，而输入金额高达7亿利维尔。于是，饥饿被阻止了，但归还债务的工作落到其继承者或三级会议身上。

同时，他不顾有权势的贵族们反对，说服国王，于1788年12月27日公布：在即将来临的三级会议中，第三等级的代表必须和其他两个阶级代表的总和相等。1789年6月24日，他向全国各地区发出邀请，请他们选举代表。在第三等级，每个24岁以上付了任何一种税的法国人，都可以有资格——甚至被迫——投票。如此一来，所有从业者、商人、公会会员，事实上，除了依赖救济过活和赤贫的劳工以外，都有了投票权。合格的候补者组成了一个选举委员会，选举本区的代表。在第一阶级，每位牧师或副牧师，每个修道院或僧院，选举一个本地区选举委员会的代表。大主教、主教、修道院院长都可以参加会议，由这个会议再选举一位教会的代表到三级会议去。在第二阶级，每个24岁以上的贵族，都自动成为选举委员会的一分子，再由此会议选举一位本地区贵族的代表。在巴黎，只有缴付了6利维尔或更多利维尔的人头税的人才有选举权，在这里，大部分劳动阶级被剔除了。

每一阶层的每个选举会议，都由政府邀请起草一部《怨懑公报》（*Cahier des Plaintes et Doléances*）——诉讼及不满的陈述——作为代表的导引。在各省的公报中，地区的公报都被略言为每一阶级：它们全部或大部分被引荐给国王。所有阶级联合起来的"公报"，一致反对专制，要求君主立宪政体——在此政体中，国王及其大臣的权利将受到法律的限制，一个普选产生的会议定期开会，并规定：只有该会议有权制定新税和承认新法律。几乎所有代表都被通知不支持政府的公债，直到制定一部宪法。各个阶级抨击政府财政的不当、间接税、王室权力的过度膨胀——正如"怨懑公报"所刊的一样，他们一致要求陪审制度、通讯保密和法律的改革。他们也要求自由，但是以他们自己的方式：贵族们要求恢复他们在黎塞留时代以前的权利，教士和中产阶级们要求在阶级斗争中的自由，农民们则要求从繁捐和封建税中解放出来。原则上，他们都接受所有财产一律同税。全体代表都表示对国王忠诚，但无人提到他的"神圣的统治权"。在一般民众心中，它已经作古了。

贵族的"公报"要求：在三级会议中，每一阶级分别开会，并以阶级为单位投票。教会的"报告"拒绝答应，并要求取消最近许给新教徒的公民权。一些"公报"要求大部分什一税留给教区。在教阶制度中，所有僧侣皆可晋见较高级的教会人士。几乎所有教会的"公报"都为当时艺术、文学、戏剧的伤风败俗而悲痛，他们将此堕落归罪于新闻的过度自由，他们还要求天主教教会对教育有专利权。

第三等级的"公报"，主要是中产阶级和自耕农的意见：要求废除封建特权和运输税，要求所有职位开放给各个阶级有才能的人，责备教会的财产及僧侣们的无谓浪费。一份"公报"建议：要应付国库的亏空，必须卖掉教会的土地，收取他们的租金。还有的则主张教会财产充公。许多人抱怨贵族的动物和狩猎，使他们的田地荒芜。他们要求：全民自由教育，改革医院和牢狱，废除农奴制度和奴隶买卖。一份典型的农民"公报"言道："我们是王位的主要支柱，军队的真正支持者……我们成为别人财富的来源，然而我们自己仍处于贫穷。"

总之，这次三级会议的选举，在法国历史上是值得骄傲和光荣的事件。在一个短时间内，波旁王朝的法国几乎成了民主国家。这是一项很理想的投票，在如此异常的运作上，并不如一般预料的那样混乱。大致而言，它较以后大多数欧洲民主国家的选举更免于腐败。就我们所知，以前从来没有一个政府，发出过如此广泛的邀请，请它的人民依照程序来指导它，其中包含了他们的怨言和渴望。这些"公报"联合起来后，给了政府一个较它以前拥有的更完整情况的见解。现在，法国有了政治改进的材料。现在，法国选择了来自各个阶层的精英，去和一位已经有志于革新的国王会晤。所有的法国人都对这些人充满希望，他们来自国家的每个角落，正步向巴黎和凡尔赛。

米拉波

他们之中，有一个由艾克斯省和马赛民众选出的贵族：加比瑞尔·米拉波伯爵。他以其特殊、卓著的荣誉而著称，长得丑陋，却吸引人。从他抵达巴黎（1789 年 4 月）到他早逝（1791 年）期间，他成为大革命的主要人物。

我们褒扬他的父亲大米拉波侯爵是一个重农主义者和"人类之友"——除了其妻与孩子之外，是属于每一个人的朋友。沃韦纳格描述这位"人类之友"，"有海一般的热情和忧郁的个性，但比海更高贵、更好动，对享乐、知识和荣誉有着最高贵的渴望"。大米拉波侯爵承认这些，并加上"缺德是他的第二天性"。28 岁那年，他决心寻找一位妻子。他找到了玛丽·维森，他从未见过她，但知道她是一笔巨款的继承者。与她结婚后，他发现她是一个懒散、无能的悍妇。11 年内，她给了他 11 个孩子，但只有 5 个在幼年时活了下来。1760 年，侯爵因写了一些煽动民变的作品而被捕入万森堡，一星期后被释放。1762 年，她离开了他，回娘家去了。

长子加比瑞尔在家庭变故中成长起来了。他的一个祖母死于精神错乱，一个妹妹和一个弟弟也是偶发性疯狂症的患者。加比瑞尔在一连串灾祸的打击下没有发疯，真可说是一个奇迹。他出生时就有两颗牙齿，好像是对这个世界的一个警告。3 岁那年，他染上天花，使他的脸留下了疤痕，像战场一样可怖。他是一个精力充沛、好争论、任性的男孩子，他的父亲也是精力充沛、好争论、任性，时常打他，造成了他心中对他的那份"孝顺的恨意"。15 岁那年（1764 年），侯爵很高兴地将他送到巴黎的一所军事学校。在那里，加比瑞尔学了数学、德文、英文，他读得十分努力，完全沉浸在追求成就的热心上。

他读了伏尔泰的书，丢弃了宗教。他读了卢梭的著作，学得了为民众着想。在军队中，他和司令部的女主人偷情，进行了一场决斗，参加了法国人侵科西嘉的战争，因勇敢赢得了赞扬。一时间，也得到了他父亲的爱。

23 岁那年，他结了婚，很明显是为了金钱。艾米莉·马里纳克是 50 万法郎的继承者，她为他生了一个儿子，然后，她找了一个情夫。他发现她的不贞，但并未宣扬出去，他原谅了她。后来，他与维伦纽夫争吵，他在维伦纽夫身后折断了一把伞，因此被控蓄意谋杀。为了帮他逃避逮捕，他父亲取得了一份拘捕令。依此，加比瑞尔被迫监禁在离开马赛的一个小岛上的艾弗堡。他请求他的妻子伴随他，她拒绝了，他们交换了一些使彼此伤感情的信，直到他说"永远地再见了"（1774 年 12 月 14 日）。同时，他以偶尔与城堡司令官的妻子同眠，来保持温暖。

1775 年 5 月，他父亲设法将他转到靠近蓬塔利耶和瑞士边境、监视比较松的侏罗堡。狱吏莫里斯邀他参加一个宴会。在那里，他遇见了索菲亚·鲁菲，她是 70 岁老翁蒙尼耶侯爵 19 岁的妻子。她发现加比瑞尔比她丈夫更令她满意，他相貌平常，头发柔软，鼻子巨大，眼睛里燃烧着火焰，而他的脾气是"含有硫黄"的。同时，加比瑞尔能以甜言蜜语引诱任何一个女人。索菲亚把她自己完全奉献给他。后来，加比瑞尔由蓬塔利耶逃出，潜伏到萨伏依的朵依，并在那里引诱了一个亲戚。1776 年 8 月，索菲亚在瑞典的魏利埃尔找到他，因为她说：离开他生活，是"一天中死一千次"的事。现在，她发誓："要'加比瑞尔'，或要'死亡'。"她打算外出工作，因为加比瑞尔已经身无分文了。

于是，他带着她到阿姆斯特丹。卢梭的出版人马克瑞雇他做一名翻译，索菲亚则任他的文书，兼教意大利文。他写了一些不足取的作品，其中他谈及其父："他宣扬道德、慈爱、节俭，他是一个最坏的丈夫，最辛苦也是最浪费的父亲。"小米拉波先生认为这有损他的礼仪。他又联合了索菲亚的双亲，计划引渡一对来自荷兰的夫妇。结果事败被捕（1777 年 5 月 14 日），他被送往巴黎。索菲亚企图自杀但未遂，被送往一所感化院，加比瑞尔则步着其父和狄德罗的脚步，被囚于伊夫堡。在此地，为了尽述自己的经历，他口述了 42 个月。两年后，才准使用书、纸、笔与墨水。他寄了许多封热情洋溢的信给索菲亚，1778 年 1 月 7 日她为他生了一个女儿——据推测大概是他的。6 月，母女被送往靠近奥尔良的盖恩修道院。

小米拉波恳求其父原谅他，并设法释放他。"让我看看太阳！"他哀求道，"让我呼吸一点新鲜的空气！让我瞧瞧人们的脸！在这里，除了黑墙外，看不到任何东西。父亲呀！我会死于肾脏炎的折磨！"为了缓和痛苦，为了弄些钱给索菲亚，为了免于精神分裂，他写了一些书，有些是色情的。其中最重要的是"不满之诉"（Lettres de Cachet），痛陈未经许可的拘捕及未经审判的监禁的不公平，要求改革监狱和法律，于 1782 年出版。这本小册子使路易十六十分感动，1784 年他下令释放在伊夫堡的所有犯人。

小米拉波的狱吏同情他，1779 年 11 月后，他被准许在堡内的花园散步和接见访客。由此，他为他过剩的精力找到了出路。他父亲同意设法使他自由——假如他愿意向他的妻子道歉，并与她同居的话。因为，老侯爵急着要一个孙子继承烟火。加比瑞尔写信给他的妻子请求原谅。1780 年 12 月 13 日，他在其父的监视下被开释了。然后，他的父亲邀他到毕格侬的别墅。他在巴黎找了一些相好，并到修道院去探望索菲亚，他告诉她：他要接她回去。接着，他回毕格侬取悦其父。索菲亚从她丈夫那里收到了一些钱，然后搬到靠近修道院的一间房子参加慈善机构的工作，并答应与一个退了伍的骑兵队队长结婚。这个队长在举行婚礼前就死了，第二天（1789 年 9 月 9 日）她也跟着自杀。

小米拉波的妻子拒绝见他，他控告她遗弃。在案件中他败诉了，但他为这不可能的理由答辩时，他长达 5 个小时的演说口才却大大地使他的敌友们惊讶。其父不承认他，他又控告其父，并从他那里得到每年 3000 法郎的允诺，他借钱来过奢侈的生活。1784 年，他又娶了新妻子内尔娜，并迁往英国和德国（1785—1787 年），那是使他与一切相好断绝的方法。内尔娜谅解他，为此，她说："假如一个女人给他一丁点的暗示，他马上就会燃烧。"他两度遇见腓特烈，并学习普鲁士文，那足够他著作一本《普鲁士的君主政治》(*De la Monarchie Prussienne*，1788 年)，资料由一位普鲁士少校供给。这本书是献给他父亲的，他描述它像"一个疯狂工人的伟大文集"。卡洛纳命他传达一些关于德国事件的秘密急件，他传达了 70 件，他敏捷的领悟力和强烈的风格使这位首相大为惊异。

回到巴黎后，他看出了群众的不满已达临界点。在致蒙特摩林部长的信中，他警告道："除非三级会议于 1789 年召开，否则革命即将来临。""试问：你是否计算过影响到失望思潮的饥饿的骚动力量？试问：谁敢为所有围绕在王位周围的人或国王自己的安全负责任？没有！"他受困于此骚乱，并投身于此潮流。他与其父取得了初步的谅解（其父死于 1789 年），并企图使他自己成为艾克斯省的三级会议议员候补人。他请此地的贵族们支持他，他们拒绝了。于是，他回到第三等级。在那里，他受到了欢迎。现在，他脱掉他保守的茧，蜕变为一位民主主义者。"君王的权利完全系于人民。君王再也不是人们的头号长官了。"他希望保存君主政体，但只限于保护人民抵抗贵族。同时，他要求成年男子应有投票权。在省议会（the Estates of Provence）的谈话中，他用一般的恐吓威胁特权阶级："小心！不要轻视这些人民，他们生产一切东西。他们是可怕的，他们需要的只是稳定。"

在马赛，一场骚乱爆发了（1789 年 3 月），当局派米拉波安抚人民，因为他们知道他颇孚众望。12 万名群众聚集着向他欢呼。他先组织了一支巡逻队伍阻止暴动，然后在一份对"马赛人民的劝告书"中，他安慰百姓们，劝他们忍耐，直到三级会议有时间发现"要求高薪的劳工和要求低薪的雇主"之间的平衡，乱民们服从了他。他又以相同的说服力，安抚了艾克斯省的一场暴动。艾克斯和马赛选他为代表。他感谢那些选民，并决定代表艾克斯。1789 年 4 月，他赴巴黎，参加三级会议。

最后的预演（1789）

他穿过一个正面临饥荒和革命的蠢蠢欲动的国家。1789 年春天，一些地区重复着抗税和要求面包的暴动。在里昂，民众侵入收税人员的办公室，撕毁了他的登记簿。在靠近蒙彼利埃的阿格德，人民以抢劫来要挟日用品减价。他们如愿了。乡村处处是对谷物欠缺的恐惧，严禁由此地输出谷类。一些农民谈及烧毁可有的"报告"，并刺杀君王（1789 年 5 月）。在蒙特莱里，女人们听说面包已涨了价，便率领一群人侵入谷仓和面包店，抢夺所有面包和面粉。类似情形也在塞纳河的布雷、巴诺斯、亚眠，几乎法国的每个地方发生。一个城镇接一个城镇，暴民煽动着群众："国王已经将一切税捐延期了。"在 3、4 月间，一个消息传遍普罗旺斯："国王的最佳德政，在求'税'的平等，此后再也没有主教、君王、什一税，也没有什么头衔和地位了。"1789 年 4 月 1 日以后，人民再也不必付封建税了。8 月 4 日，"自动"放弃这些税收的贵族们，并非是自我牺牲，而是对既成事实的承认。

在巴黎，三级会议快要召开时，群众的情绪也日益高涨。印刷机生产许多小册子，暴民们在咖啡馆和俱乐部倡言高论。历史上最著名、最具威力的小册子出现于 1789 年 1 月，由思想自由的沙特尔教区的伊曼纽·约瑟夫·谢耶斯修道院长所著。拉罗什富科曾写过："第三等级是什么？一切东西。它有什么？一无所有。"谢耶斯将此具有爆炸性的讽刺短诗，冠上一个引人注目的标题，并变成三个问题，立刻成为半数法国人正在问的：

第三个阶级是什么？一切东西。

到目前为止，在政治等级上，

它得到了什么？一无所有。

它要求什么？去变为一些东西。

谢耶斯指出：法国 2600 万人中，至少有 2500 万人属于第三等级——包括没有名衔的流浪汉。事实上，第三等级就是整个国家。假使，在三级会议中，其他阶级拒绝与它同席，它将允许自组一个"全民大会"（*Assemblée Nationale*），而此警言也将持续下去。

"饥饿"甚至比"文字"更令人惊悸。由政府、教会、富人所办，设立在巴黎的救济站，喂养着成群来自内地的乞丐和罪犯，他们一无所有，专事于亡命的冒险。在各个地方，群众想尽方法惹是生非，他们威胁着：要在就近的街灯柱上，吊死任何一个窝藏谷类或索价太高的商人。在谷类运到市场途中，他们时常予以截断或抢劫。有时，他们以武力抢劫市场，不付钱，去抢农人买进来后正要出售的谷类。4月 23 日，内克通过皇家会议，发布一项法令：在缺乏面包的地方，他授权法官和警察搜取私人谷仓内的存货，并压迫他们将私有的谷类转到市场上，但此命令并未严格执行。以上，是春天中巴黎的景象。

在这些愤怒的劫案中，奥尔良公爵看出：对于他的野心而言，这是一个可以利用的手段。他是曾经在法国摄政（1715—1723 年）的奥尔良·菲利普的长孙，生于 1747 年。5 岁时取名沙特尔公爵，22 岁时与路易·玛丽结婚，她的财产使他成为全法国最富有的男人。1785年，他继承了奥尔良公爵的名衔。1789 年后，经民意拥护，他以"公平的菲利普"而著称。我们前面已经见过他在法务院中向国王挑战，因此被放逐到维拉斯—柯特瑞茨。他很快潜回巴黎，并决心使自己成为民众的偶像，希望在这位饱受折磨的国王弃位或被废时，他能登上他堂兄弟（路易十六）的宝座。他对贫者施惠，要求教会财产收归国有，并冒险将他在巴黎正中心的皇家花园和一些房间开放给民众。他有着一般贵族的文雅和其祖先雷根特的品行。让利斯夫人——他孩子们的保姆——担任他与米拉波、孔多塞、拉斐特、达雷杭、拉瓦西耶、伏奈、谢耶斯、卡米尔·德穆兰、丹东的联络人。他的伙伴互助会给予他实质上的支持。小说家拉克洛——他的秘书——在组织民众示威与革命中，充任其代理人。在邻近他宫殿的花园、咖啡馆、赌场、妓院内，写小册子的人交换着意见、组织计划。在这里，几千个人民，包括每个阶级，都加入了当时的骚乱。他的宫室——像是所有紊乱复杂的统称——成了大革命的中心。

有传闻说，攻击位于圣安东尼街的雷维伦工厂是事先准备好的计划，由公爵出钱，而拉克洛负责组织。雷维伦领导着一个他自己的革命：他改进了一项技术，将颜料画在牛皮纸上，代替壁画和花毡，并生产英国权威所称的"毫无疑问地，这是曾经制造过的最漂亮的裱糊纸"。他的工厂雇了 300 人，最低工资为每天 25 苏。在马吉瑞特民选议会上，一个争论起于中产阶级选民和工人之间。有人谣传"工资可能会削减"。谣言传播到最后，竟成了"雷维伦说'一个有妻儿的工人，一天只要 15 苏即可过活'"。4 月 27 日，群众聚集在厂房前面，找不到雷维伦，便焚毁其肖像。28 日，增援加上武装，他们侵入了雷维伦的住宅，抢劫、烧毁家具，从地下室取出酒来喝，攫动其钱币和银盘。暴民们涌入工厂并抢劫。当局派军队镇压他们，战斗持续了数小时。结果，12 名士兵及超过 200 名暴民被杀。雷维伦关闭了工厂，迁往英国。

这是民意代表们和他们的代理人抵达凡尔赛的三级议会时，整个巴黎的大致情景。

三级议会（1789）

5 月 4 日，代表们庄严地排成一列队伍，参加圣路易教堂的弥撒。凡尔赛教士在最前排，次为穿着黑衣的第三等级代表，接着是悠然、多彩、夸耀的贵族，再次为教会代表，然后是国王和王后，由王室随从围绕着。市民们聚集在街道、阳台和屋顶上，向平民代表、国王与奥尔良公爵欢呼，而对贵族、教士和王后视若无睹。这一天，每个人（除了王后）都十分愉快，因为许多他们期望的事均获通过，许多人甚至贵族群中也有人为这个分裂的国家表面上趋于统一的局面而落下眼泪。

5月5日，代表们聚集在宽敞的"小娱乐之厅"。离皇宫约有400码，共有621位平民代表、308位教士和285位贵族（包括20位教袍贵族）。在教士代表中，2/3出身于平民，以后他们中间有许多人与平民联成一气。在第三等级的代表中，几乎一半是律师，5%是职业人员，13%是商人，8%代表农民阶级。在教士中，有一个奥顿主教达雷杭，米拉波预证了拿破仑的格言"丝袜上的污泥"。他形容达雷杭是"一个卑鄙、贪婪、下贱、奸诈的家伙，他的欲望仅是污泥和金钱，为了钱财他可以出卖灵魂。他也可能是对的，因为他可以将粪堆变成金子"。因此，很难判定达雷杭的真实意图。在贵族中，有些人主张实际的改革，如拉斐特、孔多塞、拉利·托伦德、诺瓦耶、奥尔良公爵、艾吉永公爵和利昂库特，他们大多加入了谢耶斯、米拉波和其他第三等级代表组成的"三十人协会"（Les Trentes），那是一个为自由策略而组织的团体。第三等级代表中的名人有米拉波、谢耶斯、穆尼耶、巴纳夫、天文学家让·巴伊和罗伯斯庇尔。这是法国历史——也许现代历史——上最出名的政治集会，整个欧洲的注意力都集中在这次聚会上。

国王先以一段简短的演讲开启了第一次会议。他坦白地承认政府财政的困窘，而将此归罪于"一场耗费庞大却诚实的战争"，他要求一项"税的增加"，并哀叹"新设施的夸大要求"。内克继之以3个小时的演说，承认一项5615万利维尔（实际上是1.5亿）的亏空，并请求准许一项8000万利维尔的贷款。代表们为此费心的税的统计表而烦躁不堪，他们大多希望这位自由的阁员说明改革的计划。

第二天，贵族和教士分庭开会时，阶级斗争开始了。普通民众挤进了"小娱乐之厅"。很快地，它以其有力——而且通常是有组织——的赞成或反对的表示而影响了投票。第三等级拒绝承认分开的议场，它坚决地等待着其他阶级的加入及个别的投票。贵族的回答是以阶级投票——每一阶级一票——是君主立宪制度不可更改的一部分。合并三个阶级成一个，并准许个人的投票，在第三等级已经占总数一半，及极易从一些低级教士中赢得支持的议会中，将会把法国的明智与特性，屈服为仅仅是部分中产阶级的命令。教会代表分为保守和自由两派，仍在观望着，静待时局的发展。一个月过去了。

与此同时，面包的价格继续上涨，虽然内克曾试着平稳它。公众暴力的危险增加了，小册子的潮流也汹涌起来了。

6月10日，第三等级的代表派了一个委员会到贵族和教士中，再度邀请他们加入会议，并宣称：假使他们坚持主张分庭开会，第三等级将不顾及他们而继续国家的立法。6月14日，9位教区牧师跑到平民中，团体意志的争论乃告分裂。同一天，第三等级选了贝利为主席，并自组为代表团和立法机构。15日，谢耶斯建议：因为在"小娱乐之厅"的议员们代表了国家的96%，他们应该称为"被承认的会议及法国的所有代表"。米拉波认为这个名称包含太广，国王必定会拒绝，谢耶斯将它简缩为"全民大会"，而以491对89通过。这个宣布，自动将专制君权变为有限君权，并结束了上层阶级的特殊权利。而在政治上，它不断地演变成大革命的开端。

但是，国王愿意接受这个降级吗？为了迫使他屈服，全民大会又宣布：所有现存的税，仍照常缴付，直到大会被解散为止。此后，除非大会通过，否则不再增添新税。大会将尽可能迅速地考虑面包短缺的原因和补救办法，而待一项新宪法被接受后，大会将承担、支付国家的债务，方法之一是安抚暴民。另外是寻求执债券者的支持。以上这些，很明显是有计划地减少国王的反抗力。

路易和他的大臣商量。内克警告他，除非特权集团让步，否则三级议会将解体，没有人付税，政府也就随之破产、绝望。其他阁员力言，个别投票意味着第三等级的独裁及贵族阶级在政治势力上的没落。路易感觉到，他的王位建立在贵族与教会之上，便决定对抗全民大会。他宣布：6 月 23 日，他将莅临全民大会演说。内克被击败了，请求辞职，国王知道人民必为此举深觉愤怒，因此说服他留下来。

为了将王室会议列入时间表，"小娱乐之厅"必须做一些物质上的准备，为此命令，送入了一些宫廷工匠，但并未通知大会。6 月 20 日，第三等级代表试图进入大厅时，他们发现门被锁住了，里面被工人占据着。在相信了国王计划开除他们后，代表们移到附近一个网球场，作了一个历史性的宣言：

> 全民大会，顾及到它被召集来建立王国的宪法、完成公众秩序的革新、维持君主政体的真正原则，因此没有东西可以阻止它在各方面继续的深思熟虑。它可能被迫地自我组织，以后，每逢它的会员集会时，就是一个全民大会。此大会的所有分子，均将作一个庄严的宣誓：永不分开，不论何地，只要环境需要，它一定重新开会，直到王国地位被建立，并在坚固的基础上团结一致的时候。誓言说："所有会员，每一个人均以签名来承认这个坚定的决心。"

557 位代表和 20 位副代表立即签字，60 几位教士接着签字。此消息传到巴黎时，愤怒的群众聚集在皇宫，发誓：不惜任何代价保卫全民大会。在凡尔赛，一个贵族或一个教士出现在街上，变得十分危险。巴黎大主教只好以同意加入大会自救。6 月 22 日，宣誓了的代表在圣路易教堂集会，一些贵族和 149 个教会代表加入。

6 月 23 日，三个阶级的人集中在"小娱乐之厅"听国王演说，厅堂四周围绕着军队。很明显，内克已自皇家随员中引退了。路易说得十分简短，然后授权一个秘书朗读他的决定，这是违法地否决、取消了代表们的资格，而这些代表已经宣誓了他们自己就是"全民大会"。它允许三个集团联合集会，及在事务上个别的投票不影响法国的阶级结构。但是，没有东西能损害"传统的、固有的……财产上，或是光荣的特权上的……属于前两个集团的"权利。有关宗教或教堂的事，必须先得到教会的同意。国王授权三级会议否决新税和贷款，而假使特权集团投票赞成的话，他也保证税制的平等。他表示愿意接受有关改革的劝告，并建立行使个别投票的省议会。他同意结束封建劳役、"不满之诉"、国内贸易税及在法国农奴制度中的所有痕迹。他带着一份权威性、简短的炫耀，结束了这次的会议：

> 假使你们在这一件大事业中遗弃我，我也会独自为我人民的福利而工作……我会考虑使我自己成为他们真正的代表……没有我的同意，你们的计划或会议记录，一个都不能成为法律……我命令你们马上分开，明早开会时，每个人进入自己的会议室，重新开始你们的商议。

国王离开后，大部分贵族和教士也走了。布瑞兹侯爵——典礼的主席——向留下的代表们宣布："国王的旨意，所有人必须离开大厅。"米拉波做了个有名的回答："先生……在这里，你没有地位，没有声音，没有权利说话……假如你要强迫我们离开这个大厅，你得先找到使用武力的命令……因为，我们决不离开我们的地方，除非枪剑的力量。"接着，民众们号叫着："这是大会的意志。"布瑞兹退缩了，他下令当地的军队清除大厅，但一些自由派的贵族说服他们勿采取行动。有人将此情形报告国王，他说道："噢！真是见鬼了！让他们留着吧！"

6月24日，约瑟夫·扬在日记中写道："巴黎的骚乱远出人意料之外，1万人整天在皇宫中……不断举行的集会，达到了一种放荡的程度和自由的狂暴，这大致是可靠的。"政府无法维持秩序，因为他们不能依赖当地的法兰西卫队（French Guards）。一些士兵和皇宫附近的群众联成一气，而在巴黎的一个联队是一个秘密社党，他们发誓不服从任何与全民大会敌对的命令。

6月25日，407位选举巴黎第三等级代表的人聚在一起，以自己代替首都的皇家政府，他们选了一个新的市议会，几乎全是中产阶级。废弃旧议会，只留给他们保护生命财产的工作。同一天，47名贵族由奥尔良公爵率领，迁到"小娱乐之厅"。大会似乎得到了胜利，只有武力才能驱散它。

6月26日，内克的反对党，国王阁员中的保守分子通知他：凡尔赛和巴黎的军队不再服从命令了。他们劝他派出6支省联队。27日，路易听从了内克的忠告，吩咐贵族和教会代表与其余分子联合。他们做了，但贵族拒绝加入投票，因为他们的选举人禁止他们在三级会议中个别投票，大部分人在30日那天，恢复了他们的身份。

7月1日，国王召集了10支联队到巴黎，多半是日耳曼人和瑞士人。7月的第一个星期，6000人的军队在布罗伊元帅的领导下，占据了凡尔赛。1万人则在贝森瓦男爵的率领下，攻下了巴黎附近的一些据点，主要是马斯地区。大会和人民确信，国王正计划驱散或恐吓他们。一些代表害怕被捕，索性不回家，晚上就睡在"小娱乐厅"。

在恐怖中，大会指定一个委员会起草新宪法。7月9日，该委员会提出了初步的报告。从这一天起，代表们自称"国家选举大会"（National Constituent Assembly），其中要求君主立宪政体的意见占了多数。米拉波主张：一个"多少像英格兰的政府"，大会为一个立法者。但在以后两年内，他不断鼓励保留国王。他称赞路易十六的善心和慷慨的意愿，只是时常为一些短见识的顾问迷惑，他问道：

> 在任何民族的历史上，人们是否学到：革命如何开始，如何发生？他们是否注意到：借着一条环境的命运之链，最智者被远远地逐出镇定的限度之外。借着可怕的刺激，一个被激怒的人，在令他战栗的绝对思想上，会突然坠入无节制？

大会怀疑米拉波是国王或王后派来护卫君主政体的。但是，最重要的，大会遵从了他的劝告。现在，占了优势的中产阶级代表们感到群众正逐渐变得危险而难以驾驭，要阻止社会秩序崩解的唯一途径，就是维持国家现在的执行机构一段时间。

对王后，他们可不打算轻易原谅。据人们所知，她迅速地参与了支持皇家会议中的保守党，并使用远超出她能力范围之外的政治权力。在这紧急的几个月中，她饱受摧残，使她丧失了能平静、谨慎判断的能力：她的长子路易太子深苦于软骨病和脊骨的扭曲，没人扶持，他就无法走路。6月4日，他死了，玛丽为此悲伤、惧怕而心碎，她不再是王朝初期那个行乐终年，夺人魂魄的女人了。她的双颊苍白、瘦削，头发转灰，带着忧思的微笑，回忆着快乐的日子。她的夜晚常被巴黎群众的运动搅得愁闷不堪，他们诅咒着她的名字，护卫着凡尔赛的大会。

7月8日，米拉波通过一项动议，要求国王从凡尔赛撤出省军队——他们正将诺特花园布置成一座武装的营防。路易回答：这对大会没有妨害。但7月11日，他展现了他的手腕，将内克解职，并命令他立刻离开巴黎。"整个巴黎，"斯塔尔夫人回忆道，"在24小时内，成群的人去拜访他，体谅他为其旅程而准备……民意将他的失宠转成了胜利。"内克和家人平静地离开法国去尼德兰，曾在内阁支持他的人，也于同时被解职。7月12日，在对拥护武力者的完全妥协中，路易指定王后的朋友布勒特伊男爵代替内克，布罗伊元帅被任命为应付战争的秘书，大会和它初期的革命似乎被定罪了。

他们是被巴黎人民拯救的。

冲向巴士底监狱

许多因素引导着群众由议论走向行动。对于家庭主妇们而言，面包价格是直接的刺激因素。此外，人们普遍猜疑着：一些批发商正将谷类由市场中保存下来，以求更高的价格。新的政府当局害怕饥饿会带来混乱的抢劫，于是派军队保护面包商。对于巴黎人民来说，一个明显的问题是知道了城外的联队——仍然不识时务地——威胁着大会和大革命。内克的遽然下坠——他是政府中唯一受到人民信任的人——将民众的愤怒和恐惧带到了一触即发的地步。7月12日下午，卡米尔·德穆兰——29岁，一个耶稣会的毕业生，现在是一个激进派的律师——跳上靠近皇宫的佛依咖啡店外面的一张桌子，抨击内克的被免，就是出卖人民。他叫道："在马斯营的日耳曼人（指军队）将于今晚进入巴黎，屠杀人民！"然后，他挥舞着一支手枪和一把剑："武装起来吧！"部分听众随着他到凡当广场，手持内克和奥尔良公爵的半身像，一些军队驱散了他们。晚上，群众又聚集在杜伊勒里花园，一支日耳曼联军发动攻击，民众报以瓶子和石块，联军开火射击，伤了许多人。民众被驱散后，又挤进了市政厅，夺取所有能找到的武器。乞丐和罪犯也加入了暴民，然后他们一起抢劫一些房子。

7月13日，群众又进入圣拉萨瑞修道院，占据其谷仓，并将谷物迁往哈莱斯的市场。另一群人打开了佛斯监狱，释放了犯人，他们大部分是债务人。人们到处寻找武器，只发现了少许枪支，于是他们锻冶了5万支矛。巴黎的中产阶级怕他们的房子和财产受损，便组织、武装了他们自己的民兵。同时，富人的代表却给予他们支持，供给资金，并武装革命的群众，希望借此阻止国王对大会施用武力。

7月14日清晨，8000名群众侵入"废厅"（Hotêl des Invalides），搜获了3.2万支毛瑟枪、一些火药、12门大炮。突然，一个人大叫："冲向巴士底监狱！"为什么是巴士底呢？他们不是去释放那里的犯人，那里只有7个人。同时，一般说来，自1715年以后，它只用作对政治犯的监禁之所。但是，这座厚重的堡垒，有100尺高，带着30尺厚的墙，四周围有75尺宽的壕沟，久已成为一个专制的象征了。在人民心中，它相当于1000所监狱和秘密地牢。一些"公报"已经提出破坏它的要求了。

　　可能，驱使民众的是另一个消息：巴士底已在圣安东尼郊外安置了一些大炮；也许更重要的，据说巴士底藏有一所武器和弹药的大仓库，里面有叛民最需要但也是最缺乏的火药。堡垒中是82名法军和32名瑞士卫队的守备队，其领导者是洛耐侯爵——一个脾气温和，但通常被称为残酷怪物的人。

　　群众，主要包括店主和工匠，集中在巴士底时，一位来自市政会议的代表为洛耐接受，他要求洛耐自其据点撤除具有威胁性的大炮，并不对人民采取任何敌对的行动。同样地，他则保证运用其影响力，劝阻群众对这座堡垒的进攻。侯爵同意了，并招待这位代表午餐。另一个委员会接受了洛耐的要求：军队不向人民开火，除非有人有强行进入的企图。但这并不能满足激动的群众，他们决心取得弹药。因为没有它，毛瑟枪不足以抵抗预定进入城市的贝森瓦率领的外国军队。贝森瓦对进入巴黎并不寄予厚望，他知道他的部下会拒绝向人民开火，他等待着来自布罗伊元帅的命令，但没有得到丝毫的回音。

　　约下午1点，18名叛民爬上毗邻建筑物的墙，跳进巴士底的前庭，然后放下了吊桥。数百人越过壕沟，不久另外两座吊桥也放下了，庭院中挤满了热切、失去理智的人民。洛耐命令他们撤退，但被拒绝，于是他下令士兵开火，攻击者马上予以还击，并在靠近石墙的一些木制建筑物放火。到了3点，一些激进的法兰西卫队士兵加入围攻者，并开始以5门大炮炮轰堡垒，那些大炮是当天早上由"废厅"运来的。在4个小时的战斗中，98名攻击者和1名防卫者死亡。洛耐看到群众不断有增加的趋势，他又无法从贝森瓦得到救援，弹尽援绝之下，命令士兵停止开火，竖起白旗。他要求投降，但条件是准他的军队携带武器，撤退到安全的地方去。暴民们被死亡的景象激怒，拒绝做任何考虑，除非他无条件投降。洛耐主张炸毁这座堡垒，他的部下阻止了他。无可奈何下，他将主要入口的钥匙送下去给暴民，群众一拥而入，令士兵缴械，并杀了6名，他们捉住了洛耐，将犯人释放出来。

许多胜利者拿着他们能找到的武器和弹药时,一部分群众领着洛耐走向市政厅。很明显,他们企图谋害他。途中,他们的情绪更加高昂,他们将他打倒,杀死,斩下他的头,然后将这个可耻的战利品悬在枪尖上,以一列胜利的行伍穿过巴黎。

当天下午,路易十六结束一天的打猎,回到凡尔赛宫,他在日记上写道:"7月14日,无事。"然后,利昂库特公爵由巴黎抵达此地,告诉他暴民攻击巴士底的成功。"为什么?"国王叫道,"这简直是造反!""不,陛下,"公爵回答,"这是一场革命!"

7月15日,国王卑微地走入全民大会,宣布:省军和外籍军队一律从凡尔赛和巴黎撤出。

7月16日,他将布勒特伊解职,重召内克组织第三内阁。布勒特伊、阿图瓦、布罗伊和其余贵族,开始由法国迁出,移居他处。同时,群众用镐与枪炮毁掉了巴士底。

7月17日,路易由50名大会代表护送到巴黎,在市政厅,人民迎接着他。他们在他的帽子上盖上了象征大革命的红、白、蓝帽章。

结语

　　在最后两卷中，我们结束了对 18 世纪的观察。它的冲突与成就，在今天人类的生活里仍具有颇大的影响力。我们已经看到了工业革命肇启与密西西比河的奇迹，再过 2000 年，它可能实现亚里士多德的"机器将人类由奴役中解放出来"的梦想。我们已经记载了许多关于"科学正走向对自然更加了解，及更有效地应用法律"的进展。我们已迎接了哲学的迁移，由琐细的形而上学步向"在人类世俗事务中，理性的试验研究"。我们已经开始了一种"尝试着将宗教由迷信、固执、排除异教中解放出来"的生活，而且不以超自然的惩罚和报答，作为重组道德的标准。我们已受教于政治家和哲学家而发展一个公平、有力的政府，并使人们的愚直与天生的不平等，和民主协调一致。我们已经享受了在怪异、洛可可式和新古典艺术方面，创造出的各种不同的美，及巴赫、亨德尔、维瓦尔第、格鲁克、海顿和莫扎特在音乐上的胜利。在日耳曼，我们已经目睹了席勒和歌德的文学异彩。在英格兰，有大小说家、大历史学家。在苏格兰，有博斯韦尔、罗伯特·彭斯。在瑞典，有古斯塔夫三世下的歌曲。在法国，我们震撼于伏尔泰的"以理智维护理性"和卢梭流着眼泪陈述"发表意见"的权利。而在加里克和克莱龙尚存时，我们已听到了喝彩。我们羡慕在法国、英国沙龙内那些迷人的妇女的放荡和奥地利、俄国女皇辉煌的统治。我们也已见到了哲学家国王。

正当这么多历史事件活跃、染红于页面时，我们结束这段故事，似乎是违理的。我们应该高兴于通过大革命的紊乱而进步，期待着一个像拿破仑那样有能力者的轰然而降，然后，享受着 19 世纪在文学、科学、哲学、音乐、艺术、技术和政治才能方面的硕果。在综合方面，使增加经验的工作和冒险，在历史学家和科学家的基本研究上，达到更新的境界。

我们已经尽可能地完成了这段文明史，而且虽然我们已致力于将我们生活的最佳才气用在工作上，但我们知道：生活不过是历史的一刹那，史学家的心血很快就会在知识之流的成长下被洗刷掉。可是，我们一个世纪一个世纪地发展我们的研究时，我们深深感到，编史者分工太细了。因此，我们必须试着去写整部通史，将整个历史活生生地像连续剧一样写下每一层面。

在历史研究上，40 年愉快的合作已经告一段落了，我们曾梦想着我们写完最后一册、最后一字的那天。现在，这一天已经来临了，我们知道自己将会思念这个给我们生命赋予意义与方向的深长宗旨。

我们感谢读者们这几年来陪伴着我们经过部分或全部漫长的旅程，我们将对他们的参与永志不忘。现在，我们留取辞言，永远地向他们告别。

俄国女皇伊丽莎白，她发动政变，逮捕幼皇、他的母亲及他们的主要顾问，自立为俄国女皇。

上 | 七年战争中，俄国军队于 1761 年 12 月攻克港口城市和要塞科尔贝格的情景。但 1762 年 1 月俄国女皇伊丽莎白的去世挽救了腓特烈的危局。

下 | 俄国沙皇彼得三世极端倾向普鲁士，继承伊丽莎白的皇位之后，迅速与普鲁士媾和并退出七年战争。

上 | 俄国女皇叶卡捷琳娜，继承彼得大帝开启的事业，带领俄国全面介入欧洲的政治和文化生活。

下 | 在罗马旷野的歌德。1786 年 9 月，歌德踏上了他的久已延缓的意大利之行，创作了将性爱的温存与对文化遗产的强烈感受融合起来的《罗马挽歌》。

康德是德国启蒙运动时期最重要的思想家，他在认识论、伦理学和美学方面全面、系统性的思考，对后起的哲学产生了巨大影响。

德国伟大的戏剧家、诗人和文学理论家席勒。他和歌德建立的友谊成为德国文学史上动人的一章。

晚年的歌德成为一位世界性的人物，小小的魏玛成为不断吸引浪漫主义朝圣者的"麦加"。

上 | 1752 年的伦敦街景。

中 | 泰晤士河上的威斯敏斯特桥。

下 | 泰晤士河边的格里姆威治医院。

英国国王乔治三世在位时间极长，统治不列颠和爱尔兰 60 年。

小皮特是法国大革命和拿破仑战争时期的英国首相，他性格孤僻，终生未婚，连内阁成员都抱怨他太难接近。

上 《伍尔夫将军之死》。1759 年，英军司令官伍尔夫远征北美，从法国人手中夺取了魁北克，但他陷城后负伤死去。

下 富兰克林在美国殖民地脱离英国统治及协助起草《独立宣言》、美国宪法等方面起到了重要作用。

上　1776 年 7 月 4 日，北美大陆会议通过《独立宣言》，宣布北美英属 13 个殖民地脱离英国的统治。

下　1776 年 12 月，华盛顿跨过德拉瓦河对特灵顿和普林斯顿发动奇袭，使国家恢复希望和勇气。

两个对话的英国青年，他们似乎正在探讨数学定理。

上 │ 伦敦切尔西区泰晤士河畔的旅游地拉内拉赫公园里的圆形大厅，大厅的旁边就是切尔西皇家医院。

下 │ 1741 年，加里克一反法国式的浮夸和装腔作势，以自然、清新的表演方式出演了莎士比亚戏剧
《理查三世》，一举成名。

加里克和他的妻子。加里克晚年退出戏剧界，过着乡绅生活。

左 │ 英国 18 世纪肖像画家雷诺兹的自画像。

右 │《坎贝尔小姐》（雷诺兹，1777 年）。雷诺兹较不重视古典，而是以较多的热情和感觉来作画。

庚斯博罗的《谢里登夫人》将人物融于风景之中，欢快怡人、优雅自然，难怪同代的雷诺兹说:该死，他太多才多艺了。

亚当·斯密是自由主义经济学的代表人物。

罗伯特·彭斯用苏格兰方言写抒情诗和歌词，强调诗作对瞬间经历和人的感情的表达。

博斯韦尔是塞缪尔·约翰逊的苏格兰籍朋友和传记《约翰逊传》的作者。

塞缪尔·约翰逊的文字富有说服力，机智而又诙谐，具有鲜明的学者特性和良知。

上 ｜ 约翰逊靠写书谋生，靠书籍来和读者交流，获得声誉。他曾自问：除了教给人们生活的艺术外，书还能教给人们什么。

下 ｜ 英国女作家斯雷尔和她的女儿。斯雷尔是约翰逊的好友，约翰逊生活中约有一半时间都在她家度过。

1769 年，正在弹琴的玛丽·安托瓦内特。几个月后，她嫁给法国国王路易十五的孙子——路易十六。

路易十六内向无趣，意志薄弱，优柔寡断，未能预先防止法国大革命的爆发，也未能在革命爆发后抓住时机巩固自己的王权。

玛丽·安托瓦内特不顾母亲玛丽亚·特蕾莎的道德规劝和语重心长的告诫，她的轻率、奢侈和与改革为敌的立场助长了民众骚乱的兴起。

法国画家维基·勒布朗的自画像，她是 18 世纪末最有成就的女艺术家之一。

上 | 法国政治家卡洛纳对财政和行政的改革加速了政府危机，并最终导致了 1789 年法国大革命。

下 | 1789 年 5 月 5 日，三级会议在凡尔赛宫召开，但很快代表们在怎样行使表决权这个基本问题上发生分歧。

在召集三级议会之后，内克希望仿照英国的模式建立具有两院制议会的有限君主立宪政体。但 1789 年 7 月他被免职，这一王室反动的公开信号，终于激起了巴士底监狱风暴。

第三等级代表、演说家米拉波很有才智，在大革命初期统治国家的国民议会中起到了很重要的作用。

由于路易十六把军队集结在巴黎周围。又解除内克的职务，巴黎的群众恐慌了，发动暴动，开始进攻国王暴政的象征——巴士底狱。

主张进行政治和社会改革的卢梭，影响了人民大众，启发了法国大革命的领导人，让震撼法国的革命运动烙上了浪漫主义的印记。